야코부스 아르미니우스 전집

1

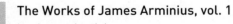

The Works of James Arminius, vol. 1
by James Arminius

Published by Acanet, Korea, 2024.

한국연구재단총서 학술명저번역 655

야코부스 아르미니우스 전집

1

The Works of James Arminius, vol 1

야코부스 아르미니우스 지음

김혜련 옮김

아카넷

일러두기

1. 본문의 각주는 모두 옮긴이의 것이다.
2. 인용한 성경은 새번역성경(RNKSV)에 기초한다.
3. 단락 구분 없이 숫자 표기로 장들을 구분한 원서의 본문 체제와 달리 한국어판에서는 가독성을 높이기 위하여 단락을 적절하게 구분하고 소제목을 추가했다.
4. 외래어 표기는 국립국어원 외래어표기법를 따랐으나, 관습적으로 굳은 표기는 그대로 허용했다.

차례

포스트 종교개혁의 파고가 낳은 산물

『야코부스 아르미니우스 전집』(이하『전집』)을 훑어보기 시작한 독자는 일종의 역사적 이벤트 현장에 들어선 것이라고 말해도 좋을 듯하다. 이제까지『전집』의 일부라도 우리말로 번역된 적이 없었고, 더욱이 이제야 그 완역본을 손에 넣은 것이기 때문이다. 총 세 권으로 이루어진『전집』은 부자지간인 제임스 니콜스(James Nichols)와 윌리엄 니콜스(William Nichols)가 영어로 번역하고 편집하여 1825~1828년에 걸쳐 런던에서 출간한 것을 바탕으로 한다. 「신학적 주제에 관한 입장 선언」처럼 워낙 잘 알려진 문서는 개별적으로 먼저 영어로 옮겨지기도 했지만, 텍스트 대부분은 16세기 중반부터 아르미니우스가 사망한 1609년까지 라틴어와 네덜란드어로 쓰인 그대로였다. 1629년에 출간된 라틴어 편집본인『신학대전(*Opera Theologica*)』

은 그 행방을 알 수 없고, 그 존재 자체를 아는 이도 없었다. 다행히도 우여곡절 끝에 그 자취가 추적되어 현재는 영인본 형태로 미국 듀크대학교 보존 서고에 있는 것으로 알려져 있다. 『전집』을 편집한 니콜스 부자는 『신학대전』에 들어 있는 문서 중 개인사적 자료는 가려내고 주로 공적 선언이나 공식 서한, 학술적인 강론 위주로 구성했다. 어쨌든 중요한 사실은 21세기 지평에서 우리 한국인이 마침내 신학 사상과 교회사에서 매우 귀한 고전 문서를 우리말로 읽을 수 있게 되었다는 점이다.

『전집』에서 보게 될, 피를 말리는 듯한 치밀한 논증이나 분석에 대해서는 해제를 참조하면 도움이 될 것이다. 여기서는 집필한 지 4~5세기가 지난 이 시점에서 아르미니우스와 그의 『전집』이 우리에게 어떤 의미가 있을지를 살펴보고, 그것이 참으로 신학사와 교회사에서 중요한 중요한 텍스트라면 독자에게 길잡이가 되어 줄 만한 몇 가지 단서를 소개하려 한다.

첫째, 『전집』은 애초 일반 독자들을 위해 쓴 저술이 아니다. 이 책은 종교개혁의 격랑이 지난 다음 16세기 후반부터 17세기 전반에 걸쳐 개혁교회 내부에서 발생한 2차 파고의 면모를 엿볼 수 있는 공개 논박, 국가회의 변호문(오늘날의 국회 청문회 진술서 같은 것), 법정 조사 기록 등으로 구성되어 있다. 『전집』의 내용이 왜 그러해야 했는지를 이해하려면 당시의 북유럽 저지대 국가들에서 성장하고 있었던 개혁교회, 특히 네덜란드 개혁교회가 여러 세력 간의 정치적, 경제적 각축전에 깊이 연루되어 있었던 측면을 고려해야 한다. 예를 들어 교회는 국가 시스템에 속해 있었기 때문에 신학적 논쟁이 벌어질 때도 사회적 안정 유지라는 명분 아래 관련된 당사자들은 국가회의에 소환되어 공식적인 답변을 해야 했다. 아르미니우스는 네덜란드 레이던대학 신학부 교수로 부임한 후 렉터(오늘날의 대학 총장과 유사함)의 직능까지 수행해야 했으므로 문제가 불거질 때마다 공식적인 답변을 해야 하는 입장에 처했다. 따라서 『전집』에 실린 문서들은 16~17세기 네덜란드 정부의 공식 기록물인 셈이다.

둘째, 일반 독자에게 『전집』이 쉽게 다가오지 않을 수 있는 또 다른 이유는 아르미니우스의 서술 방식에서 찾을 수 있다. 2권에 실린 학위 논문, 독일 출신의 필리부스 주네딜란드 대사, 동료 교수 아위텐보하르트에게 보낸 서한문 같은 것은 아르미니우스 측에서 연구와 집필을 주도한 것인 반면, 그 밖의 다른 문서는 아르미니우스에게 심각한 혐의가 있다고 주장하거나 비방하는 사람들 또는 신학적 논적의 질문이나 비판에 답변하거나 자신의 입장을 공식적으로 선언하는 성격의 글이기 때문이다. 따라서 통상적인 연구서의 집필 방식과 차이가 있을 수밖에 없다. 더욱이 우리는 아르미니우스의 답변과 설명만을 듣는 입장이기 때문에 누가 어떤 질문이나 비판을, 심지어 비방까지 했는지를 알려면 별도의 조사가 필요하다.

칼뱅을 넘어서

이제는 아르미니우스가 중요하게 생각한 신학 주제에 관해 개괄적이나마 이해를 돕는 단서를 제시하고자 한다. 종교개혁 운동이 초래한 결과 중하나는 밖에서 볼 때 기존의 로마교회로부터 개혁교회가 떨어져 나간 것이다. '프로테스탄트'라는 이름은 바로 그런 함의를 갖는다. 그 때문에 가톨릭교회 측은 '보편교회' 이념을 다시 선언했지만, 아르미니우스는 지상의 어떤 교회도 보편교회가 될 수 없고 오히려 개혁교회는 참된 교회의 이념으로 되돌아간 것으로 생각했다. 그러나 그 자신은 이 문제에 특별히 천착하지 않았고, 교회와 국가의 관계에 대해서도 재세례파처럼 저항적인 태도를 취한 적이 없다.

반면에 아르미니우스는 죄와 은혜, 인간 자유의지의 유효성의 한계, 칭의(稱義), 예정 같은 주제에 대해 심혈을 기울여 분석하고 논증을 구성하여 설명했다. 국내 연구자들은 물론이고 유럽 신학자들도 많은 경우 아르미니우스 신학(theology of Arminius), 알미니안주의(Arminianism), 항론파(Remonstrants)를 구별하지 않은 채 개혁 정통주의로 간주되는 칼뱅 신학에 적대적인 것처럼 아르미니우스를 단순화하는 경향이 있다.

그러나 20세기 후반부터 아르미니우스의 텍스트와 그 텍스트를 둘러싼 역사적 맥락의 상호작용적 함수로서 구성주의적으로 의미를 생산하려는 시도가 눈에 띄기 시작했다. 21세기에 신학계의 신진 연구자들에 의한 아르미니우스 연구도 활발하게 진척되고 있다. 그중에서도 반드시 언급해야 할 신학자와 역사가가 각각 한 명씩 있다. 역사가로는 17세기 네덜란드 개혁교회 역사와 아르미니우스 전기 연구에서 독보적인 연구자인 칼 뱅스(Carl Bangs)가 있다. 신학자로는 특별히 아르미니우스 신학에서 하나님의 예정과 섭리의 문제를 집중적으로 다루는 리처드 멀러(Richard A. Muller)를 꼽을 수 있다. 복잡한 이야기는 피하고 이 자리에서 말해 둘 것은 두 사람 모두가 아르미니우스의의 논변을 정확히 이해하기 위해서는 그의 신학이 세워져 있는 기독론적 기초를 준거점으로 삼아야 한다고 주장한다는 점이다.

예를 들어 죄와 칭의, 은혜와 구원, 선택과 예정 등과 관련해 칼뱅적 교의가 하나님을 죄의 조성자로 만든다는 점을 아르미니우스가 비판하는 것이 부당하다고 논적들은 지적했다. 이 문제는 그렇게 단순하지 않다. 그럼에도 그들은 아르미니우스가 인간의 자유의지와 인간적 역량을 부당하게 부풀려서 오히려 하나님의 주권을 위협하는 관점을 취한다고 보았다. 그런 지적은 부분적으로 참인 것도 있지만, 논증적으로 타당하게 결론을 추론한 것이 아니다. 따라서 그런 식의 단순화된 설명은 칼뱅이나 아르미니우스 모두에게 불공정한 독해가 될 수 있다. 여기서 일일이 관련 논제를 해부할 수는 없지만 우리가 역사적 텍스트를 접할 때 후대 이론가들의 해석에 경도된다든지, 변화된 상황이 요구하는 필요를 따라 자칫 불공정하거나 부적합한 방식으로 접근하지 않도록 주의할 것을 강조하는 수준에서 만족할 따름이다.

뱅스와 멀러가 강조하는 '기독론적(Christological) 독해'는 이런 식으로 전개된다. 어떤 사람을 선택할 것인지 혹은 유기할 것인지에 대해 하나님께서 작정하실 때, 성경에서 보는 대로, 그리고 우리가 교회에서 배운 대로 하나님의 작정은 영원 전에 내려졌다. 그렇다면 '영원 전에'와 '하나님의 작정'이란 정확히 무엇을 의미하는 것인가? 인간이 창조되기 전에? 하나님이 작정하신 것은 변개될 수 없으므로 그 작정은 절대적이다? 물론 그렇게 말할 수 있다. 하나님의 작정은 절대적이고 우리 개개인이 태어나기 전에 완료된 행위다. 심지어 그 작정 행위는 최초의 인간 아담이 창조되기 전에 있었다.

그러나 문제는 그렇다고 해서 그 작정 시점에 하나님의 의식 안에 중보자 그리스도가 현전하지 않았다고 말할 수 없다. 또한 중보자는 죄의 존재를 전제하는 개념이다. 죄가 없이는 구원이나 은혜가 필요하지 않을 것이라는 말이다. 이렇게 말한다고 해서 아담이 죄를 짓고 타락하는 사건이 발생했을 때, 그때 비로소 하나님이 '아차! 이대로는 안 되겠다. 대책이 필요하다'라는 식으로 그리스도를 수배했을 것이라는 뜻이 아니다. 논리적으로 죄가 은혜보다 우선적이고, 중보자 그리스도가 없이는 칭의나 은혜는 있을 수 없다는 뜻이다.

그리고 이 논의의 어느 지점에는 죄를 지은 인간이 있다. 그는 자유의지를 부여받은 존재이고, 어떤 강요에 의해서가 아니라 자기가 원하기 때문에 사탄 같은 타자의 설득에 의해서건, 스스로의 설득에 의해서건 자기의 의욕을 따라 금지된 어떤 행위를 수행하는 것이다. 이 과정을 시각적으로 서술한다면 전체가 쓰나미처럼 한꺼번에 일어난 것이다. 욕망과 죄와 타락과 비참과 사망. 이 연쇄 작용은 서사적으로는 순차적이지만 실제로는 핵반응처럼 한꺼번에 일어나는 것이다. 시대적으로 근거리에 있었기 때문인지 몰라도 아르미니우스는 엄격한 스콜라적 토론 방법을 따라 논리와 분석, 논증적 추론을 사용하여 설명하기 때문에 때로는 우리의 직관에 반하는 것처럼 보이는 것이다.

이런 측면을 고려하지 않은 채 신학 주제에 대해 토론할 경우 누구라도 무익하고 참담한 결말을 맞기 쉽다. 개인적인 편향적 확신까지 가세한다면 의도하지 않게도 우리는 불행하고 고독한 처지에 놓일 확률이 높다. 나의 소박한 견해로는 근대 교회사의 불행, 역사적 분쟁, 심지어 전쟁까지도 관용을 베풀기에 인색한 태도와 누구든지 오류를 범할 수 있다는 것을 부정하는 완고함에서 비롯된 것 같다. 그런 점에서 아르미니우스는 근대 이후 가장 질시와 오해를 많이 받은 신학자가 아닌가 싶다. 독자 여러분은 논쟁의 한복판에 뛰어드는 것이 아니라 오지를 탐험하는 여행자처럼 이러저런 편견이나 억측을 내려놓고 『전집』을 통해 신실한 신앙인이자 신학자였던 아르미니우스를 만나 보기 바란다.

1부

강연

강연 1[1]
신학의 주제

직무의 첫발을 내디디며

우리 인간에 관한 모든 일을 결정할 수 있는 내재적인 절대 권리, 의지, 권능은 오직 전능하신 하나님께 속합니다. 그러므로 붐비는 대도시 암스테르담에 세워진, 그분의 아들 교회에 여러 해 동안 매어 있던 무

∵

1) 1560년 10월 10일, 네덜란드 위트레흐트 지역의 아우더바터 출신인 야코부스 아르미니우스는 레이던대학과 스위스의 바젤과 제네바에서 고전어와 신학을 공부했다. 귀국하여 암스테르담에 머무르던 중 1588년에 암스테르담 개혁교회의 목사에 서임되었다. 약 15년 후 그는 레이던대학으로부터 교수 청빙을 받고 1603년에 신학부 교수로 취임하게 되었는데, 1권에 실린 강연문은 바로 그 취임 강연에서 발표한 것이다. 강연의 주제가 신학의 대상, 신학의 원천, 신학의 목적 등에 초점을 맞추어져 있는 것으로 보아 당시 청중은 주로 동료 교수들과 신학부 학생들이었던 것으로 추정된다.

익한 종[2]인 나를 교회 업무로부터 해방시키고, 이 저명한 대학[3]의 신학부 교수로 임명하기 위해 불러내신 것은 전적으로 그의 기쁘신 뜻에 따른 것입니다. 이 직책을 감당하기에 나 자신이 너무도 부족한 것을 잘 알고 있지만, 그분의 부르심 앞에서 지나치게 망설이지 않는 것이 나의 의무라고 생각했습니다. 그리하여 이루 말할 수 없는 기쁨과 성실로 나는 그렇게 고백했고, 그 마음은 지금도 여전합니다. 참으로 절실하게 나 자신의 미흡함을 느끼는 탓에 나의 자의식은 내가 이 부르심에 귀를 기울여서는 안 된다고 설득하려 했습니다. 그 점에 대해 나는 내 양심을 감찰하시며 재판장도 되시는 하나님을 증인으로 부를 수도 있습니다. 또한 나 스스로 부족하다는 것을 잘 알고 있다는 사실에 대해서도 기꺼이 증인이 되어 줄 만한 신실하고 고매한 견식을 가진 분들이 여럿 계십니다. 이 직분은 합당한 순서와 절차를 따라 내게 제안되었기에 내가 초빙 제안을 수락하는 것이 마땅하다고 결심할 수 있게 동기를 부여하신 분들이 바로 그들이기 때문입니다. 하지만 그분들이 제안하기도 했고, 또 경험을 통해 내가 종종 직접 배운 대로, 자신의 판단을 완고할 정도로 고집하거나 자기 자신에 대해 갖고 있는 생각을 너무 믿는 것은 위험한 일입니다. 우리 대부분은 막상 자기와 연관된 문제들에 대해 잘 분별하지 못하므로 나는 이 힘들고 부담스러운 분야에 발을 들여놓으라는 그분들의 권위 있는 판단을 따르기로 했고, 이제 하나님께서 그의 신성한 재가(裁

∵

2) '무익한 종(unworthy servant)'은 누가복음 17:7~10에 기록된 예수님의 비유에 나오는 표현으로, 그 요지는 종이란 마땅히 주인이 명령한 대로 행해야 하므로 종이 자기 임무를 이행했다고 해서 칭찬을 받을 이유가 되지 않는다는 것이다.

3) 네덜란드의 국립대학 중 하나인 레이던대학을 가리킨다. 아르미니우스는 그의 전임자인 프란시스쿠스 유니우스(Franciscus Junius, 1545~1602)의 뒤를 이어 1603년에 레이던대학에 신학부 교수에 취임했고, 지병이 악화하여 1609년에 서거하기까지 재직했다.

可)의 증표와 함께, 그리고 그의 아낌없는 후원 아래 내가 발걸음을 뗄 수 있게 하실 것이라 믿습니다.

이 직책과 내가 수행해야 할 일에 대해 내다볼 때 나는 다만 말할 수 없을 만큼 두렵고 거의 몸이 떨릴 정도이지만, 이 소임이 왜 내게 부여되었는지, 그동안 일이 진행된 경과에 대해, 그리고 결말에 이르기까지 동원되었던 방법과 계획에 대해 곰곰이 생각할 때 나는 하나님께서 재가하고 후원하고 계시는 것을 조금도 의심할 수 없습니다. 이 모든 것을 고려한 결과 나는 하나님께서 처음부터 이 일을 계획하셨으므로 반드시 완수하시리라 믿습니다.

이 같은 이유로 나는 하나님의 도우심이 늘 함께할 것을 확신하는 소망 가운데, 마땅히 겸허하게 이 직책을 감히 하나님의 이름으로 수락하고 내게 부여된 임무를 수행할 것입니다. 이 자리에 계신 모든 분들께 일일이 간곡히 간청하는 것은, 만일 지금까지 매우 풍성하고 확실한 표지들을 통해 내게 관용을 보여 주셨듯이 이제 그와 똑같은 재량권을 내게 허락하신 것이라면, 부디 바라건대(그것은 바로 지금 내게 절실히 필요한 것이므로) 빛의 아버지이신 하나님 앞에서 간절한 소망과 열렬한 간섭을 통해 나를 후원해 주시고, 그리하여 내가 모든 분들에게 유익을 끼치고자 하는 순수한 애정에서 빈틈없는 태세를 갖추고, 직무 수행에 필요한 은사들을 하나님께서 당신의 종에게 공급하시며, 그리고 내가 이 소임을 감당하는 내내 한결같이 자비로운 은혜와 인도하심과 보호하심을 원하시는 대로 풍성히 베푸실 것을 기원해 주시는 일입니다.

하지만 직무에 임하는 출발점에서 만일 내가 머리말의 형식을 빌려 신성한 학문인 신학에 대해 간략히 총론적 개괄을 하고, 이어서 신학의 범위, 존엄한 위치, 학문적 탁월성에 대해 서술한다면 그것만으로도 내가 선한 목적을 위해 조금이나마 기여할 수 있을 것입니다. 그러나 이 강연이 추구하는 것은 신적 지혜에 속한 사역에 헌신하는 것으로 자처하면서, 겁도 없이 이 분야에 발을 들여놓고 근면하게 앞을 향해 내달리며, 마침내 정상에 도달하기까지 쉬지 않고 다투기를 마다 않는 신학부 학생들의 마음에 강하게 도전하려는 것입니다. 그들은 장차 하나님의 거룩한 이름으로 성화되기에 합당한 자격을 갖추게 될 것이며, 그리고 성령 안에서 "그리스도의 몸을 세우는 일을 위해" 부름받은 성도들의 교회를 구원으로 이끄시는 하나님의 도구가 되기를 소망합니다. 그런 비전을 마음에 그리면서 소크라테스가 그랬듯이 나는 이 직책의 어떤 부분도 선한 결과를 위해 하찮은 것이 없다고 생각하면서 직무를 수행해야 할 것입니다. 이방인들 중 가장 지혜로운 사람이었던 그가 일단 청중의 마음에서 어떤 충동을 불러일으키고 배움을 향한 뜨거운 욕구를 품을 수 있게 만들었을 때, 그는 교사로서 자신의 의무를 성공적으로 완수했다고 말하고는 했기 때문입니다. 소크라테스가 그렇게 말했던 것에는 아무런 근거가 없을 수 없습니다. 왜냐하면 자원하는 마음으로 소명을 받아들이는 사람에게 어려운 일이란 없으며, 특히 하나님께서 "율법을 주야로 묵상하는"(시 1:2) 사람들에게 그의 비밀을 가장 명확하게 계시하실 것을 약속하셨기 때문입니다. 하나님의 이 약속은 바로 그런 방식으로 시행되어, 인간의 인지 능력을 훨씬 능가하는 주제들에 대해 "그대가 교훈을 얻기를 원하기만 한다면 그대는 많은 것을 배우게 될 것이다"라고 했던 이소크라테스[4]의 말을 우리가 채택해도 좋을 것입니다.

••

4) Isocrates, 기원전 436~기원전 338. 고대 그리스의 웅변가. 아테네에서 출생했고 당시의 유명한 소피스트 프로타고라스와 시칠리아 출신의 변론가 고르기아스를 사사했으며, 기원전 390년경 아테네에서 변론술 학교를 개설했다. 같은 무렵에 창설된 플라톤의 아카데메이아에 대항해서 변론술을 지주로 하는 폭 넓은 인간 교육을 이상으로 했으며, 그 문하에서

이 설명은 나 자신에게도 적지 않은 도움이 됩니다. 내가 다른 이들에게 전달하기 원하는, 배움에 대한 그런 열정적인 권면을 통해 나는 교수로서의 직무를 수행하면서 지켜야 할 법칙과 규칙을 나 자신에게도 처방할 수 있기 때문입니다. 그리고 경건과 겸손, 그리고 선한 양심에 의해 나의 새로운 직무를 수행할 때 내가 유념해야 할 부가적인 사항이 있습니다. 즉 나중에 내가 혹여 올바른 길에서 벗어날 경우(부디 하나님께서 그런 일을 막아 주시기를 기도합니다), 학문에 대한 엄숙한 그 권면은 거꾸로 내 얼굴을 향해 던져져서 나를 부끄럽게 만들 것이라는 점입니다.

이 같은 주제에 대해 말할 때, 나는 법률에 가장 해박하거나 의학 분야에서 실력이 가장 뛰어나거나, 또는 철학적 사유가 가장 현묘하거나, 아니면 언어에 대단히 해박한 지식을 가진 교수들 앞에서 어떤 항변을 늘어놓을 필요가 없다고 생각합니다. 그분들 각자가 연마하고 있는 특수 학문들을 폄하하거나 조롱하고자 하는 마음이 전혀 없다는 것을 보이기 위해 나는 굳이 높은 견식을 가진 사람들 앞에서 어떤 항변도 할 필요가 없습니다. 가장 고상한 학문들의 장에서 수행되고 있는 수많은 종류의 연구에 대해 나는 마땅히 그것에 부여되어야 할 위치를, 실제로 매우 영예로운 지위를 배정하려 합니다. 그리고 그 학문들의 각 영역은 자신이 처한 하위 등급에 만족하므로 그들 모두가 지금 내가 몸담고 있는 이 신성한 학문에 왕좌를 내어 주는데 기꺼이 동의할 것이라고 믿습니다.

이제 나는 평범하고 단순한 종류의 강연을 시작할 것인데, 에우리피데스[5]에 따르면 그런 점은 진리의 특이한 면모입니다. 어떤 강연과 거기서

⁘

허다한 수재를 배출하여 후세에 인문주의적 교육의 아버지로 불리게 되었다.
5) Euripides, 기원전 480년경~기원전 406년경. 아이스킬로스, 소포클레스와 더불어 가장 뛰

언급되는 주제들 사이에 얼마간의 유사성과 관계성이 존재해야 하고, 따라서 우리가 주제의 품격에 걸맞도록 신적인 일들에 관해 이야기하려 할 때, 모종의 신선한 담화 방식이 요구된다는 것을 내가 모르는 것이 아닙니다. 그러나 내가 평이함과 단순성을 택한 것은 신학이 어떤 화려한 장식을 필요로 하는 것이 아니라 연구하는 것 자체로 만족해야 하고, 따라서 여하한 정도로든지 그러한 주제에 어울리는 스타일을 쟁취하려고 애쓰는 것은 나의 능력을 넘어서는 일이기 때문입니다.

신성한 학문인 신학의 존엄한 위치와 탁월성을 다룰 때, 나는 간단히 네 가지 항목에 한정 지어 말할 것입니다. 학문으로서 신학의 연구 대상, 원천적 저자, 추구하는 목적의 탁월성, 그리고 이 항목들을 각각 뒷받침하는 근거들의 중요성에 따라 평가하는, 세속 학문에서 발견되는 방법론을 본으로 삼아 나는 그와 똑같은 방침을 따를 것입니다. 즉 먼저 신학의 연구 대상에 대해, 그 다음은 신학의 원천적 저자에 대해, 이어서 신학의 목적에 대해, 끝으로 신학의 확실성에 대해 논구할 것입니다.

강연을 진행하는 동안, 주님의 성령의 은혜가 나와 함께하기를, 그리고 우리 하나님께 합당하고 또 그의 피조물인 여러분에게 유익이 되는, 거룩한 진리를 내가 잘 펼쳐 보일 수 있도록 기꺼이 나의 마음과 입과 혀를 주장하시어 그의 이름에 영광을 돌릴 뿐만 아니라, 그의 교회를 세워 가는 일에 이바지할 수 있기를 하나님께 기도합니다.

또한 명석하신 청중 앞에 서게 된 것을 영광으로 생각하며, 그러한 여

..
어나다고 평가받는 고대 아테네의 비극 시인이다. 그의 작품 중 열여덟 편의 비극이 오늘날까지 전해지고 있다. 합리적인 예지와 자유주의적이고 인도주의적 사상을 내포하고 있는 그의 극은 근세 유럽의 비극 문학에 큰 영향을 주었다.

러분께 내가 간청하고 싶은 것은 이 막중한 주제들에 대해 설명하려 애쓰는 길지 않은 시간 동안 여러분이 호의를 베풀어 나의 말을 경청하는 것입니다. 내가 온 힘을 기울여 기술하는 주제에 여러분이 주의를 기울이는 동안, 주제를 다루는 방식을 통해 보여 줄 수 있는 어떤 화려한 기량보다도 논의되는 주제 자체에 주목할 수 있는 유익을 경험하기를 바랍니다.

신학의 연구 대상

신학이라는 거창한 주제는 본성상, 특별히 바로 오늘 같은 기회에, 무엇보다도 그것의 연구 대상에 우리의 주의를 기울일 것을 요구합니다. 개별 학문들의 연구 대상은 서로 긴밀하게 연결되고 그들의 정체성에 있어서 매우 본질적이기 때문에 그 학문들의 명칭은 그 연구 대상에서 유래합니다.

그러나 신학이 연구하는 대상은 하나님 자신입니다. 학명 자체가 그것을 말해 줍니다. 신학이란 하나님에 관한 담론 또는 추론을 의미하기 때문입니다. 신학에 대해 바울 사도[6]가 "하나님의 택하심을 받은 사람들의 믿음을 일깨워 주고, 경건함에 딸린 진리의 지식을 깨우쳐 주기"(딛 1:1) 위한 것이라고 기술했을 때, 그가 이 학문의 본성을 정의하고 있었다는 것을 명백하게 알 수 있습니다. 여기서 그가 '경건(godliness)'을 지시하기 위해 사용한 그리스 낱말 '유세베이아'[7]는 오직 하나님께 마땅히 바쳐야 할 경배

---

6) 별다른 언급을 덧붙이지 않는 한 거의 대부분의 경우 아르미니우스가 '사도'라고 부르는 이는 사도 바울이다.

7) eusebeia. 그리스어 유세베이아($\varepsilon\dot{v}\sigma\varepsilon\beta\varepsilon\iota\alpha$)는 '경건'을 뜻하며, 인용한 사도 바울의 목회 서신에서 보듯이 '그리스도에 대한 믿음과 하나님을 아는 지식에서 산출되는 생활 방식, 즉 그리스도인다운 삶 자체'를 지시한다.

를 지시하는데, 사도는 그러한 경건 개념을 그보다 더 정확한 '데오세베이아[8]'라는 낱말로 지시함으로써 그 의미를 한층 더 명확한 방식으로 보여 줍니다. 물론 다른 학문들도 모두 진실로 동등하게 고상한 연구 대상을 가지며, 각기 나름대로 인간 지성을 집중하고 많은 시간을 들일 만한 가치가 있으므로 여가와 근면을 통해 모두 유익을 얻을 수 있습니다.

일반 형이상학에서 연구하는 대상은 '존재'다.

그러나 어떤 학문이건 자신의 연구 대상으로 추천할 때 일반적으로 제시하는 조건들을 고찰해 봅시다. 각 학문의 연구 대상은 첫째, 가장 탁월한 어떤 것, 즉 그 자체로 가장 좋은 것, 가장 위대한 것, 불변적인 것이고, 둘째는 마음과의 관계에서 가장 명료하고 확실하며, 심적 능력의 인식 기관에 가장 용이하게 알려지고 파악되는 것이며, 셋째는 역시 마음에 작용함으로써 우리의 마음에 적재되고 마음의 무한한 욕구를 충족시킬 수 있는 것이어야 합니다. 이 세 가지 조건은 신학의 학적 대상인 하나님에게서, 오직 그에게서만 가장 높은 정도로 발견됩니다.

하나님은 가장 선한 존재입니다. 그는 제일가는 최고선이며, 선 자체입니다. 오직 그만이 선하고, 선 자체라고 할 만큼 선하고, 자신을 언제든지 즉시 교류할 수 있으며, 그의 관후함은 그가 소유한 무수히 많은 보배들에 의해서만 필적할 수 있을 뿐이고, 전자와 후자는 모두 무한하며 오직 개체의 수용 능력에 의해서만 제한될 뿐이므로 하나님은 그 본성의 선하심과 그 자신을 교류하는 방식에서 일정한 한계와 척도를 정하십니다. 그는 가장 위대한 존재이고 위대함에 있어서 어떤 것도 그와 비교할 수 없습니다.

∴

8) theosebeia. 그리스어 데오세베이아(θεοσέβεια)는 신에 대한 존경 또는 경의를 뜻하며, 이 문맥에서는 하나님에 대한 경외심을 가리킨다.

왜냐하면 그는 심지어 무(無)까지도 마음대로 복종하게 만들 수 있고, 그 자신을 교류함으로써 신성한 선을 창출할 수 있기 때문입니다. "없는 것을 있는 것같이 불러내시는 하나님 앞에서 보장된 것"(롬 4:17), 따라서 그런 방식으로 그는 말씀에 의해 없던 것들을 존재들의 수에 넣으시는데, 그의 명령을 듣고 비존재들이 존재 안으로 들어와 존재하게 될 때 그것들은 암흑 속에서 나오는 것입니다. "그 앞에서는 모든 민족이 아무것도 아니며, 그에게는 사람이란 전혀 없는 것이나 다름이 없다. 땅에 사는 사람들은 하나님 보시기에는 메뚜기와 같을 뿐이다. 그는 통치자들을 허수아비로 만드시며."(사 40:17, 22, 23) 이처럼 하늘과 땅의 체계 전체는 그분 앞에서는 거의 한 점에 지나지 않지만, "주님은 영원하신 하나님이시다. 땅 끝까지 창조한 분이시다." 그는 변개함이 없고, 늘 동일하며, 그의 존재는 영원합니다. "주님의 햇수에는 끝이 없습니다."(시 102:2)

아무것도 그에게 더할 수 없고, 그에게서 아무것도 제할 수 없습니다. "아버지께서는 변하는 것이나 움직이는 그림자가 없습니다."(약 1:17) 어떤 사물이든지 단 한순간이라도 안정성을 유지하기 위해서는 하나님으로부터 그것을 얻어야 하고, 그들은 은혜롭게도 그것을 거저 얻습니다. 그러므로 하나님의 선하심을 인해 그를 묵상하는 것은 즐겁고 정말 기분 좋은 일입니다. 그의 위대함에 대해 생각하는 것은 영광스러운 일이며, 그의 불변성에 있어서도 확실히 그러합니다.

그는 가장 찬란하고 밝게 빛납니다. 그는 빛 자체이시며, 사도의 표현에 따르면 그는 우리의 마음에 가장 명료하게 지각될 수 있는 대상입니다. 그는 우리에게서 멀리 떨어져 있지 않지만, 혹여 사람들이 그를 찾으려는 마음이 생긴다면 그때는 반드시 그를 구하고 찾아야 합니다. 왜냐하면 "우리는 하나님 안에서 살고 움직이고 존재하며", 또한 우리는 "하나님의 자녀"(행 17: 27, 28)이기 때문입니다. 또 성경의 다른 곳에서 "그렇지만 하나님께서 자기를 드러내지 않으신 것은 아닙니다. 곧 하늘에서 비를 내려 주시고, 철을 따라 열매를 맺게 하시고, 먹을거리를 주셔서, 여러분의 마음을 기쁨으로 가득 채워 주셨습니다."(행 14:17) 내가 감히 단언하건대 이 같은 참된 말씀이 뒷받침하듯이 우리가 이전에 어떤 대상 안에서 하나님 자신을 보거나 경험했던 경우를 제외하고 대상 안에서 직접 보거나 알 수 있는 것은 아무것도 없습니다.

우선 그가 '존재 자체'라고 불리는 이유는 그가 자기 자신을 지식의 대상으로서 우리의 지성에 제시하기 때문이다. 그러나 가시적이건 비가시적이건, 물질적이건 비물질적이건 모든 존재들은 자기의 본질과 조건의 기원이 자기가 아닌 외부의 다른 어떤 것에 있었고, 그것에 의해 그들이 세상에 나타나기 전까지는 그들 자신의 고유한 실존성을 갖지 못했다는 것을 한목소리로 선언합니다. 왕이기도 했던 한 선지자[9]의 말에 따르면 모든 사물들은 "하늘은 하나님의 영광을 드러내고, 창공은 그의 솜씨를 알려 준다"(시 19.1)라고 말해 줍니다. 즉 창공은 나팔소리처럼 큰 소리로 자신이 "지극히 높으신 분의 오른손의 작품"이라고 선포합니다. 피조물들 중 하나인 우리는 "존재자들의 수와 크기로 존재하는 사실보다" 훨씬 더 강력한 방식으로 "사물들이 무엇을 소유하고 있든지 상관없이, 그들이 다른 외부원천으로부터 파생되었다는 사실"을 보여 주는 많은 표지들을 발견할 수 있을 것입니다. 이것은 전혀 놀라운 일이 아닌데, 왜냐하면 사물들은 자신들의 창조자와는 무한히 멀리 떨어져 있고, 그 사이에는 무한한 공간이 놓

∴

9) 이 문맥에서 왕이면서 선지자였던 사람은 고대 이스라엘 왕국의 제2대 왕으로서, 40년간 (기원전 1010~기원전 970) 통치했던 유다왕국의 다윗을 가리킨다.

여 있고, 오히려 늘 무에 더 가까이 있는 반면, 그들은 자신들이 나왔던 시원적 자궁인 무로부터 단지 무한할 뿐인 속성들에 의해 분리되었다가 언젠가 다시 그곳으로 돌아가야 할 것이기 때문입니다. 하지만 그들은 그들의 창조주 하나님과 대등하게 신성한 수준으로 결코 올라갈 수 없습니다. 그러므로 "사랑으로부터 만물은 충만해진다"라고 말했던 고대 이교도들이 옳았던 것입니다.

오직 하나님만이 우리의 마음을 완전하게 채우고, 그렇지 않을 경우 충족될 길 없는 마음의 욕구들을 만족시킬 수 있습니다. 그는 그의 본질과 지혜에 있어서, 그리고 권능과 선하심에 있어서 무한하기 때문입니다. 그는 일차적이고 으뜸가는 진리이며, 추상적 차원에서 진리 자체입니다. 그러나 인간의 마음은 본성상 유한하고, 그것의 실체는 생성된 것입니다. 그리고 오직 이 관점에서 인간의 마음은 무한에 참여하는 자인데, 그것은 무한한 존재와 으뜸가는 진리를 감지하기는 하지만 결코 온전히 파악할 수는 없기 때문입니다. 그러므로 다윗은 희열에 넘치는 자기만족 안에서 오직 지식과 사랑에 의해서만 피조물들이 자기의 하나님을 소유할 수 있고, 오직 하나님을 소유하는 것으로 만족한다고 솔직히 고백합니다. 그는 이렇게 말합니다. "내가 주님과 함께 하니, 하늘로 가더라도 내가 주님밖에 더 있겠습니까? 땅에서라도 내가 무엇을 더 바라겠습니까?"(시 73:25)

만일 여러분이 다른 모든 것들을 잘 알고 있으면서 오직 하나님에 대해 무지하다면 여러분은 늘 중심을 잃고 방황하고 있고, 지식 자체가 증가하는 것에 정비례하여 지식에 대한 사랑은 끝없이 커질 뿐입니다. 반대로 오직 하나님만을 알고 다른 모든 것에 대해 무지한 사람은 화평과 평정 속에 머물 것이며, ('값비싼 진주'를 발견하고 그것을 사기 위해 자신의 소유물 전부를 판 사람처럼) 그는 자기 자신을 경축하고 개가를 부를 것입니다. 바로 그 보물의 찬란함이나 광채에 이끌려 우리는 그것을 조사하고 깊이 탐구하게 되는데, 그렇지 않으면 착수하는 일 없이 아무것도 얻지 못할 것입니다. 그리고 (그것은 충만함에 있으므로) 일단 그 보물을 찾고 나면 그 발견은 늘 풍성한 이익을 낳습니다.

하지만 우리는 우리의 이 주제인 학적 대상을 더 엄밀하게 고찰해야 합니다. 우리는 그 보물의 '존재'를 신학의 학적 대상으로 다루고, 그에 따라 우리는 이 지상에서 하나님에 대한 지식을 얻을 수 있기 때문입니다. 그러므로 우리는 그것에 어떤 특정한 양태를 입히고, 논리적인 언어 형식에 담아야 하며, 그 다음에야 그것을 우리 지식의 기초로 삼을 수 있습니다.

이 문제에 관해서 우리는 세 가지 고려 사항에 주목해야 합니다. 첫째, 우리는 이 대상의 본성이 가진 무한성을 그대로 수용할 수 없으므로 반드시 우리의 능력에 적합하도록 그것을 조정해야 합니다. 둘째, 그처럼 장대한 규모의 존재가 은혜의 빛에 의해 드러나고 현시되는 계시의 일차 계기에, 그것이 영광의 빛에 의해 조명되고 (그 과정을 통해) 확장되어 더 큰 수용 능력을 요구할 때, 결코 인간의 마음은 그것을 담기에 부적합하기 때문입니다. 은총에 대한 지식을 올바른 방식으로 적용함으로써 "가진 자에게 더 주어질 것이다"라는 말씀대로 우리는 보다 숭고한 영광의 지식을 향해 (하나님의 의로움의 기준에 부합하도록) 위의 것을 추구해야 합니다. 셋째, 신학의 연구 대상은 단지 알게 하기 위해 신학의 장에 펼쳐지는 것이 아니고, 그것을 알게 하는 이유는 하나님께 경배하게 하기 위해서입니다. 이 세상에 속한 신학은 그처럼 실천적이고 믿음을 요구합니다.

이론 신학[10]은 다른 차원의 세계에 속하고, 순수하고 전적으로 투명한

••

10) theoretical theology. 이 대목에서 아르미니우스는 순수한 앎을 목적으로 하는 이론 신학

비전으로 이루어지며, 따라서 바울 사도가 표현한 대로 "우리는 믿음을 바탕으로 삼아서 살아가는 것이지, 보는 것을 바탕으로 삼아서 살아가는 것이 아닙니다"(고후 5:7)라고 한 것은, 그리고 또 다른 사도[11]가 "그때에 우리가 그를 참 모습 그대로 뵙게 될 것이기 때문입니다"(요일 3:2)라고 한 것은 바로 그 때문입니다. 그러므로 우리는 하나님을 경배하고자 하는 자세를 갖추어야 하고, 그러한 실천을 위해 우리 자신을 설득하고 확신을 심어줄 수 있도록 신학의 연구 대상에게 적절한 옷을 입혀야 합니다. 전술한 기본 방침은 하나님이 우리 신학의 주제가 된다는 사실과 일관되는 형식적 관계의 노선과 규칙이 됩니다.

그러나 인간이 자발적인 순종과 진심 어린 겸허한 복종에 의해 하나님을 경배할 수 있기 위해서는 우리가 마음[12]의 내적 설득을 통해 다음 사항

∴

과 현실에서 실천적 함의를 갖는 실천 신학을 구분한다. 이 구분은 아리스토텔레스의 지식론의 기본 구조에 신학적 상대역으로 보인다. 『전집』에 실린 강연, 선언문, 공식 토론 등에서 볼 수 있듯이 아르미니우스가 사용하는 연구 방법은 중세 후기의 스콜라적 방법으로 전유된 아리스토텔레스 철학이라는 사실을 주지할 필요가 있다. 따라서 신학의 대상에 대해 논구하는 현재 맥락에서 그는 하나님의 본성을 '존재 자체'로 파악하는데, 이것은 하나님 자신이 밝힌 신의 이름이기도 하다("나는 스스로 있는 자이니라." 출 3:14). 따라서 존재 자체로서 하나님에 대한 지식이 확립되기 위해 우선적으로 해소되어야 할 난점은 '존재', 즉 '있음'의 다의성이다. 존재 개념의 다의성을 파헤치기 위해 먼저 실체(ousia)로서 있는 것과 하나(the One)로서 있는 것을 구별할 필요가 있다. 아리스토텔레스, 『형이상학』, e2.2.2.1.1 참조. 아리스토텔레스의 『형이상학』의 핵심적인 주제와 논증을 집약적으로 기술하고 있는 전헌상의 저술은 아르미니우스 독해를 위해 매우 유용하다. 전헌상, "아리스토텔레스 『형이상학』," 『철학사상』, 별책 제7권, 제9호(서울대학교 철학사상연구소, 2006), pp. 59~64.

11) 『요한일서』의 저자인 사도 요한을 가리킨다.
12) heart. 직관과 추론, 계산을 주관하는 'mind'와 달리, 저자는 정서와 감정, 의지 등을 포괄적으로 주관하는 용어인 'heart'를 사용했다. 우리말 '마음'은 맥락에 따라 뜻을 구별할 필요가 있는 반면, 한자어 '心'은 일관되게 인지와 정서 양면을 모두 포괄하는 것으로 보인다.

을 믿을 수 있어야 합니다. 첫째, 경배를 받고자 하는 것은 하나님의 뜻이며, 또한 그는 마땅히 경배를 받을 만한 분이라는 것. 둘째, 그에게 드리는 경배는 헛된 일이 아니라 넘치도록 큰 상으로 보상된다는 것. 셋째, 경배의 양태는 그가 명령한 방식을 따라 시행되어야 한다는 것. 이 세 가지 특수 사항에 더하여 경배 양태에 대한 지식이 필수적입니다.

따라서 신학은 그 연구 대상에 관해 선행하는 믿음의 내용과 연관하여 알아 두어야 할 세 가지 필요충분조건을 요구합니다. 첫째는 하나님의 본성에 관해서이고, 둘째는 그의 행위에 관해서이며, 셋째는 그의 뜻에 관해서입니다.

먼저 그의 본성에 관하여. 그것의 정의(正義)의 관점에서 하나님은 경배를 받을 만하고, 그것의 지혜의 관점에서 그는 경배에 대해 올바른 판단을 내리기에 합당하며, 그리고 경배 자체가 갖는 지복에 속한 선과 완전성의 견지에서 그 경배는 즉각적이고 실효적인 상급으로 이어집니다.

동일한 목적을 위해 또 다른 두 가지 행위가 하나님에게 귀속되는데, 그것은 창조와 섭리입니다. 만물의 창조, 특히 하나님 자신의 형상을 따라 인간을 만드신 것, 그 기초 위에 인간에 대한 그의 주권적(sovereign) 권위가 확립되고, 그 사실로부터 그가 인간에게 경배를 요구할 수 있고, 또한 순종할 것을 명령할 수 있는 권리가 함축됩니다. 그 때문에 말라기는 다음과 같이 하나님의 불평을 기록했습니다. "내가 너희 아버지라고 해서 너희가 나를 공경하기라도 하였느냐? 내가 너희 주인이라고 해서 너희가 나를 두려워하기라도 하였느냐?"(말 1:6) 하나님이 만물을 다스리신다는 섭리의 개념은 그에게 귀속되고, 따라서 그가 인간 그리고 그와 연관된 다른 모든 것들을 거룩하고, 정의롭고, 지혜롭게 관리하고 통치하신다는 것, 그러나 그가 특별히 중요하게 여기며 감독하는 것은 역시 인간이 하나님께 드려야 하는 경배와 복종에 대한 것입니다.

끝으로 신학은 하나님께서 인간의 일에 관여하는 특정한 어떤 계약에 표현된 그의 뜻에 대해 연구하는데, 그것은 두 부분으로 되어 있습니다. 하나는 인간으로부터 경배받는 것을 그가 기뻐하신다는 선언, 그와 동시에 그 경배를 수행하는 양태를 그가 제정하셨음을 밝히는 부분입니다. 왜냐하면 그는 우리가 순종함으로써 드리는 경배를 받기를 원하시고, 따라서 경배는 인간의 선택이나 재량의 문제가 아니기 때문입니다. 다른 하나는 인간이 드리는 경배에 대해 풍성한 보상을 내리실 것을 하나님이 약속하시는 부분입니다. 그는 인간에게 이미 수여된 혜택에 대한 감사의 표시로 경배를 요구하실 뿐만 아니라, 엄청나게 위대한 일들에 대해 그의 성실을 다해 인간에게 알려 주실 것을 약속하십니다. 그는 복을 주시고 선한 것들을 수여하시는 것을 최우선적 일로 여기시는 까닭에 인간에게 피조물들의 수에 포함될 수 있는 실재성을 부여하셨으므로 하나님은 마땅히 그처럼 존귀한 대우를 받을 만합니다. 마찬가지로 그는 선한 것들을 수여하시면서 그 마지막 자리를 인간을 위해 예비해 두는 것을 원하셨는데, 즉 선의 원천이며 행복의 정점에 놓인 그의 선과 지복의 무한한 완전성에 따라 그는 자기를 경배하는 자의 창조자가 되는 동시에 그를 영화롭게 만드시는 주체(glorifier)가 되신 것입니다. 어떤 사람들이 하나님을 가리켜 '신학의 목적(the Object of Theology)'이라고 부르는 것은 바로 그 신성한 행위 때문인데, 그것을 부적절한 일로 볼 수 없는 것은 바로 그 최종 행위 안에 선행하는 다른 모든 것들이 들어 있기 때문입니다.

신에 대한 참된 관념을 정초하기 위해

이제까지 개괄적으로 기술했듯이 하나님을 신학의 대상으로 삼는 형식적 관계에 관해 신학자들 사이에 벌어지는 끝없는 논쟁도 조만간 조정되고 매듭지어질 것으로 생각됩니다. 그러나 청중 여러분의 인내심을 남용하는 것은 꾸지람 들을 만한 처사이므로 나는 이 주제에 대해서는 더 이상 부연하지 않을 것입니다.

그러므로 우리의 신성한 학문인 신학은 우선적으로 유일하고 참되신 하나님에게 이미 언급한 속성들, 즉 그의 본성, 그의 행위, 그의 뜻, 참으로 오로지 그에게만 속하는 것들을 귀속하는 일로 이루어집니다. 당연하게도 단순하고, 무한하며, 선하고, 정의롭고, 전능하고, 홀로 행복 자체이신 만물의 창조자이며 통치자이신 하나님은 찬양을 받기에 합당하고, 그의 뜻은 마땅히 경배할 대상이며, 그리고 경배하는 것만으로 경배자들을 행복하게 만들 수 있다는 사실을 아는 것만으로는 충분하지 않습니다. 이 같은 일반적 수준의 지식에 첨가되어야 할 것이 있는데, 그것은 그러한 신성(神性)에만 특정되어 있고, 그리고 경건한 경배의 유일한 대상에게 엄격하게 제한된, 오직 그에게만 속하는 특질들에 관해 가져야 할 확실하고 항구적인 관념입니다.

이 주제에 대해 확실하고 결정적인 관념들을 사유해야 할 필요성에 대해 성경은 매우 빈번히 일깨워 줍니다. "나는 주 너희의 하나님이다."(출 20:2) "나밖에 다른 신은 없다."(사 45:21) 선지자 엘리야도 이렇게 말했습니다. "주님이 하나님이면 주님을 따르고, 바알이 하나님이면 그를 따르십시오."(왕상 18:21) 인간은 신성에 관한 참된 관념으로부터 걸핏하면 일탈할 수 있기 때문에 확실하게 사유해야 할 책무에 대해 성경은 집요할 정도로 거듭해서 경고합니다. 이교도들이 신적 존재에 대해 아무리 명료하고 정확한 관념을 마음에 형성한다고 해도 그들이 걸려 넘어지는 첫 번째 장애물은 바로 다음과 같습니다. 즉 그들은 신성에 대한 올바른 관념을 정당하게 귀속되어야 할 하나님에게 귀속시키는 것이 아니라, 다음의 둘 중 하나에게 귀속시킵니다. 즉 로마서 기자가 "오 주피터여, 네가 하늘이나 공중이나 땅에 있든지"라고 표현했듯이 그와 같은 어떤 모호하고 불확실한 대상에게 귀속시키거나, 인공물들 중 어떤 것이나 단순히 머릿속에서 그려 낸 우상에 불과한 것, 어떤 그럴듯한 가상의 신에게 귀속시키는 것입니다. 그 어떤 것도 하나님의 본성이나 다른 어떤 속성들에 참여하는 것으로 볼 수 없는데, 사도 바울은 로마인들과 에베소인들에게 보낸 편지에서 그와 같은 허황된 전가(轉嫁)의 문제점을 지적하며 이방인들을 꾸짖었습니다(롬 1장, 고전 8장). 또는 많은 숭배자들을 거느린 특정 개인들에게 귀속시킵니다. 바울 사도는 아테네인들이 바로 그런 종류의 범죄를 저질렀다고 지목합니다. 그러나 이 죄목은 경배의 참된 대상을 잘못 알고 방황하거나, 다른 이름으로 불리는 신을 섬기는 모든 사람들에게도 적용됩니다. 그런 사람들에 대해 적확하게 기술하는 문장은 그리스도가 사마리아 여인과 나누는 대화에서 볼 수 있습니다. "너희는 너희가 알지 못하는 것을 예배하고."(요 4:22)

이 책무를 어기는 심각한 오류를 범하는 사람들은 성서에서 아데오이[13]라고 부르는 사람, 즉 '하나님 없는 자', 무신론자로 불러 마땅합니다. 그들은 불경건의 한계선을 넘어 아무 제약 없이 어느 신이든지 마음에 떠올리는, 전혀 용납할 수 없을 정도로 비합리적인 사람들입니다. 그렇게 간주될

⸪

13) ἄθεοί. 이 용어는 토마스 원전 성경에서 사용된 것으로, 에베소서 2장 11절에 부정 접두사가 붙은 낱말 그리스어인 아데오이가 쓰였다.

수 있는 고대 이교도들은 단적으로 무신론자로 부르기에 합당하다고 생각됩니다. 그 반면에 자기의 무지를 자각하는 사람들은 온전한 정신에 가장 근접한 수준에 속합니다. 여기서 반드시 주의해야 할 것 한 가지가 있습니다. 즉 그런 사람들에게 지식을 전달할 때, 우리는 먼저 그들이 이미 동화되어 있는 거짓 오류들에서 벗어나게 하고, 그런 다음에야 오직 진리만을 가르쳐야 한다는 것입니다. 진리가 그들의 마음에 과녁에 꽂히듯 심어질 때, 마침내 자신들이 오랜 세월 동안 극도로 유해한 오류에 둘러싸여 있었음을 깨달을 때 그들이 느낄 수밖에 없는 침통함에 비례하여 한층 더 게걸스럽게 진리를 붙잡으려 애쓸 것입니다.

그러나 방금 우리가 말했듯이 참된 신에 대한 관념들을 정초할 수 있기 위해, 그리고 사람들로 하여금 거짓된 신들을 창안하고 지어내는 일을 그치게 하기 위해 신학은 일차적으로 네 가지 점에서 영향력을 행사해야 한다고 생각합니다.

첫째, 신학은 우리가 신적 본성과 무관한 것을 하나님께 귀속시키거나, 혹은 그의 속성들 중 어느 것도 빠뜨리는 일이 없도록 신성이 확립하는 관계에 대해 우미(優美)하고도 풍성한 방식으로 설명할 수 있어야 합니다. 이에 관해 성경은 다음과 같이 기록합니다. "너희는 아무 형상도 보지 못했다는 사실을 깊이 명심하여라. 너희 스스로가 어떤 형상을 본떠서도, 새긴 우상을 만들지 않도록 하여라."(신 4:15, 16)

둘째, 신학은 유일하고 참된 하나님의 보편 행위와 특수 행위를 기술하고, 그 행위들에 의해 참된 신과 헛된 신들을 구별할 수 있어야 합니다. 이 점에 관해 성경은 말합니다. "하늘과 땅을 만들지 않은 신들은 이 땅에서 사라지고, 저 하늘 아래서도 없어질 것이라고 선언하여라."(렘 10:11) 또한 선지자 요나는 "나는 하늘에 계신 주 하나님, 바다와 육지를 지으신 그분을 섬기는 사람이요"(욘 1:9)라고 말합니다. 그리고 사도 바울은 다음과 같이 선언합니다. "우리가 하나님의 자녀이므로 우리는 하나님을 금이나 은이나 돌에다가 사람의 기술과 고안으로 만들어 낸 것들과 같다고 생각해서는 안 됩니다."(행 17:29) 또 다른 곳에는 이렇게 기록되어 있습니다. "나는 너희를 이집트 땅, 종살이 하던 집에서 이끌어 낸 주 너희의 하나님이다."(신 5:6) "너에게 나타난 그 하나님."(창 35:1) 그리고 "보아라, 그날이 지금 오고 있다. 나, 주의 말이다. 그때에는 사람들이 다시는 이스라엘 백성을 이집트 땅에서 이끌어 내신 주의 살아 계심을 두고 맹세하지 않고, 그 대신에 이스라엘 집의 자손이 쫓겨 가서 살던 북녘 땅과 그 밖의 모든 나라에서 그들을 이끌어 내신 주의 살아 계심을 두고 맹세할 것이다."(렘 23:7, 8)

셋째, 참된 신이 자기를 경배하는 자들과 계약을 맺은 일이 자주 언급되는데, 그것은 그 계약을 기억함으로써 인간의 마음을 그 계약을 체결한 하나님께 고정시킬 수 있게 하기 위해서입니다. 이에 관해 성경은 말합니다. "너는 이스라엘 자손에게 이르기를, 여호와, 너희 조상의 하나님, 곧 아브라함의 하나님, 이삭의 하나님, 야곱의 하나님이 나를 너희에게 보내셨다 하여라. 이것이 나의 영원한 이름이며, 이것이 바로 너희가 대대로 기억할 나의 이름이다."(출 3:15) 그리하여 야곱은 그의 장인 라반과 맹약을 체결할 때, "그의 아버지 이삭을 지켜 주신 두려운 분의 이름으로"(창 31:53) 맹세했습니다. 그리고 아브라함의 종이 주인 아들의 신붓감을 구하러 다녔을 때 그는 "주님, 나의 주인 아브라함을 보살펴 주신 하나님"(창 24:12)의 이름으로 기도했습니다.

넷째, 신학은 동일한 신성에 참여하는 사람들에 대해 언급할 때, 가장 적절하고, 특수하며, 개별적인 표지들에 의해 참된 신을 구별하고 분명하게 지칭해야 합니다. 그렇게 함으로써 신학은 예배자들의 마음을 올바른 방향으로 인도하고, 그들의 마음을 우리 주 예수 그리스도의 아버지이신 하나님께 고정시킬 수 있습니다. 이 점은 구약성서에 상당히 불투명하게 제시되어 있지만, 신약성서에는 그 점이 매우 명확하게 나타나 있습니다. 예를 들어 사도 바울은 "그러므로 나는 무릎을 꿇고 주 예수 그리스도의 아버지께 빕니다"(엡 3:14)라고 말합니다. 이와 비슷한 인용구들은 모두 하나님이 명시하신 바와 같이 "하나님께 간구할 때는 그가 직접 말씀하신 대로 간구해야 한다"라고 간명하게 요약될 수 있습니다.

율법신학에서 복음신학으로

그러나 신학의 대상에 관해 이제까지 관찰한 것들은 정확히 말해 인간의 원초적 상태를 다루는 율법신학(Legal Theology)[14]에 관한 것입니다. 원초적인 완전무결한 상태의 인간이 선하고 정의로운 하나님이 보호하시는 특혜와 자비 아래 있었을 때, 그는 법적 정의의 율법에 따라, 즉 "이렇게 하라, 그러면 네가 살 것이다"라는 형식을 따라 제정된 예배를 하나님께 드렸고, 그때 인간은 '마음과 뜻을 다하여' 선하고 정의로운 존재인 하나님을 사랑할 수 있었고, 마음에서 우러나는 성실함으로 그를 신뢰할 수

∴

14) 아르미니우스의 논의의 흐름을 보아 넓은 의미의 옛 언약에 기초한 율법신학을 가리키는 것으로 보인다. 여기서 지칭된 협의의 율법은 하나님께서 직접 제정하여 공표하신 것을 가리킨다. 그런 의미에서 율법신학은 뒤에서 언급할 그리스도의 교회를 중심으로 하는 '복음신학'과 대조된다. 반면에 근래에 논의되는 한 방향은 법의 외연을 넓혀 법적 틀 위에서 교회학(Ecclesiology)을 논구할 때 '법신학'이라는 개념을 사용하기도 한다. 즉 보편교회의 기원과 본성과 목적을 교회의 속성을 범주화하는 방법에 의해 기술한다. 하나님의 도덕적 속성들 중 정의를 정점에 놓을 경우, 자연스럽게 법적 고찰이 도입된다. Mark Hill, "Legal Theology", *Journal of Law and Religion*, Volume 32, Issue 1(March 2017), pp. 59~63.

있었기 때문입니다. 그리고 인간은 하나님께 자녀로서의 경외심을 나타내고, 종이 주인에게 하듯이 하나님께 기쁨을 드리고 마땅히 드려야 할 영광을 돌릴 수 있었습니다. 또 하나님 편에서는 그 자신의 정의로움을 전혀 저해하지 않는 방식으로 인간을 대할 수 있었습니다. 율법적 의(legal righteousness)의 파문 조건에 따르면 완전한 상태에서 인간이 드리는 경배는 정의 기준에 따라 보상을 받고, 법적 계약 조건을 통해 그리고 그것으로부터 귀결되는 '채무' 조항에 따라 '그에게 생명을 수여하게' 되어 있었습니다. 약속의 이행을 요구하는 자신의 선하심에 부합하도록 하나님은 그대로 행하실 것이었습니다. 그의 행위성에 의해 그 목적은 성취될 수 있으므로 그의 본성에 반하는 다른 별도의 속성도 요청할 필요가 없었습니다. 그의 선하심에 관해, 인간이 나타내는 온전한 신뢰의 선, 전폭적인 순종의 선에 대해 하나님은 자기의 선하심으로 갚는 것 외에 달리 어떤 것도 실행할 필요가 없었습니다. 즉 창조 행위(그것은 그때 이미 시작되었습니다)와 인간이 수여받은 조건에 부합하게 보존과 통치의 섭리적 행위를 실행하는 것을 제외하고 하나님은 어떤 행위도 더할 필요가 없었습니다. 제정된 법을 온전히 따를 것을 요구하고, 또한 그러한 복종을 영원한 생명으로 보상하기 원하는 뜻을 제외하고 하나님은 어떤 부가적인 의지를 품을 필요가 없었습니다. 그러므로 원초적 상태에 있는 인간은 신성한 속성들에 관한 기술을 통해 알게 된 하나님의 본성에 대한 지식, 그 본성의 행위에 대한 지식, 그렇게 행하기를 원하시는 하나님의 뜻에 대한 지식, 그리고 하나님 자신에 대한 지식과 더불어 하나님께 드리는 경배를 위해 필요한 지식을 자기가 소유한 것만으로도 풍족할 만큼 충분히 가지고 있었습니다.

그러나 인간이 율법에 복종하지 않음으로써 원초적 완전무결 상태로부터 이탈하고, 스스로 '진노의 자녀'가 되어 저주받은 상태로 전락했을 때,

하나님의 선하심은 법적 정의와 결합되었고, 그 상태로는 인간의 구원을 위해 충분하지 않게 되었습니다. 창조와 섭리의 행위도 마찬가지로 그것만으로 충분하지 않았고, 결국 이 율법신학은 그 자체로 불충분한 것이었습니다. 왜냐하면 인간이 사면을 받을 수 있기 위해서는 죄가 먼저 정죄되어야 하기 때문입니다. 사도 바울이 말했듯이(롬 8장) 그런 일을 "율법이 할 수 없던 것"(롬 8:3)입니다. 인간은 칭의 선언을 받아야 하는데 법에 의해서는 의로움을 얻을 수가 없는 반면, 우리의 죄를 들추어내고 진노의 뚜쟁이 역할을 하는 것이 바로 죄의 강점입니다.

그러므로 그러한 상황에서 이 율법신학은 어떤 유익한 목적을 위해서도 쓸모가 없습니다. 인간에게 유죄를 확신시키고 그에게 확실한 죽음을 선고하는 것이 죄의 가공할 만한 효력이기 때문입니다. 이 불행한 변화, 인생의 이 달갑지 않은 영고성쇠는 인간의 과실과 죄의 오염에 의해 세상에 들어왔습니다. 마찬가지로 그것이 원인이 되어 "생명으로 인도해야 할 그 계명"(롬 7:10)을 인류에게 치명적이고 파괴적이며, 영원한 치욕의 조달자로 만들었습니다. 그러므로 신적 본성에 속한 다른 속성들이 작동할 수 있게 호출되어야 했고, 하나님의 혜택이 모두 낱낱이 드러나고 설명되어야만 했습니다. 즉 자비, 오래 참으심, 온유, 인내, 용서를 그의 원초적 선(primitive good)의 저장고에서 불러내어 불의한 인간이 하나님과 다시 화해하고 그의 은총을 받는 자리로 돌아가기 위해 필요하다면 그런 혜택이 반드시 활성화되어야 했습니다. 또한 하나님의 다른 행위들도 수행되어야 했습니다. 그리하여 '새 창조'가 이루어지고, 이 새 창조의 모든 국면에 적용되어야 할 '새로운 섭리'가 제정되고 효력을 발휘해야 합니다. 즉 '구속(救贖) 사역'이 착수되어야 하고, '죄의 사면'이 획득되어야 하며, '잃어버린 의'가 다시 회복되어야 합니다. '은혜의 영'을 요청해야 하고, 그것은 반드시 지상에 강림해야만 합니다. 그리하여 '잃어버린 구원'이 회복되어야 합니다. 마찬가지로 인간의 구원에 관해 또 다른 작정이 새로 조성되어야 하고, 또 다른 계약, 즉 새 언약이 "그와 더불어 체결되어야" 하는데, 왜냐하면 "이 새 언약은 그 조상들과 맺은 언약과는 다른" 것인데, "그들이 내 언약을 지키지 않았기"(히 8:11) 때문입니다. 그 대신 또 다른 은혜로운 뜻에 의해 "우리에게 새로운 살 길을 열어"(히 10:20) 주심으로써 인간은 '정결해지고' 지성소에 들어갈 수 있을 만큼 거룩해질 수 있습니다. 이 모든 일이 준비되고 실행되어 새로운 계시의 기초로 놓여야 했습니다.

그러므로 앞에서 우리가 기술한, 그리고 우리의 구원을 회복하기 위해 가장 지혜롭게 사용될 수 있는, 신적 본성에 속한 속성들을 알리기 위해, 나타날 행위들을 선포하기 위해, 또한 우리가 언급한 바 있는 새로운 작정과 새 언약에 대해 설명하는 역할을 맡기 위해 또 다른 계시와 전혀 다른 종류의 신학이 필요했습니다.

그러나 죄인들의 심판자이며 가장 정의로운 보수자(報讎者)이신 하나님은 선뜻 그러한 행위들을 기꺼이 착수하기를 원하지 않을 수 있고, 또는 (애초에 율법에 의해 제시되었던 정의와 진리에 어긋나는 대립에 의해) 그의 본성의 다른 속성들을 나타내 보이고, 요구되는 행동을 실행하거나, 또한 작정(decree)을 새롭게 선포할 수 없을 수도 있습니다. 예외적으로 정의와 진리에 대해 전혀 흠이 없고, 신성한 속성을 보이고, 그것을 행동으로 옮기며, 그 행위를 통해 필요한 혜택을 베풀 수 있고, 그리하여 가장 은혜로운 작정을 완성할 수 있는 어떤 중보자(仲保者)[15]의 간섭이 시행되어야 합니다.

••

15) 'Mediator' 또는 'Intercessor'. 중보자는 하나님과 인간 사이에서 새로운 계약이 효력을 갖게 하는 그리스도의 사역을 특징짓는 명칭이다.

바로 그렇기 때문에 그 중보자는 자신의 피에 의해 죄인들을 속죄하고, 자신의 죽음에 의해 인류의 죄를 갚는 속전(贖錢)이 되며, 불의한 자들을 하나님과 화해시키고, 그의 임박한 진노로부터 그들을 구할 수 있으며, 하나님의 자비와 오래 참음과 인내를 활성화시켜 실현시키고, 영원한 구원을 가져오며, 죄의 사면을 성취하고, 영원한 의를 펼쳐 보이며, 은혜의 성령을 오게 하고, 은혜로운 자비의 작정을 확증하며, 자신의 피로 새 언약을 효력 있게 만들고, 영원한 구원을 회복시키며, 최종 단계에서 구원받을 사람들을 하나님께로 인도할 수 있어야 합니다.

그러므로 정의와 자비의 하나님은 그의 사랑하는 아들 예수 그리스도를 중보자로 임명하셨습니다. 예수는 아버지께서 자기에게 맡기신 직책을 순종함으로 수행하고 용감하게 실천에 옮기셨으며, 심지어 지금 이 순간에도 그 일을 실행하고 계십니다. 그러므로 예수는 하나님께서 중보자, 우리의 구원자, 우리의 왕, 그리고 (하나님 아래 있는) 구원의 상속자들의 머리로 서임(敍任)하신 분입니다. 그렇게 엄청난 수고를 감당하시고, 수많은 슬픔을 감내하셨으며, 수많은 이적을 행하셨고, 그가 이룬 공적을 통해 우리를 위한 그토록 많은 혜택을 성취하신 분께서 낮고 비천한 상태로 우리 가운데 이름 없이 머물고 계시다면, 그리고 우리에게서 아무런 영광도 받지 못하신다면 그것은 정의롭지도 않고 합당하지도 않습니다. 그가 우리에게서 인정과 경배와 간구의 보상을 얻고, 그가 베푸신 혜택에 대해 진심 어린 감사의 고백을 받는 것은 지극히 정당한 일입니다.

그러나 만일 사람들이 '그를 믿지 않는다면' 어떻게 그를 경배하고, 섬기고, 그에게 간구할 수 있으며, 또 우리가 그에 대해 들어 본 적이 없다면 어떻게 그를 믿을 수 있겠습니까? 그리고 선포하는 사람이 없다면 우리가 어떻게 그에 대한 이야기를 들을 수 있겠습니까?(롬 10:14) 그렇기 때문에 예수 그리스도에 관해 계시하는 일이 필요해졌고, 바로 그러한 이유로 이 두 대상(즉 하나님과 그의 그리스도)은 우리의 구세주 그리스도께서 말씀하신 대로—"영생은 오직 한 분이신 참 하나님을 알고 또 아버지께서 보내신 예수 그리스도를 아는 것입니다."(요 17:3)—죄인을 구원하는 일을 위해 충분히 기여할 수 있는 바로 그런 신학의 기초로서의 자리를 차지합니다. 실제로 이 두 대상은 서로 분리될 수 있거나, 하나가 다른 것의 부속물이 될 수 있는 것 같은 범주에 속하지 않습니다. 그러나 두 분 가운데서 그리스도는 합당하고 적절한 방식으로 하나님 아버지께 복종합니다. 여기서 우리는 그리스도를 대상으로 삼는 신학을 '그리스도 신학'이라고 부르는 것이 가장 적법하고 타당하다고 생각할 수 있는데, 그것은 율법에는 나타나 있지 않고, 비록 두 낱말(그리스도의 복음과 율법)이 때때로 서로 혼동되는 것이 사실이지만 구약시대에는 약속에 의해, 그리고 신약시대에는 '예수 그리스도의 복음'이라 불리는 것에 뚜렷이 나타나 있습니다. 그러나 이 두 대상들의 연합과 복속 관계에 대해 잠시 생각해 보기로 합시다.

우리는 하나님과 그리스도를 '그리스도교 신학'[16]의 연구 대상으로 삼으므로 율법신학이 우리에게 하나님을 설명하는 방식은 부차적인 것을 첨가함으로써 많이 확장된 것임에 의심의 여지가 없고, 따라서 우리의 신학은 법적 수준을 능가하는 훨씬 고상한 차원에 속합니다.

하나님은 그리스도를 통해 자기의 모든 선하심을 나타내셨습니다. "하

16) 도르트 신경의 제한적 시각에서 아르미니우스의 사상을 항론파의 다섯 개 논제로 압축하는 것은 구체적인 역사적 지평에서 부각된 쟁점과 대안의 특수성을 넘어 일반화시키는 난점에 봉착할 수 있다. 특히 아르미니우스의 신학적 지평은 유의미한 방식으로 기독론적 토대 위에 서 있다고 리처드 멀러는 강조한다. Richard A. Muller, "The Christological Problem in the Thought of Jacobus Arminius", Netherlands archief voor Kerkgeschiedenis(Dutch Review of Church History), col. 68, No. 2(1988), pp. 146~147.

나님께서는 그리스도 안에 있는 모든 충만함을 머물러 하시기를 기뻐하시고."(골 1:19) "성부의 충만함은 그리스도 안에 머물러 계시는데", 어렴풋하거나 그림자 같은 것이 아니라 "육체로서(bodily)" 머무십니다. 그렇기 때문에 그는 "보이지 않는 하나님의 형상"(골 1:15)이자 "하나님의 영광의 광채, 하나님의 본바탕의 본보기"(히 1:3)라고 불리는데, 성부 하나님은 자기의 무한한 위엄, 측량할 수 없는 선하심, 자비와 인애를 그리스도에게 충만하게 채워 주심으로써 우리는 그리스도를 통해 하나님을 묵상하고 바라보며, 또 만지고 느낄 수 있습니다. 그리스도 자신도 친히 빌립 사도에게, "나를 본 사람은 아버지를 본 사람이다"(요 14:9)라고 말씀하셨습니다. 예를 들어 새긴 인(印)에서 미세하고 깊은 흔적을 볼 수 있듯이, 깊이 새겨진 인을 질료 표면에 눌렀을 때 생기는 정밀하고 도드라진 각인처럼, 성부 하나님 안에 감추어져 있어서 지각할 수 없는 것들도 그리스도에게서 선명하게 나타나 있으므로 아주 명료하고 뚜렷이 눈에 포착될 수 있습니다.

이 그리스도 신학에서 하나님은 존재자들 가운데 지극히 높으시고, 가장 선하시며, 그리고 가장 위대하신 분으로 제시됩니다. 가장 선하시다는 것은 옛 신학과 마찬가지로 피조물로서의 의무를 올바로 수행하는 사람들에게 하나님께서 기꺼이 자신을 알려 주실 뿐만 아니라, (인간의 행복을 위해) 또한 악하고 열매 맺지 못하는, 심지어 원수라고 선언된 죄인들까지 은혜로 받아 주시고 자기와 화해하게 하시며, 그들이 회개할 때 기꺼이 영생을 주시기 때문입니다. 가장 위대한 분이라는 것은 그가 무(無)를 철폐하고 만물을 창조하심으로써 무로부터 만물을 만드셨을 뿐만 아니라, (죄는 본성상 무보다 더 악하므로 그것을 정복하는 것은 한층 더 어렵다) 은혜롭게도 우리의 죄를 용서하시고, 권능으로 죄를 멸절함으로써 죄에 대해 승리를 거두셨으며, 두 번째 창조(second creation)를 통해 "영원한 의를 세우시고" 또한 "개인 교사 역할"(갈 3:24)을 할 뿐인 율법의 능력을 훨씬 능가하는 중생(regeneration)의 길을 열어 놓으셨기 때문입니다. 그러한 이유로 그리스도는 우주 창조를 통해 처음 나타났던 지혜와 능력보다 훨씬 더 찬란한 "하나님의 능력이요, 하나님의 지혜"(고전 1:24)라고 불립니다. 이 새로운 신학[17]에서 하나님은 모든 측면에서, 즉 그의 본성뿐만 아니라 그의 의지에 관해서도 변개(變改)하지 않는 분으로 기술되는데, 복음서에 나타나 있듯이 그의 의지는 확정적이고 결정적인 것이며, 어떤 경우에도 그가 새로운 의지가 발동하여 뜻을 수정하는 일은 있을 수 없습니다. 왜냐하면 "예수 그리스도께서는 어제나 오늘이나 영원히 한결같으신 분"(히 13:8)이기 때문입니다. "이 마지막 날에는 아들을 시켜서 우리에게 말씀하셨습니다."(히 1:2) 그러나 율법이 지배하고 있던 때에 이 문제는 완전히 다른 상황에 처해 있었고, 그 점은 우리의 궁극적인 혜택과 관련해 매우 중요합니다. 만일 율법에 나타난 하나님의 뜻이 최종적인 선언일 뿐만 아니라 또한 우리에게 결정적인 것이었다면 우리는 모든 피조물들 가운데 가장 비참하게도, 그렇게 선포된 하나님의 뜻에 따라 하나님 자신으로부터 영원히 추방되어야 했을 것입니다. 그리하여 지금 우리의 운명은 구원으로부터 유리된 상태에 있었을 것입니다. 현재의 논증에서 나는 하나님의 뜻에 대해 어떤 변개 가능성도 귀속시키고 있지 않습니다. 나는 오직 그의 의지에 그런 식의 최종적인 것과 경계를 둘러치고 있을 뿐이고, 혹은 오히려 하나님께서 직접 그의 뜻을 결정하고 영원하고 확정적인 선언에 의해 구원 계획을

••

17) '새로운 신학'이란 일반적으로 '복음신학'을 가리키는데, 현재 문맥에서 아르미니우스는 '그리스도 신학', 즉 그리스도의 초림 이후에 역사적으로 펼쳐지고 효력 있는 것으로 부상한 '기독론적 복음'을 지시한다.

예정하는 방식을 택하기에 앞서 먼저 하나님 자신이 의도하신 다른 것, 따라서 "더 좋은 언약을 보증"(히 7:22, 8:6)할 수 있는 모종의 여유 공간이 마련되어 있음을 지시하고자 할 뿐입니다.

　이 복음신학은 그리스도 안에서 우리의 시각과 지식의 대상으로서 하나님을 확실하고 찬란하고 명료하게 제시하기 때문에, 마치 맨얼굴로 거울을 들여다보듯이 주님의 영광을 바라볼 때 우리는 "주님과 같은 모습으로 변화하여 점점 더 큰 영광에 이르게 됩니다."(고후 3:18) 지극히 탁월하고 무엇과도 비교할 수 없는 그의 광채와 영광에 비해 율법 자체를 밝거나 영광스럽다고 말할 수는 없습니다. "죽음에 이르게 하는 직분에도 이러한 영광이 따랐는데 하물며 영의 직분에는 더욱더 영광이 넘치지 않겠습니까?(고후 3:7~8) 이것은 진실로 "은밀하게 감추어져 있는 하나님의 지혜"이며, "그것은 하나님께서 우리를 영광스럽게 하시려고 영세 전에 미리 정하신 지혜"(고전 2:7; 롬 16:25)가 될 수 있게 한 것입니다. 이 비밀은 너무 위대하여 가히 형언할 수 없는 것입니다. 그럼에도 그것은 예수 그리스도에 의해 드러났고, 지극히 밝고 찬란하게 "나타나 있으므로" 육신적인 것이 아니고는 달리 그가 자신을 나타낼 수 없었던 그런 방식으로 하나님께서 친히 "육신으로 나타나신"(딤전 3:16) 것이라고 말할 수 있습니다. 그의 나타나심은 하나님의 의도가 표현된 것으로서, "이 글은 생명의 말씀에 관한 것입니다. 그것은 태초로부터 계신 것이요, 우리가 들은 것이요, 우리가 눈으로 본 것이요, 우리가 자세히 살펴본 것이요, 우리가 손으로 만져 본 것입니다."(요일 1:1, 2)

　그리스도교 신학의 대상은 이처럼 양태화된[18] 상태에 있으므로 우리

∴

18) 개정 개역본의 '옷 입은(clothed)'을 의역하여 '양태화된'으로 옮긴 것이다. 하늘의 일이나

의 마음을 풍성하게 채우고 욕구를 만족시킬 수 있습니다. 이에 대해 바울 사도는 주저 없이 이렇게 선언합니다. "나는 여러분 가운데서 예수 그리스도 곧 십자가에 달리신 그분밖에는 아무것도 알지 않기로 작정하였습니다."(고전 2:2) 빌립보의 신자들에게 그는 말합니다. "나의 주 예수 그리스도를 아는 지식이 가장 고귀하므로 나는 그 밖의 모든 것은 해로 여깁니다. 나는 그리스도 때문에 모든 것을 잃었고 그것들을 오물로 여깁니다. 내가 바라는 것은 그리스도를 알고 그분의 부활의 능력을 깨닫고 그분의 고난에 동참하여 그분의 죽으심을 본받는 것입니다."(빌 3:8, 10) 이와 같이 조정된 우리의 신학의 대상에 대한 지식은 곧 모든 참된 영광과 열렬한 자랑의 원천이고, 그 점은 우리가 앞에서 예레미야서 본문을 인용한 대목에서, 그리고 사도 바울이 그것을 전유하기로 한 목적에서 뚜렷이 입증됩니다. 일찍이 그것은 다음과 같이 표현되었습니다. "오직 자랑하고 싶은 사람은 이것을 자랑하여라. 나를 아는 것과, 나 주가 긍휼과 공평과 공의를 세상에 실현하는 하나님인 것과, 내가 이런 일 하기를 좋아한다는 것을, 깨달아 알 만한 지혜를 가지게 되었음을 자랑하여라."(렘 9:24) 하나님의 긍휼하심에 대해 말하는 것을 듣게 될 때, 언제든지 여러분은 반드시 그것을 그리스도에게 귀속시켜야 합니다. 지상의 죄인들을 진멸시키기 위해 하나님은 그리스도에게서 "삼키는 불"(신 4:24, 히 12:29)을 취하십니다. 사도 바울은 이 사실을 다음과 같은 방식으로 전유합니다.

"여러분은 하나님께로부터 나서 그리스도 예수 안에 있습니다. 그는 우

..

성도들의 성화에 관해 기술할 때도 '옷'의 유비가 빈번히 사용된다. 예를 들어 주인의 혼인 잔치에 참석하려면 반드시 예복을 갖추어 입을 것이 요구되는데, 이 경우, 예복은 신자들의 선한 행실을 빗댄 것이다. 마태복음 22장 1~14절 참조.

리에게 하나님으로부터 오는 지혜가 되시고 의롭게 하여 주심과 거룩하게 하여 주심이 되셨습니다. 그것을 성경에 기록한 대로 누구든지 자랑하는 자는 주 안에서 자랑하게 하시려는 것입니다."(고전 1:30, 31) "예수 그리스도를 제외하고 어떤 것도 알고자 하지 않겠다는" 그의 마음의 절실한 욕구, 그리고 그칠 줄 모르는 지식에 대한 욕망이 그리스도 안에서 닻을 내리게 되는 것은 참으로 놀라운 일인데, 왜냐하면 그리스도와 그의 복음 안에 "모든 지혜와 지식과 보화가 감추어져"(골 2:3, 9) 있기 때문입니다.

하나님과 그리스도의 복속 관계

이 연합[19]에 관해서는 우리의 주제에 해당하는 각론에서 설명되어 있으므로 계속해서 우리는 신학의 대상인 두 분 사이에 이루어지는 복속 관계(subordination)로 넘어갑니다. 먼저 복속 관계의 본성에 대해, 그 다음으로 그것의 필연성에 대해 검토할 것입니다.

첫째, 이 복속 관계의 본성은 다음과 같이 설명할 수 있는데, 즉 하나님이 우리에게 제공하시는, 또는 우리가 하나님과 더불어 나누는, 구원으로 이끄는 모든 종류의 교류는 그리스도의 중재를 통해 수행된다는 것입니다.

하나님이 우리에게 행하시는 교류 작용은 우리를 향한 그의 자비로운 사랑으로부터, 우리와 관련된 은혜로운 선언에 의해, 또는 우리에게 적용되는 그의 구원하는 효력에 의해 이루어집니다. 이 모든 특수한 조건들에 의해 그리스도는 계약 당사자들 사이에 중보자로서 등장합니다. 왜냐하면

..
19) 하나님과 그리스도의 연합.

첫째는 하나님께서 우리에게 자기의 선하심과 긍휼하심 같은 애정을 교류하고자 하실 때, 그는 자기의 기름 부은 자(his Anointed One)에게서 "하나님의 사랑하는 아들"임을 확인하고 그 안에서 "우리에게 거저 주신 하나님의 영광스러운 은혜를 찬미하게"(엡 1:6) 하셨기 때문입니다. 둘째는 하나님께서 기꺼이 자기의 선하심과 자비에 의해 은혜로운 작정을 선포하실 때, 그는 자기의 기쁨을 알리기 위해 그리스도를 그 작정의 목적과 성취 사이에 두시는데, 그렇게 하시는 이유는 "하나님의 기뻐하시는 뜻대로, 예수 그리스도로 말미암아 우리를 하나님의 자녀로 예정"(엡 1:5)하셨기 때문입니다. 셋째는 그의 은혜로운 작정을 따라 이처럼 넘치는 사랑으로부터 그가 기꺼이 우리에게 복을 내리실 때, 그것 역시 동일한 그의 아들의 중보 행위를 통해서 이루어지기 때문입니다. 우리의 머리이신 그리스도 안에 성부 하나님은 온갖 보배와 복들을 간직해 두셨기 때문에 그의 아들을 통하지 않고서는, 또는 권위로써 그 복들을 관리하고 자기의 기뻐하시는 뜻대로 나누어 주시는 아버지의 대리인인 그리스도에 의해서가 아니면 그 복은 우리에게 주어지지 않을 것입니다.

그러나 우리가 하나님과 나누는 소통의 교류도 그리스도의 중재에 의해 성립됩니다. 그것은 세 가지의 층위로 이루어는데, 즉 하나님께 가까이 나아감(access to God), 그와 연합함(cleaving to him), 그를 즐거워함(the enjoyment of him)이 그것입니다.

이 세 가지 특수한 국면이 바로 오늘 우리가 고찰하려는 주제인데, 그 국면은 인간의 실존 수준으로 내려와 실제로 작동할 수 있게 되고, 그리하여 믿음, 소망, 그리고 믿음의 소산인 사랑에 의해 계획된 대로 각각의 기능을 수행할 수 있게 됩니다.

하나님께 나아가기 위해서는 세 가지 필요조건이 충족되어야 합니다. 첫째, 우리가 접근할 수 있도록 하나님께서 임재해야 합니다. 둘째, 우리가 그에게로 나아가는 길은 평탄하고 안전한 길이어야 합니다. 셋째, 그에게 나아갈 수 있는 자유가 우리에게 주어져야 하고, 우리에게는 담대히 나아갈 수 있는 확신이 있어야 합니다. 이 모든 기초 사항들은 그리스도의 중재에 의해 이미 우리에게 허가되었습니다. 왜냐하면 성부 하나님은 감히 범접할 수 없는 빛 가운데 계시고, 그리스도 위에 멀리 엄정한 공의의 보좌에 앉아 계시기에 그는 죄인들이 쳐다볼 수 없는 가공할 만한 대상이기 때문입니다. 그러나 하나님은 그리스도에게 기름을 부으시어 "사람에게 속죄 제물로" 주셨고, "누구든지 그의 피를 받으면 속죄함[20]을"(롬 3:25) 받을 수 있게 하셨습니다. 그리스도에 의해 법궤 덮개, 그리고 법궤 안에 들어 있는 율법의 참소와 설득과 저주는 하나님의 위엄 있는 임재 앞에서 마치 휘장처럼 찢어지고 파괴될 것입니다. 그리하여 하나님께서 앉아 계신 곳에 은혜의 보좌가 세워지고, "그리스도 안에서 우리는 그 보좌 앞으로 나아가야" 합니다. 따라서 성부 하나님은 그의 아들 안에서 "우리에게 접근할 수 있는 쉬운 통로"[21]를 마련하셨고, "그 휘장은 곧 그의 육체"(히 10:20)로서 "휘장을 꿰뚫어서 우리에게 살 길을 열어" 주셔서 우리로 하여금 아버지께 나아갈 수 있게 했을 뿐만 아니라, 주 예수 그리스도는 그 자신이 "길"(요 14:6)

..

20) 그리스도의 중보가 주제로 다루어지는 대목에서 1권의 번역자이자 편집자인 제임스 니콜스는 '구속'이나 '속죄'를 지시하는 'apropitiation'이라는 낱말이 쓰인 번역본을 사용했는데, 오늘날 영어 번역본에서 그 용어보다는 'atonement'가 사용되는 것이 일반적이고 의미상으로도 큰 차이가 없다.

21) euwrositov. 어원을 정확히 알기 어렵지만 이 낱말의 자구적 의미는 'easy access to us'이다. 본성상의 현격한 격차로 인해 하나님은 인간에게 직접 다가올 수 없다. 그러나 빌립보서 2장 5~8절에서 사용된 그리스어 '케노시스'는 '그리스도의 자기 비움'을 지칭하는데, 이에 의해 하나님이 인간에게 가까이 올 수 있는 길을 찾은 것으로 말할 수 있다. 이 용어는 내포적 차원에서 러시아정교의 '유로지비(yurodstvo)' 전통과 연관되는 것으로 보인다.

이시므로 한 치의 오차 없이 아버지께 확실하게 나아갈 수 있도록 친히 인도하십니다. "예수의 피에 의해" 우리는 접근할 수 있는 자유를 얻었지만 "예수께서는 앞서서 달려가신 분으로서 우리를 위하여 거기에 들어가셨습니다."(히 6:20) 그러나 아직 우리는 "지성소에 들어갈 수 있는" 허락을 받지 못한 상태에 있으며, "우리는 확고한 믿음을 가지고 참된 마음으로 하나님께 나아가"(10:20) 마음에 확실한 믿음을 가지고 "담대하게 은혜로 보좌로 나아가야"(4:16) 합니다. 이 같은 상황에서 우리는 어떤 기도를 하나님께 드려야 할까요? 그리스도는 아버지 앞에 그 기도들을 꺼내어 바치시는 대제사장이십니다. 그는 또한 제단(祭壇)도 되시므로 그 위에 바쳐진 기도는 우리 아버지 하나님께 감사가 넘치는 냄새를 풍기는 방향(芳香)이 되어 올라갑니다. 감사의 제사를 하나님께 드리는 것이 마땅합니까? 감사의 기도는 반드시 그리스도를 통해 드려야 하고, 그렇게 하지 않을 경우 하나님께서 "너희들이 내 제단에 헛된 불을 피우지 못하게 하면 좋겠다"(말 1:10)라고 말씀하실 것이기 때문입니다. 우리는 선한 행실을 행해야만 합니까? 우리는 그것도 그리스도의 영을 통해 행해야 하고, 그래야만 그 행위의 진정한 주체가 되시는 그의 추천을 얻을 수 있기 때문입니다. 그리고 그 행위 위에 그리스도의 피가 뿌려져야 하는데, 그래야만 그 행위의 부족함 때문에 아버지께 거절당하지 않을 수 있습니다.

그러나 우리가 하나님께로 나아가는 것만으로는 충분하지 않습니다. 우리가 그에게 연합(cleave)[22]하는 것이 우리에게 유익합니다. 이 연합 행위를 확증하고 그것을 항구적으로 만들기 위해서는 본성의 통공(通功,

••
22) 영어 'cleave'는 종이 두 장에 풀칠을 해서 마주 붙이는 것을 가리킨다. 목회자란 말은 이 'cleave'라는 어원에서 연유한다.

communion)[23]이 관건이 됩니다. 하지만 하나님에 대해 우리 스스로 그런 통공을 실현할 수는 없습니다. 그 반면에 그리스도는 하나님과 공통 본성을 가지시므로 우리는 "역시 피와 살을 가지신"(히 2: 14) 그리스도를 통해 거룩한 본성을 소유할 수 있습니다. 우리의 머리가 되시는 그는 우리에게 그의 영을 나누어 주시고, 우리는 (그의 지체로서, 그리고 "그의 살 중의 살이요 뼈 중의 뼈"로서 그에게 연합할 수 있으므로) 그와 일체를 이룰 수 있으며, 그 러므로 그를 통해 아버지와 연합하고, 그리하여 두 분과 연합된 "한 영(one Spirit)"이 될 수 있습니다.

끝으로 고찰해야 할 것은 즐거움(enjoyment)의 정서입니다. 이 지상에 사는 동안 우리의 지각과 지성에 의해서만 아니라 가슴(heart)에 의해서도 인식되는 하나님의 선하심과 아름다움으로부터 얻는 견실하고 지속적인 미각(taste)은 모든 정감의 원천입니다. 우리 안에 내주(內住)하시는 성령의 가장 거룩한 증언, 즉 "우리가 하나님의 자녀, 영생의 상속자"(롬 8:16)라는 사실이 우리 마음에 선언되는 일은 우리가 그리스도 안에 있지 않는 한 우리의 것으로 경험될 수 없습니다. 그러한 내적 증언을 들을 때, 우리는 즉시 이루 말로 형언할 수 없는 기쁨을 느끼고, "소망과 인내 가운데 우리 영혼을 소유하고", 그리고 모든 환난과 어려움 속에서도 하나님의 이름을 부르고 외칠 수 있습니다. 우리의 아바 아버지[24]는 우리가 하나님께 가까이

··
23) communion. 가톨릭교에서 '통공'으로 번역하는 이 용어는 존재론적으로 공통 본성을 갖는 것을 뜻한다. 현재 맥락에서 이 요건이 언급된 것은 인간이 하나님과 연합할 수 있으려면 본성을 나눌 수 있어야 하는데, 그리스도 공로의 중보 사역에 의하지 않고서는 우리가 직접 하나님과 통공할 수 없다는 문제를 부각하기 위해서다.
24) '아바 아버지'는 히브리어 아브(אב; ab 또는 abba)와 그리스어 파테르(πατήρ)를 병치한 것으로, 신약성경에서 이 표현은 마가복음 14장 36절, 로마서 8장 15절, 갈라디아서 4장 6절, 오직 세 곳에서 쓰였다. '아바' 또는 '압바'는 '아빠'라는 일상어의 의미라기보다 아버지의

나아가는 마지막 단계에 이르게 되기를, 우리가 그의 안에 머물고 그에게 연합되는 정점에 도달하기를, 그리고 우리가 경험하는 지복 자체를 향수(享受, fruition)[25]할 수 있기를, 즉 우리가 맑고 투명한 눈(vision)으로 하나님을 직접 보게 될 순간을 열정적으로 고대하고 계십니다. 그러나 이 주제들에 관해서는 우리가 오늘 다루는 주제의 셋째 단원에서 더 충실하게 다루는 것이 적절할 것입니다.

하나님과 그리스도 관계의 필연성

둘째로 그리스도 신학의 두 대상, 하나님과 그리스도 사이의 상호 복속 관계에 대해 살펴보았으므로 그 관계의 필연성에 대해 몇 가지를 첨언하겠습니다. 이 필연성은 우리의 오염 상태와 지독한 타락과 달리 결코 더럽혀질 수 없는 하나님의 성결하심과 그의 공의의 불변하는 위엄을 서로 비교하는 지점에서 시작합니다. 이 차이는 우리를 하나님으로부터 아득히 멀리 떼어 놓았고, 우리 사이에 그처럼 거대한 간격이 점유하고 있으므로 오직 하나님의 진노의 포도주 틀을 그리스도가 짓밟아 버리지 않는 한, 그리고 그의 몸의 짓눌리고 꺾이고 찢어진 혈관 밖으로 흘러넘치는, 너무도 귀한 그의 보혈의 흐름이 다른 방법에 의해서는 메워질 수 없는 큰 구렁을 메우고, 우리의 양심을 깨끗이 씻기며, 그의 보혈의 피 뿌림을 얻고, 그리하여 사망의 모든 공적들이 제거되지 않는 한(히 9:14, 22) 우리는 결코 그와 연

⁘

깊은 사랑을 함의하는 것으로 보는 것이 더 타당하다.

25) fruition. '향유하다', '즐기다'를 뜻하는 라틴어 'fructus', 'fruitus sum'에서 온 것으로, 어거스틴을 비롯한 중세교부들은 하나님의 아름다움에 대한 미적 향수를 'frui Dei'라고 불렀다.

합될 수 없고, 따라서 우리가 그에게 접근할 수 있는 다른 통로는 있을 수 없습니다. 그렇게 정결함을 얻을 때 비로소 우리는 떳떳이 하나님께로 나아가 "두려움 없이 주님을 섬기게 하시고, 우리가 평생 동안 주님 앞에서, 거룩하고 의롭게 살아갈"(눅 1: 74, 75) 수 있습니다.

그러나 이 복속 관계가 필연적인 것은 분명하지만, 우리가 그리스도를 믿지 않는 한 그 필연성은 하나님조차도 보장할 수 없습니다. "여러분은 그분으로 말미암아 하나님을 믿고 있습니다. 하나님께서는 그를 죽은 사람 가운데서 살리시고, 그에게 영광을 주셨으니, 여러분의 믿음과 소망은 하나님께 있습니다"(벧전 1:21)라고 사도 베드로는 말합니다. 이 진술에 따르면 하나님에 대한 우리의 믿음은 율법에 의해서가 아니라, 참으로 '믿음의 말씀'과 '약속의 말씀' 자체이신 우리 주 예수 그리스도의 은혜의 복음에 의해 효력 있게 된 것입니다.

이 필연성에 대해 고찰함으로써 우리는 무한한 유익을 얻을 수 있습니다. 첫째는 앞의 관찰을 통해 분명히 알 수 있듯이 자신들의 죄를 마주할 때 두려움에 떠는 신자들의 양심이 확신을 갖게 됩니다. 둘째는 그리스도교 신앙의 필연성을 확신할 수 있습니다. 나는 둘째 항목에 덧붙여야 할 것이 있다고 생각하는데, 지금 우리가 추구하는 목적과 그리스도교 신앙의 본질이 요구하기 때문입니다.

그러므로 나는 그리스도의 중보 사역은 하나님으로부터 구원을 획득하여 그것을 사람들에게 전달하기 위해 필요할 뿐만 아니라, 그리스도를 믿는 믿음에 의해 이 구원을 그의 손에서 직접 얻을 수 있는 자격을 신자들에게 부여한다고 생각합니다. 즉 그리스도를 믿는 믿음이란 하나님의 지혜, 권능, 선하심과 자비하심 같은 일반적인 개념으로 파악되는 믿음이 아니라, 사도들에 의해 예고되고 그들의 증언을 통해 기록된 믿음, 그리고 구원의 최초 사자들이 전달한 우리 구세주에 대한 믿음이기 때문입니다.

나는 어떤 사람들이 다음과 같은 입장을 천명하면서 내놓는 논증에 전혀 휘둘리지 않습니다. "구원의 주체가 되는 모든 사람들에게 요구되는 그리스도에 대한 믿음은 과도할 정도로 특수하고 제한적이기 때문에 그것은 하나님의 자비의 풍성하심에 부합하지도 않고 그의 공의의 요구에도 맞지 않는다. 왜냐하면 그리스도의 복음의 소리를 직접 귀로 들을 수 있는 기회를 얻기도 전에 수많은 사람들이 이 세상을 떠나고 있기 때문이다." 하나님의 정의와 자비가 수여되는 이유와 조건은 능력이나 감정의 제한되고 얕은 수위에서 결정되어서는 안 되고, 오히려 우리는 하나님 자신의 속성들이 자유롭게 관리하고 정의롭게 수호될 수 있도록 하나님께 모든 것을 맡겨야 한다는 주장입니다. 그러나 어쨌거나 같은 결과에 도달할 것인데, 하나님께서 자신의 신성한 속성들을 어떤 방식으로 나누어 주시든지 그는 교류하는 것 자체를 기뻐하시기 때문입니다. "주께서 판단하실 때에 주께서 이기십니다."(롬 3:4) 하나님의 말씀으로부터 우리는 직접 지혜와 지식을 얻어야 합니다. 일차적인 문제, 그리고 어떤 이차적인 문제들을 다룰 때도 인용한 말씀이 말하는 그대로입니다. 그리스도를 믿는 믿음의 필연성은 하나님의 정의로운 자비와 자비로운 정의가 약속한 것에 준거합니다. "아들을 믿는 사람에게는 영원한 생명이 있다. 아들에게 순종하지 않는 사람은 생명을 얻지 못한다. 그는 도리어 하나님의 분노를 산다."(요 3:36) 이것은 완강한 불신자들에 대한 하나님의 진노를 처음으로 언급한 것이 아닙니다. 왜냐하면 불신자는 그때쯤이면 과거에 율법을 어긴 죄들로 인해 이미 하나님의 진노를 충분할 정도로 겪었을 것이기 때문입니다. 그리고 그 진노는 그들이 믿지 않는 채로 사는 동안 계속 '그들을 따라다닙니다.' 왜냐하면 하나님의 아들을 믿음으로써 죄에서 해방될 수 있는 기회와 능력이 그들에게 주어졌기 때문입니다. 다시 말해 "내가 곧 그이라는 것을 너희가 믿지 않으면 너희는 너희 죄 가운데서 죽을 것이다"(요 8:24). 그리고 또 다른 곳에서 그리스도는 이렇게 선언하십니다, "영생은 오직 한 분이신 참 하나님을 알고 또 아버지께서 보내신 예수 그리스도를 아는 것입니다."(요 17:3) 사도 바울도 "그래서 하나님께서는 우리의 어리석은 선포로 믿는 사람들을 구원하시기를 기뻐하셨습니다"(고전 1:21)라고 말합니다. 사도가 말하는 '선포'란 유대인에게는 걸려 넘어지는 돌, 헬라인에게는 어리석음으로 적시되었던 십자가의 도(the doctrine of cross)를 가리킵니다.

그러나 유대인과 헬라인 모두에게 그리스도는 하나님의 능력이며 하나님의 지혜이십니다(고전 1: 21, 23, 24). 이 능력과 지혜는 하나님이 세상을 창조하셨을 때 사용했던 속성들과는 다른데, 왜냐하면 현재 맥락에서 그리스도는 그 속성들과는 확연히 구별되기 때문입니다. 오히려 그 속성들은 복음에 나타난 지혜와 능력으로서 확실하게 "모든 사람을 구원하는 하나님의 능력"(롬 1:16)을 가리킵니다. 그러므로 그리스도의 십자가는 구원을 요청하거나 전달하는 데 필요할 뿐만 아니라, 또한 실제로 구속을 획득하기 위해서도 십자가 교의를 믿어야만 합니다.

십자가에 달려 있는 믿음의 필연성은 십자가 교의가 사람들에게 전파되고 제시되는 특정 상황을 기원으로 하는 것이 아니라, 하나님의 작정에 따라 그리스도를 믿는 믿음이 필연적인 것이 되었으므로 십자가 교의의 원천은 그것을 믿는 사람이 구원을 얻을 것이라는 선포 자체입니다. 하나님이 선포하신 대로 그리스도를 믿는 것이 필요 불급할 뿐만 아니라, 또한 아버지께서 그리스도에게 하신 약속의 조건에 따라, 그리고 두 위격 사이에서 재가된 언약에 따라 필수 요건이 되었습니다. 그 약속의 내용은 "내게 청하여라. 뭇 나라를 유산으로 주겠다"(시2:8)라는 것입니다. 그러나 그리스도의 유업은 다름 아니라 믿는 자들의 무리입니다. "그날에 임금님의 백성이 즐거이 헌신하고 새벽 이슬이 맺히듯이 젊은이들이 임금님께로 모여들 것입니다."(시 110:3) "아브라함에게 모든 이방 민족이 너로 말미암아 복을 받을 것이다 하는 기쁜 소식을 미리 전하였습니다."(갈 3:8) 이사야서도 다음과 같이 선포합니다. "그가 그의 영혼을 속죄 제물로 여기면 그는 자손을 볼 것이며 오래오래 살 것이다. 주께서 세우신 뜻을 그가 이루어 드릴 것이다. 고난을 당하고 난 뒤에 그는 생명의 빛을 보고 만족할 것이다. 나의 의로운 종이 자기의 지식으로 많은 사람을 의롭게 할 것이다."(사 53:10, 11) 그리스도는 아버지께서 완결하신 언약을 증거로 제시하면서 그것을 근거로 삼아 이렇게 간구하십니다. "아버지, 때가 왔습니다. 아들을 영광되게 하셔서, 아들이 아버지께 영광을 돌리게 하여 주십시오. 아버지께서는 아들에게 주신 모든 사람에게 영생을 주게 하시려고 모든 사람을 다스리는 권세를 아들에게 주셨습니다. 영생은 오직 한 분이신 참 하나님을 알고 또 아버지께서 보내신 예수 그리스도를 아는 것입니다. 나는 아버지께서 내게 하라고 맡기신 일을 완성하여 땅에서 아버지께 영광을 돌렸습니다."(요 17:1~4) 그러므로 그리스도는 아버지의 작정과 약속, 그리고 언약(covenant)에 따라, 사도 바울이 선언하듯이, 그를 믿는 모든 사람의 구세주가 되었습니다. "그리고 완전하게 되신 뒤에 자기에게 복종하는 모든 사람에게 영원한 구원의 근원이 되시고."(히 5:9) 따라서 그리스도가 없는 이방인들은 "이스라엘 시민권에서 제외되어서 약속의 언약에서는 외인으로서 세상에서 아무 소망이 없이 하나님도 없이 살았습니다." 그러나 믿음에 의해 그들도 "전에는 하나님에게서 멀리 떨어져 있었으나, 이제는 그리스도 예수 안에서 그분의 피로 하나님께 가까워졌습니다." 그리하여 그들도 "빛의 자녀"가 되었습니다(엡 2:12, 13, 58). 그러므로 고난당하신 아들을 우리에게서, 그리고 우리의 믿음으로부터 빼앗긴 마당에, 또 아버지까지 잃어버리는 일이 없도록, 우리는 구원의 제단과 닻[26]을 지켜야 하듯이 마찬가지로 그리스도를 믿는 믿음의 필연성도 온 힘을 다해 수호해야 합니다.

"누구든지 아들을 부인하는 사람은 아버지를 모시고 있지 않은 사람이오."(요일 2:23) 하지만 만일 우리가 이 필연성을 조금이라도 축소하거나 제한하는 일을 방치한다면 믿음이 있다고 자처하는 그리스도인들 가운데서 그리스도 자신을 멸시의 대상으로 만들고, 결국에는 그를 완전히 거부하고 전면적으로 포기해 버리고 말 것입니다. 왜냐하면 구원의 공로를 박탈하는 것, 그리고 우리가 어떤 필연성에 의해 억지로 동맹 서약을 하지 않았던 그분으로부터 구원의 능력을 빼앗는 것은 별로 어렵지 않기 때문입니다. 많은 혜택을 준 사람에게 감사 표시를 할 필요가 없다고 생각할 사람이 어디 있겠습니까? 그런 일은 없습니다. 구원할 능력을 인정하지 않아도 되는 사람에 대해 그가 구원의 주체(Author)가 아니라고 공개적으로 자신 있게 말하지 못할 사람이 어디 있겠습니까? 그러므로 두 인격, 즉 하나님과 그리스도 간의 연합은 우리의 그리스도 신학에서 확신 있게 주장되고

..

26) 사도행전 27장에는 바울이 로마로 압송되는 장면이 기술되어 있다. 로마 군대에 속한 백부장 율리오가 총책임자가 되어 바울을 포함한 죄수들을 태우고 이탈리아를 향해 출발한다. 그러나 바람이 거세어져서 사이프러스 해안을 끼고 길리기아와 밤빌리아 바다를 거쳐 루기아의 무라성에 이르러 간신히 알렉산드리아호에 오르게 된다. 그들은 거센 풍랑 때문에 여러 날 표류하다가 겨우 미항(美港)에 도착한다. 무리하게 항해를 계속하는 것은 적재한 화물과 인명에도 큰 손해를 가져올 것이라는 바울의 조언을 무시하고 자신들의 경험을 내세우는 선원들의 말을 믿고 율리오는 항해하기로 밀고 나간다. 이런 상황에서 어디에 닻을 내릴 것인가, 즉 '인간의 말 또는 하나님의 인도하심' 중 어디에 닻을 내릴 것인가 하는 물음은 시급히 답해야 할 문제가 된다. 일찍이 구약시대에 제시되었던 '구원의 뿔'이 있는 제단과 함께 구원의 닻은 우리의 영원한 '영적 피난처'의 표시다. 누가복음 1장 57절~80절은 예수님을 구원의 뿔로 묘사한다.

견지되어야 합니다. 그리스도 자신이 우리에게서 분리되어 단절되고, 또한 우리도 그에게서 추방되는 동시에 우리 자신의 구원을 잃어버리는 것을 바라지 않는 한 어떤 상황에서도 두 분이 완전히 분리되고 우리에게서 단절되는 일이 있어서는 안 될 것입니다.

하나님과의 거룩한 연합을 위하여

지금 우리가 다루고 있는 주제는 신학의 대상에 대한 고찰에 포함되어야 할 부분들을 전체적으로 그리고 개별적으로, 또한 그 부분들의 순서를 여러분 앞에 일목요연하게 제시할 것을 요구합니다. 하지만 나는 강연을 장황스럽게 만듦으로써 장내를 가득 채운 명망 있는 청중들을 오래 붙들어 두고 싶지 않습니다.

그러므로 하나님과 그리스도라는 이중 대상을 갖는다는 사실에 의해 신학의 존엄과 위풍, 찬란함과 풍요로움은 말할 수 없을 정도로 경이롭기 때문에 "하나님의 형상을 따라 지음 받은 사람들" 또는 "그리스도인"이라든가 "하나님과 그리스도의 형상을 따라 거듭난 사람들"이라는 훨씬 더 위엄 있는 이름으로 불리는 영광을 얻게 된 사람들이라면 신학 지식을 얻기 위해 진지하고 뜨거운 열정을 다해 헌신하고, 근면하게 관심을 기울이며, 전력을 다해 집중하기에 이보다 더 가치 있고 만족스럽고 유익한 대상은 없다고 말하는 것이 당연합니다. 하나님의 형상을 따라 지음 받은 인간이 자기의 위대한 원형(archetype)에 늘 자신을 비추어 보는 것보다 더 가치 있는 일이 어디 있겠습니까? 하나님의 신성한 패턴(Divine Pattern)으로부터 발산되는 유익한 빛줄기에 지속적으로 조명되고 또 그 빛을 반사하는 것만큼 즐거운 일을 어디서 찾겠습니까? 그렇게 조명을 받음으로써 하늘나라의 원형에 점점 더 가까워지는 것보다 유익한 일이 있겠습니까? 실제로 그런 종류의 지식을 추구하는 것보다 우리에게 더 큰 유익이 되는 지식은 없습니다. 우리의 창조자요 주님이요 아버지이신 하나님에 관한 지식을 밤 낮으로 습득하는 시간을 갖는 것만큼 피조물, 종, 자녀에게 더 적절하고 영광스러운 활동이 과연 있을 수 있겠습니까? 그리스도에 대해 부지런하고 꾸준히 묵상하고 생각과 가슴 안에, 그리고 입술에 항상 그를 품는다면 그리스도의 피에 의해 구원을 얻고 그의 영에 의해 성별된 사람에게 그보다 더 영예롭고 아름다운 일이 있을 수 있습니까?

동물로서의 삶은 우리에게 다양한 기능을 수행할 것을 요구한다는 것, 그 과정을 감독하는 일은 공동체의 공공선을 위해 각 분야를 나누어 맡길 사람들이 필요하다는 것, 그리고 모든 직무를 올바른 방향으로 운영해 나가는 데 필요한 지식은 오직 열심히 연구하고 꾸준히 연마함으로써 얻게 된다는 것을 나는 잘 알고 있습니다. 그러나 직무를 운영하는 책임을 공식적으로 맡은 관리자들이 반드시 명심해야 할 가장 중요한 원칙—즉 다른 어떤 문제보다 우선적으로 하나님 나라와 그 의를 추구하는 일에 초점을 두어야 한다는 것(마 6:33)—을 잊지 않는다면 그들은 여가와 휴식, 그리고 묵상과 관심조차 바로 그 주제에 집중하는 것을 우선순위에 두어야 한다고 인정할 것입니다. 다윗 자신은 큰 무리를 거느린 왕이었고 수많은 전투에 출정했지만, 그는 그 무엇보다도 이 중심 원리를 부지런히 갈고 닦는 일을 게을리 한 적이 없었습니다. 그런 지혜로운 실천을 통해 그가 얻게 된 많은 혜택에 대해 그는 그것이 "나를 내 원수들보다 더 지혜롭게 해 주는"(시 119:98), 그리고 또한 그것에 의해 "내가 내 스승들보다 더 명석해"(시 119:99)질 수 있게 했던 지혜로부터 얻은 것임을 시인합니다. 솔로몬이 지은 가장 **빼어난** 세 편의 논고들은 오늘날까지 교회에서 찬탄과 감사와 함께 읽혀지는 글입니다. 그것은 부친의 왕좌를 물려받아 같은 백성의 수장이 되어 다스리는 동안 제왕으로서 그가 신성한 일들에 대한 지식으로부터 많은 유익을 얻었음을 증명합니다. 그러나 어떤 로마 황제의 견해에 따르면 "통치를 잘하는 것보다 더 어려운 일은 없으므로" 왕들로 하여금 자기의 시간과 주의를 다해 그러한 지혜를 얻는 일에 게을리해도 좋을 만한 어떤 정당한 이유를 내놓을 수 있겠습니까? 그러므로 제왕들이 그렇게 연마했던 것은 결코 놀라운 일이 아닙니다. 그들은 하나님의 명령에 의해 이 유익하고도 즐거운 학문에 심취했던 것입니다. 그리고 그 동일한 하나님의 명령은 우리 각자에게도 내려졌고 동일한 구속력을 가집니다. 플라톤은 오랜 숙고 끝에 "국가의 왕과 장관들이 철학자가 될 때, 또는 철학자들이 국가의 장관으로 선출되어 정부의 업무를 지휘할 때, 국민들은 오래도록 행복과 번영을 누릴 수 있다"라고 결론을 내렸습니다. 우리 역시 이 견해를 따르되 신성한 일들에 관해 참되고도 유일한 지혜를 얻을 수 있는 신학에 더 큰 정당성을 부여할 수 있을 것입니다.

그러나 누구보다 뛰어나고 학술적 지식을 쌓아 온 청년으로서 부모나 후원자의 소망에 따라, 그리고 여러분 자신의 욕구에 의해 이 학문에 헌신하기로 결심하고, 자신을 거룩히 구별하여 봉헌한 여러분에게 특히 이 권면들이 적용됩니다. 젊은 신학도 여러분은 단지 자기의 구원에 박차를 가하기 위한 근면한 연구로 그치지 않고, 장차 적합한 분야에서 (하나님께 가장 큰 기쁨을 드릴 수 있도록) 가르치고, 훈련시키고, 그리고 성도들의 교회—"그리스도의 몸이요 만물 안에서 만물을 충만케 하시는 분의 충만함"(엡 1:23)—를 세우는 직분에 어울리는 자격을 얻기를 원하기 때문입니다. 정당한 권리를 따라 이 학문의 대상이 차지하는 범위와 위엄에 여러분의 시선을 고정시키는 데 힘을 다하십시오. 이 신성한 지식에는 참되고 정의로운 영광이 현존하므로 하나님과 그리스도에 관한 지식을 얻기 위해 밤낮으로 진력하는 것만큼 영광스러운 일이 없다는 것을 입증하려고 굳이 애쓸 필요가 없습니다. 그 지식들은 천사들도 얼마나 큰 관심을 가지고 엿보려 하는지 상상해 보십시오. 마찬가지로 젊은 신학생 여러분은 하늘의 존재들과 함께 적어도 명목상으로 거룩한 연합(communion)을 이루기 위해 막 들어가는 참이며, 그리고 얼마간 시간이 지나면 여러분이 준비하고 있고, 또한 내가 여러분을 위해 그토록 바라고 소망하는 위대한 목적을 위해 하나님께서 부르실 것입니다.

여러분이 기꺼이 스승으로 인정하고도 남을 만한 분으로서 그리스도를 알고자 하는 뜨거운 열정으로 그 자신을 불사를 정도였기에, 이 신성한 지식과 비교할 때 세속적인 다른 지식을 모두 하찮게 여겼을 뿐만 아니라, "나의 주 예수 그리스도를 아는 지식이 가장 고귀하므로 나는 그리스도 때문에 모든 것을 잃었습니다"(빌 3:8)라고 고백했던, 그리스도의 택하신 그릇인 사도 바울을 본받도록 하십시오. "그대는 어려서부터 성경을 알고 있습니다"(딤후 3:15)라고 말하며 바울이 칭찬을 아끼지 않은 제자 디모데를 보십시오. 여러분은 이미 그에 비길 만한 복을 몫으로 받았으며, 이방인들을 위한 사도였던 위대한 스승이 자기의 제자 디모데에게 일러 준 것처럼, 이미 받은 교훈을 따르고 맡은 일에 충성하기로 굳게 결심하기만 한다면 장차 여러분은 지식의 큰 진보를 이룰 것입니다.

그러나 이 학문은 근면뿐만 아니라 경건과 그리고 하나님을 기쁘시게 하려는 진실한 욕망을 요구합니다. 왜냐하면 여러분이 조사하고 탐구하며 참으로 알고자 하는 대상은 신성하기 때문인데, 즉 거룩한 것들 중 가장 거룩한 것이기 때문입니다. 신성한 것들을 오염시키는 것은 너무도 부끄러운 일입니다. 그것을 위탁받을 사람들은 일말의 오욕도 끌어들이지 않도록 유의해야 합니다. 제사를 드리기 전에 고대 이교도들은 다음과 같이 선포했다고 합니다.

"불경스러운 것들은 여기서 멀리, 멀리 떠날지어다!"

이보다 더 중요하고 합당한 이유로, 여러분은 거룩한 천사들의 합창대가 "거룩, 거룩, 거룩, 전능하신 주 하나님!"이라고 세 번이나 노래하는 지극히 높으신 하나님께, 그리고 그의 그리스도에게 제사를 드리려 할 때, 그와 같은 주의를 스스로에게 거듭해 들려주도록 하십시오. 여러분이 이 학문을 연마하는 동안 다른 것을 추구하거나 여러 가지 상이한 목표에 의해 마음이 분산되는 어려움을 겪지 않도록 주의하십시오. 여러분 스스로를 단련시키는 한편, 이 강연이 의도한 설계를 따라 여러분에게 제시한 것에 마음을 집중하고 훈련해 나가도록 하십시오. 그렇게 할 때 얼마 있지 않아서 여러분은 그동안의 노고를 결코 후회하지 않을 것입니다. 하지만 주님에 대해 배워 가는 과정에서 일취월장함에 따라 여러분은 다른 사람들에게도 유익을 주는 사람이 되어야 합니다. "주께서는 주님을 경외하는 사람과 의논하시며, 그들에게서 주의 언약을 확인하신다."(시 25: 14) 그렇습니다. 이처럼 방해받지 않고 집중할 수 있는 환경에서 여러분은 "좋은 몫을 택하였다. 그것을 빼앗기지 않을 것"(눅 10:42)이라는 평가를 듣게 될 것이며, 여러분의 지식은 날마다 새롭게 증진될 것입니다. 하나님과 그의 그리스도에 관한 지식에 의해 여러분의 마음이 크게 확장됨에 따라 그 마음은 성령을 통해 하나님과 그리스도로 가득 찬 풍요로운 거처가 될 것입니다. 이것으로 강연을 마칩니다.

신학의 원저자[27]와 목적

신학의 위상을 높이기 위하여

논증적인 성격의 강연에 능숙하고 찬양이나 비난을 받을 만한 주제를 스스럼없이 선택하는 사람이라면 일반적으로 청중의 마음에 일격을 가함으로써, 즉 애증의 불균형이 낳는 감정에 추동되어 그들이 입을 열지 않을 수 없게 만들 수 있을 것이라는 요행심을 마음에서 제거하고, 반대로 그 자신이 마음의 건전한 판단에 의해 움직인다는 것, 그리고 개인적인 의지

..

27) 성경에 관해 제1저자인 성령과 그 성령의 감동을 받아 실제로 성경을 기록한 역사적 저자 (흔히 성경 기록자라고 불리는 사람들)를 구별할 수 있듯이 신학에 관해서도 아르미니우스는 하나님을 제1저자 또는 원저자로, 그리고 신학 사상이나 견해를 밝히는 각 시대의 신학자들을 제2저자로 구별한 것으로 보인다. 이 문제와 관련해 해석학, 현상학, 저자 이론, 상호텍스트성 이론 등의 접근이 가능하다.

의 타오르는 불길을 따라가는 것이 아니라 그들이 다루는 주제의 본성에 부합하는 지성적 이해의 명석한 빛을 따르고 있다는 것을 확신시켜 줄 수 있어야 합니다. 그러나 나에게 그런 식의 순서를 따라가야 할 필요는 없습니다. 왜냐하면 오늘 내가 강연 주제로 택한 것은 그러한 의구심을 가질 만한 모든 근거를 아주 쉽게 제거하기 때문입니다.

지금 내가 사랑의 감정에 이끌리고 있다는 것을 부정하지 않지만, 솔직히 말해 그 문제는 어떤 사람이 자신을 사랑하지 않을 경우, 그는 자신을 미워하고, 엉뚱한 마음을 품고 자기의 영혼의 삶을 팔아 버리는 것이 됩니다. 신성한 학문인 신학은, 오늘 이 개괄적이고 미사여구 없는 강연에서 내가 찬양하지 않을 수 없는 탁월성과 위엄을 지닌 주제입니다. 그리고 이 학문은 여러분 모두로부터 최고의 경의를 받아야 할 대상입니다. 그럼에도 불구하고 나는 신학을 여러분이 평가하는 것보다 훨씬 더 높은 수준에 올려놓고 싶습니다. 사실 그것은 이 학문의 가치 자체의 정당한 요구입니다. 그리고 그것은 내 직책의 본성이 요구하는 것이기도 합니다.

신학의 위상을 높이기 위해 다른 학문들의 대상으로부터 장식물을 빌려오는 일은 나의 연구와 무관합니다. 신학의 아름다움이 가진 완전성에 어떤 외부적인 것을 더해도 그 아름다움을 퇴화시키거나 그 단아함을 잃지 않게 할 방도는 없습니다. 다만 나는 그 장식물들을 그 자체로 최고의 추천장으로 제시할 뿐입니다. 그것에 해당하는 것은 곧 신학의 대상, 원저자, 그리고 신학의 목적과 확실성입니다. 신학의 대상에 관해 이미 우리는 주님께서 나누어 주시는 것은 무엇이든지 포함된다고 선언했습니다. 따라서 이제 우리는 신학의 원저자와 목적에 대해 말할 차례입니다. 하나님은 모든 측면에서 내가 이 신학이 인도하는 대로 따라갈 것을, 그리고 이 신학의 본성에 일치하고 하나님이 보시기에도 가치 있으며 여러분에게, 그의 이름의 영광에, 주님 안에서 우리 모두를 연합시키는 일에 유익이 되는 것 외에는 아무것도 끌어들이지 말도록 명하셨습니다. 탁월하고 점잖으신 청중 여러분. 이제부터 내가 신학의 원저자와 목적에 대해 말하기 시작할 때, 앞의 강연에서 신학의 대상에 대해 말하는 동안 여러분이 보여 주었던 것과 똑같은 친절과 주의를 다해 내가 말하는 내용에 경청해 주시기를 간절히 빌고 바랍니다.

이제 곧 신학의 원저자를 다룰 것이고, 나는 그의 탁월성에 대해 장황스럽게 찬사를 늘어놓는 식의 보고서를 읽는 것 같은 일은 하지 않을 것입니다. 여러분에게 굳이 그렇게 할 필요가 없기 때문입니다. 다만 나는 다음과 같은 항목들을 다룰 것입니다. 1) 신학의 원저자는 누구인가? 2) 그 저자의 어떤 측면을 고찰할 것인가? 3) 신학을 통한 계시에서 원저자는 그의 속성들 중 어느 것을 사용하고 있는가? 4) 그 원저자는 어떤 방식으로 계시를 전달하는가?

율법신학의 원저자

우리는 두 개별자들[28]과 연관 지어 신학의 대상을 고찰했습니다. 그리고 우리의 주제 각 부분이 서로 적절하고 확연하게 응답할 수 있도록 우리는 신학의 '원저자(the Author)'라는 표제 역시 이중 관점에서, 즉 율법신학과 복음신학의 측면에서 고찰할 수 있을 것입니다. 두 신학 모두 동일한

---

28) 여기 언급한 두 개별자(two particulars)란 서로 독립된 인격적 주체로서 하나님과 그리스도를 가리킨다. 성삼위의 속성들이 각각 보편성을 지니지만, 그것들을 아우르는 주체로서의 성부, 성자, 그리고 성령을 각각 개별자로 부를 수 있다.

개별자를 신학의 원저자와 주체 대상으로 다루고, 교의를 제시하는 개별자 또한 그 교의의 내용인 동시에 논증이기도 합니다. 이 점은 수많은 다른 학문에서 발견할 수 없는 특이한 면모입니다. 하나님은 모든 지식의 원천인 까닭에 다른 학문들도 하나님을 원저자로 내세울 수 있습니다. 하지만 우리가 보았듯이 그 학문들은 사실상 하나님에게서 기원하는, 그가 지은 어떤 피조물들, 즉 하나님 자신이 아닌 특정 대상에 대해 연구합니다. 특별한 이유로, 그리고 다른 여타 학문들의 교의와는 첨예하게 구별되는 이유로, 그 학문들은 신학의 교의가 하나님을 자신의 원저자의 위치에 놓는 것과 같은 방식으로, 하나님을 유효한 원인[29]으로 두고 그에게 참여하고 있지 않습니다. 그러므로 하나님은 율법신학[30]의 원저자입니다. 즉 하나님과 그의 그리스도, 또는 그리스도 안에서 그리고 그리스도를 통해 하나님은 복음신학의 원저자가 되십니다. 그것에 관해 성경은 증거를 제시하고 있고, 따라서 그러한 대상의 본성 자체는 그 두 대상에 대해 각각 증명할 것을 우리에게 요구합니다.

성경은 타락 이전 법신학의 원저자에 대해 다음과 같이 기술합니다. "주 하나님이 사람에게 명하셨다. 동산에 있는 모든 나무의 열매는 네가 먹고 싶은 대로 먹어라. 그러나 선과 악을 알게 하는 나무의 열매만은 먹어서

··

29) efficient cause. 아리스토텔레스의 사원인론에 제시된, 개체들을 생성하는 네 가지 원인들 중 하나. 이 유효적 원인 또는 작용인은 어떤 외부적 힘이나 기술을 사용하여 사물이나 상태에 변화를 가져올 수 있는 성격을 가진 원인으로, 그 결과로 인공물이 산출된다. 예를 들어 예술 작품의 경우, 사용되는 매체는 질료적 원인인 반면, 그 질료에 특수한 방식으로 작용하여 의도한 결과를 얻기 위해 투여되는 행위는 작용인 또는 유효적 원인이다. 이 경우 작용인은 예술가의 의도와 그의 기술을 가리킨다.

30) legal theology. 본서에서는 법신학 또는 율법신학으로 옮겼다. 학자에 따라서는 교회학 (Ecclesiology)으로 부르기도 한다.

는 안 된다. 그것을 먹는 날에는, 너는 반드시 죽을 것이다."(창 2:16, 17) 문장의 표현을 보면 주어진 명령을 어길 경우를 위해 인간에게 경고하고, 그가 주어진 명령대로 순종할 경우를 위해 약속을 제시합니다. 그러나 그런 내용의 법이 제정되기에 앞서 인간이 명심해야 할 두 가지 사항이 있습니다. 하나는 지혜롭고, 선하시며, 정의롭고, 큰 능력을 가지신 하나님의 본성이고, 다른 하나는 창조 행위에 기초하는 일종의 권리로서, 그 근거 위에서 명령을 내릴 수 있는 하나님의 권한입니다. 한 가족처럼 서로 대화를 나누고, 자기 형상을 따라 교류하는 하나님의 현현을 통해 인간은 그 두 가지에 대해서는 물론이고 하나님에 대해 다른 선행 지식도 가졌을 것이 분명하고, 그렇기 때문에 하나님의 영에 감동된 인류의 최초의 조상은 "이 사람! 뼈도 나의 뼈, 살도 나의 살"(창 2:23)이라고 외쳤던 것입니다. 사도 바울은 이 두 가지 선행 지식이 믿음에 의해 획득되고, 따라서 하나님의 현현으로부터 얻을 수 있는 것으로 보았습니다. 전자의 지식에 대해 사도는 이렇게 말합니다. "하나님께 나아가는 사람은, 하나님께서 계시다는 것과 하나님께서는 자기를 찾는 사람들에게 상을 주시는 분이라는 것을 믿어야 합니다."(히 9:6) 그러므로 만일 하나님이 그러한 상을 주시는 분이라면 그는 지혜롭고 선하고 정의로우며 권능을 행사하실 뿐만 아니라, 또한 인생을 돌보시는 보호자이심이 분명합니다. 그러므로 후자에 대해 사도 바울은 이렇게 말합니다. "믿음으로 우리는 하나님께서 말씀으로 이 세상을 창조하셨다는 것, 곧 보이는 것은 나타나 있는 것에서 생기지 않았음을 깨달았습니다."(히 11:3) 그리고 인간의 원초적 상태에 관한 도덕법에 대해 성경에 명시적으로 또는 특별히 기술되어 있지 않지만, 전형적인 제의법(祭儀法)을 인가하는 상황에서 그것은 도덕법에 준거해 이해되어야 합니다. 왜냐하면 전형적인 제의법은 인간에게 먼저 시험해 본 다음 도덕법에 복종할 책무를 지우기 위한 것으로서, 도덕법에 대한 복종을 위해 실시되는 선행 실험 같은 것이기 때문입니다. 이 점은 타락 후 모세에 의해 도덕법이 다시 제정된 것에서 한층 뚜렷이 나타나는데, 이스라엘 백성에게 다음과 같은 말과 함께 전달된 점이 특히 그렇습니다. "이 모든 말씀은 하나님이 하신 말씀이다."(출 20:1) 그리고 "오늘 내가 너희에게 주는 이 모든 율법과 같은 바른 규례와 법도를 가진 위대한 민족이 어디에 또 있겠느냐?" 그러나 모세는 하나님이 자기에게 알려 주신 대로, 그리고 그가 명령하신 그대로 백성 앞에서 명령을 공포했습니다. "이 세상에는 주 우리의 하나님이 숨기시기 때문에 알 수 없는 일도 많다. 그것은 주님의 것이다. 그러나 하나님은 그의 뜻이 담긴 율법을 밝히 나타내 주셨으니, 이것은 우리의 것이다. 우리와 우리의 자손은 길이길이 이 율법의 말씀에 순종해야 한다."(신 29:29) 그리고 사도 바울도 이렇게 말합니다. "하나님을 알 만한 일이 사람에게 환히 드러나 있습니다. 하나님께서 그것을 환히 드러내 주셨습니다."(롬 1:19)

그 대상의 본성에 관해서도 똑같은 방식으로 확증됩니다. 하나님은 우주의 원저자이므로 (그리고 그것은 자연적이고 내적인 작용에 의해서가 아니라 의지적이고 외재적인 활동에 의한 것이며, 그가 자기의 것으로 선택하는 한, 그리고 그것의 연원인 무와 마찬가지로 그가 자기의 작품에 분유하시는 것입니다) 필연적으로 그의 탁월성과 위엄은 우주의 용량 전체를 훨씬 능가하고, 같은 이유에서 인간의 능력보다 월등히 높습니다. 이 논리에 따라 하나님은 성서에 묘사된 바 "사람이 가까이 할 수 없는 빛 가운데 계시고 사람으로서는 본 일도 없는 분이십니다."(딤전 6:16) 하나님은 어떤 피조물이라도 더는 투명하게 바라볼 수 없을 만큼 크고 눈부신 광채 속에 계시기 때문에 그가 그 빛의 광선을 어떤 방법에 의해서든지 조정하는 과정을 거쳐 자기 자신을 피조물들에게 나타내지 않는 한 우리의 눈은 충격에 압도되어 순식간에 멀고 말 것입니다. 바로 이런 일이 암흑이 그 거주지를 정했다고 기술되기 전에 나타났던 것입니다.

접근 불가능한 것은 하나님 자신만이 아닙니다. "하늘이 땅보다 높듯이, 나의 길은 너희의 길보다 높으며 나의 생각은 너희의 생각보다 높다."(사 55:9) 여기서 하나님의 행위들은 '하나님의 길'로 표현되었고, 천지창조는 "하나님의 길의 시작"(잠 8장)이라고 불리며, 그것을 통해 하나님은 그의 위엄 있는 보좌에서 일어나 일하기 시작하신 것입니다. 그러므로 그 행위들에 대해서는 하나님의 계시에 의해 알 수 있고 오직 그 방식으로만 이해할 수 있으며, 달리 알 수도 이해할 수도 없습니다. 이러한 종류의 이해를 가리켜 사도 바울은 즉 '믿음'[31]이라는 낱말을 사용하면서 오직 그것에 의해 가능하다고 설명합니다. 그러나 하나님의 생각과 뜻은(하나님은 그 두 가지를 모두 우리가 실행할 것을 기대하시며, 우리에게 하시려는 일도 바로 그와 관련됩니다) 자유로운 경향성[32]에 속한 것으로, 그것은 그의 안에 내재하는

..

31) 제임스 니콜스의 영어 편집본에 사용된 'faith'는 그리스어 '피스티스(πίστις; pistis)'를 옮긴 것이다. 피스티스의 어원은 '설득하다', '설득당하다'는 뜻을 가진 페이토(peithô)로서, 현재 문맥과 관련되는 핵심 의미는 '하나님의 설득(divine persuasion)'이다. 따라서 사도 바울이 '믿음'이라는 낱말을 사용한 것은 '피스티스'가 항상 하나님으로부터 나오며, 결코 우리에게서 나오는 것이 아님을 밝히기 위한 것으로 보인다. 바울은 로마서 12장 3절에서 그 점을 명시했다. "나는 내가 받은 은혜를 힘입어서 여러분 각 사람에게 말합니다. 여러분은 스스로 마땅히 생각해야 하는 것 이상으로 생각하지 말고, 하나님께서 각 사람에게 나누어주신 믿음의 분량대로, 분수에 맞게 생각하십시오."

32) 제임스 니콜스 편집본에 쓰인 낱말 'disposition'을 여기서는 '경향성'으로 옮겼는데, 이 말은 일반적으로 넓은 의미의 '성향'으로 이해된다. 이것은 단순히 번역어를 선택하는 문제를 넘어 두 낱말이 갖는 상이한 형이상학적 함의를 갖는다. 전통적인 형이상학은 사물들의 동일성을 실체/속성 구별에 근거하여 결정하는데, 전통적으로 신학 이론도 그러한 방식을 따랐다. 그러나 실체/속성 구별은 다분히 정태적인 우주 그림에 어울리는 반면, 성향 또는 경향성은 상황 조건, 시간적 계기, 행위 주체로서의 대상들이 어우러져 만들어 내는 역동적 양상블에 가깝다. 바꾸어 말하면 실체/속성 형이상학에서는 의지적 행위가 개입할 여지가

신성한 권능과 자유에 의해 결정됩니다. 그리고 그는 이 모든 일에서 어떤 조언자의 도움도 필요로 하지 않으므로 인간의 생각과 뜻은 필연적으로 "하나님의 길을 찾아낼 수"(롬 11:33) 없습니다. 법신학은 이 같은 요소들로 구성됩니다. 그리고 그 모든 것은 하나님께서 주시는 계시에 의해 조명되기 전에는 알 수 없는 것이므로 하나님에 대해 우리가 알고 있다는 것 자체가 그가 계시의 주체임을 분명히 증명합니다.

모든 나라와 민족들은 이 진리에 동의합니다. 크레테의 가장 공정한 왕으로 알려진 라다만튀스[33]와 미노스[34]가 자신들이 백성들에게 반포한 법이 마치 신의 영감에 의해 동굴에서 가져온 것인 체하려고 제우스의 어두운 동굴로 들어가지 않을 수 없었던 것은 무엇 때문이었습니까? 사람들로 하여금 그 법이 신에게서 받은 것이라고 믿게 만들지 않는 한 대개의 경우 사람들이 그 법을 인정하지 않으리라는 것을 알았기 때문입니다. 이 두 왕의 모범을 따라 리쿠르구스[35]는 그의 라세데이모니아[36]를 위해 공식적으

∴

없는 반면, 경향성의 형이상학에서는 행위성의 개입이 가능해진다. 이상현은 조나단 에드워즈의 형이상학 이론의 탁월한 측면을 '경향성의 신학'의 관점에서 적시한다. 이상현, 『조나단 에드워즈의 철학적 신학』, 노영상, 장경철 옮김(한국장로교출판사, 1999), pp. 47~167.

33) Radamanthus. 그리스신화에 나오는 현명한 왕으로, 제우스와 에우로페 사이에서 태어났다. 그는 현명하고 공정한 왕의 대명사로, 후기 전승에서는 지하 세계에서 죽은 사람들의 심판관이 되었다고 한다.

34) Minos. 그리스신화에 나오는 인물로, 크레타섬의 전설적인 왕이었다. 그는 제우스와 에우로페의 아들로, 그의 형제 라다만튀스와 사르페돈들과 크레테의 아스테리온 왕에 의해 길러졌다. 그리스 최초로 함대를 만들어 에게해 대부분을 통제하고, 퀴클라데스 군도를 정복하여 대부분의 섬에 식민지를 세웠다.

35) Lycusgus. 기원전 800년경~기원전 730. 스파르타의 전설적인 입법자로서, 델포이의 아폴론 신탁에 따라 스파르타 사회를 군국주의로 개혁했다. 리쿠르고스의 모든 개혁은 스파르타 사람의 세 가지 덕목인 시민 간의 평등, 군사적 적합성, 엄격성을 지향했다.

36) Polity of Lacedaemonians. 라세데이모니아 또는 스파르타 헌법으로 알려진 라세데이모니

로 법을 제정하기에 앞서 자기가 만든 법에 대해 델포이 신탁의 권위로부터 최고의 추천을 얻어 낼까 하여 먼저 델포스의 아폴론을 찾아갔습니다. 또 누마 폼필리우스[37]는 로마 백성들의 잔인무도한 마음을 종교적 진리에 복종하도록 이끌기 위해 자기가 마치 여신 에게리아[38]와 밤새도록 토론을 벌인 것처럼 꾸몄습니다. 이 사례들은 당시 사람들의 마음을 사로잡고 있었던 것이 무엇인지를 실증적으로 명백하게 보여 주는 증거입니다. 즉 "신성한 원천에서 나오고, 그리고 하늘로부터 그 원칙들을 수여받은 종교를 제외하고 마땅히 수용해야 할 종교는 있을 수 없다." 그러므로 사람들은 다음의 신조를 진리로 받아들였습니다. "신 자신에게서 나온 것이 아닌 한 누구도 신이나 신과 관련한 어떤 것을 알 수 없다."

복음신학의 원저자

이제 복음신학[39]으로 논의의 방향을 바꿉니다. 우리가 이 신학의 원저

∴

아 폴리티는 고대 그리스 역사가 크세노폰의 논문으로서, 고대 스파르타의 제도, 관습, 관행을 설명한다.

37) Numa Pompilius(기원전 753~기원전 673, 기원전 717~기원전 673 재위). 로물루스를 계승한 로마제국의 왕.

38) Egeria. 로마신화에 나오는 물의 님프다. 라티움의 아리키아 또는 로마의 포르타 카페나의 신성한 숲에서 출산의 여신 또는 물의 님프로 숭배 받았다. 테세우스의 아들 히폴리토스는 죽은 뒤 소생하여 비르비우스라는 이름의 신이 될 때까지 에게리아의 숲에서 보살핌을 받았다고 한다. 에게리아는 로마의 전설적인 제2대 왕 누마 폼필리우스와 관련이 있다. 에게리아는 밤마다 로마의 포르타 카페나의 숲에서 누마 폼필리우스를 만나 법률과 종교 등 통치 행위에 관한 조언을 해 주었다.

39) 이 책에서 '복음신학(Evangelical Theology)'이라고 부르는 것은 '율법신학'(Legal Theology)과 대조적인 의미로 쓰일 뿐이고, 복음주의(Evangelicalism)와는 특별한 연관성을 갖지 않는다. 적어도 이 강연의 맥락에서 복음신학은 '율법 대 복음'이라는 대립 구조 안

자를 그리스도와 하나님으로 규정한 것은 율법신학의 신적 요구들을 확립시키는 동일한 성경의 명령을 따르기 때문이고, 그리고 신학의 대상이 신성한 지혜의 심연 속에 깊이 감추어져 있는 정도에 비례하여, 인간의 마음이 무지의 그림자에 매우 두텁게 둘러싸여 있는 정도에 비례하여 그만큼 신학의 대상의 본성은 원저자의 문제를 극도로 공정하게 다룰 것을 요구하기 때문입니다.

우리에게 도움이 되고 이 견해에 힘을 실어 주는 성경 본문은 셀 수 없을 정도로 많습니다. 우리는 그것들 중 일부를 예로 들 것입니다. 첫째, 이 교의가 나타나 있는 부분을 하나님 아버지께 귀속시키는 구절들입니다. "우리는 은밀하게 감추어져 있는 하나님의 지혜를 말합니다. 그것은 하나님께서 우리를 영광스럽게 하시려고 영세 전에 미리 정하신 지혜입니다. 하나님께서는 성령을 통하여 이런 일들을 우리에게 계시하셨습니다."(고전 2:7, 10) 같은 사도는 또 이렇게 말합니다. "복음 곧 예수 그리스도에 관한 가르침을 통해서 그리고 오랜 세월 동안 감추어 두셨던 비밀을 계시하심으로써 여러분의 믿음을 굳세게 하여 주십니다. 그 비밀이 지금은 예언자들의 글로 밝히 공개되고, 영원하신 하나님의 명을 따라 모든 이방 사람들에게 알려져서 그들이 믿고 순종하게 되었습니다."(롬 14:25, 26) 베드로가 그리스도에 대해 정확하고 올바르게 고백했을 때, 우리 구주께서는 그에게 이렇게 말씀하셨습니다. "너에게 이것을 알려 주신 분은 사람이 아니라, 하늘에 계시는 나의 아버지시다."(마 16:17) 세례 요한도 동일한 지식을 그리스도에게 귀속시키면서 "아버지의 품속에 계시는 독생자이신 하나님이 그분을 나타내 보이셨다"(요 1:18)라고 말했습니다. 그리스도께서도

..
　　에서 이해되어야 한다.

그 계시를 자기 자신에게 귀속시키면서 다음과 같이 말씀하십니다. "아버지밖에는 아들을 아는 이가 없으며, 아들과 또 아들이 계시하여 주고자 하는 사람밖에는 아버지를 아는 이가 없습니다."(마 11:27) 그리고 또 다른 곳에서 "나는 아버지께서 세상에서 택하셔서 내게 주신 사람들에게 아버지의 이름을 드러냈습니다. 그들은 아버지께서 나를 보내신 것을 믿었습니다"(요 17:6, 8)라고 말씀하셨습니다.

이제 신학의 대상이 가진 본성에서 기원하는 이 계시의 필연성에 대해 고찰하기로 하겠습니다. 복음신학과 관련하여 그리스도께서는 그 필연성을 다음과 같이 설명하십니다. "아버지밖에는 아들을 아는 이가 없으며, 아들과 또 아들이 계시하여 주고자 하는 사람밖에는 아버지를 아는 이가 없습니다."(마 11:27) 그러므로 어떤 사람도 아버지나 아들을 보여 줄 수 없지만, 그 두 분에 관한 지식은 복음의 기쁜 소식의 내용을 이룹니다. 사도 요한은 "일찍이 하나님을 본 사람이 없으나"(요 1:18)라고 선언하면서 이 신성한 계시의 필연성을 주장합니다. 그것은 이 복음신학에 속하는 지혜를 가리키는데, 이에 대해 사도 바울은 "은밀하게 감추어져 있는 지혜"를 "이 세상 통치자들 가운데는 아는 사람이 없습니다. 눈으로도 보지 못하고 귀로 듣지 못하고 사람의 마음에 떠오르지 않는 것들"(고전 2:7, 8, 9)이기 때문이라고 설명합니다. 그것은 이성적 인식의 영역에 들지 않고, 마음이 조성되는 동안에 마음에 각인된 최초의 생각이나 관념과 섞여 있지도 않습니다. 그 지혜는 대화나 추론에 의해 획득할 수도 없습니다. 오직 "성령이 가르치는 말씀을 통해서만" 알려질 수 있기 때문입니다. 이 점에 대해 복음신학은 "하나님께서는 이제 교회를 시켜 하늘에 있는 통치자들과 권세자들에게 하나님의 갖가지 지혜를 알게 하려고 하시는 것"(엡 3:10)이라고 말합니다. 그렇지 않았다면 그 지혜는 천사들조차 알 수 없었을 것입니다. 그럴 리가! 이 교의가 말하는 것은 하나님의 심연에 숨겨져 있는 것들은 "사람이 그 누구도 알 수 없고 다만 하나님 안에 계신 그의 영만이 알 수 있다"라는 것입니까? 그렇다면 복음신학의 교의야말로 참으로 하나님의 지혜의 "길이와 넓이, 그리고 깊음과 높음"을 드러내 보여 준다는 말입니까? 다른 곳에서 사도는 감격해 마지않는 찬탄의 어조로, 그리고 발견한 대상을 보여 주는 이 신학의 풍요로움을 표현하려 애쓰지만 적절한 말을 찾지 못하는 모습을 보여 줍니다. "모든 성도와 함께 그리스도의 사랑의 넓이와 길이와 높이와 깊이가 어떠함을 깨달을 수 있게 되고."(엡 3:18) 이런 구절을 통해 확실하게 드러나는 것은, 복음신학의 대상은 하나님과 그리스도께서 계시한 것이 확실하다는 것, 그리고 그 계시가 없었다면 그 대상은 영원한 암흑 속에 깊이 감추어진 채로 있거나 혹은 (결국 똑같은 말이지만) 복음신학이 우리의 지식의 영역 안에 들어오는 일은 없었을 것이며, 만일 일이 그렇게 되었더라면 필연적으로 복음신학 자체가 존재할 수 없었을 것이라는 사실입니다.

만일 질서정연하게 나누어 가며 각 부분을 관찰하는 데 매우 탁월한 분이 계시다면(그런 사람은 늘 있게 마련입니다) 그분에게 당부하고 싶은 것은, 우리의 신학이 제시하는 것, 즉 반드시 신적 본성에 속한 속성들에 어울리는 옷을 입히고 나서 그것을 마음의 눈으로 깊이 들여다보라는 것입니다. 그런 방식으로 이 복음신학이 조명하는 하나님의 행위와 복음에 나타나 있는 그의 뜻에 대해 성찰해 보라는 것입니다. 그 과정을 마칠 때면(그리고 이보다 더 많은 일을 완수했을 경우에도 이 제안은 여전히 유효합니다) 그 사람은 신성한 계시의 필연성에 대해 한층 더 확신을 갖게 될 것입니다.

만일 좀 더 간결한 방법을 선호하는 분이 있다면 우선 그리스도에만 집중해 성찰해 보십시오. 그리하여 말씀과 육신의 놀라운 연합에 대해 그가 그리스도의 직분에 서임되어 어떻게 그 임무를 완수하셨는지를 세밀하게 탐구한다면, 그리고 이 모든 계획과 진행 과정의 각 단계가 하나님의 의지적 경륜, 규정, 자유로운 섭리의 결과라는 것을 깨닫게 될 때 그는 그 모든 것에 대한 지식이 하나님과 그리스도의 계시에 도움을 받지 않고서는 결코 얻을 수 없는 것임을 겸허히 고백하지 않을 수 없을 것입니다.

그러나 이런 말을 듣고 부질없는 의심이나 오류에 빠지는 사람이 없도록 나는, 아들을 제외하고 오직 하나님 아버지만이 율법신학의 원저자이고, 또한 아들을 통해 아버지께서 복음신학의 원저자도 되시지만, 먼저 몇 가지 난점을 해소한 다음 우리가 논구하려는 주제를 예시하는 데 도움이 될 만한 몇 가지 논평을 덧붙이겠습니다. 하나님은 그의 말씀에 의해(말씀은 곧 그의 아들을 가리킵니다), 그리고 그의 영에 의해 만물을 창조하셨고 자기 형상을 따라 인간을 지으셨으므로 아들과 성령이라는 대리인(agency)이 없이는 하나님과 인간 사이에 어떤 교류도 있을 수 없는 것이 분명합니다. 그렇지만 성부 하나님의 추가적인 발출 활동들은 불가분리적이고, 또한 발출하는 활동의 질서가 내적 활동의 질서와 일치한다면 어떻게 그런 교류가 있을 수 있겠습니까? 그러므로 어떤 경우에도 우리는 하나님의 말씀이신 아들, 그리고 '예언의 영'이신 성령을 이 계시에서 대리인의 지위를 박탈할 수 없습니다.

그러나 복음의 계시에 관해 고찰해야 할 것이 더 있는데, 그것은 증언하는 위격들(persons)이 아니라 그들이 고찰의 대상이 되는 방식에 관해서입니다. 왜냐하면 아버지와 아들, 그리고 성령은 서로 '자연 관계'를 이룰 뿐만 아니라, 의지에 기원하는 상이한 관계[40]도 조성할 수 있기 때문입니

••

40) 자연 관계(natural relation)란 폐쇄적인 인과성에 의해 설명되는 사건들 간의 관계를 지시

다. 그러나 후자의 관계도 위격들 사이에 존속하는 자연적 관계와 전적으로 일치합니다. 그 위격들 안에 내적 발현(internal procession)이 있고, 또한 밖으로 나타나는 외적 발현도 있는데, 성경에서 그리고 성부에 관한 기술에서 그것은 '파송(mission)' 또는 '보내심(sending)'으로 불립니다. 복음의 계시와 관련하여, 후자의 발현 양태에 특별히 주목할 필요가 있습니다. 아버지는 아들과 그의 영을 통해 복음을 나타내시기 때문입니다. 그는 아들을 통해 복음을 나타내시는데, 아들의 정체성과 관련하여 하나님과 죄 많은 인간들 사이에 중보자로서 직무를 수행하도록 그를 파송하셨음을, 그가 육화된 말씀이라는 사실과 관련하여 아들은 곧 육신을 통해 나타나신 하나님임을 그리고 그가 죽었으나 다시 살아나신 것과 관련하여 그 부활 사건이 실제로 일어난 일인가 또는 오직 하나님의 작정과 예지 안에서만 그러한가 하는 물음에 직접 답하셨음을 나타내셨습니다. 또한 하나님은 그의 영을 통해 복음을 나타내 보이셨는데, 그 영은 곧 그리스도의 영이며, 고난과 죽음을 겪으시는 동안 아들이 아버지께 간청했던 것이고, 죽은 자들로부터 살아나 아버지의 오른편에 앉으심으로써 그가 성취한 공적이기도 합니다.

여기서 어떤 개념적 구별이 사용되어야 할 것인지 여러분도 잘 아실 것입니다. 그것을 확인하는 데 도움이 될 만한 가장 명확하게 표현된 성경 구절을 보임으로써 나는 여러분에게 그 구별을 검토하고 입증할 수 있는 기회를 드리려 합니다. 아들이 말씀하신 것에 따르면 "내 아버지께서 모든

∴

하고, 원인과 결과 사이의 관계가 물리 법칙의 필연성에 의해 결정된다. 이와 달리 '의지에 기원하는 상이한 관계'로 기술된 것은 우연성(contingency)의 범주에 속하는 것으로, 행위자의 의도나 목적 등의 지향성이 원인에 영향을 미치는 방식으로 행위자의 자유의지가 개입하기 때문에 후속 사건들 간의 관계는 충분히 폐쇄적이지 못하고, 따라서 이러한 종류의 관계성은 물리적 법칙성에 의해서는 충분히 설명될 수 없다.

것을 내게 맡겨 주셨습니다. 아버지밖에는 아들을 아는 이가 없으며, 아들도 또 아들이 계시하여 주고자 하는 사람밖에는 아버지를 아는 이가 없습니다."(마 11:27) 그리고 아버지 편에서는 중보자 아들에게 모든 것을 맡기셨고, "하나님께서는 그리스도 안에 있는 모든 충만함을 머무르게 하시기를 기뻐하셨습니다."(골 1:19, 2:9). 요한복음에서 그리스도께서 하신 말씀도 같은 의미로 이해해야 합니다. "나는 아버지께서 내게 주신 말씀을 받아들였고 내가 아버지께로부터 온 것을 알고, 또 아버지께서 나를 보내신 것을 믿었습니다."(요 17:8) 이 본문을 통해 아버지께서 그 말씀을 중보자 아들에게 맡기셨음이 분명해집니다. 다른 곳에도 같은 점이 언급되었습니다. "하나님께서 보내신 이는 하나님의 말씀을 전한다."(요 3:34) 이 구절의 의미는 사도 요한이 말한 것과 정확히 일치합니다. "율법은 모세에게서 받았고, 은혜와 진리는 예수 그리스도로 말미암아 생겨났다."(요 1:17) 그러나 죄인들을 비난하고 정죄했던 모세를 정면으로 맞선 그리스도의 비판에 준거하여 그는 하나님과 죄인들 사이의 중보자로서 받아들여야 합니다. 다음 구절도 같은 점을 지시합니다. "일찍이 하나님을 본 사람이 없으나, 아버지의 품속에 계시는"(즉 이 표현은 중보자의 권능과 연관된 점으로서, 그리스도께서 아버지의 비밀을 가까이에서 확실하게 보고 아는 생생한 지식을 가지신 자로 '인정받았다'는 것을 함의한다) "독생자이신 하나님이 그분을 나타내 보이셨다."(요 1:18) "아버지는 아들을 사랑하여 모든 것을 아들의 손에 맡기셨다."(요 3:35) 그리고 그렇게 수여된 것들 가운데 성부 하나님의 명령에 의해 다른 사람들에게 가르치고 선포해야 할 복음의 교의가 포함되어 있습니다. 그리고 그리스도를 통해 우리에게 계시된 모든 것이 전적으로 유효하고 타당하다는 것을 극명하게 볼 수 있는 곳은 사도 요한이 쓴 계시록의 첫 문장입니다. "이 계시는 곧 일어나야 할 일들을 그 종들에게 보이시려고, 하나님께서 그리스도에게 주신 것입니다."(계 1:1) 그러므로 그리스도께서 그의 이름으로 사람들 가운데서 중보자의 직무를 수행하도록 아버지에 의해 파송되었다는 사실에 준거하여 하나님께서 자기 아들을 통해 복음신학을 나타내신 것이 확증됩니다.

성령에 대해서도 성경은 그가 교회의 머리이신 중보자 그리스도의 영이시며, 그가 복음을 계시했다고 증언합니다. "그는 영으로 옥에 있는 영들에게도 가셔서 선포하셨습니다"(벧전 3:19)라고 사도 베드로는 말합니다. 그렇다면 그리스도께서 지옥의 영들에게 무엇을 가르치셨을까요? 그것은 회개의 복음이었습니다. 그러므로 그 일을 하려고 그의 영은 중보자로서의 권능을 발휘하셨던 것입니다. 오로지 이 측면에 초점을 둘 때, 회개를 촉구하시는 분은 곧 하나님의 영이기 때문입니다. 그 점에 대해 동일한 사도는 더 분명하게 말합니다. "예언자들이 이 구원을 추구하고 연구하였으며, 그들은 여러분이 받을 은혜를 예언하였습니다. 그들은 누구에게, 그리고 어느 때에 이런 일이 일어날 것인지를 연구하였습니다. 그들 속에 계신 그리스도의 영이 그들에게 그리스도의 고난과 그 뒤에 올 영광을 미리 알려 주었습니다."(벧전 1:10~11) 그러므로 그 영이 중보자의 위격과 함께 교회 머리의 지위에 서임되신 그리스도의 영이라는 사실, 바로 그것이 그가 예고하셨던 증언의 대상 자체임이 충분히 확증됩니다. 이어지는 구절은 모든 의구심을 일시에 몰아냅니다. "이 일들은 이제 하늘로부터 보내심을 받은 성령을 힘입어 여러분에게 복음을 전한 사람들이 여러분에게 선포하였습니다."(벧전 1:12) 사도행전 2장에도 언급되었듯이 성령은 그리스도께서 하늘에 올라가셔서 하나님의 오른편에 앉으실 때 그가 내려보내신 것입니다. 또한 이 구절은 우리의 목적과도 연결되는데, 설명을 따라가며 그 의미를 깊이 음미해 볼 만한 가치가 있습니다. 다음은 성경에 표현된 그대로 인용한 것입니다. "하나님께서는 이 예수를 높이 올려 하나님의 오른편에 앉히시고 약속하신 성령을 주셨습니다. 예수께서는 아버지께로부터 받은 성령을, 여러분이 지금 보고 듣고 있는 것처럼 우리에게 부어주었습니다."(행 2:33) 사도들이 여러 나라 언어로 예언하고 말할 수 있었던 것은 바로 이 성령 때문이었습니다. 이 본문만으로 충분하지만 나는 그리스도가 세상을 떠나실 일로 슬픔에 싸여 있던 제자들의 마음을 위로하기 위해 그리스도께서 하신 지극히 숭고한 말씀을 빠뜨릴 수 없습니다. "내가 떠나가는 것이 너희에게 유익하다. 내가 떠나가지 않으면 보혜사가 너희에게 오시지 않을 것이다. 그러나 내가 가면 보혜사를 너희에게 보내 주겠다(테르툴리아누스[41]는 보혜사[42] 대신 '대리인'이라는 낱말을 쓴다). 그가 오시면 죄와 의와 심판에 관한 세상의 그릇된 생각을 꾸짖어 바로잡아 주실 것이다."(요 16:7, 8) "그가 나를 영화롭게 할 것이다. 왜냐하면 그는 나에게서 받은 것을 너희에게 보여 줄 것이기 때문이다." 그러므로 그리스도는 중보자로서 "그(성령)를 보낼 것"이며, 아버지에 의해 중보자와 교회의 머리로 세워질 때, 그는 "그리스도 중보자에게 속한 것을 받을 것이고, 그가 그리스도를 영화롭게 할 것이다." 따라서 하나님은 바로 그러한 성령에 의해 그리스도를 영화롭게 할 것이며, 요한복음 17장에 준거하여 그리스도는 마땅히 그것을 아버지께 요청해야 하는 것으로 보입니다. 이 본문은

∴

41) Quintus Septimius Florens Tertullianus, 155년경~ 240년경. 고대 교부들 중 한 사람이고 평신도 신학자다. '삼위일체(Trinity)'라는 신학 용어를 최초로 사용한 이로 알려져 있으며, 그의 라틴어 문체는 중세 교회 라틴어의 표본으로 간주되고 있다.
42) 제임스 니콜스 편집본에서는 'counselor'라는 낱말이 사용되었다. 그러나 보혜사(保惠師)라는 용어는 그리스어인 'παράκλητος', 라틴어인 'paracletus', 영어인 'paraclete'를 직접 옮긴 것으로, 대언자, 변호사(NRSV), 중재자, 협조자, 위로자(KJV), 상담자(RSV), 대변자라는 뜻을 갖는다. 이 용어는 요한복음 14:16~17에서 '또 다른 보혜사'를 언급한 데서 처음 등장했다.

또 다른 구절을 기억나게 하는데, 사실 같은 것을 의미합니다. "예수께서 아직 영광을 받지 않으셨으므로 성령이 아직 사람들에게 와 계시지 않았다"(요 7:39)라고 사도 요한은 말합니다. 이 진술은 성령이라는 제3 위격에 관한 것이 아니라, 그리스도의 은사, 특히 예언의 은사에 관한 것으로 이해해야 합니다. 그러나 그리스도는 중보자의 자격으로 영광을 얻으셨고, 그러한 영광을 입은 자로서 가지신 권한에 의해 성령을 보내신 것입니다. 그러므로 성령은 중보자 그리스도께서 보내신 것입니다. 이 설명에 따르면 중보자이신 그리스도의 영이 복음신학의 원저자가 됩니다. 하지만 그리스도께서 영광을 얻기 전에 이미 성령이 보내졌고 복음이 계시되었습니다. 그 당시 교회의 상황을 감안할 때 그렇게 해야 할 필요가 절실했고, 그리하여 그 필요를 충족시키기 위해 성령을 보내신 것입니다. "예수 그리스도는 어제나 오늘이나 영원히 한결같은 분이십니다."(히 13:8) 그는 또한 "땅 위에 사는 사람 가운데서 죽임을 당한 어린 양"(계 13:8)인 동시에 부활하심으로써 영광을 얻으셨습니다. 그런데 이 모든 사실은 이미 하나님의 작정과 예지 안에 포함되어 있었습니다. 그 점을 분명히 하려고 하나님께서 성령을 교회에 보내신 것이 아니라, 그 일은 오직 중보자 그리스도의 대리인 역할을 통해 이루어진 것이고, 따라서 그 점에 관한 한 그리스도께서 하늘에 오르시어 위대하고 풍성한 교류를 통해 신성한 은사들을 지상에 내려 보내실 때까지 하나님은 그의 가장 풍요롭고 역동적인 은사들을 발출하는 일을 미루셨습니다. 따라서 그러한 역사적 사실은 하나님께서 이전에도 동일한 위격에 의해 신령한 은사들을 교회 위에 풍성히 내리신 것을 친히 입증하신 것인데(그리스도께서 하늘에 오르실 때 조밀하고 두터운 구름이 위로 솟구쳤습니다), 그는 자기의 가장 풍성한 은사들을 선물로 퍼부으심으로써 교회의 몸 전체를 충만하게 하시고 편만하게 하셨습니다.

복음의 경이로운 빛

그러나 복음신학의 계시는 그리스도에게는 중보자 지위를, 성령에게는 수행인으로서의 지위와 중보자이신 그리스도의 변호자로서의 지위를 서임한 사실을 분명히 밝힙니다. 이러한 방식의 귀속은 매우 정합적이고 합당한 이유에서 시행된 것인데, 왜냐하면 중보자 그리스도는 이 신앙적 교의의 기초로서의 위치에 있을 뿐만 아니라, 그와 동시에 중보 사역이 요구되는 행위를 수행하고, 또한 고난도 당해야 하며, 그로 인해 정당하게 받을 만한 복들을 요청하고 또 그것들을 수여받아야 했기 때문입니다. 그래야만 그리스도의 복음을 통해 나타난 일들 각각의 선한 몫이 완수되는 것입니다. 그러므로 이렇게 볼 때 그리스도는 (그 자신이 복음의 대상이라는 점에서) 마땅히 복음의 계시자이고, 모든 복음적 은혜를 요구하고 획득하는 자이며, 또한 그 은혜의 주인인 동시에 전달자가 되십니다. 그 반면에 우리의 중보자이며 머리이신 그리스도가 가지신 영은 우리와 그리스도 사이에서 연합을 가능하게 하는 보증인이고, 그를 통해서만 우리는 그리스도와 소통하고 그가 주시는 모든 복에 참여할 수 있는 까닭에, 그런 측면과 관련하여 그리스도께서 실제로 우리의 마음 안에 내주할 수 있기 위해서는 그가 믿음의 복음에 관한 장전(章典)과 증거를 우리의 의식에 직접 계시하고 또 우리의 심령에 봉인해야 합니다. 이 점을 고려할 때 우리가 깨닫게 되는 것은 복음을 전해들은 사람들이 그 요구대로 복종하기까지 하나님께서 이루 말할 수 없을 정도로 관용을 베푸시고 오래 참으시면서 고통 가운데 얼마나 스스로 자제하실 수밖에 없었다는 것, 그리고 그 사실은 우리의 무지와 연약함에 큰 위로가 된다는 것입니다.

청중 여러분, 복음의 원저자에 관한 일반적 고찰을 통해 도달할 수 있는 그러한 조망점만으로는 복음신학의 엄위함을 한 치도 높일 수 없다는 사실을 깨닫게 되셨을 것입니다. 하나님께서 이 복음신학을 제정하고 나타내셨을 때, 그가 어떤 종류의 지혜와 선, 그리고 권능을 행사하셨는지를 우리가 조금이라도 가늠할 수 있다면 그것은 우리의 탐구 기획에 획기적인 자원이 될 것입니다. 사실 모든 종류의 학문들은 하나님의 지혜로부터 기원했고, 그의 선하심과 권능에 의해 사람들에게 전달되었습니다. 그러나 만일 그가 자기의 신성한 속성을 외부로 발출하실 때, 그의 재량권에 의해 점층적으로 차이를 두신다면(그 점은 의심의 여지가 없습니다) 우리는 신학을 제외한 다른 모든 학문들이 하나님이 소유하신 상대적으로 덜 탁월한 지혜로부터 나오고, 그의 선하심과 능력의 측면도 상대적으로 덜 탁월한 수준에서 활성화된다는 사실을 시인해야 합니다. 이것은 학문의 대상이 가진 탁월성에 따라 평가되어야 할 문제입니다. 하나님께서 자신에 관해 인지하시는 지혜는 그가 다른 사물들에 대해 갖는 것보다 훨씬 더 위대합니다. 따라서 그가 자신을 계시하실 때 사용하는 지혜는 다른 것들을 나타내실 때 사용되는 지혜보다 더 위대합니다. 그가 최고선이신 자기 자신을 인간에게 나타내시고 인정받고자 하는 선은 그가 다른 사물들에 대한 지식을 분유하시는 선보다 더 위대합니다. 자연을 통해 초자연적인 일에 대한 지식으로 고양시키는 권능도 동급의 종(種)과 기원을 가진 사물들에 대한 탐구로 이끄는 권능보다 위대합니다. 그러므로 모든 학문들이 하나님을 자신들의 원저자로 자랑할 수 있지만, 그 모든 특수 학문들 가운데 가장 높은 곳을 차지하는 신학은 그 학문들과는 아주 먼 거리에 있습니다.

그러나 이 정도의 고찰만으로도 신학의 위상이 다른 모든 학문들보다 훨씬 높다는 것을 알 수 있듯이, 그것은 또한 복음신학이 율법신학보다 훨씬 우월하다는 것을 입증합니다. 바로 이 지점에서 여러분이 양해하신다면 우리가 잠시 고찰의 시간을 가져도 좋을 것 같습니다. 하나님이 자기 형상을 따라 지으신 인간에게 이성적인 마음과 몸을 수여하신 그의 지혜와 선하심, 그리고 권능은 가히 놀라운 수준이므로 그것을 근거로 율법신학 측은 자기의 우위를 내세웁니다. 그러나 "말씀이 육신이 되어"(요 1:14) 하나님을 육체에 나타내시고(딤전 3:16), 그리고 하나님의 형상 안에 계신 그리스도로 하여금 "종의 형상을 취하여 우리와 똑같은 인간이 되게"(빌 2:7) 하신 지혜와 선하심과 권능은 그보다 훨씬 더 위대하며, 이 사실은 복음신학 측의 우위성을 주장할 수 있게 해 줍니다. 하나님의 권능이 구원을 통해 나타날 수 있도록 역사하시는 그의 지혜와 선하심은 위대합니다. 그러나 그 활동에 의해 나타나는 "모든 믿는 사람들을 구원하는 능력"(롬 2:16)은 훨씬 더 위대합니다. 하나님의 의는 율법에 의해 나타났고, 율법에 의한 칭의(justification)는 완전한 순종에 의해 갚아야 할 빚으로서 전가되었습니다. 그러나 그것을 은혜에 전가시키는 지혜와 선하심은 한층 더 위대합니다. 그러나 믿음에 의해 하나님의 의가 나타날 수 있게 하고, "사람이 행위에 의해서가 아니라" 가장 영광스럽고 풍성한 그의 은혜를 따라〔비록 죄인임에도〕"그를 믿는 불경건한 자를 의로운 자로 여기시기로" 결정하게 하는 지혜와 선하심은 비교할 수 없을 정도로 위대한 것입니다. 율법적 의를 따라 하나님과 연합하는 방식을 제정하고, 인간 창조의 원형이신 하나님의 형상에 일치하게 역사하는 지혜와 선하심은 괄목할 만할 뿐만 아니라 탁월하기도 합니다. 그러나 무죄 선언에 이르게 하는 정의와 자비의 놀라운 방법을 기획하고 실행하심으로써 "하나님의 영광으로 눈부신 광채를 드러내고 인격과 모든 행하신 일에서 하나님 그 자체임을 보이신"(히 1:3) 그리스도와 그의 의에 의해 연합의 길을 제정하신 그의 지혜와 선하심은 그리스도의 피에 대한 믿음을 통해 장엄하고 확고부동한 승리를 거두었습니다. 끝으로 엄청나게 두터운 무지의 암흑을 뚫고 복음의 경이로운 빛을 비추신 것은 바로 그러한 지혜와 선하심, 그리고 권능입니다. 놀랍게도 그 권능은 무수한 죄로부터 영원한 의를, 그리고 죽음과 지옥의 심연으로부터 "생명과 영생을 빛으로" 이끄십니다. 이 같은 효과를 가져오는 지혜와 선하심과 권능은 빛에 더해지는 빛, 응분의 상급에 의해 보상되는 의, 그리고 율법의 명령에 의한 경건을 따라 규제되는 동물적 생명보다 우월하며, 그들 각각은 신령하고 영원한 것에 삼켜지고 소멸될 것입니다.

이 주제를 더 깊이 고찰하던 중 거의 필연적으로 나는 더욱 확신에 찬 담대함을 갖게 되어 율법신학이 제시하는 하나님의 지혜와 선하심과 권능에 자연적 지혜(Natural Wisdom)라는 이름을 붙일 것인데, 어떤 의미에서 그 명칭은 하나님께서 자기 형상인 인간에게 존재성을 부여하기 시작하고 인간과의 신성한 교류의 출발을 함의합니다. 복음에 의해 드러난 다른 일에 대해서는 나는 조금도 주저하지 않고 "초자연적 지혜, 권능, 그리고 선하심"으로, 그리고 "모든 계시의 극한점이자 완전히 성취"라고 부를 것입니다. 왜냐하면 후자의 현시를 통해 하나님은 그의 탁월성을 능가하는 것 같고, 또한 그의 모든 복을 낱낱이 드러내시는 것 같기 때문입니다. 하나님의 친절하심은 가히 찬양할 만하고, 인간으로 하여금 더는 불가능할 정도로 친밀하게 자기와 연합할 수 있도록 허용하는 그의 겸손은 참으로 놀랍습니다. 그것은 범죄로 인해 인간이 그런 교제를 나눌 만한 자격을 상실한 후 부여되었던, 은혜와 자비가 넘치는 특권입니다. 그러나 실제로 그것은 불행과 비참에 빠진 인간 조건 때문에 요청해야만 했던 것으로서, 그의 무가치함이 심화됨으로써 더욱 황폐해진, 그리고 심각한 맹시(盲視)로 인해 훨씬 더 강한 빛의 조명이 필요하게 된 인간은 맹렬한 불의로 인해 한층 더 포괄적인 선에 의해 혁신되어야 했고, 그렇게 악화일로를 달리는 인간의 상태를 회복하고 새롭게 만들기 위해서는 훨씬 강도 높은 신적 권능이 행사되어야 했기 때문입니다. 그 상황은 차라리 다행스러운 것으로 볼 수도 있는데, 왜냐하면 우리가 길을 잃더라도 하나님께서 우리를 다시 선한 길로 복귀시키는 것이 불가능한 일이 아니며, 우리가 심각하게 타락하더라도 그가 우리를 일으켜 세워 다시 서게 할 수 없을 만큼 심각한 일이 아니고, 그러한 회복 과정 전체를 재가동시키는 것을 하나님이 기뻐하시는 한 우리의 불의조차 그의 선하심을 이길 수 있을 만큼 무거울 수 없기 때문입니다. 그리고 우리를 신음하게 만드는 무지와 연약함이 하나님의 빛과 권능에 의해 치유될 수 있고, 우리를 고통에 빠뜨리는 악이 그의 선하심에 의해 정복될 수 있다면 참으로 하나님은 그 회복 과정을 반드시 완수하실 것입니다.

이제까지의 관찰을 통해 우리는 첫째, 하나님이 율법신학의 원저자이고 또한 하나님과 그의 그리스도가 복음신학의 원저자임을 확인했습니다. 둘째, 그와 동시에 우리는 계시에 대해 기술할 때, 하나님과 그리스도의 어떤 측면에 초점을 두어야 하는지 알게 되었습니다. 셋째, 그 두 분의 신성한 본성에 속한 어떤 속성들에 의해 계시가 성취되는지를 살펴보았습니다.

이제 우리는 계시가 성취되는 방식을 살펴볼 것입니다. 신성이 현현되는 방식은 세 가지로 나눌 수 있고, 각 방식은 세 가지 수단 또는 1) 외부 감각, 2) 내적 감각이나 상상력 3) 마음(Mind)이나 지성(Understanding)으로 구성되는 우리의 인식 기관과 일치합니다. 하나님은 때때로 외부 감각에 주어진 이미지나 표상에 의해, 또 때로는 귀에 전달된 청취 가능한 대화나 담론을 통해 그 자신과 뜻을 나타내십니다. 어떨 때는 그와 똑같은 방법을 상상력에 행사하여 자신을 드러내기도 하고, 또 때로는 영감이라고 불리는 형언할 수 없는 방식으로 인간의 마음에 직접 말씀하십니다. 이 모든 양태들 중에서 성경 말씀은 가장 확실하고 투명한 사례들을 가장 명료하게 우리에게 제시합니다. 하지만 그런 것을 일일이 열거할 만한 시간이 없기 때문에 나는 오늘 여기 오신 우리의 출중한 청중을 더 이상 지루하게 만들지 않겠습니다.

율법신학의 견지에서 본 신학의 목적

이제까지 우리는 신학의 원저자에 대해 생각해 보았습니다. 방향을 바꾸어 신학의 목적에 대해 생각해 보겠습니다. 대상의 목적이 탁월할수록 그 대상은 더 훌륭하고 고상하기 마련입니다. 그렇게 볼 때 학문으로서 신학은 다른 모든 학문들보다 훨씬 더 탁월하고 초월적인데, 왜냐하면 오직 신학만이 영적이고 초자연적인 삶에 관여하고, 현세 삶의 경계를 넘어서는 목적을 갖기 때문입니다. 이외의 다른 학문들은 지상의 동물적 삶에 관여하고, 각각 지상의 삶의 중심부로부터 분산되는 주변부의 사물들을 탐구하려는 목적을 갖습니다. 따라서 신학이라는 학문에 대해 어느 시인이 그의 지혜로운 친구와 관련하여 선언한 것은 옳았습니다. "그는 오직 그런 것들에서 풍미를 느낄 수 있을 뿐이고, 그 밖의 것들은 그림자처럼 날아가 버린다"라고 그는 말했던 것입니다. 개별 학문들이 신학에 준거하고, 그 기초 위에 자신을 세우고 견고함을 유지하지 않는 한 "그것들은 날아가 버린다"라고 나도 똑같이 말하겠습니다. 하지만 신학의 원저자이며 탐구할 대상인 동일한 하나님은 또한 신학의 목적이기도 합니다. 이 항목들 간의 비율과 유비 관계 자체는 그러한 관계를 필연적이게 합니다. 왜냐하면 원저자는 제1 원인이며 으뜸가는 존재이므로 그는 필연적으로 최고선(the Chief Good)이 되기 때문입니다. 그러므로 하나님은 모든 사물들의 궁극적 목적입니다.[43] 그리고 으뜸가는 존재이며 최고선이신 그는 이성을 가진 피조물의 능력이나 기능의 대상으로 자기 자신을 종속시키고, 스스로를 낮추며, 자신을 발산시키므로 그 행위나 운동에 의해 하나님과 관련하여 피조물은 사용되거나 점유될 수 있는데, 어떤 의미에서 하나님과 연합을 이룰 수 있음을 뜻합니다. 피조물은 그 대상과 관련하여 어떤 역할을 수행하고 난 후, 그 단계를 넘어 비상하고, 더 큰 선을 얻기 위해 자기 자신을 확장시켜 나갈 수가 없습니다. 따라서 피조물은 자기의 분수에 맞게 스스로를 제어하는 것이 필수적인데, 자기의 대상이 되는 존재의 무한성을 무시하고 자기의 중요성을 내세우지 않도록 스스로 제어하며 자기의 한계를 지켜야 할 뿐만 아니라, 목적과 선의 정도에 있어서 으뜸인 그 대상이 피조물의 능력이 허락하는 한 피조물과 연합 상태를 유지할 수 있다면 피조물은 다른 어떤 것이 되기를 바랄 수도 없고, 또 그런 욕망은 실현될 수도 없습니다. 그러므로 하나님은 우리 신학의 목적인바, 그것은 내적으로 규

··

43) 아르미니우스의 기술 방식은 일관되게 스콜라적이다. 신학의 목적을 주제로 다루는 현재 맥락에서 그는 신학의 목적을 하나님 자신으로 명시함으로써 존재론적 논의가 이어질 것을 예고한다. 단적으로 아르미니우스는 전반적으로 토마스의 아리스토텔레스주의 존재론의 구조를 따른다. 아리스토텔레스는 형상론(에이도스 이론)과 함께 가능태/현실태 개념을 중심으로 목적론적 형이상학 체계를 전개한다. 그리고 무생물, 식물, 동물, 인간에 이르기까지 영혼들(아니마) 간의 위계에 기초한 존재론적 위계를 가정한다. 그 정점에 만유의 창조자인 제일원인이 있다. 토마스의 존재론이 아리스토텔레스를 넘어서는 부분은 기계적 원인론을 넘어서는 차원, 즉 인격적 창조자와 그의 자유로운 의지를 존재론의 궁극적인 목적의 자리에 놓는 것이다. 그리고 이 목적에 대한 인식적 통로로서 계시를 인정한다. 그러나 합리적 지식과 계시적 인식이 일관적인가 하는 것은 지속적인 논란거리가 된다. 가톨릭 세계에서 19세기 말에 부활한 토마스주의는 신토마스주의(Neo-Thomism)이라고 불리는데, 아퀴나스 철학을 동시대 맥락 안에 전유하려는, 지각과 이성을 바탕으로 하는 합리주의적 접근이다. 대표적인 철학자로서는 자크 마리탱, 에티엔느 질송, 갈루스 만제르, 마르틴 그라프만 등이 있다.

정된 행위들을 통해 하나님에 의해 직접 결정되었고, 인간은 자기의 행위를 그 목적을 수행할 것을 의도해야 하고, 그리하여 경건하고 성실하게 자기의 의무를 완수한다면 하나님은 그것을 직접 보상해 주실 것입니다. 그러나 그 최고선은 보상에 대한 약속 안에 들어 있지 않고, 그것을 획득하려는 욕구에도 포함되지 않으며, 오직 실제로 그것에 이를 때 현전할 수 있는 것이므로 신학의 목적은 하나님과 인간의 연합(THE UNION OF GOD WITH MAN)으로 부르는 것이 가장 적절할 것입니다.

그러나 그 연합 방식은 서로 다른 두 본질(예를 들면 하나님의 본질과 인간의 본질)이 서로 결속되거나 하나로 결합되거나 인간 자신이 하나님 안으로 흡수되는 식의 본질 연합(Essential union) 같은 것이 아닙니다. 두 가지 연합 방식에서 전자는 연합되어야 할 사물들 각각의 본성 자체에 의해 거부되고, 후자는 연합 자체의 본성에 의해 거부되어야 합니다. 그 반면에 그것은 하나의 신체와 연합한 영이 그 신체에 생명과 운동력을 분유(impart)하고, 또한 그 신체 안에 내주함으로써 인간에게 영원한 생명이라는 선물을 수여하는 방식으로, 영이 제 마음대로 몸을 움직일 수 있게 되는 식의 연합에 의해 하나님이 인간의 형체를 수취하는 형상 연합(Formal union)도 아닙니다. 오히려 그것은 하나님께서 그의 탁월하고 지극히 신실한 능력과 행위의 작용을 통해(그는 전적으로 몰입하고 완벽하게 채우신다) 자기 자신에 관한 믿을 만한 증거들을 인간에게 제시하시므로 우리는 그 점에 관해 하나님을 "전적으로 믿을 수(all in all)"(고전 15: 21) 있습니다. 이 연합은 직접적인 것으로, 이질적인 것들이 결합된 경계를 갖지 않습니다. 하나님은 자기 자신 외에 다른 어떤 것에도 의존하지 않고, 그리고 형상이나 종(種), 또는 어떤 현상도 매개시키는 일 없이 오직 자기 자신을 피조물의 지성과 의지에 연합시키기 때문입니다. 그 점은 이 최종적이고 최상급의 연합의 본성이 요구하는 것으로서, 피조물 자신과 하나님 사이의 위대한 연합을 제외하고 그 무엇에도 정착할 수 없는 이성을 가진 피조물의 으뜸선에 실재성을 부여합니다. 그러나 이 연합에 의해 비로소 피조물의 지성은 하나님 자신과 그의 선하심, 그리고 비할 데 없는 그의 아름다움을 가장 투명한 눈으로, "얼굴과 얼굴을 마주하듯이" 볼 수 있습니다. 그리고 그와 같은 절대 등급의 투명한 눈으로만 볼 수 있는 최고선은 그 자체만으로 사랑의 대상이 될 수밖에 없으므로 이 고찰을 통해 알 수 있는 것은 마음이 획득한 최고선에 대한 지식이 점점 증대하는 것에 비례하여 우리의 의지가 그것을 한층 더 열렬하게 포용하려 한다는 것입니다.

그러나 여기서 두 가지 난점들이 야기되는데, 평탄해 보이는 길을 따라 얼마 동안 앞으로 달리다가 느닷없이 발이 걸려 넘어지는 일이 없도록 먼저 그 장해물을 제거해야 합니다. 첫 번째 물음은 '그런 초월적인 빛의 대상이 우리를 비출 때, 어떻게 인간 지성의 눈이 어두워지지 않을 수 있는가?'이고, 두 번째 물음은 '인간 지성의 눈이 흐려지거나 어두워지지 않는다고 해도 어떻게 우리의 지성이 그처럼 장대한 규모와 비율을 가진 대상을 수용하고 보존할 수 있는가?'이다. 첫 번째 물음이 해소될 수 있는 이유는 그 빛이 무한한 본성을 있는 그대로 발산하는 것이 아니라, 제한되고 조정된 양태로 우리의 지성을 비추기 때문입니다. 그렇다면 그렇게 조정될 때 그것은 어디에 수용되는 것입니까? 지성에 수용되지 않습니까? 물론 그 빛은 지성에 수용되어야 하지만, 문제의 연합이 결성되기 이전에 지성이 갖고 있던 능력은 그것을 수용할 수 없습니다. 연합이 실현되지 않는 한 지성은 자신을 충만히 채우고 행복을 누릴 수 있을 만큼 충분히 그러한 대상을 수용하거나 보존할 수 없습니다. 그러나 만일 지성이 그러한 팽창력에 조율된 빛의 은혜롭고 영광스러운 광채에 의해 계몽되고 조명된다면 지성은 연장성과 규모에 있어서 조정될 것이고, 그에 따라 매우 정교하고 섬세한 모습을 갖추게 됩니다. 그런 식으로 지성이 계몽될 경우 지성이 가진 눈은 과부하되어 흐릿해지는 것이 아니라, 오히려 인간으로 하여금 완전한 행복을 누릴 수 있게 할 만큼 풍요롭고 거대한 규모로 그 대상을 수용할 수 있을 것입니다. 바로 이것이 앞의 두 가지 난점에 대한 답변입니다. 그러나 지성의 확장은 의지가 먼저 증강된 다음에야 뒤따르는 것입니다. 즉 의지에 합당하고 적절하며 동일한 규칙에 부합하는 대상으로부터, 또는 (나는 후자의 방식을 선호한다) 의지와 지성 간의 본래적 일치와 양자 모두에 내재화된 유비 관계로부터, 그에 따라 의지의 행위에 부합하도록 지성이 자신을 확장시킬 때 지성은 지식에 비례하여 상응하는 것입니다. 마음과 의지가 현전하는 하나님을 직관하고, 그를 사랑하며, 마침내 그를 즐거워하는 행위에 의해 인간의 구원과 완전한 행복은 실현됩니다. 이에 덧붙일 것이 있다면 우리의 몸에 직접 작용하는 하나님의 행위에 의해서든지, 신체에 작용하는 정신적 행위가 산출하는 작용에 의해서든지 우리의 몸이 그처럼 영광스러운 정신적 상태와 일치를 이루게 된다는 점인데, 지금 우리가 그것을 탐색하거나 찾아내려고 애쓸 필요는 없습니다.

그러한 연합으로부터 하나님께서 이제까지 경영하신 이전의 모든 활동을 통해 나타내신 일체의 모든 영광을 능가하는, 무한하신 하나님의 최상의 영광이 모습을 드러내고 찬란하게 빛을 발하는 것입니다. 왜냐하면 그 행위는 그 자체로 위대하고 영광스러운 선한 것이고, 오직 선만이 '위대함'이라는 칭호를 얻을 수 있으므로 우미한 표현을 따라[토 에우 메가][44] 하나

⁞

44) to eu mega. 그리스어로 '좋음', '탁월함'을 뜻하는 에우(εὐ)와 '크다'를 뜻하는 메가스 (μεγας)를 병치하여 만든 표현으로, 지고선(至高善)을 의미한다.

님의 지고선(至高善)의 행위가 가장 위대하고 가장 영광스러운 것이 당연합니다. 하지만 그가 자신을 피조물과 직접적인 연합을 이루게 하시고, 피조물로 하여금 그를 볼 수 있고, 사랑할 수 있고, 또한 그 피조물의 역량을 따라 넘치도록 풍성하게 그를 향유할 수 있게 하신 것은, 이미 언급했듯이 그 정도로 그가 자신의 폭을 넓히시고 확장하시는 가장 자비로운 행위입니다. 그러므로 그것은 하나님의 행위 가운데 가장 영광스러운 것입니다. 그러므로 신학의 목적은 인간의 구원과 하나님의 영광으로 수렴되는, 하나님과 인간의 연합에, 그리고 하나님과 인간과 연합할 때 인간이 하나님께 귀속시키는 영광이 아니라, 자기의 행위에 의해 하나님께서 선포하시는 영광에 이르는 것입니다. 그러나 인간이 그처럼 장대하고 압도적인 선을 바라보며 향유할 때, 그가 하나님을 영원히 드높여 찬송하려는 마음이 뜨겁게 솟아나지 않는 한 그런 일은 있을 수 없습니다.

복음신학의 견지에서 본 신학의 목적

지금까지 우리가 신학의 목적과 관련하여 고찰한 것들은 율법신학의 방법을 수용한 것입니다. 이제 우리는 복음신학의 견지에서 신학의 목적을 고찰해야 합니다. 복음신학의 목적은 1) 하나님과 그리스도 2) 인간과 그 두 인격들 사이의 연합 3) 그리스도와 하나님의 영광을 향하여 두 인격 모두에 시선을 고정하고 즐거워하는 것입니다. 이 개별 항목들 각각에 대해 우리는 성경 본문을 근거로 뒷받침할 것이고, 그렇게 하는 것이 복음의 교의에 가장 적합하고, 그것은 그 교의의 특이성이기도 합니다.

그러나 그 주제들에 대해 설명하기 전에 우리는 인간의 구원이 그리스도 자신의 영광이 되기 위해서는 인간이 그리스도를 사랑하고, 바라보며,

즐거워해야 한다는 것을 보여야 합니다. 사도 바울이 고린도전서의 15장에 우리가 그렇게 해야만 하는 당위성을 규정하는 구절이 있는데, 그렇게 하지 않는다면 이 고찰에서 그리스도를 배제할 수 있기 때문입니다. 따라서 거기서 사도는 이렇게 말합니다, "그때가 마지막입니다. 그때에 그리스도께서 모든 통치와 모든 권위와 모든 권력을 폐하시고 그 나라를 하나님 아버지께 넘겨 드리실 것입니다."(고전 15:24) 이 구절에 대해 적절한 설명에 의해 제거되어야 할 세 가지 문제점이 제기되었습니다. 그것은 다음과 같습니다. 1) "만일 그리스도께서 그 나라를 '하나님 아버지께 넘겨 드려야' 한다면 그는 더 이상 그 자신이 직접 통치하지 않을 것이다." 2) "만일 그가 '아버지에게 종속하게' 된다면 그는 더 이상 자기의 교회를 주재하지 않게 될 것이다." 3) "만일 '하나님께서 전권을 갖게' 된다면 우리의 구원은 그리스도와의 연합, 그를 바라보는 것, 그리고 그를 즐거워하는 것을 통해 실현될 수 없을 것이다." 나는 이 반론들 각각에 대해 개별적으로 답변할 것입니다.

그리스도의 나라는 두 가지 목적을 추구합니다. 즉 왕권의 중보자 기능과 왕으로서의 영광이 그것입니다. 왕의 통치 기능은 유보될 것인데, 왜냐하면 그 기능은 필수적인 것도 아니고 사용할 일도 없기 때문입니다. 그러나 왕권의 영광은 유지되는데, 그것은 중보자로서 일하심으로써 아들이 획득하셨고, 약속대로 아버지께서 수여하신 것이기 때문입니다. "(모든 권력을) 폐하시고"라는 표현은 바로 그 점을 적시하는데, 즉 그것은 그리스도께서 아버지로부터 받은 전권을 포기하고, 또한 아버지의 대리인으로서 자기 뜻대로 행사할 수 있는 권한을 포기하는 것을 의미합니다. 그러나 그가 그 권한을 내려놓는다 해도 그는 변함없이 교회의 머리와 남편으로서의 지위를 견지하는 것을 우리는 보게 될 것입니다. 따라서 그 표현은 "그래서 하나님은 만유의 주님이 되실 것입니다"(고전 15:28)라고 말하는 구절에서 포착될 수 있는 것과 같은 흐름을 보여 줍니다. 왜냐하면 그것은 하나님께서 그의 혜택을 수여하실 때 통상적으로 허용하셨던 것, 즉 피조물들의 일에 간섭하는 대리 통치권까지 모두 회수하시기 때문입니다. 그와 동시에 그것은 하나님께서 언제든지 그의 선하심을 직접 행사하고, 심지어 자기 자신까지 피조물들에게 내어주실 수 있음을 함의합니다. 그러므로 이 구절의 권위에 입각하여 성경의 대의를 따르는 이 강론에서 우리가 그리스도에게 귀속되기를 바라 왔던 어떤 것도 그에게서 박탈되는 일은 없을 것입니다.

우리는 같은 논점을 명시적이고 적절하게 표현하는 다른 구절을 통해 보여 줄 수 있습니다. 그리스도는 직접적인 말씀을 통해 하나님과의 연합을 약속하셨습니다. "누구든지 나를 사랑하는 사람은 내 말을 지킬 것이다. 그리하면 내 아버지께서 그 사람을 사랑할 것이요, 내 아버지와 나는 그 사람에게로 가서 그 사람과 함께 살 것이다."(요 14:23) 실제로 이것은 선에 대한 약속입니다. 따라서 교회의 선함은 그리스도와 연합하는 데 있습니다. 그리고 살 곳이 약속되었다는 것은 이 지상의 삶의 경계에 의해 종말을 맞는 것이 아니라, 그 연합은 영원히 지속되고, 현세의 짧은 삶이 끝난 후에도 천국에서 끝없이 계속된다는 것을 가리킵니다. 이 약속에 대해 언급하면서 사도 바울은 "나는 이 세상을 떠나 그리스도와 함께 있기를 원한다"라고 말합니다. 그리고 그리스도 자신도 "아버지께서 내게 주신 사람들도, 내가 있는 곳에 나와 함께 있게 하여 주시고"(요 17:24)라고 말씀하셨습니다. 사도 요한은 그의 복음서의 말미에 "우리의 사귐은 아버지와 또 그의 아들 예수 그리스도와 함께 하는 사귐입니다"라고 규정했고, 바로 그와 같은 연합의 교제 안에 필연적으로 영생이 존재하는 것을 가리키는데,

그렇게 말할 수 있는 것은 다른 곳에서도 사도 바울이 동일한 목적에 대해 설명하기 때문입니다. "그런데 이것이나마 기록한 목적은 여러분으로 하여금 예수가 그리스도요 하나님의 아들이심을 믿게 하고, 또 그렇게 믿어서 그의 이름으로 생명을 얻게 하려는 것이라."(요 20:31) 그러나 사도 요한의 말의 의미를 되새겨 볼 때, 그러한 종류의 사귐이 가능하려면 연합이 선행해야 한다고 말하는 것 같습니다. 또 그는 이렇게 말합니다. "여러분이 처음부터 들은 그것이 여러분 속에 있으면 여러분도 아들과 아버지 안에 있게 될 것입니다."(요일 2:24) 무슨 말입니까? 그리스도가 영광스러운 모습으로 나타날 수 있으려면 먼저 그가 자신의 피로 그의 신부인 교회를 정결하게 만들어야 하고, 그렇게 하는 동안 그리스도와 그의 교회 사이의 연합은 정지된다는 말입니까? 우리는 전혀 그렇게 생각하지 않습니다. 지상에서 시작된 그 연합은 완전한 정도에 이르기까지 변함없이 오래도록 지속될 것입니다.

만일 그리스도를 눈으로 보는 것에 대해 의심한다면 그런 사람은 그리스도께서 다음과 같이 선언하신 것에 귀를 기울이십시오. "나를 사랑하는 사람은 내 아버지의 사랑을 받을 것이다. 그리고 나도 그를 사랑하여, 그에게 나를 드러낼 것이다."(요 14:21) 그리스도는 이 세상에 있을 동안에만 자기를 보여 주실 수 있다는 뜻입니까? 신실한 신자들을 위해 그리스도께서 아버지에게 간구하시는 것을 다시 들어 보십시오. "아버지, 아버지께서 내게 주신 사람들도, 내가 있는 곳에 나와 함께 있게 하여 주시고, 창세전부터 아버지께서 나를 사랑하셔서 내게 주신 영광을 그들도 보게 하여 주시기를 빕니다."(요 17:24) 그러므로 그리스도는 제자들의 유익을 위해 그들에게 자기 영광을 보여 주실 것을 약속하십니다. 그리고 성부 하나님께도 동일한 은혜를 내려 주실 것을 간구하십니다. 사도 요한도 같은 말로 확증합니다. "그때에 우리가 그를 참 모습대로 뵙게 될 것이기 때문입니다."(요일 3:2) 이 구절은 그리스도에 대해 어떤 왜곡도 없는 이해를 보여주는데, 그 점은 하나님 아버지에 대해서도 마찬가지입니다. 그러나 성경이 기록하듯이 그리스도는 장차 하늘의 도성을 비추는 "빛"이 될 것이고, 그 빛 가운데로 "민족들이 다닐 것이라"(계 21: 23~24)라고 예고된 것을 넘어 우리가 무엇을 더 바랄 수 있겠습니까?

그리스도를 향유하는 일은 우리가 그를 눈으로 직접 볼 것이라고 단언하는 것처럼 들리는 성경 구절에 의해 충분히 확립되었지만, 우리는 다른 두어 구절에 의해 그것을 추인할 것입니다. 영원한 지복은 '어린 양의 만찬(the supper of the lamb)'이라는 이름으로 불리고, '어린 양의 혼인'이라는 용어에 의해 강조되는데, 나는 그런 표현이 어린 양을 향유하거나 즐거워하는 것 자체가 행복임을 적확하게 알린다고 생각합니다. 그러나 사도 요한은 그가 기록한 계시록에서 이 두 가지 수식어를 그리스도에게 전가하면서 이렇게 말합니다. "기뻐하고 즐거워하며 하나님께 영광을 돌리자. 어린 양의 혼인날이 이르렀다. 그의 신부는 단장을 끝냈다."(계 19:7) 그리고 조금 더 뒤에서 "어린 양의 혼인 잔치에 초대받은 사람은 복이 있다고 기록하여라."(계 19:9) 즉 그때에 그리스도는 "아버지와 함께 보좌에 앉을 것"이고, 하늘에서 천사들과 모든 사람들로부터 찬양과 영광을 받으실 것이라고 말하는 수많은 성경 구절이 우리를 고취시키듯이, 그리스도의 영광에 관해 우리는 얼마든지 더 길게 말할 수 있을 것입니다.

그런 표현을 통해 우리가 증명하고자 하는 진리를 입증했으므로 계속해서 우리는 설명하기로 약속한 것을 이행할 것입니다. 그리고 이 모든 축복이 전체적으로 그리고 각각 개별적으로, 율법에 의해 우리가 과연 살아남을 수 있다면, 율법신학을 통해 그것이 우리에게 해 줄 수 있는 것보다 훨씬 특이하고 매우 탁월한 방식으로, 복음신학을 통해 우리에게 내려오리라는 것을 보여 줄 것입니다.

그리고 무엇보다도 우선 연합이라는 주제를 떠날 수 있기 위해 앞에서 우리가 '혼인'에 관해 짤막하게 언급했던 것을 다시 떠올려 보도록 합시다. 혼인[45]이라는 낱말은 이 연합을 적절하게 예우해 주고, 이중의 놀라운 특권으로 그 연합을 영예롭게 만듭니다. 그중 하나는 심오한 결합이고, 다른 하나는 매우 영광스러운 지위입니다. 심오한 결합에 대해 성경에서는 이렇게 말합니다. "그러므로 사람이 부모를 떠나 자기 아내와 합하여 그 둘이 한 몸이 되는 것입니다. 이 비밀은 큽니다. 나는 그리스도와 교회를 두고 이 말을 합니다."(엡 5:31~32) 그러므로 그리스도와 교회의 연합은 남녀의 혼인에 빗댈 수 있습니다. 지상 교회의 혼인은 그리스도의 신부들과 신랑들, 즉 선지자, 사도, 그들의 후계자들, 그리고 특히 이 일에서 중재자와 조정자 역할을 하는 성령의 활동에 의해 성립됩니다. 그리스도가 자기의 신부를 신혼방으로 인도하면 곧이어 절정의 순간이 뒤따릅니다. 이 같은 연합으로부터 신령한 복들의 연합뿐만 아니라, 앞서 발생한 인간들 간 사랑의 연합도 이루어집니다. 그로부터 얻게 되는 더욱 영광스러운 지위에 의해, 혼인의 유대를 통해 연합된 신부에게 복들에 대한 소유권이 주어집니다.

교회는 그리스도가 주시는 복들에 참여할 뿐만 아니라, 그의 지위에도

..

45) 마태복음 22장 1~14절을 비롯해 성경 전체를 통틀어 그리스도와 교회의 연합의 함의는 혼인 잔치(가모스, γάμος)에 의해 제시되어 있다. 이 연합이 중보자로서 그리스도께서 성취한 공로임을 설명하고 나서 아르미니우스가 혼인의 관점에서 그것을 조망하는 것은 연합의 경험적 성격을 강조하기 위해서인 듯하다. 즉 이 연합에 대한 그의 논증은 이 연합이 그리스도의 구속 사역의 결산임을 보여 줄 뿐만 아니라, 궁극적으로 존재론적-인식론적-심미적 통합적 실존을 목적으로 한다는 것을 제시한다. 따라서 그의 논점은 플로티누스의 지고미(至高美), 아우구스투스의 프루이 데이(frui Dei)까지 거슬러 올라간다.

참여합니다. 왕의 아내로서 교회는 왕비로 불릴 수 있는 정당한 권한을 갖게 되었기 때문입니다. 성경은 그 왕비에게 존엄한 호칭을 부여하기를 주저하지 않습니다. "임금님의 오른쪽에 서 있는 왕후는 오빌의 금으로 단장하였습니다."(시 45:9) "왕비가 예순 명이요, 후궁이 여든 명이요, 궁녀도 수없이 많다마는, 나의 비둘기, 온전한 나의 사랑은 오직 하나뿐, 어머니의 외동딸, 그를 낳은 어머니가 귀엽게 기른 딸, 아가씨들이 그를 보고 복되다 하고 왕비들과 후궁들도 그를 칭찬하는구나."(아 6:8~9) 그리스도와 동일한 어머니의 가슴에서 젖을 먹고 자란, 사랑하는 형제가 없었다면 교회는 연합의 영광스러운 지위에 오를 자격을 얻지 못했을 것입니다(집회 송영 8). 그러나 만일 율법에 의해 의와 구원이 우리에게 주어질 수 있었다면 굳이 이 연합이 필요하지 않았을 것입니다. 그러므로 우리의 비참한 위급 상황을 긍휼히 여기시는 하나님께서 스스로를 낮추심[46]으로써 우리에게 유익한 혜택을 내리시고 풍성한 존엄으로 높여 주셨습니다! 그러나 우리와 그리스도의 이 연합 양태는 우리가 들어갈 하나님과의 연합에서 조금도 더할 것이 없습니다. 이 사실은 그리스도와 아버지 사이의 상호 연합의 유대가 어떤 것이며 그것이 얼마나 위대한 것인지를 고찰해 보는 사람에게 한 점의 의혹도 남겨 두지 않을 것입니다.

∴

46) 'divine condescension' 또는 'accommodation'. 자구적으로 '적응'을 뜻하는 이 표현은 칼뱅에 의해 종교개혁 시대를 대표하는 신학적 수사구가 되었다. 즉 인간의 본성과 능력의 한계에 맞추어 하나님께서 자발적으로 조절된 양태로 인간과 교류함으로써 인간의 필요를 충족시키기로 결정하신 것을 가리킨다. 이것은 신적 자유의지가 행사된 최상의 사례로 간주된다. 마치 엄마가 아기의 필요를 위해 자신을 그 수준에 맞추는 것에 빗대어 칼뱅은 이것을 일종의 '더듬거리며 말하기'로 해석한다.

복음신학의 특징

우리의 시선을 시계(視界)나 이상(vision)으로 선회할 때, 우리는 복음신학이 갖는 특이한 두 가지 특징을 보게 됩니다.

첫째로 하나님의 영광은 마치 점점 누적되고 농축되어 마침내 하나의 형상에 수렴되듯이 그리스도 예수를 통해 우리의 눈앞에 현전하게 될 것입니다. 그 영광은 '광대한 궁창'의 지극히 넓은 공간 전체를 빛이 가득 채웠던 것과 똑같은 방식으로 첫째 날에 창조되고, 넷째 날에 그 빛들이 모이고 합쳐지고 압축되어 하나의 몸을 이루어 가장 현저하고 빛나는 대상으로 우리 눈앞에 나타나는 것입니다. 이 광경을 언급하는 계시록 본문에서 볼 수 있듯이 하늘의 예루살렘성은 형언할 수 없을 정도로 찬란한 영광을 광대한 공간에 널리 펼쳐지게 하는 조명 자체이기에 "해나 달이 빛을 비출 필요가 없습니다. 하나님의 영광이 그 도성을 밝혀 주며, 어린 양이 그 도성의 등불이시기"(계 21:23) 때문입니다.

그러므로 우리는 하나님 자신 안에서 그의 본성이 가진 가장 탁월한 속성들에 대해 묵상할 수 있을 뿐만 아니라, 또한 이 연합과 열린 눈(open vision)[47]에 의해 우리가 실제로 소유하게 될 것을 지금 소망하는 것처럼

∵

47) 신학의 연구 방법으로서 영국 경험론을 적용하는 조나선 에드워즈는 자연적 지각과 비자연적 지각을 구별함으로써 참된 신자들은 영적 감각(spiritual sense)을 회복한 사람들이라고 명시한다. 영적 감각은 '새로운 감각'이라고 부르기도 하지만, 그 새로움은 시간적이라기보다 하나님의 창조 설계가 가진 복구 양태의 특질이라고 보아야 할 것이다. 신학 이론이 지각의 문제를 어떤 방식으로 다룰 수 있는가 하는 문제에 관해 통찰을 보여 주는 균형 잡힌 연구로 맥클리몬드의 논문을 참조하는 것이 좋을 것이다. 그는 1960년대에 엄청난 반향을 일으킨 페리 밀러를 필두로 최근까지 이어지는 지각과 '영적 감각' 논쟁을 추적한다. Michael J. McClymond, "Spiritual Perception in Jonathan Edwards", *the Journal of Religion*, vol. 77(1997), pp. 195~216.

실제로 온전히 우리의 소유가 될 그 선은 우리의 유익을 위해 하나님께서 모든 것을 마련하고 사용하신 결과라는 사실을 깨닫게 될 것입니다.

그러므로 이 비전의 탁월성은 율법이 이룰 수 있는 것을 훨씬 능가하고, 그리고 이 원천으로부터 더 큰 풍성함과 더욱 감미로운 달콤함을 향유할 수 있습니다. 태양의 빛이 별들의 빛보다 더 밝은 것처럼 인간의 눈이 수용할 수 있을 때 햇빛은 더욱 감사함으로 포용할 수 있고, 훨씬 즐겁게 향유할 수 있습니다. 신성한 속성들을 지각하는 그러한 시각을 갖게 될 때, 향유하는 경험이 가진 달콤함의 극치는 배가될 것입니다. 왜냐하면 전자의 즐거움은 매우 탁월한 속성들을 관조하는 데서 나오는 반면, 후자의 즐거움은 이루 말할 수 없을 정도로 하나님께서 스스로 낮아지셔서 그가 소유한 속성들을 기꺼이 꺼내 보여 주시고, 무궁무진한 자산(資産)의 보고를 열고 온갖 복들을 우리에게 퍼붓듯이 주시며, 그리고 그렇게 하는 이유가 인간을 위해 구속의 역사를 계획하시고 자기의 가장 비참한 피조물들을 구원하기 위해서라는 것을 우리에게 설명하실 때 하나님이 느끼시는 농축된 기쁨을 고찰하는 데서 오는 것이기 때문입니다. 그리하여 하나님께 속한 모든 것이 마치 오로지 인간을 위해, 오직 우리에게 혜택을 베풀기 위해 존재하는 것과도 같은 깨달음이 예리한 광선이 비추듯이 날카롭게 우리 마음에 꽂힐 것입니다.

또한 그것에 관해 또 다른 특이성을 더할 수 있습니다. "그분(예수 그리스도-옮긴이)은 만물을 복종시킬 수 있는 권능으로 우리의 비천한 몸을 변화시키셔서 자기의 영광스러운 몸과 같은 모습이 되게 하실 것입니다."(빌 3:21) 그리고 "흙으로 빚은 그 사람의 형상을 우리가 입은 것과 같이 우리는 또한 하늘에 속한 그분의 형상을 입을 것입니다."(고전 15:49) 그러므로 모든 것이 예수 그리스도 안에서 새롭게 변화할 것입니다(고후 5:17). 우리는 "약속을 따라 새 하늘과 새 땅"(벧후 3:13)과, 흰 돌 위에 쓰인 새로운 이름(계 2:17), 즉 내 하나님의 새로운 이름, 그리고 내 하나님 도성의 이름인 새 예루살렘(계 3:12)의 도래를 기다릴 것이고, 천사들은 하나님과 그의 그리스도께 "새로운 노래를 부를 것"(계 5:9)이라는 계시의 말씀을 받았습니다.

따라서 그리스도께서 우리를 위해 예비하신, 그리고 복음신학을 통해 우리에게 제시된 행복이 과연 우리가 율법대로 이행할 수 있을 것인지 의문이지만, '율법의 의'에 의해 우리에게 제공된 것보다 얼마나 탁월할 것인지 간파하지 못할 사람이 과연 있겠습니까? 혹여 그런 사람이 있다면 이 명성 높은 홀에서, 그리고 가장 복된 분들을 청중으로 모신 이 자리에서 내가 감히 이렇게 선언하는 것이 허용된다면 우리는 선택받은 천사들과 상당히 유사한 점들이 많지만, 그리스도와 우리의 아버지를 찬양하지 않을 수 없는 이유는 장차 우리가 그들을 종으로 부리는 상관이 될 것이기 때문입니다. 지금 그들은 하나님과 그리스도 두 분 모두와 연합된 상태를 향유하고 있고, '만물이 새롭게 될' 때 아마도 지금보다 두 분과 더욱 긴밀한 연합 관계를 가질 것이 분명합니다. 그러나 그 연합의 두 당사자들 사이에는 하나님과 우리의 연합에서 발견되는 부부 간의 사랑(Conjugal Bond)이라든가, 우리가 입게 될 영광과 비교할 수 있는 것이 전혀 없습니다.

물론 천사들은 '얼굴을 마주 보듯' 하나님을 직접 뵙고, 그의 본성에 속한 지극히 탁월한 속성들을 관조할 것입니다. 그러나 그들은 하나님께서 오직 인류의 구원을 위해 사용하시는 속성들 중 일부를 볼 수 있을 뿐인데, 그것은 그들의 유익을 위해 아직 보여 주지 않았거나 먼저 보여 줄 필요가 없기 때문이고, 혹시 그럴 필요가 있다고 해도 하나님은 그것을 굳이 개봉하려 하지 않으실 것입니다. 천사들은 그런 것들을 눈으로 볼 수는 있지만, 그들의 마음이 희망으로 꿈틀거리는 일은 없을 것입니다. 그들은 질투심으로 동요하는 것이 아니라, 차라리 그것은 그들에게 찬탄과 경이의 대상이 될 것인데, 두 범주의 존재들을 모두 창조하셨음에도 불구하고 하나님께서는 자기와 공통된 본성을 가진 그 영적 존재들에게는 오래도록 유보하셨던 인격적 존엄을 (본성에 있어서 천사들보다 열등한) 인간에게 주시기로 결정하신 것입니다. 물론 그들도 살아 계신 하나님의 도성에서 거주하는 자들로, 그 도성에서 가장 찬란하게 빛나는 빛 자체이신 그리스도를 볼 것입니다. 그리고 바로 그 상황에서 그들의 행복은 그리스도에 의해 한층 더 찬란하게 빛날 것입니다. 그리스도는 "천사들을 도와주시는 것이 아니라, 아브라함의 자손들을 도우시며"(히 2:16), 하나님께서 그의 장자(長子)를 다가오는 세상으로 들여보내실 때, 그들은 수취된 본성 그대로 하나님의 명령에 따라 그 자손들을 찬양하고 드높일 것입니다. 장차 올 세상과 그때 임할 복들에 천사들도 참여할 것이지만, 그 세계는 "천사들의 지배 아래에 두신 것이 아니라"(히 2:5) 그리스도에게, 그리고 그의 공통 본성을 나누어 받고 그것에 의해 정결하게 된 인간 형제들에게 주신 것입니다. 천사들과 대등한 지위에 있는 악한 영 하나가 하나님을 적대하며 거짓을 말하고 시기하는 죄를 지었습니다. 그러나 그리스도 안에서, 그리고 그가 성취하신 구원에 의해 하나님께서 그 거짓 영의 참소를 얼마나 확실하게 척결하셨는지 우리는 잘 알고 있습니다. 거짓은 화목한 관계를 이루어야 할 하나님에 대해 거부감을 갖도록 인간을 선동했고, 그 문제는 그의 아들의 죽음이 중재함으로써 비로소 해결될 수 있었습니다. 악한 영의 시기심을 끓어오르게 만든 것은 하나님께서 인간을 높여 천사가 누리는 차원의 행복을 누릴 수 있게 하셨을 뿐만 아니라(그 행복은 애초의 자기 본분을 지켰더라면 그 부정한 천사조차 누릴 수 있었습니다), 그들의 지위보다 훨씬 우월한 지복의 상태로 인간을 끌어올리셨기 때문입니다.

이 주제에 대해 내가 덧붙이고 싶은 것은 많지만, 가장 풍부한 견식을 갖추신 청중 여러분, 하나님께서 이 땅 위에서 보여 주신 자기 영광의 광대하고 놀라운 찬란함을 측량해 보는 일, 그리고 그의 초월적인 선하심에 대해 마땅히 우리가 그에게 돌려야 할 영광을 셈해 보는 일을 여러분의 개인적인 경건의 시간을 위한 묵상의 주제로 남겨 두기로 하겠습니다.

우리의 책무

한편 우리 인간의 수가 전체적으로 얼마나 되든지 하나님과 그리스도의 나타나심을 얻은 후, 그 위대한 구원에 대해 우리에게 명료하고 완벽하게 알려 주고 너무도 은혜롭게도 그 구원에 참여하도록 부르시는 이 복음 교의에 의해 우리에게 어떤 의무가 부과되었는지를 경건하고 경청하는 마음으로 우리 모두 고찰하기로 합시다. 그 교의는 행실과 실제 삶 속에서 수용되고, 믿고, 실천되어야 합니다. 그것은 그 제일 저자 때문에 전폭적으로 수용할 만한 가치가 있고, 그리고 그 목적 때문에 반드시 수용되어야만 합니다.

진실로 위대한 제일 저자에 의해 전달된 것이기에 복음의 교의는 겸손하고 순종하는 마음으로 수용되어야 하고, 그 안에 담긴 지식과 이해를 근면하고 주의 깊게 탐구해야 하며, 그것이 지향하는 목적인 우리 영혼의 구원에 도달하기 전까지 우리는 그것을 결코 손이나 머리나 가슴에서 내려놓아서는 안 됩니다. 그렇게 해야만 하는 이유는 무엇입니까? 거룩하신 하나님께서 그의 입을 여실 때, 우리가 귀를 막고 있을 수 있습니까? 하늘에 계신 우리의 주인이 기꺼이 우리에게 교훈을 들려주려 하실 때, 우리가 배우기를 거부하면 어떻게 되겠습니까? 그가 신성한 진리에 관한 지식으로 우리의 마음을 기꺼이 고쳐시키려 하실 때, 우리가 마음의 문을 잠근 채 그의 성령의 가장 확실하고도 부드러운 숨결을 거부할 수 있겠습니까? 하나님 아버지의 지혜[48]이신 그리스도께서 아버지가 가슴에 품어 두셨다가 꺼내어 주신 그 복음을 우리에게 전하신 것이라면 우리가 그것을 가볍게 여겨서 마음 깊이 간직하지 않기로 할 때 어떤 결과가 벌어질 것입니까? 특별히 "너희는 그의 말을 들어라"(마 17:5)라고 하는 아버지의 엄중한 명령을 들을 때, 그뿐 아니라 "누구든지 그 예언자의 말을 듣지 않는 사람은 백성—즉 이스라엘의 백성—가운데서 망하여 없어질 것이다"(행 3:23)라는 경고가 덧붙여질 때, 우리가 그런 식으로 행동한다면 어떻게 되는 것입니까? 우리 중 누구도 그렇게 고약한 죄악을 행하는 사람이 없기를 바랄 뿐입니다! "천사들을 통하여 하신 말씀이 효력을 내어 모든 범행과 불순종하는 행위가 공정한 깊음을 받았거든, 하물며 우리가 그렇게도 귀중한 구원을 소홀히 하고서야 어떻게 그 깊음을 피할 수 있겠습니까? 이 구원은 주님께서 처음 말씀하신 것이요, 그것을 들은 사람들이 우리에게 확증하여 준 것입니다."(히 2:2~3)

전술한 모든 고찰에 더하여 이 복음 교의의 목적을 포함시키기로 합시다. 그것은 자기가 고유하고 으뜸가는 선을 낭비하지 않기를 원하는 사람들의 마음을 설득하는 데—잠재력과 탁월성을 가장 확실히 확보할 수 있

· ·
48) 성경 전체를 통틀어 '지혜(Σοφία; sophia)'는 그리스도를 지시하며, 지혜로 의인화된 예수가 맨 처음 등장하는 것은 '말씀'이 행위자로서 수행하는 천지창조 장면이다. "태초에 '말씀'이 계셨다. 그 '말씀'은 하나님과 함께 계셨다. 그 '말씀'은 하나님이셨다. 그는 태초에 하나님과 함께 계셨다. 모든 것이 그로 말미암아 창조되었으니, 그가 없이 창조된 것은 하나도 없다."(요 1:1~3)

는 실행 전략—크게 도움이 될 것입니다. 하나님이 암흑 가운데서 우리를 그의 기이한 빛으로 인도하시고, 우리의 마음을 명철과 이성으로 채워 주시며, 더욱이 우리를 자기의 형상대로 지으신 이유가 어디에 있는지를 생각해 보십시오. "어떤 의도와 목적을 품고 하나님은 그토록 타락한 인간들을 원초적 완전함의 상태로 회복시키고, 죄인들을 자기와 화해시키며, 그리고 자기의 원수였던 우리에게 은혜를 베푸시는 것인가?"라는 물음이 우리 마음에서 떠나지 않게 합시다. 그렇게 한다면 결단코 우리는 그 모든 일이 실제로 성취되었다는 것, 즉 우리가 영원한 구원에 참여할 수 있고, 영원히 하나님을 찬양할 수 있게 되었다는 사실을 선명하게 깨닫게 될 것입니다. 그러나 우리가 논의하고 있는 주제인 복음신학이 이끄는 대로 따라가지 않는다면 우리는 그 목적에 대해 알게 될 가망도 없고, 더욱이 목적지에 도달할 수도 없습니다. 만일 우리가 이 목적으로부터 멀어진다면 우리는 육지와 바다 전체를 넘어 방황할 뿐만 아니라, 진실로 참된 자유를 얻기 위해, 그리고 우리의 이름이 영생을 얻은 사람들 명단에 들어갈 수 있기 위해 마지막으로 우리가 반드시 들어가야 할 도성—천국—의 경계를 지나쳐 버릴 수도 있습니다. 복음의 교의는 '천국의 문(the gate of heaven)'을 뜻하고, 낙원의 문은 야곱의 사다리를 함의하는데, 그것을 타고 그리스도께서 내려오셨고, 우리 또한 그것을 타고 그에게로 돌아갈 것이며, 그리하여 황금 사슬[49]은 하늘에서 땅까지 연결되는 것입니다. 이 문으로 들어

..

49) '황금 사슬(Golden Chaine)'은 영국 청교도 운동을 이끈 지도자들 중 하나로 알려진 윌리엄 퍼킨스(William Perkins, 1558~1602)의 신학 교의들 중 하나다. 퍼킨스는 칼뱅주의 이중예정론을 지지했고, 테오도르 드 베즈의 사상을 영국에 소개한 인물이다. 1591년, 책으로 출간된 『황금 사슬』에서 그는 성경을 문자적으로 해석하고, 구원에 이르는 단계를 세분화하여 도식화했다. 그 도식이 '황금 사슬'인데, 그는 이러한 체계적인 도표를 통하여 구원의 순서(Ordo Salutis)를 객관화하여 청교도의 구원관을 한눈에 볼 수 있게 만들었다. 이

가서 그 황금 사슬을 꼭 붙들고 사다리를 타고 위로 올라가 봅시다. 그 문은 크고 넓으며, 그렇기 때문에 신자들이 쉽게 들어갈 수 있고, 그 사다리의 위치는 요동한다거나 그것을 타는 사람들이 흔들리거나 떨어지게 만드는 일이 없습니다. 사슬의 한 고리와 다른 고리를 연결하는 이음새는 절대로 풀리지 않기 때문에 거기에 매달린 사람들을 떨어지게 하지 않습니다. 그리하여 마침내 우리는 '영원히 살아 계신 그분'을 만나고, 지존하신 분의 보좌 앞으로 들어 올려져 살아 계신 하나님과 '지존자의 아들'이신 예수 그리스도 우리 주님과 영원히 연합할 것입니다.

그러나 택함을 받은 청년들이여, 여러분에게 이 주제는 특별히 부과된 책무에 연결됩니다. 왜냐하면 하나님께서 복음을 나타내실 때 그는 여러분을 '그와 함께 일하는 동역자' 그리고 다른 사람들의 구원을 위해 섬기는 도구로 지명하셨기 때문입니다. 여러분이 공부할 학문의 신성한 제일 저자이신 그분의 위엄과 그 학문이 가진 목적의 필연성을 항상 여러분의 눈앞에서 떠나지 않게 하십시오. 복음의 제일 저자에 대해 깊이 주목할 때, 혹여 선지자 아모스의 말이 떠오른다면 그것을 마음에 잘 간직하십시오. "사자가 으르렁거리는데 누가 겁내지 않겠느냐? 주 하나님이 말씀하시는데 누가 예언하지 않을 수 있겠느냐?"(암 3:8) 그러나 예언의 영이 시키지 않는 한 여러분은 예언해서는 안 됩니다. 오늘날 성령은 성경에 의하지 않고서는 누구에게도 그런 식으로 말씀하시지 않습니다. 하나님의 감동으로

∴

도표는 많은 난점을 안고 있고, 17세기 당시에는 물론이고 오늘날까지 논란이 분분하다. 특히 그가 주장하듯이 그가 과연 칼뱅을 충실히 따르고 있는가 하는 점이다. 예컨대 아담의 죄가 율법을 어긴 데 있는가 또는 하나님의 명령을 어긴 불복종에 있는가 하는 물음에 대해 칼뱅과 달리 퍼킨스는 아담의 죄가 율법을 어긴 데 있다고 보기 때문이다. 윌리엄 퍼킨스, 『황금 사슬』, 김지훈 옮김(킹덤북스, 2016), p. 75, p. 77 참조.

기록된 성경에 의거하지 않는 한 성령은 아무도 감동시키지 않습니다. 신학의 목적에 대해 묵상하는 동안 성령께서 인류와 소통하는 가운데 사람들을 오류로부터 진리의 길로, 악으로부터 의로, 극심한 비참함으로부터 최고의 행복으로 인도하기 위해, 또는 사람들로 하여금 영원한 구원을 향해 나아가도록 돕기 위해서가 아니라면 그는 특정한 사람들에게 다른 사람들보다 더 큰 위엄이나 유용한 능력을 베푼다든지, 더 큰 유익한 결과를 산출할 수 있는 역량을 특별히 부여하는 일이 없다는 것을 분명하게 깨달을 것입니다. 그런데 바로 이와 같은 진리는 오직 신학을 통해 배울 수 있습니다. 이 신성한 학문을 제외하고 참된 의를 가르치는 다른 학문은 없으며, 오직 이 학문에 의해서만 그러한 참된 행복을 발견할 수 있고, 우리의 구원에 대해 가르치고 깨닫게 할 수 있습니다. 그러므로 거룩한 성경이 여러분의 모델이 되게 하십시오.

"밤이나 낮이나 성경을 읽고, 또 그것을 낮이냐 밤이나 읽도록 하십시오."

그렇게 여러분이 성경을 숙독한다면 "이런 것들이 여러분에게 갖추어지고, 또 넉넉해지면 여러분은 우리 주 예수 그리스도를 아는 일에 게으르거나 열매를 맺지 못하는 사람이 되지 않을 것입니다."(벧후 1:8) 오히려 여러분은 믿음의 말씀과 좋은 교육으로 훈련을 받아 예수 그리스도의 선한 일꾼이 될 것입니다(딤후 4:6). 그리고 모든 선한 일을 할 준비를 갖추고(딛 3:1) 부끄러울 것 없는 일꾼(딤후 2:15)이 되어 근면과 인내로써 복음의 씨를 뿌리고, 하나님의 복 주심과 우리 주 예수 그리스도의 은혜를 통해 여러분은 풍성한 수확을 주님께 드릴 수 있을 것입니다. 지금부터 영원토록 주님께 찬양과 영광을 돌립시다! 아멘!

강연 3
신학[50]의 확실성

확실성의 조건

이전 강연에서 신학의 대상, 원저자, 목적에 대해 설명하면서 내가 제시했던 견해와, 유능한 주석가의 손에 들어갔더라면 필경 들을 수 있었을 그밖의 다른 설명은 모두가 이 신성한 학문에 대한 훌륭한 찬사를 담고 있습니다. 그리고 이 학문은 하나님께 초점을 두므로 온전히 하나님에 대해 우리에게 확신을 주고 우리를 하나님께로 인도할 것이 분명하지만 그와 동시에 이 가치 있는 대상에 관한 지식에 이르고 또한 그것의 복된 목적을 성취하고자 하는, 확신에 넘치는 소망의 밝은 광선에 의해 감동되지 않는

∴

50) 동시대 독자에게 매우 어색하게 들리겠지만, 항상 그런 것은 아니지만 아르미니우스는 'Theology' 대신에 'Sacred Theology'로 표현하고는 한다. 그런 까닭에 이 번역본은 문맥에 따라 그 표현을 '신성한 학문' 또는 단순히 '신학'으로 옮기기로 한다.

한 신학에 입문하려는 순수한 열망을 단 한 사람의 마음에도 고취시킬 수 없을 것입니다. 왜냐하면 운동의 완성은 정지이고, 운동이 완성되는 지점에 이르지 못한다면 모든 것은 그저 헛되고 무가치한 일이 될 것이기 때문입니다.

그러나 분별력 있는 사람이라면 헛되고 무가치한 일에 자신을 낭비하지 않으려 할 것입니다. 따라서 이 지식에 이르기를 바라는 우리는 모든 소망을 신성한 계시에 둡니다. 그리하여 많은 사람들의 마음에 "하나님 자신에 의하지 않고서는 결코 그를 알 수 없고, 또 그분 자신에 의하지 않는 한 그분 자신에게 가까이 나아갈 수 없다"라는 매우 적절한 이해에 대한 기대가 심어졌습니다. 이 같은 이해를 따라 계시는 하나님으로부터 오고, 그 계시는 신성한 것으로 수용되고 승인되어야 한다는 견해가 매우 확실하고 검증된 논증에 의해 강화되고 옹호되어 왔으며, 그리고 그렇게 선포된 말씀의 의미를 우리 인간이 이해할 수 있고, 견고하고 확실한 믿음에 의해 인식할 수 있게 도와주는 방법론이 존재한다는 사실을 우리는 분명히 인식해야 합니다. 이 마지막 명제를 자세히 설명하는 일에 우리의 노고 3분의 1을 바쳐야 합니다.

하나님은 이 강연에서 내가 성경에 계시된 대로 그의 말씀의 인도를 따를 것을 명하셨고, 그리고 우리의 믿음을 확고히 세우고, 하나님의 영광을 드러내며, 우리 모두가 주 안에서 연합할 수 있도록 모든 것을 여러분에게 밝힐 수 있게 하셨습니다. 명망이 높으시며 가장 탁월한 업적을 이루신 청중 여러분께 간절히 바라는 것은 여러분 앞에서 이 조촐한 강연을 하는 동안 자비롭고 인내하는 마음으로 내가 말하는 것에 귀를 기울여 주십사 하는 것입니다.

이제 우리는 신성한 학문인 신학의 확실성에 대해 고찰할 것인데, 여기서 우리는 그 주제를 율법신학과 복음신학의 견지에서 조망할 필요는 없습니다. 왜냐하면 그 두 영역은 모두 진리에 대해 동일한 척도를 가지고 있고, 따라서 지식에 관해서도 동일한 척도를 가지고 있기 때문인데, 그것은 바로 확실성(certainty)입니다. 우리는 어떤 특별한 것을 참조하거나 적용하지 않는 일반적인 방식으로 이 주제에 대해 고찰할 것입니다. 그러나 이 강연을 질서 정연한 순서를 따라 진행하기 위해서는 먼저 확실성에 관해 일반적으로 개략적으로 기술하고, 그 다음으로 신학의 확실성에 대해 좀 더 길게 설명할 필요가 있습니다.

확실성은 마음 또는 이해의 속성이고 지식의 양태로서, 그것에 의해 우리의 마음은 어떤 대상을 있는 그대로 알 수 있고, 또한 마음이 그 대상을 있는 그대로 알고 있음을 우리는 확신할 수 있습니다. 확실성은 견해(Opinion)와 구별되는데, 견해는 어떤 사태를 있는 그대로 알 수 있지만, 그러한 지식은 그것과 반대되는 거짓일 수 있다는 의혹을 동반하기 때문입니다. 그러므로 확실성이 수립될 수 있기 위해 두 가지 요소가 필요합니다.

하나는 사물 그 자체에 관한 진리이고, 다른 하나는 방금 우리가 기술했듯이 그 사물에 관한 진리가 우리의 마음에 파지되는 것입니다. 사물 자체에 관한 진리로부터 형성되고, 그 진리를 따라 구체화되는 것으로 생각되는 그런 종류의 파지는, 사물을 그러한 방식으로 인식하는 마음의 작용에 따라 사물 자체에 대해 확신하게 되므로 유사성(similitude)에 의한 진리로 부릅니다. 따라서 그 두 가지 항목(확실성과 진리)은 함께 훌륭한 연합을 이루기 때문에 이름을 서로 바꾸어 부르기도 합니다.

그러나 진리는 실제로 두 가지 측면, 즉 하나는 단순성, 다른 하나는 복합성의 측면에서 바라볼 수 있습니다. 전자는 어떤 사물을 개체들의 수에 포함되는 것과의 관계에서 고려하는 것이고, 후자는 어떤 사물 안에 내재하는 것, 즉 그 사물이나 상황 관련 요소들 중 하나에 현전하는 어떤 것과 연관하여, 또는 다른 어떤 것을 산출하거나 다른 어떤 것에 의해 산출되는 것과 연관하여, 그리고 만일 사물들 사이에 다른 어떤 작용이나 관계가 있는지를 고려하는 것입니다. 마음 안에서 진리의 처리 과정도 똑같은 방식을 따릅니다. 마음의 작용은 두 종류로 나뉩니다. 하나는 단순 대상이나 개체에 작용하는 단순 인식(simple apprehension)이고, 다른 하나는 복합물에 작용하는 복합 인식(composition)입니다. 마찬가지로 진리의 양태 역시 실제로 두 종류로, 즉 필연적인 것과 우연적인 것으로 나뉩니다. 그에 따라 어떤 사물은 단순 대상이건 복합물이건 '필연적'이거나 '우연적'인 것으로 불립니다. 단순한 사물의 필연성은 그것이 주어 자리에 오든지 술어 자리에 오든지 상관없이 그 사물 자체의 필연적 실재성을 가리킵니다. 그 반면에 복합물의 필연성은 주어와 속성 사이에 존속하는 불가피하고 본질적인 성향이나 습성(habitude)을 가리킵니다.

방금 말했듯이 단순한 사물들에 관해 고려되어야 할 필연성은 하나님 안에서, 그리고 본성에 있어서는 하나님과 일치하지만 우리가 그들에 대해 고찰하는 방식에 따라 하나님과 구별되는 사물들에서만 존재합니다. 그 밖의 모든 것들은 어떤 성질을 갖는 것이든지 그들이 힘에 의해 영향을 받는 상황에 따라 우연적인 것으로 분류됩니다. 그들이 우연적인 것은 그들이 존재하게 된 이유에 의해서도 아니고, 또한 그들이 지속적으로 존재하는 이유에 의해서도 아닙니다. 그러므로 하나님의 존재는 필연성의 문제입니다. 그의 삶, 지혜, 선하심, 정의, 자비, 의지와 권능 역시 필연적 존재성을 가집니다. 그러나 피조물들의 존재와 보존은 필연적이지 않습니다. 따라서 창조, 보존, 통치, 그리고 자기 피조물과 관련하여 하나님께 귀속되는 다른 행위는 필연성에 속하지 않습니다. 필연성의 토대는 하나님의 본성에 있고,

우연성의 원리는 신성의 자유의지에 속합니다. 어떤 것을 창조하는 것이 하나님을 지속적으로 기쁘게 할수록 그것은 필연성에 더 가까워지고 우연성으로부터 멀어집니다. 그렇지만 창조는 결코 우연성의 경계를 넘을 수 없고, 필연성이라는 접근할 수 없는 영역에 결코 이르지 못합니다.

복합적 필연성은 하나님뿐만 아니라 그가 창조한 사물들 안에도 존재합니다. 그것이 하나님 안에 존재할 경우, 부분적으로는 그의 본성에 토대하며 또한 부분적으로는 그의 자유의지의 원리에 기인합니다. 그러나 피조물들의 존재는 오직 하나님의 의지에 기인하는데, 그는 그 존재성을 두 개의 피조 대상들 사이의 관계와 습성의 문제로 단번에 해결하셨습니다. 따라서 "하나님은 살아 계시고, 알고 계시며, 사랑하신다"라는 명제는 하나님의 본성 자체로부터 나오는 필연적 진리입니다. "하나님은 창조주이다", "예수 그리스도는 구원자다", "천사는 지성과 의지를 부여받은 피조된 영이다", "인간은 이성을 가진 피조물이다" 같은 명제들 모두가 하나님의 자유의지에서 기원하는 필연적 진리입니다.

이 진술로부터 복합 진리의 필연성이 정도의 차이를 갖는 것으로, 즉 가장 높은 정도의 필연성은 하나님의 본성에 토대하는 진리에 귀속될 수 있고, 하나님의 자유의지로부터 나오는 나머지 것은 (그의 의지의 영향을 더 많이 받음에 따라) 하나님께서 선취권을 행사하기로 결정하시는 경우 높은 정도의 필연성을 갖는 반면, 후속적인 추이를 따르기로 하시는 경우 그의 의지의 영향을 덜 받게 됩니다.

태양의 운동은 그 발광체의 본성에 따르는 필연적 현상입니다. 그러나 이스라엘 백성이 적들로부터 보호받으며 복수를 감행할 수 있었던 것은 그보다 더 필연적인 일입니다. 그렇기 때문에 태양이 하늘 한복판에서 멈추라는 명령을 받을 수 있었습니다(수 10:13). 태양은 천체의 일주 운동에 의해 동에서 서로 이동하게 되어 있습니다. 그러나 히스기야가 확실한 징표에 의해 자기의 수명 연장에 대해 확증을 얻었던 것은 그보다 더 필연적인 일입니다. 따라서 태양은 명령을 받았을 때 뒤로 10도 후진해야 했습니다. 그러므로 낮은 정도의 필연성은 더 큰 정도의 필연성에 복종해야 하고, 그리고 양자 모두에 법칙을 부과한 것은 물론 하나님의 자유의지입니다. 이 같은 종류의 필연성은 실제로 사물들 안에 내재하므로 우리의 마음은 그 점층적 이행을 관찰할 수 있고, 그것을 인지하는 양태를 참으로 '지식'으로 부르는 것이 마땅할 경우 마음은 그것을 파지하고 인식합니다.

그 반면에 확실성의 원인은 세 가지입니다. 확실성은 감각에 의해, 추론과 담론에 의해, 혹은 계시에 의해 마음에 산출되는 것이기 때문입니다. 첫 번째 확실성은 경험의 확실성, 두 번째는 지식의 확실성, 마지막으로 믿음의 확실성으로 불립니다. 첫 번째는 감각의 범위 내에, 그리고 그 관찰 아래 포섭되는 특수한 대상들에 대한 확실성이고, 두 번째는 이미 알려진 원리들로부터 연역되는 일반적 결론에 대한 확실성이며, 마지막 세 번째는 감각과 이성에 속한 인지 작용과 거리가 먼 것에 대한 확실성입니다.

신학의 확실성의 계시적 원천

앞에서 관찰한 것들을 현재 우리의 목적에 적용해 보기로 합시다. 신학의 대상은 하나님, 그리고 하나님이면서 인간이신 그리스도입니다. 하나님은 그의 존재의 필연성에 의해 참된 존재와 유일하게 필연적인 존재가 되시며, 또한 영원히 존속하실 것이므로 필연적 존재이십니다. 신학에서 우리가 하나님께 귀속되는 것들은 부분적으로 그의 본성에 속하고, 부분적으로 그 자신의 자유의지에 부합하는 것입니다. 그의 본성에 의해 생명과 지혜, 선하심, 정의, 자비, 의지와 권력은 그에게 속하고, 모두 자연적이고 절대적인 필연성에 의거합니다. 하나님의 자유의지에 의해 피조물들에 관한 그의 모든 의욕과 행위는 그의 본성에 일치하고, 그런 만큼 항구적입니다. 그의 의욕은 동시적이기 때문에 행위들을 철회하거나 번복하는 일이 없기 때문입니다. 그리스도에게 귀속되는 모든 것들은 하나님의 자유의지에 의해 그에게 속하지만, "예수 그리스도께서는 어제나 오늘이나 영원히 한결같은 분"(히 13:8)이라는 조건에 따라 주어에 속하든지 속성에 속하든지, 혹은 양자 사이에 존재하는 어떤 영향에 관한 것이든지 미래에 있을 어떤 변화에도 전혀 영향을 받지 않으십니다. 사물들의 우월하거나 열등한 본성에서 발견될 수 있는 상이한 양태들도 (그 자체로 단순한 것으로 간주되든지, 또는 그들이 서로 상호적인 영향을 주는 것이든지) 어떤 정도로도 그 필연성을 확장시키지 못합니다. 그러므로 우리 신학의 진리성과 필연성은 그것이 사물들 자체에 내포되어 있는 한 다른 모든 학문의 필연성보다 훨씬 우월합니다.

마음의 확실성은 마음이 사물들을 파지하고 인식하는 행위에 몰입하는 동안 사물들 자체의 진리성과 필연성을 능가할 수 없습니다. 그와 달리 마음은 역량상의 어떤 취약성 때문에 그러한 수준(진리와 필연성)에 도달하지 못하는 일이 매우 빈번합니다. 왜냐하면 올빼미의 눈이 태양의 빛에 대해 어떤 조건에 제약을 받는 것처럼 우리 마음의 눈은 사물들의 순수한 진리성에 대해 그와 똑같은 상황에 처하기 때문입니다. 따라서 이런 이유로 어떤 학문의 대상이든지 신학의 대상보다 더 큰 확실성을 갖지 못합니다. 그러나 이로부터 귀결되는 것은, 신학의 대상에 관한 지식은 만일 그것이 적합한 자격 요건을 갖춘 합당한 방식으로 그 수용력에 부합하는 지성의 검사를 통과하기만 한다면 최고도의 확실성을 획득하리라는 것입니다. 왜냐하면 신학의 대상은 외부 감각에 의해 인지되는 방식으로 본성이나 조건에 종속되지 않고, 또한 그것을 구성하는 요소나 속성, 그것이 행사하는 영향력, 능동적 행위와 수동적 작용 같은 것은 외적 감각에 의한 관찰과 경험에 의해 인지될 수 없기 때문입니다. 신학의 대상은 감각이나 관찰을 초월하는 숭고한 차원에 속하고, 그와 관련되는 요소들이나 속성, 영향력, 능동 작용과 수동 작용은 너무 고상하기 때문에 이성과 담론의 도움을 받을 때조차 마음은 그 자체에 대해 알 수도 없고 탐지할 수도 없으며, 그런 방법이 과연 신학이라는 주제에 적합한지, 어떤 원리를 적용해야 하는지, 그리고 대상 자체나 속성으로부터 나오든지 또는 양자 사이에서 존속하는 상응 관계에서 발생하든지, 과연 그것이 어떤 원인들에 의존하는지를 증명할 길이 없습니다.[51]

신학의 대상은 그 자신에게만 알려질 뿐이고, 그 총체적 진리와 확실성은 그것의 속성들이 속한 하나님께만 온전히 그리고 직접적으로 알려집니다. 즉 일차적으로 그리고 적합한 정도로 하나님께, 그 다음으로 하나님과의 교류를 통해 그리스도께 인지되는 것입니다. 또한 적합한 양태에 의해 그 대상이 자기 자신에 대해 갖는 지식에 준거하여 그 자신에 대해 알게 되는 지식의 수준은, 그리스도 자신에 관한 지식에 준거하여 하나님께 알려지는 것보다 열등합니다. 그러므로 우리의 지성을 위해 하나님께서 시각과 지식의 대상으로서 자기 자신과 그의 그리스도를 계시해 주셔야만 합

51) 신 존재 증명은 크게 논리적, 우주론적, 존재론적 증명으로 나뉜다. 신 존재 증명을 시도한 철학자로 안셀무스, 아퀴나스, 데카르트, 칸트, 심지어 괴델까지 있다. 그러나 칸트의 경우처럼 이 시도의 성격에 대해 고찰하고 증명의 의의를 문제시하기도 한다. 그는 개념(Konzept)과 존재(Existenz)를 절대적으로 구분하는 자신의 철학 체계를 바탕으로 우주론적 신 존재 증명이 전제하는 신의 관념은 인간의 이성이 판단할 수 있는 실재(Wirklichkeit)가 아니라 순수이성의 이상(Ideal)에 불과하다고 비판한다.

니다. 그 계시는 그 대상의 구성 요소와 속성들, 영향력, 능동성과 수동성 등 하나님과 그리스도에 관한 모든 것을 우리의 구원과 그 두 인격의 영광을 위해, 그리고 하나님께서 주체들 자신과 그들이 소유하는 모든 속성들을 포괄하는 정리(定理)들 전체를 개별적으로 드러내 보여 주실 수 있도록 우리의 인식 능력이 허용하는 범위 내에서 총체적으로 제시하는 방식으로 이루어져야 합니다. 하나님과 그의 그리스도에 대해 알아야 한다는 것과, 그 두 인격들이 신성에 합당한 영광과 경배를 받아야 한다는 것이 참된 명제라면 신적 계시는 필연적입니다. 그러나 그 두 인격이 인지되고 경배를 받아야 하며, 따라서 그들에 대한 계시는 필연적인데, 그것이 필연적이라고 말할 때, 바로 그런 이유로 계시가 하나님에 의해 이루어져야 한다는 뜻입니다. 단지 부분적으로 최고선에 참여하고 교류할 뿐인 자연이 필연적인 사물들을 부족함 없이 망라하고 있다면 자연의 원저자이자 제작자이고, 또한 최고선 자체이신 하나님에게 대해 우리가 어떤 결핍이라도 의심할 수 있겠습니까?

그러나 이 주제를 좀 더 깊게, 그리고 특별히 주의를 기울여 점검해 본다면 우리의 노고는 충분한 보상을 얻을 것입니다. 왜냐하면 그것은 구조물—즉 뒤따르는 다른 교의들—의 하중을 지탱하는 기초와도 같기 때문입니다. 계시가 주어졌다는 것이 확실하고 자명하지 않는 한 계시를 나타내고 그것을 담지하고 있는 문장에 관해 탐구하고 토론하는 것은 헛된 일이기 때문입니다. 그렇다면 무엇보다도 우선 하나님의 본성 자체가 하나님 자신과 그리스도에 대해 계시가 이루어졌음을 가장 분명하게 입증합니다. 창조에 의해서든지 혹은 하나님 자신으로부터 발출하는 것이든지 그의 본성은 선하고 자비로우며, 그의 은총을 분유합니다. 그러나 하나님이 우리의 지성에 알려지고, 그리하여 감정과 의지에 의해 그를 의욕하지 않는 한 신성한 선은 교류될 수 없습니다. 그렇지만 계시에 의거하지 않는 한 그는 지식의 대상이 될 수 없습니다. 그러므로 계시는 신성한 복의 교류를 위해 필수적인 수단입니다.

이처럼 계시의 필연성은 인간의 본성과 조건으로부터 다양한 방식으로 추론되고 알게 될 수 있습니다. 첫째, 본성에 의해 인간은 마음과 지성을 가집니다. 그렇지만 마음과 지성은 자기의 창조자를 바라보도록 인도되어야 합니다. 하지만 그 일은 창조자에 대한 지식 없이는 실행될 수 없고, 그 지식은 계시가 없이는 얻을 수 없습니다. 그러므로 계시는 분명히 주어졌습니다. 둘째로 신성한 선(Divine Good)을 수용할 수 있도록 하나님 자신이 인간의 본성을 조성하셨습니다. 그러나 어느 시점에서인가 인간의 본성이 그 신성한 선에 참여하지 않는다면 인간의 본성이 그런 수용력을 갖고 있다고 해도 헛일이 되고 말 것입니다. 그런데 그것에 대한 지식이 없는 한 인간의 본성은 그것에 참여할 수 없습니다. 그러므로 이 신성한 선에 대한 지식은 계시되었습니다. 셋째로 하나님께서 인간 내면에 심으신 그 욕구가 헛되고 아무 결실도 얻지 못하는 것은 있을 수 없습니다. 그 욕구는 무한한 선이신 하나님을 향유하기 위한 것이고, 만일 그것에 대해 알지 못한다면 그 무한한 선은 향유될 수 없습니다. 그러므로 그 무한한 선을 알 수 있도록 계시가 주어졌습니다.

하나님과 인간 사이에 존속하는 관계를 전경에 끌어내 보십시오. 그러면 이미 제시된 계시가 즉시 명백하게 드러날 것입니다. 창조 행위를 통해 하나님께서 베푸신 혜택을 고려할 때, 인간을 창조하신 하나님은 그의 손이 보여 주신 솜씨 때문에 경배와 영광을 그의 몫으로 받기에 합당합니다. 종교적 신앙과 경건은 그의 피조물인 인간으로부터 하나님께 마땅히 바쳐져야 하고, 이 책무는 인간이 탄생한 순간부터 그가 창조되던 바로 그 시점에 구체적인 청구권이 포함된 계약에 의해 함께 부과되었습니다. 그러나 종교적 신앙은 인간의 발명품이 아닙니다. 왜냐하면 하나님 자신의 의지의 규칙과 서임을 따라 경배를 받고자 하는 것이 그의 뜻이기 때문입니다. 그러므로 하나님께 마땅히 드려야 할 믿음을 인간에게 정확히 요구하고, 하나님의 기쁨과 그의 영광에 부합하는 경배의 방식을 제정하는 계시가 주어졌음이 분명합니다.

이제 그리스도에게로 시선을 옮기면 신적 현현의 필연성이 얼마나 강력한지, 그리고 계시의 교통을 뒷받침하기 위해 얼마나 많은 논증이 즉각적으로 구성되는지는 가히 놀라울 정도입니다. 지혜는 정의와 자비를 경이롭게 조정하고 적합하게 만드는 설계자로 인정받기를 바라십니다. 어마어마한 혜택의 경영자인 선하심과 은혜로운 자비는 경배와 높임을 받기를 원하십니다. 그리고 위대한 지혜와 선하심의 시녀로서, 양자에 의해 내려지는 작정(decree)의 집행관으로서 그리스도의 권능은 대등한 찬양을 받기에 합당합니다. 그러나 그들 각각이 마땅히 담당해야 할 상이한 사역 행위들은 계시 없이는 실제로 맡겨질 수 없습니다. 그러므로 하나님의 지혜와 자비와 권능은 그리스도 예수 안에서 가장 풍요롭게 계시되고 나타났습니다. 그는 놀라운 이적을 셀 수 없이 많이 행하셨고, 그것을 통해 우리는 잃어버렸던 구원을 회복할 수 있습니다. 그는 가장 잔혹한 고문과 이루 말할 수 없는 고통을 겪으셨고, 우리를 위해 간구하심으로써 그 고난이 우리를 위한 구원의 길이 되게 하셨습니다. 그리고 아버지의 은총에 의해 그리스도는 넘치는 혜택을 획득하셨고, 그리하여 하나님의 명령에 따라 그 혜택을 우리에게 나누어 주는 분배자가 되셨습니다. 우리를 위해 맡겨진 모든 직무를 수행하셨으므로 그 일에 대해 감사의 찬양을 받는 것이 당연하고, 또 그의 특별한 공로에 의거하여 그가 마땅히 받으실 만한 영광과 경배의 행위를 보는 것을 기뻐하십니다. 그러나 그에 대한 지식이 계시되지 않는다면 그리스도는 사람들로부터 그와 같은 경배를 받으실 것을 헛되이 기대하는 것이 됩니다. 그러므로 그리스도에 대한 계시도 마찬가지로 실제로 주어졌음이 분명합니다.

우리의 실제 경험을 반추해 보면 그것을 통해 여러분은 그리스도가 계시된 수많은 사례들을 볼 수 있을 것입니다. 그리스도의 원수인 마귀 자신은 은혜로운 계시의 많은 사례들을 흉내 내고, 참되신 하나님의 이름으로 겉모양을 위장하고 사람들에게 말을 걸며, 그들에게 헌신의 행위를 요구하고, 사람들에게 경건한 예배의 양태를 자의적으로 규정합니다. 그러므로 우리는 신학의 진리성과 필연성이 가장 높은 정도로 서로 일치하는 것을 알 수 있고, 우리 안에 "심어 주신"(약 1:21)[52] 말씀을 따를 때, 하나님과 그리스도의 마음으로부터 진리와 필연성에 관해 적합한 개념에 이를 수 있습니다. 우리는 말씀이 전파됨으로써 사람들에게 주어진 이 신학이라는 계시를 받은 것입니다. 이 계시는 사물들 자체와 방금 전에 언급한 개념과 완벽하게 일치하는 것이지만, 인간의 수용 능력에 맞도록 조정되고 적절한 방식으로 제시되었습니다. 그리고 이러한 국면은 신학과 관련해 우리가 향유할 수 있는 확실성의 예비 요건이므로 이 강연의 서론에서 그 국면에 주목할 필요가 있었던 것입니다.

⁞

52) ἔμφυτων. 문자적으로 '생득적인, 내재적인, 본성에 속한' 등을 뜻하는데, 여기서는 칼로 새긴(engrafted) 것을 뜻하는 은유적 의미로 쓰였다.

신학의 확실성은 어떻게 우리 마음에 각인되는가

이제부터 확실성 자체에 대해 고찰하기로 합시다. 그런데 계시는 언어로 된 말씀의 형태로 제시되었고, 계시 전체가 낱말로 구성된 문장 안에 담겨 있으므로(따라서 이 언어 자체가 우리의 신학이 됩니다) 그 말씀에 대한 우리의 확실한 파지에 관해 기술하는 것 외에 달리 우리가 어떤 식으로든지 신학의 확실성에 대해 규정할 수 있는 길은 없습니다. 우리는 그러한 계시의 말씀을 승인되고 확증된 사실로서, 즉 구약과 신약이라는 신성한 책 외의 다른 어떤 곳에서도 이 계시의 말씀을 찾을 수 있는 곳은 없다고 가정할 것입니다.

그러나 이 기획을 실행에 옮길 때, 우리는 세 가지 항목에 대해 면밀하게 고찰해야 합니다. 첫째, 확실성, 그리고 하나님이 우리에게 어떤 종류의 확실성을 요구하시는가 그리고 최고도의 확실성에 의해 이 말씀이 우리에게 수용되고 인식되는 것을 그가 기뻐하신다는 사실입니다. 둘째로 말씀의 진리성, 곧 말씀의 신성성을 입증하는 데 사용될 수 있는 이유와 논증입니다. 셋째로 말씀의 신성성에 대한 설득력을 어떻게 우리의 마음에 심어 줄 수 있는가, 그리고 이 확실성이 어떻게 우리 마음에 각인될 수 있는가 하는 것입니다.

계시의 말씀을 수용할 때 요구되는, 하나님께서 원하시는 종류의 확실성은 믿음의 확실성이며, 따라서 이 확실성은 말씀을 선포하는 사람의 진실성에 의존합니다. 그러한 종류의 확실성에 의해 말씀은 참된 것일 뿐만 아니라 또한 신성한 것으로 '받아들여집니다.' 그 믿음은 기호로서의 낱말이 담고 있는 의미를 올바로 이해하지 못하더라도 성경에 수록된 모든 책들을 신성한 것으로 믿을 수 있다는 식의 편파적이고 혼란스러운 믿음과는 다릅니다. 왜냐하면 믿음과 반대되는 의심스러운 견해뿐만 아니라, 불투명하고 혼란스러운 관념 역시 마찬가지로 유해하기 때문입니다. 오직 이론적 지성에 의한 인식에 의거해 성경을 신성한 것으로 간주하는 '역사적 믿음(historical faith)'의 유형도 마찬가지입니다. 그러나 하나님은 그의 말씀을 믿음으로 받을 것과, 인간의 구원과 하나님의 영광에 필요한 한 성경 말씀의 의미는 오직 믿음에 의해 이해되고 그 신성성을 확실하게 인식될 수 있기 때문에 그 의미가 제일 진리뿐만 아니라 최고선까지 포괄하는 것으로 받아들일 것을 요구하십니다. 이 같은 종류의 믿음은 단지 하나님과 그리스도가 존재한다는 사실을 믿는 것을 넘어서 그분들이 선포하시는 것은 무엇이든지 신뢰할 뿐만 아니라, 그 인격들 자신에 관한 것들, 예를 들어 하나님을 우리의 아버지로, 그리스도를 우리의 구세주로서 받아들이는 것을 참된 믿음(belief)으로 인정받게 되는, 그런 믿음으로 하나님과 그리스도를 믿는 것을 가리킵니다. 이 같은 믿음은 우리에게 이론적일 뿐만 아니라 실제적이기도 한, 지성의 과제로 생각됩니다. 왜냐하면 이 믿음—원인은 성경에서 참되고 산 믿음에 귀속되는 아스팔리아[53](확실성)일 뿐만 아니라, 플레로포리아[54](a full assurance, 히 6:2)와 페포이테신[55](진리 또는 확신, 고후 3:4)도 역시 그런 믿음에 속하는데, 하나님께서 바로 그러한 종류의 확실성과 믿음을 요건으로 요구하시기 때문입니다.

..

53) 그리스어 'ασφαλεια(아스팔리아)'를 옮긴 것으로, 견고성, 의심의 여지 없는 진리, 확실성, 적이나 위험의 가능성이 없는 안전성을 뜻한다.

54) 그리스어 'πλερωφορια(플레로포리아)'를 옮긴 것으로, '큰 확신'을 뜻한다. 이 낱말이 인용되고 있는 히브리서 6장 2절에서 '하나님에 대한 믿음'은 'πιστεως επι θεον(피스테오스 에피 데온)'으로 표현되고 있기도 하다. 플레로포리아는 교황 베네딕토 16세가 2011년 신앙의 해를 선포했던 미사 강론에서 신자의 믿음을 가리킬 때 사용했던 그리스어 낱말이다.

55) 그리스어 'πεποιθησιν(페포이테신)'을 옮긴 것으로, 확신 또는 믿음을 뜻한다.

그리하여 이 시점에서 우리는 성경 말씀의 신성을 우리에게 증명해 보여 줄 수 있는 논증에 대한 고찰과, 요구된 확실성과 믿음을 우리의 마음에 산출할 수 있는 방법에 대한 고찰로 나아가기 위해 점진적인 논의 방식을 따라야 할 것입니다. 자연적인 시각 경험이 조성되기 위해 우리는 (눈에 보일 수 있는 대상 외에도) 그 대상에 빛을 비추어 그것을 볼 수 있게 만드는 데 필요한 외부 광원뿐만 아니라, 외부 광원에 의해 조명된 대상의 형상과 외양을 내면에 수용할 수 있고 그럼으로써 실제로 그 대상을 바라볼 수 있게 하는 눈의 내적 역량이 필요하다는 것을 알고 있습니다. 영적 시각이 조성되기 위해서도 그와 같은 동반 요건이 필요합니다. 논증과 추론 같은 외부 광원 외에도 믿음의 시력을 온전히 구비하기 위해서는 마음과 정신이라는 내부 광원이 필요합니다. 그러나 성경 말씀의 신성을 구축하고 확립하기 위해 구성된 논증은 이 세상에 셀 수 없이 많이 나와 있습니다. 따라서 장광설로 청중 여러분을 피곤하고 지루하게 만들지 않도록 우리는 통상적으로 거론되는 전형적인 몇 가지 논증을 선별하여 개괄하기로 합니다.

성경의 신성

성경을 무대 위로 불러내어 자기의 신성을 스스로 입증하는 주인공 역할을 맡겨 봅시다. 그리고 성경의 실체와 그 질료를 조사합시다. 성경 전체는 하나님과 그의 그리스도에 관한 것으로서, 그 두 인격의 본성에 대해 선포하고, 나아가 그 두 인격이 인류에게 베푸셨거나 장차 베푸실 사랑과 자비와 혜택을 설명하고, 그에 상응하여 그 신성한 후원자들에게 수행해야 할 인간의 의무를 규정하는 것에 집중합니다. 그러므로 성경의 대상은 신성합니다.

그러나 그러한 대상을 다룰 때 성경은 어떤 방식을 사용합니까? 성경은 어떤 외적 요소도 유입되지 않고, 또한 그것과 완전하게 일치하지 않는 것이 전혀 없이 하나님의 본성을 설명합니다. 그리스도의 인격에 대한 성경의 그러한 기술을 정면으로 바라볼 때, 인간의 마음이 "그러한 인격은 어떤 피조적 지성(created intellect)에 의해서도 발명되거나 창안될 수 없다"는 것, 그리고 아무리 증강된 능력을 가진 피조적 지성이든지 훨씬 능가하는 수준의 적정성과 적합성과 고상함에 의해 기술되었음을 인정하지 않을 수 없는 방식으로 성경은 그리스도의 인격(the person of Christ)에 대해 기술합니다. 동일한 방식으로 성경은 우리를 향한 하나님과 그리스도의 사랑에 대해 언급하고, 우리가 얻는 혜택을 설명하는 데 초점을 둡니다. 따라서 그러한 주제에 관해 에베소 교인들에게 편지로 말할 때, 사도 바울은 이전에 쓴 편지들에서 "내가 그리스도의 비밀을 어떻게 이해하고 있는지"(엡 3:4) 뚜렷이 나타나 있을 것이라고 말합니다. 즉 그 지식은 신성하고, 오직 하나님의 계시로부터 얻을 것입니다.

그러면 하나님에 대한 인간의 의무를 망라하고 있는 십계명에 대해 생각해 봅시다. 모든 국가들이 갖고 있는 법에서 그것과 완전히 유사하거나 ('동등성'에 대한 언급은 모두 제하고) 그처럼 짤막한 열 개의 문장으로 표현된 그것과 비교할 수 있는 것을 발견할 수 있습니까? 그 계명들조차 가장 간결하면서도 포괄적이지만, 두 개의 핵심 항목, 즉 하나님에 대한 사랑과 우리 이웃에 대한 사랑으로 요약될 수 있습니다. 이 법은 실제로 하나님에 의해 기획되고 그의 오른손으로 쓰인 것으로 생각됩니다. 그런 일이 실제로 있었다는 것을 모세는 다음과 같은 말로 전합니다. "오늘 내가 당신들에게 주는 이 모든 율법과 같은 바른 규례와 법도를 가진 위대한 민족이 어디에 또 있겠습니까?"(신 4:8) 마찬가지로 모세는 이 법에 내재한 신성은 매우 크고 명백하기 때문에 이방 민족들이 그것에 대해 들었을 때 그들은 황홀경에 빠져서 "이스라엘은 정말 위대한 백성이요 지혜롭고 슬기로운 민족"(신 4:6)이라고 찬탄을 금하지 못했다고 기록되어 있습니다. 그러므로 성경이 주제로 삼는 대상들을 다루고 있는 방식을 볼 때, 성경은 완벽한 신성을 보여 줍니다.

성경의 목적에 대해 고찰해 보면 그것 역시 성경 교의(doctrine)의 신성을 확실하게 보여 줍니다. 성경 교의의 목적은 전적으로 신성한 것으로서, 하나님의 영광과 인간의 영원한 구원보다 더 중요한 목적은 있을 수 없습니다. 만물의 기원이 하나님께로 소급되어야 한다는 것보다 더 공명정대한 사실이 있을 수 있습니까? 하나님에 의해 창조된 인간이 자기의 과실에 의해 스스로 파멸하고 말았음에도 처음 창조되었을 당시의 원초적 완전성의 수준으로 그를 회복시키고, 그리고 인간으로 하여금 신적 은총(Divine blessedness)에 참여할 수 있도록 허용하신 일보다 하나님의 지혜와 선하심과 그의 권능에 더 일치하는 것이 있을 수 있습니까? 만일 어떤 언어에 의해서든지 하나님께서 자기 자신을 인간에게 알리기 원하셨다면 그러한 현현의 목적은 하나님 자신에게 영광이 되고 인간에게 유익을 끼치기 위한 것 외에 달리 어떤 것이 있을 수 있습니까?

그러므로 하나님께서 사람들의 손을 잡고 친히 길을 안내하시며, 구원을 온전히 향유할 수 있는 지점에 이르기까지 끊임없이 동행하시면서 사람들에게 구원의 길을 보여 주시는 것만큼 그가 말씀으로 계시하셨다는 사실을 더 잘 또는 더 또렷하게 보여 줄 수 있는 어떤 표지도 있을 수 없습니다. 그처럼 최고의 완성도 수준에서 하나님의 영광은 가장 풍요롭게 광채를 발하며 스스로를 나타내십니다. 이 강연의 짧지만 고상한 부분에서 우리가 성경의 목적에 대해 선언한 것을 깊이 묵상하고 싶은 분은 부디 마음의 눈앞에 '주기도문'을 펼쳐 놓으십시오. 그리고 마음을 다해 그것을 들여다보십시오. 인간의 눈이 가지고 있는 능력을 최고도로 발휘하며 주기도문의 모든 부분과 아름다움을 속속들이 탐색하십시오. 그 과정을 마친 후, 여러분이 주기도문 안에 그 이중의 목적(하나님의 영광과 인간의 구원—옮긴이)이 긴장감이 도는 간결하고도 명료한 방식으로 제시되어 있어서 피조물이 가진 어떤 지성의 힘과 능력이든지 능가하는 것이라고 고백하지 않는다면, 그리고 이러한 형식을 갖춘 기도는 순전한 신적인 것임을 인정하지 않는다면 필연적으로 그런 사람은 이집트의 암흑보다 더 짙은 것에 둘러싸여 폐색되어 버린 마음의 소유자일 것입니다.

성경 교의의 부분들이 이루는 일치

성경 교의를 구성하는 부분들을 서로 비교해 보면 그 모든 부분들에서, 심지어 가장 미세한 점들에서도 일관성과 조화를 발견할 수 있는데, 그 일치의 정도가 대단히 크고 뚜렷하기 때문에 우리는 성경이 결코 인간에 의해 계시될 수 없고, 오직 하나님으로부터 기원할 수밖에 없다는 사실이 암묵적으로 명백하게 보증되어 있음을 믿지 않을 수 없습니다.

여러 시대를 거쳐 그리스도에 관해 널리 공표되었던 '예고들'을 서로 비교해 봅시다. 우리 인류 최초의 조상을 위로하기 위해 하나님께서는 뱀에게 "여자의 자손이 너의 머리를 상하게 할 것"(창 3:15)이라고 말씀하셨습니다. 그는 똑같은 약속을 거듭 말씀하셨고, 특별히 아브라함에게 확실하게 약속하셨습니다. "세상 모든 민족이 네 자손의 덕을 입어서 복을 받게 될 것이다."(창 22:18). 족장 야곱은 죽음을 앞두고 방금 언급된 그 자손이 유다의 계보와 자손에서 나올 것이라고 다음과 같은 말로 예고했습니다.

"임금의 지휘봉이 유다를 떠나지 않고, 통치자의 지휘봉이 자손만대에까지 이를 것이다. 권능으로 그 자리에 앉을 분이 오시면 만민이 그에게 순종할 것이다."(창 49:10) 이방인 선지자도 앞으로 나와 말하게 한다면 그 역시 똑같은 영적 감동을 입고, 또한 이스라엘의 하나님이 내린 명령에 따라 신탁의 선언을 덧붙일 것입니다. 예언자 발람은 "한 별이 야곱에게서 나올 것이다. 한 통치 지팡이가 이스라엘에서 일어설 것이다. 그가 모압의 이마를 칠 것이다"(민 24:17)라고 말했습니다. 예고된 축복의 씨(the blessed seed)는 후일 선지자 나단을 통해 다윗에게 다음과 같이 약속되었습니다. "너의 생애가 다하여서 네가 너의 조상들과 함께 묻히면 네가 네 몸에서 나올 자식을 후계자로 세워서 그의 나라를 튼튼하게 하겠다."(삼하 7:12) 이 내용에 관해 선지자 이사야는 이렇게 부연합니다. "이새의 줄기에서 한 싹이 나며 그 뿌리에서 한 가지가 자라서 열매를 맺는다."(사 11:1) 그리고 동정녀가 약속의 자손의 어머니가 될 것이라고 같은 선지자는 암시합니다. "보십시오, 처녀가 잉태하여 아들을 낳을 것이며, 그가 그 이름을 임마누엘이라고 할 것입니다."(사 7:14) 시편과 다른 예언서들에서 선포된 모든 예고들을 반복해서 인용한다면 모두를 지루하게 만들겠지만, 그 예고들은 우리의 주제에 가장 적절하게 부합하는 것입니다. 그 예고들의 성취에 관해 신약성경에서 기술하는 사례들을 비교해 보면 전부 서로 완벽하게 조화를 이루고, 그 사례들 모두가 단 하나의 신령한 영에 감동되어 언술되고 기록되었음을 명백하게 보여 줍니다. 만일 그 신성한 책들에 들어 있는 것들 가운데 뭔가 서로 모순되는 것처럼 보인다면 그것은 올바른 해석에 의해 쉽게 해소될 수 있습니다. 내가 덧붙이고 싶은 것은 성경 교의의 모든 부분들은 서로 조화될 뿐만 아니라, 일반적인 철학 전체를 통해 널리 전파된 보편 진리와도 조화를 이룬다는 사실입니다. 따라서 이 교의와 상응하지 않는 철학에서는 어떤 것도 발견될 수 없습니다. 만일 어떤 것이든지 그처럼 정밀한 대응 관계를 갖지 않는 것으로 보인다면 그것은 참된 철학과 올바른 이성에 의해 깨끗이 반박될 수 있을 것입니다.

이제 성경의 스타일과 특징을 찾아내 보기로 합시다. 그러면 즉시 그 안에서 눈부시게 빛나는 장엄함의 가장 밝고 찬란한 거울이 가장 신성한 방식으로 자기의 모습을 우리 눈앞에 반사할 것입니다. 그것은 인간 상상력의 한계를 넘어서는 무한히 먼 곳에 있는 것들, 즉 인간적 역량이 결코 범접할 수 없는 것들에 대해 알려 줄 것입니다. 그리고 그것은 어떤 양태의 변증이나 통상적인 설득 장치를 사용하지 않고서도 그것들을 보여 줄 것입니다. 그럼에도 그것이 우리의 지성과 믿음의 대상이 되기를 원한다는 것은 명백합니다. 하지만 그 소망이 실현될 수 있다는 확신이나 이유는 무엇입니까? 성경은 그 무엇도 섞이지 않은 순수한 권위, 곧 신성에만 의존하는 것을 제외하고 다른 것을 전혀 갖지 않습니다. 성경은 모든 사람들에게 똑같이 수행 명령과 금지 명령을 내리고, 입법과 금지 규정을 정합니다. 왕이나 일반 백성, 귀족이나 평민, 유식한 사람이나 무식한 사람, '표적을 요구하는' 사람이든지 '지혜를 추구하는' 사람이든지, 혹은 늙은 사람이나 젊은 사람 등 모든 사람들에게 공표된 것이 적용되는 규칙이나 행사되는 힘은 차별 없이 평등합니다. 그러므로 성경은 오로지 자신의 효능에 전적으로 의존할 뿐이지만, 불순종하는 사람들을 가장 효과적인 방법으로 제어하고 처벌할 수 있는 반면, 순종하는 사람들에게 빠짐없이 보상할 수 있습니다.

법령들(precepts)을 인준하는 기준이 되는 보상과 처벌의 문제를 살펴봅시다. 그러면 영원한 생명의 약속과 영원한 심판의 저주를 마주하게 됩니다. 이런 탐구를 시작하는 사람은 자기의 권한과 능력에 대해 공고한 내적 확신을 갖지 않는 한, 그리고 필멸적 존재로서 자기의 뜻을 제어하는 일은 으름장을 놓으며 자기의 기본 설정을 밀고 나가는 것 못지않게 쉽게 성취할 수 있는 일이라는 것을 분명히 알지 않는 한, 그 자신이 조롱의 대상이 될 수 있는 가능성을 예상해야 합니다. 성경의 위엄을 최고도의 확실성 차원에서 입증하고자 하는 의지를 성경이 불러 주는 대로, 성경책 자체에게 들려주십시오. 신명기가 끝나는 마무리 장들에 기록되어 있는 근사한 백조 같은 모세의 노래를 직접 읽도록 하십시오. 이사야의 예언이 시작되는 부분을 마음의 눈을 크게 뜨고 주의 깊게 들여다보십시오. 또한 경건한 마음으로 시편 104편에 대해 묵상해 보십시오. 그 다음으로 이것들 외에도 그리스인과 로마인들의 보존 문서에서 그들이 가장 훌륭하게 만들어 낼 수 있었던 최상급의 시와 웅변 중에서 아무거나 뽑아서 성경의 시들과 서로 비교해 보십시오. 그러면 그는 앞의 것은 인간 정신의 산물이고, 뒤의 것은 하나님의 영 외에 다른 어떤 것에서도 나올 수 없다는 것을 가장 명징적인 증거에 의해 확실히 깨닫게 될 것입니다. 가장 위대한 천재성을 가진 사람, 그리고 인류 가운데 학식과 경험과 웅변술에서 가장 성취도가 높은 사람, 그렇게 훌륭한 교육을 받은 사람으로 하여금 목록을 만들고 성경과 완전히 유사한 스타일로 창작하게 해 봅시다. 그러면 그 사람은 완전히 방향 감각을 잃고 혼란에 빠질 것이고, 그의 시도는 당혹스러운 실패로 끝날 것입니다. 그리하여 그 사람은 사도 바울이 자기 자신의 담화법과 그의 동역자들의 담화법에 관해 선언하는 것은 실제로 성경 전체에 적용될 수 있다고 고백할 것입니다. "우리가 이 선물들을 말하되 사람의 지혜에서 배운 일로 하지 아니하고 성령께서 가르쳐 주시는 말로 합니다."(고전 2:13)

예언

그 다음으로 성경 교의 전체를 통틀어 산재해 있는 예언들을 탐색해 봅시다. 그중 어떤 것은 성경 교의의 본질을 이루고, 다른 것들은 그 교의 자체와 그것의 수단에 권위를 부여하는 일을 합니다. 특히 면밀히 관찰해야 할 것은 인간과 천사들 전체의 정신을 모아 탐색한다고 해도 손에 넣을 수 없는, 그리고 신적 권능 외에 다른 어떤 것도 실행할 수 없는 일에 대해 그 예언들이 얼마나 웅변적이고 명료하게 가장 위대하고 중요한 사건들을 예고하는가 하는 점입니다. 그와 동시에 그 예언들 사이를 잇는 시간 간격에 의해, 그와 동시적으로 발생하는 모든 세계 상태에 의해 예고된 것들이 얼마나 정확하게 성취되었는지를 주목해야 합니다. 그러므로 온 세상은 전지한 하나님을 제외하고 그 누구도 그런 것을 예지하거나 예고할 수 없다고 고백하지 않을 수 없습니다. 내가 굳이 그 사례들을 들어야 할 필요도 없는데, 왜냐하면 거룩한 책을 펴기만 하면 누구에게나 명백히 알 수 있기 때문입니다.

나는 예고와 실현이 그렇게도 정확히 일치하는 것을 기술하고 있는 성경 구절 한두 곳을 인용할 것입니다. 꿈을 통해 아브라함에게 하나님께서 예고하신 대로 이스라엘 자손들이 이집트에서 노예로 산 것과 거기서 해방된 일에 관해 말하면서 모세는 다음과 같이 기록합니다. "마침내 사백삼십 년이 끝나는 바로 그날, 주님의 모든 군대가 이집트 땅에서 나왔다."(출 12:41) 70년 후에 일어날 것이라고 예레미야가 예고했던 사건, 즉 바벨론 포로 생활에서 민족이 해방될 것에 대해 에스라는 말합니다. "페르시아 왕 고레스가 왕위에 오른 첫해이다. 주님께서는 예레미야를 시켜서 하신 말씀을 이루시려고 페르시아 왕 고레스의 마음을 감동시키셨다. 고레스는 온

나라에 명령을 내리고 그것을 다음과 같이 조서로 써서 돌렸다."(에 1:1) 그러나 하나님 자신은 이사야를 통해 성경의 신성한 본질이 그와 같은 종류의 예언들을 통해 확증될 수 있고, 또 그렇게 결론 내려져야 할 것을 선언하십니다. 다음은 그가 하신 말씀입니다: "장차 올 일들을 말하여 보아라. 그러면 우리가 너희들이 신이라는 것을 알 수 있을 것이다."(사 41:23)

기적

전술한 것과 동일한 신성의 혁혁한 증거는 기적에서도 발견되는데, 그것은 하나님의 말씀을 시중드는 사람들, 즉 하나님의 교의를 확증하고 그 권위를 확립하기 위해 하나님께서 위임하신, 말씀을 시중드는 선지자와 사도들에 의해, 그리고 그리스도 자신에 의해 수행된 것입니다. 그 기적들은 모든 피조물들이 가진 힘과 자연 자체가 가진 모든 힘을 합친 총합보다 무한히 큰 것으로 기술됩니다. 그러나 영광을 받고자 하는 불타는 듯한 열정을 품으신 진리의 하나님께서는 거짓 선지자와 그들의 거짓 교훈에 대해서는 결코 그처럼 강력한 증거들을 제공하지 않으십니다. 또한 혹여 어떤 교의가 참일 경우에도 그것이 하나님으로부터 나오지 않고 따라서 신성한 것이 아니라면 그는 결코 같은 수준의 증인을 제공하실 수 없습니다. 그러므로 "내가 내 아버지의 일을 하지 아니하거든 나를 믿지 말아라. 그러나 내가 그 일을 하고 있으면 나를 믿지는 아니할지라도 그 일은 믿어라"(요 10:37, 38)라고 그리스도는 말씀하십니다. 죽었던 자기 아들이 선지자 엘리야에 의해 다시 살아났을 때, 그 아들을 선지자의 손으로부터 건네받으면서 사렙다의 과부가 말했던 것도 동일한 이유에서였습니다. "이제야 저는 어른이 바로 하나님의 사람이시라는 것과, 어른이 하시는 말씀은 참으로

주님의 말씀이라는 것을 알았습니다."(왕상 17:24)

니고데모가 표명한 것도 똑같은 함의를 가집니다. "랍비님, 우리는 선생님이 하나님께로부터 오신 분임을 압니다. 하나님께서 함께하지 않으시면 선생님께서 행하시는 그런 표징들을 아무도 행할 수 없습니다."(요 3:2) 이와 유사한 이유에서 사도 바울도 이렇게 말합니다. "나는 여러분 가운데서 일일이 참고 견디면서 놀라운 일과 기적을 표징으로 삼아 사도가 된 표징을 행하였습니다."(고후 12:12) 이방인들이 불러낸 신들의 엄호 아래서도 그들에게 시행된 기적에 대해 기록된 것도 있습니다. 또한 거짓 선지자들과 적그리스도(Antichrist) 자신과 관련하여 그들도 많은 표징과 이적을 베풀 것이라고 예고되었습니다(계 19:20). 그러나 그 수효나 비중에서 그들이 행하는 기적은 참되신 하나님께서 모든 이스라엘 백성들 앞에서, 그리고 온 세상이 목도하는 가운데 행하신 기적과 결코 비교될 수 없습니다. 인간 지성에 대해 감추어져 있고 인간의 인지력을 초월하는 자연 원인들에 의해, 사탄과 그 하수인들의 행위와 능력으로 시행된 '진짜' 기적들이 기세를 떨치고 심지어 놀라운 위업을 거둔다고 해도 결과는 마찬가지입니다. 그러나 참된 교의에 대적하는 유대인과 이방인도 증언하는, 실제로 실행된 위대하고 놀라운 기적의 존재 자체를 부정하는 것은 철면피적인 몰염치하고 혐오스러운 어리석음의 명백한 표지입니다.

성경 교의의 시원

이제 성경 교의의 태고적 시원과, 그것의 전파와 보존과 방어를 위한 참으로 감탄할 만한 노력을 살펴봅시다. 그것을 통해 이 교의의 신성에 대한 명징적이고 현저한 증거를 얻게 될 것입니다. 테르툴리아누스가 매우 지혜롭고 공정하게 관찰했듯이 만일 가장 오래된 것이 가장 위대한 진리의 맹아를 갖고 있는 것이 사실이라면 성경 교의야말로 가장 오랜 태고의 시간 속으로 그 기원을 추적해야 하기 때문에 가장 위대한 진리의 하나라고 말할 수 있습니다. 이 교의의 기원 역시 신성하다고 말해야 하는 이유는 그것이 다른 어떤 정신에 의해서도 창안될 수 없었던 시기에 실제로 현시되었기 때문입니다. 그 교의는 인류가 탄생하던 바로 그 시기에 시작되었습니다. 따라서 하나님 자신이 친히 창조한 지성적 존재에게 자기 자신을 먼저 나타내지 않으셨더라면 변절한 천사조차 자기의 교의들 중 하나도 인간에게 제시할 수 없었을 것입니다. 다시 말해 하나님께서는 타락한 천사를 방해하신 것이고, 따라서 그가 자기의 계획을 추진해야만 하는 원인 자체가 존재하지 않게 된 것입니다. 왜냐하면 참된 것을 충분히 배운 후 거짓된 것을 구별해 내고 거부할 수 있는 수준에 이르기 전까지 하나님께서는 자기의 형상을 따라 지으신 인간이 그의 원수에 의해 거짓 교훈으로 시험당하도록 내버려두지 않으셨을 것이기 때문입니다. 하나님께서 그의 말씀을 교통하기로 결정하실 정도로 가치 있는 존재로 여기실 때까지, 그리고 그러한 교통을 통해 그를 영원한 행복—즉 같은 시기에 불행히도 타락한 천사들이 놓친 것—에 참여할 수 있게 결정하시는 일이 없었다면 사탄은 인간에 대한 혐오스러운 시기심으로 번뇌하지도 않았을 것입니다.

무엇보다 우선 우리가 성경 교의를 전파하기 위해 힘쓴 사람들을 주목하면서 시선을 고정하고, 그 다음으로 이 교의를 방해하려는 적들과 반대자들을 주목하고, 끝으로 오랜 기간 그리고 오늘날까지 지속적으로 성경 교의가 전파되고 보존되고 방어되고 있는 방식에 주목한다면 각기 따로 고찰할 때도 찬탄을 금할 수 없지만, 그것들이 총체적으로 신성하다는 사실이 확연해질 것입니다.

만일 이 신성한 교의가 번성하고 있는 사람들을 들여다본다면 우리는 사람들의 본성이 부패할 때 두 가지 이유에서 자연스럽게 이 교의를 거부하게 된다는 것을 알 수 있습니다. 첫 번째 이유는 그 교의의 구성 요소들 중 어떤 것은 인간적이고 세상적인 지혜와 정면으로 대립하기 때문에 부패한 마음을 가진 사람은 그 교훈을 오히려 터무니없는 것으로 비난하기 마련이기 때문입니다. 두 번째 이유는 이 교의의 또 다른 부분이 세속적인 탐욕이나 더러운 욕망과 결정적으로 대립하고 손실을 가져오기 때문입니다. 그런 까닭에 성경의 가르침은 인간 지성에 의해 거부되고 자유의지에 의해 거절되었는데, 인간의 으뜸가는 두 가지 오류는 바로 그것입니다. 그 밖의 다른 능력이 작동하기 시작하거나 휴지 상태에 있는 것은 그들이 전술한 두 가지 기능의 질서와 명령을 따르기 때문입니다. 그러나 이 모든 자연적인 적대감에도 불구하고 인간의 마음은 그 교의를 받아들이고 믿었습니다. 그러므로 인간의 마음은 그 두 기능의 조성자인 하나님에 의해 정복되고, 순종하고자 하는 의지를 품게 되었습니다.

이 성경 교의에 대해서는 가장 강하고 통렬한 원수들이 있습니다. 수하에 천사들을 거느린, 이 세상의 임금 마귀와 그의 동맹군인 이 세상입니다. 이들은 어떤 협상이나 화해도 불가능한 원수입니다. 만일 이 원수들의 교묘함, 권세, 악의, 담대함, 몰염치, 끈질김, 주도면밀함을 천국의 교의에 동의한 사람들 대부분이 갖고 있는 순수성, 미숙함, 연약함, 두려움, 변덕스러움, 나태함과 서로 마주보게 배치한다면 그토록 막강한 적들의 공격을 받고서도 연약하기 짝이 없는 그 승리자들에 의해 그 교의가 수호되어 온 것을 생각할 때, 이 교의가 확고부동하게 보존되고 유지되어 온 사실에 놀라지 않을 수 없을 것입니다. 이 경이와 찬탄이 그 근원에 대한 초자연적이고 신성한 기원에 대한 탐구로 이어질 때, 하나님 자신이 이 교의를 교통하고 보존하고 옹호하신다는 것이 밝혀질 것입니다.

이 교의의 전파, 보존, 옹호가 실천되는 방식을 볼 때, 논박할 수 없는 많은 표징들이 그것의 신성을 지시합니다. 이 교의는 화살이나 검도 없이, 말이 끄는 전차나 마부 없이도 본연의 효력을 발휘합니다. 그럼에도 그것은 만군의 주의 이름으로 번성하고, 직립한 자세로 서 있으며, 정복되지 않았습니다. 그 반면에 매우 막강해 보이는 무기를 갖추고 참으로 강력한 수단에 의지하고 있음에도 성경 교의의 원수들은 정복되고, 파괴되었으며, 완전히 초토화되어 파멸했습니다. 그런 결과는 부와 영광, 세속적인 쾌락을 약속하는 유혹에 저항함으로써 얻은 것이 아니라, 일찍이 참혹한 십자가에 대해 기술한 말씀에 의해, 그리고 모든 인간적인 힘과 능력을 훨씬 능가하는 하나님의 인내와 관용에 의해 성취된 것입니다. "그는 내 이름을 이방 사람들과 임금들과 이스라엘 자손들 앞에 가지고 갈, 내가 택한 그릇이다. 그가 내 이름을 위하여 얼마나 많은 고난을 받아야 할지를 내가 그에게 보여 주려고 한다."(행 9:15, 16) "보아라, 내가 너희를 내보내는 것이 마치 양을 이리 떼 가운데로 보내는 것과 같다."(마 10:16)

이 교의의 완성은 인간 조언자들—이 교의를 옹호하는 교수들이건 반대자들 편에 선 교수들이건—에 의해서가 아니라, 모든 인간 조언자들의 생각과는 완전히 반대되는 방법에 의해 성취되었습니다. 왜냐하면 이 교의를 파괴하기 위해 고안된 변론이나 책략은 오히려 이 교의가 확산되는 데 크게 기여한 반면, 어둠의 임금은 부질없이 안달하고 초조해져서 책략에 뛰어나고 기발한 모사로부터 그들이 예상한 것과 극적으로 반대되는 보고를 듣고 놀라 당혹감에 빠질 뿐입니다.

사도 누가는 이렇게 기록합니다, "그런데 사울은 교회를 없애려고 날뛰었다. 그는 집집마다 찾아 들어가서 남자나 여자나 가리지 않고 끌어내서 감옥에 넘겼다. 그런데 흩어진 사람들은 두루 돌아다니면서 말씀을 전하였다."(행 7:3, 4) 바로 그런 방법에 의해 사마리아에 하나님의 말씀이 전파되었습니다. 이 주제와 관해 사도 바울은 이렇게 말합니다. "형제자매 여러분, 내게 일어난 일이 도리어 복음을 전파하는 데에 도움을 준 사실을 여러분이 알아주시기 바랍니다. 내가 그리스도 안에서 감옥에 갇혔다는 사실이 온 친위대와 그 밖의 모든 사람에게 알려졌습니다."(빌 1:12, 13) "순교자의 피가 교회의 씨앗이 되었다"라는 진부하게 들리는 사실이 명망을 얻게 된 것도 바로 그와 똑같은 이유 때문입니다. 이런 일을 어떻게 설명할 수 있겠습니까? "집 짓는 사람들이 내버린 돌이 집 모퉁이의 머릿돌이 되었다. 이것은 주님께서 하신 일이니 우리의 눈에는 기이한 일이 아니냐?"(시 118:22, 23)

성경 교의를 핍박하는 사람들에게 하나님이 내리신 가공할 만한 심판에 덧붙일 것이 있다면 그것은 유명한 폭군들의 비참한 죽음입니다. 그중 하나를 언급하면 한 폭군이 자기의 오염되고 불행한 마음을 분출하는 순간 내적 압박감을 느끼며 사람들 앞에서 부르짖었는데, 비록 광포하고 분노를 터뜨리는 소리였음에도 그 고함은 성경 교의의 신성을 놀라운 방식으로 인정했습니다. "오, 갈릴리 사람이여, 당신은 정복했노라!"

그렇다면 모든 편견을 벗어 버린 눈으로 성경의 신성에 관한 그처럼 명백한 증거들 앞에서 즉각적으로 그렇게 고백하지 않을 사람이 있을 수 있겠습니까? 사도 바울은 이렇게 선언할 만한 가장 좋은 이유를 알고 있었습니다. "우리의 복음이 가려 있다면 그것은 멸망하는 자들에게 가려 있는 것입니다. 그들의 경우를 두고 말하면 이 세상의 신이 믿지 않는 자들의 마음을 어둡게 하여서 하나님의 형상이신 그리스도의 영광을 선포하는 복음의 빛을 보지 못하게 한 것입니다."(고후 4:3, 4) 그가 말한 것은 다음과 같이 풀어 볼 수 있을 것입니다. "이것은 인간의 어둠이 아니고, 또 인간 자신의 마음 위에 덮인 두꺼운 베일도 아니다. 그것은 악마의 어둠으로, 어둠의 임금인 마귀가 인간의 마음 위에 펼친 것으로서, 하나님의 정의로운 심판에 따라 그가 인간에게 제멋대로 가장 극악한 폭정을 휘두르는 것이다. 만일 이것이 사실이 아니라면 이 어둠은 결코 그대로 남아 있을 수 없다. 아무리 그 암흑의 밀도가 높다고 해도 압도적인 광채를 발산하는 이 신성한 빛에 의해 그것은 결국 흩어질 것이다."

성경 교의를 맡은 관리자들의 정결

처음으로 말씀이 전파되었던 사람들과 그것을 기록하는 일에 헌신했던 사람들의 정결은 같은 목적—즉 그 말씀의 신성을 증명하는 것—에 기여하기 위한 것입니다. 왜냐하면 이 사명을 준행하도록 위임을 받은 사람들은 그들이 이전에 가지고 있던 다양한 세속의 지혜와 육신적인 욕망이나 기호를 극복함으로써 옛사람을 완전히 몰아내고, 하나님의 영광과 인간의 구원을 추구하는 열정에 사로잡혀 온전히 헌신해야 했으므로 그들에게 그처럼 고매한 수준의 정결함이 고취되고 유입될 수 있었던 것은 오직 거룩한 자들 가운데 가장 거룩하신 분에 의해 실현될 수 있었기 때문입니다.

먼저 모세를 예로 들어 봅시다. 그는 가장 배은망덕한 사람들로부터 매우 위압적인 대접을 받았고, 종종 살해될 수도 있는 표적이 되고는 했습니다. 그러나 그는 사사로운 관심을 개의치 않고 오직 백성들의 구원을 위해 진력하는 자세를 취했습니다. 그는 하나님께 백성들을 위해 간청하면서 이렇게 말했습니다. "그러나 이제 주님께서 그들의 죄를 용서하여 주십시오. 그렇게 하지 않으시려면 주님께서 기록하신 책에서 저의 이름을 지워 주십시오."(출 32:32) 자신에게 맡겨진 동족의 구원을 위한 그의 열정과, 하나님의 영광을 드높이려는 그의 열심을 보십시오! 그처럼 자신의 파멸도 개의치 않고 간청했던 또 다른 이유는 무엇이었습니까? 모세가 이전에 말했던 것을 다시 읽어 보십시오. "어찌하여 이집트 사람이 '그들의 주가 자기 백성에게 재앙을 내리려고 그들을 이끌어 내어 산에서 죽게 하고, 땅 위에서 완전히 없애 버렸구나' 하고 말하게 하려 하십니까?"(출 32:12), 그리고 "'그들의 주가 자기 백성에게 주기로 맹세한 땅으로 그들을 데리고 갈 능력이 없어서 그들을 광야에서 죽였다' 하고 말할 것입니다."(민 14:16) 우리는 바울에게서도 똑같은 열심을 발견할 수 있는데, 그도 역시 셀 수 없이 그를 극심하게 냉대하던 동족을 위해 이렇게 기도했습니다. "나는 육신으로 내 동족인 내 겨레를 위하는 일이면 내가 저주를 받아서 그리스도에게서 끊어질지라도 달게 받겠습니다."(롬 9:3)

다윗은 자기의 위중하고 극악한 범죄를 솔직하게 고백했고, 그 고백을 글로 써서 후손들에게 영구히 기억하게 만드는 일을 부끄러워하지 않았습니다. 선지자 사무엘은 자기 아들들의 혐오스러운 행동에 대해 영구한 문서로 기록하는 일을 회피하지 않았습니다. 그리고 모세는 그의 조상들의 불의와 공포에 대해 공적 증언을 하기를 주저하지 않았습니다. 만일 최소한도라도 개인적인 영광을 취하려는 욕구를 마음에 품었다면 그들은 틀림없이 침묵을 지키면서 명예롭지 못한 상황을 숨길 수 있었을 것이다. 다른 사람들의 행위와 업적을 기술하는 일을 맡았던 사람들은 유명한 사람들과 신분 높은 귀족들에게 아첨하거나, 조금이라도 부끄러운 행동이나 동기를 원수들에게 허위로 전가하는 기술에 서툴렀던 것이 분명하다. 오직 진실에 관심을 두고 하나님의 영광을 증진시키는 일에 전념하면서 그들은 모든 사람들을 평등하게 대했고, 하나님께서 친히 경건함과 불의를 구별하라는 명령을 내리신 것을 제외하고 어떤 다른 구별도 사람들 사이에 내리지 않았습니다. 하나님의 손에 의해 직접 그러한 직분에 임명받을 때, 즉시 그리고 완전히 그들은 이 세상에 대해, 그것에 속한 모든 욕망에 대해 작별을 고했습니다. "그는 자기의 부모를 보고서도 '그들을 모른다'고 하였고, 형제자매를 외면하고, 자식마다 모르는 체하면서 주님의 계명에 순종하였으며, 주님의 언약을 성실하게 지켰습니다."(신 33:9)

신앙 고백자들과 순교자들의 지조

성경 교의의 진리를 수호하기 위해 고문을 피할 수 없는 상황에서도 지켰던 신앙 고백자들과 순교자들의 지조에 대해 우리는 어떻게 말할 수 있습니까? 참으로 완강하고 끈질기게 참된 교훈을 억압하는 적들의 눈에 이처럼 여일한 지조가 어떻게 비치는지 생각해 본다면 우리는 판단 내리기를 주저하는 사람들로부터 성경 교의의 신성을 고백할 수 있게 권면해야 할 것입니다. 그러나 우리 논증의 힘을 좀 더 명확하게 부각시키기 위해 네 가지 특수 사항—즉 순교자들의 거대한 집단, 그들의 배경, 적대자들이 그들에게 가한 고문, 그러한 고통을 당하는 중에도 그들이 보여 준 인내—에 주목해 봅시다.

순교자들의 거대한 집단을 훑어보려 할 때, 그들의 수는 일일이 셀 수 없을 정도로 많기 때문에, 그들이 선택받은 소수이기 때문에 순교의 길을 걸었고, 극심한 고통을 마다하지 않았던 것에 대해 그 누구라도 일종의 광기나 황폐한 인생의 탓으로 돌릴 수 없습니다.

순교자들의 개인적인 배경을 조사해 보면 우리는 귀족과 소작농, 권력층 인사와 그 밑에 있는 사람들, 유식한 사람과 무식한 사람, 부자와 가난한 사람, 늙은이와 젊은이, 남성과 여성, 기혼자와 미혼자, 단단한 골격을 가진 위험에 단련된 남자들, 세련된 교육을 받으며 자랐고 매끄럽고 평평한 길바닥 위로 튀어나온 아주 작은 조약돌에 발이 걸려 넘어지는 일조차 거의 없던, 몸가짐이 단정한 처녀들을 볼 수 있습니다. 초기 순교자들의 다수는 이런 식의 묘사가 적절한 품위 있는 인물들이었고, 따라서 그들이 세속적인 명성에 대한 불타는 듯한 야망을 가졌다거나 자신들이 신봉하는 견해를 수호함으로써 개인적인 불굴의 투지와 관후함을 과시하며 사람들의 갈채를 받고자 했던 것으로 보이는 사람은 아무도 없습니다.

그처럼 각계각층의 사람들과 다양한 삶의 정황에 있던 사람들에게 가해진 고문 가운데는 관례적인 것도 있고 매우 특기할 만한 것도 있었는데, 어떤 것은 시행 과정이 신속했고 또 어떤 것은 아주 천천히 진행되기도 했습니다. 화를 돋우지 않는 희생자들의 일부는 십자가에 못 박혔고, 또 어떤 이들은 참수당했습니다. 어떤 이들은 강물에 빠뜨려지기도 했고, 다른 사람들은 천천히 타오르는 불에 구워졌습니다. 몇몇 사람들은 사나운 짐승의 이빨에 씹히거나, 극심한 고통을 느끼며 사지가 찢겼습니다. 톱에 썰려 토막이 난 사람들도 상당수 있었던 반면, 돌에 맞아 죽은 사람들도 있었습니다. 그리고 말로 표현하기 어렵게도 극심한 부도덕성과 야만성이 감행되어 극도로 수치스럽고 악명 높은 종류의 형벌을 당한 사람들도 적지 않았습니다. 가장 노골적이고 극렬한 분노가 분출된 것 같은, 인간 악의의 천재성이 만들어 낼 수 있거나 심지어 지옥 한복판의 극악한 실험실에서 공급된 것 같은, 그런 정도의 야만적 잔인성을 어김없이 발견됩니다.

그러나 우리가 이 거룩한 신앙 고백자들의 인내심에 대해 알 수 있는 것은 그들이 그 모든 핍박을 신앙적 지조와 평정심으로 견뎌 냈다는 사실입니다. 오히려 그들이 기쁜 마음과 활기 넘치는 얼굴로 고문을 견뎌 냈기 때문에 고문관들의 그칠 줄 모르는 분노마저 지치게 만들었고, 그리하여 그들의 분노는 완전히 고갈되어 결국 순교자들의 인내심이 보여 준 불굴의 힘에 굴복했고, 그들의 분노가 바닥을 드러냈다고 스스로 고백할 정도였습니다.

그렇다면 순교자들이 그 정도로 인내할 수 있었던 원인은 과연 무엇이었을까요? 신앙을 부인하는 것만이 위험을 피할 수 있고, 그리고 많은 경우에 사회적 명성까지 얻을 수 있는 유일한 상황에서 그들은 그리스도교의 진리로부터 한 치도 물러서지 않겠다는 결의에 차 있었습니다. 그렇다면 그 혹독한 고통을 겪으면서도 그들이 보여 주었던 위대한 인내심의 원인은 과연 무엇이었을까요? 그것은 이 세상에서의 짧은 삶이 끝나고 그들이 당해야 했던 지상에서의 고통과 시련이 끝난 뒤, 자신들에게 복된 영생이 약속되어 있음을 확고하게 믿었기 때문입니다. 이 특수한 대목에서 하나님이 사탄과 겨루시는 전투는 두 사람 간에 벌어지는 결투와 닮은 데가 있습니다. 그리고 그 결투의 결과는 사탄이 자초한 오명과 폐허 위에 세워진 상부구조인 하나님 말씀의 신성이 위풍당당한 모습입니다.

교회의 증언

하나님의 전능성과 지혜는 복된 성경의 신성을 증명하기 위해 주로 전술한 논증들을 사용합니다. 그러나 교회가 그처럼 저급한 악이나 감사할 줄 모르는 마음에 의해 스스로를 더럽히지 않으려면, 그리고 그들의 창조자 하나님과 교회의 머리이신 그리스도에게 도움이 되는 보충 작업을 하고 싶다면 교회도 증인으로 나서서 이 성경 말씀의 신성에 대해 증언해야 합니다. 그러나 물론 그것은 첨언하는 것에 불과합니다. 교회는 성경에 신성을 귀속시키기에 적합한 입장에 있지 않습니다. 교회가 담당할 수 있는 영역은 성경의 신성을 가리키는 역할로 그칠 뿐, 신성의 감동을 성경에 전가시킬 수 있는 입장에 있지 않습니다. 왜냐하면 교회가 아직 형성되지 않았던 시기에 이 거룩한 말씀이 없었다면 교회에 속한 지체들은 이렇게 말할 수 없을 것이기 때문입니다. "여러분은 다시 태어났습니다. 그것은 썩을 씨로 그렇게 된 것이 아니라, 썩지 않을 씨, 곧 살아 계시고 영원하신 하나님의 말씀으로 그렇게 되었습니다."(벧전 1:23) 그리하여 "그는 이 영광과 덕으로 귀중하고 아주 위대한 약속들을 우리에게 주셨습니다. 그것은 이 약속들로 말미암아 여러분이 세상에서 정욕 때문에 부패하는 사람이 되는 것이 아니라, 하나님의 성품에 참여하는 사람이 되게 하시려는 것입니다."(벧후 1:4) 여기 언급된 '권위'[56]라는 명사는 교회가 성경의 교의에 신성을 부여할 수 없게 만듭니다. 왜냐하면 권위(Authority)는 저자(Author)라는 낱말에서 파생된 것이기 때문입니다. 교회는 성경의 저자가 아니며, 단지 원인이나 기원, 시간에 있어서 후행적으로 성경을 뒤따르며 그 말씀을 위탁받은 관리자의 역할을 수행할 뿐입니다. 우리는 다음과 같은 반론을 제기하는 사람들의 말에 귀를 기울일 필요가 없습니다. "교회는 성경보다 더유서 깊은 것인데, 왜냐하면 그 말씀이 아직 기록되지 않았을 시절에도 교회는 이미 존재했기 때문이다." 만일 이전에 경건했던 태도를 바꾸어 예수

..

56) 인용된 본문을 옮긴 새번역 성경에서는 직접적으로 '권위'라는 낱말이 쓰이지 않았다. 그러나 'authority'가 저자를 의미하는 'author'에서 나오고, 'author'의 라틴어 어원 'auctor'는 기획자, 설립자 등 창의적 활동을 주도하는 사람은 뜻한다. '성장하게 도와주는 사람'을 뜻하는 핵심부로부터 권위를 뜻하는 'authority'가 파생되었다. 인용 본문에서 '썩지 않을 씨', '부패하는 사람이 되는 것이 아니라, 하나님의 성품에 참여하는 사람이 되게 하시려는 것'은 권위의 근거를 함의한다.

회[57] 신자로 탈바꿈한 것이 아니라면 그런 식으로 트집을 잡아 상황을 어렵게 만드는 것은 그리스도인으로서 매우 부적절한 일입니다.

교회는 다음의 말씀보다 앞서지 않았습니다. "여자의 자손은 너의 머리를 상하게 하고."(창 3:15) 물론 모세가 이 선언을 성경에 기록하기 전에 '여자'는 존재했습니다. 반론을 제기한 사람들이 아담과 하와가 하나님의 교회를 만들었다고 말할 수 있던 것은 그들의 믿음에 의거한 것이 맞습니다. 그러나 교회가 세워지기 전에 먼저 그 두 사람은 배신자, 탈영병, 사탄의 왕국, 즉 뻔뻔스러운 탈영병에다 배교자였습니다. 진실로 교회는 진리의 기둥(딤전 3:15)이지만, 교회는 진리라는 기초 위에 세워졌고, 따라서 진리를 향해 나아가며 진리를 사람들의 눈앞에 제시합니다. 그런 방식으로 교회는 이 말씀의 진리에 대해 연출가와 증인, 감찰관, 전령관, 통역자의 역할을 동시에 수행합니다. 그러나 통역하는 활동을 할 때, 교회는 성경의 내재된 의미를 보존하면서 말씀의 뜻을 풀어내는 일에 진력해야 하는데, "기록된 말씀의 범위를 벗어나지 말라"(고전 4:6)라고 했던 사도 바울의 금지 명령에 따르면 기록된 말씀의 범위를 넘어서는 것은 지혜로운 일도 아니고, 실제로 그런 일이 있어서는 안 되며, 만일 그런 시도를 할 경우 교회는 그 자신의 우둔함뿐만 아니라 신성한 일들의 심오함에 의해 제지당할 것이기 때문이다.

그러나 만일 우리가 교회의 증언이 가진 유효성에 대해 간략하게 검토

:.

57) Jesuits. 예수회(Societas Iesu)는 로마 가톨릭교회 소속 수도회로서, 1534년 8월 15일에 스페인의 수사였던 이냐시오 데 로욜라(Ignacio de Loyola, 1491~1556)에 의하여 설립되었다. 예수회는 전통적인 수도회가 내세우는 3대 서원인 청빈, 정결, 순명 외에도 구원과 믿음의 전파를 위해 맡겨지는 교황의 파견 사명을 지체 없이 실행하겠다는 네 번째 서원을 내세운다. 이것은 예수회만의 특징으로 이 정신은 종교개혁의 거센 물결로부터 가톨릭교회를 지키고, 내적 쇄신을 이루는 중요한 역할을 했다.

해 본다면 우리의 노고는 필히 보상을 받을 것입니다. 왜냐하면 성경이 하나님의 말씀이라는 사실을 교회가 증언할 때, 그것을 기회 삼아 교황주의자[58]들은 '교회의 권위'를 우리가 누릴 수 있는 확실성의 알파와 오메가로 만드는 것을 낙으로 삼기 때문이다. 우선 교회 증언의 유효성은 증인의 진정성의 권위를 능가할 수 없습니다. 교회의 진정성은 실제로 사람들이 갖는 진실성입니다. 그러나 사람들의 진실성은 불완전하고 변덕스러우며, 결국 '모든 인간은 거짓말쟁이다'라고 언제든지 말할 수밖에 없습니다. 또 실제 사실의 목격자로서 증언할 수 있는 권한을 가진 사람의 진실성이 진리를 선언해야 할 사람에게 선명하고 확실하게 믿어지지 않는 한 말하는 사람의 진정성은 그의 증언을 보증하기에 충분하지 않습니다. 그렇다면 어떻게 해야 교회의 진실성을 분명하고 확실한 것으로 만들 수 있을까요? 그 목표는 아주 오래전에 생겨난 어떤 관념에 의해, 또는 최근에 청자들의 마음속에 각인된 인상에 의해 이루어질 수 있습니다. 그렇지만 교회의 진정성에 대해 사람들은 "거짓이 없으신 하나님"(딛 1:2)이라는 선언에 비견될 수 있을 정도로 자명한 본유관념을 가지고 있지 않습니다. 그러므로 최근에 발생한 행위에 의해 그 진실성이 각인되어야 하고, 각인된 인상(impression)은 내면으로부터 또는 외부에서 획득되어야 합니다. 그러나 교회는 외적 수단에 의해서만 증언을 확보할 수 있을 뿐, 그것을 영혼의 심급까지 확장시킬 수 없으므로 교회가 내적 인상을 소유하는 것은 실현될

---

58) Papists. 같은 뜻을 가진 'Popery'나 'Papism'도 쓰이는데, 이 용어는 로마 가톨릭교를 가리키는 구식 영어 표현이다. 역사적인 용례를 살펴보면 주로 개신교와 성공회 사람들이 로마 가톨릭에 대한 거부감을 표시하기 위해 이 낱말을 사용했다. 따라서 이것은 일반적으로 그리스도인들이 기독교 교회에 대한 교황의 권위를 받아들이는 것과 차이를 보인다. 아르미니우스의 용례도 가톨릭교회에 대한 거부감 혹은 모멸감이 짙게 반영되어 있다.

수 없는 불가능한 일입니다. 따라서 문제의 인상은 외부에서 투입될 수밖에 없는데, 실제로 그 인상이란 흔히 증언(testimony)이라 불리는 것이거나 교회가 보유하고 있는 지식과 진실성을 드러내 보여 주는 것에 다름 아닙니다. 그러나 이런 것들은 모두 그 증언을 듣는 사람들의 마음속에 또 하나의 견해를 산출할 뿐입니다. 그러므로 견해는 지식에 미치지 못하고, 그 정도가 유효성의 최상의 결과입니다.

그러나 교황주의자들은 "누구든지 너희의 말을 들으면 내 말을 듣는 것이요"(눅 10:16)라는 말씀에 의해 그리스도께서 그의 교회의 권위를 확립하셨다고 응수합니다. 불행히도 그런 추론을 내놓는 사람들이 그렇게 말할 때, 그들은 자신들이 성경의 권위보다 교회의 권위를 앞세우고 있다는 것을 깨닫지 못하는 것처럼 보입니다. 왜냐하면 어떤 권위든지 교회에 부여할 수 있기 전에 먼저 그리스도께서 말씀하신 대로 그 구절이 보여 주는 신빙성의 근거를 성경에서 찾아내야 하기 때문입니다. 그러나 동일한 이유로 그 구절에서 표현된 것도 성경 전체의 관점에서 바라보아야 합니다. 그렇다면 그리스도께서 교회를 그의 말씀의 수호자로 세우고, 교회를 말씀의 인도자요 증인이요 전령관이자 통역자로 임명하셨을 때, 교회는 그가 자기에게 수여하신 그 정도의 영예로 만족하는 것이 좋을 것입니다.

그러나 우리가 이제까지 제시한 그 모든 관찰로부터, 그리고 성경의 신성을 증명하기 위해 계수된 다른 어떤 것들로부터 기인하는 논증들은 성경에 대한 올바른 이해를 우리에게 제시주지 못하고, 또한 그 논증들로부터 우리가 인지하게 되는 의미들이 우리 마음에 확신을 심어 줄 수 없기 때문에 (하나님이 우리에게 요구하는 것, 그리고 그의 말씀을 따라 실천할 것을 요구하시는 믿음의 확실성이 그 의미들을 구성하는 것이지만) 필연적으로 함축되는 것은 이 모든 것들 외에 확실성이 우리 마음에 산출할 수 있는 유효성에 의해 뭔가 다른 것이 덧붙여져야 한다는 것입니다. 그런데 이 문제는 우리 담론의 셋째 부분에서 주제로 다루기에는 아직 준비가 되어 있지 못합니다.

성령의 내적 증언

그러므로 우리는 다음과 같이 선언해야 하고, 지옥의 문들이 그 소리를 생생하게 다시 메아리칠 때까지 계속해서 거듭 외쳐야 합니다. "이 말씀은 성령의 감동을 받은 하나님의 경건한 사람들이 진술하고, 성령의 감동과 인도하심을 따라 그의 대필자로서 그가 말씀하시는 대로 문자로 기록한 것이므로 이 성령은 말씀의 신성한 의미를 깨닫고 이해할 수 있도록 우리를 도우시는 그 빛의 저자이며, 그 의미를 참으로 하나님의 뜻으로 믿을 수 있게 하는 확실성의 기관이므로 필연적으로 성경의 원저자이고 온전히 충분한 집행 기관입니다." 성경은 성령이 필연적인 원저자임을 증언하며 이렇게 기록합니다. "하나님의 영이 아니고서는 아무도 하나님의 생각을 깨닫지 못합니다."(고전 2:11) 한편 성경은 다음과 같이 선언하면서 성령을 충분한, 아니 충분하고도 남을 집행자로 소개합니다. "그것은 하나님께서 우리를 영광스럽게 하시려고 영세 전에 미리 정하신 지혜입니다. 하나님께서는 성령을 통하여 이런 일들을 우리에게 계시해 주셨습니다. 성령은 모든 것을 살피시니, 곧 하나님의 깊은 경륜까지도 살피십니다."(고전 2:7, 10) 그러므로 성령의 충분성은 하나님의 비밀들에 대한 풍부한 지식으로부터, 그리고 그가 그 비밀에 의거하여 집행하는 매우 유효한 계시에 근거합니다.

성령의 이 같은 충분성에 대해 사도 바울이 극찬을 아끼지 않는 곳은 이어지는 다음 구절이 유일합니다. 그런 사람은 그가 받은 성령을 통해 그리스도의 마음을 가진 사람이므로 "신령한 사람은 모든 것을 판단하나, 자기는 아무에게도 판단을 받지 않습니다."(고전 2:15) 동일한 충분성에 대해 사도 요한도 가장 손꼽히는 전령관이라 할 수 있습니다. 일반적인 내용을 담은 편지의 한 대목에서 그는 다음과 같이 말합니다. "여러분으로 말하자면 그가 기름 부어 주신 것이 여러분 속에 머물러 있으니, 여러분은 아무에게서도 가르침을 받을 필요가 없습니다. 그가 기름 부어 주신 것이 여러분에게 모든 것을 가르쳐 줍니다. 그리고 그 가르침은 참이요 거짓이 아닙니다. 여러분은 그 가르침대로 언제나 그리스도 안에 머물러 있으십시오."(요일 2:27) "하나님의 이름을 믿는 사람은 그 증언을 자기 속에 가지고 있습니다."(요일 5:10) 데살로니가 교회의 지체들에게 또 다른 사도는 편지로 이렇게 말합니다. "우리는 여러분에게 말로만 복음을 전한 것이 아니라, 능력과 성령과 큰 확신으로 전하였습니다."(살전 1:5) 이 구절에서 사도는 신자로 하여금 복음의 말씀을 받아들이게 하는 확실성을 성령의 권능에 터 놓고 귀속시킵니다.

교황주의자들 편에서는 이렇게 응수할 것입니다. "많은 사람들은 성령의 계시를 받은 것을 자랑하지만, 그럼에도 불구하고 그들은 그런 계시를 받은 것이 아니다. 따라서 신자가 계시에 안전하게 정착하는 것은 불가능하다." 이 말을 공정하다고 볼 수 있습니까? 그러한 신성모독은 걷어치워야 합니다! 만일 유대인들이 그들의 『탈무드』와 『카발라』[59]에, 마호메트 교

---

59) Cabala. 카발라(Kabbalah)는 히브리어 '키벨'에서 기원하고, '전승된 지혜와 전통'을 중시하는 유대교 신비주의를 가리킨다. 카발라라는 호칭 자체는 11세기의 철학자 솔로몬 이븐 가비롤(아비케브론), 또는 13세기의 카발리스트인 바야 벵 아쉐르가 창안한 것으로 추정되지만 유대인의 신비교의 자체는 그 이전부터 있었다. 카발라의 경전은 조하르라고 불린

도들이 『코란』[60]에 영광을 돌린다면, 그리고 이들 모두가 자신들이 그들의 교회에 속한 것을 자랑스럽게 여긴다면, 구약과 신약 성경이 자기의 신성한 기원을 인정할 때 그 두 책의 충분한 신빙성을 안심하고 믿을 수 있지 않겠습니까? 이방인의 후예들이 교회의 이름을 사칭하고 다닐 때, 그렇다고 해서 참된 교회가 교회 아닌 다른 것이 될 수 있겠습니까? 이것은 견해와 지식을 구별하는 문제입니다. 사람들이 실제로는 모르는 것에 대해 아는 체하지만 사실 그것은 그들의 견해일 뿐입니다. 그러나 사실을 알고 있는 사람들이라면 자기가 아는 것에 대해 확실한 인식을 가집니다. "성령은 증언하시는 분입니다. 성령은 곧 진리입니다."(요일 1:7) 즉 성경의 교의와 그 교의에 들어 있는 의미가 곧 진리입니다.

그러나 우리의 내면에 계시된 성령의 확증적인 증언도 하나님 말씀의 진리를 다른 사람들에게 확신시킬 수가 없습니다. 그렇다면 어떻게 해야 합니까? 그들에게 성령의 숨결이 들어가면 그때 성령이 그들에게도 확신을 심어 주실 것입니다. 만일 그들도 모두 하나님에 대해 알아 가는 교회의 자녀들이 된다면 성령은 그들에게 거룩한 영감을 불어넣어 주실 것입니다. "예언서에 기록하기를 '그들이 모두 하나님께 가르침을 받을 것이다' 하였다. 아버지께 듣고 배운 사람은 다 내게로 온다."(요 6:45) 어떤 교회의 증언도 거룩한 말씀의 진리성과 신성에 대해 모든 사람을 확신시킬 수는 없습

..

다. 형이상학적 기본 전제는 비현현의 삼계 혹은 음존재계의 세 베일(The Three Veils of Negative Existence)에서 모든 것이 시작되고, 이것이 현현하는 4단계(또는 양존재계)로 수렴하면서 세상이 구성된다는 것이다.

60) Alcoran. 코란은 예언자 무함마드가 610년 이후 23년간 알라('하나님'이라는 의미)에게 받은 계시를 구전으로 전하다가, 그의 가르침을 받은 제자들이 여러 장소에서 여러 시대를 걸쳐 기록한 기록물을 모아서 집대성한 책으로, 이 계시는 무함마드가 마흔 살 무렵 현재 사우디아라비아에 있는 히라산 동굴에서 천사 지브릴을 통해 처음 받은 것으로 전해진다.

니다. 오직 자신들에게만 '교회'라는 명칭을 붙이는 거만한 교황주의자들은 성령으로부터 영감을 얻지 못한 것이 아니라 그들의 고대 로마 교구의 정신으로부터 영감을 받지 못한 사람들의 증언에 미미한 정도의 신뢰도를 인정할 뿐입니다.

"그렇지만 그처럼 고매한 품격을 가진 교회라면 모든 사람들이 마땅히 경의를 표하지 않을 수 없게 만들 만한 증언을 확보해야만 한다." 그렇습니다. 그리스도께서 유대인들에게 말씀하셨을 때, 당시 그들에게는 그리스도의 증언에 경의를 표하는 것이 의무였습니다. 바리새인들은 스데반이 강론하는 중에 그를 반박해서는 안 되었습니다. 그러나 유대인이건 이방인이건 어떤 예외도 없이 실제 사례도 풍부할 뿐만 아니라 대단히 놀랄 만한 기적에 의해 확증된 사도들의 가르침에 신빙성을 부여하지 않을 수 없었습니다. 그러나 방금 예시된 그 의무들은 그 모든 진영에 의해 무시되었습니다. 무엇 때문에 그들은 그 의무를 소홀히 했던 것일까요? 그들이 스스로 마음을 완악하게 만들기로 작정하고 마귀가 이끄는 대로 마음의 눈을 감아 버렸기 때문입니다.

만일 교황주의자들이 여전히 "아무도 실제로 반박할 수 없는 그런 증언이 교회 안에 존재해야만 한다"라고 주장한다면 우리는 그런 단언을 거부합니다. 그리고 경험이 입증하듯이 그런 종류의 증언은 결코 존재한 적이 없고, 그것은 지금도 존재하지 않으며, (만일 우리가 성경으로부터 올바른 판단을 형성할 수 있다면) 우리는 그런 것은 앞으로도 존재하지 않으리라고 확신합니다.

교황주의자들은 다시 이렇게 주장합니다. "그렇지만 아마도 이 증언의 원저자이자 작용 기관인 성령이 교회와 협약 관계를 이루고, 교회를 통하지 않는 한, 그리고 교회의 권위의 중재가 없는 한 사람들의 마음에 그러한 확실성을 고쳐시키고 인준하지 못하게 하셨을 것이다." 의심의 여지 없이 성령은 그 자신의 기쁘신 뜻을 따라 특정한 기관(organ)이나 수단을 사용하여 자신의 직무를 수행하십니다. 그러나 그 수단이란 다름 아닌 하나님의 말씀이며, 그것은 성경 책 안에 들어 있습니다. 그 수단은 하나님 자신에 의해 조성되고 계시되었고, 그것으로 그의 진리를 가르칩니다. 사도는 히브리 교회에 보낸 편지에서 성령에 의해 이 수단에 각인시킨 효력에 대해 다음과 같이 기술합니다. "하나님의 말씀은 살아 있고 힘이 있어서 어떤 양날 칼보다도 더 날카롭습니다. 그래서 사람들의 속을 꿰뚫어 혼과 영을 갈라내고, 관절과 골수를 갈라놓기까지 하며, 마음에 품은 생각과 의도를 밝혀냅니다."(히 4:12) 그와 같은 효과를 사도는 '믿음'이라고 부릅니다. "믿음은 들음에서 생기고, 들음은 그리스도를 전하는 말씀에서 비롯됩니다."(롬 10:17) 만일 교회의 어떤 행위든지 바로 여기서부터[61] 시작되는 것이라면 교회가 이 말씀을 성실히 전하는 일에 전념할 수 있는 것은 바로 성령에 의해서이고, 또 교회가 문서 선교를 줄기차게 실행하는 것도 바로 성령에 의해서입니다. 그러나 이조차 그리스도께서 "그리스도의 몸을 세우게 하려고"(엡 4:12) 자기의 일꾼들을 부르신, '사도, 선지자, 복음 전도자, 목자, 교사'를 통해 이루어졌고, 따라서 그것은 교회의 고유 직무가 아닙니다.

그러나 이 지점에서 우리는 특수한 대상으로서 교회뿐만 아니라, 일반적으로 사물들의 본성 자체로부터 한 가지 관점을 연역해 낼 수 있습니다. 즉 제일 원인은 도구적 원인이 할 수 있는 것보다 자기 자신의 행위에 의해 훨씬 더 멀리 뻗어 나갈 수 있고, 따라서 성령은 그가 이후에 사용할 모

61) 즉 성경 말씀으로 복음이 전해지는 곳.

든 힘을 성경에 부여했다는 것, 즉 성령이 어떤 사람이든지 자기의 말씀으로 친히 가르치실 때 성경 말씀에 경건한 의미를 분유시키고, 등불로 마음을 밝히며, 그리고 직접 활동하심으로써 그 말씀을 고취시키고 인을 치심으로써 사람들을 설득하신다는 것입니다. 그러나 교황주의자들은 참된 믿음이 산출되기 위해 특정한 어떤 행위들이 필수적인 것처럼 가장합니다. 그리고 그들은 교회의 판단과 증언에 의하지 않는 한—어느 책이 마태나 누가에 의해 쓰였다고 믿을 것인가 하는 문제를 빌미로 삼아—어느 부분이 정전(canonical)에 속하는지 또는 외전(apocryphal)에 속하는지 구별하기 위해, 그리고 상이한 사본들 간의 편차에 따라 이런 해석 혹은 저런 해석이 적절한지 구별하기 위해 그 외의 다른 길로는 그런 필수적인 행위들이 수행될 수 없다고 말합니다. 그러나 그런 판별 행위의 무게와 필연성은 늘 논란거리였고, 그 논쟁은 그 판별 행위를 교회가 어느 수준까지 수행할 수 있는가 하는 물음의 지평을 넘어서는 까닭에, 두 가지나 되는 장광설로 점잖은 나의 청중을 지루하게 만들지 않기 위해 나는 이 자리에서 이 주제에 대해 더 이상 논의하지 않을 것이고, 이후에 적당한 기회에 성령이 도우실 때 그 문제들에 대해 설명하기로 합니다.

빛나는 경력과 과업을 이루신 청중 여러분, 우리는 이미 우리의 신성한 신학의 모든 측면들마다 하나님과 그리스도로 충만하고, 또한 그 두 인격의 영으로 충만한 것을 살펴보았습니다. 만일 이 학문의 대상에 관해 무엇이든지 알고자 한다면 하나님과 그리스도에 대해 성령께서 우리에게 알려 주실 것입니다. 만일 우리가 신학의 원저자를 찾는다면 성령의 활동을 통해 하나님과 그리스도께서 동시에 우리 앞에 나타나실 것입니다. 만일 우리가 제시된 신학의 목적에 대해 고찰한다면 우리가 하나님과 그리스도와 이루는 연합이 스스로를 보여 줄 것인데, 그 목적은 성령의 교통에 의거하지 않는 한 성취될 수 없는 것입니다. 만일 우리가 성경 교의의 진리성과 확실성에 대해 묻는다면 그리스도 안에서 하나님은 성령의 효력을 통해 그 진리를 우리 마음에 가장 명료하게 보여 주실 것이고, 매우 강력한 방식으로 그 확실성을 우리 마음에 보증하실 것입니다.

그러므로 이 계시의 모든 영광은 마땅히 성령 안에서 하나님과 그리스도께 돌려야 합니다. 그리고 지극히 당연하게도 그 두 인격이 우리에게 베푸신 모든 고상하고 필수적인 혜택에 대해 성령을 통해 감사해야 합니다. 그러나 우리의 마음이 그처럼 고상한 대상에 관한 지식을 향해 근면한 관조와 경건한 묵상으로 헌신한다면 성령 안에서 하나님과 그리스도께 그보다 더 큰 감사와 영광을 돌릴 수 있는 길은 없을 것입니다. 그러나 그 진리를 묵상할 때, (우리가 오류의 길에 빠지는 일이 없도록) 이제까지 성경 교의에 주어진 계시에만 우리 자신을 바치기로 합시다. 오직 이 계시의 말씀으로부터 우리가 늘 목표로 삼아야 할 궁극적 계획—즉 우리가 하나님과 그리스도와 이루는 연합이라는 가장 복된 목적—에 이르도록 열의 넘치는 소망과 지칠 줄 모르는 행군을 통해 분투하는 지혜를 배우도록 합시다. 그리고 이 계시의 진리성에 대해 의심에 빠지지 맙시다. 오히려 성령의 감동과 보증에 의해 우리의 마음과 심령에 각인되는 충만한 믿음의 확신으로 "우리 모두가 하나님의 아들을 믿는 일과 아는 일에 하나가 되고 온전한 사람이 되어서 그리스도의 충만하심의 경지에까지 다다르게 됩니다"(엡 4:13)라는 말씀을 굳게 붙잡도록 합시다. 나는 우리의 자비로우신 아버지께 그의 사랑의 아들을 통해, 그리고 그의 성령의 교통에 의해 이 위대한 복을 기꺼이 우리에게 주시기를 겸손히 간구하고 요청합니다. 그리고 그에게 영원토록 모든 찬양과 영예와 영광을 바칩니다. 아멘.

강연 4

그리스도의 제사장 직분

제사장 그리스도

존귀하신 총장님, 명망 있는 레이던대학의 부모와도 같은 저명하고 경건하며 재능과 지성을 겸비하고 걸출한 학문적 업적을 거두신 학자들, 그외에도 각계각층의 인사 여러분, 그리고 우리 공화국과 교회의 보육원이라 부르기에 합당한 고상하고 학구적이며 날이 갈수록 혈색과 활력이 증강하고 있는 청년 여러분!

만일 이 세상의 영예를 추구하는 것이 전혀 어울리지 않는 계층이 있다면, 특히 장관(壯觀)과 갈채가 동반되는 영예로운 것을 추구하는 것과 관련시킨다면 의심의 여지 없이 그것은 바로 성직자 계층일 것입니다. 그들은 하나님을, 오직 그에게만 속하는 영광을 추구하는 일에 열심을 다해 전념해야 하는 사람들입니다. 하지만 우리 선조들이 만든 훌륭한 제도에 따라 정직성과 학문적 역량에 대한 어떤 공식적인 엄숙한 고백에 의해 자기 자신을 증명한 적이 없는 사람은 대학에서 가르치는 직책에 임용될 수 없다는 규약이 규정을 잘 따르는 모든 대학에서 채택되고 있으므로, 이 신성한 신분을 가진 사람들은 거룩하고 품위 있는 태도로, 그리고 경건성에 부합하는 행동 방식을 견지하는 한 그와 같은 공적인 결정을 따르기를 거부한 적이 없었습니다. 이제까지 그런 방식의 공적 절차를 혐오하는 까닭에 오직 목회 직책에만 위임되었던 사람들은 자신들을 그리스도의 교회에 제일가는 필수품으로 여기기 때문에 그들은 목사직에 과도하게 탐닉하고 그것만을 원합니다. 그들은 "아무에게나 경솔하게 안수하지 마십시오"(딤전 5:22)라고 말했던 사도 바울의 지시, 그리고 교회의 감독과 교사는 "신실한 말씀의 가르침을 굳게 지키는 사람이어야 합니다. 그래야 그는 건전한 교훈으로 권면하고, 반대자들을 반박할 수 있을 것입니다"(딛 1:9)라는 권면을 여전히 고수하기 때문입니다. 그러므로 나는 여기 만장하신 청중들 가운데는 대학의 이 같은 공적인 규약을 모른다거나, 그런 것은 전혀 중요한 문제가 아니라고 생각하는 분은 단 한 명도 없으리라고 믿기 때문에 지금 우리가 논의하려는 주제에 대해 의외라는 반응을 보이거나, 그것을 비우호적으로 받아들이는 분은 없을 것이라고 생각합니다.

그러나 오늘 같은 교수 취임 강연이라는 이름으로 불리는 학술 행사에서 주님을 경외하는 마음으로 연구를 통해 하나님의 영광을 높이고 청중의 유익을 증진시키기 위해, 또한 그들로 하여금 경건하고 끈기 있게 간구하는 기도를 하도록 고무할 수 있는 강론 주제를 택하는 것이 우리 선조들에게서 물려받은 관습의 일부인 까닭에, 깨끗한 양심을 따라 말하건대 내가 이 관습을 따르지 말아야 할 어떤 이유도 발견할 수 없습니다. 그리고 존경해마지 않는 이 만장하신 학문 공동체를 마주할 때, 보잘것없는 나의 눌변으로 인해 크게 위축되고 적지 않게 떨리기도 하지만 그럼에도 나는 내 전문 분야의 성격에 잘 부합하고, 장엄함과 숭고와 칭송할 만한 위엄을 충분히 갖춘 강연 주제를 선택했습니다. 주제를 고르는 동안에도 나는 호라티우스[62]의 다음과 같은 금언에도 기가 죽지 않았습니다. "글을 쓰는 모든 사람들이여, 적절한 주제를 택하라. 당신의 능력이 감당하기에 너무 무겁지 않은 주제를! 그리고 당신의 어깨가 바퀴가 구르는 대로 따르게 하고, 어깨의 힘을 잘 측정하라. 그리고 얼마나 축축한 땀으로 젖는지도!"

호라티우스의 그러한 언명은, 위엄과 중요도에서 모든 인간들과 천사들이 가진 역량과 정신적인 힘보다 훨씬 큰 신학적 주제에 전혀 적용될 수 없습니다. 그 주제들을 흘낏 보았을 뿐인데도 사도 바울은 완전히 압도되었고(그는 삼층천에도 올라갔고 말로 할 수 없는 말들을 듣기도 했던 인물이었다), 그래서 그는 이렇게 외치지 않을 수 없었습니다. "이런 일을 누가 감당할 수 있겠습니까?"(고후 2:16) 그러므로 내가 호라티우스의 법규가 제시하는 것을 무시하는 것이 허용되지 않을 경우, 나는 내 전문 영역의 경계를 넘어서든지 아니면 침묵을 지키는 것으로 만족해야 할 것입니다. 그러나 나는 그 법규의 제안들을 무시해도 좋다고 허락받았고, 따라서 그렇게 하는 것은 전적으로 합법적입니다.

하나님의 영광과 인간의 구원을 위해 하는 일은 무엇이든지 성도들의 회중 안에서 경건한 정신으로 경축해야 하며, 감사가 넘치는 목소리로 환호해야 합니다. 그러므로 나는 그리스도의 제사장 직분(the Priesthood of

----

62) 퀸투스 호라티우스 플라쿠스(Quintus Horatius Flaccus, 기원전 65~기원전 8). 고대 로마 공화정 말기의 대표적인 서정시인. 여기 인용된 문장을 현대 영어로 다시 옮기면 다음과 같다. "Choose a subject equal to your abilities. Think carefully what your shoulder may refuse, and what they are capable of bearing."

Christ)이라는 주제에 대해 말하기로 합니다. 내가 택한 주제가 가진 위엄, 또는 오늘의 수많은 청중의 존귀함이 요구하는 바, 그 주제에 관해 무엇이든지 선언할 수 있는 역량을 가졌다고 나 스스로를 설득할 수 있었기 때문이 아닙니다. 주제의 필연성에 따라 내가 일반적으로 의식을 고양시키는 데 기여할 수 있는 것을 말할 수만 있다면 그것으로 매우 충분하고, 그리고 나는 내 의무를 충분히 이해했다고 생각할 것이기 때문입니다. 그러나 내가 특별히 이 주제를 택한 것은 이 강연을 위해 주제의 탁월성으로부터 많은 은혜와 호의를 얻을 수 있기를 바라기 때문인데, 그것은 강연하는 방식에서 어떤 웅변으로도 내가 결코 제공할 수 없는 것입니다. 하지만 하나님의 권능이 우리 마음의 능력과 우리 혀를 움직이시지 않는 한 그처럼 숭고한 비밀에 관해 정의롭고 거룩한 관념들을 우리 마음 안에서 형성한다거나, 우리의 입술로 그것들을 말로 표현할 수 없으므로 이제 우리의 대제사장이신 예수 그리스도의 이름으로 그의 도우심이 임재하기를 기도와 간구로 구하도록 합시다.

"그러므로 우리 주 예수 그리스도의 아버지, 모든 은혜와 진리의 근원이신 거룩하고 자비로운 하나님이시여, 당신의 이름으로 여기 모인 큰 회중인 우리에게 당신의 은혜로운 임재를 허락하여 주십시오. 우리의 영혼, 정신, 몸에 측량할 수 없는 거룩함의 가장 은혜로운 이슬방울을 뿌려 주시어, 성도들이 서로 나누는 대화가 당신에게 기쁨이 되게 해 주십시오. 우리의 마음을 더욱 더 밝게 비추시는 당신의 성령의 은혜로, 당신과 당신의 아들에 대한 참된 지식으로 우리 마음이 충만해지도록, 당신의 영광을 향한 성실한 열정으로 성령께서 우리 마음을 뜨겁게 해 주시도록, 나의 입을 여시고 나의 혀를 주장하시어 당신의 아들의 제사장 직분에 관한 참되고 정의롭고 거룩한 일을 전달할 수 있도록, 그리하여 당신의 이름에 영광을 돌릴 수 있도록, 그리고 주 안에서 함께 모인 우리 모두를 도와주십시오. 아멘."

제사장 직분의 제일원리

강연회의 시작을 알리는 개회 기도를 드렸으므로 이제는 여기 왕림하신, 존귀하시며 높은 학문적 경지에 오르신, 참석해 주신 것만으로 감사한 모든 귀빈들과 함께 이 엄숙한 행사를 축복해 주시기를 바라고, 절박할 정도로 중요한 본 주제에 대해 내가 말하는 동안 그 진술이 마땅히 받을 만한 진지한 주목을 해 주시기 바라고, 항상 친절을 베풀어 주셨듯이 지금 내게 가장 필요한 격려와 관용을 보여 주실 것을 부탁드리면서 하나님의 도우심 아래 오늘의 강연을 시작하겠습니다. 청중 여러분의 인내심을 남용하지 않기 위해 우리의 주제가 허락하는 한 나는 간명하게 논의를 펼쳐나갈 것입니다. 그러나 우리는 제사장 직분 자체의 제일 원리들을 기술하는 일부터 시작할 필요가 있는데, 그렇게 하는 것이 우리가 다루기로 계획한 그리스도의 제사장 직분이라는 주제와 자연스럽게 연결할 수 있게 해 줄 것입니다.

첫째, 하나님과 인간 사이에 존속하는 관계들 중 첫 번째 것은 수여하는 측과 수여받은 측 사이의 관계입니다. 후자는 자기 자신을 보완하기 위해 또 다른 관계, 즉 인간으로부터 시작하여 하나님에게서 종결되는 관계를 필요로 합니다. 즉 받은 혜택에 감사를 표함으로써 관후한 후원자의 영예를 높이는 것입니다. 그것은 먼저 공여받은 혜택으로 인해 발생한 의무이기도 하지만 반환 요구가 있을 경우를 제외하고 변제할 필요가 없는 빚인데, 그 증여자가 제시한 규정에 따르는 것으로, 즉 피조물의 어떤 의지도 증여자의 영예의 척도가 될 수 없습니다. 마찬가지로 증여자의 인자(仁慈)는 엄청나게 크기 때문에 그가 상호 계약에 의해 채무자에게 더 크고 월등히 나은 다른 혜택을 베풀기로 작정하는 경우를 제외하고 이미 주어진 혜택에 대해 감사 표시를 할 것을 애당초 요구하지 않습니다. 그러나 그러한 선하심의 극단적 경향성으로 말하자면 그 증여자는 동일한 피조물들에게 이루 말할 수 없이 탁월한 은혜를 무한정하게 베풀기로 작정하셨습니다.

이것은 하나님 자신이 택한 질서로서, 그는 사람들이 자기와 특정한 관계에 있다는 생각을 갖기도 전에 그가 먼저 그들과 어떤 관계를 형성하기를 원하십니다. 왜냐하면 하나님과 인간 사이에 체결되는 모든 계약은 두 가지 필수 조항을 갖기 때문입니다. 하나는 하나님이 스스로 어떤 의무를 지고 그 의무에 상응하는 행위들을 규정하는, 하나님의 선행적 약속입니다. 다른 하나는 일단 계약이 결성되면 인간에게 요구되는, 따라서 인간과 하나님 사이에 어떤 상호 관계를 존치시키는, 인간의 의무에 대한 후속적인 규정과 의무의 부과입니다. 그리하여 하나님은 그 자신이 인간들에게 왕과 하나님이 되고, 그가 그들을 위해 선한 왕으로서 모든 직능들을 수행할 것을 약속하는 한편, 약속에 상응하는 책무로서 인간들은 그의 백성이 되어야 하고, 그러한 관계 안에서 그들은 하나님의 명령을 따라 살아야 하며, 또한 그들은 그의 선하심으로부터 온갖 은혜를 요구하고 기대할 수 있다는 협정을 인준하십니다. 이와 같은 두 행위, 즉 그의 명령에 복종하는 것과 그의 선하심에서 나오는 모든 복을 소망하는 것은 하나님이 먼저 인간에게 주신 약속, 그리고 그것에 상응하는 하나님에 대한 인간의 의무를 가리킵니다.

그러므로 전반적으로 두 종류의 직능에 속하는 의무들은 하나님, 그리고 그와 언약 관계에 들어간 사람들 사이에서 이행되어야 합니다. 첫째는 최고 권한을 가진 자의 제왕적 의무이고, 둘째는 헌신적인 복종의 신앙적 의무입니다.

제왕적 의무는 모든 필요한 선을 공급하는 것과, 율법을 부과하거나 법률을 제정하는 데서 실현됩니다. 그 직능이 수행되는 과정에서 하나님이 직접 공급하시든지, 일종의 교황의 대리 사절 같은 그의 부관(副官)이나 대사(大使)로 임명된 사람에 의해 전달되든지 다름 아니라 순전히 왕의 기쁘신 뜻을 예고하는 것으로서, 우리는 예언의 은사가 그와 같은 것이라고 이해할 수 있습니다. 성경에서 빈번히 언급되는 선지자적 직능(prophetic office)이 우리 인간을 배려한 것이 아니라고 생각하는 사람은 아무도 없을 것이므로 우리는 그것을 최고 설계자 밑에 있는 대리인 자리에 배정하기로 합니다.

그러나 제왕적 의무에 대한 후속적인 고찰은 잠시 건너뛰고 우리는 신앙적 의무에 대해 더 깊이 조사할 것입니다. 우리는 계약을 체결하는 행위로부터 그 의무의 기원을 연역해 냈습니다. 즉 우리는 왕권 행사를 통해 신앙적 의무를 당위적 요소로서 제기했습니다. 그리고 우리는 감사와 간구를 그 의무에 적합한 행위로 동일시합니다. 이 행위는 언약 안에 있는 사람들의 큰 무리에 속하는 구성원 각각에 의해 집단 전체에 공통된 부르심(vocation)을 따라 신앙 행위로서 수행되어야 합니다. 그리고 이 목적을 위해 부름을 받은 무리에 속한 사람들은 언약의 말씀에 의해 성화되고, 그들 모두가 각각 하나님에 의해 제사장으로 세워지므로 그들은 지극히 높으신 하나님께 직접 봉헌하고 기도할 수 있습니다. 그러나 하나님은 질서를 사랑하시기 때문에 완전성에 있어서 그 자신이 질서의 유일무이한 본이 되시므로 정결하게 성화된 사람들 가운데서 특별히 구별된 사람에게 특별한 방식으로 자기와 만날 수 있는 자격을 부여하기로 결정하셨습니다. 그리하여 따로 구별된 각 사람은 특별하고 예외적인 부르심에 의해 제사장 직을 담당할 만한 자격을 구비해야 하고, 하나님의 보좌와 긴밀한 거리에서 훨씬 더 큰 자유를 누리며, 하나님의 보좌 앞으로 가까이 나아가 동일한 언약과 신앙 아래 있는 다른 동료 신자들을 대신하여 그들을 위해 하나님 앞에 내놓을 만한 어떤 일이든지 맡아서 관리해야 합니다.

이와 같은 정황에서 동일한 무리에 속한 나머지 사람들을 위해 하나님 앞에서 수행해야 할 제사장 직무, 즉 심히 존귀하고 온 인류 가운데 특히 영예로운 직분의 존재를 확인할 수 있습니다. 제사장은 사람들 가운데서 선택되고 그들을 위해 서임되는 것이지만, 그 직책을 맡을 만한 사람을 지명하는 일은 사람들의 소관 사항이 아닙니다. 또한 그들은 자기 자신이 그 영예를 누리기에 합당하다고 자원할 수 있는 것도 아닙니다. 그러나 그 직분 자체는 하나님이 기뻐하시는 사역에 속하고, 마찬가지로 해당 직무를 담당해야 할 사람을 택하는 일도 오직 하나님 자신에게 달려 있습니다. 그리고 그 직분은 어떤 정의로운 이유에서 혈족 관계를 이루는 어떤 민족 가운데서 우선순위에 있는 인물에게 서임하는 것을 하나님은 원하셨습니다. 그러한 인물이란 일족을 대표하는 족장이자 선생, 그리고 장자의 지위를 승계할 사람입니다. 대홍수 이전이나 이후를 막론하고 경건한 족장들에게서 그런 사례들이 발견됩니다. 노아, 아브라함, 욥이 대표적인 사례입니다.

또한 어떤 사람들은 가인과 아벨이 그들의 아버지 아담에게 예물을 드렸고, 그것을 아담이 여호와께 제물로 바쳤을 것이라고 말하기도 합니다(그 사람들은 심판 때 가장 낮은 자리를 차지하게 되지는 않을 것입니다). 그들이 그런 견해를 갖게 된 것은 성경 본문에서 제사와 관련되어 사용된 낱말 아이크(aykh)로부터 추론했기 때문입니다. 그 사례들은 죄가 세상에 들어온 시기를 언급하고 있는 곳에서 추론한 것으로, 그것의 사실 여부는 우리가 지금 다루고 있는 인류의 원시적 제도에서 확인되어야 합니다. 왜냐하면 그 시대의 특기할 만한 점으로, 제사장의 모든 의무들은 오직 성체조배(eucharistic sacrifice)[63]와 간구[64]하는 제사 행위에 한정되어 있었기 때문입니다. 그러므로 규정된 형식에 맞추어 이 직능들을 수행한 뒤, 제사장은 마음이 누그러진 신에게 자기 동족의 이름으로 신성과의 긴밀한 소통을 허락받고, 그리하여 하나님 자신의 이름으로 그를 대신하여 '만군의 여호와의 전령관 또는 대사'로서의 직무를 동족 가운데서 수행합니다. 그리고 여호와는 그에게 자기의 뜻과 기뻐하시는 일을 계시하십니다. 하나님과의 교제를 마치고 돌아와서 제사장은 통고받은 것을 백성들에게 선포합니다.

이렇게 전달되는 하나님의 뜻은 두 부분으로 이루어집니다. 하나는 그가 자기의 언약 백성이 실행할 것을 요구하는 것. 다른 하나는 백성들의 유익을 위해 하나님 자신이 실행하기로 작정하는 것. 그리고 제사장에게 맡겨지고 그가 수행해야 할 직무에는 예언에 따라 집행하는 일도 포함되었습니다. 그 직무에 대해 성경에는 이렇게 기록되어 있습니다. "제사장

---

63) 성체조배(聖體朝拜, Adoratio Eucharistica)는 로마가톨릭교회에서 성체(sacrament)를 현시하여 그 앞에서 경배하는 제사 행위를 가리킨다. 여기서 성체는 실재론적으로 이해되는데, 축성된 제병(祭餠), 즉 성체 안에 예수 그리스도가 빵의 형태를 유지한 채 그 안에 실제로 현존하고 있으며, 성체는 그리스도의 몸이라는 것이다. 따라서 성체 현시는 곧 예수 그리스도에 대한 봉헌과 존경을 표시하는 것이다. 종교개혁자 루터를 따르는 루터교도들도 성체 현존성을 전제한다. 이 주제는 종교개혁자들 사이에 논쟁을 야기했고, 칼뱅을 비롯한 후기 개혁주의자들은 이로 인해 루터파와 결별하게 되었다.

64) 간구(supplication)는 당사자나 다른 사람을 위해 무엇인가를 요청하는 기도를 가리킨다. 특히 이것은 '의인의 간구'를 뜻한다. 예를 들면 엘리야는 왕과 민족이 회개하기를 바라면서 3년 동안이나 비가 오지 않기를 하나님께 간구했다(열왕기상 17장, 18장). 또 엘리사는 자기의 스승이자 능력 있는 하나님의 사람이었던 엘리야 선지자에게 머물렀던 하나님의 영감(the spirit of God)이 갑절이나 자기에게 있기를 간구했다(왕하 2:9). 엘리사의 간구 역시 공동체의 구원과 회개를 위한 것이었다.

의 입술은 지식을 지켜야 하겠고, 사람들이 그의 입에서 율법을 구하게 되어야 할 것이다."(말 2:7) 하나님의 뜻에 속한 둘째 부분은 특히 하나님 약속의 성실성에 대한 확실한 신뢰와 확신에 기초하여 자기 동족을 향한 경건과 애정을 품고 선포해야 했기 때문에 이 견지에서 제사장은 축복을 기원하는 일도 위임받은 것으로 보입니다. 이처럼 이중 직무를 맡은 대사로서(이중 직무를 맡은 대사란 백성들을 대표하여 하나님께 파견된 대사와, 하나님께서 사람들에게 파견하신 대사를 아우르는 뜻이다) 하나님과 백성 양측을 위해 제사장은 그들이 묶여 있는 상호 계약의 중재자 역할을 수행합니다. 그럼에도 불구하고 하나님은 자신이 거룩하게 하신 그리스도에게 이 영예를 수여하는 것으로 만족하지 않으셨으므로 지극히 부요하신 우리 하나님은 그리스도를 왕의 지위에 위임된 자 또는 왕의 대리인이라는 존귀한 지위에 올리셨고, 그의 형제인 믿는 자들 가운데서 유일하게 하나님의 형상을 온전히 보존하신 그리스도에게 여호와의 이름으로 인류를 다스리는 통치권을, 또 그들 무도에게 공통된 혜택을 베풀 수 있는 과업들을 경영할 수 있는 권한을 맡기셨습니다.

이 같은 근원으로부터 떠오르는 것은 제사장 직분과 제왕적 직분 간의 본래적 연합으로, 그것은 죄가 세상에 들어온 이후 경건한 족장들이 획득했던 것인데, 명시적으로 언급된 사례는 멜기세덱(Melchizedec)[65]이라는 인

..

65) Melchizedec. 멜키체덱 또는 멜기세덱은 창세기에 등장하는 인물로, 살렘(예루살렘의 옛 이름)의 왕이자 여호와의 제사장으로 묘사되었지만, 그 밖에는 그의 신상에 대해 알려진 것이 없다. 그의 이름은 고대 히브리어 '말키'와 '체데크'라는 단어를 조합한 것으로, 이 이름에는 '정의의 왕'이라는 뜻도 있다.
구약성서에는 그의 출신이나 가계가 언급되어 있지 않다. 신약성서의 히브리서에는 그가 아브람을 만나는 대목에서 "아비도 어미도, 족보도, 시작한 날도, 생명의 끝도 없는 자"로 소개된다. 그러나 구약 외경인 에녹서나 구전되는 민담에 의하면 그는 라멕의 아들 니르의

물입니다. 족장 야곱은 그의 이름을 일반명사처럼 사용하면서 자기의 장자 르우벤에 대해 "그 영예가 드높고 그 힘이 드세다"(창 49:3)라는 뜻을 부여하고 장자 상속제에 따라 그가 장자권을 갖고 있음을 인정했습니다. 그러나 어떤 이유에서인지 그 이후 제왕적 직능은 하나님의 뜻에 의해 제사장 직능으로부터 분리되었고, 하나님은 자기 백성 이스라엘 자손을 둘로 나누고, 왕의 직분은 유다 지파에게, 제사장 직분은 레위 지파에게 위임하셨습니다.

그러나 성체조배(eucharistic sacrifice) 제사와 기도의 의무를 통해 하나님 앞에 나아가는 제사장의 행위는 순전한 마음과 경건한 자세로, 그리고 손뿐만 아니라 몸의 다른 모든 부분도 부정을 씻어 낸 정결한 상태로 수행되어야 했습니다. 이 정결 요건은 인류 최초의 범죄가 발생하기 전부터 요구되었다. "너희의 하나님인 나 주가 거룩하니 너희도 거룩해야 한다."(레 19:2) "하나님께서는 죄인들의 말은 듣지 않으신다."(요 9:31) "너희가 아무리 많이 기도를 한다 하여도 나는 듣지 않겠다. 너희의 손에는 피가 가득하다."(사 1:15)

이 문제에 관해 하나님의 뜻은 한결같고 항구적입니다. 그러나 최초의 인간이면서 최초의 제사장이었던 아담은 이 직위에 어울리는 자세를 지키며 그 직책을 그리 오래 맡지 못했습니다. 그는 하나님께 순종하기를 거부하고 금단의 나무 열매를 맛보았고, 그런 불순종의 더러운 범죄와 반항으로 인해 그때까지 하나님께 정결로써 드렸던 그의 영혼과 몸은 즉시 부정

∴

아들이라 한다. 니르의 아들로 보면 노아의 조카에 해당한다. 랍비들은 그를 노아의 아들 셈의 후손으로 본다. 유대교, 초대교회의 일부 전승에는 노아의 아들 셈이 죽었다가 멜키세덱으로 환생했다는 설도 있다.

한 상태가 되었습니다. 이 악한 행위 때문에 그는 제사장으로서의 권한을 잃었고, 사실상 하나님이 내리신 형벌에 의해 모든 자격을 박탈당했습니다. 그 사실은 하나님의 거주지 유형으로 기술된 낙원에서, 하나님 면전에서 살았던 아담이 추방당한 일에서 뚜렷이 볼 수 있습니다. 그러한 처분은 하나님 공의의 불변하는 규칙에 따라 시행된 것입니다. "그러므로 나 주 이스라엘의 하나님이 말한다. 지난 날 나는 너의 집과 너의 조상의 집이 제사장 가문을 이루어 언제까지나 나를 섬길 것이라고 분명하게 약속하였지만, 이제는 더 이상 그렇게 하지 않겠다. 이제는 내가 나를 존중하는 사람들만 존중하고, 나를 경멸하는 자들은 수치를 당하게 할 것이다."(삼상 2:30)

그런데 문제는 아담 자신이 무너진 것으로 그치지 않는다는 사실입니다. 과거에 하나님께서 세상 곳곳에 임명했던 모든 지도자들과, 이후 제사장 나라로 특별히 택정되었던 이스라엘 자손들이 함께 무너졌던 것입니다. 짐승이 그들의 생명이나 다름없는 피를 흘릴 때(레 17:14), 동물들의 죽음을 보면서 사람들은 자기들의 허물에 대해 성찰할 수 있었는데, 왜냐하면 그 짐승들은 범죄에 대한 희생 제물로서 죽음에 처해지는 형벌을 받을 만한 죄를 지은 것이 아니기 때문입니다. 그들은 이 문제에 대해 면밀하게 탐구하고, 자기에게 내려질 심판의 무게를 평형 저울로 신중하게 측정해 본 뒤, 사람과는 매우 다른 종에 속할 뿐만 아니라 인간들보다 훨씬 단순하고 저급한 동물들의 희생에 의해 자신들의 죄가 결코 말소될 수 없다는 것을 확실하게 깨닫고 이해했습니다. 이 전제들로부터 그들이 필연적으로 추론할 수 있었던 것은 그들이 동물 제사를 드렸음에도 불구하고 그 행위를 통해 하나님께 그들 자신의 피와 등가적인 것을 바쳤고, 자기의 개인적인 죄를 시인함으로써 그들 자신이 하나님의 임재 안에서 인봉되었으며, 그들이

진 빚을 모두 탕감받은 것처럼 간주했다는 사실입니다. 그렇지만 그런 형태의 제사는 하나님이 재정하신 제도였고, 하나님께서 사람들의 손을 통해 바쳐진 제물을 향기롭고 쾌적한 냄새를 풍기는 향기로서 받아 주셨기 때문에 그 상황에서 죄인들 자신도 마음속으로 그렇게 추론하면서 은혜와 용서를 바라마지 않았던 것입니다. 그래서 사사 삼손의 어머니도 "만일 주님께서 우리를 죽이려 하셨다면 우리의 손에서 번제물과 곡식 예물을 받지 않으셨을 것"(삿 13:23)이라고 말했던 것입니다. 따라서 그들은 소망을 품고 탈진한 상태에서 기력을 회복하고, 하나님의 약속에 의지하여 전형적인 인물을 통해 미리 예시된 제사장 직분의 섭리를 열렬하게 고대했습니다. "그들 안에 계신 그리스도의 영이 그리스도에게 닥칠 고난과 그 뒤에 올 영광을 미리 증언하여 드러내 주셨습니다."(벧전 1:11) 그러나 이 제사장 직분에 관한 매우 행복한 생각이 우리 마음을 두근거리게 하므로 우리의 강연도 서둘러 그 주제로 진입해야 합니다. 이미 시간이 상당히 지체된 것을 고려할 때, 그리고 여러분의 평안을 과도하게 해치지 않아야 하므로 우리는 이제까지 주목했던 제사장 직분이라는 항목에 대해 더 이상 파헤치는 일은 생략하기로 합니다.

제사장 직분의 위임과 실행

둘째로 그리스도의 제사장 직분에 관한 논의에서 우리는 세 가지 요점들에 제한적으로 주목할 것입니다. 나의 다음 강연에도 여러분이 이제까지 보여 준 한결같은 친절과 주의력을 모아 주신다면, 물론 나는 이번에도 같은 호의를 간절히 바라면서 다음의 세 가지 주제에 대해 서술할 것입니다. 첫째, 제사장 직분의 위임. 둘째, 그 직분의 실행과 운영. 셋째, 그렇게 운영된 직분이 얻는 성과와 우리가 그것으로부터 얻는 유익에 대해서입니다.

제사장 직분의 위임에 관해 이 주제 자체에 포함되는 세 가지 하부 주제는 다음과 같고, 우리는 그들에 대해 다음의 순서로 기술할 것입니다. 1) 직분을 위임하는 주체. 2) 직분을 위임받거나 위탁받는 주체. 3) 이 직분을 위임하는 방식과 그것을 수락하는 방식.

제사장 직분을 위임하는 주체는 하나님, 곧 우리 주 예수 그리스도의 아버지이십니다. 이 위임 행위는 우리의 구원이라는 특별한 경륜과 섭리에 속하는 문제이므로, 이 신성한 군주제(Divine Monarchy)에 의해 통치되는 사람들은 특별히 취급될 필요가 있고, 따라서 우리의 탐구에서 성경의 기준과 인도가 우선순위에 놓이며, 그 성경 기준과 일치하는 정통 교부들의 규칙과 인도를 따라야 합니다. 이 직분을 위임하는 분은 여호와(JEHOVAH)이시며, 어둠의 왕자들은 헛되이 안달하고 초조해하겠지만 그는 자기의 메시아에게 이렇게 말씀하십니다. "너는 내 아들, 내가 오늘 너를 낳았다. 내게 청하여라. 뭇 나라를 유산으로 주겠다. 땅 이 끝에서 저 끝까지 너의 소유가 되게 하겠다."(시 2:7~8) 메시아에게 자기 오른편에 앉을 것을 명령하시고, "너는 멜기세덱을 따른 영원한 제사장이다"(시 110:4)라고 말씀하시면서 거룩하고 위엄 있는 말씀을 거듭하셨던 분은 바로 하나님이십니다. 바로 그 하나님이 제사장 직분을 위임하시는 주체이시며, 그 권한을 행사하기에 가장 정의롭고 합당한 자격을 갖추셨습니다. 왜냐하면 "오직 그분만이 죽지 않으시고, 사람이 가까이 할 수 없는 빛 속에 계시고, 사람으로서는 본 일도 없고, 또 볼 수도 없는 분"(딤전 6:16)이시므로 언제까지나 그의 장엄한 보좌에 앉아 계실 것이기 때문입니다. "그의 인격이 실추되거나 비하되는 일 없이"라고 예부터 외치는 목소리가 있듯이 그는 자기의 권위를 안전하고 흠 없이 완벽하게 보존하시고, 죄인들에게 손해 배상을 요구하실 수 있는 권한을 변함없이 항상 온전히 유지하고 계십니다. 불의를 미워하시고 악인이 그의 임재 안에 침범하는 것을 허용하지 않는, 그의 공의의 엄격한 확고부동함 때문에 그는 그 권한을 조금이라도 철회하거나 양보하는 것을 옳다고 여기지 않으십니다. 그러므로 제사장 직분을 위임하는 권한과 능력을 모두 장악하고 계신 분은 바로 이 신성한 인격이십니다. 또한 그가 그 의지를 갖고 계신다는 사실은 위임 행위 자체에 의해 확증됩니다.

그러나 우리가 탐구하고자 하는 이 직분 위임의 원인에 관해 전모를 밝혀 내는 것은 불가능하고, 다만 출발점부터 공의와 은혜로운 자비가 충돌을 일으킨다는 것, 그 다음으로 양자 간에 이루어지는 원만한 조화 또는 차라리 지혜의 조정 능력에 의해 양자 사이에 접합부가 형성된다고 말할 수 있는 정도입니다.

정의 측은 죄를 범한 인간에게 그에 합당한 처벌을 내릴 것을 요구합니다. 따라서 죄로부터 위협받았던 정의의 형평성의 요구가 클수록, 그리고 진리에 대한 예고와 선언이 더 많이 공개적으로 시행될수록 정의의 요구는 더 엄격하게 집행됩니다.

은혜로운 자비는 극도로 비참한 운명의 심판이 내려질 찰나, 그 처벌을 피조 인간이 피할 수 있기를 간절히 바라는, 연민으로 가슴이 미어지는 경건한 어머니 같습니다. 그 처벌 자체를 철회하는 것은 정의의 목적에 부합하지 않지만, 그럼에도 자비 측은 극대화된 공평성을 내세우며 오히려 죄인에게 은혜를 베풀어야 한다고 주장하는데, 왜냐하면 "자비는 심판을 이깁니다"(약 2:13)라는 신조가 자비의 핵심 속성들 중 하나이기 때문입니다.

이에 대한 답변으로 목적의식이 투철한 정의 측은 정의의 재판정보다 높은 곳에 은혜의 보좌가 엄숙하게 차려져 있다는 사실을 통고합니다. 그렇다고 해서 정의 측은 자기에게 아무도 관심을 두지 않은 채 기소한 사건이 처리되지 않는 것을 무심히 넘길 수 없는 반면, 사건 전체를 맡아 관리할 수 있는 권한은 자비 측으로 넘어가게 되어 있습니다. 그러나 그것은 정의가 처음 책임을 맡을 당시에 서약한 "모든 사람은 각각 수행한 행위에 대해 정의의 처분을 받아야 한다"라는 전제 조건에 포함되어 있는 내용이므로 죄에 대한 적대감이 도를 넘지 못하게 할 뿐만 아니라 재고의 여지가 전혀 없는 완고한 태도까지 함께 조정할 수 있는 길이 모색된다면 정의는 자비의 처사를 순순히 따를 수 있을지도 모릅니다.

그러나 그 길을 모색하는 일 자체는 자비의 책무가 아닙니다. 그러므로 그 엄청난 격차를 조정하고, 하나님 안에서 공정성과 선하심 자체를 보존하는 최고의 수호자인 그 두 경쟁자들을 원만하게 화합으로 이끌기 위해서는 지혜의 도움을 요청해야 합니다. 호출을 받자마자 즉시 지혜는 나타나 눈 깜짝할 사이에 한 가지 방책을 찾아내어 두 경쟁자들을 모두 자기 수하에 두고 지휘할 수 있다고 통보합니다. 만일 지은 죄에 합당한 처벌을 내리는 것이 정의 편에서 바람직한 반면, 자비 편에서는 끔찍하고 혐오스러운 일이라면 자발적인 죽음의 고난을 당함으로써(죄에 대해 선고된 형벌이 죽음이기 때문이다) 정의의 요구를 만족시키고, 그와 동시에 자비가 원하는 대로 은혜를 베풀 수 있는 길을 열기 위해 제물을 바치는 제사를 희생적인 죽음이 동반되는 속죄 제사로서 전환시키는 대안이 가능합니다. 그리하여 정의와 자비 양측은 즉시 이 제안에 동의하고, 공동의 중재자인 지혜가 작성한 협약 조건에 따라 법령이 반포됩니다.

그러나 그 다음 절차는 희생제물을 바칠 만한 자격을 갖춘 제사장을 찾는 일입니다. 왜냐하면 제물을 봉헌하는 것은 제사장이 해야 할 일이기 때문이다. 마찬가지로 희생 제물도 구해야 합니다. 이 조건에 딸린 부속 사항은 같은 사람이 제사장인 동시에 제물이 되어야 하는 것입니다. 이것은 참된 제사장과 희생제물의 개념 자체가 요구하는 조건으로서, 그것의 전형과 상징성은 서로 크게 다릅니다. 그러나 다채로운 피조물들의 체계 안에서는 적합한 제물이나 제사장을 찾을 수가 없습니다.

한편 천사가 제사장이 되는 일은 있을 수 없습니다. "각 대제사장은 사람들 가운데서 뽑혀서 하나님과 관계되는 일에 임명받기"(히 5:1) 때문에 천사는 결코 제사장이 될 수 없습니다. 또한 천사는 제물도 될 수가 없는데, 왜냐하면 천사의 죽음은 인간이 저지른 죄 값을 보속할 효능이 없기 때문이다. 만일 그렇게 하는 것이 가장 적절한 일이었다면 인간은 자신을 위해 한 천사가 제사장이 되어 다른 천사를 제물로 바쳐졌다는 것을 믿도록 설득하기 어려울 것이고, 설혹 천사를 제물로 바칠 수 있다고 해도 그것이 실현될 가능성은 매우 미미합니다. 그러므로 후보자가 될 수 있는 대상은 인간 자신이어야 합니다.

하지만 인간들 가운데서 제사장으로서의 직책을 수행하는 일에 적합하고, 또한 그 일을 맡을 만한 역량이나 습성을 갖춘 사람은 단 한 사람도 찾을 수 없었습니다. 모든 사람은 예외 없이 죄인이기 때문입니다. 그들 모두가 자신의 직무 태만을 깨닫고 두려움에 휩싸였고, 모든 사람은 죄와 사탄의 전횡 아래 포로로 잡혀 있는 상태였습니다. 죄인이 제물을 드리기 위해 순전한 빛이신 하나님 앞으로 나아가는 것은 불법적인 일입니다. 지은 죄에 대한 내면의 깊은 자의식에 얽매어 있었으므로 인간은 여전히 하나님 앞으로 나아가야 할 필요가 있었음에도 불구하고 격노한 하나님의 얼굴을 감히 대면한다는 것은 상상조차 할 수도 없었습니다. 죄와 사탄의 지배 아래에서 그는 다른 사람들의 유익을 위해 마음으로부터 우러나오는 사랑으로 속죄의 의무들을 집행하는 제사장 직책을 기꺼이 맡으려 하지도 않고, 또 그럴 만한 의지력도 없었습니다. 그러한 점을 고려할 때 모든 인간 제물은 결국 퇴짜감이었습니다. 어쨌거나 제사장은 사람들 가운데서 선택되어야 하고, 하나님께 봉헌할 제물도 인간이어야만 했습니다.

이 같은 상황에서 하나님의 공회는 또다시 지혜의 도움을 요청했습니다. 지혜가 선언한 바에 따르면 나머지 다른 인간 형제들과 공통된 본성을 가진 사람들에게서 한 사람이 태어나야 하고, 그 사람은 모든 일에서 다른 형제들처럼 시험을 당해야 하며, 고통 속에 있는 다른 사람들에게 연민을 느낄 수는 있지만 그럼에도 불구하고 그는 나머지 사람들의 대열에 속하지 않고, 태초의 창조와 축복의 법령에 따라 지음을 받은 피조 인간도 아니고, 죄의 지배 아래 있지도 않으며, 사탄이 유죄 판결을 내릴 만한 허물이 전혀 없어야 합니다. 합당한 후보자, 즉 "예수는 이러한 제사장으로서 우리에게 적격이십니다. 그는 거룩하시고, 순진하시고, 순결하시고, 죄인들과 구별되시고, 하늘보다 더 높이 되신 분이십니다."(히 7:26)

그럼에도 그는 인간과 본성을 공유해야 하고, 인간으로 태어나야 하며, 다른 인간들처럼 범죄에 전혀 연루되지 않고, 오히려 거룩한 존재여야 할 것인데, 그가 성령으로 잉태되어야 했던 것은 제사장으로서의 직무를 위한 정결 요건에 부합해야 했기 때문입니다. 성령에 의해 위의 질서에 속하면서도 자연을 따르는 그런 종류의 태생은 신비한 효능을 통해 자연을 회복할 수 있으므로 기적의 초월적 탁월성에 의해 자연을 능가했던 것입니다. 그러나 제사장직의 존엄함은 원초적 상태의 인간이 감당하거나 수행하기에는 너무 분수에 넘치고, 그 직능도 대단히 무겁고 중요했습니다. 그 직무 수행에 의해 얻게 될 혜택 또한 인간으로서 가능한, 가장 순수한 상태에서 성취할 수 있는 인간적 가치를 무한히 능가하는 것이었습니다. 그러므로 처음부터 하나님과 함께 있었고, 그와 함께 세계를 창조하고, 보이는 것이나 보이지 않는 모든 만물을 조성하셨던 분, 즉 '하나님의 말씀'은 이 제 그 자신이 육신을 입어야 하고, 제사장 직무를 담당해야 하며, 세상에 있는 호흡 있는 자들을 대신하는 제물로서 자기 자신을 하나님께 드려야 합니다. 그리하여 마침내 우리는 제사장 직위에 임명될 수 있는 적격자를 갖고, 그의 고유 과제로서 인류의 공통된 범죄를 대속하는 일을 그에게 맡길 수 있게 되었습니다. 허물이 발단이 되어 종국적으로 이 위대한 구속자를 가질 수 있게 된 것, 마치 죄가 행복한 상황을 불러온 것처럼 보이게 만든 것은 바로 예수 그리스도, 하나님의 아들인 동시에 인간의 아들, 지극히 위대한 미덕을 갖추신 대제사장이십니다.

그 다음으로 제사장 직분을 위임받거나 수락하는 양태에 대해 고찰해 봅시다. 그 양태는 언약을 따라 정해지는데, 먼저 하나님 편에서 언약을 제시하고 확인 서약을 받습니다. 언약에 따르면 그 일은 제사장직의 임명권자이신 하나님께서 위임하시는 엄위한 직책입니다. 레위족의 제사장 직분은 선지자 말라기를 통해 여호와께서 "내가 레위와 맺은 언약은 생명과 평화가 약속된 언약이다"(말 2:5)라고 선언하셨고, 따라서 제사장직은 오직 레위인에게 수여되었습니다. 그러나 그리스도의 제사장 직분은 다른 특이한 면을 갖는데, 그것은 그 직분의 근거가 되는 언약이 맹세에 의해 인준되었다는 사실입니다. 이러한 면모에 대해 각각 간략하게 고찰해 보겠습니다.

하나님께서 우리의 대제사장 예수 그리스도와 맺으신 언약에 따르면 하나님 측은 그에게 수행해야 할 행위를 규정하는 한편, 복종에 대해서는 엄청난 보상을 약속하십니다. 우리의 대제사장 그리스도 측에서는 언약을 수락하고 요구받은 행위를 자발적으로 수행하십니다. 첫째, 하나님께서 그리스도에게 요구하시는 것은 그가 자기 영혼을 죄를 위한 희생 제물로 바치는 것(사 53:11), 세상을 빛으로 밝히기 위해 자기의 육신을 바치는 것(요 6:51), 인류의 죄와 예속을 해소하기 위해 속전을 지불하는 것입니다. 만일 그가 이 모든 조건을 이행한다면 하나님은 "고난을 당하고 난 뒤에 그는 생명의 빛을 보고 만족할 것이다"(사 53:11)라고 약속하셨고, 그를 "멜기세덱을 따른 영원한 제사장"(시 110:4)으로 세워 주실 것이며, 다시 말해 그가 제사장으로서 직능을 이행함으로써 왕이라는 위엄 있는 지위로 올리실 것을 약속하신 것입니다. 둘째로, 우리의 대제사장 그리스도는 이 조건들을 수락하시고 우리의 범죄를 보속하는 사역을 위해 자신에게 위임된 직위를 수락하면서 이렇게 선언하십니다. "나의 하나님, 내가 주님의 뜻 행하기를 즐거워합니다."(시 40:8)

그러나 그리스도가 그 임무를 수락하시는 조건을 보면 그가 그 막중한 임무를 완수할 때, 그는 멜기세덱의 제사장직에 필적하는 제사장의 영예를 영원히 누릴 것이며, 그리고 오는 세상에서 그가 제와의 자리에 앉게 될 때, 그는 의의 왕과 평강의 왕으로서 자기 백성을 공의로 다스릴 것이고, 그들에게 평화를 선포할 것입니다. 그리하여 그는 "자기 앞에 놓여 있는 기쁨을 내다보고서 부끄러움을 마음에 두지 않으시고 십자가를 참으셨습니다."(히 12:2). "벗들을 제치시고 임금님께 기쁨의 기름을 부어 주셨으므로"(시 45:7) 그는 하나님의 보좌 우편에 앉으셔서 공평의 옥좌에서 영원히 다스릴 것입니다.

전능하신 하나님은 우리의 대제사장을 대하실 때, 자기의 권위를 과시하기보다 오히려 상호 협약의 방식을 택하신다는 점에서 경의를 느끼지 않을 수 없습니다. 그리고 우리를 대신하여 자신에게 부과된 고통과 고난과 비참으로 점철된 힘들고 고된 책무를 마다하지 않으시는 우리 대제사장의 겸손하고 거룩한 사랑은 얼마나 강렬한 것입니까? 그리스도여, 무한히 선하신 당신이 행하신 일은 지극히 영광스러운 행위입니다! 위대한 대제사장, 당신의 경건한 사랑에 합당한 영예를 받으시고, 우리가 구원을 받아 순전한 성화에 이르기까지 그 영광의 길을 계속 걸어가 주십시오! 그의 제사장 직분에 부과된 책무는 하나님의 영광과 죄인들의 구원을 위해 자발적이고 사심 없는 열의와 애정에서 우러나는 실천이 되어야 한다는 것이 하나님의 뜻이었습니다. 그것은 하나님의 풍성한 인애(仁愛)에 합당한 행위로서, 그리스도께서 솔선수범하신 자발적 실천에 대해 하나님께서 큰 상으로 보상하시는 것입니다.

하나님께서는 이 계약을 체결하는 동시에 그리스도의 제사장 직분의 존귀함과 변개치 않는 본성을 입증하기 위해 그 계약에 다른 한 가지 서약을 덧붙이십니다. 하나님 본성의 한결같고 변함없는 성실성은 굳이 서약 같은 것이 필요 없겠지만, 그럼에도 그는 협약을 엄숙히 이행하는 절차를 따르는 사람들의 관행을 따라 그 계약을 확증하기 위해 기꺼이 서약하셨습니다. 즉 우리의 대제사장은 계약과 서약이라는 이중의 견고한 닻 위에 확실한 소망을 정박시키셨기 때문에 "수치스러움도 마다하지 않고 십자가를 참아 내셨습니다." 이 제사장직의 불변성과 항구성은 계약에 첨부된 이 서약에 의해 확실하게 공식화됩니다. 하나님께서 서약에 의해 확증하신 것은 무엇이든지 그것은 영원하고 불변적입니다.

하지만 이런 의문을 가질 수 있습니다. '하나님께서 말씀하신 모든 것, 그가 제시한 모든 언약, 그가 체결하신 모든 계약은 그런 서약의 인증이 수반되지 않더라도 여전히 같은 효력을 유지하는 것이 아닌가?' 나는 여기 진술된 두 가지 경우 간의 차이를 기술하고, 중요한 한 가지 사례를 통해 입증해 보이겠습니다. 사람이 하나님 앞에서 무죄한 것으로 인정받고, 영원한 생명을 얻을 수 있는 두 가지 길 또는 방안이 있습니다. 한 가지 길은 율법을 통해, 행위에 의해, '채무' 관계에 의해 정의의 원리를 준수하는 것입니다. 또 다른 길은 복음을 통해, '은혜에 의해, 그리고 믿음을 통해' 자비의 원리를 따르는 것입니다. 이 두 방식은 단일한 실행 과정에서 동시에 작동할 수 없는 구조이지만, 두 방식 중 처음 것이 효력이 없을 때 그것을 대체할 수 있는 둘째 방법이 창안될 수 있는 여지가 있는 원리를 이용할 수 있습니다. 그러므로 맨 처음에는 인간에게 두 방법 중 첫째 것을 배정하는 것이 하나님의 뜻이었는데, 하나님의 의와 인류의 원초적 성향에 따라 그런 배정이 필요했습니다. 그러나 율법 언약의 규정에 따라 인간은 엄격하게 다루어졌고, 율법의 엄정함에 부합하도록 인간에게 최종적인 파멸이 선고되었지만, 그것을 하나님은 기뻐하지 않으셨습니다. 따라서 하나님이 기쁘게 여기지 않는 경향성, 즉 최종적인 철회될 수 없는 판결을 지시하는 부가 조항이 필요하지 않도록 그 언약에 별도로 서약을 첨부하지 않으셨습니다.

이 결정으로부터 필연적으로 함축되는 결과는 처음 언약이 죄로 인해 무효화될 경우, 하나님의 기뻐하시는 뜻에 의해 그보다 나은 다른 언약이 구비될 수 있는 공간이 만들어졌다는 것입니다. 그 사실을 지시하기 위해 하나님은 부가적인 서약을 덧붙이셨고, 그럼으로써 의와 생명을 얻는 방법과 관련된 서약이 최종적이고 확정적인 것이 되었습니다. "네가 나에게 복종하였으니, 세상 모든 민족이 네 자손의 덕을 입어서 복을 받게 될 것이다."(창 22:18) "나 주의 말이다. 악인 죽는 것을 내가 조금이라도 기뻐하겠느냐? 오히려 악인이 자신의 모든 길에서 돌이켜서 사는 것을 내가 참으로 기뻐하기 않겠느냐?"(겔 18:23) "내가 진노하여 맹세한 대로 그들은 결코 내 안식에 들어오지 못할 것이다. 하나님께서는 누구에게 하나님의 안식에 들어가지 못하리라고 맹세하셨습니까? 순종하지 않은 사람들에게 하신 것이 아닙니까?"(히 3: 11, 18) 다음 구절 역시 똑같은 이유에서 언술되었습니다. "아들을 믿는 사람에게는 영생이 있다. 아들에게 순종하지 않는 사람은 생명을 얻지 못하고, 도리어 하나님의 분노를 산다."(요 3:36)

제사장 직분과 관련하여 이와 유사한 전개 과정을 관찰됩니다. 새 언약의 때가 도래하기까지 위임될 뿐인 레위족 제사장직에 대해 하나님은 부가된 서약에 의해 확증하지 않으셨습니다(히 9:10).[66] 히브리인들의 교회에 보내는 편지에서 사도는 시편 110편을 인용하면서 찬탄을 금할 수 없도록 예리한 방식으로 이 주제 전체에 대해 변증합니다. 우리 인간을 위해 하나님께서 기꺼이 맹세를 하시다니 우리는 얼마나 복 있는 자들입니까! 만일 우리가 맹세하는 사람을 믿지 못한다면 우리는 가장 비참한 사람이 되고 말 것입니다. 마찬가지로 이 제사상 직분에 서약이 첨가될 때, 그 직분은 최고의 위엄을 갖추게 되고 확증되며, 그리하여 그것은 레위족 제사장이 얻을 수 있는 영예보다 훨씬 높은 위치를 차지합니다. "이 장막은 현 시대를 상징합니다. 그 장막 제의를 따라 예물과 제사를 드리지만, 그것이 의식 집례자의 양심을 완전하게 해 주지는 못합니다."(히 9:9) 또한 그것은 죄를 철폐하지도 못하고, 하늘의 복을 산출할 수도 없습니다. 그러나 율법에 부합하는 하나님의 맹세는 그의 아들을 영원히 구별된 대제사장으로 만들었고, 반대로 아들은 영생의 능력을 따라, 그리고 성령을 통해 자기 자신을 흠 없는 제물로 하나님께 드렸습니다. 그리하여 자기 자신을 단번에 드림으로써 그는 구별된 신자들과 살아 계신 하나님을 섬길 수 있도록 정화된 그들의 양심을 온전하게 만드셨습니다. 또한 그 새 언약은 여러 번에 걸쳐 확증된 것을 훨씬 능가하는 훌륭한 언약입니다. 그것은 더 나은 약속

<hr />

66) "이런 것은 다만 먹는 것과 마시는 것과 여러 가지 씻는 예식과 관련된 것이고, 개혁의 때까지 육체를 위하여 부과된 규칙들입니다."(히 9:10)

위에 세워진 것이기 때문입니다(히 7~10장 참조). 그리고 하나님께서 그 자신의 맹세의 신성함에 의해 그 언약을 높여 주셨다는 사실은 그것이 성취되어야 할 가장 중요한 목적이었음을 말해 줍니다.

봉헌과 기도

우리에게 할애된 시간 내에서 이제까지 우리는 제사장 직분을 위임하는 행위에 대해 말했습니다. 이번에는 그 행위를 실천에 옮기는 문제에 대해 생각해 볼 것인데, 여기서 우리가 검토할 것은 제사장이 이행해야 할 의무와, 그 의무를 이행하는 사람의 자질과 조건입니다. 제사장이 수행해야 할 직능은 두 가지로, 하나는 속죄 제사를 위한 봉헌이고, 다른 하나는 기도입니다.

봉헌은 극도의 내핍과 겸손, 가장 헌신적인 순종, 열렬한 간구, 그리고 인간의 연약함을 가장 극렬한 방식으로 고통스럽게 경험하는 것을 통해 갖는 예비 기간이 선행되어야 하는데, 이 자리에서 그 항목들 각각에 대해 서술할 필요는 없을 것 같습니다. 봉헌은 차례로 이어지는 두 부분으로 이루어집니다. 첫째는 십자가 제단 위에서 그리스도가 피 흘리는 몸으로 드리는 제사 또는 희생이고, 이것은 죽음의 결말로 이어집니다. 죄인들이 마땅히 받아야 할 형벌을 그리스도께서 대신 짐으로써 죄를 위한 속전(贖錢)을 치르는 것입니다. 이어지는 둘째 부분은 그리스도께서 흘리신 피에 의해 다시 소생한, 피 뿌림을 받은 몸을 드리는 제사로, 이것은 그가 지불하신 속전과 그가 성취하신 구속(救贖)을 상징합니다. 이 같은 봉헌의 전반부는 지성소 밖에서, 즉 지상에서 거행되었는데, 피의 유출은 필연적으로 죽음을 야기하므로 천상에서는 있을 수 없는 일이기 때문입니다. 죄 자체가 본질적으로 죽음의 형벌을 내포하고, 그리고 죽음이 내재적으로 죄의 처벌을 포함하는 것은 물론이고, 참되신 하나님의 위엄의 현전이 발하는 광채가 가득한 하늘에서는 결코 죽음이 지배력을 행사할 수 없기 때문입니다. 그렇기 때문에 성경은 다음과 같이 말합니다. "인자는 섬김을 받으러 온 것이 아니라 섬기러 왔으며, 많은 사람을 위하여 자기 목숨을 몸값으로 치러 주려고 왔다."(마 20:28) "이것은 죄를 사하여 주려고 많은 사람을 위하여 흘리는 나의 피, 곧 언약의 피다."(마26:28) "그분은 모든 사람을 위해서 자기를 대속물로 내주셨습니다."(딤전 2:6)

그러나 이 제사의 후반부는 하늘에서, 즉 천상의 지성소에서 완결됩니다. 죽음의 형벌을 치른 후 다시 소생한 그리스도의 몸은 그 자신의 피가 뿌려진 채로 존엄하신 하나님 앞으로 나아가 영원한 기념비처럼 하나님 앞에 그 모습 그대로 머물 수 있는 자격을 얻었기 때문인데, 이것은 또한 지은 죄에 대해 영원한 봉헌물이 됩니다. 이 주제에 대해 사도는 이렇게 말합니다. "그러나 그리스도께서는 이미 일어난 좋은 일을 주관하시는 대제사장으로 오셔서 손으로 만들지 않는 장막, 다시 말하면 이 피조물에 속하지 않은 더 크고 더 완전한 장막을 통과하여 단 한 번에 지성소에 들어가셨습니다. 그는 염소나 송아지의 피로써가 아니라, 자기의 피로써 우리에게 영원한 구원을 주셨습니다."(히 9:11, 12) 즉 그 자신의 피를 흘리시고 그 피를 자기 몸에 뿌림으로써 그는 하나님 앞에 당당히 나아갈 수 있게 된 것입니다. 단 한 번 수행된 그 제사 행위는 다시는 반복되지 않았습니다. "그리스도께서 죽으신 죽음은 죄에 대해서 단번에 죽으신 것이요." 그럼에도 그것은 항구적인 효력을 가집니다. "그분이 사시는 것은 하나님을 위하여 사시는 것입니다."(롬 6:10) 전자는 죽임을 당하신 어린 양의 행위를 가리키고, 후자는 이미 죽임을 당하셨다가 죽음에서 생명으로 다시 사신 어린 양의 행위를 가리킵니다. 전자는 극심한 굴욕의 상태에서 완결되었고, 후자는 영광의 상태에서 완결되었습니다. 그리고 양자 모두 하나님의 영광과 죄인들의 구원을 위한 불타는 듯한 열정에서 비롯된 것입니다. 성령의 기름 부음에 의해 정결함을 얻으셨을 때 그리스도는 전자의 행위를 완성하셨고, 또한 그가 완수하신 후자의 사역도 고난을 통해 스스로를 정결하게 하고, 그 자신이 흘린 피로 피 뿌림을 받으심으로써 성취되었습니다. 그러므로 전자의 행위에 의해 그 자신이 정결함을 얻고, 그럼으로써 하늘에서 후자의 사역을 수행할 수 있는 자격을 얻을 수 있는 예비 과정을 지상에서 완수하셨던 것입니다.

실행해야 할 두 직능 중 두 번째 것은 기도와 중보의 행위이고, 중보 사역은 기도를 근간으로 합니다. 기도는 그리스도께서 자기 자신을 위해 하나님께 드리는 것이고, 중보는 믿는 사람들을 위해 그가 하나님께 드리는 기도이며, 그 둘은 각각 요한복음 17장에서 사도 요한에 의해 가장 아름답게 기술되었습니다. 그 기도에는 그리스도께서 하늘에 계신 아버지께 드리는 기도와 중보에 요구되는 규칙과 정확한 규범이 들어 있습니다. 그 기도는 그리스도께서 지상에 머무실 때 드렸던 것이지만, 마땅히 하늘에서 바쳐져야 할 찬양과 숭고한 차원에서 연결되어 있습니다. 그리고 그것으로부터 우리가 지상에서 위안을 얻을 수 있도록 그리스도께서 친히 말씀하신 그대로 기록하는 것을 하나님은 원하셨습니다. "내게 청하여라, 뭇 나라를 유산으로 주겠다"(시 2:8)라는 말씀에서 보듯이 아버지께서 명령과 약속을 결합하신 것을 유념하면서 그리스도는 자기 자신을 위해 아버지께 기도하셨습니다. "아버지, 때가 왔습니다. 아버지의 아들을 영광되게 하셔서 아들이 아버지께 영광을 돌리게 하여 주십시오. 아버지께서는 아들에게 모든 사람을 다스리는 권세를 주셨습니다. 그것은 아들로 하여금 아버지께서 그에게 주신 모든 사람에게 영생을 주게 하려는 것입니다."(요 17:1, 2) 이런 종류의 간구는 "예수께서 육신으로 세상에 계실 때에 자기를 죽음에서 구원하실 수 있는 분께 큰 부르짖음과 많은 눈물로써 기도와 탄원을"(히 5:7) 올리신 것과 구별되어야 하는데, 왜냐하면 앞의 기도는 자기를 고통에서 건져 주실 것을 간구한 것이었던 반면, "그가 그의 영혼을 속건 제물로 여기면 그는 자손을 볼 것이며 오래오래 살 것이다"(사 53:10)라는 구절에 나타나 있는 기도는 후자에 속하기 때문입니다.

그러나 믿는 사람들을 위해 드리는 중보 기도에 대해 사도 바울은 이렇게 말합니다. "누가 감히 그들을 정죄하겠습니까? 그리스도 예수는 죽으셨지만 오히려 살아나셔서 하나님의 오른쪽이 계시며, 우리를 위하여 대신 간구하여 주십니다."(롬 8:34) 그리고 히브리인들의 교회에 보내는 편지에서 사도는 이렇게 말합니다. "따라서 그는 자기를 통하여 하나님께 나아오는 사람들을 완전하게 구원하실 수 있습니다."(히 7:25) 그러나 그리스도는 세상에서 오직 믿는 사람들을 위한 중보자로 말해지는데, 그것은 그가 모든 인간의 죄를 깨끗이 씻기에 충분한 제사를 드린 후 "하나님의 집을 다스리는 위대한 제사장"(히 10:21)으로 서임되었기 때문입니다. "그리스도는 아들로서 하나님의 집안사람을 성실하게 돌보셨습니다. 우리가 그 소망에 대하여 확신과 자부심을 지니고 있으면 우리는 하나님의 집안사람입니다."(히 3:6) 그리스도께서는 하늘에서 그의 직분에 속한 이 책무를 엄위한 하나님 앞에서 성실히 수행하십니다. 또한 거기에는 왕의 보좌와 하나님의 보좌가 있는데, 기도할 때 우리는 우리가 들어가려는 문과 마음을 높이 들라는 명령을 듣게 됩니다. 그리스도께서 자기 직책의 이 부분을 수행하실 때, 아버지의 무릎 앞에 엎드러지는 것과 같이 고통스러운 마음으로 혹은 겸비한 낮은 자세로 임하는 것이 아니라, 자기의 거룩한 몸에 뿌려졌던 자기의 피 흘림에 대한 확신을 갖고 아버지께서 흡족한 마음으로 바라보시는 대상으로서 항상 담대하게 아버지의 거룩하신 얼굴을 마주 바라보십니다. 그의 이 직분이 행사하는 효력 전체는 물처럼 쏟아지고 그의 몸에 뿌려진 피의 위엄과 가치에 달려 있습니다. 그의 피 흘림에 의해 그는 "장막 안에 있는 지성소로" 들어가는 길을 여셨습니다. 그런 정황에서 우리는 그의 기도가 거부되는 일이 결코 없을 것이며, 우리가 그의 이름으로 무엇을 구하든지 중보자이신 그를 보시고 하나님께서 귀를 기울이시고 응답하실 것이 확실합니다.

그렇게 제사장의 직능이 수행될 때, 자기의 언약과 신성한 맹세를 잘 기억하고 계시는 하나님 아버지께서는 그리스도의 제사장 직분을 항구적인 것으로 만들 뿐만 아니라, 그를 왕권을 수여받은 존귀한 지위에 올려서 "하늘과 땅의 모든 권세를"(마 28:18) 그에게 주시고, 또한 모든 사람을 다스리는 권세를(요 17:2) 주심으로써 모든 정사와 권세와 능력과 주권보다 높이, 그리고 이 세상뿐만 아니라 오는 세상에서 일컬을 모든 이름 위에 뛰어나게 하시고(엡 1:21), 천사들과 권위자들과 만물을 그리스도의 발 아래 굴복시킴으로써(벧전 3:22) 온 이스라엘의 그리스도와 주, 왕들의 왕, 만주의 주가 되게 하셨습니다. 그러므로 이 놀라운 언약에 의해 하나님은 그 두 가지 으뜸가는 직능을 그리스도 예수 안에서 하나로 통일시키시고, 그리하여 우리의 이 제사장으로 하여금 영원히 멜기세덱의 반차를 따르게 할 것이라고 맹세하셨는데, 이 멜기세덱은 왕이면서 제사장으로서 "족보도 없고, 생애의 시작도 없고, 생명의 끝도 없고", 이 경우 인물의 신상에 대해 말해 주는 족보 같은 것은 성경에 전혀 첨부되어 있지 않습니다.

제사장 직능과 제왕적 기능의 이 결합은 신성한 역사 전체의 정점이자 극한 경계로서, 우리의 구원 계획을 위해 함께 제정된 하나님의 공의와 자비의 끝없는 증표이고, 하나님의 가장 탁월한 영광을 보여 주는 찬란하고 확실한 증거이며, 이 제왕적 제사장을 통해 성취되는 구원의 확실성을 떠받치는 견고한 토대가 됩니다. 만일 인간에 대해 '창조의 최고 결정판', 신체와 정신의 연합이 산출한 '소우주', '세계 전체의 축소판', '우주적 혼인'으로 표현할 수 있다면 믿는 사람들의 온 교회와 "아무도 범접할 수 없는 빛 안에 거주하시고", 하나님의 신성을 지시하기 위해 우리가 셀 수 없이 많은 이름으로 부르는 그 자신의 가장 친밀하고 불가분적인 연합으로 이끄는 이 결합에 대해 우리는 어떻게 생각해야 합니까? 이 연합은 우리가 상상할 수 있는 모든 이름을 초월하는 이름으로 불려야 합니다. 그 이름은 언술 불가능하고 상상할 수 없으며 이해 불가능한 것입니다. 만일 이 주제와 관련하여 그리스도를 "아버지의 영광의 광채", "그의 인격이 현시된 형상", "보이지 않는 하나님의 형상"이라고 부른다면 나는 힘껏 최선을 다해 그의 탁월성을 표현한 것입니다.

하나님의 아들이심에도 그가 "어떤 명예도 구하지 않으시고 종의 형체를 취하셨을 때" 제사장 기능을 수행하는 것을 제외하고는 그가 왕이 될 수 있는 길이 없었고, 또 제사장직에 임명되지 않는 한 왕으로서 자기 백성들에게 많은 복을 내려 주실 것을 간구할 수 없으며, 마침내 하나님에 의해 임명되었을 때 (왕인 동시에 중보자로서 중재 사역을 수행하지 않는 한) 하나님의 대리인으로서 공급할 수 없다는 사실보다 공의와 자비의 결합의 필연성을 더 확연하게 보여 주는 사례를 찾을 수 있겠습니까? 그리스도께서 제사장 직능을 수행함으로써 인간들을 위해 간구하고 분배하며, 그리하여 제사장직을 통해 왕의 지위에 오르실 때, 인간에게 구원을 베풀기 위해 먼저 하나님으로부터 구원을 획득하신 것보다 그리스도를 통해 우리가 구원을 얻을 수 있다는 전망을 보여 주는 더 확실한 증거가 있을 수 있겠습니까? 바로 이 같은 특수한 요소들에 의해 신성한 영광의 완전성이 이루어집니다.

제사장 그리스도가 거둔 결실

그러나 이제까지의 고찰은 우리가 미처 알아차리지도 못하는 사이에 강연 주제의 마지막 세 번째 항목에 이르렀는데, 여기서 우리는 그리스도의 제사장 직능이 거두는 결실을 살펴볼 것입니다. 그 성과는 일일이 열거할 수 없을 정도로 다채롭지만, 우리는 그 성과 전체를 네 가지 개별 항목으로 압축할 것입니다. 그리고 이 강연을 서둘러 마무리해야 하므로 부득이 우리는 그 혜택에 대해 개괄적으로 언급할 것입니다. 이 혜택에 포함되는 것은 1) 새 언약의 결산과 확증, 2) 인류의 구원을 위해 필요한 모든 은총의 요청과 획득과 적용, 3) 성체조배와 제왕적 직능을 포함하는 새로운 제사장 제도의 확립, 4) 하나님의 언약 백성들을 모두 하나님께로 인도하는 결정적이고 최종적인 사역입니다.

첫 번째로 얻는 유익은 새 언약의 체결과 확정이며, 이것은 견실한 행복으로 나아가는 지름길입니다. 우리는 그리스도의 제사장직 수행을 통해 행복을 성취하게 된 것을 기뻐하고 영광을 돌립니다. 첫 언약이 죄와 육신을 통해 무효화되고, 우리에게 의와 생명을 가져다줄 수 없기 때문에 우리는 다른 길을 모색하지 않는 한 하나님 앞에서 영원히 추방될 수밖에 없었습니다. 첫 언약은 정의로운 하나님과 죄를 지은 인간 사이에 회복될 수 없고, 예외적으로 피고 측이 하나님을 만족시켜 드릴 수 있는 화해 조정 과정이 있는데, 그것은 우리의 대제사장이 자기의 피를 직접 십자가 제단에 뿌림으로써 온전함을 회복하는 길입니다. 제사를 주재하는 제사장인 동시에 희생 제물이 되는 어린 양 그리스도는 그의 거룩한 피를 쏟으시고, 우리를 위해 하나님과의 화해를 간구하셨으며, 마침내 그의 기도는 응답되었습니다. 이 위대한 봉헌 제사가 집행되었을 때, 비로소 화해를 이룩한 양측은 협의에 들어갈 수 있게 되었습니다. 그러므로 그것은 이 화해 조정 과정에서 중보자이자 재판장의 역할을 맡은 동일한 대제사장이, 양측의 연합을 가능하게 만든 그 자신의 피에 의해 중보자로서 일하시거나, 또는 전쟁이나 평화의 전조를 전하는 대사나 전령관의 권한으로 언약의 조건에 따라 그리스도의 피로 사람들의 양심에 피를 뿌림으로써 그들을 죽은 행실로부터 깨끗하게 하고 성화에 이르는 것은 하나님께서 기뻐하시는 일입니다. 그리스도 자신도 그 피로 피 뿌림을 받기 때문에 그 피는 항상 하나님 앞에 있을 것이고, 또한 하늘에 있는 모든 것들에도 뿌려져 만물을 정결하게 하는 데 사용됩니다. 그러므로 이 피의 간섭에 의해 새로운 언약이 체결되는데, 그것은 행위에 의해서가 아니라 믿음에 의해 율법에 속한 것이 아니라 은혜에 속하며, 낡은 것이 아니라 새로운 것입니다. 새롭다는 것은 그것이 처음 것보다 나중에 나왔기 때문이 아니라, 결코 폐지되거나 철회될 수 없는 혁신적인 것이기 때문이고, 그 작용과 효력이 영구히 지속될 것이기 때문입니다.

"낡고 오랜 것은 곧 사라집니다."(히 8:13) 만약 언약이 방금 인용한 구절에서 말하는 것 같다면 여러 세대가 흐른 뒤 그 언약은 다시 체결되어야 하고, 자주 내용을 고쳐야 할 것이고, 예전에 작성한 계약의 항목들은 낡은 것이 되어 버리고, 결국 그보다 나은 새로운 계약이 필요하게 됩니다. 그러나 시간이 지나면 결국 그런 과정을 멈추고, 영원히 효력을 유지할 수 있는 새 언약이 필요하게 될 것입니다. 그 새 언약은 피로써 비준된 것이어야 합니다. 그렇지만 하나님이시며 인간이신, 하나님의 아들, 그 대제사장의 피보다 더 가치 있는 피로 확증을 얻을 수 있는 길이 있습니까? 그런데 지금 우리에게 필요한 새 언약은 바로 그러한 피로 인준된 것이어야 합니다. 그러므로 그것은 새로운 언약이며, 그것은 결코 무효화되는 일이 없습니다. 자기의 피로 피 뿌림을 받은 위대한 대제사장이 항상 하나님 앞에 현전하는 그 모습은 더 이상 성부 하나님의 마음을 괴롭히지 않을 것인데, 그 피에 의해 새 언약이 비준되고 그의 거룩한 가슴이 회개로 슬퍼할 일이 없기 때문입니다. 만일 은혜의 언약에 참여한 사람이 그 후에 다시 죄를 짓고 자기 자신을 더럽히게 된다면 이미 새 언약을 받은 그들의 양심을 깨끗하게 하고 정결하게 만들 수 있는 다른 어떤 피가 있을 수 있겠습니까? "하나님의 아들을 짓밟고, 자기를 거룩하게 해 준 언약의 피를 대수롭지 않게 여기고, 은혜의 성령을 모욕한 사람은 얼마나 더 무서운 벌을 받아야 하겠는가를 생각해 보십시오."(히 10:29) 그러므로 이 피와 우리 대제사장의 간섭에 의해 체결된 언약은 새로운 언약으로 영원히 존속할 것입니다.

두 번째 결실은 영혼과 몸이 모두 구원받을 수 있도록 그리스도께서 언약에 속한 사람들에게 필요한 모든 은총을 아버지께 요청하고, 수여받고, 삶에 적용하는 것입니다. 모든 언약은 확실한 약속에 의해 보증되어야 하므로 이 언약도 인준되는 절차를 거쳐야 하고, 언약에 속한 사람들을 행복하게 만들 수 있는 은총을 실제로 공급할 수 있어야 합니다.

그러한 은총 가운데 첫 번째는 새 언약에 따르면 죄의 소멸입니다. "내가 그들의 불의함을 긍휼히 여기겠고, 더 이상 그들의 죄를 기억하지 않겠다."(히 8:12) 그러나 성경의 증언에 따르면 자기의 피로 이 복을 요청하신 분은 그리스도입니다. "이것은 죄를 사하여 주려고 많은 사람을 위하여 흘리는 나의 피, 곧 언약의 피다."(마 26:28) 또한 성경은 그리스도께서 동일한 직무를 수행하심으로써 그러한 복을 성취하셨다고 증언합니다. 그는

"단 한 번에 지성소에 들어가셨습니다. 자기의 피로써 우리에게 영원한 구원을 이루셨습니다."(히 9:12) 그뿐 아니라 성경은 복의 적용에 대해서도 증언합니다. "우리는 이 아들 안에서 하나님의 풍성한 은혜를 따라 그의 피로 구속, 곧 죄 용서를 받게 되었습니다."(엡 1:7)

이 필수적인 복은 우리가 하나님의 자녀로 입양되는 것과, 천국을 상속받을 수 있는 권한을 갖는 것으로 이어집니다. 우리가 이 복을 받는 것은 그리스도께서 제사장직을 완수하신 덕택인데, 그는 그 사실을 우리에게 예고하셨을 뿐만 아니라, 우리를 위해 이 복을 친히 아버지께 요청하고 획득하셨습니다. 그는 아버지의 적자(嫡子)이고 유일한 아들이시며, 아버지의 모든 복을 물려받을 유일한 상속자임에도 탁월한 혜택을 홀로 향유하는 것을 기뻐하지 않으시고 공동 상속자와 동역자를 원하셨습니다. 그리하여 하나님을 믿는 자들에게 기쁨으로 기름을 붓고, 그들로 하여금 유산 상속에 참여할 수 있게 하셨습니다. 그러므로 그는 우리의 죄를 대속하기 위해 자기 영혼을 제물로 드리고, 그의 영혼의 수고를 마치고 그의 씨—그의 이름과 유업에 함께 참여하는 하나님의 씨—가 확장되기를 바라셨습니다. "그것은 율법 아래 있는 자들을 속량하시고, 우리로 하여금 자녀의 자격을 얻게 하시려는 것이었습니다."(갈 4:5)

아버지의 명령에 따라 그는 이방인도 유업을 받을 수 있도록 자기에게 넘겨 주기를 요구하셨습니다. 그리하여 그의 제사장직이 가진 특이한 면모인 간구 행위에 의해 그리스도는 자기를 믿는 사람들을 자녀 삼으실 것을 요구했고, 그들에게 그 혜택을 전달할 수 있기 위해 그 권리를 친히 획득하셨습니다. 정확히 말해 그는 스스로 증여자가 되셨습니다. "그를 맞아들인 사람들, 곧 그의 이름을 믿는 사람들에게는 하나님의 자녀가 되는 특권을 주셨다."(요 1:12) 그를 통해 그리고 그를 생각하셔서 하나님은 그 안에서 그의 사랑하는 아들의 사랑을 받는 우리를 자기 자녀로 삼으신 것입니다. 그러므로 유일한 상속자 그리스도는 자신의 죽음을 통해 다른 사람들도 그 유업을 받을 수 있게 하셨고, 그런 정황은 불성실한 농부들에 의해 예고되었는데(막 12:7),[67] 현실에서 서기관과 바리새인 들이었던 그들은 그처럼 위대한 비밀에 대해 무지한 상태에서 부지불식간에 놀라운 진리를 발설했던 것입니다.

그러나 대제사장이신 그와 연합하지 않는 한 그처럼 막대한 혜택을 받는 일은 있을 수 없으므로 그리스도가 완수해야 할 과제는 그 연합의 매개체에 해당하는 성령을 선물로 주실 것을 아버지께 요청하고 받아서 그것을 자기 사람들에게 나누어 주는 일이었습니다. 그러나 은혜의 성령은 우리에 대한 하나님 사랑의 증거일 뿐만 아니라 증표이기도 하므로 그리스도는 화해 조정 과정이 완결되기 전까지 이 위대한 선물을 요구할 수 없었으나, 그것을 유효하게 만드는 것은 바로 제사장의 의무였습니다. 그리하여 화해 조정이 효력을 발생하기 시작했을 때, 그리스도는 아버지께 자기 사람들을 위해 다른 보혜사(the Comforter)를 요청했고, 그 요청은 받아들여졌습니다. 그가 하늘에 오르시어 하나님의 오른편에 좌정하게 되었을 때, 마침내 이 제사장 언약(sacerdotal covenant)의 조건에 따라 약속된 성령을 얻으셨습니다. 그리고 그는 이 영을 가슴에 품으시고 자기를 따르는 사람들에게 넘치도록 풍성히 그 영을 부어 주셨습니다. 이에 대해 성경은 이렇게 말합니다. "하나님께서는 이 예수를 높이 올리셔서 자기의 오른쪽에 앉히셨습니다. 그는 아버지로부터 약속하신 성령을 받아서 우리에게 부어

∴
67) "그러나 그 농부들은 서로 말하였다. '이 사람은 상속자다. 그를 죽여 버리자. 그러면 유산은 우리의 차지가 될 것이다.'"(막 12:7)

주셨습니다. 여러분은 지금 그 일을 보기도 하고 듣기도 하고 있는 것입니다."(행 2:33)

이 모든 하늘의 복을 요청하여 받으시고 전달하는 일이 제사장으로서 직무를 수행함으로써 자연스럽게 실현된 것은, 하나님께서 그리스도를 바로 그 복의 유언(遺言) 집행인으로 지정하시면서 가장 막중한 위엄을 부여하는 인을 찍으심으로써 보증하셨기 때문인데, 그러한 보증에 의해 유언장에 명시된 모든 좋은 것을 온전히 소유할 수 있고, 또 그것들을 분배할 수 있는 절대적 권위를 함께 행사할 수 있게 되었습니다.

그리스도의 관리 경영이 거둔 세 번째 결실은 제사장이면서 왕의 지위를 갖는 새로운 제사장 제도의 확립과, 그 의무를 수행할 수 있도록 우리 자신이 깨끗함을 얻은 것입니다. 새 언약이 결성되었을 때, 새로운 차원의 희생을 바치는 제사장직을 조성하고(옛 것이 효력을 상실했기 때문에), 그 직무를 수행할 수 있도록 제사장들을 성화시킬 필요가 있었기 때문입니다.

그리스도 자신이 제사장에 서임되어 그 제도를 확립하고, 제사장으로서의 의무를 실행하심으로써 우리를 정결하게 만드셨습니다. 그가 제사장 제도를 실행하신 순서는 다음과 같습니다.

첫째, 그리스도는 우리를 그의 채무자로 규정하고, 제사장으로서 그가 우리를 위해 조성하고 부여하신 막대한 혜택에 대해 감사해야 할 의무를 부과하십니다. 그 다음으로 우리의 몸과 영혼이 하나님께 제물로서 봉헌될 때, 그것이 합당한 것으로 받아들여질 수 있도록 그는 우리가 하나님께 어떤 방식으로 제사를 드려야 하는지, 즉 그리스도의 피로 뿌림을 받고 성령의 도유(塗油)[68]에 의해 우리의 영혼과 몸을 정결하게 하는 방법을 규정

68) unction. 도유는 제사를 통해 하나님께 봉헌될 만한 거룩한 것으로 만들기 위해 사람이나

하셨습니다. 또한 하늘에서 은혜의 보좌 앞에 제단을 세우는 것도 그의 소관 사항인데, 그 제단에는 그가 하나님께 바친 피가 뿌려지고, 그리스도의 신실한 신자들이 제물로서 그 위에 바쳐집니다. 그는 항상 하늘의 주재이신 하나님 앞에 그것들을 보이게 하고, 우리를 그의 보좌 앞에 나아갈 수 있는 적합한 대상으로 만드셨습니다. 끝으로 그리스도는 그 제단 위에 영원히 꺼지지 않는 불을 밝혀 놓으셨는데, 그것은 제단 위의 제물들에 불이 당겨져 번제물이 될 수 있게 하려는 것으로, 참으로 하나님의 형언할 수 없는 호의의 표시입니다.

그러나 제사장 자신도 반드시 축성을 받아야 합니다. 따라서 이 행위는 대제사장이신 그리스도에 의해 그 자신의 피로써 실행되었습니다. 사도 요한은 계시록에서 이렇게 말합니다. "예수 그리스도께서는 우리를 사랑하시며 자기의 피로 우리를 해방하여 주셨고, 우리로 하여금 나라가 되게 하시어 자기 아버지 하나님을 섬기는 제사장으로 삼아 주셨습니다."(계 1:5, 6) "주님께서 그들을 우리 하나님 앞에서 나라가 되게 하시고 제사장으로 삼으셨습니다. 그래서 그들은 땅을 다스릴 것입니다."(계 5:10) 그리스도는 자기 몫의 유업을 받으실 때 우리를 공동 상속자로 만드는 것으로 만족하지 않으시고 그가 향유하는 것과 똑같은 위엄까지도 우리가 함께 나눌 수 있게 하셨습니다. 그러나 우리가 그의 위엄을 그와 함께 나눌 수 있게 되었지만 "그의 몸 된 교회의 머리로서, 많은 형제들 중의 장자로서, 그리고

··

사물에 성유(聖油)를 바르는 것을 가리킨다. 도유의 가장 중요한 목적은 영의 원천인 동시에 그리스도인의 삶의 본이 되는 그리스도의 영을 부어 주는 것이다. 구약성서에서 왕, 제사장, 예언자들은 도유를 통해 성별되었다. 그러한 도유는 성경에서 두 가지 의미로 사용된다. 첫째, 견진성사와 병자성사에서처럼 은혜를 베푸는 것이다. 둘째, 세례성사에서처럼 예식의 일부로 도유가 집행된다.

하나님의 집에 속한 모든 사람들을 인도하는 대제사장으로서" 그는 우리에게 그의 안에 항상 머무를 것을 명하십니다. 거듭난 우리는 그에게로 제물을 가져가서 그 자신을 봉헌하신 그의 피를 그 제물에 뿌리고 감사의 향기를 담아야 하고, 그러면 그는 그것을 하나님께 바치고, 그리하여 그리스도를 통해 그 제물은 아버지께서 받으실 만한 것으로 수납되는 것입니다. 그 점에 대해 사도는 말합니다. "그러니 우리는 예수로 말미암아 끊임없이 하나님께 찬미의 제사를 드립시다. 이것은 곧 그의 이름을 고백하는 입술의 열매입니다."(히 13:15)

참으로 우리는 그의 호의에 의해 신령한 제사를 드릴 수 있는 '거룩한 제사장'이 되었지만, 우리의 제물은 오직 "예수 그리스도로 말미암아 하나님께서 기쁘게 받으실" 만한 것이 됩니다(벧전 2:5). 우리가 그처럼 제사장의 위엄을 공유함으로써 하나님을 기쁘게 할 뿐만 아니라, 또한 거룩한 맹세에 의해 영생의 축성을 받은 멜기세덱의 반차를 따라 항상 제사장으로서 하나님을 섬기는 '영원성'이라는 요소가 더해집니다. 이 세상이 끝날 때 그리스도는 제사장으로서 제물을 봉헌하는 일을 계속할 필요가 없지만, 그는 우리를 위해 영원히 제사장의 직무를 수행하실 것이기 때문입니다. 그를 통해 우리가 받은 혜택을 즐기는 동안, 그분으로 인해 그러한 복을 얻은 것, 그로 인해 우리가 가장 위대한 만복의 근원이신 하나님께 마땅히 드려야 할 감사를 드리는 피조물-제사장이 되었다는 사실을 기억에서 지워 버리지 않는 한 우리 역시 이 제사 의무를 그리스도 안에서 그리고 그를 통해 계속 수행해야 합니다.

그러나 우리가 이 필멸적인 몸에 머물러 있는 동안 사탄과 세상, 죄, 우리 자신의 육신에 끊임없이 저항하지 않는 한, 그리고 그런 것을 이기고 승리를 거두지 않는 한(이 두 가지는 모두 제왕적 행위에 해당한다) 우리가 마땅히 드려야 할 제물을 하나님께 직접 드릴 수 없을 것입니다. 그리고 이 세상의 삶이 끝난 후 우리는 그리스도와 함께 그의 아버지의 보좌 앞으로 나아가서 우리의 모든 원수들을 발아래 제압하고 제사장 직무를 수행해야 할 것이기 때문에, 그리스도께서 우리에게 왕이자 제사장으로서 신분을 수여하고, 참으로 하나님에 대해 우리도 그리스도처럼 '왕 같은 제사장'이 되게 하신 것이므로 우리도 동등하게 멜기세덱의 계보를 잇는 제사장의 지위를 누리지 못할 이유가 전혀 없습니다.

그리스도의 제사장직 수행의 결과로 거두는 마지막 결실은 신자들이 모인 온 교회를 하나님께로 이끌고 나아가는 것인데, 이 행위는 앞에서 열거한 세 가지 효과의 목적이자 완성에 해당합니다. 그 목적을 위해 하나님과 인간 사이에 계약이 체결되었고, 그것을 위해 죄의 용서, 자녀 삼으심, 은혜의 성령을 교회에 내려 주시는 일이 실행되었습니다. 즉 그 목적을 위해 새로운 제사 제도가 수립되고 왕으로서의 제사장 직분이 제정되었고, 그리하여 제사장이면서 왕의 신분을 가진 모든 언약 백성들은 마침내 하나님 앞에 담대히 나아갈 수 있습니다.

사도 베드로는 대단히 인상적인 표현을 사용하면서 그리스도의 제사장 직분에 그러한 결실을 귀속시킵니다. "그리스도께서도 죄를 사하시려고 단 한 번 죽으셨습니다. 곧 의인이 불의한 사람을 위하여 죽으신 것입니다. 그것은 그가 육으로는 죽임을 당하시고 영으로는 살리심을 받으셔서 여러분을 하나님 앞으로 인도하시려는 것입니다."(벧전 3:18) 다음 구절 역시 우리를 하나님 앞으로 인도하는 똑같은 행위에 관해 사도 바울이 말한 것입니다. "그때가 마지막입니다. 그때에 그리스도께서 모든 통치와 모든 권위와 모든 권력을 폐하시고, 그 나라를 하나님 아버지께 넘겨 드리실 것입니다."(고전 15:24) 같은 점이 이사야의 예언에도 언급되었습니다. "보십시오! 나와 여호와께서 내게 주신 자녀들을!"(사 8:18) 이것은 그리스도께서 하나님의 자녀들과 함께 아버지 앞에 나아갈 때, 그의 입으로 선포하시는 말씀으로 보입니다. 여기서 초점은 백성들에게 보여 주는 징조나 표적 같은 것이 아니라, 특별히 여호와께 드리는 보물에 두어집니다.

그러므로 그리스도는 자기의 피로 대속하신 그의 모든 교회를 이끌고 나아가 이미 말씀을 통해 약속되었고 성령에 의한 인 치심에 의해 보증된, 그리고 그의 죽음에 의해 마침내 실현된 하늘나라를 우리가 유산으로 상속받을 수 있게 하셨고, 우리는 그것을 영원히 향유하게 될 것입니다. 그는 자기의 피로 뿌림을 받고 하나님께 거룩한 제물로 드려졌던 피조물-제사장들과 함께 영원히 아버지를 섬길 것입니다. 그는 자기에게 속한 왕들을 앞에서 이끄실 것이며, 그리하여 그들은 하나님과 함께 영원히 세세토록 왕국을 다스릴 것입니다. 이 지복 상태가 실현된 것은 그리스도께서 그의 성령의 권능으로 사탄의 우두머리와 그 부하들, 세상, 죄, 인간들의 육신, 그리고 반드시 '멸망시켜야 할 마지막 원수인 죽음 자체'를 제압하고 정복하셨기 때문입니다.

그리스도가 친히 봉헌하시는 것을 아버지 하나님께서 기쁘게 받으실 것입니다. 그는 그리스도의 교회를 받으실 것이고, 교회를 하늘의 신부의 방으로 인도하시고, '신부, 어린 양의 아내'인 교회에게 어린 양과 함께 영원한 잔치를 배설토록 명하실 것이고, 그리하여 교회는 하나님의 영광의 보좌 앞에서 가장 완전한 즐거움을 향유할 것입니다. 하나님은 피조물-제사장들을 영접하시고, 완전한 거룩함을 단정하고 아름답게 옷처럼 입혀 주실 것이고, 그리하여 그들은 감사의 새 노래로 하나님을 영원히 찬양할 것입니다. 그것에 대한 응답으로서 하나님은 주의 양들을 인수하여 그들을 존엄한 보좌에 앉히실 것이며, 그리하여 그 왕들은 하나님과 그의 어린 양과 함께 나라를 소유하고 영원히 통치할 것입니다.

이제까지 기술한 것은 그리스도께서 제사장 직분을 맡아 관리 경영을 하는 과정에서 우리를 위해 요청하고 받으시고, 그리고 우리에게 전달해 주신 거룩한 열매와 혜택입니다. 그것들의 위엄은 의심할 바 없이 웅대하며, 그 유익함도 참으로 강력합니다. "그리스도와 상관이 없고, 약속의 언약과 무관한 외인으로서"(엡 2:12) 살았던 사람들이 하나님에 의해 은혜의 언약 안에 들어오고, 그의 백성으로 인정받는 일보다 더 좋은 일이 있을 수 있습니까? 견딜 수 없는 죄의 짐으로 압박당하고 하나님의 진노의 무게 아래 짓눌렸던 우리의 양심에게 그 모든 죄에서 해방되고 용서를 받는 것보다 더 기쁜 일이 있을 수 있겠습니까? 저주받은 땅의 자녀였던 우리 인간들에게, 지옥에 바쳐졌던 사람들에게 하나님의 양자로 입양되고 천국 백성의 명단에 녹명(錄名)되는 것 외에 무엇을 더 바랄 수 있겠습니까? 사탄의 지배와 죄의 전횡 아래 있던 사람들이 그처럼 참혹하고 비참한 예속 상태로부터 해방되는 것보다 더 기쁜 일이 있을 수 있겠습니까? 제사장 직분과 군주제에 참여할 수 있게 된 것, 하나님을 섬기는 제사장과 왕으로서 축성받는 것, 더 나아가 왕 같은 제사장, 제사장 같은 왕으로 세워지는 것보다 더 영광스러운 일이 있을 수 있습니까? 그리고 끝으로 최고선과 만복의 근원이신 하나님 앞에 나아갈 수 있다는 사실, 그 아름답고 영광스러운 상태에서 영원히 그와 함께 사는 것보다 더 바람직한 일이 과연 무엇이겠습니까?

그리스도의 이 제사장 직분은 하나님의 아들이자 인간의 아들이시고, 우리 인간 형제들 가운데 장자이시며, 세상에 계시는 동안 육체의 연약함으로 인해 압제당하고, 모든 일에 시험을 당하셨으며, 인자하시고, 거룩하시며, 허물이 없으시고, 그럼에도 죄인들과 구별되셨던—"그분과 함께 우리도 떡같이 되어야 합니다!"—그리스도 예수께 하나님께서 친히 맡기신 직분입니다. 그리고 그 직위에 임명하기 위해서는 신성한 서약이 동반되어야 하고, 혹여 서약을 철회하는 것은 불법적인 일이 됩니다. 그러므로 이제 우리는 그리스도의 제사장 직분을 확신 있는 믿음으로 신뢰해야 하며, 또한 하나님께서 인준하고 확증하기로 작정하신 일이 실제로 인준되고 확증되고 있다는 것을, 이제까지 성취된 모든 것은 영원히 인준되고 확증되었고 지금도 성취되고 있다는 것을, 그리고 임명권자이신 하나님으로부터 우리를 위해 임명장을 받으신 대제사장이 우리를 하나님 앞으로 인도하시는 이 특별한 제도는 다름 아닌 우리 믿는 자들을 위해 완전히 성취되기까지 지속될 것이라는 사실을 의심 없이 만끽해야 합니다.

동일한 그리스도께서는 제사장 직분의 관리 경영을 통해 우리의 죄에 대해 항구적인 보속과 사면과 영원한 대속을 성취하셨고, 하늘에서 우리를 위해 은혜의 보좌를 건립하셨으므로 "우리는 확고한 믿음을 가지고 참된 마음으로 하나님께 나아갑시다. 우리는 마음에다 예수의 피를 뿌려서 죄책감에서 벗어나고, 맑은 물로 몸을 깨끗이 씻었습니다."(히 10:22) "우리로 하여금 죽은 행실에서 떠나서 살아 계신 하나님을 섬기게 하지 않겠습니까?"(히 9:14) 그러므로 확신을 가지고 "우리가 자비를 받고 은혜를 입어서, 제때에 주시는 도움을 받도록 합시다."(히 4:16)

끝으로 그리스도의 제사장 직분을 통해 거둔 이루 말할 수 없이 훌륭하고 풍성한 혜택과 관련하여, 이미 우리가 '첫 열매'에서 부분적으로 맛보았던 것이 완전하게 성취되고 보존되었으며, 그 혜택 중 가장 좋은 부분을 총체적으로 한꺼번에 그리고 가장 완전한 상태로 천국에서 누리게 될 것을 기대하면서 이제 우리는 그러한 초월적 위엄에 대해 과연 하나님께 무엇으로 보답할 수 있겠습니까? 우리의 대제사장이며 어린 양이신 그리스도께 어떻게 감사해야 할까요?

"우리는 구원의 잔을 들고 여호와의 이름을 부를 것이다." 우리는 "우리 입술의 송아지"를 하나님께 제물로 드리고, 우리의 몸, 마음, 영혼, 이 모두를 "하나님께서 기뻐하실 산 제물로" 드려야 한다(롬 12:1). 비록 이 비천한 지상에 남아 있을 동안에도 우리는 하나님의 보좌를 둘러싸고 서 있는 스물네 명의 장로들과 함께 거룩한 노래를 만유의 하나님 아버지께 불러 드려야 합니다. "우리의 주님이신 하나님, 주님은 영광과 존귀와 권능을 받으시기에 합당하신 분이십니다. 주님께서 만물을 창조하셨으며, 만물은 주님의 뜻을 따라 생겨났고, 또 창조되었기 때문입니다."(계 4:11) 우리의 대제사장이며 어린 양이신 그리스도께 우리는 그 장로들과 함께 새로운 노래로 찬양할 것입니다. "주님께서는 그 두루마리를 받으시고 봉인을 떼실 자격이 있습니다. 주님은 죽임을 당하시고, 주님의 피로 모든 종족과 언어와 백성과 민족 가운데서 사람들을 사서 하나님께 드리셨습니다. 주님께서 그들을 우리 하나님 앞에서 나라가 되게 하시고 제사장으로 삼으셨습니다. 그래서 그들은 땅을 다스릴 것입니다."(계 5:9, 10) 아버지와 아들, 두 분 모두에게 우리는 모든 피조물들과 함께 한목소리로 노래할 것입니다. "만복과 존귀와 영광, 권능이 보좌에 앉으신 하나님과 어린 양에게 영원무궁토록 있을 것입니다!" 이것으로 나의 강연을 마칩니다.

답례의 말[69]

모든 번성하는 행위가 개시되는 데 필요한 동의는 궁극적으로 하나님으

⁝
69) 그 시기 박사 학위 제청을 위한 학사 행정이 마무리된 후 많은 대학에서 지키던 것으로, 레

로부터 나오므로 우리의 행위 하나하나가 그에게서 종결되는 것은 합당한 일입니다. 그러므로 그가 거룩한 관용과 자비로써 이제까지 우리를 호의의 눈으로 바라보시고, 우리의 행위가 소망하던 성취를 이루어 주셨으므로 그토록 풍성한 은혜를 베푸신 것에 감사하고 그의 거룩한 이름을 찬양합시다.

"전능하고 자비로우신 하나님, 우리 주 예수 그리스도의 아버지, 비천한 죄인일 뿐인 우리에게 당신의 한없는 복을 내려 주신 것을 감사합니다. 그러나 우리는 먼저 당신의 아들 예수 그리스도께서 우리의 죄를 위해 희생 제물이 되시고 속전을 치르신 것, 세상의 수많은 사람들 가운데서 우리를 부르시어 말씀과 성령에 의해 친히 교회로 세워 주신 것, 어둠과 사탄의 나라로부터 우리를 건져 내어 빛과 당신 아들의 나라로 옮겨 주신 것, 우리의 쾌적하고 아름다운 조국 네덜란드를 택하여 당신의 아들을 알게 하시고 믿음으로 고백하게 하시며 그와 교류할 수 있게 하신 것, 이제까지 우리 조국을 막강한 적국의 교묘한 책략과 공격으로부터 안전하게 보호해 주신 것, 유명한 이 도시에 참된 지혜와 경건과 의(righteousness)의 온상인 레이던대학을 설립하신 것, 이 순간까지 모든 학술 활동에 은혜로 동행해 주신 것을 기억하며 당신께 찬양을 올립니다. 거룩하고 자비로우신 하나님, 부디 그 혜택을 영원히 우리에게 내려 주시고, 우리가 은혜를 잊어버림으로써 그 복을 빼앗길 수밖에 없는 사태가 발생하지 않게 해 주십시오. 오히려 그 혜택을 기꺼이 더하시고 모든 것이 당신에게서 시작되었음을 확증해 주십시오. 이 모든 것을 늘 명심하여 마음에 품고, 주신 혜택을 기억

..

이던대학에서도 관례를 따라 학위를 받은 아르미니우스가 착석해 있던 같은 청중에게 아래와 같은 답례 연설을 했다.(원주)

하며 우리 주 예수 그리스도를 통해 당신의 지극히 거룩한 이름을 영원히 찬양하게 하소서. 아멘."

프란시스쿠스 호마루스 박사님. 큰 영광을 받을 만한 자격이 없는 저에게 이 엄청난 특권을 수여하신 것에 대해, 높은 명성과 뻬어난 견식을 갖춘 학문의 후원자이신 박사님께 진심으로 감사를 드립니다. 나는 이 은혜를 잊지 않고 늘 마음으로 감사드릴 것과 제게 이 영광을 베푸신 것을 박사님이 후회하는 일이 없도록 열심을 다할 것을 약속합니다.

또한 존경하는 총장님과 이 대학의 존귀하신 평의회 의원님! (은혜를 잊는 마음의 범죄로 나 스스로 오명을 얻기를 바라지 않는다면) 나는 제게 베푸신 영광스러운 평가에 대해, 그리고 내 공으로 돌릴 만한 것이 없는 터에 이렇게 호의 넘치는 격려의 말씀을 주신 데 대해 나는 이루 말할 수 없이 넘치도록 감사의 마음을 표합니다. 하지만 언제라도 내가 전혀 그런 호의를 받을 만한 가치가 없는 사람으로 전락하지 않기 위해 힘을 다해 진력할 것을 약속드리고 나 스스로도 그렇게 다짐합니다. 만일 내가 그렇게 정진한다면 나는 의원님들께서 언제든지 요구할 수 있는 권리를 가진 그 모든 감사의 빚을 완전히 갚는 것으로 여기실 것을 믿습니다.

존귀하고 명예로운 귀빈들 한 분 한 분께 나는 우리의 학술 활동을 바로 그러한 분들이 몸소 이 자리에 참석하심으로써 영예롭게 드높여 주시기를 바라는 제 소망을 여실히 이루어 주셨듯이, 그동안에도 제게 베푸신 끊임없는 관대한 후원에 크게 빚지고 있음을 고백합니다. 나는 장차 언젠가 의원님들께 그 빚을 갚을 것을 약속드리고, 내 능력의 미미함으로 인해 그렇게 부풀려진 표현 속에 함축된 막중한 부담으로 인해 위축되지 않을 것이며, 명예로운 의원님들 앞에서도 의연하게 그 빚을 갚는 일을 멈추지 않을 것입니다.

　이제 내가 감사를 돌려 드리는 의무를 수행함에 있어서 나는 가장 고귀하고 건실한 청년 신학도들을 빠뜨릴 수 없습니다. 나는 여러분이 내게 보여 주신 편파적일 만큼 친절한 호의에 감사하지 않을 수 없는데, 이를테면 이번 행사에 참석하는 동안 여러분의 기품 있는 모습과 겸허한 자세 그 자체로 충분히 활기 넘치게 선언하고 있습니다. 이후로 만일 내가 귀빈 여러분에게 봉사할 수 있는 기회를 갖게 된다면 나는 내가 가진 모든 능력을 다해 그 친절한 호의에 보답할 것을 약속드리고 또 엄숙하게 다짐하는 바입니다. 그런 기회를 갖게 되기를 나는 바라는 동시에 소망합니다.

강연 5

그리스도인들 간 종교적 불화의 종식을 위해

그리스도교 세계의 불협화음

죄가 세상에 처음 들어온 이후로 어느 시대이든지 이런저런 종류의 악이 발생하여 어지럽히지 않는 행복한 경우는 한 번도 없었습니다. 그 반대로 아무리 극심한 재난으로 초토화되었다고 해도 인류를 향해 새롭게 되살아난 하나님의 자비하심의 임재에 의해 그의 선하심의 달콤한 혼합물이 등장하지 않았던 시대는 없었습니다. 어느 시대나 그런 광경을 관찰할 수 있는 것은 참으로 사실입니다. 그것은 각 나라의 개별 역사를 통해서도 알 수 있습니다. 만일 그런 상이한 각각의 역사를 꼼꼼히 들여다보고 서로 비교함으로써 어느 한 시기에 한꺼번에 발생했든지, 아니면 순차적으로 이어서 발생했든지 간에 축복과 재난의 평행선을 발견할 수 있다고 생각하는 사람이 있다면 사실상 하나님의 인자하심이 어떻게 항상 그의 정의의 엄정함을 만족시키는지, 그리고 하나님의 선하심이 어떻게 인간의 완고함과 항상 갈등 관계에 있는지를, 마치 이 세상에서 가장 투명하고 배율 높은 반사경처럼 그는 삶의 정황을 명확하게 조망할 수 있는 능력을 가진 사람임이 틀림없습니다. 그 점을 잘 보여 주는 탁월한 전형은 우리가 살고 있는 이 시대에 일어난 지난 사건들에서, 우리가 한층 직접적으로 목도했던 그리스도교 역사의 한 장에서 발견됩니다. 그 관점을 입증하려는 생각으로 모든 것을 휩쓸고 지나가는 홍수처럼 방금 끝난 지난 세기를 덮쳤던 온갖 악들을 굳이 일일이 열거할 필요도 없을 것입니다. 왜냐하면 악들은 무궁무진하기 때문에 열거하기도 어렵고, 또 그런 일 자체가 불가능에 가깝기 때문입니다. 또한 내 생각에는 많은 악들을 다소나마 억제할 수 있는 특별한 은총도 굳이 나열할 필요가 없을 것 같습니다.

그 생각이 옳다는 것을 확증하기 위해 매우 현저한 은총의 사례 하나와, 매우 엄중하면서 그러한 은총과 직접 대립각을 세우는 악의 사례 하나를 언급하는 것으로 충분할 것입니다. 그런 은총으로 말하자면 하나님의 관용으로 말미암아 그의 신성한 진리가 눈부신 광채를 발하며 우리가 거하는 지상의 영역을 밝게 비추고, 참된 종교 또는 그리스도교에 대한 지식에 의해 우리를 계몽시키는 것입니다. 이것의 반대편에 있는 악이란 인간의 무지나 편향적 완고함이 점점 악화될 때, 칠흑같이 어두운 오류로 우리를 에워싸고 신적 진리의 밝은 빛을 훼손하고 오염시킴으로써 부패한 상태에 빠뜨리는 것을 가리킵니다. 그 악은 오직 신앙을 위한 봉사에 헌신하려는 사람들 사이를 이간질하고 분열시키며, 더 나아가 '평화의 왕'이라고 불리는 원저자를 따르고, '평화의 복음'을 근본 교의로 삼으며, 그것을 가르치는 교사들을 '평화의 아들들'이라고 부르는 그리스도교의 본질과 정신에 정면으로 모순되는 것을 통해 신자들을 분열과 분쟁으로 이끌고, 심지어 완전히 갈라놓기도 합니다. 그리스도교의 진정한 토대는 하나님과 인간 사이에 평화를 구축하고, 평화의 왕의 피에 의해 정결하게 만드는 행위에 있습니다. 그리스도교의 교의가 면면히 고취하는 교훈은 평화와 화합을 추구하고, 그 열매는 '성령 안에 있는 의와 평화와 기쁨'입니다. 그 결과는 평화와 영원한 평정[70]입니다.

그러나 그리스도교 세계를 통틀어 확산되는 이 진리의 횃불이 빛을 발할 때 나의 마음이 적지 않은 위안을 얻고, 그리고 가톨릭교회로부터 개혁을 이루어 냈다고 자처하는 교회들 사이에서 한층 밝게 빛나는 것을 볼 때 참으로 상쾌함을 느끼는 것이 사실이지만, 그럼에도 나는 피저(壞疽)처럼 짓물러지고 있는, 그리고 그리스도교 세계의 각처에 퍼지고 있는 종교적 불화로 인해 가슴에 파고드는 통렬한 슬픔을 감출 수가 없습니다.

불행히도 상태가 악화되는 과정은 아직 끝나지 않았습니다. 이 숨길 수 없는 깊은 회한 속에서 그리스도와 그의 교회를 사랑하는 사람이라면 모두 나와 같은 심경일 것입니다. 만일 그 사람이 백색 대리석보다 더 단단한 심장을 가지고 있다든지, 자작나무보다 더 강도 높게 완고할 뿐만 아니라, 세 겹 놋쇠보다 단단한 난공불락의 방어벽을 둘러치고 있어서 어떤 동정심의 공격에도 끄떡없는 오장육부를 가지고 있지 않다면 말입니다.

그러한 연유로 나는 그리스도교 세계의 종교적 불화에 대해 몇 마디 하지 않을 수 없습니다. 잘 알려진 속담에 "어떤 사람이 조금이라도 통증을 느낄 때면 그의 손은 거의 자동적으로 아픈 부위를 향해 움직인다"라는 말

∙∙
70) 제임스 니콜스가 편집한 표준 영역본에서 'eternal tranquility'로 표현된 이 상태는 히브리어 '샬롬(שלום, Shalom)'을 지시하며, 성경적 문맥에서 평화, 평강, 평안을 의미한다. 일상적으로 샬롬은 '안녕'을 뜻하는 인사말로 쓰이지만, 신학적 또는 철학적으로는 통전적 개념으로서 존재론적, 도덕적, 정치적, 심미적 완전성이 실현된 지복의 상태를 함의한다.

이 있습니다. 그렇기 때문에 나는 얼마 전까지 내가 봉직했던 대교구에서 개최된 오늘의 경사스러운 모임을 위한 안내장에 올리기로 결정한 주제가 바로 그것이며, 유서 깊고 칭찬을 받아 온 관습을 따라 나는 오늘의 학술 모임에서 강연할 수 있는 기회를 갖게 되었습니다. 나는 세 가지 특수 주제에 한정하여 이야기할 것입니다. 첫 번째 주제는 방금 언급한 종교적 불화 자체와 그로부터 발생하는 악이고, 그 다음은 불화의 원인, 끝으로, 불화의 해소 방안에 관한 연구 보고입니다.

첫 번째 주제는 내재적으로 그러한 거대한 악을 제거해야 할 필요성을 포함하고, 마지막 주제는 그 악을 제거할 수 있는 방법에 대한 처방을 제시하며, 중간 단계에는 그 구체적인 내용이 들어 있습니다. 각 주제는 서로 합동하여 내가 이제부터 시도하려는 기획의 본질을 설명하고 정당화해 줍니다.

진리와 평화의 영이신 주의 영께서 오늘 강연에서 나와 함께해 주시기를, 나의 마음을 지배하고 내 혀를 주장하셔서 그의 이름의 영광과 우리의 상보적 인지를 높일 수 있도록, 그에게 기쁨을 드리고 교회에 유익이 되는 것을 말할 수 있게 해 주시기를 화평의 하나님께 겸손히 기도하고 간구합니다.

마찬가지로 높은 명망과 빼어난 학문적 업적을 소유하신 청중 여러분께 요청하고 싶은 것은 내가 이 특수한 주제 각각에 대해 매우 간략하게 검토하고 강연자로서가 아니라 오히려 안내자로서의 임무를 수행하는 동안 여러분의 인내심을 남용하는 일이 없도록 관대한 마음으로 경청해 주십사 하는 것입니다.

불화는 어떻게 발생하는가

연합은 위대한 선에 속합니다. 연합을 형성하는 요소들을 개별적으로 고찰하든지, 그 요소들 사이에서 어떤 사회적 유대나 관계에 의해 조성되는 결속을 함께 다루든지 연합은 참으로 으뜸가는 선이며, 따라서 고유한 선이라 할 수 있습니다. 모든 사물들을 함께 다루든지, 개별적으로 다루든지 사물들을 그 자체로 보존하는 가운데 함께 하나로 묶을 수 있는가에 따라 연합이 좌우됩니다. 그리고 바로 그러한 연합에 의해 사물들은 진실로 자기의 고유함을 지킬 수 있습니다. 각 사물이 가진 미흡한 점을 개선할 수 있도록 완전성을 추구할 수 있다면 사물들은 오히려 연합에 의해 한층 더 강화되고 증강되며, 자연적 역량에 의해서나 은혜에 의해, 혹은 은혜와 자연 모두의 창조자이신 하나님에 의해 제정된 궁극적 한계에 이르기까지 더욱 완전해질 수 있습니다. 이 진리는 참으로 자명한 것이기 때문에 하나님의 은총조차 그가 한 분으로서 항상 자기 자신으로서 현전하실 뿐만 아니라, 그와 동시에 자기에게 속한 모든 것들을 그와 더불어 공존하게 만드는 바로 그런 연합에 의존합니다. 그러므로 각 사물들을 각각 다루거나 한꺼번에 모두 다루거나 무관하게 연합만큼 유적하고 바람직한 것은 상상할 수 없습니다.

불화가 발생하는 것은 시초에 모든 사물들이 자기의 고유한 조건을 일탈하기 시작하고, 점차 그 완전성의 정도가 감소하다가 결국 사라지게 만들기 때문인데, 그것만큼 유해하고 혐오스러운 것도 없습니다. 그러나 선한 것들도 서로 다를 수 있듯이 연합의 경우도 마찬가지입니다. 더 큰 일반성이나 항구성을 견지함으로써, 그리고 최고선에 더 가까이 접근함으로써 본성상 다른 것들이 따라올 수 없는 우월성을 성취하는 경우, 그런 종류의 선은 다른 종류의 선보다 더 탁월한 것입니다. 같은 이치에서 더 큰 탁월성을 가진 사물에 속하고, 많은 것들을 포괄하며, 더 항구적이고 신성한 본성에 가장 긴밀한 정도로 스스로 참여하는 연합은 다른 어떤 선보다도 탁월합니다. 그러므로 참된 종교가 이루는 연합은 큰 탁월성을 가진 연합입니다.

그러나 가장 큰 탁월성을 소유한 선들에 반대되는 악들은 가장 나쁜 종류의 악이라 할 수 있는바, 종교와 연관된 불화만큼 충격적이고 추악한 것도 없습니다. 나의 이 명제가 참이라는 사실은 그런 수준의 불화의 내적 본성에 의해 입증되고, 나아가 그로부터 파생되는 결과를 통해 한층 더 분명히 확증될 것입니다.

우리는 악의 본성을 다음과 같은 항목으로 나누어 살펴볼 것입니다. 1) 불화의 대상, 2) 서로 반목하는 파당들이 보여 주는, 암묵적으로 의도된 목적을 위해 기도된 분열, 3) 불화가 번져 나가는 넓은 범위, 4) 불화의 지속성.

문제가 되는 불협화음 또는 불화의 대상은 곧 그리스도교 자체입니다. 그 불화의 양태를 살펴볼 때, 이 종교는 참되신 하나님과 그리스도에 관한 참된 지식과, 그 두 분을 숭앙하는 올바른 방식까지 망라합니다. 그리고 그리스도교의 목적으로 말하면, 한편으로 우리는 그것을 통해 하나님과 그리스도와 연결되고 연합될 수 있고, 다른 한편으로 그것은 하나님과 그리스도께서 우리 개개인을 연결하고 연합시킬 수 있는 유일한 매개입니다. 락탄티우스[71]의 견해에 따르면 참여자들을 함께 연결시키는 이 연합의

••

71) Lucius Caecilius Firmianus Lactantius(250년경~325년경). 초기 기독교의 신학자이자 저술가로서 콘스탄티누스 1세의 자문가였다. 락탄티우스는 북아프리카 베르베르 출신으로, 주로 로마제국 동방의 여러 도시를 다니면서 수사학을 가르쳤다.

관념으로부터 '종교'라는 낱말이 유래합니다. 그러므로 '종교(Religion)'라는 낱말은 참된 지혜와 참된 덕, 그리고 그 둘과 최고선으로서 하나님 사이의 연합을 포함하고, 그 통일체 안에 이 세상과 오는 세상에서의 최상의 유일한 행복이 내재합니다. 그리고 실재뿐만 아니라 종교라는 관념이 마음에 각인되어 있는 모든 사람들(즉 인류 전체)을 조망할 때, 인간은 이성에 의해서 다른 동물과 구별되는 것에 그치지 않고, 그들에게 더 적합하고 참으로 특유한 어떤 본래적 특성에 의해 구별됩니다. 앞에서 언급한 락탄티우스의 권위에 따르면 그 구별 기준은 바로 종교입니다.

그러나 만일 본유적으로 마음에 각인된 관념에 의거해 종교의 가치에 관한 견해를 갖고, 그것에 의해 어떤 사물에 관해서건 그것을 지향하는 욕구에 경계를 두를 수 있다면 종교에 대한 편향성이나 경향성은 마땅히 뚜렷이 분별될 것이고, 따라서 그것은 종교적 신앙을 가진 사람의 마음에 첨예한 인상을 남길 것입니다. 그러나 이보다 더 나은 설명으로 성 버나드[72]의 견해를 따라, 그리고 "하나님을 사랑할 때 준수해야 할 척도는 어떤 기준도 없이 무한히 사랑하는 것"이라는 참된 명제에 따르 종교에 대한 성향이나 편향성은(그것이 도달할 수 있는 으뜸가는 최선의 상태는 하나님과 그리스도에 대한 사랑이다) 그 자체로 어떤 경계도 갖지 않습니다. 그 경향성은 어떤 경계도 두를 수 없는 동시에 측정할 수도 없기 때문입니다. 이 명제는 우리 그리스도교를 여신 그리스도께서 선포하신 것과 일치합니다. "누구든지 내게로 오는 사람은 자기 아버지나 어머니나, 아내나 자식이나, 형제나 자매뿐만 아니라 심지어 자기 목숨까지도 미워하지 않으면 내 제자

••

72) St. Bernard of Clairvaux(1090~1153). 프랑스 퐁텐느레디종에서 출생하여 12세기에 활동한 수도자로, 시토회를 창립했으며 제2차 십자군 원정 중에 설교했다.

가 될 수 없다."(눅 14:26) 종교적 신앙에 대한 이처럼 강렬한 사랑은 개인이 자기 자신과 하나님의 연합을 갈망하는 것과 일맥상통하는데, 즉 종교는 이 연합을 실현하는 가장 강한 유대이자 접착제이기 때문에 그것은 가장 큰 행복을 갈망하게 하고, 그 갈망이 실현될 수 있게 하는 것은 측량할 길 없는 하나님의 사랑에 응답하는 것입니다. 그러므로 눈에 보이는 제단 자체를 두고 논란에 빠질 때 종교적 불화는 가장 심각한 것이 됩니다.

이뿐만 아니라 종교적 불화는 가장 광범위하게 퍼지고 확산되는 경향이 있습니다. 왜냐하면 이 불화는 그리스도교의 신성한 전례(典禮)와 관련된 모든 사람을 소용돌이로 몰아넣기 때문입니다. 여기서는 아무도 중립을 지키도록 허용되지 않습니다. 그렇습니다. 그 누구도 종교적 불화의 한 가운데서 중립적일 수 없습니다. 파벌 양측의 상충되는 견해에 동조하지 않는 사람까지 편향적으로 행동하게 만드는 원인은 네 가지입니다. 첫째, 그 사람은 그리스도교에 대해 논란을 벌이고 있는 양측과 거리가 먼 제3의 견해를 신봉하기 때문입니다. 둘째, 그리스도교가 아닌 다른 종교를 더 낫게 생각하기 때문입니다. 셋째, 그는 그리스도교와 다른 종교 체계를 대등한 위치에 놓기 때문입니다. 넷째, 혹은 그 사람은 그리스도교 체제와 다른 모든 종교 양태를 대등한 것으로 인정하지 않을 수도 있습니다.

이 특성들 중 첫째는 중립적이지 않은 논쟁자들 사이에서 제3의 분파를 조성합니다. 둘째와 셋째는 '이것이 진리다. 그리고 이것만이 진리다'는 식의 공리를 택하는, 그리스도교에서 완전히 벗어난 종교에 해당합니다. 그런데도 그것이 이단으로 취급되지 않는 것은 다른 종교 체제를 같은 동지로 인정하지 않기 때문입니다. 그뿐만 아니라 이 특성들 중 둘째는 "누구든지 아들을 부인하는 사람은 아버지를 모시고 있지 않은 사람이요"(요일 2:23)라는 계율에 저촉되는 사람, 정확히 말해 그리스도교의 관점에서 무신론자입니다. 셋째에 대해서는 다음의 선고가 내려져 있습니다. "나와 함께 모으지 않는 사람은 헤치는 사람이다."(마 12:30) 넷째는 모든 사람들이 무신론자로 인지하는, 참된 종교와 그 적들 사이에 존재하는 가장 일반적인 종류의 불화에서 두 번째 순위에 있는 적대자라고 말할 수 있습니다.

끝으로 종교적 불화는 가장 오래 지속되며 화합이 거의 불가능합니다. 그 안에 내재하는 두 가지 지류 혹은 두 가지 원인이라고 할 수 있는 것이 있고, 두 가지 모두 종교의 본질 자체로부터 연역될 수 있습니다.

첫째 원인은 종교가 사실상 신의 소관 사항이고, 그와 동시에 오직 신의 즐거움과 경륜에 종속되고 인간의 법적 판단으로부터 면제되는 것으로 모든 사람들이 인정하는 것이며, 그리고 삶의 방향성에 대한 준칙이자 어떤 지점을 넘는 자유를 제한하도록 규제할 수 있는 것으로서, 마치 남자들의 뜻에 노예처럼 복종하지 말 것을 규정하는 식으로 권위를 행사하는 레즈비언 규칙처럼 모든 상황 조건에 따라 뜯어 맞출 수 있는 것처럼 들리기는 하지만, 실제로 이런 것들 모두가 종교의 속성 중 일부인 까닭에 사람이 그것에 관해 타협하는 것이 허용되지 않고, 그러한 권위의 수취를 자처하며 나설 정도로 담대한 사람은 거의 없기 때문입니다.

또 다른 원인으로 각 분파의 구성원들은 나름대로 생각하기를 불화가 생긴 문제의 가장 작은 항목을 그들이 허용하는 순간, 그러한 동의는 그들 자신의 구원을 위험에 빠뜨릴 위험이 있다고 생각하기 때문입니다. 그러나 적어도 자신들이 원하는 삶을 영위할 수 있도록 허용하고 개인의 자유가 침해 받지 않도록 보장되지 않는 한 그들은 절대로 적들과 화해 조약을 맺을 수 없다는 것이 정신을 모든 파벌들이 가지고 있습니다. 하지만 실상은 누구나 자기의 삶(즉 그의 영적 삶)과 그러한 삶에 적합한 자유가 종교와 그 실천 안에 포함되어 있다고 믿습니다.

이 항목들 외에 세 번째 가닥을 더할 수 있는데, 각 파벌은 저마다 적들이 자신의 종교를 부인하기 때문에, 그리고 자신들의 종교와 비교해 보면서 극단적인 경멸감을 나타내기 때문에, 바로 그 적들 때문에 자신들의 생명과 영원한 구원이 위협받는다는 견해가 그것입니다. 이런 종류의 상처는 가장 비통하고 갈수록 악화되기 일쑤입니다. 그러나 이 상태에서 화평을 가져올 수 있는 행위는 이전의 모든 박탈감을 잊는 것이고, 또한 (우리가 방금 언급했던 것 같은 편견에 감염된 눈에 비치는) 끝없이 지속될 것 같은 상처를 극복하는 것에서 시작됩니다.

이 같은 종류의 불화의 본성과 경향성의 핵심을 세속적 야망을 가진 통치자들이 인지할 때, 그들은 종교와 무관한 다른 이유로 자신들과 연루된 사람들을 반목과 불화와 전쟁 상태로 내몰기 위해 불화나 적어도 그 비슷한 것을 이용하는 경우가 많습니다. 자기 수하에 있는 사람들을 흔히 그런 상황에 얽혀들게 함으로써 군주는 자신의 소유물과 백성들을 제 마음대로 휘두를 수 있게 됩니다. 고대의 이방 종교를 옹호하기 위해 그런 인물들에 의해 손쉽게 불화 자체가 제물로 바쳐졌습니다. 그러나 통치자들에 의해 자기의 욕망을 성취하기 위해 불화의 본질이 왜곡되고는 했는데, 만일 그들이 어떤 식으로든지 대중적인 동조를 얻지 못했다면 그들은 그처럼 생산적인 결과를 얻을 수 없었을 것입니다. 불화의 심각성은 발 벗고 나서는 파벌들로 하여금 자기 재산을 그들의 두목에게 기꺼이 바칠 만큼 유혹적이라는 데 있습니다. 반목하는 무리는 자기가 얼마나 많이 바칠 수 있는 능력을 가지고 있는지 정확히 계산합니다. 그리고 천부적으로 불화에 뛰어난 고집스러운 사람들은 파벌들이 저마다 갖다 바치는 것에 결코 물릴 줄 모르는 반면, 그들 자신도 같은 능력을 유지합니다.

지금까지 반목 또는 불화의 본성에 관해 개략적으로 기술했는데, 나는 불화가 지향하는 목적이 가장 심각하고, 가장 광범위하며, 또한 지속성에 있어서 무엇과도 비교할 수 없을 만큼 끈질기다는 것을 보여 주었습니다.

이번에는 그리스도교 세계에서 발생한 불화라는 문제 영역에서 그동안 그처럼 엄중한 악이 어떤 결과들을 초래했고, 현재 상황은 과연 어떠한지 더 자세히 살펴보겠습니다. 나는 우리가 불화가 낳는 온갖 결과를 크게 두 부류로 구분할 수 있다고 생각합니다. 한 부류는 사람들의 마음의 지성적 차원을 공략하는 불화의 영향력과 관련됩니다. 또 다른 부류는 바로 그 동일한 불화가 표적으로 삼고 공략을 개시하는 사람들의 마음의 감성과 정감과 관련됩니다.

첫째, 사람들의 마음의 지성적 차원에 미치는 불화의 힘에 의해 그리스도교에 관해 의심이 싹트기 시작합니다. 그리스도교 교의의 어떤 항목에 관해서든지 사실상 서로 다르거나 심지어 모순되는 견해를 발견하는 일이 좀체 없다는 것, 어느 한편에서 '무서운 신성모독'이라고 부르는 것을 다른 편에서는 '진리의 완벽한 요체'라고 부른다는 것, 어떤 고백자들이 경건의 완전함으로 인정하는 것을 다른 고백자들은 '저주받을 우상숭배'라는 불손한 명칭으로 부른다는 것, 그리고 그렇게 기술되는 논란이 식견이 높고 존경할 만하며 경험이 풍부하고 매우 저명한 사람들 사이에서 우호적인 토론의 주제가 되기도 한다는 사실을 사람들이 깨닫기만 한다면, 그리고 그들이 서로 대립하는 논쟁자들의 삶이나 태도에서 특별한 차이점을 발견할 수 없고 그뿐만 아니라 영적 우월성을 내세우면서 하나님께서 그 분파들 중 어느 한 편을 선호하여 '진리의 영'을 통해 도움을 주시기로 하신 것을 충분히 믿을 수 있을 경우, 사람들은 상상력을 발휘하여 그리스도교의 원리란 서로 엇비슷하고 불투명하며 불확실하기 마련이라는 불합리한 결론을 내리고 맙니다.

그리스도교에 관한 그러한 의뭉스러운 불확실성을 감지한 후, 특정 주제에 관해 탐구하려는 강렬한 욕구가 뒤따를 경우, 조사하는 과정에서 심각한 난관에 봉착하면 금세 그 열정은 누그러들고 식어 버리기 쉬운데, 그 결과 진리를 발견하리라던 기대가 무너져 깊은 절망에 빠집니다. 원리들 자체에 관한 논란이 존재한다는 것을 깨달을 때—그것이 오직 성경에 들어 있는 것이든지 또는 기록되지 않은 전통에 속한 것이든지—평범한 사람이 진리의 발견 가능성에 대해 무엇을 바랄 수 있겠습니까? 히브리어나 그리스어 지식에 의해서만 해결될 수 있는, 성경의 특정 본문에 대한 해석에 관해 빈번히 문제가 제기될 때, 그가 과연 어떤 희망을 품을 수 있겠습니까? 종교적 주제에 관한 저술을 쓰는 전문 학자들의 견해가 드물지 않게 증거를 대신해서 인용되기도 하지만, 그와 같은 평신도는 자기가 태어난 나라의 언어를 제외하고는 다른 어떤 언어도 알지 못하고, 다른 책들에 대해 들어본 적도 없으며, 자기의 모국어로 번역된 성경 한 권만을 가지고 있을 뿐이라고 말해야 할 때, 그는 과연 자기가 진리에 도달하리라는 희망을 품을 수 있겠습니까? 성경이 쓰인 상이한 두 개의 언어에 숙달된 사람이 모든 전통에 관해 충분한 지식을 획득한 뒤, 위대한 모든 교부 철학자들의 저술을 정독하고, 그리스도교의 원리들 각각에 대해 교부들이 경험한 느낌을 속속들이 깊이 공감할 수 있는 경우가 아니라면 그리스도교의 으뜸가는 교의에 관한 확실성 같은 것은 그 누구에게도 명백하게 파악될 수 없는 터에 그와 같은 평범한 사람이 미흡한 지식 수준에서 견해를 형성하는 것을 어떻게 막을 수 있겠습니까?

하지만 이 절망감을 뒤따르는 것은 무엇이겠습니까? 그것은 종교 전체에 대한 극도로 일탈적인 견해, 즉 종교의 모든 종파에 대한 전면적인 거부나 무신론, 그 둘 중의 하나일 것입니다. 이것은 에피쿠로스주의[73]라는 비극적 운명의 나무의 치명적인 열매를 낳습니다. 왜냐하면 사람의 마음이 진리를 구하다가 절망에 빠질 때, 그럼에도 종교와 개인적 구원에 관해 가진 애초의 지대한 관심을 전부 내버릴 수도 없을 때, 양심을 달래기 위한 간교한 주술(呪術)을 개발하는 것은 불가피한 일입니다. 그런 막다른 길에서 인간의 마음은 다음의 두 가지 결론 중 하나에 닻을 내립니다. 첫째, 평범한 사람들이 종교의 공리를 이해하고 무엇을 믿을 것인지 충분히 확신을 갖고자 하는 것은 불필요한 일일 뿐만 아니라, 그런 목표를 달성하려는 것은 오로지 성직자에게 부과된 의무일 뿐이며, 이들의 신앙으로 말하면 영혼의 구원을 위해 하나님께 "사람들에 대해 우호적으로 변호해야" 하므로(히 13:17) 평신도는 교의들에 대해 맹목적인 의견 일치에 의해 자동적으로 동의를 표시하는 것으로 충분하다는 것입니다. 또는 그런 상황에서 인간의 마음은 자기 자신을 설득하기 시작하면서, 경건한 마음으로 선의를 품고 하나님께 드리는 모든 예배가 하나님을 기쁘게 할 것이고, 모든 형태의 종교에서 (그러한 선한 의도가 양심적으로 지켜지는 한) 그 사람은 구원받을 수 있으며, 모든 교파들은 대등한 조건 위에 세워진 것으로 보아야 한다는 결론을 내립니다. 이 같은 관념을 흡수한 사람들은 양심을 달래는 손쉬운 수단을 손에

•••
73) Epicurism. 신과 같이 추앙을 받던 에피쿠로스가 에피쿠로스 학파(Epicureanism)를 창시했다. 그의 쾌락주의를 계승하여 그리스어로 논문을 쓴 필로데모스와 메트로도로스가 유명하다. 이 학파는 철학을 행복 추구의 수단으로 생각했다. 행복이란 일종의 정신적 쾌락으로, 그것을 추구하여 획득하는 것이 인생의 목적이라고 보았다. 그러나 그들은 단순히 일시적인 쾌락으로 만족한 것은 아니었다. 언제 어느 때든 마음이 '어지럽지 않은 상태'를 쾌(快)로 정의했다. 따라서 그러한 진정한 행복을 위해 공적 생활을 단념하고, 숨어서 조용히 살 것을 권고했다. 국가는 개개인이 서로를 지켜야 하는 필요에서 계약을 맺은 기구에 불과하다. 그리하여 그들은 소규모의 배타적인 공동체를 이루고 살았다. 그들의 이설은 사회계약설의 선구로 간주된다.

쥔 것인 데다, 그들 생각으로는 아무런 문젯거리도 아니고 위험하지도 않은 것으로 보이는, 하나님과 관련된 것에 대한 모든 연구로부터 등을 돌릴 뿐만 아니라, 그들이 보기에 절대로 발견할 수 없는 것을 위해 고달프게 연구 분야를 개척한 사람들을 향해 미친 듯이 비난하는 한편, 막상 자신은 정신이상자나 찾아 나설 만한 것을 열심히 쫓아다닙니다.

그러나 이런 절망 속에서 절대적 무신론으로 하강하는 것만큼 가파르고 위험천만한 일도 없습니다. 그 사람들은 신에게 참된 신앙으로 경배하는 일 자체에서 절망을 느끼므로 어떤 더 심각한 해악이나 처벌을 초래하지 않으면서 신을 경배하는 모든 행위를·단절할 수 있다고 생각하기 때문입니다. 하나님께서는 친히 규정하신 것을 제외하고 어떤 경배도 용납될 수 없는 것으로 간주하시며, 그 외에 다른 어떤 것에 대해서도 보상하지 않으시기 때문입니다. 어떤 사람들이 천부적인 자연적 성향과 뒤섞인 혼합물과 죄에 대한 온갖 핑계거리를 열렬하게 끌어안으면서 자기 자신을 기만하고, 그리스도교에 유입된 개탄스러운 불화의 두터운 외투 아래서 근원적인 신성모독과 하나님에 대한 경외심의 결핍을 위장할 때, 종교에 대한 그들의 절망의 효능은 극대화됩니다.

그러나 그리스도교 세계에서 왜 종교적 견해차가 무신론의 효과적인 원인이 되는지에 관해 다른 두 가지 원인을 거론할 수 있습니다. 첫째는 불화의 이 공성(攻城) 망치[74]에 의해 모든 종교의 기초를 이루는 신적 섭리의 토대가 극렬한 교란을 겪는다는 사실입니다. 그것은 "자기의 사랑하는 딸인 종교를 눈부시게 밝은 빛 가운데 놓음으로써 좀체 눈을 돌려 그것을 바라보려 하지 않는 모든 사람들의 눈에 뚜렷하고 명백하게 보이게 하는 것

..

74) 공성전(空城戰)에서 사용하는 성벽 파괴용 옛 무기를 가리킨다.

이 섭리의 첫째가는 의무이다"라는 생각이 마음에 떠오르는 순간입니다. 또 다른 원인은 사람들이 종교적 교훈을 함축하는 그리스도교의 예언에 호감을 갖지 못하고 하나님을 경배하는 습관을 잃을 때, 처음에 그들은 깨닫지도 못하는 사이에 예배를 잊어버리기 시작하다가 완전히 삶에서 상실하게 되고, 그 후로는 내놓고 불경건한 상태에 빠집니다.

그러나 드물지 않게 사람들이 행복을 누리지 못하는 상태로 그렇게 허덕이게 되는 것은 때로는 자기 양심이 방해하기 때문이고, 또 때로는 다른 사람들의 양심이 방해하기 때문입니다. 자기 자신의 양심이 방해한다는 것은 그들이 공적 예배라든지 자기의 반대편에 있는 사람들이 다른 종교 집회에 참석하는 것을 합법적인 일로 간주하지 않는다는 뜻입니다. 다른 사람들의 양심이 방해한다는 것은 주도권을 가진 측이 약한 반대편에게 회중으로서 함께 모이거나, 가장 탁월한 진리에 대해 설명하는 것을 듣는 것, 그리고 그들 자신에게 즐겁게 느껴지는 의식과 예전이 포함된 헌신 예배를 드리지 못하게 금지하는 것을 가리킵니다. 그러므로 이 같은 방식으로 신앙의 기초 위에 서 있는 양심조차 불경건의 대리인으로 만듦으로써 불화의 공기가 신앙 공동체 전체를 지배하게 됩니다. 악의 뿌리라고 볼 수 있는 무신론으로부터 쾌락주의의 싹이 트고, 도덕의 모든 연대를 단절시키고, 도덕을 와해하며, 결국 방탕과 타락의 길을 걷게 만드는 것입니다. 이 모든 것이 우선적으로 하나님에 대한 경외심의 방어벽을 허무는 데서 시작되는데, 그것만으로도 사람들로 하여금 자신의 의무의 경계 안에 머물지 못하게 만들기에 충분한 쾌락주의를 낳습니다.

불화의 어두운 그림자

둘째로 이 모든 악은 종교적 불화가 사람들 마음의 지성적 측면에 효력을 발휘할 때 발생하는 것입니다. 내가 진심으로 바라마지 않는 것은 그 불화가 거기서 머물고, 불화가 자기의 터전으로 삼고 있는 마음의 방에서 자기의 무관심을 나타내는 것으로 만족한 채 부디 마음의 정감 영역을 공격하지 않는 것입니다. 하지만 내 바람은 얼마나 헛된 것인지요! 왜냐하면 불화는 마음에 광범위하게 침투하여 모든 감정을 정복하기 때문에 감정을 조수(助手)처럼 행동하도록 마음대로 노예로 부리기 때문입니다.

태도, 연구, 견해에 있어서 모든 유사성은 화합을 도모하는 사랑과 관심에서 매우 큰 힘을 발휘하는 까닭에, 그리고 그런 항목에서 조금이라도 유사성이 결여될 때 증오를 싹트게 하는 엄청난 잠재력을 가지므로 신앙에서의 불화는 바티니우스[75]가 키케로에 대해 품었던 미움보다 훨씬 치명적인 적대감을 낳으며, 그러한 감정의 격분은 절대로 화해될 수 없는 경우가 많습니다. 종교적 반목이 가시화될 때, 심지어 그 이름을 못 들어본 사람이 없고 누구나 가장 선망하는 유명 인사들 사이에서도 이전에 함께 우애를 나누고 자연스럽게 정서적으로 수많은 절친한 유대를 맺어 온 사람들이라고 해도 즉시 서로 절교하고 모든 우정의 표시를 거두어들이며, 가장 견고한 친교의 끈을 갈기갈기 찢어 버립니다. 이것은 그리스도께서 이미

..

75) Publius Vatinius(기원전 95년경~기원전 41년경). 로마공화국의 마지막 10년 동안 정치인으로 활동했다. '바티니우스 법'이라고 불리는 것의 목적은 원로원이 결정한 입지를 변경하는 데 있었다. 기원전 59년, 카이사르는 원로원파인 비불루스와 함께 집정관에 당선되었다. 이후 카이사르는 삼두정치의 협약에 따라 폼페이우스와 크라수스의 지원으로 농지법을 개혁하고 원로원의 약화를 꾀했다.

지적하셨던 것입니다. "너희는 내가 세상에 평화를 주려고 온 줄로 생각하지 말라. 평화가 아니라 칼을 주려고 왔다. 나는 사람이 자기 아버지와 맞서게 하고, 딸이 자기 어머니와 맞서게 하고, 며느리가 자기 시어머니와 맞서게 하려고 왔다. 사람의 원수가 자기 집안 식구일 것이다."(마 10: 31~36) 이 말씀은 그리스도께서 오신 목적이나 이유를 밝히는 것이 아니라, 그가 오시고 난 후에 사람들 사이에 일어날 수 있는 일을 지적한 것입니다. 그리스도는 이전에 공공 사회에 수립되었던 것과 근본적으로 상이한 종교를 세계 안에 도입하려고 오셨고, 그리하여 이후로 인류의 총체적인 악성 부패로 인해 그 참된 종교에 대한 많은 불화가 발생할 것을 예고하신 것입니다.

이 비대칭성은 사마리아인들에 대해 유대인들이 가졌던 앙심에 기원하는데, 그 때문에 그들은 사마리아인들의 예배를 통해 얻을 수 있는 혜택마저도 스스로 거부하고, 심지어 편의를 위한 필수적인 문제에서조차 반목하는 모습에서 뚜렷이 나타납니다. 사마리아 여인이 예수에 관해 의문을 품게 만들었던 것도 바로 이런 감정의 골이 깊었기 때문입니다. "선생님은 유대 사람인데, 어떻게 사마리아 여자인 나에게 물을 달라고 하십니까?"(요 4:9) 진실로 적으로 간주하는 타자로부터 혜택을 얻을 수 있는 것을 마다하는 것은 증오의 가장 극단적인 표지입니다.

마음의 불화와 반목은 가지를 뻗어 분파와 내분을 거쳐 여러 갈래의 파벌을 형성합니다. 사랑이 연합의 감정이라면, 증오는 분리의 감정입니다. 따라서 다른 회당에 반대하는 회당들은 다른 교회에 반대하는 교회들, 다른 제단에 반대하는 제단들을 세우고 서로 다투어 봉헌하며, 그 앞에 사람들이 줄을 잇습니다. 그 결과 우리는 부정적인 구호를 자주 듣게 되는데, 이스라엘 자손들의 큰 집단이 수많은 분파로 나뉘면서 그들 사이에서 끊임없이 울려 퍼지던 불평이 바로 그것입니다. "우리가 다윗에게서 받을 몫이 무엇인가? 이새의 아들에게는 받을 유산이 없다. 이스라엘아, 저마다 자기의 장막으로 돌아가라."(왕상 12:16) 양쪽 파벌 모두 '참 이스라엘'이라는 유서 깊은 이름으로 불리기에 똑같이 적합했음에도 마치 제 편이 상대방에게 심판을 내릴 수 있는 전권을 독점적으로 받은 양, 그리고 하나님께서 지극히 관대하게도 그의 교회 전체에게 내려 주신 '이스라엘'이라는 이름을 나머지 형제들과 특정한 문제에 대해 이견을 가졌다는 이유로 이방인 취급을 하면서 같은 이름을 계승할 수 없는 것이 확정되기라도 한 듯이, 그들은 거듭거듭 상대방을 가차 없이 부정했습니다.

그러나 맹렬히 끓어오르는 마음의 소용돌이는 파당 짓는 일 정도에서 끝나지 않습니다. 상황이 그런 식으로 전개될 때, 한편은 스스로 다른 편보다 더 유력한 것으로 여기고 자신들에게 반대하는 파벌에 가하는 핍박을 제도화하고, 상대방을 완전히 초토화하려는 시도를 서슴지 않기 때문입니다. 그런 결과를 실현시키기 위해 인간의 천재성이 궁리할 수 있거나 무시무시한 분노가 장악할 수 있는, 또는 지옥의 지방 관청들이 공급할 법한 가공할 만한 침해를 개의치 않습니다. 세간의 평판이나 소유물, 살아 있는 사람들, 오래전에 죽은 사람들의 재, 지하 매장소와 죽은 사람들의 추억까지 말살하려 하고, 살아 있는 사람이나 죽은 사람들의 영혼을 싸잡아 대적하며, 분노를 쏟아붓고 잔인한 만행을 저지릅니다. 힘이 센 파벌과 뜻을 달리하는 사람들은 온갖 종류의 무기에 의해 공격을 받으며, 비열한 조롱과 비방, 비난, 저주, 파문, 이단 판결, 모욕과 추문에 의한 명예훼손, 투옥과 고문을 위한 도구들이 사용됩니다. 이단시되는 사람들은 외딴 곳이나 사람이 살지 않는 섬으로 쫓겨나고, 광산 갱에 갇히거나, 육지나 바다를 막론하고 어디서든지 친지들과 소통하는 것이 금지되며, 하늘에서건 땅에서건 절대로 모습을 나타내서는 안 됩니다. 그 사람들은 물이나 불,

칼에 의해 고문당하고, 십자가에 달리거나 말뚝 화형주에 세워지기도 하고, 고문 바퀴에 밟히고 교수대에서 처형되며, 야수의 발톱에 의해 찢겨지고, 어떤 척도나 제한에 의해 또는 끝도 없이, 그들이 이제까지 견지해 온 신념을 완전히 포기함으로써, 그리고 그들이 이전에 부인했던 것에 대한 확실한 헌신을 서약함으로써, 즉 폭력에 의해 강압적으로 주입된 위선적인 믿음을 통해 거짓된 찬양으로 자기 자신을 완전히 파괴하게 만듦으로써 핍박당하는 측이 완전히 파멸되기까지, 또는 강자 측의 마음에 들도록 자기 자신을 굴복시킬 때까지 만행은 계속됩니다.

과거에 이방인들이 그리스도인들을 어떻게 핍박했는지를 상기해 보십시오. 그리고 정통파를 대적했던 아리안족, 우상 파괴자들에 대한 우상숭배자들의 핍박 행위, 그리고 그 반대 경우도 기억해 보십시오. 멀리 갈 필요도 없다는 사실은 우리가 아직도 기억하는 시대와 선조들의 시대에 스페인, 포르투갈, 프랑스, 영국, 베네룩스 국가들에서 무슨 일이 있었는지를 반추하게 만듭니다. 개탄스럽게도 우리는 그와 같은 고문 도구들이 실제로 사용되었다는 사실을 눈물로 고백할 수밖에 없습니다.

그러나 서로 다투는 파벌들이 힘에서 대등할 경우, 또는 그중 어느 하나가 오랫동안 억눌려 지내다가 계속되는 핍박에 신물이 나고 자유를 향한 갈망에 불이 붙어서 그들의 인내심이 격노(흔히 그렇게 부르듯이)나 오히려 단순한 분개심으로 바뀌어 버린다면, 그리고 억압을 당하던 측이 결단을 내리고 모든 힘을 다해 세력을 결집시킨다면 그럴 경우 가장 극렬한 전쟁이 발발하고 불행헌 일이 반복될 것이 자명합니다. 즉 나팔소리가 울려 퍼진 후 전령관이 들고 있는 적의의 창이 도전장처럼 내던져지고, 전쟁이 선포되자마자 양측의 군대가 마주 격돌하면서 가장 피비린내 나는 야만스러운 형태의 대결이 계속될 것입니다. 양 교전국들은 평화를 위한 협상으로 들어

가는 일에 대해서는 무거운 침묵을 지키는데, 먼저 그러한 경로를 제안하는 측은 바로 그런 상황에서 그들의 입장 자체에 대한 편견을 낳고, 두 편 중에서 더 약하고 더 불의한 것처럼 비칠 수가 있습니다. 그런 일은 있을 수 없습니다! 그 대결은 극도로 고집스럽게 지속되기 때문에 평화를 입에 올림으로써 서로의 적대감을 잠시라도 지연시키려는 측에서 볼 때, 그런 주제에 대해 말하는 것 자체가 상대방의 심기를 건드릴 경우, 자기 목에 굴레를 씌우고 교수대에 올라가서 스스로 목을 내밀려는 자세를 취하는 것이 아닌 한 그들은 좀체 그 상황을 견딜 수 없게 됩니다. 평화를 옹호하는 사람은 오히려 공동의 목적으로부터 이탈하는 것으로 낙인찍히고, 필연적으로 이단, 이단 옹호자, 배교자, 배신자라는 유죄 판결을 자초하게 됩니다.

진실로 이 모든 반목이나 분쟁, 핍박과 전쟁은 이미 개시되었고 반목 행위는 계속 진행되고 있는데, 왜냐하면 어느 편이든지 서로 자기의 적을 가리켜 그리스도교 세계를 통틀어 가장 전염성이 크고 치명적으로 위험한 집단, 대중 선동가, 영혼의 살인자, 하나님의 원수, 그리고 마귀의 종―하늘에서 불이 내려와 갑자기 뭉개고 불태워 버림을 당해 마땅한 사람―으로 간주하기 때문에, 그리고 그런 사람을 미워하고, 저주하고, 아무런 죄책감 없이 죽이는 것을 합법적인 일로 여길 뿐만 아니라, 매우 적절한 것이고 굳이 추천할 필요가 없는 봉사 행위에 해당하며 하나님 보시기에 그보다 더 용납할 만한 것도 없고, 인간의 구원을 위해 그것만큼 유용한 일은 없으며, 그런 처분은 사탄을 매우 불쾌하게 만들고 그의 왕국에 그보다 더 치명적인 타격은 있을 수 없을 것이라고 상정하기 때문입니다.

그처럼 자신만만한 열심당원들은 하나님의 집을 위한 열정에 의해, 인간 구원을 위해, 신의 영광을 위해 그러한 행동을 지지하거나 선동하며 강요합니다. 폭력적인 도당의 그러한 행동은 그리스도교의 선지자들과 교사들에 의해 이미 예고되었습니다. "사람들이 너희를 회당에서 내쫓을 것이다. 그리고 너희를 죽이는 사람마다 자기네가 하는 그러한 일이 하나님을 섬기는 일이라고 생각할 때가 올 것이다."(요 16:2) 그러므로 양심이 스스로 나서서 그런 식으로 감정을 부추기고 옹호할 때, 어떤 장애물로도 그러한 격렬한 충동을 성공적으로 막아 낼 수 없습니다. 따라서 우리는 종교 자체가 인간들의 악한 부패를 통해 불화를 일으키는 원인이 되고, 끝없이 잔인하고 피비린내 나는 대결에서 스스로를 단련시키는 전쟁터가 될 수 있음을 깨닫게 됩니다.

이제까지 기술한 것에 한 가지를 첨언한다면 한 인물이 등장해 자기 자신을 드높이고 많은 무리의 동의를 얻음으로써 종교에 관한 법률을 제정하는 권한을 뒤엎고, 자기 마음대로 사람들을 파문의 철퇴로 내려치며, 왕들을 강제로 퇴위시키고, 충성과 지조의 서약으로부터 사람들을 면제시키며, 합법적인 지배자들에 대항하도록 그들을 무장시키고, 한 소군주가 가진 지배 권한을 그와 동맹 조약을 맺은 다른 군주들에게 이양시키며, 범죄의 엄중함에 상관없이 무차별하게 사면하거나 폭력배와 암살자들에게 합법적 지위를 부여하는 일이 벌어질 때, 방금 묘사한 것에 들어맞는 한 인물이 고개를 한 번 까딱하는 것만으로 마치 하나님의 명령이 내려진 듯이 맹목적으로 즉각 복종하는 일이 있어 왔다는 것입니다. 만복의 근원이신 하나님! 얼마나 많은 고성능 인화 물질이 반목과 핍박, 전쟁의 화염 속으로 던져지고 있습니까! 재난에 관한 『일리아스』 같은 이야기가 그리스도교 세계에 얼마나 많이 들어왔는지 보십시오! 그러므로 "종교가 사람들을 설득하여 이 거대한 악들의 무더기를 낳게 하는 일이 과연 있을 수 있는 일인가?"라고 누군가 외친다면 그런 일이 정당화될 수 있는 합당한 이유는 있을 수 없습니다.

그러나 이제까지 우리가 열거한 악은 어떤 근본적인 진리를 논란의 중심에 놓고 벌이는 실제의 불화로부터 야기되기도 하지만, 또한 실제 사태가 아닌 현상에 불과한 것이 마음에 영향을 미침으로써 야기되기도 합니다. 그런 예들을 나는 가상적 불화(imaginary dissensions)로 부릅니다. 이런 종류의 불화는 실제로는 참된 종교와는 하늘과 땅 사이만큼 거리가 멀거나, 환상을 추종하는 사람들이 하나님 자체에 대한 환상을 가질 때, 단지 그럴듯한 외양만을 가진 거짓 종교의 분파들 사이에서 발생할 수 있습니다. 이 기술(記述)의 차이는 마호메트 교도들 사이에서 발견되는데, 그중 어떤 분파는(예컨대 튀르크족[76]) 오마르의 해석을 따른 반면, 다른 분파는 (예컨대 페르시아족) 무함마드 알리[77]의 주석을 택하여 개종했습니다. 혹은 반목 상태의 분파들은 그런 가상적 차이가 전혀 실체가 없음에도 참된 교의의 실체에 속한 것인 양 의심 없이 믿습니다. 그러한 차이에 대해 로마의 감독 빅토르는 실제 사례 하나를 들었는데, 그가 동방 교회들 전체를 파문하려 했던 이유는 그리스도교의 부활절 페스티벌을 언제 경축하는 것이 적절한지에 관해 그 사람들이 자기와 다른 의견을 가지고 있었기 때문이라고 합니다.

그러나 종교적 불일치에서 기원하는 모든 악의 절정과 결말이 애초 모

---

76) 튀르크족은 중앙아시아를 중심으로 시베리아에서 발칸반도에 이르는 광대한 지역에 퍼져 거주하는 튀르크어를 모국어로 사용하는 민족을 가리킨다. 중앙아시아에서는 일반적으로 기원전 1700년경부터 생존을 위한 이동과 전쟁이 반복되는 유목 문화가 싹트기 시작했다.

77) Muhammad Ali(1769~1849, 재위 1805~1848). 마케도니아에서 출생으로, 오스만제국의 이집트 총독을 지냈고, 이집트 마지막 왕조인 알라위야 또는 알라위트 왕조(공식명)를 창시했다. 군대에 입대해 이집트에서 나폴레옹의 군대와 싸웠고, 이어 알바니아인 부대의 지휘관이 되어 이집트의 봉건적 영주 맘루크를 눌러 민심을 획득한 뒤, 1805년 술탄에게서 이집트 태수의 지위를 승인받았다. 독립 전쟁 때는 술탄을 원조하였는데, 그 공으로 크레타섬, 키프로스섬을 획득했다.

든 논쟁의 시발점이었던 종교 자체의 파괴라는 것을 지적하는 것으로 강론의 이 부분을 마무리하려 합니다. 플루타르코스[78]가 언급했던 것으로, 수많은 구혼자들의 구애를 받았던 젊은 처녀처럼 영락없이 종교도 거의 똑같은 운명을 겪게 됩니다. 구혼자들은 아무도 그녀를 온전히 소유할 수 없는 것을 깨달았을 때, 그녀를 여러 부분으로 분할하기로 했고, 결국 그들 중 아무도 그녀를 온전히 갖지 못하게 되었습니다. 가장 중요한 문제를 희석시키고 파괴하는 것이 바로 불화의 본질입니다. 이것을 보여 주는 매우 개탄스러운 사례는 넓은 영지와 큰 왕국에서 발견되는데, 그 주민들 가운데는 한때 그리스도교 세계에서 가장 저명한 박사들이 있었습니다. 하지만 현재 그 나라들의 주민들은 이슬람교를 받아들임으로써 스스로 그리스도교를 떠났습니다. 그 이슬람교는 동일한 기원에서 파생된 체계로서, 유대인과 그리스도인 사이의 불화, 사벨리우스주의,[79] 아리안주의,[80] 네스

..

78) Plutarch(46~119년경). 46명의 그리스 로마 영웅들의 이야기를 쓴 『플루타르코스 영웅전』의 저자로 널리 알려진 고대 그리스 시대의 철학자이자 정치가이자 작가다. 그 밖에도 유명한 저작으로 『도덕론』이 있다. 그는 66~67년에 아테네의 아카데미에서 소요학파의 암모니우스에게 철학을 배웠다. 여기서 그가 인용되는 이유는 그가 쓴 테세우스의 일화에서 테세우스가 펠레폰테소스에서 맞은 위기를 벗어나게 되자 아름다운 처녀 헬레네를 두고 제비뽑기 내기를 제안했기 때문이다.

79) 사벨리우스(Sabellius)의 주장을 따르는 이단 분파를 가리킨다. 사벨리우스는 3세기의 신학자이자 성직자였다. 그의 저술은 남아 있는 것이 없고, 그에 관한 내용은 모두 그의 적들로부터 전해진 것이다. 다수의 전문가들은 사벨리우스가 예수의 신성을 인정하지만, 육체를 가진 것은 부인하는 양태론적 단일신론자였다고 주장한다. 서방 교회에서 이것은 동방 교회의 성부수난설(patripassianism)에 해당하는데, 둘 다 신학적 양태주의(modalism)이다. 이단으로 판결된 양태주의는 성부, 성자, 성령이 신성 안에서 각기 다른 위격이라는 삼위체적 관점과 반대된다.

80) 아리안인(Aryans)은 그들이 스스로를 지칭하는 이름으로, '아리아'라는 용어 사용은 인도이란인들에게서만 확인되었을 뿐, 인도유럽인들이 자신들을 지칭하는 것으로 사용했는지의 여부는 정확히 알 수 없다. 학자들은 심지어 고대에서도 아리아인이라는 개념이 인종적

토리우스파,[81] 에두티키아누스파,[82] 그리스 단의론자들[83]을 상대로 정통파가 벌인 논쟁은 사실상 이슬람교의 교세 확장의 주된 수단이 되었습니다.

불화의 원인

이어서 불화의 원인에 대해 생각해 봅시다. 일반적으로 철학자들은 원인을 세분화하여 직접적으로 그리고 자기 자신의 본성으로부터 결과를 낳는 것, 간접적으로 그리고 우연에 의해 동일한 목적을 실현하는 것으로 나눕니다. 이들 집합 각각에 대해 고찰할 때 우리의 논의가 활성화될 것입니다.

종교적 불화를 가져오는 우연적 원인은 인간의 마음과 정서와 정념을

..

인 것이 아니라 종교적, 문화적, 언어적이었음을 강조한다.

81) 네스토리우스파(Nestorianism) 또는 경교(景敎)는 네스토리우스(미상~451년경)를 시조로 하는 기독교의 일파를 가리키며, 아시리아 동방교회로 소급된다. 이 분파의 기본 교의는 그리스도의 위격은 하나가 아니라 신격과 인격이라는 두 개의 본성으로 구별된다고 보는 이성설(二性說)이다. 그리스도의 신격은 예수의 복음서에 깃들어 있고 인격은 사라진 육신 안에 있다는 입장이다. 따라서 인성으로서의 예수를 낳은 성모 마리아는 하느님의 어머니(테오토코스, Θεοτοκος)라는 호칭으로 불릴 수 없다고 했고, 결국 431년 에페소스 공의회에서 이단으로 판정된 네스토리우스는 면직 파문되어 리비아로 추방되었다.

82) 에두티키아누스파(the Euthchians)는 콘스탄티노플의 수도원장 에우티케스의 그리스도론을 따르는 일파를 가리킨다. 그는 네스토리우스주의를 격렬히 반대하면서 치릴로의 단일 본성 이론을 극대화했다. 에우티케스는 그리스도 안에서의 신성과 인성의 일치를 강조하면서 강생한 그리스도 안에 처음에는 두 본성이 있다가 인성은 마치 바다에 떨어지는 물방울이 바다에 녹아 버리듯 신성에 흡수되어 신성만 남는다고 주장했다. 결국 신성 하나만 남아 있다고 해서 이 주장을 단성설(單性說)이라고 부른다. 에우티케스주의를 단죄하기 위해 451년 칼케돈 공의회가 소집되어 칼케돈 신경이 반포되었다. 에우티케스주의의 단죄는 또한 오리엔트 정교회와의 분열을 가져왔다.

83) 단의론(Monothelitism, 單意論) 혹은 단의설은 그리스도의 인격에는 단 하나의 의지가 있을 뿐이라는 주장이다. 기독론에서 단의론은 그리스도에게 신성과 인성 각각의 의지가 있다는 이의론(二意論)과 대조된다. 콘스탄티노플 제3차 공의회에서 가톨릭교회는 그리스도에게 두 가지 의지와 두 가지 본성이 있다고 공적으로 선언했다.

초월할 뿐만 아니라, 마음과 그것이 가진 것들 모두와 완전히 상반되는 것처럼 보이는 그리스도교의 본성 자체입니다. 그리스도교는 그리스도의 십자가에 기초하고, "십자가에 못 박힌 그리스도는 세상의 구세주이다"라는 비루하게 들리는 진리를 우리가 모두 받아들여야 할 가장 가치 있는 공리처럼 붙들고 있기 때문입니다. 그러므로 이 종교의 근간이 되는 그 명제를 "십자가의 말씀"(고전 1:18)이라고 부릅니다. 그러나 십자가에 못 박혀 죽은 사람이 세상의 구세주라고 말하는 것, 그리고 구원의 핵심이 십자가에 있다는 것을 사람들이 믿어야 한다고 외치는 것만큼 부조리하거나 어리석게 들리는 것이 있을 수 있습니까? 바로 이것을 근거로 사도 바울은 같은 성경 본문에서 십자가의 말씀(혹은 십자가에 못 박히신 그리스도의 가르침)이 유대인들에게는 걸려 넘어질 바위처럼 거리낄 만한 것이고, 또 그리스인들에게는 어리석은 일로 간주된다고 선언합니다.

"사람은 자기 자신을 미워하고 부정해야 하며, 세상과 세상 안에 있는 것들을 멸시해야 하고, 감정과 정욕의 산실인 육신을 죽여야 한다"라는 명제보다 더 인간의 감성에 배치되는 것이 있을 수 있습니까? 그러나 그것은 그리스도교의 두 번째 공리로서 마음으로, 의지적으로, 행동으로 기꺼이 그것에 동의하지 않는 사람은 그리스도 예수의 제자 대열에서 제외될 것입니다. 이 필수 불가결한 요건은 마음이 그리스도교로부터 멀어진 사람이 그러한 요구를 즉각적으로 수용하기 어렵게 만드는 어떤 원인이 있을지 암시하는 반면, 자기 이름을 그리스도에게 걸어 놓고 너무 유약하고 겁이 많아서 온갖 종류의 폭력을 자기의 본성에 휘두를 수 없는 사람 같으면 자기에게 내려질 수 있는 선고의 수위를 경감시키기 위해 또는 무서운 결과가 닥치지 않도록 타협하기 위해 소설 같은 이야기를 만들어 내는 이유가 무엇일지 암시합니다. 그러한 상황에서 사람들이 그리스도교 교의의 순수성으로부터 돌아서 버릴 때, 불화는 그들로 하여금 그리스도교에 등을 돌리고 그 교의를 가르치는 견고하고 일관적인 스승들과 맞서게 합니다.

현재 시점에서 그리스도교 신앙은 유일하게 진정한 기록인 성경 안에 등재되고 봉인되어 있습니다. 그러나 그 성경조차 오류와 불화의 계기에 휩싸이는데, 그런 상황에 대해 사도 베드로는 말합니다. "그 가운데는 알기 어려운 것이 더러 있어서 무식하거나 믿음이 굳세지 못한 사람은 다른 성경을 잘못 해석하듯이 그것을 잘못 해석해서 마침내 스스로 파멸에 이르고 말 것입니다."(벧후 3:16) 성경의 여러 부분에서 발견되는 수사적인 표현과 애매한 문장은 저자가 의도한 것이 아님에도 그런 측면은 "판단력이 충분히 훈련되지 않은" 사람들로 하여금 진리를 혼잡하게 만들게 할 수 있다는 뜻입니다.

그 문제에 대한 논의는 이쯤 해 두고 이제부터 불화의 본래적인 원인에 대해 고찰하기로 합시다. 이러한 상황의 전경에 도사리고 있는 것은 진리와 화평의 가장 비열한 원수이자 거짓과 불화의 씨를 가장 집요하게 퍼뜨리면서 적대적인 반군을 통솔하는 적장 사탄입니다. 사탄은 하나님의 영광과 인간의 구원을 시기하고 시시탐탐 기회를 엿보며 기다리다가 몰래 알곡들 사이에 이단과 분열의 가라지를 심습니다. 사탄은 사람들이 잠들어 있는 동안 그렇게도 악의적이고 교묘한 씨를 뿌리는데(마 13:23), 때때로 매우 풍성한 수확을 거두기도 합니다.

이 파괴적인 연쇄를 이루는 그 다음 사슬은 인간 자신으로, 그는 자기 자신의 파멸을 초래할 만큼 아무리 유해한 작용이라도 개의치 않고 사탄에게 손쉽게 속아 넘어가 그에게 봉사하는데, 교활하기 그지없는 적인 '그 뱀'은 자기의 목적을 이루는 데 가장 적합한 여러 수단을 인간에게서 찾아냅니다.

첫째, 인간의 마음은 맹목과 허영심 때문에 사탄에게 곧잘 공략당하는 첫 번째 대상입니다. 마음의 맹시(blindness)에는 두 가지가 있는데, 하나는 본래적 맹시이고 다른 하나는 우연적 맹시입니다. 전자는 우리가 선천적으로 가지고 태어나고 우리와 함께 성장합니다. 우리의 본성 자체는 위대한 빛의 원천이신 하나님께 등을 돌렸던 옛 아담(the Old Adam)[84]의 시원적 범죄로 인해 오염되어 더러워졌습니다. 진리의 빛이 비칠 때 오히려 시력이 약해지는 올빼미처럼 이 맹시 상태는 인간들을 무감각하게 만듭니다. 그러나 진리는 아주 깊고 먼 곳에 숨겨져 있는 것이 아닙니다. 태양은 하늘에 떠 있고 그 광선이 높은 곳에서 우리를 비추고 있음에도 우리는 그것을 지각하지 못합니다. 후자는 우연적이고 후천적으로 획득된 맹목성으로서, 이 경우 인간은 자기에게 남아 있는 빛의 흐름마저 스스로 차단합니다. "그들의 경우를 두고 말하면 이 세상의 신이 믿지 않는 자들의 마음을 어둡게 하여서 하나님의 형상이신 그리스도의 영광을 선포하는 복음의 빛을 보지 못하게 한 것입니다."(고후 4:4) 진리를 미워하는 사람들을 정의로 징벌하시는 하나님은 그런 이들에게 스스로 오류를 범하는 능력을 허용하심으로써 그들의 마음의 눈을 어둡게 하십니다. 이 사실은 마음을 뒤덮고 있는 휘장이 어떻게 복음을 분별하지 못하게 하는 장애물로 기능할 수 있는지(고후 3장), 그리고 진리의 빛이 헛되이 비칠 뿐이기 때문에 어떻게 사람이 "거짓을 믿게"(살후 2:11) 되는지를 설명해 줍니다. 그러나 거짓에 동의하는 것은 진리를 주장하는 사람들로부터 돌아서고 분리되는 것입니다.

∴

84) the Old Adam. 구속사적 관점에서 '최초의 인간'이라는 표현은 이중의 의미를 갖는다. 옛 아담은 지상에 출현한 최초의 인간을 지시하는 반면, '새 아담(the New Adam)'으로 불리는 그리스도는 하나님의 형상을 온전하게 회복한 '제2의 아담' 또는 새로운 경륜을 여는 '새 아담'이다.

마음의 허영은 이 맹시성의 뒤를 이어 등장하여 자칫 참된 종교의 길을 벗어나기 쉬운데, 가슴에 확고하고 변함없는 목적의식을 품지 않는 한 그 누구도 참된 진리의 길을 걷기가 쉽지 않기 때문입니다. 이 허영심은 또한 자기의 허황된 본성에 가장 친화적인 가공의 신을 발명하고, 그 허구적 신의 마음을 기쁘게 할 것으로 생각되는 예배 양식을 창안하는 경향이 있습니다. 이런 방식은 하나같이 참된 종교의 통일성으로부터 일탈하는 것이며, 그 통일성을 저버리기가 무섭게 사람들은 조심성 없이 불화 속에 빠지고 맙니다.

둘째, 마음의 정서는 사탄에게 협력을 제공하는 방면에서 다른 어떤 것보다 단연코 가장 신실하고 믿을 만하며, 비굴한 노예처럼 사탄을 돕는 일에 헌신적으로 나섭니다. 물론 그 사람들이 그렇게 행동함으로써 자신의 복지를 향상시키고 하나님 자신에게도 선한 봉사를 하고 있다는 그릇된 관념을 가지고 있을 경우가 많다는 것을 인정해야 합니다. 사랑과 미움이라는 가장 중심적인 두 가지 감정, 그리고 그 밖의 다른 모든 감정을 생산하는 부모이자 선동가들은 이 비천한 예속 상태에서 첫째, 둘째, 셋째 자리를, 그리고 나머지 모든 자리들을 차지합니다. 그 감정은 저마다 자신의 파벌의 완성도에 기여할 수 있는 능력에서 결코 부족함이 없는 3중적 특성을 갖습니다.

그중 전자는 세속적 영광, 물질적 부, 쾌락에 대한 사랑으로서, 예수님의 특별한 사랑을 받았던 그 제자는 그것을 가리켜 "세상에 있는 모든 것, 곧 육체의 욕망과 눈의 욕망과 세상 살림에 대한 자랑"(요일 2:16)이라고 불렀습니다. 후자의 감정, 즉 증오의 감정은 진리에 대한 적대감, 화평에 대한 적대감, 진리를 가르치는 교사들에 대한 증오를 아우릅니다.

그러므로 자랑(pride)은 종교적 불화를 낳는 가장 생산적인 어머니로서,

세 가지 상이한 방식으로 악취를 풍기는 자식을 낳습니다. 첫 번째 종류의 자랑은 "하나님을 아는 지식을 가로막는 모든 교만"(고후 10:5)을 부추기고, 실제로는 아주 쉽고 가벼운 것인데도 그리스도께서 지게 하신 멍에를 지는 것을 참아 내지 못하며, 하나님께 복종하기 위해 진리에 매이고 싶은 마음이 없습니다. 교만은 실제로 "이 족쇄를 벗어던지자, 이 사슬을 끊어 버리자"(시 2:3)라고 말합니다. 이 유해한 원천으로부터 구약시대의 고라, 다단, 아비람의 폭동이 일어났던 것인데, 그들은 하나님이 아론 자손에게만 허락하신 제사장직의 유업을 자기들도 받아야 한다고 뻔뻔스럽게 우겼습니다(민 16장). 또 두 번째 사례로 하나님의 교회 안에서 높은 자리에 앉는 것을 좋아하고 "다른 사람의 신앙에 대해 지배력을 행사하는" 일을 일삼았던 교만한 디오드레베[85]를 사도 요한이 꾸짖었던 과실은 바로 그 죄목이었고, 그것에 대해 사도는 다음과 같이 자세히 말합니다. "그들 가운데서 으뜸이 되기를 좋아하는 디오드레베는 우리를 받아들이지 않았습니다. 그러므로 내가 가면 그가 하는 일들을 들추어내겠습니다. 그는 악한 말로 우리를 헐뜯고 있습니다. 그는 그것으로도 만족하지 않고, 자기도 신도들을 받아들이지 않을 뿐만 아니라, 받아들이는 사람들까지 방해하고 그들을 교회에서 내쫓습니다."(요삼 1:9, 10) 끝으로 종교적 신앙에 관한 계명들을 자기 마음대로 제정하거나 수정함으로써 사람들의 영혼을 지배하려 하거나, 그 계명들을 사람들의 양심에 강제로 주입하기 위해 위협과 위

··

85) 디오드레베(Diotrephes)는 요한복음 3장에 언급된 사람으로, 사도 요한은 그의 죄목을 세 가지로 요약했다. 그 세 가지는 교회 안에서 으뜸이 되고자 한 것, 다른 신자들의 신앙을 지배하려 하고, 거짓을 사실인 양 내세우며 왜곡된 비방을 일삼은 것, 당시 순회하며 복음을 전했던 전도자들의 곤핍함을 모르는 체하고 인색하게 군 것이다. 그의 과실은 결국 교회 내에서 신자들 사이의 불화를 야기했다. 사도 요한(11~99)의 생애를 고려할 때, 디오드레베는 1세기 후반에서 2세기 초반까지 살았을 것으로 추정된다.

력을 가함으로써 교회 회중에게 부당하게 주권을 행사하는 교만한 사람들은, 불법적인 이 같은 전횡을 견뎌 내지 못하는 교회 회중으로 하여금 다른 교회들과의 연대를 깨뜨리게 만들고, 모든 일을 각자 알아서 관리하도록 강요합니다. 예를 들어 그리스 교회는 바로 그 신념으로부터 영향을 받았다고 스스로 천명하면서 라틴 교회와 유대를 갖기를 거부했는데, 그들이 내세운 이유는 교회에게 수여된 모든 권한과 율법에 반대하고 그리스도의 통치와 교부들이 내리는 법령에 도전해야 하는데, 왜냐하면 로마 교황이 "교만하게도 권력을 독점하려" 했기 때문이라는 것입니다. 그와 똑같은 원천으로부터 동시대 유럽 세계 전체를 흩어지게 하고 분열시키는 거대한 분립주의의 물결이 흘러넘치고 있습니다. 이 추세는 개신교 국가들과 개신교도 국왕들이 쏟아내는 정당한 불만 제기와 주장을 통해 전 세계에 널리 알려지고 있습니다.

그러나 시기심과 분노와 모든 것을 알고자 하는 열렬한 갈망은 또 다른 종류의 삼중의 작은 화살들인데, 교만은 그런 화살들을 종교의 일치라는 과녁을 겨냥해 던집니다. 첫째, 어떤 사람이 영적인 일과 경건한 삶에 관한 지식에서 동료들보다 월등할 경우, 그리고 그런 지식 때문에 그가 여러 사람들로부터 호감을 얻고 권위를 인정받는다면 교만은 즉시 몇몇 사람들의 마음을 시기심의 화살촉으로 찌르기 시작합니다. 그 다음에는 단정하고 아름다운 모든 것을 오염시키고, 순수한 것을 중상하고 모독하며, 그 사람의 개인적인 삶의 이력이나 그가 가르치는 교의를 비열한 비방에 의해 왜곡합니다. 그가 좋은 의도에서 올바로 표현한 것도 악의적인 해석에 의해 틀리게 가공하며, 대중이 높이 평가하는 사람에게 시비를 걸어 논쟁을 벌이고, 부끄러운 일을 오히려 자화자찬하는 초석처럼 깔아서 그 사람의 이름과 명성을 파괴하는 일에 매진합니다. 만일 그런 수단에 의해서도 교만이 자기가 원하는 만큼 상황을 지배할 수 없을 경우, 그다음에는 완전히 새로운 도그마를 창안하여 신자들로 하여금 자기를 따르게 만들고, 일치와 조화 속에 함께 지내던 동안에는 공동체 전체로부터 얻을 수 없었던 권위를, 분리되어 떨어져 나온 나머지 집단 안에서 누리기로 작정하는 것입니다.

둘째, 교만은 또한 분노의 아버지이기도 한데, 만일 진리를 가르치는 교사로부터 자신이 아주 조그마한 상처라도 입었다고 생각될 경우, 그 사람은 교사에게 복수하기 위해 상대가 누구건 가리지 않고 자극합니다. 그리하여 자기의 기분을 무례하고 불손한 방식으로 드러내고, 또 상대방에 대해 공공연하게 이단적이라고 단언하기도 하는 데, 그런 식의 공격만큼 자기의 목적에 적합하거나 혹은 상대방의 평판에 해를 끼칠 수 있는 것도 없다고, 즉 어떤 조건에 의해서도 그보다 더 모욕적이거나 사람들 사이에 혐오스러운 증오의 대상으로 만들 수 있는 것도 없을 것이라고 생각하기 때문입니다. 이런 종류의 범죄는 행동으로 드러나는 것이 아니라 감정을 파고드는 문제이기 때문에 사람들의 마음에 들러붙은 얼룩을 남김 없이 지울 수 있다거나, 어떤 교묘한 둔사(遁辭)에 의해 중상가가 비방의 화살을 쏜 사람에게 들러붙어 있는 오명을 스스로 제거할 수 있는 최소한의 가능성도 없기 때문에 중상모략은 그것을 가한 당사자에게서 그 오명을 완전히 깨끗하게 씻어 내기 어렵습니다. 이런 전투에서 교만이 사용하는 셋째 무기는 모든 것을 탐색하고 알아내려 하는 열정적인 욕구입니다. 이 열정은 어떤 주제도 배제하지 않으며, 지식을 얻는 일은 혜택을 누리는 일로 발전될 수도 있습니다. 그리고 (자기가 들인 노고에 대한 보상을 놓치지 않기 위해) 교만은 배워야 할 필요가 있는 것들, 즉 각고의 노력을 기울임으로써 무지의 암흑으로부터 벗어날 수 있게 해 주는 것, 그리고 어떤 진술에 의해서건 엄청나게 대담한 주장을 쉽게 동반할 수 있는 주제에 관해 분수에 맞지 않게 다른 사람들의 일에 간섭합니다. 이 같은 경향성과 행동에 의해 교회 안에 공격과 분립이 야기될 수밖에 없습니다.

마찬가지로 탐심이나 돈을 사랑하는 것은—후자에 대해 "모든 악의 뿌리"(딤전 6:10)라고 사도 바울이 규정한 바 있습니다—이 치열한 전투에 적대적인 표준을 도입합니다. 왜냐하면 진리의 교훈은 이익을 얻는 원천이 될 수 없으므로 신실하게 진리를 가르치는 사람들의 뒤를 이어 불신자 교사들, 즉 "먹이를 찾아다니는 늑대이며 경건을 이득의 수단으로 생각하는 사람들"이 후임자가 될 때, 그런 상황은 진리의 교육에 심각한 왜곡을 초래할 수 있는 기회가 됩니다. 구원을 얻기 위해서는 날마다 봉헌 기도를 드려야 하므로 "그들은 지기 힘든 무거운 짐을 묶어서 남(제자들)의 어깨에 지우고"(마 23:4), 또는 죄를 보속하는 대가로 이익을 취할 수 있는 계획을 궁리해 내거나, 끝으로 부드럽고 아첨하는 표현을 사용하여 사람들의 귀를 즐겁게 하는 설교를 함으로써 신자들에게 인기를 얻으려 하는 것인데, 사도 바울의 표현에 따르면 그것은 "하나님의 말씀을 팔아서"(고후 2:17) 먹고 살아가는 장사꾼이거나 이득만을 챙기려는 소인배입니다.

그러므로 불화를 쉽게 야기하는 원인으로 작용할 수 있는 계기는 다음과 같습니다. 하나는 이익을 챙기기 위해 준비한 교의에 맞서서, 교회에 속한 신실한 교사들 혹은 자기 백성들의 구원을 위해 하나님께서 세우신 사람들이 문제를 제기하고 단결할 때이거나, 또는 점점 부담과 강탈에 지친 나머지 전임 목회자로부터 떨어져 나가는 이탈자가 생기는데, 다행스럽게도 좀 더 건실한 집단과 연합하거나 그들이 스스로 평가하기에 더 나은 대안에 해당하는 사람들 편에 참여하는 경우입니다. 바리새인과 그리스도 사이에서 타올랐던 불화의 횃불도 바로 그런 경우로서, 그리스도는 바리새인들의 탐욕을 꾸짖으시고 괴롭기 그지없는 그 모든 짐을 내려놓으라고 명령하셨습니다. 이 문제로 말하면 마르틴 루터가 교황의 면벌부(免罰簿) 판매에 저항하며 봉기했던 이유였고, 처음에는 아주 작게 시작했으나 그는 점차 엄청나게 중요한 개혁을 이끌어 냈습니다.

특별히 이 방면에 속하는 것으로, 쾌락이나 '육체의 욕심', 육욕과 관련된 감정이나 성향을 지시하는 항목들은 이런 비극적 관행에 가담할 뿐만 아니라, 일반적으로 아무런 양심의 거리낌 없이 죄를 짓고자 하는 욕망도 포함됩니다. 그리고 이 두 가지 유형의 쾌락은 종교 안에서 불화의 불꽃을 피우기 위해 인화 물질을 매우 주도면밀하게 수집하는 것에 비유할 수 있습니다.

이런 유형의 정념이나 정서는 모든 소망 가운데 으뜸인 그 '십자가의 교훈'을 어느 정도 경험하고 나서 그 수준에 머무는 동안에도 육체의 욕심이 부추기는 쾌락을 엿볼 뿐만 아니라, 그와 동시에 하늘의 지복에 이르고자 하는 소망도 놓지 않습니다. 서로 조화될 수 없는 이 두 대상을 목전에 놓은 채 이 정념은 자기의 목적에 부합하는 교사를 택하여 손쉬운 방식으로 "사람의 영혼을 사냥하려고 팔목마다 부적 띠를 꿰매고, 각 사람의 키에 맞도록 너울을 만들어 머리에 씌워 주고"(겔 13:18), 자신들은 비스듬히 누워서 편히 휴식을 취하려 하는데, 그럼에도 그들의 죄는 날카롭게 찌르는 가시처럼 사방에서 그들을 계속 찌르고 성가시게 할 것입니다. 분명히 그들은 상당히 중요한 인물처럼 보이지만, 실상 무의미하기 짝이 없는 관행에 의해, 그리고 그 자신의 지성소를 가득 채우게 될 막대한 기부금에 의해 신의 은혜를 살 수만 있다면 손쉽게 용서도 받을 수 있을 것이라는 터무니없는 생각으로 자기 마음을 즐겁게 합니다. 사도 바울이 디모데에게 보낸 편지에서 지적했던 불만 사항이 바로 이것이었습니다. "때가 이르면 사람들이 건전한 교훈을 받으려 하지 않고, 귀를 즐겁게 하는 말을 들으려고 자기네 욕심에 맞추어 스승을 모아들일 것입니다. 그들은 진리를 듣지 않고, 꾸민 이야기에 귀를 기울일 것입니다."(딤후 4:3~5) 이어서 사도는 디모데가 목회 직무를 충성스럽게 수행하는 중에 주의해야 할 한 가지 교훈을 덧붙입니다. 앞의 인용문에 따르면 디모데와 그와 같은 교사들 사이에 명백한 격차가 있었음이 분명합니다.

그러나 언급한 세 가지 대악은 그들의 아버지 사탄에게 다른 방식으로 봉사하고, 그의 영도 아래 그리스도교에 왜곡된 변화를 야기하고, 그 결과로 그리스도인들 사이에 불화를 조장하는 데 기여합니다. 거룩한 역사와 세속적인 역사 모두를 통틀어 공명심과 탐심을 동시에 충족시키려는 그러한 권력 지향적 욕구에 선동되어 새로운 양태의 종교를 창안하고, 그것을 백성들의 역량이나 기대와 견해에 적당히 끼워 맞추었던 고대의 왕들과 평민들에 관한 믿기 어려운 사례는 셀 수 없이 많습니다. 그런 식으로 이질적인 종교를 이용해서 그들은 자기 수하에 있는 사람들을 의무의 족쇄로 규제하거나, 다른 왕들의 지배하에 있는 사람들을 정복하러 나가자고 선동합니다. 야심과 탐욕은 그처럼 큰 야망을 가진 사람들에게 종교성 짙은 예배 의식을 창안하려는 욕구를 심어 줍니다. 참신성에 대한 갈망, 쾌락을 향유하고자 하는 욕구, 새로운 교의와 자신들의 선입견이 현저하게 일치하는 것을 보여 줌으로써 사람들로 하여금 그럴듯해 보이는 종교를 포용하게 만듭니다. 바로 이러한 의도를 갖고, 그리고 강박적인 야망에 이끌려 여로보암은 이스라엘의 교회 역사에서 최초로 종교에 왜곡된 변화를 일으킨 선구자가 되었습니다. 그는 단과 베델에 제단을 쌓고 황금 송아지를 만듦으로써 하나님이 명령하신 대로 백성들이 희생 제물을 드리기 위해 정한 절기마다 예루살렘으로 이동하려 할 때, 그들의 길을 막고 그들이 갈라져 나왔던 다윗의 가문으로 돌아가지 못하게 했습니다. 마호메트도 바로 그와 똑같은 이유에서 새로운 종교를 창시했습니다. 그는 유대인과 그리스도인 사회와 빈번한 교류를 통해 두 집단으로부터 그들이 가장 좋아하는 것이 무엇인지 알게 되었습니다. 그러므로 그는 수도사 세르기우스[86]의 매우 간교한 조언을 채택하여 새로운 스타일의 종교를 만들었는데, 그것은 인간의 감각에도 만족스럽고 그가 믿는 『코란』에도 원만하게 수용될 수 있었으므로 그는 많은 사람들이 그것을 포용하도록 설득하는 데 성공했습니다. 그가 설득할 수 없었던 소수의 대상은 거대한 오스만제국을 일으켰던 본토 사람들과, 오늘날까지 튀르크족이 점령하고 있는 광대한 자치령들입니다.

적대감에 대하여

이제까지 우리는 영광, 부, 쾌락에 대한 사랑이 어떤 식으로 종교적 불화의 극장에서 다양한 역할을 하는지를 살펴보았습니다. 그 다음으로 적대감이 우리에게 보여 주는 활약상을 살펴볼 것인데, 적대감을 일으키는 원인의 본성으로부터 불화의 단초가 되는 고유하고 직접적인 경향성을 발견할 수 있습니다.

∴

86) Sergius of Radonezh(1314~1392). 러시아에서 가장 숭배받는 성인 중 하나로, 신비주의자로 알려져 있다. 1345년, 모스크바에서 70킬로미터 떨어진 세르기예프 파사드 마을에 있는 세르기우스 삼위일체 대수도원을 세웠다. 세르기우스가 수도승이던 시절 수풀 속에서 홀로 수행을 하던 목조 건물이 있었는데, 점차 많은 제자들이 모여들면서 주위에 마을(파사드)이 형성되었다고 한다. 수행과 자발적 노동에 의한 삶을 강조한 세르기우스의 가르침을 따른 제자들이 러시아 전역으로 퍼져 나가 세운 수도원만 40여 개가 되었다고 하는데, 그 사상과 영향력이 가톨릭의 성 프란체스코와 견줄 만하다.

무대에 첫 번째로 등장하는, 적대감의 역할을 맡은 배우가 보여 주는 것은 진리와 참된 가르침에 대한 미움입니다. 이 적대감의 종(種)은 부분적으로 마음의 상상된 관념으로부터 잉태되는데, 그것은 진리의 가르침과 화합할 수 없지만 완전히 진리를 떠나기도 어렵기 때문에 자기를 거스르는 정감(sentiment)에 대해 적대적인 미움의 감정을 부추깁니다. 적대감이 조성되는 부분적인 또 다른 이유는 참된 교의가 인간에 대해 고발인의 역할을 하면서 인간이 욕망하는 대상들을 금하고, 가장 마음에 내키지 않는 일을 행하도록 명령하기 때문입니다. 적대감은 자기의 원칙을 매우 엄격하게 적용하기 때문에 그 원칙이 규정한 조건을 따라 자기의 삶을 철저하게 맞추고 일치시키려 하지 않는 사람은 누구나 구원의 희망에서 완전히 제외되어 버립니다.

두 번째 종류는 화평과 일치에 대한 적대감입니다. 원수를 갖지 않고서는 존재할 수 없다고 기술할 수밖에 없는 사람들이 있는데, 트로구스 폼페이우스[87]는 고대 스페인 사람의 성품에 그런 특성이 있다고 공언한 바 있습니다. 그 사람들은 일치나 우애 같은 것을 매우 불쾌한 것으로 여기므로 그것에 대한 순수한 증오심에서 다른 사람들에 대한 적개심을 드러내놓고 표현합니다. 만일 그런 인물들이 교회에서 어떤 영예로운 직위에 오르게 된

··

87) 그나이우스 폼페이우스 트로구스(Gnaeus Pompēius Trōgus)는 기원전 1세기 로마의 역사가다. 알렉산드로스 대왕의 아버지인 필리포스 대왕에 관한 책 『필리포스의 역사(Historiarum Philippicarum)』를 썼는데, 기원전 19년에서 2년 사이에 쓴 것으로 추정된다. 3세기에는 유니아누스 유스티누스에 의해 초록이 만들어지고 그 형태로 후세에 남았고, 『필리포스 역사』 자체는 남아 있지 않다. 이 역사서에는 정치사뿐만 아니라 자연 잡지, 민족지, 지리지가 포함되어 있으며, 인간의 역사는 자연 저널의 일부라는 태도가 엿보인다. 그것은 헤로도토스와 포세이도니오스가 쓴 카이사르의 『갈리아 전기』와 타키투스의 『게르마니아』 등의 전통에 따른 것으로 생각된다.

다면 그들이 어떤 윤리적인 문제나 곤란한 일을 일으키지 않을지, 또 난해한 궤변을 늘어놓으려 궁리하지 않을지, 예상할 수도 없는 비방을 일삼지 않을지 생각만 해도 놀라게 되는데, 그들로서는 종교적 조항들에 관해 반박문을 제시할 기회를 얻는 것이고, 그로부터 그들은 결코 화해할 수 없는 사적인 반목과 원한을 키워 나갈 것인데, 현재의 삶과 관련된 것 중 가장 큰 어느 것보다도 더 치명적인 종류의 불화로 증폭될 것이기 때문입니다.

마지막 단계는 참된 교의를 가르치는 교사들에 대한 적대감으로서, 참된 교의로부터 급속히 하강하기 시작하여 선한 교사들이 가르치는 교훈에 대적하는 반목 상태에 이릅니다. 그것은 적과 아무런 공통점도 나누지 않기 위해 서로 미워하는 모든 사람에 대해 꼼꼼하게 연구하게 만듭니다. 그런 일에 대해 아라비아인들이 들려주는 한 가지 사례가 있습니다. 이라클리우스 케사르[88]와 그의 지휘 아래 복무했던 그리스와 로마의 유급 병사들에 대한 증오심에서, 오랜전부터 의지적으로나 정서적으로 그들과 거리가 멀어졌던 아라비아인들은 종교 문제에서 특히 심각한 정도로 골이 깊었습니다. 이전에 그들은 그리스도교의 스승들이었지만, 이제 그들은 『코란』의 교의를 받아들이고 마호메드의 추종자들이 되었습니다.

그러나 참된 교의를 가르치는 교수들도 그들 자신의 어떤 오류에 의해, 또는 순전히 사람들에 대해 품은 악의에 의해 그와 같은 종류의 적개심을 분출할 수 있습니다. 만일 그들이 진리의 교의를 적절한 사리 분별과 친

∴

88) 헤라클리우스 또는 이라클리우스(Flavius Heraclius Augustus, 575~641)는 비잔티움제국의 황제(610~641 재위)로, 헤라클리우스 왕조의 창건자다. 사산조 페르시아로부터 제국을 구하는 데 성공했으나 아랍제국의 흥성을 막는 데는 실패한 황제로, 그 때문에 당대부터도 찬사와 비난이 교차했다. 3세기의 혼란과 군부의 집권으로 로마가 약화하자 디오클레티아누스(285~305 재위)는 제국을 넷으로 나누고, 두 명의 황제(아우구스투스)와 두 명의 부황제(케사르)에 의한 통치를 시작했다. 이 체제는 후일 콘스탄틴 대제에 의해 통일되었다.

절로써 잘 관리하지 못한다면, 그리스도교의 진보를 더 중시하기보다 자기의 개인적인 이익에 더 큰 관심을 기울이는 것 같다면, 끝으로 살아가는 방식이 가르침의 정신에 어긋난다면 그러한 개인적인 오류에 의해 그들 역시 증오의 감정을 쌓아 갈 것입니다. 그들은 자신이 늘 가르치는 원칙을 거의 믿지 않는 것과 다름없으므로 언급된 상황 요소들을 통해 자연히 그들의 평판은 부정적이 됩니다.

이 증오의 감정은 또한 다른 사람의 오류에 의해 형성되기도 하는데, 사람들의 여리고 음탕한 성정은 자기의 종양(腫瘍)에 진리의 예리한 소금이 뿌려지고 그것에 의해 정화되는 것을 견뎌 낼 수 없는 데다, 또한 그들은 자기의 삶과 태도에 대해 어떤 검열도 수용하는 것을 힘들어하기 때문입니다. 인간 성정의 이러한 취약한 성향을 잘 알고 있었던 사도 바울은 "그런데 내가 여러분에게 진실을 말하기 때문에 여러분의 원수가 되었습니까?"(갈 4:16)라고 묻습니다. 왜냐하면 진리가 적대감을 낳는 것은 거의 불가피한 일인 반면 아첨하는 친절은 그 보상으로 친구를 얻기 때문입니다.

불화를 지속시키는 원인들

앞에서 논의한 것은 종교적 불화를 낳는 원인들이었고, 그 효력이 지속되는 한 그 원인들은 계속해서 불화 상태를 유지하기 쉽습니다. 일단 불화가 발생했을 때, 화평과 통일로 나아가는 회복의 길을 방해하고, 그리하여 그 불화 상태를 항구적으로 만드는 것으로 정당하게 분류될 수 있는 원인들이 있습니다.

불화 상태를 영속화하고 회복을 방해하는 원인들 중에서 으뜸가는 자리를 차지하는 것은 적대자들의 마음을 사로잡고 있는 각양각색의 편견을 지목할 수 있는데, 그 편견은 우리의 적들과 그들의 견해에 관한 것, 우리의 부모와 조상들과 우리가 속한 교회에 관한 것, 끝으로 우리 자신과 우리의 교사들에 관한 것입니다.

우리의 적들에 대한 편견이란, 우리가 그들이 오류의 영향 아래 있는 것이 아니라, 순전한 악의(malice)의 영향 아래 있다고 생각하는 것으로, 그것은 그들이 불화를 조장하는 취향에 젖어 있다고 여기기 때문입니다. 이 편견은 상대방으로 하여금 올바른 견해를 취하도록 이끌 수 있는 모든 희망을 앗아 가고, 절망감에 빠져 노력조차 포기하게 만듭니다.

우리 적들의 견해에 대한 편견은 그들이 틀렸을 뿐만 아니라, 교회의 공식적 치리(治理)에 의해 이미 정죄 판단을 받은 것으로 간주하며 우리 스스로 그들을 정죄하는 것입니다. 그러므로 우리는 그들을 다시 토론의 자리로 불러들여서 다시 심의하는 과정을 시도해야 할 가치가 없다고 여깁니다.

그러나 우리의 부모나 조상에 관해 형성된 선입관적인 견해 역시 화합을 방해하는데, 왜냐하면 우리는 선조들을 위대한 지혜와 경건의 소유자로 간주함으로써 그들이 오류를 범했을 수도 있다는 것은 개연성 없는 일로 생각하기 때문이고, 그들을 위해 마땅히 가장 뜨겁게 소망해야 하는 목표로서 그들의 구원에 관해 우리가 긍정적인 기대감을 가지고 있기 때문입니다. 그러나 만일 그들의 구원에 대해 상반되는 견해를 통해 그들이 구원에 대해 무지했거나 인정하지 않았을지도 모르는, 구원 문제와 관련된 진실을 조금이라도 인정할 경우, 우리가 가진 소망에 의구심을 품게 됩니다. 부모들이 상속자 자손에게 재산뿐만 아니라 자신들의 견해와 불화까지 남긴다는 것은 바로 이 원리에 따른 것입니다.

그뿐만 아니라 우리가 서약에 의해 스스로 자신을 구속하는 교회의 찬란한 영광은 눈을 뜰 수 없을 만큼 눈부시기 때문에 과거나 현재를 막론하고 어느 시대이건 교회가 옳은 길을 조금이라도 벗어났을 가능성을 인정하게 만드는 어떤 것이든지 좀체 우리 자신을 설득하기가 어렵습니다.

끝으로 우리 자신과 교사들에 대한 우리의 통념과 견해는 매우 수준이 높기 때문에 그들이 무지하다거나 사물들에 대한 충분히 명석한 지각을 갖지 못할 수 있다거나, 그들의 견해에 대한 우리의 판단에 오류가 포함될 수 있는 가능성에 대해 우리는 상상하는 것조차 매우 어렵습니다. 인간의 지성은 그처럼 취약하기 때문에 자기 자신과 자신이 사랑하고 존경하는 사람들의 오류에 대해 의심하는 일을 면제해 버립니다.

그와 같은 편견은 기존의 확립된 명제를 열의를 다해 옹호하려는 완고할 정도의 열의를 낳고, 그것이 화합을 가로막는 가장 강력한 장해물이 됩니다. 이 완고함을 한층 더 집요하게 만드는 두 가지 종류의 두려움이 있습니다.

혹여 우리가 오류를 범한 적이 있다는 것을 스스로 인정해야 한다면 참으로 어리석게도 우리에게 닥쳐올 것이라고 생각하는 불명예에 대한 두려움입니다. 다른 하나는 만일 우리가 어느 하나라도 틀렸다는 것을 발견할 경우, 그리스도교의 교의 전체가 심각한 위험에 처할 것이라고 생각하게 만드는 터무니없는 종류의 두려움입니다.

이외에도 적들과 그들의 견해에 대해 흔히 취하는 행동 방식은 그 양태가 화합을 목적으로 선택된 것이라 해도 화합을 가로막는 적지 않은 장해물이 될 수 있습니다.

예를 들어 상대편을 저주와 비난으로 위협하고, 비방과 중상으로 공격하며, 폭력의 위협을 가할 때, 그것은 적대 세력을 부당한 방식으로 다루는 것입니다. 드물지 않게 있는 일로, "그의 양심의 증언"이 그들을 대적할 때(고후 1:19) 그가 이 모든 것을 하찮게 여긴다면 그런 위협은 아무런 효과를 거두지 못합니다. 그러나 만일 그의 영이 그 증언을 심사숙고하고, 마치 퓨리이스[89])에게 화살을 맞기라도 한 것처럼 마음에 번민을 느낀다면 그는 광포 상태에 내몰릴 것이고, 그런 상태에서 자기의 잘못을 인정하는, 전보다 훨씬 더 나쁜 상태가 됩니다. 이 두 경우 모두에서 상대편은 오히려 자기의 견해에 한층 확신을 갖게 됩니다. 왜냐하면 그는 이런 종류의 완력을 사용하는 사람들이 그들이 추구하는 것의 부정의뿐만 아니라 취약성까지 공공연히 누설한 것이라고 인식하거나, 그가 마음에서 내린 결론에 따라 그와 같은 행동 양식을 보여 주는 사람들이 진리의 영에 의해 가르침을 받을 개연성이 매우 낮다고 생각하기 때문입니다.

그럼에도 적대 세력의 견해에 대항하여 성급하게 논쟁을 벌이기가 쉬운데, 첫째는 그것이 주창한 당사자의 생각이나 의도에 부합하도록 제시되지 않았을 경우이고, 둘째는 합당한 범위를 넘어서 논의가 진행되고 문제의 결함이 부당하리만큼 과장되었을 때이고, 끝으로 그런 결과가 초래할 수밖에 없도록 그릇된 추론에 의한 논증으로 반론이 제기되는 경우입니다.

첫 번째 상황은 우리가 차분하게 마음의 평정을 유지하고 적절한 인내심을 갖고 상대방의 말에 주의를 기울이지 않은 채 상대방의 말이 떨어지기가 무섭게 즉각 반응하면서 그의 의도를 미루어 추정하려 할 때 발생합니다. 두 번째는 상대방이 마치 하찮은 문제를 언급하고 있다는 식으로, 그 이야기를 들어보려는 사람이 아무도 없는 것 같을 때 발생합니다. 마지

..

89) 에리뉘에스는 고대 그리스신화와 종교에서 퓨리이스(Furies)라는 이름으로도 불리는 가상의 인물이다. 크로노스가 우라노스의 성기를 자르면서 흐른 피와 가이아 여신의 땅이 결합하여 태어난 세 여신들을 가리킨다. 그녀들의 머리카락은 뱀이 휘감고 있고, 한쪽 손에는 횃불을, 다른 손에는 채찍을 들고 있다. 이들은 모두에게 공포의 대상이었는데, 살아 있는 자뿐만이 아니라 죽은 자까지도 반드시 찾아내어 끝까지 복수와 저주를 하는, 그 누구보다 집요한 여신으로 알려져 있다.

막 경우는 무지나 과도한 충동에서 기인하는 것으로, 겉잡을 수 없이 격분한 상태에서는 상해(傷害) 능력만이 증강할 뿐이기 때문입니다. 그리하여 무기가 될 만한 것이면 아무것이나 낚아채어 그것을 상대방을 향해 던집니다.

첫 번째 경로를 택할 때 상대방은 자기의 의도가 오해받고 있고, 따라서 자기의 견해가 아닌 다른 견해가 자기에게 잘못 전가되었다고 생각합니다. 두 번째 경로는 본인의 판단에 따르면 자기의 견해와 그것이 획득한 위엄을 누구나 선망하게 만들기 위해 특별한 표지를 붙이려는 목적에서 택하게 됩니다. 마지막 경로가 실제로 채택될 때 당사자는 자기 의견을 반박할 수 없는 공고한 것으로 간주하는데, 그것을 표적으로 삼아 쏟아진 모든 논증 속에서 그것은 전혀 손상되지 않았다고 믿기 때문입니다. 이 모든 것은 불화의 불꽃에 기름을 부어 맹렬하게 타오르는 화염을 꺼지지 않게 만듭니다.

종교적 불화의 치료제

지금까지 우리는 종교적 불화의 본성과 결과와 원인을 고찰했습니다. 우리가 탐구해야 할 남아 있는 주제는 그러한 대악을 낫게 하는 치료제입니다. 나는 이 주제를 간략하게 다룰 것이지만, 청중 여러분이 이제까지 보여 준 것과 동일하게 주의를 모아 주시는 은혜를 내게 베푸실 것을 간청하는 바입니다. 의학을 전공하는 교수들은 모든 치료제의 본성에 대해 '아무 효과가 없다면 결코 사용하지 않는다'는 말을 덧붙입니다. 어떤 약이 진짜 치료제라면 반드시 유익한 효과를 입증할 수 있어야 하고, 유익이 없을 경우 오히려 그것은 유해한 것으로 드러납니다. 이 마지막 조건이 내게 상기시키는 것은 어떤 사람들에 의해 고안된, 빈번히 사용되는 유해한 가짜 약을 먼저 제거해야 한다는 사실입니다.

주제넘게 떠드는 가짜 약 중 첫 번째는, 문제에 대한 정확한 지식 없이 교회와 고위 성직자들이 믿는 것이라고 하면서 사람들에게 주입하는 암묵적 신앙(implicit faith)의 충분성에 대한 설화(fable)입니다. 그러나 성경에는 의(righteousness)의 기초가 "마음으로 믿는 것"에 있고, 구원이 "입의 고백"(롬 10:10)에 있다고 하며, 따라서 "의인은 믿음으로 살 것이다"(롬 1:17), "나는 믿었다, 그러므로 나는 말하였다"(고후 4:13)라고 기록되어 있습니다. 그러므로 앞의 설화의 기괴한 부조리성은 성경에서 충분히 논파되어 있습니다. 이 설화는 종교적 불화의 모든 원인을 은폐할 뿐만 아니라, 지식과 진리가 결핍된 상태에서 존립할 수 없는 그리스도교 자체를 파멸로 이끕니다.

그 다음 가짜 약은 다음의 설화와 거의 동맹 관계에 있습니다. 즉 이 설화의 결론에 따르면 누구나 자기가 믿는 종교에 의해 구원을 얻을 수 있다고 합니다. 그러나 이 치료제는 한 가지 악을 고칠 수 있다고 주장하는 반면, 그와 동시에 해롭고 중대한 악을 더 많이 생산합니다. 또한 그것은 이 오류에 예속되어 있는 사람을 파멸로 이끕니다. 이 오류를 따로 분리하거나 해소하는 수고를 자원하는 사람이 아무도 없는 까닭에 이 허구적 견해는 오류를 치유 불가능하게 만들기 때문입니다.

이 설화는 자기가 수호하는 『코란』이 논쟁의 대상이 될 수 있는 일말의 가능성이라도 완전히 차단하려는 목적으로 마호메드가 만들어 낸 발명품입니다. 귀신 숭배가 번성하던 시기에 이교 사상(Paganism)에서도 똑같은 교의가 만들어졌는데, 이교적 지혜의 충실한 사환 노릇을 했던 아테네인들이 섬기던 어느 제단 위에서 그 이름이 발견되었습니다. 그 제단에는 다음과 같은 문장이 새겨져 있습니다. "아시아, 유럽, 아프리카의 신들에게. 미지의 외국 신들에게." 그것은 당시 '세계의 지배자'였던 로마인들의 방식을 따른 것으로서, 그들 사이에는 적국에 대해 적대적 공격을 개시하기 전에 먼저 적국 도시의 수호신을 불러내는 관습이 있었습니다. '스스로 분열하고 있는 자신의 왕국이 무너지지 않도록' 사탄 자신도 그런 방식을 따랐던 것입니다.

세 번째 가짜 치료제는 종교에 관한 모든 논쟁을 금지하는 전략으로, 어리석기 짝이 없는 무지 상태를 기초로 깔고 그 위에 종교적 규범의 상부구조를 세우는 것입니다. 그런 조례가 작동하고 있는 러시아에서 어떤 결과가 빚어졌는지 고찰해 본다면 누구에게나 그 상황이 확연히 드러날 것입니다. 하지만 현재 번성하고 있는 것이 참된 종교이건 가짜 종교이건 그런 전략은 유해합니다. 전자의 경우 인간의 마음이 초지일관하기 어렵기 때문이고, 후자의 경우 모든 종교의 평등에 관한 선행하는 허구적 전제가 인정할 만한 것이 아닌 한 우리의 마음은 늘 오류 편으로 기우는 항구성이 있기 때문인데, 바로 그것을 근거로 마호메트는 종교적 논쟁을 일체 금지했던 것입니다.

부조리성과 관련하여 그 다음 순위는 성경을 설명하려 하지 말고 오직 읽기만 하라는 조언인데, 이것은 상황의 특수성에 따른 적용을 빠뜨리게 만들기 때문에 유해할 뿐만 아니라, 고대 유대 교회와 초기 그리스도 교회 모두에 있었던 용례에 어긋납니다. 또한 그것은 우리가 논의하고 있는 악을 치료하는 데 아무런 도움이 되지 못하는데, 성경을 단지 읽기만 해도 스스로 의미를 발견할 수 있다고 생각하는 사람은 자기의 환상에 사로잡히기 때문입니다. 그리고 독자의 의지에 따라 의미가 규정되는 그런 식의 독서는 비슷한 본문과 비슷하지 않은 본문이 평행선을 달릴 것이기 때문에 결국 설명의 역할을 하게 됩니다.

한편 교황주의 교회도 우리에게 세 가지 치료제를 제시합니다. 첫째, 확실성을 위해 우리는 보편교회(Church Universal)[90]에 소구권(溯求權)[91]을 행사할 수 있습니다. 그러나 이 교회 전체가 모이는 일은 불가능하므로 로마의 법정은 교회를 대신해 교황, 추기경, 주교, 로마교회 성좌[92]에 헌신적이고 교황에게 부속된 나머지 성직자들로 구성된 대표 위원단을 임명합니다. 이뿐만 아니라 교회는 한 몸처럼 완전히 연합되어 있다고 할지라도 모든 추기경, 주교, 성직자들은 오류를 범할 가능성을 배제할 수 없기 때문에, 그리고 오직 교황만이 오류 가능성을 초월해 있다고 믿기 때문에 그 교회는 우리가 그리스도교에 관해 결정적인 판단을 얻기 위해서는 교황에게 호소해야 한다고 선언합니다. 정작 이 치료제는 허황될 뿐만 아니라 효험도 없지만, 그리스도교 세계의 나머지 신자들로 하여금 전체 종교계에서

:.

90) 보편교회(ἐκκλησια καθολικη, 에클레시아 카톨리케)는 공교회(公敎會)라고도 하는데, 초기 기독교 교회의 사도들의 전통인 신구약 성경과 초대교회 지침인 니케아 신경(325년), 니케아-콘스탄티노플 신경(381년)을 따라 교회 전체로, 즉 그리스도를 따르는 하나의 교회를 지칭한다. 공통적, 보편적, 일반적을 뜻하는 '카톨리케'와 교회를 뜻하는 '에클레시아'라는 헬라어가 결합된 용어다. 이는 하나의 교회, 즉 교회의 동방 전통을 따르는 정교회와 서방 전통을 따르는 천주교와 개신교를 아우르는 모든 교회의 하나 됨을 지칭하는 의미로, 서방과 동방 교회의 분열이 있었던 11세기 이전 교회의 신학적, 역사적 전통을 중요하게 여긴다. 천주교회에서 주장하는 로마가톨릭주의 또는 가톨릭주의는 토미즘이 등장한 13세기 이후에 주장되는 것으로, 이와는 별개의 개념이다.

91) 구상권(right of recourse)이라고도 한다. 특정 채무를 이행한 채무자가 당해 채무의 원인 제공자인 또 다른 채무자에게 자신이 이행한 채무의 보상을 청구할 수 있는 권리.

92) 'Roman See' 또는 'Holy See'라고 부른다. 성좌(聖座)는 로마의 주교인 교황의 착좌식에서 유래한 기독교 용어로, 로마의 주교좌, 즉 성 베드로가 처음으로 앉았다고 전해지는 의자를 뜻한다. 로마가톨릭교회에서는 새로운 교황이 즉위할 때마다 베드로의 권한을 이어받는다는 의미로 착좌식을 거행한다. 현재 문맥에서는 교황 또는 교황권을 지시하는 은유적 표현이다.

반박을 거친 어떤 조항보다도 교황의 판단을 채택하도록 유도하는 일이 훨씬 더 어렵게 보입니다. 그리고 교황주의자들은 이 점을 성경에서 찾아 뒷받침하려고 애쓰기 때문에 그런 상황에서 그들은 성경이 우리가 종교적 지식을 수정할 수 있는 유일한 성소(sanctuary)라고 주장합니다.

둘째, 로마교회의 그 다음 치료제는, 이런 표현이 허용된다면, 단지 형식을 위해 제안된 것일 뿐 실제로는 고대 교부들의 문헌과 협약에 이미 들어 있습니다. 그러나 그리스도교의 교부들(Christian Fathers)이 모두 저술가였던 것은 아니고, 그들 중 소수가 저술을 남기고 또 논쟁에 관여했으므로 (이 사실은 교부들 전체의 보편적 동의를 인정하기 어렵게 만든다) 이 치료제도 효력 있는 것으로 보기 어려운데, 왜냐하면 가톨릭신자들 스스로가 인정하듯이 그 교부들에게도 각각 오류 가능성이 있기 때문입니다. 따라서 이런 정황으로 미루어 우리는 교부들이 책 속에서 자신의 개인적인 견해를 따로따로 밝히고 있을지라도 그들 전체의 동의는 오류의 위험에서 면제되지 않는다고 결론 내려야 할 것입니다. 그뿐만 아니라 그와 같은 일반적인 일치는 용이한 문제가 아닙니다. 그것은 가장 어려운 과정을 거쳐 얻어질 수밖에 없는데, 왜냐하면 교부들의 저술들을 포괄하는 엄청난 부피의 총서들과 거의 셀 수 없을 만큼 많은 문헌들을 통해 보편적인 동의를 제 힘으로 얻어 낼 수 있는 절호의 기회를 가질 수 있는 사람은 극히 소수에 지나지 않기 때문이고, 더욱이 다양한 분파 사이의 논쟁은 성경 본문의 의미에 관한 것보다 그 교부들의 해석에 관한 것인 경우가 많고, 초점에 놓이는 내용도 방대한 저술들의 규모와 비교할 때 작은 한 권의 책 분량에 해당하기 때문입니다. 따라서 우리는 끝날 줄 모르는 원정에 파견되었다가 결국 주권자인 교황에게로 다시 돌아오지 않을 수 없습니다.

셋째, 가톨릭교회가 내놓는 또 다른 치료제는 앞의 것과 크게 다르지 않습니다. 그것은 다음과 같이 요약됩니다. '이전 공회들의 신경(信經)들을 참고로 해야 한다. 그것을 근거로 해서 논쟁의 결론이 확정된다면 그것에 관해 내려진 판단은 결정적인 선언의 지위에 놓여야 한다. 쟁점이 되는 가치에 대해 일단 내려진 결정은 어떤 문제로도 다시 평결에 붙여서는 안 된다.' 그러나 선한 의도가 그릇된 방식으로 옹호되었을 경우, 그리고 그 자체의 어떤 결함에 의해서가 아니라 옹호자로 나선 사람들의 결함에 의해 또는 두려움으로 인해 침묵했거나, 아니면 무능하고 어리석은, 분별력도 없이 옹호하려 함으로써 신뢰를 배신한 사람들의 오류에 의해 논란이 정리되고 평정되었다면 그런 결론에서 어떤 유익을 얻을 수 있습니까? 만일 동일한 오류의 정신이 그런 기회에 공격과 방어를 함께 시도한다면 그런 식의 처방이 얼마나 중요한 치유력을 가질 수 있겠습니까? 그러나 그것을 매우 훌륭하게 방어된 사례로 인정합시다. 그럼에도 나는 '종교의 목적, 곧 하나님의 목적은 사람의 결정에 복속되거나, 인간의 판단력에 의해 판단될 수 있는 일이 아니다'라고 선언합니다.

교황주의자들은 네 번째 처방을 제시하는데, 맹렬함과 가장 극렬한 효과 때문에 그 잔혹성의 면모를 참아 내야 했던 당사자인 우리로서는 쉽게 잊을 수가 없습니다. 그 처방은 선행하는 모든 제안을 확증해 주는 지렛대의 기점[93] 역할을 하며, 모든 이론 구성의 토대가 됩니다. 그것은 다음과 같습니다. "교부들의 공의회와 저술이나 로마교회에 의해 설명된 것을 경청하기를 거부하는 사람은 누구든지, 즉 교회, 특별히 교회의 남편인 대제

---

93) 아르키메데스의 기점(fulcrum of a lever)이란 관찰자가 탐구 주제를 총체적 관점에서 객관적으로 지각할 수 있는 유리한 가설적 지점을 가리킨다. 그 한 점은 연구 대상을 그 밖의 모든 것과의 관계에서 볼 수 있게 하며, 모든 사물들의 독립성을 유지하게 하므로, 그 연구 대상에서 '관찰자 제거'라는 이상을 표상한다.

사장과 선지자, 그리스도의 대리인이며 성 베드로의 계승자에게 귀를 기울이지 않는 사람은 누구든지 그 영혼이 주의 백성들 가운데서 끊어질 것이다. 그리고 그렇게도 신성한 권위에 복종하기를 거부하는 사람은 처형자의 검 아래서 동의를 고백하든지, 그렇지 않을 경우 파문되어야 한다." 이 말은 그들의 어법에 따르면 그런 사람은 처형되어야 한다는 뜻입니다. 반대하거나 비판하는 사람들을 죽이거나 완전히 파괴해 버리는 것은 물론, 가장 간단하게 모든 불화를 제거하는 방법임이 틀림없습니다!

이러한 난관 속에서 어떤 사람들은 다른 치료제를 고안했는데, 그것은 인간의 힘이 미치는 범위 안에 있지 않은 까닭에 그들의 견해에 따르면 기도로써 하나님께 구해야 합니다.

첫 번째 해결책은 하나님께서 어떤 사람들을 죽은 자들로부터 일으켜 세워서 사람들에게로 파송하는 것을 좋아하신다는 것입니다. 그런 메신저로부터 사람들은 다양한 논쟁자들 사이의 충돌하는 견해에 관해 하나님의 결정적인 판단이 무엇인지 알게 될 것을 기대할 수 있습니다. 그렇지만 이 해결 방안은 그리스도 자신에 의해 거부되었습니다. "그들이 모세와 예언자들의 말을 듣지 않는다면 죽은 사람들 가운데서 누가 살아난다고 해도 그들은 믿지 않을 것이다."(눅 16:31)

또 다른 종류의 해결책은 하나님께서 기적에 의해 그가 인정하시는 견해를 가진 진영을 구별하시는 것인데, 그것은 엘리야 시대에 쓰였던 것으로 보입니다. 그러나 만일 어떤 분파도 한 치의 오류 가능성으로부터 완전히 자유롭지 않다면 하나님께서 거짓의 어떤 분량이든지 그의 승인 도장을 찍어 주실 것이라고 기대할 수 있겠습니까? 하지만 그 소망은 불필요한 것인데, 왜냐하면 그리스도께서 행하시고 말씀하신 것을 "여기에 이것이나마 기록한 목적은 여러분으로 하여금 예수가 그리스도요 하나님의 아들이심을 알게 하고, 또 그렇게 믿어서 그의 이름으로 생명을 얻게 하려는 것"(요 20:31)이기 때문입니다. 그러나 그런 처방 자체도 우리가 복용할 때 별로 효과가 없을 것입니다. 심지어 그리스도와 그의 사도들의 시대에도 불화는 존재했고, 그중 많은 것들이 복음의 초대 전도자들을 반대하며 불거졌는데, 그들이 부여받은 놀라운 기적 능력을 통해 많은 혜택을 베풂으로써 명성이 자자했는데도 사정은 그랬습니다. 이 말에 덧붙여 나는 장차 도래할 적그리스도(Antichrist)가 "온갖 능력과 표징과 거짓 이적을 행할 것"(살후 2:9)이라고 예고되었음을 언급하지 않을 수 없습니다.

세 번째 해결책은 듣기에도 섬뜩한데, 그럼에도 그런 처방을 택하는 사람들이 있는 것을 보게 됩니다. 그것은 귀신을 불러내는 것으로, 주문(呪文)이나 푸닥거리에 의해 죽은 사람들의 몸으로부터 귀신을 불러내는데 이것은 시대를 막론하고 논란의 주제가 되는 교의의 진리성에 관한 답을 구하기 위해 곧잘 쓰이는 방법입니다. 이 방법은 극도의 절박함을 보여 주는 표지인 동시에 혐오스럽고 불건전한 귀신 애호 성향을 반영합니다.

그러나 특성과 취지가 불온하고 비합리적인 이와 같은 모든 처방을 차치하고 계속해서 나는 거룩하고 참되며 구원으로 이끄는 참된 해결책에 주목하려 합니다. 이 해결책을 나는 불화 예방약과 '두 음절' 탈락제(aphaeretics) 또는 불화 제거제로 나눕니다.

무엇이 참된 해결책인가

예방약의 집합에 속하는 것은 첫 번째로 하나님께 드리는 기도와 간구로서, 그것은 우리로 하여금 진리에 대한 지식을 얻게 하고, 교회의 평화를 보존할 수 있게 해 줄 것입니다. 행정장관의 특별 명령이 있을 때, 진지한 마음과 믿음으로, 그리고 쉬지 않고 끈기 있게 금식하면서 재를 뒤집어쓰고, 종교 행위를 수행해야 합니다. 이 같이 실행되는 예배는 하나님의 명령에 따라 시행되는 것이므로 효력이 있을 수밖에 없는데, 왜냐하면 그것은 "예루살렘에 평화가 깃들도록 기도하여라"(시 120:6)라고 하신 하나님의 명령에 따라, 그리고 "하늘에 계신 아버지께서야 구하는 사람에게 성령을 주시지 않겠느냐?"(눅 11:13)라고 은혜롭게 권면하시는 그리스도의 약속을 따라 행하는 것이기 때문입니다.

그 다음에는 진지한 삶의 개선과 양심적인 행동 양식을 뿌리내려야 합니다. 그것이 수반되지 않는 한 우리의 모든 기도는 효능을 가질 수 없는데, 왜냐하면 "자기가 가진 지식의 해당 항목을 올바로 사용하지 않는 사람은 바로 그런 행위에 의해 하나님이 베푸실 모든 후속 교류와 지식의 진보를 얻기에 무가치한 사람이다"라는 근거에서 하나님을 불쾌하게 만들 것이기 때문입니다. 이 결말은 그리스도께서 하신 말씀과 일치합니다. "가진 사람은 더 받게 될 것이요, 가지지 못한 사람은 그가 가진 것까지 빼앗길 것이다."(눅 19:26) 그러나 자기에게 주어진 지식을 활용하고 향상시키는 모든 사람에게 그리스도께서 분별의 영을 약속하셨습니다. "너희 율법에도 기록하기를 두 사람이 증언하면 참되다 하였다. 내가 나 자신에 대하여 증언하는 사람이고, 나를 보내신 아버지께서도 나에 대하여 증언하여 주신다."(요 8: 17, 18)

첫 번째 종류의 불화 제거제 중에서 앞에서 언급되었듯이 정서에 기원하고, 이 같은 불화를 부추길 뿐만 아니라, 불화를 항구적이고 불씨가 살아 있게 만드는 경향이 있는 원인을 제거하는 것이 있습니다. 겸손에 의해 교만을 이기고, 자기가 처한 조건에서 자족하는 마음으로 하여금 탐욕의 자리를 차지하게 하며, 천상의 즐거움에 대한 사랑에 의해 모든 육신적인 쾌락을 내쫓고, 선의와 자비로 하여금 시기심의 자리를 차지하게 하고, 인내로 견디는 가운데 분노를 누그러뜨리고, 지혜를 추구하는 맑은 정신에 의해 지식에 대한 갈망에 경계를 긋고, 부지런히 적용함으로써 아는 체하는 나태함의 자리를 빼앗게 하십시오. 모든 미움과 통분한 감정을 내쫓고, 오히려 우리와 다른 사람들, 오류에 빠져 헤매는 것 같거나 타인들에게 유해한 씨앗들을 뿌리고 다니는 것처럼 보이는 사람들에게 "자비를 듬뿍 베풀어 보십시오."

우리가 다음의 네 가지 중점 사항에 진지하게 주목해 본다면 화합을 도모하는 데 필요한 것을 우리 마음에서 힘들이지 않고 얻게 될 것입니다.

첫째, 모든 주제에 관해 진리를 발견하고 오류를 피하는 것은 얼마나 어려운 일인지 모릅니다. 이 점과 관련하여 이교도들 중 최악의 사례라고 할 수 있는 마니교[94]에 관해 성 아우구스티누스는 비할 데 없이 아름다운 말로 자세히 풀어 설명했습니다. "진리를 발견하는 데 얼마나 막대한 노고가 필요한지, 그리고 오류를 범하지 않기 위해 얼마나 세심한 주의를 기울여야 하는지 도무지 모르는 사람들이 있다면 그들이 당신에게 분통을 터뜨릴 때 잘 참아 냅시다. 육적인 허영을 극복하는 데 성공하기가 얼마나 드

..

94) 마니교 또는 매니키이즘(Manichaeism)은 페르시아 사산 왕조 시대에 생겨난 영지주의 종교 중 하나로, 현존하지 않는 고대와 중세 종교다. 마니교의 창시자인 예언자 마니(Mani)가 저술한 저작들은 대부분 소실되었지만, 다수의 번역서와 단편들이 지금까지 전해지고 있다. 아우구스티누스(354~430)는 387년에 마니교에서 기독교로 개종했다. 그의 저서 『고백록』에 따르면 그는 '듣는 자'의 그룹에 속하여 9~10년간을 마니교 신앙을 지켰지만 이후 기독교로 전향하여 마니교의 주요한 반대자 중의 하나가 되었다. 그는 마니교 주교였던 밀레베의 파우스투스(Faustus of Mileve)의 견해에 반대하는 자신의 글에서 마니교에 대한 반대 의견을 표명했다. 아우구스티누스는 지식이 구원의 열쇠라는 마니교의 믿음을 너무 수동적인 태도라고 보았으며, 이러한 믿음은 그 믿음을 가진 사람의 삶에 어떤 변화도 일으키지 못한다고 보았다.

물고 또 얼마나 전력을 기울여야만 하는지 알지 못하는 사람이 있다면, 그런 종류의 정복을 마음의 평정을 얻는 것에 비교하면서 그들이 당신에게 격분하더라도 묵묵히 받아들입시다. '속사람'의 눈이 밝아짐을 얻고, 마침내 하나님을 바라볼 수 있게 되는 것이 얼마나 어려운 일인지 모르는 사람들이 당신에게 화를 낼 때, 맞서지 마십시오. 우리가 하나님을 아주 조금이라도 이해할 수 있게 되기까지 얼마나 많은 한숨과 신음소리가 필요했는지 개인적으로 아무런 이해력이 없는 사람들이 당신에게 화를 낼 때도 결코 맞서지 마십시오. 끝으로 당신이 고군분투하는 모습을 보면서 그렇게 기술되는 오류에 의해 속은 적이 한 번도 없는 사람들이 당신에게 격노할 때, 그대로 허용하십시오. 그러나 그 사람들 모두가 얼마나 화를 내든지 내가 당신에게 조금도 화를 낼 수 없는 이유는, 그 오랜 세월 동안 나의 약점을 인내로 참아 준 사람들처럼 당신의 약점을 참아 내는 것이 나의 의무이기 때문입니다. 그리고 광포하고 눈이 멀었을 때 내가 당신들의 교의가 빚은 오류 속에서 방황했을 때, 나를 참아 주었던 만큼의 인내심을 갖고 나는 이제 당신을 대하고자 합니다."

둘째, 틀린 견해를 가진 사람들이 무지로 인해 거기에 빠지게 되었다는 사실은 그들 자신과 다른 사람들까지 영원한 멸망으로 유도하는 방법을 궁리하는 악의가 그들에게 영향을 미치는 것에 비해 훨씬 더 개연성이 큽니다.

셋째, 부적절한 감정에 휘둘리는 사람들 중에도 택정자(the elect)가 있을 수 있는데, 어쩌면 하나님께서 그들이 넘어지도록 허락하셨을 수도 있지만, 그럴 경우 더 큰 영광으로 그들을 일으켜 세우시려는 뜻을 가지고 계실 수도 있습니다. 그렇다면 하늘의 유업을 상속받도록 예정되었고, 우리와 같은 형제이자 그리스도의 지체들이며, 지극히 높으신 여호와의 종일뿐만 아니라 그분의 자녀이기도 한 그들에게 어떻게 우리가 폭력적이고 무자비한 위력을 행사할 수 있겠습니까?

끝으로 우리 스스로 상대방이 처한 상황 속에 들어가 보기도 하고, 또한 그로 하여금 우리가 품고 있는 성품을 상상해 보게 만들어 봅시다. 그 사람이 그럴 수 있듯이 우리 역시 그릇된 원칙들 위에 서 있는 것은 얼마든지 가능합니다. 이 실험을 시도할 때, 우리가 이전에 오류에 빠져 있고, 우리가 보기에 파괴적인 경향을 가지고 있다고 생각했던 바로 그 사람이 어쩌면 하나님께서 우리를 위해 파견하신 인물이고, 그의 입을 통해 이제까지 우리가 알지 못했던 진실을 깨달을 수 있다는 생각에 이를 수 있습니다.

앞의 네 가지 성찰에 한 가지를 첨가할 수 있다면 그것은 양측이 모두 완전히 일치할 수 있는 것으로, 그리스도교의 모든 국면에 대해 고찰해 보는 것입니다. 그런 사항은 무수히 많이 있고 매우 중요한 문제이기 때문에 그 사항을 마땅히 논란거리가 되는 것과 서로 비교할 때, 후자는 그 수가 얼마 되지 않고 또 그다지 중요하지도 않다는 것을 깨닫게 됩니다. 이 방법은 그 유명한 프랑스 왕[95]이 채택했던 것으로 보고되었는데, 로레인 추기경이 루터파 신자들이나 프랑스 개신교도들과 함께 아우크스부르크 신앙고백[96]을 추종하는 사람들을 교란시키려 했을 때, 국왕이 개입함으로써

∴

95) 샤를 9세(Charles IX, 1550~1574)를 가리킨다. 아버지는 프랑스 왕 앙리 2세이고, 어머니는 카트린 드 메디시스다. 큰형인 프랑수아 2세의 사망으로 열 살에 왕위에 올라 14년 동안 프랑스를 통치했다. 그러나 앙리 2세의 사망 이후 조금씩 몰락하기 시작한 왕권은 그의 치세에 이르러 크게 훼손되어 결국 성 바르톨로메오 축일 학살과 같은 사건으로 표출되었다. 신성로마제국 황제인 막시밀리안 2세의 딸 오스트리아의 엘리자베트와 결혼했으나 자녀는 없었다.

96) 아우크스부르크 신앙고백(Augusburg Confessio)은 1530년 독일 종교개혁 당시 루터교회의 신앙고백으로 필리프 멜란히톤이 작성했다. 이것은 마르틴 루터의 사상에 기반한 프로테스탄트 신앙고백문이다. 루터교회의 신학과 신앙을 모두 28개조로 압축하여 독일어와

푸아시 회의[97]에서 거론된 성찬론 문제를 원점으로 되돌리고, 이것은 개신교 신자들과 가톨릭 신자들이 서로 합치하는 제도로 수립되었습니다.

그러나 길고도 가혹한 종교전쟁이 끝난 후, 평화 조약을 제안하고 완전한 비준을 확정하기도 전에 휴전이나 적대적 관계의 중단되기 일쑤이고, 그리고 휴전 기간 중에 적대적인 시도는 잠시 그치고 평화에 관한 구상이 자연스럽게 왕래하다가 갑자기 견고한 평화와 지속적인 화합을 가장 잘 실현할 수 있는 방법에 관한 일반적인 우려가 불거지기 시작합니다. 혹시 지금 우리 중에 종교전쟁에 이어 그 비슷한 휴전 상태가 존재하고, 양측 모두가 통분함이 가득한 글을 쓰거나, 거기 들어 있는 욕설에 대해서만 겨냥하는 설교를 하거나, 상호 파문이나 매도 같은 그리스도인답지 않은 행실을 하는 이가 있다면 부디 멈출 것을 나는 특별히 간청합니다. 그런 일 대신 논쟁자들은 부디 조정안을 풍부하게 담은 글로 바꾸고, 인신공격 없이 논쟁의 주제를 명료하게 설명하고 건전한 논증을 통해 논지를 주장하도록 합시다.

설교에서도 진리, 자비, 긍휼, 오래 참음, 일치를 사랑하고 모색하도록

..

라틴어로 기록했다.

97) 1561년에 개최된 푸아시 회의(Conference at Poissy)는 프랑스 교회사에서 매우 중요한 의미를 갖는 개혁교회 회의다. 앙리 2세가 사망하자 그의 아들인 국왕 프랑수아 2세는 기즈(Guys) 가문의 압력을 받아 프로테스탄트교를 버리지 않겠다고 고집하는 사람들을 사형에 처하게 하는 칙령을 내렸다. 이듬해에 프랑수아 2세가 사망하자 그의 어머니인 카트린 드 메디시스가 열 살 된 그의 동생 샤를 9세를 대신하여 섭정을 시작했는데, 카트린의 유화 정책은 프로테스탄트교를 뿌리 뽑기로 작정한 기즈 가문의 마음에 들지 않았다.
1561년에 카트린은 파리 근교 푸아시에서 세미나를 개최하여 가톨릭교와 프로테스탄트교 신학자들이 함께 모이게 했다. 카트린은 1562년 1월에 내린 칙령에서 프로테스탄트 신자들에게 도시 바깥에 모여 예배를 볼 자유를 허락했다. 이에 가톨릭교회는 분개했고, 이것이 불씨가 되어 2개월 뒤 바시 마을에 있는 헛간에서 프로테스탄트 신자들을 학살하는 일이 발생했다.

사람들의 마음을 고취시킵시다. 그러한 설교는 통치자나 일반 백성들 모두 화평을 향한 욕구로 마음을 뜨겁게 만들 것이고, 그들로 하여금 다른 모든 것보다 불화를 일소할 수 있는 최선의 해결책을 실천에 옮기는 일에 기꺼이 뛰어들게 만들 것입니다.

그 해결책이란 서로 견해를 달리하는 분파들이 함께 하는 질서 있고 자유로운 회합입니다. 그러한 회합(Convention)〔그리스인들은 시노드(Synod), 로마인들은 공의회(Council)라고 불렀다〕을 통해 서로 다른 정서를 비교하고, 각각의 정서가 갖는 다양한 원인에 대해 탐구한 후, 여호와를 두려워하는 마음으로, 그리고 평정과 정밀함을 다해 논란이 된 문제에 관해 하나님의 말씀이 어떻게 선포하고 있는지를 구성원들이 각기 숙고하고, 논의를 거쳐 결정에 부치고, 그 후에 합의문을 선언하고 그 결과를 각 교회에 선포하는 것입니다.

그리스도교를 공인하는 국가의 행정 수반은 신으로부터 부여받은 최고 통치권에 의해, 그리고 과거에 유대 교회에서 지배적이었던 관행에 따라 이 시노드를 소집하고 회합을 개최했는데, 후일 그리스도교 교회가 그 관행을 채택했고, 그리스도 탄생 후 거의 900년 동안 계속되다가 로마 교황이 전횡을 통해 이 권한을 찬탈하고 독점했습니다. 그 절차는 공공복리를 위해 요청되었던 것인데, 발생한 쟁점에 대해 사사로운 이해관계가 없는 사람의 보호 관리에 맡겨지는 것만큼 안전한 조치는 없기 때문이었습니다.

그러나 출중한 지혜를 가진 사람들—고결한 삶에 의해, 그들이 가진 전반적인 경험의 풍부함에 의해, 시노드에 입회할 수 있는 자격을 가진 사람들—은 하나님을 위해, 그리고 인류의 구원을 위한 열정으로 불타고, 진리와 평화를 향한 사랑의 불꽃을 피우는 사람들이 이 시노드에 소환되고 회의장에 입장합니다. 오직 그러한 소수의 선택된 사람들만으로 이루어진 집회에 입장할 수 있는 이들은 그리스도의 영, 곧 진리와 거짓, 선과 악을 구별할 수 있는 분별의 영을 가진 것이 거의 확실시되고, 동일한 성령의 감동으로 쓰인 성경 말씀을 굳건히 지키며 살기로 서약한 존재들입니다. 대개의 경우 성직자들이 입장할 수 있지만 평신도라 할지라도 그들이 몸 담고 있는 직분의 위엄에 비추어 그들의 우월성이 인정되는 경우 혹은 개인적인 직업을 갖고 있는 사람이라도 자격이 인정되는 경우 입장이 허용됩니다. 한 분파의 대표자들 또는 몇몇 분파들을 대표하는 사람들이 입장할 수 있을 뿐만 아니라, 쟁점으로 떠오른 사안에 대해 충돌하는 견해를 공식적으로 변호한 적이 있는 사람, 또는 자기의 입장을 강론이나 글로 공적으로 설명한 적이 없는 사람을 막론하고 모든 분파의 대리인들까지 참석할 수 있습니다. 그러나 가장 중요한 것은 플라톤의 방식을 따라 이 신성한 공의회가 거행되고 있는 건물의 현관 입구에 금색 글자로 다음 문구를 반드시 새겨야 했다는 사실입니다.

"진리와 평화를 위한 이익을 진흥하고자 하는 소망을 갖지 않은 사람은 이 신성한 전당에 들어올 수 없다." 내가 진심으로 뜨겁게 소원하는 것은 하나님께서 "낙원의 입구에 양날을 가진 불칼을 든 천사를 두시고", 하나님의 진리와 교회의 아름다운 조화를 도모하는 것을 논의의 주제로 삼을 것, 그리고 하나님께서 진리와 조화에 해를 끼치는 영(spirit)에 예속된 사람들을 그의 천사들을 시켜 쫓아 버리시고, 그 반면에 신성한 수호자를 위해서는 피타고라스와 오르페우스의 제자들이 그들의 제식을 거행하기 전에 예비 순서로 사용했던 경고문을, 절묘한 음조와 우레 같은 목소리로 반복해서 들려주는 것입니다.

여기로부터 멀리, 멀리 떠나가라, 불경스러운 너희 무리여!

공의회를 유치하기로 지정된 마을이나 도시의 시설과 다른 주변 환경을 정비하는 문제도 가볍게 다루어서는 안 됩니다. 그곳에 모일 사람들의 편의를 위한 시설이 구비되어야 하므로 그곳에 접근하기가 어렵다든지 도착하는 데 걸리는 여행 시간이 너무 길어서 대표자들 그 누구에게도 장해가 되는 일이 없어야 합니다. 개최 지역은 위험이나 폭력으로부터 자유로워야 하며, 소집되어 모이게 될 사람들이 그곳에 와서 머무르다가 무사히 안전하게 집으로 돌아갈 수 있도록 예상 가능한 모든 돌발 사태나 비상 상황으로부터 안전성이 보장되어야 합니다. 그러한 혜택이 보장되기 위해서는 전체 회원들 앞에서 공식 서약문을 낭독하고 엄숙히 그것을 지키는 일이 필수적입니다.

공의회의 논의 주제는 사법권, 서훈, 국왕들 측에서 우선권을 갖는 권리, 감독들의 부와 권력, 특권, 튀르크족에 대한 선전포고, 또는 다른 정치적인 문제 같은 것이 아닙니다. 그 대신 논의되어야 할 주제는 오직 종교와 관련된 사항이어야 합니다. 기술된 것에 부합하는 것은 신앙과 행동 양식, 교회 질서에 관한 교의들입니다.

이 교의들에 속하는 것으로, 참으로 가장 중요하게 생각되는 두 가지 주제가 있습니다. 하나는 교의들은 참된 것인가, 다른 하나는 교회 질서를 알고, 믿고, 실천해야 할 필연성은 어느 정도인가 하는 것입니다. 이 주제의 좋은 부분은 적극적인 주제라는 것, 그리고 참석자, 장소, 개최 시기에 관련된 사항들만을 고려하도록 요구하는 것입니다. 그러한 거룩한 대회를 유치하는 목적은 진리의 예시, 보존, 전파, 현존하는 오류의 근절, 교회의 화합입니다. 그 모든 것의 결과는 하나님께 영광이 되고, 인간의 영원한 구원을 위한 것이어야 합니다.

그 집회의 의장직은 교회의 머리이시고 남편이신 유일하신 분, 그의 성령에 의해 오직 그리스도께 속합니다. 왜냐하면 그리스도께서 두세 사람이라도 그의 이름으로 모이는 곳에 함께하실 것을 약속하셨기 때문입니다. 그러므로 각 세션을 시작할 때나 마칠 때 그의 도우심을 간절히 요청해야 합니다. 그렇지만 질서와 중용, 윤활한 행정을 위해, 그리고 혼란을 피하기 위해 그리스도 예수의 하급 관리 역할을 하는 의장들을 두어야 합니다. 내가 진심으로 간절히 바라는 것은 국가 통수권자들이 공의회의 의장직을 수행하는 것인데, 그렇게 함으로써 그들에게서 어떤 우호적인 협력을 얻을 수 있을 것입니다. 그러나 그들이 내키지 않아할 경우, 그들 행정부에서 파견된 대리인이나 시노드 총회에서 선임한 대표들이 그 역할을 맡아야 할 것입니다.

의장들이 수행할 임무는 집회 진행의 편의를 도모하는 것, 숙고할 주제를 제안하는 것, 의제를 투표에 붙이는 것, 파견 대리인들에 의해 각 대의원의 투표권을 수거하고 각 회의를 진행하는 것 등이 포함됩니다. 시노드 자체에서 따라야 할 행동 질서는 논란거리가 된 문제에 대한 정기적이고 정확한 토의, 제기된 문제에 대한 심화 토의, 누구나 자기의 견해를 피력할 수 있는 평등한 기회 부여 등입니다.

이 모든 의견 교류 과정에서 준수되어야 할 기준은 구약과 신약을 포함하여 성경에 기록된 하나님의 말씀입니다. 가장 오래전에 개최되었던 공의회가 이 신성한 기준에 귀속시킨 권한과 영향력은 집회에서 제일가는 가장 영예로운 좌석에 복음서 성경책을 놓는 의미심장한 행위로 상징됩니다. 의견 차이를 보이는 분파들도 이 점에 대해서는 상호 동의해야 합니다.

토론은 수사학의 규칙이 아닌 변증론의 규칙에 따라 진행되어야 합니다. 그러나 추론 양태는 논리적이고 간명해야 하고, 황급한 연설이나 즉흥적인 감정 표출은 전적으로 피해야 합니다. 합당한 고찰을 위해 필요한 시간이 모든 진영의 참가자에게 대등하게 분배되어야 합니다. 그리고 불편이나 난해함을 피하기 위해 발표를 위해 준비된 모든 담화는 글로 작성되어야 하고, 원고를 읽는 방식으로 전달되어야 합니다. 대의원 전원이 판단하기에 논의 중인 주제에 대해 진전되었다고 생각할 만한 충분한 이유가 있지 않는 한 누구도 반론을 중단하거나 종료시키는 일은 허용되지 않습니다.

논박이 끝났을 때, 논란거리 자체와 논쟁 당사자 양측이 구성한 모든 논증에 관해 신중하고 성숙한 숙고가 보장되어야 합니다. 논쟁 중인 문제의 범위는 극도로 엄격하게 경계가 그어져야 하고, 토론의 진폭을 매우 좁은 방위로 수축함으로써 그 문제에 대해 전체 대의원이 한눈에 명확하게 인식하는 가운데 결정을 내리고 결과를 선포할 수 있어야 합니다.

이 모든 절차에 이어서 적절한 경로를 따라 자유로운 의견 발표가 허용됩니다. 이것은 각 분파에 참여한 모든 사람들이 동등하게 누리는 권리이자 혜택으로서, 공의회에 초청되지는 않았지만 시노드가 개최된 마을이나 도시에 개별적으로 들어오거나, 대의원들의 동의에 의해 시노드에 참석하게 된 사람들 누구에게도 불허되는 일이 없어야 합니다.

현 시점까지 진리의 탐구나 합의의 결과에 이르는 데 이것보다 더 큰 장해가 되는 것으로 밝혀진 상황 조건은 없는데, 즉 공의회에 참석한 사람들은 시노드에서 모든 주제에 대해 입장을 밝히기 위해 그들이 본거지에서 미리 준비한 선언문을 가져올 수 있기에는 기본적으로 확립된 견해를 참가자들이 접할 수 있는 기회와 범위가 매우 제한된다는 사실입니다. 그러므로 참가하는 모든 대의원들은 어떤 회의든지 개회에 앞서 허위 사실을 퍼뜨리거나 중상하는 일이 없도록 먼저 엄숙히 서약해야 합니다. 그들은 모두 주님을 경외하므로 이 서약에 의해, 그리고 선한 양심을 따라 모든 사항을 투명하게 교류할 것을 약속해야 합니다. 후자의 조건, 즉 선한 양심을 따르는 것은 그들이 거짓이라고 생각하는 것을 주장하지 않을 것, 그들이 진실이라고 생각하는 것을 숨기지 않을 것(그 진실이 그들 자신과 그들이 속한 분파의 견해와 다를 경우에도), 그리고 그들 자신이 의구심을 갖는 것에 대해 다른 대의원들에게 절대적 확실성을 강요하지 않을 것을 의미합니다. 이 서약에 의해 그들은 또한 모든 일에서 하나님의 말씀의 통치에 따르고, 편견이나 애착심을 배제하고, 어떤 편향성이나 개인적으로 연루됨 없이 행동할 것이며, 집회 기간 동안 오직 진리 탐구를 진흥시키고 그리스도인의 결속을 강화시키는 것, 하나님의 말씀으로 믿어지는 모든 것에 대한 시노드의 판단에 순종할 것을 성실히 지키고 약속합니다. 시노드의 판단에 관해 참가자들은 다른 모든 서약으로부터 면제되는데, 즉 직접적이든지 간접적이든지 교회들과 그들의 고백, 혹은 학교 기관이나 거기서 가르치는 교사들, 혹은 국왕들 자신이라도 그들이 자기의 백성들에 대해 갖고 있는 권한과 사법권을 옹호해야 할 경우를 제외하고 그들을 구속해 온 것들과 반대되는 경우 이 서약이 우선합니다.

이런 방식으로 조직되는 시노드는 참으로 자유로운 집회이며, 진리를 탐구하고 일치에 도달하기에 가장 적절하고 적합합니다. 다음 인용문은 앞에서 인용한 단락에 이어 성 아우구스티누스가 마니교 신자들에게 전하는 교훈의 일부입니다. "마니교 신자들이여, 그대들이 더 부드러워지고 더 쉽게 마음을 누그러뜨릴 수 있기를, 그리고 당신 자신에게도 대단히 치명적일 수 있는, 적개심 가득한 마음으로 더 이상 나를 적대하지 않기를 바라면서 나는 양측 모두 모든 교만한 생각을 내려놓고, 그리고 감히 진리를 발견했다고 말하는 사람이 우리 가운데 아무도 없기를 그대들에게 (우리 가운데서 누가 재판장이 될 수 있든지 간에) 요구하는 것이 내 의무입니다. 그러나 오히려 우리는 마치 우리 모두가 진리를 모르는 사람인 양 진리를 찾도록 합시다. 그렇게 함으로써 만일 우리가 미숙하고 성급한 추정에 의해, 우리가 진리를 이미 발견했고 우리 모두가 그것을 친숙하게 잘 알고 있는 것처럼 믿는 일이 없다면 우리는 각각 진리를 찾는 일에 근면하고 우호적인 자세를 갖게 될 것이기 때문입니다."

앞에 제안한 방식으로 시노드가 구성되고 관리될 때, 하나님의 약속을 의지하는 사람들은 가장 풍성한 이익과 크나큰 혜택을 기대할 수 있습니다. 왜냐하면 그리스도께서 우리가 여러 가지를 위반하고 죄를 범할 때 진노하시지만, 그런 이유로 그가 자기의 교회를 버리실 것이라고 생각한다든지, 혹은 그리스도의 신실한 종들과 가르치는 능력을 가진 제자들이 순전한 마음으로 진리와 평화를 추구하고 경건한 마음으로 성령의 은혜를 간구할 때, 그리스도께서 어떤 이유로 그들을 기본 진리의 반대편에 속한 오류에 빠지게 하신다거나, 그로 인해 그들이 위험에 처하게 될 때 그들을 내버려두실 것이라고 생각하는 일은 결코 없어야 합니다. 높은 수준의 기대 대상이 되는 시노드의 결정으로부터 모든 교의들에 관해 또는 적어도 주요한 부분들에 관해, 특히 성경의 명확한 증언에 의해 뒷받침되는 것에 대해 전원 합의와 동의에 이르게 될 것입니다.

그러나 만일 어떤 항목에 대해 상호 동의와 일치에 이르지 못하는 사태가 발생할 경우, 내 생각으로는 다음의 두 경로 중 중 하나를 따라야 할 것입니다. 첫째, 그리스도 안에서 형제 우애적인 일치가 두 분파 사이에 존재하기 어렵다든지, 양측 모두가 신앙의 본질과 구원의 방식에 관해 상이한 견해를 따르지만 서로를 동일한 신앙의 참여자와 동일한 구원의 동료 상속자로 인정할 수 없다든지 하는, 심각하게 고찰해야 할 필요가 있는 문제가 떠오를 수 있습니다. 만일 이 가운데 어느 쪽이든 상대방에게 성도의 교제를 나누는 오른손을 뻗기를 거부한다면 공격을 시작한 측이 입증하도록 요구해야 할 일은, 참석 위원 전원의 만장일치 선언에 의해 분명하고 확실한 성경 본문에 근거하여 논란이 된 해당 항목에 실린 무게가 너무나 크기 때문에 이견을 갖지 않을 수 없는 사람들에 대해 그들을 그리스도 예수 안에 속한 자로서 허용해서는 안 되는 논거를 분명하게 입증하는 것입니다. 둘째, 그리스도인과 형제 우애적 연합을 이루기 위해 모든 노력을 기울인 후 만일 그런 결과를 얻지 못했다고 판단할 수밖에 없다면 그러한 상황에서 취할 수 있는 두 번째 대안은 누구의 양심이든지 어떤 구실로도 거부할 수 없다는 것입니다. 양측 모두 형제 사랑의 오른손을 뻗고, 그들 모두 자신들을 스스로 구속하게 될 엄숙한 계약 관계로 들어가는 서약을 하고, 가장 신성한 책무 아래서 장차 조금이라도 통분함을 나타내거나 악한 비방과 폭언을 하지 않을 것, 그들의 책임 관리에 맡겨진 사람들에게 친절과 중용으로 대하면서 필수불가결하다고 생각되는 진리를 가르칠 것, 구원을 방해하고 하나님의 영광에 해를 끼치는 것으로 판단되는 거짓을 논박할 것, 그리고 오류를 물리치기 위해 논박할 때 (그들의 열의가 아무리 크다고 할지라도) 자신의 열정을 지식의 인도 아래 두고 친절에 의해 절제된 태도를 유지할 것을 약속해야 합니다. 이와 다른 행동 경로를 택하는 사람은 하나님의 진노와 그리스도의의 저주를 불러들이고, 행정관들로 하여금 그들에게 마땅한 처벌을 선고할 뿐만 아니라, 실제로 형을 집행하게 해야 합니다.

그러나 시노드 자체는 만장일치 동의에 의해 통과시켜야 할 결의안을 사람들에게 강제하는 권위를 가지고 있지 않습니다. 왜냐하면 거기서는 항상 다음과 같은 성찰을 통해 답을 얻기 때문입니다. "이 시노드는 모든 일을 양심에 따라 수행해야 하지만, 결국 시노드도 판단에서 오류를 범할 가능성이 있다. 그것을 유념하며 마음의 자제심과 중용을 지킴으로써 극렬하기 그지없는 반대자들과 신실한 사람들 모두의 양심에 대해 편향성이나 과도한 엄격성보다 더 강력한 힘을 행사할 수 있고, 더 유효한 영향력을 미칠 수 있다."

락탄티우스에 따르면 "다른 사람들에게 신앙을 권면하기 위해 우리는 그것이 강요할 수 있는 문제가 아니라 설득해야 할 문제라는 것을 인식하고 접근해야 한다." 터툴리아누스는 "종교에 관해 강압적이 되는 것만큼 덜 종교적인 일도 없다"라고 말합니다. 왜냐하면 평화 교란자들은 다음 두 가지 중 하나를 택할 것이기 때문입니다.

하나는 그들은 걸핏하면 비합리적이고 부조리한 자신들의 견해를 퍼뜨림으로써 교회에 더 큰 소란을 일으키는 것을 단념할 것인데, 그들이 아무리 전력을 다해 설득하려 해도 공정과 중용을 견지하는 수많은 사람들이 결집한 집단을 상대로 그들이 주도권을 잡기는 어렵습니다. 또는 그들이 모든 사람들의 정의로운 분개심의 대상이 될 때, 그들은 그처럼 고질적이고 완고한 성향을 가진 교사들에게 귀를 기울이는 사람을 좀체 얻을 수 없을 것입니다. 만일 이러한 결과를 확실하게 내보일 수 없다면 모든 악을 해소하기 위해 처방된 치료제란 존재하지 않는다고 결론 내려야 할 것입니다. 그렇지만 최소한의 위험을 감수할 수 있는 치료제라면 시도해야 합니다. 우리 구세주이신 그리스도의 온유하고 애정 어린 충고의 말씀이 늘 우리의 기억 속에 살아 있게 해야 합니다. 그는 제자들에게 가르치시고 난 후, "너희까지도 떠나가려 하느냐?"(요 6:67)라고 물으셨습니다. 우리도 그와 똑같은 질문을 던져야 합니다. 그리고 그 지점에서 멈추고 다른 속셈을 내려놓아야 합니다.

저명하고 정중하시며 매우 품위 있는 청중 여러분. 이제까지 나는 마음에 품어 왔던 생각을 전달했고, 특별히 이번 기회에 종교적 이견을 화합시킬 수 있는 길에 관한 견해를 밝히는 것이 나의 의무라고 생각했습니다. 오늘은 주제 강연에 배정된 시간이 길지 않고 나 자신의 능력이 부족한 관계로 이 주제가 가진 위상과 풍요로움을 충분히 드러내지 못한 채 강론이 진행되었습니다.

진리와 평화의 하나님께서 행정 장관님과 시민들과 종교 지도자들의 마음을 진리와 평화를 향한 열렬한 소망으로 감동시켜 주시기를 소망합니다. 종교적 불화라는 이름의 그 저주받아 마땅하고 병균을 퍼뜨리는 본성의 모든 추악함을 부디 하나님께서 그들의 눈앞에 적나라하게 드러내 보여 주실 것을 바라고, 그처럼 풍요롭게 흘러넘치는 악을 예리하게 지각할 수 있도록 그들의 마음을 작동시켜 주시기를 바라며, 부디 그들이 모든 기도와 권면, 노력, 소망을 한데 모아 그것들을 한 점에 모을 수 있기를, 즉 그처럼 엄청난 악의 원인을 제거하기 위해 평화롭고 건전한 절차를 밟기를, 그 불화를 치유하기 위해 부드러운 치료제를 모색하는 일에 전념하기를 기도합니다. 교회의 몸이 연약해지고 병들었을 때 그 상태를 고칠 수 있는 치료법과 질병의 본성에 관해 우리가 선언할 수 있는 유일한 진술은 바로 그것입니다. "평화를 이루는 사람은 복이 있다. 하나님이 그들을 자기의 자녀라고 부르실 것이다."(마 5:9) '평화의 왕'이신 그리스도는 그의 귀한 피에 의해 우리에게 평화를 가져다주셨으며, 그것을 우리에게 유산으로 남기시고 형제의 사랑으로 권면하십니다(요 14:27). 또한 그것은 평화의 띠이시며, 그리고 새 언약의 가장 친밀한 유대에 의해 우리 모두를 한 몸으로 연합하시는 성령의 인(印) 치심에 의해 우리에게 보증되었습니다(엡 4:3).

그처럼 영광스러운 우리의 지위를 하찮은 논쟁에 의해 오염시키는 것을 부끄럽게 생각합시다. 오히려 그런 상황을 우리가 추구할 만한 대상으로 삼도록 해야 할 것인데, 왜냐하면 하나님께서 우리를 그 길로 부르신 것이기 때문입니다. 그처럼 비싼 값을 주고 산 것을 소모적으로 남용하거나, 논란과 불화에 의해 낭비하지 말고, 우리 주 그리스도께서 추천하고 인정하신 그 지위를 소중히 여기도록 합시다. 그처럼 위대하고 신성한 언약을 우리의 당파적 분란에 의해 무효화시키지 말고, 그것은 성령에 의해 우리를 위해 봉인하신 것이므로 그것이 요구하는 모든 조건을 명심하고 그 조항이 효력을 잃지 않도록 보존하는 데 힘씁시다.

로마의 대사였던 파비우스[98]는 카르타고 사람들에게 이렇게 말했습니다. "나는 가슴에 전쟁과 평화를 안고 당신들에게 왔다. 그대들이 마음에 더 좋게 여기는 것을 둘 중에서 택하도록 하라." 나 자신도 내가 힘이 강하기 때문이 아니라 하나님의 선하심, 그리스도의 약속, 성령의 부드러운 증언에 따라 파비우스의 표현을 흉내 내어 (하지만 충분한 확신을 가지고) 감히 이렇게 말하겠습니다. "오직 우리가 평화를 택하기만 한다면 하나님께서 우리를 위해 그 평화를 완성시켜 주실 것입니다." 그러므로 형제들은 서로를 격려하고, 하나님께서는 그의 뜻을 우리에게 설명해 주실 것이므로 "함께 여호와의 집에 들어갑시다"라는 소리가 우리의 귀에 들릴 때 마음에 기쁨이 넘치는 행복한 시대가 올 것입니다. 우리의 발걸음이 예루살렘 문 안에 즐겁게 머물고, 기쁨의 황홀경 속에서 모든 민족들, 여호와의 족속들이 이스라엘의 증언으로 인해 여호와의 이름에 감사하며 그 성에 올라가 함께 빽빽이 모이는 그리스도의 교회를 상상해 볼 수 있습니다.

∴

98) 퀸투스 파비우스 막시무스(Quintus Fabius Maximus, 기원전 275년경~기원전 203)는 로마공화국 시대의 정치가이자 장군이다. 파비우스 막시무스는 제2차 포에니 전쟁 기간 중 집정관 지위에서 한니발의 군대를 맞았는데, 정면 대결은 피하면서 끈질기게 한니발의 뒤를 추격하는 지구전을 펼친 것으로 유명하다. 파비우스의 지구 전술의 목적은 본국의 지원을 받지 못한 채 이탈리아 반도에 고립된 한니발을 서서히 말라죽게 하는 것이었다.

우리는 "다윗의 집의 보좌, 거기에 세워진 심판의 보좌를" 감사함으로 찬양할 것인데, 그 보좌는 다윗의 모범을 따라 평화를 가져오는 왕들을 가리키고, 하나님의 마음을 본받는 사람의 모형을 따라 우리 자신을 그것에 일치시키는 통치자들의 진실함을 상징합니다. 따라서 우리는 즐겁게 서로에게 다가가 대화를 나누고, 독려하는 방법으로 서로의 귀에 "보편교회의 평화를 위해 기도합시다"라고 달콤하게 속삭이고, 그리고 서로를 위해 기도하는 가운데 "교회를 사랑하는 사람들이 번성하기를" 간구하는 행복을 만끽하게 될 것입니다. 우리 가슴의 가장 깊은 곳에서 터져 나오는 목소리를 한데 모아 우리는 그러한 봉헌 기도와 약속을 교회에 거룩하게 성별하여 바칠 것입니다.

"네 성벽 안에 평화가 깃들기를, 네 궁궐 안에 평화가 깃들기를 빈다 하여라. 내 친척과 이웃에게도 평화가 너에게 깃들기를 빈다 하고 축복하겠다. 주 우리 하나님의 집에 복이 깃들기를 빈다."(시 122: 7~9) 따라서 영적 기쁨의 기름 부음을 받은 우리가 환희의 선율로 함께 노래할 수 있는 때가 마침내 찾아올 것입니다. "형제들이 하나가 되어 함께 거주함이 얼마나 선하고 얼마나 즐거운가?" 그리고 하나님의 집에서 신실한 사람들의 절도 있는 걸음과 평화로운 행동거지를 볼 때, 천국에서 평화를 수립하는 그러한 더할 나위 없는 행위에 대한 소망으로 가득 차서 우리는 사도의 다음 말로 마무리 짓고자 합니다. "이 표준을 따라 사는 사람들에게와 하나님의 백성 이스라엘에게 평화와 자비가 있기를 빕니다."(갈 6:16) 그러므로 하나님의 이스라엘 백성에게 긍휼과 평화가 있을지어다! 이것으로 오늘의 강연을 마칩니다.

2부

신학적 주제에 관한 입장 선언[1]

∵∴

1) 이 입장 선언은 1608년 10월 30일 군주들의 총회가 개최된 비넨호프에서 홀란트 국가들
    앞으로 전달되었다. 아르미니우스는 네덜란드 언어로 자유롭고 온전한 자세로 상황 설명
    을 시작하고, 자신을 방어하기 위해 필요한 것 외에 일체 말하지 않았다. 이 국가적 이벤트
    가 개최된 것은 그보다 몇 해 전에 있었던 레이던 노회 측의 시도가 이루어 낸 결산이라고
    말할 수 있다. 1605년 7월 28일, 레이던 노회 측의 1차 요구가 있었고, 같은 해 6월 30일,
    남부 홀란트의 종교회의 대리인 세 명과 북부 홀란트의 대리인 두 명이 레이던대학에서 아
    르미니우스를 만났다. 그들은 노회와 회견을 가질 것을 요청했으나, 아르미니우스는 그 요
    청의 정당성을 받아들일 수 없다면서 거절했다. 지역주 군주들로 구성된 국가의회 앞에서
    「입장 선언」 발표를 앞둔 8월에 아르미니우스는 주네덜란드 팔츠 대사인 히폴리투스 아 콜
    리부스에게 신학의 다양한 논점에 대한 자신의 입장을 설명하는 서한을 보냈다(『야코부스
    아르미니우스 전집』 2권에 수록). 오랜 교분에 의해 자신의 진정성을 전달할 수 있는 기회
    로 삼았던 것 같다.

네덜란드 신앙고백²⁾과
하이델베르크 교리문답의 수정 제안에 관한 경위 설명

네덜란드와 웨스트프리슬란트³⁾ 주(州)들을 관장하시는 총독님과, 존귀하고 탁월하시며 현명하신 전하들께 인사드립니다. 전하들의 강력한 명령에 따라 이곳 헤이그에서 네 분의 장관님들과 대법원 고문 의원님들의 감독 아래 호마루스⁴⁾ 교수와 본인 사이의 회합이 진행된 후, 그 회합의 결과

∴

2) 네덜란드 신앙고백(the Dutch Confession)은 16세기 네덜란드에서 칼뱅주의에 입각해 작성된 기독교 신앙고백서다. 라틴어로 'Confessio Belgica'라고 불리는데, 벨지카는 벨기에와 네덜란드로 나누어지기 전의 네덜란드 전체를 가리키는 이름이다. 이 때문에 네덜란드 신앙고백은 벨직 신앙고백(Belgic Confession)이라고 불리기도 한다. 귀도 드 브레(Guido de Bres)가 1561년에 작성했고, 그는 이로 인해 1567년에 순교했다. 도르트 총회에서 (1618~1619) 하이델베르크 요리문답과 도르트 신조와 더불어 대표적인 개혁주의 3대 고백서로 채택되어, 칼뱅주의 전통의 개신교 신앙을 대변하는 중요한 문서로 오늘날까지 내려오고 있다.

3) West Friezland. 노르트홀란트라고 불리는 현대의 네덜란드 북서부 지역을 가리킨다.

4) 프란시스쿠스 호마루스(Franciscus Gomarus, 1563~1641)는 흐로닝언 출신의 네덜란드의

를 의원님들께 보고한 바 있습니다. 그 보고서에는 우리 두 사람 사이의 논쟁의 성격과 중요성을 암시하는 부분이 있고, 얼마 안 있어 네 분의 장관님들의 참석하에 의원님들이 좋은 방책으로 판단하는 것이면 무엇이든지 우리 각자에게 공식적으로 공표하는 것이 좋겠다고 의견이 모아졌습니다. 우리가 존엄하신 의원님들 앞에 서는 일이 있은 후, 호마루스 교수는 "그와 나 사이의 논쟁은 지대하게 중요한 것이었고, 내가 나의 견해를 밝혔을 때 그는 자기의 조물주 앞에 감히 얼굴을 들 수 없었다"라고 소감을 피력했습니다. 그는 또한 "모종의 예방책을 신속하게 마련하지 않는 한 우리 조국의 여러 지역과 교회와 도시들, 심지어 시민 자신들까지 상호 반목과 불화 상태에 놓일 것이고, 심지어 서로를 향해 팔을 휘두르게 될 수도 있다"라고 주장했습니다. 그처럼 근거 없는 혐의에 대해 당시 나는 "호마루스 교수가 언급한 것과 같은 잔학한 분위기가 교계를 엄습하는 것을 전혀 느끼지 못했고, 다만 나는 하나님의 교회와 우리의 공동체인 국가 안에서 분열이나 파벌을 조장하거나 기회를 제공하는 일을 결코 하지 않을 것을 진실로 소망한다"라는 것 외에 어떤 답변도 하지 않았습니다.

그 입장을 확증하는 뜻으로 나는 "종교와 관련된 모든 주제에 관한 나의 모든 견해와 관점과 구상에 대해 이 엄숙한 의원 총회 앞에 나오도록 언제 소환되든지, 심지어 그 당시 국회에서 퇴장하기 전에도 나는 정직하고 성실하게 나의 견해를 선언할 준비가 되어 있다"라고 덧붙였습니다. 당시에 내가 내놓은 제안과 의견에 대해 깊이 숙고하신 후 의원님들께서는

∴

신학자로, 철저한 칼뱅주의자이며, 특히 도르트 총회에서 신학적인 논쟁을 일으켰던 아르미니우스와 그의 추종자들의 교리를 정죄하는 데 주도적인 역할을 했다. 아르미니우스의 교리를 인간의 자력 구원을 강조했던 펠라기우스주의라고 보았기 때문이다. 사후에 그의 네덜란드어 구약성경이 번역되어 출판되었다.

내가 이전에 했던 서약을 이곳에서 다시 확인하기 위해 내가 오늘 이 자리에서 의원 총회 앞에 서게 하는 것이 적절하다고 판단하셨습니다. 그 약속을 이행하기 위해 나는 지금 이 자리에 나왔고, 이 사태에 관해 나에게 무엇이 요구되든지 마땅히 모든 성실을 다해 나의 의무를 수행할 것입니다.

그러나 나에 관해 악의적인 소문이 상당히 오랫동안 끈질기고도 광범위하게 조국의 동포들뿐만 아니라 외국인들 사이에도 퍼졌기 때문에 빈번히 나는 법률적 청원을 통해 신앙 문제에 관한 나의 견해와 구상을 공개적으로 선언하는 일을 수차례에 걸친 요청이 있었음에도 이제까지 내가 거절했던 것으로 알려져 있습니다. 그리고 이 근거 없는 소문이 이미 매우 유해한 방식으로 내게 작용하고 있으므로 절박한 상황에서 나는 다른 주제에 관해 논의하기에 앞서 먼저 이 사태와 관련된 모든 정황에 대해 내가 사실을 정확하고 성실하게 선언할 수 있는 기회를 은혜로써 허락해 주실 것을 간청하는 바입니다.

총회 대리인들의 회견 제안을 거절한 경위

1605년 6월 30일, 남부 홀란트 총회의 대리인 자격으로 세 분이 레이던으로 나를 방문했습니다. 그들은 프란시스 랑스베르기우스(Francis Lansbergius), 리베르투스 프락시누스(Libertus Fraxinus), 그리고 경건히 추모되는 다니엘 돌레기우스(Daniel Dolegius)였고, 그들은 각각 로테르담, 헤이그, 델프트에서 개교회의 목사로 위임된 분들이었습니다. 동행한 북부 홀란트 총회의 다른 두 대리인이 있었는데, 그들은 헬렘교회의 목사 요한 보하르두스(John Bogardus)와 암스테르담교회의 제임스 롤란두스(James Rolandus)였습니다.

그들은 내게 다음과 같이 말했습니다. "그들이 속한 계층의 어떤 정기 모임에서, 그리스도교 목회에 발을 들여놓기 전 목사 후보들이 치러야 하는 시험에서 레이던대학에 적을 둔 학생 몇 사람이 자신들에게 출제된 시험문제의 답안을 제출했는데, 그것은 새로운 진술로 간주할 만한 것일 뿐만 아니라, 더욱이 교회들이 공통으로 받드는 전통적인 교훈과 반대되는 것이었다. 그들의 참신성에 대해 그 젊은이들은 나의 강의를 통해 그들에게 주입된 것임을 시인했다." 사태가 그렇게 전개된 상황에서 그 대리인은 내가 "그들과 우호적인 회합을 갖기를" 바라고, 그럼으로써 "제기된 혐의가 일말의 진실을 지니고 있는지 그들이 더 잘 파악할 수 있고, 따라서 교회의 유익을 위한 길을 모색하는 데 그들이 더 적합한 위치에 놓일 것"이라고 말했습니다.

그 제안에 나는 이렇게 대답했습니다. "나는 당신들이 권면하는 형식적인 절차를 도무지 인정할 수 없습니다. 왜냐하면 만일 어떤 학생이 새롭거나 범상치 않은 답을 내놓으면서 마치 그것을 나에게 배운 것인 양 변명할 때마다 그런 식으로 나를 번거롭게 해야 할 필요가 있다고 생각한다면 그러한 절차는 불가피하게 그들과의 자유로운 면담과 대화를 나누기 위해 빈번히 그리고 거의 끝도 없이 요청하게 만들 것이기 때문입니다."

그러므로 나는 다음과 같이 하는 것이 더 지혜롭고 현명한 계획이라 생각했습니다. 즉 학생이 시험을 치를 때 내놓은 답변에서 나에게서 배운 것을 바탕으로 한 것이라고 주장하는 일이 생길 때마다 대리인 형제들이 보기에 그 답변이 벨기에 개혁교회 고백과 교리문답에 반대되는 것으로 판단될 경우, 그들은 즉시 그 학생을 나와 대면시켜야 합니다. 그리고 그런 사건을 조사하기 위해서라면 나는 자비를 들여서라도 아무리 멀거나 어느 도시이든지 건너갈 생각이며, 그런 목적을 위해서라면 그 형제들도 기꺼이 만나 주리라 생각됩니다. 이 방법이 거둘 수 있는 확실한 결과는 수차례 그런 일을 시도해 보면 해당 학생의 주장이 진실인지 또는 단지 중상모략이었는지 명백하고 확연히 드러날 것이라는 점입니다.

그러나 프란시스 랑스베르기우스가 다른 형제들의 이름으로 계속해서 회합을 가질 것을 요청하고 재촉했을 때, 그들이 모든 회의 기록에 대한 설명을 총회에 제출하고 난 후 대리인의 자격으로 나를 찾아온 것이었고, 또 나의 상관들이며 또 내가 복종해야 할 의무가 있는 다른 형제들이 이 사태를 파악하고 동의할 뿐만 아니라 명시적인 명령을 내리지 않는 한 내가 그 형제들과 회합을 가져야 할 정당한 명분이 없다고 생각하는 이유를 재차 밝혔습니다. 더욱이 우리가 회합을 가질 경우 그 일과 관련하여 나중에 그 사실이 총회에 알려졌을 때 내가 그 관련성에 대해 전적으로 그 형제들의 신실함과 재량에 맡겨야 한다면 그것은 내게 적지 않은 모험이자 위험을 초래할 수 있기도 합니다. 레이던에서건 암스테르담에서건 나는 하나님의 말씀과 저지대 국가들의 고백이나 교리문답에 반대되는 가르침을 단 한 번도 전수한 적이 없고, 형제들 역시 이 같은 회합을 요구할 만한 타당한 이유가 없습니다. 어떤 사람도 내게 그런 식의 혐의를 제기한 적이 없고, 만일 그런 혐의에 찬성하는 사람이 제시하는 어떤 증거에 의해 그것을 확증하거나, 또 같은 증거가 효력 없는 것으로 밝혀질 경우, 그 때문에 자신의 무분별한 공격을 시인하지 않을 수 없다면 나는 그런 내용의 혐의 제기에 맞서 굳이 근거를 밝힐 필요도 없을 것으로 확신합니다.

나의 회견 제안을 대리인 측이 거절한 경위

그리하여 나는 다섯 분의 신사들에게 이렇게 말했습니다. "이 모든 일에도 불구하고 만일 당신들이 대리인이라는 직위를 철회하는 데 동의하고, 각각 개인의 자격으로 나와 회견을 갖고자 한다면 나는 즉시 회합에 참여할 것입니다." 우리가 상호적으로 준수해야 할 조건으로 내가 제안한 것은 다음과 같습니다. "첫째, 그들은 모든 항목 각각에 대해 자신의 견해를 밝히고, 그 다음에 나도 나의 견해를 밝혀야 한다. 둘째, 그들은 자신들의 증거를 제시하고, 나도 나의 증거를 제시해야 한다. 셋째, 끝으로 그들이 나의 견해와 논거에 대한 반박을 시도하고 나면 나도 그들의 반론에 대해 논박해야 한다. 넷째, 만일 이 같은 방식으로 양측 모두 상대방을 충분히 만족시킬 수 있다면 기분 좋은 결과를 얻게 됩니다. 그러나 만일 어느 쪽도 상대방을 만족시키지 못한다면 우리의 사적인 회합에서 논의된 주제에 관해, 혹은 바람직하지 못한 결말에 대해 어떤 곳에서나 누구에게든지 사건 전체의 전말이 전국 총회에 보고될 때까지 한마디도 언급해서는 안 된다."

그러나 대리인들이 이 제안을 즉각적으로 거부했을 때, 우리는 더 이상 이야기하지 않고 서로 헤어져야 했습니다. 내가 이런 요구를 하지만 않았다면 말입니다. "나의 두 동료들 중 누구에게도 요구하지 않고 내게만 그런 요구를 해야 하는 이유를 납득할 수 없으므로 경외할 만한 기억력을 가진 트렐카시우스와 호마루스에게도 똑같은 식으로 회합을 요구하십시오." 그 말을 하는 동시에 나는 몇 가지 논증을 들며 내 이야기를 마쳤는데, 그것은 너무 지루한 것이어서 지금 전하들 앞에서 반복할 수는 없습니다.

내가 말을 마치자 그 대리인들은 "나의 요청을 수락하고, 다른 두 명의 신학 교수들에게도 유사한 제안을 해 볼 것"이라고 대답했습니다. 레이던을 떠나기 전에 그들은 나를 다시 찾아와서 그 특별한 요청에 관해 반드시 약속을 지킬 것이라고 내게 확언했습니다.

따라서 이것이 내게 제안되었던 많은 요청 중 첫 번째입니다. 그 요청은 실제로 많은 대화를 촉발시켰습니다. 많은 사람들이 그것에 대해 말하기 시작했기 때문입니다. 어떤 사람들은 불완전하게, 그리고 실제로 오고 갔던 대화 전체와는 매우 다른 방식으로 전달했고, 또 다른 사람들은 핵심적인 여러 특수 사항을 누락시킨 채 내가 그 대리인들에게 제시했던 반대 제안과 그것을 뒷받침하기 위해 근거로 삼은 강력한 이유를 애써 은폐했습니다.

내게 제시된 또 다른 요청

며칠 뒤, 즉 1605년 7월 28일, 나는 레이던교회의 장로회 이름으로 유사한 성격의 요청을 받았습니다. 그러나 이번에 제시된 조건에 따르면 내가 재가할 경우 동일한 요청을 받은 관련된 다른 사람들도 같은 교회 재판정에 소환되어야 합니다. 그러나 만일 내가 이 사안에 대해 재가하지 않는다면 더 이상의 어떤 일도 진행되지 않을 것입니다. 그렇지만 이 제안에 대해 과연 어떤 식으로 내가 재가할 수 있는 것인지 명확하게 이해하지 못한다는 사실을 넌지시 암시했을 때, 그리고 앞서 만났을 때 내가 전달한 것과 똑같은 내용으로 이유를 덧붙였을 때, 내 답변을 레이던의 시장 브롱호비우스와 경외스러운 기억력의 메룰라는 전적으로 만족스럽게 받아들였는데, 그 두 사람은 바로 그들이 장로로 섬기는 교회의 이름으로 나를 찾아온 분들이었고, 그리하여 그들은 이 문제에 관한 모든 이면 회의록을 폐기하기로 결정했습니다.

레이던대학을 방문한 영주들에게 남부 홀란트 총회 대리인들이
청원한 것과 그들이 받은 답변

같은 해인 1605년 11월 9일, 남부 홀란트 총회의 대리인인 프란시스 랑스베르기우스와 페스투스 홈미우스는 다른 동료들과 함께 레이던대학의 후견인인 영주들에게 아홉 개 항목의 질문을 제출했습니다. 그 질문에는 "신학 교수들이 답변해 줄 것을 엄숙히 요구함"이라는 청원서가 첨부되었습니다. 그러나 그 후견인인 영주들의 답변은 이러했습니다. "그들은 어떤 이유로도 그들의 동의 아래 신학 교수들에게 어떤 질문이든지 제기하는 것을 인가할 수 없다. 그리고 누구든지 대학에서 진리와 정직성에 반하는 것이 전수되고 있다고 판단된다면 그 사람은 그 불만 사항을 전국 시노드에 보고할 권리를 가지며, 그 총회의 인식 범위 안에서 정기적으로 열리고 있는 바 가장 이른 시기를 택하여 최대한 충분한 토의에 부쳐지기를 바라는 바다."

이 답변이 전달되었을 때, 그 시노드 대리인들은 조금도 주저함 없이 특별한 선처를 간곡하게 요청했는데, 즉 "전하들께서 너그럽게 허락하신다면 저희는 아홉 개 조항의 질문서를 신학 교수들에게 전달하고, 그리고 전하들을 번거롭게 하는 일 없이 그들 각자가 알아서 답변을 개별적으로 확인할 것이고, 그리고 나서 조금도 망설이지 않고 세 명의 목회자들은 각각 돌아갈 것입니다."

그러나 그들의 간청에도 불구하고 그들은 그렇게도 바라 마지않던 허가를 얻지 못했습니다. 실패로 끝난 이 협상 과정 전체는 그처럼 은밀하게 진행되었고, 내가 알 수 없게 아주 조심스럽게 숨겨졌으므로 나는 존경하는 그 세 명의 대리인들이 이 도시에 도착한 것조차 몰랐습니다. 그러나

그들이 떠난 지 얼마 안 있어 나는 그들의 임무와 그것이 좌절된 이야기를 알게 되었습니다.

동일한 내용의 네 번째 요청

이 일이 있고 한 해가 지났을 무렵, 나는 같은 문제에 관해 해명하도록 다시 소환되었습니다. 하지만 내가 언급하지 않을 수 없는 것은 1607년 델프트에서 남부 홀란트 총회의 모임이 있기 얼마 전에 델프트교회의 목사인 요한 베르나르드와 레이던의 목사인 페스투스 홈미우스와 도르트의 디벳티우스가 남부 총회에 의해 대리인으로 파송되어 나를 찾아와 재세례파[5]들의 반대 논증에 대해 내가 어떤 입장을 취했는지 물었습니다. 우리 형제들을 양편으로 가르고 숱한 논쟁을 하게 만들었던 그 문제에 대해 내가 적절하다고 생각되는 답변을 그들에게 들려주었을 때, 그리고 그들이 막 떠나려고 할 때, 그들은 "대리인으로서 자신들에 의해 모든 것이 총회에 보고됨으로써 형제들의 마음을 흡족하게 해야 하므로 신앙과 관련된 주제에 대해 내가 어떤 생각이나 계획을 가지고 있든지 주저 없이 그들에게 알려 달라"라고 간곡하게 부탁했습니다.

그러나 나는 그들의 부탁을 따르지 않기로 했는데, 왜냐하면 그들이 바

···
5) 재세례파 또는 재침례론자(Anabaptists)로 불리는 종파는 16세기 종교개혁 당시 루터나 츠빙글리의 개혁운동이 유아세례를 받아들이는 등 성경에 충실하지 못하다는 비판이 제기되었을 때, 영주나 시의회의 조언을 받지 않고 독자적 노선을 걷기 시작한 사람들을 가리킨 데서 시작되었다. 그들을 칭하는 아나뱁티스트(Anabaptist)라는 이름은 '다시 세례를 받는 자'를 뜻하는 희랍어 '아나밥티스모스'에서 온 말이다. 그 이름은 그들 자신이 지은 것이 아니라 그들을 공격하고 비난한 사람들이 붙인 것이었다. 그들에게 진정한 개혁의 목표는 기독교가 공인된 313년 이전의 초대교회의 모범으로 복귀(Restitution)하는 것이다.

라는 설명은 어떤 편의를 위해서나 혜택을 위해 나올 수 있는 것이 아니기 때문입니다. 그리고 나는 그런 문제에 대해 매우 적절한 방식으로 설명할 수 있는 곳은 전국총회를 제외하고 달리 어디서도 찾을 수 없다고 생각했습니다. 그리하여 지극히 존귀하고 존경하옵는 전하들의 결정에 따라 얼마 뒤에 곧 최고국가회의[6]가 열릴 것으로 기대됩니다.

내가 약속한 것은 이것입니다. "나는 그 회의에서 내가 갖고 있는 견해를 모두 숨김없이 진술하기 위해 전력을 다할 것이고, 그 대리인들이 불만을 표시했던 어떤 사안에 대해서든지 주장된 것 같은 은폐나 허위로 위장하는 일이 전혀 없을 것입니다." 나는 다음의 말로 마무리했습니다. "내가 만약 남부 홀란트 총회의 대리인이 되어 그들 앞에서 내 견해를 밝혀야 한다면 어떤 일이 벌어질 것인지에 대해 그들을 도무지 신뢰할 수 없는데, 왜냐하면 거론된 문제에 관해 모두가 하나같이 자의적으로 해석하는 데 대단히 뛰어난 사람들이기 때문입니다." 이상과 같이 상호 간의 설명을 나눈 후 우리는 각기 헤어졌습니다.

다시 받은 동일한 요청에 대한 나의 답변

수차례에 걸쳐 요청을 받은 것 외에도 나는 어떤 목회자들로부터 "나의 견해와 생각을 그들의 동료들, 즉 시노드에 모인 형제들에게 전달하는 것을 어려운 일로 여기지 말 것"이라는 개인적인 요구를 받았고, 그 반면에

••

6) 16세기 당시의 네덜란드 최고국가회의는 상원과 시민 의원으로 이루어진 이원제 입법 기관으로서, 15세기에 뷔르훈디 공작의 치하에 있던 저지대 국가들이 팽창하던 시기에 전국 주총회의로 출발했다. 1579년, 네덜란드 혁명기에 북부 주들이 독립을 선언했고, 이후 여러 정치적 변혁을 겪다가 1814년에야 전국의회로서 안정된 형태를 갖추게 되었다.

다른 사람들은 "그들에게 나의 견해를 밝혀 달라"고 간청하면서 그렇게 되면 "여호와를 경외하는 마음으로 그들이 직접 그것을 숙고하고 검토할 수 있을 것"이며, 그리고 "원하는 소통을 통해 알게 되는 내용의 어떤 부분도 누설하지 않을 것"이라고 내게 다짐했습니다. 이 두 그룹 중 전자에게 나는 "그들이 다른 사람에게서도 아니고 나에게서 그러한 진술을 요구할 이유가 없다"라고 하는 흔한 의례적인 답변을 주었습니다.

그러나 그 두 그룹 중 후자에 속하지 않은 목회자들 중 한 사람에게 나는 우리 종교에 관한 모든 항목에 관해 논의할 수 있도록 세 번에 걸쳐 회합을 가질 것을 제안했습니다. 그것을 통해 우리는 아마도 가장 견고한 토대 위에 진리를 세울 수 있고, 그리하여 온갖 종류의 거짓을 완벽하게 논박하기 위해 사용할 수 있는 최선의 방책을 궁리하고 구상할 수 있을 것이라고 말했습니다. 또한 내가 제안한 것의 일부는 그러한 회합은 반드시 우리나라의 주요 지도자들 몇 분이 참석한 가운데 개최되어야 한다는 것입니다. 그러나 그 목사는 이 조건을 받아들이지 않았습니다. 나머지 질의자들에게 나는 다양한 답변을 주었는데, 그중 어떤 경우에는 그들이 요구한 것을 단호히 거부했고, 다른 답변에서는 질의자들에게 몇 가지를 밝히기도 했습니다.

답변에서 그러한 구별을 내리는 나의 유일한 기준은 그 그룹들에 대해 내가 가지고 있는 인지도가 좀 더 긴밀한가 또는 더 소원한가 하는 것이었습니다. 그 과정에서 빈번히 있었던 일은 내가 어떤 사람에게 은밀하게 어떤 일을 털어놓은 후 얼마 안 있어 그것이 다른 사람들을 비방하는 일에 연루되는 것이었습니다. 내가 그에게 알려 주었던 것은 그가 판단하기에 진리에 부합하는 것이라고 내 앞에서 얼마나 진지하게 단언했는지, 그리고 자기가 들은 것을 한마디도 누설하지 않겠다고 자기의 명예를 걸고 엄숙하게 서약했는지 모릅니다.

같은 주제와 관련하여 예비총회에서 있었던 일

전술한 것에 덧붙일 필요가 있는 것은 국내 지역뿐만 아니라 그 경계를 넘어 멀리까지, 편지에 의해 해외로 퍼져 나간 한 보고서입니다. 그것은 다음과 같습니다. "영주 전하들로 구성된 네덜란드 국가회의의 소집 명령에 따라 1607년 6월, 운집한 형제단에 의해 헤이그에서 열린 전국예비총회에서 참석한 형제들 앞에서 그리스도교 신앙이라는 주제에 대한 나의 견해를 가장 우호적인 방식으로 밝힐 것을 요청받았으나 나는 거절했다. 그리고 형제들은 내가 만족할 수 있을 만큼 온 힘을 다 기울이기로 약속했지만, 나는 여전히 그들의 요청을 거부했다."

그러나 사태를 그런 식으로 왜곡하는 판본을 대면하게 될 때, 전국교회 연합노회 같은 권위 있는 단체에 대해 내가 훨씬 더 영예로운 경의를 표하는 것이 마땅하다고 생각할지도 모르는 사람들이 나를 적대하거나 악의를 가진 것으로 여길 것이라는 증거로 간주할 필요가 없다는 것을 나는 경험을 통해 잘 알고 있습니다. 그러므로 이런 일이 어떻게 일어나게 되었는지를 더듬어 보기 시작했을 때, 바로 그 시점에서 나는 앞서의 그 만남이 발단이 되어 그것으로부터 필연적 경로를 거쳐 내게 그런 일이 일어났다는 것을 인지하게 되었습니다.

방금 전에 언급한 그 헤이그 전국예비총회에 참석하기 위해 내가 레이던을 출발하기 직전에 이미 여러 지역에 퍼져 나갔고, 어떤 목회자들과 교회 단체들에 의해 자세히 숙지되었던 문제의 편지가 그리스도교의 여러 요점에 관한 나의 견해를 알려 주는 문서임이 분명하다고 그 대리인 측에서 예단하는 다섯 편의 기사가 내 수중에 들어왔습니다. 정확한 서술 구조를 보여 주는 것으로 주장되는 그 기사들의 주요한 주제는 예정론, 아담의 타락, 자유의지, 원죄, 영아(嬰兒)의 영원한 구원이었습니다. 그 기사를 전부 읽었을 때, 나는 그 문서가 작성된 문채(文彩)로 보아 글쓴이가 누구인지 확실하게 파악했습니다. 그 당사자가 그 자리에 있었으므로(당시에 그는 소환된 총회 의원들 중 하나였습니다) 나는 그에게 다가가서 이 문제를 언급하며 그 기회에 그 기사들을 작성한 사람이 바로 그라는 사실을 내가 확신하게 된 탄탄한 이유를 그에게 터놓고 알리기로 했습니다.

그는 나의 추측이 옳다는 것을 굳이 부인하려 하지 않고 그 기사들은 "나의 기사들을 정확히 있는 그대로 배포한 것이 아니라, 레이턴에서 학생들이 논쟁을 벌였던 것을 토대로 작성하여 배포한 것"이라고 대답했습니다. 이러한 설명을 듣고 나는 그에게 이렇게 말하지 않을 수 없었습니다. "당신이 반드시 명심해야 할 것 한 가지는 그런 문서를 배포하는 단순한 행위만으로도 당신은 나의 결백을 의심하는 심각하고 즉각적인 편견을 조장했다는 사실을 부인할 수 없고, 마치 그것들이 내가 쓴 것인 양 얼마 안 있어 사람들은 내가 바로 그 동일한 기사들을 쓴 것이 사실이라는 소문을 듣게 될 것입니다." 이어서 나는 명백하게 사실을 밝혔습니다. "그 기사들은 내가 작성한 것도 아니고, 나의 견해와 일치하지도 않으며, 내가 보기에 그것들은 하나님의 말씀에 배치되는 것으로 판단됩니다."

그 사람과 나는 그 자리에 동석한 다른 두 사람과 함께 그 일에 관해 이야기한 후 나는 이 문제를 바로 그 예비총회에서 공론화하는 것이 낫겠다는 결론을 내렸는데, 왜냐하면 그 예비총회에 참석한 사람들 가운데 그 기사들을 읽어 보았고 그것이 내가 쓴 글일 것이라고 짐작했다고 고백한 사람들이 더러 있었기 때문입니다. 따라서 나는 그 계획을 밀고 나가기로 했습니다.

그리하여 예비 총회가 끝나갈 무렵, 우리가 각기 회의록에 서명하고 몇 사람들이 그들의 상관인 네덜란드 국가회의에 보고서를 제출하기 위해 필요한 지시 사항을 듣고난 후, 나는 형제들에게 "내가 형제들과 함께 나누고 싶은 것이 있으므로 번거롭겠지만 조금만 더 자리에 남아 주시기 바랍니다"라고 양해를 부탁했습니다. 그들은 그 요청을 받아들였고, 그리하여 나는 그들에게 "나는 다섯 편의 기사를 입수하여 그것을 대강 훑어보았습니다. 그리고 이 예비총회에 참석한 어떤 형제에 의해 그 기사들이 여러 주로, 심지어는 멀리 질란트섬[7] 위트레흐트 주교관구에까지 배포되었다는 사실을 알게 되었습니다. 그리고 그 기사들이 그들의 공식 회의 석상에서 어떤 목회자들에 의해 읽혀졌고, 그것들은 나의 견해를 담고 있는 문서인 것으로 간주되었다"라고 밝혔습니다. 그러나 나는 그런 정황에도 불구하고 선한 양심으로 총회 전체 앞에서, 그리고 하나님 앞에서 "그 기사들은 내가 쓴 것이 아니고, 또 나의 견해를 담고 있지도 않습니다"라고 반박했습니다. 나는 이 엄숙한 언명을 두 번이나 반복했고, 형제들에게 "나에 관해 시중에 돌고 있는 보도를 속단하여 믿지 말 것과 내게서 나온 것처럼 가장되거나 해외에까지 퍼진 나를 비방하는 소문을 귀담아 듣지 마십시오"라고 간청했습니다.

이 상황 보고를 듣고 나서 총회의 한 회원이 이렇게 대답했습니다. "나로서는 이 일에 관해 그 기사들의 어느 부분이 정식으로 동의를 얻은 것이고, 어느 부분이 허가되지 않은 것인지를 명시하는 일을 형제들에게 맡기는 것이 좋을 듯합니다. 그렇게 되면 형제들이 당신이 어떤 취지를 가지

7) 덴마크의 가장 큰 섬이다.

고 있는지를 개략적으로나마 파악할 수 있는 기회를 가질 수 있을 것입니다." 또 다른 회원이 같은 이유를 들며 발언했고, 나는 이렇게 대답했습니다. "이번 예비총회는 그런 목적을 위해 모이도록 계획된 것이 아니고, 지금 우리는 이미 과도하게 지체되고 있는 바, 따라서 우리의 상전이신 네덜란드 국가회의는 지금 우리의 결정을 기다리고 있습니다."

그리하여 결국 우리는 흩어졌고, 더 이상 대화를 계속하려는 사람도 없었으며, 총회의 모든 회원들도 그 요구에 재청하려는 의사를 표하지 않았고, 또한 그들이 생각하기에 그런 공식적인 해명이 전적으로 정당하다는 것을 입증하기 위해 굳이 나를 설득하려는 어떤 노력도 하지 않았습니다. 그뿐 아니라 이 일 이후로 내가 얻은 매우 첨예한 지성적 통찰과 부합하는 것으로, 그 자리에 참석했던 사람들 중에서 나중에 이렇게 말하는 사람들이 있었습니다. "교리에 관해서는 어떤 토론도 벌이지 말아야 하고, 혹여 그런 종류의 토론이 벌어질 경우 그들은 즉시 총회를 떠나기로 한다는 것이 사전에 그들에게 지시된 사항의 일부였다." 그러므로 이 같은 상황을 수차례 겪으면서 내가 바라는 방식으로 해명할 수 있는 기회를 얻기 위해 '총회의 협조'를 받는 것이 요원한 일이라는 것이 분명해졌습니다.

회견을 거부한 이유

지극히 존귀하고 탁월하신 전하들이여. 이상의 진술은 총회 형제들이 내게 권면한 접견과 회합, 그리고 내가 계속 거부했던 일에 대해 정확하게 서술한 것입니다. 그 진술을 통틀어 그간의 교류에서 보인 나의 처신에 대해 특별히 지목해서 비난할 만한 이유가 전혀 없다는 것을 누구든지 확연히 인지할 수 있을 것입니다. 특히 형제들의 요청과 관련해 그것이 전달된 방식, 또한 그 요청을 내가 거부한 것에 대해 고찰할 때 특히 그러합니다. 하지만 이 사안에 대해서는 나의 반대 명제들을 통해 한층 더 분명히 알 수 있습니다.

1) 신앙의 문제에 관한 나의 입장 선언을 요구한 것이나 다름없는 형제들의 요구는, 내가 있는 힘을 다해 공정한 판단에 이르고자 해도 어떤 이유로든지 옹호하기 힘든 행위였습니다. 왜냐하면 내가 하나님의 말씀에 어긋나거나 벨지카교회[8]의 신앙고백과 교리문답에 배치되는 무엇인가를 내가 가르쳤다는 이유를 내세우며, 다른 사람도 아닌 내게 입장 선언을 하도록 요청받을 만한 일을 나는 그 누구에게도 한 적이 없기 때문입니다. 단 한 번도 나는 신앙 서약을 지키지 않은 적이 없고, 이 자리에서도 나는 그 서약을 반복하고 있습니다. 마찬가지로 나는 내 직책과 관련하여 지역 시노드에 의해서든지 전국 시노드에 의해서든지 그 서약의 진실성이 그런 방법을 통해 좀 더 확실해질 수 있을 것인지를 검토하는 조사에—만일 그런 조사를 통해 조금이라도 유익을 얻을 수 있다면—서슴없이 동의할 준비가 되어 있습니다.

2) 형제들의 요구가 전달된 방식은 그 자체로 충분한 장해물이었음이 분명한데, 왜냐하면 대리인들에 의해 그것이 공개적으로 선포되었기 때문입니다. 나는 또한 시노드가 나의 목적을 왜곡한 방식에 의해서도 손상을

---

8) 네덜란드 연합왕국으로부터 독립하기 위해 1830년 8월에 벨기에가 일으킨 벨기에 혁명 이전까지 네덜란드는 벨기에와 연합되어 있었고 교회도 마찬가지였다. 벨기에 혁명의 목적은 벨기에의 국가적 지위뿐만 아니라 로마가톨릭 국가로서의 독립을 얻으려는 것이었다. 네덜란드 연합왕국의 국왕 빌럼 1세는 당시 벨기에에서 인기가 있던 빌럼 왕세자를 파견하여 반란군을 설득하려 했다. 빌럼 왕세자가 반란군에게 많은 양보를 제안했음에도 반란을 가라앉히는 데는 실패했다. 1830년 12월 20일 유럽의 열강들은 남네덜란드가 벨기에로 독립하는 것을 승인했다.

받았습니다. 누군가 특별 접견을 필요로 할 만큼 중대한 원인을 제공하지 않는 한 시노드가 그 대리인들을 통해 어떤 사람에게 회합을 요청하는 일은 없는 것으로 우리가 이해하기 때문입니다. 그렇기 때문에 내가 회견 요청에 동의함으로써 모종의 죄책감 때문에 내가 잘못을 저지르거나 불법적인 것을 가르쳤다고 고백해야 하는 상황이 아닌 한 나는 그런 성격의 회합에 기꺼이 동의할 수 없는 일이라고 판단했습니다.

3) 내가 시노드 대리인들의 요청을 거부한 이유는 다음과 같습니다. 첫째, 나는 북부 홀란트 시노드나 남부 홀란트 시노드의 사법권 아래에 종속되어 있지 않고, 나에 관한 모든 사항에 대해 내가 보고해야 할 상관들은 따로 있으므로 나는 그 상관들의 권고에 의해서나 그들의 명시적인 명령이 내려지는 경우를 제외하고 어떤 경우에도 대리인들에게 동의할 수 없습니다. 특히 이런 종류의 회합은 나의 업무 일과를 수행한 결과로 내게 청원된 것이 아니기 때문입니다. 또한 그 회합(1605년에 제안된 것)이 결코 사사로운 회견이 아니었다는 사실을 그 대리인들은 암묵적으로도 제시한 적이 없었고, 자신들을 '대리인[9]'이라는 명칭으로 부르지도 않은 채 후일 내가 요청한 회견을 거부했다는 사실은 그들도 충분히 지성적으로 인지하게 되었을 것입니다. 그러므로 만일 내가 요구된 방식의 회합을 거부하지 않았다면 나는 내 상관들에게 불복종하는 결과를 피할 수 없었을 것입니다. 우리 목회자들이 각각 자기가 속해 있는 특정 시노드의 사법권 아래 한 구성

9) 영역본에 사용된 낱말 'deputies(deputy)'는 대리인 또는 조직의 장 다음 서열에 해당하는 사람인 보(補)를 뜻한다. 즉 조직의 장을 보좌하며 상황에 따라 그를 대리할 수 있는 직책을 말한다. 어원적으로 라틴어 'deputare'를 차용하여 프랑스어 'deputer'가 만들어졌고, 여기에 영어 'depute'가 유래했다. 이것은 격식적인 단어로서 '위임하다'라는 뜻을 가지며, 파생어 'deputize'는 '~의 직무를 대행하다', '~에게 직무를 위임하다'라는 뜻이다.

원으로서 종속되지만, 그가 속한 행정 장관의 권고나 허가 없이는 이제껏 누구도 감히 회합을 가진 적이 없었다는 것, 사전에 공식적으로 동의를 재가한 일이 없는 한 특별히 어떤 행정 장관도 어느 목회자에게든지 자신의 사법권 관할 지구 안에서 교회의 대리인과 회합을 갖도록 허가한 적이 없다는 것, 그리고 실제로 행정 당국을 대표하는 사람들이 그러한 회합을 참관하고자 하는 소망을 빈번히 표시했다는 사실을 형제들께서 기억해 주기를 바라는 바입니다. 레이던의 콜하스,[10] 하우다의 헤르만 헤르베르츠,[11] 호른의 코르넬리우스 비헤리,[12] 타코[13]의 경우 메뎀블리크에서 어떤 일이 있었는지 회고해 볼 수 있을 것입니다.

내가 회합 요청을 받아들이지 않은 두 번째 이유는 다음과 같습니다. 어떤 주제에 대해서든지 함께 논의하게 될 집단들 사이에 최대의 평등성이 보장되어야 함에도 불구하고 오히려 나는 요청받은 회합에서 엄청난 불평

∴

10) Casper Koolhaes(1536~1615). 네덜란드식으로는 'Koonmhert', 아르미니우스보다 앞선 세대인 콜하스는 뒤셀도르프에서 수학했고, 1566년에 종교개혁에 뛰어들었다. 츠바이부르크와 나소 공작령에서 목회를 하기도 했다. 1574년, 레이던대학의 초빙을 받아 신학부 교수직에 부임했지만, 얼마 뒤 교회의 권위에 관해 유보적인 입장과 예정론 거부 등 여러 이유로 교수직을 사임했다. 1581년, 미델부르크 시노드가 벨지카 신앙고백을 낭송하고 서명하라고 요구했을 때 그는 거절했고, 그 이유로 교회로부터 파문당했다.

11) Herman Herberts(1540~1607). 흐레니오의 로마가톨릭 가정에서 태어났고 시토회 수도원에 입회했다. 1577년, 빈테르스바이크 목사의 보좌관이 되었다가 독일의 보홀트에 정착했다. 프로테스탄티즘과 에라스무스 사상을 수용하면서 교회와 갈등을 빚으면서 주교관구에서 추방되었다. 루터파 목사가 되어 하우다에서 활동하던 중 도르트레흐트 시노드로부터 1591년부터 1593년에 걸쳐 비국교회(non-conformist)적 입장에다 교리문답을 따르지 않는 것에 대한 입장 선언을 요구했고, 그가 거절하자 곧 정직 처분을 받았다. 하우다에서 사망했다.

12) 비게르스톤(Wiggerston)으로 불리기도 하는 그는 콜하스와 함께 파문되었다.

13) Taecke Sybrants (Taco) van Hettinga(1535~1611). 목회는 위트레흐트(1582~1586), 메델블링크(1589) 등에서 사역했다.

등이 지배할 것이라는 것을 감지했습니다. 왜냐하면 그들은 공적 권위로 무장하고 나를 찾아온 반면, 나로 말하면 모든 면에서 개인적인 성격이 농후했습니다. 그리고 내가 공적 권위의 재가를 받으며 어떤 일을 도모해 가는 사람이었다면 당연히 누릴 수 있었던 강력한 후원을 당면한 문제에 관해서는 전혀 경험할 수 없다는 사실을 나도 모르지는 않았기 때문입니다. 그들은 수적 규모에서 세 배나 되고, 북부 홀란트 시노드에서 파견된 두 명의 대리인들과 협력했습니다. 그 반면에 나는 혼자이고 어떤 지원도 얻지 못한 상태였을 뿐만 아니라, 이미 시작된 총회의 회의에서 증인의 역할을 요구받고, 그리고 나뿐만 아니라 대리인들도 역시 우리가 완수하려는 여러 목적을 위해 안심하고 의뢰할 수 있는 사람도 없었습니다. 그 대리인들은 스스로 자원하여 나선 사람들이 아니라, 그들의 상관들의 판단에 의존해야 했고, 상관들이 마음속으로 이미 밀고 나가기로 작정한 종교적 입장을 끝까지 끈질기게 주장해야만 했습니다. 그 정도로 폭넓게 이 원칙은 확장되었으므로 그들의 재량에 맡겨진 것이 아무것도 없었습니다. 내가 예시하려는 논증이 아무리 정합적이고 강력한지를 그들이 알게 된다고 해도 그들이 내 논증의 타당성을 옹호하거나, 심지어 그들이 전혀 아무런 답변도 할 수 없다는 사실을 인정할 수가 없었습니다. 이런 것을 고려할 때, 나는 그런 회합을 통해 응당 기대할 수 있는 양측의 상호 이익을 도모할 수 있는 어떤 방법이 있을지 확신할 수 없었습니다. 나로서는 회합을 통해 어떤 유익한 결과를 얻을 가능성이 없지 않았는데, 왜냐하면 나는 전적으로 자유로운 상태였고, 나 자신의 양심에만 의거하여 결정을 내림으로써 그 누구에 대해서도 편견 없이 진리에 대한 내 신념이 이끄는 대로 정확히 인정하기만 하면 되기 때문입니다. 이 마지막 상황이 얼마나 중요한가 하는 것은 존귀하신 전하들의 원로원을 대표하여 예비 총회에 참석하신 분들이 계시다면 전하들께서 직접적인 경험을 통해 얼마든지 충분히 발견하실 수 있을 것입니다.

내가 회합을 거절한 세 번째 이유는 회합을 마친 후 시노드 대리인들이 자기 상관들에게 보고하리라고 짐작되는 내용이, 그 보고를 할 때 내가 그 자리에 있든지 없든지 상관없이 여러 면에서 내게 불이익을 초래할 것이 확실하기 때문입니다. 대리인들이 보고하는 자리에 내가 없을 경우, 그들은 어떤 내용을 첨삭함으로써, 또는 그들의 상식이나 질서 감각에 따라 어떤 내용을 변경함으로써 어떤 사실이나 주장이 실제로 있었던 일과는 매우 다른 방식으로 반복적으로 제시될 것이기 때문입니다. 또한 그런 식의 오류 진술은 어떤 지적 결함이 야기하는 부주의를 통해, 불완전한 기억의 취약성이나 정서적 선입견에 의해 형성되기 쉽기 때문입니다. 그리고 개인적인 자격이 있을 뿐인 나보다 그들처럼 대리인의 자격을 가진 사람들이 훨씬 크게 신뢰받을 수 있으므로 내가 그 자리에 참석한다고 해도 난관을 피하거나 수습하기가 어려울 것이기 때문입니다.

끝으로 내가 지금 사용하고 있는 이 수단에 의해 나는 그 회의(지역 시노드)가 내게 행사하는 일종의 특권 같은 것의 존재를 고지했어야 하는데, 사실 그 특권은 그들이 나에 대해 실제로 가지고 있는 것이 아니고, 그리고 수행해야 할 의무를 가진 나의 직무에 부합되는 것으로, 나를 임명할 수 있는 국가의 일반 행정부의 사법권 아래 속한 사람들에게 명백한 부정의가 발생하는 일이 없는 한 내가 시노드에 소환되는 일은 있을 수 없기 때문입니다. 그러므로 형평성뿐만 아니라 긴급한 필요에 의해 나는 요청받은 그 회합 조건을 거부하지 않으면 안 되었습니다.

4) 그러나 이 문제에 대한 나의 결의가 강했음에도 나는 그 대리인들에게 그들이 원하는 정보를 얻을 수 있는 기회를 주었습니다. 만일 내가 제

안했던 개인적인 회견을 그들이 수락하고자 했다면 그들은 그리스도교 신앙의 모든 항목들 각각에 대한 나의 기본 입장을 알 수 있는 기회를 얻었을 것입니다. 그뿐 아니라 그런 식의 회견은 공개적인 방식을 취하는 경우보다 우리의 상호 계도와 교육을 증진시키는 데 훨씬 더 적합했을 것인데, 내가 이렇게 표현해도 된다면 대리인을 파견하는 온갖 형식적 요건에 따르는 것에 비해 각 사람이 훨씬 친숙하고 자유롭게 하고 싶은 말을 모두 할 수 있을 것이기 때문입니다. 그들은 이 점에 대해 조금도 주저할 이유가 없었을 텐데, 왜냐하면 그들 모두가 전적으로 자유롭게(그가 원한다면) 개인적으로 나와 개인적인 회견을 가질 수 있었기 때문입니다. 그러나 내가 그들 전체와 각각에게 이 제안을 했을 때 덧붙인 가장 특별한 협약 조건 하나는 우리의 논의가 어떤 방향으로 전개되든지 논의된 것은 오직 우리 사이의 비밀로 간직해야 하고, 어느 부분도 결코 살아 있는 다른 어떤 사람에게도 누설해서는 안 된다는 것이었습니다. 만일 이 조건 아래 그들이 나와 회합을 하기로 동의했다면 나는 우리가 서로를 완전히 만족시킬 수 있었을 것이라고 확신합니다. 아니면 적어도 우리는 서로 간의 논쟁을 통해 구원과 경건, 또는 그리스도인의 평화와 우애에 필요한 진리를 저해할 만한 어떤 긴급한 위험도 발생하지 않을 것이 분명합니다.

5) 내가 기본 입장을 선언하기를 거부한 것에 관한 불만은 항간에 떠돌고 있는 나에 관한 소문과 일치하지 않습니다. 그러나 그간에 있었던 만남을 전혀 언급하지 않고 넘어간다면 나는 어떤 전략에 의해 다음의 두 불만 사항을 서로 조화롭게 만들 수 있을지 나 자신도 충분히 확신을 가질 수 없습니다. 하나는 내가 나의 기본 입장을 밝히기를 거부했다는 사실이고, 다른 하나는 외국에서나 본국에서도 내가 마치 교회와 그리스도교 자체에 새롭고 불온한 거짓 교의를 유입하려 한다는 식으로 나에 대한 악담이 쏟

아져 들어오고 있습니다. 만일 내가 공개적으로 나의 견해를 고백하지 않을 경우, 그 견해의 유해한 경향성이 어디에서 현저히 나타날 수 있겠습니까? 만일 내가 나 자신에 대해 해명하지 않는다면 무슨 수로 내가 거짓 교의들을 영입할 수 있겠습니까? 만일 그것들이 나에 관해 불거진 근거 없는 혐의에 불과하다면 그 혐의를 포용한다거나 적어도 그토록 크게 부풀리는 것은 대단히 무자비한 일입니다.

그러나 "그가 가진 견해는 전부는 아니더라도 어느 정도 밝혀진 것이 확실하고, 따라서 그것을 통해 그는 자기가 추구하는 목적을 더 이상 불투명한 채로 두지 않고 아주 뚜렷이 밝혔다"라는 비난의 말이 내게 쏟아지고 있습니다. 이런 식의 검열과 관련하여 긴급히 심사숙고해야 할 문제는 '내가 밝힌 것으로 주장되는 그 기본적인 신념에서 하나님의 말씀이나 벨지카 신앙고백과 모순되는 것이 하나라도 있는가?' 하는 것입니다.

만일 그 신념이 벨지카 신앙고백과 모순된다는 결정이 내려진다면 나는 "그것과 모순되는 어떤 교의도 전수해서는 안 된다고 명시하는" 어떤 서류, 그리고 내가 내 손으로 직접 서명했을 때 선서했던 신실한 약속에 어긋나는 것을 가르쳐 왔다는 말이 됩니다. 그런 이유로 내가 정말 그런 범죄를 저지른 사람으로 밝혀진다면 그에 대해 나는 응분의 처벌을 받아야 할 것입니다. 그러나 만일 문제의 견해 중 어떤 것이라도 하나님의 말씀에 어긋나는 것이 입증될 수 있을 경우, 나는 심각한 수준의 비난을 받을 것이고 훨씬 더 중한 처벌을 받아야 하며, 특히 내가 진술한 교의의 제목들이 하나님의 영광과 인류의 구원에 대해 심각한 정도로 편파적으로 기술하고 있다면 그 견해를 철회하거나 나의 직위에서 물러나든지 해야 할 것입니다. 그러나 만일 내가 제시한 것으로 간주되어 비난받고 있는 몇몇 기본 신념이 하나님의 말씀과 내가 방금 언급한 벨지카 신앙고백에 반하는 것이 없다고 밝혀진다면 그 신념으로부터 함축되거나 그것에 의존하는 것으로 보이는 결론은 하나님의 말씀이나 벨지카 신앙고백 어느 것과도 모순될 수 없습니다. 왜냐하면 철학자들[14]의 규칙에 따르면 "어떤 교의의 결론[15]이나 결과가 거짓일 경우, 그로부터 필연적으로 그 교의 자체가 거짓임이 도출되고, 그 역도 참이다"라는 것이 있습니다.

그러므로 이제까지 다음 두 경로 중 하나가 나에 대해 소추된 것입니다. 즉 나에 대한 기소를 제기하거나, 아니면 그 소문을 근거 없는 것으로 무시하는 것입니다. 만일 내가 스스로 선택할 수 있다면 후자의 경로가 바람직한 것이겠지만, 전자의 경로에 대해서도 나는 전혀 두렵지 않습니다. 왜냐하면 내게 엄청난 상처와 명예훼손을 끼친, 나에 관한 그 31개 조항이 아무리 광범위하게 널리 사방으로 배포되었든지, 그리고 명망 높은 인사들 여러 명의 수중에 이미 그것이 들어갔다고 하더라도 그 조항은 그 자체의 구성에서 명확한 의미와 눈에 띄는 다른 필수요건의 결여로 인해 정의와 명예, 양심과는 전적으로 무관하게 내게 혐의가 가해졌음을 말해 주는 내적 증언으로 볼 수 있기 때문입니다.

6) 종교적 신앙이라는 주제에 대한 나의 견해를 그 대리인들에게 밝힐 수 없었던 주된 이유는 다음과 같습니다. 한편으로 이렇게 말할 분이 계실지도 모릅니다. "이런 소란을 피하기 위해서라도, 그리고 부분적으로 그런 척도에 의해 수많은 목회자들을 만족시킬 수 있을 것이므로 당신 자신이 보다 정확한 원리에 관해 더 잘 배울 수 있고, 또한 형제들도 상호 회견

---

14) schoolmen. 흔히 중세의 대학교수나 스콜라 신학자를 가리킨다. 여기서는 문맥상 철학자 일반 또는 좁은 의미의 논리학자를 지칭하는 것으로 보인다.
15) consectraries. 고어적 표현으로 어떤 종류이건 결론으로 도출되는 것을 지시한다.

을 위해 스스로 준비할 수 있는 좋은 기회를 가질 수 있을 것이므로 종교에 관한 전체 주제에 대한 당신의 기본 입장에 대해 공개적으로 간명하게 선하는 데 아무런 문제가 없으리라는 것은 의심할 여지가 없다."

그렇지만 나는 세 가지 난관이 우려되기 때문에 그 방법을 포기했습니다. 첫째, 만일 내가 나의 기본 입장에 대해 고백할 경우, 그것을 토대로 나를 모함하려는 의도로 어떤 조치가 취해질 수 있는 가능성에 관해 다른 사람들로부터 문의가 쇄도하는 결과가 초래될 것이 우려됩니다. 둘째, 내가 두려워할 수밖에 없는 또 다른 이유는 나의 견해를 그런 식으로 진술하는 것은 교회 강단과 대학의 학문 연구 활동에서도 토론과 반박의 소재를 제공할 수 있습니다. 셋째, 나는 또한 유죄 판결과 나를 억압하려는 수단을 확보하려는 의도에서 나의 견해를 외국 대학과 교회에 유포하게 될 가능성에 대해 염려하지 않을 수 없습니다. 이상의 모든 결과 각각이 내가 두려워해야 할 매우 중대한 이유가 된다는 것은 그 31개 조항으로부터, 그리고 몇몇 개인들의 저술들로부터 아무런 어려움 없이 명백하게 입증할 수 있습니다.

"개인적인 교훈과 계도"에 관해서는 나도 그러한 공개 선언을 통해 얻게 되기를 바라지만, 나뿐만 아니라 다른 많은 사람들도, 심지어 대리인 형제들 자신도 종교적 주제에 관해 매우 특이한 견해를 가지고 있다는 점을 고려할 필요가 있습니다. 따라서 이후 언젠가 우리 모두가 부름을 받아 확정적인 선고가 내려질 수 있는, 또 반드시 내려져야 할 다른 어떤 한 군데를 제외하고 그런 방식의 교훈은 어떤 유익한 목적에도 이바지할 수 없습니다. 대리인 형제들이 회합을 준비하는 동안 가질 수 있는 "시기적절하고 생산적인 준비 기간"에 관해서는 우리 모두가 총회 전체 앞에서 자기의 견해를 정리하여 발표할 수 있을 때, 그때 비로소 우리는 모든 것을 앞에 내놓고 함께 고찰할 수 있는 가장 적절하고도 올바른 기회를 가질 것이라고 나는 확신합니다.

이상의 반론 중 어느 것도 이 엄숙한 집회에서 아직 제기되지 않았기에 이어서 나는 내 기본 입장을 선언할 것입니다. 나는 내게 제기된 모든 혐의를 부인했으므로 이제부터는 내가 서약한 것을 힘을 다해 지키고, 전하들께서 기꺼이 내게 내리신 명령을 실행할 것입니다. 나의 웅변 능력이 아무리 미비하더라도 하나님의 다음 순위이고 하나님의 기쁨이 되시는 이 존귀한 상원 의회에 내가 마땅히 보여 드려야 할 순복하는 마음에서 우러나오는 것이기에 오늘의 선언에 관해 나 자신에 대해, 그리고 나의 기본 입장에 대해 어떤 편견도 조성되지 않으리라고 나는 확실하게 믿습니다.

예정에 관하여

오늘 밝히려 하는 나의 견해는 여러 해 동안 내가 주목해 온 주제로서, 우리 그리스도교의 으뜸가고 가장 중요한 조항인 하나님의 예정(Predestination), 즉 구원하고자 하는 사람을 선택(Election)하는 것과 멸망시키고자 하는 사람을 유기(Reprobation)하는 것에 관해서입니다. 우선적으로 내가 기술하려는 것은 이제까지 우리 교회들과 레이던대학에 속한 어떤 인물들이 이 주제에 대해 어떻게 가르쳐 왔는가 하는 것입니다. 그 다음으로 나는 동일한 주제에 관한 내 입장과 인식을 밝히는 한편, 그것이 함의하는 바에 대한 견해를 밝힐 것입니다.

첫 번째 예정 도식: 타죄 이전설

이 이론이 예정론을 떠받치는 최상의 근거라고 이해하는 사람들의 입장으로서, 그들의 저술에서 일반적으로 발견할 수 있는 요점은 다음과 같습니다.

1) 영원하고 불변적인 작정(decree)에 의해 하나님께서는 사람들 가운데서(여기서 그는 사람들이 타락한 존재인가 또는 창조된 원초적 상태에 있는 존재인가 하는 것을 특별히 고려하지 않으신다) 그들의 의나 죄, 순종이나 불순종 여부에 상관없이 다만 오직 하나님 자신이 뜻을 따라 그 자신의 정의와 자비하심의 영광을 증명하기 위해, 또는 (어떤 사람들의 주장에 따르면) 그의 구원하는 은혜와 지혜, 그리고 자유롭고 그 무엇도 제어할 수 없는 권능을 증명하기 위해 어떤 사람들에게는 영원한 생명을, 다른 사람들에게는 영원한 멸망을 예정하셨다.

2) 이 작정과 함께 하나님께서는 그것을 집행하는 것과 관련되는 어떤 확정적인 수단을 예비하셨고, 역시 그의 영원하고 불변적인 작정에 따른다. 이 수단들은 필연적으로 선행하는 작정의 유효성에 수반하고, 필연적으로 선택된 사람들 각각을 그를 위해 미리 정해진 목적에 이르게 한다. 이 수단들 중 어떤 것은 선택의 작정과 유기의 작정 모두에 공통적으로 속하고, 다른 것들은 특별히 어느 한 편의 작정에 제한된다.

3) 두 작정에 공통된 수단들은 세 가지다. 첫째는 원초적 의(original righteousness)의 충직한(또는 바르게 서 있는) 상태로서, 바꾸어 말해 의와 참된 거룩함에 있어서 하나님의 형상과 유사성을 따라 인간이 창조된 사실을 가리킨다. 둘째는 아담의 타락이 허용되었다는 것, 바꾸어 말해 인간이 죄를 짓고 부패하고 비천한 상태로 전락하는 것을 하나님께서 예정하셨다는 것이다. 셋째는 원초적 의와 하나님의 형상을 상실하거나 제거한 것, 그 결과로 죄와 저주 아래 놓이게 된 것이다.

4) 하나님께서 일부의 어떤 사람들을 창조하지 않는 한 그는 누구에게

영원한 생명을 수여하고 누구에게 영원한 죽음을 부과할 것인지 구별할 필요가 없다는 사실이다. 하나님께서 의와 참되게 거룩한 상태로 사람들을 창조하지 않았을 경우, 그는 스스로 죄의 조성자가 되어야 하며, 따라서 사람들을 처벌함으로써 자기의 정의를 찬양하게 하게 만든다거나 그들을 구원함으로써 자기의 자비를 찬양하게 할 수 있는 권한을 가질 수 없었을 것이다. 사람들이 스스로 죄를 범하지 않았다면, 그리고 죗값에 의해 그들 자신이 사망의 유죄 선고를 자초한 것이 아니었다면 하나님께서 정의나 자비를 증명할 수 있는 여지가 없었을 것이다.

5) 선택의 작정을 집행하기 위해 예정된 수단들은 다음의 세 가지다. 첫째 수단은 중보자(Mediator)이자 구세주로서 예수 그리스도를 미리 예정하거나 파송한 것인데, 그리스도는 자신의 중보 사역에 의해 모든 선택받은 자들, 오직 그들만을 위해 상실된 의와 생명을 보상(또는 속전을 지불)하고 그 자신의 능력(또는 미덕)에 의해 그들과 교통할 수 있다. 둘째 수단은 외적으로는 말씀 전파에 의해, 반면 내적으로는 그의 영에 의해 사람들의 마음과 정서와 의지에 의해 믿음을 소유하도록 부르시는 것(또는 소명)이다. 그러한 유효적 원인의 작동에 의해 선택받은 사람은 필연적으로 그 소명에 동의하고 순종하므로 그 사람은 이 부르심에 따라 믿고 순종하는 것 외에 달리 어떤 일도 할 수 없다. 이로부터 그리스도의 피와 그의 영을 통해 칭의(justification)와 성화(sanctification)가 이루어지며, 그로부터 모든 선한 행실이 발생한다. 그리고 이 모든 것은 동일한 힘과 필연성에 의해 실현된다. 셋째 수단은 선택받은 사람들로 하여금 믿음, 거룩함, 선한 행위를 추구하는 열의를 유지하고 보존할 수 있게 하거나 견인(perseverance)하게 하는 은사로서, 이 은사의 유효성은 선택받은 믿음의 사람들이 충분하고 완전한 자기 의지에 의해 죄를 짓는다거나 믿음과 은혜로부터 완전히 일탈하는 일

이 없게 하므로 그들로서는 충분하고 완전한 의지에 의해 죄를 범할 수도 없고, 믿음과 은혜로부터 완전히 일탈하는 일이 불가능하다는 데 있다.

6) 이 가운데 마지막 두 항목(부르심과 견인)은 성인기에 도달한 선택받은 사람에게만 적용된다. 그러나 실제로 하나님은 간명한 방식으로 구원의 길을 계획하시고, 따라서 성인기에 도달하기 전에 이 세상을 떠난 믿는 자들과 어른들의 자녀들을 구원하신다. 즉 그들이 선택받은 사람들의 수(오직 하나님만이 알고 계신다)에 들어 있는 한 하나님은 그들에게 그리스도를 구세주로 주시고, 그들을 그리스도에게 맡기시며, 실제로 그들이 믿음과 믿음 안에 거하는 견인의 삶이 실현되지 않았을 경우에도 그의 피와 성령에 의해 그들을 구원하신다. 이 모든 일은 하나님의 은혜의 언약, 즉 "나는 너와 네 뒤에 나올 자손의 하나님"이 될 것이라는 약속에 따른다.

7) 영원한 사망의 심판의 작정을 집행하는 일과 관련된 수단은 선택받은 사람과 영벌(永罰) 선고를 받은 사람들 모두 그들이 성인기에 도달하든지 그 이전에 죽든지 부분적으로 특수한 방식으로 적용되고, 따라서 그 수단은 부분적으로 일부에게만 적절한 것으로 적용된다. 영벌 선고를 받는 사람들 모두에게 공통된 수단은 누구든지 구원하기에 충분하고 필요한 구원하는 은혜를 스스로 거부함으로써 죄에 유기되는 것이다.

이 같은 거부(또는 부인)는 두 부분으로 나뉜다. 첫째, 하나님은 그리스도가 그들(영벌 선고를 받은 사람)을 위해 죽는다거나 그들의 구주가 되게 하는 의지를 품지 않는데, 이것은 하나님의 선행 의지(antecedent will)에 준거하지도 않고, (어떤 사람들이 사용하는 용어에 따르면) 그의 충분한 의지나 화해를 위한 속전(贖錢)의 가치에 준거하지도 않는다. 하나님의 작정에 있어서나 그 능력과 유효성에 있어서도 영벌 선고를 받은 사람들에게 속전이 제시된 바 없기 때문이다. 그러나 그러한 거부(또는 부인)의 또 다른 부분은 하나님께서 그리스도의 영이 영벌 선고를 받은 사람들과 교통하는 것을 기뻐하지 않으신다는 것인데, 그러한 교통이 없을 경우 그들은 그리스도에 대해서나 그가 주시는 혜택에도 참여할 수가 없다.

8) 정죄 선고를 받은 사람들 중 일부에게 적절하게 적용되는 수단은 완고한 마음(또는 고집스러운 행위)으로서 성인기에 도달한 사람들에게 적용되는데, 그들이 매우 빈번하고 극악무도하게 하나님의 계명을 어기는 죄를 범하거나 복음의 은혜를 거절하기 때문이다. 첫 번째 종류의 완고한 마음이나 고집스러운 행위에 의한 선고 집행 양태는 지식에 의해 그들의 양심 상태를 노정하고, 그럼으로써 율법의 의가 유죄 판결을 시행하는 것이다. 율법은 그들로 하여금 변명할 수 없게 만들기 위해 반드시 그들을 불의 속에 억류하지 않을 수 없기 때문이다.

두 번째 종류의 선고 집행을 위해 하나님께서 복음 전파에 의해 부르시는 것으로 시작되는데, 이 부르심은 하나님의 작정에 대해서나 그 작정의 단초가 되는 쟁점이나 사건에 대해 모두 비효율적이고 불충분하다. 이 부르심은 사람들의 욕구나 순종하는 능력에 내재하지 않는 외적인 형태로 주어질 수 있다. 또는 유기된 사람들이 말씀을 들을 때 그것을 받아들이고 믿도록 그들의 지성을 자극하는 것 같은 내적 양태를 취할 수도 있지만, 실제로 그것은 오직 마귀들이 복음을 인지하고 두려움에 떨 때 갖는 수준의 믿음이다. 또 그들 중 일부는 한 걸음 더 나아가 자극을 받고 깨달음을 얻고 하늘의 은사를 맛보는 수준을 욕구하는 수준에 이르기도 한다. 그렇지만 후자의 경우 다른 것들에 비해 가장 불행한 경우로 보이는데, 그들은 매우 기복이 심해서 아래로 하강할 때 한층 더 심각하게 타락할 수 있기 때문이다. 그리고 그들이 그러한 운명을 피할 수 없는 것은 필연적으로 자신들이 쌓은 오물로 돌아가고, 그리하여 믿음을 저버리거나 멀리 소외될 것이기 때문이다.

9) 선택과 유기에 대한 하나님의 작정으로부터, 그리고 그것의 집행에서 사용되는 수단을 경영하는 과정에서 선택받은 사람들이 멸망에 빠지는 일은 불가능하므로 그들은 필연적으로 구원을 얻고, 정죄 선고를 받은 사람들이 구원을 얻는 일은 불가능하므로 필연적으로 그들에게 심판이 내려진다는 결론이 함축된다. 이 모든 것은 하나님의 주권적 의지(또는 결정)에 따른 것으로서, 이 같은 예정 전체는 만물이 창조되기 이전에, 그리고 사물들 안에 내재하거나 그로부터 야기될 수 있는 결과에 내재하는 모든 원인들보다 앞서 정해진다.

예정에 관한 이 같은 견해는 그리스도교와 구원, 그리고 그것의 확실성의 토대로서 예정론을 옹호하는 사람들에 의해 수용되었습니다. 이 견해를 토대로 그들이 제시하는 가설은 이것입니다. '그 견해들 위에 모든 신자들의 양심을 요동치 않게 지지할 수 있는 확실하고 의심할 바 없는 위로가 세워진다. 오직 그 기초 위에서 하나님의 은혜를 찬송할 수 있기 때문에 만일 이 예정 교리에서 어떤 모순이 발견된다면 필연적으로 하나님은 그의 은혜의 영광을 완전하게 견지할 수 없고, 따라서 구원의 공과는 인간의 자유의지와 그 자신의 능력과 힘에 귀속될 수밖에 없는데, 여기에 펠라기우스주의(Pelagianism)[16]의 기미가 있다.'

∴

16) Pelagianism. 팔레스타인 브리타니아 태생의 기독교 수도사 펠라기우스(360~420)가 창시한 사상으로 알려진 것이다. 그는 4세기 말에 로마에 와서 법률을 배운 듯하며, 이어 수도 생활에 들어갔다. 금욕적 생활 태도, 도덕적 엄격성 때문에 대단한 존경을 받았다. 인간의 자유의지와 노력을 강조하고, 구원에서 은총의 의의를 부정했다. 펠라기우스주의에 따르면 원죄는 인간의 본성을 오염시키지 않았으며, 도덕적 의지는 여전히 신의 도움 없이 선과 악을 선택할 수 있다고 한다. 세인트 제롬은 펠라기우스가 아일랜드 태생이라고 밝혔다. 펠라기우

그러므로 이 견해를 옹호하는 사람들이 자신들의 교회에서 그 교의의 순수성을 유지하려고 흔히 안간힘을 쓰고, 그것들에 상반되는 모든 혁신을 결사적으로 반대하는 것은 바로 그러한 이유 때문입니다.

예정 교의가 함축하는 네 가지 논제

나 자신으로 말하면 내 견해를 자유롭게 말할 수도 있으나, 더 나은 판단을 내릴 수 있도록 한 가지 유보 사항을 가지고 있습니다. 타죄 이전론에는 거짓되고 부적절할 뿐만 아니라 서로 첨예하게 충돌하는 것이 많이 들어 있다고 나는 생각합니다. 그러한 사례를 지금 내게 주어진 시간 안에 모두 검토할 수는 없지만, 가장 눈에 띄고 포괄적인 것 몇 가지를 선별하여 검토해 보겠습니다. 그러므로 나는 이 교의에서 중요도가 가장 높은 네 가지 주요 주제를 내놓겠습니다. 우선 나는 그 주제가 각각 어떤 종류의 개별자인지 설명하고, 그 다음에 그들에 관한 내 판단과 견해를 더 자세히 선언할 것입니다. 그 네 가지 주제는 다음과 같습니다.

1) 하나님은 그의 자비 또는 은혜에 의해 어떤 특정한 사람들을 구원하기로, 그리고 그의 정의에 의해 다른 사람들을 정죄하기로 절대적이고 정확하게 작정하셨습니다. 전자의 집단이나 후자의 집단에서 존재할 수 있는 의로움이나 죄, 또는 순종이나 불순종에 대해 전혀 고려하지 않은 채 그 작정을 완전하게 집행할 것이다.
2) 전술한 작정을 집행하기 위해 하나님은 아담을, 그리고 그 안에서 모

∴

스는 인간의 의지는 하나님이 창조한 능력으로 죄 없는 삶을 살기에 충분하다고 보았다.

든 사람들을 원초적 의의 똑바른 상태로 창조하기로 결정하셨다. 그뿐 아니라 하나님은 또한 인간들이 죄를 지음으로써 영원히 저주받을 죄책을 지도록, 그리고 원초적 의를 박탈당하도록 미리 정하셨다.

3) 하나님께서 구원하겠다는 적극적인 뜻을 품은 사람들에 대해 그는 그들을 구원할 뿐만 아니라, 그에 관한 수단(즉 그리스도 예수에게 나와서 믿음을 갖게 되도록 인도하고 그 믿음을 견인하게 하는 수단)에 대해서도 작정하셨다. 또한 그는 사실상 거부할 수 없는 은혜와 권능에 의해 그들을 그러한 결말로 이끄실 것이고, 따라서 그 사람들은 믿고, 믿음 안에서 견인하고, 마침내 구원을 얻는 것 외에 다른 것을 할 수 없다.

4) 자기의 절대적 의지에 의해 하나님께서 멸망시키기로 예정한 사람들에 대해 그는 또한 구원을 위한 필요하고도 충분한 은혜를 베풀지 않기로 작정하셨고, 실제로 그들에게 구원을 수여하지 않으신다. 따라서 그들로서는 믿음을 갖거나 구원을 얻을 수 있게 하는 어떤 상태에 처하거나 그럴 수 있는 능력도 도무지 가질 수 없다.

하나님을 경외하는 마음으로 이 네 가지 논제를 면밀히 살펴보고 검토했으므로 나는 예정 교의에 관해 아래와 같이 내 입장을 선언합니다.

예정 교의를 거부하는 이유

1) 예정은 그리스도교, 구원, 구원의 확실성의 토대가 아니기 때문입니다. 그리스도교의 토대가 되지 못하는 이유는 다음과 같습니다. 먼저 이 예정 개념은 하나님께서 그리스도를 구세주, 머리, 구원의 상속자들이 될 사람들을 위한 초석으로 임명하시는 근거가 되는 하나님의 작정이 아니기

때문입니다. 오직 그 작정이 그리스도교의 유일한 토대입니다. 또한 이 예정 개념은 믿음을 통해 우리가 살아 있는 돌로서 유일한 모퉁이 돌이신 그리스도 안에서 지어져 갈 수 있고, 그리고 몸의 지체로서 우리가 그 안에 끼워 넣어져 머리와 연결될 수 있다고 말하는 교의가 아니기 때문입니다.

구원의 토대가 되지 못하는 이유는 다음과 같습니다. 이 예정 개념은 우리의 구원이 달려 있는 유일한 초석인 그리스도 예수 안에 있는, 하나님이 기뻐하시는 뜻의 작정이 아니기 때문입니다. 또한 하나님께서 믿는 모든 사람들을 구원할 수 있다고 인정하지 않기 때문에 이 예정 개념은 구원의 토대가 되지 못합니다. 그 개념을 통해서는 '하나님의 의'가 믿음에서 믿음으로 나타날 수 없기 때문입니다.

구원의 확실성의 토대가 되지 못하는 이유는 다음과 같습니다. 이 예정 개념은 '믿는 사람들은 구원을 얻을 것이다. 나는 믿는다. 그러므로 나는 구원을 얻을 것이다'라는 논증 구조를 가진 작정에 달려 있습니다. 그러나 이 예정 교의 자체에는 이 삼단논증의 첫째 명제도, 둘째 명제도 들어 있지 않습니다.

마찬가지로 다음과 같은 말로 솔직히 고백하는 사람들이 있습니다. "우리는 이 (예정) 교의에 대한 지식이 그리스도교나 구원의 토대가 된다거나, 그것이 복음 교의와 똑같은 방식으로 구원에 필수적이라고 말하지 않겠다."

2) 이 예정 교의의 내부 구조는 복음 전체도, 복음의 어떤 부분으로 이루어져 있지 않습니다. 복음서 기자의 기록을 토대로 사도 요한과 그리스도에 의해 전달된 강론의 논조에 따르면, 그리고 그리스도의 승천 후 사도들의 가르침에 따르면 복음은 부분적으로 회개하고 믿으라는 명령으로, 부분적으로 죄의 용서, 성령의 은사, 영생의 수여에 대한 약속을 포함합니다. 그 반면에 이 예정 교의는 회개하고 믿을 것을 촉구하는 명령에 속하

지도 않고, 그 명령과 연계된 약속에 속하지도 않습니다. 오히려 이 교의
는 하나님께서 일반적으로 어떤 종류의 인간을 예정한 것인지에 대해 전혀
말하지 않는데, 그 부분은 복음의 본래적 가르침에 해당합니다. 그 대신
예정론은 예정의 주체이신 하나님에게만 알려져 있는 어떤 비밀을 그 자체
안에 포용하고 있고, 그 비밀 안에 어떤 특정한 사람들이 얼마나 많이 선
택받을 것인지, 또는 유기될 것인지가 숨겨져 있습니다. 이 전제로부터 내
가 이끌어 낼 수 있는 또 다른 결론은 이 예정 교의가 구원을 위한 필요조
건이 아니라는 것인데, 지식과 믿음, 소망의 대상으로서, 또는 실천의 대
상으로서 필요하지 않습니다. 높은 식견을 가진 어떤 분은 그 사실을 털어
놓으면서 이 주제에 관해 토론할 만한 명제를 제시했습니다.

"그러므로 복음은 단순히 예정에 관한 책이라든가 계시라고 말할 수
없고, 다만 오직 상대적인 의미에서만 그렇게 말할 수 있다. 복음은 수나
형상의 문제를 절대적으로 지칭하지 않는다. 즉 복음은 하나님이 구원하
기로 예정한 사람이 구체적으로 몇 명이며 그들이 누구인지를 기술하고
있지 않고, 다만 구원받을 사람들에 관해 일반적으로 기술하고 있을 뿐
이다."

3) 그리스도 탄생 후 처음 600년 동안 일반 집회이건 특수 집회이건 어떤
공의회에서도 이 예정 교의를 인정하거나 선언하거나, 승인한 적이 한 번
도 없었습니다. 니케아 일반 공의회[17]도 마찬가지였는데, 당시 내려진 판결

---

17) 제1차 니케아 공의회는 325년 6월 19일 니케아(현재 튀르크의 이즈니크시) 콘스탄티누
스 1세의 별궁에서 열렸다. 부활절과 삼위일체 등의 주제가 논의되었으며, 니케아 신경
(Nicene-Constantinople Creed)을 채택하여 아리우스파를 이단으로 정죄하면서 보편교회
(공교회)의 정치적 외연이 확대되었다. 사도행전의 예루살렘 공의회 이후 기독교 최초의 공
의회로 인정받는다.

은 아리우스[18]를 단죄한 반면, 하나님 아들의 신성과 동일본질[19]을 옹호하는 선언을 공표했습니다. 제1차 콘스탄티노플 공의회는 성령의 신성에 관한 마케도니우스[20]의 입장을 오류로 선언했습니다. 마찬가지로 에페수스 공의회는 네스토리우스[21]를 단죄하고 그 대신 하나님 아들의 위격의 단일성을 옹호했습니다. 칼케돈 공의회[22]도 마찬가지로 에우티케스[23]를 이단으

..

18) 이집트 알렉산드리아 출신의 아리우스(Arius, 256~336)는 예수는 영원한 존재가 아니지만 성부와 유사한 본질(유사 본질), 곧 신성을 가진 존재로서 하나님으로 불릴 수 있지만 참하느님은 오직 성부 한 분이라고 주장했다. 그런 의미에서 예수는 인간도 하나님(참된 하나님)도 아닌 인간과 하나님(성부)의 중간 존재이며, 다만 성부에게 종속되어 있다고 주장했다. 그의 입장은 아리우스주의라는 초기 기독교 분파로 발전했으나, 325년 콘스탄티누스 1세가 직접 주재한 제1차 니케아 공의회에서 이단으로 결정되었다.

19) 동일 본성(consubstatiality)이라는 개념은 라틴어 'consubstantialitas'에서 파생한 것으로, 양상의 차이에도 불구하고 실체 또는 본질의 동일성이 존속하는 것을 뜻한다. 삼위일체 개념을 옹호하는 설명에 사용되는 것으로 알려져 있지만, 세 위격들 간의 차이를 단순히 양상적 차이(modal difference)로 이해할 것인지는 논쟁의 여지가 있다.

20) 마케도니우스(Macedonius, 미상~360)는 342년에서 346년까지, 그리고 351년에서 360년까지 콘스탄티노플의 그리스 주교를 지냈다. 반(半)아리우스파 또는 트로피키파로도 알려진 뉴마토마치파(Pneumatomachi)를 설립한 주요 인물이다. 이 파는 4세기 후반과 5세기 초에 헬레스폰트 인근 지역에서 번성했으나 근본 신조가 반니케아적이었고, 결국 374년에 다마수스 교황에 의해 이단으로 처단되었다.

21) 네스토리우스(Nestorius, 386~451)는 콘스탄티노폴리스의 대주교(428~431 재직)였고, 경교(景敎)라고 불리는 네스토리우스파의 시조다. 경교라는 이름은 페르시아인에 의해 중국에 전파되면서 얻은 것이다. 그는 예수의 신성과 인성을 구분하는 이성설(二性說)을 주장하면서 신성과 인성이 한 몸 안에 유기적, 기계적으로 연합되어 있을 뿐이라고 보았다.

22) 칼케돈 공의회(451년 10월 8일~11월 1일)는 소아시아의 비티니아의 도시 칼케돈(현재 튀르크의 이스탄불주)에서 열렸다. 당시 공의회에서는 그리스도의 신성과 인성은 분리되지 않는다는 내용의 칼케돈 신조를 통해 예수 그리스도는 완전한 인간인 동시에 완전한 하나님으로 고백되었다. 또한 칼케돈 신조에 예수가 신성을 지닌 채 태어났다는 의미인 '테오토코스(Θεοτόκος)'라는 단어를 넣고, 예수 그리스도의 신성과 인성이 분리될 수 없다는 논제를 정통 교리로 재확인했다.

23) 에우티케스(Eutyches, 380년경~456년경)는 콘스탄티노폴리스의 사제 및 대수도사제였다. 그리스도를 신성적 요소와 인성적 요소가 혼합된 존재라고 보았는데, 이 입장은 451년 칼케돈

로 판결하고 "우리 주 예수 그리스도의 하나이며 동일한 인격 안에 서로 본질적으로 상이한, 두 판별적인 본성이 존재한다"고 결정 내렸습니다. 제2회 콘스탄티노플 공의회도 마찬가지였는데, 이때 안티오키아의 주교 페테르와 콘스탄티노플의 주교 안티무스, 그리고 다른 여러 사람들이 "아버지도 아들과 마찬가지로 고난을 당하셨다"라고 주장하다가 이단 판결을 받았습니다. 제3회 콘스탄티노플 공의회 역시 그러했는데, 여기서 "예수 그리스도 안에는 오직 하나의 의지와 작용이 있을 뿐이다"라고 주장했던 단의론자들[24]은 이단 선고를 받았습니다.

예정 교의는 특정한 지역 시노드, 즉 예루살렘 공의회[25]나 오랑주 공회의[26]에서 토의되거나 확인된 일이 없고, 또는 펠라기우스의 인품과 오류에 대해 모두 이단 선언이 내려졌던 교리 조항에서 뚜렷이 보듯이 펠라기우스 자신과 그의 오류를 지적한 아프리카의 멜라에서 있었던 공회의도 마찬가

∴

공의회에서 이단으로 처단되었다. 이 논란은 381년부터 시작되었는데, 알렉산드리아 학파와 안티오키아 학파 사이에 다시 논쟁이 불거지면서 콘스탄노폴리스의 에우티케스가 다시 그리스도는 성부와 동일본질이나 인간과는 그렇지 않다고 주장하여 이단 판결을 받은 것이다.

24) 단의론(Monothelitism, 單意論) 또는 단의론자(Monothelites)는 그리스도의 인격은 단 하나의 의지를 가질 뿐이라고 주장한다. 이 입장은 그리스도에게 신성과 인성에 대해 각각의 의지가 있다고 보는 이의론(Dyothelitism)과 대조된다. 제3차 콘스탄티노플 공의회는 그리스도에게 두 가지 의지와 두 가지 본성이 있다고 공적으로 선언했다. 다만 그리스도의 인성의 의지는 신성의 의지에 순종한다는 것이다.

25) 예루살렘 공의회(50년경)는 소아시아의 안티오키아에서 열린 기독교 최초의 공의회다. 베드로를 비롯한 사도들이 회의를 주재했고, 야고보 장로의 맺는말로 회의가 끝났다. 이 사건은 신약성서 사도행전 15장에 기술되어 있다. 기독교를 유대교의 한 종파로 이해하여 토라(율법, 모세오경), 할례 등의 유대교 전통을 강조한 유대기독교인과, 유대교와 기독교간의 독립을 주장하며 반율법적 입장을 내세우는 이방 기독교인 간의 신학 논쟁이 주요 쟁점이었다.

26) 제2차 오랑주 회의는 529년 오스트로고틱왕국의 일부인 오랑주에서 열렸다. 히포의 어거스틴의 신단세설(Monergism) 사상에 전적으로 기초하고, 후일 반(半)펠라기우스주의로 알려진 신인협동설(神人協同設)을 반박하여 공식적으로 이단 선고를 내린 회의다.

지입니다.

한편 아우구스티누스의 동시대 인물인 로마의 주교 첼레스티노[27]가 프랑스의 주교들에게 편지를 써서 펠라기우스주의자들의 교의들을 비난했을 당시 아직 아우구스티누스의 예정 교의도 여러 공의회에서 수용되지 않은 상태였고, 그는 다음과 같은 말로 글을 맺었습니다.

"그렇지만 이 논쟁에 의해 야기된, 그리고 이단들에 반대하는 사람들에 의해 엄청나게 많이 논의된 문제의 매우 심오하고 난해한 점을 감히 멸시하지 않듯이 우리가 그것들을 옹호해야 한다고 생각하지도 않는다. 우리는 사도좌(使徒座)[28]의 전술한 규칙들에 따라 어떤 저술들의 가르침은 무엇이나 하나님의 은혜를 고백하기에 충분하므로 그의 활동과 영예와 권위를 조금도 감하거나 철회하는 일이 있을 수 없다고 믿기 때문이다."

같은 편지에는 당시 주교였던 첼레스티노가 규정하고, 앞에서 언급된 세 차례의 지역 공의회에서 선포되었던 그 규칙에 관해 우리는 아무런 문제 없이 그것에 동의할 수 있고, 특히 펠라기우스와 그의 오류를 반박하고 은혜를 확립하는 데 필요한 문제와 관련해 특히 그러합니다.

4) 그리스도 탄생 후 최초의 600년 동안 올바르고 정통적인 근본 신조를 견지했던 교회의 박사들이나 교부들 중에서 이 교의를 가르치거나 승

:.

27) 교황 첼레스티노 1세(Celestinus I, 미상~432, 422~432 즉위)는 로마 출생으로 밀라노의 주교를 지냈다. 그는 펠라기우스주의를 적극적으로 비판했고, 정통 기독교 신앙을 수호하는 데 매진했다. 또한 로마를 거점으로 번성했던 노바시아노주의자들을 강력하게 반대했고, 결국 그들의 성당을 전부 몰수한 것으로 전해진다.

28) 사도좌(Apostolic See, Sedes Apostolica)는 기독교에서 한 명 또는 그 이상의 사도들이 창건했다고 전해지는 주교좌를 가리킨다. 예를 들면 사도 바오로가 세웠다는 테살로니키와 코린토스, 사도 안드레아가 세운 튀르키아의 콘스탄티노플, 사도 베드로가 세운 시리아의 안티오키아, 마르코가 세운 알렉산드리아 등이다. 한편 사도좌는 교황의 권위와 권한을 뜻하는 용어로 쓰이기도 한다.

인한 사람은 한 명도 없었습니다. 펠라기우스에 반대하여 은혜를 옹호한 가장 명민한 주요 인물들 가운데 이 예정 교의를 고백하거나 인정한 사람은 단 한 명도 없었습니다. 동일하게 기술될 수 있는 인물로 성 제롬, 아우구스티누스, 『이방인들을 부르심』[29]이라는 제목의 책의 저자, 아퀴테인의 프로스퍼,[30] 힐러리,[31] 풀겐티우스,[32] 오로시우스[33]를 들 수 있습니다. 그 점은 그들의 저술에 매우 뚜렷이 나타나 있습니다.

∴

29) 『이방인들을 부르심(De Vocatione Gentium)』이라는 책의 저자로 추정되는 사람으로는 암브로시우스(미상~397), 프로스퍼(390년경~463년경), 교황 레오 1세(미상~461), 헨리 베처(미상~1561) 등이 있다.

30) 아퀴테인의 프로스퍼(Prosper of Aquitaine, 390~455)는 초기 교부 시대의 저술가로, 아우구스티누스의 제자다. 로마의 아퀴테인에서 출생했다고 알려져 있다. 간과(Preterition) 교리를 설명하면서 존 애로우스미스는 아퀴테인의 프로스퍼가 그것을 펠라기우스의 교리라고 조롱했다고 언급한 일이 있다. 프로스퍼는 그의 저서 『이방인들을 부르심』에서 "구세주의 은혜는 어떤 사람들을 간과하기 때문에 교회가 그들을 위해 기도하는 소리도 들리지 않는다"라고 말하며 '간과'라는 용어를 사용했다.

31) 3세기에 이르기까지 기독교 교회는 로마의 박해 아래서 변증적인 신학을 개발하여 본격적인 신학을 준비하는 작업을 진행했으나, 복음에 대한 그릇된 이해와 분립 운동으로 인해 교회의 통일된 신학의 정립이 절실히 요구되었다. 마침내 기독교가 공인되면서 보편 공의회를 통해 신학적인 확립을 시도하게 되었는데, 4세기에 니케아 공의회(325)와 콘스탄티노플 공의회(381)를 통해 삼위일체 논쟁이 정리되었다. 삼위일체론 정립을 주도한 인물은 아다나시우스(Athanasius, 296~373)와 힐러리(Hilary, 315~367)다.

32) 루스페의 풀겐티우스(Fabius C. G. Fulgentius, 460~533)는 5세기와 6세기에 북아프리카의 루스페(현대의 튀니지)의 주교를 지냈다. 풀겐티우스는 그리스에 능통했고, 사상적으로 아우구스티누스의 견해를 강하게 지지했다. 이에 아리안주의와 펠라기우스주의를 비판하는 다수의 논문을 썼다.

33) 파울루스 오로시우스(Paulus Orosius, 375/385~420년경)는 지금의 포르투갈 브라가에서 태어난 것으로 추정되고, 히포의 어거스틴과 스트라이돈의 제롬 같은 이들을 만나기 위해 히포, 레기우스, 알렉산드리아, 예루살렘 등 지중해 남부 해안 도시를 여행했다. 여행은 그의 삶을 혁신시키고 지적 산물을 낳게 만들었다. 오로시우스는 아우구스티누스와 신학적인 문제에 대해 논의하는 것에 머물지 않고, 『하나님의 나라』의 집필을 돕기도 했다. 또한 415년, 그는 다른 지식인들과 교류하기 위해 팔레스타인을 여행하도록 선택되었다.

5) 예정 교의는 개혁교회와 프로테스탄트교회의 이름으로 제네바에서 한 권으로 함께 편집되어 출판된 신앙고백서와 조화를 이루지도 않고 일치하지도 않으며, 상응 관계에 있지도 않습니다. 만일 고백서의 조화 관계를 충실하게 검토해 본다면 상당수가 예정에 관해 같은 목소리로 말하고 있지 않다는 것, 즉 어떤 것은 어쩌다가 예정에 대해 언급하기도 하고, 오늘날처럼 널리 알려지고 앞에 언급된 예정의 도식에 의해 특히 고무되고 있듯이, 그리고 내가 이미 예시했듯이 그런 식으로 그 교의의 주요 표제를 집중적으로 다룬 적은 전혀 없었습니다. 어떤 고백서에서도 방금 내가 서술한 것과 같은 방식으로 이 교의를 전달하는 것을 볼 수 없습니다.

보헤미아, 잉글랜드, 비르템부르크의 신앙고백, 첫 번째 헬베티아(스위스) 신앙고백, 그리고 스트라스부르크와 콘스탄스와 메밍겐과 린다우, 이 네 도시들의 신앙고백에도 이 예정 개념은 전혀 언급되어 있지 않습니다. 바젤시와 작센주의 신앙고백은 그 교의에 대해 세 마디 정도로 매우 피상적으로 언급했을 뿐입니다. 아우구스부르크 신앙고백[34]은 제네바의 편집자의 생각을 유도하기 위한 투로 그 교의에 말하고 있으므로 우리에게 먼저 경고하기 위해 주석을 붙일 필요가 있었던 것입니다. 개혁교회들의 상당수가 동의를 표하고 또 신봉하기도 하는 헬베티아 스위스 신앙고백의 마지막 문장은 앞에서 내가 설명한 예정 교의에 일치하기 위해서는 어떤

∙∙

34) 아우크스부르크 신앙고백(Confessio Augustana, Augsburg Confession)은 1530년 독일 종교개혁 당시 루터교회의 신앙고백으로 필리프 멜란히톤이 작성했다. 루터교회의 신학과 신앙을 모두 28개조로 압축하여 독일어와 라틴어로 기록했다. 여기 기술된 신조는 하나님, 원죄, 침례에 대해서는 로마가톨릭과 같은 입장을 취했으나 이신칭의, 성찬, 선행 같은 부분에서는 다른 의견을 내었고 츠빙글리와 재세례파의 입장을 비난했다. 성서의 권위에 대해 언급하지 않았고, 교황직에 대해서도 정죄하지 않았다. 만인 제사장직, 본질 변화, 연옥 등은 언급하지 않았으나 오직 은혜, 오직 믿음에 의한 칭의를 주장했다.

방법론을 택하는 것이 바람직한가 하는 나의 호기심을 끄는 식으로 말하고 있습니다. 어쨌거나 이 스위스 고백은 제네바와 사보이 교회들의 인가를 얻었던 고백입니다.

6) 조금이라도 논쟁하거나 트집 잡는 일 없이 이 예정 교의가 벨기에(즉 네덜란드-옮긴이) 신앙고백과 하이델베르크 교리문답과 일치하는가 하는 의문을 적절하게 제기할 수 있을 것입니다. 나는 그 점을 개략적으로 증명할 것입니다.

먼저 네덜란드 신앙고백의 14번 조항에 다음과 같은 표현이 나옵니다. "인간은 의식적으로 그리고 의도적으로 자기 자신을 죄에게 내어 주고 그 결과로 죽음과 저주에 예속되는 반면, 그는 마귀의 기만적인 말과 거짓말에 귀를 기울인다." 이 문장으로부터 나는 인간이 선행하는 예정의 작정을 통해 죄를 지을 수밖에 없는 어떤 필연성도 없다는 결론을 이끌어 낼 수 있습니다. 이 추론은 내가 지금 거부하고 있는 예정 교의와 정면으로 대립합니다.

다음으로 하나님의 영원한 선택을 다룬 16번 조항은 다음과 같이 말합니다. "하나님께서는 그의 영원하고 불변하는 경륜(counsel)에 의해, 그리고 그의 한없는 선하심을 따라 사람들의 행실에 대해 고려함 없이, 오직 우리 주 그리스도 예수 안에서 그가 택하신 사람들을 저주로부터 건져 내고 구원함으로써 자기의 자비로움을 스스로 보여 주셨습니다. 그리고 그는 스스로 타락과 파멸에 떨어뜨린 다른 사람들을 그대로 유기함으로써 자기의 정의를 보여 주셨습니다." 이 같은 표현이 어떻게 이 예정 교의와 일치할 수 있는지 나는 분명하게 이해되지 않습니다.

또한 하이델베르크 교리문답의 20번 문항은 다음과 같습니다. "그리스도를 통한 구원은 아담 안에서 죽은 사람들 모두에게 주어지는(회복되는)

것이 아니라, 믿음으로 그리스도 안으로 접붙여지고 그가 주시는 혜택을 포용하는 사람들에게만 주어집니다." 이 문장으로부터 내가 추론할 수 있는 것은 하나님께서 누구나 구원에 들어가도록 절대적으로 예정한 것이 아니라, 구원하기로 작정하실 때 믿음을 가진 사람들을 염두에 두셨다(또는 '내다보셨다')는 것입니다. 이 같은 추론은 예정 개념의 첫 번째와 세 번째 요점과 첨예하게 충돌합니다.

같은 교리문답의 54번 문항은 다음과 같습니다. "나는 세상의 시초부터 종말까지 성자께서 전체 인류 가운데서 그의 말씀과 성령에 의해 영생 안으로 선택하시고 참된 믿음 안에서 서로 일치하는 집단을 자기에게로 부르시고 모으신다는 것을 믿습니다." 이 문장에서 "영생 안으로 선택"과 "믿음 안에서 일치"라는 표현은 상호 평행적 관계에 있고, 따라서 예정이 성립되는 방식에 대한 견해에 따라 후자가 전자에 종속되는 것이 아닙니다. 그렇지 않다면 낱말들은 다음 순서로 배열되어야 합니다. "성자께서는 참된 믿음 안에서 서로 일치하도록 영생 안으로 선택한 사람들을 자기의 말씀과 성령에 의해 부르시고 자기에게로 모으셨습니다."

신앙고백서와 교리문답에 수록된 진술이 실제로 그러하다면 예정에 대해 이러한 견해를 포용하고 옹호하는 사람들을 동료로서 인정하지 않거나 그리스도의 교회에서 일할 수 없도록 소외시켜야 할 어떤 이유도 없습니다. 또는 그들의 교의와 정확히 일치하지 않거나 그것과 반대되는 것이 교회에서나 대학에서 전달될 때, 그것을 불온한 일처럼 간주하고 그 위에 최악의 구조물을 세우는 식으로 반응해야 할 어떤 이유도 없습니다.

7) 나는 예정 교의가 하나님의 본성에 일치하지 않는다고 생각하는데, 특히 하나님께서 모든 일을 실행하고 관리하는 척도인, 그의 본성에 속한 속성들, 즉 그의 지혜와 정의, 선하심 등과 심각한 불일치를 이루

는 것으로 보입니다.

이 교의는 세 가지 방식으로 하나님의 지혜와 모순됩니다. 첫째, 그것은 선한 것도 아니고 선하게 될 수도 없는 어떤 특수한 결말(또는 목적)을 위해 하나님께서 어떤 일을 작정하는 분으로 표상하기 때문입니다. 즉 하나님은 자기의 정의가 칭송을 얻을 수 있게 하려고 영원한 멸망에 빠지게 될 무엇인가를 창조하셨다는 것입니다.

둘째, 그것은 하나님께서 그러한 예정에 의해 스스로 계획하신 목표는 자신의 자비와 정의의 영광을 증명하는 것이라고 진술하기 때문입니다. 그러나 이 교의가 기술하는 바에 따르면 자기의 작정을 통해 하나님은 사람이 죄를 짓고 비참한 상태에 놓이게 되도록 결정하신 것이므로 그의 자비와 정의에 모두 맞서는 인간의 행위가 실행되지 않는 한 의도된 영광을 하나님은 나타내실 수 없습니다.

셋째, 성경이 밝히 보여 주고 있듯이 이 교의는 하나님의 이중 지혜의 질서를 다른 것으로 바꾸고 전도시키기 때문입니다. 왜냐하면 그것은 율법에 계시된, 그리고 인간이 창조되었을 때 그에게 부여된 지혜에 의해 인간이 제 힘으로 구원을 얻는 것이 불가능하게(그리고 진실로 그것은 그 자신의 잘못 때문이다) 되는 상황을 예상하지 못한 채 하나님께서는 그리스도의 십자가의 교의 안에 포괄된 자비와 지혜에 의해 인간을 구원하기로 절대적으로 미리 결정하셨다고 주장하기 때문입니다. 그와 달리 성경은 "하나님께서는 어리석게 들리는 설교를 통해 믿는 사람들을 구원하시기를 기뻐하신 것입니다"라고 말합니다. 즉 "이 세상은 그 지혜로 하나님을 알지 못하였습니다. 하나님의 지혜가 그렇게 되도록 한 것입니다."(고전 1:21)

또한 예정 교의는 하나님의 정의에 대해 자가당착적인데, 즉 의를 사랑하고 불의를 미워하는 속성뿐만 아니라, 각자에게 마땅한 자기의 몫을 수여하고자 하는 하나님의 항구적이고 변함없는 소망이 하나님 안에 내재하는 것으로 지시할 때 그러합니다. 구체적으로 이 교의는 다음과 같은 방식으로 정의에 관한 개념들 중 첫 번째 것과 모순됩니다. 그것은 하나님께서 어떤 특정한 사람을 구원하려는 절대적인 뜻을 정하시고, 그 사람의 의로움이나 순종에 대해 조금도 개의치 않은 채 구원을 작정하시는 것으로 기술하기 때문입니다. 이로부터 필연적으로 추론되는 것은 하나님께서 자기 자신의 정의보다(혹은 하나님 자신의 의보다) 그 사람들을 훨씬 더 사랑하신다는 것입니다.

이 교의는 하나님의 정의와 관련한 두 번째 개념과도 모순됩니다. 즉 하나님께서 자기 피조물을 비참한 상태에 빠뜨리는 것을(그 경우 죄를 처벌하는 것 외에 어떤 가능성도 있을 수 없다) 원하는 동시에, 그 피조물을 죄인으로 여기지 않는 것을 뜻하고, 따라서 죄인을 진노나 심판을 초래할 만큼 혐오스러운 존재로 보지 않는다고 인정하는 것이기 때문입니다. 따라서 하나님께서 사람이 마땅히 받아야 할 몫이 아닌 것을 그에게 주실 뿐만 아니라, 그에게 가장 나쁜 것을 주시기로 결정하신다는 것이나 다름없습니다. 이것은 하나님의 정의와 정면으로 충돌하는 또 다른 주장입니다. 그러므로 이 교의에 따르면 하나님은 무엇보다도 우선 그 자신에게서 참된 본성(또는 그의 권리)을 억제하고, 그 다음으로는 피조물에게 그의 정당한 몫이 아닌 것을 배분하심으로써 그를 엄청난 비참과 불행에 빠뜨립니다.

예정 교의는 또한 하나님의 선하심에 모순됩니다. 선하심(Goodness)이란 하나님께서 그의 정의가 적절하고 올바른 것으로 인정하는 한, 그의 선하심을 교류하고자 하는 정감(또는 성향)을 가리킵니다. 그러나 이 교의는 다음과 같은 행위를 하나님께 귀속시키는데, 그 행위는 하나님 자신에게서 발출하고 어떤 외부 대상에 의해서도 유입된 것이 아닙니다. 하나님은 자기의 피조물에게 가장 큰 악을 부과하기로 의도하시는데, 그 악은 영원 전에 그가 인간들을 위해 예정하셨거나 그들에게 분배하기로 미리 결정하신 것으로, 그것은 인간에게 선한 어떤 것을 일부분이라도 수여하기로 작정하기 전에 결정된 일입니다. 이 교의는 하나님께서 저주를 내리기를 원하셨고, 따라서 창조 기획을 세울 경우 그 뜻을 실행에 옮길 수 있게 된다고 진술하기 때문입니다. 창조 행위는 자기 피조물들을 향해 하나님의 선하심을 최초로 출리(出離)(또는 배출)한 사건임에도 불구하고 그는 그러한 악을 행하실 수 있고 또 그런 일을 실행하기로 뜻을 세우셨다는 것입니다. 따라서 이런 진술은 자격 없는 사람뿐만 아니라 악한 사람, 불의한 사람, 형벌을 받아 마땅한 사람들에게까지도 은혜를 베푸시는 하나님의 광대한 선하심과 엄청난 갈등을 일으키고, 우리에게 본받을 것을 명령하는(마 5:45) 하늘에 계시는 우리 아버지 안에 있는 거룩한 자비의 성품과 매우 상반됩니다.

8) 예정 교의는 인간의 본성과도 일치하지 않는데, 인간은 하나님의 지식과 의의 터 위에서 하나님의 형상을 따라 지음을 받고, 자유의지를 가진 존재로 창조되었으며, 영생을 향유할 수 있는 경향성과 자질을 갖추게 창조된 사실에 비추어 볼 때 그러합니다. 인간과 관련된 그 세 가지 자질은 다음의 간결한 표현으로부터 연역될 수 있습니다. "율법을 행한 사람은 그것으로 살 것이다"(롬 10:5). "그러나 선과 악을 알게 하는 나무의 열매만은 먹어서는 안 된다. 그것을 먹는 날에는 너는 반드시 죽는다."(창 2:17) 만일 인간이 그러한 자격조건 중 하나라도 결여한다면 그 훈계는 인간을 순종으로 이끌 수 있을 만큼 효과적일 수 없었을 것입니다.

이 교의는 하나님의 지식과 거룩함이 속해 있는 하나님의 형상에 부합되지 않습니다. 왜냐하면 그러한 지식과 의를 따라 인간은 높은 자질과 역량을 갖추었고, 또한 하나님을 알고, 사랑하고, 경배하고, 그를 섬겨야 할 책무 아래 놓이게 되었기 때문입니다. 그러나 이 예정의 간섭에 의해, 아니 차라리 방해에 의해 인간은 악한 뜻을 품고 죄를 지어야 하는 것으로, 즉 하나님을 알지도 못하고, 그를 사랑하거나 경배하지도 않고, 섬기지도 않으며, 하나님의 형상을 따라 인간이 계명을 잘 수행할 수 있고 그럴 역량도 갖추었음에도 불구하고 해야만 하는 일을 수행하지 않는 것으로 예정되었습니다. 따라서 누구든지 알 수 있듯이 다음과 같이 선언하는 것과 다름없습니다.

"의심의 여지 없이 하나님께서는 의와 참된 거룩함 안에서 자기의 형상을 따라 인간을 지으셨다. 그럼에도 불구하고 그는 인간이 비천하고 불의하게 전락하도록, 즉 사탄의 형상을 더 많이 닮도록 예정하시고 그렇게 작정하셨다."

이 교의는 하나님이 인간을 지으실 때 부여하신 의지의 자유와 모순됩니다. 왜냐하면 예정은 오직 하나의 목적에 의지를 제한하거나 확정하는데, 즉 정확히 이것을 행하거나 저것을 행해야 한다는 식으로 자유의 행사를 막기 때문입니다. 그러므로 이 진술에 따르면 하나님께서는 두 선택지 중 하나에 대해(그것은 인간으로 하여금 하나님을 비난하게 허락하지 않습니다!), 즉 인간에게 자유의지를 수여한 것에 대해, 또는 자유로운 행위자로 창조하고 나서 그의 자유를 행사할 수 없게 방해한 것에 대해 비난을 면할 수 없습니다. 전자의 경우 하나님은 숙려(熟慮)의 결여에 대해서, 후자의 경우 변개성(變改性)에 대해서 비난받아야 합니다. 그리고 두 경우 모두 하나님 자신에게는 물론이고 인간에게도 손해가 발생하게 한 것에 대해 비난받아야 합니다.

이 교의는 인간이 창조 시에 부여받은, 구원을 영원히 향유할 수 있는 경향성과 능력에 관해 인간에게 편파적 태도를 취합니다. 왜냐하면 이 예정 개념에 의해 인류의 대다수가 구원에 참여하지 못하고 영원한 심판에 처해질 것이 미리 결정되었고, 또한 인간을 창조하는 것이 작정되기도 전에 그러한 예정이 확정되었기 때문에 멸망이 예정된 사람들은 하나님께서 부여하신 자연적 성향에 속한 욕구를 필연적으로 결여하기 때문입니다. 그들이 겪는 그러한 심각한 결핍은 그들 자신이 지은 선행하는 죄나 과실의 결과가 아니라, 다만 오로지 그런 종류의 예정이 빚는 결과입니다.

9) 이 예정 개념은 창조 행위와 정면으로 모순됩니다. 창조는 선의 본성에 속한 내재적 속성에 따라 선이 교류되는 것입니다. 그러나 이렇게 기술되는 창조의 목적이나 계획은 미리 예정된 유기가 그 대상을 스스로 결정할 수 있게 하는데, 그것은 선의 교류가 아닙니다. 선의 공여자이신 하나님의 대해 각기 평가하고 판단해야 하기 때문입니다. 현재의 사례에서 공여자의 의도는 피조물을 제외하고 다른 어떤 것에도 영향을 미칠 수 없는 행위인 저주를 내리는 것이고, 따라서 창조의 목적 또는 사건은 해당 피조물에게 영원한 지옥입니다. 그런 경우 창조는 선의 교류가 아니라, 조물주가 품은 뜻 자체와 그 문제의 실제 쟁점에 따라, 그리고 "그 사람은 차라리 태어나지 않았더라면 자기에게 좋았을 것이다"(마 26:24)라고 하셨던 그리스도의 말씀에 따라 최대의 악을 예비하는 것입니다.

유기(遺棄, Reprobation)는 증오의 행위이며, 증오에서 기원합니다. 그 반면에 창조는 증오로부터 출발하지 않습니다. 그러므로 창조는 유기의 작정을 실행하기 위한 방법이나 수단이 아닙니다.

창조는 그것을 통해 자기의 지혜, 선하심, 전능성을 나타내시는 하나님의 완전한 행위입니다. 그러므로 창조는 하나님의 다른 어떤 선행하는 사역이나 행위의 목적에 종속되지 않습니다. 오히려 창조는 하나님께서 작정하거나 착수할 수 있는 다른 모든 행위보다 필연적으로 앞선, 선행하는 하나님의 행위로서 이해되어야 합니다. 하나님께서 창조 사역에 관한 선행 관념을 구축하지 않는 한 그는 다른 어떤 행위도 실제로 착수하기로 작정할 수 없고, 그가 창조 사역을 집행하기 전까지 그는 결코 다른 어떤 작업도 마칠 수 없습니다.

자기의 피조물에게 저주를 내리는 쪽으로 기우는 하나님의 모든 행위는 하나님에게 어울리지 않는 소외적인 사역입니다. 하나님이 그 일에 동의하신 것은 매우 외재적인 어떤 이유 때문입니다. 그러나 창조는 하나님에게 이질적인 행위가 아니라 그에게 매우 적합한 일입니다. 그것은 그에게 가장 어울리는 위대한 행위이며, 다른 어떤 외적인 원인도 그를 창조하게 만들 수 없는데, 왜냐하면 그것은 하나님의 행위 중 첫 번째 것이기 때문이고, 따라서 그 행위가 끝나기 전까지 하나님 자신을 제외하고 어떤 것도 실제로 존재할 수조차 없습니다. 실재성을 가진 다른 모든 것은 바로 이 행위를 통해 비로소 존재할 수 있기 때문입니다.

만일 창조가 유기의 작정을 집행하기 위해 하나님께서 택하신 방법이자 수단이라면 그는 창조 행위보다 심판 행위에 더 강한 의지를 가지셨던 것입니다. 그러므로 그는 피조물을 창조하는 행위보다 그의 무고한 피조물들의 일부에게 저주를 내리는 행위에서 더 큰 만족감을 느끼셨던 것입니다.

끝으로 창조는 하나님의 절대적 목적에 따라 유기하는 방법이나 수단이 될 수 없습니다. 왜냐하면 창조가 끝난 후에도 인간은 하나님의 명령에 순종하고 죄를 짓지 않을 수 있는 힘을 가지고 있었기 때문입니다. 이것을 가능할 수 있도록 하나님께서는 한편으로 인간에게 충분한 힘과 능력을 수여하고, 다른 한편으로 충분한 장해물들, 즉 이 예정 교의가 기술하는 것과 완전히 정반대되는 상황을 조성하셨습니다.

10) 이 예정 교의는 영생의 본성, 그리고 성경에서 뚜렷이 구별하여 부르는 호칭에 노골적으로 적대적입니다. 왜냐하면 영생은 "영원한 생명의 소망을 따라 상속자"(딛 3:7)가 받는 것이라고 하는데, 상속자인 하나님의 아들들은 복음의 가르침에 따르면 오직 "그(예수 그리스도)의 이름을 믿는 자들"(요 1:12)뿐이기 때문입니다. 영생은 또한 "순종의 상"(마 5:12), "사랑의 섬김"(히 6:10)의 상, "선한 싸움을 다 싸우고, 달려갈 길을 마치고, 믿음을" 지킨 사람들에게 주는 "의의 면류관"(계 2:10; 딤후 4:7, 8)으로 불립니다. 그러므로 하나님은 절대적 작정을 내리실 때, 믿음과 순종에 대해 전혀 고려하지도 개의치도 않은 채 누구에게나 영생을 수여하시거나 수여하기로 결정하신 것이 아닙니다.

11) 이 예정 교의는 또한 영원한 사망의 본성과, 그것을 부를 때 성경에서 사용하는 호칭과 반대됩니다. 왜냐하면 사망은 "죄의 삯"(롬 6:23)으로서, 하나님을 알지 못하는 사람들과 우리 주 예수 그리스도의 복음에 순종하지 않는 사람들(살후 1:8, 9)이 대가로 치러야 할 영원한 파멸의 형벌, 마귀와 그의 천사들을 위해 예비된 영원한 불(마 25:41), "반역자들을 삼킬 맹렬한 불"(히 10:27)로 불리기 때문입니다. 그러므로 하나님께서는 죄와 불순종을 전혀 고려하지 않은 채 절대적 작정을 내리시고, 누구에게나 영원한 사망을 예비하지 않으십니다.

12) 이 예정 교의는 두 가지 면에서 죄의 본성과 그 속성들과 일치하지 않습니다. 하나는 죄는 '불순종'과 '반역'이라 불리고, 그 두 용어들 중 어느 것도 선행하는 신적 작정에 의해 죄를 짓지 않을 수 없는 필연성에 구속되어 있는 어떤 사람에게도 적용될 수 없기 때문입니다. 다른 하나는 죄는 저주를 받아야 할 공로적 원인이기 때문입니다. 그러나 하나님으로 하여금 유기의 작정을 내리도록 의지를 움직이는 공로적 원인은 오직 정의뿐입니

다. 그리고 하나님으로 하여금 죄를 혐오하고 죄인을 유기하기로 뜻을 정하게 만드는 것은 정의입니다. 그러므로 유기의 원인인 죄는 하나님으로 하여금 영원한 유기의 작정이나 의지를 집행하기 위한 수단들 중의 하나가 될 수 없습니다.

13) 이 예정 교의는 하나님의 은혜의 본성과 모순되고, 그 힘이 허락하는 한 그것은 스스로 파멸을 자초합니다. 그 교의가 "이 같은 종류의 예정이야말로 은혜를 확립하는 데 매우 놀라울 정도로 적합하고 절실히 필요하다"라고 단언하면서 아무리 그럴듯하게 가장하든지 결국 그것은 세 가지 방식으로 파멸하게 되어 있습니다.

첫째, 은혜는 인간의 본성에 적합하고 조화를 이루는 방식으로 주어지므로 그것은 인간 의지의 자유를 파괴하는 것이 아니라 오히려 올바른 방향을 제시하고, 오류를 바로잡고, 인간으로 하여금 스스로 바른 관념을 찾도록 도와주기 때문입니다. 이와 대조적으로 예정 교의는 자유의지를 박탈하고 그것이 행사될 수 없게 방해하는 은혜 개념을 도입합니다.

둘째, 성경에 나타난 은혜의 표상에 따르면 그것은 "거부될" 수 있고(행 7:51) "헛되이" 받을 수(고후 6:1) 있으며, 또 사람들은 은혜에 동의하지 않는 길을 택할 수도 있고, 은혜에 전적으로 협력하는 것을 거부할 수도 있습니다(히 12:15, 마 23:37, 눅 7:30). 이와 달리 예정 교의는 은혜가 모종의 저항할 수 없는 힘이나 작용인 양 기술합니다.

셋째, 하나님의 일차 목적과 중심 계획에 따르면 은혜는 그것이 수여된 사람들과 그것을 받아들인 사람에게 유익을 줍니다. 이와 대조적으로 예정 교의는 심판을 받아 마땅한 사람들에게도 은혜가 수여되고, 그들의 지성을 계몽시키고 지각을 고쳐시킴으로써 그들이 하늘의 은사를 맛볼 수 있을 정도로 주어질 수 있지만, 은혜가 주어지는 목적과 결말은 다만 그들이 올라간 높이에 비례하여 추락하는 심연의 깊이는 더욱 깊고 그 추락의 무게는 한층 더 무거워져서 결국 그들은 더 큰 파멸에 적합하게 되어 응분의 몫을 분배받게 하는 것입니다.

14) 자유나 권위를 선언하고 증명하는 것이 하나님의 정의에 부합할 때, 그리고 하나님의 선하심의 영광을 위해 항구적으로 유보해야 할 때, 그런 경우를 제외하고 하나님의 영광은 자유나 권위를 선언한다든지 또는 진노와 권능을 증명하는 일이 없으므로 예정 교의는 하나님의 영광에 유해합니다. 왜냐하면 이 교의에 따르면 하나님이 죄의 조성자가 되는 결과가 나오는데, 이 점은 네 가지 논증에 의해 증명될 수 있습니다.

첫째, 이 교의가 취하는 입장 중 하나는 하나님께서 어떤 사람들을 구원하고 다른 사람들을 정죄함으로써 응보적 정의와 자비에 의해 자기의 영광을 증명하려는 목적으로 절대적인 작정을 내리셨지만, 죄가 세상에 들어오지 않는 한 그중 어느 것도 실현되고 않았고, 또 실현될 수도 없다는 것입니다.

둘째, 이 교의는 하나님께서 자기의 목적을 성취하기 위해 사람이 죄를 짓고 불의한 일을 행할 것을 예정하셨고, 그리하여 이 같은 하나님의 명령(ordination) 또는 서임(appointment)으로부터 필연적으로 인간의 타락이 수반된다고 주장합니다.

셋째, 이 교의는 하나님께서 인간이 죄를 피할 수 있는 데 필요하고도 충분한 조건이 되는 은혜의 몫을 인간에게 주시지 않기로 거부하거나 철회하셨고, 그리고 이 결정은 인간이 죄를 짓기 이전에 완료되었다고 단언합니다. 인간이 창조되었을 때 부여받은 본성을 고찰해 볼 때, 그런 일은 마치 하나님께서 인간이 절대로 준수할 수 없는 계명을 인간에게 제정하신 것과 마찬가지입니다.

넷째, 이 교의는 외적인 것과 내적인 것, 간접적인 것(다른 피조물들의 간섭에 의한 것)과 직접적인 것을 포함하여 인간에 관해 하나님이 행하시는 특정한 활동을 하나님께 귀속시키고, 이것이 함의하는 것은 일단 하나님의 활동이 시작되면 필연적으로 인간은 죄를 짓지 않을 수 없다는 것입니다. 그 필연성을 신학자들은 "사물 자체에 앞서 결정된 후건적 필연성"이라고 부르는데, 그 필연성은 의지의 자유를 완전히 파괴해 버립니다. 이 교의는 그러한 행위를 하나님께 귀속시키고, 인간 측의 성향, 의지, 또는 행위에 관해 전혀 예지하지 못한 채 하나님의 일차적인 주된 목적으로부터 그 행위가 발생하는 것처럼 표상합니다.

이 전제들로부터 우리는 하나님이 실제로 죄를 범하신다는 또 다른 결론 하나를 연역할 수 있습니다. 이 교의에 따르면 하나님은 어떤 불가피한 행위에 의해 죄를 범하는 것인데, 그것은 그 자신의 목적과 일차적인 의도에 따라 인간 측의 어떤 선행하는 죄나 허물로부터 그것을 유도하는 선행하는 요인도 없이 이루어집니다.

바로 이 입장으로부터 우리는 또한 하나님이 유일한 죄인이라는 명제를 추론할 수 있습니다. 왜냐하면 죄를 짓게 하는 불가항력적인 힘에 내몰리는 인간은 (금지된 어떤 행동을 수행하지 않을 수 없으므로) 사실상 스스로 죄를 지었다고 말할 수 없기 때문입니다.

또한 그로부터 귀결되는 정합적인 결과로서 죄는 죄가 아닌 것이 되는데, 왜냐하면 하나님이 어떤 일을 행하시든지 그것은 죄가 될 수 없고, 또한 그의 어떤 행위도 그런 이름으로 불릴 수 없기 때문입니다.

내가 이미 열거한 사례 외에도 이 교의가 하나님의 명예를 지대하게 훼손할 수 있는 또 다른 방법이 있지만 지금으로서는 이 사례만으로도 충분하고도 남을 것으로 생각됩니다.

15) 이 교의는 예수 그리스도 우리 구원자의 명예를 심각하게 훼손합니다. 왜냐하면 그것은 결말을 미리 정하는 예정의 작정으로부터 그리스도를 완전히 배제하고, 그리스도께서 인간을 구원하실 것이 예정되기 전에 먼저 인간이 구원을 얻을 것이 예정되었고, 따라서 그리스도는 선택의 토대가 아니라고 주장하기 때문입니다. 이 교의는 그리스도를 이미 예정된 구원의 종속 원인의 위치에 놓고, 그 구원을 우리에게 적용할 뿐인 보조자와 수단의 위치에 놓음으로써 우리가 잃었던 구원을 우리에게 다시 회복시켜 주는 공로적 원인이 그리스도라는 사실을 부정합니다. 이것은 참으로 "하나님께서 그가 재가한 일차적인 최고의 작정에 의해, 그리고 그의 다른 모든 명령이 의존하고 그로부터 도출되는 그 작정에 의해 어떤 사람들을 구원하기로 절대적인 뜻을 품으셨다"라고 진술하는 견해와 완벽한 일치를 이룹니다. 만일 이것이 참이라면 그 사람들의 구원을 잃어버리는 것은 불가능한 일이고, 따라서 구원을 다시 회복하고, 또 어떤 의미에서 오직 그들만을 위한 구원자로서 미리 예정되신 그리스도의 공로에 의해 새로 구원을 얻고 다시 발견되는 일은 전혀 불필요하게 됩니다.

16) 이 교의는 또한 인간의 구원에도 해가 됩니다. 이 교의는 죄의식이 전혀 없는 사람들에게 존재할 수 없는, 자기가 지은 죄에 대한 구원으로 이끄는 경건한 슬픔을 가질 수 없게 가로막기 때문입니다. 그러나 하나님의 작정의 불가피한 필연성을 통해 죄를 지은 사람은 그런 종류의 죄의식을 가질 수 없다는 것은 명백한 일입니다(고후 7:10).

이 교의는 죄로부터 하나님께로 돌이키게 하는 모든 경건한 근심을 제거하기 때문입니다. 왜냐하면 약동적이고 도우시는 하나님의 은혜를 분별하고 지각할 뿐만 아니라, 그것에 동의하고 순종하는 일에 있어서도 전적으로 수동적이고 마치 죽은 사람처럼 행동하는 사람, 그리고 자기 마음의 문을 두드리는 하나님의 은혜를 느끼지 않을 도리가 없을 뿐만 아니라 필연적으로 그것에 동의할 수밖에 없고, 따라서 자기 자신을 돌이킴으로써, 아니 돌이킴을 당함으로써 저항할 수 없는 어떤 강한 충동에 의해 회심하는 사람은 실제로 경건한 근심을 전혀 느끼지 못하기 때문입니다. 과거에 똑같은 저항할 수 없는 운동력을 느꼈던 경우를 제외하고 그런 사람이 자기의 가슴 속에서 솟아나거나 마음으로 인지되는 경건한 근심을 느낄 수 없는 것은 분명합니다. 만일 그의 가슴 속에서 그러한 근심이 솟아날 수 있게 만들 수 있다면 그것도 헛되고 전혀 유익함 없는 일이 될 것입니다. 왜냐하면 그의 구원을 기어이 관철시키려는 하나님의 절대적인 목적과 의도에 따라 행사된 저항할 수 없는 힘에 의한 경우를 제외하고 그것은 다른 어떤 수단에 의해서도 가슴에 산출되지 않는, 참된 근심일 수가 없기 때문입니다(계 2: 3, 3:2).

이 교의는 회개한 사람들 안에서 선한 행실에 대한 모든 열의와 근면한 관심을 억제하는데, 왜냐하면 그것은 "거듭난 사람은 실제로 그가 행하는 것보다 선한 일을 더 많이 또는 더 적게 할 수도 없다"라고 선언하기 때문입니다. 구원하는 은혜에 의해 활성화되거나 고무된 사람은 일하지 않을 수 없고 자기의 수고를 중단할 수 없지만, 그 동일한 은혜에 의해 고취되지 않은 사람은 아무것도 할 수 없고 모든 시도를 멈추어야 한다고 생각하기 때문입니다(빌 3:14).

이 교의는 온갖 종류의 복을, 특히 가장 중요하게는 구원의 큰 복(눅 11:1~13)을 요청하고 얻을 수 있도록 우리를 위해 하나님께서 제정하신 효력 있는 수단인 기도에 대한 열심을 소멸시킵니다. 그러나 여기 기술된 사람들(선택된 사람들)만이 구원을 얻을 수 있다고 하는 불변적이고 불가피한 작정에 의해 모든 것이 미리 결정되어 있는 상황으로부터 어떤 설명에 의해서도 기도는 그러한 구원을 요청하고 얻기 위한 수단이 될 수 없습니다. 기도는 다만 하나님을 경배하는 하나의 양태일 뿐인데, 신적 예정의 절대적인 작정에 따라 하나님께서 그 사람들을 구원하기로 이미 결정하셨기 때문입니다.

이 교의는 우리 자신의 구원을 이루기 위해 힘쓰라는 명령(빌 2:12)을 들을 때 동반되는 매우 유익한 경외심과 전율을 일소해 버립니다. 왜냐하면 이 예정 개념은 "선택되고 믿는 사람은 불경건한 사람들이 죄를 지을 때같이 충분하고 완전한 의지에 의해 죄를 지을 수 없고, 또한 그들이 믿음이나 은혜로부터 완전히 또는 결정적으로 떠나는 일은 있을 수 없다"라고 가르치기 때문입니다.

이 교의는 주어진 의무가 요구하는 것을 수행하는 동시에 자기의 욕망이 원하는 것을 얻고자 하는 절망적인 감정을 인간의 내면에 산출시킵니다. 왜냐하면 하나님의 절대적이고 강제적인 작정에 따라 하나님의 은혜(조금이라도 선한 일을 행하기 위해 반드시 있어야 할 것)가 인류의 대다수에게 거부되었고, 그렇게 은혜가 거부된 것은 역시 동일한 그 선행하는 절대적 작정에 의해 하나님께서 그들에게 구원이 아닌 저주를 내리기로 결정하셨기 때문이라는 말을 듣게 될 때, 아무리 애를 써도 자기가 선택받았다는 사실을 스스로에게 설득할 수 없는 사람은 곧 자기가 유기된 사람들의 수에 들어 있다는 생각 외에 달리 어떤 결과에도 이르기 어렵습니다. 이 같은 느낌으로부터 의를 행하고 구원을 얻는 일에 대해 확실한 좌절을 느낄 수밖에 없습니다.

17) 이 교의는 예수 그리스도의 복음의 질서를 전복합니다. 복음에는 인간이 회심하여 신자가 되기로 동의할 경우, 하나님께서는 그에게 영생을 주실 것을 약속하시는 한편, 인간 편에서 회개하고 믿을 것을 요구하시는

조건이 들어 있기 때문입니다(막 1:15, 16:16). 그러나 이 예정 교의(타락 전 선택설)[35]의 작정에 따르면 어떤 특정한 사람들에게 구원을 베푸는 것을 하나님께서 절대적으로 원하시며, 그와 동시에 하나님은 저항할 수 없는 권능으로 구원받을 사람들에게 회개와 믿음을 수여하기로 절대적인 뜻을 세우시는데, 그들을 구원하는 것이 그의 뜻이고 기쁨이기 때문입니다. 그러나 복음의 교의는 회개하지 않고 믿지 않는 사람에게 하나님께서 영원한 사망을 선언하신다고 말합니다(요 3:16). 이 같은 경고는 사람들을 불신앙에서 떠나게 하고, 그리하여 그들을 구원으로 이끄는 유익한 수단이 될 수 있기를 전망하며 사용됩니다. 그러나 이 예정의 작정에 따르면 하나님은 회개하고 믿음을 갖는 데 필요한 그와 같은 은혜를 어떤 사람들에게는 수여하지 않기로 하시는데, 그것은 그가 그들을 유기하기로 절대적인 작정을 내리셨기 때문이라고 합니다. 하지만 복음은 "하나님께서 세상을 이처럼 사랑하셔서 외아들을 주셨으니, 이는 그를 믿는 자마다 멸망하지 않고 영생을 얻게 하려는 것이다"(요 3:16)라고 말합니다.

이와 대조적으로 이 교의는 "하나님께서 영생을 주시기로 절대적으로 선택한 사람들을 사랑하시므로 오직 그들에게 그의 외아들을 주시고, 저항할 수 없는 힘에 의해 그들의 마음 안에 그를 믿는 믿음을 산출하신다"

∴

35) 타락 전 선택설(Supralapsarianism) 또는 타죄 이전설은 구원받을 사람을 선택(election)하고 영벌에 처할 사람을 유기(reprobation)하는 하나님의 작정(divine decree)이 최초의 인간이 지은 원죄 또는 타락보다 앞서 내려졌다고 보는 입장이다. 이런 식으로 신적 작정의 논리적 순서를 구별하려는 경향은 주로 장 칼뱅의 정통주의 개혁신학에서 발견되고, 논의의 초점은 하나님의 선택과 유기의 시점을 어디에 두는가에 맞추어져 있다. 타락 후 선택설(infralapsarianism)의 경우, 선택과 유기의 작정은 인간이 타락한 이후에 내려진 것으로 본다. 종교개혁 이후 16~17세기에 작정의 순서를 두고 열띤 논쟁이 벌어지고는 했으나, 실제로 그러한 견해 차이는 별로 중요하지 않다고 보는 신학자들이 많다.

라고 선언합니다. 전체를 몇 마디로 요약하면 복음은 "명령 받은 대로 행하라, 그러면 약속된 것을 얻을 것이다. 믿으라, 그러면 살 것이다"라고 말합니다. 그러나 이 교의(타락 전 선택설)는 "너에게 생명을 주는 것이 나의 뜻이므로 너에게 믿음을 수여하는 것도 나의 뜻이다"라고 말하는데, 이것은 복음을 완전히 그리고 가장 확실하게 전복하는 것입니다.

18) 이 예정론은 복음 전파 사역에 대해 노골적으로 적대적입니다. 왜냐하면 만일 하나님께서 허물과 죄로 죽은 사람을 저항할 수 없는 힘에 의해 깨우신다면 어떤 사람도 목회자나 "하나님의 동역자"가 될 수 없고(고전 3:9), 피조물이 최초의 창조에서 은혜의 도구가 될 수 없고, 죽은 자들 가운데서 몸이 부활하는 그러한 은혜의 분배 도구가 될 수 없듯이 사람에 의해 전파된 말씀 또한 은혜와 성령의 도구가 될 수 없을 것이기 때문입니다.

이 예정론에 따르면 복음 전파 사역은 말씀을 듣는 사람의 대다수에게 그들의 지난 불순종을 전혀 개의치 않은 채 하나님의 최초의 계획과 절대적인 의도에 따라 저주의 도구일 뿐만 아니라, "죽음에 이르는 죽음의 냄새"(고후 2:14~16)가 될 것이기 때문입니다.

이 교의에 따르면 많은 유기된 자의 자녀들(그들은 믿는 부모들의 자녀이고 또한 하나님의 언약 백성들이다)에게 실시되는 세례는 하나님의 최초의 절대적인 뜻을 따라 신성한 명령에 순종하기 위해 아무 허물(이나 죄책)도 없는 아이들에게 시행될 때, 아무것도 아닌 것을 추인에 의해 보증하고, 따라서 전체를 전적으로 무의미하게 만들기 때문입니다.

이 교의는 적절하고 온당한 방식으로, 즉 믿음으로, 그리고 말씀을 듣는 모든 사람들에게 유익을 주는 확신을 가지고 드리는 대중 기도의 장해물이 되기 때문입니다. 많은 장해물들 가운데 특히 하나님께서 구원하려는 뜻이 없을 뿐만 아니라 그의 절대적이고 영원하고 불변하는 의지에 따라(그것은 모든 사물들과 어떤 원인보다 선행한다) 그들을 저주하는 것이 그의 뜻이고 원하는 바일 때가 포함됩니다. 그 반면에 바울 사도가 모든 사람들을 위해 기도하고 간구하라고 명했을 때, 그 이유에 대해 그는 이렇게 덧붙입니다. "이것은 우리 구주 하나님께서 보시기에 좋은 일이며, 기쁘게 받으실 만한 일입니다. 하나님께서는 모든 사람이 다 구원을 얻고 진리를 알게 되기를 원하십니다."(딤전 2:1~4)

이 교의는 목회자와 교사들로 하여금 전도 사역 현장에서 매우 쉽게 나태해지고 소홀해지게 만들 수 있습니다. 왜냐하면 그들에게 이 교의는 하나님께서 절대적으로 그리고 정확히 구원하기로 예정한 사람들, 따라서 결코 멸망할 수 없는 사람들을 제외하고, 그들이 아무리 성실과 근면을 다해도 아무에게도 유익이 될 수 없다는 인상을 심어 주기 때문입니다. 그리고 하나님께서 멸망시키기로 절대적인 결정을 내리셨기 때문에 필연적으로 죽을 수밖에 없고 그 외의 다른 운명은 있을 수 없는 사람들을 제외하고, 자신들의 태만은 누구에게도 해가 되지 않을 것이라고 생각하게 만들기 때문입니다.

19) 이 교의는 일반적으로 신앙의 기초를, 특수하게는 그리스도교의 기초를 완전히 전복해 버립니다. 그리스도교 신앙의 기초는 일반적으로 하나님의 이중적인 사랑(two-fold love)으로 이해됩니다. 그것 없이는 신앙도 없고 또 존재할 수도 없습니다. 첫 번째는 하나님으로 하여금 죄를 미워하게 만드는 의(righteousness)(또는 정의)에 대한 사랑입니다. 두 번째는 이성을 부여받은 피조물에 대한 사랑으로 (이제 우리 앞에 문제가 펼쳐진다), 인간에 대한 하나님의 사랑에 대해 사도는 히브리서에서 이렇게 표현합니다. "하나님께 나아가는 사람은 하나님이 계시다는 것과 하나님은 자기를 찾는 사람들에게 상을 주시는 분이시라는 것을 믿어야 합니다."(히 11:6) 의

에 대한 하나님의 사랑은 다음 상황에서 뚜렷이 나타나는데, 즉 "그를 찾는 사람들"을 제외하고 어떤 사람에게도 영생을 주시기를 그는 원하지도 기뻐하지도 않으신다는 사실입니다. 인간에 대한 하나님의 사랑은, 만일 그가 하나님을 찾기만 하면 그에게 기꺼이 영생을 주신다는 것에서 볼 수 있습니다.

이 두 가지 사랑은 서로 상보적 관계를 가집니다. 자기 자신을 피조물에게 내어주는 두 번째 종류의 사랑은 전자(즉 의에 대한 사랑)가 허용하는 경우를 제외하고 실현될 수 없습니다. 그러므로 전자의 사랑은 단연코 가장 탁월한 사랑이라고 할 수 있고, 후자(피조물에 대한 사랑)가 모든 방향으로 발산할 수 있는 광대한 공간이 펼쳐져 있다 해도 그것이 행사될 수 있는 범위에 전자(의에 대한 사랑)가 어떤 장애물을 놓는 경우는 예외입니다. 그러한 결말 중 첫 번째는 하나님께서 자기 피조물과 갖는 관계에서 그를 사랑하시지만 피조물이 죄를 지을 경우 인간을 심판하시는 것에서 분명히 입증됩니다. 만일 하나님께서 의(또는 정의)보다 인간을 더 사랑하셨다면, 그리고 인간의 불순종보다 인간의 영원한 비참에 대해 더 큰 혐오감을 가지신다면 결코 같은 결과가 발생하지 않았을 것입니다. 그러나 후자의 결말도 똑같은 논증에 의해 증명할 수 있는데, 즉 하나님은 죄 때문일 경우를 제외하고 어떤 사람도 심판하지 않으시고, 죄로부터 돌이키는(또는 회개하는) 수많은 사람들을 구원하시기 때문입니다. 하지만 거룩한 심판의 규제 아래 피조물에 대한 그의 사랑의 폭을 풍성하게 넓히려 하시는 뜻이 없었다면 하나님은 결코 그런 일을 행하실 수 없습니다.

그러나 이 교의는 이 같은 질서와 상보적 관계를 두 가지 방식으로 전복합니다. 첫 번째는 이 교의가 하나님께서 뜻을 정하실 때, 사람들의 순종 여부에 대해 전혀 참고하거나 고려하지 않고 특정한 사람들을 구원하려는 절대적인 뜻을 품으신다고 진술하는 점입니다. 그 점은 의에 대한 사랑보다 인간에 대한 사랑을 우선시하고, 하나님께서 의보다 인간을 더 사랑하고, 그들의 죄와 불순종보다 그들이 처하게 될 비참을 더 크게 혐오하신다는 식의 입장을 취하는 방식에서 입증됩니다. 두 번째는 역으로 하나님께서 사람들을 저주하기로 작정하실 때, 그들의 불순종을 전혀 고려하지 않은 채 특정한 사람들에게 심판을 내리기로 절대적인 뜻을 정하신다고 진술하기 때문입니다. 이러한 방식으로 이 교의는 피조물들을 대하시는 하나님의 사랑을 왜곡하는 한편, 의를 사랑하고 불의를 미워하는 마음으로부터 파생하는 어떤 원인이나 필연성에 호소하지 않은 채 하나님께서 자기의 피조물을 미워하신다고 주장합니다. 그 주장이 참일 경우 "오직 죄만이 하나님이 미워하는 으뜸가는 대상이며, 그의 증오를 야기하는 유일한 공로적 원인이다"라는 명제는 참이 아니게 됩니다.

그런 생각이 신앙의 토대를 전복할 만큼 막강한 영향력과 잠재력을 갖는다는 사실은 아마도 다음의 직유에 의해 적절하게 기술될 수 있을 것입니다. 어떤 아들이 이런 말을 한다고 가정해 봅시다. "우리 아버지는 의와 공정성을 매우 사랑하신다. 내가 그의 사랑하는 아들임에도 불구하고 그분에게 순종하지 않는다면 그는 내게서 상속권을 박탈하실 것이다. 그러므로 내가 상속자가 되고 싶다면 순종하는 것은 내가 열심히 연마해야 할, 그리고 내게 부과된 막중한 의무다." 또 다른 아들은 이렇게 말합니다. "나에 대한 아버지의 사랑은 너무도 크기 때문에 그는 나를 자기 상속자로 절대적인 결정을 내리셨다. 그러므로 나는 아버지께 순종하려고 전력을 다해 애쓸 필요가 없다. 변할 수 없는 그의 뜻에 따라 나는 그의 상속자가 될 것이기 때문이다. 그렇다. 아버지께서는 나를 그의 상속자로 만들기 위해 고생을 시킬 필요 없이 저항할 수 없는 힘에 의해 나를 순종하게 만들 것이다." 그러나 후자와 같은 식의 추론은 세례 요한이 다음과 같이 말한 것에 들어 있는 복음과 정반대됩니다. "너희는 속으로 주제넘게 '아브라함이 우리 조상이다'하고 말할 생각을 하지 말아라. 내가 너희에게 말한다. 하나님께서는 이 돌들로도 아브라함의 자손을 만드실 수 있다."(마 3:9)

그러나 그리스도교 신앙 역시 그러한 이원적 사랑 위에 구축된 상부구조를 가집니다. 하지만 하나님의 형상을 따라, 그가 원하시는 방식을 따라 지음 받은 인간이 스스로 잘못하여 죄인이 되고 하나님의 원수가 되었을 때, 인간의 실존적 조건에 생긴 변화로 인해 그 사랑은 다른 방식으로 고찰될 필요가 있습니다.

그리스도교가 서 있는 토대인 의(또는 정의)에 대한 하나님의 사랑은 첫째로 그리스도 안에서 하나님께서 오직 한 번 선언하셨던 의입니다. 그의 아들의 피와 죽음에 의거하지 않는 다른 방법으로는 죄가 용서받을 길이 없고, 그리스도 측에서 그 자신의 피를 뿌리는 일이 없이는 그가 옹호자(Advocate), 탄원자(Deprecator), 중보자(Intercessor)로서 하나님 앞에 설 수 없다는 것이 하나님의 뜻이기 때문입니다. 그러나 둘째로 그리스도께로 돌이켜 그를 믿기로 하는 사람 외에는 아무에게도 그리스도의 교통(communication)과 그 혜택을 수여하지 않는 것이 자기의 뜻임을 선언하시는 복음의 교훈을 통해 하나님께서는 정의에 대한 사랑을 날마다 보여 주십니다.

마찬가지로 그리스도교 신앙이 서 있는, 비참한 죄인들에 대한 하나님의 사랑은 첫째, 그들에게 자기 아들을 내어주고 그를 그에게 순종하는 사람들의 구원자로 만드시는 사랑입니다. 그러나 둘째, 죄인들에 대한 이 사랑은 하나님 자신의 주권적 권한에 의해 행사되는 엄격함과 통렬함을 따르지 않고 오히려 그의 은혜와 관대함을 따라, 그리고 타락한 사람이 회개할 때 즉시 그의 죄를 용서하신다는 약속과 함께 오직 순종을 요구하는 사랑입니다.

반면에 이 (타락 전 선택설) 교의는 이 같은 이중적인 토대와 두 가지 방식으로 대립합니다. 첫째, 이 교의는 "하나님께서 어떤 특정한 죄인들을 너무나 사랑하시기 때문에 의(또는 정의)에 대한 하나님의 사랑을 만족시키기에 앞서 그리스도 예수를 통해 그들을 구원하려는 절대적인 뜻을 세우시는데, 따라서 심지어 하나님 자신의 예지에 있어서, 그리고 그의 확정적인 목적을 따라 그들을 구원하기로 작정하셨다"라고 말하기 때문입니다. 그뿐 아니라 이 교의는 "하나님께서 그 죄인들을 구원하려는 절대적 의지를 품으셨기 때문에 속전(贖錢)을 지불하여 그의 정의(또는 의)를 만족시키는 것을 기뻐하신다"라고 가르침으로써 신앙의 기초를 통째로 무너뜨립니다. 그것은 그리스도에게서 입증된 정의에 대한 하나님의 사랑을 오히려 그가 구원하기로 절대적인 뜻을 세우시는 죄인들에 대한 사랑에 종속시키는 것과 다를 것이 없기 때문입니다.

둘째, 이 교의는 다음과 같이 말함으로써 그리스도교 신앙의 토대와 대립합니다. "회개할 줄 모르는 완고함에 대해 전혀 고려하지 않고, 특정한 죄인들을 유기하기로 결정하는 것이 하나님의 절대적인 뜻이다." 이와 동시에 그리스도 예수 안에서 의(또는 정의)에 대한 하나님의 사랑과 죄에 대한 미움이 가장 충분하고도 완전하게 충족된다고 주장합니다. 그러므로 회개라는 조건을 제외하고 어떤 사람이든지 간에 하나님의 자비하심을 죄인에게 베풀 수 있는 가능성을 아무것도 막을 수 없습니다. 어떤 사람이 이 교의가 진술하는 것을, 즉 "하나님께서 마귀와 그의 천사들에게 행사하신 것과 같은 엄격함으로, 오히려 그보다 훨씬 더 극렬하게 인류 대다수를 처리하실 것인데, 왜냐하면 그리스도나 그의 복음조차 마귀에게보다 인류에게 더 큰 복을 공급할 수 없다는 사실을 하나님께서 기쁘게 여기시기 때문이고, 또한 최초의 범죄로 인해 은혜의 문이 악한 천사들에게는 물론이고 인류에게도 닫혀 버렸기 때문이다"라고 주장하는 한 그 결과는 불가피하기 때문입니다. 그러나 그 천사들 모두가 각각 자기의 고유한 인격을 기반으로 개별적인 악의를 통해, 그리고 자발적인 행위에 의해 죄를 범했던 반면, 인간들은 그들이 태어나기도 전에 그들의 조상 아담의 죄를 통해 죄인이 된 것입니다.

그러나 전술한 두 가지 종류의 사랑이 우리가 이미 기술했듯이 둘 사이에 존속하는 상호적인 대응 관계와 함께, 모든 신앙의 기초이고 실제 양태이기도 하다는 사실을 좀 더 분명히 이해하기 위해 이제 히브리서를 쓴 사도가 하는 말에 주의를 기울이고 묵상하는 것이 유익할 것입니다. "하나님께 나아가는 사람은 하나님이 계시다는 것과 하나님은 자기를 찾는 사람들에게 상을 주시는 분이시라는 것을 믿어야 합니다."(히 11:6)

이 구절은 신앙의 기초를 두 가지로 규정하는데, 그것은 신앙에 가장 유해한 사탄의 두 불화살에 반대되는 것으로, 그 두 가지는 각각 단독으로도 모든 신앙을 전복하고 일소할 수 있습니다. 그중 하나가 안일무사이고, 다른 하나는 절망입니다. 안정성의 느낌은 하나님께 적당히 되는 대로 예배하더라도 결국에는 구원을 받게 될 것이라고 사람들이 스스로를 설득할 때 효력을 발휘합니다. 절망은 사람이 하나님께 아무리 경외심을 보이더라도 자신은 결국 구원받는 사람의 수에 들어갈 수 없을 것이라고 자신을 설득할 때 효력을 발휘합니다. 이 같은 악질 중 어느 것에 감염되든지 거기에는 하나님을 향한 참되고 올바른 예배는 있을 수 없습니다.

그러나 이 두 가지 고질병은 사도의 말씀에 의해 무너집니다. "하나님은 자기를 찾는 사람들에게 상을 주시지만, 그 나머지 사람들에게는 영원한 죽음의 형벌을 내리실 것이다"라는 말씀을 굳건히 믿는다면 그 사람은 무사안일하게 지낼 수 있는 어떤 핑계도 찾을 수 없습니다. 마찬가지로 그가 "하나님께서는 자기를 찾는 사람에게만 확실히 상을 주시는 분이다"라고 확실히 믿는다면 그런 사람은 하나님을 찾는 일에 전념하기 때문에 절망에 빠지는 위험이 없을 것입니다.

"하나님께서는 자기를 찾는 사람들 외에 그 누구에게도 영생을 주시지 않는다"라는 것을 믿는, 전자와 같은 종류의 믿음의 기초는 하나님께서 자신의 의(또는 정의)에 대해 가지시는 사랑이며, 그것은 그가 피조물에 대해 느끼는 사랑보다 훨씬 더 큽니다. 그리고 이것만으로도 안일함의 모든 원인은 제거됩니다. 그러나 후자와 같은 종류의 믿음의 기초, 즉 "하나님은 부지런히 그를 찾는 사람들에게 의심의 여지 없이 상을 주시는 분"이라는 믿음은 그것보다 더 큰, 의 또는 정의에 대한 그의 사랑이 가로막는 경우를 제외하고 하나님으로 하여금 그런 사람에게 구원을 베풀지 못하는 일이 없는, 그리고 그럴 수도 없는, 인간에 대한 위대한 사랑을 지시합니다. 하지만 후자와 같은 종류의 사랑은 부지런히 하나님을 찾는 사람에게 상을 내릴 수 없게 방해하는 걸림돌로 작용하는 것과 너무나 거리가 멀기 때문에 오히려 그것은 그러한 상을 수여하기 위해 가능한 모든 방법을 모색합니다. 그러므로 하나님을 찾는 사람들은 자기가 구원받는 사람들의 수에 들어갈 수 있음을 의심하는 상태에 결코 빠지지 않습니다. 그리고 바로 그것이 절망이나 불신을 막는 방부제로 기능합니다. 이것은 실재적 상태 자체이므로 이 이중 구조를 가진 사랑과 그것의 각 부분 사이에 존속하는 상보적 관계는 우리가 방금 보여 주었듯이 그것이 없이는 어떤 신앙도 존립할 수 없는 참된 토대를 이룹니다. 그러므로 이러한 상호적인 사랑에 대해, 그리고 그 둘 사이에 상호대대적인 관계에 대해 노골적으로 적대적인

이 교의는 참된 신앙의 기초를 전복합니다.

20) 끝으로 이 예정 교의는 이전 시대와 우리의 현재 시대에도 그리스도교 신학자들 대부분에 의해 거부되어 왔습니다.

과거 시대의 모든 역사적 사건을 모두 언급할 수는 없지만, 역사 자체가 선언하는 것은 로마교회뿐만 아니라 루터주의 교회와 재세례파 교회도 이 교의를 틀린 이론으로 인식했습니다.

종교개혁 초기에 루터와 멜란히톤[36]은 이 교의를 매우 높이 평가했지만 나중에는 저버렸습니다. 멜란히톤이 보인 이런 변화는 그의 후기 저술에서 뚜렷이 볼 수 있습니다. 그리고 '루터의 제자들'이라고 자처하는 사람들도 스승을 전폭적으로 따랐던 반면, 이 교의와 관련하여 루터가 이전에 수용했던 것을 완전히 버리기보다 그가 더욱 첨예하고 풍요로운 견해를 발전시켰다고 주장합니다. 그러나 필리프 멜란히톤은 이 교의가 스토아주의자들의 운명론과 크게 다르지 않다고 믿었습니다. 이 점은 그의 여러 저술에 나타나 있지만 특히 가스퍼 포이처[37]에게 보낸 어떤 편지에서 뚜렷이 나타나 있습니다. 거기서 그는 다른 무엇보다도 이 점을 강조하여 말합니다. "라엘리우스는 편지에서 이렇게 탄식한다. 스토아주의자의 운명에 관한 논쟁은 제네바에서 불붙은 매우 특이한 광기로부터 불거진 것인데, 어

∴

36) 필리프 멜란히톤(Philip Melancthon, 1497~1560)은 종교개혁 초기의 독일의 신학자이자 개혁가였다. 루터의 종교개혁 운동의 동료로서 음주의의 확립을 위하여 투쟁했다. 1519년 루터와 함께 라이프치히 논쟁에도 참석했다. 비텐베르크대학의 교수로 있으면서 개신교 신학의 기초를 세우는 데 노력했다.

37) 가스퍼 포이처(Gasper Peucer, 1525~1602)는 웨스트 슬라브 지역 소르비아 혈통을 가진 종교개혁 초기의 독일 신학자다. 그는 자연에 간섭하는 신적 섭리를 믿었는데, 인간이 타락한 후에는 하나님과 사탄이 모두 간섭하는 것으로 생각했지만 오직 하나님만이 자연의 경로를 바꿀 수 있다고 보았다. 그는 이 생각을 심지어 천문학적 또는 기상학적 변화에 적용했다는 기록이 남아 있다.

떤 사람은 그가 제논과 다른 입장이라는 이유로 투옥되었다고 한다. 불행한 시대여! 구원의 가르침이 어떤 이상한 논쟁 때문에 희석되다니!."

니콜라스 헤밍기우스[38]의 저술에서 분명히 볼 수 있듯이 덴마크의 모든 교회는 이 교의와 확연하게 반대되는 교의를 받아들입니다. 보편 은혜에 대한 논문에서 그가 밝힌 것처럼 그와 그의 적들 사이의 대결은 다음 두 쟁점, 즉 '선택된 사람들은 믿는 사람들인가' 또는 '믿는 사람들은 참으로 선택되었는가'에 관한 결정을 둘러싸고 벌어진 것입니다. 그는 문제를 이렇게 고찰합니다. "전자의 입장을 견지하는 사람들은 마니교와 스토아주의자들의 교의에 적합한 견해를 가지고 있는 것으로 보인다. 그리고 후자의 입장을 견지하는 사람들은 모세와 선지자들, 그리스도와 그의 사도들과 분명히 일치된 노선을 따른다."

그뿐 아니라 우리가 거주하고 있는 지역 주민들의 상당수가 이 교의를 일종의 불평 같은 것으로 여기는데, 그 교의를 수용할 경우 우리 교회들과 어떤 교류도 가질 수 없고 또 가질 생각도 말아야 한다고 인정한 사람들이 여럿 있었습니다. 다른 사람들은 우리 교회들과 연대를 이루어 왔지만 '이 교리에 절대로 동의할 수 없다'는 식의 저항이 없었던 것은 아닙니다. 그러나 이러한 종류의 예정론을 따를 때, 과거에 우리와 똑같은 견해를 가졌던 적지 않은 사람들이 우리 교회들을 이미 떠났고, 다른 사람들은 교회가 그런 견해에 대해 확고한 입장을 가지고 있다는 충분히 확신이 느껴지지 않

..

38) 니콜라스 헤밍기우스(Nicholas Hemmingius, 1513~1600)는 16세기 덴마크 루터주의 신학자로서, 코펜하겐 소재 성령교회 목사이자 코펜하겐대학의 교수였다. 그는 니스테드와 로스킬데 라틴어학교에 다닌 후, 1537년부터 1542년까지 독일 비텐베르크대학에서 수학하며 멜란히톤의 인문주의적 신학으로부터 강한 영향을 받았다. 귀국 후 라틴어로 생산적인 저술 활동을 하는 한편, 1553년에 코펜하겐대학 신학부 교수가 되었다.

을 경우 그들 역시 우리를 떠나겠다고 위협하고 있습니다.

마찬가지로 교황주의자(Papists), 재세례파(Anabaptists), 루터주의자들이 이보다 훨씬 더 뜨겁게 이 교리에 반대하는 기미는 없지만, 그들은 그편에 서서 우리 교회들에 관한 악의적인 견해를 조장하거나 그들 스스로 더 큰 증오의 분량을 생산하고, 그리하여 우리가 신봉하는 모든 교의를 논쟁으로 끌어들이려 합니다. 마찬가지로 그들도 "인간의 마음이 상상할 수 있거나 말로 표현할 수 있는, 하나님에 대한 모든 신성모독 가운데 우리의 신학 박사들이 가지고 있는 그러한 견해로부터 자연스럽게 도출되는 결론을 추론하지 않는 것만큼 불경한 것은 없다"라는 것을 인정합니다.

끝으로 종교개혁 이래 우리의 교회들 안팎에서 있었던 온갖 난관과 논쟁 가운데는 이 교의에서 기원하거나 적어도 그것과 혼합된 것은 하나도 없습니다. 만일 우리가 레이던의 콜하스 사건, 하우다에서의 헤르만 헤르베르츠 사건, 호른에서의 코르넬리우스 비거스톤 사건, 타코 시브란츠 사건에 관해 멘덴블리히에서 있었던 논쟁을 기억해 본다면 지금 내가 말하는 모든 것이 사실임을 알 수 있을 것입니다.

이 으뜸가는 교의에 관한 이 같은 고찰을 통해 내가 끌어모을 수 있는 모든 힘을 기울이고, 그 교의로 인해 우리 교회들이 어떤 손상도 입지 않게 하려는 것이 나를 이끈 동기들 중 마지막 것은 아닙니다. 그 교의를 통해 교황주의자들이 많은 이익을 거두었기 때문에 모든 경건한 교사들은 적그리스도의 왕국의 멸망을 학수고대하는 것만큼이나 교황 제도의 사멸화를 간절히 기원해야 하겠지만, 그 반면에 우리 교사들은 모든 열의를 다해 그것을 위한 실천에 매진해야 하고, 자신들의 역량이 허락하는 한 그것을 무너뜨리기 위해 가장 효과적인 예비 작업에 들어가야 할 것입니다.

이제까지 개괄한 것은 간단히 말해 이 새로운 예정 교의에 관해 내가 갖고 있는 견해입니다. 다른 저자들의 저술로부터 확실하게 입증할 수 없는 것을 내가 조금이라도 지어내거나 그들에게 잘못 귀속시키는 일이 없도록 나는 그들의 기술 방식을 살리기 위해 최선의 노력을 기울였습니다.

2부 신학적 주제에 관한 입장 선언

또 다른 종류의 예정 교의에 대하여

두 번째 종류의 예정 교의에 대하여

우리의 박사들 가운데 어떤 이들은 하나님의 예정이라는 주제를 조금 다르게 기술합니다. 우리는 그들이 사용하는 두 가지 양태를 개괄해 볼 것입니다. 그들 중 어떤 사람들에게서 특히 현저하게 나타나는 견해는 다음과 같습니다.

1) 하나님께서는 그의 내면에 품으신 영원하고 불변적인 작정에 의해 자기의 영광스러운 은혜를 찬송하게 하려는 목적을 위해 인류의 전체 집합 가운데 작은 부분 집단을 택하여 그의 은혜와 영광에 참여할 수 있게 하기로 (그의 기뻐하시는 자유로운 뜻에 따라) 결정하셨습니다. 반면 자기의 자유로운 의지에 따라 하나님은 또한 인류의 더 큰 집단을 택하여 그들을 시원

적인 자연 본성 그대로 놓아두시고(따라서 그들은 초자연적인 또는 자기 자신을 초월하는 어떤 일도 행할 수 없다), 그들의 본성이 고양될 수 있는(그것이 아직 통일성을 유지하고 있다면), 또는 본성이 부패했을 경우 그것을 회복할 수 있게 하는, 구원으로 이끄는 초자연적인 은혜를 그들에게 베풀지 않기로 하셨는데, 그럼으로써 하나님 자신의 완전한 자유를 증명하셨습니다. 하지만 이 후자의 사람들로 하여금 죄를 짓고 죽음의 형벌을 받아 마땅하게 만드신 후 하나님께서는 자기의 정의를 증명하기 위해 그들에게 영원한 멸망을 선고하셨습니다.

2) 예정 개념은 그것이 목적하는 바와 그 목적을 위해 사용되는 수단의 관점에서 고찰되어야 합니다. 그러나 이 두 번째 예정 개념을 옹호하는 이들은 그 낱말을 선택을 지시하는 특별한 의미로 사용하고 유기 개념에는 적용하지 않습니다. 예정의 목적(구원과 하나님의 영광스러운 은혜를 나타내는 것)에 관해 인간은 보편적으로 그리고 절대적으로 자신의 본성을 그대로 유지합니다. 그러나 예정의 수단에 관해 인간은 자기 자신으로부터, 그리고 그 자신 안에서 소외되어 사멸하는 상태로, 아담 안에서 죄책을 가진 상태로 그려집니다.

3) 예정의 목적에 관한 작정에서 다음의 점진적 단계를 고려할 수 있습니다. 하나님께서 누구를 선택할 것인지를 미리 알 수 있는 하나님의 예지(prescience), 그리고 하나님께서 구원하기로 예정하시는 사람들을 미리 내다볼 수 있는 하나님의 추사력(追思力, prefinition) 또는 예정 능력입니다. 첫째는 영원 전부터 그들을 선택하신 것이고, 둘째는 그들이 선택될 수 있도록 지상에 있는 동안 필요한 은혜를, 그리고 오는 세상에서 영광을 예비하는 것입니다.

4) 이 예정을 집행하기 위해 쓰이는 수단들은 첫째, 그리스도 자신, 둘

째, 칭의(稱義., justification)의 발원지라고 할 수 있는, 그리스도를 믿게 하려는 효력 있는 부르심, 셋째, 그 목적에 이르기까지 견인하는 은사입니다.

5) 우리가 유기의 도식을 이해할 수 있는 한 그것은 두 가지 행위, 즉 간과(看過, preterition) 행위와 선행 정죄(predamnation) 행위로 이루어집니다. 이 작정 행위는 모든 만물보다, 그리고 사물들에 내재하거나 그로부터 파생하는 모든 원인보다 선행합니다. 즉 그것은 어떤 실재적인 죄도 고려하지 않고 인간을 절대적이고 일반적으로 조망합니다.

6) 간과가 수행되기 위해 두 가지 수단이 미리 결정되어야 합니다. 하나는 인간이 자신의 힘으로는 어떤 초자연적 일에도 관여할 수 없게 자연 상태에 유기(또는 포기)하는 것이고, 다른 하나는 사람들의 본성을 (아직 통일성을 유지하는 상태라면) 고양시킬 수 있고 (부패된 상태에 있다면) 회복시킬 수 있는 초자연적 은혜를 수여하지 않는 것(또는 거부하는 것)입니다.

7) 선행 정죄는 만물들보다 앞서지만 그럼에도 그것은 심판의 원인에 관해 선행하는 지식 없이는 성립될 수 없습니다. 선행 정죄는 인간을 죄인으로, 즉 아담 안에서 정죄받은 혐오스러운 존재로 바라보며, 그런 이유로 신적 정의의 필연성을 따라 사멸해야 할 존재로 봅니다.

8) 이 선행 정죄가 실행될 수 있기 위해 제정된 수단은 첫째로 하나님께서 은혜를 수여하지 않기로 결정하셨다는 사실, 또는 하나님께서 어떤 사람에게 구원하는 그의 모든 은사를 거두시고 그를 사탄의 권능에 내주심으로써 실현되는 정죄의 행위를 탐사(또는 조사)하는 것이고, 둘째로는 마음의 경화(硬化) 또는 완고함을 허용하는 것으로, 그것은 유기된 사람들이 실제로 정죄받는 단계에 이를 때까지 흔히 보이는 말기 현상입니다.

세 번째 종류의 예정 교의에 대하여

그런데 우리의 신학 박사들 가운데 또 다른 그룹은 이 주제에 대해 다음과 같은 견해를 보여 줍니다.

1) 하나님께서는 그의 마음 안에서 영원 전부터 어떤 사람들을 선택하고 나머지 사람들을 유기하기로 작정하셨기 때문에 그는 인류를 피조된 존재로 보았을 뿐만 아니라 타락하고 부패한 존재로, 그 때문에 저주와 비난을 받아 마땅한 혐오스러운 존재로 보시는 것입니다. 이처럼 타락하고 저주받은 상태에서 하나님은 그의 은혜에 의해 아무 대가 없이 일부의 사람들을 구원하여 자비하심을 선언하기로 결정하셨습니다. 하지만 자신의 정의를 선포하기 위해 그는 나머지 사람들을 저주(또는 악담) 아래 버려두기로 하는 정의로운 심판을 내리십니다. 이 두 경우 모두에서 하나님은 그가 선택하신 사람들의 회개와 믿음 상태, 또는 유기하기로 작정하신 사람들의 완고함과 불신앙에 대해서는 전혀 고려하지 않으십니다.

2) 선택과 유기를 집행하는 일에 특별히 관련되는 구체적인 수단은 우리가 첫 번째 종류의 예정 교의를 다룰 때, 선택된 사람과 유기된 사람에게 공통된 수단을 제외하고 기술했던 것과 동일합니다. 이 (제3의) 견해는 인간의 타락을 선행 예정의 작정을 집행하기 위해 미리 배정된 수단으로 보는 것이 아니라, 이 예정의 작정을 내리기 위한 확정적인 목적이나 기회를 제공하는 것으로 다룹니다.

두 예정 도식에 대한 나의 해석

겉으로 보이는 현상적 국면을 볼 때, 뒤의 두 이론은 앞서 기술한 첫 번째 이론과 다음과 같은 점에서 차이를 보여 줍니다. 즉 세 이론들 중 어느 것도 창조나 타락을 선행하는 예정의 작정을 집행하기 위해 하나님께서 제정하신 간접 원인(mediate cause)으로 규정하지 않습니다. 그러나 타락과 관련하여 뒤의 두 견해는 어느 정도 다양성을 허용하는 것으로 보입니다. 왜냐하면 두 번째 종류의 예정 개념은 목적과 관련하여 선택하는 시점을 타락 사건 앞에 놓고, 또한 그 타락 사건 앞에 유기의 전반부에 해당하는 간과(또는 누락)를 놓기 때문입니다. 반면 세 번째 종류의 견해는 인간의 타락이 실제로 발생하기 전에는 선택이나 유기 어느 작정도 허용하지 않습니다. 그러나 뒤의 두 도식을 만들어 낸 사람들이 예정 교의를 그와 같은 방식으로 설계하면서도 첫 번째 도식의 경우에서 볼 수 있는 것처럼 예정에 무소불위적 지위를 부여하지 않은 이유 가운데 그것이 포함될 가능성은 대단히 적습니다. 즉 첫 번째 이론이 기술하는 예정 개념으로부터 추론할 수 있듯이 그런 개연성을 크게 부각시키면서(후자의 두 예정 도식에 동의하는 사람들 중 일부가 그럴 것으로 짐작된다) 자신들의 예정론으로부터 하나님이 죄의 조성자라는 결론을 이끌어낼 수 없게 최선의 예방책을 마련했던 것입니다.

그러나 만일 우리가 마지막 두 견해를 더 철저히 검사해 본다면, 특히 두 번째와 세 번째 견해를 정확히 분석하고 그 각각을 그리스도교 신앙의 다른 주제에 대해 그 저자들이 갖는 견해와 비교해 본다면 그들의 관점으로부터 아담의 타락을 선택의 작정을 집행하기 위한 필수 수단으로 다룰 수 있는 가능성을 고려할 수 없다는 것을 분명히 알게 됩니다.

1) 세 종류의 예정 도식 가운데 두 번째 것에서 예정 도식을 그렇게 구성하는 두 가지 이유로부터 다음과 같은 것이 함축됩니다. 그 이유 중 첫 번째는 하나님께서 아직 죄에 의해 완전히 부패하게 되었다고 볼 수 없는 인간의 본성을 보수하고 강화하는 데 필요한 은혜를 유기의 작정에 의해 특정한 사람들에게 공급하지 않기로 작정하셨기 때문입니다. 이것이 함의하는 것은 하나님께서 죄를 짓지 않을 수 있기 위해 필요한 은혜를 그 사람들에게 공급하지 않기로 하셨다는 것입니다. 이 명제로부터 인간의 타락은 그에게 계명이 주어졌던 사실로부터 기원한다는 결론이 필연적으로 함축됩니다. 따라서 인간의 타락은 유기의 작정을 집행하기 위해 예비된 수단입니다.

그 이유 중 두 번째는 유기를 간과(preterition)와 선행 정죄(predamnation)의 두 부분으로 나누어 기술하는 것입니다. 문제의 작정에 따르면 이 두 부분은 필연적이고 상호적인 유대에 의해 서로 연결되어 있고, 둘 다 똑같이 포괄적입니다. 왜냐하면 거룩한 은혜를 수여할 때, 하나님께서 못 본 채 지나가는 사람들은 모두 저주를 받게 되기 때문입니다. 이 간과의 행위의 대상이 되는 사람들을 제외하고 다른 어떤 사람도 저주를 받지 않습니다. 그러므로 이로부터 "죄는 필연적으로 유기 또는 간과의 작정에 수반하여 발생한다. 왜냐하면 그것이 참이 아닐 경우, 간과된 사람이 죄를 범하지 않은 사람일 수도 있고, 죄는 유기 처분을 받는 유일한 공과(功過) 원인이므로 정황이 그러하다면 그 사람은 정죄받아야 할 이유가 없기 때문입니다. 따라서 간과된 사람들 중에서 어떤 사람은 구원을 얻지도 못하고 또한 저주도 받지 않는데, 그것은 대단히 부조리한 일입니다.

그러므로 예정에 대한 두 번째 이론도 첫 번째 이론과 마찬가지로 난국에 빠집니다. 왜냐하면 그것은 그 결론(하나님이 죄의 조성자라 하는)을 피할 수 없을 뿐만 아니라, 그것을 공인하는 사람들이 해결책을 찾는 동안에 명백히 부조리한 자기모순에 빠지는 반면, 이 점에 관한 한 두 이론 중 첫 번째는 내내 변함없이 일관성을 유지하기 때문입니다.

2) 이 예정 도식들 중 세 번째는 이 난국을 훨씬 효과적으로 피하고 그 후원자 노릇을 하지 않아도 되는 반면, 그 옹호자들은 예정과 섭리에 대한 자신들의 견해를 선언하면서 특정한 표현을 사용하는데, 그로부터 타락의 필연성이 연역될 수도 있습니다. 하지만 그 필연성은 어느 정도의 예정을 포함하지 않는 다른 어떤 기원도 가질 수 없습니다.

설명력을 지닌 그 표현 중 하나는 하나님이 죄를 허용할 수도 있음을 암시하는 '신적 허용(Divine permission)'이라는 용어입니다. 그 표현구 가운데는 이런 것도 있습니다. "허용이란 하나님께서 자신의 작정을 실제로 집행하려 할 때, 그 목적을 이루기 위해 피조물로 하여금 특정 행위를 수행하게끔 하려는 신적 의지를 밝히지 않을 수도 있고, 혹은 신적 의지에 순종하고자 하는 피조물의 의지를 막지 않을 수 있음을 의미한다."

이 표현구에 이어 다음과 같은 문장이 바로 나옵니다. "이 진술이 정확하다면 그 피조물은 필연성을 따라, 그럼에도 불구하고 자발적으로, 그리고 아무런 강압 없이도 죄를 지을 수 있다." 만일 "그런 식의 기술은 하나님께서 아담의 죄를 허용한 것과 같은 허용에 부합하지 않는다"라는 반론이 제기된다면 그것에 대해 우리도 같은 견해를 가질 수 있습니다. 하지만 이 기술로부터 추론되는 한 가지 결론은 "다른 죄들은 필연성에 의해 발생한다"는 것입니다.

그들 중 일부가 사용하는 표현도 이와 유사한 경향성을 띄는데, 그것은 필연적으로 예시되어야 할 하나님의 영광의 선포가 "자비와 응보적 정의(punitive justice)의 증명" 안에 위치한다고 그들이 주장할 때입니다. 그러나 죄, 그리고 죄를 통해 고통이 세상에 들어오지 않았다면 가장 작은 죄로 인해 최소한도의 고통이 발생했을 것이라고 증명할 수 없었을 것입니다. 그리고 신적 영광이 증명되어야 할 필연성을 통해 그런 방식으로 죄가 필연적으로 세상에 들어온 것입니다. 아담의 타락은 이미 필연적인 것으로 규정되고, 그런 이유로 예정의 선행 작정을 집행하기 위한 수단으로 규정되므로 창조 자체도 마찬가지로 동일한 작정의 집행에 종속되는 수단으로 동시에 규정됩니다. 왜냐하면 창조와 타락 사이에 배치될 수 없지만 타락보다 앞서고, 또한 타락을 위해 창조 행위가 제정되므로, 그리고 둘 다 하나의 동일한 작정—즉 죄를 심판함으로써 하나님의 정의를 증명하고, 죄의 용서를 통해 그의 자비를 증명하는 것—을 집행하기 위한 것이므로 그 두 행위보다 앞서 내려지는 예정의 작정을 통해 실현되지 않는 한 타락은 창조의 필연적 결과가 될 수 없기 때문입니다. 만일 이 설명이 참이 아니라면 창조 행위로부터 필연적으로 뒤따라 발생하지 않는 것은 창조 시에 하나님께서 의도하신 것이 아니며, 그런 일은 있을 수 없기 때문입니다.

그러나 아담의 타락의 필연성은 후자의 두 이론 중 어느 것으로부터도 연역될 수 없지만, 첫 번째 이론에 반대하는 앞선 모든 논증은 그 수정된 목적에 적합하게 만들기 위해 사소한 수정 작업을 거친 것으로, 후자의 두 견해들 못지않게 타당한 것으로 수용하기로 합시다. 그 입장을 증명하기 위해 회합을 하기로 한다면 틀림없이 그 점이 밝혀질 것입니다.

예정과 그 밖의 주제에 관한 입장 선언

예정에 관한 입장

이제까지 나는 여러 교회와 레이던대학에 널리 퍼진, 그리고 내가 동의하기 어려운 예정이라는 주제에 관한 입장을 기술했습니다. 그와 동시에 그 견해에 대해 왜 내가 긍정적으로 평가하기 어려운지 그 이유를 제시했습니다. 이제부터 나는 이 주제에 관한 나 자신의 입장을 선언할 것인데, 그것이 하나님의 말씀에 매우 근접할 것이라고 믿습니다.

1) 죄를 지은 인간을 구원하기 위해 하나님께서 내린 최초의 절대적 작정은 그의 아들인 예수 그리스도를 중보자, 대속자, 구원자, 제사장과 왕의 직위에 서임하기로 선언하신 것입니다. 그리하여 그리스도는 자신의 죽음에 의해 죄를 파멸하고, 자기의 순종에 의해 잃어버린 구원을 회복하고,

자신의 미덕에 의해 그 구원을 분배하실 것입니다.

2) 하나님이 두 번째로 선포하신 엄밀하고 절대적인 작정은 회개하고 믿는 자들에게 은혜를 베푸신다는 것과, 그리스도 안에서 그를 위해, 그리고 그를 통해 돌이키고 믿는 사람들이 구원을 완성할 수 있도록 끝까지 견인하신다는 것, 그러나 회개하지도 않고 믿지도 않는 사람들은 죄 안에, 진노 아래 버려두어 그리스도와 무관한 이방인으로 여기고 결국에는 저주를 내리신다는 것입니다.

3) 하나님이 세 번째로 선포하신 작정은 회개하고 믿음을 갖는 데 필요한 수단을 충분하고 효과적인 방식으로 관리하신다는 것이며, 그러한 관리에 포함되는 것은 그의 자비와 엄정한 정의에 고유하고 적합한 것을 아시는 하나님의 신성한 지혜를 따라, 그리고 신성한 지혜가 규정하고 집행하도록 제정하는 것은 무엇이든지 즉시 수용하는 신적 정의를 따라 준비된다는 것입니다.

4) 이러한 작정에 이어 선포되는 넷째 작정은 하나님께서 어떤 특정한 사람들을 구원하거나 저주할 것이라는 선언입니다. 이 작정은 하나님의 예지에 기초하는데, 그것에 의해 영원 전부터 그의 방지하는 은혜(preventing grace)를 통해 누가 믿을 것인지 아시고, 후속 은혜(subsequent grace)를 통해 회개하고 믿음을 갖게 하는 적절하고 올바른 수단을 앞에 언급한 것처럼 관리함에 따라 누가 끝까지 참고 견딜 것인지를 미리 아시며, 또한 마찬가지로 그 예지에 의해 하나님은 누가 믿지도 않고 인내하지도 않을 것인지 미리 아십니다.

이 같은 설명을 바탕으로 예정은 다음과 같이 정의할 수 있습니다.

1) 예정은 그리스도교와 구원의 토대, 그리고 양자의 확실성의 토대가 됩니다.

2) 예정은 복음의 요약이자 본체입니다. 즉 그것은 복음 자체이며, 그 때문에 처음 제시된 두 이론에 관한 한 구원을 얻기 위해 반드시 예정을 믿어야 합니다.

3) 일반 총회이건 특수 지역 총회이건 어느 공의회에 의해서도 예정이 검토되거나 결정되어야 할 필요가 없습니다. 왜냐하면 그것은 이미 성경에 충분할 정도로 많이 확실하고 명료하게 설명되었기 때문입니다. 그리고 어떤 정통주의 신학자도 그것에서 모순된 것을 발견한 적이 없습니다.

4) 올바르고 정통주의 견해를 가진 모든 그리스도교 교사들에 의해 일관되게 인정되고 전수되어 왔습니다.

5) 프로테스탄트 교회들이 발행하는 모든 고백서와 일치합니다.

6) 네덜란드 고백과 하이델베르크 교리문답과 모두 매우 훌륭한 조화를 이룹니다. 구체적으로 만일 제16문에 나오는 두 가지 표현인 "그 위격들(those persons whom)"과 "다른 사람들(others)"이 "신자들"과 "불신자들"이라는 낱말들에 의해 잘 설명되었다면 예정에 관한 나의 견해는 그 항목에서 가장 명료하게 이해될 수 있을 것입니다. 언젠가 대학에서 내가 가르치는 학생들 앞에서 공개 토론을 하게 되었을 때, 그 고백서의 낱말들을 가지고 논제를 구성했던 것도 바로 그런 이유에서였습니다. 이와 같이 규정되는 예정은 또한 교리문답의 제21문과 제24문에 들어 있는 추론과 일치합니다.

7) 또한 예정은 지혜와 선과 의를 내재적 속성으로 갖는 하나님의 본성과 훌륭한 조화를 이루는데, 그 본성은 그 속성들의 주요 질료로서 신성한 지혜와 선과 의(또는 정의)의 더할 나위 없이 명백한 증거이기 때문입니다.

8) 예정은 인간의 본성에 대해—창조 시의 시원적 상태이든지, 타락된 상태이든지, 또는 회복된 상태이든지, 어떤 형태로 그 본성을 관조할 수 있든지—각각의 모든 점에서 훌륭한 조화를 이룹니다.

9) 또한 예정은 창조 행위와 완벽한 조화를 이루는데, 하나님이 의도하신 목적에서, 그리고 그 결말이나 사건 자체에 있어서도 창조 자체는 선의 실제적 분배라는 것, 그 행위는 하나님의 선으로부터 기원한다는 것, 그 행위의 지속과 보존과 관련되는 것은 무엇이든지 거룩한 사랑을 원천으로 한다는 것, 창조 행위는 하나님 자신이 스스로에게 순응하게 하고 또한 죄가 없는 상태에 필요한 모든 것을 갖추게 하는, 하나님의 완전하고도 적합한 활동이라는 것을 인정하게 만들기 때문입니다.

10) 예정은 영생의 본성에, 그리고 성경에서 그런 생명에 지정하는 영예로운 직함에 부합합니다.

11) 예정은 또한 영원한 사망의 본성에, 그리고 성경에서 그러한 사망에 지정하는 이름들에 부합합니다.

12) 예정은 죄를 실재적 불순종으로, 그리고 정죄의 공과(功過) 원인으로 규정합니다. 그렇기 때문에 그것은 타락과 죄에 가장 완벽하게 부합됩니다.

13) 은혜에 일치하는(또는 적합한) 모든 것을 은혜의 본성에 귀속시킴으로써, 또한 은혜를 하나님의 의에, 인간의 의지의 본성과 자유에 가장 완전한 조화를 이루게 함으로써 모든 특수한 점에 있어서 예정은 은혜의 본성과 조화를 이룹니다.

14) 예정은 하나님의 영광, 그의 정의, 그의 자비를 가장 현저한 방식으로 선포할 수 있게 인도합니다. 그것은 또한 하나님을 모든 선과 우리 구원의 원인으로, 그리고 인간을 죄와 스스로 자초한 저주의 원인으로 표상합니다.

15) 예정은 예수 그리스도를 예정의 토의 위치에, 그리고 구원의 전달 원인뿐만 아니라 공로 원인의 위치에 놓음으로써 예수 그리스도의 영예를 드높입니다.

16) 예정은 인간의 구원을 크게 진척시킵니다. 또한 그것은 죄에 대해 갖는 슬픔, 자기의 회심에 관한 근심, 예수 그리스도에 대한 믿음, 선한 일을 수행하고자 하는 간절한 열망, 기도하고자 하는 열심을 인간의 마음 안에서 자극하고 조성함으로써, 그리고 인간으로 하여금 두려움과 떨림으로 자신의 구원을 완성해 나가게 함으로써 구원으로 이끄는 힘과 수단 자체가 됩니다.

17) 예정은 회개와 믿음을 촉구함으로써, 그 다음으로 죄의 용서, 성령의 은혜, 영생을 약속함으로써 복음이 전파되어야 할 순서를 확인하고 확립합니다.

18) 예정은 복음 전도 사역을 강화시키고 설교, 성례전(聖禮典), 대중 기도의 실천으로부터 유익을 거둡니다.

19) 예정은 그리스도교의 토대입니다. 그 안에서 하나님의 이중적인 사랑—의(또는 정의)에 대한 사랑과 인간들에 대한 사랑—이 가장 완전하게 서로 연합될 수 있기 때문입니다.

20) 이 예정 교의는 그리스도인임을 고백하는 대다수에 의해 늘 수용되었고, 심지어 지금도, 오늘날에도 그것은 여전히 똑같은 광범위한 지지를 얻고 있습니다. 이 교의는 누구든지 그리스도교에 대한 반감을 표시할 만한 원인을 제공하지 않으며, 그리스도교 교회에서 논쟁을 벌일 만한 구실을 제공할 수도 없습니다.

그러므로 이 문제에 대해 관계자들은 더 이상 일을 확대하지 않고, 하나님의 헤아릴 수 없는 판단을 조사하려고 나서지 않는 것이, 적어도 그 판단에 대해 성경에 분명하게 제시된 경계를 넘어가지 않는 것이 지극히 바람직한 일입니다.

예정론에 관해, 그리고 그리스도의 교회 안에서 이처럼 큰 논쟁이 벌어진 것에 대해 이 자리에 참석하신 존귀하신 전하들께 내가 밝힐 수 있는 것은 현재로서는 이것이 전부입니다. 나의 진술이 경들에게 너무 지루하지 않았기를 바라면서 나는 다른 몇 가지 명제에 대해 더 진술하고자 하는데, 그렇게 하는 것이 내 입장을 더욱 충실하게 선언하는 데 도움이 될 것이고, 경들의 요청에 따라 내가 이곳에 참석하게 된 목적에도 기여할 것이기 때문입니다.

그 밖의 주제에 관한 입장

예정론과 매우 많이 닮은, 예정론에 지대하게 의존적인, 그리스도교의 다른 조항들이 있는데, 이렇게 말할 만한 것으로 하나님의 섭리, 인간의 자유의지, 성도의 견인(堅忍), 구원의 확실성을 들 수 있습니다. 전하들께서 과히 불편감을 느끼지 않으신다면 이런 주제에 대해 간략하게 나의 견해를 밝히겠습니다.

1) 하나님의 섭리
하나님의 섭리는 "하나님께서 온 세상을 일반적으로 돌보실 때 행사하는, 세심하고 지속적인, 보편적으로 현전하는 하나님의 감찰과 감독"이지만, 그러나 때로는 "조금도 예외 없이 피조물들 자신의 본질, 속성, 행위, 감정을 보존하고 관리하기 위해 하나님 자신에게 가치 있는 것인 동시에 피조물들에게 적합한 방식으로, 하나님의 이름에 찬양이 되고 믿는 사람들에게 구원을 줄 수 있도록 그의 (지성적인) 모든 피조물들에게 특별한 관심을 입증하는" 원칙이라고 나는 이해합니다.

하나님의 섭리를 이렇게 정의하면서 나는 결코 그것과 일치하거나 그것에 속한 속성 중 어느 것도 제외할 생각이 없습니다. 그러나 나는 그것이 만물을 보존하고, 규제하고, 관리하고, 인도하는 것으로, 그리고 세상에 있는 어느 것도 예기치 않게 혹은 우연히 발생하는 일은 없다고 확신합니다. 그뿐 아니라 나는 지성적인 피조물의 자유의지와 행위조차 하나님의 섭리 안에서 종속적인 위치에 놓이고, 따라서 하나님의 뜻과 무관하게 발생하는 행위는 있을 수 없으며, 그의 뜻을 거스르는 행위조차 그러하다고 생각합니다. "하나님은 오직 선한 행위를 의도하고 행하시는 반면, 악한 행위를 행할 때 그는 오직 자유롭게 허용하실 뿐이다"라고 말할 때, 우리는 선한 행위와 악한 행위를 신중하게 구별해야 합니다.

그러나 여기서 한 걸음 더 나아가 나는 악과 관련하여 어떤 행위를 창안하거나 발명할 수 있든지 그 모두가 하나님의 섭리에 귀속될 수 있다고 기꺼이 인정할 수 있습니다. 다만 유일하게 내가 덧붙이는 경고는 "그렇게 인정한다고 해서 '하나님이 악의 원인이다'라고 하는 결론을 이끌어내지 않아야 한다"는 것입니다.

악한 일에 관한 하나님의 섭리의 정의로움과 유효성을 두고 논쟁이 벌어졌을 때, 나는 그 점을 충분히 명확하게 밝힌 적이 있는데, 두 번의 다른 기회에 걸쳐 내가 좌장이 되어 레이던대학에서 신적 행위라는 주제로 토론회를 가졌을 때였습니다. 그 토론회를 통해 죄에 대해 어떤 행위로 반응하든지 성경에서 하나님이 행하신 것으로 결론 내릴 수 있는 모든 것을 나는 하나님께 귀속시켰습니다. 내가 열거하는 사례의 목록이 길어지자 어떤 사람들은 그런 식으로 내가 하나님을 죄의 조성자로 만들고 있다는 비판을 받아야 한다고 생각했습니다. 그리하여 나를 표적 삼는 심각한 주장이 강단에서, 그리고 암스테르담에서도 앞에 제시한 논제를 둘러싸고 쏟아졌습니다. 그러나 그러한 비난이 과연 어떤 정의를 대변하는 것으로 볼 수 있는지는 앞에서 말했듯이 내가 마치 그 문서들의 저자인 양 잘못 귀속된 문제의 31개 조항에 대해 내가 기록한 답변을 통해 누구든지 쉽게 파악할 수 있을 것이고, 다음의 발제문은 그중의 하나입니다.

2) 인간의 자유의지

인간의 자유의지에 대한 나의 견해는 다음과 같습니다. 창조자의 손에 의해 지음 받았던 시원적 상태에서 인간은 자기에게 내려진 명령에 따라 참된 선을 이해하고, 존중하고, 사유하며, 그것에 대한 의지를 품고, 행동으로 옮길 수 있는 지식과 경건과 능력의 자기 몫을 받았습니다. 그러나 거룩한 은혜의 도우심이 없이는 그는 그러한 행위 중 어느 것도 행할 수 없었습니다. 그뿐 아니라 쉽게 타락하고 죄를 지음으로써 인간은 스스로 그리고 자기 힘으로 선한 일을 생각하거나 욕구할 수 없고 실천할 수도 없었습니다. 그러므로 참으로 그가 선에 관해 어떤 것이든지 올바로 이해하고, 존중하고, 사유하고, 의지하며, 실행할 수 있는 적성을 회복하기 위해 그는 먼저 성령을 통해 그리스도 안에 거하고, 하나님에 의해 지성과 감성, 의지, 그리고 모든 능력에 있어서 다시 태어나고 새롭게 되어야만 했습니다. 인간이 이 중생과 새롭게 됨에 참여하는 사람이 될 때, 나는 그가 죄로부터 구원을 얻었으므로 이제 그가 선한 것을 사고하고, 의지하며, 실행할 수 있게 되었다고 생각하지만, 여전히 하나님 은혜의 지속적인 도우심 없이는 실제로 아무것도 할 수 없을 것입니다.

3) 하나님의 은혜

하나님의 은혜에 관해 내가 믿는 것은 다음과 같습니다. 첫째, 은혜란 하나님께서 비참한 죄인을 향해 친절로써 보여 주시는 무상의 애정이며, 그것에 의해 그는 우선적으로 그의 아들을 주셔서 "누구든지 그를 믿는 사람은 영생을 얻을 수 있게" 하시며, 그 다음으로 그리스도 예수 안에서, 그리고 그를 위하여 하나님은 인간을 의로운 자로 인정하시고 그를 입양하여 자녀의 권리를 부여하시며, 마침내 구원에 들어가게 하십니다.

둘째, 은혜란 인간의 중생(重生)과 새롭게 됨과 관련한 성령의 모든 은사 —믿음, 소망, 구제 등—를 (인간의 지성 안으로, 그리고 의지와 감정 안으로) 주입하는 것을 지시합니다. 그 은혜로운 선물 없이는 인간은 선한 어떤 것에 대해서도 명료하게 사고하거나 의지하거나 실행할 수도 없습니다.

셋째, 은혜는 성령의 끊임없는 지원과 지속적인 도우심을 지시하며, 그것을 따라 하나님은 중생한 인간에게 건전한 인식 능력을 주입함으로써, 그리고 실제로 선한 일은 무엇이든지 의지할 수 있게 선한 욕망을 고취시킴으로써 인간을 선으로 인도하십니다. 그에 따라 하나님은 인간과 함께 일하는 것을 원하시고 실제로 그렇게 하심으로써 인간은 하나님이 원하시는 어떤 일이든지 기꺼이 행할 수 있습니다.

이와 같이 나는 모든 선의 시작, 지속, 절정을 은혜에 귀속시키고, 그처럼 폭넓게 그 영향력을 확장시키기 때문에 이미 중생한 사람이라도 방지하거나 고취하는, 또한 후속적으로 협력하는 은혜 없이는 어떤 선한 일도 상상하거나 의욕할 수 없고, 또한 행할 수도 없고 악한 유혹에 저항할 수도 없습니다.

이 진술에 의해 내가 인간의 자유의지에 너무 많은 것을 귀속시키고 떠도는 소문에서 보듯이 은혜를 불공정하게 다루는 일은 결코 없을 것입니다. 왜냐하면 논쟁 전체는 '하나님의 은혜는 참으로 저항할 수 없는 힘인 가?'라는 물음에 대한 답변으로 환원되기 때문입니다. 즉 그 논쟁은 은혜에 귀속될 수 있는 신적 행위나 사역에 관한 것이 아니라, (나는 그 누구보다도 그런 행위와 사역을 많이 수용하고 가르쳐 왔기 때문이다) 그것이 저항할 수 없는 것이든지 아니든지 그것은 오직 사역의 양태와 연관될 뿐입니다. 그것에 관해 내가 말할 수 있는 것은 성경을 따라 많은 사람들이 성령에 저항하고 주어진 은혜를 거부한다는 것입니다.

4) 성도의 견인

성도의 견인[39]에 관한 나의 견해는 "참믿음에 의해 그리스도께 접붙어지고, 생명을 주시는 그리스도의 영에 참여할 수 있게 된 사람들은 사탄, 죄, 세상, 자기 자신의 육체에 맞서 싸우고 그 적들을 이길 만한 충분한 능력(또는 힘)을 갖지만, 그럼에도 그 동일한 성령의 은혜의 도우심 없이는 아무것도 할 수 없다"라는 것입니다. 예수 그리스도는 또한 자기의 영에 의해 온갖 시험을 당할 때 늘 그들을 도우시고, 언제든지 즉시 도움의 손길을 내미십니다. 그들이 싸울 태세를 갖추고 그의 도우심을 간청하면서 홀로 분투하기를 원하지 않는다면 그리스도는 그들이 쓰러지지 않도록 붙잡아 주십니다. 그러므로 사탄이 간교한 술수나 힘으로 공격해 올 때, 그들

..

39) 성도의 견인(Perseverance of the saints)이란 신자들이 진정으로 "하나님의 자녀로 거듭났다면 성령의 내주(內住)에 의해 하늘이나 땅에 있는 어떤 것도 하나님의 은혜로부터 떨어져 나가 결국 구원을 잃는 일은 없다"라는 논제를 지시한다. 이 논제는 "죽음도, 삶도, 천사들도, 권세자들도, 현재 일도, 장래 일도, 능력도, 높음도, 깊음도, 그 밖의 어떤 피조물도 우리를 우리 주 예수 그리스도 안에 있는 하나님의 사랑에서 끊을 수 없습니다"(로마서 8:38~39)라고 한 사도 바울의 주장에 근거한다. 도르트총회(1618~1619) 이후 이른바 칼뱅주의 튤립 신조들 중 하나로 제시되었다.

이 그 유혹에 넘어가거나 그리스도의 도움의 손길에서 벗어나는 일은 있을 수 없습니다. 그러나 나는 성도들 중에서 혹여 태만에 의해 그리스도 안에 머무는 삶을 벗어나 현재 살고 있는 이 악한 세상과 다시 연합하고, 이전에 전달받은 건전한 가르침에서 일탈함으로써 선한 양심을 잃어버리고, 그리하여 하나님 은혜의 효력을 더 이상 경험할 수 없는 일이 가능한가 하는 문제에 관해 우리의 첫 번째 총회(또는 시노드)에서 관련된 성경 본문을 철저히 탐구하기로 의결하는 것이 시급하다고 생각합니다.

지금 나의 정직과 성실을 다해 시인하는바 나는 참된 신자가 믿음으로부터 완전히 또는 결정적으로 떨어져 나갈 수 있다고 가르친 적은 한 번도 없습니다. 그럼에도 나는 그런 취약한 국면을 건드리는 것처럼 보이는 성경 구절이 있다는 것을 숨기지 않겠습니다. 그리고 내가 조사해 볼 수 있도록 허락받은 그러한 구절에 관해 제시할 수 있는 답변이 모든 점에서 나의 이해를 전적으로 지지한다고 보기는 어렵습니다. 그 반면에 깊이 고찰할 만한 (무조건적 견인에 대한) 상반된 교의를 지지하는 어떤 본문이 있음을 밝혀 둡니다.

5) 구원의 확실성

구원의 확실성(또는 확신)에 관한 나의 견해는 "예수 그리스도를 믿는 사람은 확신을 갖고 설복된 상태에 있을 수 있고, 그의 양심이 그를 정죄하지 않는 한 신자는 현 시점에서 사실상 자기가 하나님의 자녀이고 예수 그리스도의 은혜 아래 있음을 확신하고 있는 것이다"라는 것입니다. 이 확신은 신자 자신의 양심으로부터, 그리고 그의 양심과 함께 증거하는 하나님의 영의 증언으로부터 나올 수 있고, 그뿐 아니라 신자에게 내적 동기를 부여하는 성령의 활동에 의해, 믿음의 열매들에 의해 그의 마음 안에서 확실성이 확립됩니다. 나는 또한 그리스도를 통해 주시는 하나님의 은혜와 자비하심을 확실히 믿는 사람이 이 세상을 떠날 때, 한 점의 불안이나 두려움 없이 담대하게 하나님 은혜의 보좌 앞에서 나아갈 수 있다고 믿습니다. 그렇지만 그런 사람이라도 항상 쉬지 말고 "주여, 당신의 종으로 하여금 심판받는 일이 없게 하소서!"라고 기도해야 합니다.

그러나 "하나님은 우리의 마음보다 크시고 모든 것을 아시므로", 인간은 자기 자신을 올바로 판단하지 못하므로, 즉 인간은 자기 자신 외에 아는 것이 없지만 그 사실이 그를 정당화해 줄 수 없고 오직 그를 판단하시는 분은 여호와뿐이므로(요일 3:19, 고전 4:3) (그러한 이유로) 나는 감히 구원의 확실성(또는 확신)의 문제를 '하나님이 계신 것'과 '그리스도께서 세상의 구주이신 것'을 우리가 알 수 있는 문제와 대등한 수위에 놓을 생각은 없습니다. 그러나 우리 총회에서 탐구해야 할 주제인 이 확신에 대해 경계를 긋는 것은 필요한 일입니다.

6) 지상의 삶에서 믿는 자들의 완전함

내가 여기서 다루고 있는 교의들 외에도 우리가 많이 논의하는 것 가운데 지상에 사는 동안 믿는 사람들이나 중생한 사람들의 완전성에 관한 교의가 있습니다. 내가 이 주제에 대해 매우 부적절하고 거의 펠라기우스주의자들에 가까운 견해를 가지고 있다고, 즉 "중생한 사람들은 이생의 삶에서 하나님의 가르침을 완벽하게 지킬 수 있다"라는 생각을 가지고 있다고 보고되었습니다.

이 사태에 대한 나의 답변은 그런 견해를 내가 가지고 있을 수도 있지만 그렇다고 해서 부분적으로든지 전체적으로든지 내가 펠라기우스주의자로 간주될 수 없으며, 실제로 나는 "신자들이 그렇게 완전해질 수 있다면 그것은 오직 그리스도의 은혜에 의해서이고, 그것 없이는 그런 일은 있을 수 없다"라고 첨언했을 뿐입니다. 그러나 나는 신자가 이생의 삶에서 그리스도의 가르침을 완벽하게 지킬 수 있다고 단언한 적이 없는 반면 그런 일이 불가능하다고 말한 적도 없으며, 다만 항상 그것을 더 논의해 볼 문제로 남겨 두고는 했습니다. 왜냐하면 나는 이 주제에 대해 성 아우구스티누스가 진술한 견해를 받아들이는 것으로 만족했기 때문인데, 그의 진술은 대학에서 빈번히 인용되고 또 보유(補遺)[40]가 붙는 일도 있으므로 더는 첨언할 것이 없습니다.

아우구스티누스는 이렇게 말합니다. "이 주제에 대해 우리는 네 가지 물음을 던질 수 있다. 첫째, 죄가 없는 사람, 삶이 시작되는 시점부터 끝나는 시점까지 한 번도 죄를 짓지 않는 사람이 과연 있을까? 둘째, 죄를 짓지 않는 사람, 즉 지상에 사는 죄를 짓는 일 없이 하나님의 계명을 완벽하게 준수하는 완전한 상태에 도달한 사람이 있었거나, 현재 존재하거나, 장차 존재할 수 있는가? 셋째, 이 세상에 살면서 사람이 죄를 짓지 않고 존재하는 것이 과연 가능한가? 넷째, 만일 사람이 죄를 짓지 않을 수 있다면 왜 그런 사람이 이제까지 발견된 적이 없는가?"

첫째 물음이 기술하는 사람은 예수 그리스도를 제외하고 이제까지 이 세상에 존재한 적이 없거나, 앞으로도 존재하지 않을 것이라고 아우구스티누스는 말합니다. 그는 또 둘째 물음에 기술된 것처럼 현세의 삶에서 그런 완전함에 도달한 사람이 있다고 생각하지 않습니다. 셋째 물음에 대해 그는 그리스도의 은혜와 자유의지에 의해 사람은 죄를 짓지 않을 수 있다고 생각합니다. 넷째 물음에 대한 답으로 그는 사람이 그리스도의 은혜에

••
40) 보유(補遺, subjoin)란 빠진 것을 채워 보충하는 것 또는 채운 것 자체를 뜻한다.

의해 행할 수 있는 일을 실행하지 않는 이유는 그가 선한 일을 눈여겨보지 않았거나 그 일에서 즐거움을 발견하지 못했기 때문이라고 말합니다. 이 인용문을 통해 펠라기우스주의를 가장 격렬하게 비판한 논적 중의 하나인 아우구스티누스가 "이생의 삶에서 사람이 죄 없이 사는 것은 가능하다"라는 입장을 견지했다는 것이 분명해집니다.

이뿐만 아니라 동일한 이 교부는 "그리스도의 은혜를 제외하고 어떤 것에 의해서도 사람이 죄를 짓지 않고 사는 것은 불가능하다고 펠라기우스는 고백해야 한다. 그러면 우리는 서로 평화롭게 지낼 수 있다"라고 말합니다. 아우구스티누스는 펠라기우스의 견해에 대해 이렇게 생각하는 것처럼 보입니다. "사람은 자기가 부여받은 힘과 능력에 의해 하나님의 계명을 이행할 수 있지만, 그리스도의 은혜에 의해 훨씬 더 용이하게 지킬 수 있다."

내가 이 같은 입장으로부터 엄청나게 멀리 떨어져 있다는 것을 나는 이미 충분할 정도로 자주 여러 번 밝혔습니다. 이에 덧붙여 나는 펠라기우스의 그 견해가 이단적이라는 것, 그리고 "너희는 나를 떠나서는 아무것도 할 수 없다"(요 15:5)라고 하신 그리스도의 말씀과 정면으로 반대되는 것이라고 선언합니다. 마찬가지로 그 견해는 파괴적이며, 그리스도의 영광을 매우 심각하게 훼손합니다.

나의 견해에 관해 내가 이제까지 진술한 것을 통틀어 "하나님 앞에 나아가기를 두려워해야" 할 만한 것이 조금이라도 포함되어 있다고 지적할 사람이 과연 있을지 모르지만, 혹여 그로부터 어떤 불온한 결과가 파생되는 일이 없을지 염려됩니다. 그러나 "그의 가슴 속에는 파괴적인 견해와 이단적 교리들이 들어 있다"라는 식으로 나에 대해 보고하는 새로운 소식이 들리는 마당에 아마도 하나님 아들의 신성과 하나님 앞에서 인간이 의로운 자로 선언되는(稱義) 것에 관한 나의 견해로부터 추론한 어떤 전제에 기대는 비방이라는 사실을 제외하고 나는 그 비난이 과연 어떤 중요한 점과 연결되는지 짐작할 수도 없습니다. 참으로 요즘 와서 내가 비로소 알게 된 사실은 그 두 교의의 핵심에 관한 나의 논점에 관해 많은 대중의 담화가 있었고, 그것에 관해 허다한 소문이 떠돌고 있다는 것인데, 특히 대법원의 고문의원들 앞에서 열렸던 (호마루스 교수와 나 사이의) 지난 회합 이후 더욱 왕성해졌습니다. 만일 오늘 내가 문제 전체를 둘러싼 실제 상황의 전모를 전하들께 밝힌다면 유익한 조언을 들을 수 있는 기회를 잃지 않으리라고 생각하는 이유는 바로 그것입니다.

7) 하나님 아들의 신적 본성

스콜라식 논쟁의 통상적 형태를 따라 우리 대학에서 논의되고는 하는 하나님 아들의 신성과 아우토테온[41]이라는 용어 이 두 가지에 관해 어떤 사람들은 나를 다른 사람들에게 의심스럽게 보이게 하고, 그들 자신에게는 의혹의 대상으로 만들려 하는 동기가 과연 어디서 비롯된 것인지 아무리 생각해 보아도 나는 전혀 실마리를 잡을 수 없습니다. 이 상황이 한층 더 혼란스럽게 된 것은 제기된 혐의 주장이 그것을 떠받칠 만한 최소한의 개연적 근거도 없고 이성과 진리로부터 너무 동떨어져 있기 때문에 나의 인품에 대한 편견을 불러일으킨 이 사태에 관해 어떤 보고가 떠돌든지 그것은 '악의적인 비방'이라고밖에 달리 말할 수 없습니다.

어느 오후 우리 대학에서 열린 토론회에서 논쟁의 주제로 삼은 것은 하

---

41) 아우토테온(αυτοϛΘεον) 또는 아우토테오스(αυτοϛΘεοϛ). 문자적 의미는 자기 자신을 창조하는 존재 또는 그렇게 할 수 있는 능력이다. '자립적 신론(autotheism)'이라고 옮길 수 있는 이 개념의 요점은 삼위일체의 둘째 위격인 그리스도가 자립적으로 존속할 수 있는가(self-subsistence) 하는 문제에 집중된다.

나님 아들의 신성이었는데, 어떤 학생이 "하나님의 아들은 스스로 존재하며(아우토테오스), 따라서 그는 자기의 본질을 아버지가 아니라 자기 자신에게서 얻는다"라고 반론을 제기했습니다. 이에 대해 나는 이렇게 설명했습니다. "아우토테오스라는 낱말은 두 가지 다른 용례를 가질 수 있고, 따라서 그것은 '참으로 하나님이신 분' 또는 '스스로 하나님이신 분'을 지시할 수 있다. 그러므로 하나님의 아들에 관해 전자의 의미를 귀속시키는 것은 매우 적절하고 정확한 일이지만, 후자의 의미를 귀속시키는 것은 그렇지 않다."

그 학생은 논증을 펼치며 거칠게 반격했습니다. "그 낱말의 두 가지 의미 중에서 후자의 의미를 적용하는 것이 원칙적으로 옳은 일이고, 혹여 부적절한 뜻으로 말하는 것이 아닌 한 아버지의 본질은 아들과 성령에게 전달된다고 말할 수 없지만 그럼에도 아버지와 아들과 성령이 공통 속성을 갖는다고 말하는 것은 전적으로 올바르고 엄밀한 의미에서도 적절하다." 그는 다음과 같이 덧붙였습니다. "내가 그것을 자신 있게 말할 수 있는 것은 경건하게 추모되는(하지만 그 당시에는 생존했다) 이 분야의 권위자인 트렐카티우스 2세[42]가 이 문제에 대해 나의 입장에 우호적이었기 때문이다. 그 박식한 교수님은 그가 쓴 『용어 해설집』에서 같은 논지를 밝혔다."

그의 설명에 나는 이렇게 논평했습니다. "그 견해는 하나님의 말씀과 초

..

42) 루카스 트렐카티우스(Lucas Trelcatius, 1542~1602). 네덜란드 북부 출신의 신학자이자 저자인 그는 위트레흐트에서 출생했고 두아이에서 가톨릭 사제 교육을 받았다. 이후 프랑스로 건너가 파리와 오를레앙에서 학업을 계속하다가 프로테스탄티즘으로 돌아섰다. 급박한 상황에서 그는 프랑스를 탈출해 런던에 정착하여 라틴어 교사로 일했다. 이후 벨기에 안트베르프에서 목사가 되었다. 그러나 상황이 악화하여 1585년에 북부 네덜란드로 도피하여 레이던에 정착했다. 1567년, 레이던대학 정교수가 되었는데, 1602년에 전염병이 퍼지면서 그 때문에 세상을 떠났다. 그의 아들 트렐카티우스 2세가 교수직을 승계받았다.

기 교회의 전통 전체에 어긋나고, 그리스 교부와 라틴 교부들 모두가 항상 아들은 영원한 세대 전부터 아버지로부터 신성을 수여받았다고 가르쳤다." 이어서 나는 덧붙였습니다. "이 같은 견해로부터 필연적으로 따라 나오는 것은 삼신론[43]과 사벨리우스주의[44]라는 상호 모순적인 두 가지 관점이다." 즉 이 전제로부터 필연적으로 귀결되는 것은 어떤 상황에서든지 연합적으로 그리고 방계적으로 존재하는 세 개의 신들이 있다는 관점입니다. 그들 중 하나는 (나머지 신들과는 오직 위격에 있어서 구별될 뿐이다) 나머지 위격들의 어느 것으로부터도 신적 본질을 얻을 수 있습니다. 그러나 한 위격의 기원이 다른 위격으로부터 (즉 성부로부터 성자에게로) 발출된다는 것은 위격들의 삼위일체론에서 신적 본질의 통일성을 옹호하기 위해 사용되었던 유일한 토대입니다. 또한 그 전제로부터 필연적으로 귀결되는 결론은 성자 자신이 곧 성부라는 것인데, 왜냐하면 그는 이름만 성부와 다를 뿐이기 때문이라는 것이 사벨리우스의 견해입니다. 왜냐하면 자기의 신성을 자기 자신으로부터 획득한다는 것, 또는 (더 정확히 말해서) 다른 누구로부터도 전달받지 않는다는 것이 성부의 특이한 면모이므로 만일 '스스로

----

43) 삼신론(τριθεια; Tritheism)은 삼위일체 교리 중 이단설의 하나로 삼위 간의 일치를 부정하고, 단일신론도 부정한다. 이들은 세 인격체(3 Persons)라는 표현을 쓰는 데, 이것을 '세 하나님'이라고 해석할 경우, 곧 삼신론이 된다. 즉, "세 인격체는 같은 하나의 동일한 신성을 가지고 계시는 한 하나님이시다"라고 표현해야 한다는 것이다. 이 주장을 처음으로 펼친 인물은 알렉산드리아 출신의 존 필로포누스(John of Alexandria, 490~570)다. 현대 삼신론을 신봉하는 주요 교단으로 예수 그리스도 후기성도교회(몰몬교)가 있다.

44) 사벨리우스주의(Sabellianism). 로마교회의 장로였던 것으로 추측되는 사벨리우스(217년경~220년경 활동)는 삼신의 뜻을 제어하려는 의도에서 성부, 성자, 성령의 세 위격을 하나님이 관계하시는 목적에 따라 단일한 하나님의 세 가지 속성, 양태, 관계의 하위 단계로 분산시켰다. 이로써 하나님은 영원히 본질적으로 한 분이시지만 특별한 목적에 따라서 성부, 성자, 성령의 형태를 취하고, 그렇게 상이한 이름으로 불리게 되었다고 주장했다.

하나님이신 분'이라는 의미에서 성자가 '아우토테오스'라고 불릴 수 있다면 그로부터 그가 곧 성부라는 결론이 도출됩니다.

이 논쟁에 관한 어떤 유인물이 해외로 나가 사방에 퍼졌고, 결국 암스테르담에도 들어왔습니다. 지금은 주님 품에서 쉬고 있는 이 도시의 어떤 목회자는 그 당시 이 문제의 실상에 관해 나에게 질문했고, 지금 내가 하고 있듯이 나는 문제 전체를 그에게 평이하게 설명했습니다. 그리고 나는 그에게 실제로 일어난 일을 알아보기 위해 기념할 만한 기억력을 가진 트렐카티우스를 만나 볼 것을 요청했고, 실제로 그렇게 되었으며, 그의 견해를 수정할 것을 우호적인 방식으로 제안하고, 그의 『용어 해설집』에 등재되어 있는 부적절한 낱말 풀이도 고치도록 권고해 보라고 했습니다. 암스테르담에서 온 그 목회자는 그런 부탁을 소신껏 이행했습니다.

이 모든 과정에서 나는 어떤 비난도 받을 것이 전혀 없는데, 왜냐하면 나는 가톨릭교회와 정통주의 교회의 진리와 견해를 옹호했기 때문입니다. 의심의 여지 없이 경외할 만한 기억력의 트렐카티우스 2세는 혹평에도 대단히 개방적인 사람이 틀림없는데, 그가 문제의 실상으로부터 다소 벗어나는 담화 방식을 취했기 때문입니다. 그러나 내 경우를 보면 조금이라도 불일치가 발생하자마자 내게 운이 따라 주지 않기 때문이거나 어떤 인물들의 열심 때문인지 몰라도 즉시 모든 비난이 내게 쏟아지기 때문에 나로서는 그 누구와도 비할 수 없을 만큼 진실성(또는 정통성)을 입증하는 일이 거의 불가능해 보였습니다.

그러나 이 주제에 관한 한 나는 호마루스 자신이 내게 동의하게 만드는 데 성공했습니다. 트렐카티우스가 자신의 『용어 해설집』을 출간하기가 무섭게 곧바로 삼위일체에 대한 논쟁이 대학에서 불거졌고, 그때 호마루스는 그가 쓴 여러 편의 논문을 통해 트렐카티우스의 견해와 정반대되는 방식으로 용어를 사용해 자기의 의견을 피력했던 것입니다. 논란이 불거진 그 사태에 대해 잘 알고 있던 그 암스테르담 목사에게 나는 두 교수 사이의 현저한 견해 차이를 지적해 주었습니다. 하지만 이 모든 노력에도 불구하고 이 중상모략에서 나를 구하고자 나서는 사람은 아무도 없었습니다. 사람들은 트렐카티우스의 진술을 타당하게 해석함으로써 그를 위한 변명의 틀을 짜는 데 엄청난 노고를 마다하지 않으면서도 그들의 변명 일색인 설명을 소탈하게 표현하는 그의 평이한 어법과 화합시키는 일은 절대로 불가능한 것이었습니다. 편파적인 호의와 뜨거운 열심이 산출할 수 있는 효과가 바로 그런 것임을 나는 절실히 깨달았습니다.

트렐카티우스의 글에 붙은 보다 완곡하고 자격 있는 해석은 다음과 같습니다. "하나님의 아들은 아우토테오스라고 부를 수 있거나, 그가 아들이라는 사실에 의해 아버지로부터 신성을 얻지만, 그가 하나님이라는 사실에 의해 그는 스스로 신성을 획득한다고 말할 수도 있다." 좀 더 넓은 안목에서 설명할 경우 "하나님 또는 하나님의 본질은 절대적인 동시에 상대적인 것으로 생각될 수 있다. 절대적 관점에서 아들은 자기 자신에게서 신성한 본질을 얻는 것이지만, 상대적 관점에서 볼 때 그는 아버지로부터 신성을 전달받는다."

그러나 이런 것은 모두가 새로운 담화 방식과 참신한 견해일 뿐 결코 서로 합치될 수 없습니다. 왜냐하면 성자는 그가 아들이라는 사실로부터, 동시에 그가 하나님이라는 사실로부터 자기의 신성이 아버지에게서 얻은 것임을 함의하기 때문입니다. 그가 하나님이라고 불리는 것은 단지 하나님에게서 나왔음을 표현하는 것에 그치는 것이 아닙니다. 그의 기원을 특별히 주목하게 만드는 것은 '아들'이라는 낱말을 사용하여 그를 부를 때입니다. 참으로 하나님의 본질은 어떤 방식으로도 우리의 고찰 대상이 될 수 없고,

다만 "하나님의 본질은 아버지에 의해 아들에게 전달된다"라고 말할 수 있을 뿐입니다. 어떤 말로 표현되든지 그의 본질이 "그에게 전달되고" 동시에 "전달되지 않는다"라는 것은 어떤 다른 측면에서 보아도 불가능합니다. 그 표현은 서로 모순적이고, 어떤 다른 국면에서도 서로 화합될 수 없기 때문입니다. 절대적 관점에서 고찰할 때, 아들이 자기 스스로 하나님의 본질을 획득하는 것이 참이라면 그것은 그에게 전달될 수 없습니다. 만일 상대적 관점에서 고찰할 때, 신성이 아들에게 전달되는 것이 참이라면 절대적 관점에서 고찰된 것에 준거하여 그는 자기 자신으로부터 신성을 획득할 수 없는 것입니다.

아마도 나는 "당신은 하나님의 아들이라는 것과 하나님이라는 것이 서로 완전히 구별되는 두 가지 사실임을 인정하지 않는가?"라는 질문을 받을 수 있을 것입니다. 당연히 나는 그 구별에 동의한다고 대답할 것입니다. 그러나 그 질문을 던진 사람들이 한 걸음 더 나아가 "하나님의 아들이라는 것은 그가 자기의 본질을 성부 하나님으로부터 획득한다는 것을 의미하므로 하나님이라는 것도 마찬가지로 그가 자기의 본질을 자기 자신으로부터 획득하고 다른 무엇으로부터 얻는 일은 없다고 말하는 것이나 다름없다"라고 주장한다면 나는 그런 단언에 반대하고, 동시에 그것은 신학에서뿐만 아니라 자연철학에도 역시 자가당착적인 명백한 오류라고 선언할 것입니다. 왜냐하면 이 두 가지 항목, 즉 아들인 것과 하나님인 것은 서로 완전히 일치하지만, 아버지로부터 자기의 본질을 획득하는 것과 동시에 그 본질을 다른 그 무엇으로부터도 획득하지 않는다고 말하는 것은 명백한 모순이고, 두 항목 자체를 서로 파괴하는 결과를 낳기 때문입니다.

그러나 이 오류를 한층 더 뚜렷이 부각하기 위해 삼원론적(ternary)이면서도 평행적인 어떤 이항 명제들이 다음과 같이 병치될 때, 그 힘과 의미가 얼마나 등가적인지를 주목할 필요가 있습니다. "하나님은 영원 전부터 존재하고, 영원 전부터 신적 본질을 소유하고 있다. 성부는 그 무엇으로부터 나오지 않고, 그 무엇으로부터도 신절 본질을 얻지도 않는다. 성자는 성부로부터 나왔고, 성부로부터 신적 본질을 얻는다."

그러므로 '하나님'이라는 낱말은 그가 참된 신적 본질을 가지고 있음을 지시합니다. 그러나 '아들'이라는 낱말은 그가 신적 본질을 아버지로부터 얻었음을 함의합니다. 이렇게 설명할 때 성자가 하나님인 동시에 하나님의 아들이라고 불리는 것은 참입니다. 그러나 그를 성부라고 부를 수는 없으므로 그가 자기 자신으로부터 신적 본질을 획득한다고 말하거나 다른 무엇으로부터도 신성을 획득하지 않는다고 말할 수는 없습니다.

하지만 "하나님의 아들이, 그가 하나님이라는 사실에 준거하여 자기의 고유한 신적 본질을 갖는다고 말할 때, 그런 담화 방식으로부터 신적 본질이 다른 어떤 것으로부터도 획득되지 않는다는 것 이상의 어떤 의미도 끌어낼 수 없다"라고 말함으로써 그런 표현을 사용하는 것을 허용하려는 열띤 시도가 있었습니다. 그러나 만일 참으로 그것이 가장 적절한 행동 양태로서 선택될 수 있다면 그처럼 손쉬운 구실도 없겠지만, 그처럼 불충분하거나 그릇된 견해도 없을 것입니다. 왜냐하면 하나님과 신적 본질은 실체에 있어서(substantially) 서로 다르지 않지만, 신적 본질에 대해 어떤 방식으로 속성을 서술할 수 있든지 그런 서술은 결코 하나님의 속성을 서술하는 것과 똑같을 수 없습니다. 두 항목, 즉 하나님과 신적 본질은 우리가 개념적 틀을 짜는 양태부터 서로 다르기 때문에 그 양태에 따라 모든 담화 형식이 검토되어야 하는데, 그 형식은 그것을 통해 우리가 정확한 인상을 수용할 수 있게 하는 구도를 갖출 때 비로소 활용되기 때문입니다.

이 점은 다음 용례에서 확연히 드러나는데, 우리가 "데움 모르툼 에세

(Deum mortuum esse)", "하나님의 본질이 교류된다(the Essence of God is communicated)"라고 말할 때, 우리가 완벽하게 정확히 말하는 것이지만 "하나님이 전달된다(God is communicated)"라고 말한다면 그것은 아주 틀린 어법입니다. 우리와 루터파 교회 사이에 그토록 빈번히 논쟁을 벌이는 것, 예컨대 구체적 실재와 추상적 실재 사이에 존재하는 차이점을 이해하는 사람이라면 이러한 서술 방식에 대한 설명이 하나님의 교회에서 한 번 허용되기 시작할 때 얼마나 많은 부조리가 발생할 것인지 쉽사리 예상할 수 있을 것입니다. 그러므로 "하나님의 아들은 아우토테오스이다"(즉 "자립적인 방식으로 하나님이다" 또는 "그 자신의 힘으로 하나님이다"라는 뜻이다) 같은 어떤 표현도 정확한 문장으로 또는 만족스럽게 표현된 문장으로 결코 허용될 수 없습니다. "하나님의 본질은 세 인격체에게 공통적으로 소유된다"[45]라고 말하는 것도 올바른 담화 방식으로 수용될 수 없습니다. 그 명제의 부적절성은 신적 본질이 세 인격체 중 하나에 의해 다른 인격체로 전달된다고 선언하는 점에 있기 때문입니다.

아래에서 내가 제시하려는 해석에 특별히 주목해 주셨으면 하는데, 왜냐하면 이 접근을 통해 우리가 어떤 사람에 대해 전혀 이단 의혹을 품지 않고 얼마나 쉽게 관용을 베풀게 되는지를 확연히 볼 수 있기 때문입니다. 역으로 우리가 의심의 금지령 아래 포위하고 있는 또 다른 사람을 고발하려는 목적으로 하찮은 정황을 얼마나 탐욕스럽게 장악할 수 있는지를 보여 주기 때문입니다. 그러한 편향성에 대해 우리가 당면한 이 사태는 명백한 두 가지 사례 모두를 보여 줍니다.

●●

45) 이 표현은 성삼위를 속성, 양태, 관계의 차원에서 서로 구별되는 인격체인 반면, 신성은 공유된다고 보는 사벨리우스주의의 주요 명제 중 하나다.(주 142번 참조)

8) 하나님 앞에서 인간이 얻는 칭의 선언

'하나님 앞에서 인간이 얻는 칭의 선언'이라는 주제에 관해 개혁교회와 프로테스탄트 교회들이 만장일치로 받아들이고, 또한 그 교회들이 표방하는 견해에 완전히 일치하는 것을 제외하고 내가 다른 어떤 견해를 가르치거나 수용했던 적이 있는지 전혀 기억나지 않습니다.

얼마 전에 나소에 있는 헤르본대학[46]의 신학부 교수 요한 피스카토르[47]와 프랑스 교회 사이에 이 주제에 관해 짧은 논쟁이 있었습니다. 그것은 다음의 두 물음을 어떻게 결정할 것인가에 대한 것입니다. 하나는 "믿는 사람들에게 귀속되고, 하나님 앞에서 그들의 의로움을 결정짓는 그리스도의 순종 또는 의는 다만 그리스도의 수동적인 순종을 의미할 뿐인가?"로서, 피스카토르는 이 물음에 긍정적으로 답했습니다. 다른 하나는 "그뿐

∴∴

46) 헤르본대학은 1584년에 나소딜렌부르크의 백작 존 6세(Count John VI of Nassau-Dillenburg)에 의해 창립되었다. 헤르본아카데미라는 이름으로 불리기도 한 이 학교는 1584년부터 1817년까지 칼뱅주의 고등교육기관이었고, 백과사전적 라미즘(Ramism)의 중심지였으며, 언약 신학과 범지학(pansophism)의 산실이었다. 신학부는 헤세와 나소의 복음주의 교회의 신학교로서 계속 운영되었다. 모든 이론은 실제적 측면에서 기능적으로 유용해야 하고, 따라서 도덕적으로 교훈적인 측면을 가져야 한다는 이념을 추구했다.

47) 요한 피스카토르(Johannes Piscator, 1546~1625)는 독일의 개혁주의 신학자로서, 개혁주의 내에서 그리스도의 능동적 순종 교리를 부인하는 몇 안 되는 신학자다. 이런 이유로 그는 타락전 선택설을 주장하게 되었고, 결국 아르미니우스주의자가 되었다. 또한 그는 라미즘을 사용한 개혁자다. 그는 특히 칭의 논쟁에서 독특한 견해를 보였는데, 칭의를 단순히 죄를 용서하는 것으로 본 것이다. 이것은 그리스도의 능동적 순종에 의해 의의 전가가 이루어진다는 것을 부인하는 논리다. 그 논리를 뒷받침하기 위해 그가 제시하는 논거는 이러하다. "만일 그리스도가 율법에 순종한 것이 의의 전가로 연결되어 칭의가 성립한다면 그리스도인들은 율법을 지킬 필요가 없다. 칭의의 효력에 관해서는 그리스도의 의가 사람에게 전가될 때, 그 사람은 그리스도의 죽음으로 산 것이기 때문에 더 이상 그는 죄인으로 간주되지 않는 것이다." 이 주장은 단순히 그리스도의 죽음만으로 율법의 완전한 순종을 의미하므로 의를 전가하기에 충분하다는 뜻으로 해석되었다.

아니라 그리스도의 의는 그의 전 생애를 통해 보여 주신 하나님의 계명에 대한 그리스도의 능동적인 의를 가리키는 것이 아닌가?"로서, 이것은 프랑스 교회의 견해였습니다.

그러나 나 자신은 그 논쟁에 끼어들려 한 적도 없고, 그 문제에 대해 어떤 결정을 내리려 한 적도 없습니다. 왜냐하면 나는 같은 그리스도교에 속한 신학 교수들이 이 문제에 관해 다른 형제들과는 견해를 달리하면서도 그리스도인의 화평이나 믿음의 통일성을 조금도 해치지 않을 수 있다고 믿기 때문입니다. 이 논쟁에서 양측의 논적은 그와 같은 평화로운 태도를 가지고 있는 것처럼 보였는데, 왜냐하면 그들은 서로에게 우정 어린 관용을 보여 주고, 그 논쟁으로 인해서 그들 형제간의 유대를 해치지 않으려고 노력했기 때문입니다. 그러나 서로 간의 차이점을 조정하려는 그러한 우호적인 노력에 대해 우리 네덜란드의 어떤 형제들은 매우 다른 판단을 내립니다.

"그러나 경건하지 못한 사람을 의롭다고 하시는 분을 믿는 사람은 비록 아무 공로가 없어도 그의 믿음이 의롭다고 인정을 받습니다"(롬 4)라는 사도 바울의 진술에 대해 문제 제기가 있었습니다. 문제의 요점은 다음과 같습니다. 첫째는 그와 같은 표현이 올바로 이해된다면 "복음의 명령에 따라 수행되는 행위로서의 믿음 자체는 하나님 앞에서 의롭게 간주되거나 의로운 것이므로 그 의가 귀속되고 은혜의 의도 마찬가지인데, 그것은 율법의 의와 다르기 때문이다"라는 것이고, 둘째는 그 표현을 비유적으로나 부적절하게 이해하는 경우 "그리스도의 의는 믿음에 의해 인지되므로 그것이 우리의 의로 간주된다"라는 것이고, 셋째는 바울의 그 진술에 대해 "믿음이 귀속되어야 할 이유 또는 대상으로서의 의는 믿음의 도구적 효과다"라는 뜻으로 말한 것이라고 보는 몇몇 사람들이 있었습니다.

내가 좌장 역할을 맡았던 모임에서 칭의에 관해 제안되었던 이 논제에 대해 나는 그중 첫 번째 견해를 강력하게 지지했다고 말하기 어렵고, 다만 특정한 어떤 편지를 쓸 때와 비슷한 어조로 단순한 문제로 다루었을 뿐입니다. 하나님 앞에서 인간의 칭의 선언에 관해 내가 불온한 견해를 가지고 있으며, 또 그것을 가르친다는 의혹은 바로 그 발언 때문이었습니다.

그러나 그런 추정의 근거가 얼마나 근거가 취약한지는 때가 무르익을 때, 그리고 상호 평등한 회합을 통해 명쾌하게 밝혀질 것입니다. 현재로서는 나는 다만 이렇게 간략히 말할 수 있을 뿐입니다. "나는 죄인들이 그리스도께 순종함으로써 오로지 그것 때문에 의로운 자로 간주된다고, 그리고 그리스도의 의는 하나님께서 믿는 사람들의 죄를 용서하고 마치 그들이 율법을 완전히 이행한 것처럼 그들을 의롭게 여기기로 작정하게 만드는 유일한 공로적 원인이라고 믿습니다." 그러나 하나님은 그리스도의 의를 신자들을 제외하고 아무에게도 귀속시키지 않으시기 때문에 그런 의미에서 나는 "은혜에 의한 의에 근거하여 믿는 사람들에게 믿음이 귀속되는데, 왜냐하면 하나님께서 그의 아들 예수 그리스도로 하여금 그의 보혈을 믿는 믿음을 통해 대속물과 은혜의 보좌(혹은 자비의 보좌)로 세우셨기 때문이다"라고 결론 내립니다. 이 표현을 어떻게 해석하든지 우리 신학자들 중 아무도 칼뱅을 탓하거나 그가 이 문제에 대해 비정통적인 입장을 취한다고 속단하지 말기 바랍니다. 하지만 실제로 나의 견해는 그의 견해와 크게 다르지 않으므로 그의 『그리스도교 강요』 3권에서 같은 주제에 대해 그가 전개한 설명과 일치하는 점을 두고 마치 내가 그렇게 쓴 것처럼 저자인 체하는 일은 없을 것입니다.

이상이 내가 언제든지 기꺼이 밝힐 수 있는 견해이고, 그 견해를 나는 전적으로 인정합니다. 지극히 존귀하고 탁월하신 전하들이여, 이것으로 나는 전하들의 명령에 복종하여 이 존엄한 국가회의 앞에서 나의 입장 선언에 필요하다고 생각되는 주요 항목을 제시합니다.

네덜란드 신앙고백과 하이델베르크 요리문답의 수정 여부에 관해

그러나 이것들 외에도 나는 네덜란드 교회의 고백서와 하이델베르크 요리문답에 대해 몇 가지 주석을 단 적이 있고, 전하들의 동의를 얻어, 아니 오히려 전하들의 소환 명령에 의해 우리가 처음으로 하게 되리라고 예상되는 전국 시노드에서 그 문제를 논의하는 것이 가장 적절할 것입니다. 다음은 내가 전하들께 드리는 유일한 요청으로서, 네덜란드 국가회의의 고위급 인사들이 이 지역(홀란트) 교단 총회의 소집을 허가하는 근거가 된 문제의 법률 조항에 대해 간략하게 몇 가지를 언급할 수 있게 허락해 주시기 바랍니다. 그 조항의 핵심은 그 총회에서 네덜란드 신앙고백과 하이델베르크 요리문답이 검토되어야 하는가 하는 것입니다.

이 법률 조항은 많은 사람들의 마음을 무겁게 만들었는데, 그들은 신앙고백과 요리문답을 검토의 대상으로 삼는 것이 불필요할 뿐만 아니라 부정의한 일이라고 판단했기 때문입니다. 또 그들은 명망 높은 한 인물과 내가 그 법률 조항을 첨가하도록 네덜란드 국회를 선동한 장본인들이라고 추정하고 있습니다. 그러나 신앙고백과 요리문답의 수정이 불필요하고 부정한 일도 없고, 우리가 이 사안에 대해 국가회의의 고위급 인사를 부추긴 일도 없습니다. 그 두 가지 추정 중 후자에 관해 말하면 우리는 그 법률 조항의 원천에 대해 거의 관심을 기울이지 않았다가 11년 전인가 12년 전 전국 시노드 총회 남부 네덜란드의 주들과 웨스트 프리츠란드를 위해 기도하던 교회들의 끈질긴 재촉에 의해 그 시노드에서 네덜란드 교회의 신앙고백을 검토에 부친다는 것 외에 다른 조건은 일체 없이 교회 법규에 의해 드디어 동의하게 되었음을 알게 되었습니다. 그러나 당시 우리는 조언을 하려고 나선다든지 혹은 영향력을 미친다든지 해서 어떤 수위에서든지 상황을 진척시키려고 하지 않았습니다. 그러나 만일 우리가 전력을 다해 그런 조치를 취했다면 우리의 공식적인 의무와 일치하는 것만을 이행할 수 있었을 것인데, 왜냐하면 그러한 수위에서 조치를 취하는 것은 공정성뿐만 아니라 합리적 사고에도 합치될 뿐만 아니라 현재 상황의 추세를 보아도 매우 필요한 일이기 때문입니다.

첫째로 우리가 오직 하나님의 말씀에 합당하고 적합한 영예를 돌림으로써 그 말씀은 논쟁의 여지도 없고(또는 오히려 초월하는 것으로) 너무도 위대하기 때문에 어떤 예외도 허락되지 않으며, 전폭적으로 수용할 만한 것으로 확정한다는 것을 공히 만천하에 알려야만 합니다.

둘째로 그 소책자들은 보통 사람들이 작성한 것이고, 그렇기 때문에 그 안에 상당한 정도로 오류가 들어 있을 것이므로 합법적인 소송을 제기하는 일, 즉 전국 교단 총회에서 그러한 출판물에 수정해야 할 것이 들어 있는지 여부를 확인하는 것이 마땅합니다.

① 우선 조사해야 할 것은 사람에 의해 작성된 그 문서들이 구성된 모든 측면에서, 즉 사용된 낱말들 자체, 문장 작성 방식과 정확한 의미 부여 등에서 하나님의 말씀과 일치하는지 확인하는 것입니다.

② 그 문서들이 구원을 얻기 위해 믿어야 할 것을 모두 담고 있고, 따라서 이 칭의 원칙에 따라 구원과 연관되는 것 중 누락된 것이 없는지 확인해야 합니다.

③ 그것이(즉 칭의 공식의 기준) 너무 많은 특수 사항을 포함하고 있지 않은지, 그리고 믿음으로 구원에 이르기 위해 필수적이지 않은 여러 요소가

섞여 있지 않은지, 그리하여 칭의 기준에 부합되지 않는 것에 구원을 귀속시킬 가능성이 없는지를 조사합니다.

④ 다양하게 이해될 수 있고 논쟁의 기회를 야기할 수 있는 특정한 낱말이나 담화 방식이 그 문서 안에 들어 있지 않은지를 확인해야 합니다. 따라서 예를 들면 고백문의 제14문에서 우리는 "하나님의 명령(ordination)(또는 서임) 없이는 어떤 일도 발생할 수 없다"라는 문장을 발견할 수 있습니다. 만일 '명령'이라는 낱말에 대해 '어떤 종류의 일이든지 발생해야 할 것을 하나님께서 명령 내리는 것'이라는 뜻으로 이해한다면 그 언술 방식은 틀린 것이고, 따라서 그런 언술로부터 하나님이 죄의 조성자라는 결론이 함축됩니다. 그 반면에 만일 명령이란 '발생하게 되어 있는 어떤 일이든지 하나님께서 선한 목적을 위해 명령하시는 것'으로 이해한다면 이 경우 그 용어들은 올바른 방식으로 사용되었습니다.

⑤ 그 문서들 안에 서로 완전히 모순되는 요소가 들어 있지 않은지를 확인해야 합니다. 예를 들면 교회에서 높이 칭송되는 어떤 사람이 나소의 헤르본대학 신학부의 요한 피스카토르 교수에게 편지를 보냈는데, 그 편지에서 그는 칭의 교리에 대해 하이델베르크 요리문답이 규정하는 견해의 경계 안에 머물 것을 권고했습니다. 의도한 목적을 위해 그 사람은 피스카토르의 견해와 상충되는 것으로 생각되는 세 가지 문장을 인용했습니다. 그러나 회신에서 그 박식한 교수는 자기가 그 요리문답의 교리적 경계 안에 굳건히 머무르고 있다고 말하고, 이어서 자기 견해의 건전성을 보여 주는 증거로서 열 개 내지 열한 개나 되는 의식서(儀式書) 문장들을 인용했습니다. 그러나 엄숙하게 선언하는바 나는 그처럼 여러 개의 문장들이 어떻게 서로 일치될 수 있는 것인지 도무지 판단을 내릴 수 없습니다.

⑥ 그 문서들에 들어 있는 모든 것이 성경이 요구하는 대로 올바른 순서를 따라 이해되고 있는지를 확인합니다.

⑦ 나머지 모든 개혁교회와 화평과 통일성을 유지하기에 가장 적합하고 용이한 방식으로 모든 것이 배치되어 있는지를 확인합니다.

셋째로 전국 시노드 총회를 개최해야 하는 이유는 교회에 속한 모든 것이 적절한 상태에 있거나 올바른 조건을 갖추고 있는지를 확인하기 위해서입니다. 그러한 규모의 집회에 속하는 주요한 임무 중 하나는 교리를 검토하는 것, 즉 그것이 만장일치로 동의를 얻어 채택된 것인지 또는 특정한 신학자들의 주장에 의해 용인된 것인지를 확증하는 것입니다.

넷째로 전국 시노드 총회를 개최해야 하는 이유는 그 문서들에 들어 있는 내용을 검토함으로써 그 문서들은 더 큰 권위를 얻게 될 것이기 때문인데, 수준 높고 엄격한 검토를 통해 그 글이 하나님의 말씀과 일치하는 것으로 판명될 때, 또는 더 높은 수준에서 성경과 한층 심화된 합치에 이를 수 있기 때문입니다. 또한 그러한 검토 작업은 사람들의 마음에 그리스도교 목사들의 가치를 더욱 높이 인식하게 만들 것인데, 왜냐하면 그 거룩한 종들이 성경에 계시된 진리를 평가하는 최고 수준의 감정 능력을 가지고 있고, 성경에 대해 가지고 있는 그들의 돈독한 애착심은 그들이 신봉하는 교의로 하여금 계시된 진리의 말씀과 더욱 일치하는 수준에 달하게 만들기 위해 어떤 수고도 마다하지 않는다는 생각을 심어 줄 것이기 때문입니다.

다섯째로 어떤 시기를 막론하고 우리가 언급했던 문제의 제안을 채택해야 하는 이유는 그 문서들에는 아직까지 비밀로 하고 아무에게도 노출하지 않은 몇 가지 요점이 들어 있고, 그것에 관해 특정한 견해와 이해를 가지고 있는 여러 성직자들이 있는데, 그들은 전국 시노드 총회에서 그 요점을 공론화할 필요가 있기 때문입니다. 그 대회가 예정되어 있으므로 비판자들 중에는 그 주제에 대한 자신의 견해나 고찰이 되도록 대중에게 알려지지 않게 하려고 스스로를 설득하는 데 힘쓰는 사람들이 있습니다.

이외에도 전국 시노드 총회의 목표는 다음과 같습니다. 그들의 상관인 네덜란드 국가회의가 공적 권위에 의해 특정한 교회 법률을 인가하는 것을 반가워할 것인데, 그 기준에 따라 누구나 하나님의 교회에서 적절하게 처신할 수 있을 것입니다. 그러한 혜택을 그들의 상관인 국가회의로부터 얻을 수 있고, 선한 양심에 따라 그 지침을 엄격하게 준수할 수 있으며, 따라서 그 지침은 사람들이 지성적 확신을 얻고 연합의 원리에 토대한 교의는 하나님의 말씀에 일치될 수 있을 것입니다. 이 같은 이유로 우리는 국회 앞에서 우리나라의 신앙고백서를 검토하는 사안을 매우 자연스럽게 청원하며, 그럼으로써 그것이 하나님의 말씀에 일치하는 것을 보여 주거나, 그렇지 않을 경우 거룩한 척도에 따라 적절히 수정할 수 있을 것입니다.

여섯째로 아우구스투스 고백서를 따라 연합된 사람들의 사례로부터, 그리고 스위스와 프랑스 교회들의 행동 지침으로부터 파생된 이유는 그 교회들이 2, 3년에 한 번씩 자신들의 고백서에 전혀 새로운 조항을 첨가함으로써 그 외연을 넓히고 있기 때문입니다. 네덜란드 신앙고백도 처음 확립된 이후 자체적인 검토에 들어간 적이 있습니다. 몇 가지 요소가 문항에서 삭제되고 다른 것이 첨가되기도 하고, 다른 조항은 여러 번 수정되었습니다.

거론할 만한 수많은 이유가 있지만 내가 굳이 언급하지 않은 까닭은 검토와 수정에 관한 조항이 쓰여 있는 그대로 우리가 이미 언급한 동의 수단에 가장 정의롭고 적절하게 삽입되었음을 입증하기에 매우 충분하기 때문입니다.

교리 검토에 반대하는 이들에 대한 답변

이런 것과 반대되는 다른 이유가 제시되었다는 것을 내가 모르는 것이 아닙니다. 특히 대중적인 담화의 주요 화제가 되고, 다른 모든 것보다 가장 강력한 것으로 간주되는 것이 있습니다. 그러므로 그것에 대해 나는 간략하게 답변해야 할 것입니다. 그 우려의 핵심은 "이런 식의 조사로 인해 교회의 중요한 교리가 의문시될 것인데, 그런 일은 적절하지도 않고 의무적인 것도 아니다"라는 것입니다.

그 교리는 존경받는 고매한 식견을 가진 많은 사람들의 승인과 동의를 얻었고, 그것에 반대되는 의견을 제시했던 모든 사람들에 맞서 확고하게 방어되었기 때문이다.

그 교리는 수천 명의 순교자들의 피로 증인(證印)되었기 때문이다.

그 심의 조사는 교회 내에 혼란, 추문, 공격, 양심의 파괴를 야기할 것이고, 교회 밖에서는 조롱과 비방과 비난을 불러일으킬 것이기 때문이다.

이 모든 반대 사유에 대해 나는 이렇게 답하겠습니다.

1) 우리의 대화가 단지 인간 본성의 어떤 면모에 관한 것일 때, 즉 내용이 뒤섞이는 오류를 쉽게 범할 수 있는 경우 문제 제기를 위해서는 그런 종류의 냄새나는 담화 형식을 사용하지 않는 편이 훨씬 낫습니다. 그 자체로 전혀 의문시된 적이 없거나 의심의 여지가 없는 것으로 생각되는 어떤 문서에 대해 어떤 권리로 그것에 대해 문제를 제기하거나 의심할 수 있는 것입니까?

2) 목회자들에 의해 승인되고, 논적들에 맞서 문서의 기조가 옹호되었으며, 순교자들의 피로 증인되었다고 주장하는 것 자체가 어떤 교리를 진정

한 것으로 만드는 것도 아니고, 그것을 의심의 경계 밖으로 정초시키는 것도 아닙니다. 목회자와 순교자도 오류를 범할 수 있으며, 논증하고 있는 현재 상황에서 결코 부인되어서는 안 됩니다.

3) 신앙고백에 들어 있는 상이한 여러 주제를 구별할 필요가 있습니다. 어떤 것은 구원의 토대에 접근하여 그리스도교의 근본 요소를 다루는 반면, 다른 것은 그 토대 위에 세워진 상부구조로서 그 자체로는 구원에 절대적으로 필수적이지 않기 때문입니다. 전자의 집합에 속하는 교리는 모든 개혁교회들의 만장일치에 의해 승인되었고, 비방하는 모든 적들에 맞서 효과적으로 방어되었습니다. 그러나 후자의 집합에 속하는 교리들은 상이한 집단들 사이에서 논쟁거리가 되기도 하고, 그것들 중 어떤 것은 진리와 정의에 속하는 증거가 없다고 주장하는 적들에 의해 공격받기도 했습니다.

순교자들의 피는 참으로 전자의 집합에 속하는 교리들을 증인한 반면, 후자의 집합에 대해서는 그렇게 말할 수 없습니다. 이 문제에 관해 우리 시대의 순교자들이 어떤 논제를 제시했는지, 무슨 이유로 그들이 피를 흘렸는지 철저히 검토해야 합니다. 이 작업이 순조롭게 진행된다면 시노드 총회가 심의를 통해 주도적인 역할을 해야 할 수 있는 주제에 관해 내가 문제 제기를 받은 적이 없었고, 어떤 순교자도 자신의 피로 근본 교리를 봉인한 적이 없었다는 것이 밝혀질 것입니다.

한 가지 사례를 들면 로마서 7장의 의미에 관한 질의 시간에 어떤 사람이 "그 구절은 내가 그것을 이해하는 것과 정확히 똑같은 의미로 고백의 여백에 인용되었고, 순교자들은 자신들의 피로 이 고백을 봉인했다"라고 말했습니다. 그러나 이에 대해 답변으로 다음과 같은 설명이 제시되었습니다. "만일 순교자들의 거대한 역사 전체를 속속들이 엄밀하게 조사할 수 있다면 프랑스 교회가 천명한 바 있듯이 어떤 순교자도 어느 시대에도 이 구절에 대해 검토한 적이 없었고, 따라서 그들의 피가 그것을 위해 흘린 것이 아니라는 것이 분명해진다."

논의 전체를 정리하면 순교자들의 피는 "양심의 올곧음과 성실성에 의해" 그들 자신의 신앙을 고백하기 위해 흘렸다는 것이 진실에 가깝습니다. 그렇다고 해서 그들이 제시한 고백이 모든 수위의 비난으로부터 자유롭다든가 또는 예외 없이 절대적으로 우월하다는 것을 결정적으로 말해 주는 것은 아닙니다. 물론 그들이 그리스도에 의해 참진리로 인도된 것은 사실이지만, 그런 이유로 그들이 오류를 범할 수 없다고 말할 수 있는 것은 아닙니다.

4) 만일 교회가 하나님의 말씀과 인간의 모든 저작물 사이에 실제로 존재하고 또 항상 존재할 수밖에 없는 차이를 우리가 냉철하게 인식한다면, 그리고 하나님 말씀의 표준 척도에 의해 인간의 모든 작품을 평가하기 위해 교회 측에서 자신과 모든 그리스도인들이 소유하고 있는, 실제로 그들 모두가 항상 향유할 수 있는 자유에 대해 올바로 인지할 수만 있다면 교회는 더 이상 그런 문제로 고민하지 않아도 되고, 인간의 모든 작품이 하나님 말씀의 시금석에 의해 검증되어야 한다는 것을 깨닫게 되어도 그다지 기분 상하지 않을 것입니다. 오히려 그 반대로 자신이 신봉하는 교의를 으뜸가는 바로 그 시금석에 의해 적절하고 참되게, 그와 동시에 정의롭고 영구히 준수할 만한 방식으로 평가하는 기회를 얻을 때 우리는 하나님께서 우리 조국에 그처럼 훌륭한 목회자와 교사들을 주셨다는 사실을 알 수 있고, 실제로 깨닫게 될 때 분명하게 그리고 가능한 모든 수단을 동원하여 하나님의 말씀에 진정한 동의를 표현할 수 있고, 미세한 특수한 면모까지 포용할 수 있으므로 오히려 교회는 한층 풍성한 즐거움을 누리게 됩니다.

5) "소요가 일어나서는 안 되고, 또 악한 의도를 가진 사람들이 그러한

수정 작업을 조롱이나 비방, 또는 비난의 대상으로 삼지 않을까?" 혹은 "이런 검토를 제안한 사람들 자체가 그들이 믿는 그리스도교에 대해 충분히 검증된 사람들이라고 보기 어렵다"라고 말하면서 (설복을 유도하기 위해 문제를 그릇 표상함으로써) 아전인수 식으로 왜곡하지 않을까 하는 두려움이 밀려온다고 해도 교회에서 수용한 교리를 검토하는 것이 반드시 부적절하다고 볼 수 없습니다. 오히려 그것은 하나님이 주신 명령 중의 하나이기도 합니다. "어느 영이든지 다 믿지 말고, 그 영들이 하나님에게서 났는가를 시험하여 보십시오."(요일 4:1)

만일 이 구절을 묵상할 때 그것이 루터, 츠빙글리, 그 밖의 다른 개혁자들의 마음에 걸림돌로 작용했다면 그들은 가톨릭교회의 교의를 파고들며 면밀한 검토에 부치는 일을 결코 시도할 수 없었을 것입니다. 아우구스투스 고백을 신봉하는 사람들조차 그 제문집을 새롭고 완전하게 수정하는 과정에서 몇 가지 특수 사항을 다듬었다고 해서 그것을 부적절하게 여기지는 않았을 것입니다. 그들의 그러한 용단은 참으로 우리의 칭송과 인정을 받을 만한 것입니다. 우리는 루터가 말년에 주의 성만찬 성례전에 관한 성체(聖體) 논쟁을 더 정합적으로 개정하라는 조언을 필리프 멜란히톤으로부터 들었을 때(그것은 우리 동포들의 저술에도 소개되어 있습니다), 그가 매우 부적절하게도 그 조언을 거절하고 오히려 "마음에 드는 결론을 이끌어내려는 그러한 시도에 의해 교리 전체가 의문시되는 일은 없어야 한다"라고 주장하며 필리프에게 비난을 퍼부었다는 이야기를 알고 있습니다. 그뿐 아니라 만일 그런 이유를 용인해야 한다면 지난 수 세기 동안 교회가 수용했던 교리가 의문에 붙여지거나 다시 검토될 수 없게 막았던 가톨릭교회야말로 가장 정당한 권리를 행사했고 지극히 온당한 입장을 취했다고 말해야 할 것입니다.

그러나 그런 이유와는 반대로 "만일 교회의 교리가 전국 시노드 총회가 열릴 때마다 그처럼 빈번히 검토되고 수정되기 시작한다면 교회가 지키고 전적으로 의지해야 할 것이 아무것도 남지 않을 것이고, 그러한 교회 상황에서 고작 어린아이 같은 수준의 믿음으로 온갖 교훈의 풍조에 흔들리고 이리저리 끌려다니게 될 것(엡 4:14)이라고 선언하는 것이 마땅하다"라는 의견이 제시되었습니다.

그와 같은 진술에 대한 나의 첫 번째 답변은 교회에는 언제나 모세와 선지자들, 복음을 전파하는 사람들과 사도들, 즉 구약과 신약의 말씀이 있었고, 이 성경은 구원에 필요한 모든 것을 충분하고 명확하게 망라하고 있다는 것입니다. 그 성경 위에 교회는 믿음의 기초를 놓고 그 부동의 반석을 의지하는데, 그래야만 하는 주된 이유는 우리가 아무리 신앙고백과 요리문답을 높이 평가한다고 해도 믿음과 종교에 관한 모든 문제는 성경에 의해 최종적으로 결정되어야 하기 때문입니다.

신앙고백에 들어 있는 어떤 점은 확실하고 조금도 의심의 여지가 없습니다. 그런 것은 이단 종파 외에는 어느 누구에 의해서도 문제시된 적이 없습니다. 그러나 그 내용 가운데 유용성의 측면이 지대하기 때문에 하나님을 경외하는 학자들이 학술대회와 토론의 주제로 삼는 부류에 속하는 것이 있는데, 그런 이유로 그들은 그 부류에 속하는 것을 의심의 여지 없는 확고부동한 교리들과 화합시키려 하는 경향이 있습니다.

신앙고백은 최소한의 항목이 포함되어야 하고, 온전히 성경의 표현을 담아서 매우 간결한 형식으로 제시하도록 해야 합니다. 상세한 설명이나 증언, 지엽적인 것, 반복, 과장, 감탄사 등을 삭제하고 구원에 필요한 진리를 제외하고 다른 것은 아무것도 전달하지 않아야 합니다. 이 같은 간결함을 통해 고백문은 오류를 포함할 가능성이 줄어들 것이며, 비난을 받을 만한 어색함이 줄어들고, 따라서 검사할 필요도 줄어들 것입니다. 고대 교회의 관례를 모범으로 삼아 믿음에 필수적인 것으로 교회가 판단하는 조항만을 실제 사용에 용이하도록 간결한 형식의 낱말들에 담아 포괄적으로 전달해야 합니다.

어떤 사람들은 수정 작업의 필요성에 관해 신앙고백과 요리문답을 구별합니다. 신앙고백은 네덜란드 교회의 고유한 소유이고, 그렇기 때문에 비교적 소수의 집단이 접근하게 되므로 "그것은 시노드 총회에서 어렵지 않게 수정하고 검토할 수 있을 것이다"라는 결론을 내립니다. 그러나 요리문답은 우리 조국 교회에 속한 것이 아니고, 같은 논리에서 그것은 일차적으로 제국직할령[48] 교회들에 속하고, 따라서 원칙적으로 많은 사람들이 접할 수 있는 것인 까닭에 모두가 검토 작업에 참여하는 것은 "엄청나게 모험적인 일"이라고 지적합니다.

그러나 그런 반응에 대해 내가 말할 수 있는 것은 만일 우리가 하이델베르크 요리문답을 교회의 모든 교사들이 일치된 의견을 모을 수 있는 제문집 같은 형태로 만들고자 한다면, 그리고 그들이 그 일에 모두 찬성하기를 바란다면 참으로 시급히 그것을 검토해야 할 것입니다. 왜냐하면 우리가 그것을 훌륭한 검토 작업에 기꺼이 내어줄 수 있는 자유를 유보하지 않으면서, 또 수정하고 재구성을 거쳐 어떤 결과가 나오든지 수용하도록 설득할 수 있다면 우리는 어떤 교회에 대해서도 그보다 더 높이 평가할 수 없을 것이기 때문입니다. 나는 다른 지역에 있는 많은 교회들이 그리스도

..

48) 제국직할령(Palatine)은 봉건적 정치적 특권을 가리킨다. 본디 프리드리히 2세가 1226년 뤼베크시에 수여한 황제칙서를 말한다. 1356년, 황금칙서에 의해 일곱 명의 선제후들이 지정되어 세속 영지와 교회 봉토를 관장하기 시작했다.

교 교의의 근본적인 점에 대해 완벽한 일치에 이르는 반면, 각자 자기들의 신앙고백을 만들고 소유하는 이유가 바로 거기에 있다고 생각합니다. 그러나 만일 하이델베르크 요리문답이 그러한 종류의 제문집이 되지 않아야 한다면, 그리고 만일 그것에 대해 설명하는 자유재량이 주어진다면 그럴 경우 요리문답이 굳이 수정되거나 검토되어야 할 필요가 없습니다. 거듭 말하지만 의무적으로 복종해야 할 부담이 사라지고, 설명에서 상당한 정도의 자유가 허용되는 조건이 충족되어야 합니다.

지극히 존귀하고 탁월하며, 지혜롭고 분별력 있는 나의 상관이신 전하들께 내가 말씀드릴 수 있는 것은 이것이 전부입니다. 이 자리에 참석하신 존귀하고 탁월하신 (하나님 다음으로) 국가회의 구성원 전체 앞에서 나의 행위에 대해 해명하는 입장에 서 있는 한편, 동시에 나는 집행위원 모든 분들께 겸손히 은덕을 기리는 감사의 말씀을 드려야 하는데, 왜냐하면 그분들은 내게 정중하고 참을성 있는 청중을 준비해 주는 일을 기꺼이 맡아 주셨기 때문입니다. 나는 이 기회를 엄숙함으로 받아들이고, 존경하는 형제들과 함께 화평과 우애가 넘치는 회합을 하기 위해(언제 어디서든지, 어떤 시간이 좋을지 이 영광스러운 회의가 내리는 지혜로운 판단에 따라) 내가 언급한 모든 주제에 대해, 그리고 현존하는 논쟁이나 장차 언제 어떤 일이 있든지 내 입장을 성실히 밝힐 수 있도록 만반의 준비가 되어 있음을 밝혀 둡니다. 또한 나는 협의회의 모임에서 일관되고 절제되고 유순한 태도로 임할 것이고, 다른 사람들에게 일정 부분의 지식을 전달하고자 하는 욕구를 가진 것 못지않게 기꺼이 배우고자 하는 열정 넘치는 동기를 나 자신에게 부여할 것을 부가적으로 약속합니다.

그리고 협의회를 개최해야 할 만큼 중대한 모든 주제에 대해 논의할 때, 두 가지 요점을 주목의 대상으로 삼을 것입니다. 첫째는 '논쟁의 주제로 떠오른 것이 참된 사실인가?'이고, 둘째는 '그것이 구원에 이르기 위해 믿어야 할 사항인가?'입니다. 이 두 요점은 성경에 근거하여 논의되고 입증되어야 할 것이므로 이 자리에서 내가 거룩하게 서약하고 이후로 그것을 엄숙히 지키고 나 자신이 그것에 복종하고자 하는 것은 다음과 같습니다. 어느 조항에 대해서든지 하나님의 말씀에 일치되는 것을 내가 가장 견실한 (물론 인간으로서 할 수 있는 한) 논증에 의해 아무리 정합적으로 증명했다고 할지라도 하나님의 말씀으로부터 평이하게 그것을 입증하고, 동등한 명석함으로 그것의 진리성을 확립하고, 모든 그리스도인이 그와 똑같은 믿음을 향유해야 할 구원으로 나아가는 데 필수적임을 입증하지 않는 한 나는 그것에 대해 다른 견해를 가진 형제들에게 믿음의 어떤 조항에 대해서도 강요하지 않을 것입니다.

나 자신의 견해가 가진 양상에 대해 말할 수 있는 한 형제들이 그러한 태세를 갖추기만 한다면 우리 사이에는 어떤 분열이나 논쟁도 쉽게 일어나지 않을 것입니다. 그러나 우리의 조국과 개혁교회의 안위를 지대한 정도로 좌우할 수 있는 중대한 관심사에 깊은 관심을 가지고 관여하고 계신 존귀하신 국가회의 의원들에게 위협을 가할 수 있는 우려의 모든 원인을 내 편에서 일소할 수 있기를 바라면서 나는 이렇게 덧붙이고 싶습니다.

"형제들이 가진 어떤 문제에 대해서든지 나의 관용을 가로막기 위해서는 그 문제들은 셀 수 없을 만큼 많고 또 중요한 것이어야 합니다. 왜냐하면 나는 다른 사람의 신앙에 관해 주도권을 행사하려는 사람들의 무리에 속하지 않고, 오직 예수 그리스도 우리 주 안에서 형제들에게 지식과 진리, 평화와 기쁨이 증진되기를 바라는, 믿는 사람들을 섬기는 종일뿐이기 때문입니다."

그러나 만일 형제들이 어떻게 내게 관용을 베풀 수 있을지 알지 못하거나 나를 그들 중 하나로 받아들일 수 없다면 나 자신으로 말하면 그런 이유로 파벌이 생기는 것을 바라지 않습니다. 부디 하나님께서 그러한 대재난을 막아 주시기를 바랄 뿐인데, 왜냐하면 이미 너무나 많은 분파들이 그리스도인들 사이에 만연하기 때문입니다. 오히려 그 파당들의 수가 줄고 그 세력을 일소하고자 하는 열정이 모든 사람의 마음에서 솟아나야 합니다. 그러나 상황이 그렇게 전개될 경우에도(혹여 형제들의 교제로부터 내가 거부되는 경우에도) 나는 인내함으로 내 영혼을 지킬 것입니다. 내가 내 직위를 사임해야 한다면 하나님께서 나의 날수를 늘려 주시고 내 생명을 연장시켜 주시는 한 나는 우리에게 공통된 그리스도교의 유익을 위해 계속 살아갈 것입니다. 이러한 소신을 잊은 적이 없기에 그리스도의 교회와 나의 조국을 만족시키는 일은 이것으로 충분할 것입니다. "교회를 위해, 조국을 위해"[49]

. .
49) "Sat Ecclesae, sat Patriae." 이 표현은 라틴어 표현인 "Deo Ecclesiae Patriae"(For God, for Church, for Country)에서 인용한 것이다.

3부

변론

31개 조항에 대한 변론

나는 참되다고 믿는 것을 방어할 것입니다

그리스도교에 관해 작성된 조항들을 담은 문서가 지금도 사방에 전파되고 있습니다. 근래에 내 손에 들어온 한 문서에서 그 조항들의 수는 두 그룹으로 나뉘는데, 한 그룹은 20개 조항으로, 다른 그룹은 11개 조항으로 이루어져 있습니다. 그중 어떤 것은 내가 쓰고, 다른 것은 아드리안 보리우스가 썼다고 주장되기도 하고, 그와 내가 함께 썼다고 알려진 것도 있습니다. 그것을 맨 처음 퍼뜨린 사람들은 우리가 교회와 레이던대학에 새로운 이설과 이단적 교의를 유입했다고 주장하면서 신학생과 평신도들 모두가 검은 낙인이 찍힌 우리를 경계해야 하고, 그 유독한 혼돈에 오염되지 않도록 주의해야 하며, 또한 교회와 국가의 수장권(首長權)을 가지고 있는 인사들이 적절한 때에 그들의 권한을 행사하여 개입함으로써 더 이상 악이 확산되지 않도록 막아야 한다고, 그보다 오히려 그 악의 싹을 근절해야 한다고 주장합니다. 그리고 그 직무를 유기한다면 당국자들은 하나님의 진리에 가장 심각한 훼손을 끼치고, 이 사회에서 정치와 교회의 합치에 큰 해악을 끼치는 도구로 이용될 수 있다고 주장합니다.

문제가 된 조항들 중 어떤 것은 근래에 뿌려진 것이 아닙니다. 2년이 넘는 기간에 걸쳐 전체 31개 조항들 중에서 17개 조항이 내 손에 들어왔고, 그것은 내가 지금 언급한 주제에 관한 것에서 볼 수 있는 것과 똑같은 언어로 표현되어 있습니다.

그동안 나는 침묵을 지켰고, 나의 회한을 숨겨 왔습니다. 나는 그 조항들을 담은 문서가 영아기에 자연사할 것이라고 생각했는데, 일부는 원저자들을 밝히지 않은 채 역사적 담론으로서의 진실성을 결여했고, 다른 일부는 진리와 허위를 뒤섞음으로써 참된 신학적 유의미성을 완전히 상실하고 있기 때문이었습니다. 그러나 상황은 내 기대에 부응하지 않았습니다. 그 조항들은 사라지지 않았을 뿐만 아니라 처음의 17개 조항들에다 새로운 다른 14개 조항들이 더해져서, 그리고 처음보다 더 널리 확산됨으로써 오히려 그 세력이 더 증가하는 추세였습니다. 이 예기치 않은 결과로 인해 내가 계속 침묵을 지키는 것이 마치 잘못을 시인하는 것처럼 해석되지 않도록 나는 온건한 답변을 통해 그 추세를 막는 것이 낫겠다는 생각이 들었습니다. 많은 기회에 침묵에 대한 해석이 바로 그런 것이라면 무고하게 비방을 받는 어떤 교의이든지 "그런 오명 아래에서 성 제롬이라도 참으라고 할 수 없을 것이다"라고 떠들썩하게 회자되는 이단으로 순식간에 뒤바뀔 수 있습니다.

이 답변에서 나는 정직과 양심을 따를 것입니다. 내가 참되다고 믿는 것을 나는 고백하고 방어할 것입니다. 내가 주저함을 느끼는 어떤 주제에 관해서는 무지를 숨기지 않을 것이고, 나의 마음이 뚜렷이 거짓이라고 고발하는 어떤 것에 대해서든지 단호히 부정하고 반박할 것입니다. 진리와 화평의 하나님께서 그의 성령을 통해 나의 마음과 손을 인도하시기를 기원합니다! 아멘.

1조항과 2조항에 답하다

믿음, 즉 의롭다고 선언되는 믿음은 선택받은 사람에게 제한된 것이 아니다.(1조항)

믿는 사람들이 마지막에 믿음과 구원으로부터 넘어지고 낙오하는 것은 가능하다.(2조항)

두 조항들은 매우 긴밀하게 연관되기 때문에 둘 중 첫 번째 것을 받아들이면 두 번째 것이 필연적으로 추론되고, 역으로 후자를 받아들이면 그 조항들을 작성한 사람들의 의도에 따라 전자가 추론될 수 있게 되어 있습니다. 왜냐하면 만일 "믿음이 선택받은 사람들에게만 제한된 것이 아니라면", 그리고 만일 믿음과 구원을 위한 견인(堅忍)이 오직 선택받은 사람들에게 속한다면 이로부터 믿는 사람들이 "믿음과 구원으로부터 넘어지고 낙오할" 수 있을 뿐만 아니라, 그들 중 어떤 사람들은 실제로 실패한다는 것이 함축됩니다. 그 반대로 만일 "믿는 사람들이 결말에 이르러 믿음과 구원으로부터 낙오하는 일"이 가능하다면 이로부터 "믿음은 선택받은 사람들에게 한정되지 않는다"라고 추론할 수 있는데, 즉 문제의 그 사람들은 이 조항들을 구성한 사람이 의도한 대상이므로 그 사람들이 구원받지 못하는 일은 있을 수 없다는 것이 함축됩니다.

이 결론이 추론되는 것은 이 가설에 따르면 믿음(Faith)과 선택받은 사람들(the Elects)이라는 낱말들의 의미 영역이 선택(Election)과 선택받은 사람(the Elect)의 그것보다 더 넓기 때문입니다. 전자에는 선택되지 않은 어떤 사람들, 즉 "마지막에 믿음과 구원으로부터 낙오하는 사람들"이 포괄됩니다. 따라서 이 두 조항들을 함께 연합해야 할 어떤 필연성도 존재하지 않습니다. 어느 것이든지 하나를 지시하는 것으로 충분하기 때문입니다. 만일 그 조항들을 구성한 사람들이 어떤 진정한 실존성도 없이 다만 낱말들의 구성물일 뿐인 확충(amplification)을 원했던 것이라면 논리적 결과물(consectary)[1)]의 형태로서 후자를 전자로부터 연역할 수 있었던 것입니다. 따라서 그런 식으로 조항들의 군집이 창출된 것은 사람들이 여러 변곡점에서 오류를 범할 수 있다는 인상을 심어 주려는 목적으로, 이단 혐의를 불러들일 수 있는 가능성은 미처 생각하지 못한 형제들의 지나치게 지멸있는 호기심에서 시도된 획기적인 구상이었음이 분명합니다.

그러나 각 조항을 따로 다루기로 하고 첫 번째 조항에 관해 나는 대중 앞에서나 개인적으로도 "믿음은 선택받은 사람들에게 제한된 것이 아니다"라고 말한 적이 없음을 선언합니다. 그러므로 이 조항이 원저자에게 귀속되지 않음으로써 역사적 오류가 발생한 것입니다.

그뿐만 아니라 만일 내가 그와 같은 주장을 했다면 그것을 옹호할 준비가 되어 있어야 할 것입니다. 왜냐하면 나는 이 주제에 대해 지루하기 그지

∴

1) 아르미니우스가 사용하는 논리학 용어는 오늘날 다소 어색하게 들릴 수 있다. 문맥으로 보아 논리적 결과, 즉 필연적인 결과를 가리키는 'consectary'는 간명하게 '후건(consequent)' 또는 '결론(conclusion)', 때로는 맥락에 따라 '함언(implicative)'을 사용하는 것이 일반적이다.

없는 토론이 이어질 수 있는 성경 인용을 생략하고, 고대 교부들도 그 거룩한 원천에 기초하여 자신의 견해를 진리에 근접하게 하기 위해 힘껏 방어했으므로 '새로운 사상'을 유입했다는 비난으로부터 나 자신을 방어하는 방패로서 교부들의 동의를 차용하고자 하기 때문입니다. 천주교로부터 탈퇴한 교회들의 작품들과 '프로테스탄트'와 '개혁'교회라는 명의(名義) 아래 있는 고백이 보여 주는 조화는 내게 던져진 이단의 창을 가로채거나 받아 넘길 수 있는 잘 닦여진 가슴받이로 내가 사용할 만한 선택지입니다. 나는 이 문제로 판결받기 위해 벨기에 고백문과 하이델베르크 요리문답이라는 천칭(天秤)에 놓이게 된 것에 크게 겁먹을 필요는 없을 것입니다.

"교부들의 동의"로부터의 증언을 위해 아우구스티누스, 프로스페르, 그리고 『이방인들을 부르심』의 저자를 앞으로 불러내겠습니다.

아우구스티누스는 말합니다. "하나님께서 그리스도 안에서 거듭나게 하시고, 믿음과 소망과 사랑을 주신 피조물들 가운데서 어떤 이들에게 견인(堅忍)을 베풀지 않으시는 반면, 그를 떠나간 피조물들의 엄청나게 악한 죄들을 용서하시고, 그들에게 그의 은혜를 베푸시며, 그들을 그의 자녀로 삼으시는 것은 놀랍고, 또 참으로 놀랍기 그지없는 일이다."(De Corrept. et Grata, cap. 8)

프로스페르는 말합니다. "그리스도 예수 안에서 중생을 경험한 사람들 중 어떤 이들이 믿음을 철회하고, 이전에 가졌던 행실의 신성한 의무를 저버리고, 하나님에 대한 신앙을 버리며, 그리하여 그들의 불경건한 삶의 행태가 결국 하나님의 불쾌감과 혐오를 자아낼 뿐인 상황을 수많은 사례를 통해 개탄스럽게 목격한다."(Ad Capita Galatians resp. 7)

『이방인들을 부르심』의 저자는 말합니다. "하나님은 그에게 기꺼이 순종하고자 하는 의지력을 공급하시되, 끝까지 참아 내는 사람들조차 그들이

(하나님께 순종하는 것을) 원하지 않게 되는 변개 가능성을 없애지 않으십니다. 만일 그렇지 않았다면 믿는 사람들 중 아무도 믿음을 저버리지 않았을 것이다."(Lib. ii, c. 9)

고백문들 간의 일치는 다음과 같은 방식으로 나의 변론에 도움을 줄 것입니다. 여기 언급된 교리의 논점은 "믿음은 선택받은 사람들의 특별한 속성이다", 그리고 "믿는 사람들이 마지막에 믿음과 구원에서 낙오하는 것은 불가능하다"라는 것입니다. 이제 이것이 구원을 얻는 데 필요한 교리인지 물을 경우 긍정적으로 답하는 것은 그 교리가 들어 있지 않거나, 그것과 모순되는 것을 단언하는 고백문은 그리스도교의 범주에 속한 나머지 모든 것과 조화된다고 볼 수 없게 됩니다. 왜냐하면 조화가 발견되는 곳에서는 언제든지 구원과 관련된 것을 결여하거나 모순 관계에 있거나 해서는 안 될 것이기 때문입니다. 그러나 아우구스투스 고백문이나 루터 고백문은 "한 번 칭의된 사람들이 성령을 잃어버릴 수 있다는 것을 부정하는 재세례파에게 저주를 내린다"라고 말합니다. 그뿐만 아니라 필리프 멜란히톤과 그의 추종자들, 그리고 루터파 교회들의 대다수는 "믿음은 선택받지 않은 사람들에게도 주어질 수 있다"라는 입장을 견지합니다. 그러나 우리는 형제들 앞에서 루터파 신자들을 인정하는 것을 두려워하지 않습니다.

벨기에 고백에는 "믿음은 선택받은 사람들의 특별한 속성이다"라는 교리가 들어 있지 않습니다. 그 교리는 아무런 논쟁 없이 우리의 요리문답으로부터 연역될 수 없습니다. 왜냐하면 교회에 관한 조항에서 "나는 내가 영구히 교회의 구성원으로 남아 있을 것을 믿는다", 그리고 첫 번째 질문에서 "하나님께서는 모든 일을 나의 구원에 필연적으로 유익이 될 수 있게 나를 지키시고 견인(堅忍)하신다"라고 말하기 때문입니다. 그 표현은 특정 신자에 대해 그가 실제로 믿음을 갖고 있는가에 준거하여 이해되어야 합니다. 그가 참된 신자라면 그리스도인의 성품을 만족시킬 것입니다. 그러나 어떤 사람도 믿음 없이는 그렇게 될 수 없습니다. 그러므로 믿음은 두 문항에서 이미 전제되어 있습니다.

둘째 조항에 관해 나는 힘(power)과 행위(action)가 구별되어야 한다고 생각합니다. "신자가 믿음과 구원으로부터 낙오하는 것은 가능하다", "그들이 실제로 낙오한다"라는 것은 별개의 사항이기 때문입니다. 이 구별은 매우 광범위하게 내려지는데, 심지어 초대교회 자체도 선택받은 사람과 구원받을 사람을 구별했고, 물론 "그런 사람들이 실제로 저주를 받는 일은 없을 것이다"라는 것이 초대교회의 견해이기는 했지만, "그들이 구원받지 못할 수도 있다", "그들이 하나님께 기꺼이 순종하려는 마음을 갖지 않을 수 있는 변개 가능성은 배제되지 않았다"라고 인정하는 것을 두려워하지 않았습니다.

바로 이 주제에 대해 오늘날 우리의 신학 박사들의 대다수는 차이를 보입니다. "후퇴하기도 하고 과실을 범할 수 있는 그들의 본성, 그리고 세상과 사탄의 시험이 유일하게 고려할만한 조건이라면 그 사람들은 낙오하게 될 가능성이 있다. 그러나 결국 그들은 낙오하지 않을 것인데, 왜냐하면 하나님께서 삶이 끝나기 전에 그를 다시 선택받은 자의 대열로 회복시킬 것이기 때문이다"라고 그들은 말하기 때문입니다.

만일 누군가 "그들이 선택된 사람들이라는 사실을 고려할 때, 신자들이 결국 구원으로부터 낙오하는 것은 있을 수 없는데, 하나님께서 그들을 구원하기로 약속하셨기 때문이다"라고 말한다면 나는 구원에 관해 선포하신 법령은 저주받을 가능성을 제거하는 것이 아니라, 심판받는 것 자체를 제거한다는 것이라고 답하겠습니다. 왜냐하면 "실제로 구원받는 것"과 "구원받을 가능성"은 서로 반대되는 것이 아니라 서로 완벽하게 일치하는 항목들이기 때문입니다.

그러므로 나는 이런 방식으로 일관되게 두 경우를 구별해 왔다고 덧붙입니다. 또한 언젠가 내가 그것을 부가적으로 설명하면서 "신자들이 결국 믿음과 구원으로부터 낙오하는 일은 가능하다"라고 말한 적이 분명히 있습니다. 그러나 어느 때도 나는 "신자들이 결국 믿음이나 구원으로부터 낙오할 것이다"라고 단언한 적은 없습니다. 그러므로 이 조항은 원저자가 아닌 다른 사람에게 잘못 귀속되었습니다. 따라서 그것은 역사적 진실성을 위반하는 또 다른 오류입니다.

나는 다음 두 문장들 사이에 큰 차이가 있음을 첨언합니다. 1) "신자들이 믿음을 잃어버리는 것은 가능하다." 2) "신자들이 구원으로부터 낙오하는 것은 가능하다." 엄격하고 정확하게 검토할 때, 후자는 좀체 용인하기 어렵습니다. 신자들이 믿는 사람으로 남아 있는 한 구원으로부터 낙오하는 일은 있을 수 없습니다. 만일 그런 일이 가능하다면 신자들을 구원하는 데 사용하기로 작정하시는 하나님의 능력이 정복되고 마는 것이기 때문입니다. 그 반면에 만일 신자들이 믿음으로부터 멀어지고 불신자가 된다면 그들이 구원으로부터 낙오하는 것 외에 그들에게 다른 일은 있을 수 없습니다. 그러므로 이 가설이 받아들여지든지 않든지 파문은 정확한 표현이라고 할 수 없습니다. 왜냐하면 이 가설(믿음에서 그들의 견인)이 인정될 경우 그들은 낙오할 수 없지만, 그 가설을 받아들이지 않을 경우 그들은 낙오하는 것 외에 다른 길이 없기 때문입니다.

그러나 첫 번째 종류의 파문은 어떤 가설도 포함하고 있지 않고, 따라서 그것에 대해 내놓을 수 있는 한 가지 답변은 그것이 가능하거나 가능하지 않다는 것일 뿐입니다. 그런 이유로 둘째 조항은 다음과 같이 수정되어야 합니다. "신자들이 믿음으로부터 떨어져 나가거나 낙오하는 일은 가능하다", 아니면 차라리 "어떤 신자들은 결국 믿음으로부터 떨어지고 낙오할 것이다"라고 말해야 합니다. 이 점이 인정될 때 다른 명제—"그러므로 그들은 또한 실제로 구원으로부터 낙오할 것이다"—도 필연적으로 추론됩니다. 이 (두 번째) 조항의 진리값에 관해 나는 첫 번째 조항에 대해 말했던 것과 똑같은 고찰을 다시 적용합니다. 그리하여 다음의 표현은 서로 교차 가능하고 일관된 결론을 함축합니다. "믿음은 선택받은 사람들에게 특별하다", "신자들은 결국 믿음으로부터 떨어져 나가지 않는다." 마찬가지로 "믿음은 선택받은 사람들에게 특별한 것이 아니다", "어떤 신자들은 결국 믿음으로부터 떨어져 나간다."

3조항에 답하다

'아브라함이 의롭다고 인정받게 된 믿음이 장차 오실 예수 그리스도에 대한 믿음인가?'라는 물음은 의심의 여지가 있다. 그가 세상을 기업으로 받을 사람이라는 것 외에 달리 그가 하나님의 약속을 이해했음을 보여 주는 어떤 증거도 없다.(3조항)

이 조항은 두 가지 구성원으로 이루어져 있습니다. 또는 차라리 그 두 구성원들은 각각 그 자체로 우리가 고찰해야 할 두 개의 독립된 항목이라고 말할 수 있는데, 그 항목들은 현저하게 이단적이며, 이 조항을 구성하는 문장은 긍정이나 부정도 없이 다만 무지하고 취약한 의식 수준을 반영하는 의구심만을 보여 주고 있을 뿐인데, 그것은 마치 우리의 작품인 것처럼 인용되었다는 것을 알게 되었습니다. 나는 그 모든 주제에 대해 정통한 듯이 허세를 부리는 사람들은 차라리 보통 수준의 교육 과정을 통해 무지

와 취약성을 제거하고, 그 때문에 비난이나 도발의 대상이 되지 않도록 힘
쓸 것을 제안합니다.

1) 3조항의 첫 번째 구성원에 대하여

첫째, 나는 정확히 그 표현을 사용한 적이 없고 다만 공개적으로 그리고
개인적으로 그와 반대되는 교리를 가르친 적은 한 번 이상 있습니다. 하
지만 레이던에서 어떤 목사가 이 조항의 명석성을 자랑스럽게 찬탄하다가
똑같은 조항에 대해 다른 견해를 가진 사람들이 얼마든지 있을 수 있다는
사실을 알고서 경악하며 말을 잊었던 것을 나는 기억합니다. 그때 나는 그
조항을 증명하는 일은 강력한 논적을 맞닥뜨릴 경우 그에게 녹록치 않은
일이 될 것이라고 말하고, 시험 삼아 한번 도전해 보라고 그에게 제안했던
똑같은 일을 나는 지금 다시 시도하려 합니다. 그 문제에 대해 누구든지
더 이상 의구심을 품을 만한 이유를 일소하기 위해 나는 그가 대단히 간명
한 논증에 의해 이 명제를 증명할 수 있기를 바랍니다. 요점은 신적 의지
가 들이는 노고가 더 큰 이익을 거둘 것이며, 그 반면에 사람들이 가지고
있는 자만심에 의해 겉으로 보기와는 달리 연약하기 그지없는 사람들의
의구심을 소문내고 부풀리는 데 있지 않습니다.

둘째, "그리스도 안에 있는 믿음(Faith in Christ)"은 두 가지 관용적 의미
로 이해할 수 있습니다. 낱말과 사물들의 유형, 형태, 그림자와 연루되고,
그 양태에 의해 제시되는 약속을 따라 이해하는 것 또는 명시적으로 기술
된 복음을 따라 이해하는 것입니다. 이 둘 사이의 시간적 격차가 엄청나기
때문에 그것에 대해 유대인들은 "믿음이 오기 전에는 우리는 율법의 감시
를 받으면서 장차 올 믿음이 나타날 때까지 갇혀 있었습니다"(갈 3:23)라고
말했습니다. 그리고 바울 사도는 "모세는 이스라엘 자손이 자기 얼굴의 광

채가 사라져 가는 것을 보지 못하게 하려고", 즉 율법이 종말을 고할 때까지 "그 얼굴에 너울을 썼지만, 그와 같은 일은 우리는 하지 않습니다"(고후 3:13)라고 말합니다. 고린도후서 3장 전체를 통틀어, 그리고 로마서 10장 4절에서 율법의 목적이 분명하게 규정되었듯이 그리스도는 "율법의 끝마침이 되셔서 모든 믿는 사람에게 의가 되셨다"라고 말합니다. 로마서 4장에서 사도 바울이 자세히 서술하는, 아브라함의 믿음에 대한 설명 전체에 주의를 모으고 고찰한다면 반드시 여러분은 거기에 예수 그리스도에 관해 명시적으로 언급된 곳이 전혀 없고, 누구나 쉽게 파악하기 어렵게 암묵적으로 함의되어 있음을 깨닫게 될 것입니다.

'예수 그리스도 안에 있는 믿음'이라는 표현에 대해 어떤 사람들은 "예수 그리스도를 예시하고 미리 예표하는 전형(典型)과 상징에 관련된 믿음"의 환유로서 사용된 것으로 보는데, 그것이 매우 불투명한 것이 아닌 한 그 어구는 그 전형에 대한 이해와 연합하지 않고, 하나님께서 자기의 지혜를 따라 사용하는 시간과 시대의 경륜을 따라 그 어구는 막 태어난 교회에 적합한 것으로 보입니다. 사도 바울의 설명에서 보듯이(갈 4:1~3) 상속자가 아직 어린아이로 있을 때 그가 처한 종과 같은 상태, 그리고 그리스도께로 돌이킨 사람을 주의 영이 그를 예속된 상태로부터 해방시켰다고 선언할 때 지시하는 예속 상태가 서로 어떻게 다른지 비교해 봅시다(고후 3:16~18). 그럼으로써 언급된 이 의심은 배교를 향한 강력한 경향성을 가진 성향이라기보다 오히려 떨리는 (신중한) 양심의 올바른 두려움에 속하는 것으로 파악할 수 있습니다.

2) 3조항의 두 번째 구성원에 대하여
첫째, 나는 그렇게 주장한 적이 없습니다.

둘째, 혹여 내가 실제로 그렇게 말한 적이 있다고 해도 그런 표현에 의해 자기의 판단이 취약하고 미숙하다는 것을 누설하기를 바라는 사람을 제외하고 나는 누구에게서도 그런 비난을 받아야 할 이유가 없습니다.

사도 바울 자신이 많은 말로 서술한 본문을 자기의 언어로 바꾸어 말했다는 이유로 그 사람을 비난하는 것은 정확성이 가장 결여된 판단을 보여 주는 표지입니다. 만일 세상을 상속받을 권한이 "너는 많은 민족의 아버지가 될 것이다"라고 하나님의 선언에 의해 아브라함에게 약속되었다면 그것이 영적인 의미에서 주어졌다는 것 말고 아브라함이 달리 그것을 이해했다고 과연 상상이라도 할 수 있겠습니까?

세상을 유업으로 상속받을 것이라고 아브라함에게 약속된 것을 이 동물적인 삶과 육신이 누리는 혜택에 관한 것으로 가정한다면 그것은 이 조항들을 작성한 사람들의 심각한 경험 부족을 보여 줍니다. 왜냐하면 그 구절이 지시하는 세상은 아브라함에게 많은 민족들의 영적 족장으로서의 사명이 부여될 것을 뜻하고, 또한 이방인들이 부르심을 받는 미래의 세상을 가리키기 때문입니다. 이 요점은 아브라함이 믿음의 의를 인정받음으로써 이 세상의 상속자가 된 것을 사도 바울이 선언하는 것에서 분명히 알 수 있고, 그는 믿음의 의에 의해 이방인들도 그 유업을 나누어 받을 자(롬 4:13)가 된다고 말합니다. 에베소서 3장 1~11절에서 바울 사도는 이방인들의 부르심에 관해 그것이 은혜의 복음에 속한다는 것, 따라서 "하나님께서 모든 성도 가운데서 지극히 작은 자보다 더 작은 나에게 이 은혜를 주셔서 그리스도의 헤아릴 수 없는 부요함을 이방 사람들에게 전하게 하시고, 만물을 창조하신 하나님 안에 영원 전부터 감추어져 있는 비밀의 계획이 무엇인지를 (모두에게) 밝히게 하셨습니다"라고 설명합니다. 거듭 말하지만 그 사명은 하나님께서 세상을 창조하실 때 사용한 지혜에 속하는 것이 아니라, 그리스도를 믿는 사람들에게 구원을 베푸시는 그의 지혜와 능력을 대행하게 하시고, 그가 영원히 존속하도록 세우실 교회에 속하는 지혜입니다(고린도전서 1:21~23, 2:6~8, 에베소서 3:1~11 참고). 만일 이 조항을 표절한 사람들이 "그들도 마찬가지로 그 점을 인지했지만 단지 나의 견해가 다른 것이라고 생각했기 때문이다"라고 말한다면 나는 자신을 위해 지푸라기 같은 논적을 세우는 것은 분별 있는 사람이 할 만한 일이 아니라고 응수하겠습니다.

4조항에 답하다

믿음은 선택의 결과가 아니라 선택하기로 작정된 사람들에게서 하나님께서 미리 내다보시는 필수 요건이다. 그리고 믿음의 수여에 관한 작정은 선택의 작정에 선행한다.(4조항)

마찬가지로 이 조항도 두 개의 구성원으로 이루어집니다.

1) 4조항의 첫 번째 구성원에 대하여

첫 번째 구성원에는 세 가지 단언이 들어 있습니다. 즉 "믿음은 선택의 결과가 아니다", "믿음은 선택받거나 구원을 얻을 사람들에게 요구되는 필수 요건이다", "이 요건은 선택받은 사람들 안에서 하나님에 의해 미리 예견되었다"가 그것입니다.

솔직히 말해서 이 세 가지 모두가 올바르게 이해되고 정확히 설명될 때, 주제에 대한 나의 견해와 완벽하게 일치합니다. 그러나 세 단언들 중 마지막 것은 너무 가증스러운 언어로 표현되었는데, 왜냐하면 여기에는 믿음을 혜택과 선물로 주시는 분이 하나님이신 것을 언급하고 있지 않기 때문입니다. 이제부터 나는 각 단언에 관한 내 입장을 설명하겠습니다.

첫 번째 단언에 관해. '선택(Election)'이라는 낱말은 중의적으로 쓰였습니다. 그 낱말은 "믿는 사람들을 의롭다고 선언하기로 결정하는 것을 지시하는 반면에, 또한 믿지 않는 사람들에게 의와 구원을 베풀지 않기로 하는 결정하는 하나님의 선택"을 지시할 수도 있기 때문입니다. 또한 그 낱말은 "하나님께서 어떤 특정한 사람들을 구원하기로 결정하시고 그들을 구원하기 위해 믿음을 주시기로 결정하시는 반면, 그와 동시에 다른 사람들은 단순히 그들이 이러저러한 사람이라는 사실에 준거하여 그들에게 믿음을 주시지 않기로 결정하시는 선택"을 지시할 수도 있습니다.

이 조항들을 앞세워 나를 비방하는 사람들은 바로 이 후자의 의미론에 기초한 선택 개념을 내게 전가합니다. 실제로 나는 선택을 전자의 의미로 이해하고 있고, 그것은 로마서 9장 11~13절에 근거합니다. "그들이 태어나기도 전에, 무슨 선이나 악을 행하기도 전에 택하심이라는 원리를 따라 세우신 하나님의 계획이 살아 있게 하시려고, 또 이러한 일이 사람의 행위에 근거하는 것이 아니라 부르시는 분께 달려 있음을 나타내시려고 하나님께서 리브가에게 말씀하시기를 '형이 동생을 삼킬 것이다' 하셨습니다."

나는 여기서 내가 이해하고 있는 의미가 옳은지 아닌지를 따지려는 장황한 논쟁으로 들어갈 생각이 없습니다. 적어도 하나님께서 믿는 사람들을 의롭다고 선언하기로 하는 작정이 있고, 그 작정은 믿지 않는 사람들을 의와 구원으로부터 필연적으로 제외하기 때문에 모든 사람들을 포괄하는 것이 아니라는 의미에서 "선택에 따르는 작정" 또는 "선택하는 작정"이라고 부르는 것이 적절합니다. 이러한 함의를 가진 작정을 나는 그리스도교의 토대, 인간 구원의 토대, 인간이 구원에 대해 갖는 확신의 토대라고 생각합니다. 그리고 사도 바울이 로마서 9장, 10장, 11장과 에베소서 1장에서 다룬 주제도 바로 그것입니다.

그러나 나는 하나님께서 "어떤 특정한 사람들을 구원하기로, 그리고 그들을 구원하기 위해 그들에게 믿음을 주시기로 하는 절대적인 결정을 내리는 동시에 그 외의 사람들을 구원과 믿음으로부터 영원히 제외하는 절대적인 결정을 내리셨다"라는 내용의 작정에 관해 내가 어떤 일반적 견해를 가지고 있는지 아직 선언하지 않았습니다. 물론 하나님께서 어떻게 작정하시든지 그것에 따라 믿음과 구원의 수단, 즉 그의 의와 자비와 엄정성에 적합하고 합당하게 판단하시는 것을 하나님께서 관리하신다는 것을 나는 믿습니다. 이상의 전제로부터 나는 가장 명백한 한 가지 결론을 연역할 수 있는데, 그것은 믿음이란 하나님께서 믿는 사람들을 의롭다고 선언하기로 결정할 때 준거로 삼는 선행 작정의 결과가 아니라는 것입니다.

두 번째 단언에 관해. 앞서 설명한 특수 사항으로부터 "믿음은 하나님의 선택에 따라 구원에 참여하게 될 사람들에게 요구되는 필수 요건이다" 또는 "믿음은 구원을 얻고자 하는 사람들이 수행해야 할 것으로, 하나님께서 예정하시고 요구하시는 조건이다"라는 결론이 함축됩니다. "그의 아들을 믿는 사람마다 영생을 얻을 것이고, 믿지 않는 사람은 저주를 받을 것이라는 것이 하나님의 뜻이다." 이 논제 안에 함축된 명제는 성경에서 자주 쓰이는 짤막한 명령, 즉 "믿으라, 그러면 구원을 얻을 것이다"라는 것 외에 다른 어떤 것으로도 이해할 수 없습니다. 이 명령에 들어 있는 "믿으라"는 낱말은 요구 또는 필요조건의 구속력을 가지며, "그러면 구원을 얻을 것이다"라는 문장은 약속된 선에 바탕을 둔 설득으로서 구속력을 가집니다. 이것의 진리성은 매우 분명하고 현저하기 때문에 그것을 부인하는 사람은 지독한 외고집이거나 현학성의 정반대편에 있음을 증언하는 것입니다. 만일 누군가 "그것이 조건이라는 것은 맞는 말이지만, 하나님께서 우리 안에서 몸소 실행하시는, 또는 (좀 더 낫게는) 하나님께서 그의 은혜에 의해 우리가 그것을 실행할 수 있게 하시는 복음적인 조건이다"라고 말한다면 그 사람은 이 명제의 진리성을 부정하는 것이 아니라, "그 조건을 어떻게 기술하는 것이 옳은가" 하는 설명을 덧붙이는 것입니다.

세 번째 단언에 관해. 나는 우리에게 요구되는 것으로서의 조건, 수행해야 할 것으로서의 조건, 수행하는 것을 목격하거나 예견하는 것으로서의 조건을 구별해야 한다고 생각합니다. 그러므로 세 번째 단언은 대단히 혼란스러운 방식으로 언술된 것입니다. 하지만 이 혼란이 우리가 방금 제시한 구별에 의해 수정될 수 있다면 이 세 번째 단언에서 부조리성이 귀결되는 일은 없을 것입니다. 사물들의 본성과 질서에 의거하여 예견하거나 목격하는 것은 수행되는 행위 자체의 뒤를 이을 것이고, 실제 행위는 해결해야 할 것으로 진입하는 원인을 내재적으로 가집니다. 그리고 그 원인의 효력은 믿음과 복음의 법에 의해 믿음이 규정되고 요구되지 않는 한 필연적이지 않습니다. 그러므로 믿음은 "구원을 얻을 사람들에게서 하나님에 의해 예견되어야 하는" 것이므로 믿음의 대상이 될 수 없는 것이 개입하지 않는 한 그 원인은 제거되는 것이 아니라 오히려 배정되는 것입니다.

그런 원인 가운데 주요한 것으로 생각할 수 있는 것은 하나님의 방지하는 은혜, 동반하는 은혜, 후속(수반하는) 은혜입니다. 그리고 풀겐티우스와 함께 나는 "하나님의 방지하는 은혜의 도움으로 믿음을 갖게 될 사람들은 결국 구원을 얻을 것"이라고, 또는 "그들은 예정되고 선택받은 것으로 하나님께서 예견하신 사람들"이라고 부릅니다. 따라서 이 첫 번째 단언에는 가장 순수한 진리 외에 다른 것은 아무것도 들어 있지 않습니다.

2) 4조항의 두 번째 구성원에 대하여

두 번째 단언은 "믿음의 선물에 관한 작정은 선택의 작정보다 선행한다"라는 것이고, 그것을 설명하기 위해 나는 첫 번째 단언을 다룰 때와 똑같은 구별을 사용합니다. "하나님께서 믿는 사람들을 의로운 자로 선언하고 구원하기로 결정하시는 근거가 되는 선택의 작정은 믿음의 선물에 관한 작정보다 선행한다." 왜냐하면 선행하는 그 작정이 없다면 믿음은—쓸모없다고 말할 수는 없더라도—필요 없는 것이기 때문입니다. 그리고 하나님께서 특정한 이 사람 또는 저 사람을 의롭다고 선언하고 구원할 것인지 아닌지를 결정하는 근거가 되는 선택의 작정 또한 하나님께서 믿음을 갖는 데 필요하고 효력 있는 수단을 관리하기로 결정하시는 작정, 즉 믿음의 선물에 관한 작정을 뒤따릅니다.

만일 이 시점에서 누군가 "하나님은 먼저 어떤 특정 인물을 구원하기로 절대적인 뜻을 세우고, 그 뜻을 정하신 후에 그에게 믿음을 주시기로 뜻을 정하실 것인데, 믿음이 없이는 그를 구원할 수 없기 때문이다"라고 말한다면 나는 그가 모순 명제를 열거하고 있다고 대답할 것입니다. 즉 "하나님은 당사자의 믿음을 고려하지 않으신 채로 어떤 사람을 구원하기로 절대적인 뜻을 정하신다", 그러나 동시에 "하나님의 뜻에 따르면 사람은 믿음 없이는 구원을 얻을 수 없다"라고 말해야 하기 때문입니다. 하나님의 뜻을 따라 믿음이 없이는 누구든지 하나님을 기쁘게 할 수도 없고, 구원을 얻을 수도 없다는 것이 분명히 계시되었습니다. 그러므로 하나님에게는 믿음과 무관하게 어떤 사람을 구원하기로 절대적으로 결정하시는 다른 뜻 같은 것은 없습니다. 모순적인 의지는 하나님께 귀속될 수 없기 때문입니다.

만일 "하나님은 목적으로 나아갈 수 있게 하는 수단을 결정하기 전에 먼저 목적을 결정하신다. 그런데 구원은 목적이고, 믿음은 그 목적으로 나아가는 데 필요한 수단이다"라고 말하는 사람이 있다면 나는 다음과 같이 답하겠습니다.

첫째, 구원은 하나님의 목적이 아니고, 구원과 믿음은 하나님의 뜻을 통해 양자 사이에 다음과 같은 순서로 서로 구속되고 연결되는데, 즉 믿음의 공여자이신 하나님 편에서 믿음은 구원에 선행합니다.

둘째, 믿음은 구원을 얻는 데 필요한 수단이기 이전에 먼저 구원을 받을 사람이 수행하도록 하나님께서 요구하시는 조건입니다. 하나님께서는 믿음을 가진 사람을 제외하고 아무에게도 구원을 베풀지 않고, 그렇기 때문에 사람은 기꺼이 믿음을 얻기를 열망하는 것인데, 왜냐하면 자기의 최고선이 구원에 있음을 알기 때문입니다. 그러므로 인간 편에서는 수단으로서 믿음에 의해, 그리고 목적으로서 구원에 이르기 위해 애쓰는데, 왜냐하면 그는 믿음이라는 그 수단을 통하지 않고서는 구원을 얻을 길이 없다는 것을 알기 때문입니다. 그리고 이 지식은 구원을 얻고자 하는 사람들에게 하나님께서 믿음을 요구하신다는 하나님의 뜻이·선포되지 않았다면 결코 우리 인간이 가질 수 없는 것입니다. 즉 바로 그 선포에 의해 하나님은 믿음을 그 대상에게, 즉 구원받을 사람에게 조건으로서 제시하십니다.

5조항에 답하다

우연적인 어떤 일도 하나님의 작정에 관해 필연적으로 성취된다고 말할 수 없다.(5조항)

필연성과 우연성에 관한 나의 견해는 "양자는 한 종류의 동일한 사건에 동시에 적용될 수 없다"라는 것입니다. 그러나 나는 같은 종류의 필연성과 우연성에 대해 말하고 있는 것이지 상이한 종류의 유(類, genus) 개념에 속하는 것을 말하는 것이 아닙니다. 학자들은 한 종류의 절대적 필연성[2](necessitas consequentis)이 있다고 말하고, 다른 사람들은 가설적 필연성(necessitas consequentiae)에 대해 말합니다. 전자의 필연성은 사물 자체보다 선행하는 어떤 원인으로부터 필연성이 발생하는 경우입니다. 그러나 가설적 필연성은 결론에 선행하는 어떤 전제나 원리로부터 발생하는 필연성을 가리킵니다. 후건(consequent) 또는 절대적 우연성은 결과나 절대적 필연성과 양립할 수 없고, 그것들은 하나의 사건에서 함께 발생할 수도 없습니다. 마찬가지로 하나의 결론은 그 결과에 대해 필연적인 동시에 우연적일 수 없습니다. 즉 가설적인 필연성과 우연성은 동시에 성립될 수 없습니다. 그러나 하나의 사물이 동시에 필연적이면서 우연적일 수 없게 하는 원인은 "필연적인 것과 우연적인 것이 존재의 영역 전체를 구분한다"라는 사실입니다. 모든 존재자는 필연적이거나 우연적이기 때문입니다. 그러나 존재 전체를 나누고 있는 사물들은 하나의 단일 존재자 안에서 서로 충돌하거나 함께 만나거나 할 수 없습니다. 그렇지 않다면 그들은 존재의 전

∙∙

2) 절대적 필연(absolute necessity)과 가설적 필연(necessity ex hypothesi)의 구별은 라이프니츠에 의해 내려진 것으로, 가설적 필연이 도입된 것은 우연의 가능성과 자유의 가능성을 확보함으로써 필연성과 결정론 사이에 모종의 논리적 공간을 마련하기 위해서다. 아르미니우스의 논의의 쟁점은 신적 작정과 인간의 믿음과 행위 사이의 연결을 필연적인 것으로 볼 경우, 그 필연성이 결정론적인가 비결정론적인가 하는 물음과 맞닿아 있다. 결정론은 전제 또는 전건에 결과 또는 후건이 함축되어 있는 폐쇄적 구조를 가지고 있다. 현재 문맥에서 절대적 필연성은 인간의 믿음이나 행위의 문제를 사실상 무의미한 것으로 만들 수 있다. 물론 라이프니츠가 가설적 필연 개념을 도입함으로써 우연과 자유를 위한 논리적 공간을 확보하는 데 성공했는지는 논쟁의 여지가 있다. 자유와 죄의 문제에 관해 문제는 특히 첨예해진다. 박제철, 「라이프니츠 철학의 결정론적 성격: 가능세계와 개체의 통세계적 동일성」, 『철학』 98호(2009), pp. 81~107 참조.

체 범위를 그런 식으로 나누지 않을 것입니다. 마찬가지로 우연적인 것과 필연적인 것은 그 전체 본질에 있어서, 그리고 정의(定議)에 있어서 완전히 다릅니다. 필연적인 것이란 존재하지 않을 수도 없고 또 실현될 수도 없는 반면, 우연적인 것은 존재하지 않을 수도 있고 실현되지 않을 수도 있습니다. 따라서 양자는 서로 모순적 대립 관계에 있습니다. 이 대립은 무한하고, 따라서 항상 진리를 거짓으로부터 구분합니다. "이것은 사람이거나 사람이 아니다"라는 명제처럼 어떤 사물이 동시에 그런 식의 두 개체가 될 수는 없습니다. 즉 그런 것은 하나의 본질을 가진 사물이 될 수 없습니다. 그렇지 않다면 또 다른 의미에서 '그리스도'는 그의 어머니 마리아에게서 태어난 '인간'일 것입니다. 그가 영원 전부터 성부로부터 나왔다는 사실에 준거할 때, "그는 인간이 아니다"라고 말하는 것입니다. 따라서 그것은 두 개의 사물과 두 가지 본질을 지시합니다.

그러나 이 조항의 작성자들은 말합니다. "하나의 동일한 사건은 상이한 국면에서 필연적이거나 우연적일 수 있다. 즉 일차 원인인 하나님에 대해서는 필연적이고, 이차 원인들에 관해서는 우연적일 수 있다." 이에 대한 나의 답변은 이러합니다.

첫째, 본질들의 총체성에서 상이한 사물들은 국지적 국면에서 일치하지 않습니다. 둘째, 어떤 사건의 필연성이나 우연성은 하나의 원인으로부터가 아니라, 모든 원인들의 연합으로부터 평가되어야 합니다. 왜냐하면 열 개의 원인들을 고정하고, 그로부터 하나의 사물이 필연성이 아닌 우연성에 의해 산출된 후, 그 사물이 필연적으로 종결될 수 있도록 하나의 원인이 추가되는 경우, 그 사물의 총체성은 우연성에 의해서가 아니라 필연성에 의해 완결되었다고 말할 수 있기 때문입니다. 그 모든 원인들이 함께 배정될 때, 그 사물이 산출되고 실제로 존재하게 되는 것을 막을 수는 없습니다. 그 원인들 각각에 대해 우리가 개념적으로 서로 비교한다면 그 사물은 그 원인들 각각에 대해 상이하게 연관됩니다. 그러나 그 원인들 중 어느 것도 그 사건의 원인 전체가 아니기 때문에 그 사물 자체는 필연적이거나 우연적으로 그 원인들 전체로부터 완결된 것으로 간주되고 또 그렇게 선언되어야 합니다.

"이차 원인들에 관해 우연적으로 산출된 사물은 하나님의 작정에 관해 필연적으로 산출되었다고 말할 수 있다"라는 주장은 성급할 뿐만 아니라 거짓이며, 무지로부터 나온 것입니다. 하나님의 내적 행위인 그의 작정 자체는 사물의 직접적인 원인으로 기능하는 것이 아니라, 그것이 어떤 결과를 산출하든지 어떤 사물이 필연적으로 또는 우연적으로 존재한다고 말해지는 양태에 따라 그 사물은 강제로 그 결과를 수행하는 것입니다. 왜냐하면 만일 하나님께서 자기의 작정을 집행하실 때 저항할 수 없는 힘을 사용하거나, 어떤 것도 그가 목적을 완수하지 못하게 저항하거나 방해할 수 없도록 획기적인 힘을 사용하기로 결정하신다면 이로부터 그 사물은 필연적으로 존재하게 될 것이라는 결론이 나오기 때문입니다. 따라서 "자신의 죄 안에 머무는 악한 자들은 필연적으로 멸망할 것"인데, 왜냐하면 하나님께서 저항할 수 없는 힘에 의해 그들을 지옥의 심연 속으로 던져 버리실 것이기 때문입니다. 그러나 만일 그가 저항할 수 없는 힘이 아닌 피조물이 버텨 낼 수 있는 정도의 힘을 사용하기로 결정하실 경우—물론 배정된 원인으로부터 어떤 결과가 발생할 수 있는지, 그리고 그 원인이 어떤 사물을 필연적으로 또는 우연적으로 산출할 수 있는지 알 수 있는 하나님의 무한한 지성에 의해 실제로 어떤 사건이 일어날 것인지를 예견하심에도 불구하고—그 사물은 필연적으로가 아니라 우연적으로 산출된다고 말할 수 있습니다. 그렇기 때문에 학자들은 "만물은 무오류적 필연성에 의해 형성된다"라고 말하는데, 이 명제는 확정적인 의미로 사용되었지만 그 안에 들어 있는 낱말들은 잘못 선택된 것입니다. 왜냐하면 무오류성은 원인으로부터 발생하는 개체에 속하는 성질이 아니라, 주어진 원인으로부터 어떤 결과가 나올 수 있는지를 알거나 예견할 수 있는 인지적 주체의 심적 속성을 지시하기 때문입니다. 그러나 우리가 하는 말이 늘 사물들 자체의 본성을 가장 잘 담아 낼 수 있기를 바라지만, 대체(代替) 용법[3]으로 사용된 비유가 어떤 사물에 관해 분명하게 보여 줄 경우 나는 기꺼이 그것을 참을 수 있습니다.

그러나 이 조항을 구성한 사람들은 그 조항이 산출하는 사례에 의해 증명하려고 애씁니다. "이차 원인에 관해 우연적으로 형성된 하나의 동일한 사물은 하나님의 작정에 관해 필연적으로 형성된다." 그들은 이렇게 말하는 것입니다, "그리스도의 뼈는 부러질 수도 있고 부러지지 않을 수도 있다. 만일 누구든지 뼈가 본질적으로 취약하다는 것은 의심할 여지가 없는 일이라고 생각한다면 뼈들은 부러질 수 있다. 그러나 하나님의 작정을 고려할 때, 문제의 뼈는 부러질 수 없다."

이에 대한 답변으로, 나는 하나님의 작정과 관련하여 뼈들이 부러질 수 없다는 단언을 부정합니다. 왜냐하면 하나님은 뼈들이 부러질 수 없다고 선언하신 것이 아니라, 그것이 부러져서는 안 된다고 선언하신 것이기 때문입니다. 실제로 상호작용이 이루어진 방식에서 그 점을 분명히 알 수 있습니다. 하나님은 그리스도의 뼈를 부러뜨리려는 생각으로 가까이 접근했

3) 'catachrestic metalepsis'는 의미론적 오류가 포함된 비유적 담론의 형태를 가리킨다. 일종의 수사학 용어로서, 철자나 비유가 남용되었으나 그것을 포함하는 언명이 이미 그 자체에 있어서 비유나 상징으로 쓰일 때 그 표현을 환유 사례로 변환하는 대체 용법이다. 예를 들면 '카로 끝나는 단어는 북아메리카, 하모니카, 스포츠카 등이다'라는 문장에서 이 단어들은 의미상으로 아무 연관이 없지만 수사적으로는 유의미하게 받아들여진다.

던 사람들이 그 뼈들을 부러뜨리지 못하게 저항할 수 없는 힘을 사용하신 것이 아니라, 부드러운 유형의 설득에 의해, 즉 무익성(無益性)의 논증에 의해 그 사람들이 그 뼈를 꺾으려는 의지를 갖지 않게 하셨기 때문입니다. 다리를 꺾으려는 사람들이 십자가 앞에 도착하기 전에 그리스도께서 이미 숨을 거두셨으므로 그들은 우리 구주의 다리를 꺾는 것 같은 부질없고 무익한 일을 굳이 행하려는 뜻을 품지 않았던 것입니다. 사망 시간을 앞당기기 위해 관행적으로 죄수의 다리를 꺾는 일은 하나님의 율법이 금하는 것으로, 축제나 성일(聖日)에 사체가 십자가에 매달려 있지 않게 하는 것에 불과했습니다. 참으로 하나님의 지혜가 원인을 그 본성과 운동성에 적합하도록 사용하심으로써 그가 선포하신 대로 효력을 거둘 수 있는 방법을 알고 계신다면 그 원인의 본성과 운동성이 우연적이거나 자유롭다고 해도 어떤 피조물도 저항할 수 없는 막강한 힘을 사용하시는 것보다 훨씬 더 위대한 방식으로 일하시는 그의 지혜를 찬양해야 할 것입니다. 하나님께서 그의 지혜에 편의성을 줄 수 있다고 생각될 때 언제든지 그러한 종류의 힘을 사용하실 수 있지만 "어떤 우연적인 것—즉 우연적으로 형성될 수 있거나 형성된 것—도 하나님의 작정에 관해 필연적으로 형성될 수 있거나 형성된 것일 수는 없다"라고 말했을 때, 나는 전혀 오류를 범하지 않았다고 생각합니다.

6조항에 답하다

모든 사물은 우연히 발생한다.(6조항)

이 조항은 너무 터무니없고 무의미하게 표현되었으므로 그것을 내게 전가하는 사람들은 현재의 상황을 감안할 때 이 표현이 얼마나 많은 거짓을 낳는지를 의식하지 못하는 것이 틀림없습니다. 차라리 그들은 자신들이 사용하는 낱말들이 무엇을 의미하는지 이해하지 못하고 있다고 말해야 할 것입니다. 왜냐하면 만일 행하지 않을 수 있거나 실현되지 않을 수 있는 것은 그것이 실현되기 위해 필요한 원인이 확정된 후 우연적으로 실현될 것이라고 말한다면, 그 반면에 완결되지 않은 채로 둘 수 없고 그것이 수행되기 위해 요구되는 모든 원인이 확정된 후 실행될 수밖에 없는 것은 필연적으로 실현될 것이라고 말한다면, 그리고 만일 어떤 원인이 고정된 후에는 문제의 사물이 실현되고 존재해야 하는 것 외에 다른 어떤 사건도 뒤따를 수 없다고 내가 인정한다면 어떻게 나는 "모든 사물들은 우연히 실현되거나 발생한다"라고 생각할 수 있겠습니까?

그러나 그 조항을 작정한 사람들은 자신들의 무지에 의해 자기기만에 빠진 것입니다. 만일 그들이 더 나은 견해에 합당하고 적절한 주의를 기울인다면, 그리고 우호적인 태도로 원저자에게서 직접 그의 관점과 견해에 대해 지식을 얻고자 한다면 그들은 그 상태로부터 벗어날 수 있을 것입니다.

"필연적으로 존재하거나 발생할 것이라고 말해지는 것과 관련되는 필연성은 절대적이거나 상대적이다"라고 나는 선언하고 그렇게 가르쳐 왔습니다. 다른 어떤 원인을 가정하거나 규정하지 않은 채 단순히 "필연적으로 존재하거나 발생할 것이다"라고 말해지는 어떤 사물과 관련되는 것은 절대적 필연성입니다. 어떤 원인들이 규정되거나 고정된 후 어떤 사물이 "필연적으로 존재하거나 발생한다"라고 말해진다면 그것은 상대적 필연성입니다. 따라서 하나님은 절대적 필연성에 의해 존재하시고, 같은 절대적 필연성에 의해 그는 자신을 인식하는 동시에 사랑하십니다.

반면 세계와 그로부터 산출되는 모든 사물들은 절대적 관점에 따르면 우연적이고, 자유롭게 역사하시는 하나님에 의해 우연적으로 산출됩니다. 그러나 하나님께서 그의 무한한 권능에 의해 세계를 조성하기를 원하신다는 것을 인정할 때, 무(Nothing) 자체는 가장 완전하게 준비된 상태의 질료(matter)와 동등한 것임이 틀림없고, 하나님께서 실제로 그 권능을 사용하신다는 것도 인정한다면 그럴 경우 "그러한 원인으로부터 세계는 존재하는 것 외에 다른 일을 할 수 없다" 또는 "그러한 원인으로부터 세계는 오직 존재하는 일만을 할 수 있었다"라고 말해야 할 것입니다. 그리고 이것은 상대적 필연성이고, 그렇게 불러야 하는 것은 규정되거나 고정된 선행 원인을 가정하기 때문입니다.

내가 이해하는 의미를 다른 방식으로 설명하겠습니다. 이 시점에서 우리가 고찰할 것은 원인과 결과 이 두 가지입니다. 그 두 가지가 모두 고정될 경우, 즉 원인이 고정될 때, 그 결과도 필연적으로 고정될 뿐만 아니라 그 원인이 필연적으로 존재하고 또 필연적으로 작동한다고 가정되는 경우, 결과의 필연성은 단순하고 절대적입니다. 신성한 결과의 절대적 필연성은 이 같은 방식으로 발생하고, 그것에 의해 하나님이 자기 자신을 인식하고 사랑한다고 말해집니다. 신성한 지성과 신성한 의지는 비활성적일 수(즉 운동하지 않을 수) 없기 때문입니다. 하나님의 이 활동성은 내면적일 뿐만 아니라 내향적(안으로 지향하는 것)이기도 하므로 자기 자신을 대상으로 삼아 운동하십니다. 그러나 하나님께서 외부를 향해(외적으로) 어떤 일을 행하든지, 즉 그 자신이 아닌 다른 것(또는 그 자신과는 다른 것)인 어떤 대상에게 어떤 일을 하실 경우, 이 대상은 지성적으로 하나님과 연합되어 있고, 하나님은 내적 행위에서 그 대상을 목적으로 삼을 수 있거나 혹은 그 대상이 실제로 하나님과 분리된 상태에 있고, 그 상태에서 하나님이 그것을 목적으로 삼고 외적 행위를 수행할 수 있는데, 이런 것은 모두 하나님께서 자유롭게 행하는 일이고, 따라서 그 과정 전체는 절대적 우연성에 속한다고 말해집니다. 그러므로 하나님은 세상을 조성하기로 자유로운 뜻을 따라 선포하시고, 그리하여 자유로운 뜻대로 세상을 만드셨습니다. 그런 의미에서 모든 사물들은 하나님이 선포하신 작정에 대해 우연적으로 실현된 것인데, 왜 하나님이 그렇게 작정해야 하는가 하는 어떤 필연성도 존재하지 않기 때문입니다. 그것은 오직 하나님 자신의 순전하고 자유로운(또는 무제약적인) 의지로부터 시작된 것입니다.

같은 요점을 다른 방식으로 말해 보겠습니다. "원인이 필연적으로 존재하고, 필연적으로 운동하며, 사물이 존재하지 않을 수 없게 만드는 그런 힘을 사용할 때"(그 힘을 통해 그것은 존재하는 것 외에 다른 일은 할 수 없다), 어떤 결과를 얻든지 그것은 단순한 절대적 필연성이라고 불립니다. 사물들의 본성상 그와 같은 결과는 상상도 할 수 없습니다. 왜냐하면 자기 자신을 이해하는 신의 지성은 필연적으로 존재하고, 또한 필연적으로 자신을 이해하는 원인으로부터 나오는 것이기 때문입니다. 그러나 그것은 그렇게 이해하기 위해 행위 능력을 사용하는 원인에서 나오는 것이 아닙니다.

이 고찰을 통해 임의의 사건의 상대적 필연성이 이중적이라는 것을 알게 됩니다. 첫째로 필연적으로 존재하지만 필연적으로 운동하는 것이 아닌 어떤 원인이 저항할 수 없는 힘으로 작용하는 경우입니다. 따라서 "필연적 존재자인 하나님께서 그의 전능성에 의해 세계를 창조하기를 원한다"라고 전건이 고정될 때, 그 경우 세계는 필연적으로 존재해야만 합니다.

둘째로 필연적으로 존재하는 것은 아니지만 필연적으로 운동하는 어떤 원인이 그것이 영향력을 미치는 질료나 대상을 통해 저항할 수 없는 효력을 발휘하는 경우입니다. 따라서 짚을 화염 속에 던질 경우 그것은 불에 의해 필연적으로 소각(또는 연소)된다고 말해집니다. 그런 결과는 불이 짚을 소각하지 못하게 자기의 연소하는 힘을 제어할 수 없거나, 또는 짚이 불에 저항할 수 없기 때문입니다. 그러나 하나님께서는 불 가까이 있거나 그 속에 던져 넣은 인화성 물질이 연소되지 않도록 불을 막을 수 있기 때문에 이런 종류의 필연성은 그 원인에 대해, 그리고 오직 사물들 자체의 본성과 그들 간의 상호작용(또는 관계)에 따라서만 부분적인 것으로 불립니다.

주어진 문제들에 대해 설명했으므로 나는 반대되는 어떤 이야기를 할 수 있을지 알고 싶습니다. 나는 우리가 오히려 하나님의 필연성, 즉 그의 필연적 존재에 대해, 그의 내향적 행위(내적 행위)의 필연적 결과에 대해 주장하고, 우리가 그 밖의 모든 사물과 결과의 우연성에 대해 주장할 수 있기를 바랍니다. 우리 편에서 그 일을 실행할 때 한층 더 하나님의 영광을 높일 수 있을 것입니다. 이 방법에 의해 그의 필연적 존재성, 즉 힘의 주입(또는 힘의 행사됨)을 필요로 하지 않는 순수한 행위에 의한 그의 영원하심에 영광을 돌리고, 다른 모든 것을 자유로운 뜻에 의해 창조하시고, 또한 그에 따라 우리 찬양의 으뜸가는 대상이 곧 그의 선하심이라는 사실에 영광을 돌리게 될 것입니다.

7조항에 답하다

하나님께서는 그의 영원한 작정에 의해 미래의 우연적인 일을 어느 쪽으로도 결정하지 않으신다.(7조항)

애매한 용어들 밑에 숨겨진 비방은 상처가 가장 오래 남는 깊은 상해를 입힐 수 있습니다. 그러나 중의적 표현이 설명된 뒤에는 비방이 드러나고, 그리하여 재능과 경험이 풍부한 사람들에게서 모든 힘이 사라집니다.

여기서 "결정하다(determine)"라는 낱말은 그런 종류의 애매한 기술구에 속합니다. 왜냐하면 그것은 "하나님은 그의 결정에 의해 어떤 일이 일어나야 할 것으로 정하신다. 그 결정이 확정될 때, (하나님이 행사하는 어떤 종류의 행위, 운동, 감정에 의해 동기화되는) 이차 원인은 그 힘과 그 힘의 사용에 관해 자유롭게 결정되거나 않거나 하므로 만일 이 이차 원인이 원한다면 그것은 자신의 행위를 지연시킬 수(또는 철회할 수) 있기" 때문입니다. 또는 "그러한 결정은 일단 그것이 확정될 때, 이차 원인(적어도 그 힘의 사용에 관하여)은 더 이상 자유롭게 자기의 행위를 지연할 수 없듯이 하나님의 행위, 운동, 감정이 확정될 때도 그러합니다. 그러나 이 결정에 의해 그것(이차 원인)은 필연적으로 이 경로나 저 경로로 회절(回折)하거나 기울 수밖에 없는데, 이 확정된 행위가 자유롭고 무제약적인 개체에 의해 산출되기 전까지는 둘 중 어느 편이 완전히 제거되든지 전적으로 무관합니다."

1) 만일 이 조항에 쓰인 '결정하다'는 낱말을 첫 번째 방식을 따라 해석한다면 나로서는 그러한 종류의 하나님의 결정에 대해 전혀 부정하지 않습니다. 왜냐하면 나는 사도행전 4장에 "헤롯과 본디오 빌라도가 이방 사람들과 이스라엘 백성과 한 패가 되어 이 성에 모여서 주님께서 기름 부으신 거룩한 종 예수를 대적하여 주님의 권능과 뜻으로 미리 정하여 두신 일들을 모두 행하였습니다"(27절)라고 기록된 것을 알기 때문입니다. 그러나 나는 또한 헤롯, 본디오 빌라도, 유대인들이 자유의사에 따라 그런 일을 행했다는 것을 압니다. 그리고 ('하나님의 예정'이 있음에도 불구하고 그리고 그의 힘에 의해 이 '예정'을 실행하는 데 필요한 모든 신적 행위, 운동, 감정이 모두 확정되었음에도) 하나님에 의해 '미리 정해진' 행위(그리스도의 십자가 처형)가 그 사람들에 의해 직접 실행되지 않게 할 수 있고, 따라서 그들이 그 행위를 실제로 저지르는 순간까지 그것을 실행에 옮기는 것에 대해 완전히 자유롭고 무관심

할 수 있었던 것입니다. 우리 주님의 고난의 서사(the narrative of the passion of our Lord)를 음미하면서, 그리고 사건 전체가 어떻게 진행되었고 헤롯, 본디오 빌라도, 유대인들을 어떤 논증에 의해 설득하여 움직였는지, 그 논증이 사용될 때 적용된 관리(또는 경영) 유형을 주의 깊게 관찰해 보십시오. 그러면 지금 내가 주장하는 것이 참이라는 것을 분명히 알게 될 것입니다.

2) 그러나 '결정하다'라는 낱말을 두 번째 해석에 따라 이해할 경우, "영원한 작정에 의해 하나님은 미래의 우연한 사건을 어느 쪽으로든지 결정할 수 있다"라고 선언하는 그 공리를 (거짓이고 부조리하며, 또한 많은 신성모독의 길을 예비하므로) 솔직히 나는 질색할 정도로 싫어합니다. 그 문장의 목적어는 "피조물의 자유의지에 의해 수행되는 일"로 고쳐서 이해해야 합니다.

① 나는 앞의 공리의 거짓됨을 통렬히 비판합니다. 왜냐하면 하나님은 그의 섭리 경영에서 작정을 집행하기 위해 자기 피조물을 즐겨 동원하시는데, 그럴 경우 그들의 본성을 제거하지 않은 채 오히려 그에 부합하는 고유한 운동을 수행하고 완수할 수 있게 허용하면서 모든 일을 진행하시기 때문입니다. 그렇게 하지 않을 경우 창조의 목적을 완성할 수 있게 경영되어야 하는 하나님의 섭리가 정면으로 장벽에 부딪히게 될 것입니다.

② 내가 앞의 공리를 질색한다고 말했는데, 왜냐하면 "어떤 것이 우연적으로 실현된다"라고 기술된 종속절에서 모순이 발생하기 때문입니다. 즉 어떤 것은 그것이 실현되지 않을 수도 있는 방식으로 실현되고, 그럼에도 문제의 그것은 실현되기로 결정된 것이 실현되지 않는 것을 불가능하게 만드는 방식으로 어느 쪽으로든지 실현될 것이라고 결정되었기 때문입니다. 그러한 교의의 후원자들이 "피조물의 본성에 속한 자유는 제거되지 않는다"라는 명제에 관해 설명한 것은 이 모순을 해소하기에 불충분합니다.

우연성과 자유를 확립하기 위해서는 피조물이 본성에 따라 자유롭게 행동할 수 있는 능력을 소유하는 것만으로 충분하지 않고, 그 능력과 자유를 사용하고 행사하는 것이 어떤 이유로도 방해받지 않게 하는 것이 요구되기 때문입니다. 그러므로 (그 옹호자들의 도식에 따라) 창조 시에 피조물에게 자유롭게 행동할 수 있거나 행동을 스스로 지연시킬 수 있는 능력을 부여하고, 동시에 자유가 오래 행사되어야 하는 시점에서 그 능력을 박탈하는 것은 얼마나 이치에 맞지 않는 일입니까? 즉 그러한 능력을 사용할 필요가 없을 때는 그것을 부여하고, 그러나 그것을 사용하는 것이 유용하고 필요하게 될 때는 그 자유의 행사를 막는 처사가 허용되는 것입니다. 이 문제에 대해 가장 현학적이고 예리하게 설명하는 텍스트로 마르키온에 대한 테르툴리아누스의 비판[4]을 다시 검토해 봅시다 (lib. ii. c. 5, 6, 7). 나는 그가 제시하는 모든 설명에 전적으로 동의합니다.

③ 나는 그 공리가 다양한 신성모독을 선도하기 때문에 배격합니다. 왜냐하면 어떤 기술이나 궤변으로도 '이전에 내린 결정'에 관한 이 도그마가 다음과 같은 결과를 낳지 못하게 막을 길이 없기 때문입니다. 첫째, 그것은 하나님을 죄의 조성자로 만들고, 인간을 책임에서 사면시킵니다. 둘째, 그것은 하나님을 실재하는, 참된 그리고 유일한 죄인으로 만듭니다. 왜냐하면 이 행위를 금하는 확정적인 명령이 있을 때, 또한 그러한 '선행 결정

••

4)   여기 언급된 텍스트는 테르툴리아누스(155년경~240년경)가 쓴 유명한 이단 비판서 중 하나인 *Adversus Marcionem(Against Marcion)*이다. 마르키온(Marcion of Sinope, 85년경 ~150년경)은 예수의 인성을 부정하고 그의 십자가 수난을 수치라고 주장했다. 그것에 맞서 테르툴리아누스는 "그리스도가 십자가에서 겪은 수치는 기독교 신앙에 필수적이다. '하나님의 아들이 태어났다. 부끄러울 것이 없다. 왜냐하면 부끄럽기 때문이다. 그리고 하나님의 아들이 죽었다. 완전히 믿을 만하다. 왜냐하면 어처구니가 없기 때문이다. 또 매장되었다가 부활했다. 확실하다. 왜냐하면 불가능하기 때문이다"라고 반박했다. 기독교 교의들이 사람들의 상식과 크게 다르다는 것을 강조하고자 이런 수사법을 이용했다.

(pre-determination)'이 그 행위가 수행될 수 없게 만들 수 없을 때, 이로부터 마땅히 귀결되는 결과는 그 명령에 어긋나는 그 행위를 수행한 것은 하나님이므로 주어진 명령을 위반한 것은 바로 하나님 자신이기 때문입니다. 직접적으로 그 위반 행위를 저지른 것은 피조물이지만, 그 일에 관해 피조물은 죄라는 것을 전혀 고찰할 수 없었습니다. "선행–결정"이 확정적으로 내려진 후, 인간 편에서 그 행위는 피할 수 없는 것이었기 때문입니다. 셋째, 이 도그마에 따르면 하나님은 그의 정의와 자비를 나타내 보일 수 있기 위해 죄인 당사자와 그의 죄를 필요로 했습니다.

나는 이 도그마로부터 연역되는 그 결과에 대해 다른 어떤 사람들에 의해 반박하는 것을 본 적이 없습니다. 이제는 그러한 반박이 준비되었기를, 적어도 진지하게 시도될 수 있기를 나는 바라는 바입니다. 실제로 그런 시도가 실행될 때, 그때조차도 나의 이 반론의 유효성을 증명할 수 없다면 나는 나 자신을 굴복시킬 것이고 내 잘못에 대해 용서를 구할 것입니다. 나는 다른 사람들 앞에서 그러한 결과를 지적하며 (다른 사람들의) 견해를 비난하고 공격하는 일에 익숙하지 않지만, 오늘 같은 상황에서 오직 한 번만 (그리고 부득이 이렇게 떠밀려서) 나는 "그들의 견해를 그러한 반론으로부터 자유롭게 해방시킬 수 없음"을 고백합니다.

8조항에 답하다

복음이 전파되고 그것을 받아들이기만 하면 누구에게나 성령의 충분한 은혜가 주어진다. 따라서 그들이 원한다면 그들은 믿을 것이고, 그렇지 않을 경우 하나님은 다만 인류를 비웃으실 것이다.(8조항)

공개적으로나 개인적으로 단 한 번도 나는 이 명제를 이 낱말들을 사용하여 또는 동등한 설득력을 갖거나 유사한 의미를 어떤 표현에 의해 전달한 적이 없습니다. 수많은 사람들이 반대되는 증언을 한다고 해도 나는 자신 있게 그 명제를 주장할 수 있습니다. 즉 이 조항이 수정을 거쳐 설명되지 않는 한 나는 현재와 같은 형태의 이 조항을 인정하지도 않고, 어느 때든지 나의 승인을 부분적으로 얻는 일도 없을 것입니다. 이 사실을 입증하는 증거로서 나는 같은 주제에 대해 내가 다른 사람들과 함께했던 학술대회의 발표 자료를 제시할 수 있습니다. 이 조항에는 내가 적절한 설명을 보여 주고 싶은 세 가지 주제가 들어 있습니다.

첫째는 복음이 전파된 사람들 사이에 존속하는 차이에 관한 것입니다. 이 차이에 대해 성경에 빈번히 언급되었고, 특히 다음의 구절이 보여 줍니다. "그때 예수께서 이렇게 말씀하셨다. '하늘과 땅의 주님이신 아버지, 이 일을 지혜 있고 똑똑한 사람들에게는 감추시고, 어린아이들에게는 드러내어 주셨으니 감사합니다.'"(마 11:25) 이 구절에 대해서는 고린도전서 1장과 2장에 설명되어 있습니다. "아무 고을이나 아무 마을에 들어가든지 거기서 마땅한 사람을 찾아내서 그곳을 떠날 때까지 거기에 머물러 있어라. 너희가 그 집에 들어갈 때에 평화를 빈다고 인사하여라. 그래서 그 집이 평화를 누리기에 알맞으면 너희가 비는 평화가 그 집에 있게 하고, 알맞지 않으면 그 평화가 너희에게 되돌아오게 하여라. 누구든지 너희를 영접하지 않거나 너희의 말을 듣지 않거든 그 집이나 그 고을을 떠날 때에 너희 발에 묻은 먼지를 떨어 버려라."(마 10:11~13) 베뢰아의 유다 사람들은 "데살로니가의 유대 사람들보다 더 고상한 사람들이어서 아주 기꺼이 말씀을 받아들이고 그것이 사실인지 알아보려고 날마다 성경을 상고하였다."(행 17:11) "마지막으로 형제자매 여러분, 주님의 말씀이 여러분에게 퍼진 것과 같이 각처에 속히 퍼져서 영광스럽게 되도록 우리를 위해서 기도해 주십시오. 또 우리가 심술궂고 악한 사람에게서 벗어나도록 기도해 주십시오. 사람마다 믿음을 가지고 있는 것이 아닙니다. 그러나 주님께서는 신실하신 분이시므로 여러분을 굳세게 하시고."(살후 3:1, 2)

둘째는 충분한 은혜(sufficient grace)를 주시는 것에 관해 그 선물에 대해 어떻게 이해해야 할까요? 성화의 은혜[5]와 도우심의 은혜가 있다는 것은 잘 알려져 있습니다. 그런데 이 조항의 어법은 다음과 같이 이해될 수 있을 것 같은데, 즉 습관적 은혜라는 것은 복음을 전해 들은 모든 사람들에게 수여되고, 그들로 하여금 더 잘 또는 더 쉽게 그 은혜를 신뢰하거나 복음을 믿을 수 있게 하는 은혜를 가리킵니다.

그러나 그 용어의 그러한 해석을 나는 인정할 수 없습니다. 오히려 그 은혜에 대해 말하고 있는 이 충분성은 성령의 도우심에 귀속되어야 하고, 그것을 통해 성령께서 듣는 사람들의 마음에서 효력을 발휘할 수 있게 하는 일종의 기관 또는 도구가 됩니다. 그러나 성령의 도우심의 실제 작용은 매우 다양하고 적정화된 방식으로 설명되며, 그 충분성은 가능한 한 펠라기우스주의와 최대로 거리를 유지하면서 성령에게 귀속시킬 수 있을 것입니다.

셋째는 "그들이 원한다면 이 은혜에 의해 그들은 믿게 될 것이다"라는 표현에 관해서입니다. 여기 쓰인 낱말들은 거칠고 다듬어지지 않은 채로 전달될 때, 매우 조야한 해석을 낳거나 성경에 전혀 부합하지 않는 의미로 이해될 수 있습니다. 즉 그러한 능력을 받은 후, 성령과 거룩한 은혜는 완

---

5) 성화의 은혜(sanctifying or habitual grace)는 습관적 은혜라고도 하며, 인격을 새롭게 해주고 하나님과 이웃을 사랑하도록 힘을 주는 성령의 은사를 의미한다. 변화된 인격적 특질이나 미덕은 제2의 천성처럼 기능하므로 타성적(inert) 은혜라고 부를 수도 있다.

전히 침묵 상태에 들어가서 그 사람이 자기가 받은 능력을 적절히 사용하고 복음을 믿을 것인지를 보려고 기다리고 있는 것처럼 이해하는 것입니다. 반대로 이 주제에 관해 올바른 견해를 형성하고 표현하기를 원하는 사람은 그 선물을 고유한 영역에 귀속시킬 필요가 있는데, 즉 그 은혜의 주요 역할은 인간의 의지를 설득하여 자기에게 전달된 진리에 동의를 나타내게 하는 것입니다.

이 설명에 의해 여기 언급한 요점에 대한 이단 혐의로부터 나를 조금도 남김없이 완전히 벗어나게 해 줄 것입니다. 그것은 건전하고 적합한 설명이 덧붙이지 않는 한 내가 그 조항을 인정하기를 원하지 않았다는 것을 표현함으로써 그 조항이 담긴 문서가 전혀 믿을 만한 것이 못되는 것을 입증할 것입니다.

이 명제에 덧붙인 것, 즉 이 조항이 수정되지 않는다면 하나님께서 다만 인류를 비웃으실 뿐이라고 말한 이유에 관해 나는 솔직히 여러 명의 논적들이 그 조항의 부조리성을 지적하기 위해 우리 목회자 상당수가 밝힌 견해를 비난했던 사실을 언급하기 위해서였음을 고백합니다. 그리고 이 조항을 작성한 사람들이 자신들의 가슴속에 깊이 숨겨 두었던, 이 주제에 대한 그들 자신의 견해를 공개적으로 선언하는 편을 택했더라면(그 조항을 나에게 전가하는 대신에) 쉽게 증명될 수 있었을 것이므로 아무 이유 없이 그것을 덧붙인 것은 아닙니다.

9조항에 답하다

신자들이 당하는 일시적인 역경을 '징계(chatisement)'라고 부르는 것은 옳지 않고 죄에 대한 '심판(punishment)'이라고 불러야 한다. 왜냐하면 그

리스도는 오직 영원한 심판에 대해 만족시키셨기 때문이다.(9조항)

이 조항은 이중적이고 가장 언어도단적인 거짓에 의해 내게 전가되었습니다. 전자는 이 조항 자체에서, 후자는 덧붙인 이유에서 발견될 것입니다.

먼저 전자에 관해. 신학에 입문한 지 얼마 안 된 초년생들은 동물적인 지상의 삶에서 겪는 역경이나 불행을 심판이나 징계나 시험이라고 이해합니다. 즉 그런 환난을 보내실 때, 하나님께서는 이미 저지른 죄를 심판하기 위해, 그리고 다른 것은 일체 고려하지 않으시거나 심판의 대상이 되어야 할 사람들이 이후에 다른 혹은 비슷한 죄를 짓는 일이 없게 하려는 징계의 의미로, 또는 그의 백성이 갖추어야 할 믿음, 소망, 구제, 인내 같은 현저한 미덕과 은사를 시험하기 위해 환난과 역경을 허락하신다는 것입니다.

그러나 사도들이 유대인의 공의회 앞에 불려 나가 채찍으로 맞았을 때, "사도들은 예수의 이름 때문에 모욕을 당할 수 있는 자격을 얻게 된 것을 기뻐하면서 공의회에서 물러나왔다"(행 5:41)라고 기록되었는데, "그것은 심판이었다!"라고 말한다면 그것은 얼마나 터무니없는 것입니까? 바울 사도가 한 다음과 같은 말한 것을 누구나 잘 알고 있지 않습니까? "이 때문에 여러분 가운데는 몸이 약한 사람과 병든 사람이 많고, 죽은 사람도 적지 않습니다. 우리가 스스로 살피면 심판을 받지 않을 것입니다. 그런데 주님께서 우리를 심판하시고 징계하시는 것은 우리가 세상과 함께 정죄를 받지 않게 하시려는 것입니다."(고전 11:30~32) 이 구절을 비롯해 다른 많은 성경 구절을 염두에 두지 않은 채 내게 이 조항을 전가한 사람들은 대담할 뿐만 아니라 자신들의 무지함까지 드러내었습니다. 만일 그들이 그 성경 본문을 잠시라도 상고했더라면 하나님의 말씀으로부터 명백하고 뚜렷한 인용에 의해 쉽게 반박될 수 있는 그런 견해를 내게 귀속시키는 순간 무엇이 그들의 마음을 그토록 장악하고 있었을까요?

언젠가 한번 우리야에게 저질렀던 범죄 행위로 인해 다윗의 집안에 환난이 덮친 일에 대해 토론을 벌인 적이 있습니다. 그때 예시되었던 성경 구절이 그 역경이 심판과 관련된 것을 입증하는 매우 강력한 진리의 표상처럼 들렸을 때, 나는 이렇게 말했습니다. "우리의 논적인 가톨릭교회에 의해 우리 자신이 내몰려서 빠져나오기 어려운 곤경에 우리 스스로 들어가야 할 어떤 필연성도 없습니다." 왜냐하면 성경 말씀은 그 환난이 전혀 심판과 관련되지 않는다고 주장하는 견해에 반대되는 것이 뚜렷하기 때문이다. 그리고 죄는 가공할 만한 참상에 상응하는 영원한 심판과 일시적인 심판을 모두 초래할 수 있기 때문에 (시편 73편과 욥기 21장에서 보듯이 만일 참으로 하나님께서 기꺼이 후자의 심판을 내리기로 하신다면 죄 안에서 버티는 사람들에게조차 하나님께서 항상 그런 일을 실행하는 것은 아닙니다) 하나님께서 영원한 심판을 받을 만한 죄인을 용서하신 후, 그가 일시적인 심판에 대한 사면을 지연시키거나 보류하신다고 말하는 것은 전적으로 부적절한 일이 아닙니다. 나는 "이 전제로부터 가톨릭교회의 연옥 교리를 옹호할 수 있는 근거가 확보될 수 없다"라는 것을 보여 주었습니다.

그다음으로 덧붙인 이유에 관해. 이 조항의 전반부처럼 이것 역시 똑같은 위법적인 거짓에 의해 못지않은 부조리와 함께 옹호되었다는 것을 나는 입증할 것입니다. 우선 이 표현을 담은 명제를 나는 단 한 번도 주장한 적이 없고, 그 생각을 마음에 품어 본 적도 없습니다. 이 주제에 대한 내 견해는 "그리스도는 우리를 일시적인 죽음과 영원한 죽음을 선고받기에 합당한 죄에서 건지신 구속자와 구주이시며, 그는 우리를 영원한 죽음뿐만 아니라 육체로부터 영혼을 분리시키는 일시적인 죽음에서도 구원하시는 분이다"라는 것입니다. 그러나 성경이 명시적으로 "이 자녀들은 피와 살을 가진 사람들이기에 그도 역시 피와 살을 가지셨습니다. 그것은 그가 죽음을 겪으시고서 죽음의 세력을 쥐고 있는 자 곧 악마를 멸하시고"(히 2:14)라고 선언하는 터에 "그리스도는 오직 일시적인 심판을 대속하셨다"라는 견해가 사려 깊은 사람들에 의해 나에게 귀속되었다는 사실 자체가 놀라운 일이 아닐 수 없습니다. 여기서 말하는 '죽음'이라는 낱말은 '오직 육체의 죽음' 또는 '영원한 죽음과 결합된 상태에 있는 것'을 뜻으로 이해되어야 합니다. "하나님의 아들이 나타나신 목적은 악마의 일을 멸하시려는 것입니다."(요일 3:8) 그리고 언급된 그 일에는 반드시 일시적인 죽음도 포함되어야 합니다. 왜냐하면 "마귀의 시기심 때문에 죽음이 세상에 들어왔기" 때문입니다. 또 다른 구절에서는 "한 사람으로 말미암아 죽음이 들어왔으니, 또한 한 사람으로 말미암아 죽은 사람의 부활도 옵니다"(고전 15:21)라고 했는데, 그 한 사람은 바로 그리스도입니다. "그분은 만물을 복종시킬 수 있는 권능으로 우리의 비천한 몸을 변화시키셔서 자기의 영광스러운 몸과 같은 모습이 되게 하실 것입니다."(빌 3:21) 그러므로 "그리스도의 죽음에 의해 우리가 일시적인 죽음으로부터 구속되었고, 그 때문에 행복한 부활을 기대할 수 있는 권리와 지위를 얻게 되었다"라는 사실을 부인하는 사람이 있다면 그에게는 성경을 꼼꼼히 읽는 일이 절대적으로 필요합니다.

다음은 내가 인정하는 것으로, "우리의 마지막 원수인 죽음 자체를 멸망시키게 될, 죽은 자로부터의 부활에 의하지 않는 한 우리는 참으로 일시적인 죽음에서 구원을 얻을 수도 없다"라는 것입니다. 그러므로 내가 판단하기에 다음 두 가지 진리를 고찰하고 가르칠 필요가 있습니다.

첫째는 그리스도 자신이 죽음의 세력(고통)에 사로잡혀 있는 것은 있을 수 없는 일임에도 불구하고 그는 친히 죽으심으로써 우리를 지배하고 있던 마귀의 권세와 권한으로부터, 즉 우리를 자기의 권능 아래 구금하고 있던 권리를 죽음으로부터 직접 탈취하셨다는(행 2:24) 사실입니다.

둘째는 그리스도는 그의 때가 오면 하나님의 경륜이나 예정에 따라 해방의 전반부에는 영혼을, 후반부에는 육체를 기꺼이 내어주심으로써 죽음의 지배로부터 실제로 우리를 구원하실 것이라는 사실입니다. 솔직히 말해 일시적인 죽음을 가리켜 그리스도의 전능성에 의해 "멸망되어야 할 원수"라고 부를 때, 나는 그런 것이 확실한 지식에 포함될 수 있는 것인지, 즉 성도들에게 배정되거나 선고되는 일시적인 죽음은 심판이 아니라고, 또는 심판과 전혀 무관하다고 말할 수 있는 것인지 아무런 양심의 떨림 없이 인정할 수 없으며, 따라서 감히 인정하는 일은 하지 않겠습니다.

이와 반대되는 견해, 즉 "우리의 육체적 죽음은 영생으로 나아가는 통로다"라는 단언은 논증에 의해 증명된 것이 아닙니다. 왜냐하면 통로라면 육체의 통로가 아니라 영혼의 통로여야 하고, 육체는 땅에 묻힌 채로 있는 동안 여전히 죽음의 권세 아래 있기 때문입니다. 또한 그 단언은 "내가 원하는 것은 세상을 떠나서 그리스도와 함께 있는 것입니다"(빌 1:21, 23)라는 선언에 의해서도 확증되지 않습니다. 왜냐하면 성도들이 "육신적으로 죽어서(즉 세상을 떠나) 그리스도와 함께 있기를 바란다"라고 말할 때, 그것은 영혼의 바람에 따른 것이기 때문입니다. 그동안 육체는 그 원수인 죽음의 권세 아래 머물러 있는데, 그 육체는 (다시 자기의 영혼과 연합한 후에도) 영혼과 함께 영광을 입을 때까지 그 상태에 있습니다. 그리스도께서 베드로에게 하신 말씀도 이 단언에 반대됩니다. "네가 젊어서는 스스로 띠를 띠고 네가 가고 싶은 곳을 다녔으나, 네가 늙어서는 남들이 네 팔을 벌릴 것이고, 너를 묶어서 네가 바라지 않는 곳으로 너를 끌고 갈 것이다. 예수께서 이 말씀을 하신 것은 베드로가 어떤 죽음으로 하나님께 영광을 돌릴 것인가를 암시하신 것이다."(요 21:18~19)

그러므로 이 조항의 작성자들은 진리에 속하지도 않을 뿐만 아니라, 자신들이 충분히 분별할 수도 없는 견해를 내게 전가한 것입니다. 그들의 그러한 판단력의 취약성을 보여 주는 또 다른 두 가지 표지를 나는 이 조항에서 발견할 수 있습니다.

첫째, 그들은 오류들 각각의 무게 차이를 올바른 방식으로 구별하지 않습니다. "그리스도께서 육체적 심판—일시적인 죽음—을 대속하신 것"을 부인하는 사람은 "육체의 죽음에는 심판의 뜻이 담겨 있는데, 왜냐하면 그 죽음은 성도들에게도 부과되기 때문이다"라고 인정하는 사람보다 훨씬 더 큰 오류를 범하기 때문입니다. 그럼에도 그들은 후자의 오류를 명제로 제시하고, 전자의 오류를 그 명제를 확증하는 이유로 제시했습니다. 따라서 이 오류의 상대적 측정값에 따라 제시된 것과 반대로 진술해야 했다면 "그리스도는 오직 영원한 심판에 대해서만 대속하셨다. 그러므로 신자들의 일시적 환난을 징계라고 부르는 것은 옳지 않고, 죄에 대한 심판이라고 불러야 한다"라고 진술했어야 합니다.

둘째, 이 조항은 명제를 증명하는 방향으로 이끄는 설득력을 발견할 수 없는 논증을 사용하지 않을 수 없게 나를 강제합니다. 왜냐하면 그리스도가 일시적인 심판에 대해서도 대속하신 것을 인정하지만, 나는 "일시적인 죽음이 신자들에게 엄습할 때 그것 역시 심판과 관련된다"라고 주장하기 때문입니다.

셋째, 이상의 고찰을 통해 비정합적이고 취약한 판단의 세 번째 표지가 스스로 모습을 드러냅니다. 이 조항의 작성자들이 "그리스도는 우리를 일시적 심판으로부터 해방시키셨다. 그러므로 우리의 죽음은 심판과 아무런 연관이 있을 수 없다"라는 논증 구조를 제시할 때, 그들은 같은 전제로부터 내가 손쉽게 "그러므로 성도들이 일시적 죽음을 맞는 것은 정의로운 일이 아니다"라는 결론을 이끌어낼 수도 있다는 것을 미처 생각하지 못했기 때문입니다. 나의 추론 방법은 실체로부터 실체를 이끌어내는 (직접적인) 're ad rem'이므로 "그리스도께서 육체의 죽음을 맛보셨으므로 우리는 그것을 당하지 않을 것이다"라는 결론이 도출됩니다. 그들의 방법은 실체에서 관계로 나아가는 (상대적인) 're ad respectum rei'이므로 "그리스도께서 육체의 죽음을 맛보셨으므로 그것은 필경 우리에게도 부과될 것이지만, 심판과 아무런 관련이 없다"라는 결론이 나옵니다.

하나님께서 멀지 않은 장래에 보여 주실 유효성에 의해 실체에서 실체를 이끌어내는 'a re ad rem' 논증을 승인하고 친히 검증하실 것입니다. 그러나 그 논증은 합당한 형식으로 갖추고 진술되어야 할 것인데, 그러므로 "그리스도께서는 육체의 죽음을 맛보셨고, (둘째로) 그것을 제하여 버리셨는데, 그 사실은 그의 부활로 확증되었다. 그러므로 하나님께서는 그가 정하신 때에 우리에게서 죽음을 제하실 것이다"라는 논증이 제시되어야 합니다.

10조항에 답하다

구약시대의 신자들이 그리스도께서 승천하기 전에 천국에 있었다는 것은 성경으로부터 증명될 수 없다.(10조항)

나는 그러한 교의를 공개적으로 전달한 적이 없고, 긍정적으로 단언한 일도 없습니다. 하지만 내가 기억하기에 언젠가 한번 하나님의 말씀을 가르치는 한 목회자에게, 전에 그가 했던 설교를 언급하면서 "그리스도가 승천하기 이전에 구약시대의 신자들이 천국에 있지 않았다는 것을 보여 주는 것처럼 보이는 성경 구절이 많이 있다"라고 말했던 적이 있습니다. 그리고 성경 몇 구절을 인용했는데, 그것에 대해 그는 거의 반박하지 않았습니다. 그러나 나는 덧붙여 말하기를 이와 다른 견해를 가지고 있는 교회에 그 문제를 거론하는 것은 많은 유익이 될 것 같지 않지만 면밀한 검토를 통해 그것이 참이라는 것을 밝힐 수 있다면 사람들의 마음이 무뎌져 제대로 생각할 수 없을 때 그것을 가르친다면 그 교회에 유익이 되고 그리스도께도 영광을 돌릴 수 있을 것이라고 말했습니다. 나는 지금도 그렇게 생각합니다. 그러나 그 문제 자체에 관해서는 어느 편이든 인정하지 않습니다.

나는 그 주제에 관한 여러 견해가 제각기 다른 성경 구절을 인용하고 그로부터 다른 결론을 추론할 뿐만 아니라, 목회자들의 견해 역시 스스로를 옹호하는 논증에 바탕을 둔다고 생각합니다. 그 견해 전체를 힘껏 검토해 본 후 나는 명증적인(또는 다른 것에 비해 우월한) 논증 위에 서 있는 것을 발견할 수 없다는 사실을 무거운 마음으로 고백하지 않을 수 없습니다. 이 입장에 대해 나는 대다수의 목회자로부터, 특히 동년배 목회자들로부터 동의를 얻어냈습니다. 고대 교부들 대부분은 구약시대 족장들의 영혼을 하늘 위나 그 너머에 위치시켰는데, 그곳은 연옥 아래 영역 또는 천국이라고 불러 마땅한 곳의 경계 밖에 있는 어떤 곳을 가리킵니다. 그러므로 "나는 불확실한 것에 대해 논쟁하기보다 비밀스러운 것을 의심하는 편을 택한다"라고 말한 아우구스티누스를 따르겠습니다. 또한 여기에는 최소한의 필연성 같은 것도 없습니다. 그러므로 그리스도께서 먼저 승천하심으로써 우리의 선구자가 되시고, 우리에게 거룩한 처소로 가는 길을 예비하고 문을 여신 것이 확실한 마당에 왜 내가 구약시대 조상들의 영혼이 어디서 쉬고 있을지에 대해 논쟁할 필요가 있겠습니까?

그러나 평소와 다름없이 나로 말하면 이 견해로부터 연역한 결론을 바탕으로 마치 내가 가톨릭교회의 연옥 교리를 옹호하기라도 하는 듯이, 또는 내가 죽은 사람들의 영혼이 자고 있거나 잠들었다고 생각하는 사람들과 가깝다거나 최악의 경우 "선조들은 더 나은 삶에 대한 어떤 소망도 없이 먹기만 하고 살찌는 돼지와 비슷했다"라고 말하는 이들에게 내가 동감하는 것처럼 말하는 음험한 소문까지 떠도는데, 소문이 더 이상 가공되지 않도록 나는 그리스도께서 승천하기 이전 선조들의 상태에 관해 내가 어떤 견해를 가지고 있는지를 공개적으로 선언하려 합니다.

첫째, 나는 인간 영혼의 불멸성, 즉 영혼이 결코 죽지 않는 것을 믿습니다.

둘째, 이로부터 나는 영혼은 잠들지 않는다고 연역합니다.

셋째, 이 세상의 삶이 끝난 후 행복하거나 비참한 상태는 모든 사람에게 열려 있고, 그들은 이 세상을 떠나자마자 곧 이쪽이나 저쪽으로 들어가게 되어 있습니다.

넷째, 믿음을 가지고 지상에 머무는 동안, 구속자를 기다리며 사는 삶을 마친 조상들의 영혼은 이 세상을 떠나 고요와 기쁨과 지복의 처소로 들어가고, 그들은 육신에서 벗어나자마자 곧 하나님의 복된 임재를 직접 향유하기 시작합니다.

다섯째, 나는 고요한 그곳이 어디에 있는지, 그곳이 과연 그리스도께서 올라가신 낙원이라 불리는 곳인지, 아니면 다른 어떤 곳인지 감히 결정 내리지 않을 것입니다. 만일 이 주제에 대해 모험을 무릅쓰고자 하는 사람이 있다면 나는 그가 자기의 견해를 뒷받침하는 이유를 밝히거나, 그렇지 않다면 부디 침묵을 지켜야 할 것이라고 생각합니다.

여섯째, 내가 생각하기에 죽은 이들의 영혼은 그리스도의 승천을 통해 더 큰 행복을 누리게 되었을 것이고, 그것은 육체가 부활할 때 절정에 이를 것이며, 그리하여 보편교회의 모든 지체들이 천국에 들어갈 것이라고 덧붙여 둡니다.

나는 구약시대 성도들의 영혼이 천국에 머물고 있다는 증거로 제시할 수 있는 성경 구절을 알고 있습니다. "육체가 원래 왔던 흙으로 돌아가고, 숨이 그것을 주신 하나님께로 돌아가기 전에."(전 12:7) 그러나 이 구절을 모든 부류의 사람들의 영혼에 적용되는 것으로 이해하는 경우, 논증을 위해 별도의 뒷받침이 필요하지 않습니다. 그러나 만일 이것이 선한 사람들의 영혼에만 연관되는 것으로 이해할 경우, "숨이 그것을 주신 하나님께로 돌아간다"라는 구절에 근거해 영혼이 올라가서 이른바 천국의 자산이 되는 것은 아닙니다. 그러나 나는 전자의 해석 방식, 즉 영혼을 창조하고 보존하시는 분, 그리고 육체의 행실을 판단하는 재판장이신 하나님께로 영혼이 돌아간다는 해석을 선호합니다.

에녹은 하나님께로 들려 올라갔고(창 5:24), 엘리야는 회오리바람에 휩싸인 채 하늘로 올라갔다고 기록되어 있습니다(왕하 2:11). 그러나 정상 질서에서 벗어나는 이런 사례가 참이라고 해도 그로부터 에녹이 하나님께로 올라갔기 때문에 곧 그가 하늘의 가장 높은 곳으로 옮겨졌다는 것이 함축되는 것은 아닙니다. '하늘'이라는 낱말은 매우 폭넓은 의미를 담고 있기 때문입니다. 엘리야의 경우도 마찬가지입니다. 열왕기하 2장 13절에 대한 피터 버미글리[6]와 바타블루스[7]의 주석을 참조하시기 바랍니다.

∴

6) 페터 마터 버미글리(Peter Martyr Vermigli, 1499~1562)는 이탈리아 출신의 종교개혁가로, 가톨릭 국가인 이탈리아에서 초기에 그가 보인 활약상과 나중에 프로테스탄트 지역인 북유럽으로 도피할 수밖에 없었던 과정은 많은 이탈리아 사람들의 개종에 영향을 끼쳤다. 프랑크 제임스의 최근 연구에 따르면 장 칼뱅은 버미글리의 『신학총론(*Loci Communes*)』으로부터 지대한 영향을 받았다. 그는 취리히와 바젤을 거쳐 스트라스부르크에 도착했고, 마르틴 부서(Martin Bucer)의 지지에 의해 그곳 신학교의 구약학 교수가 되었다. 1547년 11월, 토머스 크랜머(Thomas Cranmer)의 초청을 받아 영국으로 건너갔고, 이듬해 3월 옥스퍼드의 레기우스 신학 교수로 임명되었다.

7) 프랑스어 이름은 프랑수아 바타블(François Vatable, 미상~1547)로, 인문주의 학자이자

"그리스도께서는 죽은 사람들 가운데서 살아나셔서 잠든 사람들의 첫 열매가 되셨습니다."(고전 15:20) 만일 에녹과 엘리야가 가장 높은 하늘로 올라가 불멸의 몸으로 갈아입은 것으로 해석할 경우, 이 구절은 옳은 것으로 보기 어렵습니다.

"그러다가 그 거지(나사로)는 죽어서 천사들에게 이끌려가서 아브라함의 품에 안기었고" 거기서 그는 위로를 얻었다(눅 16:22)라고 기록되어 있습니다. 그러나 '아브라함의 품'이라는 용어가 천국을 지시하는지는 확증할 수 없습니다. 나사로가 자기 조상 아브라함의 품에 안기게 되었다는 것은 그가 그리스도께서 준비하시는 천국 자체의 충만한 아름다움을 소망하는 가운데 쉬고 있다는 것을 암시할 뿐입니다. 그렇기 때문에 그리스도께서 하늘로 올라가신 후 사도 바울은 "내가 원하는 것은 세상을 떠나서 그리스도와 함께 있는 것입니다"(빌 1:23)라고 말한 것입니다.

"많은 사람이 동과 서에서 와서, 하늘나라에서 아브라함과 이삭과 야곱과 함께 잔치 자리에 앉을 것이다."(마 8:11) 그러나 이 구절로부터 구약시대의 조상들이 이방인들 가운데서 부르심을 받고 그들과 함께 앉기 전에 마땅히 천국이라고 부를 수 있는 곳으로 옮겨갔다는 것이 함축되는 것은 아닙니다.

마태복음 25장은 경건한 사람들을 위해 예비된 곳과 악한 사람들을 위해 예비된 곳, 오직 두 곳밖에 없는 것처럼 말합니다. 그러나 그로부터 경건한 사람들을 위해 준비된 곳이 우리의 궁극적인 처소, 천국이라는 것이

••

고전학과 유대주의에 정통한 학자로 알려져 있다. 1518년부터 황실에 의해 프랑스를 대표하는 신학자 자크 르페브르 데타블(Jacque Lefèvres d'Etaples)의 조수로 임명되어 아리스토텔레스의 물리학, 동물학, 심리학 등 고전 텍스트를 번역했다.

함축되지는 않습니다. 그것을 제외한 다른 더 많은 처소가 없는 것은 더 많은 다양한 상태가 없었기 때문입니다. 하지만 그 장소들이 아무런 변화도 없는 늘 똑같은 곳이어야 할 필요는 없습니다. 앞의 두 장소 외에 제3의 장소가 따로 첨가되지 않는 한 이 선언의 권위는 조금도 훼손되지 않습니다.

"너희는 기뻐하고 즐거워하여라. 하늘에서 받을 너희의 상이 큼이다."(마 5:12) 이 말씀을 액면 그대로 받아들이기로 합시다. 그러므로 (어떤 사람들의 추론에 따르면) 사람들은 죽은 뒤 즉시 가장 높은 천국으로 이동할 것입니다. 그러나 반드시 그 결론을 추론할 수 있는 것은 아닙니다. 왜냐하면 성경에서 다음과 같이 표현된 약속의 말씀에 따르면 "보아라, 내가 곧 가겠다. 나는 각 사람에게 그 행위대로 갚아 주려고 상을 가지고 간다. 아멘, 오십시오, 주 예수님!"(계 22:12, 20). 그것은 최후의 심판에 이어 곧바로 뒤따르는 시기를 지시하는 것으로 알려져 있습니다. 마찬가지로 누가복음의 구절 "그들이 너희를 영원한 처소로 맞아들이게 하여라"(눅 16:9)도 그렇게 이해되어야 합니다. 즉 그 시기는 최후의 심판이 있은 후 최소한 (승천하신) 그리스도께서 자기 백성들을 위해 처소를 준비하는 임무를 완수하신 후가 될 것입니다(요 14:2).

"하나님께서 예수를 일으키셔서 (조상들의) 후손인 우리에게 그 약속을 이루어 주셨습니다."(행 13:33) 나는 이 말씀을 액면 그대로 받아들입니다. "그러므로 그 조상들은 심지어 그리스도(의 승천) 이전에도 항상 천국에 머물 것이고, 우리도 그 뒤를 따를 것이다." 물론 이 결론은 필연적으로 도출되는 것은 아닙니다. 영화(榮化, glorification)는 정도의 차이를 포함하기 때문입니다. 만일 그리스도께서 하늘로 올라가신 후 그 조상들이 더 많은 복을 얻고 영광스럽게 될 수 있다면 그런 추이를 탁월하다고 말할 수는 없을 것입니다.

"예수께서 그(죄수)에게 말씀하셨다. 내가 진정으로 네게 말한다. 너는 오늘 나와 함께 낙원에 있을 것이다."(눅 23:43) 나는 이렇게 답하겠습니다. 첫째, 여기서 언급된 '낙원'은 반드시 제3층 하늘 또는 복 받은 사람들의 영원한 처소로 이해될 수 있는 것은 아닙니다. 그 낱말은 일반적으로 행복한 곳을 지칭할 뿐입니다. 둘째, 크리소스토모스[8]는 십자가에 못 박힌 강도는 천국에 들어간 최초의 사람이었다고 말합니다. 그러나 그는 그리스도보다 앞서 그곳에 올라간 것도 아니고, 성전 휘장이 두 쪽으로 찢어지기 전에 올라갈 수 있었던 것도 아닙니다.

그러나 이 본문의 반대편에는 하나님의 놀라운 섭리 또는 경륜이 서 있고, 그것은 그리스도께서 오시기 이전과 이후 시대를 구분합니다. 예루살렘 성전은 이 섭리를 표상하는 탁월한(모범적) 표본이었습니다. 서로 엇갈리게 맞물려 있는 휘장에 의해 성전의 바깥 부분은 제사장들이 매일 출입하는 '지성소(至聖所)'라고 불리는 내부 공간과 분리되었고, 이와 구별하여 그냥 '성소'라고 불렀습니다(히 9:2, 3). 히브리서 9장 24절은 천국 자체를 지성소라고 부릅니다. 이전에 성막이 서 있던 곳은 닫혀 있고, 그리스도께서 자신의 피에 의해 그 안에 들어가실 때까지 그대로 닫혀 있습니다(히 9:8~12). 그곳은 우리를 앞장서는 '인도자'이신 그분의 구역으로서, 우리도 휘장 안에 있는 것에 접근할 수 있게 하실 것입니다(히 6:19). 그 목적을 이루기 위해 우리는 "예수의 피를 힘입어서 담대하게 지성소에 들어갈 수 있게 되었습니다. 예수께서는 휘장을 뚫고 우리에게 새로운 살 길을 열어"(히

∴

8) 요한네스 크리소스토모스(John Chrysostom, 349년경~407년경)는 튀르케 출신의 초기 기독교의 교부이자 37대 콘스탄티노폴리스 대주교였다. 강직하고 까다로운 성격 때문에 알렉산드리아 대주교인 테오필로스와 불화를 일으켰다. 403년, 요한네스는 오크교회회의에서 여러 가지 죄목으로 기소된 뒤 대주교직에서 면직되었다. 이를 기회로 에우독시아는 남편 아르카디우스를 부추겨 요한네스를 비티니아로 유배시켰다. 407년 가을, 요한네스는 새롭게 개조된 소아시아 유배지인 피티우스에 가던 중에 코마나에서 사망했다.

10:19, 20) 주심으로써 우리를 자유롭게 해방하십니다. 이 때문에 옛 선지자들은 "믿음을 통해" 그들이 하나님을 기쁘시게 했던 사람이라는 평판을 들을 만한 적격자였지만, 그럼에도 그들은 "약속된 것을 받지는 못하였습니다." 그러나 하나님께서는 그리스도를 믿는 우리를 위해 "더 좋은 계획을 미리 세워 두셔서 우리가 없이는 그들이 완성에 이르지 못하게 하신 것입니다."(히 11:40) 성경의 이 본문과 그것에 나타나 있는 섭리의 시점(視點)은 옛 조상들이 진정한 의미에서 '천국'에 머무르고 있다는 견해를 내가 긍정적으로 수용할 수 없는 주요 이유 중의 하나입니다.

그러나 형제들이 나를 너무 거세게 몰아붙이지 않도록 나는 우리 교회가 공인하는 저명한 신학자 한두 명에게 의지해 반박하고자 합니다. 칼뱅은 그의 『그리스도교 강요』에서 다음과 같이 말했습니다. "오직 이러한 이유 때문에 교회들이 서로 불일치할 수 있는 것을 말한다면 그중 하나는 격렬한 논쟁이나 완고한 주장 같은 것이 있을 수 없는 것으로, 영혼들이 육신을 떠나 하늘로 올라간다는 견해다. 어떤 교회는 그곳이 어떤 곳인지 감히 정의 내리려 하지 않고 다만 그들이 주님 안에서 살 것이라고 단호히 주장할 뿐이다."(*Institutes*, lib. iv, c. 1, s. 12)

또한 그의 『그리스도교 강요』에서 다음 단락을 참조하기 바랍니다. "많은 사람들이 세상을 떠난 영혼들이 거주하는 곳에 대해, 그리고 그들이 지금 천국의 영광을 향유하고 있는지 어떤지에 대해 논쟁을 벌이면서 자신들을 괴롭힌다. 그러나 하나님께서 우리가 알 수 있게 허락한 것보다 더 심오한 숨겨진 일을 캐묻는 것은 어리석고 성급한 일이다."(lib. iii, c. 25, s. 6) 여기서 칼뱅이 말하고자 하는 것은 죽은 사람들의 영혼이 지금 천국의 영광을 누리고 있는지 어떤지에 대해 논란을 벌이는 것은 경솔한 일이라는 것입니다. 그러나 나는 지금 내가 "그리스도보다 앞서 죽은 조상들의 영혼이 진정한 의미에서 천국이라 부를 만한 곳에 머무르고 있다"라는 견해를 적극적으로 수용하지 않는다는 이유로 정죄를 받고 있으며, 혹은 적어도 비난을 면치 못하고 있습니다.

피터 마터 버미글리는 한 걸음 더 나아가 열왕기하 2장 13절에 대한 주석에서 너무나 대담하게도 "그리스도보다 앞서 죽은 조상들의 영혼은 진정한 의미의 천국에 있지 않다"라고 단언합니다. "만일 에녹과 엘리야가 어디로 옮겨졌는지를 내게 묻는다면 나는 그냥 모른다고 답할 것인데, 그 상황에 대해 성경은 아무것도 말하지 않기 때문이다. 그러나 만일 우리가 매우 개연성 높은 유비를 따르기로 한다면 나는 그들이 조상들이 머무는 처소 혹은 아브라함의 품으로 인도되어 그리스도의 부활을 기대하면서 축복받은 족장들과 함께 거기서 시간을 보내고 있을 것이며, 나중에 그리스도께서 다시 들어 올라가실 때 그와 함께 하늘들 너머로 올라갈 것이라고 말할 것이다."

여기서 주목해야 할 것은 피터 마터가 에녹과 엘리야에 관해서는 의구심을 표명하면서도 아브라함의 품에 있는 사람들, 즉 구약의 족장들에 관해서는 "그리스도께서 부활하실 때 그와 함께 들려 올라갈 것이다"라고 확정적으로 말한다는 점입니다. 조금 뒤에 이어지는 단락에서도 그는 같은 논지를 밝혔습니다. 그러한 숭고한 승천에 대해 우리는 그리스도 이전에 아무도 그것을 누릴 수 없었다는 것을 인정해야 합니다. 그러므로 에녹과 엘리야는 조상들에게 돌아갔고, 거기서 그리스도를 기다리고 있으며, 마침내 그가 천국에 들어가실 때 그들은 나머지 모든 사람과 함께 그의 수행원이 될 것입니다. 또한 누가복음서 16장 23절, 히브리서 9장 8절, 베드로전서 3장 19절에 대한 불링거[9]의 주석을 참조하기 바랍니다.

⋮

9) Heinrich Bullinger(1504~1575). 스위스 아르가우의 브렘가르텐에서 출생한 하인리히 불링

앞에 제시한 설명과 발췌문을 통해 나는 내가 이 문제에 관련해 혐의를 받을 만한 정당한 이유가 없을 뿐만 아니라, 비록 비판자들이 내가 오류를 범하고 있다고 지적한 것을 그대로 언급하기는 했지만 비난받을 근거가 없다는 것을 입증했다고 생각합니다. 차라리 내가 단순히 "옛 조상들의 영혼은 그리스도께서 지복의 처소로 승천하시기 이전에 천국에 있었던 것이 아니다"라고 주장했더라면 나는 훨씬 관대한 처분을 받았을 것입니다.

11조항에 답하다

구약시대의 신자들이 율법적 제사 의식을 그리스도와 그가 주시는 혜택의 모형으로 이해했는지는 의심의 여지가 있는 문제다.(11조항)

어느 때건 내가 그런 말을 했는지는 기억할 수 없고 차라리 내가 그런 말을 한 적이 없다고 확실히 말할 수는 있는데, 왜냐하면 나는 감히 그런 표현을 사용하는 일이 없기 때문입니다. 그러나 나는 "구약시대의 유대인들은 율법적 제사 의식이 그리스도의 모형이라는 것을 어느 정도까지 이해했을 것인가?"라는, 아무런 소득도 거두지 못할 질문을 던지기는 했습니다. 적어도 내가 스스로 확신할 수 있는 것은 옛 조상들이 그 제사 의식들

∴ 거는 스위스의 종교개혁가로서, 울리히 츠빙글리의 후계자가 되어 44년간 스위스 취리히 개혁교회 회장을 역임했다. 새로운 취리히 교회 의장으로 선출된 다음 해인 1532년 10월 22일에 츠빙글리의 친구이자 동역자였던 레오 윳(Leo Jud)과 함께 작성한 「취리히의 설교자와 총회 규범(Zuericher Prediger-und Synodalordnung)」을 공포했다. 이것은 독립적인 교회의 규범이기는 하지만, 엄밀히 말해 몇몇 교회의 역할이 정부에 이양된 정부 참여적인 교회의 규범이다. 이로써 취리히 종교개혁의 특성과 관련하여 교회의 업무에 일정한 정부의 역할과 참여가 인정되었다

에 대해 복음의 비밀을 계시받은 우리가 이해하는 만큼 이해할 수는 없었다는 것입니다. 또한 사실을 단호히 부인할 수 있는 사람은 아무도 없다고 생각합니다.

그러나 나는 구약시대의 신자들이 율법의 제사 의식을 그리스도와 그의 혜택의 모형으로 이해했다는 것을 입증하는 과제를 우리 형제들 스스로가 맡아서 수행하기를 소망합니다. 그 과정에서 그들 자신의 견해에 대해 문제 제기를 한 사람들이 있을 뿐만 아니라, 확정적으로 부인하는 사람도 있다는 사실을 상기하게 될 것이기 때문입니다. 실험을 그들이 직접 해 본다면 그들은 자신들이 착수한 과제가 얼마나 어려운 것인지를 깨닫게 될 것입니다. 왜냐하면 그들의 명제를 증명해 줄 것처럼 보이는 성경 본문이 그들의 논적들에 의해 보란 듯이 빼앗길 수 있고, 또 증거에 의해 문제없이 지지되는 것에만 동의하는 데 익숙한 사람은 구약시대의 신자들이 이런 물음에 대해 얼마나 알고 있었는지에 대해 쉽게 의심할 수 있으며, 특히 갈라디아서 4장 3절에 따르면 고대의 (유대) 교회 전체가 영아기나 유년기 상태에 있었고, 따라서 어린아이 수준의 이해력을 가졌을 뿐이라는 점을 고려할 때 더욱 그러합니다.

어린아이가 육에 속한 이런 제사 의식을 통해 그것이 담고 있는 영적인 일을 얼마나 이해할 수 있을 것인지는 "내가 어릴 때에는 깨닫는 것이 어린아이와 같고"(고전 13:11)와 같은 성경 구절을 잘 아는 사람들에게 결정을 맡기는 것이 좋겠습니다. 또한 전형적인 의미를 담고 있는 그런 구절을 조사해 보면 우리는 그리스도와 사도들로부터 그러한 이해 방식을 배웠기 때문이라는 것을 깨닫게 됩니다. 그 구절이 메시아에 관한 것이라는 예비지식이 없더라도 과연 그 의미가 매우 간명하고 명백하기 때문에 우리가 자연스럽게 그 구절의 영적 의미를 이해할 수 있었던 것인지를 밝혀야 할 것입니다.

"너희의 조상 아브라함은 나의 날(그리스도의 날)을 보리라고 기대하며 즐거워했고, 마침내 보고 기뻐했다"(요 8:56)라고 성경에 기록되어 있습니다. 이와 반대되는 견해를 가진 분들은 이 구절이 환유를 이해하는 방식으로 그 의미를 해석하기 바랍니다. 왜냐하면 아브라함은 그리스도의 모형인 '이삭의 날'을 보았고, 그러므로 그는 그것이 '그리스도의 날'임을 알았기 때문입니다. 이것에 대해 달리 생각할 만한 것이 성경에 언급된 적이 전혀 없다는 것은 의심의 여지가 없습니다. 아브라함의 믿음과 그 대상에 대해 로마서 4장 거의 전체를 통틀어 걸쳐 기술되어 있습니다. 성경 본문에 제시되어 있는 것을 서로 비교해 본다면 아브라함이 자기의 믿음에 의해 이해했던 약속 안에서 그리스도를 내다볼 수 있었다는 것을 입증할 수 있을 것입니다. '요나의 표적'이 그리스도께서 무덤 속에 머무르셨던 사흘간의 시간을 상징하기 위해 제시되었다는 것을 그리스도께서 친히 그것을 설명해 주시지 않았다면 과연 그런 의미를 누가 파악할 수 있겠습니까? 이 조항을 신봉하다시피 하는 사람들은 조상들이 어린아이 같은 수준의 믿음에 의해 구원을 얻었다는 사실을 부인하는데, 이 견해는 과연 얼마나 큰 손실을 가져올 수 있겠습니까? 어린아이라 할지라도 성인이 된 아들 못지 않게 자기 아버지의 유산을 받을 상속자가 될 수 있습니다.

그렇다면 "조상들은 그리스도에 대한 믿음 없이 구원을 받았다"라는 결론이 필연적으로 함축된다고 말하는 사람이 있을 것입니다. 하나님께서 약속하신 대로 "이스라엘의 구속을 기다리시는" 하나님의 구원에 관한 믿음은 그 시대의 경륜에 따라 일반적으로 "그리스도를 믿는 믿음"으로 이해된다는 것이 나의 답변입니다. 이것은 다음 구절로부터 쉽게 깨달을 수 있습니다. "주님, 제가 주님의 구원을 기다립니다."(창 49:18) "그 사람(시므온)은 의롭고 경건한 사람이므로, 이스라엘이 받을 위로를 기다리고 있었고."(눅 2:25) 그리고 같은 장에서 이렇게 말합니다. "안나라는 여예언자가 있었는데, 예루살렘의 구원을 기다리는 모든 사람에게 이 아기(그리스도)에 대하여 말하였다."

그러나 만일 "그리스도를 믿는 믿음"을 신약시대의 믿음으로 이해하고, 그를 영적이고 천국의 왕으로서 따르는 사람들에게 그가 고난과 죽음에 의해 그들을 위해 준비하신 하늘의 혜택을 내려 주시는 분으로 이해한다면 더 큰 어려움이 야기될 수 있습니다. 메시아에 관해 약속을 받고, 또 그에 대해 널리 예언했던 사람들 중에서 다윗을 능가할 사람이 있겠습니까? 그럼에도 누구든지 이성을 내세우며 다윗이 참으로 메시아가 영적 천국의 왕이라는 것을 이해했던 것인지를 얼마든지 의심할 수 있을 것입니다. 왜냐하면 다윗이 자기의 영혼을 송두리째 주님 앞에 쏟아놓은 것처럼 보일 때(삼하 7장), 그는 그 점에 관한 자신의 이해를 왜곡할 수 있는 말을 단 한 마디도 하지 않았는데, 그럼에도 그 사실은 여호와를 높이고 다윗이 자기의 확신을 뒷받침할 수 있는 엄청난 잠재력을 보여 주었다고 생각됩니다.

그리스도께서 세상에 머무는 동안, 메시아와 그의 나라에 대해 이스라엘 백성들이 가졌던 지식은 바리새인들과 민중 전체를 통해서도 알 수 있을 뿐만 아니라, 3년 동안 그리스도와 함께 지내며 늘 소통했고 그의 육성을 통해 천국에 대해 직접 들었던 제자들을 통해서도 드러납니다. 오히려 그보다 훨씬 놀라운 것은 그리스도께서 죽은 자들로부터 부활하셨을 때, 그때까지도 제자들은 여전히 그의 말씀의 의미를 이해하지 못했다(눅 24:21~25)는 사실입니다. 이로부터 우리가 확신 있게 말할 수 있는 것은 그들이 이전에 가졌던 지식이 서서히 마모되었거나, 또는 바리새인들이 예수에 대한 미움 때문에 자신들의 지식을 부패하게 만들었다는 것입니다.

그러나 그런 식의 단언 중 어느 것도 거의 개연적이지 않습니다.

전자의 단언은 개연적이지 않습니다. 왜냐하면 메시아의 시대에 가까워질수록 그에 대한 예언이 더 명료해지고 더 분명히 파악할 수 있게 되었기 때문입니다. 그렇게 말할 수 있는 그럴듯한 이유는 그때가 가까워질수록 사람들이 그가 메시아라는 것을 믿기 위해 더 많은 것이 필요하게 되었거나, 적어도 그러한 믿음이 더 많이 필요해지는 시대가 빠르게 다가오기 때문입니다.

후자의 단언 역시 개연성이 적은데, 왜냐하면 바리새인들은 그리스도의 가르침과 그가 행하신 이적 때문에 오히려 그를 미워할 수밖에 없다고 생각했기 때문입니다. 그러나 그가 열두 제자들을 자기의 전도 사역에 동참하게 부르신 것은 그가 메시아로서의 직무를 막 시작한 참이었습니다. 그 시대의 랍비 저자들로부터 그리스도의 영적 왕국에 관한 저술을 쓴 사람들이 많이 있었다고 나는 알고 있습니다. 그러나 나는 그 본문을 그 저자들에게 맡겨 두고자 하는데, 그 주제에 대해 어떤 결정을 내리는 것은 나의 능력을 넘어서는 일이기 때문입니다.

이 주제에 대해 깊이 묵상하면서 선행하는 예언으로부터 메시아이신 그리스도의 왕국이 영적인 나라여야 하는지를 증명하려 했을 때, 나는 아무런 어려움도 없었고, 특히 그 주제에 대해 쓴 저자들의 작품 대부분을 참조했을 때 그러했습니다. 이 점에 관해 한 사람이라도 한 점의 의구심을 갖지 않도록 한 가지 실험을 해 보겠습니다. 조항의 작성자들로 하여금 자기의 이론을 증명해 보일 수 있는 논증을 신약 성서의 빛이 조명하고 있는 이 시대에 과연 한 가지라도 제시할 수 있는지 요구해 봅시다. 이 실험을 마칠 때쯤 그들은 이 주제에 대해 약간의 주저함을 느낀다고 고백하는 사람들에 대해 불행한 판단을 내리지 않으리라고 나는 자신 있게 말할 수 있습니다.

이제까지의 고찰은 제기된 문제에 대한 형제들의 견해의 참됨을 부정하기 위해서가 아니라, 더욱이 그것을 반박하려는 뜻은 조금도 없고 내 주장을 위한 증거로서 제시했을 뿐입니다. 또한 내가 그것을 예시한 것은 이 주제에 대해 감히 독단론자의 역할을 감당하지 못하는 사람의 연약함을 관용으로 참아 낼 것을 다른 이들에게 가르치기 위해서입니다.

12조항에 답하다

그리스도는 전 인류와 각 사람을 위해 죽으셨다.(12조항)

나는 대중 앞에서나 개인적으로도 이것을 주장한 일이 없고, 다만 이 주제에 대해 논란이 불거졌을 때 진화하는 데 필요한 설명을 하는 중에 언급한 적이 있을 뿐입니다. 사실 여기 인용한 문장은 매우 애매합니다. 따라서 그것은 "그리스도의 죽으심은 모든 사람들과 개개인을 위한 속전(贖錢)으로 지불되었다"라는 것을 의미하거나, "그 속전에 의해 얻게 된 구속은 모든 사람에게 개별적으로 적용되고 공여되었다"라는 것을 의미할 수도 있습니다.

후자의 견해를 나는 전적으로 거부하는데, 하나님께서 그의 절대적 작정에 의해 오직 믿는 사람들만이 이 구속의 참여자가 될 수 있다고 결정하셨기 때문입니다. 둘 중 전자를 거부하는 사람들은 그리스도께서 모든 사람들을 위해 죽으셨다고 선언하는 다음 성경 본문에 맞서 어떻게 자신을 변호할 수 있을지 생각해 보시기 바랍니다. "그는 우리 죄를 위한 화목제물이시니, 우리 죄만 위한 것이 아니라 온 세상을 위한 것입니다."(요일 2:2) "보시오, 세상 죄를 지고 가는 하나님의 어린 양입니다."(요 1:29) "내가 줄 빵은 나의 살이다. 그것은 세상에 생명을 준다."(요 6:51) "음식 문제로 그 사람을 망하게 하지 마십시오. 그리스도께서 그 사람을 위하여 죽으셨습니다."(롬 14:15) "여러분 가운데도 거짓 교사들이 나타날 것입니다. 그들은 파멸로 몰고 갈 이단을 몰래 끌어들일 것입니다. 하나님께서는 이미 오래전에 그들에게 내리실 심판을 정해 놓으셨습니다. 파멸이 반드시 그들에게 닥치고 말 것입니다."(벧후 2:1, 3) 그러므로 이 말씀들을 받아들이는 사람은 성경을 따라 말하기는 하지만 그 어법을 거부하는 사람은 대담무쌍한 사람으로서, 성경을 판단하는 자리에 앉아 있는 것이지 성경을 해석하려는 사람이 아닙니다. 그러나 이 구절을 믿음의 유비에 일치하게 설명하는 사람은 하나님의 교회에서 훌륭한 해석자이자 예언자(또는 교사)로서의 의무를 잘 수행하고 있는 것입니다.

그러므로 모든 논쟁은 해석에서 비롯됩니다. 쓰인 낱말들 자체를 반드시 수용해야 하는 것은 그것이 성경 말씀이기 때문입니다. 이제 나는 이같은 구별이 아퀴테인의 프로스퍼의 시대에도 사용되었다는 것을 입증하기 위해 그의 텍스트로부터 몇 구절을 인용할 것입니다. "우리 구세주께서 온 세상을 구속하기 위해 십자가에 못 박히신 것이 아니라고 말하는 사람은 성체의 덕이 아니라 불신자의 덕을 염두에 두는 것인데, 왜냐하면 예수 그리스도의 피는 온 세상을 위해 지불하신 대가이기 때문이다. 그런 사람은 그처럼 귀중한 속전에 대해 여전히 이방인으로 남아 있으면서 예속 상태가 즐겁기 때문에 구원받을 마음이 없거나, 구원받은 후에도 다시 이전의 노예 상태로 돌아간 사람이다."(*Sent.* 4, super cap. Gallorum)

다른 곳에서 그는 말합니다. "속전의 무게와 잠재력에 대해, 또한 인류의 일반적인 하나의 목적에 대해 그리스도의 피는 온 세상의 구속을 의미한다. 그리스도에 대한 믿음 없이, 그리고 중생의 성체(聖體) 없이 이 세상을 떠나는 사람은 구속에 대해 완전한 이방인이다." 모든 고대 교회의 합치된 견해는 그와 같습니다. 이 같은 고찰에 많은 사람들이 좀 더 진지하게 주목하기를 바라는 바이며, 그럼으로써 과거에 한 번도 들어본 적이 없거나 그들이 모르고 있던 어떤 것에 대해 말하는 사람에게 성급하게 새로운 것의 죄목(crime of novelty)을 씌우려 하지 않게 될 것입니다.

13조항과 14조항에 답하다

원죄는 어떤 사람도 정죄하지 않는다.

어느 나라에서나 실제로 죄 없이(죄를 짓지 않고) 죽은 모든 영아들이 구원을 얻는 것으로 여겨진다.(13, 14조항)

이들 조항은 보리우스[10]가 구성한 것으로 전가되었습니다. 그러나 오류의 수를 늘리기 위해 실제의 조항 작성자들은 이것을 둘로 나누었는데, 사실 전자만으로도 충분하고 후자는 그로부터 필연적으로 나오는 것을 그들

••

10) 아드리안 보리우스(Adrian Borrius, 1565~1630)는 레이던에서 활동한 아르미니우스의 동료 목사다. 사건의 발단은 1605년 6월 20일, 아르미니우스가 보리우스에게 보낸 편지였던 것으로 추정되는데, 1608년에 작자 미상의 문서가 네덜란드 전역에 퍼졌다. 이 문서의 저자는 아르미니우스와 보리우스가 31개 조항에서 오류를 범했다고 지적했다. 특히 13조항과 14조항에서 명시적으로 그들의 원죄론을 비난하고, 이에 대해 아르미니우스는 변호하는 논증을 전개했다. 이 답변서는 1609년에 사람들 사이에 퍼졌다. Carl Bangs, *Arminius: A Study in the Dutch Reformation*(Nashville: Abingdon, 1971), p. 300. 변호하는 연설에서, 아르미니우스는 당시의 저명한 정통 신학자 유니우스를 인용하면서 비공개 토론에서 그도 보리우스에게 동의했음을 밝혔다. W. Robert Godfrey, *Church and School in Early Modern Protestantism*, eds. by Jordan Ballor, David Systsma, Jason Zuidema(Brill: Leidon-Boston, 2013), pp. 374~375.

자신도 시인합니다. 만일 "원죄는 아무도 정죄하지 않는다"라는 명제가 참이라면 그로부터 "자범죄[11]를 지은 적이 없는 사람들은 모두 구원받을 것이다"는 것이 따라 나오기 때문입니다. 정죄와 구원 사이에 놓이는 어떤 상태를 창시하지 않는 한 이 집합에 속한 모든 영아들은 전혀 구별되지 않을 것입니다. 아우구스티누스에 따르면 펠라기우스는 어리석게도 그와 비슷하게 구원과 하늘나라를 구분했습니다.

그러나 보리우스는 전자이건 후자이건 공개적으로 가르친 적이 없다고 부인합니다. 그는 성품성사[12] 후보자 몇 사람과 함께 이 주제에 대해 개인적으로 이야기를 나눈 적은 있습니다. 그는 그런 대화를 나누거나 그런 견해를 갖는 것이 불법적인 일이 아니라고 생각했고, 그렇기 때문에 그는 기꺼이 형제들에 대해 조사하는 일에 착수했습니다. 당시 형제들을 그 이유를 반박하면서 그에게 보다 참된 교의를 가르쳤고, 그가 견해를 바꾸게 하려고 애썼습니다. 그가 그런 견해를 택하게 된 이유는 다음은 같습니다.

첫째, 하나님은 전 인류를 화합의 은혜 안에 품으시고, 먼저 아담과, 그다음은 그에게서 나온 후손들 전체와 은혜의 언약을 맺으셨기 때문입니다. 따라서 하나님은 여전히 존속하는 죄가 얼마나 많든지 모두 용서하실 것이고, 그 언약을 번복하지 않기로 약속하셨습니다. 그러나 하나님은

••

11) 자범죄(自犯罪, actual sin)는 원죄(original sin)와 반대되는 방식으로 설명된다. 작위적이건 부작위적이건 자범죄는 개인의 의지에 따른 자유로운 인격적 행위의 결과로 성립되는 죄인 반면, 원죄는 사람이 출생에 의해 자동적으로 전가된다. 이 경우 개인이 죄를 직접 지었기 때문이 아니라 인류의 최초 조상이 지은 죄의 죄책이 집단적으로 승계되기 때문이다.

12) 성품성사(聖品聖事, holy orders)는 기독교에서 사제와 부제에게 교회가 사목을 맡기는 예식을 가리킨다. 성품성사는 주교가 집전할 수 있으며, 주교가 임명한 경우 로마가톨릭교회에서는 교황이, 동방정교회에서는 총대주교가 임명하며, 사제는 해당 교구의 주교가 임명한다. 서품을 성사로 보는 교파는 로마가톨릭교회와 정교회이며, 성공회는 서품을 성사적 예식으로 보아 서품예식이라고 부른다.

그 언약을 아담과 체결하셨을 뿐만 아니라, 이후에 노아와 그 언약을 갱신하셨고, 마침내 그리스도 예수를 통해 재확인하고 완성하셨습니다. 그리고 영아들은 이 언약을 어긴 적이 없으므로 그들은 정죄받을 만한 불미스러운 존재가 아닙니다. 어른이 되기 전에 세상을 떠난 영아들의 경우, 하나님께서 그들을 언약 관계에 있는 당사자로 취급하기를 원하지 않으신다고 우리가 주장하지 않는 한 그 아기들은 당당히 언약의 당사자로 간주됩니다. 그러므로 그들이 처한 상황은 아담 안에서 그들이 범한 죄뿐만 아니라, 그들 자신이 개인적으로 지은 죄들까지 모두 용서받을 수 있는 어른들의 경우보다 훨씬 불리합니다. 그러나 그 상황이 훨씬 나쁜 것은 그들 자신의 잘못이나 과실에 의해서가 아니라, 그들에게 하나님께서 기꺼이 행하고자 하시는 뜻에 의해서입니다. 이러한 전제로부터 함축되는 결론은 하나님께서 은혜의 언약을 약속하거나 실행하기 전에 영아들이 죄(원죄)를 위임받았다는 이유로 그들에게 저주를 내리는 것이 하나님의 뜻이라는 것입니다. 마치 그들은 하나님의 선행하는 작정에 의해 그 언약에서 제외되거나 거부되었고, 그리하여 구세주에 관한 약속은 전혀 그들에게 적용되지 않는 것처럼 보입니다.

둘째, 아담이 스스로 그리고 자기의 자유의지에 의해 죄를 지었을 때, 하나님은 그의 범죄를 용서하셨습니다. 그렇다면 인간으로서 세상에 태어나기도 전에, 따라서 자기의 의지와 욕구에 따라 죄를 지을 수도 없는 상태에서 그 영아들이 아담 안에서 지은 것으로 간주되는 죄를 그들에게 귀속시키는 것이 하나님의 뜻이라고 보아야 할 어떤 이유도 없습니다.

셋째, 이 경우 하나님은 마귀들을 다루실 때보다 훨씬 엄격하게 영아들을 대하시는 것처럼 보이기 때문입니다. 배교한 천사들을 처리하는 하나님의 엄격함은 극단으로 치닫는데, 왜냐하면 그는 그들이 범한 죄를 용서하실 뜻이 전혀 없기 때문입니다. 아담의 죄로 인해 정죄받게 된 영아들에게도 같은 정도의 엄격한 처벌이 집행될 것입니다. 그러나 알고 보면 이것은 훨씬 더 엄중한데, 왜냐하면 모든 (악한) 천사들은 스스로 죄를 지은 반면, 영아들은 최초의 조상 아담 안에서 죄가 전가되었을 뿐이기 때문입니다. 따라서 그 천사들의 죄는 그들이 피할 수 있었던 잘못을 고의로 범한 것에 있습니다. 반면에 영아들은 아담 안에서 태어나고, 아담의 의지에서 비롯된 죄와 죄책을 물려받은 것뿐입니다.

이유로 제시된 것이 엄청나게 중요하다는 것은 의심의 여지가 없으므로 반대 주장을 하는 사람들이 어느 누구에게든지 이단 낙인을 찍기 전에 나는 그들이 그 이유들부터 먼저 논박할 수 있어야 한다고 생각합니다. 나는 그들이 고대 교회를 반대편에 세우는데 (그들의 말에 따르면) 그 시대의 판단은 자신들을 옹호한다고 믿습니다. 그러나 영아들의 구원에 대해 논의에서 이 주제에 대해 고대 교회의 판단을 따르지 않는 사람들을 초대교회의 반대편에 세울 수는 없습니다. 그러나 우리 형제들은 바로 이 주제에 대해 두 가지 점에서 고대인들과 다른 견해를 보여 줍니다.

첫째, 고대 교회는 세례를 받지 않은 채로 세상을 떠난 모든 영아들이 정죄되어야 하는 반면, 세례를 받은 후 어른이 되기 전에 죽은 아이들은 구원을 받을 수 있다고 주장합니다. 아우구스티누스는 이것을 가톨릭교회의 교의로 간주하고 다음과 같이 단언합니다. "만일 당신이 가톨릭신자가 되고자 한다면 때 이른 죽음으로 인해 세례를 받을 수 없었던 영아들이 원죄의 사면을 받을 수 있다는 것을 믿고 그렇게 선언하거나 가르치기를 거부해야 한다."[13] 이 가르침을 형제들은 결코 인정하지 않을 것이고, 오히려

---

13) 아우구스티누스, 『영혼과 그 원죄에 관하여(De animae et ejus Orig)』, lib. 3, cap. 9.

그 두 부분 모두를 반박합니다.

둘째, 고대인들은 세례의 은혜가 원죄를 씻어 버렸고, 심지어 그것은 선택받지 못한 사람들도 마찬가지라고 주장합니다. 아퀴테인의 프로스퍼는 "세례를 받을 때, 세례의 은혜가 생명으로 예정되지 않은 사람들에게서 원죄를 제거하지 않는다고 말하는 사람은 가톨릭 신자가 아니다"[14]라고 말합니다. 이 견해에 대해서도 우리 형제들은 강하게 반발합니다. 그러나 어떤 견해가 마음에 든다고 해서 자신들에게 동의하지 않는 사람들을 용납하지 않는 것은 공정한 처사로 보이지 않습니다. 왜냐하면 그들 역시 고대 교부들에게 동의하지 않았고, 또 자신이 선호하는 것에 대해서는 언제든지 같은 집단에 속한 그들 자신도 바로 같은 주제에 관해 교부들에게 동의하지 않기 때문입니다.

그러나 고대 교부들의 견해로 말하면 오직 원죄와 관련하여 세례받지 않은 사람들이 정죄되는 것에 대해 교부들과 그 계승자들은 자신들의 강경한 입장을 완화했고, 또는 적어도 그렇게 하려고 했던 것처럼 보입니다. 왜냐하면 그들 가운데는 "세례받지 못한 사람들은 가장 가벼운 처벌을 받을 것이다"라고 선언하는 사람도 있고, 다른 사람들은 "그들은 적극적인 처벌이 아닌 상실의 처벌을 받게 될 것이다"라고 말하기 때문입니다. 이 마지막 견해에 대해 어떤 이들은 "그 처벌이 내려질 때 그들은 양심이 찔리는 것을 경험하지 않을 것이다"라고 덧붙입니다. 해당 집단이 적극적 처벌이 아닌 상실의 소극적 처벌만을 당하게 되는 것은 그들이 세례를 받지 않은 탓이지만, 양심을 찌르는 침(鍼)이나 갉기 같은 것이 존재하는 한, 즉 양심을 갉아먹는 벌레가 사라지지 않는 한 고통의 생생한 감각은 여전히

.•

14) Prosper of Aquitain, Ad Cap. Gallorum, Sent. 2.

존재할 것입니다. 그런데 죄로 인해 부과되었으나 어떤 양심의 가책도 없는 정죄가 과연 어떤 종류인지에 대해 형제들은 재고할 필요가 있습니다.

이상과 같은 관찰과 그로부터 함축되는 결론에 따라 14조항에 대해 어떤 견해를 가져야 할지 분명한 개념이 떠오릅니다. 그 조항은 적어도 13조항에 지대하게 의존하기 때문에 아담 안에서 그들이 지었거나, 아담으로부터 출생함으로써 그들이 물려받은 원죄를 제외하고 영아들이 사망을 선고받아야 할 어떤 원인도 없다고 주장하는 사람들은 그것이 별개 조항을 구성하는 것으로 생각하지 않습니다.

그러나 이 주제에 대해 여러 해 전 우리 대학 신학부 교수였던 프란시스쿠스 유니우스 박사[15]의 견해가 어떠한지를 참고하는 것은 수고를 치를 만한 가치가 있습니다. 그는 "언약에 속하고 선택받은 영아들은 구원을 얻을 것이다"라고 긍정하면서도 "하나님께서 그에게로 부르시고, 때가 이르면 이 비참한 죄의 장막을 제거해 주실 영아들도 오히려 구원을 받을 것이다"라고 자비롭게 가정합니다.[16] 이 견해가 "신앙의 교의에 따른 긍정"이든지 "자비심에서 나온 가정"이든지 누구든지 아무도 이단 시비에 붙이는 일 없이, 그리고 다른 사람을 강압하거나 믿음을 갖게 하려고 설득하는 최소한의 갈망도 없이 이 신학자의 입장을 그의 가슴에 품은 견해를 털어놓은 것으로 받아들여야 하지 않겠습니까?

"사람들의 인격을 있는 그대로 수용하는 것"은 참으로 그 범위가 넓고, 지혜로운 사람들에게는 거의 무의미합니다. 그리고 이 교의로부터 어떤 난

---

15) Dr. Francis Junius, the Elder(1545~1602). 레이던대학의 교수였던 저명한 문헌학자로서, 그가 타계한 뒤 아르미니우스가 후임으로 부임하게 되었다. 실제로 스콜라적 신학 연구 방법을 그에게서 전수받은 셈이다.

16) 프란시스 유니우스, 『자연과 은혜에 관하여(De Natura et Grata)』, R. 28.

점이 귀결되는지 나는 묻고 싶습니다. 불신자의 갓난아기가 구원받는다면 그들이 그리스도와 그의 중보 없이도 구원받는다는 것을 필연적인 귀결로 간주해야 합니까? 보리우스는 그런 어떤 결론도 부정하고, 이 주제에 관해 유니우스를 자기에게 동의하게 만들었습니다.

만일 형제들이 이 견해에 반대하고 자신들이 직접 추론한 결론이 전제에 일치한다고 생각한다면 불신자들의 자녀들은 모두 정죄될 것인데, 즉 불신자의 자녀는 '언약에 대해 이방인'입니다. 이 결론이 타당하다면 그들이 '언약에 대해 이방인'인 부모의 자녀라는 것 외에 다른 이유는 제시될 수 없습니다. 그와 반대로 그로부터 똑같이 추론될 수 있는 것은 '약속 안에 있는 사람들'의 자녀들이 영아기에 죽을 경우, 그들 모두가 구원을 얻는다는 것입니다. 그러나 우리 형제들은 이 추론을 거부하므로 그들이 어떤 종류의 교리를 믿고 있는지를 검토해야 합니다. "언약에 대해 이방인들의 어린 자녀들은 모두 저주를 받을 것이고, 언약 안에 있는 사람들의 자녀에 관해서는 일찍 죽은 어떤 아이들은 정죄받지만 다른 아이들은 구원을 얻을 것이다." 나는 이 단언을 이 주제를 깊이 연구한 학자들에게 맡김으로써 이와 같은 도그마가 과연 그리스도의 교회에서 인정된 적이 있는지를 결정하게 해야 한다고 생각합니다.

15조항에 답하다

만일 이교도들, 그리고 하나님을 아는 참된 지식에 대해 이방인인 사람들이 자연 능력에 의해 그들이 할 수 있는 것을 행한다면 하나님은 그들을 정죄하지 않고 오히려 그들의 성과를 보다 확장된 지식에 의해 보상하실 것이고, 그것에 의해 그들은 구원을 얻을 수도 있다.(15조항)

이 주장은 현재 형태로, 그런 표현을 사용하여 나는 물론이고 보리우스도 진술한 적이 없습니다. 정말이지 신학에 대한 견식이 아무리 적다고 해도 이처럼 완전히 혼란스럽고 조금도 조율되지 않은 방식으로 자기의 마음에 떠오르는 대로 전달함으로써 자기의 견해를 담고 있는 낱말들마다 거짓의 의혹을 심으려 하는 사람은 좀체 없을 것입니다.

하나님의 참된 지식에 대해 이방인으로서 어떤 식으로든 하나님께 용납받을 수 있는 일을 할 수 있는 사람은 과연 어떤 사람이란 말입니까? 하나님을 기쁘시게 하는 것은 그 자체로 선하고, 적어도 어떤 측면에서라도 선한 것이어야만 합니다. 나아가 그런 일을 행하는 사람은 그것이 하나님께 선하고 만족스럽게 받아들여져야 하는 것을 알아야 합니다. 그러므로 그 정도까지 사도 바울이 이방인조차 소유할 수 있다고 보는, 하나님에 대한 참된 지식을 그 사람은 반드시 가져야 합니다(롬 1:18~21, 25, 28; 2:14, 15). 이 설명이 동반되지 않는 한 제시된 언술—"하나님에 대한 참된 지식을 완전히 결여하고 있는 사람은 하나님께서 자기에게 감사를 드리는 것으로 간주할 만한 어떤 일을 행할 수 있고, 그리하여 어떤 상(常)으로 그것을 계산하실 수 있다"—은 모순에 귀착합니다. 우리의 축복받은 형제들이 이것에서 모순을 발견하지 못했거나, 이 견해의 출처로 귀속되는 사람들이 엄청난 얼뜨기인 탓에 모순점을 그대로 표현했던 것입니다.

그렇다면 "만일 그들이 자연 능력에 의해 수행할 수 있는 일을 행한다면"이라는 언술에서 '자연'이란 무엇을 가리킵니까? 자연이란 은혜와 하나님의 성령이 완전히 배제된, '불의의 삶으로 얻은' 것으로 불리는 종류의 진리에 대한 지식으로 채워진 것으로, 그 지식에 의해 "하나님에 대해 알 수 있고", 사람으로 하여금 하나님께 영광을 돌리지 않을 수 없게 만들며, 만일 그가 그렇게 알고 있는 하나님께 영광을 돌리지 않을 경우 그에게서 모든 핑계거리를 박탈하는, "그의 영원한 능력과 성부 하나님(Godhead)에 대해서도" 알 수 있게 할 것입니까? 은혜와 하나님의 성령이 결핍될 때, 즉시 세상적인 것으로 전락해 버리기 쉬운 '자연'에 대해 나는 하나님의 은혜에 거짓이나 훼방을 놓는 일 없이 하나님을 기쁘게 하는 그러한 속성들을 귀속시킬 수 있다고 생각하지 않습니다.

만일 우리 형제들이 이 문제가 이처럼 우스꽝스러운 형태로 스스로를 드러내고 있다는 것을 안다면 왜 그들은 그처럼 정제되지 않은 어설픈 진술을, 그들이 알아야 하는 것을, 신성한 주제에 대한 지식이 전혀 결여되지 않은 사람들의 탓으로 주저함 없이 전가했던 것일까요? 만일 우리 형제들이 자연 능력에 의해 사람이 어느 정도 선한 일을 행할 수 있다고 참으로 믿는다면 그들 자신도 다른 사람들에게 누명을 씌우는 데 열심이었던 펠라기우스주의자와 별로 다르지 않습니다. 그들 나름의 스타일로 표현된 이 조항은 그들이 '자연 능력에 의해' 사람이 선한 일을 할 수 있는 것으로 생각하고 있음을 보여 주는 것 같습니다. 그러나 그 수행 능력에 의해 아무도 "정죄를 피할 수도 없고 보상도 얻을 수 없습니다."

서술된 속성들은 표현된 문장의 주어에 귀속되었고, 그들이 생각하기에 그 속성들은 이 주어와 조화되지 않으므로 그들은 그 표현에 대해 이단 시비를 하는 것입니다. 만일 그들이 "하나님의 참된 지식에 대해 이방인인 사람"이 선한 일을 전혀 할 수 없다는 것을 믿는다면 애당초 이것부터 이단으로 비난받았어야 했을 것입니다. 만일 그들이 '자연 능력에 의해' 그 누구도 하나님이 기뻐하시는 일을 할 수 없다고 생각했다면 그로부터 도출되는 명백한 귀결은 그들 자체가 펠라기우스 이단 교리에 매우 근접해 있거나, 아니면 첫째와 둘째 사례에 나타나 있는, 질책받을 만하고 이단적인 것으로 정죄받을 만한 것에 대해 전혀 모르고 있다는 것입니다.

그러므로 그런 첨가에 의해 오류를 악화시키는 것을 그들이 바랐음이 분명합니다. 그러나 그들의 수고는 헛수고가 되고 말았는데, 왜냐하면 이 첨가에 의해 그들은 우리가 그런 표현을 사용하거나 그런 생각을 품은 적이 있다는 것을 부인할 수 있는 기회를 주었기 때문입니다. 동시에 그들은 펠라기우스 이단 혐의를 물을 수 있는 정당한 근거를 자신들에게 제공했습니다. 따라서 주의력이 부족한 사냥꾼은 다른 사람을 잡으려고 쳐둔 바로 그 덫에 스스로 걸려든 것입니다. 그러므로 그들이 자신들의 장황설을 제거하고, 다른 견해에 대해 우리를 비판했더라면—스콜라주의 성직자들이 사용했던 방법으로 나중에 17조항에 삽입될 것인데, 그들은 다소 생소한 방식으로 "하나님께서는 자기 안에 있는 것을, 자신 안에 있는 것을 행하는 사람을 위해 행하신다"라고 표현했습니다—그들은 좀 더 주의를 기울여 훨씬 건전한 논의를 진행할 수 있었을 것입니다. 하지만 그럴 경우에도 신학자의 설명답게 "하나님께서 이 일을 행하시는 것은 타당성(의 공로)이 아니라 일치성(의 공로)에 근거하며, 인간의 행위가 어떤 가치가 있기 때문이 아니라 그것이 하나님의 위대한 자비와 은혜로움에 부합하기 때문이다"라고 덧붙여야 했습니다.

그러나 다음의 상경 말씀을 덧붙이는 것을 제외하고 나 자신도 이 신학자들의 어법을 거부합니다. "너희에게는 하늘나라의 비밀을 아는 것을 허락해 주셨지만, 다른 사람들에게는 그렇게 해 주지 않으셨다. 가진 사람은 더 받아서 차고 남을 것이며, 가지지 못한 사람은 가진 것마저 빼앗길 것이다."(마 13:11, 12) 이 구절과 이미 인용한 바 있는 로마서 1장과 2장뿐만 아니라, 사도행전(10장, 16장, 17장)에서 백부장 고넬료, 자주(紫朱) 장사 리디아, 베뢰아 사람들에 대해 기술하고 있는 것을 참조하기 바랍니다.

16조항에 답하다

거듭나지 않은 사람들의 공적은 하나님을 기쁘시게 할 수 있는데, (보리우스에 따르면) 그것은 기회 원인(occasional cause)이고, (아르미니우스에 따르면) 그것은 하나님이 그들에게 구원하는 은혜를 베푸실 수 있도록 영향력을 미치는 충동 원인(impulsive cause)이다. (16조항)

두 해쯤 전에 내가 쓴 것으로 전가된 17개 조항들이 배포되었는데, 그중 열다섯 번째 조항은 다음과 같이 기술됩니다. "거듭나지 않은 사람들의 공적은 하나님을 기쁘시게 할 수 없지만, 그것은 하나님께서 그들에게 구원의 은혜를 베푸실 수 있게 하는 기회로 기능한다." 그때 이후로 기왕에 나쁜 상황이 더욱 악화되지 않았더라면 당시 별로 담대하지 못하고 다분히 조심스러운 이단자로서 나는 그때는 부인했지만 지금 나는 이것을 적극적으로 인정하는 것은, 우리 두 사람 사이의 그러한 견해 차이는 열여섯 번째 조항에서 부정(否定) 조동사 'cannot'이 빠졌기 때문이라는 강한 의심이 듭니다. 어떤 이유에서인지 몰라도 나는 이 선한 사람들이 우리의 견해가 어떤 것인지 파악하기 위해 우리가 사용하는 어구를 관찰하지도 않고, 또한 입장을 이해하기 위해 그 어구의 의미를 조사하지도 않았다고 주장하는 바입니다. 그 결과 그들은 우리의 견해를 자신들의 말로 번안하거나 우리가 사용한 낱말에 다른(즉 그들 자신의) 의미를 덧붙임으로써 진실로부터 매우 동떨어진 오류를 범하게 된 것은 전혀 놀라운 일이 아닙니다.

첫째, "중생하지 않은 사람(the unregenerate)"은 두 가지 의미로 이해될 수 있습니다. 그 용어는 중생하게 하시는 성령의 운동에 무감각하거나, 중생으로 이끄는 성령의 경향성이나 예비 활동에 대해 아무것도 느끼지 못하고, 따라서 중생의 제일 원리가 결여된 사람을 지시할 수 있습니다. 또는 그 용어는 새롭게 탄생하는 과정 중에 있고, 예비 활동에 속하거나 중생의 본질 자체에 속한 성령의 운동을 지각하기는 하지만 아직 거듭나지 못한 사람을 가리킬 수 있습니다. 즉 중생하지 않은 사람들은 성령에 의해 변화를 받아 지은 죄를 고백하고, 자범죄 때문에 슬퍼하고, 구원 얻기를 소망하며, 자신들에게 계시되었던 구속자를 찾아 나서야 합니다. 그러나 이 사람들은 아직 육신, 즉 옛 사람을 죽이고 새로운 삶의 차원으로 변화된 사람으로서 의(義)에 속한 일을 행할 수 있게 하는 성령의 능력을 공급받지 못한 상태에 있습니다.

둘째, 어떤 일을 하나님이 기뻐하실 때 그것은 회심의 출발점에 속하는 최초의 행위이거나, 본질적으로 완전한 공로일 것인데, 그 일은 회심하여 중생한 사람에 의해 수행된 것이어야 합니다. 따라서 누구든지 자신을 "마음이 차갑고, 눈이 멀고, 비참한 존재"라고 인정하는 사람의 고백은 하나님을 기쁘시게 할 수 있습니다. 그러므로 그 사람은 "안약과 흰옷, 그리고 정련한 금"(계 3:15~18)을 사러 그리스도께로 달려갑니다. 뜨거운 사랑에서 우러나오는 행위도 하나님을 기쁘게 합니다. 칼뱅이 내렸던 "최초의 두려움과 자녀로서 느끼는 두려움" 사이의 구별과, "죄에 대한 슬픔과 통회(痛悔)는 중생의 본질적인 부분에 속하지 않고 예비적 부분에 속할 뿐"이라고 선언한 베자[17]의 구별을 참조하십시오. 베자는 또한 "중생의 핵심적

----

17) Théodore de Bèza(1519~1605). 테오도르 드 베자는 부르고뉴의 작은 도시인 베즐레에서 태어났다. 아버지 피에르 드 베자는 그 도시의 대법관이었고, 제철 산업과 관련된 유산의 상속이자 많은 성직록의 수혜자였다. 아홉 살이 되던 1528년에 베자는 삼촌에 의해 오를레앙에 있는 독일인 희랍어 학자 루푸스 드 로트바일 (Melchior Volmar Rufus de Rottweil)의 집으로 보내졌다. 1539년, 법률인 자격을 획득하고 파리에 기거했다. 페스트로 인해 1549년에 제네바로 도피하는데, 이 때문에 파리고등법원은 그의 재산을 몰수하는 등

본질은 죄 죽임(mortification), 소생(vivification) 또는 태동(quickening)에 있다"라고 말합니다.

셋째, "하나님을 움직이게 할 수 있는 기회 원인과 충동 원인"은 항상 같은 의미로 이해되는 것이 아니라 상황에 따라 매우 상이하게 이해됩니다. 만일 내가 우리의 기획을 위해 편리한 동시에 충분한 한 가지 구별을 선택하여 비교할 수 있도록 성경 본문 두 곳을 제시한다면 그것을 통해 우리가 원하는 것을 충족시켜 줄 것입니다. "네가 애원하기에 나는 너에게 그 빚을 다 없애 주었다"(마 18:32)라고 주인이 말합니다. 하나님은 아브라함에게 "네가 이렇게 너의 아들까지, 너의 외아들까지 아끼지 않았으니 내가 반드시 너에게 큰 복을 주며"(창 22:16, 17)라고 말씀하십니다. 이 구절이 보여 주는 넘치는 기쁨, 그뿐 아니라 절실한 바람을 담은 내적 동기에서 어떤 차이를 간파하지 못하는 사람은 성경에 대해 상당히 눈먼 상태에 있음이 틀림없습니다.

넷째, "하나님의 구원하는 은혜"는 일차적이거나 이차적인 것, 선행적이거나 후속적인 것, 작동시키거나 협력하는 것, 문을 두드리는 것과 문을 열고 들어가는 것으로 이해해 볼 수 있습니다. 누구든지 이런 것들 각각에 대해 올바로 구별하고, 그 구별에 일치되는 낱말을 사용하지 않는 한 그는 반드시 걸려 넘어지고, 또 다른 사람들까지 넘어지게 만드는, 결국 아무도 정확히 이해할 수 없는 견해를 갖게 될 것이 틀림없습니다. 그러나 만일

∴

이단 혐의까지 받게 되었다. 제네바에서 칼뱅의 환대를 받으며 베자는 점차 종교개혁가로서 성장해 갔다. 그는 신학 연구에서 칼뱅의 수제자임을 드러냈다. 그의 인생 개념은 결정론적이며, 그의 종교적 성찰은 예정론 위에 서 있다. 시간 속의 모든 존재는 절대적이고 영원하며 변하지 않는 하나님의 뜻의 결과다. 그래서 인간 종족의 타락 역시 그에게는 세계에 대한 하나님의 계획상 불가피한 것으로 나타난다.

그가 이 진술을 부지런히 고찰한다면 그는 이 조항이 오히려 성경에 일치한다는 것을 깨닫게 될 것이고, 같은 것이 이런 의미로 또는 저런 의미로도 이해될 수 있음을 인지할 것입니다.

그러므로 "중생하지 않은 사람"이라는 낱말을 아직 완전히 세상에 태어난 것이 아니라, 새 생명이 태어나고 있는 과정 중에 있는 사람을 가리키는 것으로 이해하는 것이 좋겠습니다. '기쁨'이라는 낱말은 하나님께서 최초의 행위에 대해 느끼시는 감정이며, 충동 원인이란 죄인을 은혜로 맞아들이는 최종적인 수용을 지시하며, 이차적이고, 후속적인, 협력하고 진입시키는 은혜란 '구원하는 은혜(saving grace)'를 대신하는 낱말로 이해하도록 합시다. 그렇게 할 때 "죄에 대해 느끼는 경건한 슬픔은 하나님을 매우 기쁘시게 하므로 그러한 슬픔을 보시고 하나님께서는 그의 무한한 자비하심에 따라 죄인에게 은혜를 내려 주시도록 움직일 수 있다"라는 것이 무엇을 의미하는지 분명하게 즉시 이해할 수 있습니다.

이상과 같은 관찰을 통해 나는 논적을 얼마나 빠르고 쉽게 이단으로 또는 이단 혐의가 짙은 쪽으로 내몰 수 있는 주제를 다룰 때는 특히 어떤 면에서 주의해야 하는지 분명히 인식되었을 것으로 생각합니다. 우리 형제들은 분별력에 따라 그러한 경계를 게을리하지 않았을 것이라고 우리 모두 확신했는데, 왜냐하면 우리가 사용한 낱말들이 얼마나 유해한 방식으로 해석되고 심지어 비방의 대상이 되기도 하는 등 얼마든지 오용될 수 있다는 것을 우리가 충분히 감지하고 있음을 그들도 잘 알고 있기 때문입니다. 그럼에도 그들이 수많은 문제 조항들을 부지런히 색출하지 않는 한 동일한 장에서도 이것이나 그 이전 것뿐만 아니라 뒤에 나올 것들까지 무심코 수용할 가능성이 있습니다.

17조항에 답하다

하나님은 그에게 속한 것을 행하는 누구에게나 은혜를 거두지 않으신
다. (17조항)

이 조항은 그 앞에 있는 조항들과 아주 자연스럽게 연결되므로 그 세 조
항들 중 하나라도 인정하는 사람은 똑같은 수위에서 나머지도 인정하게
되고, 어느 하나를 부정하는 사람은 나머지도 모두 거부하게 될 것입니다.
따라서 그들은 불필요한 수고의 분량을 면할 수 있고, 세 가지 조항을 한
꺼번에 수용하는 대신에 훨씬 더 유연하게 다음과 같이 전개되는 한 가지
조항만을 제안할 수 있을 것입니다. "은혜의 도움 없이도 사람은 어떤 선
한 일을 할 수 있다. 그리고 그렇게 할 때, 하나님께서는 더 풍성한 은혜에
의해 그 행위에 대해 상을 주시거나 보상하실 것이다."

그런데 우리는 늘 이런 종류의 조항을 성급하게 거짓이라고 비난하기 쉽
습니다. 따라서 매도당하는 그들로서는 애매한 표현을 사용하여 언어유희
를 시도함으로써 그런 비방에 들어 있는 사기성(詐欺性)과 똑같은 정도로
쉽게 사람들이 알 수 없게 만드는 것이 훨씬 안전한 길이었을 것입니다.

그러나 이 조항과 관련하여 나는 전술한 그 조항들을 처음 보았을 때 회
심의 시발점에서 은혜가 주어지지 않는다는, 이처럼 혼란스러운 표현이 어
떻게 사용될 수 있었는지 전혀 상상할 수가 없습니다. 그러나 실제로 우리
는 항상 그리고 기회 있을 때마다 그러한 은혜가 선행하거나 동반하고, 또
는 뒤따라오기도 하며, 그런 은혜 없이는 인간이 도무지 어떤 선한 행위도
할 수 없다고 늘 주장합니다. 사실 우리는 이 원칙을 이제까지 지켜오고
있기 때문에 주입된 은혜이건 협력하는 은혜이건 여기 기술된 것처럼 하나

님의 은혜의 도움 없이 수행될 수 있는 어떤 능력도, 심지어 아담에게도 감히 귀속시킬 수 없습니다. 따라서 그런 식으로 가공된 견해가 비방에 의해 우리에게 전가되었음이 분명합니다.

만일 우리 형제들이 그와 동일한 견해를 신봉한다면 실제로 우리는 완전하게 일치합니다. 그러나 만일 아담이 자연 능력에 의해 초자연적인 도움 없이도 자기에게 부과된 계명을 수행할 수 있었다고 그들이 생각한다면 그들은 펠라기우스에서 그리 멀리 떨어져 있는 것 같지 않습니다. 왜냐하면 "초자연적인 것이 상실될 때, 자연적인 것은 부패한다"라고 말했던 아우구스티누스의 선언을 그들도 받아들이기 때문입니다. 이것으로부터 자연 능력에 어떤 것이 남아 있든지 계명을 준수하는 데는 아무 어려움이 없고, 즉 여기서 전제로 쓰인, 자연에 대립된 것으로 구별되는 은혜의 도움 없이 아담이 자기의 본성에 의해서도 하나님께 순종할 수 있었다는 것입니다. 그들이 이 교의에 대해 우리에게 출처의 책임을 물었을 때, 그들은 바로 그것이 우리가 의미하는 것이라고 판단했고, 그러므로 그들이 이 조항에 실제로 포함되어 있는 정도의 큰 부조리성을 인지하지 못한 것은 의심의 여지가 없습니다. 그처럼 부조리한 것을 우리가 쉽게 기꺼이 믿고 배포할 리가 없다고 생각하지 않았다면 말입니다.

신성한 일에 관해 최소한의 견식도 없는 사람에게 쉽게 이 조항을 전가시킬 수 없을 만큼 이 조항은 믿을 수 없을 정도로 모순적인 것으로 생각됩니다. 하나님 은혜의 도움 없이 어떻게 하나님께 용납될 수 있고, 또 다른 은혜나 영생을 구원의 상급과 함께 보상받을 수 있는 일을 과연 누가 수행할 수 있겠습니까? 하지만 제시된 형태의 이 조항은 "그에게 속한 것을 행하는 사람에게"라고 말함으로써 충분할 만큼 현저하게 기초적 은혜(primary grace)를 배제합니다. 만일 그 표현이 다음과 같은 의미로, 즉 "자기에게 이미 수여된 일차적 은혜에 의해 가능한 것을 행하는 사람에게"로, 그리하여 "하나님은 기초적 능력을 유용하게 사용하는 사람에게 또 다른 은혜를 수여하실 것입니다"라고 해석될 수 있다면 이 조항에는 어떤 부조리성도 없게 됩니다. 그리고 첨가되었어야만 하는 것을 부당하게 제한함으로써 형제들은 이 비방이 신뢰를 얻게 되기를 기대했다는 것을 공공연하게 선언한 셈입니다.

18조항에 답하다

외적 수단에 의해 복음을 전파하지 않고서도 하나님께서 수많은 사람들을 그리스도의 구원하는 지식으로 돌이키게 하시는 것은 의심할 수 없는데, 외부에서 복음을 전해 듣지 않은 사람들 가운데서 그는 성령의 내적 계시에 의해, 또는 천사들의 전도를 통해 사람들을 회개로 이끄신다. 보리우스와 아르미니우스.(18조항)

나는 이와 같은 견해를 언급한 일조차 없습니다. 보리우스는 정확히 똑같은 표현은 아니지만 그 비슷한 것을 다음과 같은 말로 표현한 적이 있습니다. "성령의 내적 계시에 의해, 또는 천사들의 전도에 의해 경배하기 위해 동방에서 왔던 현자들에게 하나님께서 예수에 대해 가르치신 것은 가능한 일이다." 그러나 이 조항에 들어 있는 "의심할 수 없는 일"이라든가 "수많은 사람들"이라는 낱말들은 비방하기 위해 덧붙은 것이고, 그것을 통해 우리가 말한 적도 없고 생각해 본 적도 없을 개연성이 매우 큰 항목을 우리에게 전가함으로써 가히 안하무인적인 성품을 보여 줍니다. 우리가 알게 된 것은 목회 초년생이 일반적으로 힘들어하는 것, 그리고 자기의 지식 창고가 얼마나 일천한지를 모르는 사람들과 연루되어 무엇이든지 대담하게 밀어붙이는 식의 대담함이 그리스도의 교회에서 매우 위험한 악이라는 사실입니다.

사리 분별이 있는 사람이라면 자기가 직접 단 하나의 사례도 제시할 수 없는 주제에 대해 "수많은 사람들에게 그런 일이 있었던 것은 의심의 여지가 없다"라는 식으로 긍정할 수 있겠습니까? 솔직히 우리는 여기서 우리 두 사람에게 전가된 것을 입증하는 단 하나의 사례도 찾을 수가 없습니다. 만일 그 조항을 우리가 구성한 것이 참이라면 성령이나 천사들에 의해 구원에 관해 배웠던 것이 틀림없다고 소문이 나 있는 소크라테스, 아리스티데스,[18] 그리고 그와 비슷한 상황에 있었던 다른 인물들의 구원과 연관된 츠빙글리의 견해가 봉착했던 운명처럼 오히려 기이한 논란거리가 되고도 남았을 것입니다. 그 사람들이 그런 식으로 성경을 읽게 되고 거기서 구원에 대해 알게 되었다는 이야기는 좀체 개연성의 경계 안에 들어올 수 없기 때문입니다.

그뿐 아니라 만일 우리 형제들이 그리스도의 말씀을 상기하기만 했더라면 "무서워하지 말아라. 잠자코 있지 말고 끊임없이 말하여라. 내가 너와 함께 있으니 아무도 너에게 손을 대어 해하지 못할 것이다. 이 도시에는 나의 백성이 많다"(행 18:9, 10), 하나님께서 수많은 사람들이 회개하는 것을 참으로 기뻐하신다는 것을 알았다면 형제들은 외적인 수단을 통해 그의 말씀이 온 천하에 전파되는 것을 원하시는 것을 깨달을 수 있었을 것이

∴

18) 아리스티데스(Aristides, 기원전 530~기원전 468)는 아테네의 정치가로, '공정성'의 상징으로 알려져 있다. 그는 뤼시마코스의 아들로 중류층 출신이었다. 마라톤 전투에서 자신의 부족인 안티오키스족을 지휘하는 장군에 처음으로 임명되었는데, 이때 그가 보여 준 탁월한 역량 덕분에 이듬해에 집정관으로 선출되었다.

고, 따라서 그처럼 신속하게 우리에게 이 조항을 전가하는 일을 하지는 않았을 것입니다.

다음은 아주 흔하게 이유로 언급되는 것입니다. "대화에 사용되는 통상적인 수단과 도구는 필멸적 존재인 인간들의 입을 통해 하나님의 말씀이 전파되는 것이고, 따라서 모든 사람들이 그 방법 아래 포섭된다. 그러나 성령은 이 방법에 매이지 않으시므로 인간적 조력의 개입 없이도 그에게 선한 일이라고 생각될 때는 언제든지 범상치 않은 다른 방식으로 역사하지 못할 이유가 없다."

그렇다면 만일 우리 형제들이 이처럼 매우 평범한 설명이 우리의 강력한 지지를 얻으리라고 생각했다면 그들은 이 조항을 빌미로 우리를 비방하려는 생각을 품지도 않았을 것이고, 적어도 그것을 우리의 오류로 지적하지도 않았을 것입니다. 왜냐하면 첫째 문장에서 범상치 않은 일이 "수많은 사람들에게" 일어나는 적이 드물고, 또 만일 그것이 실제로 일어난다면 그것은 즉각 평범한 일이 되어 버릴 것이기 때문입니다. 둘째 문장에서 "필멸적 존재인 인간의 입을 통해 말씀이 전파되는 것"이 '통상적인 수단'이고, 따라서 어떤 범상치 않은 다른 수단이 있음을 암묵적으로 지시하며, 우리의 교회 전체가, 내 생각으로는 오히려 그리스도교 세계 전체가 그것을 입증할 만한 증거를 가지고 있으므로 "이 같은 수단 없이도(즉 사람이 직접 말씀을 전파하지 않는다고 해도) 하나님께서 어떤 사람들을 회개로 돌이킬 수 있다"라는 주장은 이단도 아니고 오류도 아닙니다. 마찬가지로 여기에도 '의심의 여지 없이'라는 부사구를 덧붙일 수 있습니다. 왜냐하면 단 한 사람이라도 인간의 전파가 아닌 다른 어떤 수단에 의해(즉 "범상치 않은 특별한 수단에 의해") 구원받을 수 있는 가능성이 의심스럽다면 "죽을 수밖에 없는 운명인 인간에 의해 하나님의 말씀이 전파되는 것"을 과연 '통상적인 수단'으로 부를 수 있는지 의문이기 때문입니다.

"하나님께서 수많은 사람들을(즉 대단히 많은 사람들을) 성령의 내적 계시에 의해 또는 천사들의 사역을 통해 회개로 이끄신다." 그와 동시에 하나님께서 자기와 연합하기를 원하시는 공동체나 국가에 사람들을 파송하시고, 이 동일한 말씀을 통해 오히려 고유한 함의를 담은 이 말씀에 의해서가 아니면 아무도 회개할 수 없다고 말한다면 그렇게 주장하는 사람이 어떤 위험이나 오류를 범하는 것이라 말할 수 있습니까? 아마도 비판자들은 "만일 외적 수단에 의해 부르심을 받은 사람들의 나라가 그 교의를 받아들여야 한다면 외적 수단에 의한 전파 개념을 거부할 때 그들은 즉시 내적 계시나 천사의 가르침 같은 쪽으로 돌아서지 않을까 두렵다"라고 말할 것입니다. 진실로 이것은 마치 누군가 "사람이 빵만으로 살 수 없고, 하나님의 입에서 나오는 모든 말씀으로 살 것이다"라는 말씀을 알고 있기 때문에 자기 앞에 차려진 빵을 맛보기를 거부하는 것만큼이나 가공할 만한 터무니없는 이야기입니다. 그러나 나는 이 같은 두려움의 원인을 조사하기 위해 한층 더 앞으로 나아가는 한편, 이번 기회에 우리 형제들이 나를 표적으로 삼아 진격하기를 주저할 수 있는 경지에 이를 수도 있지 않을까 하여 나는 여기서 멈추기로 하겠습니다. 지혜로운 사람들에게는 한마디로 충분합니다.

19조항에 답하다

타락하기 전 아담은 신앙이 필요 없었기 때문에 믿음을 가질 만한 능력이 없었다. 그러므로 하나님께서는 타락 후에 그에게 믿음을 요구할 수가 없었다.(19조항)

내가 특정 인물들의 성향에 대해 잘 알고 있지 않았다면 이 조항에 쓰인 낱말들이 의미하는 것을 그대로 내게 귀속시키는 것은 중상을 통해 오히려 그것을 자신들에게 귀속시키는 행위라고 나는 엄숙하게 서약이라도 했을 것입니다. "타락 전에는 아담이 믿음을 가질 능력이 없었다"라고 말하고 나서, 그리고 정말이지 그 이유가 "믿음을 가질 필요가 없었기 때문이다"라고 말하는 견해에 내가 동참할 수 있겠습니까? "하나님께 나아가는 사람은 하나님이 계시다는 것과, 하나님은 자기를 찾는 사람들에게 상을 주시는 분이시라는 것을 믿어야 합니다."(히 11:6) 나는 마호메트 교도나 유대교 신자라고 해도 이 조항에 들어 있는 것 같은 단언을 감히 발설하는 사람은 단 한 사람도 없을 것이라고 생각합니다. 이 단언을 믿는 사람은 보편적으로 이해되는 믿음의 본성에 대해 무지한 것이 분명합니다. 믿음 없이, 즉 하나님의 뜻에 따라 그에게 순종하는 모든 행위의 원리이자 기초가 되는 믿음 없이 과연 누가 하나님을 사랑하고, 경외하며, 경배하고, 그에게 영광을 돌리고, 순종할 수 있겠습니까?

내게 전가된 이 비방은 참으로 대담무쌍하고 어이없습니다. 하지만 나는 이 조항을 지어낸 사람들이 "그리스도를 믿을 수 있는 힘"이라는 표현을 덧붙이고 싶어 했을 것으로 생각하는데, 실제로 그들은 그렇게 첨언해야 했습니다. 하지만 "그리스도를 믿는 믿음이 없다면 하나님에 대한 참 믿음도 없다"라는 논증에 의해 거의 설득된 사람이라면 "하나님에 대한 믿음은 그리스도에 대한 믿음과 완전히 똑같다"라고 말할 정도로 혼란에 빠질 수 있습니다.

이와 대조적으로 나는 "타락하기 전에 아담은 그리스도를 믿을 만한 힘이 없었는데, 당시에 그리스도에 대한 믿음이 필요하지 않았기 때문이다. 따라서 하나님께서는 타락 후 아담에게 그리스도에 대한 믿음을 요구할 수 없었다"라는 견해에 동의하고, 긍정하며, 그렇게 고백하고 가르치는 것을 시인합니다. 다시 말해 하나님께서 그리스도를 믿을 것을 요구하지 못한 까닭은 "아담이 자기의 과오로 인해 믿음을 가질 만한 힘을 상실했기 때문"인데, 이 조항의 교의를 내게 전가하고 비방하는 사람들의 견해가 바로 그러합니다. 그러나 하나님이 요구하신 것은 정확히 그 믿음이었을 텐데, 왜냐하면 그는 그리스도를 믿을 수 있도록 필요하고 충분한 은혜로운 보조 수단을 언제든지 공급하시므로 그것을 통해 그리스도를 믿는 믿음 자체를 주실 수 있기 때문입니다.

그러나 여기서 지금 단지 부정(不定)하는 일에 스스로를 제한하고 있으므로 다음 세 가지, 즉 명제, 이유 제시, 그로부터 연역되는 결론을 모두 증명하는 것은 긍정 논증을 제시해야 할 형제들의 몫입니다. "타락하기 전에 아담은 그리스도를 믿을 수 있는 능력을 가지고 있었다"라는 것이 제시된 명제이고, 이유로 제시된 것은 "그러한 믿음은 그에게 필요한 것이다", 그러므로 "타락 후에도 하나님에게는 아담에게 믿음을 요구할 권리가 있었다"라는 결론을 추론할 수 있습니다.

해박한 견식을 가진 어떤 사람이 이 명제를 증명하기 원했고, 그리하여 다음과 같이 제시합니다. "타락하기 전에 아담은 주입된 능력에 의해 복음을 믿을 수 있었다", 즉 "복음의 가설에 따르면", 즉 나의 해석에 따르면 "그에게 복음이 전파되었다면" 그는 그것을 믿을 수 있었다는 것입니다. 이 현학적인 인물이 증명에 동원한 논증은 이러합니다. "아담은 마음의 어둠과 완고함, 또는 감정이 교란된 상태에 있었는데(그것이 믿음을 갖지 못하게 만드는 무기력의 내적 원인이었다), 그러나 그는 여전히 명석한 사고력과 굳건한 의지와 열정을 가지고 있었으므로 만일 하나님의 복음이 그에게 전달될 수 있었다면 그는 그 진리를 분명하게 깨닫고 인정했을 것이고, 마음으로 기꺼이 복음의 혜택을 받아들였을 것이다."

나는 형제들이 지목한 이유를 인정하지 않을 사람이 있을 것이라고 생각하지 않고, 따라서 나는 그들에게서 그것에 대한 증거를 요구하지 않을 것입니다. 그러나 만일 아담이 그리스도를 믿을 필요가 없었다면 그리스도를 믿을 수 있는 능력이 그에게 부여된 것은 어떤 목적을 위해서인지에 관해 아래에 제시하는 제안들을 숙고할 것을 요청합니다.

그러나 결론을 증명해야 할 필연성이 우리 형제들의 과제가 되는 까닭은 그들이 그것을 자신들의 말로 표현했고, 더욱이 "아담은 자신의 과오로 죄를 지었기 때문에 믿음을 가질 능력을 잃어버렸다"라고 이유를 덧붙였기 때문입니다. 그 높은 식견을 가진 사람을 존중하는 의미에서 나는 이 논증을 반박하지 않을 생각인데, 그것은 내가 그것을 만족스럽게 반박할 수 없어서가 아니라 적절한 때가 되면 그것을 논박할 수 있으리라고 생각하기 때문입니다.

이제부터 나의 견해를 옹호하는 몇 가지 논증을 제시할 것입니다. 첫째, 제시된 명제에 대해 나는 "타락 전에 아담은 그리스도를 믿을 수 있는 능력을 가지고 있지 않았다"라는 것을 증명하겠습니다. 그 믿음은 그에게 무익한 것이었습니다. 그가 그리스도를 믿어야 할 필연성도, 유용성도 없었습니다. 그러나 자연은 어떤 존재도 헛된 것으로 만들지 않으며, 하나님은 특히 그런 일을 허락하지 않으십니다. 아담이 죄를 짓기 전에 하나님은 그에게 그리스도를 믿을 것을 요구할 수 없었습니다. 그리스도를 믿는다는 것은 그를 죄에서 구원하실 분으로서 믿는 것입니다. 그러므로 그리스도를 믿어야 할 사람은 먼저 자기가 죄인임을 믿어야 합니다. 하지만 아담이 어떤 범죄를 저지르기 전이었다면 믿음을 요구하는 주장은 거짓 명제에 대한 믿음을 요구하는 것입니다. 따라서 하나님이 아담에게 그리스도를 믿을 것으로 명령하셨다면 그는 아담에게 허위 명제를 믿도록 요구하는 것이 됩니다. 그렇다면 문제의 그 능력은 어떤 행위도 산출할 수 없으므로 같은 이유에서 그것은 무익한 것이 됩니다. 그리스도에 대한 믿음은 새 창조에 속하는 것으로서, 죄인과 하나님 사이에 중보자로서 공로를 세움으로써 그리스도께서 성취한 것입니다. 바로 그렇기 때문에 그리스도는 '둘째 아담(The Second Adam)', '새 사람(The New Man)'으로 불립니다. 그러므로 그리스도를 믿는 능력이 첫 번째 창조 시에 인간에게 부여되지 않은 것은 이상한 일이 아닙니다. 그리스도에 대한 믿음은 복음에 규정되어 있습니다. 그러나 율법과 복음은 성경에서 서로 멀리 떨어진 채 대립하기 때문에 인간은 동시에 그 두 조건에 의해 구원받을 수 없습니다. 만일 그가 율법에 의해 구원을 받아야 한다면 그는 복음에 의해 구원을 받을 필요가 없고, 만일 그가 복음에 의해 구원을 받아야 한다면 그는 율법에 의해 구원을 받을 수 없습니다. 아담이 죄를 짓기 전의 원초적 상태에서 하나님은 율법 언약의 대의에 따라 그를 다루기로 하셨습니다. 따라서 율법에 따라 하나님 자신을 믿을 수 있는 능력 외에 아담에게 복음과 그리스도를 믿는 능력을 수여해야 할 어떤 이유가 있을 수 있겠습니까? 만약 우리 형제들이 "믿은 능력은 하나이고 동일한 것이다"라고 말한다면 '능력'이라는 낱말의 가장 일반적인 의미에서, 그리고 가장 폭넓게 적용할 때—즉 이해와 의지의 능력, 마음에 각인되는 일상적인 사물들에 대한 지식, 마음에 각인된 모든 관념에 관한 지식과 연관되는 한—나는 그 주장을 받아들일 수 있습니다. 그러나 만일 '능력'이라는 낱말이 여기 지정된 것 외에 다른 어떤 것을 지시한다면 나는 형제들의 관찰의 정확성을 인정할 수 없습니다. 복음에 계시된 하나님의 지혜는 세계 창조와 율법에 나타난 지혜보다 몇 갑절이나 탁월하기 때문입니다.

둘째, 뒷받침하기 위해 제시된 "원초적 상태에서 아담은 그리스도를 믿을 필요가 없었기 때문이다"라는 이유에 관해서입니다. 하나님은 인간이 타락에 빠지지 않도록 친히 경고하시고, 오직 하나님의 명령을 위반함으로써 인간이 타락할 수 있고 그 상태에서 인간이 회개하는 경우를 제외하고 작동되지도 않고 어떤 기능도 하지 않는 능력을 하나님께서 사람에게 주입했다고 주장하지 않는 한 아무도 내 논증을 반박하지 않을 것입니다. 그러나 여기서 내가 복음이나 그리스도를 믿는 능력을, 율법의 규정에 따라 하나님을 믿는 능력과 다른 것으로 구별하여 이해하고 있음을 분명히 밝혀 둡니다.

셋째, 앞의 명제들로부터 연역되는 결론과 연관하여 나는 단 한 가지 부조리한 점을 지적하겠습니다. 만일 우리가 당면한 문제가 형제들이 진술한 대로라면, 즉 그리스도에 대한 믿음을 행사해야 할 어떤 필요도 없는 터에 "원초적 상태에 있는 인간이 그리스도를 믿을 수 있는 능력을 소유하고 있었다면", 그리고 만일 이 능력이 타락 후 박탈됨으로써 인간이 그 능력을 절실히 필요하게 되었다면 하나님이 처음에 그 능력을 주셨다는 사실은 놀랍기 그지없고, 그것은 하나님의 지혜와 선하심에 완전히 반대되는 것인데, 지혜와 선하심은 하나님께서 통치하고 보존하시는 사람들에게 필요한 것을 공급하는 중심 영역이기 때문입니다.

이 주제에 대해 나는 더 이상 부연하지 않을 것인데, 이 조항에 제시된 도그마는 지나치게 부조리하므로 이미 과거에 섭취하여 몸에 밴 편견이 아니라 성경을 통해 판단력을 형성하게 된 사람들로 하여금 결코 쉽게 동의하게 만들 수 없을 것이기 때문입니다. 다만 나는 이 도그마가 그리스도의 교회에서 한 번도 확립된 적이 없고, 또한 믿음에 관한 조항으로 인정된 적도 없다는 것을 덧붙입니다.

20조항에 답하다

천사들의 지위가 지금도 확고하게 인정되었음을 성경에서 증명하는 일은 불가능하다.(20조항)

이 조항 역시 비방으로 점철되어 있습니다. 그러나 이 명제를 서술할 때 화자가 그것이 내게 전가되고 있다는 것을 몰랐을 것이라고 나는 생각합니다. 언급된 사실 자체를 성경에서 직접 입증할 수 없다는 것을 부인하지 않지만, 나는 그 화자에게 이렇게 물었습니다. "만일 그 사실을 부인해야 한다면 당신은 어떤 논증으로 그것을 증명할 수 있습니까?"

어떤 문제에 대해 성경에서 증거를 전혀 찾을 수 없는 것이 있다고 나는 성급하게 말하지 않겠지만, 적어도 증거에 의해 내 마음에 확신이 산출되지 않는 한 나는 그 반대되는 주장을 성경에서 만족스럽게 확립할 수 없습니다. 나 자신은 완수할 수 없더라도 다른 사람들이 그것을 증명할 수 있을 것이라고 믿어야 하듯이 간혹 나와 대화를 나누게 되는 사람들 역시 그들이 직접 수행하기에 많은 난관이 있을 것이 확실할 경우에도 나는 그들이 해낼 수 없다고 단적으로 부인할 수 없으므로 그들도 자기 자신에 대해 똑같은 자세를 가져야 합니다. 형제들과의 빈번한 대화를 통해, 그리고 그들이 사람들에게 들려주는 설교로부터 진리에 관한 지식과 성경에 대한 이해를 통해 그들이 진보하고 있다는 판단을 스스로 내릴 수 있다는 것을 깨달을 필요가 있습니다. 따라서 내가 증명하는 일을 주저하는 것을 형제들이 허용하지 않겠지만, 나는 그들 스스로가 그것을 증명하는 수고를 맡을 것을 요청합니다.

천사들의 지위와 관련하여 그들이 받은 은총, 선에 대한 그들의 확고함,

그 상태로부터 결코 추락하지 않으리라는 확실한 지식에 관해 아우구스티누스를 비롯한 다른 교부들이 쓴 저술들을 나는 어느 정도 알고 있습니다. 나는 또한 신학자들이 그들의 견해를 선호한다는 것으로 압니다. 그러나 그들이 증명하기 위해 구성한 논증을 검토해 보면 나는 그것이 신앙이 준거로 삼아야 할 조항으로서 다른 사람들에게 믿음의 기준으로 규정할 수 있을 만큼 확고한 확신을 보여 주고 있다고 생각하지 않습니다.

일반적으로 사도 마태의 복음서로부터 인용되는 "부활 때에는 사람들은 장가도 가지 않고, 시집도 가지 않고, 하늘에 있는 천사들과 같다"(마 22:30)라는 구절은 결혼이나 결혼에 통해 얻을 수 있는 것에 대해 말하는 것이 아니라, 어떤 유사성의 관계에 대해 말할 뿐입니다. 마태는 하나님의 천사들이 지금 하늘에서 행복한지 어떤지에 대해 아무것도 말하지 않습니다.

"하늘에서 그들의 천사들이 하늘에 계신 내 아버지의 얼굴을 항상 보고 있다"(마 18:10)라는 말씀은 행복한 광경이 아니라, 하나님의 보좌를 둘러싸고 서 있는 천사들이 명령이 내려지기를 대기하고 있는 광경을 보여 줍니다. 이 점은 "너희는 이 작은 사람들 가운데서 한 사람이라도 업신여기지 않도록 조심하여라"(마 18:10)라는 말씀으로 사람들을 설득하려 하신 그리스도의 의도에서 분명히 볼 수 있습니다. 천사들이 하나님을 보고 있다는 말씀이 설득력을 갖는 것은 그것이 행복한 광경이기 때문이 아니라, 그 모습을 통해 작은 어린아이들을 잘 지키라는 (하나님의) 명령이 시달되는 것을 잘 보여 주기 때문입니다.

"그러나 여러분이 나아가서 이른 곳은 시온산, 곧 살아 계신 하나님의 도성인 하늘의 예루살렘입니다. 여러분은 축하행사에 모인 수많은 천사들 (앞에 나아왔습니다)."(히 12:22) 이 구절은 천사들이 지금 은총을 입고 그 선함을 인정받은 상태라는 것을 반드시 입증하는 것은 아닙니다. 왜냐하면 지금 이 상황에서도 완전한 행복을 누리지 못하고 자신의 선함을 인정받지 못한 사람들이 그 하늘의 도성에도 있다는 것, 즉 "하나님의 도성에 이르렀다"라고 말해지는 사람들이 여전히 "믿음으로 걷고 있고", "거울로 영상을 보듯이 희미하게"(고전 13:12) 보는 수준이기 때문입니다. 형제들이 제시하는 이유, 즉 "그렇다면 천사들은 현재 그리스도와 함께 그리고 그의 임재 가운데 은총을 향유하고 있는 경건한 사람들보다 더 불행할 것이다"라는 것은 실제로 결정적인 것이 아닌데, "천사들은 모두 구원의 상속자가 될 사람들을 섬기도록 보내심을 받은 영들"이기 때문입니다(히 1:14). 그들이 하는 섬김의 사역은 세상 끝날까지 계속될 것입니다. "이제부터 주님 안에서 죽은 사람들은 복이 있다. 그러자 성령께서 말씀하셨습니다. 그렇다, 그들은 수고를 그치고 쉬게 될 것이다. 그들이 행한 일이 그들을 따라다니기 때문이다."(계 14:13)

그다음으로 "만일 천사들이 선함에서 인정받지 못한다면 그들도 타락할 수 있다. 그러므로 필연적으로 그들은 언제든지 일어날 수 있는 자신들의 타락에 대한 두려움으로, 그리고 배교한 천사들이 추락한 악에 대해 그들은 훨씬 잘 알고 있는 까닭에 더 크게 느낄 수밖에 없는 두려움으로 항상 고통을 겪고 있음이 틀림없다"라고 말하는 것도 설득력 있는 논증이 되지 못합니다. 왜냐하면 천사들은 제 정체성의 안정을 확신할 수 있기 때문인데, 즉 비록 그들이 거룩한 은총을 받지 못하고 절대로 타락하지 않을 만큼 선한 존재로 인정받은 것은 아니지만, 그들은 타락하지 않을 것이라는 확신을 가질 수 있습니다. 그들은 '고통스러운 두려움'으로 인한 불안이 완전히 제거된 견고한 정체성을 갖든지, 아니면 "우리의 구원을 위해 섬기도록 부름을 받은" 자로서 리의 구원에 관해 "믿음의 완전한 확신"을 가지고 늘 "두려움에 떠는" 상태에 머무를 것입니다.

큰 어려움 없이 성경에 근거하여 결정을 내릴 수가 없는 마당에 어떤 결정을 내리든지 우리에게 유익이 될 것이 없는 이런 논쟁에 연루될 필요가 과연 있을지 모르겠습니다. 하늘에서 천사들이 하듯이 우리도 지금 하나님의 뜻대로 행하면서 이제부터 영원한 지복에 그들과 함께 참여하는 사람이 되는 날까지 힘을 다하도록 합시다. 그것이 특별히 우리의 의무인 것은 천사들의 상태에 관해 우리를 위해 기록하고, 그것을 믿음으로 받아들일 것을 명령받는 것은 흔히 있는 일이 아니기 때문입니다.

그러므로 이제까지 부분적으로 오직 나에게 전가되는 것으로, 또 부분적으로 보리우스에게도 전가되는 것으로 주장된 총 20개의 조항들에 대한 내 답변은 이상과 같습니다. 그것들 가운데서 그와 다른 어떤 것도 보편 교회에 의해 믿어진 적도 없고, 신앙 조항으로 승인된 적도 없습니다. 하지만 그중 어떤 것은 매우 아름답게 구성된 탓에 그 반대편에 해당하는 것이 참신성의 풍미를 느끼게 해 주는 동시에 허위의 악취를 풍기기도 했습니다. 이외에도 그것들 중 대다수는 비방에 의해 우리에게 전가되었습니다. 계속해서 나는 나머지 11개 조항을 고찰할 것이며, 혹여 조항 구성자들이 그것들을 내게 귀속시키거나 이단의 낙인을 찍으면서 과연 유쾌하고 분별력 있게 처신할 수 있을지 알아볼까 합니다. 부디 하나님께서 나의 마음과 손을 인도하사 진리에 부합되게 하시고, 그리하여 우리 형제들의 화평과 평안을 도울 수 있는 것을 선한 양심으로 선언할 수 있게 도와주시기를 기도합니다.

21조항에 답하다

"하나님의 아들을 아우토테온[19](신 자신)"이라고 부르는 것은 새롭고, 이단적이며, 사벨리우스적인 어법이며, 참으로 불경한 일이다. 왜냐하면 오직 아버지만이 바로 참 하나님이지만, 성령의 아들은 그렇지 않기 때문이다.(21조항)

    나를 잘 아는 사람들 대부분은 내가 세 위격들의 일체성에 관한 장엄한 교의를 다룰 때 얼마나 깊은 두려움과 자의식적인 고독을 느끼는지 알 것입니다. 내가 가르치는 방식 전체가 보여 주듯이 이 조항을 설명할 때 나는 성경이나 정통 초기 교회에서 발견할 수 없는 새로운 어휘를 창안하거나, 다른 사람들이 고안한 것을 차용하는 일을 좋아해 본 적이 없습니다. 청중 여러분들도 모두 증언할 수 있겠지만 건전한 의미를 전달할 수만 있다면 나의 담화 방식과는 다른 것을 사용하는 사람들을 내가 얼마나 기꺼이 수용하는지를 분명히 보게 될 것입니다. 그런 어법을 사용하는 사람들은 물론이고, 내가 이런 주제에 관한 논란을 주도하는 것처럼 짐작하는 사람이 없도록 나는 다음 몇 가지를 전제로 제시하겠습니다.

    논쟁이 진행되는 과정에서 상당히 집요하고 확신에 넘치는 어떤 젊은이가 문제의 그 낱말 자체를 옹호할 뿐만 아니라, 성경의 진리성뿐만 아니라 반대되는 것으로 이전부터 내가 믿고 또 잘 알고 있는 의미를 옹호하면서 훨씬 더 정통주의적인 견해를 심각할 정도로 부정하는 의견을 대담하게

---

19) 아우토테온(αυτοθεων)은 문자적으로 '신이 스스로를 창조한다'는 뜻이다. 그리스도에게 이 개념을 적용할 경우, 성부 하나님의 아들로서의 존재를 부정하는 것이 된다.

표명하는 것을 볼 때, 그가 쓰는 낱말과 그 의미에 관해 나의 견해를 선언하지 않을 수 없습니다.

나는 그 낱말이 성경에 들어 있지 않지만 정통주의자에 따르면 에피파니우스[20]에 의해, 그리고 오늘날 몇몇 목회자들에 의해 사용되고 있기 때문에 그것이 정확하게 해석될 수만 있다면 나는 그것을 거부하지 않는다고 말했습니다.

그러나 문제의 낱말인 아우토테온의 원형(etymon)을 따라 두 가지 의미로 이해될 수 있는데, 그것은 참으로 그리고 그 자체로 하나님을 의미하거나, 그에게서 나오는 신적 존재를 의미할 수도 있습니다. 전자의 의미라면 나는 그 낱말이 용인될 수 있을 것 같다고 했지만, 후자의 의미는 성경과 정통주의 관점에 어긋납니다.

그 반대편 발제자는 자기가 그 낱말을 후자의 의미로 받아들이고 그리스도는 아우토테온, 즉 자기 자신에게서 나온 하나님으로서, 하나님과 공통된 본질을 갖지만 아버지로부터 교통된 것이 아니라고 여전히 주장했을 때, 그리고 그가 이 주제에 대해 그러한 견해를 갖도록 결정적인 가르침을 주었다고 생각되는, 경건한 기억력을 가진 트렐카티우스의 동의를 원용하면서 한층 더 담대하게 주장했을 때, 나는 그 견해는 '새로운' 것으로서 고대인들은 들어본 적도 없는 것이며, 그리스와 로마의 교부들에게도 알려져 있지 않았고, 엄정하게 검토될 경우 이단적 교의로 밝혀질 것인데, 즉 성부

20) 살라미스의 에피파니오스(Epiphanius of Salamis, 315~403)는 4세기 말엽 키프로스 살라미스의 주교이고, 로마가톨릭교회와 동방정교회, 오리엔트정교회 등에서 성인이자 교부로 공경받는 인물이다. 그는 정통 신앙의 강력한 옹호자라는 명성을 얻었다. 대표적인 저서로 당시 이단들의 목록을 작성하고 이를 비판한 『파나리온(*Panarion*)』과 『이단론 제요(*Compendium of the heresies*)』가 있다.

와 성자가 구별되는 위격들이 아니라, 상이한 이름으로 불리는 하나의 인격이라고 주장했던 사벨리우스의 견해와 거의 동종으로 밝혀질 것이라고 말했습니다. 그리고 나는 덧붙이기를 이 견해로부터 완전히 반대되는 이단적 교의, 즉 성자와 성부가 두 개의 상이한 인격으로서, 두 개의 등위적 신적 존재라는 관점도 연역될 수 있음을 지적했습니다. 이것은 참으로 불경스러운 견해입니다.

나는 다음의 간략한 논증으로 내 진술을 증명했습니다. 첫째, 자기의 실재성을 자기 자신으로부터 획득하는 것, 또는 더 낮게 표현하면 자신의 존재를 다른 외부적 실재로부터 획득하지 않는 것은 아버지의 인격이 갖는 고유한 속성입니다. 그러나 지금 주장된 것은 아들이 자기의 존재성을 자기 자신으로부터 얻는다고, 또는 오히려 다른 외부 실재에게서 얻지 않는다는 것입니다. 따라서 그 논리에 따르면 아들이 곧 아버지라는 것인데, 이것은 사벨리우스주의와 똑같습니다.

둘째, 만일 아들이 아버지와 공통 본질을 갖지만 그것이 아버지로부터 교통된 것이 아니라면 아들은 아버지와 등위적 실재가 되고, 따라서 두 개의 신성한 실재가 존재하게 됩니다. 그 반면에 고대 교회는 세 개의 판별적인 인격들에 공통된 신적 본질과 통일성을 옹호하고, 다음과 같은 단일한 설명에 의해 한 가지 유보 조항을 붙였을 뿐입니다. "아들이 직접적으로 동일한 본질을 갖게 되는 것은 아버지에 의해 그에게 주어졌기 때문이다. 그러나 성령은 아버지와 아들로부터 동일한 본질을 얻는다."

이것이 그 당시에 내가 설명했던 것이고, 그 입장은 지금도 변함없습니다. 나는 이 견해가 그리스와 로마의 교회들 전체를 통틀어 초대교회의 전통뿐만 아니라 성경과도 일치한다고 단언합니다. 그러므로 우리 형제들이 이 조항을 내게 전가하면서 그릇된 견해라고 비난하는 것은 참으로 믿을 수 없는 일입니다. 그러나 그렇게 비난하는 중에 그들은 성실하지 못했는데, 왜냐하면 그들은 아우토테온이라는 낱말의 애매성을 제거하지 않았기 때문입니다. 내가 어떤 의미로든 아들을 부인하고, 그리하여 그가 참하나님이라는 것을 부인하는 것처럼 상정하지 않도록 확실하게 조치를 취했어야 합니다. 그런 조치가 특별히 필요했던 것은 내가 항상 그 두 의미를 분명히 구별했고, 전자를 수용하지만 후자를 거부한다는 것을 그들도 잘 알고 있었기 때문입니다.

실제 상황은 그렇게 전개되었으므로 어떤 의미에서 나는 아들이 아우토테온이면서 성령이고, 아버지만이 그렇지 않다고 시인한 것이 되므로 나는 단적으로 이 조항이 허위 비방에 불과하다고 반박해 버릴 수도 있었습니다. 그러나 이 낱말과 자신들의 견해를 정당화하기 위해 이 조항을 구성한 사람들은 이렇게 선언합니다. "아들이 자기 자신으로 나온 하나님이라고 말할 때, 그 표현의 의미는 이것이다. 즉 아들이 소유한 본질은 자기 자신으로부터 획득한 것이다. 즉 다른 누구로부터 얻은 것이 아니라는 뜻으로 받아들여야 한다. 아들은 그가 곧 하나님이고, 동시에 아들이라고 동일시되어야 하기 때문이다. 하나님으로서 그는 자기 자신으로부터 자신의 실재성을 획득한다. 아들로서 그는 아버지로부터 자신의 실재성을 얻는다. 또는 아들에게는 두 가지 범주, 즉 본질과 관계성을 고찰의 주제로 삼아야 한다. 그의 관계성에 따라 그는 아버지로부터 나온다."

그러나 나는 다음과 같이 논평합니다.

첫째, 이 설명 방식은 담화로서 부적절할 뿐만 아니라, "아들은 아버지와 공통된 본질을 갖지만, 아버지에게서 전달받은 것이 아니다"라고 말하는 사람을 용서할 수 없습니다.

둘째, "아들이 소유한 본질은 누구로부터 얻은 것이 아니다"라는 말은

"같은 본질을 가지고 있는 아들은 누구에게서도 나오지 않았다"라는 명제와 동치(同値)가 아닙니다. '아들'은 '아버지'와의 관계 안에서 갖게 된 위격의 이름이고, 따라서 그 관계성 없이는 아들은 정의 내려지거나 고찰될 수 있는 주체가 될 수 없습니다. 그러나 '본질'은 절대적인 어떤 것을 가리킵니다. 이 두 위격은 서로 긴밀하게 연결되어 있으므로 오직 간접적으로, 즉 "그는 아버지에 의해 자기에게 소통된 하나님의 본질을 소유한 아들이다"라고 기술되는 경우를 제외하고 '본질'은 '아들'의 정의 안으로 진입할 수 없습니다. 그런데 이 기술은 "그는 아버지가 낳은 아들이다"라고 말하는 것과 같습니다. '낳는다'는 것은 본질의 소통을 뜻하기 때문입니다.

셋째, 그가 하나님이면서 또한 아들이 되기도 하는 이 두 국면은 서로 간에 동일한 작용이나 관계성을 갖지 않는데, 왜냐하면 그 둘은 "자기 자신으로부터 실재성을 얻고 결코 다른 누구에게서도 얻지 않는다", 그리고 "아버지에게서 실재성을 얻는다", "자기 자신으로부터 자신의 본질을 얻는다", "다른 누구로부터도 얻지 않는다", "아버지로부터 본질을 얻는다"라는 식으로 대등하게 기술될 수 없기 때문입니다. 나는 그 점을 다음의 가장 명증적인 두 가지 논증에 의해 증명합니다.

'아버지'와 '아들'은 서로 일치하고 종속적인데, 아들이 곧 아버지이기 때문입니다. 그러나 "자기의 실재성을 어느 누구에게서도 얻지 않는다"와 "그것을 타자로부터 얻는다"라는 명제들간의 연접,[21] 그리고 "자기의 본질을 어떤 것으로부터도 얻지 않는다"와 "그것을 타자로부터 얻는다"라는 명

---

21) 연접 또는 결합은 명제 계산에서 명제들을 서로 결합하는 것으로, 단순히 외연적 합산일 뿐 어떤 내적 변화도 함축하지 않는다. 이와 달리 연합은 구성원들 간의 유대가 이루어지므로 서로에게 영향을 미치고, 그 결과 변질이나 동화가 산출될 수 있다.

제들간의 연접은 서로 대립적이므로 동등한 위격들에 관해 말하는 것으로 볼 수 없습니다. 그것들이 정립하는 비교를 통해 서로의 출처가 일목요연하게 수집되고 적절히 비교되지도 않고, 그들 간의 유사성과 집합이나 친연성이 서로 대립적인 것도 아닙니다. 여기서 고찰되어야 할 것은 이중적 삼항체(double ternary)이기 때문입니다. 그것은 다음과 같습니다.

그는 하나님이다. ─ 그는 아버지이다. ─ 그는 아들이다.
그는 신성한 본질을 갖는다. ─ 그는 자기의 본질을 어느 누구에게서도 얻지 않는다. ─ 그는 자기의 본질을 아버지에게서 얻는다.

유사성과 대조점을 정리하면 이러합니다. 1) "그는 하나님이다"와 "그는 하나님의 본질을 갖는다". 2) "그는 아버지다"와 "그는 하나님의 본질을 어느 누구에게서도 얻지 않는다". 3) "그는 성자이시다"와 "그는 신성한 본질을 아버지에게서 얻는다".

그러나 우리를 비판하는 형제들이 자신들의 설명에서 확립한 것과 비교할 때 이것은 유사점으로 규정될 것입니다. "그는 하나님이다"와 "그는 자기의 본질을 다른 누구에게서도 얻지 않는다"라는 명제를 정확히 올바른 방식으로 비교한다면 오직 아버지만이 하나님이거나, 세 개의 동등한 방계 신들이 존재하게 됩니다. 그러나 이 같은 견해를 빙자해 나를 비판한다면 나와 거리가 먼 이야기가 될 뿐이고, 결국 "아들은 아우토테온, 즉 그는 자기 자신에게서 나오는 하나님이다"라고 말하는 사람들이 표적이 되어야 합니다. 하지만 이 설명은 그들의 어법에 맞지 않고, 바로 그 이유로 베자는 칼뱅을 용서하면서 "그는 이 분사구들, 'a se'와 'per se'[71] 간의 차이를 충분히 엄격하게 지키지 않았다"라고 공개적으로 시인했습니다.

나는 제시된 어휘들과 그것에 일치하는 견해로부터 귀결되는 것만을 진술했습니다. 그러므로 나는 사람들이 이 어법을 사용하지 않도록 규제해야 한다고 말했습니다. 나는 성경과 교부들로부터 얻을 수 있는 무수히 많은 증거들을 전혀 인용하지 않을 것입니다. 만일 어쩔 수 없이 필요할 경우 나는 주저없이 그 증거들을 제시할 것입니다. 나는 여러 해에 걸쳐 만반의 준비를 해 왔습니다.

하나님은 영원 전부터 신성한 본질을 가지고서 존재한다.

아버지는 어디에서도 나오지 않고, 다른 누구로부터도 신성한 본질을 얻지 않으며, 그것에 대해 다른 사람들은 "그 자신으로부터" 얻는다고 말한다.

아들은 아버지로부터 나오고, 아버지로부터 신성한 본질을 얻는다.

이것은 참된 대구법을 보여 주고, 따라서 어떤 식으로든지 전도(顚倒)되거나 전치(轉置)될 경우 그것은 이단으로 변모하고 말 것입니다. 우리 형제들이 이 문제에 대해 어떻게 적절하게 표현할 수 있을지 의구심이 들지만, 깊이 사유하고 균형감을 유지하기만 한다면 충분히 정확하고 분별력 있게 정제된 표현을 사용할 수 있을 것입니다.

22조항에 답하다

하나님이 자유롭게 선하다고 말하는 것은 신성모독의 최고봉이다.(22조항)

∴

22) 둘 다 라틴어에서 온 분사구로서, 'a se'는 '자체에게로', 'per se'는 '그 자체로'를 뜻한다.

이 조항에서도 마찬가지로 우리 형제들은 부끄러운 일련의 행위를 보여주는데, 나는 그것을 기꺼이 망각 속에 묻기로 했습니다. 그러나 그들이 그것을 상기시켜 주었기에 나는 어떤 일이 있었는지를 말하려 합니다.

토론 중에 "사람이 필연적으로 혹은 자유롭게 하나의 동일한 결과를 산출할 수 있다고 말할 수 있을 만큼 필연성과 자유는 화합될 수 있는가?"라는 물음이 제기되었습니다. 표현된 낱말들은 각각의 엄격한 정의를 따라 적절하게 사용되었고, 거기에 다음과 같은 설명이 첨가되었습니다. "어떤 행위를 수행하는 데 필요한 모든 요건을 갖추었을 때, 행위를 수행하는 것 외에 달리 어떤 것도 할 수 없거나, 그 행위를 지체할 수 없는 주체는 필연적인 행위자(necessary agent)다. 어떤 행위를 수행하는 데 필요한 모든 요건이 갖추어졌을 때, 행위를 개시하지 않을 수 있거나 행위 수행을 지체할 수 있는 주체는 자유로운 행위자다. 그리고 그 두 조건은 하나의 주체 안에서 화합될 수 없다"라고 나는 선언했습니다.

그러자 어떤 다른 사람들이 "그럴 수 있는 일이다"라고 말했는데, 명백히 그 단언은 "아담이 자유롭게 죄를 지었지만 그것은 필연적인 일이었다. 그 자신과 그의 본성에 대해 자유롭지만 하나님의 계명에 대해서는 필연적이다"라는 교리를 확증하려는 목적으로 언술된 것이었습니다.

나는 형제들의 이 설명을 인정하지 않지만 '필연적으로'와 '자유롭게'라는 어구는 국면의 차이가 아니라 본질적으로 상이한, 필연성과 우연성 또는 필연적인 것과 우연적인 것이 존재 영역의 폭 전체를 망라하기 때문에 무한과 유한이 동시에 발생할 수 없는 것 못지않게 그것들은 결코 동시에 발생할 수 없다는 것을 분명히 했습니다. 자유는 우연성에 속하는 것입니다.

이 같은 나의 견해를 반박하기 위해 형제들은 필연성과 자유가 함께 성립될 가능성이나 그런 사례를 탐색했고, 그것은 필연적이며 자유로운 선하신 하나님이었습니다. 그 주장에 나는 너무 실망했기 때문에 그렇게 말한다면 신성모독에서 그다지 멀지 않다는 말이 내 입에서 나오고 말았습니다. 바로 이 지점에서 그 문제와 연관된 유사한 견해가 뇌리에 떠올랐고, 그래서 짧게나마 나는 그 견해의 거짓됨과 부조리함, 그 허위성에 (담겨 있는) 불경함을 증명해 보여 드리겠습니다.

그 주장의 거짓됨에 대하여. 자연적 필연성에 의해, 그리고 자기의 본질과 본성 전체를 따라 선한 주체, 더 낮게는 선 자체, 지고선, 으뜸선이란 그로부터 모든 선한 것이 발생하고, 그것을 통해 모든 선이 나오고, 그 안에 모든 선이 존재하며, 그것에 참여함으로써 어떤 사물이건 자기 안에 선의 적절한 몫을 갖게 하며, 그것에 가까워질수록 또는 그로부터 멀어질수록 선한 분량이 더 커지거나 더 적어지게 만듭니다. 이렇게 기술된 주체는 자유롭게 선한 주체가 아닙니다. 왜냐하면 양자의 결합에 의해 모순이 발생하고, 병치에 의해 반대항이 산출되기 때문입니다. 그러나 하나님은 본성적 필연성에 의해 그의 본성 전체와 본질을 따라 선하신 선 자체, 지고선, 제일선으로서, 그로부터, 그를 통해, 그의 안에서 모든 선들이 존재합니다. 그러므로 하나님은 자유롭게 선한 주체가 아닙니다.

그 교리의 부조리함에 대하여. 자유는 신적 의지의 충동이고, 신적 본질이나 지성이나 능력의 성향이 아닙니다. 그러므로 자유는 그 총체적 관점에서 신적 본성의 성향이 아닙니다. 진실로 자유는 의지의 효력으로, 그것을 따라 일차적이거나 고유한 것이 아닌 어떤 대상을 향해 발출하고, 따라서 그것은 하나님 자신과 상이한 것입니다. 그러므로 의지의 그러한 효력은 순서상으로 의지의 충동을 뒤따르고, 그에 따라 하나님은 고유하고 일차적인, 그리고 적합한 대상, 곧 자기 자신을 지향하는 하나님이 생성됩니다. 그러나 선은 신적 본성, 본질, 생명, 지성, 의지, 능력 등 모든 것을 망라하는 총체적 충동입니다. 그러므로 하나님은 자유롭게 선한 주체가 아닙니다. 즉 그는 자유의 양태에 의해 선한 것이 아니라, 본성적 필연성의 양태에 의해 선하십니다.

그뿐 아니라 어떤 사물에 대해 그것이 자유롭다거나, 그것이 이런저런 양태로 자유롭다거나, 심지어 자유의지에 의해 인도된 행위에 의해 인간이 자기 자신을 형성할 때조차 사물들의 본성을 따라 확정될 수 있는 것이 아닙니다. 즉 어떤 사람이 자유의지의 인도를 받아 연구함으로써 스스로 박학다식하게 되었다고 말한다고 해도 그가 "자유에 의해 유식하게 되었다"라고 말할 수 없습니다.

나는 이 조항의 주장에 불경스러운 요소가 들어 있음을 증명하겠습니다. 만일 하나님께서 자유롭게 선하시다면(즉 본성이나 본성적 필연성에 의해 선한 것이 아니라) 그는 선하지 않을 수 있거나 선하지 않게 될 수 있어야 할 것입니다. 누구든지 자유롭게 무엇을 의지하든지 자유롭게 행하는 능력은 의지에 대해서가 아니라 자기의 능력 안에 가지고 있어야 합니다. 그리고 누구든지 자유롭게 어떤 일을 하든지 그는 그것을 하지 않을 수 있어야 합니다. 아버지가 자발적으로나 비자발적으로 아들을 낳은 것이 아니므로 성자가 성부로부터 나오는 영원한 존재가 아니라는 것을 증명하려고 애썼던 유노미우스[23]와 그의 추종자들과 고대 교부들 사이의 논쟁에 대해 고찰해 보십시오.

••

23) 유노미우스(Eunomius of Cyzicus, 335~393) 또는 에우노미안으로 불리기도 하는 그는 4세기 튀르키예 카파도기아 출신의 아리우스주의 지도자다. 니케아공의회(325년)는 350년 이후 다시 정통 신앙의 대명사로 부상한다. 그리고 신니케아주의자라고 불리는 사람들이 381년에 삼위일체론을 확립하기까지 유노미우스와 열띤 공방을 벌여야 했다. 즉 삼위일체론이 수립되는 과정에서 유노미우스의 지대한 공헌이 있었다.

그러나 키릴로스,[24] 바실레이오스[25]를 비롯한 교부들이 그들에게 주었던 답변은 이러합니다. "성부는 의지적이지도 않고 비의지적이지도 않다. 즉 그가 아들을 낳은 것은 의지에 의한 것이 아니라 본성에 의한 것이다. 생성(generation) 행위는 신적 의지에 의한 것이 아니라 신적 본성에 의해 이루어진다." 만일 형제들이 "하나님께서는 상호작용이나 강압에 의해 선하신 것이 아니기 때문에 그는 또한 자유롭게 선하시다고 말할 수 있다"라고 말한다면 나는 상호작용은 자유에 적대적일 뿐만 아니라 본성의 경우도 마찬가지라고 답하겠습니다. 본성과 상호작용, 이 둘은 각각 자유를 배제하는 전체적이고 총체적이고 충분한 원인이 됩니다. 이로부터 다음의 것은 함축되지 않습니다. "상호작용은 이 사물에게서 자유를 배제하지 않는다. 그러므로 그것은 자유롭게 현재의 자기 자신이 된다. 돌은 상호작용에

..

24) 알렉산드리아의 키릴로스(376~444)는 431년 네스토리우스의 주장을 논박한 것으로 유명하다. 양측의 논쟁은 예수 그리스도의 신성과 인성의 관계를 중심으로 벌어졌는데, 키릴로스는 한 위격 안에서 그리스도의 두 본성이 통일되어 있음을 주장한 반면, 네스토리우스는 예수는 신의 위격과 인간의 위격, 서로 다른 두 위격을 가지고 있다고 주장했다. 이 위격 주장은 결국 성모 마리아의 호칭에 관한 논쟁으로 발전했다. 키릴로스가 성육신을 통해 두 본성이 내적 통일을 이루었음을 설명하기 위해 마리아를 테오토코스(하나님의 어머니)로 부를 것을 주장하자 네스토리우스는 이를 거부하며 테오토코스 대신 크리스토토코스(그리스도의 어머니)라 불러야 한다고 주장했다. 이러한 네스토리우스의 주장에 대하여 키릴로스는 즉시 반박하는 글을 발표했다.

25) 바실레이오스 카이사레이아스(330~379)는 현재의 튀르키예 카파도키아 출신으로, 대바실레이오스로도 불린다. 삼위일체론과 관련하여 360년에 그는 1차 콘스탄티노폴리스공의회에 참석했다. 처음에 그는 성자가 본질에서는 성부와 같지만, 존재에서는 같지 않다고 주장한 에우스타시오와 유사 본질주의자들 등 반(半)아리우스파의 편에 섰다. 유사 본질주의자들은 유노미우스의 아리우스주의에 반대하기는 했지만, 삼위일체를 구성하는 성부와 성자와 성령이 동일한 본질을 지니고 있다고 주장한 니케아 신경의 지지자들에 대해서도 마찬가지로 반대했다. 그러나 바실리오의 교구장인 카이사레아의 디아니오 주교는 본래의 니케아 신경에 지지 의사를 표명했다. 바실리오는 결국 유사 본질주의자들과 결별하고 대신에 니케아 신경에 대한 강력한 지지자로 변모했다.

의해 아래로 떨어지는 것이 아니다. 그러므로 그것은 자유에 의해 밑으로 떨어지는 것이다. 인간은 강압에 의해 자기 자신의 구원을 원하게 되지 않는다. 그러므로 그는 자유에 의해 구원을 원한다." 이 같은 반대 주장은 더 이상 사람들이 만들어 내야 할 가치가 없습니다. 그리고 그들을 비판하는 중에 나는 시간과 여가를 낭비하고 있습니다. 그러므로 교회 교부들이 "성부는 의지적으로 또는 그 자신의 의지에 의해 성자를 낳았다"라고 말하는 사람들을 신성모독의 이름으로 비판한 것은 정당한 일입니다. 그러나 "하나님은 자유에 의해 선하시다"라고 선언하는 사람들에게 불경함이 스스로 연합할 때 그보다 더 정당한 일이 무엇이겠습니까? 만일 하나님이 자유에 의해 선한 분이라면 그는 또한 자유에 의해 자기 자신을 알고 사랑하시며, 그 밖의 다른 모든 일도, 심지어 그가 아들을 낳고 성령의 날숨을 내쉴 때조차 자유롭게 행하신다고 말해야 할 것입니다.

23조항에 답하다

완전히 악함에 의해 완전히 굳은 상태가 되지 않은 사람이 어떤 일을 행하기를 싫어하는 것은 그가 아직 죄와 연합되어 있기 때문이며, 명령받은 일에 착수할 수 있게 만드는 자극제 역할을 할 만한 논증과 계기가 그에게 제시되지 않는 한 그런 일은 빈번히 일어납니다. 제시되어야 할 그러한 자극제의 관리는 하나님의 섭리의 손에 달려 있고, 그러므로 그는 자극제를 공급하심으로써 피조물의 행위를 통해 그 자신의 계획을 완수하실 수 있다.(23조항)

어떤 사람들이 내가 말할 때마다 일일이 불만을 제기하려는 방자한 욕구에 의해 격앙된 상태가 아니라면 의심할 것도 없이 그들은 이 문제를 놓고 고생을 자처하기로 스스로를 설득하는 일은 없었을 것입니다. 그러나 내가 실제로 말했거나 쓴 것을 그들이 진지하게 그리고 전혀 비방하려는 의도 없이 살펴보기만 했더라면, 즉 내가 말한 것에 무엇인가 덧붙이거나 제한다든지, 또는 내용을 바꾸거나 왜곡함으로써 내가 말한 것을 변질시키고 거짓된 것으로 만들려고 하지 않았다면 나는 그들의 쓸데없는 참견을 진리의 엄격하고 가차 없는 검사원으로 여기고 모든 것을 용서하고 넘어갔을 것입니다. 그러나 어떤 사람들은 오랫동안 비방하는 일에 단련된 것처럼 보이기도 했는데, 사람들 앞에서 공개적으로 비판할 수 있을 때조차 그들은 무고한 사람의 등 뒤에서 힐난하기를 서슴지 않았습니다. 이런 사실에 관해 그들은 이 조항에서 빛나는 사례를 제공합니다. 『악에 관한 하나님의 섭리의 효력과 의에 관한 논제들』[26]이라는 글에서, 그리고 1605년 5월의 토론회에서 내가 제시한 것이 이 조항에 인용되어 있는데, 그나마 여기저기 절단되고 비방의 공격으로부터 논제 전체를 강력하게 옹호할 수 있는 것이 삭제된 상태입니다. 다음은 그 토론에 제시된 열다섯 번째 논제에 들어 있는 내용입니다.

"그러나 어떤 행위는 그것이 인간의 능력과 의지에 위임된 것이라 해도 그의 실제 능력이나 입법권으로부터 철회될 수 있다. 따라서 완전히 악에 물들어 굳어진 상태가 되지 않은 사람은 여전히 죄와 연루되어 있기 때문에 명령받은 일에 착수하게끔 인도하는 자극제가 될 수 있는 어떤 논증이

..

26) 이 논문 "Theses on the Efficacy and Righteousness of the Providence of God"은 아르미니우스가 1603년에 레이던대학 신학부 교수로 취임했을 때 개최된 강연에서 발표된 것의 일부다.

나 계기가 그에게 제공되지 않는 한 그는 여전히 그 행위를 수행하지 않으려 할 수 있다. 이런 것을(논증과 계기) 제공하는 관리 책임 역시 하나님의 섭리의 손에 달려 있고, 하나님은 그 두 가지를 공급하여 과연 그 사람이 자극제에 의해 고무되거나 설득될 때조차 죄 짓는 일을 멈추지 않을 것인지를 시험하실 수 있다. 그러한 자극제가 없을 경우, 죄를 짓지 않기로 절제함으로써 칭찬을 듣게 될 확률은 매우 낮고, 만일 그 사람이 그 자극제에 기꺼이 순응한다면 하나님은 그 사람의 행위를 통해 그가 계획하신 일을 진척시키실 수 있기 때문이다."

이것은 내가 했던 말로부터 자신들의 비판을 정당화하기에 적절하게 보이는 것을 형제들이 발췌한 것으로, 가장 명증적인 방식으로 비방을 노출하고 반박할 수 있는 것은 생략하고 삭제한 채입니다. 왜냐하면 실제로 나는 하나님께서 죄와 연루된 행위를 부추기는 논증, 계기, 흥분제, 자극제를 제공하는 관리 업무의 두 가지 목적을 규정했기 때문입니다. 그리고 이 두 목적은 방계적인 것으로, 즉 서로 대등하게 설계되거나 긴밀한 결합에 의해 서로 연결된 것도 아닙니다. 전자의 경우는 피조물을 탐색하거나 시험하기 위해 주어지며, 일차적으로, 본래적으로 하나님께서 친히 개입하십니다. 그러나 후자의 경우 피조물의 행위를 통해 하나님께서 자신의 일을 이루시려 하는 것으로, 본디 하나님에 의해 의도된 것이 아니라 다만 논증과 계기의 선한 자극과 유인제를 거부하고 거절한 후 인간이 많은 유혹에 저항 없이 그것에 굴복하며, 피조물로서 따라야 할 의무나 자기의 힘으로 얼마든지 행할 수 있는 하나님의 명령을 어기면서 오직 인간 자신의 자유의지를 따를 것을 미리 내다보신 후에 취하는 후속 조치입니다.

그러나 형제들이 구성한 현재의 조항은 내가 말한 것을 뒤섞어 놓았는데, 마치 내가 전자의 목적을 완전히 배제하고 하나님께서 오직 후자의 목적을 그 자체로 의도하신다고 말한 것처럼 각색했습니다. 그리하여 하나님께서 자기 피조물의 행위를 통해 그의 둘째 목적을 이루려 하실 때 요구되는 선행 조건, 즉 적극적인 자극제에 반응하려는 의지를 피조물이 갖게 될 가능성과 연관된 것은 완전히 삭제되었습니다.

그러므로 이 조항의 비방은 이중 구조로 되어 있고, 또한 내가 말한 것으로부터 하나의 결론—결국 내가 말한 것은 하나님을 죄의 조성자로 표상한다—을 이끌어내기 위해 구성되었음이 분명합니다. 최근에 어떤 인사는 한 대중 강론에서 내가 썼던 표현을 인용하면서 그로부터 똑같은 결론을 곧바로 추론했습니다. 그러나 그것은 순전한 중상 비방이며, 이제 그것을 나는 매우 간명한 방식으로 입증하려 합니다.

내가 발표한 글에서 인용한 이 조항의 구문으로부터 그런 결론, 즉 하나님께서 논증과 기회를 공급하여 자기 피조물을 자극하심으로써 "그는 인간이 범한 죄의 원저자가 된다"라는 결론이 도출된다고 볼 수 있는 이유는 보편적 차원에서 세 가지입니다.

첫 번째 이유는 하나님께서 피조물의 행위를 통해 자기의 일을 성취하려는 절대적 의도를 품으시는데, 문제의 행위는 무죄한 인간에 의해 수행될 수 없는 것이기 때문입니다. 이 문제는 하나님의 두 가지 절대적 의도를 해소할 수 있는가에 달려 있는데, 하나는 피조물을 통해 하나님께서 자신의 일을 관철시키려 하는 절대적 의도가 선행하는 것이고, 다른 하나는 무죄한 피조물에 의해서는 수행될 수 없는 것을, 피조물의 행위와 무관한 다른 방식으로 하나님께서 자기의 일을 관철하려 하지 않으신다는 절대적 의도가 선행하는 사실입니다.

두 번째 이유는 문제의 행위를 실행하게 하는 다양한 유혹과 자극제에 노출됨으로써 유도될 때, 피조물은 문제의 행위를 행하는 것 외에 달리 어떻게 할 수 없습니다. 즉 그러한 자극 요소가 제시될 때 피조물은 하나님께서 자기의 일을 이루기 위해 의도하신 문제의 행위를 제어할 수 없는데, 그렇지 않을 경우 하나님의 의도가 좌초되고 말 것이기 때문입니다. 이것과 연결된 셋째 이유가 등장합니다.

세 번째 이유는 앞에서 언급된 두 가지 원인에 기원을 둡니다. 즉 하나님은 유도제에 의해 인간을 죄와 연루된 행위로 기울어지게 하기를 원하신다. 즉 죄를 범하게 만드는 상황을 조성하는 의도를 품으신다는 것입니다.

전술한 것은 모두 비슷한 정도의 개연성을 가지며, 형제들이 이 조항에서 인용하는 나의 문구들로부터 도출되는 결론인 것처럼 보이는데, 왜냐하면 하나님께서 자신의 기획을 피조물의 행위를 통해 성취하는 것을 그의 경영과 기회 제공의 유일하고도 절대적인 목적으로 표상하기 때문입니다. 그러나 내가 쓴 글에 들어 있지만 형제들이 누락한 문구들은 세 가지 이유에 모두 해당하고, 누락한 부분에 의존하는 반박 전부를 가장 확실한 방법으로 물리칩니다.

내가 진술했던 것은 이 이유들 중 첫 번째를 다음과 같이 충족시킵니다. 그것은 하나님께서 피조물의 행위를 통해 자기가 원하는 것을 성취하려는 절대적 의도를 품으신다는 것을 부정하는데, 왜냐하면 나는 하나님께서 그 피조물이 그 자극제에 복종하는지 여부를, 즉 그것에 저항하지 않는지를 미리 내다보시지 않은 채 피조물의 행위를 통해 자기의 일을 완수하려는 뜻을 세우는 일은 있을 수 없다고 주장했기 때문입니다.

내가 말했던 것은 하나님께서 유도제를 제공하기로 제정하신 후 피조물은 자기의 행위를 지체할 수 없을 것이라는 주장을 물리침으로써 두 번째 이유를 충족시킵니다. 만일 그 자극제에 순응하는 것을 피조물이 원한다면 그럴 경우에만 하나님께서 그 피조물의 행위를 통해 자기의 일을 관철할 수 있다는 것이 나의 주장이기 때문입니다. 자극제에 복종하는 것을 피조물이 원한다는 것은 무엇을 의미하는 것입니까? 하나님께서 제공하는 논증과 기회를 마주하게 될 때, 그것에 복종하는 것을 의지적으로 거부한다면 그것이야말로 여기서 명시적으로 지목하고 있는 의지의 자유가 아니겠습니까?

누락된 나의 진술은 또한 세 번째 이유를 충족시킬 수 있습니다. 왜냐하면 그것은 하나님께서 그 유도제에 의해 피조물을 죄와 연합된 행위를 수행하게 하려는 뜻을 가지신다는 것, 즉 피조물로 하여금 죄를 짓게 하려고 의도하신다는 것을 부정하기 때문입니다. 피조물이 그러한 유인제에 의해 자극을 받은 후 하나님께 순종하기를 원하는지를 보려고 하나님께서 자기 피조물을 시험하기 위해 의도하신 방법이라고 나는 말했기 때문입니다. 피조물이 하나님께 순종하는 것보다 유혹에 굴복하는 편을 선호하는 것을 보신다면 하나님께서는 피조물의 행위를 굳이 의도에 포함하지 않으실 것인데, 그것은 전적으로 불필요한 것이기 때문입니다. 따라서 그의 뜻은 본디 시험하려는 것이었으나, 결과적으로 그가 얻으신 것은 피조물의 의지에 의해 수행된 행위로 귀결됩니다. 그러나 하나님께서는 피조물의 의지와 죄책에 기초한 행위를 통해 자신의 일을 관철하려는 뜻을 가지고 계신다는 주장은 여전히 참입니다.

그러므로 우리 형제들이 누락한 것은 여기에 제기된 비방을 가장 명증적으로 반박하고, 가장 강력한 방식으로 반론을 해소할 것이 분명합니다. 이어서 마찬가지로 나는 또 다른 방법에 의해 제기된 반론의 총체적 부당성을 지적하고자 합니다.

"하나님께서는 죄를 짓게 만들 만한 논증과 기회에 의해 피조물을 시험하시는데, 그러한 유혹에 의해 자극을 받은 후 그 피조물이 과연 하나님께 순종할 것인지 여부를 알기 원하신다"고 말하는 사람은 그런 유혹에 저항하고 죄를 짓지 않는 것이 피조물의 능력 안에 있다고 공공연히 선언하는 것입니다. 그렇지 않다면 그러한 하나님의 행위는 피조물의 순종 여부를 시험하는 것이 아니라 필연적인 불순종을 조장하고 재촉하는 것이 될 것입니다. 따라서 "하나님께서 그와 같은 자극제와 유혹거리를 가지고 피조물의 순종을 시험하신다"라고 말한 그 사람은 그렇게 말함으로써 하나님이 시험하려는 의도로 제시하는 그 유혹과 자극제가 하나님의 궁극적인 목적과 목표를 통해 더 이상 죄로 빠지게 하려는 유혹과 자극제가 아니게 된다고 넌지시 암시한 것입니다.

그러나 그것들은 첫째로 그런 유혹에 자극을 받아 죄와 연루된 행위를 행할 수 있는 피조물의 경향성에 따르는 능력에 의해 명실공히 확실한 유혹이 됩니다. 둘째로 그것들은 그 결말에서도 유혹이 되는데, 왜냐하면 피조물은 자기가 주도한 잘못에 의해서가 아니라 유혹에 의해 죄를 짓도록 유도되었기 때문입니다. 그러한 경향성에 저항하는 것, 그런 유혹을 무시하고 멸시하는 것은 피조된 인간의 의무이고, 그의 능력으로 얼마든지 해낼 수 있는 일이기 때문입니다.

그러므로 신학적 주제에 친숙한 인물이 내가 말했던 것을 재료로 사용하여 나를 비방하는 무기를 가공하는 일을 감행했다는 것은 참으로 대단히 놀라운 일입니다. 내가 말하고 싶은 것은 내 형제들의 견해와 교리들 중 극히 일부분에 대해서만 감히 동의하지 않을 뿐인 나를 비판의 표적으로 삼은 것은 그들도 잘 알다시피 단 한 가지 이유 때문입니다. 즉 내가 그들의 도그마(교리)로부터 하나님이 죄의 조성자라는 결론이 도출된다고 주장하기 때문입니다.

내가 그들에게 동의할 수 없는 것은 바로 그것 때문인데, 즉 하나님께서 자기 피조물이 죄짓는 것을 절대적으로 의도하셨고, 따라서 그러한 관리 방침이 정해졌을 때 인간은 필연적으로 죄를 짓게 되고, 그 행위 자체에서, 그리고 사실상 범죄 행위에 빠뜨릴 수 없다는 것을 내가 타당하고 확실한 추론에 의해 입증할 수 있었던 것은 형제들이 내게 보여 준 것을 바탕으로 한다는 사실입니다. 만일 내가 말한 것이 그들의 견해로부터 귀결되는 것이 아니라는 것을 그들이 보여 줄 수 있었다면 적어도 바로 그 때문에 형제들이 그것에 동의함으로써 내가 굳이 움직여야 하는 수고를 하지 않아도 되었을 것입니다. 논제 전체를 읽어 보십시오. 그러면 내가 그런 불경스러운 결론이 도출되지 않기를, 그런 개연성이 최소화되기를 얼마나 간절히 바라면서 주의를 기울이며 말했는지를 확연하게 볼 수 있을 것입니다. 동시에 나는 하나님의 섭리로부터 성경을 따라 반드시 그것에 귀속되어야 할 어떤 것도 누락하는 일이 없도록 주의를 기울였습니다. 이제껏 나는 지루하리만큼 긴 증명을 제시했지만 악에 대한 하나님의 섭리적 효력은 내가 그런 진술을 사용하여 가르쳤던 것과 정확히 일치한다는 것을, 지금도 이렇게 말하고 있듯이 그렇게 길게 증명할 필요가 있다고는 생각하지 않습니다. 특히 내가 이 설명을 전제로 삼은 터에는 더욱 그렇습니다. 하지만 나는 아주 간략하게 그 작업을 시도해 보겠습니다.

하와는 "악에 완전히 물들지 않은 피조물"이었을 뿐만 아니라 악한 사람도 아니었습니다. 그리고 그녀는 '죄와 연루되는 것'을 알았기 때문에 하나님께서 금하신 열매를 먹지 않으려는 의지를 가지고 있었는데, 그 사실은 그녀가 뱀에게 했던 답변에서 분명히 나타납니다. "그러나 하나님은 동산 한가운데 있는 나무의 열매는 먹지도 말고 만지지도 말라고 하셨다."(창 3:3) 나무 열매가 풍성한 동산에서 그녀가 이 명령을 지키는 것은 아주 쉬운 일이었습니다. 그녀가 시험하는 자에게서 다른 논증에 의해 설득되지 않았다면 순종 여부를 시험받을 가능성은 거의 없었을 것입니다. 그러므로 최초의 권유에 이어 뱀은 하와로 하여금 열매를 따먹게 부추길 만한 다른 논증을 제시하면서 이렇게 말했습니다. "너희는 절대로 죽지 않는다. 너희가 그 열매를 먹으면 하나님처럼 될 것이다."(4절) 뱀의 계획에 따르면 이 논증은 하와를 죄 짓게 만들려는 미끼였습니다. 그것 없이는 하와가 열매를 따먹고자 하는 마음이 생기지 않을 것이라고 뱀은 파악했는데, 왜냐하면 열매를 따먹는 행위는 '죄와 연루되는' 것이므로 뱀은 하와가 그런 일을 결코 하지 않으려는 뜻을 표명한 것으로 파악했기 때문입니다.

여기서 나는 묻겠습니다. 이 시험의 관리 체계는 온전히 하나님께 전가되어야 할 것인가? 만일 형제들이 "그것은 하나님께 귀속될 수 없다"라고 말한다면 그들은 섭리, 성경, 우리의 모든 신학자들의 견해에 반대하는 것입니다. 만일 그들이 그것은 하나님께 귀속되어야 한다고 고백한다면 그들은 내가 진술한 것을 인정하는 것입니다. 그렇다면 이 관리 체계의 목적은 무엇입니까? 사탄에게 논증에 의해 구슬림 당하고 자극을 받을 때 그것은 하와가 창조주이신 여호와께 명령받은 순종을 실천함으로써 칭찬을 받게 하려고 죄와 연루된 행위를 스스로 금하는지를 탐지하는 실험 내지 테스트였습니까? 공개적으로 던진 나의 아홉 가지 질의에 들어 있는 15논제에서는 요셉 형제들의 사례를 인용했는데, 논제가 보여 주듯이 그 답변을 매우 확증적인 방식으로 보여 줍니다.

자기 아버지의 후궁들에게 근친상간의 범죄를 저질렀던 압살롬의 사례를 검토해 봅시다. 하나님은 그 후궁들을 그의 손에 넘겨주었는데, 즉 그들이 그의 권능 아래 놓이는 일을 허락하신 것인데, 그것은 악한 행위를 적극적으로 행할 수 있는 기회를 제공한 것으로 보아야 합니까? 아히도벨의 조언이 신탁처럼 간주되는 상황에서 그가 제안한 그 패륜 행위를 감행하도록 압살롬을 부추긴 그 논증 역시 같은 종류라고 생각될 수 있지 않습니까?(삼하 16:20~23) 의심의 여지 없이 그 행위는 사건이 보여 주는 삶의 생생한 사실입니다. 그러나 실제로 하나님께서 그 일을 하셨다고 말하는 성경으로부터(삼하 12:11~12) 그가 그 사건 전체를 직접 관리하신 것이 분명한 것처럼 보입니다.

신명기 13장 1~3절에 기록된 하나님의 말씀을 보십시오. "당신들 가운데 예언자나 꿈으로 점치는 사람이 나타나서 당신들에게 표징과 기적을 일으킬 수 있다고 말하고, 실제로 그 표징과 기적을 그가 말한 대로 일으키면서 말하기를 '너희가 지금까지 알지 못하던 다른 신을 따라가 그를 섬기자' 하더라도 당신들은 그 예언자나 꿈으로 점치는 사람의 말을 듣지 마십시오." 예언한 대로 사건을 일으켜 그 자체로 확증하는 그 '표징'을 보이는 것 자체가 하나님께 책임을 전가할 수 있는 논증이 아닙니까? 그런 식으로 획득한 공로는 그 예언자들의 말에 완전한 설득적 효력을 실어 주는 자극제나 논증이 아니겠습니까? 만일 이성을 가진 피조물이 죄를 짓지 않고서는 실행할 수 없는 행위로 기울어지는 경향성을 가지고 있어서 논증 같은 것이 없이도 그것을 행하려는 의도를 스스로 갖는다면, 따라서 그 위대한 '시험하는 자'는 굳이 나설 필요도 없는 무용지물이 된다면 설득하기 위해 논증을 전개해야 할 어떤 필연성도 없지 않겠습니까? 그러나 그 시험하는 자는 피조물이 논증과 적절한 기회에 의해 자극을 받지 않는 한 문제의 행위를 실천에 옮기기를 주저한다는 것을 잘 알기 때문에 피조물로 하여금 죄를 짓도록 유인하는 자극제를 동원하는 데 온 힘을 기울입니다. 반면에 이 모든 일을 주재하시는 하나님께서는 그의 섭리에 따라 전체 과정을 경영하시므로 사건의 결말은 시험하는 자가 이끄는 것과는 매우 다릅니다. 왜냐하면 하나님께서 우선적으로 자기 피조물을 시험하시고, 그 다음으로 (유혹에 복종하려는 피조물의 의지가 있을 경우) 피조물의 행위를 통해 하나님 자신의 어떤 목적을 이루고자 하시기 때문입니다.

혹여 이런 설명 방식이 비판받을 소지가 있다고 의구심을 느끼는 사람이 있다면 그분들에게 하나님의 권능과 힘을 축소해 보라고 요구해 봅시다. 그럴 수만 있다면 피조물로 하여금 죄를 짓게 할 수 있을 것이고, 피조물에게 특정 행위를 금지하는 명령 외에는 하나님께서 다른 방법으로 인간의 순종을 시험할 수 없을 것이라고 가정할 수 있을 지도 모릅니다. 그러나 그 방법 말고도 다른 방법에 의해 피조물의 순종을 시험하실 수 있다면 의구심을 느끼는 사람들 편에서 먼저 그런 방책에 해당하는 논증과 기회를 예시해야 할 것이고, 왜 하나님께서 방금 내가 언급한 것과는 다른 방법을 찾아야 하는지에 대해 답변해야 하지 않을까요? 피조물인 인간은 전자의 방법[즉 논변과 기회를 제공받는 것—옮긴이]에 의해 똑같은 정도로 좀체 악에 설득되지 않으며, 따라서 우리가 다른 유인책에 의해 동기를 부여해야 하는 행위 명령에 비해 단순히 죄를 짓지 못하게 막는 방법은 거의 실효성 없는 일이라는 것을 하나님께서 잘 아시기 때문이 아닐까요?

여러 가지 방법으로 하나님이 주시는 시험을 치르고, 참아 내지 못하고 하나님께 대항하여 죄를 짓게 할 수도 있는 수많은 유혹을 대면했던 욥의 이야기에 대해 깊이 생각해 봅시다. 하나님은 사탄에게 말씀하셨습니다. "너는 내 종을 잘 살펴보았느냐? 이 세상에는 그 사람만큼 흠이 없고 정직한 사람, 그렇게 하나님을 경외하며 악을 멀리하는 사람은 없다."(욥 1:8) 사탄은 여호와께 이렇게 대답했습니다. "주님께서 그가 하는 일이면 무엇에나 복을 주셔서 그의 소유를 온 땅에 넘치게 하지 않으셨습니까? 이제라도 주님께서 손을 드셔서 그가 가진 모든 것을 치시면 그는 주님 앞에서 주님을 저주할 것입니다."(욥 1:10~11) 그러자 여호와 하나님은 사탄에게 말씀하셨습니다. "그가 가진 모든 것을 다 네게 맡겨 보겠다. 다만 그의 몸에는 손을 대지 말아라!"(욥 1:12) 이 말씀은 다음과 같은 것 말고 달리 어떻게 해석될 수 있겠습니까? "좋다, 그를 자극하여 나를 저주하게 해 보아라! 내가 이 일을 허락하는 이유는 많은 복을 받았기에 나를 경외하는 그런 사람을 칭찬하는 것이 별로 온당치 않은 일이라고 네가 말했기 때문이다." 그리하여 사탄은 그가 허락받은 일을 했고, 그 결과 (그가 예상했던) 효과를 거두지 못했습니다. 그때 하나님은 이렇게 말씀하셨습니다. "네가 나를 부추겨서 공연히 그를 해치려고 하였지만 그는 여전히 자기의 온전함을 굳게 지키고 있지 않느냐?"(욥 2:3) 이 시험 뒤에 사탄은 욥으로 하여금 죄 짓게 하려고 훨씬 더 무거운 유혹을 시험할 수 있게 허락해 주실 것을 요청했고, 그는 허락을 받았습니다. 그러나 역시 아무 소득도 거두지 못했습니다. 결과적으로 사탄을 혼란에 빠뜨릴 정도로 하나님은 욥의 인내를 통해 영광을 받으셨습니다.

이러한 설명은 내 논제들의 표현 방식에 가해진 모든 비방과 악의적이고 불공정한 해석으로부터 나를 구하기에 충분할 것입니다. 이제 나는 형제들이 언어적 오류를 기소하기 위해 사용한 논증을 검토하고 그것을 반박하는 데 진력할 것입니다. 내가 그 일을 잘 해내지 못할 경우, 그때는 내게 참진리로 여겨지는 것을 수호할 것입니다.

24조항에 답하다

그리스도의 의가 우리에게 전가되어 우리가 의롭게 되는 것이 아니라, 믿음(또는 믿는 행위)이 우리를 의롭게 만든다. (24조항)

나는 과연 이 조항의 어떤 면모―이 조항을 만든 위조자들의 다듬어지지 않은 투박함, 악의, 또는 무심코 저지른 부주의 등―에 대해 가장 많은 찬사를 보내야 할지 잘 모르겠습니다. 그들의 무심한 부주의가 확연히 드러나는 부분은 그들이 내게 전가하려 하는 견해를 어떻게 어떤 말로 표현해야 할 것인지에 대해 전혀 신경 쓰지 않았다는 점입니다. 또한 그들은 내 견해를 비판하고 싶어 하면서도 그것이 어떤 것인지 알려 하지도 않습니다. 형제들의 논증의 조야함에 대해 말하면 이 조항의 구성자들은 구별해야 할 것을 구별하지 않고, 또 반대하지 말아야 할 것에 반대합니다. 그들의 적대감 역시 현저히 드러나는데, 그 점은 그들이 내가 생각해 본 적도 없고 말한 적도 없는 것에 대해 내게 책임을 전가하고, 또한 올바르게 진술된 것 위에 마치 뒤틀린 것 같은 외양을 덧씌우듯이 주제를 다루기 때문인데, 그런 식으로 스스로 비방의 근거를 만드는 것 같기 때문입니다. 그러나 먼저 사건 자체에 주목하겠습니다.

이 조항은 오직 두 개의 항목을 열거하는 것처럼 보이지만 잠재적으로 세 개의 항목으로 이루어져 있고, 따라서 그것들은 논리적으로 이해할 수 있게 서로 분리되어야 합니다. 첫 번째 항목은 "그리스도의 의가 우리에게 전가된다"이고, 두 번째 항목은 "그리스도의 의는 (우리의) 의로 전가된다"이며, 세 번째 항목은 "믿는 행위는 (우리의) 의로 전가된다"라는 것입니다.

만일 비판하는 형제들의 목적이 내가 말한 것을 정확히 보존하는 것에 있었다면 그들은 내가 말한 대로 똑같이 말했어야 합니다. "우리를 의롭다고 선언하신다"라는 표현은 "의로 전가된다"라는 표현보다 더 폭넓게 수용되기 때문입니다. 하나님께서 의롭다고 선언하실 때 그것은 의를 전가하는 것이 아닙니다. 하나님의 의로우신 종 그리스도는 "그의 지식에 의해 많은 사람들을 의로운 자가 되게 하신다"라고 말할 수 있지만, 그가 사람들을 의로운 자로 만드는 방법은 '의를 전가하는' 방식이 아닙니다.

첫 번째 항목에 관해. 나는 "그리스도의 의가 우리에게 전가된다"라고 말한 적이 없습니다. 오히려 칭의에 관해 가졌던 나의 열아홉 번째 공개 토론에서 제시한 10논제에서 나는 그 반대로 주장했습니다. "우리가 하나님 앞에서 의로운 자로 선언될 수 있는 의는 관용적인 의미에서 귀속적(imputative)이라고 불릴 수 있는데, 권리나 율법의 엄격성에 따라 아무도 그렇게 불릴 자격이 없음에도 하나님의 자비로운 평가에 의해 의로운 자로 간주되거나, 다른 경로를 통해, 즉 하나님께서 자비롭게도 그리스도의 의를 우리의 것으로 귀속해 주시기 때문이다."

그 두 가지 의미를 내가 교차적으로 사용한 것이 사실입니다. 바로 그 사실 때문에 나는 그 어구를 사용한 것을 부인하지 않은 것입니다. "그리스도의 의가 우리에게 귀속되는 것은 하나님의 자비로운 판단에 의해 그 의가 우리의 것으로 인정되기 때문이다"라는 명제는 "그것이 우리에게 전가되었다"라는 것을 의미하는데, 왜냐하면 여기서 '전가'는 곧 '자비로운 판단'을 가리키기 때문입니다. 그러나 아무도 이 표현을 비방을 위한 기회로 사용하지 못하도록 내가 "그리스도의 의가 우리에게 전가된다"라는 것을 인정한 까닭은 바울 사도의 진술에 그와 똑같은 것이 들어 있다고 생각하기 때문입니다. "하나님께서는 죄를 모르시는 분에게 우리 대신으로 죄를 씌우셨습니다. 그것은 우리가 그리스도 안에서 하나님의 의가 되게 하시려는 것입니다."(고후 5:21)

두 번째 항목, 즉 "그리스도의 의는 우리의 의로 전가되었다"라는 단언을 나는 인정하지 않는다고 말했습니다. 내가 성경으로부터 증명될 수 있는 참된 의미를 부인하는 일이 없는 한 성경에도 없는 어구를 내가 거부하지 못할 이유가 어디 있겠습니까? 하지만 내가 그 어구를 거부하는 이유는

바로 이것입니다. "의로운 것으로, 의로, 또는 의를 대신하여 전가되는 것
은 무엇이든지 엄격하고 엄밀한 의미에서 그것은 의 자체가 아닙니다. 그러
나 아버지께 순종하심으로써 그리스도께서 실천하신 그리스도의 의는 엄밀
하고 엄격한 의미에서 의 자체입니다. 그러므로 그 경우 의가 전가된 것이
아닙니다." 칭의에 관한 문제로(로마서 4:4로부터) 벨라르미네[27]에 맞서 피
스카토르[28]가 그의 훌륭한 관찰력과 만족스러운 증명을 보여 주었듯이 바
로 그것이 '전가하다(to impute)'는 동사의 올바른 의미이기 때문입니다.

　이 문제는 사례를 들어 좀 더 분명하게 설명할 수 있을 것입니다. 만일
어떤 사람이 100플로린[29]을 다시 빌리고서 그것으로 채권자에게 자기가
빚진 100플로린을 갚을 경우 그때 채권자가 "이것으로 당신이 빚을 갚은
것으로 간주하겠다"라고 말한다면 그 사람은 올바르게 말하고 있는 것이
아닙니다. 왜냐하면 채무자가 즉시 "나는 당신이 어떻게 간주하든지 아무
상관을 하지 않습니다"라고 대답할 수 있기 때문입니다. 그 채권자가 어떻
게 간주하든지 상관없이 실제로 그는 100플로린을 갚은 것이기 때문이다.
그러나 만일 그 사람이 100플로린을 빌리고 10플로린만 갚는다면 그럴 경
우 채권자는 그에게 나머지를 탕감해 주면서 "나는 이것으로 당신이 전부

..

27) 로베르토 벨라르미네(Robert Bellarmine, 1542~1621)는 이탈리아 예수회의 추기경이었
　　다. 교회사를 통틀어 '교회 박사'로 불리는 서른일곱 명 중 한 사람이다. 반종교개혁 운동의
　　중심 인물이었다.
28) 요한네스 피스카토르(Johannes Piscator, 1546~1625)는 독일의 개혁주의 신학자로서, 개
　　혁주의 내에서 드물게도 '그리스도의 능동적 순종' 교리를 부인하는 몇 안 되는 신학자다.
　　그 때문에 자연스럽게 그는 타락 전 선택설을 주장하게 되며, 결국 아르미니우스주의자가
　　되었다.
29) Florin. 플로린 화폐를 가리키는 이름. 1) 1252년 플로렌스에서 발행한 금화, 2) 에드워드
　　3세 시대에 영국에서 유통된 3실링과 6실링 금화, 3) 1849~1971년까지의 영국 2실링 은
　　화, 4) 유럽 제국의 플로린 금화와 은화.

를 갚은 것으로 간주하겠다. 나는 당신에게 더 이상 아무것도 요구하지 않을 것이다"라고 말한다면 그것은 이치에 맞는 말입니다. 그것이 채권자의 자비로운 계산법이며, 이에 대해 채무자는 감사의 마음을 표해야 합니다. 그리스도의 순종이 우리에게 전가되고, 그리하여 하나님 앞에서 그것이 우리의 의로 간주된다고 말하든지, 믿음이 의로서 전가된다고 말하든지 복음 안에 계시된 의의 귀속에 대해 말할 때 늘 내가 이해하는 계산법은 바로 그것입니다.

그러므로 이 혼동의 이면에는 교묘한 계획이 잠복되어 있습니다. 왜냐하면 내가 형제들의 언명을 거부할 경우, 그들은 내가 그리스도의 의가 우리에게 전가되는 것을 부정한다고 말할 것이고, 만일 내가 그들의 입장에 동의한다면 나는 그리스도의 의를 의 자체로 시인하지 않는 모순에 빠질 것이기 때문입니다. '전가하다'라는 낱말이 상이한 방식으로 쓰였다고 형제들이 말한다면 그들로 하여금 사례를 통해 자신들의 주장을 증명할 것을 요구하도록 합시다. 그리하여 그들이 증명하는 데 성공한다면(사실 그것은 그들에게 엄청나게 어려운 작업이 될 것이다) 그들은 아무런 소득도 거두지 못합니다. 왜냐하면 "그리스도의 의가 하나님의 자비로운 정산에 의해 우리에게 전가되었기" 때문입니다. 따라서 그것은 하나님의 자비로운 계산법에 의해 의로서 간주되거나, 은혜와 무관하게 그의 계산법에 의해 전가될 것입니다. 만일 그것이 의로서 그의 은혜로운 정산에 의해 전가된다면(그것이 올바른 주장입니다), 그리고 만일 그것이 은혜와 무관한 그의 정산에 의해 전가된다면 '전가하다'라는 낱말이 중의적으로 사용된 것이 분명하고, 또 실상 그것이 두 가지 의미를 갖는 것은 두 가지 공리가 혼동되고 있기 때문임이 분명합니다.

이제 세 번째 항목은 다음과 같이 "믿음 또는 믿는 행위는 의로 전가된다"라고 내가 말한 것으로 주장되었습니다. 그러나 내가 사용한 표현은 누락되고 그 대신 형제들은 "믿는 행위가 우리를 의롭게 만든다"라고 바꾸었습니다. 만일 그들이 그 낱말이 열한 번이나 사용되고 있는 로마서 4장을 읽지 않았다고 내가 말할 수 있다면 나는 "그들이 무지한 탓이다"라고 말할 수 있었을 것입니다.

"믿음 또는 믿는 행위는 의로 전가된다." 로마서 4장 3절에는 "아브라함이 하나님을 믿으니 하나님께서 그를 의롭다고 여기셨다"라고 기록되어 있는데, 즉 그의 믿음이 의로 전가되었다는 것입니다. 그러므로 우리 형제들이여, 부디 나를 꾸짖지 말고, 한 장에서 같은 표현을 그렇게 많이 사용했고, 더욱이 같은 서신의 3장과 5장에서도 "믿음에 의해, 그리고 믿음을 통해 의롭게 여김을 얻는다"라는 조금 다른 표현까지 사용하기를 서슴지 않았던 사도를 꾸짖기 바랍니다.

따라서 형제들은 그 어구 자체를 비난할 것이 아니라 혹여 내가 통상적이지 않은 방식으로 설명한 것이라고 해도 그것에 덧붙인 의미를 지적했어야 합니다. 그러므로 만일 내가 "그리스도의 의는 우리에게 전가되지도 않고 우리를 의롭게 만들지도 않으며, 오직 우리의 믿음 또는 믿는 행위가 그렇게 한다"라고 말했다면 나는 사도 바울이 사용한 표현을 틀리게 해석했다고 볼 수 있습니다. 그러나 나는 이미 답변했듯이 나에 관한 이러한 주장은 옳지 않으며, 따라서 "그리스도의 의가 우리에게 전가된다", "믿음이 의로 전가된다"라는 두 표현 모두가 옳은 것이라고 믿습니다. 형제들이 이 어구들을 서로 대립하는 위치에 놓았을 때, 그것은 내가 그것에 첨가한 의미 때문이 아니라 그들 자신이 덧붙인 의미 때문에 그렇게 할 수밖에 없었던 것입니다. 그러므로 그들이 그 어구들에 더한 여러 가지 의미에 따라 그들은 불의하게도 이렇게 비방하는 행위를 생산했습니다. 그러나 그들이

"믿음이 의로 전가된다"는 말을 비유적 의미로 이해할 경우, 나는 그것을 올바른 이해 방식이라고 말할 것입니다. 따라서 그들이 그렇게 말할 수밖에 없는 것은 진실에 입각하여 그들이 말할 수 있는 유일한 것이 바로 그것이기 때문입니다. 그것은 실제로 이 주제에 대한 나의 참된 견해이며, 그것을 올바로 수용되기를 바라며 여러 설명을 제시했던 것입니다. 만일 그 낱말 아래 어떤 숨은 그림이 있다면 그것을 입증해야 할 사람은 바로 그 주장을 한 본인들입니다.

25조항에 답하다

우리가 하나님 앞에 설 때 우리는 전인적인 무죄 선언을 얻는다. 그러나 우리는 믿음에 의해서만 아니라 행위에 의해서도 하나님 앞에 서게 된다. 그러므로 우리는 하나님 앞에서 믿음에 의해서만 아니라 행위에 의해서도 무죄 선언을 얻는다.(25조항)

이 시대의 질서를 잘 파악하지 못한 채 이 조항을 읽는 사람은 의심할 것도 없이 칭의 교리의 요체에 관해 마치 내가 가톨릭교회 편에 서서 우호적으로 그들을 옹호하는 사람인 양 생각할 것입니다. 그보다 더 낫다면 내가 이루 말할 수 없을 만큼 몰염치하기 때문에 "그러므로 사람이 율법의 공로가 없이도 믿음에 의해 의로운 것으로 선언된다"라고 바울 사도가 말하는 취지에 정면으로 배치되는 결론을 감히 내세우고 있다고 생각할 것이 틀림없습니다. 그러나 그 사람이 이 조항의 출처에 대해, 그리고 왜 그 점을 들어 나를 비판하는지를 이해하게 된다면 이 조항이 나에 대한 비방으로부터 내가 말한 것을 왜곡한 데서 나왔다는 사실이 그에게도 선명하게 그려질 것입니다. 따라서 나는 내가 이 삼단 논증을 구성하거나 그런 결론을 이끌어 내려 했다거나, 내가 그와 같은 단언이 귀결될 수 있다고 주장했다는 사실을 전면적으로 부인합니다.

혹여 부당한 의혹을 불러일으킬 만한 단초가 될 수 있는 어떤 소문이 발설되었다면 지금 내가 제시하는 간략한 변호에 의해 원칙을 수호하는 사람들을 우호적인 해석으로 인도하기에 충분할 것입니다. 그러나 이 조항의 소재가 된 칭의에 대해 벌어진 특정 논란에 대해 나 자신의 말로 보고서를 쓰는 것, 그리하여 형제들이 얼마나 신뢰성 있게 발췌문을 작성했는지를 밝히는 일은 내게 참으로 고역이 아닐 수 없습니다. 그 발췌문에 실린 나의 아홉 번째 논제는 다음과 같이 표현되어 있습니다.

"성경을 따라 정리한 이 내용으로부터 우리는 재판장의 행위와 관련된 칭의 선언을 두 종류로, 즉 그리스도 안에서 은혜의 보좌로부터 죄인이기는 하지만 믿음을 가진 사람에게 자비에 의해 집행되는 속죄 행위, 또는 순전히 의를 전가하거나 사면하는 일 없이 정의의 엄격함을 따라 하나님 앞에서 인간이 지고 있는 채무에 대해 무죄 선언을 얻는 것으로 결론 내린다. 가톨릭교회는 후자를 부인하기 때문에 그들은 전자를 따를 수밖에 없다. 그리고 성도들은 누구이건 각각 아무리 믿음, 소망, 구제의 덕을 쌓더라도, 그가 행한 믿음, 소망, 사랑의 공적이 아무리 많고 훌륭한 것이라 해도 재판장이신 하나님께서 엄격한 정의의 법정을 떠나 은혜의 보좌에 앉으시고 거기서 그의 은혜에 의해 절대 사면 선언을 내리지 않는 한, 자비와 긍휼의 주님께서 그의 앞에 선 성도의 선한 행실 전체를 자비롭게도 의로 간주하지 않는 한 그 성도는 결코 하나님으로부터 무죄 선언을 얻지 못할 것이다. 자비심 없는 재판을 받는다면 아무리 무고한 사람이라 할지라도 그에게 저주가 임할 것이기 때문이다! 이 진리는 가톨릭교회조차 인정하는 것으로서, 그들은 성도들이 그리스도의 피 뿌림을 받지 않는 한 그들의 행위만으로는 하나님의 심판대 앞에 설 수 없다고 주장한다."(공개 토론, 19 논제)

이상이 발췌한 나의 논제입니다. "가장 경건한 사람들에게 전가할 수 있거나 어떻게 전가되는지 교황주의자들조차 알고 있는 선일지라도 은혜에 의해 그것이 의로 여김을 받지 않는 한 은혜의 보좌로부터 베푸시는 자비에 의해 하나님의 무죄 선언을 얻을 수 없다"라고 내가 분명히 말했다면 이 조항의 핵심 명제로부터 나의 견해와 의도에 따라서 어떻게 "하나님 앞에 설 때 우리의 모습 전체에 의해 무죄 선언을 얻는다"라는 명제가 연역될 수 있는 것입니까? 묵인과 양해를 통해 내가 그러한 불공정한 처사를 감내하고 있다는 것을 알아차리지 못할 사람이 있겠습니까? 교황주의자들의 표현대로 하나님께서는 성도들이 하나님 앞에 설 때 우리의 모든 선을 의로 여기시고 높이 평가하십니다. 나는 형제들을 견실하게 반박할 수 있다고 믿고 이 주장을 용인하면서 "은혜에 의해, 그리고 자비가 없이는 그 모든 선으로도 의롭다고 여김을 받을 수 없다"라는 결론을 제시합니다. 형제들의 처사는 참으로 악의적이며, 나의 진술에 대한 불편부당한 왜곡입니다. 이 같은 불의에 대해 나는 하나님 앞에 불만을 토로할 수 있는 기회를 전혀 얻지 못했습니다. 그러나 내가 하나님께 불평하는 것이 형제들의 영혼에 해가 될 수 있으므로 나는 나 자신을 절제할 것입니다. 오히려 나는 형제들에게 더 선한 마음을 주시기를 기꺼이 하나님께 간구할 것입니다.

나에 관한 한 당면한 문제는 이것입니다. 자기의 미덕과 믿음, 소망, 사랑, 순종, 자발적인 정결함 같은 많은 탁월한 행위에 자부심을 느끼는 수도사나 바리새인에게 누군가 이렇게 말해야 할 것입니다. "천만에! 하나님께서 그의 정의의 엄격함을 잊지 않은 채 당신에게 사면 선고를 내리지 않는 한, 그리고 당신이 행한 선이 얼마나 크든지 그가 그 모든 선을 의로 여기시고 은혜를 베풀지 않는 한 당신은 하나님 앞에 설 수도 없고 무죄 선언을 얻을 수도 없을 것입니다."

이것이 내가 아는 칭의의 의미이며, 그리스도 앞에서도 그렇게 선언할 것입니다. 누구나 자기가 말한 것의 의미를 가장 잘 해석할 수 있는 법입니다. 하지만 나의 견해로부터 내가 진술한 모든 것이 있는 그대로 연역된다고 하는 (그들이 가공한) 주장이 어떻게 참이라는 말입니까? 만약 그것이 참이라면 형제들은 과학적인 준칙을 준수했어야 합니다. 그들은 내가 사용한 표현을 그대로 제시했어야 하고, 그랬다면 다음과 같은 모습이 되었을 것입니다. "하나님께서 은혜롭게도 그의 앞에 서는 성도가 행한 모든 선을 의로 여기지 않는 한 그 성도는 하나님 앞에서 무죄 선언을 받을 수 없다." 이로부터 다음과 같은 긍정 명제가 연역됩니다. "만일 하나님께서 경건한 사람이 보여 주는 모든 선을 의로 여기신다면 그 경건한 사람은 하나님 앞에서 무죄 선언을 받을 수 있다." 또는 "그럴 때만 그는 하나님 앞에서 무죄 선언을 받을 것이다."

'모든'이라는 낱말이 부정명제의 한 부분을 차지할 수 있는 것은 그것이 과장법의 효과를 자아내기 때문입니다. 그러나 그 낱말은 긍정 명제에서 유의미한 위치를 차지할 수 없습니다. 하지만 이 물음을 여기에 위치시키도록 합시다. 나의 형제들은 왜 다음과 같은 말을 누락했던 것일까요? "여호와께서 자비하심에 의해 은혜롭게도 그의 은혜의 보좌로부터 심판의 엄중함을 거두어들이고, 성도들의 모든 선을 의로 여기신다." 그리고 왜 그들은 오직 다음의 명제만을 제시했던 것일까요? "하나님 앞에 설 때 우리의 모습 전체에 의해 무죄 선언을 얻는다." 진실로 이 명제는 그 사실을 부인하는 것이 아니라 '의롭다고 선언하다(justifies)'라는 낱말의 애매성 아래서 칭의는 은혜나 채무, 또는 엄중한 심판에 속할 수도 있으므로 비방하기 위한 구실을 찾기 위한 것으로 보입니다. 그러나 나는 내 표현에서 채무나 엄중한 심판을 제외했고, 오직 은혜에 속한 칭의만을 포함시켰습니다. 이 같은 진술은 핵심 명제에 대한 설명으로 충분할 것입니다.

이제 계속해서 나는 형제들이 이 명제—사실 나의 것이 아니라 형제들의 것—에 첨가한 가정을 살펴보도록 하겠습니다. 그것은 이러합니다. "그러나 우리가 하나님 앞에 설 때 믿음에 의해서만 아니라 행위에 의해서도 서게 된다." 그렇다면 형제들이여, 그러한 모습으로 하나님 앞에 서는 것은 당신이 원하기 때문인가? 다윗은 그렇게 생각하지 않았기 때문에 이렇게 말했습니다. "살아 있는 어느 누구도 주님 앞에서는 의롭지 못하니 주님의 종을 심판하지 말아 주십시오."(시 143:2) 사도 바울도 그와 같이 표현했습니다. "그러나 사람이 율법을 행하는 행위로 의롭게 되는 것이 아니라, 그러나 사람이 예수 그리스도를 믿는 믿음으로 의롭게 되는 것임을 알고, 우리도 그리스도 예수를 믿은 것입니다. 그것은 우리가 율법을 행하는 행위로가 아니라, 그리스도를 믿는 믿음으로 의롭다고 하심을 받고자 했던 것입니다. 율법을 행하는 행위로는 아무도 의롭게 될 수 없기 때문입니다."(갈 2:6)

그러나 아마도 여러분은 "율법의 행위에 의해서가 아니라 믿음과 사랑에서 행한 행위에 의해" 하나님 앞에 서게 된다고 말할 것입니다. 나는 부디 여러분이 믿음에 의해 하나님 앞에 서는 것이 무엇이고, 행위에 의해 그 앞에 서는 것이 무엇인지, 그리고 사람이 믿음과 행위를 모두 갖고서 하나님 앞에 서는 일이 가능한지에 대해 내게 설명해 주기 바랍니다. 나는 하나님의 정의의 심판대 앞에 서게 될 성도들은 믿음을 지켰고, 또한 믿음을 통해 선한 일을 수행했던 사람들이라고 믿습니다. 그러나 하나님 앞에 나아가 그 앞에 설 때 그들은 "하나님께서 그의 아들 예수 그리스도의 보혈을 믿는 믿음을 통해 그를 대속물로 삼으시고, 그리하여 그들은 죄를 용서받음을 통해 예수 그리스도를 믿는 믿음에 의해 의롭다고 선언받았다"라는 확신 또는 믿음을 가져야 한다고 생각합니다. 나는 그리스도께서 그의 피에 의한 행위를 통해 대속물이 되셨으므로 우리도 행위에 의해 무죄 선언을 받을 수 있게 된다는 뜻으로 해석하지 않습니다.

진실로 내가 바라는 것은 하나님의 심판대 앞에 설 때 (그의 피에 대한 믿음을 통해 대속물이 되신 그리스도를 믿는 확신이나 신뢰를 가지고서) "은혜의 보좌로부터 자비를 통해 은혜로 내리는 판결을 받는 것"입니다. 만일 내가 다른 방식으로 판결을 받아야 한다면 나는 저주의 심판을 받는 수밖에 없다는 것을 잘 압니다. 주님은 관용과 긍휼이 풍성하시므로 비록 형제들이 전하는 표현이 당신들 자신의 의미를 담고 있는 것이든지, 혹은 그 의미를 내게 전가하든지 당신들이 그렇게 말하고 있음에도 불구하고 크신 자비하심으로 부디 주님께서 형제들을 그 통렬한 판결에서 면해 주시기를 바라 마지 않습니다. 만일 무죄 판명에 의해서가 아니라 보복이나 항소 제기에 의한 기소가 있게 된다면 나는 또한 규정된 이 가정으로부터 매우 놀라운 결론을 이끌어낼 수 있을 것입니다. 그러나 악을 악으로 갚는 일이 없도록 내가 이성의 힘을 크게 발휘하여 그런 시도를 해 볼 수도 있겠지만, 나는 그 경로로 선회하지 않을 것입니다.

26조항에 답하다

믿음은 칭의의 수단이 아니다. (26조항)

이 조항이 표현된 말투에는 필사적이고도 자포자기적인 태만의 또 다른 증거가 들어 있습니다. 믿음은 하나님이 주시는 약속을 받아들이고 파지하며, 또한 그렇게 함으로써 칭의로 인도하는 것이므로 과연 어떤 사람이 믿음을 "하나의 수단"이 될 수 없는 것이라고 보편적인 부정을 표명할 정도로 완전히 분별력을 잃을 수 있는지 모르겠습니다. 그러나 다른 한편으로 칭의 문제에서 믿음이 수단의 관계 외에 다른 어떤 관계도 가질 수 없다고 자신 있게 말할 수 있는 사람이 있습니까? 따라서 믿음이 어떻게 수단이 되는지, 그리고 수단으로서 그것이 어떻게 칭의로 인도하는지 설명해야만 합니다.

믿음은 최소한 하나님이 사용하는 수단은 아닙니다. 즉 우리를 의로운 자로 선언하기 위해 사용하는 것이 아닙니다. 그러나 엄밀히 말해 그렇게 말할 때 지시하는 첫 번째 의미는 다름 아니라 믿음이 '수단'이라는 것입니다. 믿음은 하나님께서 의로 여기는 판단 행위의 제일원인이기 때문입니다. 그러나 칭의는 의지의 명령을 받기는 하지만 마음이 내리는 평가이므로 그것은 어떤 수단에 의해 수행되는 것으로 말할 수 없습니다. 하나님께서 어떤 수단을 사용하신다면 그것은 그가 뜻을 세우고 그의 능력에 의해 행동하실 때입니다. 따라서 "그리스도를 믿으라, 그러면 너의 죄가 용서받을 것이다" 또는 같은 말이기는 하지만 "그러면 너는 의로운 자로 판단될 것이다"라고 말하는 것이 그 예입니다. 믿음은 하나님의 요구 조건이고, 신자가 그 요구를 충족하려면 믿음의 행위를 수행해야 합니다. 그러나 "믿음이 이해하고 수용하는 행위라면 그 믿음은 수단으로서 어떤 관계를 가질 수 있는가?"라고 사람들이 물을 때, 나는 이렇게 답할 수 있습니다. 믿음은 하나의 성질(quality)로서 그 물음에서 수단의 양태와 관계를 갖는 것이지만, 수용이나 파지는 그 자체로 행위에 해당하고, 실제로 복음에 복종하는 순종의 행위입니다. 로마서 4장에서 사도 바울이 매우 빈번하게 언급하는 "그의 믿음이 의롭다고 인정을 받습니다"라는 진술에 대해 진지하게 고찰해 보기로 합시다.

여기서 말하는 믿음은 수단인가 또는 행위인가? 사도 바울은 창세기에 기록된 "하나님께서 아브라함의 믿음을 의로 여기셨다"라는 구절을 인용함으로써 그 문제를 해소합니다. 우리 형제들이 설명하듯이 사물로서의 수단 자체도 그 문제를 해소할 수 있습니다. "믿음은 그것이 파지하는 대상인 그리스도에 의해 의로 인정받는다." 이 명제를 표현된 그대로 받아들이도록 합시다. 그러나 그리스도를 파지한다는 것은 파지하는 수단 또는 그리스도를 파지할 수 있게 하는 수단 이상의 것입니다. 그러므로 파지는 행위로서의 믿음을 지시하고, 단순한 수단을 의미하는 것이 아닙니다. 그럼에도 믿음은 의로 인정받게 하는 행위이기도 한데, 물론 그 인정은 믿음이 파지하는 그리스도의 공적에 의해 실현됩니다. 간단히 말해 어떤 것을 파지할 수 있는 능력이나 성질, 그리고 파지 자체는 파지해야 할 대상과 각각의 관계를 갖는데, 전자는 간접적인 관계이고, 후자는 직접적인 관계입니다. 그러므로 후자의 관계는 보다 더 가까운 것으로부터 파생된, 적합성이 큰 환유(metonymy)의 관계이며, "그것을 의로 인정하셨다"라는 진술을 받아들일 때조차 반드시 환유에 의해 설명되어야 합니다. 따라서 "믿음의 행위가 의로 인정받는다"라고 말하는 사람은 믿음이 의로 인정될 수 있게 보조하는 수단임을 부인하지 않는 것입니다. 그러므로 우리 형제들이 최소한의 주의나 경계도 없이 이와 같은 종류의 조항들을 만들고 그것에 '장정(裝幀)'을 입히고서 그것으로 나를 제소했다는 사실은 바로 이 답변에서 분명해집니다.

2년 전, 형제들의 상관인 우리 대학 평의원들의 동의를 얻어 아홉 가지 질문을 구성하여 그 답을 듣고자 하여 그들이 어떻게 신학부 교수들에게 답변서를 제출하도록 독려했는지를 그들 스스로 검토해 본다면 그 사실을 그들 자신도 인정하지 않을 수 없을 것입니다. 신중함과 냉철함은 신학자들에게 매우 어울리는 덕목이며, 진지한 우려 또한 이처럼 중대한 문제를 완결하는 데 필수적인 덕목입니다.

27조항에 답하다

믿음은 순전히 하나님의 선물이 아니라 부분적으로 하나님의 은혜에, 부분적으로 자유의지의 힘에 달려 있다. 즉 만일 사람이 자기의 의지를 행사한다면 그는 믿거나 믿지 않을 수 있다.(27조항)

나는 이렇게 말한 적이 없고, 그런 말을 하겠다고 생각한 적도 없으며, 따라서 이처럼 무모하고 혼란스러운 방식으로 기술된 주제에 대해서는 하나님의 은혜에 의지하면서 내 견해를 결코 진술하지 않을 것입니다. 다만 나는 "믿음은 순전히 하나님의 선물이 아니다"라는 언명이 거짓이라는 것, 사용된 낱말들의 엄밀한 의미를 따라 "믿음은 부분적으로 하나님의 은혜에 달려 있고, 부분적으로 자유의지의 힘에 달려 있다"라고 말할 수 있는데, 이 진술 역시 거짓이며, "만일 사람이 의지를 행사한다면 그는 믿거나 믿지 않을 수 있다"라고 풀어 설명한 진술도 역시 거짓일 뿐이라고 선언할 뿐입니다.

만일 형제들이 이런 진술이 결론으로 타당하게 연역되는 어떤 견해를 내가 지지하고 있을 것이라고 가정한다면 왜 그들은 내가 실제로 말한 것을 인용하지 않는 것입니까? 어떤 사람이 말한 것처럼 가공하고 마치 그것이 그 사람의 신념을 나타내는 것처럼 구성한 결과를 그에게 귀속하는 것은 엄연히 부정의한 행위입니다. 그러나 만일 그 결론이 그 사람의 진술로부터 타당하게 연역될 수 없다면 그 부정의의 수위는 한층 높아지게 마련입니다. 그러므로 내가 가르치는 내용으로부터 참으로 그런 결론이 도출되는지 밝히기 위해 우리 형제들이 그것을 직접 검증하게 합시다. 그러나 그 검증 과정은 반드시 내가 참석한 자리에서 시행되어야 하고, 형제들의 내부 서클 안에서 단독으로 시행해서는 안 됩니다. 소년들이 이미 자기가 가진 것을 벌기 위해 혼자서 주사위 놀이를 할 때 느끼는 기분처럼 그런 종류의 게임은 얻을 것도 없고 승리도 거둘 수 없는, 공허하기 짝이 없는 것이기 때문입니다.

이 문제를 제대로 설명하려면 하나님의 은혜와 자유의지 또는 인간의 의지 사이의 상호작용과 합치에 대해 토의해야겠지만 그것은 너무 지루한 고역이 될 것이므로 나는 여기서 그 작업을 시도하지 않겠습니다. 당면한 주제를 설명하기 위해 나는 한 가지 직유를 사용할 것인데, 솔직히 유사성은 대단히 작지만 오히려 차별성이 내 견해를 우호적으로 지지해 줄 것입니다.

한 부자가 가난하고 굶주린 어느 걸인에게 그가 자신과 식솔들을 부양할 수 있을 정도로 많은 구호금을 주었습니다. 그 거지가 그 돈을 받으려고 손을 내밀었다는 사실 때문에 그 구호금은 더 이상 순수한 선물이 될 수 없는 것입니까? 그 수혜자가 구호금을 받으려고 팔을 뻗지 않았다면 그는 그것을 가질 수 없었을 상황에서 "구호금은 부분적으로 증여자의 관대함에 의존하고, 부분적으로 수혜자의 자유에 의존한다"라고 말하는 것은 합당한 것입니까? 그 걸인은 언제든지 받을 태세가 되어 있기 때문에 "그가 원하는 대로 할 때, 구호금을 받거나 받지 못할 것이다"라고 말하는 것이 합당합니까? 이런 주장이 구호금을 받는 걸인에 관한 합당한 기술이 될 수 없다면 선물을 받기 위해 그보다 훨씬 많은 하나님의 은혜로운 행위가 요구되는, 믿음의 선물에 대한 기술로서는 미흡한 정도가 얼마나 크겠습니까? 토론을 필요로 하는 물음은 바로 이것입니다. "인간의 마음에 믿음이 산출되기 위해서는 하나님의 은혜에 속한 어떤 행위가 필요한가?" 만일 내가 (믿음을 산출하는 데) 필요하거나 동시 발생적인 행위를 하나라도 빠뜨린 것이 있다면 성경으로부터 그것을 입증하기 바랍니다. 그러면 즉시 나는 그것을 나머지 목록에 더할 것입니다.

나는 하나님의 은혜에 속한 것을 무엇이든지 누락함으로써 그 은혜에 해를 끼치는 일이 없기를 간절히 소망합니다. 그러므로 나의 형제들도 하나님의 정의가 금하는 것을 덧붙임으로써 그 정의를 훼손하거나, 하나님의 은혜를 다른 것으로 바꾸어 결코 은혜라고 부를 수 없는 것으로 변형함으로써 그 은혜에 해를 끼치는 일이 없도록 스스로 주의하기 바랍니다. 형제들이 증명해야 할 것을 내가 한마디로 압축한다면 그것은 그들이 "구원을 얻는 데 필요한 효력 있는 은혜를 저항할 수 없는 은혜로", 또는 어떤 자유로운 피조물도 저항할 수 없는 막강한 능력으로 표상할 때 그들 역시 그릇된 변형을 감행하고 있다는 것입니다.

28조항에 답하다

구원하기에 충분한 은혜는 선택된 사람에게도 선택되지 않은 사람에게도 수여된다. 따라서 그들이 원한다면 그들은 믿거나 믿지 않을 수 있고, 또 구원을 얻거나 얻지 못할 수 있다. (28조항)

우리 형제들은 여기서도 똑같은 직무 태만을 보여 줍니다. 그들은 내 견해가 어떤 것인지 알아보려고 애쓰지도 않고, 내 견해에 어떤 진실이 들어 있는지 조사하기 위해 세심한 주의를 기울이지도 않으며, 그들이 나의 견해와 그들 자신의 견해를 대조할 때도 사용하려는 낱말들을 조심스럽게 고르는 치밀함을 찾아보기가 어렵습니다. 그들은 내가 "선택(Election)"이라는 낱말을 두 가지 의미로 사용한다는 것을 잘 압니다. 첫째, 하나님께서 믿는 사람들을 의로운 자로 인정하기로, 믿지 않는 사람들을 정죄하기로 하는 작정을 지시할 수 있고, 사도 바울은 그것을 "택하심이라는 원리를 따라 세우신 하나님의 계획"(롬 9:11)이라고 부릅니다. 둘째, 하나님께서는 믿음의 수단을 공급하려는 뜻을 품고서 이러저러한 민족들과 개별적인 사람들을 선택하기로, 그러나 그 외의 다른 민족들이나 사람들을 유기하기로 하는 신적 작정을 지시할 수도 있습니다. 그러나 형제들은 이 같은 구별을 내리지 않은 채 그 견해를 모두 내게 전가했습니다. 그 덕분에 나는 "충분한 은혜는 선택받은 사람이나 선택받지 못한 사람에게 모두 수여되고", 더 낫게 표현하면 "그들 모두에게 공급될 뿐만 아니라" 또한 "선택받은 사람들을 제외하고 아무에게도 충분한 은혜는 공급되지 않는다"라고 말하는 셈이 되었습니다.

"충분한 은혜가 선택받은 사람과 선택받지 못한 사람들에게 모두 공급되는" 이유는 나중에 사람들이 믿게 되거나 믿지 않는 채로 있든지 상관없이 은혜는 모든 불신자에게도 공급되기 때문입니다. "선택받은 사람들을 제외하고 아무에게도 충분한 은혜가 공급되지 않는" 이유는 공급된 바로 그 은혜에 의해 "하나님께서는 지나간 세대에는 이방 민족들이 자기네 방식대로 살아가게 내버려두셨습니다"(행 14:16), 그리고 "어느 다른 민족에게도 그와 같이 하신 일이 없으시니"(시 147:20)라는 말씀이 가리키는 사람들의 수에 선택받은 그들은 더 이상 들어가지 않게 되었기 때문입니다. 그 낱말들이 특정한 의미로 사용되어야 하고 다른 방식으로 쓰여서는 안 된다는 증거가 성경에 들어 있지 않는 한 형제들이 규정한 방식대로 내가 그 낱말들을 사용해야 한다고 누가 강제할 수 있다는 말입니까?

이제 나는 이 조항에 들어 있는 다른 낱말들을 검토하겠습니다. "만일 그들이 원한다면 그들은 믿거나 믿지 않을 수 있고, 또 구원받거나 구원받지 못할 수도 있다." 나는 "만일 그들이 원한다면 그들은 믿을 것이다"라는 문장이 두 가지 상이한 의미로 해석될 수 있다고 말했는데, 즉 그들 자신의 능력을 행사함으로써, 또는 은혜에 의해 자극되고 고무됨으로써 그들이 믿게 될 수 있다는 것입니다. "또는 그들은 믿지 않을 수 있다"라는 말은 사람들이 자기의 자유의지에 의해 수여된 은혜를 거절하고 오히려 저항함으로써 믿지 않기로 하는 것을 뜻합니다. "그들은 구원받거나 구원받지 않을 수 있다"라는 말은 은혜를 수용하고 올바르게 적용하여 구원을 얻거나, 구원을 얻으려면 반드시 필요한 그 은혜를 거절하고 자신의 불의에 의해 구원을 얻지 못하게 되는 것을 가리킵니다.

논의 전체에 대해 논평한다면 아우구스티누스와 그의 추종자들은 나의 견해를 참된 것으로 기꺼이 인정할 리 없겠지만, 그들이 어떻게 이해하든지 현재의 조항에는 실제로 선언된 것이 아무것도 없습니다. 제시된 단언은 아우구스티누스의 견해를 반영하는데, 그는 펠라기우스 이단을 비판하는 최고 수장으로서 그 시대에 가장 성공적인 전사로 간주됩니다. 왜냐하면 자연과 은혜를 다룬 논문에서(67년경) 그는 이렇게 말하기 때문입니다. "어디에나 계시는 하나님께서는 그를 주님으로 인정하고 복종하는 피조물들을 통해 많은 방법을 사용하여 거역하는 사람까지도 불러내어 그를 신자로 양육하고, 소망을 갖도록 위로하고, 근면한 사람이 될 수 있게 독려

하며, 번성하도록 도우시고, 절망에 빠진 사람에게 귀를 기울이는 사람이 되게 하시므로 부득이 무지한 것은 그대의 잘못으로 간주되지 않지만 그대가 알지 못하고 있는 것을 깨우치려고 찾는 일을 게을리하는 것은 그대의 잘못이며, 그러므로 헐벗고 상처 난 사람들을 거두어들이고 싸매 주지 않았기 때문이 아니라 기꺼이 그대를 고쳐 주시려 하는 주님을 그대가 멸시했기 때문이다."

『이방인들을 부르심』이라는 제목의 책은 암브로시우스보다는 아퀴테인의 프로스퍼가 쓴 것으로 볼 수 있는 개연성이 더 크다고 생각되는데, 거기에 다음과 같은 선언이 실려 있습니다. "항상 모든 사람들에게 천국에 관한 교훈은 어떤 분량으로든지 주어지기 때문에 비록 그것이 매우 희귀하고 비밀스러운 은혜일 수 있더라도 주님이 판단하시기에 그것은 어떤 사람들을 회복시키고, 증인으로 만들 수 있을 만큼 모든 사람들을 돕기에 충분하다."(Lib. 2. c. 5) 같은 책의 9장 서두에서 저자는 주제 전체를 다음과 같이 설명합니다. "하나님의 은혜는 참으로 우리가 칭의를 얻는 과정에서 결정적으로 주도적인 위치에 서서 독려를 통해 우리를 설득하고, 사례들을 통해 교훈을 제시하며, 위험을 알림으로써 경고하고, 기적을 사용하고, 이해력을 증진시키며, 격려하는 권면을 통해, 그리고 믿음의 영향력에 의해 우리의 마음 전체를 밝게 조명하고 일깨움으로써 자극한다. 그러나 인간의 의지 역시 그러한 자극에 반응하고 순응하면서 앞에 언급된 보조 수단들에 의해 고취될 때, 우리는 자발적으로 하나님의 사역에 협력할 수 있고, 따라서 실패는 개인의 불성실의 탓으로 돌려야 하고, 성공은 (번성하는 것이 관건일 경우) 은혜의 덕택으로 여김으로써 천국의 씨앗은 우리 자신이 소망하는 목적을 이루고자 하는 상(賞)을 추구하기 시작한다. 이 도우심은 은밀하거나 현저한 수많은 방법에 의해 모든 사람에게 제공된다. 많은 사

람들이 이 도우심의 수단들을 거절하는 것은 그들의 태만 때문이지만, 그
것을 받아들이는 많은 사람들의 경우 그것은 하나님의 은혜와 인간적 의
지의 결합에 의한 것이다."

우리 형제들이나 내가 교부들의 견해들을 따라야 한다고 생각했다면
나는 이 선언들을 인용하지 않았을 것입니다. 오히려 제기된 혐의로부터
나 자신을 구하고 펠라기우스주의자와 구별될 수 있도록 인용했을 뿐입
니다.

29조항에 답하다

신자들은 율법을 완전하게 이룰 수 있고, 세상에서 죄 짓지 않고 살 수
있다.(29조항)

나는 이 단언을 한 번도 말한 적이 없습니다. 하지만 유아세례에 관
해 공개 토론이 열렸을 때, 어떤 사람이 여담을 길게 늘어놓다가 "신자들
이 하나님의 율법을 완전하게 이행할 수 있는가, 아니면 그것은 불가능한
가?"라는 물음을 던지면서 내 견해가 어떠한지 밝힐 것을 요구하기에 이르
렀습니다. 나는 답변하기를 거부했고, 그 대신 아우구스티누스의 저술인
『죄의 처벌과 용서에 관하여』[30] 2장에 나타난 그의 견해를 인용했습니다.

∴

30) 원제는 "Treatise on the demerits and remission of sins, and on the Baptism of
Infants(죄의 처벌과 용서, 유아세례에 관하여)"이다. 총 70장으로 되어 있다. *Nicene and
Post-Nicene Fathers*, First Series, Vol. 5, translated by Peter Holmes and Robert Ernest
Wallis, and revised by Benjamin B. Warfield, edited by Philip Schaff(Buffalo, NY:
Christian Literature Publishing Co., 1887).

그 단락을 내가 여기에 옮기는 이유는 내게 씌워진 펠라기우스주의 혐의에 맞서 나 자신을 방어하기 위해서인데, 내가 논박해야 할 사람들은 혐의에 관한 증거를 전혀 제시할 수 없으면서도, 심지어 여기 인용하려는 견해마저 펠라기우스적이라고 속단하는 것으로 보입니다.

아우구스티누스는 말합니다. "우리는 인간이 이 세상에서 죄 짓지 않고 살 수 있다고 단언하는 사람들에게 생각 없이 성급하게 즉각적으로 반대해서는 안 된다. 만일 우리가 그런 가능성을 부인한다면 우리는 의지적으로 그러한 완전한 상태가 되기를 소망하는 것, 즉 인간의 자유의지를 통해, 그리고 하나님이 공급하는 도우심에 의해 그 가능성을 유효한 것으로 만들 수 있는 하나님의 권능과 자비 두 가지 모두의 명예를 훼손하게 된다. 그러나 그러한 삶이 가능한가 하는 것은 하나의 문제이고, 그런 사람이 실제로 존재하는가 하는 것은 또 다른 문제다. 만일 그런 상태가 가능하기는 하지만 그처럼 완전한 사람이 존재하지는 않는다면 왜 그런 사람이 존재하지 않는가 하는 것은 하나의 문제이고, 한 번도 죄를 지은 일이 없는 사람이 과연 있었는가, 그뿐만 아니라 그런 사람이 살았던 때가 언제였는지 혹은 그때가 바로 지금일 수도 있는가 하는 것은 또 다른 문제다. 제시된 이 네 가지 물음에 대해 '사람이 현세의 삶에서 죄 짓지 않고 살 수 있는가?'라고 내게 묻는다면 솔직히 고백하건대 나는 하나님의 은혜에 의해, 그리고 인간의 자유의지를 통해 그것이 가능하다고 믿는다."(Cap. 6)

다른 저술에서 아우구스티누스는 이렇게 말하기도 합니다. "펠라기우스가 그러한 (완전한) 삶을 바라는 많은 사람들 또는 모든 사람들이 자신들이 처한 조건 자체에 의해 그것(하나님의 율법을 완전하게 이행하는 것)이 불가능한 것은 아니라고 고백하는 그의 주장은 올바른 것이다. 그렇지만 어떻게 그것이 가능한지 그에게 답하게 해 보라. 그러면 즉시 모든 것이 평정될 것이다. 왜냐하면 그 가능성은 그리스도 예수를 통해 하나님의 은혜로부터 나오는 것이기 때문이다."(『자연과 은혜에 관해, 펠라기우스에 대한 논박』,[31] cap. 59, 60)

뒤에 이어지는 단락에서 그는 이렇게 말합니다. "이 세상에서 전혀 죄를 짓지 않고 정의롭게 사는 사람이 이제까지 있었는가, 아니면 그런 사람이 있을 수 있는가? 이는 참되고 경건한 그리스도인들 사이에 얼마든지 제기될 수 있는 물음이다. 이 세상의 삶이 끝난 뒤 그런 사람이 존재할 수 있는 가능성에 대해 의심하는 사람이 있다면 그는 물음 자체를 전혀 이해하지 못하는 것이다. 그러나 나는 현세의 삶에서도 그런 가능성이 있는가 하는 논쟁에 뛰어들 마음이 없다."

같은 장에서 바로 이어지는 단락을 참조하십시오. 그리고 같은 책 69장에서 그는 말합니다. "참되고 선한 하나님께서 불가능한 일을 명령할 수 없을 것이라고 우리가 확고하게 믿을 때, 바로 확신에 의해 우리는 완수하기 쉬운 일에서부터 우리가 무엇을 할 수 있는지, 그리고 어려운 일에서 우리가 요청해야 할 것이 무엇인지에 대해 모두 교훈을 얻을 필요가 있다. 사랑하면 모든 일이 쉽기 때문이다."

나는 아우구스티누스의 견해에 반대하지 않지만 문제 전체의 어느 부분에 대해서도 논쟁을 벌이고 싶지 않습니다. 나는 지금 그러한 논쟁에 시간

----

31) Aurelius Augustinus, *On Nature and Grace, against the Pelagians*(415). 아우구스티누스의 대표 저술들 중 하나인 이 책은 논증으로부터 시작하여 80개가 넘는 문항을 제시하고 각각에 대해 답변한다. 중심 주제는 인간의 자유의지와 신인 협력설을 주장하는 펠라기우스의 교리의 부조리성에 대한 비판이다. 후반부에는 암브로시우스와 제롬, 로마 교황 식스투토 2세 등의 견해를 인용하기도 한다.

을 들이기보다 우리 각자에게 부족한 것을 채우기 위해 기도하고, 완전함의 푯대를 향해 나아가고 매진하기 위해 우리는 이 진지한 훈계에 귀를 기울여야 할 때라고 생각하기 때문입니다.

그러나 우리 형제들은 하이델베르크 교리문답의 114문항에서 이 주제가 다루어졌고 거기서 "하나님께로 회심한 사람들은 하나님의 명령을 완벽하게 지킬 수 있는가?"라는 물음에 이어 "그것은 불가능하다"라는 답변을 보게 된다고 말할 것입니다. 그 지적에 대해 나는 특별히 말할 것은 없지만, 부정적인 답변을 할 수밖에 없는 이유는(혹은 성경의 증거를 첨부하면서) 행위에 관한 물음이고, 따라서 물음 자체가 가능성에 관한 것이므로 이로부터 증명된 것은 아무것도 없습니다. 또한 이 답변을 거부한 어떤 사람들이 있었고, 나중에 그것에 부차적인 설명을 덧붙인 형제들의 중재에 의해 비로소 그 동일한 인물들에게서 승인을 얻었다는 것은 널리 알려진 사실입니다. 그러나 여건이 허락하기만 하면 언제든지 이 문제에 관해 형제들과 회합을 하는 것에 전적으로 환영합니다. 나는 우리가 쉽게 견해의 일치에 이르게 되리라고 기대합니다.

30조항에 답하다

반(半)펠라기우스주의가 참된 그리스도교가 아닌가 하는 문제는 토의에 부칠 수 있다.(30조항)

어떤 강연에서, 나는 우리가 반(半), 4분의 1, 4분의 3, 5분의 4 등 등 다양한 버전의 펠라기우스주의를 만들어 낼 수 있다면 우리가 인정하지 않는 모든 견해에 '펠라기우스주의'라는 이름으로 단죄하기가 쉬워질 것이라고 말한 적이 있습니다. 그리고 반(半)펠라기우스주의[32]가 진짜 그리스도교인지는 토의에 부칠 수 있는 문제라고 나는 덧붙였습니다. 그렇게 말했다고 해서 내가 펠라기우스주의 교리를 두둔하려는 뜻은 없었습니다. 오히려 나는 그리스도교 교의의 진리성으로부터 완전히 벗어나지 않은, 중도적 펠라기우스주의라고 부를 만한 어떤 것이 있을 수 있다는 것을 암시하려 했던 것입니다. 왜냐하면 일단 진리로부터 떨어져 나가면 허위를 향해 점점 더 빠르게 추락하기 때문입니다. 마찬가지로 거짓을 떠남으로써 사람들은 진리에 이르게 될 수도 있는데, 그런 일은 흔히 허위의 양 극단 사이의 중용이 확립될 수 있을 때 가능한 것으로 알려져 있습니다. 펠라기우스주의와 마니교[33]와 관련된 문제 상황은 바로 그와 같습니다.

만일 어떤 사람이 두 이단 사이의 중도에 설 수 있다면 그는 참된 가톨

· ·

32) 반(半)펠라기우스주의(Semi-pelagianism)란 구원에서 하나님과 인간이 협력한다는 주장이다. 그와 대조적으로 아우구스티누스는 인간의 전적 부패로 인해 구원에서 하나님의 전적인 은총이 필요하다는 것을 강조한다. 그러나 펠라기우스는 인간의 자유의지를 통해 스스로 구원에 이를 수 있다고 주장함으로써 이단으로 정죄되었다. 반펠라기우스주의는 아우구스티누스의 원죄론과 은총론을 받아들이지만 거기에 펠라기우스의 사상을 혼합했다. 인간은 원죄로 인하여 스스로 구원에 이를 수는 없지만 그래도 구원을 향해 상당한 수준에 이를 수 있고, 거기에 하나님의 은총이 더해짐으로써 마침내 구원에 이르게 된다고 보았다. 자기의 구원을 위하여 스스로 노력하는 자에게 하나님은 은혜를 베푸셔서 구원을 완성하게 하신다는 것이다. 그러나 이 교의도 역시 펠라기우스주의에 속한 것으로 간주되어 529년 2차 오렌지회의에서 이단으로 정죄되었다.

33) 마니교(Manichaeism)는 사산제국(226~651)의 예언자 마니(Manichaeus)가 창시한 종교로, 페르시아 영지주의에 속하는 고대와 중세 종교다. 마니교는 선하고 영적인 빛의 세계와 악하고 물질적인 어둠의 세계 사이 투쟁을 중심으로 하는 정교한 우주론을 가르친다. 이 우주론에 의하면 그러한 투쟁 과정을 통해 선 또는 영성이 그 대립물인 악 또는 물질성을 극복하고, 이에 따라 빛(영 또는 영혼의 에센스)이 물질 세계에서 물러나면서 마침내 그 자신이 발출되어 나왔던 원천인 빛의 세계(world of light)로 되돌아가게 된다. 이 같은 우주론이 중심이 되므로 인간의 자유의지를 위한 공간을 찾아볼 수 없다는 문제가 제기된다.

릭신자가 되어 펠라기우스주의자들처럼 은혜를 훼손하는 일이 없을 것이고, 또 마니교도들처럼 자유의지를 훼손하지도 않을 것입니다. 그 두 이단을 비판하면서 아우구스티누스가 썼던 논박문을 훑어보십시오. 그러면 그가 바로 그 점을 분명하게 인지하고 있음을 알 수 있을 것입니다. 그렇기 때문에 견해 차이를 확정 짓기 위해 마니교를 비판했던 아우구스티누스를 펠라기우스주의자들이 빈번히 인용했고, 그리하여 펠라기우스주의를 비판하는 본문들이 마니교도들에 의해 언급되었던 것입니다.

그러므로 내가 확실하게 전달하고 싶은 말은 이것입니다. 부디 형제들이 나의 의도들 너그럽게 이해해 준다면 나는 이렇게 공개적으로 선언할 것입니다. "오류를 견지하는 혐의가 짙은 펠라기우스주의 교의들에 대해 마니교도들이 강력하게 비판할 수 있는 것처럼, 내가 마니교의 어떤 교의들에 관한 견해를, 그리고 심지어 스토아주의에 대해 비판하는 것은 나로서는 매우 쉽게 완수할 수 있는 과제입니다."

그러나 그런 이름으로 불리는, 신경 써 보았자 아무 이득도 없는, 냄새나는 그런 부류를 우리의 입에 올리지 않도록 자제할 것을 나는 간절히 바랍니다. 왜냐하면 제소당하는 측은 자기의 신념이 펠라기우스의 그것과 동일하다는 것을 부인하거나, 혹여 그가 어떤 유사점을 인정해야 할 경우 그는 펠라기우스가 교회에 의해 불공정한 판결을 받았다고 주장할 것이기 때문입니다. 따라서 우리가 교황주의자의 견해에 접근하면서 교회가 한 번 결정한 일은 절대로 논쟁에 부쳐질 수 없다는 주장을 고수하지 않는 한 우리는 그런 이름들을 입에 올리지 말고 오로지 문제 자체에 집중하는 것이 낫습니다.

31조항에 답하다

교리문답에서 "하나님께서 우리의 생득적인 죄 때문에 우리에게 진노하신다"라는 말은 정확하다고 볼 수 없는데, 왜냐하면 원죄는 심판이기 때문이다. 그러나 심판에 속하는 어떤 것이든지 진정한 의미에서 죄가 아니다.(31조항)

거의 두 달 전, 하나님의 말씀을 전하는 어떤 목회자가 나를 찾아와서 전국 시노드 총회에서 조사에 부쳤던 교리문답과 네덜란드 신앙고백에 관한 나의 견해에 대해 이야기하고 싶다고 했습니다. 그 주제를 놓고 우리는 대화를 나누었고, 마무리하는 단계에서 나는 내 견해를 다음과 같은 삼단논증의 형태로 구성했습니다.

"그 자체로 암묵적인 저작권이 인정되지도 않고, 본인의 것도 아니고 신성하지도 않은 모든 인간적 저술은 검토될 수 있고, 반드시 검토되어야 한다. 검토가 질서정연하게 적법한 방식으로 시행될 수 있다면, 즉 그 저술들(에 대한 고찰)이 속해 있는 시노드에서 검토될 수 있기만 하다면 말이다. 그런데 교리문답과 우리의 신앙고백도 그런 작품들 중에 속한다. 그러므로 그것들은 검토에 부쳐질 수 있고, 반드시 검토되어야 한다."

그 목회자는 이 삼단 논증의 어떤 측면에 대해 기운을 소진해 가며 몇 가지 반론을 제기했고, 나는 그 반론을 매우 명료한 진리의 빛에 의해 일거에 해소했는데, 그러자 그는 신앙고백과 교리문답에 관해 내가 제기한 반론이 무엇이었는지를 묻기 시작했습니다. 선입견에 이끌려 행동하는 것을 나 자신이 원하지 않기 때문에 나는 그러한 규정들에 대해 반대하는 것이 없다고 대답했습니다. 그러나 이 두 규정집은 적법하고 질서 정연한 방식으로 검토되어야 하는데, 즉 적절한 기회가 있을 때 시노드 총회에서 과연 그것들이 모든 점에서 성경에 일치하는지, 또는 어떤 측면에서 성경과 불일치하는지에 대해 우리 형제들과 토의해야 할 문제를 안고 있었습니다. 그러한 목적을 위해 엄정하고 치밀한 조사를 거친 후, 그 문서들이 성경과 일치한다는 것이 밝혀진다면 새롭게 갱신된 승인 절차에 의해 다시 선포되고 확증될 수 있을 것입니다. 반면에 혹시라도 성경과 불일치하는 것이 밝혀진다면 가능한 한 유연하게 수정 작업에 들어갈 수 있을 것입니다.

그러자 그 목회자는 나를 재촉하면서 내가 무엇에 대해 형제들과 토의하기 원하는지 말해 줄 것을 요청했습니다. 그리고 자기에게 그러한 호의를 베풀 것을 요청하는 것은 그가 직접 그 문제들에 대해 깊이 고찰하려는 것 외에 다른 어떤 목적도 없다고 다짐했습니다. 나는 그런 요청을 거절할 만한 특별한 이유가 없었기에 벨기에 신앙고백의 몇 군데에 대해, 특히 14문항에 대해 언급하기 시작했습니다. 그런데 그는 이렇게 말하는 것이었습니다. "그 문제는 내가 간단하게 설명할 수 있는데, 왜냐하면 신앙고백에서 완벽하게 그리고 모든 면에서 성경과 일치하지는 않는 것을 쉽게 발견할 수 있기 때문이고, 적어도 용어 사용법에서 그런 문제가 있을 수밖에 없는 이유는 그 문서가 소수의 사람들에 의해 작성되었을 뿐만 아니라, 실제로 가톨릭교회로부터 종교개혁이 시도되었던 가장 이른 시기에 쓰였기 때문입니다. 이 고백문은 많은 사람들이 사용하는 것이 아니므로 거기에서 문구 몇 개를 고친다고 해서 큰 위험이 초래될 것 같지는 않습니다."

그러나 그는 교리문답을 훨씬 더 시급한 문제로 다루면서 특별히 그가 만족할 만한 답변을 요구했으므로 나는 몇 가지 문장들을 예시하고, 다른 여러 항목 중에서 특히 10문항에 대해 제시된 답변을 지목하면서 "생득적인 죄에 대한 설명과 우리가 의지적으로 짓는 죄에 대한 설명에 대해 모두 하나님께서 무서운 방식으로 진노하신다"라고 기록된 것을 확인해 주었습니다.

그렇게 말하는 중에 나는 토론에 부칠 수 있는 두 가지 주제를 거론했습니다. 하나는 "우리의 본성에 내재하는 이 보편적인 죄를 복수형으로 '생득적인 죄들(birth-sins)'이라고 부르는 것이 옳은가?"입니다. 내가 말을 마치기가 무섭게 그는 더 이상의 설명도 기다리지도 않고 자신의 이야기를 꺼냈습니다. "언젠가 한번 내가 교리문답을 몇몇 학생들에게 설명하고 있을 때, 나는 마음속으로 과연 그 표현이 올바르고 적절한 것일까 하는 의구심을 느끼기 시작했지만, 다음과 같은 논증에 의해 교리문답을 옹호했습니다. 이 네덜란드 교리문답은 원죄 자체 때문에, 그리고 그 원죄의 원인이 되는, 아담이 범한 구체적인 죄 때문에 복수형으로 기술한 것이다." 그러나 나는 그런 유형의 방어 논증이 어떤 논박에 의해서도 무력화될 것이라고 보았기 때문에 그 문제에 대해 직접 언급하기보다 그 용어들을 수정할 필요가 있다는 것을 인정하는 편이 낫겠다고 했습니다.

이 대화 끝에 나는 이렇게 덧붙였습니다. 하나님께서 우리가 가지고 태어난 죄에 대해 진노할 수 있는 것인지는 토론해야 할 문제인데, 왜냐하면 그 진노는 아담과 그에게서 태어난 우리가 짓는 자범죄에 대한 심판으로서 하나님께서 우리에게 내리는 것처럼 보이기 때문입니다. 그 전제 위에서 만일 하나님께 아담이 지은 자범죄 때문에 진노하셔서 그 원죄 때문에 우리를 심판해야 하는 것이라면 하나님은 다시금 우리에게 노하시고 우리를 또 다시 심판해야 할 것이며, 그것과 비슷한 원인을 토대로 하나님께서는 그가 내리신 두 번째 심판 때문에 세 번째로 다시금 진노하실 것인데, 이런 식으로 죄책과 심판이 상호적으로 빈번하게, 자범죄의 개입 없이 계속 이어질 것이므로 이 과정은 무한히 계속될 것입니다.

이 같은 전망에 대해 상대방이 "그럼에도 그것은 여전히 죄가 틀림없다"라고 답했을 때, 나는 그것이 죄라는 것을 부인하지 않지만 그것이 실제로 저질러진 자범죄는 아니라고 지적했습니다. 이어서 나는 죄의 문제를 다룬 로마서 7장에서 사도 바울이 말한 "그렇다면 그와 같은 일을 하는 것은 내가 아니라 내 속에 자리를 잡고 있는 죄입니다"(7절)라는 구절을 인용하면서 실제로 범한 자범죄와 다른 죄들의 원인, 즉 그것 때문에 '죄'로 불리게 되는 다른 죄들을 구별해야 한다는 점을 적시했습니다.

그 목회자와의 토론에서 그처럼 자연스러운 방식으로 주제가 논의되었고, 내가 방금 진술한 것이 대화의 결말이었습니다. 그 후 나는 그 주제에 대해 다른 어느 곳에서도 발설한 적이 없습니다. 그러나 우리가 이야기를 나누었던 같은 날, 그 목회자 자신에 의해서였거나 그에게서 이야기를 들었던 다른 어떤 사람에 의해 우리의 대화 내용이 높은 식견을 가진 누군가에게 전달되었습니다. 나는 그 사실을 그 저명인사에게서 직접 듣게 되었는데, 그 사람은 그 목회자와 내가 대화를 나눈 날부터 여러 날이 지난 뒤에 내게 강경한 반론을 제기했습니다. 왜냐하면 그 목회자는 레이던에 체류하는 동안 이 현학적인 인물의 집에 묵고 있었기 때문입니다.

순수한 토의를 위한 만남에서 형제들 사이에 논의된 것이 순식간에 여기저기 퍼지고 공공연하게 이단 시비로 번지는 것이 과연 정당한 일입니까? 이 같은 행동이 모든 친교와 우정의 법칙을 위반하는 것이 아니라면 솔직히 나는 무엇이라고 말해야 할지 모르겠습니다. 그러나 바로 그런 사람들이 불만을 토로한다면 나는 그들과의 면담을 거부할 수밖에 없습니다. 그리고 일방적인 요구를 받을 때 내 견해를 밝히기를 거부하는 반응이 그들의 마음을 긴장하게 만든 것입니다.

그러므로 이 조항에 대해 나는 간략하게 답하겠습니다. "이것은 교리문답에 올바르게 표현되어 있지 않다"라고 내가 말했다는 것은 거짓입니다. 왜냐하면 그 목회자에게 내가 말했던 것은 "그 문제에 관해 성급한 판단을 내리지 않고 이런 성격의 문제나 교리문답과 신앙고백과 연관되는 다른 문제에 대해 나는 형제들의 판단을 기다릴 것이고, 따라서 문제가 숙고를 거쳐 정밀하게 평가된 후에야 확정적으로 결론 내릴 수 있을 것"이라고 말했기 때문입니다.

그러나 전술한 것 같은 앞의 회합은 어떤 유용성이 있을 때 가질 수 있는 것으로 보이고, 따라서 이 같은 사적인 대화에서 논의된 주제를 전혀 문제되지 않는 것으로 이해하는 사람은 그런 문제를 총회 자체에 제출하여 조사와 판결 절차를 요청할 수 없게 됩니다. 호르쿰에서 열렸던 남부 네덜란드 총회가 우리 대학의 신학부 교수들에게 요구했던 것이 무엇이었는지 형제들이 상기하도록 요청하고, 그것들을 그들 스스로 비교하게 합시다. 그때 우리는 신앙고백과 교리문답을 꼼꼼하게 검토할 것을 요구받았고, 그리하여 우리가 거기서 혹평을 내릴 만한 것을 조금이라도 발견할 경우 적절한 기회에 적절한 절차를 거쳐 공표하도록 요구받았습니다. 나 자신으로 말하면 그 요청을 이행하기로 약속했습니다. 그런 목적을 위해서라면 형제들과 사적인 회합을 하는 것은 그다지 유익하지 않으므로 그것에 의해 누락될 수 있는 것을 총회의 토의 주제로 발의하지 않아야 할 것입니다. 그러나 그 목회자와 나는 서로 알고 지낸 지 여러 해 되었고, 또한 오랫동안 목회 서신을 서로 나누고, 또 신앙 조항들에 대해 대화를 나누어 왔습니다. 따라서 그런 이유로 그가 문제를 다룰 역량이 있는지를 시험 삼아서 나는 그의 요구에 따르기로 생각했던 것입니다.

결론

다음은 나를 논박하는 근거로 제기된 31개 조항에 대해 현재 내가 합당하게 생각하는 답변입니다. 만일 이 답변을 만족스럽지 않게 생각하는 분이 있다면 나는 이 주제는 물론이고 그리스도교와 연관된 다른 어떤 주제에 대해서든지 서로의 견해를 이해할 수 있도록 기꺼이 협의할 것입니다. 또는 회견을 통해 우리가 바라는 성과를 거두지 못할 경우 나는 그것이 다른 것도 아니고 종교에 관한 문제에서 이제까지 우리가 제각기 얼마나 멀리 달려왔는가, 우리가 인정할 수 있거나 인정할 수 없는 것은 어떤 것인가, 그 차이점은 같은 신학부에 속한 교수들이 서로 다른 견해를 갖지 못하게 막을 수 있는 그런 것이 아니지 않은가 하는 것을 분명하게 깨달을 수 있는 기회라고 생각합니다.

아마도 어떤 분들은 나에 대해 "다른 사람들에게 가르치는 주제에 대해 스스로 충분히 확신해야 하고, 기본적인 견해가 자주 변동하지 않아야 하는 것이 성직자와 신학 교수의 의무임에도 그는 답변할 때 때때로 의심이나 주저함을 보여 준다"라고 책망할지도 모릅니다. 그런 분들에게 나는 다음과 같이 답하고 싶습니다.

첫째, 학문적으로 출중한 사람, 성경에 대해 아무리 아는 것이 많은 사람이라 할지라도 다른 많은 것에 대해 무지할 수 있고, 언제나 그리스도와 성경이라는 학교에서 공부하는 한 사람의 학자일 뿐입니다. 그러나 그가 많은 것에 대해 무지하다는 것은 엄연한 사실이므로 논쟁을 벌이는 상대방에 의해, 또는 개인적으로나 공개적으로 회의와 토론을 통해 그의 견해를 묻고 또 듣고자 하는 사람들에 의해 그가 자기의 견해를 표명할 수 있는 기회를 얻게 되거나 불가피하게 선언해야 할 때, 그는 모든 주제에 대해 조금도 주저함 없이 답변할 수는 없을 것입니다. 확실한 지식을 가지고 있지 않은 것에 대해 교조적인 자세로 말하기보다 다소 유보적인 태도로 말하는 것이 낫고, 날마다 진보할 것을 자기 자신에게 다짐하고, 우리 형제들과 같이 가르침을 구하는 편이 낫습니다. 모르는 것이 하나도 없고, 어떤 문제에 관해서건 한 점의 의구심도 없는 완벽한 대가인 양 행세할 만큼 극도의 대담성을 가진 사람은 아무도 없을 것입니다.

둘째, 모든 것이 대등하게 중요한 논쟁 주제가 될 수는 없습니다. 그리스도인이라는 이름으로 불리기를 간절히 바라는 사람이라면 그가 의구심을 품는 것이 적법한 일이 아니라고 말해서는 안 되는 그런 본성에 속한 주제가 있습니다. 그러나 그 외의 다른 주제는 그것과 똑같은 정도로 존엄한 것이 아니므로 보편적 견해(즉 참된 그리스도인이라면 모두 받아들여야 할 정통 교의)의 토대 위에 서 있는 사람들은 부수적인 문제에 대해 진리와 그리스도인의 평화를 해치는 일 없이 얼마든지 서로 다른 견해를 가질 수 있습니다. 그런 주제가 어떤 것인가 하는 것은 각 조항에서 논의되었고, 아마도 그 주제에 대해 내가 확신이 부족한 태도로 답변하는 것처럼 보일 수도 있고, 그것이 절대적 필연성에 속한 문제인가 하는 것 역시 적절한 때가 이르면 토의에 부쳐야 할 것입니다.

셋째, (제기된 31개 조항에 대한) 내 답변은 확정적인 것이 아닙니다. 그렇게 말한다고 해서 내가 답변에서 양심에 어긋나는 것을 말했기 때문이 아니라 애초 나는 내가 부담 없이 말할 수 있는 것까지도 공개적으로 선언할 필요가 없을 것으로 생각했기 때문입니다. 어떤 합당한 이유도 찾아볼 수 없이 최소한의 근거도 갖추지 못한 모든 반대 주장에 대해 내가 제시한 답변을 충분한 것으로, 오히려 충분한 것을 넘어선다고 생각했습니다. 제기된 그 혐의들은 나를 거짓으로 비방할 뿐만 아니라, 또한 성경의 진리에도 어긋나는 것이었기 때문입니다. 제기된 조항 대부분에 대해 나는 그것을 단순히 거부하고, 오히려 증거를 요구하는 식으로 내 모든 의무를 이행할 수도 있었습니다. 그러나 나는 그 수준을 넘어 어느 정도 만족스러운 논변을 제시하고 싶었고, 필요하다면 형제들과의 회견을 요청할 수도 있었습니다. 적법하게 준비되기만 한다면, 그리고 어떤 유익한 성과든지 거둘 수 있으리라고 소망할 수 있는 방식으로 일이 성사된다면 나는 공개적인 회견을 결코 거절하지 않을 것입니다. 그런 회견을 가진 후 만일 내가 교회와 대학에서 반드시 가르쳐야 할 것에 무지했기 때문에, 또는 구원을 얻고 하나님의 영광을 나타낼 수 있는 중요한 주제와 관련된 조항에 대해 내가 불온한 견해를 가지고 있기 때문에, 또는 교리적으로 올바로 전달되고 신중함과 엄격함으로 가르쳐야 할 것을 내가 의심하기 때문에 그런 이유로 우리가 당면한 이 불행한(자연적인 의미에서) 상황에 따라 내가 교회나 대학에서 어떤 직위를 위임받을 만한 자격이 없다는 것이 밝혀진다면 (그러한 일에 적임자인 사람을 찾기 위해) 나는 망설이지 않고 즉시 내 직위에서 사임할 것이고, 더 훌륭한 자격을 가진 사람에게 자리를 내줄 것입니다.

그러나 형제들에게, 특히 후배 교수들에게, 그리고 모든 면에서 성경에 기초한 확고한 견해를 선언할 수 있을 만큼 성경에 관해 아직 "자신들의 감각을 충분히 단련하지" 못한 상태에 있는 사람들에게 내가 줄 수 있는 조언은 그들의 개인적인 사유를 밝힐 것을 요구받을 때 답하기가 너무도 힘든 어떤 것에 대해서든지 지나치게 대담한 주장을 내놓지 말라는 것입니다. 그러므로 전력을 기울여 신중하게 답해야 하고, 그뿐만 아니라 내가 반대로도 긍정하지 않은 채 의문을 제기하는 어떤 것에 대해 상대방이 확정적으로 긍정한 후 내가 나의 의구심을 정당화하기 위해 사용한 논변이 그들 자신의 입장을 확립하기 위해 의존하는 논변보다 훨씬 더 강력하다는 사실이 밝혀지는 일이 없도록, 분별 있는 사람들이 상대편에 대해 경솔하고 교만하다는 비난을 퍼붓게 되는 일이 없도록, 또한 상황이 그렇게 발전하여 상대편 형제들이 그렇게도 자랑스럽게 여기는 직위에 적합하지 않은 사람으로 판단되는 일이 없도록 항상 신중한 태도로 경계를 늦추지 말아야 한다는 것입니다.

왜냐하면 교회의 감독과 교사는 건전한 교의 위에서 비판하는 논적에게 교훈을 주고 확실한 증거를 보여 줄 수 있도록 배운 신실한 말씀을 굳게 붙들어야 할 뿐만 아니라(딛 1:9, 7), 아집과 오만, 무모함을 멀리해야 하기 때문입니다. 새로 입교한 사람이 빠지기 쉬운 잘못은 "경험 부족으로 인해 내적 사람의 눈이 치유함을 받아 햇빛을 바라볼 수 있게 되기가 얼마나 어려운지, 진리를 발견하기 위해 얼마나 애써야 하는지, 그리고 오류를 피하기가 얼마나 어려운지를 잘 알지 못한다는 것"(딤전 3:6)입니다. 그들은 자기가 이미 진리를 발견했다고 호언장담할 뿐만 아니라 실제로도 그런 생각을 품는 것만큼 쉬운 일도 없다는 사실을 잊어서는 안 됩니다. 그러나 논란거리가 된 문제를 다루는 회의장에 그들이 신중함과 열의를 품고 들어간다면, 그리고 엄격한 조사를 거친 후 양측이 주장한 모든 것에 대해 토의하게 될 때 비로소 그들은 진리를 발견하는 것이 참으로 지난한 일이라는 것을 스스로 인정하게 될 것입니다.

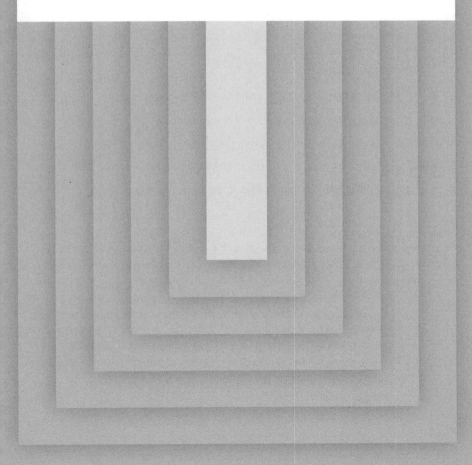

4부

질의에 대한 답변

1605년 초, 남부 홀란트 시노드 총회 대리인들은 레이던대학을 방문하여 신학부 교수들 각각의 답변을 듣기 위해 아홉 가지 문항으로 이루어진 질의서를 전달했다. 이 사건과 요구된 문항을 의제로 삼아 1605년 11월에 레이던대학의 평의원단은 심의를 열었다. 이 자리에서 아르미니우스는 시노드 대리인들이 전달한 아홉 가지 문항과 그것을 그가 직접 환위(換位)[1]한 문항을 함께 제시하고 각 문항에 대해 답한다.

∴

1) 환위법(換位法, conversion)은 명제논리의 추론 방법에서 직접 추론에 속한다. 환위는 제시된 명제로부터 그것의 빈사(賓辭)를 주사(主辭)로 하고 주사를 빈사로 하는 위치 변형을 통해 새로운 판단을 이끌어 내는 추론 방식이다. 그러나 모든 명제가 타당하게 환위되는 것은 아니다. 어떤 개념을 정의하는 정언명제 가운데 전칭 부정(universal negative) 명제, 특칭 긍정(particular negative) 명제는 그대로 환위되지만, '모든 인간은 동물이다'와 같은 전칭 긍정 판단으로부터 오직 '어떤 동물은 인간이다'와 같은 특칭 긍정 판단밖에 이끌어 낼 수 없고, 특칭 부정 판단으로 환위될 수 없다. 이런 불일치가 발생하는 이유는 명제의 환위 가능성이 개념의 주연(distribution) 여부에 달려 있기 때문이다. 따라서 주연된 개념이 주사로 쓰인 명제만이 환위될 수 있다.

아홉 가지 질의에 답하다

첫 번째 질의에 부쳐

📋 하나님께서 믿음을 예견하시고 그에 따라 자기 백성으로 선택할 수 있으려면 선택과 믿음 중 어느 것이 먼저인가?

"누구에게나 믿음을 수여하기로 하는" 작정은 "구원에 필수적인 믿음"에 기초한 선택보다 앞서는가?(환위 문항)

📋 '선택'이라는 낱말의 중의성으로 인해 필요한 구별을 내리지 않고서는 이 문항에 답할 수 없다. 따라서 만일 '선택'이라는 낱말이 '믿는 자들의 칭의와 구원에 관한 선택의 근거가 되는 작정'을 지시한다면 나는 믿음보다 선택이 선행한다고, 즉 즉 구원을 얻는 수단으로서 믿음이 제정

(appointed)된다고 답하겠다. 반면에 만일 선택이 '하나님께서 누군가에게 구원을 베풀기로 결정할 수 있게 하는 근거로서의 작정'을 지시한다면 그럴 경우 예견되는 믿음이 선택보다 앞선다. 왜냐하면 신자들만이 구원을 얻을 수 있으므로 오직 그들만이 구원을 얻을 자로 미리 예정되기 때문이다. 그러나 성경은 하나님께서 누가 신자인지를 먼저 고려하는 일 없이 정확히 그리고 절대적으로 누구든지 구원하기로 하는 작정을 의미하는 유형의 선택에 대해 전혀 말하고 있지 않다. 그러한 종류의 선택은 하나님께서 오직 믿음을 가진 사람들만을 구원하고자 하는 작정과 충돌할 것이기 때문이다.

두 번째 질의에 부쳐

📖 만일 "하나님께서 영원한 작정에 의해 만물과 모든 일을, 심지어 사람들의 부패한 의지까지도 결정하고 통치하심으로써 그가 제정하시는 선한 목적을 이루신다"라고 말해야 한다면 이로부터 하나님이 죄의 창시자(author)라고 하는 결론이 도출되는가?

"제정된 선한 목적을 위해 만물과 모든 일을, 심지어 사람들의 부패한 의지까지도 결정하고 통치하는 것"은 "진노를 통해 어떤 사람들에게 저주를 내리고, 자비를 통해 다른 사람들에게 구원을 베푸는 것에 관한 절대적 작정을 집행할 수 있는 길을 열기 위해 사람을 부패시키기로 결정하는 것"과 같은 것인가?(환위 문항)

📖 죄는 계명을 어기는 것이다. 그러므로 만일 하나님께서 어떤 사람이

든지 계명을 어기게 만든다면 그는 죄의 창시자가 될 것이다. 계명을 이행하는 데 필요한 것을 거부하거나 박탈하는 것, 또는 사람으로 하여금 죄를 짓지 않을 수 없게 만드는 것은 그와 같은 결과를 초래한다. 그러나 이 '결정'이 은혜를 제공하지 않거나 박탈하는 것, 또는 죄를 짓게 만드는 부패성을 뜻하는 것이 아니므로 그것이 이미 부패한 의지에 대한 결정을 가리킨다면 이 결정의 결과로 하나님이 죄의 창시자가 되는 일은 있을 수 없다. 그러나 만일 이 '결정'이 사람의 의지가 부패해져야 하고, 그리하여 사람이 죄를 지어야만 한다는 결정을 내리게 만드는 하나님의 작정을 지시한다면 이로부터 하나님께서 죄의 창시자라는 것이 함축된다.

세 번째 질의에 부쳐

🔲 실제로 범한 어떤 죄가 없이도 원죄는 그 자체로 사람을 영원한 죽음으로 이끌 정도로 혐오스럽게 만드는가? 혹은 중보자이신 그리스도가 얻으신 혜택에 의해 각각의 모든 사람들에게서 원죄의 죄책을 제거하는가?

만일 어떤 사람들이 오로지 아담이 범한 죄 때문에 정죄받고, 또 어떤 사람들은 복음을 거부하기 때문에 정죄받는다면 인간이 정죄받는 경로에 관해서는 두 가지 무조건적 작정과 두 종류의 심판, 즉 율법적 심판과 복음적 심판이 있는 것이 아닌가?(환위 문항)

🔲 이 물음에서 서로 대립하는 위치에 놓인 것은 쉽게 서로 정합적인 것으로 만들 수 있다. 원죄는 인간을 추악하게 만들어 영원한 죽음에 처하

게 만들고, 그것의 죄책은 그리스도에 의해 모든 사람에게서 제거될 수 있기 때문이다. 진실로 그 죄책이 제거될 수 있으려면 그 이전에 먼저 사람들이 유죄 상태가 되어야만 한다. 그러나 각 부분에 대해 따로따로 답하면 "원죄는 사람을 죽음으로 이끌 정도로 추악하게 만든다"라고 말하는 것은 이치에 맞지 않는데, 왜냐하면 죄는 아담이 실제로 범한 자범죄에 대한 심판이고, 그 심판보다 앞서는 것은 죄책이다. 즉 율법에 의해 고발된 심판을 받을 책무가 심판에 선행하기 때문이다. 물음의 후반부에 대해 그리스도의 혜택은 간구(soliciting), 획득(obtaining), 적용(application)으로 구별함으로써 매우 쉽게 답할 수 있다. 그리스도의 혜택에 참여하는 것은 오직 믿음이므로 만일 그 혜택 가운데 "그러한 죄책으로부터의 해방"이 포함된다면 오직 믿는 사람들만이 그것으로부터 해방될 수 있을 것인데, 그들에게 더 이상 하나님의 진노가 머물지 않기 때문이다.

네 번째 질의에 부쳐

🔳 본성의 능력을 따라 행하는, 중생하지 못한 사람들의 행위가 하나님을 기쁘시게 할 때, 그런 공로 때문에 그러한 행위를 수행한 사람들에게 초자연적이고 구원하는 은혜를 수여하도록 하나님을 설득할 수 있는가?

죄에 대한 진지한 의식과 초기의 두려움은 하나님을 매우 기쁘시게 하는데, 그런 이유로 죄를 용서하고 자녀로서의 경외심을 심어 주도록 하나님을 설득할 수 있는가?(환위 문항)

🔳 그리스도는 "가진 사람에게는 더 주어서 넘치게 하고, 갖지 못한 사

람에게서는 있는 것마저 **빼앗을 것이다**"(마 25:29)라고 말씀하셨다. 본성에 의해서건 은혜에 의해서건 하나님께서 수여하신 복을 사용할 수 있다면 그것은 참으로 가치 있고 탁월한 일인데, 그런 공로에 의해 더 큰 혜택을 주시도록 하나님의 마음을 움직일 수 있기 때문이 아니라 하나님은 지극히 인자하시고 관후하시므로 그 행위 자체는 사실상 무가치함에도 하나님께서 더 큰 복으로 보상하시기 때문이다. 그러므로 '마음을 기쁘게 하다(pleasing)'라는 낱말이 갖는 두 가지 의미를 따라 우리는 제기된 질문에 두 가지 방식으로 답할 수 있다.

먼저 긍정적인 의미로 만일 그 낱말이 '마음을 기쁘게 하다', '우호적인 시선으로 보다', '그 자체로 만족감을 느낀다'라는 것을 의미하고, 또는 부정적인 의미로 만일 그 낱말의 표면적인 뜻을 따라 '위약' 효과를 부여하는 것을 의미한다면 그것은 '그 행위 자체의 탁월성에 의해 마음을 기쁘게 하다'라는 뜻일 수 있다. 그러나 도덕적 관점에서 선한 행위가 보상을 얻는 것은 그들 안에서 일하시는 상령의 역사에 의해서가 아니듯이 본성의 능력에 의해서가 아니라고 말해야 할 것이다.

다섯 번째 질의에 부쳐

🔖 하나님께서는 타락한 인간에게 그가 스스로의 힘으로 가질 수 없는, 그리스도 안에서 믿음을 가질 것을 그 자신의 권리에 의해 요구할 수 있는가? 반면에 복음을 전해 들은 모든 각 사람에게 그들이 믿고자 한다면 하나님께서 충분한 은혜를 실제로 내려 주시는가?

하나님께서 절대적 작정에 의해 그를 위해 그리스도께서 죽으실 필요가 없다고 결정하신 사람, 그리고 같은 작정에 의해 믿음을 갖기 위해 필요한 은혜를 수여하지 않기로 결정하신 사람에게 예수 그리스도를 믿을 것을 요구하실 수 있는가?(환위 문항)

📖 이 물음을 구성하는 부분들은 서로 대립하지 않고 오히려 서로 가장 완벽하게 조화를 이룬다. 따라서 이 문항의 후반부는 제 힘으로 가질 수 없는, 그리스도 안에서 믿을 것을 왜 하나님께서 타락한 인간에게 요구하는가 하는 이유를 묻는 것으로 해석될 수 있다. 하나님께서 믿음을 요구하신다는 것은 우리 인간이 믿음을 가질 수 있게 하는 충분한 믿음을 수여하기로 결정하셨기 때문이다. 그러므로 아마도 그 물음은 이렇게 바로잡아야 할 것이다. "믿음을 가질 수 있게 하기에 충분한 은혜를 내려 주신 적도 없고, 언제든지 내려 주실 의향도 없는 타락한 사람에게 그가 제 힘만으로 가질 수 없는 믿음을 하나님께서 그에게 요구하실 수 있는가?"

이 물음에 대해서는 직접 부정문으로 답할 수 있다. 즉 인간이 원할 경우 그가 믿음을 가질 수 있도록 충분한 은혜를 내려 주셨거나 언제든지 내려 주실 의향이 있을 경우를 제외하고 하나님은 그 자신의 어떤 권리에 의해서도 인간이 제 힘으로 소유할 수 없는, 그리스도 안에서 믿음을 가질 것을 요구할 수 없다.

나는 이 답변에서 거짓된 것이나 이단 사상과 연루된 어떤 것도 발견할 수 없다. 그 답변은 펠라기우스 이단 사상과 아무 연관성도 없는데, 왜냐하면 펠라기우스는 복음이 전파되는 경우를 제외하고 사람들의 마음에서 믿음이 생겨나기 위해 어떤 내적 은혜도 필요하지 않다고 선언했기 때문이다. 그러나 이보다 더 중요한 것은 이 답변이 아우구스티누스의 예정 교리에 반대되지 않는다는 사실이다. "그러나 우리는 그의 이 교의가 확립되어야 할 필요가 있다고 생각하지 않는다"라고 로마 교황 인노첸시오[2]가 해석한 바 있다.

여섯 번째 질의에 부쳐

🔲 의를 얻게 하는 믿음(justifying faith)이란 부르시고, 조명하시고, 의지를 혁신시키시는 하나님의 효능이자 순수한 선물인가? 그것은 영원 전부터 선택된 사람들에게만 주는 특유한 것인가?

선물은 수여하는 측의 순수한 관후함에 의해 주는 것인데, 그럼에도 수혜자 측에서 거부할 수 있는 것을 순수한 선물이라고 부를 수 있을 것인가? 그러나 자발적으로 받아들일 경우 그것은 선물이라는 이름으로 불릴 만한 가치가 없는 것이 아닐까? 마찬가지로 "믿음은 구원을 얻기로 정해진 사람들에게 수여되는 것인가? 아니면 믿음을 가진 사람들에게 구원이 주어지는 것인가?"라고 물을 수 있다. 혹은 두 물음에 대해 모두 어떤 상

∴

2) 교황 인노첸시오 I세(I Innocentius PP, 378~417, 401~417 재임)는 알바노 출신으로 모든 분쟁에 대해 확고한 태도를 보였고, 특히 펠라기우스 논쟁에 적극적으로 개입했다. 펠라기우스는 411년 카르타고교회회의에서 이미 단죄되었으나, 415년 팔레스타인의 디오스폴리스교회회의로부터 사면을 받았다. 그러나 카르타고와 밀레비스의 교회회의는 펠라기우스를 다시 단죄한 후, 416년에 그 결정을 로마로 보냈다. 그들은 인노첸시오 1세에게 펠라기우스의 문제점을 지적한 서신을 보내어 로마교회의 개입을 요청했고, 그를 로마로 소환하여 파문할 것을 촉구했다. 인노첸시오 1세는 417년 1월 27일, 카르타고교회회의의 결정을 지지한다는 내용의 답신을 보내는 동시에 밀레브의 누미디아교회회의에 참석한 주교들에게도 비슷한 논조의 서신을 보냈다. 당시 교회회의에 참석한 주교들 가운데 한 사람이었던 히포의 아우구스티노는 이 서신을 읽어 본 후 "로마에서 선언이 내려졌으니 사건은 이제 끝났다(Roma Locuta Est. Causa Finita Est)"라는 유명한 말을 남겼다.

이한 측면에서 긍정적으로 답할 수 있는가? 만일 그럴 수 있다면 그 경우 그런 작정은 시작도 없고 끝도 없는 순환성을 갖지 않는다고 어떻게 말할 수 있는가?(환위 문항)

📖 이중 질문은 이중 답변을 요구한다. 첫 번째 물음에 대해 나는 믿음이란 지성적인 마음을 조명하고 감성적인 마음을 인치시는 하나님의 효능이며, 따라서 그것은 그의 순전한 선물이라고 답하겠다. 두 번째 물음에 대해 나는 '선택'이라는 낱말의 의미를 구별함으로써 답하겠다. 만일 그것이 구원하기 위한 선택을 의미한다면 성경에 따르면 구원은 믿는 사람들을 택하는 것이므로 "믿음은 선택된 사람들에게, 또는 구원받을 사람들에게 수여된다"라고 말할 수 없고, 오히려 "믿는 사람들이 선택되고 구원을 얻는다"라고 말해야 한다. 반면 만일 선택이 하나님께서 구원에 필요한 수단을 다양한 방식으로 관리할 수 있게 결정을 내리는 작정과 관련된 것을 의미한다면 나는 믿음을 하나님의 선물, 즉 말씀을 듣고 그리하여 성령에 참여하는 자가 되게 하려는 목적을 위해 하나님께서 선택하신 사람들에게만 주는 선물이라고 말하겠다.

일곱 번째 질의에 부쳐

📖 참된 신자인 사람들은 모두 지상에 사는 동안 자기의 개별적인 구원을 확신할 수 있는가? 그리고 그는 그러한 확신을 가질 의무가 있는가?

의로운 자로 인정받게 하는 믿음은 자연의 순서에서 죄를 용서받는 것보다 앞서는가, 아닌가? 그리고 누구든지 의로운 자로 인정받게 하는 믿

음 외에 다른 어떤 믿음에 구속되는가?(환위 문항)

🔲 하나님은 그리스도를 믿는 모든 사람에게 영생을 약속하셨으므로 믿고 또 자기가 믿는다는 것을 아는 사람은 하나님의 성실성(그가 약속한 것을 지키실 것이라는)을 의심하지 않는 한 자기의 구원을 의심할 수 없다. 그러나 하나님께서는 신자에게 자신의 개별적인 구원에 대해 확신을 가질 것을 그 자신을 위해서나 그리스도를 위해 이행해야 할 의무로 요구하지 않으셨다. 오히려 그 확신은 하나님께서 믿는 사람에게 영생을 주시기로 한 약속의 한 가지 결말이다.

여덟 번째 질의에 부쳐

🔲 참된 신자와 선택된 사람은 잠시 동안 믿음을 완전히 잃어버릴 수 있는가?

믿음을 가지고 그것을 견지하는 사람이 만일 죽는다면 저주를 받게 되는 상황에 이를 수 있는가?(환위 문항)

🔲 구원하기 위한 선택은 믿음뿐만 아니라 믿음의 견인도 그 경계 안에 포괄한다. 아우구스티누스도 다음과 같이 말했다. "하나님께서는 방지하거나 선도하는 은혜 같은 보조 수단에 의해 장차 믿음을 갖게 될 것을 그가 미리 내다보시는 사람들, 그리고 그의 후속적이거나 뒤따르는 은혜 같은 수단에 의해 믿음을 견인하는 사람들을 구원하기 위해 선택하셨다. 따라서 믿는 사람들과 선택된 사람이 반드시 똑같다고 볼 수 없다."

그러므로 나는 '선택'이라는 낱말의 모든 피상성을 벗겨 버리고 신자들이 때때로, 일시적으로, 참된 믿음의 어떤 효력도 발휘하지 못하고, 심지어 하나님의 은혜와 약속을 생생하게 느끼지 못하기도 하고, 하나님과 그리스도에 대한 확신이나 신뢰를 갖지 못하는 상태에 처할 수 있지만, 그럼에도 오히려 이것은 구원을 얻는 데 필요한 필수 요소라고 나는 답하겠다. 그러나 사도 바울은 믿음에 관해 믿음이 곧 믿는 행위(believing)의 특질이고 능력임을 적시하면서 이렇게 말한다. "믿음과 선한 양심을 가지십시오. 어떤 사람들은 선한 양심을 버리고 그 신앙 생활에 파선을 당하였습니다."(딤전 1:19)

아홉 번째 질의에 부쳐

🔖 새 언약(New Covenant)의 은혜 아래 있는 신자들은 이 지상의 삶에서 하나님의 율법을 완벽하게 지킬 수 있는가?

하나님께서는 새 언약의 참여자들에게 그 언약의 은혜에 대해 상응하는 의무로서 육체가 성령에 거스르는 욕심을 품지 않아야 할 것을 요구할 수 있는가, 요구할 수 없는가?(환위 문항)

📖 율법을 준행하는 것은 그것을 지킬 것을 요구하시는 분의 뜻에 따라 평가되어야 하는 문제다. 이 물음에 대해 두 가지 답을 내놓을 것인데, 왜냐하면 하나님께서는 최고도의 완전성 수준에서 율법이 엄격하게 준수될 것을 바라실 수도 있고, 또는 '관대한'[3] 용서를 원칙으로 삼을 수도 있

⋮
3) 이 책에서 '관대한'으로 옮긴 'epieikeia'는 아리스토텔레스 윤리학에서 정의, 형평성, 용서

기 때문이다. 즉 만일 하나님께서 이러한 태도를 용서의 원칙에 따라 요구하실 경우, 그리고 그가 공급하시는 힘이나 능력이 그 요구에 비례한다면 그 결과는 다음과 같다.

'율법의 준수'가 엄격성의 기준에 따라 수행되어야 하는 것으로 이해한다면 인간은 하나님의 율법을 완벽하게 수행할 수 없다. 그러나 만일 하나님께서 용서의 원칙에 따라 율법 준수를 요구하시고, 우리에게 수여된 능력이 그것에 비례할 경우(그 점은 반드시 인정되어야 하는데, 왜냐하면 하나님께서 복음적 언약에 따라 그것을 요구하시기 때문이다) 그런 의미에서 율법은 완벽하게 준수될 수 있다고 생각된다. 그러나 아우구스티누스가 말한 대로 "사람이 그리스도의 은혜에 의해 율법을 지킬 수 있노라고 고백하는 한" 능력이란 사실 그다지 중요한 문제가 아니다.

아홉 가지 질의에 관한 논평

다음은 전술한 문항들과 그것의 환위 문항들에 관해 아위텐보하예르트[4]가 아

∴

등의 주제와 연관하여 쓰이는 용어다. 영어로 'gentleness', 'forbearance'로 번역되는 것이 일반적이다. 성경에서는 맥락에 따라 '너그럽게 받아들임', '용서', '아낌'(렘 13:14) 또는 '온화한', '점잖은', '온순한'(딤전 3:3) 같은 인격적 특질을 지시하기도 한다. 일반적인 의미의 관용이란 남을 너그럽게 대하거나 취급함을 뜻하고(행 24:4, epieikeia), 종교상의 관용이란 자기 자신과 다른 신앙을 가지고 실천하는 사람들에 대하여 그 입장과 권리를 인정하는 것을 말한다. 그리스도교에서 관용이란 특별히 자신이 하나님의 무한한 사랑을 입은 자임을 알기 때문에 다른 사람들의 죄과를 준엄하게 책하지 않는 것을 가리키고, '판단하지 않는 것'은 그리스도교의 덕목의 하나로 간주된다(빌 4:5, epieikes).

4) 요한네스 아위텐보하예르트(Johannes Uyttenbogaert, 1557~1645)는 아르미니우스의 가장 뛰어나고 영향력 있는 추종자들 중 하나로, 아르미니우스 사후 이른바 항론파(the Remonstrants)를 대표한다. 1557년, 위트레흐트에서 태어났고, 제네바에서 베자 아래서 수학했으며, 귀국 후 1584년에 고향에서 목회자가 되었다. 이미 논란거리가 되었던 예정

르미니우스에게 문의한 것에 대한 답변으로서, 아르미니우스가 1606년 1월 31일에 개인 서한을 통해 설명한 것이다.

첫 번째 문항에 대한 답변으로서, 하나님의 작정이 선포되는 순서는 다음과 같다. 1) 믿는 사람들을 구원하는 것이 나의 뜻이다. 2) 나는 믿는 사람에게 믿음을 수여하고 그 안에서 그를 보전할 것이다. 3) 나는 바로 '그 사람'을 구원할 것이다. 이것들 중 첫 번째 작정이 규정하는 것은 반드시 가장 우선되는 위치에 있어야 하는데, 왜냐하면 이것 없이는 구원에서 믿음이 필요하지 않고, 따라서 사람들의 믿음을 돕는 보조 수단을 관리해야 할 어떤 필연성도 없을 것이기 때문이다.

그러나 이것과 정면으로 충돌하는 견해, 즉 하나님께서 구원하기로 미리 작정한 사람들에게 믿음이 수여된다고 주장하는 이론이 있다. 이것이 참일 경우 믿지 않는 사람을 구원하는 것도 하나님의 뜻에 포함될 수 있다. 이 작정과 그것의 집행 사이의 격차에 대한 모든 이야기는 무익하다. 마치 사람들이 믿음을 갖기도 전에 하나님께서 누구든지 구원하기로 작정하셨음에도 믿는 사람을 제외하고 아무에게도 구원을 베풀지 않기로 작정하는 것처럼 들릴 수 있기 때문이다. 두 요소(즉 작정의 선포와 그것의 집행) 간의 정합성 문제 외에도, 하나님께서는 앞서 선포한 선행 작정 때문에 수여할 수 없는 것을 임의로 수여하기로 결정할 수 없다는 것이 분명해진다.

∵

에 관해 중도적 견해를 가졌으므로 1589년에 그는 목회직에서 면직되었다. 그는 아르미니우스와 합세하여 호마루스주의자들의 끈질긴 비판에 대응해 자신들이 속한 집단의 입장과 견해를 옹호할 수 있도록 시노드를 소집해 줄 것을 요구하는 청원을 네덜란드 국가회의에 보냈다. 1609년, 아르미니우스가 죽은 뒤 에피스코피우스(Episcopius)와 함께 항론파를 이끌어 나갔고, 그들의 교리 체계를 네덜란드의 주들과 웨스트 프리슬란트(1610)의 관점에 반영했다.

그러므로 일반적으로 말해 첫 번째 작정에 따라 믿음이 구원에 앞선다. 따라서 후속적으로 집행되는 특별한 작정이 개입하더라도 이 사람이나 저 사람의 구원이 완성되기 전에 특별히 그리고 개별적으로 반드시 믿음이 선행해야 한다.

두 번째 문항에 대한 언급은 없음.

세 번째 문항에 대해 나는 무엇보다도 다음과 같은 접근에 반대한다. 타락한 천사들을 다루실 때와 같이 하나님은 어떤 사람들에게 율법의 엄격성에 따라 최종적인 판결을 내리기로, 다른 사람들에게는 복음의 은혜에 따라 관대하게 다루기로 작정하시는가? 만일 시노드 대리인들이 이 물음에 부정적으로 답한다면 실제로 그것이 내가 바라는 것이다. 그러나 만일 그들이 긍정적으로 답한다면 그러한 견해는 부조리하기 때문에 파기되어야 한다. 그 입장을 받아들일 경우 하나님은 순수한 영적 존재인 천사들이 다른 피조물에게 설득되어서가 아니라 그 자신의 악함으로 인해 고의로 죄를 지어 타락하고 말았던 경우보다 더 엄중한 판결을 많은 사람들에게 내려야 할 것이기 때문이다.

대리인들은 나의 네 번째 환위 문항에 부정적으로 답할 수 없을 것이다. 왜냐하면 죄를 고백하는 사람들에게 용서가 약속되었고, 후속적으로 자녀가 갖는 두려움에 대해 말하면 그 두려움은 초기에 나타나는 건전한 반응이다. 만일 대리인들이 나의 환위 문항을 인정하면서도 '그러나 하나님께서는 그들로부터 전혀 영향을 받지 않는다'고 대답한다면 나는 그 문항에서 그들이 덧붙인 표현을 삭제하고 더 나은 형태로 수정하여 자신들의 견해를 다시 제청할 것을 요구한다.

시노드 대리인들은 나의 다섯 번째 환위 문항을 전적으로 부정하는 것이 자신들의 의무로 여기지 않을 것이다. 만일 그들이 그 물음에 긍정적으로 답한다면 그들은 거짓 명제를 선언하는 것이고, 사리 분별이 있는 모든 사람에게서, 심지어 강경한 입장을 취하지 않는 사람들에게서도 나쁜 평판을 얻게 될 것이다. 그러므로 그들로 하여금 그들의 견해와 나의 견해 사이에 있을 수 있는 중도적 가설의 가능성을 탐색해 보게 하자. 그렇게 한다면 나는 그 가설이 그들의 가정과 일치하는지 아니면 나의 가정과 일치하는지를 입증할 것이다.

나는 여섯 번째 문항에 반대하면서 두 가지 문제를 제기했는데, 그것은 대리인들의 질문이 이중적이기 때문이다. 그중 첫 번째 질의에 대해서는 우리가 신경 쓸 필요가 없다. 두 번째 질의에 대해 설명을 위해 굳이 말한다면 나는 그것이 시작도 없고 끝도 없는 순환 오류, 즉 모든 부분마다 시작과 끝이 모두 들어 있어서 부조리를 범하지 않고서는 하나님의 작정 안에서 어떤 위치도 차지할 수 없다는 점을 지적했다. "하나님께서 믿는 사람들을 구원하기로 작정하시는가, 아니면 구원을 얻을 사람들에게 믿음을 주시기로 작정하시는가?"라고 나는 물었다. 만일 두 명제 모두가 참이라고 주장된다면 어느 것이 앞에 오고 어느 것이 나중에 오는지를 다시 나는 물을 것이다. 그러면 질의자들은 어느 것도 먼저 오거나 뒤에 오거나 하지 않는다고 답할 것이고, 그리하여 결국 그것은 순환적인 것이 된다. 만일 그들이 후자에 대해 긍정적으로 답한다면, 즉 하나님께서 구원받을 사람들에게 믿음을 주시기로 작정하셨다고 한다면 나는 하나님께서 믿는 사람들을 구원하시기로 작정하셨다는 것을 증명할 것이고, 그리하여 그들이 의도한 것과 거리가 멀게도 논증 전체가 결국 순환에 빠진다. 만일 그들이 다른 면모를 증거로 제시한다면 나는 힘을 다해 그것을 논박할 것인데, 사실 그처럼 간단한 문제는 어렵지 않게 해결할 수 있다.

일곱 번째 환위 문항에서 나는 "그것은 그의 의무인가?"라고 물었는데, 긍정적으로 답할 수 있는 가능성이 매우 희박하기 때문이다. 그러나 의롭다고 인정될 수 있는 믿음이란 그것 때문에 나의 죄가 용서되었다고 믿는 것이 아니다. 따라서 의로운 자로 인정받을 수 있게 하는 믿음의 목적과 결과는 똑같다. 이것(즉 의로운 자로 인정받을 수 있게 하는 믿음)에 의해 나는 죄를 용서받을 수 있으므로 믿음은 다른 목적보다(죄의 용서보다) 앞선다. 그리고 의로운 자로 인정받을 수 있게 하는 믿음에 의해 자기가 참신앙을 갖게 되었음을 알지 못하는 한 아무도 자기의 죄가 진실로 용서되었다는 것을 믿을 수 없다. 바로 이 때문에 자신이 끝까지 믿음을 지킬 것이라는 확신이 없다면 아무도 자기의 미래 죄까지도 용서받을 수 있다는 것을 믿게 될 수 없다. 믿는 사람에게는 죄 용서함이 있고, 용서는 죄를 범한 이후에만 받을 수 있기 때문이다. 그러므로 새 약속인 용서의 약속은 하나님이 요구하는 한 가지 조건, 즉 그것 없이는 어떤 언약도 성립될 수 없는 믿음에 달려 있는 것으로 보아야 한다.

여덟 번째 문항에 관해 먼저 성질(quality)이나 습성(habit)[5]으로서의 믿

5) 해당 문항에 등장하는 성질(quality)과 습성, 수행적 행위 같은 용어의 의미에 접근하려면 영역본 편집자 제임스 니콜스가 18세기 영국인이었던 사실을 고려할 필요가 있다. 당시는

음과, 수행적 기술(art)로서의 믿음을 구별하도록 하자. 실제로 믿는 행위(believing)는 의롭다는 선언을 얻게 하거나 믿음의 행위(act of believing)의 의로서 전가될 수 있다. 하나님께서는 실제로 믿는 행위를 요구하시므로 그는 그것을 실행할 수 있는 능력을 하나의 습성으로서 주입하신다. 그러므로 실제로 믿는 행위는 대죄와 양립할 수 없으므로 대죄를 범한 사람은 영원한 저주를 받을 수 있다.

그렇지만 다윗의 사례에서 볼 수 있듯이 신자도 대죄에 빠지는 일이 있을 수 있다. 따라서 신자가 그런 상태에 있을 때 죽는다면 그는 영원한 저주를 피할 수 없다. "사랑하는 여러분, 우리가 마음에 가책을 받지 않으면 우리는 하나님 앞에서 담대함을 가지고 있는 것이요."(요일 3:21) 그러므로 양심의 가책을 느낀다거나 확신을 갖거나 하지 않는다면 우리의 죄가 용서되었다고 말하기 어려운데, 왜냐하면 "우리가 마음에 가책을 받는다 하더라도 우리는 그러한 확신을 가지게 될 것입니다. 하나님은 우리 마음보다 크신 분이시고, 또 모든 것을 알고 계시기 때문입니다."(요일 3:20) 그런 일은 있을 수 없는 것처럼 기술된 것은 하나님께서 그런 사람을 바로 그 순간 세상에서 데려가시기로 결정하지 않으시기 때문이다. 따라서 이 질문을 던진 대리인들의 가설을 옹호하는 쪽으로 입증되는 것은 아무것도 없다. 왜냐하면 그런 사건은 일시적인 것이 아니더라도 최종적인 멸망에 반

••

존 로크를 비롯해 영국 경험론자들이 철학계를 주도하고 있었고, 19세기 중반 이후에야 독일 관념론의 영향이 눈에 띄기 시작한다. 따라서 간단히 말해 성질은 감각을 통해 마음에 각인된 관념을 가리키는 반면, 습성은 관념들 간의 연결이 빈번해져서 마치 원인과 결과의 관계처럼 수반 관계가 형성된 것을 가리킨다. 오늘날의 어법으로 습성은 마음에서 관찰되는 경향성이나 성향(disposition)으로 볼 수 있다. 반면에 수행적 기술(art)로서의 믿음을 말할 때 그것은 일종의 의식(儀式)에 가까운 것으로 보인다. 따라서 전자와 후자의 차이는 "믿음이냐 행위냐?" 라고 물을 때, 흔히 가정되는 차이와 같다.

대되고, 여덟 번째 문항의 주제가 되는 잠시 동안의 완전한 멸망에도 반대되기 때문이다.

은혜의 언약에서 인간이 감당할 수 없는 의무를 하나님께서 요구하시는지를 묻는 아홉 번째 환위 문항에 답변하기 위해 대리인들은 이 언약 외에도 은혜의 언약에 따라 이행되는 것이 아닌 의무를 하나님께서 용서할 수 있으려면 다른 범주에 속한 의무가 필요하다는 것을 시인하지 않을 수 없을 것이다. 그 까닭은 율법 언약에 따라 이행되지 않은 의무를 하나님께서 용서하실 수 있게 하는 다른 종류의 언약이 요구되기 때문이다. 그럴 경우 우리는 무한히 반복되는 순환에 빠진다. 종국적으로 우리는 하나님께서 그의 공의가 요구하는 조건에 의해 전혀 제약받지 않고 그의 무한한 자비에 의해 죄인들을 구원하시는 지점에 이르게 된다. 이것은 절대적 예정을 강조하는 사람들의 교리 전체에 완전히 부합되는 것처럼 들린다. 왜냐하면 진노와 자비는 서로 반대되는 것이므로 진노가 무한할 경우 자비는 그렇지 않을 것이라고 생각되기 때문이다. 대리인들의 교의에 따르면 그들이 어떤 다른 것에 반대하든지 진노는 처벌할 수 있는 사람을 필요로 한다는 의미에서 죄인들을 생산하는 것은 바로 진노다. 그러나 그들이 표면적으로 말하고 있는 대로 자비는 전능한 권능에 의해 사람들을 신자로 만들고 그들이 낙오할 수 있는 가능성을 미연에 방지하기 때문에 구원할 사람을 생산하는 것이다. 그러나 니카시오[6]가 말하듯이 만일 하나님께서 죄인

6) Nicasius Van der Schuer(1543~1600). 벨기에 메헬렌 출신으로, 법학을 공부하여 법학 박사 학위를 얻고, 메헬렌 대법원 판사로 봉직했다. 1587년, 영국에 특사로 파견되어 엘리자베스 여왕 앞에서 네덜란드 영사(領事)로서 활동했다. 성공적인 외교적 성과를 거둠으로써 후일 덴마크, 독일, 프랑스에서도 특사로 파견되었다.

들을 만들어서 그가 처벌할 수 있는 사람을 생산하는 것이라면 그는 또한 죄 없이도 얼마든지 처벌하실 수 있게 된다. 그러므로 같은 이치에서 하나님께서는 믿음 없는 사람에게도 자비로써 구원을 베푸실 수 있다. 그리고 진노가 죄의 개입을 통해 저주를 내릴 수 있는 명분을 찾듯이 자비 역시 어떤 의무도 요구하지 않고 구원을 베풀 수 있으므로 굳이 정의의 외관을 갖출 필요 없이 전체를 자비의 이야기로 만들 수 있음이 분명하다.

나는 방금 정의의 외관을 갖출 필요가 없다고 말했는데, 자비는 저항할 수 없는 힘에 의해 믿음을 창출하고, 그리하여 저항할 수 없는 힘에 의해 사람으로 하여금 끝까지 믿음을 지킬 수 있게 하며, 믿고 끝까지 믿음을 지키는 사람은 구원을 얻을 것이라고 선포된 작정에 따라 믿는 사람으로 하여금 필연적으로 구원을 얻을 수 있게 한다. 이 같은 작정이 제정되기가 무섭게 사망의 심판을 예정하는 작정뿐만 아니라 구원하기로 예정하는 작정에서도 모든 형평성이 배제된다. 내가 양심을 따라 견지하는 이 반론들은 비방하는 일이 없다면 그들의 견해가 될 수도 있을 것이고, 나는 그 견해를 옹호하는 어떤 후원자에 대해서도 이 입장을 방어할 태세가 되어 있다. 사람이 자연스럽게(spontaneously) 죄를 짓고, 자연적인(natural) 계기에 의해 믿음을 갖는다고 말하는 사람들은 자신들을 위험에서 건져 낼 생각을 하지 않는 것이다. 자연스럽게 일어나는 것과 자연적인 활동은 서로 대립하는 것이 아니다. 자연히 일어나는 것은 돌이 아래로 움직이는 것처럼 절대적 필연성의 흐름과 일치한다. 짐승이 먹이를 먹고 종족을 퍼뜨리는 것과, 사람이 자기 자신에게 이로운 것을 좋아하는 것이 바로 그런 것이다. 그러나 모든 구실은 자연스레 일어나는 이런 것에서 멈춘다.

이 뒤에 바로 이어지는 단락은 내가 이 전집 1권 2부 「신학적 주제에 관한 입장 선언」에서 인용한 것으로서, 하나님의 은혜에 대한 확신을 얻기 원하는 두 병자에 관해, 그리고 단지 역사적 사실의 문제인 믿음과 죄인을 의로운 자로 선언될 수 있게 하는 믿음을 구별하는 것에 관한 내용을 담고 있다. 그 구별을 경시하는 것은 교회사의 각 시대마다 우리의 보편적 그리스도교를 연구하는 신학자들 사이에서도 수많은 오류의 원천이 되고는 했다.

5부

25개 주제에 관한 공개 논박

헌사[1]

선친의 원고를 바치며

유명한 도시 레이던의 사법행정을 주관하시는 지극히 존귀하고 현명하신 치안판사님들, 시장님, 부시장님, 주 장관님, 그리고 우리가 가장 존경하는 영주님들과 레이던대학 후견인들께 감사드립니다.

지극히 현명하시고 존귀하신 신사분들께 말씀드립니다.

영주님들의 권위와 명령에 따라, 또한 존귀하신 평의원님의 명령에 따라, 당시 서거한 지 얼마 되지 않은, 경건한 기억력으로 잘 알려진 프란시

∴

1) 아르미니우스가 공개 논박문을 발표한 해가 1608년이고, 작고한 해가 1609년이다. 이 헌사는 아르미니우스의 자녀들 이름으로 1617년에 레이던시 공직자와 대학 후견인들에게 전달된 것이다. 편집자 제임스 니콜스가 공개 논박문의 서문처럼 이 헌사를 첨가한 것으로 보인다.

스쿠스 유니우스(Franciscus Junius) 박사의 공석을 메우기 위해 지난 15년 동안 목회 직무에 헌신했고 크게 번성하고 있던 암스테르담교회로부터 이 명망 높은 레이던대학에 초빙되어 신학부에 부임하셨던 우리의 존경하는 선친께서 주님 안에서 소천하신 지도 어느덧 8년이 되었습니다. 우리 형제들 중 이 도시에서 태어난 가장 어린 세 자녀들을 포함하여 선친께서 양육한 아홉 명의 자녀인 우리는 극심하게 핍절한 상황에서 모친과 함께 일시에 여기로 옮겨 왔습니다. 지난 나날 동안 늘 기림을 받아 마땅한 우리 선친은 그의 시간을 들여 수고하고, 힘을 다해 이 대학의 이익을 증진시키고, 자신의 능력과 의무를 따라 소임을 충성스럽고 엄격하게 수행하는 것 외에 다른 어떤 목표를 추구해야 할 것으로 여긴 적이 없습니다. 선친의 충직함과 근면함에 관한 우리의 증언에 대해 치안판사님들이 유력한 증인이 되어 주실 것을 요청하는 이유는 선친께서 6년 동안 행정 상관들의 직접적인 감독 아래 자신의 덕목을 수행했기 때문입니다. 그리고 우리 진술의 진정성은 선친이 대학에서 자신의 직무를 수행하는 동안 그가 일하는 현장에서 멀지 않은 곳에서 감독하시고, 공적인 일에서나 사적인 일에서나 매일같이 흐트러짐 없이 업무에 임하는 모습을 판사님들이 일일이 보고 칭찬을 아끼지 않으셨기 때문입니다. 선친의 비할 데 없는 근면함과, 그의 편에서나 우리 편에서의 어떤 공로와도 상관없이 전능하신 하나님께서 이루 말할 수 없이 풍성하게 그에게 내려 주셨음이 분명한데, 업무에 관한 사항을 전달할 때 보여 준 빈틈없는 정확성에 관해 장관님들은 항상 그러한 자질을 영광스럽게도 격려해 주시고, 상관들께서 필요하거나 편의성에 유익하다고 생각하실 때는 언제든지 선친의 천부적 재능을 격찬하셨습니다. 또한 영광스럽게도 치안 업무를 위한 봉사에 그가 헌신했던 기간을 통틀어 장관님들께서는 선친의 역량을 호의적으로 평가하실 뿐만 아니라 그 때문에 선친에게 친밀한 애정까지 뚜렷이 보여 주셨던 일은 의심의 여지가 없습니다. 그리하여 선친께서는 더 이상 바랄 것이 없을 정도로 많은 후원을 얻었습니다.

그러나 우리 선친의 충직한 성품에 대한 최고의 증언은 끝없이 매일같이 이어지는 그의 강의를 열심히 들었던 학생들로부터, 그중 몇 사람은 현재 교회에서 가장 중요한 직책을 맡고 있고, 또한 종종 있는 일로 멀리서도 그의 공개 강연을 들으러 오는 사람들에게서 들을 수 있습니다. 그들 모두가 선친의 예리하고 핵심을 파고드는 천부적 재능을 사랑하고 칭송하는 말을 했던 것이 사실이지만, 특히 그가 성경에 관해 가지고 있는 해박한 지식에 대해 더욱 그러했는데, 그것만으로도 선친께서 거의 항상 말씀을 묵상하고, 생애 전성기를 성경 연구에 바쳤음을 알 수 있습니다.

그가 공개 논박문에서 제시하고, 단독으로 집필하고 정리해 놓은 저술들에 대해 그 형제들은 대중이 읽을 수 있게 하기 위해서라도, 특히 레이던에서 멀리 있는 지역에 있는 사람들을 위해 조금도 지체 없이 출판해야 한다고 지속적이고 끈질기게 요구했습니다. 그 형제들의 열화 같은 요청에 선친은 오랜 망설임 끝에 마침내 그들의 뜻에 따르기로 하고, 공개 논박이라는 범주 아래 남아 있는 저술들을 출판했고, 그리고 상세하게 풀어서 다듬은 최종본을 펴냈으며, 얼마 뒤 그의 입회 아래 (사회자로서) 발표되고 토의에 부쳐졌습니다. 그리하여 회개에 대한 논문 하나가 따로 추가된 선집이 이번에 다시 출판되었습니다.

그러나 지극히 탁월하신 선친의 연구와 노고를 가까운 형제들보다 오히려 당국자들에게, 명망 높고 사리 분별이 출중하신 장관님들에게, 우리와 이웃하는 지역에 거주하는 사람들뿐만 아니라 외국인들에게도 더 잘 알리기 위해 이번에 우리는 틈나는 시간에 특별한 기회를 만들어 마치 저자 자신이 사적 공간에서 이야기하는 것 같은 모습으로 그 저술들을 출간하게 되었습니다. 왜냐하면 이 저자는 오로지 학생들의 복지를 증진하는 일에 헌신했기 때문입니다. 그 논문들은 비공개적으로 한 그의 마지막 수업을 위한 주제로 채택되었고, 또한 그 소장 학자들의 열렬한 간청에 따라 온전히 단독으로 그가 집필하고 구성한 것입니다. 사실 우리는 이타적인 마음으로 그 논문들을 출판한 것입니다. 왜냐하면 개인적인 강의를 위해 준비했던 그 직무는 이미 다 수행되었으므로 그 논문들은 목회자 서임을 기다리는 후보생들을 가르치고 후원하는 데 바쳤던 선친의 충성과 근면에 대해 풍성하게 증언할 것이기 때문입니다.

그렇게도 충실하고 정밀하게 다루었던 주제나 쟁점 외에도 연구 방법에 대해 엄정한 판정을 추구하셨던 고매하신 선친께서는 올바른 신학 체계를 구성할 때 준수해야 할 순서를 제시할 필요가 있다고 생각하셨습니다. 그런 계획은 빈번히 오랫동안 그의 마음에 맴돌았던 것 같습니다. 따라서 그 목적을 위해 선친은 신학과 관련된 일람표나 두꺼운 문헌들을 거의 모두 매우 꼼꼼하게 숙독했습니다. 그리하여 개인적인 논의를 위해 작성했던 아래의 논박문에서 그러한 도식의 표상을 일부나마 제시할 수 있게 되었습니다. 개요의 형태로 제시하려 했던 기본 틀을 짤 때 그가 발휘했던 역량을 평가하는 일은 전문 학자들에게 맡기도록 하겠습니다. 선친께서 바라신 대로 미완성인 채로 남겨 둘 수밖에 없었던 원고를 이러한 신학 전집으로 완성할 수 있었던 것은 오직 전능하신 하나님의 뜻이 있었기 때문입니다!

선친의 발자취를 변함없이 따를 것입니다

스무 개가 넘는 논문들은 여전히 정리 작업이 필요한 것으로 생각됩니다. 예기치 못한 때에 별세하신 것은 모든 선한 분들에게는 물론이고 우리 자녀들에게도 깊은 슬픔의 원천인데, 뜻하지 않은 별세로 인해 그의 구상이 좌초되고 말았기 때문입니다. 생전에 그의 계획이 완수되었다면 이 지상의 삶에서 그 무엇보다도 슬픔에 잠긴 우리 자녀들에게 가장 기쁘고도 향유할 만한 결실을 볼 수 있었을 것입니다.

그러나 우리가 고집을 피우지 않고 이 참담한 눈물의 계곡으로부터 선친을 불러내어 천상에 있는 그의 저택으로 인도하시는 것은 은혜로우신 우리 하나님의 기뻐하시는 뜻이므로 우리 자녀들은 (뒤에 남은 사람들로부터) 선친께서 그의 근면한 노력과 충성에 대해 공정하고 정직한 평가를 얻으시기를 바라마지않습니다. 비록 별세로 인한 것이기는 하지만 다행히도 선친은 비방의 독아(毒牙)를 피할 수 있었는데, 그것은 우리의 유일하신 구주이신 예수 그리스도의 교훈과 모범을 따르며 삶이 다할 때까지 폭언을 폭언으로 응수하는 일 없이 그를 적대하는 지인들에게 분개심을 불러일으킬 정도로 극도의 인내심으로 견뎌 냈기 때문에 가능했습니다.

또한 우리는 누구든지 선친이 영원한 구원을 얻으신 것에 대해 의심하지 않기를 바라지만, 다른 많은 지인들은 물론이고 우리도 공공연히 목도하듯이(지금 우리가 증언하듯이) 선친께서는 가장 평온한 모습으로 쉬지 않고 뜨겁게 기도하는 가운데 자신의 피폐함과 연약함을 고백하고, 동시에 우리 구원의 주 예수 그리스도를 믿는 사람들을 비추는 유일한 구원의 은혜를 찬양하면서 마치 곤히 잠드는 사람처럼 하나님께 자기 영혼을 드렸습니다. 거듭해서 우리는 선친의 영원한 구원에 관해 심각한 의심을 표시하는 분이 없기를 원합니다. 그의 죄를 하나님께서 사하셨고, 그를 위해 예수 그리스도께서 이 세상에 오시어 죽음을 당하셨음을 증언하신 선친에 대해 우리 중 누구도 정죄할 수 없습니다.

안타깝게도 우리는 양친 중 한 분을 잃은 불행으로도 충분하지 않은 듯이 우리 모두 아직 연소하고, 막내는 겨우 열일곱 살밖에 되지 않았습니다. 그러나 자기 영혼을 오직 예수 그리스도의 이름으로 그의 자비로운 손에 맡기는 사람은 그 누구도 영원한 구원에 참여하지 못하거나 지복의 삶을 향한 소망에서 좌초되는 일이 없도록 하나님께서 보호하시기를 기도합니다! 오히려 우리는 사랑하는 선친의 발자취를 신실하고 변함없이 따를 것이고, 온전한 마음과 성실을 다해 진리와 경건을 힘껏 추구하신 선친께서 평생토록 그 자신과 마음의 모든 헌신을 지존하신 상관들로부터 인정받으셨음을 우리는 믿어 의심치 않으며, 존경하는 양친에게 대해 주셨듯이 우리 자녀들의 삶과 모든 학문이 하나님과 모든 선한 사람들에게 인정받을 수 있기를 기원합니다.

장관님들께서 그분에 대해 보여 주신 한없는 경의에 대해 말하면 장관님들이 생전에 선친에게 베푸신 셀 수 없이 풍성하고 능히 다 갚을 수 없는 은혜에서 넘치도록 넉넉한 증거를 찾을 수 있습니다. 그러나 이보다 더 확실한 증거는 선친이 별세하시자마자 장관님들은 사랑하는 어머니와 그 자녀들 각각에게 베풀어 주신 혜택을 통해 발견할 수 있고, 그 호의는 오늘까지도 넘치도록 이어지고 있습니다. 우리에게 보여 주신 말로 다할 수 없이 많은 친절한 행위, 그 모든 은혜를 우리가 장관님들께 갚을 수 있는 날이 속히 오기를 간절히 바라는 바입니다. 은혜를 갚을 수 있게 하나님께서 부디 우리를 도와주시기를 기도합니다.

그러나 그날이 오기까지 존귀하신 장관님들께 고마운 마음을 조금이나마 표시하고자 하는 마음이 저희에게 있었으므로 가능한 한 이른 시기에 우리는 작고하신 선친의 서재에서 후견인들의 명예로운 이름 아래 이 귀하고 값비싼 작은 상자를 가져왔습니다. 이제 우리 자녀들이 바치려는 것이 신학 연구자들이 받을 만한 것이기만 하다면 선친께서 우리에게 남기신 것과 동일하거나 상이한 종류의 어떤 것에도 비할 수 없는, 마땅한 순서와 일정에 따라 이제 우리는 진정한 보물을 캐낼 수 있게 되었다고 믿습니다.

하지만 우리는 이 기증품이 그동안 장관님들이 베푸신 친절과 경쟁하는 자리를 차지하게 된다면 자칫 가증스러운 물건이 될 수 있음을 깊이 인식하고 있습니다. 우리가 이 같은 감사의 인사를 드리지 않는다면 우리는 모든 분들에게 배은망덕한 자가 될 것이고, 이것이 우리 자녀들이 드리는 것이 아니라 작고하신 우리 양친께서 친히 드리는 선물임을 고백하지 않는다면 한층 그러할 것입니다. 이미 우리를 바로 이 연구 업적과 그 연구가 낳은 다른 결실의 상속인으로 삼으셨듯이 존경하는 선친께서 상속인인 자녀들에게 진실로 그의 근면함과 경건, 미덕까지 물려 주신 것이 사실이라면(무한히 자비로우신 하나님께서 부디 인정해 주시기를!) 은혜에 보답해야 할 의무를 다하는 데 부족함이 없도록 최선을 다할 것이며, 우리의 남은 생애를 통틀어 모든 수단을 강구하여 장관님들로부터 인정을 받고 또한 우리 자신이 항상 은혜에 보답하고 있다는 확신을 가질 수 있도록 스스로 다짐하는 바입니다.

전능하신 하나님께서 장관님들을 평안히 보호하시기를, 그리고 우리에게 변함없는 자비를 베푸시는 데 부족함이 없기를 바랍니다! 장관님들의 행정부 각처에도 하늘의 복을 지극히 풍성하게 베풀어 주시기를 바랍니다!

하나님의 가장 헌신적인 종들의 이름으로, 곧 아우더봐터 출신의 출신의 야코부스 아르미니우스의 일곱 아들과 두 딸의 이름으로, 헤르만, 페터르, 요한, 라우렌스, 아르미니위스, 제임스, 빌리암, 다니엘은 봉헌드립니다.

성경의 권위와 확실성에 대하여

– 응답자: 베르나르트 페쉬키위스

1) 성경의 권위란 성경을 믿을 만한 것으로 만드는 원천 가치와 다르지 않다. 먼저 신빙성(credence)은 성경이 단순히 어떤 것을 선언하거나 약속하거나 경고할 때, 그 구체적인 표현이 참되고 전달하려는 의미도 참되다는 것을 뜻한다. 그다음으로 수월성은 성경이 무엇인가를 명령하거나 금지할 때, 그것에 부여한 신빙성을 통해 그것이 복종할 만한 것이라는 것을 뜻한다. 이 같은 의미의 권위에 대해 두 가지 물음이 제기될 수 있다. 하나는 성경에 권위를 부여하는 것은 무엇인가이고, 다른 하나는 그러한 권위가 성경에 귀속되는 것은 무엇에 의해 확실해지고 그것을 어떻게 인간이 알 수 있는가이다. 이 두 물음은 적절한 순서를 따라 논의될 것이다(딤전 1:15, 벧후 1:19, 요 5:39, 히 6:18, 롬 1:5, 고후 10:5, 6, 12:12, 갈 1:1, 12, 13 등).

2) 저자성(authority)이라는 낱말이 지시하듯이 말이나 저술은 어느 것이

나 불문하고 원천적으로 저자에게 속하고, 그것은 진리성이나 권력 못지않게 위대한 것, 즉 저자의 정격성(authenticity)을 지시한다. 그러나 하나님은 오류 불가능한 진리를 소유하고, 속이는 일도 없고 속임을 당할 수 없으며, 부인할 수 없는 권능을 갖는 등 피조물에 대해 절대적 권한을 갖는다. 그러므로 만일 그가 성경의 원저자라면 성경의 권위는 전적으로 오로지 그에게 의존한다. '전적으로'라고 말할 수 있는 것은 그가 모든 것을 구비하는, 절대적으로 참되고 전능한 저자이기 때문이다. '오로지 그에게 의존한다'라고 말하는 것은 그가 선언하는 말씀의 진리성이나 권한에 있어서 어떤 다른 조력자도 없기 때문이다.

3) 저자성은 성경을 통틀어 산재해 있는 많은 논증에 의해 입증된다. 첫째, 예언서와 사도 서신의 대부분에 명시된 표현에 나타나 있다. "주님께서, 호세아에게, 요엘에게, 아모스 등", "하나님의 종, 그리고 예수 그리스도의 사도인 바울, 베드로, 야고보 등에게 주신 말씀이다."(호세아, 요엘, 아모스; 로마서 1:1, 야고보서 1:1, 베드로전서 1:1) 둘째, 많은 예언서들의 서언에 나타나 있다. "주 이스라엘의 하나님이 말씀하시기를"(출 5:1), "내가 여러분에게 전해 준 것은 주님으로부터 전해 받은 것입니다."(고전 11:23) 셋째, 하나님과 그리스도의 대사(大使)들이 하나님의 도우심을 간구하는 기도에서, 그리고 선포되어야 할 메시지의 권위를 확증하는 데 필요하고 충분한 도우심에 대해 하나님과 그리스도가 제시하는 약속에서 발견된다(출 4:1, 행 4:29, 30, 막 16:17, 20). 넷째, 작정을 선포하는 서두에서 "나는 너희의 여호와 하나님이다!"(출 20:1)라는 말씀에 의해 하나님 자신이 저자임을 밝히는 방식에서 발견된다. 그리고 자기 아들의 권위를 확립하기 위한 행위로서 "이는 내 사랑하는 아들이다. 너희는 그의 말을 들어라"(마 17:5)라

고 하시는 하나님의 말씀에 나타나 있다. 이러한 사실은 인류의 대다수가 동의하는 공인된 사실이다. 미노스, 에누마, 리쿠르쿠스, 솔론 등은 그 사실을 충분히 알고 있었다.[2] 왜냐하면 자신들 법률의 정당성을 확립하기 위해 그들은 신들이나 여신들을 실재적 원저자(real authors)로 지시했기 때문이다.

4) 원저자가 밝혀지고 나면 저자의 권위는 구술되는 것을 청취하거나 기록을 전달받는 수신인들 모두의 양심을 구속하게 된다. 그러나 마치 하나님께로부터 직접 전달받은 양 그 원전을 수신하고, 확인하고, 출판하고, 가르치고, 해석하고 주석을 붙이거나, 또한 추정적이고 조합된 어록이나 문헌을 참된 원전과 구별하고 분리하는 일을 누가 맡든지 그런 일을 하는 사람들 자체는 강론되거나 기록된 문서에 대해 저자성의 권한을 얻지 못한다. 왜냐하면 개별적으로나 통합적으로 그들이 가진 권위는 총체적으로 말해 단지 필멸적 인간에게 부여된 제한적인 권위일 뿐인 반면, 신적 저자들은 인간 피조물들로부터의 확증을 필요로 하지도 않고, 실제로 그것을 얻을 길도 없다. 그러나 보편교회에 의해 성경이 전달될 때조차 확인하고 가르치고, 설명하고 구별하는 이 모든 작업은 교회의 공식 선언에 의해 인준되는 것일 뿐으로, 교회 자체가 강론이나 문서들을, 그리고 오직 그것들만을 신성한 것으로 보유하고 인정한다(요 15:22, 24; 8:24, 갈 1:8, 9, 엡 2:20, 계 21:14, 요 1:6, 7; 5:33~36, 살전 2:13).

⁂

2) Minos, Numa, Lycurgus, Solon. 리쿠르구스는 기원전 9세기경에 활동했던 스파르타의 지도자다.

5) 그러므로 가톨릭교회 저자들이 사용하는 다음과 같은 표현은 거짓된 것일 뿐만 아니라 어리석고 신성모독적 모순을 내포한다. "교회는 성서보다 훨씬 더 오래되었고, 성서는 교회의 권위에 의해 인정되는 것을 제외하고 정경성을 갖지 않는다."(ECCL Enchir. de Ecclesiastes) "오늘날 성서에 부여된 모든 권위는 필연적으로 교회의 권위에 의존한다."(PIGHIUS de Hierar. Eccles. lib. 2, c. 2) "우리가 교회의 증언을 믿지 않는다면 성서는 이솝 우화나 어떤 종류의 책이건 그 정도의 타당성을 가질 뿐이다."(HOSIUS de Author. Script. lib. 3) 그러나 "교회는 성서보다 훨씬 더 오래된 것이다"라는 선언은 이미 전제 안에 거짓이 잠복해 있고 결함 있는 추론에 의거하는 논증이다. 왜냐하면 성경은 그 기표와 기의 모두에 있어서 교회보다 오래된 것이며, 고대의 시원적 교회는 성경 기자들의 기록의 신성성이 하나님의 판단에 의거한 논증에 의해 충분히 입증되지만, 이사야, 예레미야, 바울, 베드로 등의 어록과 문서들을 수용해야 한다(마 16:18, 고전 3:9, 10).

6) 그러나 성경의 신적 기원을 증명하는 논증에 의해 성경은 또한 구성된 방식과 목적에 관해 우리의 믿음, 사랑, 소망, 그리고 우리의 삶 전체를 아우르는 규칙을 포함하는 정전이다(혹은 정전으로서 입증되었다). 성경이 우리에게 제시한 것은 가르치기 위한, 질책하기 위한, 양육하기 위한, 바로잡기 위한, 위안을 주기 위한 목적을 가지고 있다. 즉 성경은 우리의 지성에 제시하는 참과 거짓의 기준, 우리의 감성에 제시하는 선과 악의 기준, 행할 것인가 금할 것인가 또는 가질 것인가 원할 것인가를 판단하는 규칙으로서 우리에게 주어진 것이다(신 27:26, 시 119:105, 106, 롬 10:8, 17, 마 22:37~40, 딤후 3:16, 롬 15:4). 성경의 신성성은 '사람들로부터 주어진' 것이 아니라 하나님께서 주신 것이다. 따라서 성경은 정전적(canonical)이고, 능

동적인 의미에서 그러한데, 그것은 성경이 수동적으로가 아니라 적극적으로 어떤 표준이나 규칙을 규정하기 때문이고, 규범을 위해 고려되고 규범 속에 흡수되기 때문이다. 사실 교회는 성경의 정격성이나 정전성을 확립하는 일을 올바로 완수하지 못했기 때문에 사람들이 모인 어떤 집단이나 회중도, 율법과 복음의 대의나 실체에 관한 성경의 원전성과 정전성을 인정하지 않는 한 결코 교회의 이름으로 불려서는 안 된다(갈 6:16, 딤전 6:3, 4, 롬 16:17, 10:8~10, 14~17).

7) 두 번째 물음은 "성경의 신적 원천에 관해 어떻게 사람들을 설득할 것인가?" 하는 것이다. 이 물음을 해소하기 위해 먼저 몇 가지 사항이 전제되어야 하는데, 그것을 통해 논의에서 중의성(重義性) 문제를 해결할 수 있고, 또한 논의를 유연하게 진행하는 데 도움이 된다.

성서(낱말과 그 낱말의 기표들로 구성되는 텍스트)와 성서의 뜻이나 의미 간에 구별을 해야 한다. 둘 중 어느 것이 우리가 알고 믿어야 할 대상인가 하는 것은 동등한 문제가 아닌데, 성경은 기표들의 의미로 구성되기 때문이며, 기표 자체와 그것의 기의에 신성성을 귀속시키는 방법에서도 차이가 있기 때문이다.

같은 논리에서 성경의 일차적 원인(primary cause)과 도구적 원인들(instrumental causes) 간에도 구별을 해야 한다. 성경이 하나님으로부터 기원하는 것으로 믿듯이, 성경에 들어 있는 개별적인 책들도 이런저런 기록자들이 쓴 것으로 믿어야 할 필연성이 있는 것처럼 생각하는 일이 없어야 하기 때문이다.

텍스트의 의미 간 중요도가 균일하지 않은데, 그중 어떤 것은 그리스도교의 기초와 대의를 포함하고 있으므로 구원에 직접적으로 필요한 반면,

다른 것은 설명, 증거, 확충 등의 관계를 제외하고 다른 어떤 방식으로도 구원과 직접 관련되지 않기 때문이다(요 8:24, 5:36, 46, 39, 고전 12:3, 고후 2:4, 5, 3:7~9, 마 10:20, 고후 3:11, 12, 빌 3:15, 16, 골 2:16, 19).

8) 신자가 유혹을 이겨 낼 수 있을 만큼 충분히 견고한 믿음을 추구하기 보다 어떤 시험도 당하지 않기 위해 확실성을 요구하는 일이 없도록 믿음 의 설득력을 환상(vision)의 확실성과 구별해야 한다.

기의에 대한 이해 없이 성경을 무조건 신성한 것으로 믿는 암묵적 믿음, 그리고 부분적이라도 그 의미에 대한 지식, 특히 필수 요소에 대한 지식 을 바탕으로 하는 명시적 믿음의 차이를 인지해야 한다. '아스팔레이안[3]'적 인 심리적 안정감(또는 '인간적 확실성', 눅 1:4 참조)을 줄 뿐인 역사적 지식 은 양심이 의존하는 '위드로포리아[4]'적인 충분한 확신과 '에포이케신[5]'적인 믿음이 의존하는, 구원에 이르는 지식과 구별해야 한다. 이 구별이 필요한 까닭은 전술한 다양한 믿음을 산출하기에 필요하고 충분한 논증을 구성하 기 위해 건전한 판단력이 형성되어야 하기 때문이다.

또한 하나님께 가치 있는 논증과 인간적 허영이 요구할 뿐인 논증 사이 에도 구별을 해야 한다. 사실 여기서 기필코 모든 사람을 설득할 수 있는 종류의 논증이 요구되는 것도 아니다. 많은 사람들은 허다한 표적과 이적, 성령의 은사과 공급에 의해 자기가 믿는 교의에 대한 증거를 가지고 있음

3) asfaleian, ασφαλειαν. "존귀하신 데오빌로님, 나도 모든 것을 시초부터 정확하게 조사하여 보았으므로 각하께 그것을 순서대로 써 드리는 것이 좋겠다고 생각하였습니다. 이리하여 각 하께서 이미 배우신 일들이 '확실한 사실'임을 아시게 되기를 바라는 바입니다."(눅 1:2~4)
4) wlhroforian, ὑδροφορία. water-carrying.
5) wepoiqhsin, εποικεϛιν. 정착민.

에도 그리스도 자신에 대한 모든 믿음을 부인할 수 있기 때문이다.

설득력 있는 효과를 자아내기 위해 사용하는 논증으로부터 파생되는 외적인 빛과 스스로 증거를 소유하는 성령의 내적인 빛을 구별해야 한다. 우리의 믿음을 인정하고 성실하게 보증하는 성령에 속한 고유한 내적인 빛을 논증의 힘이나 외적 증언의 진실성에 귀속시키지 않도록 주의해야 한다(고전 13:9, 12, 창 15:6, 8, 롬 4:19~21, 삿 6:36~39, 히 11:32, 33, 요 3:2, 10, 약 2:19, 요 5:32~36, 마 13:2, 히 6:11, 10:22, 엡 3:12, 마 12:38, 39, 16:1, 눅 16:30, 31, 마 27:42, 요 12:37, 눅 24:27, 44, 45, 고후 1:22, 엡 1:13, 14, 요 4:42).

9) 하나님 또는 그리스도가 직접 자신들에게 말씀하시거나 천사나 선지자나 사도들을 통해 그들에게 전달하는 것을 듣고 처음으로 성경의 수신자가 된 사람들과, 전술한 사람들의 계승자로서 그들의 전달을 통해 성경을 접하게 된 사람들을 구별해야 한다(삿 2:7, 10, 히 2:3, 요 20:29). 이 범주 중 전자의 사람들은 기적을 보고 예언이 실제로 성취되는 것을 직접 목격했으므로 그들의 담화와 텍스트에 신빙성을 부여할 수 있다. 그러나 후자의 범주는 확증을 위해 사용한 교리와 논증의 서술이 성경 안에 제시되고, 자신들의 논증에 의해 강화된 것이다(사 44:7, 8, 고전 14:22).

성경의 진리성과 성경의 신적 원천성을 구별할 수 있는데, 이 정도로 진보된 수준은 전자에 대한 믿음이 후자에 대한 믿음으로 점진적으로 이행함으로써 실현된다. 그러나 실체에 있어서 이 둘은 결코 서로 분리될 수 없다.

끝으로 우리는 여기서 하나님으로부터 나온 것을 전제하는, 하나님에 관한 비밀스러운 일과 그리스도에 관한 교의는 어린아이들, 비천한 사람들, 하나님을 경외하는 사람들, 아버지의 뜻대로 행하기를 원하는 사람들에게 나타났으나(마 11:25, 약 4:6, 시 25:14, 요 7:17, 고전 1:20, 27) 그와 대조적으로 세상의 지혜로운 사람들, 교만한 사람들, 자신들에게 경고하시는 하나님의 권고를 거부하고 영생을 무가치한 것으로 판단하는 사람들, 우매하고 고집스러운 사람들, 성령을 거부하는 사람들에게 하나님의 비밀과 그리스도의 복음이 감추어져 있고 계속 숨겨진 채로 있을 것이라는 사실을 깊이 숙지해야 한다. 그렇다, 그런 사람들에게는 하나님의 비밀과 그리스도의 복음은 걸려 넘어질 돌이고 어리석음일 뿐이지만, 실제로 그것들은 바로 하나님의 능력과 지혜 자체인 것이다(눅 7:30, 행 13:46, 7:51, 고후 4:3, 4, 고전 1:23, 24).

10) 이제까지 언급한 전제 위에서 구약과 신약이 신적 원천을 가지고 있다는 것, 적어도 성경의 근본 요소, 즉 율법과 복음의 대의나 실체성에서도 마찬가지인데 그것을 믿지 않고서는 구원이 있을 수 없다는 것을 어떻게 우리가 믿고 있는지 혹은 믿을 수 있게 되는지 생각해 보자. 그러한 설득에 기여하는 주요 요소들은 다음 세 가지다.

첫째는 사람들의 외적 증언이다. 둘째는 성경 자체에 들어 있는 논증이다. 셋째는 하나님이 주재하는 내적 증언이다. 이것들 중 첫째는 사람들의 방법을 따라 성경에 대한 높은 평가와 경외심을 산출함으로써 후자의 두 요소에 의한 것, 즉 성경의 신적 원천성과 그것을 통해 완성에 이르는 믿음을(또는 믿음으로 나아가는 길을) 예비한다.

11) 인간의 증언에 주목할 때 우리는 모든 적들, 예를 들어 부패한 유대교, 그리스도교와 이교 사상이 혼합된, 종교의 찌꺼기를 아우르는 마호메

트교 같은 것과 단절해야 한다. 그렇지만 성경을 시인하는 사람들의 증언은 두 부류로 나누어진다. 구약의 교의와 성경에 관해 제한적으로 시인하는 유대인의 증언과, 성경 전체에 속한 모든 책을 시인하는 그리스도인의 증언이 그것이다.

두 가지 정황이 유대인의 증언을 뒷받침하는 지지대가 된다. 하나는 성경 진리를 부인함으로써 자유와 세속적 소유에 참여하게 될 때, 그들이 비참의 심연에 빠지는 항상성이다. 다른 하나는 그리스도교의 기원, 확장, 그리고 구약성경의 상당 부분을 수용하고 성경의 증거와 판단에 의해서만 흥하고 망할 수 있음을 확고히 믿는 믿음을 전사(轉寫)하는, 그리스도교에 대한 유대인의 증오가 그것이다(행 26:9, 벧후 1:19, 20, 행 17:11).

언급된 항상성의 동일한 표지에 의해 구분되는 그리스도인들의 증언(계 6:9, 12:11)에 대해 우리는 세 가지 특수 사항을 고찰해 볼 것이다. 첫째, 자생적으로 세워진 때부터 오늘날에 이르기까지 그리스도교를 하나님의 신성에 속한 교회로 고백해 왔고, 자신의 신앙이 이 성경에 기초해 있으며, 성경의 모든 책들이 하나님께로부터 왔음을 고백하는 보편교회(the Church Universal)[6]의 증언. 둘째, 사도들에 의해 세워지고, 처음으로 구약성경 전체뿐만 아니라 교회 자체와 목회자들 또는 적어도 유명한 몇몇 사람들에게 서신으로 전달되었고, 동일한 이름으로 사도들의 후계자들과 후속 교회들에게 전달되었던 사도 서신들의 최초 수신자였던 각 초기교회들(the primitive Churches)의 증언. 셋째, 언어와 하나님의 일에 대한 지식과 기술

∴

6) 웨스트민스터 신앙고백(1617)에서는 예수를 그리스도로 믿고 하나님의 아들로 고백하는 신자들의 총집합을 '공교회'로 부른다. 그러나 엄밀히 말해 보편교회는 지상에 존재하는 개별 교회들의 총체를 지시한다기보다 그리스도교 신앙의 보편성과 공시적(共時的) 일체성을 지시하는 것으로 이해하는 것이 합당하다.

을 소유한 전문가로서, 조사를 실시하고 판결을 선고하고, 여러 가지를 돌보는 책임을 지고 있는 양들에게 그 결과를 (논증에 의해) 확증해야 하는 목회자와 교사들로 이루어진 이른바 대표교회(the Representative Church)의 증언(엡 4:27).

이 같은 세 종류의 교회에 대해 충분히 고찰한다면 아마도 우리는 교황보다 더 유식할지도 모르는 로마가톨릭교회의 최하급 지역 교회 신부보다 낮은 위치에 로마교황을 배치하게 될 것이다.

12) 성경에 들어 있는 논증은 네 가지이며, 그것은 무엇보다도 중요하다. 성경에 나타나 있는 교의의 특성, 문체의 위엄, 부분들 간의 일치, 교의의 유효성 이런 것을 각각 고찰하는 것은 큰 영향력을 미친다. 이것들을 통합적이고 총괄적으로 바라봤을 때, 강한 아집과 고질적인 습관을 통해 굳어진 편파적인 견해에 의해 맹시를 갖게 된 사람을 제외하면 모든 사람들로 하여금 성경의 그 면모를 신뢰하게 만드는 데 어떤 문제도 없다.

교의의 특질은 성경의 신성을 입증한다. 성경의 각 책에는 신성의 세 가지 표지를 지시하는 계율이 나타나 있다. 첫째, 자기 부정과, 경건의 원리를 따라 삶 전체를 제어하기 위해 규정된 행위는 높은 탁월성을 보여 준다(마 16:24, 25, 롬 8:12, 13). 둘째, 자연 인간(natural man)[7]의 관점에서 광신에 해당하는 어떤 행위는 놀라운 비범함을 보여 주지만, 그럼에도 그 행위는 두려움 없는 확신으로 규정된다. 예를 들어 "십자가의 말씀이 멸망할

••

7) "자연에 속한 사람". "그러나 자연에 속한 사람은 하나님의 영에 속한 일들을 받아들이지 아니합니다. 그런 사람에게는 이런 일들이 어리석은 일이며, 그는 이런 일들을 이해할 수 없습니다. 이런 일들은 영적으로만 분별되기 때문입니다."(고전 2:14) 자연적 인간, 영적 인간, 조나단 에드워즈 참조.

자들에게는 어리석은 것이지만, 구원을 받는 사람인 우리에게는 하나님의 능력입니다."(고전 1:18, 24, 2:2, 14, 요 8:24, 롬 10:9) 셋째, 계명을 양심과 사랑을 따라 이행할 것을 요구하는 방식에서 나타난다. 계명을 어기는 행위는 위선적인 것으로 판결받는다(신 6:5, 고전 13:1, 약 4:12, 롬 8:5, 벧전 2:19). 이 세 가지 특성 중 첫째는 신성 자체이고, 둘째는 전능성으로, 셋째는 전지성으로 인식되며, 이 특성은 각각 순전한 신성의 면모다.

성경의 신성은 신적 가치 또는 합당성의 두 징표를 제공하는 약속과 경고에서 나타난다. 그 징표들은 하나님 외에 아무도 전달할 수 없는 명백한 증거다. 계명들을 신적인 것으로 증보되는 것으로 여기는 사람을 제외하고 그러한 약속과 경고는 어떤 사람의 양심이라도 압도할 수 있는 영향력을 발휘하는 탁월한 기능적 조정력을 가지고 있다.

성경의 신성은 의를 사랑하고 불의를 미워하는 하나님의 공의와, 그리스도 안에서 우리가 속죄함을 얻도록 자비에 의해 모든 일을 다스리심으로써 탁월한 방식으로 공의를 조정하는 방식에서 나타난다. 이러한 조정 방식을 통해 하나님의 영광은 초월적인 광채로 밝게 빛난다(롬 5:15). 이 같은 조정에서 세 가지 특수한 점을 주목할 만하다. 첫째, 화목을 이루는 자와 중보자를 통하지 않는 한 하나님께서 사랑을 통해 자기의 피조물을 자비로 다루실 수 있는, 죄인에 대한 호의적 태도를 갖는 것이 불가능하다는 점이다. 둘째, 우리가 그의 아들의 피에 의해 피 뿌림을 받지 않는 한 그가 낳으시고 완전한 의의 직임을 맡기신, 그의 사랑하는 아들이 하나님께서 탄원자와 중재자 역할을 수행하는 것을 허용할 수 없다는 점이다(고후 5:19, 엡 2:12, 16, 히 8:5, 6, 9:7, 11, 12). 셋째, 용서와 구원에 대한 모든 소망을 저버린 사람들을 제외하고 하나님은 오직 회개하고 믿는 사람들을 위해 그리스도가 구원자가 되게 하셨다는 점이다(히 3:8, 19, 5:8, 9, 눅

24:26, 롬 8:29).

이 교의의 필연성과 충분성을 증명하는 데 기여하는 가장 괄목할 만하고 결정적인 증거는 순종과 고난을 통하지 않는 한 예수께서 스스로 자기의 영광에 들어갈 수 없게 하시고, 이 일은 오직 그를 따르는 신자들을 위해 성취되었으며(히 10:21, 22, 4:14~16, 요 17:2, 8), 하늘에 오르실 때 그리스도는 하나님의 집을 다스리는 통치자, 그의 백성들의 왕, 영생을 분배하는 주체로 임명되셨다는 사실에서 나타난다.

13) 성경의 신성은 그 구성 방식이 가진 장엄함에서 입증된다. 성경의 저자가 자기 자신을 나타내는 속성에 의해 입증된다. 즉 그의 전지성과 전능성에서 드러나는 그의 본성의 초월적 거양(擧揚)(사 44:7, 6, 41:12, 25, 26, 시 1:1), 그가 만물의 창조자이며 통치자임을 증명하는 탁월한 경륜, 그가 왕들 중의 왕이시며 주권자들 중의 주권자이심을 입증하는 비교할 데 없는 권능에서 나타난다.

성경의 신성은 편애와 증오심, 희망과 두려움의 영향을 받지 않은 채 하나님께서 친히 선포하신 대로 가장 천한 사람들에게, 모든 민족들에게, 각각의 개인들에게, 심지어 어둠의 통치자들, 이 세상의 임금들, 사탄과 그의 천사들에게도, 결국 그가 지으신 우주 전체의 모든 피조물들뿐만 아니라 군주들에게도 친히 명령하고 금지하며, 약속과 경고를 전달하심으로써(신 18:15, 16, 삼상 12:25) 지위 고하를 불문하고 모든 사람들을 동등하게 대하시는 공평성, 즉 '인간적 면모'가 일체 부재하는 사실에서 나타난다.

성경의 신성은 율법을 제정하고 그것을 재가할 때 그가 사용하시는 방법에 의해 나타난다. 이때 "나 여호와는 너의 하나님이다"라는 서언이 나오고, 그리고 "나 여호와가 말하였다"라는 결어 외에 다른 어떤 사족도 없다. "내가 너에게 굳세고 용감하라고 명하지 않았느냐! 너는 두려워하거나 낙담하지 말아라"라고 명하시고, 신성한 속성을 친히 사용하시며, 따라서 그의 담화 자체에 신성이 내재하고(출 20:2, 수 1:9, 사 43:5, 렘 1:8, 신 4:5), 혹은 (이런 표현에 불경한 의도가 전혀 없다는 것을 주지하기 바란다) 그것이 모두 어리석은 말들 중에서 가장 어리석다는 것을 보여 주는 언명에서 나타난다. 이러한 두 극단 사이에는 어떤 중재자도 존재하지 않는다. 그러나 성경 전체를 통틀어 단 하나의 명칭도 찾아볼 수 없으므로 우둔하다는 죄명으로 천하무적의 논증에 의해 그런 구절을 성경에서 제할 수는 없다.

14) 성경의 각 부분들과 전체가 이루는 일치는 성경의 신성을 보여 주는 충분한 증거가 되는데, 각 부분들 사이에서 발견되는 그러한 일치는 하나님의 영이 아닌 다른 어떤 것에게 귀속될 수 없다. 다음의 면모를 고찰해 보면 이 주제에 대한 확신을 갖는 데 도움이 될 것이다.

첫째, 모세의 시대로부터 마지막 책인 계시록을 기록하는 일을 위임받았던 사도 요한의 시대에 이르기까지 성경을 집필하는 데 걸린 거대한 시간적 거리(말 4:4, 렘 28:8, 요 5:46)에서 나타난다. 둘째, 다수의 기록자들이나 대필자들,[8] 책 편수의 군집성에서 나타난다. 셋째, 기록자들이 서로 교류할 수 없게 만드는 요소로서, 다양한 책들이 집필된 장소 사이의 엄청난 공간적 거리에서 나타난다. 넷째, 끝으로 주요한 점으로서 구약의 교의와 신약의 교의를 비교하는 것뿐만 아니라, 모세의 교의와 후대 선지자들

..

8) amanuensis. 대필자 또는 필기자. 다른 사람이 지시한 내용을 쓰거나 타이핑하거나 다른 사람이 작성한 내용을 복사하는 데 고용된 사람 또는 다른 사람을 대신하여 문서에 서명하는 사람을 말한다.

의 교의를 서로 비교하는 관례가 확립된 것에서 볼 수 있다. 메시아, 이방인을 부르심, 유대인들의 거절에 관한 모세의 예언만을 따로 떼어 고려해 보아도 예언서와 시편에서 발견되는 해석 본문과 특수한 상황을 고려하여 비교할 때 다양한 기록자들 사이에 발견되는 완벽한 일치는 성경의 책들이 하나님으로부터 기원하는 것을 입증한다(창 49:10, 신 32:21, 단 9:25, 26, 말 1:10, 11, 시 2:22, 110, 132, 마 1, 2, 24, 27장, 눅 1:55, 70, 24:27, 44).

구약의 책들과 신약의 책들 간 일치의 신적 기원에 대한 증언은 풍성하다. 메시아, 이방인을 하나님께로 모으심, 유대인들의 불신앙과 거부에 관한 예고, 끝으로 처음에는 성취됨을 통해, 이후에는 강제적인 제거에 의해 전례법(典禮法)에 적용되는 율법 폐지에 관한 모든 예언에서 볼 수 있는 예측 불가능한, 그리고 기적과도 같이 수미일관한 조화와 정합적 성향만으로도 충분히 입증된다. 이 같은 예언이 구술하는 방식으로 예고되었든지 또는 사물이나 인물, 사실과 사건의 유형에 의해 전조로서 나타났든지, 나사렛 예수의 인격, 강림, 나라, 직임, 시대 등에 그 예언이 적용되는 방식은 거의 기적에 가까울 정도로 일관적이다(시 118:22, 23, 마 21:42, 사 65:1, 행 11:18, 시 40:7, 8, 단 9:25, 26). 만일 구약만이 혹은 신약만이 지금까지 현존하게 되었다면 각 책들의 신적 기원에 대해 얼마간의 의심을 지우기 어려웠을 것이다. 그러나 양자가 서로 합치한다는 사실은 그처럼 완벽하게 일치를 이룰 때, 성경의 신적 기원에 관한 모든 의심을 몰아낸다. 왜냐하면 천사나 인간의 정신에 의한 허구적 작품으로서 그러한 완벽한 일치를 이루는 것은 불가능하기 때문이다.

15) 끝으로 성경의 신적 기원은 그 교의의 유효성에 의해 강력하게 증명되는데, 우리는 그것을 두 가지 특수 사례를 통해 고찰할 것이다. 이 세상

으로부터 얻는 신뢰나 믿음과, 잔존하는 종교들의 멸망, 그리고 사탄의 왕국 전체의 완전한 멸망이 그것이다.

이 멸망에 대해 가장 뚜렷한 두 가지 표징은 이방 신탁들의 침묵과 우상들의 퇴치에서 나타난다(딤전 3:15, 슥 13:2, 습 2:11, 행 16:16, 17). 이 효력을 뒷받침하는 것은 첫째, 이 교의에 동반되거나 협동적으로 작용하는 신적 능력과는 무관하게 그 교의가 포함하는 표면적 부조리성과, 그 교의와 상극인 인간 정념의 현실 지향적인 욕망으로 인해 누구라도 그것에 동의하지 못하게 차단하는, 이 교의가 가진 정교하게 계산된 특이한 능력이다. 그 능력은 바로 성경이 선언하는 방식에 있다. "우리가 알거니와 우리 옛사람이 예수와 함께 십자가에 못 박힌 것은 죄의 몸이 멸하여 다시는 우리가 죄에게 종노릇하지 아니하려 함이니."(롬 6:6, 사 53:1, 고후 1:2, 딤후 3:12).

둘째, 사람의 눈으로 보기에 수도 적고, 비천한 출신이며, 무수히 많은 약점을 가진 사람들임에도 이 교의에 거리낌을 느꼈던 어떤 제자들에게 "너희도 가려느냐?"라고 그리스도께서 물으셨을 때, 만왕의 왕이신 그리스도 안에 머물기로 결의한 사람들로서, 하나님이 보시기에 불굴의 인내심과 온유함을 지닌 사람들에게서 뚜렷이 나타나는 특징에 의해 입증된다(눅 6:13, 마 4:18, 19, 고후 12:12, 딤후 4:2, 요 6:67).

셋째, 이 교의의 반대편에 섰던 적들의 무리, 지혜, 권위, 힘에 의해 입증된다. 또한 그 적들이 자기 나라의 종교에 대해 갖는 애정, 그로 인해 이 새로운 교의에 대해 갖게 된 적대감, 그리고 그 두 가지의 결과로 그리스도인과 그 교의를 말살시키려는 격노한 언어도단적 열심에 의해 입증된다. 성경의 교의는 로마제국 단독으로도 거의 300년 동안 박해의 대상이었고, 그 시기 세계의 나머지는 모두 제국에 동조했다. 이처럼 계속된 탄압은 유대인들에 의해, 오히려 그 제국의 왕좌를 차지했던 사탄 자신에 의해 증폭

되었다(고전 2:8, 행 4:27, 9:2, 마 10:8~22, 요 16:2, 엡 6:12, 계 2:10, 13).

넷째, 이 교의를 믿고 견디기 어려운 고문을 죽기까지 견딤으로써 자신들의 믿음을 확증했던 온갖 다양한 개성, 국적, 연령, 성별, 출신 배경을 가진 수없이 많은 사람들에 의해 입증된다. 이 같은 견실한 신앙은 야망에 넘치는 모종의 광기를 제외하고 다양한 종류의 사람들 무리가 품은 야망이나 분노 때문이었다는 식으로 전가할 수 없다(계 6:9~11).

다섯째, 마치 번개처럼 인간이 거주할 수 있는 세계 대부분의 지역을 이 교의가 점령하는 데 걸린 짧은 기간에 의해 입증된다. 그래서 사도 바울만 해도 예루살렘부터 일루리곤에 이르는 전 지역을 그리스도의 복음으로 채웠다(골 1:6, 롬 15:19).

16) 이상과 같은 설득력만으로는 역사적 사실에 대한 믿음을 낳기에는 충분하지만 구원하는 믿음은 낳지 못한다. 그러므로 그뿐만 아니라 고유한 영역에서 활동하는 성령에 의한 하나님의 내적 설득에 의해 보충되어야 한다.

첫째, 성령에 의해 마음에 조명을 받아야 한다. 그럼으로써 우리는 선한 것, 용납할 만한 것, 하나님의 온전하신 뜻이 무엇인지 분별할 수 있고, 하나님께서 우리에게 거저 주시는 것들과, 예수 그리스도가 하나님의 지혜이며 능력임을 알 수 있다(고전 3:7, 엡 1:17, 18, 롬 12:9, 고전 2:12, 1:24, 12:3).

둘째, 하나님의 계명이 우리 마음에 각인될 때 참된 설득력을 얻는다. 이것은 그의 명령을 이행하고자 하는 욕구와 힘을 불어넣을 수 있다(히 8:10).

셋째, 하나님의 약속이 우리 마음에 인치심 될 때 참된 설득력을 얻는다. 그 약속의 조건에 따라 우리는 구속의 날까지 봉인되는데, 그것을 인

(印)과 담보라고 부른다(고후 1:22, 엡 1:13, 14).

이와 같은 방식으로 경건한 사람들을 감동시켜 성경의 책들을 기록하게 하시고, 교회 안에 감독, 사도, 선지자, 복음 전도자, 목회자와 교사들을 세우시며, 그들의 입에 화해의 말씀을 담아 주신 분은 바로 이 교의를 이해함으로써 의와 영원한 구원에 들어갈 수 있도록 이끄시는 우리 그리스도교 신앙의 원저자(Author) 하나님이시다(행 20:28, 엡 4:11, 고후 5:19, 롬 8:16). 그분의 증언은 사람의 정신에서 기원하는 그것과는 매우 다르고, 말이나 글자 또는 저술에 관한 것이 아니라 구원에 필요한 것에 관한 것으로 알려져 있으므로 로마가톨릭교회는 그 증언을 복잡하게 만드느라, 그리고 계시적인 본문과 정전적인 본문 사이에 구별을 내리기 위해 (하나님의) 성령을 요청하는 등 사실 전자가 후자의 정전적인 본문과 일치함에도 불구하고 지극히 부당한 일을 감행하고 있다.

17) 그러나 이와 같은 세 가지 증거들의 효력을 몇 마디로 간략히 정리한다면 우리는 다음과 같이 선언할 수 있다. 성경을 하나님의 것으로 귀속시키는 인간 증언의 힘에 대해 이제까지 발행되었거나 현존하는 어떤 저술의 저자도 이 성경의 저자만큼 명쾌한 증거에 의해 증명될 수 없고, 다른 모든 책들의 중요도는 이 책의 존귀함에 비하면 증언의 방대함, 지혜, 완전성뿐만 아니라 증언의 틈새 없는 연결, 일관성, 지속성에 있어서까지 감히 근접할 수 없을 정도로 미미하다.

그것이 불가피한 이유는 이 성경에 들어 있는 그리스도교 신앙은 수없이 많고 다양한 부류의 사람들에게 매우 오랫동안 전파되었기 때문에 그러한 정황 자체가 신적 기원에 대한 적지 않은 증거가 되기 때문이다. 유일하게 진실로 하나님으로부터 나온, 또 어떤 민족이든 가리지 않고 모든 사람들이 받아들일 것을 하나님께서 원하시는 이 종교는 결국 인류 전체에게 보편적으로 전파되어야 한다고 말하는 것이 가장 공정할 것이다(마 28:19, 20, 막 16:15, 롬 10:12~18).

18) 성경에 들어 있는 논증들은 그리스도교의 신적 기원을 증명하기에 충분히 풍부하고 완벽하기 때문에 이 책에 포함되어 있지 않지만 매우 탁월한 수준을 가진 다른 어떤 종교를 옹호하는 논증들을 굳이 차용할 필요가 없다고 우리는 단언하는 바다(고후 4:2~6). 그 논증들은 참으로 값진 것이므로 진실로 참된 종교가 존재한다는 것, 혹은 참된 종교가 있을 수 있다는 것을 증명하는 다른 어떤 논증 못지않게 그 논증들만으로도 그리스도교의 진리는 견고하게 확립된다. 따라서 참된 종교가 존재한다든가, 참된 종교가 있을 수 있다는 것을 증명하기 원하는 사람이 있다면 일반 개념들로부터 연역할 수 있는 다른 어떤 논증보다도 우월한 이 논증들을 활용하는 것만큼 간명하고 쉬운 일도 없을 것이다. 그러나 가장 놀라운 점은 최대의 부조리성 중 하나로 보이는 그리스도교가 제시하는 논증은 성경의 신적 기원에 대한 가장 확실한 증거를 제공하고, 그것을 으뜸가는 진리로 수립한다는 것, 즉 이 종교는 검의 물리력에 의해서가 아니라 유순한 설득에 의해 사람들의 양심 안으로 도입되었다는 사실이다(고전 1:29~24장, 고후 5:11, 눅 9:54, 55).

그와 유사한 경향을 보여 주는 것으로 전에 아우구스티누스가 사용했던 논증을 볼 수 있다. "만일 그리스도교가 성경에 소개되어 있는 기적에 의해 세워졌다면 그것이 사실이기는 하지만 만일 그렇지 않다고 말해야 한다면 모든 기적 중 가장 위대한 것은 기적이 없이도 그리스도교가 신빙성을 획득할 수 있었다는 사실이다." 유일하게 기적을 행하실 수 있는 하나님의 내적 설득은 외적으로 행사된 기적을 대신할 수 있고, 또한 그 못지 않게 강력한 것이기 때문이다(계 2:17). 그러므로 이 교의를 입증하기 위해 초기에 수행되었던 기적에 대한 성경의 기술은 이제 가장 놀라운 상황 변화를 통해 면밀한 검토에 부쳐짐으로써 오히려 이 교의의 신적 기원에 의해 참된 것으로 다시금 입증되어야 한다.

19) 성령의 내적 증언은 오직 그것을 전달받은 사람에게만 알려지는 것이지만, 그럼에도 증언하는 사람의 진실성과 증명되는 대상의 진실성 사이에 상호 연관성이 있으므로 그 증언 자체에 관한 조사 절차를 제정할 수 있다. 그렇게 한다고 해서 성령을 훼손하거나 불쾌감을 주는 것이 전혀 아니므로 이 방법에 의해 성령의 진실성은 가능한 모든 방향에서 가장 탁월한 수준에서 확실하게, 내적 증언과 외적 표지들뿐만 아니라 그 양자 모두에 적용되는 증거의 유의미성까지 증명하게 될 것이다. 그러한 이유로 사도는 우리에게 "그 영들이 하나님에게서 났는가를 시험하여 보십시오"라고 말하고, 그러한 '시험'의 유형을 구체적으로 서술한다(요일 4:1, 2). 그러므로 성령의 내적 증언을 소유했다고 거짓으로 자랑하는 사람은 자기가 헌신하고 있다고 고백하는 바로 그 종교를 파괴할 수도 있는 반면, 그런 사람을 논박하는 것은 매우 쉬운 일이다. 이로부터 명백해지는 것은 성령의 내적 증언은 그것을 전달받은 사람에게 확신을 더하기 위한 목적으로 주어졌을 뿐, 다른 어떤 사람에게도 확신을 주기 위한 것이 아니라는 사실이다. 그러므로 자신들이 왜 성경을 믿는가 하는 이유로서 그런 증거를 거론하는 사람들을 가리켜 로마가톨릭교회는 선결 문제를 요구하는 오류를 범한다고 지적하는데, 왜냐하면 그들 자신은 다른 사람을 설득하기 위해 내적 증언에 의존하지 않기 때문이다.

전통과 대비되는 성경의 충분성과 완전성에 대하여

– 응답자: 아브라함 플리어트

1) 구약과 신약 성경에 완전성을 귀속시키려 할 때, 우리는 고린도전서 13장 10절[9]에서 사도 바울이 언급하는 '완전성' 같은 문자적 의미의 완전성을 의미하지 않는 점을 주목해야 한다. 후자의 완전성은 "하나님은 만유의 주님이 되실 것입니다"(고전 15:28)에서 말하는, 장차 올 미래 삶의 특이한 면모를 지시하기 때문이다. 또한 우리가 알고 있는 완전성은 성경 전체와 그것을 구성하는 각 부분에 균일하게 스며들어 있는 완전성도 아니고, 성경에 들어 있는 책들이 가장 완전한 저자인 하나님으로부터 나온 것으로 고백하는 어떤 사람이라도 성경으로부터 추출해 낼 수 없는(시 19:7~9, 롬 7:12) 절대적 특질로서의 완전성도 아니다. 우리는 언제든지 '경건한 사람들'이 영감에 고취될 수 있고, 그들이 편지로 교회들에 보냈던 문서의 내

⋮

9) "그러나 온전한 것이 올 때에는 부분적인 것은 사라집니다."

용이 어떠하든지 그와 같은 대상들을 일반적으로 그리고 개별적으로 모두 포괄할 수 있는 종류의 완전성을 의미하지도 않는다(딤후 3:16, 17). 그러나 완전성이라는 말을 사용할 때 우리가 이해하는 의미는 상대적 완전성, 즉 특수한 목적을 위해 성경과의 일치성을 하나의 수단으로 삼고, 그것에 의해 교회의 구원을 위해 과거로부터 이제까지, 현재와 장래에 필요한 모든 것을 완벽하게 파악하는 것을 뜻한다.

2) 이제부터 우리가 논의하려는 대상 자체의 진리성에 의해, 그리고 일종의 필연성에 의해 우리는 성경의 완전성을 확립해야만 한다. 왜냐하면 그것 없이는 구원 자체를 위해 우리에게 이미 주어졌거나 장차 전달받을 하나님의 다른 계시들에 의지해야 하기 때문이다. 그러나 다시금 이 부가적인 계시의 신성이 의심할 수 없는 논증에 의해 확립되지 않는 한 우리의 시도는 좌초될 수밖에 없다. 이미 주어졌다고 여겨지는 그 (새로운) 계시들은 그런 방식으로 증명된 적이 없었고, 따라서 장차 나타날 것이라고 주장되는 계시들을 뒷받침하는 확실한 증거를 그것으로부터 얻는 것은 불가능하다.

3) 그러나 우리는 견실한 방식으로 성경의 완전성을 확립할 수 있을 텐데, 마치 기초 단계에서 출발하는 것처럼 일반적인 하나님 계시의 완전성에 대해 간략하게 훑어볼 것이다. 왜냐하면 이 방법에 의해 우리는 다른 견해를 구상하는 사람들의 오류를 제거할 뿐만 아니라, 그 오류의 근원을 밝히고 나서 막아 버릴 수 있을 것이기 때문이다. 여기서 우리가 사용하려는 "신적 계시(Divine Revelation)"라는 표현은 계시된 내용이 아닌 계시하는 행위(the act of revealing)를 지시한다. 우리가 신적 계시가 내적(internal)이라고 말할 때 그것은 성경 자체와 함께 '영감'이라는 일반적인 용어와 구

별되는 것을 가리킨다. '외적' 계시라고 부르는 것은 구술되거나 제시된 낱말들을 열거하거나 구성하는 방식에 의존하기 때문이다. 그러므로 완전성은 이러한 계시들에 의해서나 순서와 방법에서 증보된, 그보다 앞선 계시들에 의해 성경에서 추산되는 것을 가리킨다.

4) 성경을 맡은 관리자인 선지자와 사도에게 주어졌던 완전한 영감이 부인되었고, 그 경건한 사람들 뒤에 새로운 계시의 필연성과 빈번한 실제 발생이 공공연하게 주장되었다. 영감의 완전성이 인정되더라도 영감에 의한 기표나 뜻을 외적 대상인 언어에 의해 완벽하게 표현할 수 있는 가능성은 부정된다. 그것에 배당된 이유는 우리의 구원을 완전히 이루기 위해 반드시 알아야 할 신적 계시들의 비율이 다양하기 때문이다. 그중 어떤 것은 무지한 사람들과 그리스도 안에서 아직 어린아이 수준에 있는 사람들을 가르치고 마음의 소양을 계발하는 반면, 다른 것들은 어른이 된 사람들을 완성에 이르게 하고 성령의 전권적인 지혜에 의해 그들의 마음을 고취하고 충만하게 채우는 데 사용된다. 그리고 신적 의미들의 전자의 집합에 속한 것은 (무지한 사람 등을 위해) 외적 수단인 언어에 의해 제시되고 가르칠 수 있는 반면, 후자의 집합은 (어른들의) 마음에 제시되고 성령의 내적 담화에 의해 마음에 각인시킬 수 있다. 모든 신적 의미가 완전히 감동되고 표현되었다고 하더라도 구원에 필요한 것은 무엇이든지 영적 감동에 의해 고취되고 선언되며, 그 모든 것이 성경에 완벽하게 들어 있다는 주장은 거부된다. 왜냐하면 주장된 것처럼 후손에게 남기는 기록에서 그런 목적을 위해 필요한 모든 것을 위탁하는 것이 기록자나 대필자를 감동시켰던 성령의 의도가 아니기 때문이다.

5) 앞에서 제시한 세 가지 부정명제는 그들 사이에 다음과 같은 순서와 관계가 성립되기 때문에 처음 두 명제 혹은 세 가지 명제 중에서 어느 하나가 정립되면 세 번째 명제도 확정될 수 있고, 세 번째 명제가 무너질 경우 그 명제의 파멸을 초래한 앞의 두 명제도 제거될 수 있다. 그러므로 우리가 약속한 대로 오류의 원인들을 제거하고, 그럼으로써 논적들이 불만을 늘어놓을 수 있는 기회를 차단하는 것이 적절한 처사라고 생각하지 않았다면 우리는 그 논쟁을 문제의 본성에 따라서가 아니라 우리 자신의 계획의 편의를 위해, 그리고 승리를 쟁취하기 위해 이끌어 왔다는 것에 대해 완전히 배상한 것 같다. 따라서 이 세 가지 부정명제에 대해 우리는 가장 신빙성 있는 다음의 세 가지 언명에 적극적으로 반대한다.

첫째, 이제까지 있었고 현재 일어나고 있는 모든 일은, 또는 장차 만물이 완성될 때까지 교회의 구원을 위해 알아야 할 모든 것은 선지자와 사도들에게 완벽한 감동으로 계시되었다. 둘째, 따라서 필요한 모든 것이 선지자와 사도들에 의해 관리되고 선언되었으며, 내적으로 영적 감동을 통해, 외적으로 언어에 의해 그들에게 헌신적인 사람들에게 전달되었다. 셋째, 따라서 필요한 모든 것은 충분하고 완벽하게 성경의 모든 책에 담겨 있다.

6) 이 같은 연역을 통해 계시 행위는 계시된 의미와 구별되어야 하고, 그럼에도 다루는 문제나 주제, 의미는 상이한 계시 행위와 일치를 이루는 것이 분명해진다. 이 구별은 성령의 내적 조명(internal illumination)이 항상 필요하다고 주장하는 신비주의자들의 반론을 막아 낸다. 계시 행위에 관해서는 우리도 그 점에 수긍하지만, 주제들과 새로운 의미에 관해서는 그렇게 말할 수 없다. 주제와 의미와 계시 행위 사이의 일치를 통해 성경이 있기 전에 먼저 교회가 존재했다고 하는 가톨릭교회의 주장을 물리칠 수 있는데,

과거에 선언된 메시지를 구성하는 작업은 교회가 생긴 후에 있었기 때문이다. 그러나 만일 동일한 의미들이 문자로 기록된 것과 구술된 것에 모두 포괄되어야 한다고 주장할 경우, 이것은 필연적인 귀결이 될 수 없다.

7) 그러므로 우리의 세 가지 긍정명제들 중 첫 번째의 증명부터 시작하여 (sec. 5) 간결함을 위해 구약성경에 주어진 계시의 완전성 문제는 차치해 두고 우리는 전술한 방식을 따라 필요한 모든 것이 사도들에게 감동되었고, 그들의 시대 이후로 새롭게 감동된 것은 없었으며, 그 상황은 장래에도 새로운 감동은 없을 것이라는 것을 보이고자 한다. 우리는 그것을 다음과 같은 방식으로 증명할 것이다.

첫째는 성경의 명시적인 본문들에 의해. 둘째는 그것들로부터 연역되는 논증에 의해. 첫 번째 본문은 이것이다. "보혜사, 곧 아버지께서 내 이름으로 보내실 성령께서 너희에게 모든 것을 가르쳐 주실 것이며, 또 내가 너희에게 말한 모든 것을 생각나게 하실 것이다."(요 14:26) 이 구절의 앞부분에서 우리는 핵심 명제 전체를 얻는다. "모든 것을 가르쳐 주실" 분은 알아야 할 것을 아무것도 빠뜨리지 않을 것이기 때문이다. 동일한 증거는 이 구절의 뒷부분에서도 얻을 수 있는데, 만일 그리스도께서 자기 제자들에게 '모든 것'을 언급하신 것이 분명하다면 그것은 그리스도 자신의 다음 말씀에서 확증된다. "이제부터는 내가 너희를 종이라고 부르지 않겠다. 종은 그의 주인이 무엇을 하는지를 알지 못한다. 나는 너희를 친구라고 불렀다. 내가 아버지에게서 들은 모든 것을 너희에게 알려 주었기 때문이다."(요 15:15). 그러나 "아버지의 가슴 안에 있는" 사람은 "나타나야 할 모든 것들을 이미 들은" 것이다. "나는 아버지께서 내게 주신 말씀을 그들에게 주었습니다."(요 17:8)

8) 두 번째 본문은 "그분 곧 진리의 영이 오시면 그가 너희를 모든 진리 가운데로 인도하실 것이다"(요 16:13)이다. 만일 우리가 그리스도께서 기도하신 것처럼 사도들뿐만 아니라 교회 전체가 세상 끝나는 날까지 성화 (sanctification)의 완성을 위해 진리 안에서 그리스도께 가르침을 받는 데 힘쓴다면 이 교훈의 효력은 훨씬 더 찬란한 증거와 함께 빛날 것이다(요 17~20장).

9) 세 번째 본문은 "하나님께서는 성령을 통하여 이런 일들을 우리에게 계시해 주셨습니다"(고전 2:10)인데, 즉 성경에 상술된 것이 곧 지혜라는 것이다. 그러나 이 지혜가 부분적이거나 한정된 기간만 교회를 도울 것이라고 생각하는 사람이 있다면 그로 하여금 그 지혜에 배속된 속성들을 검토해 보게 하자.

그 지혜는 하나님께서 영원 전부터 예정하시고 보편교회의 '영광을 위해' 미리 제정하신 것(foreordained)이다. 왜냐하면 사도들의 관용적 어법에서 '우리에게'라는 말은 바로 보편교회를 의미하기 때문이다(7절). 그 지혜는 "하나님께서는 자기를 사랑하는 사람들에게 마련해" 주신 것을 포괄하고 있고, 따라서 사도 시대에 살았던 사람들만을 위한 것이 아니다(9절). 그 지혜에는 "모든 것을 살피시니, 곧 하나님의 깊은 경륜까지도"(10절), 그리고 그의 교회인 우리에게 "하나님께서 은혜로 주신 선물들"(12절)이 들어 있으며, 다른 구절을 보면 "그리스도의 헤아릴 수 없는 부요함"(엡 3:8)이라고 불리는 것이 있다. 그 지혜는 "주님의 마음과 그리스도의 마음이라고 불리는 지식"으로 불리는 것을 가리킨다. 그것은 "완전하고 신령한 사람들만이" 알 수 있는(엡 5:6, 14, 15) 지혜로서, 상대적으로 무지한 부류에 속하는 사람들이나 그리스도 안에서 젖먹이 같은 사람들을 가르치기 위한 것으로만 보기 어렵다(§4). 이미 인용한 본문들만으로 충분할 것이다.

10) 다른 많은 것들 중에서 다음의 것을 합당한 이유들로 받아들이자. 첫 번째 이유는 그리스도의 영광을 얻으실 것(glorification, 榮化)에 대한 약속과, 영광을 얻으신 후에 보내시기로 했고 하나님께서 부어 주실 성령(요 7:38, 39)에 대한 약속을 함께 고찰함으로써 얻어지는 귀결이다. 성령의 가장 풍성한 발출(發出)은 그리스도께서 영광을 입으시는 시점에서는 지체되었다. 그러나 그가 영광을 얻으신 후 성령의 부으심은 더 이상 지체될 수 없었다. 왜냐하면 그때는 이미 "하나님께서는 이 예수를 높이 올리셔서 자기의 오른쪽에 앉히셨습니다. 그는 아버지로부터 약속하신 성령을 받아서"(행 2:33), 그리고 "하나님께서 그에게 성령을 아낌없이 주시기 때문에"(요 3:34, 35) 그리스도는 자기에게 성령이 풍성하게 부어진 것처럼 인류를 위해서도 넘치도록 풍성하게 성령을 부어 주셔야 했기 때문이다. 따라서 선지자 요엘에 의해 예고된 사건은 그때 실현되었던 것으로 말해진다(행 2:16, 17).

이 성령은 오직 성부와 그리스도의 영을 지시하고, 그리고 그는 현세의 삶이 지속되는 동안 내내 이 세상에 맞서는 대변자로서(요 16:7, 8) 그리스도의 영 외에는 어떤 영을 위해서도 간구하지 않으실 것이므로 "그분 곧 진리의 영이 오시면 그가 너희를 모든 진리 가운데로 인도하실 것이다. 그는 자기 마음대로 말씀하지 않으시고 듣는 것만 일러 주실 것이요, 앞으로 올 일들을 너희에게 알려 주실 것이다. 또 그는 나를 영광되게 하실 것이다."(요 16:13~15)

이 전제들로부터 귀결되는 것은 사도들에게 일어났던 영적 감동 이후 구원을 위해 어떤 새로운 감동도 필요하지 않았고, 계시와 관련하여 성부, 성자, 성령의 시대를 구분하는 것은 인간 두뇌가 만들어 낸 순전한 허구라는 것이다. 건전하고 조화롭게 성령의 본성 자체에 일치하는 이 논증에 의해 새로이 도입되는 것으로 주장되는 모든 성령의 감동은 충분히 논박된다. 그러므로 또 다른 그리스도와 또 다른 성령을 발명하지 않는 한(그런 경향성은 신비주의자들 진영의 위대한 지도자들의 행동에서 현저히 발견되는 특징이다), 또는 로마가톨릭교회의 관행에서 보듯이 전권을 부여받고 교회의 업무를 관장하는 지상 교회의 사제가 적어도 그리스도의 대리인이 될 수 없는 한 반대 명제를 주장하는 교의는 결코 자기 자신을 방어할 수 없을 것이다.

11) 두 번째 이유는 사도들의 직무에서 발견되는데, 그들은 그리스도 자신에 의해 직접 부르심을 받았으므로 그 직무를 실행하기에 충분한 은사를 받았고, 따라서 충분한 지식도 갖게 되었다는 것은 의심의 여지가 없다. 그러나 그들은 언약으로서 아무것도 첨가될 수 없는(갈 3:15) '새 언약'(고후 3:6)의 유능한 목자로 세워졌다. 그리고 새로운 것이기 때문에 그것은 "낡은 것"도 아니고 폐지되어야 할 것도 아니다(히 8:13). 그러므로 사도들의 시대 이후 어떤 새로운 계시를 위한 영적 감동도 발생하는 일은 없을 것이다.

또한 그들은 성령의 사환으로서의 임무를 받았으므로 율법과 "문자의 옛것" 아래 있는 사람들이 아니라 '가장 완전한 그리스도인'에 부합되는 의미에서 영적 감동에 의해 지시를 받은 것이다. 그들은 '의를 분배하는' 임무도 받았지만, 이것은 모든 것들 중에서 마지막 임무에 해당한다. 왜냐하면 그 문제는 영생과 직접적으로 연결되고, 마찬가지로 의에 의해 관리되어야 하기 때문이다. 씨 뿌리는 사람들은 선지자라고 불리고(요 4:38), 사도들은 "추수하는 사람"으로 불린다. 그러나 이 마지막 임무는 주님의 밭에서 수행되어야 하는 일이다. 그러므로 사도들의 시대 이후 어떤 새로운 직무가 주어진 일이 없고, 바로 그러한 이유로 어떤 새로운 감동도 일어나지 않았다.

12) 세 번째 이유는 성령의 감동이 사도들에게 일어났던 시대적 상황으로부터 추론할 수 있고, 그것은 두 가지 측면에서 고찰될 수 있다. 첫째, 그것은 말세라고 불리는 메시아의 시대로서, 진실로 계시와 관련된 마지막 때임을 뜻한다. "마지막 날에 나는 내 영을 모든 사람에게 부어 주겠다."(행 2:17) "나는 그리스도라고 하는 메시아가 오실 것을 압니다. 그가 오시면 우리에게 모든 것을 알려 주실 것입니다."(요 4:25) "이 마지막 날에는 아들을 통하여 우리에게 말씀하셨습니다."(히 1:2) 결국 똑같은 말이지만 "하나님께서는 이 그리스도를 세상이 창조되기 전에 미리 아셨고, 이 마지막 때에 여러분을 위하여 나타내셨습니다."(벧전 1:20)

둘째, 그것은 "아버지께서 정하신 때"를 가리키며, 그때가 되면 "상속자"는 더 이상 "어린아이처럼 보호자 아래" 있지 않고(갈 4:1~5) 성인 연령에 도달했으므로 성령의 은혜와 인도하심 아래서 그는 그 자신의 삶을 영위할 것이다. "자유의 영"이신 그 성령에 의해 그는 조명을 받고, "모두 너울을 벗어 버리고 주님의 영광을 바라봅니다. 이렇게 해서 우리는 주님과 같은 모습으로 변화하여, 점점 더 큰 영광에 이르게 됩니다. 이것은 영이신 주님께서 하시는 일입니다."(고후 3:17~18)

13) 네 번째 이유는 사도들에게 영적 감동을 통해 맡겨진 교훈(doctrine)의 영광과 지속성을 우리에게 보여 줄 것이다. 왜냐하면 그 교훈은 곧 "하나님의 형상이신 그리스도의 영광을 선포하는 복음"(고후 4:4)이고, "하나

님의 영광의 광채시요, 하나님의 본체대로의 모습"(히 1:3)이며, "하나님께서는 그분의 안에 모든 충만함을 머무르게 하시기를 기뻐하시고"(골 1:19), "그리스도 안에 온갖 충만한 신성이 몸이 되어 머물고"(골 2:9) 계시므로 영광의 수준이 지극히 탁월하기 때문이다. 율법은 "이제 훨씬 더 빛나는 영광이 나타났기 때문에 그 빛을 잃게 되었다."(고후 3:10)

이상의 전제들로부터 추론할 수 있는 것은 만일 더욱 탁월한 교의가 영원히 지속된다면 미래의 다른 어떤 교의도 그것보다 더 큰 영광을 가지게 될 이유가 없을 것이라는 점이다. 영광의 그러한 지속성은 다른 모든 것들을 일소해 버릴 것인데, 왜냐하면 그때까지 철폐되지 않은 것은 하나도 남아 있지 않을 것이고(고후 3:11), "이 하늘나라의 복음이 온 세상에 전파되어서 모든 민족에게 증언될 것이다. 그때에야 끝이 올 것"(마 24:14)이며, 이 교의를 맡아 가르치는 사람들에게 그리스도께서는 "내가 세상 끝날까지 항상 너희와 함께 있을 것이다"(마 28:20)라고 약속하셨기 때문이다.

14) 우리는 둘째 명제(§ 5)가 두 부분으로 나누어진다는 것을 뚜렷이 증명할 것이다. 첫째, 예비 교육에 유익한 것뿐만 아니라 완전함에 이를 수 있도록 도움을 주는 것은 그리스도와 사도들에 의해 선언될 수 있을 뿐만 아니라 실제로 선언되었다. 둘째, 사도들은 교회에 필요한 것과 장차 필요하게 될 것을 모두 완벽하게 가르쳤다.

15) 보충 논증을 통해 이 명제의 첫째 부분을 증명해 보자. "아버지의 품속에 계신 외아들", 즉 하나님의 비밀을 속속들이 알 수 있도록 허락된 주님께서 외적 수단인 언어를 통해 아버지에게서 "자기가 본 것과 들은 것을 증언"하신다(요 1:18, 3:32). 그러나 그가 증언하시는 것들이 오직 예비

교육에 관한 것이라고 생각하는 것은 불경스러운 일이다. 사도들이 그들이 보고 들은 것을 선포했던 것은 교회로 하여금 아버지와 아들과 교통할 수 있도록 돕기 위해서였다(요일 1:3). "하나님의 깊은 경륜까지도 살피시는" 성령의 계시를 통해 사도들이 받은 지혜는 "사람의 지혜에서 배운 말로 하지 아니하고, 성령께서 가르쳐 주시는 말로"(고전 2:13) 그들에 의해 선포되었다. 그런데 이 지혜는 우리가 이미 보았듯이 완전하고 신령한 사람들에게 속한다(고전 2:6~15).

16) 의와 영생을 얻게 하는 믿음을 통해 말씀은 예비 지식뿐만 아니라 또한 온전하게 하는 지식도 전달한다. "사도들이 전파한 믿음의 말씀은" 이런 종류의 지식에 속한다. 그렇기 때문에 복음은 "의를 베푸는 직분", "구원의 말씀", "모든 믿는 사람을 구원하는 하나님의 능력"(롬 10:8~10, 고전 1:21, 고후 3:9, 행 13:26, 롬 1:16)이라고 불린다.

성령과 새로운 언약이 맡은 직분은 훈장 역할을 하면서도 "완전하게 하지 못하는"(히 7:19) 모세 율법과, 사망과 옛 언약의 "문자"에 반대되는 것이다. 성령이 베푸는 이 직분은 예비 교육을 위한 것이 아니라 완전함에 이르게 하려는 것이다. 사도들이 수행했던 것은 바로 이 직분이고, 그 때문에 그들은 새 언약과 성령의 일꾼이라고 불리며(고후 6:7) 모든 사람을 그리스도 안에서 온전한 사람으로 세우기 위하여 일한다고 말해진다.

우리를 다시 태어나게 하고 영원히 살아 있는 "썩지 않을 씨"라고 불리는 "살아 계시고 영원하신 하나님의 말씀"은 단지 예비적인 가르침을 주는 것이 아니다(벧전 1:23~25). 그리고 사도들이 복음을 통해 선포했던 것은 바로 그러한 말씀이다.

17) 다음 논증에 의해 이 명제의 둘째 부분을 확립해 보자. "사람들에게 선포되어야 할" 하나님의 전체 계획(눅 7:30)에는 구원에 필요한 모든 것들이 들어 있다. 그러나 사도 바울은 에베소 교인들에게 그가 "하나님의 모든 경륜"(행 20:27)을 전해 주었다고 주장한다. 그러므로 구원에 필요한 모든 것들은 이미 선포되었다.

고린도 교인들은 그들이 전해 들은 것을 잘 지키기만 한다면 바울이 전한 복음에 의해 구원을 받을 수 있다(고전 15:1, 2). 그러므로 구원에 필요한 모든 것들이 고린도 교인들에게 전달되었다.

"구원은 처음으로 그리스도에 의해 전파되기 시작했고", 그가 완전한 복음을 전하신 후 "그것을 들은 사람들(사도들)이 우리에게 확증하여 준 것입니다"(히 2:3). 그러므로 사도들이 가르친 교의에는 교회의 필수적인 확증이 요구되는 모든 것들이 완벽하게 구비되어 있다.

18) 그리고 다음과 같이 트집 잡는 사람이 없도록—"물론 사도들은 그 당시 필요한 것을 모두 가르쳤을 테지만, 세상 끝나는 날까지 그리스도의 몸을 세우는 데 필요한 모든 것을 가르친 것은 아니었다"—다음의 논증을 보충하기로 하자.

사도들이 전한 것이 아닌 "어떤 다른 복음"을 전하는 사람은 누구든지 "마땅히 저주를 받아야 합니다."(갈 1:7~9) 그러므로 이 세상이 끝나는 날까지 사도들이 전한 복음에 어떤 것이든 더하는 것은 불법적인 일이다. 참으로 무엇인가 덧붙이는 사람은 "그리스도의 복음을 왜곡하려고 하는 것"이다.

그리스도 예수 안에, 또는 "하나님의 비밀" 안에, 아버지 안에, 그리스도 안에 "모든 지혜와 지식의 보화가 감추어져" 있다(골 2:2, 3). 그러나 예수 그리스도와 그의 비밀은 사도들에 의해 완벽하게 전해졌다(골 1:25~26). "여러분은 하나님의 자녀로서 그리스도 예수 안에 있습니다. 그는 우리에게 하나님으로부터 오는 지혜가 되시며, 의와 거룩함과 구원이 되셨습니다."(고전 1:30, 31) 이것으로부터 참으로 영광을 얻는 길은 오직 그리스도에 대한 지식 안에 있다고 사도는 결론 내린다(렘 9:24). 그러므로 사도들이 가르친 교의에는 세상 끝나는 날까지 어느 때든지 교회에 유익하고 영광이 되는 데 필요한 것이 모두 들어 있다.

보편교회는 "사도들과 예언자들이 놓은 기초 위에 세워진 건물"(엡 2:20, 21)이며, 사도들은 하늘에서 내려오는 거룩한 도성 예루살렘의 "주춧돌"(계 21:14)로서 "우리의 어머니"가 된다(갈 4:26). 그러므로 사도들은 온 교회가 완성에 이르는 마지막까지 필요로 하는 모든 것을 선포했다.

"그리스도의 몸도 하나요, 성령도 하나입니다. 이와 같이 여러분도 부르심을 받았을 때에 그 부르심의 목표인 소망도 하나였습니다. 주님도 한 분이시요, 믿음도 하나요, 세례도 하나요, 하나님도 한 분이십니다. 하나님은 모든 것의 아버지시요, 모든 것 위에 계시고 모든 것을 통하여 계시고 모든 것 안에 계시는 분이십니다."(엡 4:4~6, 1:23, 고전 10:17, 히 13:8) 그러나 사도들은 이 하나님, 이 주님, 이 성령, 이 믿음, 소망, 세례와 떡에 대해 가르쳤고, 그들의 가르침에 의해 세상 끝나는 날까지 이 몸(교회) 전체는 생기를 얻고 움직이게 되었다(골 1:24, 25). 그러므로 교회는 "여러 가지 이상한 교훈에 끌려다니지 말아야" 한다.(히 13:9)

19) 마지막 명제[세 번째 명제-옮긴이]를 논의할 차례다. 이 명제는 성경의 예언서와 계시 문서의 완전함을 찬탄하는데, 그것을 뒷받침하기 위해 우리는 다음의 논증들을 제시한다. 이 완전성은 성경에 나타난 명시적 증

언들에 의해 제시되며, 주님께서 명령하신 것 외에 다른 어떤 것도 더하는 것이 금지된다. 그리고 동일한 성경 본문은 그 증언들이 기록된 말씀에 관한 것으로 이해되어야 한다고 가장 설득력 있게 가르친다(신 4:2, 12, 28, 30:10~14, 28:58, 수 1:7, 8). 그러므로 사도 바울은 "기록된 말씀의 범위를 벗어나지 말라"(고전 4:6)라고 요구했고, 에베소 교인들에게 "내가 주저하지 않고 여러분들에게 하나님의 모든 경륜을 전해 주었다"(행 20:27)라고 말하고 나서 "내가 이날까지 하나님의 도우심을 받아서 낮은 사람에게나 높은 사람에게나 이렇게 서서 증언하고 있는데, 예언자들과 모세가 장차 그렇게 되리라고 한 것밖에는 말한 것이 없습니다"(행 26:22)라고 했다.

20) 이 완전성은 구원하는 교의(saving doctrine)의 목적과 문제 자체에 의해 확립된다. 이것은 여러 다양한 방법에 의해 완수된다. 구원하는 교의라는 문제 전체는 "경건함에 딸린 진리"(딛 1:1)로 이루어진다. 그러나 성경은 이 진리를 완벽하게 전달하는데, 왜냐하면 그 진리는 하나님과 그리스도, 그리고 그가 어떻게 알려지고, 인정되며, 경배를 받게 되는지에 관한 것이기 때문이다. 성경은 믿음, 소망, 사랑의 교의를 완벽한 방식으로 전달한다. 그러나 그 각각의 행위에는 하나님께서 우리에게 요구하신 것들이 모두 포함된다(요일 5:13, 딤전 3:16, 롬 15:4, 살전 1:3, 딛 2:12, 13).

그 증언들이 "옛 약속과 새 약속의 성경"이라고 불리는 까닭은 그 안에 두 부분이 완전하게 용해되어 있기 때문이다. 따라서 이 약속의 어느 책에도 어떤 것도 첨가될 수 없다. 사리 분별 있는 사람의 유언[10]에는 그

---

10) 'testament'는 유언, 계약, 증거 등을 뜻하는데, 성경적 맥락에서 유언으로 옮기는 것은 적절하지 않다. 유언은 임종을 앞둔 사람이 남기는 말이고, 그 효력은 당사자에게 제한되기

의 마지막 뜻이 완벽하게 명시되어 있어서 그것에 따라 그는 자기의 재산 분배에 대해, 그리고 상속자들이 어떻게 행동해야 하는지에 관한 자기의 소망을 표현한다(고후 3:6, 갈 3:15, 렘 31:31~34, 32:38~40, 갈 4:1, 2). 그와 달리 구원하는 교의 전체는 우리에게 베푸시는 하나님의 혜택과 하나님에 대한 우리의 의무를 기술하는 것으로 이루어진다.

이 구원하는 교의 전체는 한마디로 율법과 복음이며, 즉 전체의 폭을 알려 주는 두 부분으로 나누어지는데, 그것은 그 두 부분이 성경에 완벽하게 제시되어 있다는 것을 뜻한다(눅 16:16, 수 1:8, 눅 1:1~4, 롬 1:2~6, 행 26:22, 23).

21) 동일한 이 완전성은 구원하는 교의의 총체적 목적과 유효성에 의해 증명된다. 만일 성경이 그 목적을 제시하고 그대로 완벽하게 성취한다면 우리가 그것을 교의라고 부를 이유가 없는데, 교의는 어떤 방식으로든지 제시될 수 있고, 기록된 성경 자체보다 더 완벽하게 성취될 수 있기 때문이다. 그러나 성경은 교의를 제시하는 것을 주된 목적으로 삼고 그것을 완벽하게 성취한다(롬 10:4~10). "하나님의 계명은 이것이니, 곧 그 아들 예수 그리스도의 이름을 믿고, 그리스도께서 우리에게 명하신 대로 서로 사랑하라는 것입니다."(요일 3:23) "여기에 이것이나마 기록한 목적은 여러분으로 하여금 예수가 그리스도요 하나님의 아들이심을 믿게 하고, 또 그렇게 믿어서 그의 이름으로 생명을 얻게 하려는 것이다."(요 20:31) "나는 하

∵ 때문이다. 주의 만찬을 제정하시는 대목에서 처음 쓰인 '디아데케(διαθήκη)'(마 26:28, 막 14:24, 눅 22:20)는 '새 상속 언약(New testament)'을 지시하고, 곧 주님께서 '옛 상속 언약'인 구약을 폐하고 신약을 여심을 뜻한다. 그 선언과 함께 주의 만찬이 제정되고 집행되었다는 사실은 주의 만찬이 '새 약속의 증거'로서의 법적 효력을 갖는 것을 가리킨다.

나님의 아들의 이름을 믿는 사람들인 여러분에게 이 글을 씁니다. 그것은 여러분이 영원한 생명을 가지고 있다는 것을 알게 하려는 것입니다."(요일 5:9~13) "이 두 계명에 온 율법과 예언서의 본 뜻이 달려 있다."(마 22:27~30) "너희가 성경을 연구하는 것은 영원한 생명이 그 안에 있다고 생각하기 때문이다."(요 5:39) 성경은 사람들이 저주받은 자들의 위치로 내려가는 것을 막아 주고(눅 16:27~30) 주님이 주신 것과 다른 가르침은 무엇이든지 덧붙이지 못하게 금지함으로써 그러한 비극적인 결과를 예방한다. 성경은 "하나님의 사람을 유능하게 하고, 그에게 온갖 선한 일을 할 수 있게 하는 것"(딤후 3:15~17)이기 때문이다.

22) 이 완전성은 또한 하나님의 거룩한 사람들에 의해, 그리고 성경 자체에서 빈번히 사용되는 담화 방식에 의해 확증된다. 이에 따르면 그 증언들은 선지자들의 글을 지시할 때는 '선지자', 예언적인 성경을 지시할 때는 '예언의 말씀', 대조적으로 선지자들과 하나님 자신을 가리킬 때는 '성경'이라는 용어를 예외 없이 사용한다. 이것이 함의하는 것은 하나님의 말씀과 선지자들의 말씀이 성경과 완전히 일체가 된다는 것, 그리고 그 말씀은 구원을 얻는 데 필요한 것들과 관련하여 그 범위에서 결코 성경을 넘어서지 않는다는 것이다. 그러므로 성경에 "아그립바 임금님, 예언자들을 믿으십니까?"(행 26:27)라는 것은 예언자들을 말씀으로 동일시하고 있음(눅 16:29)을 보여 준다. "또 우리에게는 더욱 확실한 예언의 말씀이 있습니다. 여러분의 마음속에서 날이 새고 샛별이 떠오를 때까지 여러분은 어둠 속에서 비치는 등불을 대하듯이 이 예언의 말씀에 주의를 기울이는 것이 좋습니다."(벧후 1:19, 20) "그리고 예수께서는 모세와 모든 예언자에서부터 시작하여 성경 전체에서 자기에 관하여 써 놓은 일을 그들에게 설명하여 주

셨다."(눅 24:27) 이와 대조적으로 "성경에 바로를 두고 말씀하시기를"(롬 9:17), 즉 모세를 통해 하나님께서 그 말씀을 하셨다(출 9:16)는 것을 가리킨다. "성경은 모든 것이 죄 아래에 갇혔다고 말합니다."(갈 3:22) "하나님께서 모든 사람을 순종하지 않는 상태에 가두신 것은"(롬 11:32), "또 하나님께서 이방 사람을 믿음에 근거하여 의롭다고 여겨 주신다는 것을 성경은 미리 알고서 아브라함에게 '모든 민족이 너로 말미암아 복을 받을 것이다' 하는 기쁜 소식을 미리 전하였습니다."(갈 3:8, 창 12:2, 3)

23) 끝으로 우리는 다음과 같이 덧붙인다. 교회가 증대된 영광과 존엄의 옷을 입기 위해 갖추어야 할 유일무이한 지식과 예배에 대해 알려 주는 단일한 주제 같은 것은 있을 수 없고, 또 그런 주제는 성경에 들어 있지도 않다는 점이다. 성경은 교회가 알아야만 하는 혹은 교회가 그것에 따라 행동해야 하는 주제에 부합하는 속성을 만들어 낼 수 없고, 성경은 그런 주제에 대해 기여할 수 있는 것이 아무것도 없다(요 5:39, 롬 1:3, 눅 24:27). 이로부터 귀결되는 것은 성경이 교회의 구원과 하나님의 영광을 위해 알아야 할 모든 것을 포괄하고 있다는 점이다. 가톨릭교회는 마리아, 성자들의 무리, 로마교황에 대해 많은 것을 말하지만, 우리는 그런 것이 교회가 베풀어야 할 지식이나 경배의 대상이 아니라는 것을 분명히 해 둔다. 그리고 가톨릭교회가 그런 것들에 전가하는 속성은 성경의 확실한 판단에 따르면 그리스도의 복음을 모독하거나 왜곡하지 않는 한 결코 성경에 귀속할 수 없다.

24) 그리하여 우리는 교회의 구원을 위해 필요한 이제까지 있었던 일, 현재의 일, 궁극적으로 장차 완성될 모든 것들이 이미 완벽하게 영적 감동

을 통해 선포되었고, 기록되었으며, 그리고 이미 그렇게 성령의 영감을 얻고, 선포되고, 성경에 기록된 것 외에 다른 어떤 계시나 전통도 교회의 구원을 위해 필요하지 않다는 결론에 이르게 된다(딤후 3:16, 마 4:3, 4, 22:29, 행 18:28).

진실로 우리가 단언하는 것은 진리의 가르침과 연관되는 어떤 것이든지 성경에 완벽하게 구비되어 있으므로 직접적이건 간접적이건 이 진리에 거스르는 모든 교의들은 성경 자체에 의해 가장 확실하고 만족스럽게 논박될 수 있다는 사실이다. 이 단언을 우리는 대단히 엄숙하게, 또한 마음의 확신을 가지고 받아들이기 때문에 무엇이건 성경에 들어 있지 않은 것으로 밝혀지는 즉시 그 상황에서 우리는 그것이 구원에 필수적인 것이 아니라고 추론할 것이며, 어떤 견해이건 성경에 의해 반박될 수 있는 것이 아니라는 것이 밝혀질 경우 언제든지 우리는 그 사실에 근거하여 그것이 이단적인 교의가 아니라고 결론 내릴 것이다. 그러므로 가톨릭교회가 그들이 필요하다고 주장함에도 성경으로부터 증명되지 않는 표본 항목들에 의해, 그리고 그들이 이단적이라고 판정하는 것이지만 성경에 의해 논박되지 않은 항목들을 거론하면서 성경의 완전성 전체를 파괴시키려 할 때, 그들의 노력이 거둘 수 있는 유일한 결말은 우리가 전자를 구원에 필요한 것으로, 후자를 이단적인 것으로 확실하게 결론 내릴 수 없다는 것뿐이다.

25) 그 반면에 우리는 사도들이 교회 신자들에게 그들이 지켜야 할 외적 훈련, 질서와 예식과 관련되지만 성경에 들어 있지 않거나 적어도 우리가 '정전'이라고 부르는 책들 안에 들어 있지 않은 것들을 가르쳤다(고전 11:34)는 사실을 부인하지 않는다. 그러나 그런 것들은 구원하는 교의의 본질에 관한 것이 아니다. 그런 것들은 구원에 필요한 것도 아니고, 항구

적이거나 불변적이지도 않으며, 또 보편적이지도 않고, 다만 교회가 처한 현재 조건과 정황에 맞도록 조정된 것일 뿐이다.

26) 마찬가지로 우리는 개별 교회들, 혹은 그들을 하나로 연합할 수 있다면 수많은 사람이 개별적으로, 또는 그들 전체가 상호 질서와 예법을 따라(고전 14:40), 그리고 미덕의 계발을 함양시키는 직능들을 배정함으로써 의식법(儀式法)을 상대적으로 조정할 수 있다고 생각한다. 단 그 의식들은 기록된 말씀을 거스르지 않아야 하고, 미신적인 요소가 있어서는 안 되며, 복잡하고 부담스러운 탓에 지키기 어렵지 않아야 한다(골 2:8, 행 15:10, 28). 이 단서 조항은 그 의식들을 하나님께 드리는 예배의 일부처럼 용인하는 일을 막기 위해, 또는 교회의 자유에 대한 편파성을 예방하기 위해 필요한 것으로서, 의식들을 부분적으로 폐지하거나 바꾸거나 확대하는 등 교회가 행사할 수 있는 형평법(衡平法)의 '권한'은 항상 "이 권위는 여러분을 넘어뜨리라고 주신 것이 아니라 세우라고 주신 것"(고전 14:5, 26, 고후 13:10)임을 명심하면서 행사되어야 한다. 이런 의미에서 우리는 전통을 성문법적인 것과 불문법적인 것, 사도론적인 것과 교회론적인 것으로 구별하는 것을 인정한다. 우리는 이 같은 방식으로[즉 불문법적으로—옮긴이] 제정된 교회의 전례들에 반대하거나, 자신의 개인적인 권위에 의해 그것들에 반대하는 목소리를 높이는 사람들을 가리켜 "무절제하게 살고 우리에게서 받은 전통을 따르지 않는 모든 신도"(살후 3:6, 고전 14:32, 33)라고 부른다.

인본주의 전통에 반대하여
성경의 충분성과 완전성을 옹호함

응답자: 드 쿠아녜

가톨릭교회는 성경 전체의 완전성에 반대하면서 불문법적 전통을 마치 자신들에게 신성하고 소중한 전부인 양 옹호하므로, 심지어 그들조차도 성경에 들어 있지 않다고 시인하는 많은 교리를 신자들에게 강요하고 그들 교회 위에 난공불락의 권위를 스스로 수취한다. 신성한 전통이라는 주제에 대해, 그리고 교황주의자들의 견해에 대해 선언되어야 할 것을, 하나님을 경외하는 마음으로 몇 가지 논제만이라도 논의하기 위해 우리의 시간을 들인다면 그 시간은 결코 무익하게 낭비되지 않을 것으로 생각된다.

1) 어원적으로 '전통(tradition)'이라는 낱말은 전달하는 행위(act of delivering)를 지시하지만, 실제 용례를 통해 그 의미가 확장되어 전달 행위가 목표로 삼는 대상을 지칭하게 되었고, 또한 전달되는 가르침 자체를 의미하기도 한다. 우리는 이 낱말의 의미 중 어느 것이든지, 또는 두 의

미가 함께 포괄된 것을 사용하기로 하고, 전달의 시원(始原)을 하나님께 귀속한다는 뜻으로 인간적 시원과 구별하여 그 낱말에 '신적 통의(Divine acceptation)'라는 의미를 부과하고자 한다(고전 2:12, 13). 그리고 우리는 "전통은 행위이면서 목적이기도 한 탁월하게 신적인 것이다"라고 선언한다. 우리는 '전통'을 신적인 행위에 의해 현시되었으나 인간에 의해 미흡한 탁월성을 갖게 된 신적 교의로 정의할 것이다. 왜냐하면 목적이 아무리 신적이라고 해도 전통의 행위는 여전히 인간적인 것이기 때문이다(벧후 1:21). 사도 바울이 "나는 하나님께서 나에게 주신 은혜를 따라 지혜로운 건축가와 같이 기초를 놓았습니다. 그런데 다른 사람이 그 위에다가 집을 짓습니다"(고전 3:10)라고 말했을 때 그는 바로 이 점을 염두에 두었던 것이다. 사도 베드로도 같은 취지에서 "말을 하는 사람은 하나님의 말씀을 전파하는 사람답게 하고"(벧전 4:11)라고 말했다.

2) 신적인 전통은 그 목적이나 행위에서 다양하게 분배되었다. 그 목적과 관련하여 첫째, 그것은 그 자신에게 수행해야 할 것을 인간에게 요구하는 행위에 따라 우리는 그것을 믿음에 속한 것(요일 5:13), 그것에 소망이 첨가된 것, 도덕과 연계된 것에 속한 행위를 구별한다. 전자의 경우, 그것은 믿어야 할 대상으로서 제시되고, 후자의 경우에는 수행되어야 할 행위로서 제시된다(눅 24:27, 막 1:15, 마 21:22, 23, 9:13).

둘째, 요구되는 행위의 부속 요소들의 관점에서 우리는 앞의 것을 의와 구원에 필요한 행위라고 부르는 반면, 그 다음은 필요한 것을 보충하는 요소라고 부른다(히 9:10).

셋째, 시간의 지속성의 관점에서 우리는 전자를 항구적이고 불변적이라고 부르고, 후자를 원저자의 방침에 따라 정해지는 일시적이고 가변적인 것이라고 부른다(요 4:21~23).

넷째, 적용 범위의 관점에서 세상의 모든 시대를 통틀어 통시적으로 존재하거나 공시적으로 모든 신자들을 한데 묶는다는 의미에서 전자를 보편 전통이라고 부르고, 반면에 다수이건 소수이건 형식적인 제식과 레위 지파의 제사장 직분처럼 특정한 사람들만을 지시하는 경우 특수 전통이라고 부른다(롬 2:26, 27).

3) 행위의 측면에서 전통은 다음과 같이 구별된다. 행위 주체의 관점에서 내적인 것과 외적인 것으로 구분된다. 내적 전통(internal tradition)은 성령의 조명과 감동에 의해 마음 안에 조성된다(사 59:21, 엡 1:17~21). 이것에 대해 우리는 이미지의 내적 수용체 안에서 형성되는 감각 이미지에 의해 내적 감각(internal senses)에 제시되는 것으로 부른다(고전 2:10). 외적 전통은 외부 감각에 제시되는 기호들에 의해 형성되는 것으로, 그 가운데 중심적인 위치를 언어가 차지하고, 낱말들의 전달은 구술적 담화에 의한 언술과 글쓰기에 의한 서술이라는 두 가지 방법이 있다(롬 10:17, 고전 1:28, 살후 2:13~14, 창 3:9~19, 12:1~3, 겔 2:5, 5:1~3).

원인의 관점에서 직접 원인과 간접 원인으로 구분된다. 직접 원인은 어떤 인간적 개입도 없이 하나님으로부터 직접 주어지는 전통을 가리킨다. 서로 종속되는 다수의 간접 전통을 도입해야 하는 일이 없도록 천사들에 의해 조성된 간접 전통 아래 포섭되는 허용적 재량권도 교의의 편의성을 증폭시키기 위해 우리에게 인정된다. 전통의 간접 행위는 원저자인 하나님께서 수행하시는 행위를, 특별히 성화된 사람들의 손을 통해 집행하는 것을 지시한다.

전통의 존엄성과 권위에 따라 일차적인 것과 이차적인 것으로 구분될 수 있다. 따라서 일차적 전통은 실제로 역사적 인물에 의해 전달되는 것이지만, 그 사람은 성령의 감동과 인도하심을 따라 지시와 감독을 받기 때문에(삼하 23:2, 3) "말하는 이는 너희가 아니라, 너희 안에서 말씀하시는 아버지의 영이시다."(마 10:20) 즉 기록하는 사람은 자기의 목소리를 내는 것이 아니다. 목소리는 하나님의 것으로서 기록하는 자의 것이 아니며, 다만 그는 성령의 대필자[11]인 것이다(딤후 3:16, 벧후 1:21). 이차 전통은 하나님의 제정을 따르기는 하지만 전통의 행위를 관리하는 사람의 뜻에 따라 그가 재량에 의해 수행되는 것을 가리킨다(벧전 4:11).

4) 내적 전통은 항상 절대적으로 인간의 구원에 필수적이다. 왜냐하면 성령의 계시와 내적 인치심을 제외하고(고후 1:20~22) 외적 기호들에 의해 가시화되고 동일시할 수 있다고 해도 인간은 결코 하나님의 마음을 인식할 수 없고 확실한 믿음에 의해 온전히 파지할 수 없기 때문이다. 외적 전통은 우리가 그것을 보편적인 것으로 생각하더라도 하나님 의지의 자유로운 호의에 따라 필요한 것에 지나지 않는다. 그것 없이도 하나님은 얼마든지 사람의 마음에 직접 명령을 내릴 수 있기 때문이다(고전 3:7~10, 고후 4:6).

또는 우리는 전통을 특별한 양태에 속하는 것으로 생각할 수 있는데, 때로는 생생한 소리로 구술하는 언어를 통해, 또 어떤 때는 문자 기록을 통

••
11) 대필자(amanuensis)는 다른 사람이 구술하는 담화를 직접 듣고 필사하거나, 이미 다른 사람이 기록한 문서를 다시 필사하는 사람을 가리킨다. 또한 원저자의 권위 아래 다른 사람들을 위해 문서를 만드는 사람을 가리키기도 한다. 예를 들면 에릭 펜비(Eric Fenby)는 시각장애인 작곡가를 위해 그가 구술하는 대로 음표를 기록하여 악보를 만들어 낸 것으로 알려져 있다.

해, 또 어떤 때는 두 방법을 모두 사용하여 하나님께서 좋게 여기시는 대로, 적절하다고 생각하시는 것이면 어느 방법이든지 사용하여 전달되기 때문이다(고전 5:9, 출 24:7, 살후 2:13, 14, 눅 16:27~31). 바로 그런 특수한 정황에서 그 특수한 방법이 사람들에게 필요했던 것이고, 따라서 "하나님께서 직접 언술한 것을 기록한 성경이 없을 때 먼저 그의 교회에 지시하셨으므로 성경은 이제 필요하지 않게 되었다"라는 논증이 설득력을 가질 수 없다는 것이 명백해진다.

5) 하나님께서 직접 말씀이나 기록을 통해 우리에게 전달하신 모든 교의들은 신적 권위를 갖지만, 우리는 그 교의들 사이에 구별을 내리고, 몇 가지 측면에서 어느 것이 다른 것보다 더 큰 권위를 갖는 것인지 주장할 수 있을 것이다.

효력 있는 원인(efficient cause)[12]은 주요한 차이를 발생시킨다. 어떤 교의를 막론하고 효력 있는 원인이 (다른 것들보다) 더 큰 힘을 행사할 때, 그것은 해당 교의에 더 큰 권위를 부여한다. 따라서 성경은 "내가 바라는 것은 자비요, 희생제물이 아니다"(마 9:13)라고 말한다.

교의를 관리하는 사람들의 조건은 교의의 권위를 높일 수도 있고 떨어

⁝

12) 'efficient cause'는 아리스토텔레스의 사원인론의 속하는 개념으로서, 일반적으로 '작용인', '동력인' 등으로 번역된다. 그와 대조적으로 신학적 문맥에서 그것은 흔히 '유효적 원인', '효력 있는 원인' 등으로 번역되는데, 핵심 아이디어는 어떤 힘이 실제로 작용했는가, 그 결과 실제로 어떤 변화가 일어났는가, 그 힘과 그로 인해 발생한 사건 사이에 필연적 관계가 성립하는가 하는 물음에 긍정적으로 답할 수 있을 때, 원인의 '유효성'이 입증된다고 본다. 그렇지 않을 경우 모든 인과관계는 사실상 허구이거나 미신이나 마찬가지다. 인과성에 대한 데이비드 흄의 생각이 바로 그런 것이다. 따라서 어떤 원인이 유효적이라면 반드시 다음 요건을 충족해야 한다. '원인에는 반드시 결과가 따른다', '인과에는 방향이 있다', '원인과 결과는 연결되어야 한다.'

뜨릴 수도 있다. "천사들을 통하여 하신 말씀이 효력을 내어 모든 범행과 불순종하는 행위가 공정한 갚음을 받았거늘 하물며 우리가 이렇게도 귀중한 구원을 소홀히 하고서야 어떻게 그 갚음을 피할 수 있겠습니까? 이 구원은 주님께서 처음에 말씀하신 것이요, 그것을 들은 사람들이 우리에게 확증하여 준 것입니다"(히 2:2~5).

교의의 목적은 동일한 결과를 낳는다. 그 목적에 따르면 어떤 교훈은 "율법의 더 중요한 요소들"(마 23:23)이라고 불리는 반면, 다른 것들은 "이 계명 가운데 아주 작은 것"(마 5:19)이라고 불리기도 한다. 따라서 2등급 명령은 1등급 명령에 복종해야 한다(눅 14:26). 이런 견지에서 사도 바울은 "그리스도 예수께서 죄인을 구원하시려고 세상에 오셨다고 하는 이 말씀은 믿음직하고, 모든 사람이 받아들일 만한 말씀입니다"(딤전 1:15)라고 했다.

어떤 교의든지 전체에 관해 계획된 목적에 더 근접하고 선도적일수록 그 교의는 더 우세하고 더 큰 권위를 갖는다. "유죄를 선고하는 직분에도 영광이 있었으면 의를 베푸는 직분은 더욱더 영광이 넘칠 것입니다."(고후 3:9)

전달 양태(mode of delivery) 자체가 권위의 무게를 증폭시킬 수도 있다. 과거에 오직 구두로 전달될 수밖에 없었던 메시지가 유실되는 일을 막기 위해 저자는 그것을 기록된 문서로 남기기도 했는데, 그럴 경우 저자는 메시지를 타자들의 기억에 위탁하면서 단지 구술된 담화에 의해 선언하는 권면의 방식으로 만족하지 않고 이중 기록 장치를 사용해 훨씬 더 탁월한 방식으로 메시지를 전달하려 한다(벧후 3:1, 2). 이때 명령들은 부분적으로 구술과 기록을 함께 사용하여 전달되고, 부분적으로 오직 구두로만 전달되기도 했다는 가설을 유념하도록 하자. 기록된 교의가 더 자주 더 열의 있게 추천되는 사실은 우리의 논증을 한층 더 강화할 수 있다(신 17:19, 딤전

4:13, 벧후 1:19).

6) 이제까지 주제에 대해 설명했고, 이어서 우리가 교황주의자들과 부딪히는 쟁점들을 열거하고 그것에 대해 간략하게 몇 가지 논평을 덧붙이기로 하겠다.

첫째, 모든 교의는 이미 전달되었고, 전달되고 있고, 지금도 전달되는 것인가? 또는 교회의 구원을 위해 항상 교의가 전달되어야 하는 것인가? 이 범주에 속하는 것은 앞으로도 계속 전달될 수 있는 것인가? 그런 것이 정말로 전달되었다면 그것은 언제였는가?

둘째, 교회가 구원을 위해 믿고 실천해야 할 교의들은 어떤 것인가? 그것은 온전히 성경에 들어 있는가? 아니면 일부는 성경에, 일부는 제일 저자에 의해 기록되지 않은 전통 안에 있는가?

셋째, 어떤 특정한 교의이든지 그것의 신적 기원은 어떻게 신자들의 양심에 그 확실성이 입증될 수 있는가?

7) 첫 번째 물음에 관한 우리의 입장은 보편교회의 구원을 위해 필요한 모든 교의들은 1500년 전에[13] 이미 전달되었고, 사도들의 시대 이후로 신자들의 구원을 위해 필요한 어떤 새로운 교의의 기초 위에서 만들어진 전통은 전혀 없다는 것이다.

그리스도 안과 복음 안에 이미 "모든 지혜와 지식의 보화가 감추어

---

13) 1500년이라는 기간은 아르미니우스가 살았던 17세기를 기준으로 할 때, 성경이 신약을 포함한 성경 전체가 편집되고 정전으로 공인되었던 4세기부터 대략적으로 추산한 것이다. 엄밀히 말해 구약성경은 기원후 90년 잠니아 공의회에서, 신약성경은 여러 단계를 거쳐 397년에 카르타고에서 정전으로 확정되었다.

져"(골 2:3) 있기 때문이다. 그러나 사도들은 그리스도와 그의 복음을 완벽하게 전했다(행 20:26, 27). 따라서 사도들의 가르침을 통해 교회가 받은 것 외에 다른 어떤 복음이든지 전하는 사람에게는 필히 아나테마,[14] 즉 저주가 선고된다(갈 1:8, 9). 그러나 다른 복음을 가르치는 사람들은 신자들의 구원에 필요한 것에다 어떤 것이든 더하는 사람들이다.

교회 전체는 "사도들과 예언자들이 놓은 기초 위에 세워진 건물"(엡 2:20, 계 21:14)이기 때문이다. 만일 선지자와 사도들을 통해 계시되지 않은, 교회의 구원을 위해 필요한 어떤 다른 교의가 있다면 이 말씀은 참일 수 없을 것이다.

모든 보편교회는 하나의 몸으로서 동일한 본성과 원리 위에 세워진 개별 교회들의 총체이며, 이 교회는 한 영에 의해 생기를 얻고, 모든 진리로 인도되며, 동일한 유업을 받을 것을 소망하도록 부르심을 받았으므로 교회는 "주님도 한 분이시요, 믿음도 하나요, 세례도 하나요, 하나님도 한 분이십니다. 하나님은 모든 것의 아버지시오"(엡 4:4, 6), 즉 오직 하나이신 주님을 가지며, 동일한 잔과 빵을 받음으로써 "그리스도의 몸에 참여"(고전 10:16, 17)할 수 있도록 봉인되었다.

또한 "예수 그리스도께서는 어제나 오늘이나 영원히 한결같은 분"이시기 때문이다. 그렇기 때문에 사도는 교회가 "여러 가지 이상한 교훈에 끌려 다니는"(히 13:8~9) 것은 옳지 못한 일이라고 결론 내렸던 것이다.

∙∙

14) 아나테마(anathema)는 일반적으로 혐오나 회피의 대상을 가리키지만, 그로부터 파생된 신학적 의미는 교회의 준엄한 단죄의 결과로 시행되는 영구 파문을 뜻한다. 이 용례의 성경적 근거로 구약성경에서 제사에서 희생물로 쓰기 위해 따로 떼어 두는 동물이나 물건을 아나테마라고 불렀다. 이 때문에 아나테마는 일상적으로는 거의 쓰이지 않는다.

8) 가톨릭교회 성직자들 가운데 이 진리에 동의한다고 고백하는 사람들이 있기는 하지만, 실제로는 그들이 그 진리에 반대한다는 것을 명백히 보여 주는 지표들이 그들의 저술, 특히 정전주의자(Canonists)들의 저술에서 충분히 나타나 있다. 우선적으로 보편 감독(Universal Bishop), 대목장(Supreme pastor), 수장(prime Head), 신랑(Bridegroom), 완전하신 분(Perfector)과 조명하시는 분(Illuminator) 등의 수식어들은 모두 그리스도의 신부인 가톨릭교회의 머리, 즉 로마교황을 지시하는 호칭으로, 이 전통에는 어떤 제한도 인정되지 않는다.

그다음으로 통치하고, 명령하거나 금지할 수 있는 권위, 법을 제정하거나 철폐하는 권위, 심판하고 저주를 내리며, 풀기도 하고 묶기도 하는, 막강하고 무한한 권위는 교황에게 귀속될 뿐만 아니라, 실제로 그 권위를 수취한 그는 권위를 행사할 수 있는 유일한 존재로서 똑같은 종류의 외접(外接)을 배제한다. 그런 권위에는 구원에 필요한 것을 결정하는 작정이 포함될 수 있고, 따라서 모든 피조 인간이 로마교황에 종속되는 위치에 놓인다. 그의 고유한 권위는 고대 라틴어 성경 번역본[15]에까지 전가된다. 그러나 우리는 더 이상 사례들을 열거하지 않고 그들이 감히 불문법 전통의 정확한 사례들을 열거하지 못하고 그 숫자를 고정하는 것에서 그들의 불일치가 드러난다는 일반적인 논증을 제시하는 정도로 그칠 것이다. 그들이 이러한 회피 전략을 택하는 것은 논쟁이 벌어질 경우 전통을 생산하는 권

⋮

15) 라틴어 성경을 대중 라틴어로 옮긴 성경을 가리키며, 불가타(Vulgata) 성경이라고 불리는데, 그 이름은 일반 대중에게 널리 보급하기 위한 뜻을 반영한다. 라틴어 성경은 보편교회 신학자인 히에로니무스(또는 예로니모) 제롬(347~420)이 작성한 것으로, 그는 386년에 베들레헴에 정착한 후 다시 번역 작업을 재개하여 404년에 완수했다. 406년에 완성된 라틴어 성경 사본을 로마제국의 각 지역에 배포하기 시작했다.

력을 그들만이 보유할 수 있기 위해서다. 그러므로 그들 중 어떤 이들은 교회의 상이한 상태에 따라 다른 교의들이 필요하다고 주장하기도 한다.

9) 그러나 우리가 매우 기꺼이 고백하는 것은 우리가 이차적 전통이라고 부르는 것이 세상 끝나는 날까지 교회 안에 계속 존속할 것이라는 점이다. 왜냐하면 전통에 의해 선지자와 사도들을 통해 교회에 맡겨진 교의들은 교회에 의해 후손들에게 널리 확산될 것이기 때문이다. 그렇기 때문에 교회는 "진리의 기둥과 터"(딤전 3:15)라고 불리지만, 그런 수식어가 교회에 부여되기 이전에 일차적 전통에 따라 "기둥"(갈 2:9)과 "터"(계 21:14)라는 명칭으로 뚜렷이 구별되었던 사도들 이후에 세워졌으므로 이차적 전통을 이루는 것으로 보아야 한다.

10) 두 번째 물음(§ 6)과 관련하여 우리는 구약과 신약 성경의 정전이 신자들의 구원과 하나님의 영광에 필요한 모든 교의들을 포함하고 있다고 주장한다. 그것은 다음과 같은 근거로부터 분명해진다.

지켜야 할 것으로서 주어진 것들에 어떤 것도 더하는 것을 금하면서 "기록된 말씀의 범위를 벗어나지 말라"(고전 4:6)라고 명령하는 성경의 명시적인 증언들로부터(공개 논박 두 번째와 열아홉 번째 논제 참조) 그 근거가 발견된다. 물론 이 경우 모세의 기록에 들어 있는 교훈을 가리키고 있다는 것을 본문에서 뚜렷이 볼 수 있다.

또한 교의들의 실체로부터 그 근거를 얻을 수 있고, 그것은 다양한 방식으로 나타난다. 성경은 율법의 교의와 복음의 교의를 완전한 형태로 구비하고 있다. 또한 성경은 믿음, 소망, 사랑의 교의를 완벽하게 갖추고 있다. 성경은 영생의 터가 되는, 하나님과 그리스도에 대한 완전한 지식을 전달한다. 그렇기 때문에 성경은 '구약과 신약'으로 불리고, 그것은 참으로 옳다. 이 약속에 어떤 것도 첨가될 수 없다.

성경이 추구하고 성취한 목적으로부터 그 근거를 얻는다. "여기에 이것이나마 기록한 목적은 여러분으로 하여금 예수가 그리스도요 하나님의 아들이심을 믿게 하고, 또 그렇게 믿어서 그의 이름으로 생명을 얻게 하려는 것이다."(요 20:31) "너희가 성경을 연구하는 것은, 영원한 생명이 그 안에 있다고 생각하기 때문이다."(요 5:39)

그 근거는 성서의 유효성에서 얻어진다. 다른 어떤 교의의 (조력) 없이도 성경은 누구든지 고통을 받는 상태에 떨어지지 않게 충분히 막을 수 있다(눅 16:28, 29) 성경은 "그리스도 예수를 믿는 믿음으로 말미암아 그대에게 구원에 이르는 지혜를 줄 수 있습니다. 모든 성경은 하나님의 영감으로 된 것으로서, 교훈과 책망과 바르게 함과 의로 교육하기에 유익합니다. 성경은 하나님의 사람을 유능하게 하고, 그에게 온갖 선한 일을 할 수 있게 하는 것입니다"(딤후 3:15~17)라고 확증한다.

성경에서 흔히 사용되는 담화 방식은 그 근거를 제공한다. '예언서'들의 담화 방식을 통해 선지자들이 기록한 의도를 이해할 수 있는데, '선지자'와 '예언의 말씀'이란 곧 성경의 예언서들을 가리킨다(벧후 1:19~21). 하나님께서 말씀하시고 행하신 것은 성경에 기록되어 있다. 따라서 성경은 바로에게 말했고(롬 9:17), "아브라함에게 '모든 민족이 너로 말미암아 복을 받을 것이다' 하는 기쁜 소식을 미리 전하였습니다"(갈 3:8), "성경은 모든 것이 죄 아래에 갇혔다고 말합니다"(갈 3:22)라고 구체적으로 말한다.

11) 그 반면에 가톨릭교회는 구원에 필요한 모든 것이 성경에 들어 있지 않고, 일부는 성경에, 일부는 불문법적 전통에 들어 있다고 주장한다.

이 견해를 뒷받침하기 위해 그들은 성경 자체뿐만 아니라 또한 교황, 공의회, 교부들의 증언, 더 나아가 성경의 한계 내에 이해되지 않는, 따라서 새로 작성해야 할 필요가 있다고 그들이 생각하는 교의들의 표본들에 의해 근거를 확보하려 한다. 우리가 방금 시작한 이 논의에서 그 논증들이 지닌 설득력을 각각 하나씩 검토할 것인데, 미리 언급해 둘 것은 그들이 원하는 목적을 위해 흔히 인용하는 성경 본문은 그들이 의도한 의미로부터 억지로 끼워 맞추거나 명제적 의미를 확정짓지 못한다는 점이다. 즉 교황이나 공의회, 교부들의 증언은 인간의 증언에 지나지 않으므로 우리를 편향적으로 만드는 식으로 영향을 미쳐서는 안 되고, 그들이 예시하는 것은 성경으로부터 확증되거나 구원에 필수적인 것이 아니다. 우리는 반드시 문제를 분리해서 다루어야 하므로 그와 같은 증언들이 구원에 필요한 것으로 인정된다면 그것들은 성경에 의해 확증될 수 있고, 또 반드시 확증되어야 하는 것이 논리적으로 함축된다. 그런데 그 증언들이 성경에 의해 확증될 수 없다고 인정되는 경우, 결과적으로 그것들은 구원에 필요한 것이 아니라는 것이 밝혀진다. 따라서 구원에 필요한 모든 교의가 성경에 들어 있다는 진리는 우리의 마음에 확고부동하고 확실한 것으로 입증된다.

12) 세 번째 물음(§ 5)에 대해 우리는 다음과 같이 답한다. 신성을 가진 교의의 전달은 일차적인 것이고, 그 외의 교의는 이차적인 것이다. 마찬가지로 교의의 신적 기원에 관하여 (증거를 제시하는) 어떤 증언은 일차적인 반면, 다른 증언은 이차적이다(요 5:36, 37, 요일 5:7).

일차 증언은 하나님 자신이 제시하는 것으로서, 그에게 고유하게 합당한 원천적 증거 능력을 가지며, 그 자체로 하나님 자신의 교의에 대한 증언이 된다. 그러나 하나님에게서 두 가지 양태의 증거들이 발견되는데, 하나는 감각적으로 인지할 수 있는 교의를 사람들의 감각기관에 제시하는 외적 양태로서(요 3:2, 히 2:4, 고전 1:6~8), 이것은 정확히 이해되지 않는 교의가 있을 경우 그 교의에 대한 믿음을 형성하기 위한 예비 단계에 속한다. 반면에 내적 양태를 통해 주어지는 교의는 그것에 대한 참된 이해와 교의에 대해 의심 없는 승인을 마음에 각인시키는 것으로, 하나님의 말씀이 우리에게 요구하는, 필요하고 적절하며 믿음의 직접적 원천에 해당하며, 실제로 이것만이 구원에 필수적이다.

이차 증언이란 교회의 증언이다. 교회는 일차 증언, 즉 이 교의의 신적 기원(하나님의 증언)에 의해 보증되었으므로 진리의 하나님께로부터 받은 교의에 대해 이차적 증거 능력을 갖는다. 이 증언은 교회에 영광이 되고 사람들에게 유익이 되는 교의인 까닭에 하나님께 기쁨이 된다(요일 5:9, 요 5:34-36). 그러나 유념해야 할 점은 교회의 이 증언은 인간적인 것일 뿐 신적인 것이 아니며, 교의에 대해 갖게 되는 일종의 경외심에 의해 사람의 마음을 준비시키는 능력을 가질 뿐이며, 따라서 하나님의 내적 증언에 의해 마음을 신실하게 준비시키고, 구원하는 교의를 진심으로 시인할 수 있도록 양육시키므로(요 15:26, 27) 선행하는 일차 증언보다 증거 능력이 떨어진다. 밖에서 주입되는 일차 증언의 범주에 선지자들, 사도들, 복음전도자들, 목자들, 교사들의 증언을 포함할 수 있지만, 단 그들은 (하나님께 친히) 직접 부르심을 받고 반드시 "하나님과 함께 일하는 동역자들"이어야 한다. 그러나 만일 그들이 교회에 의해 간접적으로 부름을 받았다면 우리는 그들의 증언을 이차 증언으로 불러야 한다. 그러므로 우리가 이미 기술한 내적 증언(internal attestation)의 수준에 미치지 못하고, 이차 증언 쪽에 더 가까운 가톨릭교회의 전통을 거부하는 것은 마땅한 일이다.

13) 이제까지 설명한 주제에서 우리는 사도들이 글로써 문서화하지 않았지만(고전 11:34) 교회들이 지켜야 할 질서와 예절, 권한과 연관된 사항들을 교회들에게 전달했다는 것을 인정한다. 그런 것들은 율법이나 복음의 실체에 관한 것이 아니고, 구원에 필요한 것도 아니며, 불변적이거나 항구적이지도 않고 보편적인 것도 아니라, 교회가 현재 가지고 있는 조건과 처한 상황에 적합하도록 조정된 것이다. 또한 우리는 개별 교회들이나 상호 동의에 의해 다수의 교회들이, 혹은 서로 일치할 수만 있다면 모든 교회들이 바른 질서와 예절을 위해, 그리고 그것들을 실천하는 데 필수적인 의무들을 규정하기 위해 교회의 현재 양육 수준에 기여할 수 있는 어떤 표준 의식(儀式)을 만들 수도 있는 가능성을 암시한다. 그러나 그 표준들에 관해서는 다음 조건들이 지켜져야 한다.

표준 의식은 기록된 말씀에 어긋나서는 안 된다(골 2:18~23). 그 의식들은 미신과 혼합되어서도 안 되고 그것을 부추겨도 안 된다. 그 의식들은 거룩한 예배로 간주될 수 없고, 양심에 올가미를 씌우는 역할을 해서도 안 된다. 그 의식들은 쉽게 지킬 수 있는 수준 이상으로 수가 많거나 실천하기 곤란한 것이어서는 안 된다(행 15:10, 28). 교회는 교회의 현재 교육 수준을 고려하여 필요에 따라 그 의식들을 바꾸거나 더하고, 혹은 감할 수 있는 권한이 박탈되어서는 안 된다. 이런 제도는 공공선을 위해 교회 내에 세워지는 것이므로 질서를 흐리는 사람들의 명단에 이름이 올라가거나, 교회의 평화를 무너뜨리는 집단에 속함으로써 명성을 떨치고 싶어 하지 않는 한 누구든지 자기의 개인적 권한으로 그것에 대해 비방하거나 공격하지 말아야 한다(고전 14:32, 33, 살후 3:6).

하나님의 본성에 관하여

– 응답자: 야코부스 아르미니우스

(신학 박사 학위 취득을 위한 구술시험)

1) 모든 현명한 사람들과 국가들이 일반적으로 동의할 뿐만 아니라, 만물과 하나님의 성경의 본성 자체는 하나님께 본성(nature)을 귀속시키는 것이 정당한 일이라는 것을 입증한다(갈 4:8, 벧후 1:4, 아리스토텔레스, 『국가론』[16] 1. 7, c. 1, 키케로, 『신의 본질에 관하여』[17]).

2) 하나님의 본성은 선험적으로 알려지지 않는다. 왜냐하면 그 본성은 모든 만물보다 앞에 있고, 만물이 생기기 전 무한한 시간 동안 홀로 있었기 때문이다. 그것은 오직 하나님에 의해 적합하게 알려지고, 그 본성에 의해 하나님에게 알려진다. 왜냐하면 하나님은 그 본성과 동일하기 때문이

•••

16) Aristotle, *De Republica*, 1. 7, c. 1.
17) 키케로, 『신의 본질에 관하여(*De natura deorum*』(기원전 45).

다. 그 본성은 우리에게 알려질 수 있지만, 그 지식은 그 본성 자체에 비해 무한히 미흡하다. 우리는 외적 발산[18]에 의해 그것으로부터 나왔기 때문이다(사 44:6, 계 1:8, 고전 2:11, 딤전 6:16, 고전 13:9).

3) 그러나 이 본성은 완전하게 맑은 눈을 통해 그것 자체 본연의 모습이 우리에게 현시될 수 있다. 그것은 마치 "얼굴과 얼굴을 마주하여"(고전 13:12) 보는 것처럼 천국에 거주하는 복 받은 사람들에게만 허용되는(요일 3:2) 안목이다. 또한 이 본성은 하나님의 외적 행위와 그것을 통해 이루어지는 그의 사역들뿐만 아니라(시 19:1~8, 롬 1:20) 그의 말씀까지도(롬 10:14~17) 유비적 이미지와 기호들을 통해 간접적으로 우리에게 알려질 수 있다. 그 부분에 대해 그리스도는 "보이지 않는 하나님의 형상이시요"(골 1:15), 즉 "그는 하나님의 영광의 광채시요, 하나님의 본체대로의 모습이십니다"(히 1:3)라고 확증되고, 나아가 "우리는 모두 너울을 벗어 버리고 주님의 영광을 바라봅니다. 이렇게 해서 우리는 주님과 같은 모습으로 변화하여 점점 더 큰 영광에 이르게 됩니다"(고후 3:18)라고 말할 수 있을 만큼 우리의 지식이 증폭될 수 있음이 약속되었다. 그때까지 우리의 시력은 "수수께끼 같은 거울을 통해" 또는 "암중모색"으로 불리는데, 이러한 표현은 오직 "주님에게서 떠나 살고" 있는 나그네와 순례자에게만 적용된다(고후 5:6, 출 33:20).

4) 그러나 하나님의 사역과 말씀을 통해 얻는, 방금 언급한 종류의 인식에는 두 가지 양태가 있다. 하나는 긍정 양태(mode of Affirmation, 토마스

18) emanation. 일반적으로 '유출'로 이해되지만 삼위일체론의 용어법에 따라 '발산'으로 옮겼다.

아퀴나스는 이것을 "인과성의 양태와 원리의 습성에 의한 것"으로 불렀다)이고, 그것에 따라 하나님의 작품인 피조물들에 내재하는 단순한 완전성은 일종의 직유에 의해 유비적으로 하나님께 귀속된다(시 905:9, 10, 마 7:11, 사 49:15). 다른 하나는 부정(Negation) 또는 제거(Removal)의 양태로, 그것에 따라 피조물에 속한 상대적 완전성과 모든 불완전성은, 그것은 무(無)로부터 나온 것이므로 하나님으로부터 제거된다(사 4:8, 9, 고전 1:25).

긍정 양태는 (원인과 원리의 습성에 의존하므로 탁월성을 산출하는 어떤 외적 원인도 없기 때문에) 발군의 탁월성(pre-eminence)의 양태가 더해져야 한다. 그래야만 비로소 피조물의 속성으로 서술되는 완전성이 하나님 안에서 무한히 완전한(완전하게 되어야 하는) 것으로(사 40:15, 17, 22, 25) 이해될 수 있기 때문이다. 이 양태는 그 자체에 있어서 (하나님의 본성이 존재하듯이 그것 역시 필연적으로 그 자체로 알려져야 하므로) 부정적이 아닌 적극적인 방식으로, 그리고 긍정적이고 적극적임이 틀림없지만, 피조물이 자기의 완전성에 참여하거나 자기의 여러 완전성에 경계를 그을 수 있게 하는 양태들에 대한 부정 판단을 내리지 않는 한 그것에 대해 우리가 서술하거나 표현하는 것은 불가능하다. 피조물의 완전성에 부가되는 이 양태들은 그것을 고려하지 않는다면 절대적 완전성으로 판단되었던 것들이 상대적 완전성으로 바뀌고, 그와 같은 정황에 따라 그것들을 하나님으로부터 제거해야 하는 결과를 낳는다. 그러므로 발군의 탁월성의 양태는 긍정의 양태와 부정의 양태로부터 종차(種差)를 산출하지 않는다.

5) 그뿐만 아니라 사물들의 본성을 통틀어, 그리고 성경 자체 안에서 사물들의 개별적 완전성에 내재하는 실체(substance)는 오직 두 가지다. 그 두 실체는 본질(Essence)과 생명(Life)인데, 전자는 현실에 존재하는 모든

피조물들의 완전성의 틀이고, 후자는 그중의 일부에서, 그리고 가장 완전한 피조물들에게서 완전성의 틀이 된다(창 1장, 시 104:29, 행 17:28). 이 두 가지를 제외하고 인간의 마음은 다른 어떤 실체도 파악할 수 없고, 자기의 사고력을 초월하는 다른 어떤 것에도 이를 수 없다. 왜냐하면 인간의 마음은 그 자체로 자기 본성의 한계를 긋는 제약을 부여하므로 그것을 본성의 일부로 갖기 때문이다. 따라서 인간의 마음은 그 전체를 에워싸는 원 너머로 나아갈 수 없다(계 1:8, 4:8, 단 6:46). 그러므로 하나님 자신의 본성 안에서 오직 다음의 두 가지 운동 원인, 즉 본질과 생명만이 우리가 고찰할 수 있는 대상이 된다.

우리의 쟁점으로 제기하는 것은 다음과 같다. 육체적 본질과 식물적, 감각적 생명은 비록 그것이 영적 본질과 지성적 생명보다 저급한 유비(analogy)이기는 하지만, 하나님의 본질과 생명에 대해 어떤 유사성을 갖는가?

만일 그것들이 그러한 유비 관계를 이룬다면 어떻게 하나님으로부터 신체와 감각이 그렇게 간단히 제거될 수 있는가?

만일 그런 유비 관계가 성립되지 않을 경우 어떻게 하나님은 이 같은 종류의 본질과 생명을 생산할 수 있는 것인가?

6) 그러나 하나님 안에서 이 두 실체는 발군의 탁월성의 양태로 간주되어야 하므로, 즉 탁월함에서 모든 피조물의 본질과 생명을 능가하는 것으로 파악되어야 한다.(시 102:27, 딤전 6:16).

하나님의 본질

7) 하나님의 본질은 하나님 존재의 근거가 되는 것, 또는 하나님이 존재하는 것을 이해할 수 있게 하는 신적 본성의 운동의 제일 원인(first cause of motion)이다.

8) 사물들의 우월한 본성이나 열등한 본성에 속하는 모든 본질은 영적인 것과 육체적인 것으로 분산되므로(골 1:16) 그중에서 전자는 절대적 완전성을, 후자는 불완전성이나 결핍을 지시한다. 이 설명에 따르면 우리는 제거의 양태를 따라 하나님으로부터 육체적 본질(corporeal Essence)을 분리하고, 그와 동시에 단순한 성질이건 복합 성질이건—크기, 형태, 위치 또는 부분들 같은, 지각할 수 있거나 상상할 수 있는 것까지—육체적 본질에 속하는 모든 것을 분리한다. 또한 하나님은 외적으로나 내적으로 육체적 감각기관에 의해 지각될 수 없는데, 왜냐하면 그는 볼 수 없고, 만질 수 없으며, 표상될 수 없기 때문이다(신 4:14, 왕상 8:1, 눅 24:39, 요 4:24, 딤전 1:17). 이와 달리 우리는 하나님에게 영적 본질을 귀속시키고, 그리하여 으뜸가는 탁월성의 양태를 따라 그를 "영들의 아버지"(히 12:9)라고 부른다.

그러므로 우리는 신의 의인화[19]를 주장하는 사람들이 제시하는 도그

..

19) 의인화주의자(Anthropo-morphites) 또는 의인관(擬人觀, anthropomorphism)은 무생물이나 생물 등 모든 사물들을 인간의 모습으로 축소해서 형상화하는 접근법을 가리키며, 온갖 종류의 우상숭배의 근원으로 간주된다. 한마디로 그들은 신을 의인화(anthropophorphism)한다. 신의 의인화는 신론(新論)의 변양으로 보인다. 이 같은 현상은 그리스도교에 제한되지 않고 이슬람교와 다른 종교에서도 발견된다. 알리 샤는 인간이 열망이나 공포를 외부 사물에 투사하여 자신에게 유익한 어떤 존재를 만들어 내는 현상을 '투사 이론'의 관점에서 설명한다. 줄피까르 알리 샤, 「의인화 문제와 범주 정의」, 「신, 의인

마(즉 '불가멸적인 하나님'이 '가멸적 인간'의 형상이나 몸을 빙의한다는 주장)와, 하나님의 본질의 (가정된) 가시적 형상을 끊임없이 만들어 내는 교황주의자들의 용인될 수 없는 관행을 거부한다(신 4:15, 16, 롬 1:23, 사 40:18, 행 17:29).

성경에서 몸의 지체들을 하나님께 귀속시킬 때, 그것은 피조물들 자신이 신체 기관의 조력과 기능을 활용하여 산출할 수 있는 기능적 효과를 단순화하여 표상한 것이다.

9) 우리는 하나님의 본질이 모든 본질의 탁월성, 심지어 영적인 본질의 탁월성까지도 능가하는 것을 오직 부정 양태로만 서술할 수밖에 없다. 그렇기 때문에 그것은 일차적으로, 그리고 직접적으로 단 하나의 명제에 의해, 즉 "나보다 먼저 지음을 받은 신이 있을 수 없고, 나 이후에도 있을 수 없다"(사 43:10, 43:8, 46:9, 계 1:8, 롬 11:35, 36, 고전 8:4~6, 롬 9:5)라고 표현될 수 있다. 하나님께서는 자기에 대해 '아나르코스 카이 아나이티오스'[20]라고 기술하는데, 무한히 계속되는 것은 있을 수 없으므로(만일 그것이 가능하다면 본질도 없고 그것을 아는 지식도 있을 수 없다) 다른 어떤 것이 존재할 수 있기 위해 반드시 하나의 본질이 모든 것에 앞서 존재해야 하기 때문이다. 그러나 그런 본질은 바로 하나님의 본질일 수밖에 없다. 왜냐하면 이 본질을 어떤 것에 귀속할 수 있든지 그것은 하나님 자신의 귀속 행위에

••

화』, 곽동훈 옮김(쌀람누리, 2017), pp. 9~12) 참조.

20) 'αναρχως και αναιτιως'는 '시작도 없고 원인도 없다'는 것을 뜻하는 그리스어 표현이다. 성경은 같은 의미를 긍정명제로 표현하기도 한다. "나는 알파와 오메가요, 처음과 마침이라"(계 22:13, 계 1:8, 계 21:6). 알파와 오메가는 각각 그리스어 알파벳의 첫 글자와 마지막 글자로, 흔히 전체 또는 모든 것을 아우르는 수사적 표현에서 사용된다.

의해 이루어질 것이기 때문이다.

10) 하나님의 본질은 어떤 원인도 갖지 않으므로 이 사실로부터 가장 먼저 그의 본질에 속한 존재의 단순성과 무한성이 발생한다.

단순성(simplicity)은 하나님의 본질의 으뜸가는 탁월한 양태로서, 그것에 의해 하나님은 어떤 복합성을 결여하게 되고, 따라서 감각에 속하는 것이건 지성에 속하는 것이건 어떤 구성 요소도 갖지 않는다. 그가 복합물이 아닌 것은 어떤 외부 원인도 갖지 않기 때문이다. 그가 어떤 구성 요소도 갖지 않는 것은 어떤 내적 원인도 갖지 않기 때문이다(롬 11:35, 36, 히 2:10, 사 40:12, 22). 그러므로 하나님의 본질은 질료와 형상, 유(類)와 종차(種差), 본체와 부수적 속성들에 있어서 물질적이거나 필수 불가결한, 또는 양적 요소들을 갖지 않고, 형상에 속하지 않고 형상을 소유한 사물에도 속하지 않으며(왜냐하면 하나님의 본질 그 자체가 형상이며, 자립적으로 존재하고 자신의 고유한 개체성을 갖기 때문이다), 가설적으로나 자연적으로, 가능태나 현실태에 의해서도, 본질과 존재에 의해서도 전혀 규정되지 않는다. 따라서 하나님은 그 자신의 본질이고 존재이시며, 그 본질과 그 존재에서 항상 동일하다. 그는 모든 것을 보는 눈이며, 모든 것을 듣는 귀이며, 모든 일을 하는 손과 발인데, 왜냐하면 그는 모든 것을 보고, 듣고, 일하시며, 무소부재하시기 때문이다(시 139:8~12).

그러므로 하나님에 관해 절대적으로 서술되는 것이 무엇이든지 우연적일 수 없고 본질적인 것으로 이해되어야 한다. 하나님에 관해 서술되는 것들은 (그 수가 얼마나 크거나 다양하든지) 모두 하나님에게 속하고, 그것들은 다자(多者)가 아니라 하나다(약 1:17). 그 속성들이 많고 다양하게 구별되는 것은 우리의 사고 양태가 복합적이기 때문이다. 이 설명이 부적절하다고 말할 수 없는 것은 그 속성들이 형식적 이성(formal reason)에 의해서도 똑같이 구별되기 때문이다.

11) 존재의 무한성은 하나님의 본질이 가진 탁월한 양태로서, 그로 인해 하나님의 본질은 모든 제약과 한계로부터, 위에 있는 것이든지 아래 있는 것이든지, 앞에 있는 것이든지 뒤에 있는 것이든지 어떤 것으로부터도 자유롭다(시 145:3, 사 43:10). 어떤 것도 위에서 그의 존재를 제한할 수 없는데, 왜냐하면 그것은 다른 어떤 것으로부터 나오지 않았기 때문이다. 또한 어떤 것도 앞에서 그의 존재를 제한할 수 없는데, 그것은 인과율 아래 있는 어떤 것에서 나온 것이 아니기 때문이다. 어떤 것도 그것을 뒤에서 제한할 수 없는데, 왜냐하면 그는 다른 어떤 목적을 위해 존재하지 않기 때문이다. 오히려 그의 본질은 그 자신의 속성에 의해 내적으로 완결적이고, 따라서 그 본질이 그 자신이며 결코 다른 어떤 것이 되지 않는다. 그러나 이 사실은 그것의 무한성에 어떤 경계도 규정하지 않는다. 바로 그러한 조건에 의해 하나님은 그 자신의 힘으로 존립하는 그의 존재 자체이므로 다른 어떤 것으로부터 얻지도 않고 다른 어떤 것에도 수용되지 않으며, 따라서 모든 타자로부터 구별되고 다른 모든 타자들은 그와 구별된다(사 44:9, 롬 11:36, 잠 16:4).

그러므로 하나님에 관해 절대적으로 서술되는 것은 무엇이든지 그에 관해 직접적으로, 일차적으로, 어떤 원인도 갖지 않는(또는 준거하지 않는) 것으로 서술된다.

12) 신적 의미의 단순성과 무한성으로부터 '영원(Eternity)'이라는 시간적 차원의 무한이 나오고, 또한 '광대함(Immensity)'이라는 공간적 차원의 무

한이 나오는데, 즉 통과 불가능성(Impassability), 불가변성(Immutability), 불가멸성(Incorruptibility)이 성립된다.

13) '영원'은 하나님의 본질이 가진 탁월한 양태의 하나로, 그에 따라 하나님이 시작이나 종말의 조건이나 경계와 관련되는 시간성을 갖지 않는 것은 그가 무한한 존재이기 때문이다. 하나님이 앞서는 것과 뒤따르는 것의 연속, 과거와 미래의 연속과 관련된 시간성을 결여하는 것은 그가 가능태로 존재하는 적이 없고 항상 현실태로 존재하는, 단순 존재이기 때문이다(창 21:33, 시 90:9, 사 44:6, 딤후 1:9). 그러므로 이 같은 양태에 따라 하나님의 존재는 항상 완결적이고 확정적으로 보편성, 전체성, 본질의 충만성을 소유하고, 그것과 함께 매 순간 현전하므로 마치 부분들을 지각할 수 없는 찰나와도 같고, 결코 앞으로 진행하는 일이 없이 항상 자신 안에서 지속된다.

따라서 보에티우스[21]를 따라 우리는 영원성을 다음과 같이 정의할 수 있을 것인데, 즉 그의 선이 허용함에 따라 생명이 본질로 변환된 것이라고 합당하게 정의 내릴 수 있다. "영원은 종지부를 가질 수 없는, 전체적인 동시에 본질을 완전하게 소유하는 것을 가리킨다. 그러나 나는 어떤 권리에 의해 이 변화가 성취될 것을 요청할 수 있는데, 왜냐하면 본질은 생명에

21) 보에티우스(Anicius Manlius Torquatus Sererinus Boethius, 480~524)는 로마 최후의 철학자로서, 로마의 명문 출신으로 510년에 집정관이 되었다. 당시의 지배자인 동고트인 테오도리쿠스(Theodoric the Great, 454~526, 재위 488~526)의 신임이 두터웠으나 반역죄에 연루되어 체포된 후 처형되었다. 옥중에서 집필한 『철학의 위안』이라는 책을 남겼다. 이것은 저자와 '철학'과의 우의적 대화를 산문과 39편의 시로 기록한 것이다. 이 작품은 플라톤 철학을 많이 반영하고 있지만, 보에티우스는 아리스토텔레스의 논리를 기독교의 여러 문제에 적용해 후대의 스콜라 철학의 선구자가 되었다.

선행하는 신성의 일차 운동 원인(first moving cause)으로 이해되어야 하고, 영원은 생명을 통해 영원에 속하는 것이 아니라 본질을 통해 생명에 속하기 때문이다."

그러므로 하나님에 관해 절대적으로 서술되는 것은 무엇이든지 전체로서의 영원과 존재의 총체성으로부터 그에게 속한다. 전체로서의 영원으로부터 그에게 속하지 않는 것은 그에 관한 절대적 기술이 될 수 없고, 피조물들에 준거하여 "그는 창조주이시고, 주님이시며, 모든 사람들의 재판장이시다"라고 서술하는 것이다.

14) 광대함은 하나님의 본질이 가진 또 다른 탁월한 양태로, 그에 따라 그의 본질은 공간과 그 경계에 제한되는 국지성을 띠지 않는다. 즉 공간적으로 동연적(同延的, co-extended)[22]이라고 말할 수 있는데, 왜냐하면 그 동연성은 부분들이 갖고 있지 않은 단순한 개체에 속하기 때문이다. 따라서 그에게는 한 부분 다음에 있는 그 다음 부분 같은 것이 없다. 만물들이 존재하기 전에 이미 하나님은 세계 전체로서 존재했고, 공간 자체였으며, 만물이 그에게 속했다. 그러나 그때 그는 홀로 존재하신 것인데, 그 자신 외에는 어떤 외부 존재도 없었기 때문이다(왕상 8:27, 욥 9:8, 9).

15) 피조물과 그들이 거주하는 공간에 존재성이 부여된 후 비로소 광대함으로부터 하나님의 본질의 무소부재성(Omnipresence) 또는 편재성

⋮

22) 시간이나 공간에서 동일한 연장성(延長性, extendedness)을 갖는 것을 뜻한다. 예를 들어 서울과 부산은 위도상으로 떨어져 있으므로 한 지점에서 다른 지점으로 이동하는 데는 시간이 걸린다. 그러나 공간적으로 동연적인 개체들은 같은 시점에서 동일한 거리에 있게 되므로 그 결과 동시에 두 장소에 존재하는 것 같은 효과가 발생한다.

(Ubiquity)이 창발하게 되었고, 따라서 하나님은 피조물이나 공간적 위치가 어떠하든지 거기 현전하신다. 이 사실은 (수학적 의미의) 점과 정확히 유사하고, 따라서 원주(圓周) 안의 어느 곳이나, 그 부분들이 있는 어디에나 그는 존재하시고, 그럼에도 어떤 제약도 없이 온전히 현전하신다. 만일 이 상태에서 어떤 변이가 발생한다면 그것은 하나님의 의지, 권능, 행위에 의해 야기되는 것이다(시 139:8~12, 사 66:1, 렘 23:24, 행 17:27, 28).

16) 통과 불가능성(Impassability)은 하나님의 본질이 가진 탁월한 양태로서, 그 때문에 하나님은 모든 고통이나 정감으로부터 자유롭다. 왜냐하면 하나님은 무한한 존재이고 어떤 외부 원인도 갖지 않으므로 어떤 것도 그의 이러한 본질을 거스르는 행위를 할 수 없을 뿐만 아니라, 어떤 다른 것의 행위에 의해 영향을 받을 수도 없기 때문이다. 즉 그는 단순 존재다. 그러므로 그리스도가 고통을 당하신 것은 그의 신적 본질에 따른 것이 아니다.

17) 불가변성(Immutability)도 하나님의 본질이 가진 또 다른 탁월한 양태로, 그것에 따라 그는 어떤 변화도 겪지 않고, 여기서 저기로 이동하는 일도 없다. 왜냐하면 그는 자신의 목적 자체이고 선 자체이며, 발생, 사멸, 변화, 증가, 감소를 초월하는 광대한 존재이기 때문이다. 같은 이유에서 그는 고통을 당할 수 없다(시 102:27, 말 3:6, 약 1:17). 이와 마찬가지로 성경은 불가멸성(Incorruptibility)을 하나님께 귀속시킨다. 심지어 운동조차 조작 과정을 통해 하나님에게 영향을 미칠 수 없는데, 운동 중의 부동성은 하나님께, 그리고 오직 그에게 속하기 때문이다(롬 1:23, 사 11:28).

18) 이 같은 하나님의 본질이 가진 양태들은 오직 그에게만 속하는 특

이성이기 때문에 그것은 다른 어떤 존재에게도 전이될 수 없다. 이 양태들이 어떤 종류의 특질이든지 오직 하나님의 본질에 적합한 특성을 가지므로 우리가 그것으로부터 그 특유한 존재 양태을 제거함으로써 그것을 아예 파괴하려 하지 않는 한 그 본질 없이 그 양태들을 전이하는 것은 불가능하다. 유비적으로 말해 그 양태들은 하나님의 본질에 대해서보다 하나님 자신에게 더 특이하다고 볼 수 있다. 왜냐하면 그것들은 지극히 탁월하므로 그것과 닮은 것은 있을 수 없기 때문이다. 따라서 그리스도는 그의 인성(人性)으로 인해 모든 장소에 현전할 수 없다.

19) 일체성(Unity)과 선(Good)은 존재의 보편적 특질이므로 하나님에게도 동일하게 귀속되어야 하는 것이지만, 이 경우에는 탁월성의 양태인 하나님의 본질의 단순성과 무한성의 척도에 의해 그에게 귀속된다(창 1:31, 마 19:17).

20) 하나님의 본질이 가진 일체성은 모든 가능한 방식으로 그 자체에 있어서 일자(一者)로 존재하므로 수(數), 종(種), 유(類), 부분들, 양태 등에서 항상 불가분의 상태에 있음을 뜻한다(신 4:35, 고전 8장).

21) 또한 일체성이 하나님의 본질에 속하는 이유는 그것이 다른 모든 것으로부터 분리되어 다른 어떤 것과 결합하는 일이 없기 때문이다. 어떤 사람들은 이 특성을 단순성에 귀속하고, 다른 사람들은 하나님의 본질의 일체성에 전가하지만, 반면 양자 모두에 귀속할 수 있다고 보는 사람들도 있다. 그러나 우리는 성경에서 '거룩함(Holiness)'이 하나님께 귀속하는 것을 빈번하게 보는데, 일반적으로 거룩함은 구별이나 분리를 의미한다. 이 교

의에 따르면 아마도 하나님께서 다른 것들로부터 구별된다는 사실 자체가 그를 '거룩함'이라는 이름으로 불러도 부적절하지 않기 때문인 듯하다(수 24:19, 사 6:3, 창 2:3, 출 13:2, 벧전 2:2~9, 살전 5:23). 그러므로 하나님은 세계의 정신도 아니고 우주의 형상도 아니다. 그는 내재적 형상도 아니고 물질적 형상도 아니다.

22) 하나님의 본질이 가진 선은 그 자신의 본성에 따라 최고의 참된 선 자체다. 그것에 참여함으로써 다른 모든 사물들은 존재성을 얻고 선을 소유하게 되며, 그 선에 대해 다른 모든 사물들은 자기의 궁극적 목적으로서 지시한다. 그런 측면에서 선은 전이될 수 있는(communicable) 것으로 불린다(마 19:17, 약 1 l 17, 고전 10:31).

23) 이 같은 양태와 특질은 일차적으로 하나님의 본질에 귀속하기 때문에 그것들은 신적 본성(Divine Nature)의 둘째 계기[존재—옮긴이]에서 우리가 고찰하는 모든 것의 나머지 부분에서 반드시 연역되어야 한다. 이 연역이 실행된다면, 특히 하나님의 활동에 속한 것들로부터 연역될 때 그것으로부터, 그리고 그것에 대한 우리의 지식으로부터 매우 풍성한 혜택을 얻을 수 있다. 그러나 그것들을 오직 하나님 본성의 둘째 계기에서 고찰해야 할 주제로 삼는다면 그러한 혜택은 우리에게 부여되지 않을 것이다(말 3:5, 민 23:19, 애 3:22, 호 11:9).

하나님의 생명에 대하여

24) 하나님의 본성이 가진 두 번째 운동(계기, momentum) 원인에서 고

찰되어야 할 그의 생명은 그의 본질로부터 유출(flowing)되는 행위로서, 그것에 의해 그의 본질은 자신 안에서 운동하는 것으로서 동일시된다(시 42:2, 히 3:12, 민 14:21).

25) 우리가 하나님의 생명을 "그의 본질로부터 유출되는 행위"라고 부르는 이유는 우리의 지성이 판별적인 형상에 의해 하나님의 본성에 속한 본질과 생명에 대한 개념을, 그리고 생명에 우선성을 부여하는 본질에 대한 개념을 형성함에 따라 생명을 일체성(unity)과 유사한 본질에 근접하는 행위처럼 생각하는 일을 막기 위해서다. 즉 생명이 일체성에 더해질 경우, 마치 본질이 이원론적이거나 이항적인 것처럼 만들 위험이 있기 때문이다. 오히려 생명은 본질로부터 유출되는 행위로서, 마치 (수학적인 의미의) 점이 자기 자신의 전진 운동에 의해 선(線)을 생성하듯이(§ 14) 하나님의 생명은 자기의 완전성을 향해 자신을 앞으로 나아가게 하는 것으로 이해되어야 한다. 죽을 수밖에 없는 존재가 결코 접근할 수 없는 그 생명의 빛을 어느 정도나마 설명하거나 표상하기 위해 어둠의 낱말들을 사용할 수밖에 없는 우리의 제한된 고찰 능력에 의해 이 주제들이 이해될 수 있기를 우리는 소망한다.

26) 우리가 "신적 본질은 생명에 의한 행위에 있다"라고 말하는 것은 하나님의 행위, 외적인 것뿐만 아니라 내적인 것까지, 즉 안으로 향하는 행위와 밖으로 향하는 행위를 통틀어 그것들의 근인(近因)[23]적이고 직접적인 원

··

23) 근접 원인(proximate cause)은 사실 원인(cause-in-fact)과 구별된다. 사실 원인은 인과율에 종속되는 필연성을 갖는 반면, 근접 원인은 대개의 경우 주체의 행위에 관련되므로 어떤 원인 사건이 발생해도 그로부터 결과 사건이 발생하지 않을 수 있다. 그럼에도 법정에서는 특정한 결과를 발생시킬 수 있는 근접 원인이 발생한 것으로 판단할 수 있다. 예를 들어 만

리가 그의 생명에 귀속되어야 하기 때문이다(히 4:12). 왜냐하면 성부 하나님께서 자신의 본질로부터 말씀과 영을 발출하는 것은 그의 생명의 행위에 의해서이고, 따라서 생명의 행위에 의해 하나님께서 인식하고, 의지하며, 행할 수 있고, 또 실제로 행하는 모든 것은 참으로 그가 인식하고, 의지하며, 행할 수 있고, 실제로 행하기 때문이다. 그러므로 복된 은총은 행위에 있으므로 마땅히 생명에 귀속되어야 한다(딤전 1:11, 롬 6:23). 또한 하나님의 뜻을 가리키는 하나님의 맹세를 표현할 때, "주님의 살아 계심을 두고"(렘 4:2)라고 말하는 것도 바로 그 때문인 것으로 보인다.

27) 하나님의 생명은 그의 본질 자체이자 존재 자체인데, 하나님의 본질은 모든 면에서 무한할 뿐만 아니라 단순하고, 따라서 영원하고 불가변적이기 때문이다. 이 설명에 따르면 이 생명에, 그리고 참으로 오직 그것에만 불가멸성이 귀속되므로 하나님의 이 생명은 다른 어떤 피조물에게도 전이될 수 없다(딤전 1:17, 4:16). 하나님의 생명은 광대하므로 커지거나 줄어들지 않는다. 그것은 단일하고, 부분들을 갖지 않으며, 거룩하기 때문에 모든 것으로부터 구별된다. 그러나 거룩함은 선에 속하고, 따라서 전이될 수 있으며, 실제로 하나님의 창조 사역과 보존 사역에 의해, 그리고 지상에서 시작되어 내세에서 완성되어야 할 주거 생활을 통해 피조 세계에 전이되었다(창 1:7, 행 17:28, 롬 8:10, 11, 고전 15:28).

∴ 취한 상태에서 운전할 경우 실제로 어떤 사고가 일어나지 않을 수 있지만, 사고가 발생할 개연성이 높은 것이 사실이다. 따라서 근접 원인에 해당하는 행위가 수행된 것으로 해석될 수 있다.

28) 그러나 하나님의 생명은 지성, 의지, 권능이나 역량이라고 적절하게 부를 수 있는 세 가지 능력에서 능동적이다. 지성의 경우 무엇을 대상으로 삼든지 지성의 행위에서 (지성 자체와) 일체를 이루거나 연합하든지 모든 대상에 대해 내적으로 고찰한다. 의지의 경우 그것의 일차적이고 주요한, 그리고 적절한 대상에 대해 내향적인 의지를 형성하고, 나머지 것들에 대해서는 외향적인 의지를 형성한다. 오직 외부적으로만 행사되는 힘 또는 역량은 실제로 그것이 행사되기 전에 먼저 모든 대상에 적용될 수 있는 잠재적인 것으로서, '역량'이라는 특정한 이름으로 불리는 것의 원인이 된다.

하나님의 지성에 관하여

29) 하나님의 지성은 그의 생명이 가진 능력으로서, 순서에서만 아니라 본성에서도 첫 번째다. 그것에 의해 하나님은 만물과 그것들이 각각 가지고 있는, 장차 가지게 될, 이미 가졌던, 가질 수 있는, 가설적으로 가질 수도 있는 모든 사물과 모든 일을 어떤 종류의 존재이든지 명료하게 인식한다. 또한 그것에 의해 그는 모든 존재들이 각각 직접적으로 서로 간에 가지고 있는 질서와, 그들이 현재 가지고 있거나 장차 가질 수 있는 연관과 다양한 관계를 역시 명료하게 인식하신다. 여기에는 이성에 속한 개체, 그리고 오직 마음과 상상력, 또는 언명 안에 존재하거나 존재할 수 있는 것조차 제외되지 않는다(롬 11:33).

30) 그러므로 하나님은 자기 자신을 인식하신다. 하나님의 능력 안에 있는 것이든지 인간의 역량 안에 있는 것이든지, 능동적 역량 안에 있든지 수동적 역량 안에 있든지, 조작이나 상상이나 언명의 역량에 속하는 것이

든지 하나님은 가능한 모든 것들에 대해 아신다. 그는 어떤 가설을 설정함으로써 실존할 수 있는 것들에 대해 모두 아신다. 그는 자기 자신이 아닌 타자들, 필연적인 것과 우연적인 것, 선한 것과 악한 것, 보편적인 것과 특수한 것, 미래와 현재와 과거의 일, 탁월한 것과 비천한 것을 알고 계신다. 그는 온갖 종류의 본질적인 것과 부수적인 것, 능동적인 것과 수동적인 것, 만물들의 양태와 상황, 밖으로 표현된 말과 행동, 내면의 사고와 숙고와 계획와 결정과 복합적이든지 단순하든지 이성에 속한 개체들에 대해 아신다. 하나님의 지성에 부가적으로 전가되는 이러한 모든 것들은 하나님께서 사물들에 대해 무한한 지식을 가지고 계신다고 말하는 것이 마땅하다는 결론으로 인도하는 것처럼 보인다(행 15:18, 히 4:13, 마 11:27, 시 147:4, 사 51:32, 33, 54:7, 마 10:30, 시 135편, 요일 3:20, 삼상 16:7, 왕상 8:39, 시 94:11, 사 40:28, 시 147:5, 139편, 94:9, 10, 10:13, 14).

31) 하나님께서 아시는 모든 것들은 가지적 이미지에 의해서나 유사성에 의해 알게 되는 것이 아니라, (그는 인식하기 위해 추상이나 모형 같은 것을 사용할 필요가 없기 때문이다) 그 자신의 본질에 의해, 그리고 오직 그것에 의해서만 인식하며, 다만 습성의 수단을 통해 결여가 발견되듯이 대립적인 선한 것들에 의해 그가 간접적으로 알게 되는 악한 것들은 제외된다.

그러므로 하나님은 자기 자신에 대해 온전히 그리고 적합한 방식으로 안식하신다. 그는 모든 존재이며, 빛이시며 눈이기 때문이다. 또한 그는 다른 것들을 온전히 알되 그것들이 그의 안에, 그의 지성 안에 들어 있으므로 탁월하게 아시며, 그것들을 그 고유한 본성대로 적합하게 인식하신다(고전 1:11, 시 94:9, 10).

그는 자기 자신을 일차적으로 아신다. 하나님께서 일차적으로, 그리고 그 자체로 아시는 것이 그 자신의 본질 외의 다른 것일 수는 없다.

하나님에게서 인식 행위는 곧 그 자신의 존재이며 본질이다.

32) 하나님의 인식 양태는 연속적이지 않고, 구성이나 분할을 통해, 또는 연역 논증을 통해 이루어지는 것이 아니라 단순하고 무한한 직관을 통해 이루어진다(히 4:13).

그러므로 하나님은 모든 것을 영원 전부터 아시며, 새롭게 알게 되는 것이 없다. 왜냐하면 새로운 완전성은 그가 모든 것을 알 수 있게끔 그의 본질에 무엇인가를 더해야 하는 것을 뜻하기 때문이다. 만일 하나님이 전에 알지 못했던 것을 지금 알게 된다면 그의 지식은 그의 본질을 능가하게 될 것이기 때문이다. 그러나 하나님께서는 모든 일들을 그의 본질을 통해 인식하기 때문에 그런 일은 있을 수 없다(행 15:18. 엡 1:4).

그에게 알려지는 대상과 그가 갖는 지식 자체는 어떤 논증도 없고 감소하는 일도 없으므로 그는 광대무변하게 모든 것을 알고 계신다(시 147:5).

하나님은 모든 것을 절대적으로 인식하므로 알려지는 사물들의 끝없는 변화에도 불구하고 그의 지식에는 변함이 없다(약 1:17).

단일하고 분할되지 않은 행위에 의해 다수의 사물들에게 분산되는 것이 아니라 오히려 그것들을 자기에게로 모으는 방식으로 하나님은 모든 것을 아신다. 그럼에도 그는 대상들을 혼합된 방식이 아니라 오직 보편적이고 일반적인 방식으로 아신다. 또한 판별적이고 가장 특별한 방식으로 자기 자신을 본연의 모습대로 아시고, 사물들을 원인에 의해, 그것들 자체로, 사물들 안에 현전하는 그 자신의 본질에 의해, 그것들보다 선행하는 원인에 의해, 그 자신에 대해 가장 탁월하게 인식하신다(히 4:13, 왕상 8:39, 시 139:16, 17).

그러므로 잠, 졸음이나 망각 같은 것이 하나님에게 전가될 때, 그런 표현이 의미하는 것은 그의 원수들에게 내려져야 할 심판과 그의 친구들에게 위로와 도움을 주는 일이 지체되고 있다는 사실이다(시 13:2).

33) 한 가지 행위, 그리고 그 단순한 행위에 의해 하나님은 모든 일을 아시지만 그의 지식 대상들에 대해 어떤 순서를 배정한다 해도 그에게 전적으로 부적절하다고 할 수 없고, 사실 그렇게 하는 것은 우리 자신을 위해 필요하다.

그는 자기 자신에 대해 아신다.

그는 모든 가능한 일을 아시며, 그것은 세 가지 일반적인 집합으로 나눌수 있다. 첫째 집합은 하나님의 권능이 스스로를 직접 (외부로) 확장함으로써, 또는 그의 단 한 번의 행위에 의해 존재할 수 있는 사물들이다. 둘째집합은 하나님의 보존, 운동, 도우심, 동의와 방임적 허용에 의해 문제의 피조물들 자체가 존재하든지 않든지, 그리고 그들이 이런저런 순서로 배치되거나 사물들의 무한한 순서를 따라 피조물로부터 존재가 창발하게 만드는 것들이다. 만일 이런저런 가설들이 허용된다면 이 집합은 피조물에게서 존재가 창발하게 만드는 행위로 구성된다고 말할 수 있다(삼상 23:11, 12, 마 11:21). 셋째 집합은 피조물의 행위로부터 하나님 자신의 본성이나 그의 행위에 부합하는 일을 행하실 수 있는 것으로 이루어진다.

그는 모든 일을 그것이 미래에 속하든지 과거에 속하든지 현재에 속하든지 모두 아신다(렘 18:6, 사 44:7). 이 지식에는 세 등급이 있다. 첫 번째 등급은 하나님 자신의 단일 행위에 의해 존재하게 될 것, 지금 존재하는 것 또는 존재했던 것들로 구성된다(행 15:18). 두 번째 등급은 피조물의 개입에 의해 그들 자신에 의해서든지, 그들을 통해 하나님의 보존, 운동, 도움, 동의와 허용 행위에 의해서든지 장차 존재할 것, 존재하는 것, 존재했던 것들로 이루어진다(시 139:4). 세 번째 등급은 피조물의 행위를 통해 하나님 자신의 본성이나 그의 행위에 부합하도록 그가 친히 행하거나 이루시는 일로 이루어진다(신 28장). 이 고찰은 신학 교의의 여러 주제에도 얼마든지 유익하게 적용될 수 있다.

34) 하나님은 모든 것을 거룩한 방식으로, 즉 사물들의 원초적 상태로, 어떤 것도 혼합되지 않은 그 자체로 아신다(시 9:8, 살전 2:4). 이 교의에 따르면 하나님은 사람의 인격이나 겉모습이나 얼굴 생김새를 따라서가 아니라 진리를 따라 판단하신다(롬 2:2).

35) 하나님의 지성은 확실하고 속임을 당할 수 없으므로 미래의 우연적인 사건에 대해서도 그 원인이나 사건 자체를 확실하고 어떤 오류도 없이 아신다(삼상 23:11, 12, 마 11:21). 그러나 이 확실성은 하나님의 본질에 속한 무한성에 의존하므로 그는 자기의 본질에 의해 가장 현재적으로 모든 사물들을 아신다.

36) 하나님의 지성은 어떤 외부 원인으로부터, 어떤 대상으로부터도 파생되지 않는다. 이후에 어떤 대상도 존재하지 않는다면, 그것에 대한 하나님의 인식도 없을 것이다(사 40:13, 14, 롬 11:33, 34).

37) 하나님의 지성은 확실하고 오류가 있을 수 없지만, 그것은 사물들에게 어떤 필연성도 부과하지 않는다. 오히려 그의 지성은 사물들 안에 우연성을 확립시킨다. 하나님의 지성은 사물들 자체뿐만 아니라 그 양태에 대

해서도 인식하므로 그것은 사물과 그것의 양태를 모두 그 자체로 알 수 있어야 한다. 그러므로 만일 그 사물의 양태가 우연적이라면 그의 지성은 그것을 우연적인 것으로서 인식할 것이다. 만일 그 사물의 양태가 필연적인 것으로 변한다면 하나님의 지성이 유일한 이유가 될 경우에도 그것을 우연적인 것으로 인식하는 일은 불가능하다(행 27:22~25, 31, 23:11. 이것을 17, 18절, 25:10, 12, 26:32와 연결해 볼 것. 롬 11:33, 시 147:5).

38) 하나님은 무한한 직관에 의해 수많은 것을 판별적으로 인식하시므로 전지성(全知性, Omniscience) 또는 모든 지혜(All-Wisdom)를 그에게 귀속할 수 있는 합당한 권리를 가진다. 그러나 이 같은 하나님의 전지성은 습성의 양태가 아닌 가장 순수한 행위의 양태에 따라 고찰되어야 한다.

39) 그러나 하나님의 단일하고 가장 단순한 지성은 여러 대상들과 그 대상들과의 관계를 따라 다양해지는 양태들에 의해 이론적 지식과 실천적 지식으로, 그리고 직관(vision)적 지식과 단순 지성(simple intelligence)의 지식으로 구분될 수 있다.

40) 이론적 지식이란 사물들을 존재의 관계와 진리의 관계에 의해 파악하는 것이다. 실천적 지식이란 사물들을 선과의 관계의 관점에서, 그리고 하나님의 의지와 권능의 대상으로서 고찰하는 것이다(사 48:8, 37:28, 16:5).

41) 직관적 지식이란 하나님께서 직접적인 관조에 의해 자기 자신과 다른 모든 사물들의 현재 상태, 미래 상태, 과거로부터 지금까지의 상태를 직접 관조하는 것을 뜻한다. 단순 지성의 인식은 하나님께서 단순 지성에

의해 사물들의 가능태를 관조하는 것이다. 어떤 사람들은 전자를 "확정적 (definite)" 또는 "결정적(determinate)" 지식으로, 후자를 "비확정적" 또는 "비결정적" 지식으로 부르기도 한다.

42) 그 밖에도 신학자들은 하나님의 지식을 세분하여 첫째 범주를 자연적인 또는 필연적인 지식으로, 둘째 범주를 자유로운 지식으로, 셋째 범주를 중간 지식이라고 부른다. 자연적 또는 필연적 지식(natural or necessary knowledge)이란 하나님 자신과 다른 모든 것들을 가능한 것으로서 아는 것이다. 자유로운 지식(free knowledge)은 하나님이 다른 모든 존재들을 [현재 상태로—옮긴이] 아시는 것을 가리킨다. 중간 지식(middle knowledge) 이란 하나님께서 "만일 이런 일이 발생한다면 저런 일이 발생할 것이다"[24] 라고 가언적인 형식으로 아는 것을 가리킨다.

첫 번째 종류의 지식은 신적 의지의 모든 자유로운 행위보다 앞선다. 두 번째 종류의 지식은 하나님 의지의 모든 자유로운 행위를 뒤따른다. 끝으로 중간 지식은 사실상 신적 의지의 자유로운 행위보다 앞서기는 하지만 이 행위로부터 어떤 특수한 일이 야기될 것이라고 가설적으로 인식하는 것이다.

그러나 엄밀히 말해 모든 종류의 하나님의 지식은 필연적이다. 왜냐하면 하나님의 자유로운 인식은 그의 의지의 자유로운 행위가 인식 앞에 어떤 대상을 제시하거나 제공하는 식의 특수한 상황으로부터 발생하는 것이

---

24) 이러한 종류의 지식은 선행하는 조건에 따라 상대적 결과를 얻는 가설적 지식이며, 명제의 구조로 보면 전건과 후건으로 구성된 복합명제인 가언명제(hypothetical proposition) 형식을 취한다. 과학 분야에서 경험적 실험이 필수적으로 요구되므로 실험적 지식으로 불리기도 한다.

아니라, 어떤 대상이든지 일단 대상으로서 규정되면 하나님의 지성이 그의 본질에 속한 무한성에 의해 그것을 인식하기 때문이다. 마찬가지로 어떤 대상이든지 일단 가언적 구조로 규정되면 하나님께서는 그 대상으로부터 어떤 결과가 뒤따를 것인지를 필연적으로 아시기 때문이다.

43) 자유로운 지식은 또한 "예지(foreknowledge)"라고 불리기도 하는데, 인식 작용에 의해 다른 존재들이 알려지는 직관(vision)의 지식과 유사하다. 그것에 뒤이어 의지의 자유로운 행위가 수반하므로 그 지식은 사물들의 원인이 아니다. 그러므로 사물들이 아직 존재하지 않는 것은 그것들이 장차 존재하리라는 것을 미리 아시기 때문이고, 그것은 미래의 일이기 때문에 하나님께서 미래의 일을 아신다는 것은 참된 진리로서 긍정되어야 한다.

44) "실천적인", "단순 지성의", "자연적이거나 필연적인"이라고 불리는 종류의 하나님의 지식은 그것에 그의 의지와 권능의 행사가 덧붙여질 때, 명령하고 지휘하는 양태를 통해 모든 것들의 원인이 되지만(시 104:24), 피조물의 의지의 자유에 달려 있는 일에서는 반드시 "중간" 지식이라고 부르는 종류의 지식이 간섭해야 한다.

45) 하나님의 지식은 특이하게도 온전히 그의 것이므로 어떤 피조물에게도, 심지어 그리스도의 영에게조차 전이될 수 없다. 천만다행으로 그리스도께서 그의 직임을 수행하는 데, 그리고 그의 완전한 은총을 내려주시는 데 필요한 모든 것을 알고 계신다고 우리는 고백한다(왕상 8:39, 마 24:36).

하나님의 의지에 대하여

46) '하나님의 의지(will of God)'라는 표현은 정확히 '의지하는 능력 자체'를 뜻하지만, 비유적으로 말해 그것은 어떤 때는 '의지의 행위'를, 또 다른 때는 '의도하는 목적'을 지시하기도 한다(요 6:39, 시115:3).

47) 하나님의 본질과 지성에 대한 고찰과, 성경과 인류의 보편적 동의가 증언하는 바는 하나님께 개별 의지(a will)를 합당하게 귀속할 수 있다는 것이다.

48) 이 '의지'는 하나님의 생명에 속한 둘째 능력으로서(§ 29), 신적 지성을 뒤따르고, 그 지성으로부터 산출되며, 그것에 의해 하나님은 알려진 어떤 선을 지향하신다. 하나의 선(a good)을 지향한다고 말한 것은 그것이 그의 의지의 적합한 대상이기 때문이다. '알려진 어떤 선'을 지향하신다고 말한 것은 신적 지성이 그것을 하나의 존재로서(as a being) 인식하실 뿐만 아니라, 그것을 선한 것으로 판단하시기 때문이다. 따라서 신적 지성의 행위는 지성과 동일한 본성에 속한 의지에 대해 자신을 선으로 제시하고, 또한 이 알려진 선에 관해 자기의 직임과 행위를 행사할 수 있으므로 차라리 의지의 자녀라고 부름직한 것에 대해서도 마찬가지다. 그러나 하나님께서는 '비난받을 만한 것(culpability)'이라고 불리는 악을 의지할 수 없는데, 왜냐하면 그는 죄의 불치성(不治性)에 반대되는 선, 곧 신적인 선 자체를 의지하시는 것만큼 그러한 악과 연루된 선을 의도하는 일이 없기 때문이다. 하나님의 모든 명령은 이 점을 확신을 줄 수 있을 정도로 매우 강력하게 입증한다(시 5:4, 5).

49) 그러나 선에는 두 종류가 있다. 즉 최고선(Chief Good) 자체와, 그것과 다른 선이 그것이다(마 19:17, 창 1:3). 둘 사이를 떠받치는 질서는 다음과 같다. 즉 후자는 최고선과 함께 있지 않고, 하나님의 지성과 의지에 의해 그것으로부터 존재성을 얻는다(롬 1:36). 그러므로 최고선은 일차적이고, 지고의 선이며, 신적 의지의 직접적 대상이 된다. 즉 최고선은 의지 자신의 무한한 본질로서 영원 전부터 홀로 존재하고, 다른 어떤 선보다 무한한 시대를 앞서 존재하며, 그러므로 그것만이 유일한 선이다(잠 8:22, 24). 이 설명에 따라 최고선을 신적 의지의 특유하고 적합한 대상으로서 동일시하는 것은 결코 부적절한 일이 아닐 것이다. 하나님의 지성과 의지는 각각 자기의 고유한 행위에 의해 이것(이 본질)을 추구한다. 그러므로 양자는 그 안에서 넘치도록 풍성하게 존재와 선을 발견하기 때문에 지성은 자기의 판단을 제공함으로써 그 선이 밖으로 전이될 수 있게 하고, 의지는 그러한 방법을 따라 선이 전이되는 것을 승인한다. 따라서 개별적인 선의 존재는 그것이 어떤 종류의 것이든지 최고선과 다르다. 그러므로 하나님께서 최고선에 따라 뜻을 품으시거나, 오히려 최고선 때문에 그 뜻을 품기로 하는 간접적인 경우를 제외하고 그러한 선은 신적 의지의 대상으로 불릴 수 없다(잠 16:4). 그러므로 하나님의 의지는 하나님의 본질 자체이지만, 형식적 이성(formal reason)에 따라 그것과 구별된다.

50) 하나님의 의지가 대상을 향해 나아가도록 촉발하는 행위는 가장 단순한데, 왜냐하면 하나님의 지성은 가장 단순한 행위에 의해 자기 자신의 본질을 인식하고, 그것을 통해 다른 모든 것들을 인식하기 때문이다. 따라서 하나님의 의지는 단일하고 단순한 행위에 의해 자기 자신의 선을, 그리고 그 선 안에서 모든 것을 의지하신다(잠 16:4). 그러므로 그가 의지하

는 무수히 많은 것들은 신적 의지의 단순성과 갈등을 일으키지 않는다(사 43:7, 엡 1:5~9).

하나님의 의지의 행위는 무한하다. 왜냐하면 그것은 어떤 외부 원인이나 다른 작용인에 의해서도, 그것 자체로부터 나온 어떤 목적에 의해서도 뜻을 품도록 영향을 받지 않기 때문이다. 즉 그것은 자신이 아닌 다른 어떤 대상에 의해서도 움직이지 않는다(신 7:7, 마 9:26). 참으로 목적을 의지하는 것은 그 목적을 위한 것들을 의지하게 하는 원인이 될 수 없다. 비록 그것이 그 목적을 위해 존재하는 것들을 순서상으로 목적의 위치에 놓기는 하지만 말이다(행 17:25, 26, 시 16:9). 따라서 피조물의 어떤 행위가 간섭하지 않는 한 하나님께서 어떤 일을 의도하거나 행하지 않을 것이라고 말하는 것은 이 진리에 대한 타당한 반론이 되지 못한다(삼상 2:30).

신적 의지의 행위는 영원하다. 왜냐하면 하나님께는 '새롭게' 선한 것으로 또는 그렇게 보이거나 하는 것은 전혀 없기 때문이다.

그의 의지의 행위는 불변적이다. 왜냐하면 일단 그에게 선하거나 선하게 여겨지는 것은 변함없이 그에게 선하거나 선한 것으로 여겨질 것이기 때문이다. 하나님께서 어떤 것을 의지하시는 것으로 알게 되는 것은 바로 이것, 즉 그의 불변적 존재다(말 3:6, 롬 11:1).

마찬가지로 그의 의지의 행위는 거룩하다. 왜냐하면 하나님은 부가적으로 따라오는 어떤 것 때문이 아니라 목적이 선하기 때문에 그 대상을 추구하시며, 정당한 이유 없이 감정이 이끄는 대로 (그의 마음이) 대상에게로 기울기 때문이 아니라 오직 그의 지성이 그 대상을 선한 것으로 판단하기 때문이다(딤후 2:19, 롬 9:11, 12:4, 시 119:137).

51) 신적 지성으로 하여금 자기의 모든 대상을 알 수 있게 하는 단순한

외적 행위가 그 대상들에게서 내적 질서를 제거하지 않듯이, 하나님의 의지의 단순하고 독립적인 행위가 대상들에게 행사될 수 있게 하는 순서를 배정하는 것이 허용될 수 있을 것이다.

하나님은 그 자신의 본질과 선, 즉 그 자신을 의지하신다.

그는 그의 지혜의 극도로 세밀한 판단에 의해 수많은 존재자들로부터 그에게 가능한 모든 것들을 의지하신다(잠 16:4). 그리하여 첫째로 그는 그 개체들을 만들기로 뜻을 정하신다. 그다음으로 그것들이 생성되면 그는 그것들이 그의 본성과 일정 정도의 유사성을 갖게 할 만큼 그것들에 대해 애착을 느끼신다(창 1:31, 요 14:23).

신적 의지의 셋째 대상은 지성과 자유의지가 부여된 피조물들 자신이 수행하는 것이 옳다고 하나님께서 판단하시는 것들이며, 그러한 것으로 그가 원하시는 행위는 같은 피조물들이 해서는 안 될 것으로 그가 의지하는 것들을 포함하여 그의 명령에 의해 제시된다(출 20:1, 2 이하, 미 6:8). 우리가 지금 논의하고 있는 주제가 필요한 직무 범위를 넘어서는 것으로 (여분의 일로) 여겨지지 않는다면 여기서 어떤 조언이 제시될 수 있는지는 토의할 문제로 남겨 둔다.

신적 의지의 넷째 대상은 신적인 허용(Divine permission)[25]으로서, 이에

· ·

25) 칼뱅 같은 정통주의자들의 엄격한 예정론을 따를 때, 인간이 죄를 짓는다는 사실을 부인할 수 없는 현실에서 그 행위의 원인이 궁극적으로 하나님에게 전가될 수밖에 없는 난관에 부딪힌다. 아르미니우스는 엄격한 예정 교의가 하나님을 죄의 조성자로 만든다고 비판하면서 그 대안으로 제시하는 것이 죄의 허용이다. '신적인 허용'을 신학 이론 안에 확립한 인물은 잉글랜드의 윌리엄 퍼킨스(1558~1602)다. 그러나 그 개념에 의해 인간이 죄를 짓는 행위를 하나님께서 허용하는 것으로 설명할 경우, 실제로 그것은 '허용'이 아니라 '방임' 내지 '조장'이 아닌가, 그리고 그렇게 해야 할 합당한 이유가 있는가 하는 의문이 제기될 수 있다. 예정과 허용 사이의 갈등이 해소될 수 있는 길이 있는지는 여전히 논쟁적이다.

따라 하나님은 이성을 가진 피조물로 하여금 그가 금지한 것을 행할 수 있게 허용하고, 그가 명령한 것을 이행하지 않을(omission) 수도 있게 한다. 이 조치는 적절하고 충분한 장해물에 대해서가 아니라 인과적으로 유효한 장해물을 유보시키는 것이다(행 14:16, 17, 시 81;13, 사 5;4).

신적 의지의 다섯째 대상은 하나님의 무한한 지혜에 따라 그가 이성을 가진 피조물들의 행위를 통해 자신의 뜻을 이루는 것을 좋게 여기시는 것을 가리킨다(사 5:5, 삼상 2:30, 창 22:16, 17).

52) 그러나 어떤 것도 하나님의 의지를 원인으로 갖지 않는 것이 없지만, 대상들을 향해 하나님께서 의지를 행사하는 한 그는 사물들 사이에 질서가 지켜지는 것을 원하시기 때문에(그 질서에서 핵심적인 것은 예컨대 어떤 것은 다른 것의 원인이어야 한다는 것이다) 마치 하나님의 의지가 다른 대상들을 향하고 있는 양 그 질서 자체가 원인처럼 간주될 수도 있다(호 2:21, 22). 따라서 하나님께서 어떤 사람에게 저주를 내리기로 결정하도록 이끄는 원인은 바로 그것, 즉 하나님께서 우주 전체를 통틀어 그의 정의의 질서가 지켜질 것을 원하신다는 사실이다(요 6:40, 신 7:8). 그러므로 피조물의 어떤 행위 또는 행위의 불이행이 물론 하나님의 특정한 의지가 결정되는 기회나 일차 원인이 될 수 있다는 것을 우리도 부인하지 않지만, 그 행위나 그것의 불이행에 대해 전혀 고려하지 않은 채 하나님은 그와 같은 의지에 의해 간섭을 유보할 수도 있다(삼상 2:30, 렘 18:7, 8).

53) 자신의 의지를 통해, 그리고 자신의 권능에 의해 하나님은 다른 모든 것들의 원인이 된다(애 3:37, 38). 따라서 하나님이 이차 원인을 통해 일하실 경우, 그것과 함께 또는 그것을 수단으로 사용하든지 그는 친히 사

물들에게 부여한 것에 기초하여 움직이는 그들의 고유한 행동 방식을 제거하는 것이 아니라 필연적인 것은 필연적으로, 우연적인 것은 우연적으로, 자유로운 것은 자유롭게 그들 자신의 양태를 따라 스스로 결과를 산출하도록 전혀 개입하지 않고 그 과정을 감내하신다. 이차 원인들의 우연성과 자유를 이런 방식으로 관리함으로써 하나님께서 그것들을 통해 의도하시는 것이 확실히 성취되거나 실현되는 것을 막을 수 없다. 그러므로 한 사건의 확실한 미래화[26]는 필연성을 포함하지 않는다(사 10:5, 6, 7, 창 45:5, 28, 행 27:29, 31).

54) 하나님께서는 하나의 단일한 일체적 행위에 의해 그가 원하는 모든 일들을 의지하지만, 그의 뜻, 더 낮게는 그의 의욕(volition)은 대상들에 대해 무엇을 의도하는가에 따라 양태와 순서를 고려함으로써 그 대상들 자체와 구별될 수 있을 것이다.

55) 신적인 의지는 자연의 양태에 따라, 또는 자유의 양태에 따라 그 대상을 지향한다. 자연의 양태에 따라 그 의지는 일차적이고 적합한 대상, 즉 그 대상의 본성에 어울리고 적합한 것을 추구한다. 자유의 양태에 따라 그 의지는 다른 모든 것을 추구한다. 따라서 하나님은 자연적 필연성에 의해 자기 자신을 의욕하는 반면, 다른 모든 것들을 자유롭게 의욕하지만(딤

∴

26) 영어판 편집본에 사용된 'futurition'이라는 낱말을 이 책에서는 '미래화'로 옮겼는데, 이 낱말은 일상생활에서 거의 사용되지 않는다. 철학적으로 유의미한 용례로는 앙리 베르그송이 '생성(devenir)' 개념을 설명하는 중에 '퓌뛰리시옹'을 사용한 것이다. 어떤 연구자들은 이 낱말을 '미래화 작업'으로도 번역하는데, 과거와 현재와 미래 같은 기하학적 시간 구분을 넘어서 시간과 존재의 개방성을 수용함으로써 거꾸로 미래에 의해 기억되거나 구성되는 과거와 현재를 생각해 볼 수 있다.

후 2:13, 계 4:11) 순서상 뒤에 오는 행위가 순서상 앞서는 자유로운 행위에 의해 제약을 받을 수 있다. 이것은 '가설적 필연성(hypothetical necessity)'이라고 불리는데, 부분적으로 하나님의 자유의지와 행위에, 부분적으로 그의 본성의 불가변성에 기원을 두기 때문이다. 이에 대해 사도 바울은 "하나님은 불의하신 분이 아니므로" 경건한 사람들의 수고와 사랑을 잊지 않으신다고 말하는데, 그것은 하나님이 그들에게 보상을 약속하셨고, 또한 그의 본성의 불가변성 때문에 자기의 약속을 변개할 수 없기 때문이다(히 6:10, 18).

56) 여기에 덧붙여야 할 또 다른 구별이 있는데, 그에 따라 하나님께서 어떤 것을 목적으로, 다른 것들은 그 목적을 위한 수단으로 사용하기로 하신다. 그의 의지는 자연적인 정감이나 욕구에 의해 목적을, 자유로운 선택에 의해 수단을 추구한다(잠 16:4).

57) 하나님의 의지는 또한 어떤 일을 행하거나 막으려 하는 것, 즉 "그의 마음의 자유로운 의향을 따라" 또는 차라리 "하고자 하시는"(시 115:3) 모든 것과, 지성을 부여받은 피조물들에 의해 어떤 일이 수행되거나 불이행되기를 하나님께서 원하시는 것, 즉 "알려지는 뜻"이라고 부를 수 있는 것으로 구별된다. 후자는 계시되는 반면, 전자는 부분적으로 계시되지만 다른 부분은 숨겨져 있다(막 3:35, 살전 4:3, 신 29:29, 고전 2:11, 12). 전자는 힘을 사용하므로 인과적 효력을 가지며, 저항할 수 없을 만큼 강하거나 아무것도 그것을 견뎌 낼 수 없다는 것을 하나님은 정확히 알고 계신다(시 33:9, 롬 9:19). 후자는 "인과적 효력과 무관하므로" 저항하는 일이 빈번히 발생한다. 그러나 피조물이 이 계시된 의지의 명령을 거역할 때, 그에 따

라 그 피조물은 그 명령으로 환원되고, 하나님의 뜻을 행하지 않은 사람들에게 그의 뜻이 실행될 수도 있다(삼후 17:14, 사 5:4, 5, 마 21:39~41, 행 5:4, 고전 7:28).

이 두 종류의 의지의 반대편에 의지의 면제(Remission of the Will)가 있다. 이것은 '허용(permission)'이라고 불리기도 하며, 이 역시 두 종류다. 하나는 어떤 일을 이성을 가진 피조물의 능력에 맡기고 어떤 법에 의해 그 행위를 제한하지 않는 것이다. 이것은 계시되는 뜻에 반대된다. 다른 하나는 하나님께서 어떤 것을 피조물의 능력과 의지에 맡기고, 인과적 효력을 갖는 장해물을 설치하지 않는 것이다. 이것은 인과적 효력을 갖는 "하나님의 자유로운 의향"과 반대된다(행 14:216, 시 81:13).

58) 하나님께서 실행하고자 하는 일을 오직 그가 직접 행하실 것을 원할 수 있는데, 즉 자기 자신 외에 다른 어떤 원인에 의거하지 않고 그의 뜻을 관철시키는 것으로, 피조물의 어떤 행위를 고려하거나 전적으로 피조물의 행위를 기회로 삼거나 하지 않는다(신 7:7, 8, 롬 9:35, 요 3:16).

또는 피조물 측에 규정한 선행하는 어떤 다른 원인으로 인해 하나님께서 실행에 옮기는 경우다(출 32:32, 33, 삼상 15:17, 23). 이 구별과 관련하여 어떤 행위는 하나님의 본성에 어울리지만, 다른 어떤 것은 그에게 맞지 않고 심지어 "그의 본심이 아닌" 것 같다고 말해진다(애 3:33, 사 28:21). 이럴 때 교회는 다음과 같이 표현하기도 한다. "오 하나님이여! 당신의 속성은 언제나 자비를 베푸시고 용서하시는 것이 아닙니까!"

59) 어떤 사람들은 하나님의 뜻을 전건(antecedent)과 후건(consequent)으로 구별한다. 이 구별은 이성을 가진 피조물의 동일한 의욕이나 행위에

대해서 만일 신적인 의지의 행위가 선행한다면 그것은 "하나님의 선행하는 뜻"(딤전 2:4)으로 부르고, 만일 그 행위가 뒤에 발생한다면 그것은 후건 행위, 즉 "기다려야 할 뜻"(행 1:25, 마 23:37, 38)으로 부른다. 그러나 이 경우 선행하는 뜻은 온전한 의지라기보다 불완전한 의욕[27]으로 불러야 할 것이다.

60) 앞의 구별과 크게 다르지 않은 또 다른 구별에 따르면 하나님께서 "사물들의 본성에 따라 절대적으로 고찰할 때 좋게 여기시는 한" 그는 어떤 일들을 행하기를 원하시지만 "모든 상황을 검토한 후 다른 것이 바람직하다고 생각된다면" 다른 일을 행하는 것을 원하신다.

61) 또한 하나님은 선행하는 원인들 안에서 어떤 일을 의욕할 수 있는데, 즉 그는 원인들을 상대적인 것으로 다루면서 그 원인들로부터 일정한 결과가 발생할 수 있게 순서를 배정하고, 실제로 의도한 결과가 발생할 때 그 사실이 하나님을 기쁘게 할 수 있다(겔 33:11, 창 4:7). 하나님은 그런 원인들을 통해 다른 일을 의욕할 수 있을 뿐만 아니라, 그 원인들 자체를 의욕하실 수도 있다(요 6:40, 마 11:25, 26). 이 범주에 속하는 의욕에 부수적으로 포함되는 것으로, 신적인 의지는 조건적인 것과 절대적인 것으로 나뉜다.

62) 끝으로 하나님은 어떤 일을 그 자체로 또는 부수적으로 의욕하신

∴

27) velleity. '불완전한 의욕'으로 옮길 수 있는 이 개념은 아직 행동으로 나타나지 않은 약한 욕망을 뜻한다.

다. 단순하고 상대적으로 선한 것은 그 자체로 원하시는 반면(벧전 3:9), 악한 측면을 갖지만 다른 것과 연합함으로써 선한 면을 갖는 것을 하나님은 우연적으로 의욕하실 뿐으로, 이 경우 하나님은 악한 측면에 반대되는 선한 측면을 각각 선호하면서 의욕하신다. 따라서 그가 심판의 악을 의욕하시는 까닭은 죄를 지은 피조물을 심판하지 않는 것보다 차라리 심판을 통해 정의의 질서를 보존하는 편을 더 원하시기 때문이다(렘 9:9, 시 1:21, 렘 15:6).

우리는 다음의 문제를 제기한다.

첫째, 하나님의 긍정 형태의 서로 상반되는 두 의욕은 하나의 균일한 목적을 추구할 수 있는가?

둘째, 하나님이 갖는 한 의욕이 상반되는 목표를 추구할 수 있는가?

63) 신적 본성의 바로 이 계기에서 본래적으로 또는 비유적으로 우리가 갖는 정서와 도덕적 미덕의 유비 관계에 따라 성경에서 하나님께 귀속시키는 속성들이 고찰의 주제가 되는데, 그런 것으로 사랑, 미움, 선함, 자비심, 욕구, 분노, 정의 등이 있다.

64) 정서와 유비 관계를 이루는 것은 크게 두 가지 주요한 범주로 구분될 수 있다. 첫째 범주는 우리가 일차적이거나 주요한 것으로 부르는 것이고, 둘째 범주는 일차적인 것으로부터 파생되는 것이다.

65) 첫째가는 또는 주요한 정서는 사랑(그것의 반대는 미움이다)과 선이고, 이 정서는 은혜, 온유, 자비와 연결된다.

66) 사랑은 하나님과 연합된 상태의 정서이고, 그것이 지향하는 대상은 하나님 자신과 정의 또는 의의 선, 피조물과 그의 행복이다(잠 16:4, 시 11:7, 요 3:16, 지혜서 11:24~26). 미움은 하나님으로부터 소외된 상태의 정서이고, 그 대상은 피조물의 불의와 비참함이다(시 5:5, 겔 25:11, 신 25:15, 16 이하, 사 1:24). 그러나 하나님은 우선적으로 자기 자신과 정의의 선을 사랑하는 동시에 불의를 미워하신다. 그리고 그는 피조물과 그의 행복을 오직 이차적으로 사랑하시고, 따라서 그와 동시에 피조물이 비참에 빠지는 것을 싫어하시므로(시 11:5, 신 28:61) 집요하게 불의를 고집하는 피조물을 미워하고, 그자가 비참에 빠지는 것을 사랑하신다는 결론에 도달한다(사 46:4).

67) 하나님의 선하심은 자기의 선을 분유하기 원하시는 정서를 가리킨다(계 4:11, 창 1:31). 그 정서가 외부로 지향하는 일차 대상은 존재하지 않으므로 그것의 일차 대상이 제거됨에 따라 필연적으로 그의 선하심은 외부로 분유될 수 없다. 이 선하심의 최초 발산은 피조물을 피조물로서 지향하는 것이고, 두 번째 발산은 피조물이 자기의 의무를 수행할 경우 그에게 약속하신 것보다 풍성하게 보상하는 것이다. 하나님의 선하심의 이 두 발산 행위는 '인자(Benignity)'라는 이름으로 불러 마땅하다. 세 번째 발산은 죄를 짓고 그 범죄 행위에 의해 스스로 비참한 상태로 전락한 죄인을 대상으로 삼는다. 이 지향 행위는 '자비(또는 연민)'으로 부를 수 있는데, 즉 죄 자체가 힘을 행사하는 것을 막는 어떤 장애물도 없으므로 비참한 상태에서 죄인을 구원하고자 하는 정서라고 말할 수 있다(롬 5:8, 겔 16:6). 우리가 이 같은 발산 행위를 신적 선하심에 귀속하는 까닭은 그 사이에 그러한 발출 행위를 통해 하나님께서 자기의 피조물들에게 그들의 몫을 나누어 주

시려는 그의 사랑에 동의하기 때문이다.

68) 은혜는 피조물들을 향한 하나님의 선하심과 사랑에 꼭 적합한 동반자의 위치를 차지하는 것처럼 보인다. 은혜에 따르면 하나님께서 피조물들에게 자신의 선하심을 분유하고 사랑을 베풀기를 좋아하시는 것은 그들의 공로나 채무 때문이 아니고, 또 그것이 하나님 자신에게 조금이라도 유익이 되기 때문이 아니라(시 16:2) 선이 수여되고 사랑받는 사람들에게 그 일이 유익하기 때문이다(출 34:6, 롬 8:1, 요일 4:7).

69) 일차적 정서로부터 파생되는 정서가(§ 65) 갖는 특별한 점은, 그것이 선과 악을 공통으로 갖는 정서가 아니라 오직 선이 현전하거나 전혀 부재할 뿐인 정서라는 데 있다. 우리 사유 능력의 제약으로 인해 우리는 정욕(Concupiscibility)과 조급증(Irascibility)의 정서와의 유사성에 준거하여 그 정서를 세분화할 것이다.

70) 정욕에 관해 우리가 첫 번째로 고찰하려는 것은 욕구(Desire)다. 하나님에게서 욕구라고 부를 만한 것은 지성이 부여된 피조물들에게 내린 명령이 그들의 의로운 행실을 통해 보답을 얻기를 바라는, 그뿐만 아니라 그러한 사람들에게 '상을 내려 보상'하기를 원하는 정서라고 기술할 수 있다(시 81:13~16, 5:3~5, 사 48:18, 19). 이와 반대되는 것은 불의의 행위에 대한 하나님의 혐오의 정서와, 보상하는 의향의 철회다(렘 5:7, 9).

기쁨(Joy)은 하나님의 자기 성취, 피조물의 순종, 그의 선하심의 분유, 그에게 반항하는 사람들과 원수들을 파멸시키는 것 같은, 정당한 일이 완수될 때 발생하는 정서다(사 62:5, 시 81:13, 잠 1:24~26). 기쁨의 반대편에 있는 슬픔(Grief)은 피조물의 불순종과 비참함, 이방인들 사이에서 하나님의 이름이 모독당하는 상황에서 그의 백성이 느낄 수 있는 정서다. 슬픔의 정서와 거의 짝을 이루는 것으로 볼 수 있는 것은 회개(Repentance)의 정서로서, 이성을 가진 피조물의 행위로 인해 하나님께서 뜻을 세우거나 행하기로 작정한 일을 철회하게 만드는 것은 오직 이것뿐이다(창 15:6, 렘 18:8~10).

71) 조급함의 자리에 우리는 희망을 놓고, 그것에 반대되는 절망을 놓으며, 확신과 분노까지 놓을 수 있다. 또한 신인동감동정설[28]에 의해 우리가 하나님에게 전가하는 두려움의 정념도 제외할 수 없다(신 32:27). 희망은 선한 행실에 대해 피조물 측에서 마땅히 주목할 수 있는 기대감과, 그것을 충족시킬 수 있는 하나님의 은혜에 토대한다. 희망은 하나님의 확실한 예지와 쉽게 조화될 수 있다(사 5:4, 눅 13:6, 7). 절망은 "하나님의 생명에서 떠나 있으며" 죄악에 물든 사람들과, "지각이 어두워지고" 양심에 "화인을 맞은" 까닭에 "자기들의 몸을 방탕에 내맡기고, 탐욕을 부리며, 모든 더러운 일을" 하는(렘 13:23, 엡1 4:18, 19) 피조물의 고질적인 불의가 원인으로 작용한다.

하나님 안에서 우리가 갖는 확신이나 용기로 부르는 것은 하나님께서 사랑과 욕구의 대상인 선을 활발하게 수행하시고, 그가 미워하시는 악을

---

28) 신인동감동정설(神人同感同情設, anthropo-pathy)은 일반적으로 인간의 정서와 느낌, 감정, 의지의 다양한 양태를 자연이나 무생물, 다른 동물에게 전가하는 것으로, 특히 비가시적 존재인 신에게 귀속시키는 경향성을 가리킨다. 따라서 이것은 어떤 사건에 대해 자연주의적으로 접근하는 것과 정반대된다. 방법론적 관점에서 이 교의는 사건의 원인에 대한 설명으로 주장되지만, 인과적 폐쇄성(causal closure)을 부정하기 때문에 '설명'으로서의 지위를 가질 수 없다.

격퇴할 수 있게 만드는 동인이 된다.

진노(Anger)는 하나님의 율법을 위반한 피조물을 심판할 때 그가 분출하시는 정념으로서, 그것에 의해 하나님은 그 피조물에게 불의에 대한 대가로 비참함의 악을 부과하고, 그가 의를 사랑하고 죄를 미워한다고 분명히 밝혔듯이 경고한 대로 죄인에게 마땅한 보응을 내리신다. 이 정서의 수위가 높아질 때, '격노(Fury)'라고 불리는 정서가 발생한다(사 63:3~5, 겔 13:13, 14, 사 27:4, 렘 9:9, 신 32:35, 렘 10:24, 12:13, 사 63:6).

72) 하나님은 단순하고 변함이 없으시므로 어떤 정서도 느낄 수 없고, 무절제나 무질서 또는 올바른 이성을 벗어나는 일이 없으심에도 우리가 흔히 인간의 정서와 유사한 성향에 준거하여 그에게 다양한 정서를 전가하는 것은, 하나님께서 의지의 대상으로 삼는 모든 것들에 대해 거룩한 방식으로 그의 뜻을 집행하시기 때문이다. 그러나 우리는 그 정서를 사용하고 행사하는 방식을 하나님의 무한한 지혜 아래 포섭할 필요가 있다. 왜냐하면 그 지혜가 담당하는 일은 하나님의 의지의 대상, 양태, 목적, 상황적 요소를 각각 미리 내다보고, 그중 어느 것을 다른 것보다 우선순위에 두고 행위 영역에 수용할 것인지를 결정하는 것이기 때문이다(출 32:10~14, 신 32:26, 27).

73) 그러한 정서의 조정자 역할을 하는 도덕적 미덕(moral virtues)과 유사성을 갖는 하나님의 속성에는 부분적으로 의(Righteousness)와 같이 모든 정서에 적용되는 일반적인 것이 있고, 부분적으로 인내(Patience)라든가 진노와 그 진노로부터 나오는 심판의 조정자 역할을 하는 미덕같이 특별한 방식으로 일부 정서에 관여하는 것이 있다.

74) 하나님의 의 또는 정의는 모든 사람을 그의 소유로 만들려 하는 영원하고 항구적인 그의 의지이다(시 11:7). 하나님 편에서 그의 소유가 되는 것은 피조물 편에서는 그에게 속하는 것이 된다. 우리는 의의 말씀과 의의 행위를 통해 의에 대해 고찰한다. 의의 모든 말씀에서 진리와 불변성을 발견하고, 의의 약속들에서 의의 신실함을 발견할 수 있다(딤후 2:13, 민 23:19, 롬 4:1, 살전 5:24). 의의 행위에 관해서는 그것은 심판과 보상의 이중 구조를 갖는다. 전자[심판의 의–옮긴이]는 하나님께서 그의 지혜를 통해 그 지혜가 규정하거나 지시하는 공정성의 기준을 따라 모든 일을 경영하시는 행위를 가리킨다. 후자[보상의 의–옮긴이]는 하나님께서 피조물과 맺은 협약을 통해 피조물의 행사에 따라 그에게 마땅히 돌아가야 할 응분의 몫을 시행하시는 것을 가리킨다(히 6:10, 17, 18; 시 1405:17, 살후 1:6, 계 2:23).

75) 인내(Patience)는 하나님께서 사랑하고 의욕하며, 바라는 선이 부재하고, 그가 미워하는 악이 현전하는 상황을 고통 가운데 참는 것을 뜻한다. 더 나아가 그는 죄인들을 불쌍히 여기고, 그들에게 자비와 정의의 사법 행위를 시행할 뿐만 아니라, 그들을 회개로 이끄실 수도 있다. 또는 한층 더 극렬하게 반항하는 사람들, 즉 소환 불응자들에 대해서는 중범죄를 다루는 형평성의 법에 따라 심판하실 수도 있다(사 5:4, 겔 18:23, 마 21:33~41, 눅 13:6~9, 롬 2:4, 5, 벧후 3:9).

76) 오래 참음, 온유, 언제든지 용서하려는 마음, 관대함은 진노와 심판의 조정자 역할을 하는 미덕이다. 오래 참음은 피조물의 허물로 인해 어떤 조치가 요구될 때, 즉시 악을 척결하는 심판을 집행하지 못하도록 진노를 지체시킨다(출 34:6, 사 48:8, 9, 시 103:9). 우리는 그것을 온유(Gentleness)

또는 관후(Lenity)라고 부르며, 그것은 과도한 진노가 퍼부어지지 않게, 또는 차라리 진노의 엄중함이 저질러진 불의의 심도(深度)에 상응하지 않도록 진노를 완화한다(시 103:10). 우리는 그것을 언제든지 용서하기를 원하시는 마음이라고 부를 수 있을 텐데, 즉 하나님의 진노를 누그러뜨림으로써 죄인들의 죄과에 맞먹는 진노가 영구히 계속되지 않게 한다(시 30:5, 렘 3:5, 욜 2:13). 관대한 처분(Clemency)은 하나님께서 응분의 징벌을 조정함으로써 그 엄중함과 기한이 죄의 대가보다 훨씬 가볍게 하고, 피조물이 감당할 만한 수준을 넘지 않게 하는 것을 가리킨다(삼하 7:14, 시 103:13, 14).

하나님의 권능에 관하여

77) '하나님의 권능'이라는 표현은 순수 행위이신 하나님, 또는 자연의 필연성을 통해 항상 자신 안에서 행하시는 행위 자체이신 하나님에게 결코 있을 수 없는 수동적인 힘이 아니라, 그가 외적으로 활동할 수 있게 하고 그가 보시기에 좋은 대로 행하실 수 있게 하는 능동적인 힘을 가리킨다.

78) 따라서 우리는 그것을 다음과 같이 규정한다. "하나님의 권능이란 순서상으로 지성과 의지 다음에 나오고, 그것에 의해 하나님 자신의 자유로운 의향에 따라 그가 원하는 어떤 것이든지 외부적으로 행할 수 있는, 그리고 그의 자유의지에 따라 무엇이든지 행할 수 있게 하는 하나님의 생명의 능력이다." 따라서 이 권능은 지성의 인도 아래 의지가 내리는 명령을 집행하는 원리라고 할 수 있다. 그러나 우리는 방해(Impeding)나 차단(Obstruction)도 이 활동에 포함시키고자 한다(시 115:3, 애 3:37, 애 3:37, 38, 시 33:9, 렘 18:6). 그러므로 이 기술에서 우리는 생명을 조성하고 호흡을 불

어넣는 힘이나 능력은 여기서 제외하는데, 그것은 자연적인 방법으로 내재적으로 활동하기 때문이다.

79) 신적인 역량의 척도는 하나님의 자유의지이며, 참으로 그것은 적합한 척도이다(시 115:25-27). 왜냐하면 하나님께서 자유롭게 무엇을 의욕할 수 있든지, 그는 또한 그것을 행하실 수 있고, 또 그가 행할 수 있는 일이 무엇이든지, 그는 자유롭게 의욕할 수 있으며, 그리고 그가 의욕할 수 없는 일이 무엇이든지, 그는 그것을 행할 수 없고, 그가 행할 수 없는 것을 그는 의욕할 수 없기 때문이다. 그러나 그가 어떤 일을 행하시는 것은 그가 그것을 원하시기 때문이고, 그가 행하지 않는 것은 그가 그것을 행하는 것을 원치 않기 때문이고, 그 역은 성립되지 않는다. 따라서 신적인 권능의 대상들은 가장 포괄적으로 잡아야 하고, 그리고 사실 하나님의 자유의지의 대상을 통해 경계를 둘러야 한다.

80) 다음은 그 권능이 활동하는 방식이다. (하나님의) 자유의지는 (그의) 본성의 양태를 따라 스스로를 인도하는 뜻에 달려 있고, 그 두 가지는 모두 선행하는 지성을 뒤따르며, 의지와 연합하여 하나님의 참된 본질의 기초를 이룬다. 하나님은 그의 본질과 자연 의지를 거스르지 않는 것, 지성에 의해 개체들과 참된 사물로 파악될 수 있는 것이면 무엇이나 자유롭게 의욕할 수 있다. 그렇기 때문에 그는 오직 그런 일을 행하실 수 있다고, 아니 그보다 오히려 그는 그 모든 일들을 홀로 행하실 수 있다고 결론 내려야 하는데, 하나님의 자유의지는, 마찬가지로 그의 권능도 그러한 원리에 의해서만 제약을 받기 때문이다. 이 같은 종류의 사역은 다른 모든 것이 불가능할 때도 단순히 그리고 절대적으로 가능한 유일한 것이므로 하

나님께서는 가능한 모든 일들을 행하실 수 있다고 말해 마땅하다(눅 1:37, 18:27, 막 14:36). 그러므로 그의 본질과 자연 의지에 반대되고, 그의 지성이 파악할 수 없는 개체, 진리, 선이 어떻게 있을 수 있겠는가?

81) (앞의 논제의 마지막 절에서 기술했듯이) 이 같이 규정된 것들은 모든 사람들이 참된 것으로 고백하는 것이며, 일반적으로 학교에서 모순을 함축하는 불가능한 것으로서 기술된다. 그러나 "과연 그것들은 무엇인가?"라고 어떤 종(種)에 속하는지를 묻는다. 여기서 우리는 그것들 중 일부를 예시할 것이다. 하나님은 또 다른 신을 만들 수 없고, 그는 다른 것으로 변할 수도 없다(약 1:17). 그는 죄를 지을 수 없고(시 5:5), 거짓말을 하실 수 없으며(민 23:19, 딤후 2:13), 어떤 사물로 하여금 존재하는 동시에 존재하지 않게 만들거나, 존재했던 것을 존재하지 않았던 것으로 만들거나, 장차 존재할 것을 존재하지 않게 만들거나, 이것이면서 이것이 아닌 것으로 만들거나, 이것인 동시에 이것과 반대되는 것으로 만드실 수 없다. 그는 우연적인 것이 그 주체를 상실하게 만든다거나, 어떤 실체를 그보다 앞서는 다른 실체로 변화시킨다거나, 빵을 그리스도의 몸으로 변화시킨다거나, 하나의 물체가 어디에나 존재할 수 있게 만들 수 없다. 우리가 이런 것에 대해 주장하는 것이 하나님의 능력을 훼손하는 것이 아니다. 그렇지만 우리는 그에게 합당하지 않은 무가치한 것을 그의 본질이나 지성이나 의지에 전가하지 않도록 주의해야 한다.

82) 하나님의 권능은 무한하다. 그것은 가능한 모든 것들을 행할 수 있을 뿐만 아니라, (그것을 일일이 셀 수 없으므로 항상 더 많이 발생할 수 있는 가능성을 무시한 채 얼마나 될지 수를 세어 볼 수는 없다) 그것을 막을 수 있는 것

5부 25개 주제에 관한 공개 논박

은 아무것도 없다는 것을 뜻한다. 왜냐하면 창조된 모든 것들은 말 그대로 피조된 것들을 생성하고 보존하는 일에서 유효성의 원리(efficient principle)가 되는 신적인 권능에 의존하기 때문이다. 그러므로 전능성은 마땅히 하나님께 귀속된다(계 1:8, 엡 3:20, 미 3:9, 26:53, 롬 9:19, 빌 3:21).

하나님의 권능의 척도는 그 자신의 자유의지에 있고, 하나님께서 무슨 일을 하시든지 그것은 그가 그 일을 하고자 하심을 뜻하므로 신적인 의지가 뚜렷이 명시되지 않는 한 어떤 일이든지 발생할 수 있다는(혹은 장차 발생할 것이라는) 결론은 하나님의 전능성으로부터 함축되지 않는다(단 3:17, 18, 홈 4:20, 21, 마 8:2). 그러나 어떤 일이 하나님의 의지로부터 명백히 알려진다면 비록 피조물의 마음에 불가능하게 보이는 일이라도 그가 행하기로 뜻을 정하신 것은 확실히 이루어질 것이다(눅 1:19, 20, 34~37). 우리의 마음은 오직 그것에 "붙잡힌 바 되어 믿음으로 순종해야 한다"라는 것은 얼마든지 많이 실행되어도 좋을 진리다.

83) 하나님의 권능을 절대적인 것, 일상적이거나 실제적인 것으로 구별하는 것은 그의 권능보다는 그의 의지에 더 적합해 보인다. 의지가 그 능력을 사용하고자 의도할 때 그 능력을 사용하여 어떤 일을 행하고, 원하기만 하면 언제든지 그 능력을 사용할 수 있음에도 행하고자 하는 뜻이 없을 때 그 능력은 전혀 행사되지 않기 때문이다. 그가 자기의 능력을 사용하실 경우 신적인 의지는 그것을 통해 그 힘이 할 수 있는 것보다 더 많은 일을 이루실 수 있다(마 3:9).

84) 하나님의 전능성은 다른 어떤 피조물에게도 전이될 수 없다(딤전 6:15, 유 4절).

하나님의 완전성에 관하여

85) 이제까지 논의한 모든 것들의 단순하고 무한하게 결합한 것들을 으뜸가는 탁월성의 양태의 관점에서 고찰할 때, 하나님의 완전성이 모습을 나타낸다. 그것은 단순성과 무한성의 결과이기 때문에 하나님께서 모든 것을 일일이 가장 완벽한 방식으로 행하신다는 뜻이 아니라 완전성에 의해, 가장 완벽한 방식으로, 그가 어떤 종류의 완전성이든지 그것을 의미하는 모든 것을 소유하시는 것을 뜻한다. 따라서 그것에 대해 다음과 같이 기술하는 것이 적절할 것이다. "그것은 무한히 영원한 실재(the Interminable)이자 전체성(the Entire)이자 그와 동시에 본질과 생명의 완전한 소유 자체다"(마 5:48, 창 17:1, 출 6:3, 시 50:10, 행 17:25, 약 1:17).

86) 하나님의 이 완전성은 모든 피조물들의 완전성을 무한히 능가하는데, 그 점을 세 가지로 설명해 볼 수 있다. 그 완전성은 모든 사물들을 가장 완전한 양태로 소유하는 것을 뜻하고, 그것은 다른 어떤 것으로부터 획득될 수 없다. 그러나 피조물들이 갖는 완전성은 그들이 하나님으로부터 얻은 것이고, 따라서 그들에게는 원형(archetype)의 흔적이 희미하게 남아 있다. 어떤 피조물들은 다른 것보다 〔이 획득한 완전성을〕 더 많은 정도로 가지고 있고, 그 완전성을 더 많이 가질수록 그들은 하나님께 더 근접할 수 있고 그와 더 많이 닮게 된다(롬 11:35, 36, 고전 4:7, 행 17:28, 29, 고후 3:18, 벧후 1:4, 마 5:48).

87) 이 같은 종류의 완전성을 통해 하나님의 어떤 내적 행위에 의해 그의 복된 은총이 생성되고, 그것이 갖는 어떤 외적 관계에 의해 그의 영광이

생성된다(딤전 1:11, 4:15, 출 33:18).

하나님이 주시는 행복

88) 행복(blessedness)은 지성의 행위를 통해 성취되는데, 그것은 의지의 행위를 통해서도 성취될 수 있지 않을까? 우리의 견해는 그 입장을 긍정적으로 수용하고, 그 이유를 상세하게 설명하겠다. 복 주심은 하나님의 생명의 행위로서, 그 행위에 의해 그는 지성이 완벽하게 인식하고 의지가 가장 사랑하는 대상으로 삼는, 하나님 자신의 완전성을 향유하신다. 또한 그 일을 통해 그는 그 완전성을 깊이 음미하시며 안식을 누리신다(창 17:1, 시 16:11, 고전 1:9, 10).

89) 하나님의 복 주시는 행위는 그에게 고유한 것이므로 그것은 피조물에게 전이될 수 없다(고전 15:28). 그러나 대상과의 관계에서 하나님은 지성을 소유한 피조물들이 소유한 아름다운 선 자체이고, 그 대상을 향한 행위의 주효 기관이며, 그 기관은 만족스러운 결과를 얻을 때 작동을 멈춘다. 이상의 면모가 피조물의 행복을 구성한다.

하나님의 영광

90) 밖에서 볼 때 하나님의 영광은 그의 완전성으로부터 나오며, 그것에 대해 어느 정도까지 기술할 수 있다. 즉 하나님의 영광은 모든 것들보다 뛰어나신 하나님의 탁월성이다. 하나님은 이 영광을 외적 행위에 의해 다양한 방식으로 나타내신다(롬 1:23, 9:4, 시 8:1).

91) 그러나 성경이 우리에게 선언하듯이 영광이 현현되는 양태는 주로 두 가지다. 하나는 빛과 특이한 찬란함의 광휘에 의해, 또는 그 반대로 짙은 어둠이나 암흑으로 나타난다(마 17:2~5, 눅 2:9, 출 16:10, 왕상 8:11). 다른 하나는 하나님의 완전성과 탁월성에 일치하는 결실이 산출되는 것이다(시 19:1, 요 2:11). 그러나 이 주제에 대한 심도 있는 논의는 멈추고 영광의 하나님을 간절히 구하는 뜨거운 기도를 함께 드리기로 하자. 그는 우리가 그의 영광을 닮을 수 있게 만드셨으므로 우리 주 예수 그리스도, 그의 영광의 광채와 인격의 탁월한 형상을 통해 우리가 사람들 사이에서 그의 영광을 더욱더 높이 나타내는 도구가 될 수 있게 허락하실 것이다.

아버지와 아들의 위격에 관하여

– 응답자: 페터르 데라피터

1) 자녀로 삼으신 일에 대해 성경이 때때로 말하듯이 우리가 아직 '아버지'라는 호칭을 듣지 못하던 중 믿는 자들을 자녀로 삼으심으로써 비로소 그 호칭을 허락하신 것이다(갈 4:6). 만물의 창조에서도 사정은 크게 다르지 않은데, 이방인들조차 하나님 아버지를 알았고, 따라서 그들도 그를 그 이름으로 불렀다(행 17:28). 그러나 하나님께서 자기의 유일하신 아들이자 적자(嫡子), 곧 우리 주 예수 그리스도와 갖는 관계에 준거하여 우리는 하나님을 이 이름으로 부른다(엡 1:3). 따라서 우리는 그에 대해 이렇게 기술할 수 있다. "그는 성 삼위(Sacred Trinity) 중 첫째 위격으로서, 영원한 시간 전에 그 자신으로부터 신성을 교류하심으로써 말씀(the Word)이신 그의 아들을 낳으셨다."

2) 우리가 하나님을 '위격(Person)'이라고 부르는 것은 다른 사람을 표상

하기 위해 분장하는(가면을 쓰고[29]) 상황에서 그 낱말이 사용되는 용례에 준거한 것이 아니라 오히려 살아 있고, 지성적이며, 의욕하고, 능력을 가지며, 능동적인 본성에 속한, 비분할적이나 교류 가능한 자립적 실체로서 정의된 것에 준거한다. 성경에서 그러한 각각의 속성들은 모두 우리 주 예수 그리스도의 아버지에게 귀속되었다.

자존적 실재(subsistence): "지금도 계시고 전에도 계셨고 또 앞으로 오실 분"(계 1:4).

생명(Life): "살아 계신 아버지께서 나를 보내셨고"(요 6:53, 57).

지성(Intelligence): "하나님의 지혜와 지식은 어찌 그리 깊고 깊으십니까?"(롬 11;33).

의지: "나를 보내신 분의 뜻"(요 6:39).

권능(Power): "나라와 권능과 영광은 영원히 아버지의 것입니다"(마 6:13).

∴

29) '가면', '등장인물'을 뜻하는 페르소나(persona)와 성삼위의 위격들(persons)을 혼동하기 쉽다. 그리스어 '프로소폰(πρόσωπον)'에서 유래한 라틴어 '페르소나'는 정체성을 감추기 위해 다른 인격의 겉모습을 표상하는 것, 또는 다른 인물이 되는 것을 뜻한다. 반면에 보에티우스에 따르면 위격은 이성적 본성의 개체적 실체라고 정의된다. 이 정의에서 실체란 우유(偶有)를 배제한 개념이고, '개체적 실체'란 유(類)나 종(種) 같은 추상적 실체가 아니고 개체들 속에 구체적으로 존속하는 실체를 뜻한다. 또 '이성적 본성'이란 위격이 지성적 존재에 한정하여 사용되는 용어임을 가리킨다. 그러나 이 정의에 따르면 인간의 영혼과 그리스도의 인성(人性)도 위격을 가진다고 할 수 있는 부당한 결론에 도달하므로 토마스 아퀴나스는 위의 정의에서 개체적 실체라는 부분을 보완하여 "다른 존재와 독립하여 그 자체로 존속하는 완전한 실체"라고 한정지었다. 이 정의에 비추어 볼 때 인간의 영혼은 독립하여 존재할 수 있으나 그것만으로 완전하지 못하고 인간 본성의 일부를 구성할 뿐이므로, 즉 위격을 지닌다고 할 수 없고, 예수 그리스도의 인성은 그의 신성과 독립하여 존재할 수 없으므로 또한 위격을 가지지 않는다는 결론을 얻게 되어 타당한 논증을 구성한다.

능동성(Active): "내 아버지께서 이제까지 일하고 계시니"(요 5:17).

우리는 지금 이 용어들에 대해 주장을 펼치려는 것이 아니다. '위격'이라는 낱말 아래에서도 우리가 이제까지 기술한 것을 파악할 수 있고, 그것들은 아버지에게 부합하기 때문에 '위격'이라는 명칭의 합당성은 하나님에게 부인될 수 없다.

3) 우리는 하나님을 '거룩한 삼위의 한 위격', 즉 우리가 '성부'를 하나님이라고 부를 때 그는 마치 우리에게 압도적인 힘을 가지고 행사하시는 신적인 위격으로 이해한다. 아들의 신성에 대해 의문을 품었던 사람들 대부분도 아버지의 신성은 인정하는 데 문제가 없었지만, 그럼에도 구약의 하나님은 신약의 하나님과 다르다고 주장하는 사람들이나, 예수 그리스도의 아버지는 하늘과 땅의 창조자와 다른 존재라고 주장하는 사람들에 의해 부인되기도 한다.

전자의 진영에 대해 우리는 그리스도의 말씀을 근거로 반대한다. "하늘과 땅의 주님이신 아버지, 감사합니다."(마 11:25) 후자의 진영에 대해서는 역시 동일하게 그리스도의 말씀에 근거해 반대한다. "나를 영광되게 하시는 분은 나의 아버지시다. 너희가 너희의 하나님이라고 부르는 바로 그분이시다."(요 8:54) 이 두 진영 모두에 대해 우리는 예루살렘 교회의 한목소리로 선언한 것에 준거하여 반대한다. "하늘과 땅과 바다와 그 안에 있는 모든 것을 지으신 주님, 주님께서는 주님의 종인 우리의 조상 다윗의 입을 빌려서 성령으로 이렇게 말씀하셨습니다." 뒤에 이어지는 구절에서 사도들은 "사실 헤롯과 본디오 빌라도가 이방 사람들과 이스라엘 백성과 한패가 되어 이 성에 모여서 주님께서 기름 부으신 거룩한 종 예수를 대적하여"(행

4:24~27)라고 말한다.

4) 우리가 하나님을 성삼위에서 '첫째' 자리에 놓은 것은 그리스도께서 다음과 같이 명령하시는 중에 우리에게 그렇게 가르치셨기 때문이다. "모든 민족을 제자로 삼아서 아버지와 아들과 성령의 이름으로 세례를 주고."(마 28:19) 여기서 '첫째'는 시간적 관계가 아니라 질서의 관계에서 처음 나오기 때문이다. 그 질서의 토대는 다음과 같이 기술될 수 있다. 아버지는 신성(Divinity) 전체의 기초이고 기원이며, 아들 자체의 원리이며 원인이다. '첫째'라는 낱말이 함축하는 것이 바로 그 점이다(요 5:26, 27). 경건한 고대인들은 샘과 시냇물, 태양과 광선, 마음과 이성, 뿌리와 줄기 같은 직유법에 의해, 그리고 유사한 비유를 사용하여 이것(비밀)에 대해 표명하려 애썼다. 그 때문에 '아버지'라는 호칭은 외적인 것으로부터 '발생한 것이 아닌 것(unbegotten)'을 함의하고, 교부들은 하나님에게 가장 탁월한 권위를 귀속했다. 하나님의 이름이 특히 성경에서 탁월성에 준거하여 아버지께 귀속되는 것은 바로 이 때문이다.

5) 우리는 하나님에게 '능동적 생성(active generation)'을 전가하는데, 이 것 역시 '아버지'라는 이름 아래 포섭된다. 그러나 그 양태와 비율에 대해서 우리는 솔직히 아무것도 모른다고 고백할 수밖에 없다. 그렇지만 모든 생성은 그렇게 부르는 것이 합당한 경우, 자식을 낳는 주체가 가지고 있는 동일한 본성을 전이시킴으로써 성립되는 것이므로 그 자신의 본성으로서의 신성을 아들에게 전이시킴으로써 "그의 아버지가 아들을 낳았다"라고 합당하게 말할 수 있다. 그러므로 자식을 낳는 원리 자체는 아버지이지만, 생성을 효력 있는 것으로 만드는 원리는 아버지의 본성이다. 따라서 위격

은 자식을 낳기도 하고 또 태어날 수도 있게 된다. 그러나 본성은 자식을 낳을 수도 없고 태어날 수도 없으며, 오직 전이(communication)될 수 있을 뿐이다. 올바르게 이해할 때, 이 전이 개념은 보편교회의 구성원들이 (성부의 신성의 경우) 네 번째 위격을 인정하고 있다고 비판하는 반삼위일체론자(Anti-Trinitarians)의 반론을 무력하게 만든다.

6) 우리가 "영원 전부터 그는 (아들을) 낳으셨다"라고 말한 것은 그가 예수 그리스도의 아버지가 되기 이전에는 그의 하나님이 아니었다거나, 그가 그리스도의 아버지가 되기 전에 홀로 계신 하나님이셨던 것도 아니기 때문이다. 이성을 결여하는 마음을 상상할 수 없듯이 말씀을 결여하는 하나님을 상상하는 것은 매우 불경스러운 일이다(요 1:1, 2). 그뿐 아니라 거룩한 고대인들과 보편교회의 기본 인식에 따르면 이 같은 종류의 생성은 내적 활동인 까닭에 아들의 위격 역시 영원 전부터 존재했다고 말해야 한다. 왜냐하면 우리가 하나님이 변화를 겪는 존재라고 주장하려는 것이 아닌 한 그러한 모든 활동은 영원하기 때문이다.

7) 이제까지 우리는 아버지의 위격에 대해 살펴보았다. 아들은 성삼위 가운데 둘째 위격으로서, 영원 전부터 아버지에 의해 낳으신 바 된 아버지의 말씀이며, 기원을 갖지 않는 아버지로부터 동일한 신성(Deity)을 얻으심으로써 그에게서 나오셨다(마 28:19, 요 1:1, 미 5:2). 따라서 우리는 "그는 창조에 의해 생산된 아들이 아니다"라고 말해야 한다. 왜냐하면 창조된 것은 무엇이든지 아들에 의해 창조되었기 때문이다(요 1:3). 그는 입양에 의해 아들이 되신 것도 아닌데, 우리 신자들 모두가 아들 안에서 입양되었기 때문이다(요 1:12, 엡 1:5, 6). 그러나 그리스도는 아버지로부터 생성에 의해

나오셨다. 그는 비존재자들로부터 또는 창조되지 않은 요소들로부터 창조된 피조물이 아닌 아들이고, 마치 그가 아들이기 전에 어떤 개체로 존재했던 것처럼 입양에 의해 아들이 된 것이 아니다. 왜냐하면 아들이라는 이름은 원초적인 것이고, 그의 가장 심오한 본성을 지시하기 때문이다. 그는 생성에 의해 존재하게 되었고, 아들이기 때문에 본성상 그는 아버지의 신성에 총체적으로 참여하신다.

8) 우리가 아들을 '위격'이라고 부를 때, 그 명칭은 우리가 이미 아버지의 속성을 설명하는 곳에서(§ 2) 사용한 낱말과 동일한 의미를 가진 것이다. 왜냐하면 그는 분할되지 않은 단일체로서 전이 불가능한 자립적 실체이기 때문이다. 사도 요한은 "태초에 '말씀'이 계셨다. 그 '말씀'은 하나님과 함께 계셨다"(요 1:1)라고 했다. 그의 살아 있는 본성에 대해서는 "살아 계신 아버지께서 나를 보내셨고, 내가 아버지 때문에 사는 것"(요 6:57)이라고 말한다. 그의 지성에 대해 "하나님을 본 사람은 아무도 없다. 아버지의 품속에 계신 외아들이신 하나님께서 하나님을 알려 주셨다."(요 1:18) 의지에 대해서 "아들과 또 아들이 계시하여 주려고 하는 사람밖에는 아버지를 아는 이가 없습니다."(마 11:27) "아들도 자기가 원하는 사람들을 살린다."(요 5:21) 권능에 대해서 "그분은 만물을 복종시킬 수 있는 권능으로, 우리의 비천한 몸을 변화시키셔서 자기의 영광스러운 몸과 같은 모습이 되게 하실 것입니다."(빌 3:21) 그의 능동성에 대해서는 "내 아버지께서 이제까지 일하고 계시니 나도 일한다"(요 5:17)라고 말한다.

9) 우리는 아들을 '성삼위의 한 위격', 즉 거룩한 인격체이면서 하나님이신 분으로 부른다. 정통 초대교회와 함께 우리는 네 개의 판별적인 근거나

논증에 의해 우리의 견해를 증명할 수 있다. 즉 첫째, 성경에서 그를 부를 때 사용하는 여러 이름들로부터, 둘째, 성경이 그에게 귀속하는 신적인 속성으로부터, 셋째, 성경이 그가 획득한 것으로 명시하는 성취로부터, 넷째, 구약성경에서 아버지에 관해 언급된 것에 준거하여 신약성경에서 아들에게 적용하고 있는 일련의 성경 구절을 근거로 입증할 것이다.

10) 아들의 위격이 소유한 신성은 성경에서 그에게 귀속하는 이름들에서 명백하게 입증된다. 성경은 그를 하나님으로 부르기 때문이다. 그러나 "그 '말씀'은 하나님이셨다"(요 1:1), "그는 만물 위에 계시며 영원토록 찬송을 받으실 하나님이십니다"(롬 9:5)라는 본문에서 볼 수 있듯이 단지 속성을 귀속할 뿐만 아니라 "그분은 육신으로 나타나시고"(딤전 3:16), "주님의 하나님께서는 주님께 즐거움의 기름을 부으셔서"(히 1:9)라는 구절들에서 보듯이 그를 주체로서 기술한다. 더 나아가 그는 "곧 위대하신 하나님"(딛 2:13)이심을 확증한다.

'아들'이라는 낱말 역시 같은 사실을 증언하고, 특히 그 이름이 오직 배타적으로 그에게만 쓰이기 때문이다. 그러므로 "(하나님의) 자기 아들"(롬 8:32), "아버지의 품속에 계신 외아들"(요 1:8) 같은 표현은 그가 본성에 의해 하나님의 아들이 되었음을 보여 준다.

그는 "만주의 주요, 만왕의 왕"(계 17:14, 19:16), "영광의 주님"(고후 2:8)으로 불리기 때문이다. 똑같은 이름들이 여호와라고 부르는 분에게 귀속되고 있는 구약성경과 비교할 때, 앞의 호칭은 우리가 확립하려는 견해를 더욱 강력하게 뒷받침한다(시 95:3, 24:8~10).

경건한 고대인들이 로곤(Logon)[30], 즉 '말씀'이라는 이름에 의해 동일한 참된 진리를 확증했기 때문이다. 그러나 성경에서 '말씀'이 사용된 용례에 근거할 때, 그 이름은 고유한 자립적 실재성을 결여하는 어떤 외적 기표도 지시할 수 없다. 왜냐하면 그 '말씀'은 "태초에 하나님과 함께 계셨고, 그것은 곧 하나님이셨다", "모든 것이 그로 말미암아 창조되었다" 같은 구절이 확증하기 때문이다.

11) 성경에서 하나님의 아들에게 귀속된 신성의 본질적 속성들은 매우 단순한 방식으로 선언되어 있다.

광대(Immensity): "내 아버지와 나는 그 사람에게로 가서 그 사람과 함께 살 것이다."(요 14:23) "그리스도를 여러분의 마음속에 머물러 계시게 하여 주시기를 빕니다."(엡 2:17) "내가 세상 끝날까지 항상 너희와 함께 있을 것이다."(마 28:20)

영원(Eternity): "태초에 '말씀'이 계셨다."(요 1:1). "처음이며 마지막이요, 죽으셨다가 살아나신 분."(계 1:11, 2:8)

불변(Immutability): "주님께서는 언제나 같으시고, 주님의 세월은 끝남이 없을 것입니다."(히 1:11, 12)

전지성(Omniscience): "모든 교회는 내가 사람의 생각과 마음을 살피는 분임을 알게 될 것이다."(계 2:23) "주님께서는 모든 것을 아십니다."(요 21:17) 그는 바리새인들의 생각까지 들여다보셨다(마 12:25).

전능성(Omonipotence): "그분은 만물을 복종시킬 수 있는 권능으로, 우리의 비천한 몸을 변화시키셔서 자기의 영광스러운 몸과 같은 모습이 되게

••

30) 로곤(λόγον)은 '말' 또는 '언어' 등을 뜻하는 명사 '로고스(λόγος)'의 대격(對格)으로서, '말을'이라고 옮길 수 있다.

하실 것입니다."(마 3:21) 그러나 신적인 본성은 하나님의 고유한 본질적 속성들이 귀속되는 그로부터 모순을 초래하지 않은 채 제거될 수 없다.

위엄(Majesty)과 영광(Glory): 아버지와 아들에게 대등하게 귀속된다. "모든 사람이 아버지를 공경하듯이 아들도 공경하게 하려는 것이다."(요 5:23) "보좌에 앉으신 분과 어린 양께서는 찬양과 존귀와 영광과 권능을 영원무궁하도록 받으십시오."(계 5:13)

12) 아들에게 귀속되는 신성한 사역 역시 같은 진리를 확정짓는다.

만물의 창조 사역: "모든 것이 그로 말미암아 창조되었으니, 그가 없이 창조된 것은 하나도 없다."(요 1:3) "그리고 한 분 주님이신 예수 그리스도가 계십니다. 만물이 그분으로 말미암아 있고, 우리도 그분으로 말미암아 있습니다."(고전 8:6) 그런데 이 '만물'은 무엇인가? "그분에게서" 나왔다고 말해지는 모든 것과 정확히 똑같다.

만물의 보존 사역: "그는 자기의 능력 있는 말씀으로 만물을 보존하시는 분이십니다."(히 1:3) "내 아버지께서 이제까지 일하고 계시니, 나도 일한다."(요 5:17)

기적을 행하는 사역: "또 그는 나를 영광되게 하실 것이다. 그가 나의 것을 받아서 너희에게 알려 주실 것이기 때문이다."(요 16:14) "그는 영으로 옥에 있는 영들에게도 가서서 선포하셨습니다."(벧전 3:19) 이 영은 그리스도만이 가지신 특유한 것이기 때문에 사도들은 그리스도의 이름과 권능으로 이적들을 베풀었다고 말해진다.

이것들뿐만 아니라 교회의 구원을 위해 하신 일이 포함되어야 할 것인데, 그 사역은 단순한 인간으로서는 감당할 수 없는 것이기 때문이다.

13) 자신을 '여호와'라는 이름으로 부르는 하나님에 관해 기술하는 구약성경의 본문을, 신약성경에서 하나님의 아들이신 우리 주 예수 그리스도에게 귀속하는 본문과 비교함으로써 우리는 네 번째 논증 집합을 얻을 수 있다. 그러나 그 본문의 수가 매우 많으므로 그 전체를 열거하여 모두를 지루하게 만들지 않기로 하고, 많은 것 중에서 몇 가지만 추리도록 하겠다.

민수기 21장 5~7절에는 "백성들은 하나님과 모세를 원망하였다. 그러자 주님께서 백성들에게 불뱀을 보내셨다. 그것들이 사람을 무니 이스라엘 백성이 많이 죽었다"라고 기록되어 있다. 고린도전서 10장 9절에서 사도 바울은 "그리스도를 시험하지 맙시다. 그들 가운데 얼마는 그리스도를 시험하였고, 뱀에게 물려서 죽었습니다"라고 말한다. "주님께서 사로잡은 포로를 거느리시고 높은 곳으로 오르셔서"라고 읊조리고 있는 시편 68장 18절의 본문을 사도는 해석을 거쳐 그리스도에게 적용한다(엡 4:8). 참되신 하나님에 대해 말하는 시편 102장 25~26절을("그 옛날 주님께서는 땅의 기초를 놓으시며") 히브리서 기자는 뚜렷이 그리스도에게 적용한다(히 1:10~12). 사도요한은 그의 복음서에서(12:40, 41) 선지자 이사야가 묘사한 환상(6:9, 10)을 해석하여 "이사야가 이렇게 말한 것은 그가 예수의 영광을 보았기 때문이다"라고 선언한다. 이사야서 8장 14절에는 여호와께서 "이스라엘의 두 집안에게는 거치는 돌도 되시고 걸리는 바위도 되시며"라고 기록되어 있다. 그러나 시므온(눅 2:34), 사도 바울(롬 9:33), 사도 베드로(벧전 2:8)는 각각 그리스도께서 "많은 사람을 넘어지게도 하고 일어서게도 하려고 세우심을 받았으며", 그리고 믿지 않은 사람과 순종하지 않는 사람들에게 "부딪치는 돌과 걸려 넘어지게 하는 바위"가 되었다고 선언한다.

14) 마태복음 28장 19절에서 그리스도 자신이 우리에게 제시하신 순서

를 따라 우리는 그리스도를 '제2위격(the second Person)'이라고 부른다. 아들은 그가 나온 근원으로 말해지는 분이신 아버지에게 속하기 때문이다. 아들은 아버지에 의해 생명을 얻고(요 6:57), 아버지는 "아들에게도 생명을 주셔서 그 속에 생명을 가지게 하여 주셨기"(요 5:26) 때문이다. 아들이 아버지를 이해할 수 있는 것은 아버지께서 "하시는 일을 모두 아들에게 보여 주시기"(요 5:20) 때문이고, 아들이 아버지의 품속에 계실 때 "자기가 본 것과 들은 것을 우리에게 증언"(요 1:18, 3:32)하시기 때문이다. 아들은 아버지께서 하시는 일을 그대로 행하시는데, "아들은 아버지께서 하시는 것을 보는 대로 따라 할 뿐이요, 아무것도 마음대로 할 수 없기"(요 5:19) 때문이다. 따라서 아들은 "내가 너희에게 하는 말은 내 마음대로 하는 것이 아니다. 아버지께서 내 안에 계시면서 자기의 일을 하신다"(요 14:10)라고 말씀하신다. 정확히 이 때문에 아들이 정당한 권리에 의해 모든 것을 아버지께 돌리는 것은 그가 가진 모든 것이 아버지에게서 받은 것임을 밝히기 위해서다(요 19:11, 17:7). "그는 하나님의 모습을 지니셨으나 하나님과 동등함을 당연하게 생각하지 않으시고, 오히려 자기를 비워서 종의 모습을 취하시고", 심지어 "십자가에 죽기까지 하셨습니다."(빌 2:6~8)

15) 우리는 "아들이 영원 전부터 아버지께로부터 낳은바 되었다"라고 말했다. 그것은 "그의 기원은 아득한 옛날, 태초에까지 거슬러 올라가고", '기원'이라 함은 곧 아버지를 가리키기 때문이다(미 5:2, 3). 만일 이 부분에 대해 세대의 '발출(the goings-forth)'과 달리 해석하는 사람이 있다면 그는 그것들을 세대의 발출을 잇는 후속 사건으로 배치해야 할 것인데, 그래야만 세대의 영원성을 확립할 수 있다.

우리가 이미 살펴보았듯이(§ 7) 아들은 영원하시고, 그는 아들로서 존재하기 이전에는 존재한 적이 없으므로 (그러므로 아들을 낳았다고 말하는 것이 당연하다) 그것에 근거하여 "그가 영원 전에 낳은바 되셨다"라고 우리가 주장하는 것은 타당한 일이다.

로곤(Logon), 즉 '말씀'은 "태초에 하나님과 함께"(요 1:1, 9) 계셨으므로 (말씀을 아버지의 부속물로 주장하지 않는 한) 필연적으로 아들이 태초에 아버지로부터 나왔음이 틀림없다. 사실 자연의 질서에 따르면 그가 아버지와 함께 있기 위해서 그는 먼저 아버지께로부터 나와야만 한다. 그러나 세대의 양태를 따라 생성되는 방식을 제외하고 그는 아버지께로부터 달리 나올 수 없다. 그렇지 않다면 '말씀'은 어떤 양태에서 아버지로부터 나와야 하고, 아들은 다른 양태에서 아버지에게서 나와야 할 것인데, 그것은 우리가 이미 확립한 아들의 영원성에 모순되기 때문이다. 그러므로 말씀은 영원 전부터 낳은바 되었다.

16) 이상과 같은 입장에 기초하여 우리는 아버지와 아들 사이에 일치와 구별의 관계가 공존하는 것을 발견할 수 있다. 하나이며 동일한 본성과 본질에서 일치함에 따라 아들은 곧 "아버지의 형상"이며 "아버지와 동등"하다고 말해진다(빌 2:6). 니케아 공의회[31]가 선포한 것에 따르면 이 동등성은 '실체에서의 유사함'이라는 뜻의 '호모이우시온'이 아니라, '아버지와 동

..

31) 니케아 공의회(Nicene Council, 325년 5~8월)는 현재 튀르키예의 이즈니크의 콘스탄티누스 1세의 별궁에서 열린, 사도행전의 예루살렘 공의회 이후 최초의 공의회다. 논의 주제는 그리스도의 신성을 부정하는 아리우스와 그의 분파, 부활절의 날짜 문제, 삼위일체론의 정립 등이었다. 논의 결과 니케아 신경(Symbolum Nicaenum)을 채택하여 아리우스파를 이단으로 정죄하고, 동방교회는 유월절을 기준으로, 서방교회는 주일을 기준으로 부활절 날짜를 정했다.

등한 실체를 가짐'을 뜻하는 '호모우시온'[32]이라고 불러야 한다. 본질에 관해 사물들을 비교하는 것은 상사(相似, similitude) 또는 비상사를 구분하기 위해서가 아니라, 사물들의 본성 자체와 진리성 자체를 지시하는 동등성 또는 비동등성의 문제에 귀착하기 때문이다.

아버지와 아들이 동등하게 신성을 소유하게 되는, 존재 또는 자립적 실재로서의 양태에 따르는 구별이 있다. 아버지는 그 실재성을 아무에게서도 얻지 않은 반면, 아들은 그것을 아버지에 의해 전달받았기 때문이다. 전자에 따르면 아들은 아버지와 일체를 이루고(요 10:30), 후자에 따르면 그는 아버지와 '다른'(요 5:32) 주체라고 말할 수 있다. 그러나 둘을 함께 고려할때, "믿는 사람들 안에 살아 계신"(롬 8:9~11) 아버지와 아들의 영에 의해, 그리고 "내가 아버지께로부터 너희에게 보낼 보혜사 곧 아버지께로부터 오시는 진리의 영"(요 15:26)에 의해 아들과 아버지께서 "사랑하시는 사람들에게로" 가서 "내 아버지와 나는 그 사람과 함께 살 것이다"(요 14:23)라고 말할 수 있는 것이다. 우리 주 예수 그리스도의 하나님, 모든 위로의 아버지께서 그가 사랑하시는 아들을 통해 부디 이 영의 교제하심(communion)을 우리에게도 내려 주시기를 원합니다. 아멘!

⁝

32) 호모우시온(homoousion)은 '같음'을 뜻하는 그리스어 호모스(ὁμός)와 존재 또는 본질을 뜻하는 우시아(οὐσία)가 합성된 낱말로서, 그리스도가 창조된 존재가 아니라 아버지로부터 나온 아들이기 때문에 아버지와 동일한 본질을 가지고 있음을 지시하는 용어다. 일찍이 아리스토텔레스가 사용한 '우시아'라는 그리스어는 라틴어로 '서브스탄시아(실체, substantia)'인데, 신학 논의에서 '동일본질'을 의미하는 '콘서브스탄시알리스(consubstantialis)'라는 파생어가 사용되었다. 이와 비슷한 '유사본질'이라는 개념은 4세기의 신학자들이 주장한 교리로, 성자 하나님은 성부 하나님과 유사하지만 동일하지 않으며, 실제로는 본질적으로 다르다고 한다. 아르미니우스의 논의의 목적은 아들과 아버지의 실체적 유사성이 아닌 실체적 동등성을 확립하려는 데 있다.

성령에 관하여

- 응답자: 제임스 마호트

앞에 있었던 토론에서 성부 하나님과 성자 하나님에 대해 다루었으므로 이번에는 순서상으로 마땅히 성령을 주제로 다루어야 할 것이다.

1) 영(Spirit)이라는 낱말은 일차적으로, 정확히, 적합한 의미에서 그 최초의 행위와 본질의 국면에서는 지극히 세미하고 단순하지만, 그 둘째 행위와 효력에서는 엄청나게 능동적인데, 즉 강력하고 활력이 넘친다. 따라서 이 낱말은 구별과 대립에 의해 때로는 개인적이고 자존적인 기운과 힘을 가리키고, 때로는 특질이나 속성의 양태로 다른 어떤 것에 내재하는 기운(inhering energy)을 가리키는 것으로 간주된다. 하지만 일차적으로 정확히 이 낱말은 스스로 존립하는 힘(self-existing power)에 속하고, 오직 이차적으로 그리고 은유적 의미로 소통될 때만 내재하는 힘이나 기운을 지시한다(요 3:8, 시 104: 눅 1:35, 왕상 2:9).

2) 그러나 이 낱말은 애초부터 진리에 가장 근접하는 의미에서 오직 하나님께 귀속되어야 하는데(요 4:24), 왜냐하면 본질에서 그는 순수하고 가장 단순한 행위 자체일 뿐만 아니라, 인과적 효력에서도 가장 능동적이고 가장 신속하고 가장 높은 활동력으로 움직이기 때문이다. 즉 그는 으뜸가는 최고의 행위자(Agent)인 동시에 최고의 존재(Being)이시다. 그러나 이 낱말은 하나님 안에 존재하는, 그리고 "하나님의 영(the Spirit of Elohim)"(창 1:2), "주님의 영(the Spirit of Jehovah)"(사 11:2), "그의 거룩하신 영(His Holy Spirit)"(사 63:10)이라는 표현이 첨가되는 실체적 기운(hypostatical energy)을 지시한다. 이 같은 표현이 의미하는 것은 성부 하나님과 성자 하나님께서 하늘과 땅에서 행하시는 모든 일을 실제로 실행하는 행위자가 바로 이 위격이며(마 12:28, 눅 11:20), 그는 그 자신이 거룩하실 뿐만 아니라 어떤 방식으로나 거룩하고 또 그렇게 불리는 모든 것을 실제로 거룩하게 만드시는 분(the Sanctifier)이라는 것이다. 현재 우리의 강론은 바로 이 마지막 표의를 따라 이해된 성령을 주제로 삼는다.

3) 우리는 지금 성령을 정의 내리려 하는 것이 아니라(그러한 시도는 합당한 일이 못된다), 성경을 따라 그를 다음과 같이 대략적으로 기술해도 좋을 것이다. 즉 성령은 거룩한 비분할체인 성삼위 가운데 스스로 존립하는 위격으로서, 순서상으로 세 번째이시며, 아버지로부터 발출되고 아들에 의해 보내심을 받는다. 그러므로 그는 두 분 모두로부터 발출하는 영이시며, 그 자신의 위격에 의해 두 분과 구별되는, 무한하고 영원하며 한계를 모르는 영이시며, 성부 하나님과 성자 하나님과 함께 동일한 신성에 속한다. 이제 우리는 이제까지 기술한 것을 여러 부분으로 나누어 차례로 고찰해 볼 것이다(마 28:19, 눅 3:16, 요 14:16, 고전 2:10, 11, 창 1:2, 시 139:7~12).

4) 이 주제에 관해 우리는 네 가지를 고찰하고, 타당한 논증에 의해 그 각각을 확립해야 한다. 첫째, 거룩한 영, '우피타메논'[33]은 자존적인 하나의 위격으로서, 신성 내에 존재하는 것이며(선함, 자비, 인내의 양태 등을 가정해 보라), 결코 어떤 성질이나 속성의 외양을 따라 부르는 이름이 아니다. 둘째, 성령은 아버지와 아들로부터 발출하는 한 위격이며, 따라서 성삼위에서 순서상으로 세 번째가 된다. 셋째, 그의 위격에 따라 성령은 아버지와 아들과 구별된다. 넷째, 성령은 무한하고 영원하며 측량할 수 없고, 아버지와 아들과 함께 동일한 신성에 속하므로 피조물이 아닌 하나님이시다.

5) 첫째 주제는 온 인류가 존재성을 갖는 사물에 귀속시키는, 그리고 '인격(a Person)'의 개념 아래 포섭되는 속성들에 의해 입증된다. 그 속성들이 모두 일차 행위 또는 이차 행위에서 위격에 일치하든지 상관없이, 우리는 그 모든 속성들이 성령에 속한다고 단언하기 때문이다. 일차 행위에 의해 존재성을 가진 하나의 인격인 어떤 대상에 일치하는 것들로부터 우리는 다음과 같은 결론을 이끌어 낸다. 즉 본질이나 존재, 생명, 지성, 의지와 힘에 속하는 것은 마땅히 '인격'으로 불러야 한다. 그렇지 않은 경우 사물들의 본성에 속한 어떤 것도 그런 명칭을 얻을 수 없다. 그러나 성령에 속하는 것들은 다음과 같다.

① 본질 또는 존재. 왜냐하면 성령은 하나님 안에 있고(고전 2:11), 하나님으로부터 발출하고 아들에 의해 보냄을 받았기 때문이다(요 15:26).

② 생명. 왜냐하면 그는 암탉이 자기 날개로 새끼들을 품는 것처럼 "하

---

33) 우피타메논(υφισταμενων)의 의미에 가장 가까운 것은 '공기(air)'다. 성령을 가리키는 히브리어 '루아흐', 그리스어 '프뉴마'도 일종의 공기 현상에 빗대어 이해할 수 있다.

나님의 영은 물 위에 움직이고"(창 1:2) 계셨고, 그는 모든 살아 있는 것들에게 동물적 생명과 영적 생명을 주시는 생명의 조성자(Author)이기 때문이다(욥 33:4, 요 3:5, 롬 8:2, 11).

③ 지성. "성령은 모든 것을 살피시니, 곧 하나님의 깊은 경륜까지도 살피십니다."(고전 2:10)

④ 의지. 그는 "원하시는 대로 각 사람에게 은사를 나누어"(고전 12:11) 주시기 때문이다.

⑤ 권능. 선지자들과 다른 거룩한 인물들, 특히 메시아 자신이 그러한 권능으로 강건함을 얻게 되었다(미 3:8, 엡 3:16, 사 11:2).

6) 흔히 이차 행위에 의해 인격에 귀속되는 것과 똑같은 것으로부터 둘째 주제가 증명된다. 이 기술에 부합되는 것으로 성령에 귀속시킬 수 있는, 많은 경우 자립적 실재와 인격을 제외하고 어떤 것에도 속하지 않는 행위가 있기 때문이다. 그러한 행위로는 창조(욥 33:4, 시 104:30), 보존, 소생 또는 약동(to quicken), 가르침이나 지식의 공급, 믿음, 사랑, 소망, 여호와를 경외함, 용기, 인내와 다른 미덕들이 있으며, 성경은 그것을 다음과 같이 기술한다. "그때에 주님의 영이 삼손에게 세차게 내리덮쳤으므로"(삿 14:6), "사울에게서는 주님의 영이 떠났고"(삼상 16:14), "그에게 내려오신다"(사 11:2), "성령이 그대에게 임하시고, 더없이 높으신 분의 능력이 그대를 감싸 줄 것이다"(눅 1:35), 선지자들을 보내심(사 61:1), 감독들을 임명하심(행 20:28), 비둘기 같은 형체로 예수 위에 내려오심(눅 3:22), 그리고 이와 유사한 여러 행위에 적용된다.

이러한 행위에 더하여 자립적 실체와 인격 외에 다른 것에는 부합되지 않는 정서를 성령에 귀속하는 은유적 표현이 있고, 다음과 같은 구절에서 그 예들을 볼 수 있다. "내가 모든 사람에게 나의 영을 부어 주겠다"(욜 2:28), "그들에게 숨을 불어넣으시고 말씀하셨다. 성령을 받아라"(요 20:22), "그들은 반역하고, 그의 거룩하신 영을 근심하게 했습니다"(사 63:10), "하나님의 성령을 슬프게 하지 마십시오"(엡 4:30), 성령을 모독하고 비방하는 말을 하는 것(마 12:31, 32), "은혜의 성령을 모욕한 사람"(히 10:29).

7) 이와 유사한 함의를 갖는 성경의 본문은 성령을 아버지와 아들과 동일한 서열에 포함한다. 예를 들면 "아버지와 아들과 성령의 이름으로 세례를 주고"(마 28:19)라고 예수께서 제자들에게 명령하시는 대목이다. "증언하시는 이가 셋인데, 곧 성령과 물과 피입니다. 이 셋은 일치합니다"(요일 5:7). 사도 바울도 역시 "은사는 여러 가지지만, 그것을 주시는 분은 같은 성령이십니다. 섬기는 일은 여러 가지지만, 섬김을 받으시는 분은 같은 주님이십니다"(고전 12:4~6)라고 선언하고 나서 이렇게 간구한다. "주 예수 그리스도의 은혜와 하나님의 사랑과 성령의 사귐이 여러분 모두와 함께하기를 빕니다."(고후 13:13) 왜냐하면 두 개의 자립적 실재 또는 인격과 동일한 서열에 있는 것을 내재적 성질이라든가 속성으로 파악하는 것은 부조리한 일이기 때문이다.

8) 이어서 고찰해야 할 둘째 주제는(§ 15) 세 부분으로 구성된다.

첫 번째 부분은 성령이 성부 하나님으로부터 발출되었다는 사실은 "하나님과 아버지의 영", "하나님께 속한 영"이라는 호칭으로 성령을 부르는 본문에 의해, 그리고 그 영이 아버지로부터 나오고 진행하여 사람들에게 주어지고, 부어지며, 보내심을 받고, 성령을 통해 아버지께서 친히 행하시고 역사하신다고 증언하는 구절에 의해 증명된다는 점이다.(요 14:16,

15:26, 욜 2:28, 갈 4:6).

두 번째 부분은 성령이 아들로부터 나왔음을 증명하는 본문이 있다는 사실인데, 즉 성령을 "그 아들의 영"(갈 4:6)으로 부르고, 그 영이 아들에 의해 부어지며 또한 그에 의해 보냄을 받았고(요 15:26), 그러므로 그 영이 아들에게서 나오고 그가 아들을 영화롭게 한다(요 16:14)고 선언하는 구절이다. 여기에 더할 만한 것으로 "숨을 불어넣으시고"(요 20:22), 또는 감동을 주신다는 말로 성령을 보내 주시는 양태를 기술하는 본문이다.

세 번째 부분은 성령이 순서상으로 성삼위에서 세 번째이지만 시간적으로나 등급에서 그렇지 않다는 것은 아버지와 아들의 영이 아버지와 아들에 의해 보내심을 받고 주어진다는 사실, 그리고 아버지와 아들이 성령과 함께 일하신다고 말하는 사실에 의해 결정적으로 입증된다. 그 점은 또한 세례 의식에서 따라야 할 순서, 즉 "아버지와 아들과 성령의 이름으로 세례를 주고"(미 28:19)라는 명령에도 명백히 나타나 있다.

9) 앞에서 제시한 논제에서 다른 목적을 위해 인용했던 성경 본문은 성령이 아버지와 아들과 구별된다는 사실을 증언하는데, 단지 이름에서만 아니라 우리가 제시한 논제에서(§ 4) 세 번째로 나오는 위격이라는 점에서도 그러하다. 성삼위의 차이를 뚜렷이 보여 주는 본문은 다음과 같다. "보혜사, 곧 아버지께서 내 이름으로 보내실 성령께서"(요 14:26), "주님께서 나에게 기름을 부으시니, 주 하나님의 영이 나에게 임하셨다"(사 61:1). 이 구별을 확증하는 다른 본문도 수없이 많다. 따라서 그처럼 찬란한 햇빛 아래서 어둠 속에 있을 수밖에 없는 사벨리우스[34]의 맹시 상태는 놀랍기 그지없다.

∴
34) 사벨리우스(Sabelius, 217년경~220년경 활동)는 발전된 형태의 양태론적 단일신론

10) 끝으로 넷째 주제를 고찰할 차례다. 성령의 무한성(Infinity)은 그가 "모든 것을 살피시니, 곧 하나님의 깊은 경륜까지도" 살피시며, 하나님 안에 있는 모든 것을 아시는 전지성에 의해(고전 2:10, 11, 요 16:13), 그가 만물을 창조하시고 계속해서 보존하시는 전능성(욥 33:4)에 의해 입증되며, 이 두 능력 때문에 그는 "지혜와 총명의 영", "더없이 높으신 분의 능력"(눅 1:35)이라고 불린다.

성령의 영원성(Eternity)은 어떤 것이든지 창조되기 전에, 즉 영원히 아득한 시원에 만물을 창조하셨다는 사실에 의해(사 11:2), 또한 그를 특별히 지시하는 호칭들에 의해, 즉 그가 "더없이 높으신 분의 능력"이라든가 "하나님의 손가락"(눅 11:20)[35]이라고 부른다는 사실에 의해 입증된다. 이 호칭들은 시간 안에서 발생한 것에는 붙을 수 없다.

성령의 광대함(Immensity)을 뒷받침하는 가장 명징적인 논증은 다음에서 볼 수 있다. 그 광대함이 성경에서는 "내가 주님의 영을 피해서 어디로 가며"(시 139:7), 하나님의 영이 모든 성도들의 몸 안에, 그의 성전으로서 거주하시는(고전 6:19) 것으로 묘사된다.

∵

(Modalistic Monarchianism)을 표방한 것으로 알려져 있다. 사실상 사벨리우스의 생애에 관해서는 알려진 것이 거의 없으며, 단일신론을 반대했던 동시대의 로마 신학자 히폴리투스의 글을 통해 단편적으로 알 수 있을 뿐이다. 사벨리우스는 신성은 단일체(monad)이며 세 가지 작용으로 자신을 표현한다고 명시적으로 가르쳤다. 즉 창조에서는 성부로, 구속에서는 성자로, 성화에서는 성령으로 표현한다는 것이다. 교황 칼릭스투스는 처음에는 사벨리우스의 가르침에 동조하는 경향을 보였으나 후에는 사벨리우스를 정죄하고 파문했다.

35) 구약성경에서 가끔 이 표현이 사용되었지만(레 14:27, 신 9:10, 출 31:18, 왕상 12:22), 누가복음서 11장 20절에서 구체적으로 "the finger of God"를 지시하는 표현을 한글 번역본에서 발견할 수 없다. 그러나 영어 번역본(ESV, Luke 11:20)에서는 이 표현을 사용하기도 한다.

11) 이 같은 사례를 통해 분명하게 알 수 있는 것은 성령이 아버지와 아들과 함께 동일한 신성에 속하며, 참으로 하나님의 이름으로 불린다는 사실이다. 피조적 존재가 아니므로 자존적 실재성을 가진 그는 바로 하나님이실 수밖에 없기 때문이다. 그리고 외적 발산(emanation)에 의해, 또는 다른 어떤 신적 능력의 간섭을 통해서가 아니라 오직 내적 교통에 의해 하나님으로부터 발출하시고, 아버지께로부터 나오신, 하나님의 능력 자체이신 그분을 감히 어떤 권리로 하나님의 이름으로 부르지 못하게 할 수 있겠는가? 성령을 주시고, 퍼부으시며, 파송하는 것에 대해 말한다고 해서 그것이 그의 신성을 분산하고 약화하는 것이 아니라, 다만 성령의 근원이 하나님께 있고, 그가 아버지와 아들로부터 발출하며, 그 자신의 고유한 직임을 완수하기 위해 파송된다는 것을 제시할 뿐이다. 성령의 신성을 분명하게 알 수 있는 곳은 그가 자기가 원하는 대로 거룩한 은사들을 분배할 수 있는 전권을 가지며(고전 12:11), 성부 '하나님'께서 자기의 사역을 수행하실 때, 그리고 '주님'이신 아들이 '경영권을 제정'하실 때, 성령은 그분들과 대등한 권한에 의해 자기의 은사들을 수여한다고 밝히는 본문이다.

12) 성부와 성자, 성령 사이에 존속하는 내적 연합에 대해, 그리고 세 위격들 간의 근원과 발출의 관계에 대해 고찰할 때, 신성하고 나뉨 없는 성삼위의 교의는 인간이나 천사의 지성 능력을 넘어서는 비밀을 내포한다. 그러나 만일 아버지와 아들, 그 두 위격이 성령을 통해 우리의 구원을 이루기 위해 역사하시는 성삼위의 섭리와 경륜에 대해 고찰해 본다면 우리의 묵상은 놀라울 정도로 감미로운 묵상 경험을 얻을 것이고, 믿음, 소망, 사랑, 확신, 전율뿐만 아니라 순종을 통해 창조주 하나님, 은혜의 주님 예수 그리스도, 보혜사 성령을 찬양하는 열의에 넘치는 열매들을 신자들의 가

슴에 안겨 줄 것이다. "주 예수 그리스도의 은혜와 하나님의 사랑과 성령의 사귐이 여러분 모두와 함께하기를 빕니다."(고후 13:14)

바실리우스[36]는 이렇게 말한다. "만일 성령이 위엄과 서열에서 세 번째라면 그렇다고 해서 그가 본성에서도 세 번째 자리에 있어야 한다는 필연성을 어디서 찾을 수 있는가? 경건의 교의는 그가 위엄에서 세 번째에 놓인다고 가르쳐 온 것이 사실이다. 그러나 '그가 본성에서 세 번째'라고 표현할 경우 우리는 그것을 성경에서 배운 적도 없고, 앞에 기술한 것으로부터 그러한 결론을 이끌어 낼 수도 없다. 왜냐하면 아들은 순서적으로 두 번째인데, 그것은 그가 아버지로부터 나왔기 때문이고, 위엄에서 두 번째인 것은 아버지의 존재 자체가 원리이며 원인으로서 앞서기 때문이며, 아들을 통해 성부 하나님께로 나아갈 수 있기 때문이다(그러나 그는 본성에서 결코 두 번째가 되지 않는데, 신성은 아버지와 아들의 일체됨에 있기 때문이다). 따라서 의심의 여지 없이 성령은 서열과 위엄에서 성자의 뒤에 나오지만, 그것은 우리도 전적으로 인정하는 바인데, 그럼에도 그는 성자의 본성에 존재하는 것과 전혀 닮지 않은 고유한 분이시다."

그레고리우스는 말한다. "간단히 말해 우리가 구별해야 할 것 중 하나로, 신성은 결코 분할될 수 없고, 마치 서로를 포용하는 세 개의 태양으로부터 발산하는 광채가 한데 어우러진 거대한 덩어리와 닮았다는 점이다. 그렇기 때문에 우리가 신성 자체에 관해, 또는 제일 원인이나 왕정 체제

..

36) Basilius, Eversor 3. 튀르키예 출신의 가톨릭교회 주교였던 바실리우스(329~370)는 나지안주스의 그레고리우스, 니사의 그레고리우스와 함께 '카파도키아 교부'라고 불린다. 동방정교회와 동방가톨릭교회에서는 나지안조스의 그레고리우스와 요한 크리소스토무스와 더불어 바실리우스를 위대한 3대 주교로 받들고 있으며, 그에게 '교회학자'라는 칭호를 부여했다.

에 관해 고찰할 때, 우리의 마음에 어떤 개념이 떠오른다. 또한 신성을 구성하는 것, 그리고 동등한 영광을 소유하고 시간과 어떤 관계도 없이 신성으로부터 흘러넘치는 제일 원인 자체로부터 존재성을 얻는 것에 대해 생각할 때, 나는 그 세 위격들이 모두 나의 찬양 대상이라는 것을 깨닫게 된다."(나지안조스의 그레고리우스, 『강연집』[37], 「신학에 관하여」)

37) Gregory Nazianzen, *Orations*, 3. De Theology.

최초 인간의 최초의 범죄에 관하여

– 응답자: 아브라함 아파르트

교리의 적용

1) 최초의 악에 관해 탐구하기 시작할 때, 아들로서 아버지에게 해서는 안 될 불경스러운 일을 저질렀던 함처럼(창 9:22), 우리는 존귀함을 잘 보존하고 있다가 벌거벗은 상태가 되었던 최초의 인간 부부를 노정하는 무가치한 일을 할 필요가 있는지 마음의 동요 없이 물을 수는 없다. 그러나 우리가 이 문제를 언급하는 이유는 불치병의 원인에 대해 알아야 할 때처럼 모든 상황을 정확히 판단하고 난 후 우리의 상태를 고치고 완치할 수 있는 손길을 간절히 사모하기 때문이다(갈 2:16). 이 논의에서 핵심적으로 고찰해야 할 것은 다음 네 가지다. 죄 자체, 죄의 원인, 죄의 가증스러움, 죄의 결과.

죄 자체에 관하여

2) 그들의 죄에 대해 사도 바울은 매우 적절하게도 '불순종', '위반', '타락'이라고 부른다(롬 5:18, 19). 불순종. 죄가 위반하는 대상인 계명은 인간이 하나님의 율법 아래 있다는 것을 입증하기 위해, 인간이 하나님께 순종해야 하는 것을 입증하기 위해 주어졌음을 상징적으로 보여 주므로, 그리고 계명에 뒤따라야 할 행동은 헌신적인 복종과 마땅한 순종의 고백이어야 하므로 계명의 위반은 사실상 '불순종'보다 더 포괄적인 이름이 주어질 수 없다. 왜냐하면 위반 자체에 복종의 의무를 부인한 것과 순종을 거부한 것 두 가지가 모두 들어 있기 때문이다.

범죄 또는 타락. 인간은 이전까지 완전한 상태에 있었지만 하나님의 명령을 어기는 무도한 행동을 개시했기 때문에 이 범죄 행위에 의해 그는 율법 자체에 대항하거나 그것을 위반한 것이고, 그리하여 이전의 무죄한 상태로부터 전락하고 말았다(롬 5:15~18).

3) 그러므로 이 죄는 선악을 아는 나무의 열매를 먹지 말라고 최초의 인간들에게 하나님께서 직접 선포하신 계명을 위반하고, 하나님과 동등하게 되고자 하는 욕구에 의해 선동된, 그리고 뱀의 모양을 수취한 사탄의 설득에 굴복한 인간의 자유의지에 의해 실행되었다. 이 같은 위반 행위로 인해 인간은 하나님의 불쾌감과 진노 아래 놓이게 되고, 이중 죽음의 예속을 자초했으며, 하나님의 형상의 상당 부분을 향유했던 원초적 의와 거룩함에서 소외될 수밖에 없는 형편에 놓이게 되었다(창 2:17, 롬 5:19, 창 3:3~6, 23, 24, 롬 5:12, 16, 눅 19:26).

최초 범죄의 원인

4) 이 최초 죄의 작용인(efficient cause)은 두 가지다. 하나는 직접적인 근접 원인이고, 다른 하나는 원격적인 간접 원인이다. 전자의 직접 원인은 바로 인간 자신인데, 왜냐하면 내적인 것이건 외적인 것이건 어떤 필연성에 의해 발생된 것이 아니라 그가 가진 자유의지에 의해 실행되었기 때문이다(창 3:6). 즉 경고와 약속에 의해 금지 명령이 내려지고(창 2:16, 17), 인간이 자기 힘으로 얼마든지 준수할 수 있었던 것이었고(창 2:9, 3:23, 24), 자기에게 시달린 명령을 의도적으로 위반했다(롬 5:19).

원격적인 간접적 작용인은 마귀로서, 그는 하나님의 영광과 인류의 구원을 시기했기 때문에 인간을 꼬드겨 하나님의 율법을 어기게 만들었다(요 8:44). 도구적 원인은 뱀으로서, 인간을 설득하기에 적절하다고 생각되는 논증을 제시하기 위해 사탄은 뱀의 혀를 도구로 사용했다(창 3:1, 고후 11:3). 그 위대한 사기꾼이 자기 자신의 사례로부터[38] 그런 가설을 만들어 낸 것 같지는 않다. 그 자신도 동일한 논증에 의해 범죄 행위에 구속될 수 있기 때문이다(창 3:4, 5).

5) "내적으로 동기화되고", "외적으로 작용하는 원인들"이라고 불릴 만한 두 가지 논증이 있다. '직접 설득'의 형태를 띤 첫째 원인은 인간이 하나

---

38) 타락한 천사들의 범죄를 가리킨다. 이들의 죄는 의도적으로 죄를 지은 자범죄에 해당하는데, 이들의 죄와 최초 인간의 죄 사이에서 발견되는 불일치는 천사들의 경우 죄를 위한 어떤 도구적 원인이 발견되지 않는 점이다. 누구도 그들을 선동하지 않았고, 범죄로 이끌기 위해 설득하는 논증이 사용되지도 않았다. 그들이 타락하게 된 배경은 알기 어렵고, 다만 성경에 언급된 것을 근거로 하나님과 동등하게 되고자 하는 그들의 욕망 또는 시기심이 내적 동인으로 작용했을 것이라 추정된다.

님의 명령을 위반함으로써 얻을 수 있는 혜택의 관점으로부터 연역되는 것으로, 즉 하나님과 동등하게 될 수 있다는 것이다(창 3:5, 6).

둘째 원인은 제거 논증(removing argument), 즉 만류 전략인데, 하나님의 경고를 타깃으로 삼는 것이다. 즉 처벌에 대한 두려움 때문에 인간이 나무 열매를 따먹지 않도록 하나님과 같이 되고 싶은 욕망에 힘을 실어 주는 것이다(창 3:4).

이 두 논증 가운데서 앞의 것이 명제 전체에서 순서상으로 우선순위에 있지만, 효율성에서는 마지막 자리에 놓인다고 생각하지 않을 수 없다. 이 두 논증 외에도 인간의 감각을 자극하고 유혹적인 미끼로서 맛깔나게 계산된, 하나님께서 나무 열매에 부여하신 두 가지 특질을 첨가할 수 있을 것이다. 그 특질은 다음 구절에 암시되어 있다. "여자가 그 나무의 열매를 보니 먹음직도 하고, 보암직도 하였다."(창 3:6) 그러나 앞에 나온 두 주요 논증과 이 특질 사이에는 중요한 차이가 있다. 앞의 논증에서 하나님께서 부여하신 그 두 특질은 죄를 짓게 하기 위해 마귀가 제안한 것이고, 반면에 하나님께서 나무 열매에 부여하신 두 특질은 인간이 얼마든지 죄를 짓지 않게 할 수 있는 것이었고, (여자로 하여금) 열매를 따먹도록 설득하기 위해 사용되었을 뿐이다.

6) 내적으로 동기화된 원인은 우연적으로 작용한 두 가지다. 하나님과 같이 되고자 하는 정념이나 욕구는 하나님에 의해 인간에게 부여된 것이지만, 그것이 활성화되기 위해서는 일정한 순서와 방법을 따라야 한다. 하나님의 은혜로운 형상과 유사(類似)는 인간의 창조에 쓰인 틀로서, 하나님의 영광스러운 형상과 유사를 지향하는 경향성을 갖게 하기 때문이다(고후 3:18).

맛이 좋은 열매에 대한 자연스러운 호감은 그 자체로 즐거운 것이고, 동물적 생명을 보존하고 회복시키기 위해 최적화된 것이다.

7) 그러나 이 같은 여러 원인들 전체와 각각의 효능에 저항하는 것은 인간의 의무이고, 그것은 또한 인간의 능력으로 감당할 수 있는 일이었다. 왜냐하면 인간은 "하나님의 형상을 따라", 그러므로 "하나님의 지식에 의해" 지음을 받았고(창 1:27, 골 3:10), 참의로움과 참거룩함으로 지으심을 받았기 때문이다(엡 4:24). 인간은 외적으로 작용하는 그러한 원인들을 멀리하고 거부함으로써, 그리고 내적으로 작동하는 질서로 돌아가 하나님의 율법과 그의 영에 복종함으로써 얼마든지 저항력을 발휘할 수 있다. 그렇게 하기만 했더라면 얼마든지 제압할 수 있었을 그 유혹은 계명을 위반하게 만들지도 않고, 죄의 낙인을 남기지도 않았을 것이다(창 3:7~12).

8) 그러나 이 죄의 죄성은 작용인이건 불완전한 원인이건 결코 하나님에게 전가될 수 없다. 하나님은 그 죄의 작용인(efficient cause)이 될 수 없다. 왜냐하면 하나님은 인간을 통해 이 범죄를 교사하지도 않았고, 인간으로 하여금 죄를 짓도록 내적이건 외적이건 인간의 행위에 간섭하는 어떤 일도 하지 않았기 때문이다(시 5:5, 약 1:13).

그는 불완전한 원인도 될 수 없다. 왜냐하면 하나님은 이 죄를 피하고 그의 명령대로 따르는 데 필요한 어떤 것도 거부하거나 방해하지 않으셨고, 오히려 순종하기 위해 필요한 모든 것을 인간에게 충분히 제공하시고, 그렇게 부여된 것을 지킬 수 있게 하셨기 때문이다.

9) 그러나 이 사건에 신적 허용(Divine permission)[39]이 개입된 것으로 생각되는데, 그것은 그런 행위가 죄가 되지 않도록 그 행동을 인간의 합당한 권리와 능력 범위 안에 허용했다는 뜻이 아니라—그런 식의 허용은 율법 제정의 취지에 어긋나므로(창 2:17)—오히려 하나님께서 그 행위를 인간의 자유의지와 행위 능력에 맡기셨다는 뜻이다. 이 신적인 허용은 율법을 준수하는 데 필요하고 충분한 은혜를 거부하거나 철회하는 것과 다르다(사 5:4). 만일 이런 종류의 허용이 율법 제정의 일부로 포함되었다면 그것은 죄의 유효성을 하나님께 전가할 수 있는 근거가 된다. 그러나 그 허용은 권한과 능력 모두에서 하나님께 가능한 것으로, 만약 그것이 행사될 경우 죄가 실제로 실현되는 것을 막을 수 있는 인과적 효력을 지체시키는 것을 가리킨다. 이것은 흔히 '유효한 장해물(efficacious hindrance)'이라고 불린다. 그러나 실제로 하나님은 그러한 장애물을 따로 마련할 필요가 없었는데, 율법을 제정하시고 심판의 가능성을 경고하심으로써, 또한 보상에 대한 약속을 예고하심으로써 그는 인간이 죄를 짓지 않을 수 있게 하는 여건과 필요한 장해물을 이미 제시하셨기 때문이다.

10) 이 같은 신적 허용이 주어지는 원인에 관해 예컨대 하나님의 뜻 같

∴

39) 신적 허용은 하나님의 작정에서 인간의 죄에 대한 책임 문제는 어떻게 되는 것인가 하는 물음에 초점을 둔다. 근본적으로 죄의 책임은 전적으로 인간에게 있으며, 하나님께 어떤 죄의 책임을 전가할 수 없다. 그럼에도 우주 안에서 일어나는 모든 사건이 하나님의 관리 아래 있다고 할 때, 모든 사건의 제일 원인은 하나님이라는 사실을 부정할 수 없다. 그러나 선에 대해 하나님은 인간이 순종을 통해 이루실 것을 기뻐하시는 반면, 죄에 대해서는 인간이 불순종으로 죄를 짓는 것을 허용하기로 작정하셨다고 말할 수 있다. 그러므로 죄의 허용에서 하나님의 작정은 인간이 죄를 짓도록 조성하신 것이 아니라, 인간이 자기 의지로 죄를 짓는 것을 허용하신다.

은, 우리에게 감추어진(신 29:29) 수많은 것들을 언급할 수 있겠지만 겸손과 경외하는 자세로 우리가 하나님의 행사를 검토해 본다면 선험성(a priori)과 후험성(a posteriori) 양면을 가진 어떤 원인을 발견할 수 있을 것이다.

테르툴리아누스를 따라 선험적 원인에 대해 설명하겠다. "만일 이미 하나님께서 인간으로 하여금 자기의 뜻대로 자유롭게 행사할 수 있게 하시고 그러한 방식의 허용을 정당하게 인정하셨다면 그가 그 제도의 권위 자체에 의해 그런 일을 향유할 수 있게 (인간에게) 허락하신 것은 의심의 여지가 없다. 그러나 그런 일은 하나님의 본성과 그의 뜻에 따라 향유될 만한 것, 즉 하나님 자신에게도 선한 일이 되어야만 한다. 과연 누가 하나님의 뜻에 어긋나는 일을 허용할 수 있는가? 그러나 인간의 경우 그런 일은 그의 자유로운 의향에 따르는 (향유될 만한) 일이었다."

아우구스티누스를 따라 후험적 원인은 다음과 같이 기술될 수 있다. "그가 하나님처럼 전능하고 악으로부터 선을 생산할 수 있는 힘을 갖고 있지 않는 한 선한 존재라면 악이 실현되는 것을 묵인할 수 없을 것이다."

11) 이 죄의 질료인은 선악을 아는 나무의 열매를 맛을 보는 행위이고, 그 행위의 본성 자체는 선악과 무관하며, 또한 온갖 좋은 과일들이 풍부한 상황에서 인간은 그 행위를 어렵지 않게 피할 수 있다. 이런 견지에서 하나님의 놀라운 선하심과 친절을 인지할 수 있다. 하나님의 뜻은 그의 피조물이 자신의 본성에 상처를 내지 않고, 심지어 그의 쾌락도 감소시키지 않으면서 아주 용이하게 죄를 피할 수 있는 행위를 통해 그에게 순종하게 하는 것이었다. 이것은 하나님께서 다음과 같이 교훈을 제시하실 때 그가 직접 암시하신 것으로 보인다. "동산에 있는 모든 나무의 열매는 네가 먹고 싶은 대로 먹어라. 그러나 선과 악을 알게 하는 나무의 열매만은 먹어서는

안 된다"(창 2:16, 17).

12) 그러나 이 같은 죄의 형태는 법 위반, 즉 "불법을 행하는"(요일 3:4) 것에 해당하고, 법이 금지한 것을 이 행위를 통해 위반하는 것이다. 이러한 관계는 하나님이 율법에 의해 그 조건을 정확히 규정했을 때부터 그 행위에 귀속되었으므로 그 법적 효력은 그 행위의 불이행을 요구하는 데 있다(단 3:18). 하나님의 금지 명령을 통해 그 행위에 귀속된 도덕적 악은 본성에 따르는 행위가 갖는 자연적 선보다 더 심각하기 때문이었다. 또한 인간에게는 하나님의 형상이 내재해 있는데, 그 사실에 준거해 그는 그 행위와 관련된 모종의 선 때문에 그 행위가 제공할 수 있는 자연적인 쾌락에 이끌리기보다 그 행위와 결부된 죄를 피하기 위해 그 행위의 불이행을 택해야 했다.

13) 이 죄에는 어떤 목적도 배정될 수 없다. 목적은 항상 어떤 선을 지향하게 마련이므로 악의 경우 그 자체로 어떤 합목적성도 갖지 않기 때문이다. 그러나 인간이 선과 악에 대한 지식에서 하나님과 동등하게 되고자 하고, 미각과 시각을 만족시키고자 하는 목적을 성취하고자 하는 행위가 있다(창 3:5, 6). 그러나 인간은 자기가 죄를 지음으로써 그러한 동등함을 얻게 될 것으로 생각한 것이 아니라, 단지 그 행위가 자연적 범주에 속하는 것으로 생각한 것이다. 그러나 죄에는 하나님이 규정한 경계가 있고, 그 경계는 두 가지 측면을 갖는다. 첫째 측면은 죄의 본성에 속하는 것으로, 필연적으로 하나님의 엄중한 처벌이 뒤따르는 점이다. 둘째 측면은 죄를 초월하는, 오히려 죄와 모순되는 것으로서, 범죄 후에 뒤따르는 하나님의 은혜와 자비다(롬 9:22, 23).

최초 죄의 유해성

14) 앞에서 지적한 특수 사항의 견지에서 이 죄의 불의함에 대해 판단할 수 있는데, 그 판단은 핵심적으로 네 종류로 요약될 수 있다.

이 죄는 (한 사람 또는 소수의 사람들에게) 제한된 효력이 미치는 법을 위반한 것이 아니라, 하나님에 대한 인간의 책무에 보편적으로 연관된, 그리고 인간의 순종의 시험대 역할을 하는 법을 위반한 것이다. 이 법을 경시한 것은 하나님께서 인간에게 주신 언약과, 그 언약으로부터 하나님께 마땅히 실천해야 할 순종에 대해 거부 의사를 표시한 것이다(창 17:14).

"하나님에 대한 지식"과 "참의와 참거룩함"(창 1:26, 27, 골 3:10, 엡 4:24)을 비롯한 탁월한 소산과 더불어 하나님께서 수여한 순수하고 아름다운 환경에서 살기 시작한 이후 시점에서 인간이 이 중죄를 범한 것이다.

죄를 짓지 않도록, 특히 문제의 범죄 행위를 짓지 않게 하는 여건이 주어졌음에도 인간은 이 죄를 스스로 막지 않았다(창 2:16, 17).

인간은 하늘의 낙원과도 같은 성결한 장소에서 이 같은 중죄를 범했다(창 2:15, 16, 3:6, 23, 계 2:7). 이 죄의 무게를 가중할 수 있는 다른 점도 있지만, 그것은 다른 위반 사항과 상당 부분 공통되므로 우리는 여기서 그것을 논의 주제로 삼지는 않을 것이다.

최초 죄의 효력

15) 이 죄가 갖는 응분의 직접적 효력은 신성을 모독한 것에 있다. 형식적으로 말해 죄는 "법의 위반"(요일 3:4)이므로 일차적으로 그리고 직접적

으로 입법자 자신에 대한 반항이고(창 3:11), 그의 법을 위반해서는 안 된다는 뜻을 표명한 입법자에 대한 공격이기도 하다. 그의 법을 위반한 사실로부터 하나님은 정의로운 불쾌감을 느끼셨는데, 이것은 죄의 이차 효력이다(창 3:16~19, 23, 24). 그러나 진노에 뒤이어 형벌이 부과되었고, 이 사건에서 형벌은 두 가지 요소로 이루어졌다. 하나는 이중 사망의 채무를 지게된 것(창 2:17, 롬 6:23)이고, 다른 하나는 원초적 의와 거룩함이 철회된 것이다. 의와 거룩함은 인간에게 성령이 내주(內住)하는 결과이므로 인간이 하나님의 은총으로부터 소외되고, 하나님의 적대감을 야기했을 때 이후로 성령이 더 이상 인간에게 머물러 있어야 할 이유가 없는 것이다(눅 19:26). 이 성령은 바로 하나님의 호의와 선한 뜻을 보증하는 인(印)이기 때문이다(롬 8:14, 15, 고전 2:12).

16) 그러나 이 죄는 그 자체로 우리 최초의 선조에게만 배타적으로 적용되는 것이 아니라, 온 인류에게, 이 죄가 범해졌을 당시 선조들의 허리춤에 있었던바 원초적으로 내려진 축복에 따라 이후로 재생산의 자연적 양태에 의해 그들에게서 태어난 모든 후손들에게도 공통적으로 적용된다. 아담으로 인해 "모든 사람이 죄를 지었기"(롬 5:12) 때문이다. 따라서 우리의 최초 선조에게 어떤 형벌이 내려졌든지 그 효력은 이후에도 여전하게 적용되고, 모든 후손들을 계속 따라 다닐 것이다. 모든 사람이 "날 때부터 진노의 자식"(엡 2:3)이고, 저주를 받을 만큼 혐오스럽고, 영원한 사망뿐만 아니라 일시적인 사망도 함께 선고되었으므로 참된 원초적 의와 참된 거룩함은 그들에게서 유실되었다(롬 5:12, 18, 19). 그리스도 예수에 의해 해방되는 일이 없는 한 인류는 유발된 악으로 인해 영원히 죄 아래 구속된 채로 있게 되었다. 그리스도 예수에게 영원한 영광을 돌립니다!

자범죄에 관하여

– 응답자: 카스퍼 빌텐스

1) 신학자나 철학자들은 낱말의 궁핍으로 인해 유의어를 구별함으로써 본래의 의미나 어원이 허용하는 범위를 넘어 한층 더 엄격하거나 더 풍부한 의미를 갖는 파생어를 이끌어 내야 할 때가 있다. 자범죄(故犯罪, actual sin)의 문제도 사정이 비슷한데, 그 용어는 아담이 지은 최초의 죄에 적용되는 것임에도 더 정확한 구별을 얻기 위해 그들은 그 낱말이 인간 본성의 부패로 인해 이성을 사용하는 법을 획득한 시점부터 인간이 지은 모든 죄를 지시한다는 공통된 견해에 이르렀다. 그리고 그들은 자범죄를 다음과 같이 정의한다. "하나님의 계명을 거스르는 일체의 생각이나 말이나 행동. 또는 율법에 의해 사고하거나 말하거나 행동하도록 명령을 받은 어떤 것을 실행하지 않는 것." 더 간단히 말하면 "죄는 계명의 위반"이다. 그 근거로 "불법"을 의미하는 '아노미아'[40]라는 복합어를 사용한 사도 요한의 기록을 들고 있다(요일 3:4).

2) 계명은 선에 대해 수용적이고 악에 대해 배타적이므로 적극적 행위 뿐만 아니라 행위를 유보하는 것도 죄로 간주해야 한다. 따라서 죄에 대해 내려야 할 첫 번째 구별은 도둑질이나 살인, 간음 등 금지된 행위를 고의로 위반하는 경우에 적용되는 이행의 죄(sin of commission)다.

두 번째 구별은 불이행의 죄(sin of omission)로서, 어떤 일을 행할 것을 명령받은 사람이 그 행위(의 이행)를 기피하는 것이다. 국가수반에게 마땅한 예의를 표시하지 않거나, 자기 소유의 풍족함에 비추어 아무것도 아닌 것을 가난한 사람에게 나누어 주지 않는 것은 바로 이에 해당한다. 그리고 계명은 한편으로 정확히 '행위의 율법'이라고 불러야 할 '율법'을, 다른 한편으로 하나님 은혜의 복음을 가리키는 "믿음의 율법"(롬 3:27)이라는 이중 구조를 가지므로 죄란 율법을 어긴 것이거나 그리스도의 복음을 거부하는 것(히 2:2, 3)를 뜻한다. 율법을 거슬러 자행된 것은 죄인들에 대한 하나님의 진노를 불러일으키고, 복음을 거부하는 범죄 행위는 하나님의 진노를 우리 위에 머물게 만든다. 전자는 마땅한 심판의 결과인 반면 후자는 심판의 집행을 유예한 결과다.

3) 첫 번째 종류의 죄는 죄 자체(sin per se), '본질적으로' 죄가 되는 것이고, 두 번째 종류의 죄는 외부 상황에 따라(per accidens), 즉 '우연적으로' 죄가 되는 것을 가리킨다. 본질적인 죄는 율법에 의해 금지된 일체의 내적 행위나 외적 행위, 또는 율법이 명령하는 행위를 유보하는 일체의 불이행

---

40) 아노미아(ανομια)는 문자적으로 무규범성, 즉 법이 없는 상태를 뜻한다. 그러나 현재의 문맥으로 보아 '법을 멸시하는 것'으로 이해하는 것이 나을 것이다. 왜냐하면 아담의 범죄로 인해 하나님께서 진노하신 것은 단순히 법 위반 사실을 인지한 결과라기보다 입법자 자신에 대한 거부와 반항을 경험하셨기 때문이다.

적 행위를 가리킨다. 상황에 따라 발생할 수 있는 우연적인 죄는 법에 의해 필수적으로 요구되거나 금지된 행위, 또는 율법과 무관한 일에서도 발생할 수 있다. 필수적으로 요구되는 일의 경우 율법이 규정하는 행위를 상황에 정당하게 부합되지 않는 방식으로 실행하는 것인데, 예컨대 사람들에게서 칭찬을 듣기 위해 헌금을 내는 것(마 6:2)이다. 또는 법이 금지하는 행위를 정당한 동기에서, 그리고 의로운 목적을 위해서가 아니라 뭔가 다른 이유에서 유보하는 것으로, 예를 들면 나중에 훨씬 더 잔인하게 복수하기 위해 잠시 자기의 분노를 억누르는 것 같은 경우다. 율법과 무관한 일이란 약한 사람들을 괴롭히기 위해 어떤 자원을 마음대로 사용하는 것을 가리킨다(롬 14:15, 21).

4) 죄는 또한 위반 행위가 실행된 인격적 대상에 준해 구분될 수 있다. 따라서 죄의 대상은 하나님이거나 우리 이웃일 수 있고, 또는 우리 자신에 대해 행한 것일 수 있다. 사도 바울에 따르면 "모든 사람에게 하나님의 구원의 은혜가 나타났습니다. 그 은혜는 우리를 교육하여 경건하지 않음과 속된 정욕을 버리고, 지금 이 세상에서 신중하고 의롭고 경건하게 살게 합니다."(딛 2:11, 12) 맑은 정신으로 신중하게 하는 행동은 마땅히 행위자 자신을 가리키고, 의로움은 우리의 이웃에 대해, 경건함은 하나님에 대한 것이다. 우리는 이 요소들이 두 가지의 위대한 교훈—"모든 것 위에 하나님을 사랑하라", "네 이웃을 네 자신처럼 사랑하라"— 안에 들어 있다고 확신한다. 십계명은 오직 하나님과 우리 이웃에 대해서만 마땅히 행할 바를 규정하고 있는 것처럼 생각하기 쉬운데, 사실 이 요구들 자체는 근본적으로 사람이 자기 자신에 대한 의무를 이행하지 않고서는 결코 수행할 수 없는 유형의 명령에 속한다.

5) 범죄 원인의 관점에서 무지, 연약함, 악의, 태만의 죄로 구별된다. 무지의 죄는 사람이 죄가 되는지 모르는 채 어떤 일을 하는 경우로, 바울이 주님의 교회를 핍박했던 것을 예로 들 수 있다(딤전 1:13).

연약함의 죄는 두려움에 휩싸인 용맹한 사람에게도 일어날 수 있고, 어떤 매우 격렬한 정념과 마음의 동요로 인해 우발적으로 범할 수도 있다. 그와 같은 이유로 베드로는 그리스도를 부인했고(마 26:70), 또 나발에게 수모를 당했을 때 분개한 다윗이 그와 그의 가족들을 죽이려 했던 것(삼상 25:13, 21)을 예로 들 수 있다.

존엄이나 악의로 인한 죄는 확고하게 결의한 목적과 오랜 숙고를 거쳐 세워진 방침에 따라 범하는 죄로서, 유다가 그리스도를 부인한 것(마 26:14, 15), 다윗이 우리야를 죽게 만든 것(삼상 11:15)이 그런 경우다.

태만의 죄는 사람이 죄에 완전히 빠져서(갈 6:1) 자신의 행동에 대해 성찰할 수 있는 기회를 가질 수 없을 만큼 죄에 매여 있는(히 12:1) 경우다. 이렇게 기술되는 범주에 속하는 죄의 예로, 실제로 그 일로 죄를 범하게 되었다고 말할 수 있다면 사도 바울이 대제사장 아나니아에게 모욕적인 말을 했던 것을 들 수 있겠다(행 23:3).

6) 앞의 구별과 거의 짝을 이루는 것으로, 양심에 거리낌이 있는 채 짓는 죄와 전혀 양심에 거리낌이 없는 채 짓는 죄의 구분된다. 양심을 거스르는 죄란 양심을 쓰레기로 취급하면서 악의와 고의적인 목적을 위해 죄를 짓는 것으로, (만일 경건한 사람이 죄를 짓는 경우) 평상시 같으면 우리를 옳은 길로 인도하시고 또 내적 증거에 의해 사람들의 양심을 기꺼이 회복시키는 사역을 수행하는 성령을 단념하게 만들 수 있는 죄, 즉 성령을 근심하게 만드는 죄를 가리킨다(시 51:10, 13). 이 죄는 완곡한 말로 '양심을 거

스르는 죄'라고 표현되지만 이 표현을 폭넓게 적용한다면 연약함 때문에 저지르게 되는 죄의 범주에 넣을 수도 있지만, 문제의 행위가 죄라는 것을 이미 확실히 알고 있는 경우 그것 역시 양심을 거스르는 죄가 된다.

양심을 거스르는 죄에 해당되지 않는 죄는, 자기가 무엇을 알아야 하는 지를 생각해 본 적도 없는 사람의 경우 양심에 저촉되지도 않고, 악의에서 또는 율법을 무시하며 범한 것이 아닌 유형의 행위를 가리킨다. 적어도 일급 범죄가 아니라 격렬하고 예기치 못한 유혹이 원인으로 작용하여 황급히 수렁에 빠지는 행위 유형도 포함된다. 이런 유형에 속하는 것으로는 다윗이 도망 다니던 시기에 있었던 일로, 시바의 원망 담긴 강한 비난에 충동되어 다윗이 므비보셋에 대해 경솔하게 내린 판단을 들 수 있다. 이 행위는 거짓말과 강하게 연루되었다(삼하 16:3, 4). 그렇지만 일단 행동으로 옮겨지면 양심에 거스르는 것이 아닌 일이라도 횟수가 거듭되고 본인이 습관을 고치는 일을 게을리할 때 양심에 거스르는 죄로 커질 수 있다.

7) 여기에 덧붙일 만한 것으로, 죄를 지은 직접 대상과 관련하여 그 원인에 따라 죄를 구분할 수 있다. 이런 대상은 '육체의 정욕, 안목의 정욕, 이생의 자랑'이라고 불리는 것들, 즉 특별히 쾌락이나 탐욕, 또는 눈이 높은 교만이 원인이 되는 죄다. 그런 것은 모두 자기애 또는 불균형한 사랑이라는 단일한 원천으로부터 흘러나와 현세의 삶의 좋은 것들, 명성을 추구하는 오만, 부를 향한 탐욕, 외부 감각에 의해 자기만족을 경험할 수 있는 쾌락에 탐닉하는 방향으로 현저하게 기울어진다. 이러한 근원으로부터 갈라디아서 10장 19~21절에서 사도 바울이 열거하는 육체의 행실이 나타나는데, 아마도 우상숭배는 여기서 제외되어야 할 것이다. 그러나 우상숭배가 앞에 제시된 세 가지 원인들 중의 하나로 지목될 수 없는지는 논의해

볼 만한 합당한 주제일 것이다.

8) 죄는 또한 용서받을 수 있는 가벼운 것과 용서받을 수 없는 죄로 나
뉜다. 그러나 이 구분은 죄의 본성 자체로부터 연역된 것이 아니라, 하나
님의 은혜로운 평가에 의해 부차적으로 내려진 것이다. 왜냐하면 모든 죄
는 그 본성상 용서받을 수 없고, "죄의 삯은 죽음"(롬 6:23)으로서, 만일 하
나님께서 자기 종들조차 심판에 들어갈 것을 바라셨다면 실제로 범법자들
에게 당장에라도 사망을 선고할 수 있는 문제이기 때문이다. 그러나 경미
하거나 용서받을 수 있는 죄로 구분되는 것은 하나님께서 믿는 사람들에
게 즉시 죄를 전가하거나 유죄 판단을 내리시지 않고, 오히려 죄를 용서하
기 원하시는 상황에서 이루어진다. 이런 차이 때문에 어떤 사람들에게는
명백한 공적인 참회가 요구되기도 하지만, 그 밖의 사람들에 대해서는 다
음의 표현이 적절한 것으로 보인다. "그러나 어느 누가 자기 잘못을 낱낱
이 알겠습니까? 미처 깨닫지 못한 죄까지도 깨끗하게 씻어 주십시오."(시
19:12) 이런 경우 경각심을 가질 만한 원인으로 죄가 점점 가중되어 사람들
이 절망적인 상태에 빠지는 것은, 죄를 경감해 줄 때 사람들이 태만과 안
일함에 빠지는 것만큼 긴급하게 해결해야 할 문제가 아닐 때다. 사람은 전
자의 경우보다 후자의 경우에 더 쉽게 죄로 기우는 경향이 있을 뿐만 아니
라, "죽을죄를 지은 사람이라도 그가 죽는 것을 나는 절대로 기뻐하지 않
는다", 즉 죄인은 자기의 범죄로 인해 죽어 마땅하지만 "너희는 회개하고
살아라"(겔 18:32)라는 권면이 항상 주어지기 때문이다.

9) 모든 죄의 삯은 사망이라는 것을 시인한다고 해서 스토아학파처럼
우리가 모든 죄를 동등하게 취급하는 것은 아니다. 성경의 여러 본문이 그

런 획일적인 견해를 반박하고 있을 뿐만 아니라, 죄가 범해지는 대상, 죄가 발생하는 원인, 죄가 위반하는 율법의 다양성에 비추어 볼 때 획일적인 태도는 타당하지 않다. 그뿐만 아니라 영원한 사망이라는 처벌의 희소성은 그런 기본 인식이 틀렸다는 것을 입증한다. 하나님을 거스르는 범죄는 인간에게 끼친 훼손보다 훨씬 엄중한 것이고(삼상 2:25), 실수로 저지른 죄보다 높은 지위에 있는 사람이 범한 죄가 더 무겁고, 의무적인 강제 명령을 위반한 것보다 금지 명령을 위반한 것이 더 심각하기 때문이다. 따라서 두로와 시돈의 거주자들보다 고라신과 벳새다의 거주자들에게 내려질 심판이 훨씬 무거울 것이라고 선언되었다(마 11:23). 이 교의에 따라 스토아 학파는 사람들로 하여금 죄를 직접 실행에 옮기지 않게 하려고 애썼다. 그러나 그들의 시도는 효력이 없었을 뿐만 아니라 유해하기도 했는데, 그 점은 사람들을 죄로부터 돌이켜 의의 길로 회복시키는 일을 우리가 진지하게 숙고할 때 깨닫게 될 것이다.

10) 성경에는 "죽음에 이르게 하는 죄"(요일 5:16)에 대해 언급하는 곳이 있다. 특별히 그렇게 부르는 이유는 사실상 그 죄를 범함으로써 모든 사람에게 사망이 선고되었기 때문이다. 같은 본문에서 전자의 경우와 반대되는 "죽음에 이르지 않는 죄"가 언급되어 있다. 이런 본문과 평행 구조를 갖는 그룹으로, 죄를 용서받을 수 있는 것과 용서받을 수 없는 것으로 나누는 구분이 있다.

"죽음에 이르지 않는", 용서받을 수 있는 죄를 그렇게 부르는 것은 후속적인 회개가 있을 때 그에 따라 용서를 받을 수 있기 때문이고, 심지어 '인자(the Son of Man)'에게 저지른 것으로 부를 만한 죄까지도 이후에 참회를 통해 용서받은 사람들이 많이 있기 때문이다.

'사망에 이르는 죄' 또는 용서받을 수 없는 죄란 후속적인 회개가 없거나, 죄를 범한 당사자에게 참회의 기회가 주어질 수 없는 경우로, "성령을 모독하는 죄"나 "성령을 거슬려 말하는 것"(마 12:32, 눅 12:10)에 대해서는 "이 세상에서도 오는 세상에서도 용서를 받지 못할 것"이라고 기록되어 있다. 이런 이유로 사도 요한은 그런 죄를 위해 기도하지 말라고 우리에게 경고했다.

11) 그러나 성령을 거스르는 죄의 참된 의미와 본성을 식별하는 것은 지극히 어려운 일이지만, 용서받기 어렵거나 구제되는 일이 드문 것, 또는 범죄 자체가 용서받을 만한 가치가 없는 것 등 그 죄를 여섯 가지 유형으로 구분하면서 그런 유형의 죄들이 "용서받을 수 없는 이유"를 설명해야 한다고 생각하는 사람들보다, 우리는 그것을 가장 엄격하고 가혹하게 정의 내리는 사람들을 따르는 편을 선호한다.

전자의 그룹에 속하는 사람들에 따르면 어떤 사람이 악의를 품고 하나님에게 반항하고, 실제로 반항 자체를 목적으로 삼고 복음적 진리를 거부할 때 실제로는 그 사람은 진리의 광채에 압도될 것이기 때문에 자기의 무지함을 핑계 삼을 수 없을 것이지만, 그런 사람에 대해 우리는 성령을 거스르는 죄를 범했다고 말해야 한다. 그러므로 이것이 '성령을 거스르는 죄'라고 불리는 것은 그것이 성부와 성자에 대해 직접적으로 자행되었기 때문이 아니라(아버지와 아들의 영을 거스르는 죄를 범한 사람이 어떻게 두 분을 거스르는 죄를 짓지 않을 수가 있겠는가?), 그것이 성령의 역사를 훼방하는, 즉 이적을 통해 진리가 확신을 낳을 수 없게, 그리고 마음이 성령의 조명을 받지 못하게 막는 죄를 범한 것이기 때문이다.

12) 그러나 이 죄가 '구제될 수 없는' 것으로 분류되고, 그 죄를 범한 사람이 회개할 기회를 얻을 수 없는 이유는 그의 가장 절대적인 전능성에 의해서도 하나님께서 이 사람에게 생명에 이르는 회개를 허락할 수 없고, 따라서 이 신성모독을 용서할 수 없기 때문이지만, 이것이 하나님의 무능함을 의미하는 것은 아니다. 하나님의 지혜의 법령에 따라 그의 공의와 공정성의 한계에 의해 하나님의 자비가 어느 지점에서 멈출 수밖에 없으므로 이 죄는 용서받을 수 없게 되는데, 그 정도로 가공할 만한 죄를 범한 사람에 대해 하나님이 은혜의 영이심에도 불구하고 그의 자비와 성령의 사역을 통해 회개로 이끌 만한 가치가 없는 존재로 판단하시기 때문이다. 그것은 미미한 수준에서나마 그런 사람도 성령의 거룩한 사역과 친절을 누릴 만한 자격이 있다고 생각하거나, 마치 하나님에게 죄인이 필요한 것인 양, 특히 그런 흉측한 죄인이 부족한 것처럼 착각하지 않게 하려는 것이다!

13) 정리하면 자범죄의 작용인은 자기의 자유의지를 행사하는 인간 자신이다. 내적 작용인은 하나님의 명령에 반대되는 방향으로 이끌리는 우리 본성의 원초적 성향으로, 우리는 그 성향을 자연적 재생산을 통해 최초의 조상으로부터 물려받았다. 외부에서 작용하는 원인은 사람들로 하여금 죄를 짓게 만드는 대상과 계기다. 죄의 실체 또는 질료 원인은 그 본성에 따라 선과 연관성을 가진 행위다. 이 죄의 형상 또는 형식적 원인은 명령 위반 또는 무규범성(아노미아)이다. 죄는 본성상 목적성을 결여한다. 죄는 '하마르티아',[41] 즉 목적을 벗어난 경계 위반이기 때문이다. 죄의 대상은 가변

41) hamartia. '하마르티아' 또는 '하마티어'로 발음하는 그리스어로, '판단의 잘못' 또는 주체의 인격에 내재된 '비극적인 결함'을 뜻한다. 이러한 오류적 특질을 가진 주체는 그 결과로 불

적인 상대적 선으로서, 불변하는 참된 선을 저버리고 상대적 선으로 기울어질 때 사람들은 경계를 위반하게 된다.

15) 자범죄의 결과는 현세의 삶에서 발생하는 온갖 불행과 비참, 이어지는 일시적인 죽음, 그 이후에는 영원한 죽음이다. 그러나 마음이 완악해지고 맹시 상태가 된 사람들의 경우 선행하는 죄의 효력들차 이후의 죄 자체를 낳는다.

∴ 행에 빠진다. 히브리어로는 '하타(hata)'다. 성경적 관점에서 하타는 인간이 하나님의 은혜를 필요로 하는 상태를 지시한다.

악에 관한 하나님 섭리의 의와 유효성에 관하여

– 응답자: 랄프 데질

1) 인간의 무지를 조장하고 인간의 사악함을 남용함으로써 하나님의 섭리를 부정하게 만드는 원인과 허식 가운데 악이 세상에 들어와서 급속도로 퍼져 놀라울 정도로 창궐하게 된 일은 어떻게 보아도 결코 최하위 등급에 속한다고 볼 수 없다. 왜냐하면 우리가 성경을 안내자로, 자연을 우리의 증인으로 삼을 때, 하나님이 선하고, 전지하며, 무한한 권능을 가진 분으로 주장해야 하고(막 10:18, 시 147:8, 롬 1:20), 신성에 관해 어떤 관념이든지 마음에 형성된 사람이라면 누구나 충분히 설득될 수 있는 진리이므로 이 사실로부터 사람들은 만일 하나님께서 그의 섭리에 의해 만물을 경영하시고 그의 본성에 속한 속성들에 의해 악을 다스리는 방책을 가지고 계시다면 신성의 주재권을 구성하는 세 가지 조건들[42] 아래서는 결코 악이

⁂

42) 여기 언급한 세 가지 조건은 이번 토론의 주제로서, 그것들은 제시된 제목에 들어 있다. 즉

발생할 수 없었을 것이라고 결론 내린다. 그러나 어쨌거나 악이 발생한 것이 사실이므로 그런 결론을 내리는 사람들은 하나님의 섭리가 완전히 부정되어야 한다는 주장을 펼친다. 왜냐하면 그들은 하나님에게서 선하심과 지혜, 권능의 명예를 깎아내는 대신에 현재 하나님은 휴식하면서 세상사를 내버려 두신다고, 특히 이성을 가진 피조물의 자유가 행사되는 상황에서 그렇게 볼 수 있다고 생각하기 때문이다. 그러나 이런 논증 방식 중 어느 것도 채택할 필요가 없다. 따라서 하나님 탓으로 돌리지 않고서도 그의 섭리뿐만 아니라 지존자의 세 가지 특성을 여전히 견지될 수 있다는 견해를 입증하기 위해 악에 관한 하나님의 유효성을 적절히 설명할 것이다.

2) 우리의 설명을 받쳐 주는 기초로서 악 자체에 관해 몇 가지 전제를 밝힐 필요가 있다. 첫째, 죄란 정확히 무엇인가? 둘째, 이성을 가진 존재에 의해 죄가 발생할 수 있는가, 그리고 어떻게 그것이 가능한가? 셋째, 마니교도들이 주장하듯이 으뜸되는 악이 인정될 수 없다는 논리가 최고선에도 똑같이 관철될 수 있는가? 그렇지 않다면 상상할 수 있는 모든 악 중에서 지금 우리가 다루는 죄가 실제로 으뜸가는 악이다. 그리고 엄밀히 말해 죄는 오로지 유일한 악이다. 왜냐하면 다른 모든 것은 그 자체로 악이 아니고, 다만 누구에게인가 해가 될 수 있을 뿐이기 때문이다.

3) 정확히 말해서 죄는 기준으로부터의 일탈이다. 이 기준은 하나님의 마음에서 예지된 공정성을 가리키고, 적법한 절차를 통해 그것은 이성을 가진 존재의 마음에 전달되고, 그 피조물은 반드시 공정성의 기준에 따라

∴ 그것은 악에 관한 하나님의 의와 섭리의 유효성이다.

자기의 삶을 영위해야 한다. 그러므로 사도 요한은 선을 행할 것을 요구하는 명령법이든지, 악을 멀리할 것을 요구하는 금지법이든지 "불법"(요일 3:4)을 뜻하는 '아노미아'라는 복합어로 죄를 정의한다. 따라서 적극적 행위의 악(evil of commission)은 금지법을 위반하는 죄이고, 불이행의 악(evil of omission)은 명령법을 위반하는 죄다.

그러나 죄에는 고찰해야 할 두 가지 측면이 있다. 하나는 행위 자체는 원칙적으로 자연적인 선[43]을 지시하지만 우리는 행위 범주 아래 행위의 불이행을 포섭시키기도 한다는 점이다. 다른 하나는 무규범성이나 '명령 위반'은 도덕적 악의 영역에 적용된다는 점이다. 따라서 행위는 죄의 실체 또는 질료적 원인이고, 명령 위반은 죄의 형상 또는 형식 원인이라고 부를 수 있다.

4) 그러나 죄는 이성을 가진 피조물에 의해서도 저질러질 수 있다. 피조물인 인간은 최고선을 거부하거나 그것에 저항할 수 있고, 그보다 열등한 선을 지향하며, 이차적인 선을 얻을 수 있는 행위에 마음이 기울어질 수 있다. 한편 합리적 존재로서 인간은 자기가 경건한 삶을 영위해야 하고, 삶과 행위를 위한 특별한 기준으로 삼아야 할 공정성의 본질을 이해할 수 있는 능력을 가지고 있다. 이성을 가진 피조물인 그에게 하나님은 준수해야 할 계명을 부과하셨는데, 더 엄밀히 말하면 공정성과 정의에 따라 추구해야 할 으뜸 선을 저버리고 자연적 선에 속하는 성과를 얻을 수 있다고

..
43) 자연적 선(natural good)은 행위 주체의 의도와 무관하게 물리적 필연성이나 논리적 필연성에 의해 얻어지는 결과 중 적극적인 요소를 지시하고, 자연적 악(natural evil)은 소극적인 요소를 지시한다. 쾌(hedons)는 자연적 선을, 고통(dolors)은 자연적 악을 대표한다.

해도 그런 행위를 하는 것은 금지된다. 양태의 관점에서 그 문제는 하나님께서 합리적 주체에게 부여한 의지의 자유에 속하고, 따라서 인간은 율법이 요구하는 순종을 이행하거나 자기 자신의 능력에 의해 경계를 넘어 위반 행위를 할 수도 있다.

5) 그러나 으뜸가는 악은 허용될 수 없고 악은 선에 반대되므로 그 사실로부터 함축되는 것은 악이 선의 보편적 질서를 능가할 수 없다는 것, 으뜸 선에 의해 질서로 환원될 수 있다는 것, 그리하여 악으로부터 무엇이 가능한지 알 수 있게 하는 최고선의 무한한 지혜에 의해 악을 선의 길로 인도할 수 있다는 것이다. 이 능력에 의해 인간은 악으로부터 무엇이 산출될 수 있는지 알 수 있고, 그 지식을 실제로 악을 통해 실현할 수 있다. 그러므로 죄가 창조된 모든 것들의 질서를 교란시킬 수 있다는 것을 인정하더라도 죄 역시 조물주 자신의 질서와 최고선의 질서 안에 머물 수밖에 없다. 이러한 모든 전제로부터 하나님의 섭리가 자유로운 피조물에 의해 악이 실행되는 것을 간섭하거나 막을 수 있다거나, 악을 막으려고 해서는 안 된다는 입장을 취해야 할 것 같고, 또한 악이 세상에 들어왔다는 사실과, 이제껏 "온 세상을 악마의 세력 아래"(요일 5:19) 있도록 허용되었다는 사실로부터 결국 하나님의 섭리는 파괴될 수 없다는 결론을 이끌어 낼 수 있다. 이 진리에 대해서는 우리가 악에 관한 하나님 섭리의 유효성에 대해 다룰 때 더 상세하게 증명할 것이다.

6) 우리는 죄에서 행위나 행위의 불이행과, '계명의 위반'에 대해 고찰할 것이라고 말했다. 그러나 악에 관해 하나님의 유효성은 죄를 짓는 행위 자체와 그 악의와 모두 관련되는데, 우리가 죄의 발단, 죄의 진행, 죄의 결말

과 완결 등 어느 것에 초점을 맞추든지 그 점은 여전하다. 죄의 발단에 관한 섭리의 유효성을 고찰할 경우 간섭이나 허용(permission)의 문제를 고려할 수 있는데, 여기에 죄를 부추기는 논증이나 기회의 제공 같은 것을 더할 수 있다. 죄의 진행은 방향 인도와 결정에 관해, 죄의 결말과 완결은 심판이나 사면에 관해 다룬다. 우리는 하나님의 협동 작용(共助, concurrence)이라는 주제는 다루지 않을 것인데, 그것은 오직 자연적 선으로서 행위와 연관될 뿐이기 때문이다.

7) 악에 관한 하나님의 첫 번째 유효성은 충분하거나 효력이 있는가 하는 문제와 상관없이 악을 막거나 장해물을 놓는 것과 관련된다(렘 31:32, 33). 선의 관점에서 악을 막는 것이 적법하다고 판단되는 한 악을 막는 것은 선에 속하기 때문이다. 그러나 장해물은 이성을 가진 피조물의 힘이나 행위 능력이나 의지에 설치되어야 한다. 또한 이 세 가지는 방해하려는 대상이 무엇인가 하는 문제와 함께 고려되어야 한다.

힘에 장해물을 놓는 것은 이성을 가진 피조물의 힘을 제어함으로써 그가 자연적인 호의를 품고 충분한 힘을 발휘할 수 없게 만드는 것이다. 이 같은 제약 아래 그 피조물은 죄를 짓지 않고서는 목표 행위를 실행에 옮길 수가 없는데, 이 제약은 입법에 의해 규정된 것이다. 예를 들어 다른 모든 나무의 열매를 먹는 것은 허용되었지만, 선악을 아는 지식의 나무 열매를 맛보는 것이 금지된 것은 바로 그런 제약에 해당한다(창 2:17). 이것은 죄 자체에 대한 간섭이라고 할 수 있고, 하나님은 이성을 가진 피조 인간에 대해 모든 권한과 힘을 가지고 계시므로 그의 앞에 장해물을 놓을 수 있다.

8) 피조물의 행위 능력에 대해서도 장해물을 놓을 수 있다. 이 전략의 효과는 이성을 가진 피조물이 자기가 원하는 행동을 실행에 옮길 수 없고, 이 장해물이 없다면 충분히 제 힘으로 수행할 수 있는 을을 할 수 없게 만드는 데 있다. 그러나 이 같은 유형의 장해물은 네 가지 방법에 의해 설치할 수 있다.

첫 번째 방법은 그 피조물이 가진 행위 능력의 토대가 되는 본질과 생명을 박탈하는 것이다. 예루살렘을 공격하려던 시도를 막은 것(왕하 19장)이나 엘리야를 억지로 아하시야왕에게 끌고 가고자 했던 군사들에게 일어난 일(왕하 1장)이다. 전자의 경우 "그날 밤에 주님의 천사가 나아가서 앗시리아군의 진영에서 십팔만 오천 명을 쳐죽였다"라고 기록되었고, 후자의 경우 각각 50명으로 구성된 두 무리의 사람들이 불에 타 죽었다.

두 번째 방법은 수행 능력을 빼앗거나 약화하는 것이다. 따라서 여로보암은 "그의 손을 마비시킴으로써"(왕상 13:4) 여호와의 선지자를 해칠 수 없게 되었다. 그러므로 죄의 육신이 연약해지거나 무너질 때 그 목적은 "우리가 다시는 죄의 노예가 되지 않게 하려는 것"(롬 6:6)이다.

세 번째 방법은 훨씬 더 큰 능력, 또는 적어도 대등한 능력을 억지하는 것이다. 웃시야왕이 여호와께 분향하려 하는 것을 제사장들이 강하게 말렸을 때 일어난 일이 바로 그러했다(대하 26:18, 21). 그런 식으로 "육체"가 "욕망을 채우려는" 일을 하지 못하게 방해하는 것인데, 왜냐하면 "성령이 바라시는 것은 육체를 거스르고"(갈 5:17), "여러분 안에 계신 분이 세상에 있는 자보다 크시기 때문입니다"(요일 4:4).

네 번째 방법은 공격하려는 대상을 물러나게 하는 것이다. 유대인들이 그리스도를 해치고자 했지만 빈번히 방해를 받았던 것은 바로 이 방법에 의해서였는데, 그리스도께서 그들을 피해 현장을 떠나셨기 때문이었다. 사도 바울의 경우에도 유대인들이 그를 잡아 죽이려고 했을 때 천부장이 그를 빼내어 도피시켰다(행 23:10).

9) 죄를 짓고자 하는 의지를 어떤 논증을 통해 저지시키는 경우, 의지에 대한 장해물을 놓는 것이다. 그러나 우리는 논증에 의해 의지를 좌절시키는 시도를 세 종류로 구분할 수 있다. 여기서 장해물은 의지를 관철시킬 수 없거나 어렵게 만드는 것, 행위 자체를 불유쾌하거나 불편한 또는 유용하거나 유해한 것으로 만드는 것, 시도하려는 행위를 수치스럽거나 부정의하거나 비천한 일로 만드는 것이다.

이 중에서 첫 번째 방법에 의해 바리새인들과 서기관들은 그리스도에게 폭력을 행사하려던 것이 빈번히 제지되었는데(마 26:46), 그것은 사람들이 "그리스도를 선지자로 여겼기" 때문에 그가 사람들의 견해에 의해 보호를 받은 것이다. 마찬가지로 이스라엘 백성들도 그들의 정부(貞婦)에게로, 거짓된 신들에게로 떠나지 못하게 제지되고는 했는데, 하나님께서 "내가 이제 가시나무로 그의 길을 막고, 담을 둘러쳐서 그 길을 찾지 못하게 하겠다"(호 2:6, 7)라고 말씀하신 것에서 입증된다. 따라서 성도들은 악인들이 "죄와 파멸의 길"(지혜서 5:7)에서 방황하고 있는 것을 목격할 때, 죄를 지으려던 생각을 버릴 수 있다(지혜서 5:7).

두 번째 장해물인 논증에 의해 요셉의 형제들은 요셉을 죽이려던 생각을 바꾸었는데, 요셉을 팔아 버림으로써 동일한 목적을 이룰 수 있었기 때문이다(창 37:26, 27). 마찬가지로 욥이 "눈으로" 죄를 짓는 일을 멀리할 수 있었던 것은 그가 눈에 음탕함이 가득한 사람들을 상상하면서 "위에 계신 하나님이 내게 주실 몫이 무엇이겠으며, 높은 곳에 계신 전능하신 분께서 내게 주실 유산은 무엇이겠는가?"(욥 31:1, 2)라고 스스로에게 문제를 제기했기 때문이다.

세 번째 방법에 의해 요셉은 부끄러운 간음 행위로부터 자기 자신을 지킬 수 있었고(창 39:8, 9), 다윗은 "내가 감히 손을 들어 주님께서 기름 부어 세우신 분을 치는"(삼상 24:7) 일을 하지 않기로 스스로를 설득했다.

10) 죄를 짓는 것을 허용하는 것은 장해물을 놓는 방법에 반대된다. 그러나 장해물을 놓는 것은 이성을 가진 피조물의 능력을 합법적으로 탈취하는 행위이므로 죄를 허용하는 것이 반드시 방해 전략에 반대된다고 말할 수는 없다. 그럴 경우 똑같은 행위가 죄가 될 수도 있고 죄가 되지 않기도 할 것이다. 문제의 행위가 금지된 행위이기 때문에 죄가 되는 것이고, 그런 방식으로, 즉 금하지 않음으로써 허용하는 것이므로 그 행위가 죄가 되지 않을 수 있는 것이다. 그러나 장해물은 지성적인 피조물의 능력과 의지에 걸림돌을 설치하는 것이라는 의미에서 허용은 방해 전략에 반대된다. 그러나 능력이나 의지를 저지하기 위해 한두 가지 장해물을 배치하는 것이 아니라 모든 장해물을 가동할 경우, 결국 죄를 막게 될 것을 하나님께서 알고 계시기 때문에 모든 장해물이 한꺼번에 사용될 때 죄의 허용은 지체(suspension)가 된다. 이 유형의 장해물에 의해 죄가 저지될 경우, 필연적으로 그런 결과가 초래될 것이다.

그러므로 우리가 논제 8에서 이미 언급한 종류의 장해물들을 하나님께서 전혀 사용하지 않으신다면 죄는 피조물이 가진 능력의 재량에 맡겨지는 허용의 사례가 된다. 이 때문에 이 유형의 허용은 하나님께서 인간의 생명과 본질의 지속, 그의 능력의 보존, 더 큰 능력이나 적어도 그것과 대등한 것에 의해 저지되지 않게 하는 조치, 죄가 실행되는 대상의 노출 등을 허용하는 하나님의 후속 행위로 이루어진다.

또 의지와 관련하여 죄가 허용될 수도 있는데, 죄를 짓고자 하는 의지를 포기하게 만들기 위해 계산된 장해물을 하나님께서 의지 앞에 배치하지 않으신다는 뜻이 아니라, 장해물 전략이 전혀 효과가 없을 것을 예견하시고 지혜와 능력이 풍성한 하나님께서 어떤 장해물도 배치하지 않으신다는 뜻이다(요 18:6, 막 14:56). 이 방법은 그리스도의 고난에서 가장 현저하게 나타나는데, 그의 죽음을 요구했던 사람들의 수행 능력뿐만 아니라 의지에 대해서도 아무런 간섭이 없었던 것이다. 그러나 이러한 전제로부터 장해물들이 전혀 쓸모없다는 결론이 함축되는 것은 아니다. 그 장애물들이 기대된 결과를 낳지 않는다고 해도 그 결과는 예상된 대로는 아닐지라도 하나님은 가장 강력한 방법으로 그가 세우신 목적을 성취하시기 때문이다(롬 10:20, 21).

11) 이 같은 허용의 토대를 이루는 것은 하나님께서 이성을 가진 피조물을 창조하셨을 때, 피조물의 가변성이 비난받지 않게 하기 위해 그 자신의 항상성을 훼손하지 않기로 했던 하나님의 자유다. 그리고 암흑 중에 빛을 창조하시고 악으로부터 온갖 종류의 선을 생산하실 수 있는 하나님의 무한한 지혜와 능력이다(창 1:2, 3, 고후 4:6). 그러므로 하나님이 그가 허용하는 일을 허락하시는 이유는 그가 지성적 주체들의 능력이나 성향을 몰라서가 아니라 오히려 그들에 대해 모든 것을 아시기 때문이다. 주저함 때문도 아닌데, 그랬다면 그는 선택의 자유를 행사할 수 있는 피조물을 애초에 창조하지 않으실 수도 있었기 때문이다. 간섭할 수 있는 능력이 부족해서도 아닌데, 왜냐하면 우리가 이미 보았듯이 이성을 가진 피조물의 수행 능력과 의지를 좌초시키기 위해 그는 수많은 방법을 얼마든지 사용하실 수 있기 때문이다. 또한 벌어지고 있는 상황에 대해 낙관하거나 무관심해서이거

나 직무 태만 때문도 아닌데, 왜냐하면 일이 실제로 발생하기 전부터 하나님은 그 일과 관련된 여러 가지 행동 방식을 생각해 두셨기("완전히 파악하고 계시기") 때문이다. 우리가 뒤에서 보게 되겠지만(§ 15~22) 그는 다양한 논증과 기회를 제공하고, 죄에 대해 결정하고, 인도하며, 심판하고, 심지어 용서하는 일을 하신다. 그러나 하나님께서 허용하시는 것이 무엇이든지 그는 분명한 계획을 가지고 기꺼이 허락하는 것이며, 결국 그 허용은 그의 의지에 따르는 것이지만, 그의 허용 자체는 죄의 관한 관심에서 계획된다. 그리고 이 순서는 엄청난 위험을 초래하지 않고서는 뒤바뀔 수 없다.

12) 이제는 죄의 차별성에 따라 방해와 허용이라는 주제에 대해 총론적으로 서술했던 것을 좀 더 상세히 구별하며 설명하기로 한다.

원인들을 고려할 때 죄는 무지, 연약함, 악의, 태만의 죄로 구별된다. 무지의 죄에 대한 장해물은 하나님의 뜻을 계시함으로써 배치된다(시 119:105). 연약함의 죄에 대해서는 세상과 사탄의 책략을 좌초시키고, 우리 육체의 연약함을 고려하여 성령의 강력한 영향력을 행사하심으로써 간섭하신다(엡 3:16, 4:11~13). 악의에서 빚어진 행위의 죄에 대해서는 "내가 그들의 몸에서 돌같이 굳은 마음을 없애고, 살같이 부드러운 마음을 주고"(겔 11:19), 그 마음에 하나님의 율법을 새김으로써(렘 31:33) 간섭하신다. 태만의 죄에 대해서는 믿는 사람들의 마음에 거룩한 염려와 경건한 두려움을 활성화시킨다(막 14:38, 렘 32:40).

이 같은 목록으로부터 모든 종류의 죄가 허용될 수 없게 하는 지체(suspension)에서 하나님의 간섭 행위가 명확히 드러난다. 하나님께서는 율법에 과도한 열정을 품었던 시절의 사울이 그의 무지함으로 인해 그리스도를 핍박하는 일을 허용하셨지만, 마침내 하나님께서 "그를(그의 아들을) 나에게 기꺼이 나타내"(갈 1:13~15) 보이심으로써 핍박자를 전도자로 변화시키셨다. 마찬가지로 그리스도를 사랑하기는 했으나 지나치게 호언 장담하던 베드로가 그의 연약함을 통해 그리스도를 부인하도록 허용하셨다. 그러나 나중에 성령으로부터 강력한 운동력을 얻게 되었을 때, 그는 담대하게 그리스도를 인정하고 죽음도 개의치 않았다(마 26:70, 행 5:41, 요 21:19). 또 하나님께서는 "홧김에 너(이스라엘 백성)에게 왕을 주었고"(호 13:11, 삼상 9:1), 그리하여 사울을 왕으로 세우시고, 그가 악한 동기에서 하나님께 성실함을 인정받은 다윗을 핍박하는 것을 허용하신 반면, 그의 아들 요나단은 (다윗을 해치려는 아버지의 시도를) 막아 보려고 애썼으나 허사가 되게 하셨다. 그리고 하나님께서는 다윗으로 하여금 수많은 승리를 거두고 태평시대와 여가를 즐긴 후 태만에 이끌려 행동하는 순간, 더러운 간음죄로 자신을 더럽히도록 허용하셨다(삼하 11장).

13) 그다음으로 죄는 율법의 두 관점, 즉 선을 명령하는 율법과 악을 금지하는 율법의 관점에서 구별된다(§ 3). 이 중에서 후자의 율법을 위반하는 죄는 어떤 행위를 적극적으로 수행함으로써, 또는 정당하지 않은 이유와 목적을 위해 그 행위를 불이행함으로써 성립된다. 전자의 율법을 위반하는 것은 요구된 행위를 불이행하거나 그 행위를 온당하지 않은 방식으로, 그리고 정당하지 않은 이유와 목적을 위해 수행함으로써 성립된다. 이 구별에 하나님의 간섭과 허용이 적절히 적용될 수 있다. 하나님은 요셉의 형제들이 그를 죽이지 못하게 막는 동시에 그의 목숨을 살려 주도록 허용하심으로써 그들의 부당한 이유와 목적도 이룰 수 있게 하셨다. 왜냐하면 요셉을 팔아 버리는 것은 그들의 힘으로 얼마든지 감당할 수 있는 일이고, 그렇게 할 수 있는 기회를 하나님께서 그들에게 제공하셨으므로 그들

은 요셉을 죽이는 것이 금전적으로도 손해일 뿐만 아니라 또 굳이 그럴 필요도 없다고 판단했기 때문이다(창 37:26, 27). 마찬가지로 압살롬은 아히도벨의 계교를 따르는 것이 자기에게 유리하고 다윗에게 치명적일 수 있는 일이었음에도 그 계교를 따르지 못하게 훼방을 받았는데, 그렇게 하는 것이 옳지 않다고 생각했기 때문이 아니라 오히려 그것이 다윗에게 위해를 가할 수 있다고 판단했기 때문이었다. 왜냐하면 압살롬은 실제로 줄곧 자기 아버지를 해치고자 궁리했고, 결국 실제로 실행에 옮겼기 때문이다(삼하 17장). 또 하나님께서는 선지자 발람으로 하여금 이스라엘 백성을 저주하지 못하게 막으시고 오히려 축복하게 만드셨다. 그리하여 발람은 사악한 의도에서 스스로 저주하는 행위를 저지하고 축복하는 행위를 실행에 옮겼다(민 23장). 우리가 죄에서 행위와 무규범성과 '율법 위반'을 구별하고 각각에 대해 고찰하면서 그것들을 하나님의 간섭과 허용에 적용해 본다면 하나님의 장해물과 허용의 이유에 대해 어느 정도 이해할 수 있을 것이다.

14) 그러나 범죄 행위와 '율법의 위반'은 단일한 죄 안에 불가분으로 연합되어 있고, 따라서 둘 중 어느 것도 다른 것과 무관하게 간섭되거나 허용될 수 없다. 그럼에도 그들은 내적으로 구별될 수 있고, 따라서 하나님에 의해 허용뿐만 아니라 간섭이 시행될 때 때로는 주로 행위에, 혹은 '율법의 위반'에 더 큰 비중이 실릴 수 있다. 그리하여 그러한 개입이 있을 때 우리는 하나님의 지혜를 높이 찬양하기보다 인간의 이익과 연관 지어 생각하기 쉽다.

하나님께서 요셉의 형제들이 요셉을 죽이지 못하게 막으신 것은 그들이 그것을 죄로 여겼기 때문이 아니라(사실 그들은 여전히 같은 생각을 품고 있었고, 그런 중에 그를 팔아 버리는 쪽으로 생각을 바꾸었다) 그것이 하나의 이로운 행위라고 판단했기 때문이다. 요셉을 살려 두는 것이 하나님의 뜻이었을 때 그들은 오히려 요셉의 목숨을 빼앗으려 했다. 그리고 하나님께서 그가 상인들에게 팔리는 것을 허용하셨던 주된 이유는 그것이 죄이기 때문이 아니라 하나의 행위이기 때문이다. 특정 행위에 의해 요셉이 팔림으로써 하나님은 자신의 목적을 이루셨다(창 37:27).

하나님께서 엘리야가 강제로 체포되어 아하시야왕에게 끌려나와 죽임을 당하지 못하도록 막으신 것은 그것이 죄이기 때문이 아니라 그것 역시 하나의 행위이기 때문이다. 행위를 막으신 목적에서, 그리고 간섭의 양태에서 그 점을 확연히 볼 수 있다. 목적에 관해 그것은 아하시야가 하나님께 범죄를 저지르지 못하게 하기 위한 것이 아니라 하나님의 선지자의 생명을 보존하는 것이 하나님의 뜻이었기 때문이다. 간섭의 양태에 관해 하나님은 엘리야를 체포하기 위해 파견된, 각각 50명으로 이루어진 병사들의 무리를 두 번이나 죽이셨으므로 그것은 아하시야와 그의 부하들에 대해 하나님이 진노하셨음을 여실히 보여 주지만, 그 간섭 행위에 의해 여느 때처럼 죄가 훼방을 받은 것이 아니라 오히려 그것은 제3자에게 해를 끼친 행위가 되었다. 그럼에도 은혜롭게도 결국 죄 짓는 일이 저지되었다(왕하 1장).

하나님께서는 사탄과 갈대아인들이 욥에게 많은 악을 행할 수 있게 허용하셨는데, 그 자체로 죄를 허용하신 것이 아니라 하나의 행위로서 허용하셨을 뿐이다. 자기의 신실한 종의 인내를 시험하고, 그의 탁월한 미덕을 현저하게 드러나게 하여 사탄을 혼란에 빠뜨리는 것이 하나님의 뜻이었다. 그러나 그 뜻은 욥에게 많은 손해를 끼치는 행위를 통해 성취되었다(욥 1장, 2장).

다윗은 사울왕에게 폭력적인 손을 대지 못하도록 간섭을 받았는데, 하나의 행위로서가 아니라 그 행위 자체가 죄이기 때문이었다. 이 점은 자기가 (살인 행위를 실행하지 못하도록) 간섭받았다는 것을 시인하는 그의 증언으로부터 뚜렷이 드러난다. "내가 감히 손을 들어 주님께서 기름 부어 세우신 우리의 임금님을 치겠느냐?" 이 단언은 다윗으로 하여금 죄를 짓지 못하도록 막아 주었다. 간섭의 목적에 대해서도 똑같이 말할 수 있다. 왜냐하면 '참된 다윗'이신 그리스도의 모형으로서 다윗이 모든 시련을 극복하고 왕국을 세우는 것(그리고 소유하는 것)이 하나님의 뜻이었기 때문이다(삼상 24:7).

하나님께서 아합으로 하여금 나봇을 죽이도록 허락하신 것은 그 더러운 행동을 하나의 행위로서가 아니라 범죄 행위로서 다루셨기 때문이다. 하나님은 어떤 다른 방법을 통해 나봇을 도피시키거나 스스로 자신을 지킬 수 있게 하실 수도 있었을 테지만, 아합이 불의의 잔을 채우는 것과 자기 자신과 가정을 파멸로 몰아가는 것이 하나님의 뜻이었다(왕상 21장).

아비멜렉은 아브라함의 아내 사라의 순결을 범하지 못하게 간섭을 받았는데, 하나의 행위로서가 아니라 죄악 행위로서 그러했다. 왜냐하면 아비멜렉이 이 범죄로 자기 자신을 더럽히는 것은 하나님의 뜻이 아니었는데, 그가 "깨끗한 마음으로" 한 일이기 때문이다. 또한 하나의 행위에 의해 자기 아내의 순결을 빼앗김으로써 이루 말할 수 없는 슬픔을 겪게 될 자기의 종 아브라함을 아끼는 것이 하나님의 뜻이었다(창 20:6). 하나님께서는 유다가 자기 며느리 다말과 관계를 갖는 것을 하나의 행위로서, 동시에 죄악 행위로서 허용하셨다. 그것은 유다의 직계 자손으로서 그의 아들을 얻는 것, 그와 동시에 그리스도 예수 안에서 깨끗함을 얻지 못할 만큼 더러운 죄가 없다는 것을 선포하시는 것이 하나님의 뜻이기 때문이었다(창 38:18). 사도 마태는 "유다는 다말에게서 베레스와 세라를 낳고", "다윗은 우리야의 아내였던 이에게서 솔로몬을 낳고"(마 1:3, 6)라고 기록했다. 이것이 보여 주는 것은 그리스도의 계보가 끊어지지 않았던 것은 그럴 만한 이유가 없었던 것이 아니라는 사실이다.

15) 그러나 어떤 행위가 주체의 능력과 의지에 맡겨지는 허용이 시행되어도 입법에 의해 그 행위의 힘이 박탈될 수 있고(§ 7), 뼛속까지 악에 물들지 않은 합리적 주체라면 그 행위를 부추기는 유혹물을 제시하는 어떤 설득적인 논증과 기회가 제시되지 않는 한 죄와 연루된 행위에 뛰어들려 하지 않을 것이므로 그러한 논증과 기회의 관리는 그런 유인 요소를 공급하는 하나님의 섭리에 속한다. 유혹물이 전혀 없는 상황에서 작은 칭찬도 죄를 짓지 않게 만들 수 있으므로 자극적인 유인 요소가 주어졌을 때조차 과연 사람이 죄를 짓지 않으려고 스스로를 제어하려는 의지가 있는지 시험하기 위해서(집회서 20:21~23, 31:8~10). 또한 그러한 유인 요소에 반응하려는 의지를 그 피조물이 갖고 있다면 어쩔 수 없는 필요에 의해 강제하기보다 그 피조물의 자발적인 행위에 의해 하나님 자신의 뜻을 관철시킬 수 있다. 이 말은 마치 하나님께서 피조물에 대한 개입 행위가 없이는 자기의 사역을 완수할 수 없는 것처럼 들릴 수 있지만, 그는 자기의 지혜의 다양한 방책을 나타내기 위해 이 방향으로 전환하기도 한다. 그러므로 요셉의 형제들은 요셉을 죽이려는 악한 생각으로 이끄는 논증에 의해 마음이 동요되었지만, 자신들의 힘으로 그를 멀리 보낼 수 있는 기회가 하나님의 경륜에 의해 제시되었을 때, 부분적으로 그것은 사람들의 개입 행위를 통해 간접적으로 이루어지는 간섭인 동시에, 또한 부분적으로 하나님 자신의 직접적인 행위에 의한 간섭이기도 했다. 악의를 부추기는 논증에 해당하는 요소들은 요셉이 형들의 악한 행위를 아버지에게 고자질했던 비난 행위, 야곱이 요셉에게 특별히 애정을 쏟은 것, 요셉이 특이한 꿈을 꾸게 하신 것, 사

건이 발생한 후 그 꿈이 갖는 연관성 등이다. 이 같은 요인들에 의해 요셉의 형들 마음은 그에 대한 시기와 미움으로 불타올랐다. 기회에 해당하는 것은 아버지가 요셉을 그의 형들에게 보낸 것, 이스마엘 사람들이 이집트를 향해 여정을 떠난 것, 바로 그 순간 요셉의 형들이 자기 동생을 죽이려는 마음을 품고 있었던 것 등이다(창 37장). 앞의 고찰은 죄의 발단 부분과 연관될 뿐이지만, 방향 선택과 결정은 일의 경과에 속하는 문제다(§ 6).

16) 죄가 나아가는 방향은 하나님의 섭리의 인도에 의해 결정되고, 그에 따라 하나님은 가장 지혜롭고 가장 강력한 방식으로 그의 뜻대로 죄를 제어하시므로 "지혜는 세상 끝에서 끝까지 힘차게 펼쳐지며 모든 것을 훌륭하게 다스린다"(지혜서 8:1). 우리는 이 같은 관점에서 죄가 시작되는 근원과 그것이 종결되는 지점을 고찰할 수 있다. 하나님께서 자기의 뜻에 따라 죄의 방향을 이끄실 때, 그는 죄의 발생을 원하신 것이 아니므로 그것이 출발하는 지점에서 멀리 떨어진 곳으로 죄를 인도한다. 그러나 이 같은 인도하심은 양면성을 갖는데, 한 측면은 목표가 되는 대상이고, 다른 측면은 목적이다. 어떤 대상을 향해 인도하시는 측면에 관해 하나님이 죄가 발생하는 것을 허용하기는 하지만, 어떤 식으로든 죄에 노출되고 공격받아 손상을 겪게 되어 있는 대상은 피조물이 선택하는 것이 아니라, 기회가 될 만한 어떤 상황에서도 죄인이 목표로 삼거나 욕구할 만한 대상도 아니고, 적어도 절대적으로 그가 원하는 것이라고 말할 수 없는 어떤 대상을 향해 인도하실 뿐이다. 성경은 이런 종류의 인도하심에 대해 일반적인 방식으로 예시한다. "사람이 마음으로 자기의 앞길을 계획하지만, 그 발걸음을 인도하시는 분은 주님이시다."(잠 16:9) 그러나 특별히 왕의 마음에 관해 이렇게 기록되어 있다. "왕의 마음은 흐르는 물줄기 같아서 주님의 손 안에 있

다. 주님께서 원하시는 대로 왕을 이끄신다."(잠 21:1) 그 사례로 애초에 주변 국가들을 정복하려는 계획을 마음에 품었으나 계속해서 암몬 자손과 유대 민족까지 공격할 것인지 주저했던 느부갓네살을 들 수 있다. 하나님께서는 왕의 점괘를 이용하여 그로 하여금 유대 민족을 향해 진국하고, 암몬 자손에 대한 공격은 포기하게 만드셨다(겔 21:19~22).

17) 목적으로 이끄시는 측면에 관해서는 하나님께서 죄를 인정하지 않으실 때(즉 그가 단지 허용하기만 하실 때), 피조물의 무엇을 의도하든지 그것은 하나님의 목적에 구속되는데, 피조물이 동일한 목적을 의도하거나(그럴 경우에도 그는 죄의 책임에서 면제되지 않는다), 다른 어떤 것을, 설혹 정반대되는 것을 의도하더라도 하나님이 품으신 목적을 위해 사람의 행위를 사용하는 방식을 취하신다. 하나님은 죄의 어둠과 재난으로부터 그 자신의 영광의 빛을, 피조물의 유익을 이끌어낼 수 있는 방법을 아시기 때문이다.

그러므로 요셉의 형들이 요셉에게 실행하려던 '악한 생각'을 하나님께서는 요셉 자신뿐만 아니라 야곱의 가정 전체와 이집트 왕국 전체에 혜택이 되도록 전환시키셨다(창 1:20, 21). 욥에게 일어난 역경을 통해 사탄은 그가 하나님을 모독하게 만들고 싶어 했다. 그러나 그 역경을 통해 하나님은 자기 종의 인내를 시험하셨고, 그 방법으로 사탄을 제압하셨다(욥 1:11, 12, 22, 2:9, 10). "모든 민족들을 멸망시키고 조금도 남겨 놓지 않기로 마음으로" 결심했던 앗시리아왕에게 하나님께서는 "멋대로 거드름을 피우며, 모든 사람을 업신여기는 그 교만을 벌하겠다"(사 10:5~12)라고 선언하셨다. 자기 피조물들이 죄를 짓지 않고서는 이룰 수 없는 일을 사용해 하나님께 기쁨이 되는 목적을 성취하는 것은 전혀 놀라운 일이 아닌데, 그가 이런 일을 가장 정의로운 목적으로 이끄시는 데는 세 가지 이유가 있기 때문이다.

첫째, 비록 하나님이 지으신 피조물이 죄를 지었더라도 하나님은 여전히 그의 주님이시므로 인간이 스스로 멸망에 이르려면 그가 하나님의 지배로부터 스스로를 면책하거나 해방시킬 수 있을 만한 능력이 없기 때문이다.

둘째, 하나님으로부터 성향과 능력을 부여받은 피조물인 인간이 하나님께서 금하신 행위를 실제로 실행에 옮기기 위해서는 죄를 짓지 않을 수 없기 때문이다.

셋째, 피조물은 창조자의 손안에 있는 연장이기 때문이다. 따라서 도구적 원인은 일차 행위자가 의도하는 목적의 수준에 미칠 수 없다(사 10:15).

18) 결정은 신적인 섭리의 행위이고, 그것에 의해 하나님은 허용 범위의 한계를 정하고, 피조물이 제 마음대로 무제한적으로 이리저리 이동하지 못하도록 경계를 그으신다. 한계와 경계는 시효의 제정, 일의 경중에 대한 결정에 따라 정해진다. 시효의 제정이란 어떤 일이 실현되어야 하는 시점이나 계기, 또는 지속 기간의 길이를 가리킨다. 하나님이 시간적 계기를 결정하는 것은 피조물이 원하는 때에 그에게 죄를 위임하고 악을 행하도록 허용하지만, 실효적 시점은 피조물이 죄를 지으려 하는 때가 아니라 지혜롭게도 그리고 놀라운 권능으로 하나님이 다른 때에 그 일이 실행되게끔 경영하시는 것을 뜻한다. "사람들(유대인들)이 예수를 잡으려고 하였으나 아무도 그에게 손을 대는 사람이 없었다. 그것은 그의 때가 아직 이르지 않았기 때문이다"(요 7:30). 아버지께서 정하신 때가 이르기 전의 시간에 대해 그리스도께서 제자들에게 이렇게 말씀하셨다. "지금은 너희의 때요, 어둠의 권세가 판을 치는 때다."(눅 22:53)

지속 시간에 경계를 긋는다는 것은 허용된 죄의 효력이 지속될 수 있는 시간을 감하고 제한하여 결국 정지에 이르는 데 드는 시간을 뜻한다.

그 때문에 그리스도께서는 "그 환난의 날들을 줄여 주지 않으셨다면 구원을 얻을 사람이 하나도 없을 것이다"(마 24:22)라고 말씀하셨다. 그러나 이에 대해 논의하는 부분에는 반드시 행위 자체와 죄 자체에 대한 고찰이 포함되어야 한다. 행위가 지속되는 기간에 경계를 정하는 일에 관한 본문은 다음과 같다. "의인이 불의한 일에 손대지 못하게 하려면 의인이 분깃으로 받은 그 땅에서 악인이 그 권세를 부리지 못하게 하여야 한다."(시 125:3) "주님은 경건한 사람을 시련에서 건져 내시고 불의한 사람을 벌하셔서 심판 날까지 가두어 두실 줄을 아십니다."(벧후 2:9)

죄의 지속 기간을 정하는 일에 관해 다음의 본문이 있다. "그러므로 내가 이제 가시나무로 그의 길을 막고, 담을 둘러쳐서 그 길을 찾지 못하게 하겠다. 그가 정부들을 쫓아다녀도 그들을 따라잡지 못할 것이다. 그들을 찾아다녀도 어디에서도 만나지 못할 것이다. 그제서야 그는 '이제는 발길을 돌려서 나의 남편에게로 돌아가야지. 나의 형편이 지금보다 그때가 더 좋았다' 할 것이다."(호 2:6) "하나님께서는 지나간 세대에는 이방 민족들이 자기네 방식대로 살아가게 내버려 두셨습니다. 이제는 어디에서나 모든 사람에게 회개하라고 명하십니다."(행 14:16, 17:30)

19) 죄의 경중에 대해서도 경계를 그으시는데, 이것은 죄가 한도 이상으로 증가하고 더 크게 맹위를 떨치지 못하도록 하나님께서 한도를 정하시는 것을 가리킨다. 행위로서의 죄에 관해 다음과 같은 성경 구절이 있다. "주님께서 우리 편이 아니셨다면 원수들이 우리를 치러 일어났을 때에 원수들이 우리에게 큰 분노를 터뜨려서 우리를 산 채로 집어삼켰을 것이며,"(시 124:2, 3) "여러분은 사람이 흔히 겪는 시련밖에 다른 시련을 당한 적이 없습니다."(고전 10:13) "우리는 사방으로 죄어들어도 움츠러들지 않

으며, 답답한 일을 당해도 낙심하지 않으며, 박해를 당해도 버림받지 않으며, 거꾸러뜨림을 당해도 망하지 않습니다."(고후 4:8, 9) 하나님은 처음에 사탄에게 명령하시기를 "그가 가진 모든 것을 다 네게 맡겨 보겠다. 다만 그의 몸에는 손을 대지 말아라!"(욥 1:12) 이어서 "그렇다면 그를 너에게 맡겨 보겠다. 그러나 그의 생명만은 건드리지 말아라!"(욥 2:6)라고 명령하셨다. "내가 내 분노를 시삭을 시켜서 예루살렘에 다 쏟지는 않겠으나, 그들이 시삭의 종이 되어 보아야"(대하 12:7, 8) 한다.

악행을 죄로 다루시는 일에 관해 하나님은 다윗이 나발과 그의 식솔들을 칼로 진멸하려고 결심하고, 즉시 나발을 찾으러 나서는 것을 허용하셨다. 그러나 그는 다윗이 무고한 피를 흘리게 내버려두지 않고 그 자신의 손으로 스스로를 구할 수 있게 하셨다(삼상 25:22, 26, 31). 또한 하나님은 다윗이 아기스로 도피하여 "미친 체하는 것"을 그대로 허용하셨다(삼상 21:13). 그러나 그가 아기스 군대와 동맹군이 되어 이스라엘 백성과 싸우게 되거나, 아기스의 군대에 손해가 되는 것처럼 보이려고 위장 전략을 꾸미는 일을 허용하지 않으셨다(삼상 27:2, 29:6, 7). 왜냐하면 그럴 경우 다윗은 가장 극악무도한 악행을 저지르지 않고서는 그중 어떤 행동이든지 피할 수 없었기 때문이다. 물론 처음 두 행위는 (다윗이 스스로) 결정했다고 말할 수 있겠지만, 그로 인해 어떤 해악도 발생하지 않기를 바라시는 하나님의 뜻을 크게 훼손하는 결과가 발생할 수 있었던 것이다.

20) 유인 요소와 기회 제공, 죄의 허용에 후속적으로 이어지는 하나님의 인도와 결정에 따라 하나님은 악인들과 사탄이 저지르는 악행에 대한 응분의 책임을 실제로 분리하신다고 말할 수 있다. 예를 들면 요셉은 자기 형제들에게 "실제로 나를 이리로 보낸 것은 형님들이 아니라 하나님이십

니다"(창 45:8)라고 말했다. 자기들의 동생을 팔아 버린 후 그들은 요셉이 어디로 가게 될 것인지, 그의 미래의 운명이 어떻게 될 것인지에 대해 완전히 무관심했지만, 하나님께서는 그가 이집트로 끌려가 노예로 팔리게 허용하시고, 그 후 꿈을 해몽하는 일을 통해 외국에서 높은 지위에 오르게 하셨다(창 37:25, 28, 40:12, 13, 41:28~42). 욥은 그가 잃어버린 소유에 대해 사탄의 선동과 협력과 더불어 하나님께서 "가져가신 것"이라고 고백한다(욥 1장, 2장). 왜냐하면 악한 영은 하나님의 명령에 따라 악한 의도에서 욥에게 해악을 끼쳤고, 그뿐 아니라 욥에게 해를 끼칠 수 있는 권한을 부여받았지만, 사탄은 하나님이 정하신 한도를 넘어서는 어떤 영향력도 끼치지 못했기 때문이다. 같은 이치에서 하나님은 압살롬이 벌인 일을 실제로 행하셨다고 말할 수 있는데(삼후 12:11, 12, 15:16), 사건의 대단원의 막이 내리기까지 있었던 여러 가지 행위 중 가장 핵심적인 역할은 하나님께 속했기 때문이다.

여기에 우리가 덧붙일 것은 설득을 위한 논증의 제시, 방향 설정, 결정에 의해 사건 전체를 하나님께서 직접 관리하시는 것으로 볼 때, 피조물이 죄를 짓지 않고서는 성취할 수 없는 일을 그가 확실하고 완전무결하게 이루실 것을 하나님의 지혜가 예견하고, 뜻하신 방식으로 그의 의지가 일의 경과를 실제로 경영하신다고 선포되어 있으므로 일련의 행위를 어떻게 하나님께 귀속할 수 있을지 더욱 분명히 파악할 수 있다.

21) 이 논의의 마지막 주제는 죄의 심판과 용서로서, 이 사역을 통해 하나님의 섭리는 이미 저질러진 죄를 단순한 행위가 아닌 죄로 다룬다. 죄는 악으로서, 그리고 악하기 때문에 심판을 받고 또 용서를 얻기 때문이다.

죄에 대한 심판은 하나님 섭리의 행위로서, 그것에 의해 죄는 하나님의 의를 따라 응분의 처벌로써 보상된다. 이 심판은 내세의 삶에 내려질 수도 있고 현세의 삶에서 실현될 수도 있다. 전자의 경우 사람이 하나님과 영원히 분리되는 것이고, 대개의 경우 지상에서 겪게 되는 후자의 심판에는 육적 심판과 영적 심판 두 가지가 있다. 육체와 관련된 심판은 여러 종류가 있지만, 지금 우리의 논의의 목적을 위해 그것을 모두 열거할 필요는 없다. 그러나 영적 심판은 면밀하게 고찰해야 하는데, 왜냐하면 그것은 죄를 지은 사람의 악함 때문에 발생하는 다른 것들(죄 행위)의 원인이 되는 죄를 처벌하는 문제이기 때문이다.

영적 심판은 은혜의 결여, 악의 권세(또는 악한 영)에 맡겨지는 것을 뜻한다. 은혜의 결여는 두 가지 범주의 은혜에 따라 습성적인 것과 돕는 것 두 가지가 있다. 전자는 이성을 멀게 만들거나 마음을 완악하게 만듦으로써(사 6:9, 10) 은혜를 거두는 것이다. 후자는 내적으로 "우리의 약함을 도와주시는"(롬 8:26), 그리고 외적으로 선한 천사들의 봉사와 돌봄을 사용함으로써 사탄과 세상의 광포한 분노를 완화하는 성령의 도우심을 거두는 것을 가리킨다(히 1:14, 시 91:11).

악한 권세에 맡기는 것은 "하나님께서 사람들을 타락한 마음자리에 내버려 두시고" 그들로 하여금 거짓을 믿게 만들거나(롬 1:28, 살후 2:9~11), 육체의 정욕과 악한 욕심에 버려두거나(롬 1:24), "지금 불순종의 자식들 가운데서 작용하는"(엡 2:2) "이 세상의 신"(고후 4장)인 사탄의 권세 아래 버려두는 것이다. 그러나 이 심판은 다른 많은 죄를 야기할 수 있기 때문에, 또한 만일 하나님께서 심판을 내리실 경우 그처럼 죄들이 번성하리라는 것을 예견하는 하나님의 확실한 지식에 의거할 뿐만 아니라 그로 인해 발생하는 더욱 가증한 죄를 한층 무겁게 심판하기로 작정하시는 하나님의 목적에 부합하기 때문에 다음과 같이 성경에 표현되었다. "나는 그(바로)가 고집을 부리게 하여 내 백성을 놓아 보내지 않게 하겠다. 바로가 너희의 말을 듣지 않을 때에 나는 손을 들어 큰 재앙으로 이집트를 칠 것이다."(출 4:21, 7:4) "아버지(엘리)가 이렇게 꾸짖어도 그들은 아버지의 말을 듣지 않았다. 주님께서 이미 그들을 죽이려고 하셨기 때문이다."(삼상 2:25) "그가 이렇게 말하여도 아마샤는 들으려 하지 않았다. 그러나 이것은 하나님께서 하신 일이다. 유다 사람들이 에돔 신들의 뜻을 물으므로 하나님께서 유다 사람들을 여호아스의 손에 넘겨주시려고 아마샤의 마음을 그렇게 만든 것이다."(대하 25:20) 이것을 고려할 때 마음이 완악하게 된 죄인들인가, 또는 마음의 완악함과 무관한 죄인들인가에 따라 죄에 관한 하나님의 통치 방식이 구별된다.

22) 죄의 용서 또는 사면은 죄의 책임을 면제하고, 죄책에 따라 내려져야 할 응분의 처벌을 면제해 주는 하나님의 섭리 행위다. 이 같은 용서는 과거에 원수였던 사람에게 하나님의 은혜를 회복시켜 주므로 이후 그 사람을 다루는 하나님의 방침은 공정성과 정의가 요구하는 바에 따라 전적인 은혜가 넘치게 된다. 즉 그가 용서를 얻음으로써 앞에서 열거된 온갖 종류의 영적 심판에서 벗어난다(시 2:10~12). 그리고 육체적 징벌이 면제되지 않더라도 그 징벌이 내려지는 것은 죄의 심판자이신 하나님의 분노 때문이 아니라 그가 죄에 대해 미워하신다는 사실을 선포하기 원하시는 하나님의 열망 때문이며, 따라서 죄인이 다시 죄에 빠지는 일이 없게 하려고 징계하시는 것이다(삼하 12:11~13). 그렇기 때문에 그 사람을 섭리로 다스리는 방식은 그가 용서받기 전에 머물던 상태에서 받던 처벌과 완전히 다른 것이다(시 119:67, 고전 11:32, 시 32:1~6).

23) 이제까지 우리가 다룬 주제로부터 악이 세상에 들어왔다는 사실을 근거로 하나님의 섭리 자체도, 악에 대한 섭리적 통치도 부정될 필요가 없음이 분명해진다. 이 같은 통치 방식에 준거하여 하나님을 불의의 혐의로 비난할 수 없는 이유는 그가 모든 일을 최선의 목적을 위해 경영하실 뿐만 아니라, 즉 경건한 사람들에게 내려지는 질책과 시험, 자신을 나타내시기 위해, 다시 말해 악한 사람들을 심판하고 적발하기 위해, 그리고 하나님 자신의 영광을 나타내시기 위해(목적만으로 행위를 정당화할 수는 없으므로) 지성적인 피조물로 하여금 자기의 선택권과 자발성을 행사할 수 있게 할 뿐만 아니라 자기의 의도와 행위를 실행하고 성취할 수 있도록 허용하는 통치 방식을 택하시기 때문이다.

악에 관한 하나님 섭리의 의로움과 유효성에 관하여

– 응답자: 헤라르트 아드리언스

1) '죄책 있는 악' 또는 '직무 태만의 악'이라고 불리는 악을 고찰함으로써 많은 사람들은 지성과 의지의 자유를 부여받은 피조 인간과 그들의 행위에 관한 하나님의 섭리를 부인하게 된다. 그들이 하나님의 섭리를 부인하는 것은 두 가지 이유에서다. 하나는 그들은 하나님이 선하고 정의롭고, 또 전지하고 전능한 분이므로 만일 이성을 가진 자기의 피조물과 그들의 행위를 섭리로 인도하는 것이 참으로 그의 뜻이었다면 그들이 죄를 범하지 못하도록 완전히 막을 수 있었을 것이라고 생각하기 때문이다(막 10:18, 시 147:5, 계 4:8, 말 2:17, 3:14). 다른 하나는 그들은 하나님 자신에게 유죄 책임을 묻는 길 외에 달리 어떤 식으로도 신적 섭리의 경영 방식을 가늠할 수 없고, 하나님의 인과적 효력의 불가항력적 행사에 의해 인간이 죄를 지을 수밖에 없는 것처럼 인간에게서 모든 유죄 혐의를 면제하려 하기 때문이다. 그렇기 때문에 만일 하나님께서 이성을 가진 피조물과 그의 행위에

대해 관여하신다는 것을 부정한다면 그의 통치 영역의 상당 부분이 축소될 수밖에 없는 섭리에 대해 절대적으로 믿음이 요청되므로(눈 12:28) 우리는 악에 관한 신적인 섭리의 유효성에 대해 개략적으로 설명하고, 그와 동시에 이 효능성에 의거해 하나님께 부정의(不正義) 혐의를 전가할 수 없다는 것을 증명하고, 오히려 하나님께는 어떤 죄의 허물도 귀속할 수 없으므로 이 효능성은 하나님의 의의 탁월성에 크게 기여한다는 것을 증명할 것이다.

2) 그러나 죄에서 고려해야 할 요소는 행위뿐만 아니라 (이 범주에 행위 불이행도 포함된다) '명령의 위반'도 있다. 행위는 자연적 선을 추구하고 죄의 질료 원인으로 불리는 반면, 위반은 도덕적 악이고 죄의 형식 원인이라고 불린다. 죄에 관한 하나님의 유효성에 대해 다루려 할 때, 우리는 두 가지 유형의 죄에 대해 탐구할 필요가 있다. 왜냐하면 죄는 행위로서의 죄와 관련되고, 어떤 행위의 이행을 금지하는 명령을 위반하는 반면, 행위 불이행의 경우 행위 수행을 요구하는 명령을 거스르는 것이기 때문이다.

그러나 하나님의 작용인적 유효성(efficiency)이라는 주제를 살펴보기 위해 세 가지 하위 주제, 즉 죄의 발단과 이성을 가진 피조물의 마음에 최초로 싹트는 것, 죄가 기도하는 구체적인 행위, 죄의 완결을 고찰할 필요가 있다. 죄의 발단과 관련된 하나님의 유효성은 방해 또는 허용으로 나타난다. 그리고 허용에 첨가되는 요소로 범죄 행위를 돕는 직접적인 협동 작용뿐만 아니라 죄를 부추기는 논증과 기회가 있다. 죄의 진행에 관한 신적 유효성은 방향 인도(direction)와 결정(determination)에 있고, 죄의 완결에 관해서는 처벌과 용서가 있다.

3) 죄에 관한 하나님의 유효성이 적용되는 첫 번째 측면은 방해하거나 장해물을 배치하는 것이고, 효율성과 대상에서 각각 세 가지 유형으로 나뉜다. 효율성의 관점에서 첫째, 장해물이 충분한 효력을 갖지만 죄를 범하는 행위를 막지는 않는다(마 11:21, 23, 요 18:6). 둘째, 그 효력이 대단히 강력할 경우 그것에 저항하는 일은 불가능하다. 셋째, 혹은 문제의 사건과 관련하여 실제로 죄를 막는 결과를 낳을 수 있게, 그리고 하나님의 예지에 따라 필연적이거나 불가피하지는 않지만(창 20:6) 확실하게 이끈다.

대상에 관해서는 마찬가지로 세 가지 유형으로 나뉘는데, 합리적 피조물의 힘, 능력, 의지에 적합하게 장해물이 배치된다. 힘에 장해물이 설치될 경우 어떤 행위를 수행하고자 하는 욕구와 충분한 힘을 가지고 있는 지성적 피조물은 그 장해물 때문에 그 행위를 실행에 옮길 수 있는 길이 막힌다. 이 방법은 피조물이 죄를 범하지 않는 한 문제의 행위를 수행할 수 없게 하는 법 제정에 의거한다(창 2:16, 17).

능력에 장해물이 배치되는 경우 피조물의 의향이 뚜렷하고 방해물이 없다면 충분히 행동에 옮길 수 있는 힘을 가지고 있음에도 장해물 때문에 문제의 행동을 실행할 수 없게 된다. 그러나 피조물의 능력을 간섭하는 장해물에는 네 가지 종류가 있다. 첫째, 피조물에게서 능력의 토대가 되는 본질과 생명을 빼앗는다(왕상 19장, 왕하 1장). 둘째, 능력을 제거하거나 약화한다(왕상 13:4, 롬 6:6). 셋째, 더 큰 능력이나 적어도 대등한 크기의 능력으로 대항한다(대하 26:18~21, 갈 5:17). 넷째, 문제의 행위가 지향하는 대상을 제거한다(요 8:59).

피조물의 의지에 장해물을 배치하는 것은 설득하는 논증에 의해 계획한 일을 불가능하게 하거나 추진하기 어렵게 만들거나(마 21:46, 호 2:6, 7), 일 자체가 불쾌감을 주거나 번거롭고, 이득을 얻을 수 없거나 손해를 입을 가능성이 있다고 설득하거나(창 37:26, 27), 끝으로 행위의 부정의함, 불명예, 품위 저하를 강조함으로써(창 39:8, 9) 죄를 지으려는 계획을 포기하도록 논증을 통해 설득하는 것이다.

4) 죄의 허용은 죄를 방해하는 것과는 다르다. 그러나 그것은 법 제정에 의해 피조물이 죄를 시도할 수 없게 막는, 죄의 방해와 다르지 않다. 왜냐하면 이 경우 동일한 행위가 죄가 되기도 하고 죄가 되지 않기도 하기 때문이다. 즉 죄를 피조물의 힘으로 실행할 수 없도록 금지된 행위로 간주할 경우 문제의 행위는 죄가 되지만, 그 행위가 금지된 것이 아니라 허용되는 경우에는 죄가 되지 않는다. 그러나 허용은 피조물의 힘이나 의지에 장해물을 설치하는 방해 전략에 반대된다. 그런 의미의 허용은 어떤 수단이 사용될 경우 사실상 죄를 막는 것이고, 그렇게 만들 수 있는 단 하나의 장해물에 의해서도 죄가 차단될 것이므로 그런 결과의 불가피성을 하나님께서 인지하시기 때문에 모든 장해물을 유보하는 것이다.

그러므로 하나님께서 앞의 논의에서 언급한 셋째 논제의 장해물 중 어느 것도 사용하지 않으실 때, 죄는 피조물의 재량에 맡겨진다. 이 설명에 따르면 이런 식의 허용은 하나님의 동시적이거나 선행하는 행위에 이어 후속적으로 주어질 수 있다. 피조물의 본질과 생명의 지속, 그의 행위 능력의 보존, 더 큰 힘에 의해 또는 적어도 대등한 힘에 의한 저항 관계에 처하지 않게 배려하고, 끝으로 죄가 목표로 삼는 대상을 노출시키는 것이다(출 9:16, 요 18:6, 삼상 20:31, 32, 마 26:2, 53).

죄는 또한 피조물의 의지에 맡겨질 수 있는데, 죄를 범하려는 의지를 포기하게 만드는 온갖 종류의 장해물을 유보하는 것이 아니라 실제로 죄를 막을 수 있는 장해물을 사용하지 않는 것이다. 이런 종류의 허용은 하나님께서 그의 지혜와 능력의 보고에 무수히 많이 들어 있을 것이 분명하다.

5) 이 같은 허용의 토대를 떠받치는 전제 조건은 첫째, 창조자 하나님께서 그가 지으신 이성을 가진 피조물에게 부여하신 선택의 자유다. 그 자유의 사용 권한은, 공여자(Donor)이신 하나님의 항상성에 따라 이 피조물로부터 철회되는 일이 없다. 둘째, 악으로부터 선을 생산할 수 있는 하나님의 지혜와 능력이다(창 1:2, 3, 고후 4:6). 그러므로 하나님께서 그가 허용하는 일을 허용하시는 이유는 지성적 존재가 가진 힘과 성향에 대해 알지 못해서가 아니다. 그는 모든 것을 아신다(삼상 23:11, 12). 그리고 마지못해서도 아닌데, 왜냐하면 하나님은 의지의 자유를 소유한 피조물을 짓지 않을 권능을 소유하고, 또 지으신 후에도 그를 파괴할 수 있는 능력을 가지고 계시기 때문이다(계 4:11). 죄를 짓지 못하게 막을 힘이 없기 때문도 아닌데, 전지하고 전능하신 하나님에 대해 어떻게 그런 이유를 추궁할 수 있겠는가?(렘 18:6, 시 94:9, 10). 또한 하나님께서 무관심한 방관자이기 때문이라고 말할 수도 없는데, 왜냐하면 어떤 일이 일어나기도 전에 그는 이미 그 일에 관해 여러 가지 대책을 생각해 두시고, 그뿐 아니라 그 행위를 처벌할 것인지 아니면 용서할 것인지 방향을 인도하고 최종 결정을 내리기 위해 사건을 긴밀하게 주목하시기 때문이다(시 81:12, 13). 그러나 하나님께서 무엇을 허용하시든지 그는 목적을 위해 기꺼이 허용하시며, 허용된 문제에 대해 직접 의지를 가지고 계시기 때문에 그 허용 자체는 직접적으로 죄에 연관되고, 하나님의 정의와 진리를 손상되지 않는 한 그 질서는 변개될 수 없다(시 5:4, 5).

6) 방해와 허용에 관해 이제까지 우리가 논의한 것을 죄의 몇 가지 차이

점을 고려하며 좀 더 명료하게 설명할 것이다. 그러한 목적을 위해 원인별로 죄는 무지의 죄, 연약함의 죄, 악의의 죄, 태만의 죄로 구별된다. 무지의 죄를 막기 위해서는 신적인 의지를 계시함으로써(시 119:105), 연약함의 죄에 대해서는 성령의 강건하게 하심에 의해(엡 3:16), 악의의 죄에 대해서는 "돌같이 굳은 마음을 없애고, 살같이 부드러운 마음을 주고"(겔 11:19), "나의 율법을 그들의 마음 판에 새겨 기록"(렘 31:33)함으로써, 태만의 죄에 대해서는 사람들의 마음속에 하나님을 경외하는 마음을 불어넣음으로써(렘 32:40) 시행된다. 이로부터 쉽게 알 수 있는 것은 이 행위를 유보함으로써 전술된 각 범주에 속하는 죄들이 허용된다는 것이다.

선을 행할 것을 명령하는 율법과 악행을 금하는 율법과 관련하여 죄를 구별할 때도 같은 방식으로 설명될 수 있다. 금지 명령의 경우, 어떤 행위를 실행함으로써 또는 온당하지 않은 이유와 목적을 가질 경우 문제의 행위를 이행하지 않음으로써 명령 위반이 발생한다. 반면에 적극적인 율법의 경우, 어떤 행위를 실행하지 않거나 그 행위를 부적절한 방식으로 부당한 이유와 목적을 위해 실행할 때 죄가 발생한다. 이 구별에 대해서도 하나님의 방해와 허용을 적용할 수 있다.

요셉의 형제들은 요셉을 죽이는 일을 방해받았지만 그들은 정당하지 못한 이유와 목적을 위해 살인 행위를 실행에 옮길 수 없게 설득되었다(창 37:26, 27). 압살롬은 자신에게 유익이 되고 다윗에게 해가 될 수 있는 아히도벨의 조언을 따르지 못하도록 방해받았지만 그럼에도 그는 정의로운 이유에서 또는 선한 목적을 위해 그렇게 한 것이 아니었다(삼하 17장). 하나님은 발람이 이스라엘 민족을 저주하지 못하게 막으시고 오히려 그들을 축복하게 이끄셨다. 그렇지만 발람이 저주하는 일을 포기하고, 부정직하고 악랄한 의도에서 축복 기도를 올린 것에 대해서도 똑같은 방식으로 설명할 수 있다(민 23장).

7) 죄라는 주제에 관해 적극적 행위와 명령 위반을 구별하고 각각에 대해 방해와 허용을 적용할 때, 방해와 허용의 이유와 원인에 관해 더 정확히 이해할 필요가 있다. 죄에서 행위와 명령 위반은 불가분으로 연결되어 있으므로 어느 것도 다른 것과 무관하게 방해받거나 허용될 수 없다. 그러나 양자는 의도에서 구별될 수 있고, 하나님은 때로는 행위에 대해 또는 위반에 대해 개별적으로 방해하거나 허용하신다. 또 다른 경우 양자 중 어느 하나에 혹은 둘 다에 관해 그렇게 하시는데, 이 같은 그의 행위가 바로 우리가 고찰해야 할 대상이다.

하나님은 엘리야가 강제로 아하시야에게 끌려가서 죽임을 당하지 않도록 방해하셨지만, 그것은 하나의 행위를 막은 것이다. 그 점은 방해하는 목적과 양태로부터 분명히 나타난다. 목적의 관점에서 하나님의 뜻은 아하시야가 하나님을 거스르는 죄를 짓지 못하게 하기 위해서가 아니라 자기의 선지자의 생명을 보전하는 것이었다. 방해의 양태의 관해 하나님께서 엘리야를 체포하러 파송된 50명의 군사로 이루어진 두 무리를 멸절한 것은 아하시야와 그의 부하들에 대한 그의 진노의 표시였는데, 그로 인해 평상시처럼 죄 짓는 행위를 막은 것이 아니라 타자에게 해를 끼치는 결과를 초래하는 형태를 취했다. 그럼에도 은혜에 의해 죄 짓는 일이 차단되었다(왕하 1장).

하나님께서는 요셉이 팔리는 일을 허용하심으로써 그가 죽임을 당하지 않도록 방해하셨다. 그가 요셉이 팔리는 것을 허용하신 일은 행위라고 부를 수 없는, 굳이 죄로 보기 어려운 일을 허용한 것이었다. 그러나 요셉이 실제로 팔려 감으로써 하나의 행위가 조성되었고, 하나님은 그의 목적을 이루셨다(창 37:1, 20, 시 105:17). 반면에 하나님은 다윗이 사울에게 폭력을 휘두르지 못하게 막으셨는데, 그것은 하나의 행위로서가 아니라 죄로서 막으신 것이다. 이 점은 다윗이 자기의 손을 스스로 거두는 과정에서 전개한 논증에서 나타난다. "주님께서 내가 그런 일을 하지 못하도록 나를 막아 주시기를 바란다. 왕은 바로 주님께서 기름 부어 세우신 분이기 때문이다"(삼상 24:6~7). 또한 하나님은 아합이 나봇을 죽이는 일을 허용하셨는데, 하나의 행위로서가 아니라 하나의 죄로서 그렇게 하신 것이다. 그렇게 함으로써 아합은 자기의 불의의 분량을 채우고, 그리하여 자신에 대한 심판의 도래 시간을 앞당기게 하셨다. 이와 다른 방법이 필요했다면 하나님은 나봇을 직접 처리할 수도 있었기 때문이다(왕상 21장).

아비멜렉은 사라의 순결을 범하지 못하도록 방해를 받았는데, 그것은 하나님께서 심히 사랑하시는 아브라함에게 견딜 수 없는 영원한 슬픔을 안겨 줄 수 있는 행위인 동시에 죄이기도 했기 때문이다. 따라서 하나님은 아비멜렉이 이 죄로 자기 자신을 더럽히기를 바라지 않으셨는데, 하나님께서 그가 "깨끗한 마음으로 이렇게 한 줄을"(창 20:6) 잘 아셨기 때문이다. 이와 대조적으로 유다가 그의 며느리 다말과 동침하는 일을 하나님께서 허용하신 것은 유다의 직계 후손으로서 그리스도가 태어날 것을 원하셨기 때문에 하나의 행위로서 그것을 허용하신 것이며, 그와 동시에 하나의 죄로서 그것을 허용하신 것은 그리스도 예수 안에서 깨끗함을 얻지 못할 만큼 더러운 것이 없다는 것을 선포하기 원하셨기 때문이다(창 38:18). 그리스도께서 다말에게서 나온 유다의 후손이며, 또한 우리야의 아내에 의해 이어진 다윗의 자손이라는 사실을 마태가 우리에게 밝힌 것은 이유 없이 공연히 한 일이 아니다(마 1장). 이 주제를 우리가 면밀히 들여다볼 때 하나님의 지혜를 엿볼 수 있을 뿐만 아니라, 만일 우리가 어떤 행위가, 어떤 측면에서 방해받는지, 그리고 어떤 행위가 허용되는지를 맑은 양심으로 열의를 다해 고찰한다면 우리 개개인에게도 큰 유익이 될 것이다.

8) 허용이라는 주제 외에도 죄의 발단에 관한 하나님 섭리의 유효성을 말할 수 있다. 즉 하나님의 뜻이 작용하지 않는 한 적어도 피조 인간의 성향에 의해, 그리고 그에 따라 발생하는 사건들의 자연적인 전개가 좀체 야기하지 않지만, 인간이 죄를 짓지 않는 한 실행에 옮길 수 없는 어떤 행위를 선동하는 방식이나 그 행위를 유도하는 논증과 기회의 관리에 대해 고찰할 필요가 있다(삼하 12:11, 12, 16:21~23). 그러나 그러한 논증은 인간의 마음에(삼하 12:24:1, 대상 21:1, 시 105:25), 또는 내적이건 외적이건 감각 기관에(욥 1~2장, 사 10:5~7), 그리고 정말 흥미로운 것으로 피조물의 섬김이나 간섭을 통해서나 하나님 자신의 직접적인 행위에 의해 피조 인간에게 전달된다. 이런 방식의 경영에서 하나님의 목적은 그러한 유인제에 의해 자극받을 때조차 과연 피조물이 죄를 짓지 않으려는 의지를 가지고 있는지(강한 자극재가 없을 경우에도 스스로 자제하는 행위에 대해 조금이라도 칭찬하는 것이 마땅하다), 그러한 유혹적인 요소에 기꺼이 굴복하고자 하는 의지를 가지고 있는지를 시험하시고, 그리하여 마치 피조물의 협력이 없이는 하나님께서 그의 사역을 완수할 수 없을 것처럼, 그럼에도 자기의 다양한 지혜를 증명하시려는 의지 때문에 필연성이 아닌 피조물 자신의 자발적 행위에 의해 하나님 자신의 사역을 성취시키려 하신다. 요셉의 형제들이 그들 자신의 악의에 의해 그를 죽이고자 하는 의도를 합리화하기 위해 제시한 논증을 살펴보자. 예를 들면 요셉이 아버지에게 형들의 행동거지에 대해 고자질한 것, 아버지 야곱이 요셉에게 보여 준 편애, 특이한 꿈을 꾼 것, 그것과 관련된 일이다. 요셉이 아버지의 요청에 따라 자기 형들에게 심부름

을 갔고, 때마침 이집트를 향해 여행하고 있던 이스마엘 사람들의 등장 같은 기회 또는 계기를 생각해 보라.

9) 죄의 발단에 관한 하나님 섭리의 유효성에 대한 마지막 주제는 각 행위가 산출되기 위해 필요한 신적인 협동 작용(divine concurrence)이다. 왜냐하면 직접적으로 실존하는 개체를 산출하는 최초의 으뜸 존재자(first and chief Being)가 없이는 어떤 것도 실제로 존재할 수 없기 때문이다. 하나님의 협력이란 그가 제2의 또는 열등한 원인 안에서 매개적 융합을 모색한다는 뜻이 아니라, 피조물이 야기한 결과에 직접적으로 유입되는 하나님의 행위를 지시하고, 따라서 하나의 동일한 행위 전체가 하나님과 피조물의 협동 작용에 의해 동시적으로 산출될 수 있음을 뜻한다. 이러한 의미의 협력은 하나님의 단순한 의욕이나 의지, 그의 자유로운 경륜에 속하는 것이지만, 그럼에도 하나님이 그것을 지성적이고 자유로운 피조물에게 거부하는 적이 없고, 어떤 행위를 피조물의 힘과 의지에 맡기는 것이다. "어떤 행위를 수행할 수 있도록 피조물의 힘과 의지에 맡기는 것", "그것 없이는 그 행위가 실행될 수 없게 하는 신적인 협동 작용을 부정하는 것", 이 두 기술은 서로 모순된다. 그러나 여기서의 협동 작용은 행위에 제한되고, 죄에 적용되지 않는다. 그러므로 하나님은 동일한 행위의 유효적 원인인 동시에 방임하는 허용자이고, 작용 원인이기 전에 먼저 허용자다. 왜냐하면 특정한 행위를 수행하고자 하는 피조물의 의지가 없었다면 협동 작용에 의해 그 행위 안에 하나님의 능력이 유입될 수 없었을 것이기 때문이다. 그리고 이 설명에 따르면 피조물은 죄를 범하지 않고서는 문제의 행위를 실행할 수 없으므로 하나님께서는 그 행위를 하려는 피조물에게 신적인 협동 작용을 거부해서는 안 된다. 피조물의 순종을 시험해 보는 것, 그가 불

법 행위로부터, 그리고 자신의 욕망에 굴복하려는 욕구로부터 스스로 절제하는 것이 옳은 일이고 마땅히 그래야 하겠지만, 이런 경우 필요한 신적인 협동 작용이 개입하는 한 실현되기 어렵다. 그렇게 볼 때 피조물은 자연적인 선을 위해 그 행위를 포기하는 것이지만, 그가 도덕적 악으로서 그 행위로부터 물러서는 것이 하나님의 뜻이기 때문이다.

10) 이상과 같은 고찰은 죄의 발단에 관한 것이다. 죄의 진행에 관한 것으로 신적인 섭리의 이중 효력, 즉 인도(direction)와 결정(determination)이 있다. 죄를 인도하는 것은 하나님께서 원하신다면 언제든지 "세상 끝에서 끝까지 힘차게 펼쳐지며 모든 것을 훌륭하게 다스리시며"(지혜서 8:1) 지혜롭게, 정의롭게, 강력하게 죄를 통솔할 수 있는 신적인 섭리의 행위를 뜻한다. 또한 신적인 인도는 어떤 행위를 지휘하는 것이 하나님의 뜻이 아닐 경우 그 지점으로부터 거리를 두는 것도 포함된다. 이러한 지휘는 대상에 관한, 그리고 목적에 관한 이중 측면을 갖는다. 어떤 대상에게로 방향을 인도하는 것은 피조물의 선택에 의해서가 아니라 어떤 식으로든지 죄의 유해성에 노출되고 영향을 받게 될 대상을 목표로 삼아 죄가 실행될 수 있게 하나님께서 허용하는 것을 가리킨다. 그러나 하나님께서 목표로 삼는 특정 대상은 죄인 자신의 목표나 의도와 전혀 무관할 수 있고, 혹은 그 대상은 적어도 그가 전혀 의도한 것이 아닐 수 있다(잠 16:9, 21:1).

이런 유형에 속하는 것으로 우리는 느부갓네살에게서 뚜렷한 사례를 발견하게 된다. 그가 주변 국가들을 정복할 계획을 세웠을 때, 그는 점괘의 결과에 따라 암몬 자손들보다 유대 민족을 택하여 공격을 감행하기로 결정했다(겔 21:19~22). 어떤 목표를 향해 상황을 지휘하는 것은 하나님께서 피조물이 의도한 목적에 이롭게 되도록 죄를 허용하는 것이 아니라, 그 피조물이 똑같은 목적을 의도했든지(그럼에도 그는 죄에 대한 책임을 면할 수 없다), 또는 그가 완전히 반대되는 다른 목적을 갖고 있든지 간에 하나님께서 자신이 뜻하신 목적을 위해 피조물의 행위를 사용하시는 것을 가리킨다. 요셉이 이집트로 팔려간 것, 욥이 시험을 당한 것, 앗시리아 왕이 유대인들을 침공한 것은 이 같은 설명에 부합하는 사례다(창 1:20~21, 욥 1~2장, 사 10:5~12).

11) 죄에 대한 결정이란 하나님께서 허용하실 때 어떤 척도나 균제(均齊), 죄의 한도를 정하심으로써 피조물의 선택과 의지가 무한정하게 확장되지 않게 하는 신적인 섭리 행위를 뜻한다. 이 결정의 양태와 한도는 시간적 경계와 사태의 엄중함에 대한 판단에 의해 설정된다.

시간적 경계란 죄에 허용된 시간적 거리가 점점 줄어들어 마침내 정지에 이르는 과정을 가리킨다(마 24:22). 이 부분에 관해서도 행위에 대한 것과 죄에 대한 것을 각각 주목해 볼 필요가 있다. 악한 행위가 지속되는 시간에 한도를 정하는 것은 하나님께서 의로운 사람들에게서 불의의 막대기를 거두어들이는 때를 가리킨다. 그것은 그 사람들이 스스로에게 전혀 무가치한 행동을 하지 않게 하기 위해(시 125:3), 그리고 "경건한 사람을 시련에서 건져 내기"(벧후 2:9) 위해서다. 하나님께서 죄의 지속 시간에 경계를 그으실 때, "가시나무로 그의 길을 막고, 담을 둘러쳐서" 사람들이 더 이상 우상을 숭배하지 않게 하기 위해(호 2:6~7), 그리고 "지나간 세대에는 이방 민족들이 자기네 방식대로 살아가게 내버려" 두셨지만 "이제는 어디에서나 모든 사람에게 회개하라고 명하시기"(행 14:16, 17:30) 때문이다.

죄의 엄중함의 정도에 한도를 정하는 것은 하나님께서 죄가 계속해서 세력을 넓히고 힘을 강화하는 것을 더 이상 허용하지 않기로 하시는 것을 의미한다. 또한 이것은 행위로서의 죄에 대해, 죄로서의 악행에 대해 각각 적용된다. 죄를 행위로서 다루는 전자의 경우, 하나님께서는 이스라엘 백성들을 대적하여 원수들이 일어나도록 허용하셨지만, "원수들이 큰 분노를 터뜨려서" 그들을 산 채로 집어삼키지 못하도록 막으셨다(시 124:2, 3). 그리고 하나님께서는 "사람이 흔히 겪는 시련 밖에 다른 시련"을 고린도교회 사람들이 "감당할 수 있는 능력 이상으로 시련을 겪는 것을" 허락하지 않으셨다(고전 10:13). 또 마귀가 욥의 생명에 손을 대지 못하도록 막으셨다(욥 1~2장). 이집트의 왕 시삭이 유대 민족을 종으로 삼는 것을 허락하셨을 뿐 그가 그들을 "진멸하는 것"은 막으셨다(대하 12:7~9).

악행을 죄로서 다루는 경우, 하나님은 다윗이 죽이기로 맹세하고 그렇게 말할 당시 격분한 상태에 있었으나 그가 나발과 그의 가족의 피를 흘려 스스로를 더럽히지 못하도록 막으셨다(삼상 25:22, 26). 또한 하나님은 다윗이 목숨을 부지하기 위해 아기스에게 망명했고, "그들이 보는 앞에서는 미친 척"하기도 했으나, 아기스의 군대와 함께 전쟁에 나가는 일을 막으셨다(삼상 27:2, 29:6, 7). 따라서 하나님은 다윗이 자기의 동족 이스라엘 백성들을 죽이지 못하게 막는 동시에, 아기스의 군대에 재앙이 내리는 일이 없도록 처리하신 것이다. 그런 일은 가장 극악무도한 악행을 범하지 않고서는 실행될 수 없는 일이기 때문이었다. 즉 이 경우 죄는 행위이기도 하므로 장해물을 놓을 수 있는 것으로 보인다.

12) 이 같은 신적인 허용을 위해 단순히 허용할 뿐만 아니라 설득하기 위한 논증과 기회를 제공하고, 죄의 인도, 결정, 신적인 협동작용을 위해 하나님께서는 인간이 행하는 악과 사탄이 저지르는 죄악을 모두 사용하시는 것으로 보인다. 요셉을 이집트로 내려보내신 것(창 45:8), 욥의 재산을

몰수하신 것(욥 1~2장), 다윗이 "비밀리에" 우리야에게 해를 끼친 것을 "백주 대낮에" 사람들 앞에서 되갚아 주신 것(삼하 12:11, 12, 16)을 예로 들 수 있다.

이 같은 담론 방식은 다음의 이유로 채택되었다. 첫째, 그러한 결말을 얻기 위해 사용된 행위에서 주역을 맡은 사람들이 하나님 자신에게 속하기 때문이다. 둘째, 이 모든 일로부터, 심지어 피조물이 행한 행위로부터 귀결되는 결과와 쟁점이 하나님의 목적은 물론이고 피조물 자신의 의도에도 이롭지 않기 때문이다(사 10:5~7). 셋째, 만일 이러한 경영 방식이 채택될 때, 피조물이 악행을 저지르지 않고서는 실현시킬 수 없는 결과를 확실하게 얻을 수 있거나 뒤따를 것을 하나님의 지혜가 미리 아시고, 그 때문에 하나님의 의지는 바로 그러한 경영 방식을 사용하기로 선언하신다(삼상 23:11~13). 넷째, 우주의 제일 원인이신 하나님께서 모든 행위 능력을 하나님께 의존하고 있는 피조물보다 훨씬 더 큰 영향력으로 의도된 결과를 산출할 수 있기 때문이다.

13) 끝으로 이미 저지른 죄에 관한 신적인 섭리의 유효성은 죄에 대한 심판과 용서에서 입증된다. 이 유효성은 죄에 대해 필연적으로 발현된다. 왜냐하면 죄는 악으로서, 그리고 악이기 때문에 심판받아야 하고 용서받을 수 있기 때문이다. 죄에 대한 심판은 하나님 섭리의 행위로서, 그에 따라 죄는 하나님의 정의가 요구하는 마땅한 심판에 의해 대가를 지불해야 한다. 이 심판은 지상의 삶에 속할 수도 있고, 오는 세대에 속할 수도 있다. 후자는 그 사람의 모든 것이 하나님으로부터 영원히 분리되는 것, 불바다에서 겪게 될 근심과 고통을 가리킨다(마 25:4, 계 20:15). 현세에 당하는 심판은 육체적인 것이거나 영적인 것이다. 육체와 동물적 생명의 상태

와 연관되는 심판은 다양하지만 우리의 목적을 위해 그것들을 일일이 열거할 필요는 없다. 그러나 영적 심판에 대해서는 면밀하게 고찰해야 한다. 또한 과거의 죄에 대한 심판은 형벌을 받는 사람의 악의를 통해 다른 후속 죄의 원인이 될 수 있다. 그것은 은혜의 결여와 악의 권세에 내버려두는 것이다. 그러나 결여는 습성적 은혜의 결여일 수도 있고, 돕는 은혜의 결여일 수도 있다. 전자는 지성의 눈이 어두워지고 마음이 완악해짐을 통해 발생한다(사 6:9, 10). 후자는 내적으로 "우리의 연약함을 도우시고"(롬 8:26), 외적으로 사탄과 세상의 시험을 좌로나 우로나 전방위적으로 제어하시는 성령의 도우심을 거두시는 것을 가리킨다. 이 같은 성령의 사역에서 하나님은 선한 천사들의 봉사와 돌봄을 사용하시기도 한다(히 1:14, 시 91:11). 악의 권세에 내버려두는 것은 사람들을 "타락한 마음자리에 내버려두셔서" 오류에 빠지게 하거나(롬 1:28, 살후 2:9~11), 사람들을 마음의 욕정대로 그리고 죄의 더러움에 그대로 내버려두시거나(롬 1:24), 끝으로 "불순종의 자식들 가운데서 작용하는 영을 따라 살도록"(엡 2:2) "세상의 임금"(고후 4:4)인 사탄의 권세 아래 내버려두는 것을 말한다. 그러나 이러한 심판 이후에도 많은 다른 죄들이 발생하는데, 이것은 하나님의 예지에 부합될 뿐만 아니라, 즉 하나님께서 심판을 내리실 때 그로 인해 많은 죄가 자행될 것이라는 것을 알고 계신다는 것이며, 또한 그가 그렇게 심판을 내리기로 결정하시는 목적에도 부합한다. 그러므로 다음과 같이 밝히신 것이다. "나는 그(바로)가 고집을 부리게 하여"(출 4:21, 74). "아버지(엘리)가 이렇게 꾸짖어도 그들은 아버지의 말을 듣지 않았다. 주님께서 이미 그들을 죽이려고 하셨기 때문이다"(삼상 2:25). "그가 이렇게 말하여도 아마샤는 들으려하지 않았다. 그러나 이것은 하나님께서 하신 일이다. 유다 사람들이 에돔 신들의 뜻을 물으므로 하나님께서 유다 사람들을 여호아스의 손에 넘겨주시려고 아마샤의 마음을 그렇게 만든 것이다"(대하 25:20). 이러한 관찰을 통해 분명하게 드러나는 것은 마음이 더욱 완악해지는 죄인들이건 그렇지 않은 죄인들이건 어떤 경우이든지 죄에 대해 하나님께서 통치하고 계시다는 사실이다.

14) 죄의 용서 또는 사면은 하나님의 섭리에 의한 행위로서, 그것에 의해 죄의 유책성이 용서되고, 유책성으로 인해 악한 행위에 내려져야 할 응분의 처벌이 철회된다. 그리하여 하나님의 은혜에 의해 이전에 원수였던 사람에게 이처럼 무죄 상태를 회복시키신다. 또한 그 사람에 관한 하나님의 처사는 공정성과 정의가 요구하는 대로 전적으로 은혜로운 것이 된다. 즉 용서를 통해 앞의 논제에서 열거한 영적 심판으로부터 죄인이 완전히 자유롭게 된다(시 2:10~12). 육체적으로 주어지는 경책으로부터 면제되지는 않더라도 그것은 죄의 재판장이신 하나님의 진노에 따른 것이 아니라 다만 하나님께서 죄를 미워하신다는 것을 선포하기를 원하시는 하나님의 바람에 의해, 그뿐 아니라 죄인이 다시 죄에 빠지지 않게 하기 위한 징계로서 주어질 뿐이다(삼하 12:11~13). 그런 이유에서 죄인에 대한 섭리의 통치 양태는 그가 용서받기 이전에 처해 있던 것과 완전히 다르다(시 119:67, 고전 11:32, 시 32:1, 6).

이러한 고찰은 하나님의 은혜를 진심으로 소망하고 근면하게 노력하는 성실함을 마음에 고취시키는 데 도움을 줄 것이다. 왜냐하면 그것은 우리로 하여금 장차 죄를 짓지 않고자 하는 경각심을 충분히 일깨울 뿐만 아니라, 우리의 행실을 죄로부터 지키는 데 최선의 길을 알고 계시는 하나님의 은혜로운 섭리 아래 통치를 받을 수 있게 하기 때문이다.

15) 이상은 최소한의 부정의 혐의도 받을 수 없는, 죄에 관한 신적인 섭리의 유효성에 대한 설명이다. 죄를 방지하는 섭리에 관해 그것은 본성상 죄를 충분히 막을 수 있는 하나님에 의해 사용되고, 피조물의 의무는 죄를 피하는 것이며, 또한 그가 죄에 저항하지 않고 미리 제공한 은혜를 거부하지 않는 한 이 섭리에 의해 인간이 실제로 죄를 피할 수 있음을 보여 준다. 그러나 하나님은 죄를 방지하기 위해 사용할 수 있는 방법에 제한되지 않으신다(롬 1~2장, 사 5:4, 마 11:21~23).

그러나 죄의 원인을 신적인 허용의 탓으로 돌릴 수 없다. 우선 작용 원인의 탓으로 돌릴 수 없는데, 허용은 신적인 유효성을 지체시키기 때문이다. 불완전한 원인의 때문도 아닌데, 왜냐하면 인간은 가까이서 또는 언제든지 신적인 은혜의 도우심에 의해 죄를 짓지 않을 수 있도록 미리 예정되었고, 도움이 받지 못할 경우 당사자 자신의 잘못에 의해 은혜로부터 멀어졌기 때문이다.

전적으로 우연에 의한 것이 아닌 한 죄로 이끄는 설득 논증과 기회가 제공되는 것 자체가 죄를 유발시키는 것은 아니다. 피조물로 하여금 자연스럽게, 그뿐 아니라 자유롭게 자신의 동기와 행위 능력을 사용할 수 있는 방식으로 경영되고 있기 때문이다. 그러나 하나님께서는 이런 상태에서도 전적으로 자유롭게 자기 피조물의 순종을 시험해 볼 수 있다.

신적인 협동 작용(Divine concurrence)의 합당성에 대해 어떤 부정의도 전가될 수 없다. 명령이 부과됨에 따라 피조물이 죄를 범하지 않는 한 실행할 수 없는 어떤 행위에 대해 하나님께서 협동 작용을 거부해야 할 이유가 없기 때문인데(창 2:16, 17), 어떤 법이 제정되지 않았다면 하나님은 그 협동 작용을 피조물의 동일 행위에 대해 시행할 수 있다.

죄와 관련하여 하나님의 인도와 결정은 어떤 문제점도 야기하지 않는다.

그가 지으신 지성적 피조물에게 심각한 허물이 있고 거의 필사적으로 명령을 불이행하는 경우를 제외하고 하나님께서 좀체 시행하지 않는 일로 사람의 마음의 눈을 멀게 하고 심성을 완악하게 만드는 것이 심판에 포함되기는 하지만, 심판과 용서에는 명백한 공정성이 내재되어 있다.

인간의 자유의지와 그 힘에 관하여

– 응답자: 파울 레오나르즈

1) '선택' 또는 '자유의지'를 뜻하는 '알비트리움'[44]이라는 낱말이 본디 지시하는 것은 마음으로 하여금 자신에게 제시된 어떤 것이든지 판단을 내릴 수 있는, 마음 또는 지성의 능력이자, 그 능력에 따라 마음이 형성하는 판단 자체다. 그러나 그 둘 사이에 존속하는 매우 긴밀한 연결에 의해 그

∴

44) 알비트리움(arbitrium)은 정확하게 표기된 용어가 아니다. 아우구스티누스 이전의 기독교 교부 테르툴리아누스는 본디 그리스어로 기록된 성경의 '아우트–엑수시아(autexousia)'라는 낱말을 로마 시대 스토아학파의 라틴어 낱말 'Liberum Arbitrium'으로 옮긴 것이다. 이것의 문자적 의미는 '자기의 행동에 대해 기꺼이 책임지는 것'이고, '자기 자신에 대한 자율적 권위(authority over oneself)'를 갖는 것을 함의한다. 그러므로 자유(Liberty, Freedom)와 자유의지(Free will)는 의미상으로 차이가 있을 뿐만 아니라, 특히 신학적으로 갖는 함의는 매우 다른 쟁점을 야기한다. 성경은 인간의 자유의지를 부정하지 않지만, 자유 의지와 관련해 "인간은 자신의 행동에 대해 책임을 져야 하는가?", "인간은 그 책임을 온전히 질 수 있는가?"라는 신학적 명제와 연관된다. 창조자 하나님이 죄의 조성자일 수밖에 없다는 견해는 바로 이 같은 접근과 공통의 지평에 속하는 것으로 보인다.

낱말은 마음에서 의지로 전이되었다. 의지로 전이된 '자유'는 문자적으로 의지의 작용을 뜻하지만 그 뿌리는 지성과 이성에 있다.

일반적으로 고려할 때, 그 낱말이 함의하는 것은 다양하다. ① 명령을 내리는 측의 통제나 판결, 그리고 복종을 요구하는 책무(obligation)로부터의 자유. ② 우월한 측의 감시, 관여, 지배로부터의 자유. ③ 강제하는 외부적 원인이든지, 절대적으로 하나로 귀결되는 내적 결정을 내리는 본성이든지 필연성으로부터의 자유. ④ 죄와 그것의 지배로부터의 자유. ⑤ 비참한 조건으로부터의 자유.

2) 자유의 이 양태들 중 처음 두 가지는 오직 하나님에게 속한다. 이 관점에 따르면 그 두 가지는 오직 하나님에게 아우트엑수시아(autexousia),[45] 즉 완전한 독립성 또는 완벽한 행위의 자유가 귀속된다. 그러나 나머지 세 양태는 인간에게, 정확히 말해 어떤 측면에서 인간에게 속한다. 사실상 첫 번째, 즉 필연성으로부터의 자유가 항상 인간에게 속하는 것은 그것이 본성적으로, 그것의 고유한 속성으로서 의지 안에 들어 있으므로 그런 자유가 없다면 의지라고 부를 만한 것이 존재할 수 없기 때문이다. 비참으로부터의 자유는 창조된 후 잠시 동안 아직 죄에 빠지기 전의 인간에게 속하는 것으로서, 그가 천상에서의 지복 상태로 몸과 영혼이 옮겨 간 이후에야 다시 인간에게 속하게 될 것이다. 그러나 이 두 양태, 필연성으로부터의 자유

∴

45) 엑수시아(ἐξουσία, exousia)는 행동의 자유의 원동력을 뜻한다. 그것은 성령의 두 가지 특성인 뒤나미코스(δυναμικός, dynamikos)와 엑수시아에서 현저하게 볼 수 있지만, 교회의 역사가 지나는 동안 안타깝게도 뒤나미코스는 실종되고 엑수시아만이 강조되는 경향이 있다. 엑수시아는 어떤 이가 그것에 의지하여 사명을 완수하거나 기능을 수행하는 외적인 '힘', '권위'를 뜻하는데 비해, 뒤나미코스는 내적인 '힘', '충동'으로서 개인에게 고유한 활력을 뜻한다.

와 비참으로부터의 자유에 관해 우리가 여기서 특별히 주장할 것이 없다. 그러므로 우리는 이제부터 죄와 그것의 지배로부터의 자유에 대해, 그리고 오늘날 주요한 논란거리인 그 자유에 대해 논의할 것이다.

3) 제기된 물음은 "죄와 그것의 지배로부터 의지의 자유는 인간 안에 있는가, 그 자유의 한계는 어디까지인가?" 하는 것이다. 또는 더 낫게는 "전인적 인간은 선한 것을 인식하고, 의지하며, 행할 수 있는 능력을 얼마나 가지고 있는가?" 이 물음에 적절하게 답변하려면 선한 대상의 구별, 인간 조건의 다양성을 모두 고찰해야 한다.

인간에게 제시되는 선은 세 종류로, 다른 많은 피조물들과 공유하는 자연적인 선, 인간으로서 그가 속한 집합의 동물적인 선, 천상의 것이나 신적인 것으로 불려 마땅한, 그리고 신적인 본성의 참여자로서 그에게 부합하는 영적인 선이다.

인간의 상태 또는 조건 역시 세 종류가 있는데, 창조 시에 하나님께서 그에게 부여하신 원초적인 정결 상태, 그가 죄에 빠짐으로써 원초적 정결을 잃은 후천적인 부패 상태, 끝으로 그리스도의 은혜에 의해 회복되는 새 창조의 의의 상태다.

4) 그러나 자연적인 선과 동물적인 선을 인지하고, 의지하며, 행할 수 있는 자유의지의 능력이 어떤 것인지를 조사하는 것은 우리의 현재 목적에 크게 중요하지 않으므로 여기서는 그 부분을 건너뛰고 인간의 영적 삶과 연관되는 영적인 선에 대해 고찰하기로 한다.

영적 삶은 인간이 성경을 통해 자기에게 부여된 능력을 탐색하는 가운데 경건을 따라 영위해야 할 삶으로서, 인간은 동물로서의 삶을 영위하는 동시에 참으로 유일하게 하나님께 선하고 기쁨이 될 수 있는 영적 선을 이해하고, 의지하며, 실천해야 한다. 이 탐구에서 우리는 이미 다루었던 세 가지 상태(§ 3)를 참조하며 인도자의 직무를 수행할 것인데, 이 과정은 인간의 능력과 각 상태의 변화 관계에 따라 달라질 수밖에 없다.

5) 원초적 정결 상태에서 인간은 천상의 빛과 하나님과 연관된 진리, 그리고 그가 하시는 일과 의지, 인간의 구원과 하나님의 영광을 위해 충분할 만큼 명료하게 이해할 수 있었다. 그의 마음은 '의로움과 참된 경건', 선의 참되고 구원하는 사랑으로 넘쳤다. 이 점은 창조된 인간 원형으로서 기술된 하나님의 형상(창 1:26, 27)과, 약속과 경고와 함께 그에게 부과된 하나님의 명령(창 2:17)과, 그리스도 예수 안에서 그 동일한 형상의 회복에 관한 예고(엡 4:24, 골 3:10)로부터 증거를 쉽게 찾을 수 있다.

6) 그러나 인간은 그러한 순수 상태를 견실하게 지키지 못하기 때문에 어떤 선의 표상을 접하게 될 때, (그것이 이 동물적 삶과 연관된 열등한 종류에 속하든지 또는 영적 삶과 연관된 우월한 종류에 속하든지) 마음이 동요하지 않을 수 없다. 또한 과도하고 부적절하게 그것을 주목하고 욕구하며, 자유롭고 자연적인 동기에서 그 선을 향한 어리석은 욕망으로 인해 그가 명령받은 순종의 길을 벗어날 수밖에 없다. 오히려 마음의 빛과 최고선, 즉 하나님으로부터 등을 돌리거나 적어도 그 최고선에 대해 자기가 마땅히 취해야 할 태도를 버리고, 그뿐만 아니라 열등한 선으로 마음과 가슴을 채움으로써 인간은 삶에서 지켜야 할 명령을 어긴다. 이 부정의한 행동에 의해 인간은 고상하고 우월한 상태로부터 가장 불행한 상태, 즉 죄의 지배 아래로 전락하고 말았다. 왜냐하면 "여러분이 아무에게나 자기를 종으로 내맡겨

서 복종하게 하면 여러분이 복종하는 그 사람의 종이 되는 것"(롬 6:16)이
고, "누구든지 진 사람은 이긴 사람의 종노릇을 하게 되는 것"(벧후 2:19)이
기 때문이다.

7) 이 상태에서 참된 선을 향한 인간의 자유의지는 손상되고, 역기능 상
태에 빠지고, 무력해지고, 왜곡될 뿐만 아니라, 예속되고, 파괴되며, 황폐
한 상태가 된다. 그리하여 본디 가졌던 능력은 은혜의 도우심을 얻지 못
하는 한 무력해지고 쓸모없게 될 뿐만 아니라, 신적 은혜에 의해 환기되
지 않는 한 어떤 힘도 발휘할 수 없게 된다. "내가 없이는 너희는 아무것
도 할 수 없다"라고 그리스도께서 말씀하신 것처럼 이 구절의 낱말들을 마
디마디 심혈을 기울여 묵상했던 아우구스티누스는 이렇게 말한다. "그리
스도께서는 '나 없이 너희는 작은 일밖에 행할 수 없다'라고 말씀하신 것이
아니고, '내가 없이는 너희가 어떤 힘든 일도 할 수 없을 것이라든지, 내가
없이는 어려운 일을 해낼 수 없을 것이다'라고 말씀하시지도 않았다. 그는
'내가 없이는 너희가 아무것도 할 수 없다!'라고 말씀하셨다. 그리고 그는
'내가 없이는 너희가 어떤 일도 마칠 수 없다'라고 하신 것이 아니라 '내가
없이는 너희가 아무것도 할 수 없다'라고 말씀하셨다."

논점을 한층 명확하게 밝히기 위해 우리는 중생하지 못한 사람의 삶 자
체뿐만 아니라 인지적인 마음, 정서나 의지, 그리고 그런 것과 대위법적으
로 구별되는 능력에 대해 각각 고찰할 것이다.

8) 이 상태에서 인간의 마음은 어둡고, 하나님의 구원에 이르는 지식이
결여되어 있으며, 사도 바울에 따르면 하나님의 영에 속한 일을 행할 수 없
다. "자연에 속한 사람은 하나님의 영에 속한 일들을 받아들이지 않기"(고전

2:14) 때문인데, 이 구절에서 '자연(animal)'에 속한 사람이란 동물적 신체를 가진 것을 가리키는 것이 아니라 인간의 가장 고상한 부분인 영혼, 즉 '아니마[46] 자체에 속한 어떤 것을 가리킨다. 그것은 무지의 구름에 완전히 둘러싸여 있기 때문에 '헛된' 또는 '어리석은' 등의 형용사로 수식되며, 그런 사람들 자체는 마음이 어두워져서 '미친' 또는 어리석은 '우매자들', 심지어 '어둠' 자체로 불리기도 한다(롬 1:21, 22, 엡 4:17, 18, 딛 3:3, 엡 5:8).

마음에 얼마간 각인되어 있는 율법의 진리로부터 마음이 지성에 의해 결론을 이끌어 내려 할 때뿐만 아니라, 단순한 감각적 인지에 의해 마음이 외적으로 주입된 복음의 진리를 받아들일 때도 똑같이 말할 수 있다. 왜냐하면 인간의 마음은 하나님의 가장 탁월한 '지혜'를 '어리석은 것'으로 오판하기 때문이다(고전 1:18, 24). 이 설명에 따르면 여기서 언급한 것은 실천 지성과 특수한 동의에 대한 판단뿐만 아니라, 이론 지성과 일반적 평가에 대한 판단에 관한 것으로 이해되어야 한다.

9) 마음의 어둠에 이어 정서와 심성의 왜곡이 뒤따르고, 이에 따라 마음은 참으로 선하고 하나님께서 기뻐하시는 것을 싫어하고 혐오하며, 오히려 악한 것을 좋아하고 추구하게 된다. 사도 바울이 이 고집스러움을 표현하는 다음 구절은 더 이상 명징적인 기술을 찾을 수 없을 정도다. "육신에

··
46) 흔히 '영혼'으로 번역되는 '아니마(anima)'는 아리스토텔레스의 철학 체계 내에서 감각 이론의 중심 개념 중 하나다. 『영혼론(De Anima)』에서 다루어지는 '영혼'은 초월적이거나 자립적인 존재가 아니라 몸에, 그것도 특정한 종류의 몸에 내재하는 감각이나 의식의 원리다. 어떤 종류의 몸인지를 전혀 규정하지 않은 채 영혼을 몸에다 끼워 맞출 수 없다. 아리스토텔레스는 "왜냐하면 본래 각각의 것의 현실태는 그 가능태로 주어져 있는 것 안에, 즉 그 고유한 질료 안에 있게 되기 마련이기 때문이다"라고 설명한다. 즉 식물의 고유한 몸 안에 식물적 영혼이, 동물의 고유한 몸 안에 동물적 영혼이 내재하는 것이다.

속한 생각은 하나님께 품는 적대감입니다. 그것은 하나님의 법을 따르지 않으며, 또 복종할 수도 없습니다."(롬 8:7) 그렇기 때문에 인간의 마음 자체를 기만적이고 왜곡되며, 무할례적이고, 고집 세고 완고하다고 부르는 것이다(렘 13:10, 17:9, 겔 36:26). 마음이 생각하는 것은 "어릴 때부터 악하고"(창 6:5, 8:21), "마음에서 악한 생각들이 나온다. 곧 살인과 간음과 음행과 도둑질과 거짓 증언과 비방이다."(마 15:19)

10) 이 같은 마음의 어둠과 심성의 고집스러움과 정확히 상응하는 것은 참으로 선한 것을 행할 수 있고, 마땅한 방식과 정당한 목적과 동기에 의해 악한 일을 행하려는 생각을 모두 버릴 수 있는 힘이 완전히 소진되는 것이다. 그리스도께서 덧붙이는 말씀은 이 무기력한 상태를 확연히 보여 준다. "나쁜 나무가 좋은 열매를 맺을 수 없다."(마 7:18) "너희가 악한데, 어떻게 선한 것을 말할 수 있겠느냐?"(마 12:34)

다음은 복음에 적절하게 규정되어 있는 선과 연결되는 말씀이다. "나를 보내신 아버지께서 이끌어 주지 아니하시면 아무도 내게 올 수 없다."(요 6:44) 사도 바울의 다음 말도 같은 뜻을 담고 있다. "육신에 속한 생각은 하나님께 품는 적대감입니다. 그것은 하나님의 법을 따르지 않으며, 또 복종할 수도 없습니다."(롬 8:7) 그러므로 예속 상태에 있는 사람은 율법이 명령하는 것을 행할 수 없다. 사도는 또 이렇게 말한다. "전에 우리가 육신을 따라 살 때에는 죄의 욕정이 우리 몸의 지체 안에서 작용"하거나 왕성하게 번성한다(롬 7:5). 이 같은 상태에 있는 사람이 죄와 사탄의 권세 아래 있어서 노예 상태로 전락하고, "악마에게 사로잡혀"(롬 6:20, 딤후 2:26) 있다고 말하는 본문은 모두 동일한 대의를 말한다.

11) 이에 덧붙여 성경이 우리에게 가장 명확한 기술을 보여 주는, 죄 아래 사는 사람의 삶의 전모를 살펴보기로 하자. 그럼으로써 그 상태에 있는 인간에 대해 "죄 안에서 완전히 죽은 것"(롬 3:10~19)이라는 표현보다 더 정확하게 말할 수 없다는 것이 분명해질 것이다. 나아가 그리스도의 영이 인간의 마음과 의지에 전인적으로 수여하시는, 그리스도 안의 삶이 누리는 혜택을 기술하고 있는 성경의 증언이 있다(고전 6:9~11, 갈 5:19~25, 엡 2:2~7, 4:17~20, 딛 3:3~7).

죄에 의해 인간에게서 박탈되는 신령한 복에 대해서는 성령을 통해 믿는 사람들에게 내려 주시는 엄청난 분량의 혜택과 비교하는 것보다 더 이상 극명하게 보여 줄 수 없다. 성경이 증언하듯이 진실로 성령의 활동에 의해 인간 안에서 수행되고 전달되는 모든 것은 자연에서 얻을 수 없다. 그러므로 "주님의 영이 계신 곳에는 자유가 있고"(고후 3:17), 아들이 자유롭게 해방시킨 사람들만이 자유를 누릴 수 있는 반면(요 8:36), 최초의 타락 이후 우리의 의지는 자유로운 상태에 있지 못하다. 즉 아들의 영을 통해 그에 의해 해방되지 않는 한 우리의 의지는 선에 대해 자유롭지 못하다고 결론 내려야 한다.

12) 그러나 새로 창조된 의의 세 번째 상태에 의해 조성되는 인간의 자유의지를 고찰할 때 상황은 완전히 달라진다. 새로운 빛, 하나님과 그리스도, 신적인 의지에 대한 지식이 인간의 마음에서 점등될 때, 그리고 하나님의 율법과 일치하는 새로운 감성, 경향성과 동기가 그의 마음에서 고취되고 새로운 능력이 내부에서 산출될 때, 어둠의 왕국에서 해방되어 "주님 안에서 빛"(엡 5:8)이 된 그 사람은 참되고 구원하는 선을 인식할 수 있게 된다. 즉 돌처럼 단단하던 마음이 살처럼 부드럽게 변하고, 하나님의 율법

이 은혜의 약속을 따라 그 마음판 위에 새겨지면(렘 31: 32~35) 그는 선하고 정의롭고 거룩한 것을 사모하고 포용할 것이다. 그리스도 안에서 능력을 입고 이제 하나님의 동역자가 되었으므로 그는 자기가 알고 사랑하는 선한 것을 증거하고, 스스로 선한 일을 행동으로 실천하기 시작한다. 그러나 그것이 무엇에 관한 지식이든지 이 신령함과 능력은 성령에 의해 신자 안에서 모두 생산된 것이다. 그렇기 때문에 성령은 "지혜와 총명의 영, 모략과 권능의 영, 지식과 주님을 경외하게 하는 영"(사 11:2), "은혜를 구하는 영"(슥 12:10), "믿음의 영"(고후 4:13), "자녀로 삼으시는 영"(롬 8:16), "거룩함의 영"이라 불리며, 성경에서 조명(照明), 중생, 개혁, 확증 등의 행위 모두가 성령에 속한 것으로 기술된다.

13) 그러나 주목해야 할 두 가지 사항이 있다. 하나는 이와 같은 중생과 조명의 역사는 한순간에 완성되는 것이 아니라 간헐적으로, 날마다 조금씩 진보하고 향상된다. "우리의 옛사람이 그리스도와 함께 십자가에 달려 죽은 것은 죄의 몸을 멸하여서"(롬 6:6) "우리의 속사람은 날로 새로워집니다."(고후 4:16) 그렇기 때문에 중생한 사람이 필멸적인 몸을 가지고 사는 한 그의 내부에서 항상 "육체의 욕망은 성령을 거스르고"(갈 5:17) 있다. 따라서 그 욕망이 일어날 때 강하게 저항하고 격렬한 투쟁을 벌이지 않는 한 인간은 어떤 선한 일도 행할 수 없고, 악의 작위를 단절할 수도 없다. 사실을 말하면 무지나 연약함을 통해, 때로는 고집스러움 때문에 우리가 모세, 아론, 바나바, 베드로와 다윗에게서 보듯이 거듭난 사람들도 죄를 짓는다. 그러한 일은 그저 우연에 불과한 것이 아니라 가장 완벽한 사람들에 대해서조차 그런 일이 이루어지게 되어 있다고 다음의 구절은 증언한다. "우리는 이 혀로 주님이신 아버지를 찬양하기도 하고, 또 이 혀로 하나님의 형

상대로 지음을 받은 사람들을 저주하기도 합니다."(약 3:9) "죄를 짓지 아니하는 사람은 없습니다."(왕상 8:46)

14) 주목해야 할 다른 하나는 모든 선한 일이 처음으로 시작될 때와 마찬가지로 진보와 지속, 확증, 심지어 선에 대한 견인까지도 우리에게서 비롯되는 것이 아니라 성령을 통해 하나님으로부터 나온다는 사실이다. "선한 일을 여러분 가운데서 시작하신 분께서 그리스도 예수의 날까지 그 일을 완성하시리라."(빌 1:6) "하나님께서는 여러분의 믿음을 보시고 그의 능력으로 여러분을 보호해 주시며."(벧전 1:5) "모든 은혜를 주시는 하나님께서 여러분을 친히 온전하게 하시고, 굳게 세워 주시고, 강하게 하시고, 기초를 튼튼하게 하여 주실 것입니다."(벧전 5:10)

그러나 만일 거듭난 사람이 다시 죄에 빠지는 일이 일어난다면 성령의 능력을 통해 하나님에 의해 그들이 다시 건져내어지고 새로워져서 회개하게 되지 않는 한 그들은 스스로 회개하지도 않고 다시 일어서지도 못할 것이다. 이 점은 다윗과 베드로의 사례에 의해 가장 만족스러운 방식으로 입증된다. "온갖 좋은 선물과 모든 완전한 은사는 위에서, 곧 빛들을 지으신 아버지께로부터 내려옵니다."(약 1:17) 그 능력에 의해 죽은 사람이 소생하여 삶을 얻고, 추락한 사람이 일으켜져서 자아를 회복하게 되며, 눈이 먼 사람들이 광명을 찾고 세상을 보게 되고, 반항적인 사람이 마음이 뜨거워져 자원하게 되며, 약하던 사람이 확신을 얻어 바로 서게 되고, 자원하는 사람들이 도움을 받아 일하기 시작하며 하나님의 동역자가 되기도 한다. "그에게 세세토록 영원히 예수 그리스도께서 세운 교회를 통해 찬양과 영광을 돌릴지어다. 아멘! 후속적이거나 뒤따르는 은혜는 참으로 인간의 선한 목적을 돕는다. 그러나 이 선한 목적은 선행하거나 간섭하는 은혜를 얻지 않는 한 존재할 수 없는 것이다. 선한 것으로 불리는 인간의 욕망은 그것이 나타나기 시작할 때 은혜로부터 도움을 받아야 하지만, 애초에 은혜 없이는 선한 욕망이 개시될 수 없고, 하나님에 의해 고취되어야 하며, 그렇기 때문에 사도는 디도의 마음에 동일한 뜨거운 돌봄의 마음을 심어 주신 하나님께 감사한다. 만일 하나님께서 누구에게든지 다른 사람에 대한 '뜨거운 돌봄의 마음'을 심어 주실 수 있다면 그는 '상대방의 마음에도 똑같은 것을 심어 주셔서' 그를 '뜨겁게 돌아보게' 하실 것이다."[47]

"그렇다면 자유의지는 무엇을 할 수 있는가?" 여러분은 이렇게 물을 것이다. 나는 간단히 그것은 구원한다고 대답하겠다. 자유의지를 제거해 보라. 그러면 구원해야 할 어떤 것도 남지 않을 것이다. 은혜를 제거해 보라. 그러면 구원의 원천이라 할 것이 아무것도 남지 않을 것이다. 이 (구원의) 역사는 양측―한편은 구원을 베푸는 자, 다른 한편은 구원을 얻게 되는― 이 없이는 효력을 발휘할 수 없다. 하나님은 구원을 베푸시는 분이다. 자유의지는 다만 구원을 받을 수 있을 따름이다. 하나님을 제외하고 아무도 구원을 베풀 수 없다. 자유의지를 제외하고 아무것도 구원을 받을 수 있는 것은 없다."(베르나르두스, 「자유의지와 은혜에 관하여」[48])

∴

47) St. Augustin, *Contra. 2 Epist. Pelag.* 1. 2. c. 9(Against Pelagius's Commentary on St Paul's Epistle to the Romans).
48) Bernardus Silvestris, *De Libero Arbit, et Gratia.* 베르나르두스는 12세기 스콜라주의 신학자이며 시인으로 알려져 있다. 그러나 그에 대한 전기적 사실은 정확하게 알려진 것이 없고, 19세기에 들어와 프랑스의 신플라톤주의 철학자이며 행정가였던 샤르트르의 베르나르(Bernard of Chartres)와 동일 인물일 것으로 추측되었다. 그의 우주도(Cosmographia)를 편집한 앙드레 베르네는 베르나르두스가 1085년부터 1178년까지 생존했던 것 같다고 했다.

하나님의 법
– 응답자: 디오니시우스 스프랑크하위센

   1) 목적의 관점에서 법은 "그것에 종속되는 사람들 전체와 개체에게 공통된 선과 특수한 선에 대한 올바른 이유를 포고한 법령으로서, 공동체 전체와 거기에 속한 각 개인들에게 관심을 기울이는 입법자에 의해 규정된 것"이라고 일반적으로 정의한다. 또는 율법의 형식과 효력의 관점에서 "준수해야 할 것과 금지해야 할 것을 요구하는 법령으로서, 복종을 요구할 수 있는 권한을 가진 입법자에 의해 규정되었고, 이성을 사용하고 자유를 행사할 수 있는 능력을 가진 피조물에게 보상에 대한 신성한 약속과 심판의 저주에 의해 복종의 의무를 부과한다"라고 정의할 수 있다.

   또한 법은 인간의 법과 하나님의 법으로 나뉜다. 신적인 법이란 하나님을 입법자로 갖고, 인간적인 법은 인간을 입법자로 갖는다. 인간에 의해 제정된 법 모두가 가장 선한 것은 아니므로 모든 선의 원천이신 하나님에게 근거한 것이 아니지만, 인간은 신적인 법으로부터 자신들의 법칙을 연역함으로써 그들이 처한 특수한 조건과 상황에 따라 과실을 범하거나 간과할 수 있는 상태를 처리할 수 있다. 이제부터 우리는 하나님의 법에 대해 다루기로 한다.

2) 하나님의 법은 법조문을 사람들의 마음에 새기거나(롬 2:14, 15), 음성으로 전달되는 언어에 의해 전달되거나(갈 2:17), 문서로 기록된 형태로(출 34:1) 제시될 수 있다. 이러한 입법 양태는 그 목적 전체에서 다르지 않고, 다만 다음과 같은 방식으로 차별화될 뿐이다. 즉 첫째 유형의 법은 다른 나머지 법들의 기초 역할을 하는 것처럼 보이는 반면, 다른 두 유형의 법은 그 범위가 넓어서 명령하는 것과 금지하는 것까지 모두 포괄한다.

이제 우리는 기록되어 정리되어 있는 하나님의 법을 다룰 것인데, 그것은 '모세의 율법'이라고 불리기도 하는데, 하나님께서 그를 중재자로 사용하여 그것을 이스라엘 백성에게 전달하게 하셨기 때문이다(말 4:4, 갈 3:19). 그러나 하나님의 법은 그 대상의 다양성에 따라, 즉 수행해야 할 행위의 본성에 따라 세 범주로 나뉜다. 첫째는 윤리법(Ethical Law) 또는 도덕법(Moral Law)(출 20장)이고, 둘째는 성례법 또는 전례법(Sacred or Ceremonial Law)이며, 셋째는 정치, 판결, 법정과 관련된 법(Political, Judicial or Forensic Law)이다.

3) 도덕법은 구약과 신약 성경 전체를 통틀어 분산되어 있고, 십계명에 축약된 형태로 들어 있다. 도덕법은 하나님께서 그 자체로 감사해야 할 것으로 명령하시는 법령이며, 따라서 모든 사람들이 항상 어디에서든지 적극적인 명령을 수행하고, 그것과 반대되는 것을 금하는 것이 하나님의 뜻이다(삼상 15:22, 암 5:21~24, 미 6:6~8). 그러므로 그것은 항구적이고 불변

적인 삶의 기준이며, 내적인 신적 의지가 가시화된 표상이다. 위대한 입법자이신 하나님은 이성을 가진 피조물이 항상 어느 곳에서든지 그 법에 따라 삶 전체를 설계하고 영위해 나가는 것을 옳고 공정하다고 판단하신다. 그것은 하나님과 우리 이웃에 대한 사랑에서 간명하게 표현되었다 (마 22:36~39). 하나님에 대한 사랑, 찬양, 경외, 경배와 연관되는 의식에 부분적으로 포함되어 있는 것이든지(말 1:6), 우리 이웃과 상급자, 하급자, 동료에게 마땅히 행해야 할 의무에 포함된 것이든지(롬 12, 13, 14장), 광범위한 반경 안에 들어 있는 것은 결국 모든 사람이 하나님 자신에게 행해야 하는 일에 해당한다(딛 2:11, 12).

4) 도덕법의 적용 사례는 사람이 처한 상이한 조건에 따라 다양하다. 도덕법의 일차적 사용 목적과, 의와 자기 피조물들에 대한 사랑에 의해 하나님께서 본디 의도하셨던 것은 이 법에 의해 인간이 깨우침을 얻고 소생하게 되는 것, 즉 인간이 그 법을 수행하고 실천을 통해 의로움을 얻고 그럼으로써 "채무에서 벗어나" 약속된 상을 얻는 것이다(롬 2:13, 10:5, 4:4). 이 입법 취지는 죄가 아직 세상에 들어오지 않았던 때, 인간의 원초적 상태에 이미 갖추어졌다.

도덕법 체계에서 최초로 적용된 사례는 죄를 범한 상태에서 인간을 죄인으로 판단 내린 것으로, 인간을 법 위반과 죄책에 대해 기소하고 그를 하나님의 진노와 저주 아래(롬 3:19, 20) 회부할 뿐만 아니라, 그와 동시에 그가 죄에 저항할 수 있는 힘이 없고 율법에 예속되어 있음을 확인한다(롬 7장). 하나님께서는 죄 지은 사람을 자비와 은혜로써 다루는 것을 기뻐하시기 때문에, 도덕법의 두 번째 용례는 유죄 판결을 받고 저주 아래 회부된 죄인으로 하여금 하나님의 은혜를 바라고 찾게 만들고, 그리하여 약속

된 분 또는 보내신 구원자이신 그리스도께로 피하지 않을 수 없게 만드는
것이다(갈 2:16, 17). 그뿐만 아니라 이 죄악의 상태에서 도덕법은 우선적으
로 하나님께 유용한 것으로서, 심판의 경고와 일시적인 보상에 대한 약속
에 의해 그는 적어도 외형적인 죄의 행사와 극악무도한 범죄로부터 인간
을 격리하여 그의 인도하심 아래 두실 수 있다(딤전 1:9, 10). 그뿐만 아니
라 그것은 죄에도 쓸모 있는 것인데, 죄가 율법 아래 있는 육적 인간 안에
머물면서 지배하는 동안 죄에 대한 욕망에 불을 붙이고, 죄를 증대시키며,
온갖 종류의 "죄의 욕정이 우리 몸의 지체 안에서 작용"(롬 6:12~14, 7:5, 8,
11, 13)하게 만들 수 있기 때문이다. 전자의 경우 하나님께서는 인류의 시
민적, 사회적 교류를 위해 그의 선하심과 사랑을 통해 법을 사용하신다.
후자의 경우 법은 악한 세력을 지배하고 통치하는 죄의 악의를 통해 적용
된다.

5) 도덕법의 세 번째 용도는 하나님과 그리스도의 영에 의해 다시 태어
나고, 이제 은혜의 상태에 용납될 만한 것이 된 인간에 관한 것으로서, 그
법은 경건하고 영적인 방식으로 자기의 삶을 이끌어 나가는 항구적 기준
이 될 것이다(딛 3:8, 약 2:8). 사람이 단 한 번만 죄를 짓더라도 "육신으로
말미암아 율법이 미약해"(롬 8:3)지는 것은 인간이 그런 방식으로 의로움을
얻게 하려는 목적을 위한 것이 아니다. 오히려 인간은 자기가 은혜로운 구
속과 성화를 얻은 것을 하나님께 감사하고(시 116:12, 13), 선한 양심을 지
키며(딤전 1:19), 부르심과 선택받은 것을 확신할 수 있고(벧후 1:10), 본을
통해 다른 사람들을 그리스도께로 인도할 수 있으며(벧전 3:1), 사탄을 당
혹스럽게 만들고(욥 1, 2장), 불경건한 세상을 단죄할 수 있으며(히 11:7), 선
한 길을 따라가면서 하늘의 기업과 영광을 향해 전진하고(롬 2:7), 자신만

이 하나님께 영광을 돌릴 뿐만 아니라(고전 6:20) 기회와 상황에 맞추어 다른 사람들도 하늘의 아버지께 영광을 돌릴 수 있도록 이끌 수 있음을(마 5:16) 감사하게 하기 위한 것이다.

6) 이 같은 용도를 관찰함으로써 도덕법이 신자들과 그리스도의 은혜 아래 있는 사람들에게 얼마나 널리 적용되고, 또 얼마나 널리 파기되었는지를 쉽게 정리할 수 있다. 도덕법은 사람을 의롭게 만드는 일에서 권한과 용도가 파기되었다. "그 중개자가 준 율법이 생명을 줄 수 있는 것이었다면 의롭게 됨은 분명히 율법에서 생겼을 것입니다."(갈 3:21) "그것이 생명을 줄 수 없는" 이유는 "육신으로 말미암아 율법이 미약해"(롬 8:3)졌기 때문이다. 그러므로 하나님께서는 인류에게 기꺼이 은혜를 베풀기로 작정하시고, 약속을 통해 그리고 예수 그리스도를 믿는 믿음에 의해 신자들에게 유업을 주시겠다는 약속과 그리스도 자신을 주셨다. 그러나 약속 이후에 제정된 율법은 "뒤에 나온 것을 효력 있게" 할 수 없고, (왜냐하면 그것은 권위에 의해 인준된 것이기 때문이다) 그 약속과 연합되거나 덧붙여질 수도 없는데, 그런 연합이 가능하다면 의로움과 생명이 다시 회복될 수 있었을 것이다(갈 3:16~18, 22).

도덕법은 저주와 정죄와 관련하여 파기되었다. 왜냐하면 "그리스도께서 우리를 위하여 저주를 받은 사람이 되심으로써 우리를 율법의 저주에서 속량해"(갈 3:10~13) 주셨고, 그리하여 율법의 "힘"이 더 이상 저주할 수 없도록 죄로부터 율법을 제거했기 때문이다(고전 15:55, 56).

육신을 따라 사는 사람에게서 "율법으로 말미암아 일어나는 죄의 욕정이 작용해서"(롬 7:4~8) 죄가 지배할 수 있다면 바로 그런 죄로부터 도덕법은 파기되고 폐기 처분되었다.

심판에 대한 두려움과 일시적인 보상을 통해 사람들로 하여금 선을 행하고 악을 멀리하도록 인도하는 일과 관련하여 도덕법은 파기되었다(딤전 1:9, 10, 갈 4:18). 왜냐하면 믿는 사람들과 거듭난 사람들은 "그리스도의 몸에 의해 율법에 대해 죽은 자가 되었으므로" 그들은 다른 주인, 즉 그리스도의 소유가 될 수 있고, 그의 영에 의해 그들은 사랑과 자유의 왕법(王法)에 따라 새로워진 삶으로 인도되고 고무된다(요일 5:3, 4, 약 2:8). 따라서 하나님께 드려져야 할 순종에 관해 아직 율법이 파기되지 않은 것처럼 보이는데, 왜냐하면 그리스도와 복음의 은혜 아래서 순종이 요구되기는 하지만, 그것은 엄격한(형식적) 준엄함에 따라서가 아니라, 자비를 따라 요구되는 것이기 때문이다(요일 3:1, 2).

7) 전례법(Ceremonial Law)에는 하나님께 드리는 외적 예배에 관한 계율이 들어 있다. 그것은 유대교회에 전달되었고, 하나님의 교회가 '약속'과 옛 언약 아래에서 아직 '어린아이'였던 시절에 제정되었다(갈 4:1~3). 그것은 모형을 보여 주고, 예표(prefigure)하며, 인치심에 의해 증거를 담아 두지만(히 8:5, 10:1) 여전히 교회 모임과 활동에서 지켜야 할 훈련이나 올바른 질서를 위한 것이기도 하다(골 2:14, 시 27:4).

전자의 목적에 속하는 것으로는 할례, 유월절 희생양,[49] 희생제물, 안식일, 피 뿌림, 물로 씻음, 정결 의식, 축성, 살아 있는 동물을 바치는 것 등이 있다(골 2:11, 고전 5:7). 후자의 목적(교회의 훈련)을 위한 것으로는 제사

∴

49) 아르미니우스의 본문에는 'Pascal Lamb'으로 표기되었으나, 더 정확히 히브리어로 'Paschal Lamb'으로 표기된다. 쓰이는 맥락에 따라 유대교에서는 유월절 희생양을 뜻하는 코르반 페사크(Korban Pesach), 기독교에서는 하나님의 어린 양 또는 희생양을 지시한다.

장, 레위인들, 노래하는 사람, 짐을 나르거나 문을 지키는 사람들에게 부여되는 고유한 기능, 그들이 맡는 여러 책임에서 순서와 교대, 그들의 거룩한 행위를 각자 수행해야 할 장소와 시간적 상황을 명시한다(대상 24~26장).

8) 전례법의 용도는 다음과 같다. 첫째, 약속된 좋은 것에 대한 소망과 기대 속에서 고대인들을 결속시킬 수 있었다(히 10:1~3). 이 용도는 사람들, 사물들, 행위, 사건에 대한 다양한 모형, 그림, 그림자에 의해 성취되었다(히 7, 9, 10장). 그러한 외적 의식에 의해 "하나님께서는 우리에게 불리한 조문이 들어 있는 빚 문서를 지워"(골 1:14) 버리듯이 죄 씻음을 받은 것으로 확증함으로써 우리에게 제시된 약속의 필연성을 이해할 수 있게 할 뿐만 아니라, 속죄와 약속된 좋은 것을 멀리서 보여 주는 것처럼 약속이 반드시 성취될 것을 믿게 하기 위해서다(히 9:8~10, 골 2:17, 히 10:1). 이런 측면에서 모형과 그림자의 실체와 표현 형식은 그리스도에 관한 것이기 때문에 결국 전례법은 "그리스도께서 오실 때까지 우리에게 개인교사 역할"(갈 3:24)을 한다고 부르는 것이 마땅하다.

둘째, 전례법은 이스라엘 민족을 특별한 목적을 위해 하나님께서 성별(聖別)한 백성으로서 다른 나라들로부터 구별하고, "이방 사람 사이를 가르는 담"(엡 2:14, 15)처럼 그들을 분리하는 것처럼 보이지만, 이방인들도 할례에 의해 그 담장 안으로 들어갈 수 있게 되었다(출 12:44, 행 2:10).

셋째, 이 종교적 예배 의식의 순서를 고찰할 때 다른 예배 형식은 구상되거나 창안되지 못하고, 그런 것이 다른 나라에서 사용되고 있다는 것을 전혀 상상하지 못할 수 있다. 그리하여 전통 전례는 우상과 미신으로부터 순수하게 보전되었고, 극도로 숭배되다시피 했으며, 함께 거주하는 사람들뿐만 아니라 사방으로 인접한 모든 나라에서도 같은 전례 의식이 수행되었다(신 12장, 31:16, 27~29).

9) 전례법은 그리스도의 십자가와 죽음, 부활에 의해, 그가 승천하신 후 성령의 강림하심에 의해, 태양이 그림자를 흩어버림에 따라, 그리고 "그리스도에 속한 몸"이 제 위치에 세워짐에 따라(골 2:11, 12, 14, 17), 즉 모든 모형이 완전히 성취됨에 따라 결국 파기되었다(히 8:1~6). 그러나 그것이 파기되는 과정에서 지켜져야 하는 단계를 우리는 고찰해야 한다.

첫 단계에서 그 법을 준수해야 하는 필연성과 효용성에 관련된 것이 파기되었고, 그에 따라 모든 의무 조항이 한꺼번에 즉각 폐기되었다. 그 순간부터 전례법은 효력을 잃고 사문화되었다(갈 4:9, 10, 고전 7:19, 9:19, 20, 고후 3:13~16). 이후로 그것은 사실상 무효화되었다. 이 사실은 부분적으로 "그리스도께서 율법의 마침"이시며, 그리하여 율법이 철폐되었음을 어느 정도 이해하고 있었던 신자들에게 가르쳤던 사도들에 의해 확인되었다. 그러므로 그들은 자발적으로 율법의 사용을 중지했다. 또한 율법의 철폐는 부분적으로 종교의 본산지였고, 또 믿지 않는 유대인들의 불순종에 맞서 그러한 종교의식을 거행하기 위해 지정된 장소였던 예루살렘과 성전을 파괴하신 하나님의 권능에 의해 드러났다. 이 시기부터 형식적인 의식은 치명타를 입어 죽어 가기 시작했다. 그러한 과도기 동안(그리스도의 죽음과 예루살렘의 파괴 사이의 기간) 사도들 자신이 판단하기에도 그 의식은 용납될 수 있었지만, 이방인들에게 강요하지 않아야 한다는 조건부로 오직 유대인들 사이에서 지켜졌다(행 16:3, 15:28, 21:21~26, 갈 2:3, 11, 12). 그런 방식의 용인 자체는 새로운 제도에 상당하는 것으로 간주되어야 한다.

10) 재판법(Judicial Law)은 특이한 방식으로 왕의 임무를 수행했던 모세

에 의해 하나님께서 이스라엘 자손을 위해 제정한 법이다(출 21, 22, 23절 이하). 거기에는 시민사회에서 행사해야 할 정치 체계의 형태에 관한 명령이 들어 있고, 그 목적은 외형적인 예배, 국가의 통치자, 계약, 토지 분배, 재판, 처벌 등에 관한, 도덕법과 전례법이 명령하는 외적 훈련을 보존하고 정확히 준수함으로써 자연적인 삶과 영적 삶 모두에 혜택을 주려는 것이었다(신 17:15). 이 법들을 두 범주로 구분해 살펴보는 것이 적절할 것이다. 그 법들 중 어떤 것은 본질적 차원에서 일반적인 책무에 관한 것이지만, 특수한 상황에 관해서는 유대인 공동체에 특유한 것이 있다. 또 다른 법은 단지 특수한 권리나 권위에 관련된다(신 15:1, 2; 6:19).

11) 이 재판법의 용도는 세 가지다. 첫째, 이스라엘 자손의 공동체 전체를 공적인 공정성과 정의의 일정한 규칙에 의해 다스리기 위해, 그리고 이 법에 규정된 명령의 "마디들과 근육들에 의해" 구성원들 전체와 각자가 서로 잘 짜여서 "모든 것이 치밀하게 갖추어진 성읍처럼"(시 122:3)(또는 하나의 몸처럼) 만들기 위해서다.

둘째, 이 법에 의해 이스라엘 백성들을 자신들의 법을 가지고 있는 다른 나라들과 구별하기 위해서다. 따라서 하나님의 뜻은 사물들과 인간 자신의 본성에 따라 가능한 한 어떻게 해서든지 그의 백성들이 다른 나라들과 공통점들을 갖지 않게 하는 것이다. 이 같은 두 용도는 유대인 공동체의 존립 조건에 관련된 것이었다.

셋째, 이 법은 미래의 일을 예시하고 그것들에 관한 모형을 제시한다. 국가의 모든 상황, 왕국 전체와 그것의 관리, 관리 책임자들, 재판장과 왕들은 그리스도와 그의 왕국과 그것의 영적 통치를 예표한다(시 2편; 겔 34:23, 24). 이렇게 볼 때 재판법은 "그리스도께서 오실 때까지 (유대인들을 인도하는) 개인교사"라고 불러야 할 것이다.

12) 이 재판법은 그리스도와 관련되는 한 보편적으로 파기되었다. 어떤 왕국도, 어떤 나라도, 어떤 관리 체계도 그리스도와 그의 나라 또는 행정 체계를 모형적으로 예시할 수 없다. 하늘에 속하고 이 세상에 속하지 않은 그의 나라는 이미 도래했고, 그는 이미 그의 나라를 세우셨기 때문이다(마 3:2; 16:28; 요 18:36; 마 11:11). 그러나 단순한 법 이행에 관해서 이 재판법은 어떤 사람에게든지 금할 것도 없고 규제할 것도 없으며, 지키거나 불이행하거나 실행해야 할 어떤 필연성도 갖지 않는다. 그런 문제는 보편적 책무에 속한 것으로 간주되고, 자연적 공정성을 기초로 삼는다. 그것은 어느 곳에서나 모든 사람들에 의해 엄격하게 지켜져야 하는 것이기 때문이다. 그리고 (재판법에서) 그리스도와 관계되는 것은 그 본질과 주요 목적에서만 타당할 뿐이고, 실제로 어떤 나라에도 법적으로 적용할 수 없다.

추론적 귀결

공의회와 공덕에 관한 교황주의자들의 교의는 하나님 명령의 완전성을 훼손한다.

율법과 복음의 비교에 관하여

– 응답자: 페터 퀴네위스

    1) 율법은 두 측면에서 고찰해야 한다. 즉 원초적 순수의 상태로 창조되었던 인간에게 처음 전달되었던 것뿐 아니라, 모세에게 주어졌고 죄인들에게 부과된 것까지 고찰되어야 하므로(그런 까닭에 성경에서 율법은 '구약'과 '신약'이라는 이름으로 불린다) 이 두 측면에서 율법은 구약과 반대되는 것으로 '신약(New Testament)'이라는 이름으로 불리게 된 복음과 비교해 보는 것이 매우 적절한 일이다. 이 비교 작업은 둘 사이의 일치와 차이를 밝히려는 것이므로, 우리가 같은 일을 두 번씩 해야 하는 일이 없도록 차이점을 고려하지 않은 채 일치하는 점을 일반적으로 고려함으로써 일을 번거롭게 만들지 않아야 할 것이다.

    2) 그러므로 아담에게 처음 전달되었고 후일 모세가 전수한 율법이 복음과 일치하는 점은 다음과 같다. 첫째, 한 분의 입법자를 갖는다는 일반

적인 점. 동일한 한 분이신 하나님께서 율법과 복음을 모두 제정하셨고, 입법자로서 율법을 제정하셨으나(창 2:7, 출 20:2), 그는 자비의 아버지와 모든 은혜의 하나님으로서 복음을 반포하셨다. 그리하여 전자는 흔히 '하나님의 율법'이라 불리고, 후자는 '하나님의 복음'이라 불린다(롬 1:1).

둘째, 주제가 보여 주는 일반적 관계에서 각 교의는 복종을 명령하고, 그에 대한 보상의 약속으로 구성된다. 이 때문에 양자는 성경에서 흔히 길(path)을 지칭하는 '율법'의 명칭을 얻게 되었다(사 2:3).

셋째, 하나님의 지혜와 선하심과 정의에 영광을 돌려야 할 것이 목적으로서 일반적으로 제시된다.

넷째, 특별한 측면에서 구별되지 않은 공통된 주제 영역에서 율법이 인간에게 부과되었고, 복음 또한 인간에게 제시되었다.

3) 그 밖에도 아담에게 전달된 것과 마찬가지로 복음에는 율법과 일관적인 요소가 있다. 반면에 모세를 통해 수여된 율법에서 보듯이 복음에는 율법이 빠져 있다. 애초에 율법은 실행 가능성에 기초했다. 왜냐하면 아담은 하나님의 도우심을 받아 창조될 때 그가 받은 능력에 의해 얼마든지 율법을 이행할 수 있었기 때문이다. 그렇지 않았다면 명령 위반이 그에게 범죄로 귀속되지 않았을 것이다. 복음 역시 하나님과 언약 관계에 있는 사람들의 마음에 각인되므로 그들도 복음이 규정하는 조건을 이행할 수 있다.

4) 그러나 처음에 전달되었던 율법과 복음 간의 차이는 주로 다음의 특수한 사항에서 발견된다. 먼저 입법자의 특수한 측면에서 차이를 보인다. 왜냐하면 무죄한 상태의 피조물에게 혜택을 베푸시면서 그리스도에 대한 언급 없이 하나님께서는 복종을 요구하는 엄격한 정의의 율법을 부과했

고, 보상을 약속하는 동시에 처벌에 관해서도 선언했기 때문이다. 그러나 은혜와 자비를 행사하시고, 그가 기름 부으신 그리스도가 간섭하게 하시면서 하나님은 복음을 나타내셨다. 그리고 자비에 의해 조정된 정의를 통해 하나님은 요구하는 것과 약속하는 것을 함께 반포하셨다.

율법과 복음은 주제 영역의 특수한 관계에서 차이를 보인다. "율법을 행한 사람은 그것으로 살 것이다"(롬 10:5)라고 율법은 말한다. 그러나 복음은 "너희가 믿으면 구원을 받을 것이다"라고 말한다. 여기서 차이는 전자를 "행위의 법"으로 부르고 후자를 "믿음의 법"(롬 3:27)으로 부르는 가정뿐만 아니라, 또한 약속에서도 뚜렷이 볼 수 있다. 왜냐하면 신자들 각자에게 영생이 약속되었지만 복음에 의해 그 영생은 죽음과 수치스러움을 경유하여 수여되는 반면, 율법에 의해서는 자연적인 행복을 통해 주어졌기 때문이다(딤후 1:10). 그뿐만 아니라 복음에는 영원한 삶의 예비 조항으로서 죄의 용서가 선포되었는데, 그 점은 (아담에게 주어졌던) 율법에는 언급되지 않았다. 용서는 죄인이 아니었던 사람에게는 필요하지 않았고, 그에게는 굳이 용서에 대해 선언할 필요가 없었기 때문인데, 물론 나중에 그가 죄인이 될 경우에는 그렇지 않을 것이다.

5) 율법과 복음은 계산 방식에서 차이를 보인다. (시원적) 율법의 경우 "일을 하는 사람에게는 품삯을 은혜로 주는 것으로 치지 않고 당연한 보수로 주는 것으로 생각"(롬 4:4)하고, 법을 위반한 사람에게 내리는 처벌은 엄중한 정의 개념에 따라 집행된다. 그러나 믿는 사람에게 보상은 은혜로 주어지고, 믿지 않는 사람에게는 그리스도 예수 안에서의 용서가 유보된 정의에 의해 응분의 저주가 내려진다(요 3:16, 19; 11:41).

율법과 복음은 다루는 주체들에 대한 특별한 고려를 통해 차별화된다. 왜냐하면 율법은 무죄한 상태의 인간에게 수여되었던 것이고, 이미 하나님의 사랑에 의해 성립된 것이기 때문이다(창 2:17). 그러나 복음은 죄인으로 확정된 인간에게 수여되었고, "화해의 말씀"(고후 5:19)에 의해 그는 다시 하나님의 사랑으로 돌아와야 한다.

율법과 복음은 각각의 목적이 갖는 특이한 측면에서 차이를 보인다. 율법에 의해 하나님의 지혜와 선하심, 엄격한 정의가 예시된 반면, 복음에 의해 하나님의 지혜, 은혜로운 자비와 결합된 그의 선하심, 그리스도 예수에 의해 적절하게 조정된 정의가 한층 찬란하게 드러나기 때문이다(고전 1:20~24; 엡 1:8; 3:24~26).

모세의 율법

6) 그러나 모세에 의해 전달되고 '구약'이라고 불리는 율법과, '신약'이라는 명칭을 얻은 복음 간의 차이는 성경에 따르면 다음의 특수한 점에서 나타난다. 첫째, 두 가지를 모두 제정하신 하나님의 고유한 속성에서 차이가 있다. 옛 언약을 체결하실 때의 하나님은 선행하는 (아담과의) 언약 아래 속죄함을 받지 못한 상태에 있는 죄에 대해 진노하신 분이었다(히 9:5, 15). 그러나 새 언약을 제정하실 때의 하나님은 서로 화해 관계에 있는 분으로서, 적어도 그가 사랑하시는 아들 안에서 그 언약에 의해, 그리고 그의 은혜의 말씀에 의해 화해를 완성하시려는 분이다(고후 5:17~21; 엡 2:16, 17).

둘째, 각각에서 제정하려는 것의 요건에 상응하는 제정의 양태에서 차이를 보인다. 모세의 율법은 죄와 죄인에 대한 하나님의 불쾌감과 그의 가공할 만한 심판에 대해 가장 명시적인 표징과 함께 전달되었다. 그러나 복음은 그리스도 안에서의 은혜와 풍성한 즐거움, 사랑의 확실한 증거와 함께 주어졌다. 그러므로 사도는 이렇게 말한다. "여러분이 나아가서 이른 곳은 시내산 같은 곳이 아닙니다. 곧 만져 볼 수 있고, 불이 타오르고, 흑암과 침침함이 뒤덮고, 폭풍이 일고, 나팔이 울리고, 무서운 말소리가 들리는 그러한 곳이 아닙니다." "여러분이 나아가서 이른 곳은 시온산, 곧 살아 계신 하나님의 도성인 하늘의 예루살렘입니다"(히 12:18~24).

셋째, 명령과 약속의 핵심에서 차이가 있다. 율법의 명령은 주로 육체적인 것과 관련되고(히 7:16), "우리에게 불리한 조문들이 들어 있는 빚문서"(골 2:14)였다. 약속된 것의 대부분은 역시 육체적인 것이고, "옛사람"(히 10:1)에게 적합한 지상의 유업에 관한 조항에 한정되었다. 그러나 물론 복음도 "먼저 하나님의 나라와 그 의를 구하는"(마 6:33) 사람들에게 첨부된 세속적인 복도 포함하지만 근본적으로 복음은 영적인 것으로서(요 4:21, 23), 영적인 명령과 "새 사람"에게 적합한 하늘의 유업에 대한 약속을 제시한다(히 8:6; 엡 1:3).

7) 넷째, 중보자 또는 중개인에게서도 차이점을 발견할 수 있다. 모세는 구약을 중재했고, 예수 그리스도는 신약을 중재했기 때문이다(갈 3:19, 히 9:15). 율법은 하나님의 종에 의해 전해진 반면, 복음은 주님 자신에 의해 계시되었다(히 3:5, 6). "율법은 모세를 통하여 받았고, 은혜와 진리는 예수 그리스도로 말미암아 생겨났다"(요 1:17). 율법은 다른 본문들에서 언급된 것과 일치하도록(레 26:46; 신 5:26~31) 한 사람의 중개인의 손으로 전달되었던 반면(갈 3:19), 그리스도는 "새 언약의 중보자"로 불린다(히 9:16).

다섯째, 율법과 복음, 각 언약을 확증하는 데 사용된 피 또한 다르다. 옛 언약은 동물의 피에 의해 확증된 반면(출 24:5, 6; 히 9:18~20), 새 언약은 하나님 아들의 귀한 피에 의해 확증되었고(히 9:14), 그 때문에 "새 언약의 피"(마 26:28)라고 불린다.

여섯째, 율법과 복음은 선포한 장소가 서로 다르다. 옛 언약은 시내산에서 공포되었다(출 19:18). 그러나 새 언약은 "시온에서, 그리고 예루살렘에서"(사 2:3, 미 4:2) 선포되었다. 이 차이는 사도 바울에 의해 가장 간명한 방식으로 적시되었다(갈 4:24~31; 히 12:18~21).

8) 일곱째, 율법과 복음은 각 언약이 누구에게 주어졌고, 각인된 곳이 어딘가에 따라 구별된다. 옛 언약은 "옛 사람"에게 주어졌지만, 새 언약은 "새 사람"에게 주어졌다. 이 같은 정황을 바탕으로, 아우구스티누스는 그 두 언약이 "옛 언약"과 "새 언약"이라는 이름으로 불리게 된 것으로 추정한다. 옛 언약은 "돌판"(출 30:1, 18)에 새겨졌으나, 복음은 사람들의 "마음판에 새겨 기록"되었다(렘 31:33, 고후 3:3).

여덟째, 율법과 복음은 부속 사항에서도 구별되는데, 그것은 두 가지 방식으로 나뉜다. 옛 율법은 "무력하고 천하여서" 생명을 줄 수 없는 것이었다(갈 4:9, 3:21). 그러나 복음에는 "그리스도의 헤아릴 수 없는 부요함"(엡 3:8)이 있고 "모든 믿는 사람을 구원하는 하나님의 능력"(롬 1:16)이 들어 있다. 옛 언약은 "우리 조상들이나 우리가 다 감당할 수 없던"(행 15:10) 멍에였다. 그러나 복음에는 예수 그리스도의 "멍에"가 있고, 그것은 "편하고" "그의 짐은 가볍다"(마 11:29, 30).

9) 아홉째, 율법과 복음의 차이는 각 언약의 효과의 다양함에서 발견된다. 옛 언약은 "사람을 죽이는 문자"이고, "죽음과 저주에 이르게 하는 직분"이었지만, 새 언약은 "생명을 주시는 영", "의와 생명의 영을 베푸는 직분"(고후 3:6~11)이기 때문이다. 옛 언약은 "종이 될 사람을 낳은" 하갈을

닮았고, 새 언약은 자유를 낳은 사라와도 같다(갈 4:23, 24). "율법은 범죄를 증가시키려고 끼어들어온 것"(롬 5:20)이고 "진노를 불러온다."(롬 4:15) 그러나 복음에 나타난 "새 언약의 피"(마 26:28)는 저지른 범죄에서 사람들을 구속하고(히 9:14, 15) "그 피는 아벨의 피보다 더 훌륭하게 말해 준다."(히 12:24) 구약은 우리의 죄가 기록되어 있는 빚문서이지만(골 2:14) 복음은 그 멍에를 부수고 "우리에게 불리한 조문"을 무효로 만들며, 바로 그런 행위에 의해 그 모든 것을 "우리 가운데서 제거해 버리는" 자유의 선포이고 십자가의 가르침이다.

열째, 율법과 복음의 차이는 각 언약이 전수된 시점과 그것이 존속되는 시간에 있다. 옛 언약은 하나님께서 이스라엘 백성을 이집트에서 해방시키셨을 때 선포되었다(렘 31:32). 그러나 새 언약은 후대에, 그리고 이 말세에 선포되었다(히 8:8, 9). 옛 언약은 그리스도께서 세상에 오실 때까지 지속되고, 그 후에는 폐기되도록 기획되었다(갈 3:19, 히 18:2, 고후 3:10). 그러나 새 언약은 영원히 지속될 것이며, 자기에게 말씀하시는 분의 맹세에 의해 "썩지 않는 생명의 능력을 따라"(히 7:16~20), "성령을 힘입어 자기 몸을 흠 없는 제물로 삼아 하나님께 바치신"(히 9:14) 대제사장의 피에 의해 확증되었다. 바로 이 마지막 차이점으로부터 "옛 언약"과 "새 언약"이라는 명칭이 기원한 것으로 생각된다.

옛 언약 아래 있는 성도들

10) 그러나 혹여 율법과 옛 언약 아래 살던 선조들이 은혜와 믿음과 영생으로부터 완전히 배제된 것처럼 오해하는 사람이 없도록, 심지어 그 시기에도 "여자의 자손"(창 3:15)에 관해 아담에게 주신 약속이 있었고, 그것

은 또한 "약속을 말씀하신"(갈 3:16), 그리고 "너의 자손으로 말미암아 땅위의 모든 족속이 복을 받을 것이다"(행 3:25)라는 약속을 받은 아브라함의 자손에 관한 것이고, 그러한 약속을 경건한 조상들이 믿음으로 받아들였다는 사실을 기억해야 할 것이다. 이 약속은 신학자들에 의해 "옛 언약"의 범주 아래 포괄되었고, 널리 그렇게 수용되었으며, 사도들도 그것을 '디아데케',[50] 즉 '언약'으로(갈 3:17), 복수형으로 "약속의 언약들"(엡 2:12)이라고 불렀으므로 우리는 '이 약속의 언약'과 새 언약과 복음이 그 탁월성에서 약속의 성취로서(갈 3:16, 17), 약속으로서(히 9:15) 어느 정도로 일치하고 또 얼마나 다른지를 고찰해 볼 필요가 있다.

11) 우리는 율법과 복음, 각각의 실체에 관한 요소에서 일치점을 발견한다. 첫째, 작용 원인에서 양자는 그리스도를 존중하시어 하나님께서 대가 없이 거저 주시는 은혜와 자비를 통해 확증되었다.

둘째, 각 약속의 실질적 내용은 하나이며 동일하다. 즉 둘 다 모두 "믿음의 순종"을 요구하고(창 15:6; 롬 4장, 히 11장), 믿음에 의해 의가 귀속되는 것을 통해, 그리고 은혜롭게도 그리스도 안에 자녀 삼으심을 통해(롬 9:4, 히 11:8) 영생을 유산으로 상속받을 것이 약속되었다.

••

50) 디아데케(διαθήκη)는 '계약, 언약, 유언, 협정, 배치, 배열'을 뜻하는 낱말로, 『70인역』에서는 언약(covenant)으로 옮겨져 있다. 특별히 신약성경에서 '유언'으로 번역된 구절은 히브리서 9장 16, 17절에 나온다. 디아데케는 그리스어 전치사 디아(δια)와 '놓다, 만들다, 세우다, 수립하다'라는 뜻의 티데미(τίθημι)의 합성어에서 파생되었다. '언약'이라는 뜻을 가진 또 다른 그리스어 단어는 '상호 동등한 관계에서 동등한 권리와 목적과 기원과 의무를 지는 두 사람 간의 계약'을 의미하는 신데케(Syntheke)가 있는데, 이것은 '양쪽 중에서 어느 한쪽이 일방적으로 계약'이라는 의미의 디아데케(διαθήκη)와는 많은 차이가 있다. 창조주 하나님과 피조물인 인간과의 언약은 결코 수평적이거나 동등할 수 없다. 그 때문에 신약성경에 '신데케'라는 단어가 나오지 않는 것이다.

셋째, 성경의 예언서에서 조상들에게 약속되고 복음 안에서 하나님께서 나타내신 공통된 한 가지 대상은 곧 그리스도다(행 3:19, 20; 13:32).

넷째, 양자에게 공통된 목적은 그리스도 안에서 하나님의 영광스러운 은혜를 찬양하는 것이다.

다섯째, 두 언약 모두 똑같은 형식적 관계를 갖는 사람들에게, 즉 죄인인 사람들과 "사람의 행위에 근거하는 것이 아니라 부르시는 분께 달려 있음을 나타내시려고"(롬 9:12, 11:30~33) 부르신 사람들에게 주어졌다.

여섯째, 두 언약 모두 계약의 당사자인 사람들의 마음 안에서(고후 4:13) 증언하는, 또는 각 사람에게 진리를 인치시는 분은 동일한 성령이다. "입양"과 "상속"도 마찬가지로 옛 언약에 속한 조상들에게도 주어지므로(롬 9:4; 갈 3:18) 기꺼이 유산을 물려주시고자 하는 "입양의 영"이 그들에게도 부인될 수 없다(롬 8:15; 엡 1:14).

일곱째, 두 언약 모두 효력에서 동일하다. 왜냐하면 둘 다 자유를 누리는 자녀를 낳을 것이기 때문이다. "이삭에게서 태어난 사람만을 너의 자손이라고 부르겠다."(롬 9:7) "그러므로 형제자매 여러분, 우리는 여종의 자녀가 아니라 자유를 가진 여자의 자녀입니다. 여러분은 이삭과 같이 약속의 자녀들입니다."(갈 4:31, 28) 둘 다 믿음의 의로움을, 그리고 그것을 통해 유산을 수여한다(롬 4:13). 또한 믿는 사람들의 마음에 영적 기쁨을 불러일으킨다(요 8:56; 눅 2:10).

여덟째, 둘 다 이 특수 사항에서, 즉 하나님의 맹세에 의해 확증되었다는 점에서 일치한다. 그러므로 두 언약 중 어느 것도 폐기되지 않을 것이며, 다만 전자가 후자에 의해 성취되는 것이다(히 6:13; 14, 17; 7:20, 21).

12) 그러나 어떤 특수한 상황 아래서 그 실체적 통일성을 조금도 훼손하

지 않는 차이점이 존재한다. 언약 대상의 우연적 특성과 관련하여, 즉 그리스도의 강림이 가까워졌을 때, "그 언약의 특사가" 나타났다(말 3:1). 그러나 이제 그는 복음 안에 드러나 있다(요일 1:1, 2; 4:14).

그러므로 그 대상에 관해 요구되는 믿음의 우연적 특성으로 인해 둘째 차이점이 발생한다. 현재와 과거의 일은 미래의 일보다 더 분명하게 알 수 있으므로 장차 오실 그리스도에 대한 믿음은 현재의 그리스도를 바라보는 믿음에 비해 다소 불투명하기 때문이다(히 11:13; 민 14:17).

여기에 덧붙여야 할 셋째 차이점이 있다. 즉 그리스도가 주실 많은 혜택은 과거에 모형과 그림자를 통해 이스라엘 백성에게 제시되었다(히 12장; 갈 3:16). 그러나 지금 복음을 통해 우리는 "너울을 벗어 버리고, 주님의 영광을 바라보며", 사물들 자체의 참모습과 "실체"가 밝히 드러나 있다(고후 3:18; 요 1:17; 골 2:17; 갈 3:13, 25).

이러한 경영 방식의 다양성은 상속자 자신과 관련된 넷째 차이를 보여준다. 사도는 이스라엘 백성을 아직 "어린아이로서" "보호자와 관리인"의 감독을 받아야 할 상속자와 비교하는 반면, 새 언약 아래 있는 신자들을 어른이 된 상속자와 비교하기 때문이다(갈 4:1~5).

그리하여 다섯째 차이점이 연역된다. 즉 어린아이인 상속자는 "종과 다름이 없고" 전례법의 체제 아래 묶여 있었다. 그러나 "기한이 찼을 때 하나님께서는 자기 아들을 보내셨고", 그 그리스도를 믿게 된 사람들은 종노릇 하던 그러한 상태에서 해방되었다.

예속 상태에 있던 어린 상속자의 영도 역시 조정 과정을 거치게 되고, 그리하여 그 상속자가 실제로 "자녀의 영"의 영향 아래 놓이게 되는 여섯째 차이로 연결된다. 그러나 처음에 그는 어린아이에 불과했으므로 그의 영은 두려움이 뒤섞여 있었지만, 어른이 된 상속자는 "자녀의 영"의 완전한 통치를 받기 때문에 그러한 두려움의 영을 완전히 내쫓을 수 있게 된다(롬 8:15; 갈 4:6).

일곱째 차이는 두 언약에 각각 연합하도록 부르심을 받은 사람들의 수에 있다. 언약은 "이스라엘 공동체"의 경계 안에 제한되어 있고, 이방인들은 "외부 사람"일 뿐만 아니라 또한 "약속의 언약과 무관한 외인"이었다(엡 2:11~13, 17). 그러나 복음은 하늘 아래 있는 모든 사람에게 선언되었고, 분리의 장벽은 완전히 제거되었다(마 28:19; 막 16:15; 골 1:13).

13) 그러나 이 세 가지, 즉 율법, 약속, 복음은 틀을 바꾸어, 즉 서로 대립되는 것으로서, 또는 서로에게 종속되는 것으로서 다시 고찰되어야 할 주제이기도 하다. 그러므로 아담에게 전달되었던 시점에서 율법의 조건은 약속을 제시하고 복음을 선포해야 할 필요를 완전히 배제한다. 그 반면에 약속을 제시하고 복음을 선포해야 할 필연성은 인간이 자기에게 주어졌던 율법에 순종하지 않았다고 선언함으로써 확인된다. 의롭다고 선언하는 칭의는 '은혜에 대해', '품삯에 대해' 동시에 이루어질 수 없고, "자랑할 것"을 인정하는 동시에 배제할 수는 없기 때문이다(갈 2:17; 롬 4:4, 5; 3:27). 또한 약속은 복음보다 먼저 나와야 하고, 그럼으로써 나중에 복음에 의해 성취되어야 하는 것이 마땅하다. 뜨겁게 사모할 만한 것이 아니라면 놀라운 축복을 베푸는 것이 소용없을 것이고, 따라서 가장 열렬히 바라는 사람들의 소망이 좌절된다는 것이 무의미하게 될 것이기 때문이다(벧전 1:10~12; 학 2:7; 말 3:1).

약속이 주어진 후 약속의 은혜의 필연성을 뚜렷이 부각하기 위해 율법을 검약적인 방식으로 반복한다면(갈 2:15, 16), 그리고 그 필연성에 대해 확신하게 되어 사람들이 피난처로 달아날 수밖에 없게 된다는 것은 전혀 공정하지 못한 일이 될 것이다(갈 3:19~24; 행 13:38, 39). 또한 율법을 사용하는 것은 믿음으로 영접해야 할 복음에도 쓸모 있는 것일 수 있다(골 2:14, 17). 약속이 지속되는 동안 다른 명령, 특히 전례법 같은 것을 덧붙이는 것이 하나님의 뜻이었는데, 그것에 의해 죄가 '봉합되거나' 기소되고, 약속의 성취에 대해 미리 선행적으로 암시할 수 있을 것이다. 그 약속이 성취되었을 때, 그 부가적인 명령은 제 기능을 완수하고 폐기 처분이 되어야 할 것이다(히 10:9, 10).

끝으로 도덕법은 약속에 의해, 그리고 이제 믿음에 의해 받아들이게 된 복음에도 믿는 사람들이 자신들의 삶을 영위해 나가는 기준으로서의 역할을 해야 한다(시 119:105; 딛 3:8). 그러나 부디 하나님께서 우리가 그의 말씀으로부터 그의 이 영광스러운 섭리를 보다 분명하게 이해할 수 있게 해 주시고, 그에게 영광을 돌릴 수 있게 하시고, 그리스도 안에서 함께 모일 수 있게 해 주시기를 기원합니다!

우리 주 예수 그리스도의 직분에 관하여

- 응답자: 페터 파베리위스

1) 모든 직분은 어떤 목적을 위해 설계되고 제정되며, 그러한 까닭에 목적을 성취하기 위한 수단과 유사한 측면이 있다. 그리스도의 직분에 대해 논의하는 가장 용이한 방법은 그를 지칭하는 이름들의 일반적인 의미를 따라가며 주제를 탐구하는 것이다. 왜냐하면 우리가 그를 '예수 그리스도'라고 부르는 것은 그의 탁월성뿐만 아니라 그 이름이 담고 있는 표의(表意)가 그의 인격에 귀속되기 때문이다. 그 이름의 앞부분(예수)은 그의 직분이 목적하는 바를 지시하고, 뒷부분(그리스도)은 그러한 목적을 위해 수행해야 할 직무를 지시한다.

2) '예수(Jesus)'라는 이름은 그리스인들이 '소테르'[51]라고 불렀던 구세주

..

---

51) 소테르(σωτήρ, Soter)는 남성 구세주를 의미하는 칭호다. 여성형은 소테리아(Σωτηρία,

를 의미한다. 그러나 '구원하다'라는 말은 악한 것들이 사람을 공격하지 못하게 제어함으로써, 또는 그들이 공격해 올 경우 그것들을 제거함으로써, 그리고 그 결과로 사람들에게 악과 반대되는 복을 내려 줌으로써 사람들을 악으로부터 건져 내는 것을 가리킨다.

그러나 악 가운데 가장 나쁜 유형으로 구분되는 것은 두 가지로, 그것은 죄와 그 대가인 영원한 죽음이다. 또한 복 중에서도 가장 중요한 것은 두 가지이고, 그것은 의(righteousness)와 영생이다. 그러므로 예수는 지금 우리를 에워싸고 압박하는 가장 강력한 그 두 가지 악, 즉 죄와 영원한 죽음으로부터 사람들을 해방시키고, 그들에게 의와 생명을 주시는 구세주이시다. 이 구원의 방법을 고려할 때, 예수라는 이름은 우리의 이 구세주에게 잘 어울리고, 또 그러한 해석은 마태복음 1장 21절[52]에서 천사에 의해 전달되었다. 그의 구원 방식은 하나님의 유일한 정통 적자이신 이 고귀한 분의 탁월성에 매우 적합하기 때문이다. 특히 모세, 여호수아, 옷니엘,[53] 기드온, 입다, 다윗 같은 여호와의 종들에 의해 성취될 수 있었던 다른 구원의 방식을 고려할 때 더욱 그렇게 생각된다.

3) '그리스도(Christ)'라는 이름은 기름 부음을 받은 자를 뜻하고, 히브리어로는 '메시아'라고 불린다. 옛 언약 아래서 기름은 성직에 임명할 때 고

∴

Soteria)다. 예수를 의미하는 'ΙΧΘΥΣ'의 마지막 글자인 'Σ'는 소테르의 머릿글자이다. 포세이돈, 제우스 등처럼 소테르/소테리아로 불린 신들이 있고, 프톨레마이오스 1세 등 소테르로 불린 인물들이 있다.

52) "마리아가 아들을 낳을 것이니, 너는 그 이름을 예수라고 하여라. 그가 자기 백성을 그들의 죄에서 구원하실 것이다"(마 1:21).

53) 옷니엘(Othniel)은 히브리인 최초의 판관이다. 어원은 명확하지 않으나 "하나님은 나의 힘이시다", "하나님이 나를 도우신다" 등으로 추정된다.

대로부터 사용되었는데, 자연적 성분에 의해 그것은 피부를 향기롭게 할 뿐만 아니라 몸에 탄력을 주기도 한다. 그 때문에 두 가지 초자연적 기능, 즉 하나는 어떤 신성한 직책에 부임하거나 은퇴하는 사람을 위한 성별(聖 別)과 축성(祝聖) 의식을 하는 데, 다른 하나는 그러한 목적을 위해 요구되는 은사의 책봉 또는 수여를 하는 데 적합하다. 그러나 이 기능은 각각 거룩함과 모든 재능의 창조자이며 수여자이신 성령에 오로지 고유하게 속한다(사 11:2). 그러므로 '메시아'로 불리는 분이 "벗들을 제치시고"(시 45:7) (또는 같은 복을 받게 될 사람들 가운데서 특별히 뽑혀서) 성령으로 기름 부음을 받는 것, 즉 그가 가장 거룩하게 되고 성령의 특수한 은사를 받을 뿐만 아니라 성령의 '모든' 은사를 무한히 받는 것(요 3:34; 1:14)은 지극히 당연한 일이다.

그러나 그가 기름 부음을 받음으로써 '구세주'로 불리게 될 때, 바로 그 사실에 의해 우리는 그를 중보자 구세주, 즉 하나님 아버지에 의해 세움을 받고 아버지에 의해 (중보자로서) 서임되신 분으로 인식해야 한다. 그러므로 우리가 이미 언급했듯이 예수는 그의 인간적 본성에 의해서만 아니라, 구원의 양태에 의해서도 우리 인간 측에 더 가깝다고 볼 수 있고, 그 점을 유념한다면 시험을 당할 때 우리가 믿음과 소망을 굳건히 할 수 있게 격려할 것이다.

4) 예수라는 이름이 의미하는 구원에 속하는, 구별되고 종속적인 두 가지 행위가 있다. 그 두 가지는 구원을 위해 필연적으로 요구될 뿐만 아니라, 그 능력 전체를 충분히 포괄한다. 첫째 행위는 죄와 영원한 죽음으로부터의 구속, 그리고 의로움과 생명을 각각 간구하고 획득하는 일이다. 둘째 행위는 그렇게 획득한 구원을 전달하거나 분배하는 것이다. 이 중 첫

째 행위에 따르면 그리스도는 '공로에 의해 우리의 구세주'가 되시고, 둘째 행위에 따르면 '유효성에 의해 우리의 구세주'가 되신다. 전자의 경우 그는 "하나님에게 속한 일들에서 사람들을 위해 일하는"(히 5:1) 중보자이시다. 후자의 경우 그는 인간과 처리해야 할 업무를 맡은 중보자 또는 하나님의 대리인으로서 임명되셨다.

이로써 분명해지는 것은 이 두 직분이 그가 제사장과 왕으로서 구원의 효력을 발생시키는 데 필수적이라는 사실이다. 제사장의 직분은 구원을 성취하기 위해 제정되고, 왕으로서의 직분은 구원을 나누어 주기 위해 제정되었다. 그렇기 때문에 우리의 구세주는 왕이신 제사장이며 제사장이신 왕, 곧 우리의 멜기세덱이다. 즉 "멜기세덱이라는 이름은 정의의 왕이라는 뜻이요, 다음으로 그는 또한 살렘왕인데, 그것은 평화의 왕이라는 뜻입니다"(히 7:2). 그의 백성도 역시 왕과 같은 제사장들이요, 거룩한 민족이요, 하나님의 소유가 된 백성이다.(벧전 2:5, 9)

5) 그러나 지혜롭고 정의로우신 하나님은 오직 믿는 사람들만을 구원하는 것을 옳은 일로 생각하신다. 그러므로 그리스도를 자기의 제시장이요 왕으로 시인하는 사람 외에는 어떤 사람도 그리스도의 제사장 직분에 의해 획득된, 그리고 왕으로서의 직분을 통해 그가 전달하는 구원에 참여할 수 없게 하신 것은 참으로 합당한 일이다. 그리스도를 알고 그를 믿는 믿음은 하나님이 제정하신 수단인 말씀이 전파될 때, 성령의 능력에 의해 사람들의 마음에서 산출되는 것이므로 바로 그러한 이유로 선지자로서의 직분 역시 구원을 얻는 데 필수적이며, 따라서 완전한 구세주로서 그는 반드시 선지자인 동시에 제사장이요 왕이어야 한다. 즉 그러한 풍요로운 의미를 가진 이름으로 마땅히 불러야 할 사람이 있다면 모든 이유를 고려할 때

예수가 바로 그일 수밖에 없다. 그러므로 우리는 그리스도라고 하는 가장 탁월하고 완전한 개념에 부합하는 예수를, 즉 구세주를 소유한다(마 17:5; 시 110:4, 시 2:6; 요 18:37).

우리는 이상의 네 가지 직분들 각각을 차례로 다루면서 다음 주제에 대해 설명할 것이다. 첫째, 이 직분들이 전체적으로 그리고 개별적으로 우리 그리스도에게 속하는 사실. 둘째, 이 직분들의 특성. 셋째, 직분들에 각각 속하는 직능. 넷째, 관련된 사건 또는 결과.

6) 메시아는 옛 언약 아래에서 조상들에게 약속되었던 미래의 선지자였다. 모세는 "주 당신들의 하나님은 당신들의 동족 가운데서 나와 같은 예언자 한 사람을 일으켜 세워 주실 것이니, 당신들은 그의 말을 들어야 합니다"(신 18:15)라고 했다. 이사야도 "나 주가 의를 이루려고 너를 불렀다. 내가 너의 손을 붙들어 주고, 너를 지켜 주어서, 너를 백성의 언약과 이방의 빛이 되게 할 것이니"(사 18:15)라고 했다. "주님께서 이미 모태에서부터 나를 부르셨고, 내 어머니의 태속에서부터 내 이름을 기억하셨다. 내 입을 날카로운 칼처럼 만드셔서."(사 49:1, 2) 그에게 기름 부어 선지자 직분을 맡기실 것도 예고되었다. "내가 그에게 나의 영을 주었으니, 그가 뭇 민족에게 공의를 베풀 것이다."(사 42:1) 이 사실은 유대인들뿐만 아니라 사마리아인들에게도 널리 알려져 있었고, 그 사실은 사마리아 여인이 "나는 그리스도라고 하는 메시아가 오실 것을 압니다. 그가 오시면 우리에게 모든 것을 알려 주실 것입니다"(요 4:25)라고 말한 것에서 추정된다.

그러나 우리 주 예수께서는 그 예언들이 자기에게서 성취되었다는 것과, 그가 바로 하나님께서 세상에 보내신 '그 선지자'라는 것을 친히 증언하신다. 이사야가 예고한 구절을 읽으신 다음 주님은 이렇게 말씀하셨다.

"이 성경 말씀이 너희가 듣는 가운데서 오늘 이루어졌다."(눅 4:21) "나는 진리를 증언하기 위하여 태어났으며, 진리를 증언하기 위하여 세상에 왔소."(요 18:37) 그리스도께서 세례 요한에게 세례를 받으셨을 때, 물에서 올라오자마자 즉시 "그리스도 위의 하늘을 여시고" 그에게 성령을 내려보내심으로써 그리스도의 직분을 경축하듯이 최고의 대관식 행진을 통해 하나님께서도 친히 증언하셨다(마 3:16).

7) 선지자 직분의 특성과 관련하여 우리는 하나님의 부르심과 가르침, 도우심의 탁월성뿐만 아니라 그가 가르치신 교의의 탁월성까지 고찰할 것인데, 각 항목의 탁월성은 모든 선지자들이 가진 위엄의 총합을 능가하기 때문이다(눅 4장). 하나님께서 그리스도의 직분을 공개적으로 인정하신 것은 세 번의 특이한 표적에 의해서다. 즉 하늘이 열린 것, 성령이 시각화된 형태로 그의 머리 위로 내려온 것, 아버지의 음성을 그에게 들려주심으로써 뚜렷이 표명되었다.

그가 무엇을 가르쳐야 하는지에 대해 그리스도에게 내려진 명령이나 계시는 '꿈이나 환상에 의해서'이거나 내적이거나 외적인 수단에 의해 천사가 전달함으로써, 또는 '입에서 입으로' 전해지는 소통 방식에 의해서도 아니었다. 그것은 (모세의 경우처럼) 하나님 영광의 실제 현현을 직접 대면해야 할 필요도 없이 이루어졌다(민 12장). 오히려 그 계시는 하나님의 투명한 비전(vision)에 의해, 그리고 아버지의 비밀에 관한 내밀한 직관에 의해 주어졌다. "일찍이 하나님을 본 사람은 아무도 없다. 아버지의 품속에 계신 외아들이신 하나님께서 하나님을 알려 주셨다."(요 1:18) "하늘에서 오시는 이는 (모든 것 위에 계시고) 자기가 본 것과 들은 것을 증언하신다."(요 3:32)

하나님에게 성령의 협력은 즉각적이고 언제든지 가까이에서 움직일 태세가 되어 있다. 그러므로 마치 제 뜻대로 소유하고 부리시는 주인처럼 하나님은 필요할 때는 언제든지 성령을 사용하시고, 그가 생각하시기에 적절할 만큼 자주 파송하신다. 그러나 이 교의의 탁월함은 하나님의 권능이 "일을 하는 사람에게" 구원을 "당연한 보수로 줄 수" 있다든가(롬 4:4), 죄와 저주를 인치실 수 있는 권한을 가진(골 2:14) 하나님의 능력에 의해 율법이 선포되지 않았다는 사실에 있다. 또한 그 탁월함은 믿는 사람에게 의와 구원이 "거저" 약속되어 있다는 식으로 선포하고 있지 않다는 사실에 있다(갈 3:17~19). 오히려 "주님께서 나를 보내셔서 가난한 사람들에게 기쁜 소식을 전하고"(사 61:1), "가난한 사람이 복음을 듣는다"(마 11:5)라는 표현을 통해 복음이 선포된 것은 그렇게 함으로써 "율법의 마침"과 약속의 성취가 모두 포함된 은혜와 진리를 나타낼 수 있기 때문이다(롬 10:4; 1:1, 2).

8) 그리스도의 선지자로서의 직분에 속하는 직무는 그의 교훈을 제시하는 것, 그것을 확증하는 것, 그 가르침이 기쁘게도 성공적으로 완수되기를 간구하는 것을 포함한다. 그 모든 직무를 그리스도께서는 전력을 다해 지극한 성실로써 수행하셨다.

그는 그의 원수들이 감히 대항할 수 없는 놀라운 지혜에 의해 아버지 하나님의 영광과 사람들의 구원을 위해 가장 뜨거운 열정으로, 사람들의 시선을 개의치 않으시고, 다른 어떤 선생들, 심지어 선지자들도 행사하지 못했던 권위를 가지고 복음의 교의를 가르치셨다.

그는 그 가르침을 구약성경에 준거할 뿐만 아니라 어떤 교의이건 그 신성한 원천을 확립하기 위해 필요한 모든 종류의 표적에 의해 확증하셨다. 즉 사람의 마음속을 투시하고, 사람들의 감추어진 비밀을 드러내고, 장차 일어날 사건을 예고하는 등 오직 하나님만이 아실 수 있는 지식을 선포하심으로써 그렇게 했다. 그는 오직 하나님께 속한, 그리고 "표적과 이적, 능력 있는 행동"을 통해 증명되는 권능으로 "본디오 빌라도 앞에서 신실한 고백을 통해 증언하심으로써" 조상들에게 주신 약속을 확증할 수 있도록 하나님의 진리를 위해 기꺼이 십자가의 죽음을 감당하신 가장 심오한 수준의 인내를 통해 직무를 완수하셨다.

끝으로 그리스도는 가장 경건하게 감사함으로써 수시로 간절하게 기도하셨고, 그렇게 하려고 홀로 한적한 곳으로 물러나 밤새도록 기도했다.

9) 그리스도가 지상에 머무시는 동안 자신의 인성(人性)에 의해 직무를 수행하신 것으로 볼 수 있는 한, 그의 선지자 직분에서 연유하는 쟁점이나 결과는, 그가 소수의 사람들을 가르치셨던 반면 다수의 큰 무리가, 심지어 지도자들까지도 (그 자신과 그의 가르침 모두) 거부했다는 사실이다. 이 결과의 앞부분은 복음의 교의 자체의 본성과 가치에 근거해 발생한 것이다. 그 뒷부분은 우연적인 방식으로, 그리고 사람들의 악의 때문에 발생했다. 그리스도 자신도 이사야의 예언에 이런 쟁점이 모두 들어 있는 것을 언급하시고, "내가 여기에 있고, 주님께서 나에게 주신 이 아이들이 여기에 있다. 나와 아이들은 시온산에 계시는 만군의 주님께서 이스라엘에게 보여 주시는, 살아 있는 징조와 예표다"(사 8:18)라고 말씀하셨다. "그러나 나의 생각에는 내가 한 것이 모두 헛수고 같았고, 쓸모없고 허무한 일에 내 힘을 허비한 것 같았다"(사 49:4)라는 구절을 인용하실 때에도 전혀 불평을 표시한 것이 아니었다. 그러나 그리스도의 가르침이 연약한 사람들이 걸려 넘어질 만한 돌로 밝혀지지 않았다면 그것에 대한 사람들의 적대감은 가시화되지 않았을 것이기 때문에 가장 지혜롭고 가장 유력한 사람들조차 무슨 수를 써도 그 가르침을 파악할 수 없게 하신 상황을 하나님께서 매우 즐기신 것

으로 보인다.

사람들이 복음을 거절하는 일이 실제로 일어날 것을 예고하셨으므로 "집 짓는 사람들이 내버린 돌이 집 모퉁이의 머릿돌이 되었다."(시 118:22) 그리스도께서 죽은 자 가운데서 부활하시고 하나님의 오른편에 서게 될 때 완성될 예언을 실제로 성취하셨으므로 선지자 이사야가 예고한 대로 "네가 내 종이 되어서 야곱의 지파들을 일으키고 이스라엘 가운데 살아남은 자들을 돌아오게 하는 것은 네게 오히려 가벼운 일이다. 땅끝까지 나의 구원이 미치게 하려고, 내가 너를 '뭇 민족의 빛'으로 삼았다"(사 49:6). 그리스도께서는 유대인의 벽과 이방인의 벽, 이 두 벽을 하나로 합하여 전체를 위한 모퉁이의 머리와 기초가 되셨다. 이 말씀은 모두 그의 앞에 먼저 왔던 전령관들이 맡았던 그리스도에 대한 예고가 실제로 결실을 볼 것을 암시한다.

10) 우리는 앞의 것과 유사한 주제를 그리스도의 제사장 직분이라는 표제 아래 고찰할 것이다. 예부터 약속된 메시아는 반드시 제사장이어야 했고, 나사렛 예수는 제사장이었다. 이것은 구약성경에 명시적으로 언급된 구절에 의해 입증된다. 관련 본문은 메시아에게 '제사장'의 이름과 그 이름이 지시하는 것을 귀속한다. 그 이름에 관해서는 "너는 멜기세덱을 따른 영원한 제사장이다"(시 110:4)라고 기술되어 있고, 그 이름이 지시하는 것에 관해서는 "그는 실로 우리가 받아야 할 고통을 대신 받고, 우리가 겪어야 할 슬픔을 대신 겪었다. 그러나 우리는 그가 징벌을 받아서 하나님에게 맞으며 고난을 받는다고 생각하였다. 주님께서 우리 모두의 죄악을 그에게 지우셨다. 그가 그의 영혼을 속건제물로 여기면 그는 자손을 볼 것이며, 오래오래 살 것이다. 그는 많은 사람의 죄를 대신 짊어졌고, 죄 지은 사람들을 살리려고 중재에 나선 것이다"(사 53:4~6, 10~12; 롬 4:15)라고 구

체적으로 기술되어 있다.

그리스도의 제사장 직분은 그의 인성과 제사장직의 위엄을 비교하는 논증에 의해 확립된다. 메시아는 하나님의 장자이기 때문에 그의 아버지 집을 다스리는 제사장이요, 왕으로서 최고의 위엄을 갖는다(시 2:7, 89:27; 창 49:3). 그러므로 하늘에 있는 하나님의 집을 다스리는 제사장 직분의 탁월성은 그에게 귀속된다(히 3:6, 10:21). 왜냐하면 그것은 제사장직의 거점인 성전, 더 정확히 말해 성전의 심층부인 "지성소"(히 9:24)라고 불리는 곳으로 상징되기 때문이다.

또한 그리스도의 제사장 직분은 그가 다스리는 사람들의 본성으로부터 연역되는 논증에 의해 확립된다. 이 사람들은 "제사장 나라"(출 19:6)의 백성이며 "왕과 같은 제사장"(벧전 2:9)이다. 그러나 그리스도교 신앙의 근본이며 부인될 수 없는 공리는 신약성경에 가장 뚜렷이 명시되었듯이 "나사렛 예수는 제사장"이며, 그 직함과 제사장으로서의 직무 수행과 관련되는 모든 것이 그에게 귀속되는 것이다(히 2:5). 이 진리는 아버지께서 그와 같은 영예를 그에게 수여하시고, 그를 성결케 하시고 거룩하게 하신 사실에 있다(히 2:10). 그리고 그는 "고난으로써 완전하게" 되셨으며, "그가 하나님 앞에서 자비롭고 성실한 대제사장이 되심으로써 백성의 죄를 대신 갚으시기 위한 것입니다. 그는 몸소 시험을 받아서 고난을 당하셨으므로 시험을 받는 사람들을 도우실 수 있습니다"(히 2:18). 아버지는 또한 그의 "두 귀를 열어"(시 40:6) 주시고, 그에게 "입히실 몸을 마련하심으로써"(히 10:5) 그가 대제사장으로서 "무엇인가 드릴 것을 가지고 있게"(히 8:3) 하시고, 그가 죽은 자 가운데서 부활하셨을 때 자기의 하늘 보좌의 오른편에 그를 세우시고, 거기서 끊임없이 "우리를 위하여 대신 간구하게"(롬 8:34) 하셨다.

11) 그러나 구약성경은 메시아이신 제사장에게 고유한 본성과 특성을 밝히고 나서, 그리스도의 제사장 직분은 레위 지파의 계통을 따른 것이 아님을 확증한다(시 110:4; 히 5:5, 6). 메시아의 인성에 대해 다윗은 이렇게 말한다. "주님께서는 내 두 귀를 열어 주셨습니다. 주님은 제사나 예물도 기뻐하지 아니합니다. 번제나 속죄제도 원하지 않습니다. 그때에 나는 주님께 아뢰었습니다. '나에 관하여 기록한 두루마리 책에 따라 내가 지금 왔습니다. 나의 하나님, 내가 주님의 뜻 행하기를 즐거워합니다. 주님의 법을 제 마음 속에 간직하고 있습니다.'"(시 40:6~8). 다시 말해 레위 전통의 전례에 따라 거행하는 "제사와 예물과 번제와 속죄제를", "율법을 따라 드리는 것들"(히 10:6~9)을 하나님은 원하지도 기뻐하지도 않으셨다. 또한 구약성경은 "너는 멜기세덱을 따른 영원한 제사장이다"(시 110:4)라고 단언한다. 그러나 그러한 제사장 직분의 본성 전체에 대해 신약성경은 더 명료하게 설명하고, 특히 히브리서는 과거에 확립된 레위 계통보다 메시아의 제사장 직분이 훨씬 탁월하고 우월하다는 것을 분명히 기술한다(히 10:5).

양자를 대조할 때 그 우월성을 분명히 알 수 있다. 레위 계통의 제사장은 모형이자 그림자인 반면, 메시아의 제사장 직분은 실재적이고 참되며, 본질적 실체를 보존하고 사물들의 구조를 보여 준다.

레위 지파의 제사장 전통에서 제사장과 희생제물은 서로 상이한 개체였다. 레위 계보에 속한 제사장은 다른 사람들을 위해 제사를 드리기 때문이다. 그러나 메시아는 제사장인 동시에 희생제물인데, 그는 "자기 몸을 흠 없는 제물로 삼아 하나님께 바치시고"(히 9:14) "자기의 피로써 우리에게 영원한 구원을 이루셨으며"(히 9:12), 이 모든 것이 대속하는 제사장의 임무이기 때문이다. 그러나 제사는 또한 성찬(Eucharist)이기도 하므로(그것이 제사장의 전체 활동 영역이다) 메시아는 인간으로서 자신을 드림으로써 구별되는 제사를 드렸다. 그러나 그것은 위로부터 그의 영이 드리는 신령한 제사로서, 그의 살 중의 살이요 그의 뼈 중의 뼈다(히 10:14; 9:26; 엡 5:30; 벧전 2:5).

두 제사장 직분은 제정되고 확증되는 양태가 첨예하게 다르다. 레위 제사장은 "제사장의 혈통에 대해서 규정한 율법을 따라 제사장이" 되었지만, 메시아는 신령한 명령의 법을 따라, 그리고 "썩지 않는 생명의 능력을 따라"(히 7:16) 제사장이 되었다. 레위 제사장 직분은 "하나님의 맹세 없이" 제정되었지만, 그리스도의 제사장 직분은 "자기에게 말씀하시는 분의 맹세로" 되신 것이며, 따라서 더 좋은 언약을 보증한다(히 7:20, 21, 28).

두 제사장 제도가 제정된 시기가 다르다는 사실에서도 차이가 있다. 레위족의 제사장 제도는 먼저 세워졌고, 그리스도의 제사장 직분은 나중에 제정되었다. 전자는 구약시대에, 후자는 신약시대에 하나의 제도로서 제정되었다. 전자는 교회가 갓 태어난 때였고, 후자는 교회가 성숙기에 이른 때였다. 전자는 노예 상태에서, 후자는 해방된 상태에서 확립되었다.

12) 제사장으로서 직무를 수행하는 주체에서도 차이가 나타난다. 전자의 경우 제사장들은 레위 지파에서 나왔고, 모두 죽을 수밖에 없는 존재이며, 또한 죄를 지은 자들이므로 "그는 다른 대제사장들처럼 날마다 먼저 자기 죄를 위하여 희생제물을 드리고, 그다음에 백성을 위하여 희생제물을 드릴"(히 7:27; 5:3) 필요가 있는 "약점을 가진 사람들"이었다. 그러나 메시아는 유다 지파에서 나왔고(히 7:14), "육신으로 세상에 계실 때에"(5:7) 비록 미미했지만 죽은 자로부터 살아나시고 "영생의 권능"을 얻으셨으므로 "거룩하시고, 순진하시고, 순결하시고, 죄인들과 구별되시고, 하늘보다 높이 되신 분입니다. 그는 다른 대제사장들처럼 날마다 먼저 자기 죄를 위하

여 희생제물을 드리고, 그다음에 백성을 위하여 희생제물을 드릴 필요가 없습니다."(히 7:26, 27)

제사장 제도의 목적에서도 차이를 발견할 수 있다. 레위 지파의 제사장은 옛 언약을 확증하기 위해 제정되었지만, 메시아의 제사장 직분은 새 언약을 확증하기 위해 제정되었다. 이 때문에 메시아는 "새 언약의 중보자"(히 9:15)라고 불리지만, "그가 더 좋은 약속을 바탕으로 하여 세운 더 좋은 언약의 중재자"(히 8:6)이시다.

양자는 작용인적 효력에서도 서로 다르다. 레위 제사장은 "똑같은 제사를 거듭 드리지만 그러한 제사가 죄를 없앨 수는 없으므로"(히 10:11) 쓸모없고 효력이 없을 뿐만 아니라(그들은 옛 언약 아래 머물러 있기 때문이다), 그것이 의식 집례자의 양심을 완전하게 해 주지 못한다. 왜냐하면 그것은 오직 "육체가 깨끗하여져서 그들이 거룩하게 되게"(히 9:9, 10, 13) 할 뿐이기 때문이다. 그러나 메시아의 제사장 직분은 작용인적 효력을 가지고 있는데, 그는 죄를 파멸하고 영원한 구속을 얻으시기 때문이다(히 9:12, 14). 메시아는 제사장들을 거룩하게 만들고 예배하는 사람들의 양심을 정결하게 하며, "그는 자기를 통하여 하나님께 나아오는 사람들을 완전하게 구원하실 수 있다."(히 7:25)

사도와 함께 각 제사장 제도의 지속 가능성에서도 차이를 찾을 수 있다. 레위 제사장은 파기되어야 할 운명이었고 결국 그것은 폐지된 반면(히 8:13), 메시아의 제사장 직분은 영원히 지속될 것이다. 이 차이에 대해서 우리는 이제까지 열거한 차이점 못지않게 많은 이유를 언급할 수 있다.

13) 메시아의 제사장 직분이 레위 제사장과 구별되는 아홉째 차이는 바로 이것이다. "이제 그는 자기를 희생 제물로 드려서 죄를 없이하시기 위

하여 시대의 종말에 단 한 번 나타나셨습니다."(히 9:26) 그리고 "그는 거룩하게 되는 사람들을 단 한 번의 희생 제사로 영원히 완전하게 하셨습니다."(히 10:14) 반면에 레위 계통의 제사장들은 "날마다 제단에 서서 직무를 수행하면서 똑같은 제사를 거듭 드려야만" 했다(히 10:11, 9:25).

메시아의 제사장 직분에 속한 또 하나의 고유한 속성은 그 본성 자체에서 발견된다. 그 직분은 이 사람에게서 저 사람에게로 계승되지 않는다. 메시아는 다른 사람에 앞서 나오거나 뒤에 따라 나오지 않고, 영원히 계시는 분이므로 제사장 직분을 영구히 소유하기 때문이다(히 7:24, 25, 3). 그러나 레위 계통의 제사장은 아버지에게서 아들로 계승되었다.

그다음 차이점을 덧붙이면 메시아는 그의 계통에서 유일한 제사장이라는 점이다. 멜기세덱은 그리스도의 모형으로서 "같은 모양으로 다른 제사장이 생겨난 것"이지만, 결코 그리스도에게 필적할 수 없다(히 7:3). 반면에 레위 제사장들은 "죽음 때문에 그 직무를 계속할 수 없어서 그 수가 많아졌고"(히 7:23), 그들 중에 어떤 사람은 우월하고, 또 어떤 사람은 열등하며, 다른 사람들은 대등한 위엄을 갖추었다(히 7:12).

이로부터 추론할 수 있는 마지막 차이점은 각 제사장이 직무를 담당하는 장소가 다르다는 사실이다. 레위 제사장들은 지상에서, 실제로 특별히 지정된 특정한 장소에서 제사를 드렸지만, 메시아의 제사는 지상에서 시작되었으나 하늘에서 완성되었다(히 9:24).

14) 그리스도의 제사장 직분에 속한 행위가 봉헌과 중보 기도에 집중되어 있음을 다음 본문에서 볼 수 있다. "각 대제사장은 사람들 가운데서 뽑혀서 하나님과 관계되는 일에 임명받습니다. 그리하여 그는 사람들을 위하여 예물과 속죄의 희생 제사를 드립니다."(히 5:1) "그는 늘 살아 계셔서

그들을 위하여 중재의 간구를 하십니다."(히 7:25)

메시아의 봉헌 제사 가운데 두 가지 행위가 계시되었다. 첫째는 지상에서 거행되고, 그 자신이 죽기까지 자기 몸을 제물로 드리고 몸소 피를 흘린 행위다. 이 행위에 의해 그는 거룩하고 완전해지셨고, 단번에 지성소에 들어가셨다(히 9:12; 10:29, 10; 9:24, 26). 피가 없어질 때까지, 즉 생명이 고갈될 때까지, 그리하여 죽음에 이른 그의 살, 곧 "휘장을 뚫고"(히 10:22), 그러나 그 후 죽음 가운데서 다시 살아나시어 "세상에 생명을 주는 것"(요 6:51)과 하늘에 올라가시는 것이 그의 직무에 속했기 때문이다. 둘째는 자기 자신을 봉헌하는 것, 즉 자기의 피를 몸에 뿌리고 하늘의 아버지 앞에 서서 바로 그 동일한 피를 드리는 행위다. 여기에 덧붙여야 할 것은 믿는 사람들의 양심에 이 피가 뿌려짐으로써 그들로 하여금 "죽은 행실에서 떠나서 살아 계신 하나님을 섬기게 한다"(히 9:14)는 것이다.

중보는 제사장으로서 그리스도가 수행하는 또 하나의 행위로서, 여기에는 우리를 위한 그리스도의 기도와, 강력한 대적이 우리를 고발하는 기소 내용에 맞서 우리를 변호하고 옹호하는 일이 포함된다(히 7:25; 롬 8:34; 요일 2:1, 1). 이 중보 사역의 효력은 부분적으로 그리스도 자신뿐만 아니라 우리의 양심에도 뿌려진 그의 피로부터, 그리고 형제 살인에 대한 복수를 하나님께 부르짖어 호소했던 "아벨의 피보다 더 훌륭하게 말해 주는"(히 12:24) 그리스도의 피로부터 나온다.

15) 그리스도의 제사장 직분에 대해 고찰해야 할 넷째 부분은 그 직분의 성과 또는 결말에 관한 것이다. 그의 제사장 직능은 구원의 일반적 효과와 동시에 효력을 발휘한다는 사실이 다음으로부터 분명해진다. 즉 그를 "완전하게 만들고" 그럼으로써 "영원한 구원의 창시자가 되게"(히 5:9, 10) 할

뿐만 아니라, "멜기세덱의 계통을 따라서 영원히 대제사장"으로 불릴 수 있게 된 것은 "고난을 통해" 완성된 것, 즉 그의 헌신에 의해 그리스도가 되셨기 때문이다. "그러나 예수는 영원히 계시는 분이므로 제사장직을 영구히 간직하십니다. 따라서 그는 자기를 통하여 하나님께 나아오는 사람들을 완전하게 구원하실 수 있습니다."(히 7:24, 25)

그러나 그의 제사장 직분으로부터 필연적으로 나오는 특별한 결과는 봉헌과 중보라는 이중 행위를 고려해 볼 때 다음과 같이 요약된다. 봉헌으로부터 귀결되는 결과는 우리를 하나님 아버지와 화목을 이루게 하고(고후 5:19), 죄 용서함을 얻게 하고(롬 3:24~25), 영원한 구속을 얻게 하며(히 9:12), 은혜의 영을 받고(슥 12:10), 죄를 대속하기 위해 피 흘리고, 피 뿌림을 위해 샘 하나를 터뜨리며(슥 13:1), 저주를 제거하고(갈 3:13), 영원한 의와 영생을 얻게 하며(단 9:24), 그뿐 아니라 이 모든 복을 내리기 원하시는 그의 교회를 위해(행 20:28) 하늘과 땅 위와 땅 아래 있는 모든 것을 예수의 이름 앞에 무릎을 꿇게(빌 2:6~10) 하신 것이다. 이 모든 것을 한마디로 요약하면 영생으로 인도하는, 그리고 그것을 수여하기 위해서나 받기 위해 필요한 것을 무엇이든지 주재할 수 있는 전권을 그리스도께서 획득하셨다는 것이다.

중보의 결과로 우리는 하나님과 화목한 관계를 이룸으로써 미래의 진노로부터 구원받게 되었다(롬 5:9). 우리의 중보자로서 그리스도는 하나님께 그 자신의 희생의 향기로 가득한 기도와 감사를 드리고, 그리하여 의로운 자로 선언된 사람들이 하나님께 이성에 기초한 전인적인 예배를 드릴 수 있게 하셨다(벧전 1:5). 그리고 그는 사탄이 믿는 사람들을 대적하여 던지는 정죄의 화살들을 무력화한다(롬 8:34).

이 모든 복은 진실로 그리스도가 제사장 직분을 수행하신 결과다. 그는 우리를 위해 구속의 진정한 대가를 하나님께 지불하고, 그럼으로써 하나님의 정의를 충족시켰으며, 우리의 죄 때문에 정당하게 진노하신 아버지와 우리 사이에서 스스로 중보 제물이 되어 우리를 대신해 자기를 대속물로 드렸다(딤전 2:6; 마 20:28). 그러나 우연히도 그 결과에 비해 "하나님의 아들을 짓밟고, 자기를 거룩하게 해 준 언약의 피를 대수롭지 않게 여기는" 사람들이 받아야 할 "더 무서운 벌"의 오염과 죄책은 한층 엄중할 것이다(히 10:29).

16) 하나님께서 "세상을 사랑하사 그의 외아들을 주시고"(요 3:16), 우리의 죄 때문에 그가 대신 죽임을 당하게 하시고(롬 4:25), 세상을 그리스도 안에서 자기와 화해하게 하셨으며(롬 4:25), 우리를 구속하셨고(눅 1:68), 우리의 죄를 은혜로 용서하신(롬 3:25) 사실은, 제사장과 희생 제물로서 그리스도께서 성취하신 공로와 대속과 전혀 모순되지 않는다. 왜냐하면 우리는 사랑의 운동력이 하나님에게서 이중적이라는 것을 주목해야 하기 때문이다. 첫째는 자기 피조물에 대한 사랑이고, 둘째는 정의에 대한 사랑으로서, 그것은 죄에 대한 미움과 짝을 이룬다. 이 같은 본성에 속한 사랑이 각각 만족될 것을 하나님은 요구하셨다. 하나님께서 자기 아들을 포기하기까지 중보자의 역할을 맡기심으로써 그는 죄인이었던 피조물에 대한 자기의 사랑을 만족시키셨다. 그러나 자기 아들에게 피를 흘리고 죽기까지 고난을 당하게 하심으로써 중보자의 직책을 수행하게 하셨을 때, 하나님은 정의에 대한 사랑과 죄에 대한 미움을 모두 만족시키셨던 것이다.

하나님은 그리스도께서 자기의 피 뿌림을 통해 대속을 완수하지 않는 한 결코 그를 죄인들을 위한 중보자로서 인정하실 수 없었다(시 9:12). 하나님께서 우리의 죄를 용서하고, 그것도 대가 없이 용서하심으로써 피조물에 대한 그의 사랑을 만족시킨 것은 당연히 피조물에 대한 사랑을 통해 용서하셨기 때문이지만, 또한 자기 아들이 채찍에 맺는 일을 허락하심으로써 그를 "우리의 화평"이 되게 하고, 그리하여 정의에 대한 그의 사랑을 만족시킬 수 있었기 때문이었다. 하나님이 피조물을 사랑하신 것은 그 채찍 자국의 결과는 아니지만, 정의에 대한 그의 사랑이 장해물이 되지 않은 것은 피조물에 대한 사랑을 통해 그가 죄를 용서하고 영생을 선물로 주실 수 있었기 때문이다. 이렇게 볼 때 하나님께서 그가 원하시는 만족을 얻고, 사랑하는 아들을 통해 스스로 위로를 얻으셨다고 말하는 것이 합당할 것이다.

17) 다음으로 다룰 주제는 그리스도의 왕으로서의 직분이다. 먼저 메시아가 언약에 따라 왕이 되어야 하고, 나사렛 예수가 곧 약속된 왕이라는 사실을 증명할 것이다. "내가 다윗에게서 의로운 가지가 하나 돋아나게 할 그날이 오고 있다. 그는 왕이 되어 슬기롭게 통치하면서 세상에 공평과 정의를 실현할 것이다."(렘 23:5) "내 종 다윗이 그들을 다스리는 왕이 되어."(겔 37:24) 그러나 다윗은 기름 부음[54]을 받음으로써 왕으로 세워졌다. "내가 나의 거룩한 산 시온산에 '나의 왕'을 세웠다."(시 2:6). 이 사실을 고려할 때 '메시아'라는 칭호는 어떤 다른 특별한 이유에서 그리스도에게만 속한다. 그는 그저 왕이기만 한 것이 아니라 왕들 가운데 가장 탁월하고 이름을 떨치는 왕이다. "곧 임금님의 하나님께서 임금님의 벗들을 제치시고 임금님께 기쁨의 기름을 부어 주셨습니다."(시 45:7). "나도 그를 맏아들로 삼아서 세상의 왕들 가운데서 가장 높은 왕으로 삼겠다."(시 89:27) 진실로 그는 모든 왕들의 주이시며 대장이시므로 "세상의 통

..
54) 도유(塗油, unction).

치자들아, 그의 아들에게 입 맞추어라."(시 2:12) "모든 왕이 그 앞에 엎드리게 하시고, 모든 백성이 그를 섬기게 해 주십시오."(시 72:11)

그는 또한 그의 나라를 다스리는 데 필요한 모든 것을 지시받아야 할 것이다. "왕의 아들에게 주님의 의를 내려 주셔서."(시 72:1) "주님께서 임금님의 권능의 지팡이를 시온에서 하사해 주시니."(시 110:2). "네가 그들을 철퇴로 부수며 질그릇 부수듯이 부술 것이다."(시 2:9) "주님의 영이 그에게 내려오신다."(사 11:2) 또한 하나님께서는 영구히 그의 곁에 서 계실 것이다. "내 손이 그를 붙들어 주고, 내 팔이 그를 강하게 할 것이다."(시 89:21) 그러나 하나님께서는 나사렛 예수를 주와 그리스도(마 2:2, 6)와 "만주의 주요 만왕의 왕"(계 17:14)이 되게 하시고, "하늘과 땅의 모든 권세"(마 28:19; 행 2:33)와 "모든 사람을 다스리는 권세"(요 17:2)를 주시어 모든 이가 그 앞에 무릎을 꿇게 하셨다. 하나님께서는 그의 나라를 다스리는 데 필요한 수단이 될 그의 말씀과 영을 그에게 내려주셨다. 그리고 천사들로 하여금 그의 명령을 집행하는 시종들이 되게 하셨다(히 1:6, 14). 하나님은 늘 그의 곁에 계시고, "내가 너의 원수들을 너의 발판이 되게 하기까지 너는 내 오른쪽에 앉아 있어라"(고전 15:5, 시 110:1)라고 말씀하신다.

18) 메시아 왕국의 특성에 관해 한마디로 표현해야 한다면 그 나라는 이 세상에 속하지 않고 장차 올 세계에 속한, 이 세상에서가 아니라 하늘에 있는 영적인 나라라고 말할 수 있다. 메시아 왕국이 곧 그 나라라고 예고되었고, 우리는 나사렛 예수의 나라가 바로 그것이라고 확신하기 때문이다. 그 증거로 제시할 수 있는 것은 다음과 같다.

첫째, 다윗과 솔로몬이 각각 통치한 왕국은 메시아와 그의 나라의 모형인데, 메시아가 다윗의 이름으로 불리기 때문이고(겔 37:25), 존귀하고 탁월한 솔로몬에 관한 모든 이야기는 메시아에게 훨씬 어울리고, 그중 어떤 것은 오직 그분에게만 적합하기 때문이다(삼하 7:12~16). 그러나 세상과 육체에 속한 것은 영적이고 하늘에 속한 것의 모형일 뿐 질적으로 동일하지 않다(시 1:2).

둘째, 그리스도는 죽었다가 다시 살아날 것이며(시 16:10), "그는 자손을 볼 것이며"(사 53:10), 영적 생명으로 다시 사실 것(시 110:3)이라는 말씀은 메시아에 관한 예고다. 그러므로 그는 영적인 왕이며, 그의 나라 역시 영적인 나라임이 예고된 것이다.

셋째, 메시아의 제사장 직분은 단순한 모형이 아니라, 영적이고 참된 제사장으로서 예고되었다. 그러므로 그의 나라에 대해서도 똑같이 말할 수 있다. "너희의 나라는 나를 섬기는 제사장 나라가 되고, 너희는 거룩한 민족이 될 것이다"(출 19:6)라고 표현되었듯이 양자 사이에는 얼마간의 상호 유사성이 있기 때문이다.

넷째, 모세의 율법은 육체적 본성으로 인해 파기되어야 할 것으로 제시되었다. 그러나 제사장 직분과 이스라엘 나라의 통치는 실제로 그 법에 따라 이루어졌다. 그러므로 메시아 왕국은 그보다 탁월한, 따라서 영적인 다른 법에 의해 통치될 것이다(렘 31:31~34). 그러나 그 법과 마찬가지로 왕과 그의 나라도 영적일 것이다.

다섯째, 이방인들도 메시아 왕국에 참여할 수 있게 부르셨고, 그들 모두에게 그들의 왕이 주어질 것이지만, 그 왕들은 왕으로 있을 동안 자발적으로 메시아를 섬기고(시 2:10, 11; 110:3), 그에게 영광을 돌리며, 그에게서 자신들의 모든 복을 얻게 될 것이다. 메시아 왕국이 영적인 나라가 아닌 한 이 같은 일은 있을 수 없다.

여섯째, 그의 백성이 되기를 거부했던 유대인들은 그들의 불순종으로 인해 메시아에게서 거절당할 것인데, 그것은 메시아 자신에 대한 편견을 부추기게 되기보다 오직 유대인들에게 손해가 될 뿐이다(말 1:10, 11; 사 65:2, 3). 그 점은 왕과 그의 나라가 영적이라는 것을 강하게 암시한다.

일곱째, 메시아 왕국의 탁월성, 풍요로움, 항구성, 통치 양태로부터 동일한 결론을 이끌어 낼 수 있다. 그러나 나사렛 예수의 나라 역시 영적이고 하늘에 속한 것이다. 그는 "회개하여라. 하늘나라가 가까이 왔다"(마 4:17), "내 나라는 이 세상에 속한 것이 아니오"(요 18:36)라고 선포했기 때문이다. 그것 역시 그의 나라와 연관된 모든 계시에 분명히 나타나 있다. 그 왕은 육체를 따라 결코 알 수 없는 까닭은 그가 부활하심으로써 영적 존재로서 "하늘에서 내려오신 주님"이시기 때문이다(롬 8장, 고전 15장). 그의 백성들은 지상에서 중생하여 영적으로 메시아에게 속하고, 이후로 육신을 가진 채로 영적으로 살면서 그를 닮아 가는 사람들이다. 그 나라의 법도 영적인데, 그 법은 곧 하나님의 복음이며, 그 법이 이성적이고 영적인 예배를 규정하기 때문이다(롬 7:8; 요 4:23, 24). 그 나라가 누릴 복도 영적이고, 죄의 사면, 은혜의 영, 영생이 바로 그것이다. 통치 양태와 그 수단도 마찬가지로 영적이다. 그리스도는 모든 일시적인 것에 제약을 받지만, 그럼에도 그는 그 모든 것이 영적이고 초자연적인 생명에 유익이 될 수 있게 친히 다스리실 것이다.

19) 그리스도의 왕으로서의 직분에 속한 행위는 일반적으로 부르심과 심판으로 요약된다. 만일 우리가 이 두 행위를 좀 더 분명히 구별하고 고찰하려 한다면 다음의 네 가지 범주, 즉 부르심, 법 제정, 복을 내리시고 악을 멸절하는 것, 최후의 보편적 심판으로 나눌 수 있다.

부르심은 그리스도께서 사람들을 동물적 삶과 죄로부터 불러내시고, 자신의 피에 의해 확증하실 은혜의 언약에 참여하게 이끄시는 것으로, 이것이 그가 왕으로서 수행하는 첫째 직무다. 그는 자기 백성을 사물들의 본성 안에서 찾는 것이 아니라(사 63:10) 친히 그들을 획득하기 위해 그가 제사장으로서 직임을 수행하듯이 왕으로서도 자기의 말씀에 의해 그들을 자기에게로 부르시고, 자기의 영에 의해 그들을 가까이 이끌기 위해 직무를 수행하신다(시 110:1~3, 엡 3:17). 이 부르심은 두 부분으로 나뉘는데, 회개하고 믿음을 촉구하는 명령(막 1:14, 15)과, 경고가 첨부된(딛 3:8; 막 16:16) 약속(마 28:19, 20)이 그것이다.

우리가 개별적으로 고찰하게 될 법의 제정(Legislation)은 그리스도가 왕으로서 수행하는 둘째 직무다. 그는 먼저 부르시고 은혜의 언약에 참여하게 하신 사람들에게 그들이 경건하고, 의롭게, 이성적으로 삶을 영위할 수 있도록 약속과 경고와 함께 실행해야 할 법도를 완벽하게 제정하신다. 여기에 덧붙일 것은 사람들이 자기의 의무를 잘 수행할 수 있게 도우시는 성령의 행위다.

셋째 행위는 복을 주시는 것인데, 지상의 동물적 삶이나 영적인 삶을 영위하는 데 필요하거나 유익한 것이든지, 그것과 반대되는 악을 제거하는 것이든지 엄격한 정의를 따라서가 아니라 현재 지상에 사는 동안 적합하게 어떤 신적인 섭리에 따라 분배하는 것을 가리킨다. 하나님께서 "의로운 사람에게나 불의한 사람에게나 똑같이 비를 내려주시는 것"(마 5:45)이라든지, "하나님의 집에서부터 심판을 시작하는 것"(벧전 4:17)은 바로 이 원리에 따르는 것이다.

마지막으로 넷째 행위는 최후의 보편적 심판으로, 하나님에 의해 모든 사람들의 재판장으로 임명되신 그리스도께서 선택받은 믿는 자들을 의로운 자로 선언하고 그들에게 영생을 주시는 반면, 불신자들에게는 정죄 선고를 내리신 후 그들을 영원한 형벌의 고통을 받게 하실 것이다(마 25장).

　20) 왕으로서의 직분에 속한 이 같은 직능은 그에 따른 결과나 결말을 쉽게 추적할 수 있는데, 그것은 직능의 본성을 따라 그로부터 산출된다. 그와 동시에 그리스도를 왕으로 받아들이기를 거부한 사람들의 적대감으로부터 자연히 발생한다. 전자에 속하는 것에는 회개, 믿음, 교회 그 자체, 교회의 머리이신 그리스도와 연합하는 것, 그리스도의 명령에 순종하는 것, 지상에서 사는 동안 사람들에게 내려주시는 복에 참여하는 것, 악으로부터 보호되는 것, 영생을 얻는 것이 있다. 후자에 속하는 것으로는 눈이 어두워지는 것, 마음이 완악해지는 것, 불신앙적 사고를 따르는 것, 사탄의 권세에 굴복하는 것, 죄가 전가되는 것, 양심이 무뎌진 채로 세상에서 사는 것, 많은 악을 관용하는 것, 영원한 죽음 자체가 있다.

　우리는 선을 사랑하고 악을 미워하시는 하나님의 눈을 피할 수 없고, 그의 권능으로부터 벗어날 길이 없으며, 그의 엄정하심과 엄격함을 바꿀 수 없으므로 전지전능하고 변함없는 재판장이신 그리스도께서 이 모든 악을 심판하실 것이다. 하나님의 아들 예수 그리스도를 통해, 성령의 능력과 유효성에 의해 이 모든 고찰이 우리 안에서 하나님과 우리의 재판장 그리스도에 대한 충성되고 성실한 경외심을 낳게 하시기를 기원합니다. 아멘! 할렐루야!

하나님의 예정에 관하여

– 응답자: 윌리엄 바스팅위스

1) 우리가 '예정(predestination)'이라고 부르는 이 작정은 그리스어 동사 '프로리제인(προοριζειν)[55]에서 파생한 '프루리스몬(proorismon)으로서, 이것은 어떤 일을 실제로 집행하기 전에 미리 계획하거나 결정하거나 선포하는 것을 의미한다. 이 보편 개념을 따라 예정을 하나님에게 귀속할 경우 그것은 모든 것을 통치하기 위한 하나님의 선포를 가리킨다. 많은 경우 신학자들은 그것을 섭리(providence)라고 부른다(행 2:28; 17:26).

그러나 통상적으로 예정은 그보다 덜 일반적인 뜻으로 쓰이는데, 예를 들어 천사나 인간 같은 합리적 존재가 구원을 받게 되어 있거나 저주를 받게 되어 있을 경우다. 인간에 대한 예정에 관해서는 좀 더 엄격한 의미로

..

55) 프로리제인(προοριζειν). 이 동사에서 파생한 피동형 형용사 프로리조(προοριζώ, proorizo)는 '예정된'을 뜻한다.

사용되고, 그때의 용례는 대체로 두 가지다. 한편으로 그 개념은 선택된 사람과 버려지는 사람에게 모두 사용될 수 있다. 다른 한편으로 그 개념은 오직 선택된 사람에게만 적용되고, 따라서 버림받는 것은 그 개념에 반대된다. 성경에서 거의 일관되게 사용되는 후자의 용례를 따르면서(롬 8:29) 우리는 예정이라는 주제에 대해 논의할 것이다.

2) 그러므로 예정 그 자체에 대해 말하면 그것은 그리스도를 통해 하나님의 기쁘신 뜻을 따라 선포되는 것으로서, 그것에 의해 하나님은 그가 믿음을 주시기로 선포한 신자들을 그 자신의 영광스러운 은혜에 대한 찬양이 되게 하려고 의로운 자로 선언하고 자녀로 입양하시며, 그들에게 영원한 생명을 수여하기로 영원 전부터 오직 자신 안에서 결정하신 것을 가리킨다(엡 1장; 롬 9장).

3) 우리가 '작정(decree)'으로 옮긴 '예정'이 속한 속(屬, genus) 개념은 성경에서 '프로테시스(prothesis)',[56] "하나님의 계획"(롬 9:11), '불렌 토우 델마톤 데우',[57] 즉 "자기(하나님)의 원하시는 뜻"(엡 1:11)이다. 그리고 이 작정은 "율법을 행한 사람은 그것으로 살 것이다"(롬 10:5)라고 모세가 말한 율법적 개념이 아니라 복음적 개념이며, 그 용례는 다음과 같다. "아들을 보고 그를 믿는 사람은 누구든지 영생을 얻게 하시는 것이 내 아버지의 뜻이다."(요 6:40; 롬 10:9) 그러므로 여기서 말하는 작정은 최종적이며 변경할 수 없는 것으로, 우리의 구원에 관한 "하나님의 뜻"의 최종 표명이 복음 안

..

56) 프로테시스(πρόθεσιν, prothesis).
57) βούλημα τοῦ θελματον Θεοῦ. 문자적으로 하나님의 뜻을 가리킨다.

에 들어 있기 때문이다(행 20:27; 히 1:2; 2:2, 3).

4) 이 작정의 원인은 자기의 "기뻐하시는 뜻을 따라" 결정하시는 하나님, 또는 그의 "예정"에 의거한 자비로운 호의(엡 1:5)다. 하나님은 그의 피조물, 특히 죄를 지은 인간에 관해, 그리고 그가 주시는 복에 관해 그가 원하는 뜻을 따라(렘 18:6; 마 20:14, 15) 그 자신에 의해, 그리고 그 자신 안에서 운동하는 자기의 "기뻐하시는 뜻을 따라" 결정할 수 있는 권한을 갖는 일차 원인이다. 이 "기뻐하시는 뜻"은 인간으로부터 얻을 수 있거나 그에게서 얻을 수 있을 것으로 상정되는 다른 모든 원인을 배제할 뿐만 아니라, 인간이나 그에게서 얻을 수 있는 것으로 하나님께서 그 은혜로운 작정을 선포할 수 없게 하는 것은 무엇이든지 배제된다(롬 11:34, 35).

5) 이 작정의 기초에 관해 우리는 "이는 내가 사랑하는 아들"(마 3:17; 눅 3:22), "하나님께서 사람들의 죄과를 따지지 않으시고, 화해의 말씀을 우리에게 맡겨 주심으로써 세상을 자기와 화해하게 하신", "하나님께서는 죄를 모르시는 분에게 우리 대신으로 죄를 씌우셨습니다. 우리가 (그리스도 안에서) 하나님의 의가 되게 하시려는"(고후 5:19, 21), 하나님과 인간 사이의 중보자 예수 그리스도를 언급할 필요가 있다. 예수를 통해 "하나님이 영원한 의를 세우시고"(단 9:24), 우리로 하여금 자녀의 자격을 얻게 하시며, 은혜와 믿음의 영을 얻게 하시고(갈 4:5, 19, 6), 영원한 생명을 주시며(요 6:51), 온갖 풍성한 영적 복을 예비하시고, 예정하신 대로 그것을 나누어 주실 것이 선포되었다. 또한 그리스도는 하나님에 의해 거룩한 예정을 따라 그러한 복을 똑같이 향유할 것을 영접하는 모든 사람들의 머리로 세워졌다(엡 1:22; 5:23; 히 5:9).

6) 우리가 이 작정에 영원성을 귀속하는 까닭은 하나님께서 영원 전부터 행하기로 선포하지 않은 것을 시간 속에서 행하시는 일이 없기 때문이다. 왜냐하면 그는 "옛부터 이 모든 일을 알게 해 주시는 분"(행 15:18)이시고, "세상 창조 전에 그리스도 안에서 우리를 택하셨기"(엡 1:4) 때문이다. 그렇지 않을 경우 하나님은 변덕스러운 분이라는 비난을 받을 수 있다.

7) 우리는 예정의 대상 또는 주제를 두 부분으로 나눌 수 있다. 즉 신적인 일과, 그 신적인 일을 전달받을 사람들을 이 작정에 의해 예정하는 것이다. 이 신적인 일을 사도 바울은 "온갖 신령한 복"(엡 1:3)이라고 일반적 이름으로 부른다. 그 복 가운데에는 현세의 삶을 사는 동안에 의로운 자로 선언하는 것, 자녀의 자격을 주시는 것(롬 8:29, 30), 은혜와 아들의 영을 주시는 것(엡 1:5; 요 1:12; 갈 4:6, 7)이 포함된다. 끝으로 지상의 삶이 끝난 후 영원한 생명을 주신다(요 3:15, 16). 이러한 복 전체를 신학자들은 은혜와 영광의 범주 아래 모으고 분류한다.

여기서 인격(Persons)의 범위를 죄를 전제하는, "믿는 사람들(believers)"이라는 낱말의 경계 안에 한정 지어야 한다. 죄인을 제외하고, 그리고 자기가 바로 그 죄인이라고 시인하는 사람을 제외하고는 그 누구도 그리스도를 믿는 사람이 없을 것이기 때문이다(마 9:13; 11:28). 그러므로 그러한 온갖 신령한 복과, 그리스도 안에서 그것을 예비하는 일은 오직 죄인을 제외하고 누구에게도 필요하지 않다. 그러나 우리는 '믿는 사람'이라는 이름을 자기 자신의 공로나 힘에 의해 믿음을 얻을 수 있는 사람이 아니라, 그리스도 안에서 하나님의 은혜롭고 특별한 자비하심에 의해 믿게 된 사람들에게만 적용한다(롬 9:32; 갈 2:20; 마 11:25; 13:11; 요 6:44; 빌 1:29).

8) 이 작정의 형태는 그러한 복을 믿는 사람들에게 직접 선포하는 것이자, 하나님의 마음 안에서 이루어지는 것으로 믿는 사람들과 그들의 머리이신 그리스도 사이에 선행하고 미리 제정된 관계와 서임(敍任)이다. 그들은 머리이신 그리스도와 참되고 실제적인 연합을 통해 그러한 열매를 얻는다. 지상의 삶에서 이 열매는 연합의 시초부터 점점 결속이 강화되는 동안 은혜롭게 경험된다. 그리고 장차 올 세상에서 그 열매는 이 연합의 완전한 성취를 통해 영광스럽게 경험된다(딤후 1:9, 10; 요 1:16, 17; 17:11, 12, 22~24; 엡 4:13, 15).

9) 예정의 목적은 하나님의 영광스러운 은혜를 찬양하는 것이다. 하나님의 은혜 또는 그리스도 안에서의 하나님의 자비로운 사랑이 예정의 원인이므로 바로 그 은혜에 예정 행위의 영광 전체가 할당되어야 한다(엡 1:6; 롬 11:36).

10) 그러나 이 예정하는 작정은 사도 바울이 말하듯이 "택하심의 원리"를 따른다(롬 9:6, 11). 이 택하심(election)은 필연적으로 영벌(永罰)을 함축한다. 그러므로 영벌의 정죄는 예정에 반대되는 것이며, 따라서 "버리신 것"(롬 11:1), "받을 심판"(유 4절), "진노하심에 이르도록 정하여 놓으신 것"(살전 5:9)으로 부르기도 한다.

11) 반대 명제의 법칙[58]에 따라 우리는 영벌을 하나님의 진노 선포 또

---

58) Law of Contraries. 아리스토텔레스의 고전 논리학에서 두 명제들 간의 논리적 관계를 도식화한 것이다. 직접 추론의 범주에 속하는 이 도식은 반대 대당(the Square of

는 엄중한 뜻의 선언으로 정의한다. 이에 의해 하나님은 자기 자신의 잘못과 하나님의 정의로운 심판에 의해 하나님을 믿지 않기로 한 불신자들에게 그의 진노와 권능을 선포하기 위해 영원한 죽음의 저주를 내리기로 결정하신다(요 3:18; 눅 7:30; 요 12:37, 40; 살후 2:10, 11; 롬 9:22).

12) 예수 그리스도를 믿음으로써 모든 죄를 용서받을 수 있고, 믿는 사람들에게는 죄가 귀속되지 않는다(롬 4:2~11). 하지만 저주를 받을 사람들은 그들의 불신앙으로 인해(그 반대 경우라면 그들은 자신의 나머지 죄로 인한 형벌을 피할 수 있을 것이다), 그뿐만 아니라 율법을 어기며 범한 죄들로 인해 "주님 앞과 주님의 권능의 영광에서 떨어져 나가서 영원히 멸망하는 형벌을"(요 8:24; 9:41; 살전 1:9) 받을 수밖에 없다.

13) 이 작정은, 즉 예정과 유기의 작정이 선포된 후 이어서 각각 집행된다. 그 집행 행위는 각 작정 안에서 그 자체에 의해 정해진 순서에 따라 실행되며, 작정이 선포되는 대상과 집행되는 대상은 동일하고, 완벽하게 일치하며, 혹은 동일한 형식적 관계에 놓이게 된다고 말할 수 있다(시 115:3; 33:9, 11).

14) 성경이 보여 주듯이 이 예정 교의의 용도는 참으로 탁월하다. 왜냐

:

Opposition)으로 불린다. 반대 명제의 법칙이란 반대 명제들(contraries), 즉 둘 다 거짓일 수는 있지만 동시에 참일 수 없는 명제들이다. 예를 들면 보편명제(A) "Every man is honest"와 보편명제(E) "No man is honest"는 동시에 참일 수 없다. 그러나 정직하지 않은 사람이 적어도 한 명 존재할 경우, 두 명제는 모두 거짓일 수 있다. 이런 대당 관계는 존재 함축(Existential Implication)을 전제하고 있음이 지적되면서 영국 수학자 조지 불(George Boole) 이후 지대하게 수정되었다.

하면 그것은 하나님 은혜의 영광을 확고하게 하고, 상처 입은 양심을 위로해 주며, 악한 자들을 공포에 휩싸이게 하고 그들의 안전을 박탈하기 때문이다.

우선적으로 이 교의는 우리를 부르시고, 의롭다고 선언하시며, 영화롭게 하실 것에 대해 오직 하나님의 자비하심에서 비롯되었음을 인정하고 온전히 찬양하며, 우리 자신의 힘이나 노력이나 업적에 전혀 공을 돌리지 않음으로써 오직 하나님의 은혜를 높인다(롬 8:29, 30; 엡 1장).

이 교의는 시험에 맞서 고군분투하는 피곤한 양심을 위로하면서 그들에게 영원 전부터 선포되고, 시간 속에서 실현되며, 영원히 지속될, 그리스도 안에 두신 하나님의 은혜로운 선한 뜻을 확신할 수 있게 한다(사 54:8). 그것은 또한 택하심에 따르는 하나님의 목적이 사람들의 행위에 의해서가 아니라 부르신 분에 의해 견고하게 확립되는 것을 보여 준다(고전 1:9; 롬 9:11).

이 교의는 불경건한 사람들에게 참으로 가공할 만한 것이다. 불신자들에 대한 하나님의 선포가 변개될 수 없는 최종적인 것이라고(히 3:11, 17~19), 그리고 "진리를 믿지 않고 불의를 기뻐한 모든 사람들에게" 영원한 심판이 선고될 것이라고 가르치기 때문이다(살후 2:12).

15) 그러므로 이 교의는 개개인의 집과 학교뿐만 아니라 성도들의 집회와 하나님의 교회에서도 거듭해서 가르쳐야 한다. 그러나 엄격히 지켜야 할 주의 사항은 예정에 관해 성경이 말하는 것을 넘어서는 어떤 것도 가르쳐서는 안 되고, 성경이 택하는 방식대로 제시해야 하며, 성경이 그것을 전하면서 제시한 목적을 정확히 그대로 밝혀야 하는 것이다. 하나님의 은혜로운 도우심으로 바로 그 일을 우리는 지금까지 해냈다고 생각한다. "세세

토록 영원히, 그리스도 예수께서 세우신 교회를 통해 그에게 영광을 돌릴지어다. 아멘!"

"하나님의 능력은 위대하지만, 겸손한 사람에게서 영광을 얻으신다. 당신의 힘에 부치는 일들을 분별없이 찾지 말고, 당신이 감당할 수 없는 일들을 어리석게 추구하지 말아라. 오히려 하나님께서 당신에게 명령하신 것을 경외심을 갖고 묵상해 보아라. 숨겨진 일들을 당신의 눈으로 보려 하는 것은 당신이 해야 할 일이 아니기 때문이다. 당신의 담론에 유익이 되지도 않고 필요하지도 않은 문제들을 호기심을 갖고 파고들지 않도록 하라. 당신의 눈앞에 보이는 일들은 인간이 이해할 수 있는 것을 넘어서는 것이기 때문이다."(전 3:20~23 참조).

사람들을 구원으로 부르심에 관하여

– 응답자: 제임스 본테발

1) 이 표제는 세 가지 항목, 즉 부르심, 인간, 구원을 포함한다. 부르심[59] 이라는 낱말은 인간이 하나님의 부르심에 응답할 수 있게 하기 위해 필요한 어떤 것이든지, 본질적이건 핵심적이건 인간의 모든 부분을 망라하는 총체적인 전인적 행위를 지시한다(잠 1:24; 마 11:20;, 21; 23:37).

인간은 두 가지 측면에서, 즉 죄가 없는 동물적 삶의 상태에 속한 존재로서, 또는 죄를 짓는 혐오스러운 존재로서 생각될 수 있다. 여기서 우리는 바로 이 후자의 관점에서 인간을 고찰해 볼 것이다(창 2:16, 17; 마 9:13).

우리를 구원으로 부르시는 것 그 자체뿐만 아니라 제유(提喻)에 의해 구원은 하나님의 택하심을 통해 구원 또는 영생을 얻는 데 필요한 것은 무엇이든지 포괄한다(눅 19:9; 고후 6:2).

∴

59) vocation.

2) 우리는 부르심을 그리스도 안에서 하나님의 은혜로운 행위로 정의한다. 즉 그것은 그의 말씀과 영을 통해 동물적 생명의 조건과 이 세상의 오염과 부패로부터 정죄(condemnation)를 면할 수 없고 죄의 지배 아래 있는 범죄한 인간들을(딤후 1:9; 마 11:28; 벧전 2:9, 10; 갈 1:4; 벧후 2:20; 롬 10:13~15; 벧전 3:19; 창 6:3) 하나님께서 '예수 그리스도와의 교제' 안으로, 그리고 그의 나라와 그것이 수여하는 혜택 안으로 부르시는 것을 뜻한다. 인간은 자신들의 머리이신 그리스도와의 연합을 통해 그에게서 생명과 감각, 운동, 온갖 신령한 복을 얻음으로써 하나님께 영광을 돌리고 자신들의 구원을 이룰 수 있다(고전 1:9; 갈 2:20; 엡 1:3, 6; 살후 2:13, 14).

3) 이 부르심의 유효적 원인(efficient cause)은 아들 안에서 일하시는 하나님 아버지다. 아버지에 의해 중보자와 그의 교회의 임금으로 서임되신 아들 자신은 성령에 의해 친히 인간들을 부르신다. 성령은 중보자에게 허락된 아버지의 영이시며, 또한 그는 "아버지와 아들이 이제까지 일하시는" 그의 교회의 임금이며 머리 되시는 그리스도의 영이다(살전 2:12; 엡 2:17; 4:11, 12; 계 3:20; 요 5:17). 그러나 이 부르심은 영에 의해 경영되기 때문에 성령 자체가 그 유효적 원인이 된다. 그가 감독들을 임명하고, 교사를 보내고, 그들에게 은사를 내리시며, 그들을 도우시고, 말씀으로부터 권위를 획득하여 말씀을 효력 있게 만드시기 때문이다(히 3:7; 행 8:2; 20:28; 고전 12:4, 7, 9, 11; 히 2:4).

4) 부르심의 내적 운동의 원인(the Inly-moving cause)은 "우리의 구주이신 하나님께서 그 인자하심과 사랑하심을 나타내셔서"(딛 3:4, 5) 죄인의 비참함을 감해 주시고 그에게 영원한 복을 나누어 주시고자 하시는(딤후 1:9,

10) 인간을 향한 사랑이다. 그러나 분배하는 원인(disposing cause)은 하나님의 지혜와 정의다. 그것에 의해 하나님은 이 부르심이 어떻게 적절히 관리되어야 할 것인지 아시고 그것을 적법하고 적절하게 배치하신다. 그에 따라 부르심의 경영과 방법에 관한 그의 뜻이 선포된다(고전 1:17, 18).

5) 하나님의 활동에 영향을 미치는 외재적 원인(external cause)은 순종과 중보를 통해 역사하시는 예수 그리스도다(딤후 1:9). 그러나 도구적 원인은 하나님의 말씀으로서, 가르침이나 기록이라는 통상적인 방법을 통해 인간을 도구로 사용하거나(고전 12:28~30; 살후 2:14), 인간의 조력 없이 인간의 마음과 의지에 내적으로 직접 하나님께서 말씀을 제시할 수도 있는데, 이것은 특별한 경우에 한정된다. 이것은 실제로 율법의 말씀과 복음의 말씀을 모두 포괄하고, 양자는 할당된 제 몫을 담당하면서 서로에게 복속한다.

6) 부르심의 대상 또는 주체는 동물적 생명을 기본적으로 갖춘 인류다. 즉 그 대상은 하나님의 생명으로부터 소외된 세속적이고, 자연적이며, 동물적이고, 육적이며, 죄를 지었고, 죄 안에서 죽은 인간이다. 그러므로 하나님의 은혜로운 척도에 의해 가치 있는 존재로 평가되고, 그의 강력한 작업에 의해 그 부르심에 응답하기에 적합한 상태로 변화되지 않는 한 그 상태의 인간은 부르심을 받을 자격이 없을 뿐만 아니라, 그 부르심에 응답하기에 무력하다(마 9:13; 딛 2:12; 엡 2:11, 12; 4:17, 18; 5:14; 요 5:25; 6:44; 마 10:11~13; 행 16:14).

7) 부르심의 형태는 말씀과 성령의 경영에 속한다. 하나님이 보시기에, 그리고 그리스도의 자비하심에 의해 조정된 그의 정의의 관점에 비추어 적

절하고 적합한 방식으로 이 관리 체계를 설계하셨다. 그리하여 그의 지혜와 능력의 보고를 기반으로 그가 사용할 수 있는 모든 방법을 동원하여 인간의 회개를 위해 쏟아붓는 방식이 아니라, (모든 측면에서) 똑같은 사람들에게 똑같지 않은 은혜를 주시고, 똑같지 않은 사람들에게 똑같은 은혜를 내리는, 정확히 말해 더 악한 사람들에게 더 큰 은혜를 내릴 수도 있는 방식으로 놀라운 자기 절제와 자유로운 결정 능력을 하나님께서 행사하신다 (롬 9:21~26, 10:17~21; 11:25, 29~33; 겔 3:6; 마 11:21, 23).

8) 그러나 모든 부르심에는 개시점과 종지점이 있고, 그 시점에 대해 고찰할 필요가 있다. 하나님께서 인간을 부르는 개시점은 현세의 동물적 삶의 조건에 있을 때뿐만 아니라 죄를 짓고 그 죄로 인해 비참에 빠진 상태, 즉 죄책과 저주 아래 있을 때도 포괄한다(벧전 2:9; 벧후 1:4; 엡 2:1~6; 롬 6:17, 18). 종지점은 우선 세상에서 사는 동안 풍성한 은혜와 진리의 주재이신 그리스도 안에 거하는 은혜의 삶, 또는 초자연적 선과 온갖 신령한 복에 참여하는 삶, 그 이후에는 영광스러운 상태와 하나님 자신을 온전히 향유하게 되는 상태다(엡 1:3, 4; 요 1:14, 16; 롬 8:28~30).

9) 부르심의 근인적(近因的)[60] 목적은 부르심을 받은 사람들이 믿음에 의해 그 부르심의 주체이신 하나님과 그리스도에게 자발적으로 응답하는 것, 그럼으로써 새 언약의 중보자이신 그리스도를 통해 언약의 백성이 되

..

[60] 근접 원인(proximate cause)은 사실적 인과관계와 달리 어떤 사건의 직접 원인은 아니고, 다만 법적으로 일부의 책임이 귀속되는 간접 원인을 가리킨다. 예를 들어 A가 B를 피하려다 부득이 사건 C를 야기했다면 C라는 결과의 주원인은 A가 아니다. 그러나 B를 피하는 과정에서 C가 발생했으므로 A는 간접 원인이고, 흔히 법적 원인으로 다루어진다.

는 것이다. 그리하여 믿는 자와 언약에 참여하는 수혜자가 된 후 그들이 하나님과 그리스도를 사랑하고 경외하며 경배하고, 모든 일에서 "의로움과 참된 경건함으로" 하나님의 명령에 순종하는 것이다. 이것이 함의하는 것은 그들이 "부르심을 받은 것과 택하심을 받은 것을 굳게" 할 수 있다는 것이다(잠 1:24; 히 3:7; 계 3:20; 엡 2:11~16; 딛 3:8; 신 6:4, 5; 렘 32:38, 39; 눅 1:74, 75; 벧후 1:1, 10).

10) 부르심의 장기(長期) 목적은 택한 사람들의 구원과 하나님의 영광이며, 그렇게 볼 때 은혜로 부르시는 것 자체는 하나님에 의해 제정된 수단이지만, 하나님의 예정을 통해 구원을 실제로 전달하기 위해 부르심이 필수적이다(빌 1:6; 엡 1:14). 그러나 순종을 낳게 하는 응답은 바로 이 부르심에 대한 것으로, 하나님의 예정을 통해 바로 이 목적을 성취하기 위해 요청되는 필수 조건이다(잠 1:24~26; 행 8:46; 눅 7:30). 말로 다할 수 없이 지혜롭고 선하시며, 자비롭고, 정의로우시며, 큰 능력의 하나님이 받으실 만한 영광은 그의 은혜와 영광 안에서 모두 이 부르심에 의해 전달됨으로써 찬란하게 드러나므로 천사들과 사람들의 마음에 황홀한 찬탄을 불러일으키는 것이 마땅하고, 그들의 어눌한 혀로도 얼마든지 여호와를 찬양하게 만들 수 있다(계 4:8~1; 5:8~10).

11) 부르심은 부분적으로는 외재적이고, 부분적으로는 내재적이다. 외적 부르심은 율법과 복음의 말씀을 선포하는 사람들의 전도를 통해 이루어진다. 그 때문에 그 사람들은 "교회(의 지체들로 하여금) 믿음을 갖도록 하는 사람과 물 주는 사람, 건축가와 맡은 일을 하는 사람, 하나님의 동역자"라고 불린다(고전 1:5~9; 3:3~6). 내적 부르심은 전달된 것을 진지하게

주목하고 그 말씀에 대한 믿음이나 신뢰감을 가질 수 있도록 마음을 조명하고 가슴을 감동시키는 성령의 활동에 의해 이루어진다. 부르심의 효력은 내적 부르심과 외적 부르심의 협동 작용에 의존한다(행 16:14; 고후 3:3; 벧전 1:22).

12) 그러나 이 같은 구분은 유(類)를 종(種)으로 분류하는 방법이 아니라 전체를 부분들로, 또는 부르심 전체가 결론에 이르는 과정에 포함되는— 즉 부르심에 응답하는 순종 행위—부분적인 행위들로 구분하는 것이다.[61] 그러므로 부르심을 받은 사람들과 그 부르심에 응답한 사람들의 아상블라주 또는 회중은 "교회"라고 불린다(고전 3:5, 6; 롬 1:5). 교회 자체는 가시적인 것과 비가시적인 것, 즉 "입으로 고백하는" 가시적인 교회와 "마음으로 믿는"(롬 10:10) 비가시적인 교회로 구별된다. 이렇듯 인간 자체도 '외적' 인간과 '내적' 인간으로 구별된다(고후 4:16).

13) 그러나 우리가 주의해야 할 것은 신비주의자나 열심당원들처럼 사람들의 전도를 통해 전달되는 말을 단지 예비 단계로 여기고, 내적으로 사용되는 다른 완전한 언어가 있을 것이라고 생각하지 않아야 하는 것이다. 또는 (결국 같은 말이지만) 성령이 내적 행위에 의해 하나님과 그리스도에 관해 외적으로 선포된 말씀에 들어 있지 않은 다른 지식을 마음에 조명하거나, 바로 그 같은 말씀에 의해 마음을 감동시킨 것과는 다른 의미에 의해 가슴이나 정신을 환기시킬 수 있다고 생각하지 않아야 하는 것이다(벧

..
61) 아리스토텔레스가 정의한 최근류(genus)와 종(species)으로서, 전체부분론(mereology)에 속하는 주제다. 맥스웰 R. 베넷, 피터 마이클 스티븐 해커, 『신경과학의 철학』, 참조.

전 1:23, 25; 롬 10:14~17; 고후 3:3~6; 고전 15:1~4).

14) 부르심의 부수적인 효과이고, 또한 그 자체로 하나님께서 의도하신 것이 아닌 것은 은혜의 말씀을 거부하는 것, 거룩한 교훈을 멸시하는 것, 성령에 저항하는 것이다. 이런 효과를 낳는 진짜 원인은 바로 인간 마음의 적개심과 완악함이다. 그러나 이 효과는 드물지 않게 다른 후속 결과로 이어지는데, 그것은 그의 말씀과 부르심에 대한 멸시와 성령에 끼친 그의 훼방에 대해 보복하시는 하나님의 심판이다. 이 심판에 의해 마음의 어둠과 심령의 완악함이 발생하여 "불신자들의 마음을 점령하고" "그들을 사탄의 권세에 맡기는" 일이 일어난다(행 13:46; 눅 7:30; 행 7:51; 살후 3:2; 고후 4:4; 시 81:11~14; 사 63:10; 6:9, 10; 요 12:37~40).

15) 그러나 "주님은 예부터 이 모든 일을 알게 해 주시는 분"(행 15:18)이시므로, 그리고 하나님은 영원 전부터 그가 행하기로 선포하지 않은 것을 역사 안에서 결코 행하지 않으시므로 이 부르심도 마찬가지로 하나님의 영원한 작정이 선포됨에 따라 제정되고 관리된다. 그러므로 시간 속에서 어떤 사람을 부르시든지 그는 영원 전부터 부르시기로 예정되고, 하나님의 예정 안에서 특정한 조건, 시간, 장소, 방법, 합당한 유효성에 의해 부르심을 받은 것이다. 그렇지 않다면 부르심의 집행은 예정된 것과 다를 것이고, 매우 유해한 결과를 초래하지 않더라도 하나님이 변덕스럽고 예측할 수 없는 분이라는 비난을 피하기 어려울 것이다(엡 3:5, 6, 9~11; 약 1:17, 18; 딤후 1:9).

회개에 관하여

– 응답자: 헨리 닐뢰이스

이어지는 논박문에서 믿음과, 믿음을 통한 칭의 선언에 대한 논의가 있을 것이므로 이제까지 진행한 논의의 순서를 따라 이번에 다루고자 하는 주제는, 그것 없이는 우리가 그리스도와 교제할 수도 없고 그의 의로움에 참여할 수도 없게 하는 회개다.

1) 이제부터 논의하려는 주제는 보통 레지피센치아(resipiscentia), 페니텐치아(pænitentia), 콘베르지오(conversio)라는 세 개의 라틴어로 지칭되고, 각각 회개, 참회, 회심을 의미하는 낱말이다. '성찰 뒤에 오는 마음의 변화'를 뜻하는 그리스어 메타노이아(Metanoia)[62]는 이 용어들 중 첫째 것에 상

..
62) 메타노이아는 '마음의 혁신적 변화'를 뜻하는 낱말로, 특히 영적인 의미의 회심을 포함한다. 이 낱말은 'repudiation', 마음의 변화, 회개와 속죄 등으로 해석될 수 있지만, 최선의

응한다. '악행에 대한 후회'를 의미하는 메타멜레이아(Metameleia)는 둘째 것에, '돌아서다, 복귀하다'를 뜻하는 뜻하는 에위스로스(ηυισρος)[63]는 셋째 것에 상응한다. 이 주제와 관련해 히브리어로는 흔히 '돌아섬'을 지시하기 위해 테슈바를 사용하는데, 이것은 앞에 나온 용어 중 셋째 것에 상응한다. 그리고 나함 또는 슈브는 둘째 낱말과 같은 의미를 갖는다. 그러나 이 낱말들은 주제의 본질과 본성에서 서로 유의어적 관계에 있지만, 각 낱말은 특수한 형상에 속한 개념을 지시한다.

첫째 낱말인 회개(repentance)는 지성의 개념이고, 둘째 낱말인 참회(penitence)는 정서나 정념의 개념이며, 셋째 낱말인 회심(conversion)은 다른 두 개념으로부터 귀결되는 행위 개념이다. 그러므로 회개라는 일반 명사는 지성, 정서, 그리고 선행하는 그 둘의 결과로서 발생하는 최종 행위를 모두 포괄한다.

첫째는 어떤 일을 행한 후 마음을 바꾸는 것으로, 악한 일을 행한 뒤에 보다 나은 상태로 마음이 변화되는 것을 가리킨다. 둘째는 어떤 행동을 한 뒤에 느끼는 마음의 슬픔이나 비탄을 가리키며, 이것은 '세상에 속한 종류의 슬픔'이 아니라 '경건함으로부터 동기화된 슬픔'을 지시하지만 때때로 성경에서조차 여전히 세상적인 것이 언급되기도 한다. 셋째는 이전에 반감을 가졌던 어떤 것으로부터 돌아서는 것을 가리킨다. 지금 다루는 주제와 관련하여 그 돌아섬은 과거의 악으로부터 선으로, 죄와 사탄과 세상으로부터 하나님께로 돌아서는 것이다. 첫째는 악을 거부하는 것과 악에 반대되는 선을 수용하는 것을 포함한다. 둘째는 과거의 악에 대해 느끼는 슬픔

∴

근접한 함의는 '회심'과 '혁신'이다.
63) 정확하지 않음. στροφή(to turn), τροπή(a turning).

과 그에 반대되는 선을 향한 원망의 정서를 포괄한다. 셋째는 자기가 속했던 과거의 악에 대한 혐오와 이전에 소외되어 있던 선으로 방향 전환을 하는 것이다. 그러나 이 세 가지 개념들은 주제의 본성과 하나님의 명령에 따라 서로 매우 긴밀히 연결된 것이기 때문에 앞에 나오건 뒤에 나오건 상관없이 각각이 다른 둘과 연합되어 있지 않는 한 참되고 올바른 회개, 참회, 회심이 성립될 수 없다.

2) 다양한 개념 이해에 대한 구별을 토대로 단일한 동일 개념에 대해 상이한 정의가 회개의 본질로 정의되었음을 알 수 있다. 예를 들어 "회개는 경건한 슬픔에서 비롯된, 악으로부터 선으로 마음과 심정을 전환시키는 것"이다. 또한 회개는 "하나님의 뜻을 거슬러 죄를 지은 후 느끼는 슬픔이고, 그 슬픔을 통해 악으로부터 선을 향해 온 마음을 돌이키는 것"이다. 혹은 "회개란 우리의 육체와 옛사람의 정화와 영적 약동 약동을 낳는, 하나님에 대한 진실하고 진지한 경외심에서 출발하여 우리의 삶을 하나님께로 참으로 돌이키는 것"이다.

실체와 본질에서 이 정의가 서로 일관적이고, 참된 경건(의 목적)에 부합할 만큼 충분히 주제의 본성에 대해 선언하기는 하지만, 우리는 이 세 가지 정의를 모두 수용하지는 않을 것이다. 이보다 더 풍성한 정의를 찾을 수 있는데, 다음과 같다. "회개, 참회, 회심은 전인적 행위로서, 그것에 의해 주체는 보편적으로 인정되는 죄를 지성적으로 거부하고, 정서적으로 미워하며, 바로 자신이 저지른 까닭에 그 죄에 대해 슬퍼하고 평생토록 죄를 피하고자 결의하는 것이다. 또한 회개에 의해 주체는 지성적으로 의를 인정하고, 정서적으로 그것을 사랑하며, 평생토록 그것을 추구하게 된다. 따라서 그는 사탄과 세상으로부터 돌아서고 하나님께로 돌아오며, 하나님께서 그의 안에 내주하시고 그가 하나님 안에 거할 수 있도록 하나님께 복종한다."

3) 우리는 하나님이 행하시는 행위인 중생과 구별하여 회개를 '인간의 행위'라고 부른다. 양자는 몇 가지 공통점을 가지고 있으며, 어떤 점에서는 유사하기도 하다. 물론 주제의 본성상 둘은 서로 분리될 수 없지만, 그럼에도 실제로 양자가 각기 갖는 특수한 본성에 따라 서로 확연히 구별된다.

회개가 "전인적 행위"임을 우리가 덧붙인 것은 그것이 마음이나 정신, 그리고 그 능력을 온전히 드리는 행위이기 때문이다. 육신에 대해서도 마찬가지인데, 왜냐하면 육체는 정신과 결합되어 있고, 정신이 좋아하고 명령하는 것을 따르는 기관이나 도구가 곧 육체이기 때문이다(왕상 18:37; 롬 12:1, 2).

회개는 이성을 가진 존재인 인간의 삶 전체와 연관되는 행위이며, 죄로 향하든지 하나님에게로 향하든지 둘 중 어느 것으로부터 멀어질 수밖에 없는 경향성에 의해 실현된다. 회개는 지성, 정서, 감각, 행위로 이루어지고, 그 모든 것이 서로 종속적이면서도 함께 합동하여 회개, 참회, 회심(의 결실)을 낳는다. 지성은 회개의 가치에 대해 일반적인 평가를 내리고, 특수한 동의나 반대를 통해 중앙 사령부를 지휘한다. 정서나 감정은 사랑하고, 미워하고, 슬퍼하고 기뻐하는 등 정념에 휩싸이거나, 화내고, 시기하고, 분개하고, 두려움에 싸이고, 희망에 부푸는 등 순식간에 고조된다(엡 3장, 4장). 감각에는 내적인 것과 외적인 것이 있고, 적절하지 않은 대상으로부터 혐오감을 느끼며 돌아서고, 적절하고 목적에 부합하는 것을 지향하면서 제 기능을 수행한다(롬 6:13, 19). 끝으로 혀, 손, 발, 몸의 사지의 움직임은 비합법적이고 비효율적인 것을 제거하고 반대로 규칙적이고 효율적인 것을 사용함으로써 기능을 수행한다.

4) 회개의 대상은 불의 또는 죄의 악(보편적으로 죄로 간주되는 것과, 참 회자 자신이 행한 것을 모두 지시한다), 그리고 의에 속한 선이다(시 34:15; 겔 18:28). 불의의 악은 순서상 맨 처음 나오고, 의의 선은 존엄함에서 맨 처음 나온다. 전자로부터 회개가 시작되고, 후자에서 회개가 종결되고 휴지 상 태에 이른다.

회개의 대상은 다소 상이한 방식으로 고찰될 수 있다. 왜냐하면 우리 는 우리가 멀리 떠났던 하나님께로 돌아오라고 명령받았기 때문에 하나님 역시 회심과 회개의 대상에 포함되는데, 그는 죄와 악인을 미워하시고 의 로움과 의인을 사랑하시며, 회개하는 자들을 선대하시고 그들에게 최고 의 선이 되시는 반면, 죄 속에서 비틀는 사람들을 엄중하게 보복하고 확 실한 파멸로 이끄시기 때문이다(말 5:7; 슥 1:3; 신 6:5). 이 대상에 정면으 로 적대하는 또 다른 인격체인 마귀로부터 우리는 회개를 통해 떠나야 한 다(엡 4:27; 약 4:7). 마귀에게 부속된 공범자는 바로 세상이고, 마귀는 세상 "임금"(요 12:31; 14:30)이라고 불린다. 세상은 사탄이 유혹할 때 설득 논증 의 재료로 사용할 만한 것, 즉 부와 명예, 쾌락(눅 4:5, 6; 요일 2:15, 16) 같 은 것을 가지고 있고, 그것은 마귀 편에서 마치 개인 서비스 같은 것이다 (롬 6:9, 7). 그 두 가지 수단에 의해 세상은 사람들을 자기에게로 끌어당기 고, 그들이 결탁하고 나면 그 자리에 지체하게 만든다. 우리는 세상으로부 터 돌아서라는 명령을 받았다. 더 낮게는 인간 자신이 하나님을 적대하는 대상의 영역을 스스로 차지하고 있으므로 그는 자기 자신으로부터 결별함 으로써 인간의 뜻이 아니라 하나님의 뜻을 따라 살라는 명령을 받은 것이 다(엡 4:22; 골 3:9~17; 롬 6:10~23).

5) 회개의 일차적 작용 원인은 하나님과 성령을 통해 하나님과 인간 사이에서 중보하시는 그리스도다(렘 31:18; 겔 36:25, 26; 행 5:31; 17:30). 내적인 운동 원인은 자기 피조물의 구원을 바라시고 비참에 빠져 있는 피조물의 구원을 통해 그의 자비의 풍성함을 보여 주기 원하시는, 우리의 창조자이며 구원자이신 하나님의 선하심과 은혜와 인자다(롬 11:5). 외적인 운동 원인은 그리스도의 순종과 죽음과 중보 사역으로서(사 53:5; 고전 1:30, 31; 고후 5:21), 공로의 양태를 취한다. 또한 마귀가 불의의 덫에 가둔 죄인들의 불행한 상태로서, 율법의 조건과 복음에 나타나 있는 하나님의 뜻에 따라 필연적으로 회개하지 않는 한 자신들의 허물로 인해 멸망할 수밖에 없는 그 상태는 하나님의 자비를 향해 이동하는 양태를 취한다(요 3:16; 겔 16:3~63; 눅 13:3, 5; 사 31:6; 렘 3:14; 시 119:71; 예언서의 다른 본문; 롬 7:6, 7).

6) 으뜸 원인에 미치지 못하는 근접 원인은 하나님 은혜의 능력과 유효성과 그리스도의 영에 의해 회심에 이르고 스스로 회개한 인간 자신이다. 회개를 고무하는 외적 원인은 회개하지 않은 죄인들의 비참한 상태와, 회개한 사람들이 누리는 행복하고 복된 상태다. 모세의 율법과 자연법을 통해 복음이나 개인적인 경험으로부터, 또는 회개하지 않음으로써 가장 위중한 역병에 걸리거나 회개를 통해 많은 복에 참여하게 된 사람들의 모범을 통해 어떤 식으로든 그러한 상태에 대한 지식을 얻게 되는 것이다(롬 2:5; 행 2:37). 내적인 양심 차원의 운동 원인은 모욕당하신 하나님에 대한 경외심을 통해 죄를 자각하고 자기의 비참함을 깨닫는 것과, 그 상태로부터 구원받고자 하는 바람뿐만 아니라 하나님의 은혜로운 자비하심과 용서에 대한 (초보적인) 믿음과 소망이다.

7) 하나님께서 우리의 회심을 위해 통상적으로 사용하는, 우리가 설득되어 회개에 이르게 하는 도구적 원인은 율법과 복음이다. 그러나 이 문제에서 각각의 기능은 매우 다른데, 복음은 보다 탁월한 역할을 맡고 율법은 복음의 하인이나 수행원의 역할을 맡는다. 그 이유는 무엇보다도 회개 명령 자체가 복음적이고, 용서의 약속과 인간이 후속적인 회개에 이르지 않는 한 영원한 멸망에 대한 확정적인 경고는 구체적으로 복음에 속한 주제이기 때문이다(마 3:1; 막 1:4; 눅 24:47). 반면 율법은 죄에 대해, 그리고 모욕을 당하신 하나님의 진노하심에 대해 확실하게 깨닫게 함으로써 회개의 필요성을 증언한다. 그 확신은 슬픔과 심판에 대한 두려움을 불러일으키는데, 초기에는 오직 율법의 관점을 통해 예속적이거나 굴욕적인 자세가 되지만 앞으로 나아감에 따라 복음의 관점을 통해 자녀로서 갖는 경외심으로 전환한다(롬 3:13, 20; 7:7). 또한 이로부터 악한 행실을 외적으로 제거하거나 회개하게 하는 방향으로, 그리고 전혀 위선적이 아닌 의의 실천으로 나아가게 된다(마 3:8; 7:17; 약 2:14~26). 그러나 율법은 "죽음과 문자에 의한 처리" 수준을 넘지 못하므로 내적 조명과 감동, 은혜롭고 효력 있는 강건케 하심에 의해 성령을 경영하는 복음의 사역이 필요하게 되고, 그리하여 마침내 회개의 본질적이고 핵심적인 부분이 완전하게 완성된다. 죄에 대한 확신 자체가 어느 정도 복음에 속한다고 생각할 수도 있을 것인데, 왜냐하면 죄 자체가 믿음과 회개에 관한 명령을 어기고 저지른 것이기 때문이다(막 16:16; 요 16:8~15).

8) 그 밖에도 회개를 돕거나 부속적 위치에 있는 다른 원인들이 있는데, 그중 어떤 것은 하나님 자신에 의해 사용되고, 다른 것은 회개하는 당사자에 의해 사용된다. 하나님은 때때로 십자가와 환난을 허락하고, 그것을 자

극제로 사용하여 회개를 촉구하거나 초청하신다. 다른 경우 그와 반대로 복을 내리시고, 일정한 시간이 경과한 뒤 선하심과 관후하심을 통해 회개로 인도하실 수 있다(고전 11:32; 렘 31:18; 시 80, 85장).

회개하는 사람들 자신에 의해 사용되는 원인으로는 회개함을 얻고 실천에 옮기게 하는 데 가장 큰 효능을 발휘하는 기도뿐만 아니라, 철야, 금식, 다른 육체적 단련이다. 그 외 사람들이 사용하는 다른 원인은 그러한 기도의 열렬함을 북돋우기 위해 사용된다(시 119; 롬 2:4; 5:3, 4; 12:11, 12). 그런 부수적 원인이 도구적 원인에 종속되는 것은 이 부수적 원인과 그에 선행하는 도구적 원인 사이에 그러한 관계가 존재할 수 있기 때문인데(§ 7), 그 부속 원인은 율법과 복음에 대해 진지하고 열의 있게 묵상할 수 있게 사람들을 독려할 수 있고, 하나님의 은혜에 의해 두 가지 모두를 이해하는 수준을 향상시킬 수 있기 때문이다.

9) 회개의 형상인은 악으로부터 돌아서고 하나님과 그의 의로 복귀하는 정직함(uprightness)이다. 그것은 하나님의 명령의 기준에 부합하며, 하나님의 자비하심에 대한 확실한 믿음과 소망에 의해, 그리고 현 상태로부터 돌이키고 바른길로 들어서고자 하는 확고한 의도에 의해 실천에 옮길 수 있다. 사울왕, 아합왕, 가룟 유다의 참회는 이 정직함을 결여한 탓에 참된 회개로 인정받을 수 있는 수준에 이르지 못했다(삼상 15:24, 25; 왕상 21:27; 마 27:3). 그러나 회개하는 사람의 마음은 이 정직함이나 올곧음의 중요성을 인식하기 때문에 정의의 엄정함이 그것을 강력하고 광범위하게, 또는 가치적 차원에서 요구한다는 사실을 그가 굳이 노심초사하며 탐색하지 않아도 된다.

10) 회개의 열매는 목적과 연관될 수 있는 것으로서 다음과 같은 것이다. 하나님 편에서, 그리스도 안에서 은혜의 언약 조건에 따라, 그리고 그리스도의 순종으로 말미암아, 또한 그를 믿는 믿음을 보시고 하나님께서 죄를 용서하신다(눅 24:47; 행 5:31; 롬 3:24).

우리 편에서 그 열매들은 "선한 일을 하게 하시려고 하나님께서 그리스도 예수 안에서 만드신" 믿는 자와 회개하는 자들이 "선한 일을 하며 살아가게 하시려고" 하나님께서 미리 준비하신 "회개에 알맞은"(마 3:8; 눅 3:8) 선한 행실이다. 그 궁극적 목적은 예수 그리스도 우리 주님 안에 있는 정의롭고 자비로운 구속자 하나님의 영광이다(계 16:9). 그것은 회개할 기회를 주고 우리를 그에게로 돌이키게 하는 하나님의 은혜롭고 효력 있는 행위의 결과일 뿐만 아니라, 회개하는 사람 자신이 스스로 죄에서 돌이키고 하나님께로 돌아와 평생토록 "새로운 삶을 영위하게 되는" 결과이기도 하다.

11) 앞에 기술한 명제들에 풍부하게 나타나 있듯이 회개의 구성 요소는 두 개의 경계를 따라 나누어진다. 즉 (회개가 시작되는 지점과 나아가는 방향과 종결되는 지점 모두가 포함된다) 마귀와 죄에 대한 혐오 또는 돌아섬과, 하나님과 그의 의를 향한 회심 또는 복귀가 그것이다(시 34:14; 렘 4:1). 이 두 요소는 불가분으로 서로 연결되어 있지만, 전자는 후자의 예비 조건인 반면 후자는 전자가 완결된 것이다.

그러나 교황주의자들은 참회가 세 가지 요소로 구성된 것으로 보고 이 주제와 연관하여 회개와 회심 같은 용어를 사용하기보다 참회라는 낱말을 사용하는 것을 선호하는 것처럼 보인다. 그들이 말하는 세 가지 요소는 가슴(heart)의 통회(痛悔), 입술의 고백, 행위에 의한 만족이며, 이것에 대해 우리는 간략하게 두 가지를 언급하려 한다.

만일 이 요소가 하나님 앞에서 필요한 참회의 부분으로 받아들여질 수 있다면 아무리 강렬하거나 진정성을 기울인다고 해도 통회하는 것으로는 죄를 용서받을 수 있을 만한 공로나 능력으로 간주될 수 없다. 하나님 앞에서 하는 것으로 간주될 수 있더라도 사람에게 고백하는 것이 필요하지 않듯이 심지어 그 사람이 성직자라고 할지라도 (가슴의 고백만이 현전할 경우) 죄를 용서받기 위해 입술의 고백이 필요한 것은 아니다. 죄에 대해서나 그것에 대한 심판에 대해 둘 중 어느 것에 대해서든지 하나님의 정의를 만족시킬 수 있는 것은 우리 주 예수 그리스도의 고난을 통한 순종을 제외하고 아무것도 없다(행 4:12; 히 10:10, 14; 고전 1:30).

만일 이 요소가 참회의 부분으로 받아들여져야 한다면, 즉 교회 앞에서 누가 비방에 의해 자기의 명예를 훼손했는지, 그 손해를 보상받고 명예가 회복되기 위해 무엇이 필요한지를 말하는 것이 포함될 경우, 그 용어는(통회, 고백, 만족) 조정된 의미를 담을 수 있고, 그런 절차를 집행하는 것은 교회에도 유익이 될 수 있을 것이다.

12) 회개에 반대되는 것은 완고함(impenitence)으로서, 고집스럽게 버티는 것 자체로 죄를 짓는 것이 된다. 여기에는 두 등급이 있는데, 하나는 회개의 지체이고, 다른 하나는 죽는 순간까지 끝까지 참회하지 않는 것이다. 이 중 후자의 경우 그리스도와 복음에 계시된바, 하나님의 자비로운 뜻이 아무리 크다고 해도 영원한 멸망을 확실히 예상할 수 있다. 마귀들 자신과 불경건한 생애를 보낸 사람들도 종국에 가서는 하나님의 자비하심을 경험할 수 있을 것이라고 스스로를 설득하려는 사람이 없기를 바란다. 전자의 경우, 즉 회개를 지체하는 것은 세 가지 이유에서 매우 위험한 태도다.

첫째, 우리의 삶과 죽음을 다스리고 주장하는 주권이 하나님께 속하는 한 단 한순간이라도 지체될 때 회개함 없는 마지막 순간을 맞을 수 있는 것이 하나님의 권능과 손에 달려 있기 때문이다. 둘째, 매일같이 죄를 짓다가 그것이 습관이 되면 그 사람은 아네스테손[64] 상태, 즉 감각이 상실된, 양심에 "낙인이 찍힌"(딤전 4:2) 상태가 되기 때문이다. 셋째, 죄악이 끊임없이 계속될 때 하나님의 정의로운 심판에 의해 은혜의 문이 닫힐 것이므로 회개가 발생하기 위해 반드시 필요한 주체이신 성령이 임하실 수 없기 때문이다.

그러므로 우리는 다음의 말씀에 늘 귀를 기울여야 한다. "오늘 너희가 그의 음성을 듣거든 너희 마음을 완고하게 하지 말아라"(히 3:7, 8; 시 95:7, 8). 사도는 이렇게 권면한다. "두렵고 떨리는 마음으로 자기의 구원을 이루어 나가십시오. 하나님은 여러분 안에서 활동하셔서 여러분으로 하여금 하나님을 기쁘게 해 드릴 것을 염원하게 하시고 실천하게 하시는 분입니다."(빌 2:12, 13) 자비의 아버지이신 하나님께서, 그가 사랑하시는 아들 안에서, 두 분의 거룩한 영을 통해 이 말씀을 우리에게 이루어 주실 것을 기원합니다. 그에게 찬송과 영광을 영원히 돌립니다. 아멘.

필연적 귀결

"세례를 받은 후 다시 과거의 삶으로 돌아가는 사람들에게 참회는 난파 후에 (대피할 수 있게) 두 번째로 오는 널판자와도 같다"라고 말하는 것은 옳지 않다.

참회하는 사람을 제외하고 죄를 용서하지 않으시는 하나님의 모범에

..
64) 아네스테시아(Αναισθησία, anesthesia). 감각이 없는 상태를 가리킨다.

준거하여 형제가 입으로 잘못을 고백하고 간절히 용서를 빌지 않는 한 용서하기를 거부하는 사람들은 가혹하게 행동하는 것이다.

교회와 그 머리에 관하여

– 응답자: 헬미히우스의 아들 헤라르트

1) 교회, 즉 에클레시아(eccelsia)는 그리스어에서 기원하는 낱말로서, "집회"(신 23:2; 삿 20:2)를 뜻하는 구약성경의 히브리어 카할(qahal)을 그리스어로 옮긴 것이다. 그 낱말의 어원과 성경에서 매우 빈번히 관찰되는 용례로부터 그 집회에 속한 사람들의 수가 크든지 작든지 '부르심을 받은 사람들의 무리'를 지시한다고 말할 수 있다. 때때로 에클레시아는 부르심을 받은 모든 사람들의 보편적 집회를 가리키고(행 20:28; 엡 1:22), 어떤 때는 보기 드물게 큰 무리를(행 2:41, 47), 또 다른 때는 단지 한 가족이 모였을 뿐인 몇 사람들을(롬 16:5) 가리키기도 한다. 이 낱말의 용례가 다양한 것은 모든 경우에 공통된 한 가지 이유 때문이고, 그 이유는 소수의 몇 사람, 다수의 사람들, 신자들 전체의 집회에 대등하게 적용된다. 그러므로 그러한 다양한 아상블라주는 대등하게 '교회'라는 이름을 공유할 수 있고, 다만 수많은 지체들로 구성된 회중은 더 많은 교회가 아닌 더 큰 교회라고 불리

는 차이가 있을 뿐으로 논리학자들의 공리에 따르면 "실체는 더 많거나 더 적거나 할 수 없다."

2) 이처럼 매우 일반적인 개념에 준거하여 하나님의 교회를 정의 내리면 교회란 "자신들의 본성을 벗어나 하나님의 영광을 위해 하나님의 자녀로서 입양되는 초자연적 위엄의 차원에 들어가도록 하나님께서 부르시고 그 하나님의 부르심에 응답한 사람들로 이루어진 회중"이다. 부르심의 행위로 말하면 부르시는 하나님에게서 시작되고, 부름을 받은 사람들이 올바로 응답함으로써 주님의 교회가 완성된다. 이 정의 아래에서 성경에서 "택하심을 받은 천사"(딤전 5:21)라고 불리는 개체들이 포함되는데, 그들이 사람들과 분리되어 따로 집회를 구성하는지, 혹은 사람들과 함께 특정한 교회를 구성하는지는 분명하지 않다(시 68:17; 유 14절; 계 5:11; 히 12:22). 이 개념에 따라 전체를 포용하는 교회는 특별히 '가톨릭(Catholic, 보편)' 교회라고 불린다.

그러나 성경에서 거의 언급되지 않은 천사들의 부르심에 대한 언급을 생략하기로 하고 우리는 사람들로 구성된 교회에 대해 고찰해 볼 것이다. 여기서 우리는 인간을 두 가지 측면에서 고찰한다. 즉 하나님의 형상을 따라 지음을 받은 사람들의 원초적 상태와, 그 상태로부터 전락하여 부패와 비참의 상태로 떨어진 상태다.

3) 사람들을 원초적 상태로서 고려할 때, 그들은 자신들의 현실 상태로 살아갈 수 있을 뿐만 아니라 하나님의 형상을 본으로 삼아 지음 받은, 그 형상이 각인된 자녀로서 하늘의 아버지를 닮았으므로 더 높은 수준의 지복 상태로 고양될 수 있도록 창조되었다(창 1:27; 눅 3:38). 그러므로 그 원

초적 상태에서 인간들은 자기의 본성과 자연적 행복의 상태를 벗어나 그들에게 주어진, 그리고 생명나무의 성체를 통해 그들에게 약속된 복된 삶에 대한 약속에 의해, 또한 죽음의 경고에 의해 동시에 인준된 율법을 지킴으로써 하나님의 자녀가 되는 결실을 나누도록 부르심을 받았다(창 2:9, 10). 그 시점에서 인간은 하나님의 교회이기는 하지만 아직 그리스도의 피에 의해 구속을 받지 못한 상태였고, 성령의 사역에 의해 중생하지 못했으며, 새로이 창조되지도 않았고, 다만 하나님의 원시적 공동체로서 교회를 이루었을 뿐이며, 율법 언약에 의한 부르심에 의해 형성되었을 뿐이다.

4) 타락 이전의 교회는 사실상 우리 최초의 조상인 아담과 하와로만 구성되었다. 그러나 수용 능력에서 그 교회는 아직 그들의 허리춤에 있었던, 훗날 자연적 재생산에 의해 태어날 미래의 인류 전체를 포용할 수 있을 정도였다. 이 교회는 하나님의 한결같고 항구적인 작정에 의해 세워졌고, 부모들이 그 언약 아래 계속 머문다면 그 작정을 따라 하나님은 부모와 함께 그 후손들을 모두 그 언약에 포함시키셨다(창 17:7; 롬 5:12, 14). 이 측면에서 타락 이전의 교회는 그 자체를 '가톨릭'이라고 불러도 좋을 것이다. 그러나 이 언약은 죄의 용서에 대한 약속과 연결되어 있지 않았으므로 최초의 조상들이 순종에 대한 시험에 실패했을 때 그들은 언약으로부터 소외되어 더 이상 하나님의 교회로 존립할 수 없게 되었다(렘 11:3). 그리하여 그들은 자신들이 향유할 수 있었던 영생과 천국의 상징인 생명나무와 낙원으로부터 멀리 쫓겨나 본성상 "진노의 자녀"로 살게 되었다(창 3장).

5) 그러므로 사람들을 다시 교회로 모으려 한다면 죄와 비참에 빠진 이들을 부를 수밖에 없겠지만, 이번에는 하나님의 은혜로운 자비의 작정을

통해 세워져야 할 것이다. 따라서 하나님은 그런 상태에 적합한 방식으로 사람들을 부르시기로, 즉 복음주의 저술에서 표현하듯이 새롭고 은혜로운 언약 제도를 사용하셨다(렘 31:33; 마 26:28). 이 언약은 죄 용서의 유효성이 우리의 중보자이자 하나님의 유일하신 아들인 그리스도의 피에 의해, 그리고 그를 믿는 믿음을 통한 은혜의 성령에 의해 실현될 수 있음을 보여 준다(히 9:15; 갈 3:2, 5; 4:19).

이 언약에 참여할 수 있도록 하나님은 가장 지혜롭게 예비하신 그의 시간 경륜을 따라 '다양한 방식으로' 사람들을 부르셨다. 첫째, 아직 어린아이였던 인간을 상속자로 정하셨을 때, 하나님은 그를 복된 자손으로 선언하거나 엄숙하게 서약하셨다(창 3:15; 롬 1:2). 그러한 이유로 하나님은 율법의 예비 훈련을 효율적으로 반복하시면서 시간을 지체시키셨다. 그 후 하나님 아버지께서 예정하신 "기한이 찼을 때"(갈 4:1~4; 마 11:11~13), 즉 그 상속자가 완전한 어른으로 성장했을 때, 복음의 실체가 완전히 나타날 수 있게 하셨다(갈 4:1~4; 마 11:11~13).

6) 그러나 이 효율적인 구별과 부르시는 방법의 다양성으로 인해 교회의 복제본이 나온다거나 본질이 다른 교회가 생기는 것은 아니다. 왜냐하면 어린아이였다가 나중에 어른으로 성장한 상속자는 나이와 점차 성숙해지는 것을 제외하고 달라지는 것이 없는 똑같은 인물이기 때문이다. 그러나 그리스도 이전과 그리스도 이후에도 변함없이 교회 전체는 한 명의 상속자로 불린다(갈 4장). 또한 부름을 받은 유대인과 이방인이 함께 모인 교회는 총체적으로 "하나의 새 사람"으로 불리기도 한다. 그리스도 강림 이후에 살았던 유대인들만 부르신 것이 아니라 그가 오시기 전에 살았던 사람들도 부르셨는데, 그때 이방인들은 그리스도 없이, "약속의 언약과 무관한

외인으로서 세상에서 아무 소망이 없이, 하나님도 없이"(엡 2:12~15) 살았다. 교회는 하나의 성(城)으로 불리는 하늘의 예루살렘으로서, 신실한 아브라함과 함께 복 받은 "모든 사람들의 어머니"이며, "이삭과 같이 약속의 자녀들"(갈 4:26~28)이다. 또한 사도들뿐만 아니라—약속의 권위에 따라 자녀가 되었지만 하나님의 손에 의해 관리되는 경륜적 입법의 관점에서는 집에서 일하는 종에 불과했던 모세 자신뿐만 아니라(히 3:4) 아브라함과 이삭과 야곱을 포함하여(히 11:24~26)—선지자들의 가르침을 통해(엡 2:20~22) 교회의 가장 굳건하고 견고한 기초가 되시고 으뜸가는 모퉁잇돌이 되신 그리스도 위에 세워진 하나님의 집이다.

7) "하나의 상속자"와 "하나의 새 사람", "하나의 성"과 "하나님의 집"이라는 명칭에 의해 이미 특별히 구별된 이 집회는 가장 포괄적인 의미와 그 범위에 있어서 가장 광범위한 '보편교회'라고 부를 수 있다. 이 무리는 여자의 자손에 대한 최초의 약속이 주어진 때부터 세상이 끝날 때까지 모든 시대와 모든 세대를 통틀어 방방곡곡에서 모인 사람들로서, 하나님의 은혜에 참여하고 하나님께 영광을 돌리기 위해 부름을 받고, 또 그 거룩한 부르심에 순종한 사람들이다(히 11장; 히 12:22~24).

교회는 각각 전체와 동질적이고 유사한 두 핵심적인 구성원들의 그룹으로 구분되는데, 즉 그리스도 이전의 교회와 그리스도 이후의 교회가 그것이다(갈 4:1~4; 히 11:40). 그러나 그들의 공통점과 차이를 논의하는 것은 너무 지루한 고역이 될 것이므로 여기서는 그 주제로 들어가지 않을 것이다. 따라서 그리스도 이전의 교회에 관해 새삼스럽게 고찰하는 일은 생략하고 특별히 '그리스도인'으로 불리는 사람들의 집회에 주목할 것인데, 그 이름은 구약의 교회에 적용되지 않는 것은 아니다.

8) 그러므로 우리는 그리스도의 교회를 이렇게 정의할 수 있을 것이다. "부패한 상태로부터 하나님 자녀의 위엄에 오르도록 구원하기 위해 복음을 통해 하나님께서 부르시고, 하나님의 영광스러운 은혜를 찬양하도록 참된 믿음에 의해 머리이신 그리스도의 몸의 살아 있는 지체로서 그에게 접붙은, 믿는 사람들의 회중"이다(마 5:15, 16; 행 4:31; 벧전 2:9; 5:10; 롬 8:28~30; 6:5; 엡 3:17; 5:30). 이 일반적인 정의는 작든지 크든지 신자들의 모든 집회에 적용되고, 또한 그리스도께서 지상에 있는 그의 나라에 오셨을 때부터 모든 것이 완성되는 날까지 믿는 사람들 전체를 망라하는 보편교회에도 적용된다.

앞서 기술한 것에 덧붙일 수 있는 것은 이 보편교회는 "어떤 언어나 종족, 민족, 나라, 직업에 대해 아무 차별 없이 부름 받은 모든 믿는 자들의 집회"다. 이로부터 명백해지는 것은 그러한 '가톨릭교회' 또는 '보편교회'는 교회의 본체와 관련된 어떤 점에서도 개별 지역 교회와 전혀 다른 점이 없고, 단지 규모에서 다를 뿐이다. 이것은 교황주의자들과 우리 사이의 논쟁에서 꾸준히 관찰할 필요가 있는 쟁점이다.

9) 중생에 의해 낳은 교회를 날마다 양육함으로써 보존할 뿐만 아니라 교회로 하여금 자신과 긴밀한 연합을 이룸으로써 완전함에 이르게 하는 유효적 원인은, 지극히 사랑하는 자기의 아들 예수 그리스도 안에서 구원자이며 교회의 머리이신 그리스도의 영을 통해 역사하는 하나님 아버지다(딤후 1:9; 벧전 1:12). 우리는 복음을 '도구(instrument)', 즉 교회를 거듭나게 하는 "썩지 않을 씨"(벧전 1:23, 25)로 인식한다. 따라서 하나님께서 복음의 관리자로 임명하신 사람들은 도구적 원인이자 '조력자' 또는 "복음의 동역자"로서, 그들 중에는 기초를 닦는 일을 하는 사람도 있고, 건물을

짓는 일을 하는 사람도 있다(고전 3:5, 10; 계 15:18~21; 엡 2:20). 이 사람들은 강단 설교를 통해 많은 지역 교회들을 세우기도 하지만, 우리에게 전수된 문서를 기록함으로써 모든 교회를 총괄하는 보편교회를 세우는 일에 참여하기도 한다. 이런 관점에서 그리스도의 교회 전체는 사도들의 교회(Apostolical)라고 부를 수 있다.

10) 우리는 교회를 탄생시키고 보존하는 유효적 원인의 활동을 '불러 모음(calling forth)'이라고 부를 것이다. 이 낱말에 포함되는 것은 우선적으로 불러 모음이 시작되는 시점부터 종결되는 시점까지의 기간과, 그다음으로 사람들을 서로서로 연결해 주는 수단이다. 개시점은 죄와 비참의 상태로, 그 상태에서 법 밖에 있는 죄인은 평안을 누리고 자만심에 차 있다. 그러나 옛시대 율법의 영, 즉 예속의 영(spirit of bondage)이 시작한 부르심을 통해 율법 아래 놓이게 될 때, 죄인은 그 상태를 싫어하고 거기서 해방되기를 원한다(마 9:13; 11:28; 롬 7장). 종지점은 하나님의 자녀로 입양되는 존엄한 신분을 얻는 시점으로서, 그것은 부름을 받은 사람들이 소망하는 것에 비추어 그들의 목적이라고 부를 만하다.

사람들이 개시점에서 종지점으로 나아가기 위해 필요한 수단은 그리스도를 믿는 믿음으로서, 그것에 의해 우리는 신분에 맞는 위엄을 얻게 되고, 하나님의 예정을 통해 하나님께서는 우리를 "암흑의 권세에서 빛의 나라로", 그가 사랑하는 "아들의 나라로" 옮기신다(렘 1:12; 골 1:13; 행 16:17).

11) 그러므로 이 부르심의 정체 또는 실체는 무엇인가, 그것은 무엇에 대해 말하는가, 그것은 어떻게 작동되는가에 대해 우리가 규정한 것은 한눈에 파악될 수 있다. 죄인들은 소외된 존재이고, 따라서 그들에게 유일하

게 필요한 것은 입구를 찾는 것이다. 조금 더 가망성 있는 그룹은 자기의 죄를 인정하고 자기가 처한 상태를 슬퍼하며, 구원받기를 바라는, 율법 아래 있는 죄인들이다(갈 2:15, 16, 21; 마 9:13; 11:28; 롬 8:28~30). 예수 그리스도의 교제 안으로, 그리고 그가 자기 자녀들을 위해 자기의 피로 값 주고 사들이고 그에게 순종하는 사람들에게 주시는 유산을 나누는 공동 상속자로 부르신 사람들은 매우 전망이 밝은 근접 원인에 해당한다(히 5:9).

우리를 부르시는 분의 부르심이 행위로서 아무리 완벽하다고 해도 부르심의 목적이 요구하는 효과가 상대적일 수밖에 없는 것은 부름 받은 사람들이 교회의 이름으로 호명될 수 있어야만 하기 때문이다(행 2:41). 따라서 우리는 불신자, 배교자, 위선자, 그리스도를 머리로 받들지 않는 이단을 교회로부터 제외해야 한다(엡 1:22). 우리는 물세례의 공식 의식을 거치지 않은 사람들, 교회의 치리에 의해 출교 선고를 받은 사람들, 종파분리주의자(schismatics)를 구별한다. 그리고 개별 사례에 따라 다양한 구별을 내림으로써 우리는 그들이 교회에 속해 있는지, 아니면 속해 있지 않은지를 판정할 수 있다.

12) 교회의 형식은 친족 유사성을 내포하는 유(類) 개념[65]이다. 그러므로 우리가 교회에 친족의 필요조건을 요구하더라도 현실에서는 불일치 관계를 볼 수 있듯이 우리는 교회를 상대적인 이름으로 부를 수밖에 없다. 사실 교회는 "머리"(엡 1:22; 골 1:18), "신랑", "왕", "주인"이나 가족을 거느린 아버지 등과 관련하여 "몸"(엡 1:23), "신부"(요 3:29), "주님의 보좌"(히 1:8), "집"(딤전 3:15) 등 다양한 이름으로 불린다.

••

65) the genus of relatives, family resemblance.

그러나 상대적인 위치에 놓이는 것들 간의 관계는 세 종류의 결속 또는 등급, 즉 연합, 예정, 교제로 이루어진다. 그러므로 연합 관계의 교회 형태는 교회의 머리, 남편, 왕, 집안 또는 가족들의 주인으로 이루어지고, 그 관계는 그리스도의 영과 교회의 믿음에 의해 형성된다(갈 2:30; 롬 8:9~11). 머리, 남편, 왕에게 속한 교회는 머리의 완전함과 미덕을 따를 것이 요구되고, 교회 자신에 대해 필요하고 유익한 것이 되도록 요구된다(엡 5:23). 생명, 감각, 운동의 힘에서 교회의 영향력은 머리로부터 풍성하게 흘러나오고, 그것을 교회는 기쁨으로 향유한다.

13) 교회의 으뜸가는 목적은 은혜로운 부르심에 의해 교회를 현재의 교회로 만드신 하나님께 영광을 돌리는 것이다. 즉 교회를 창조하고, 보존하고, 성장시키고 또 완전하게 만드심으로써 교회를 위해 은혜의 과업을 성취하시는 하나님께 영광을 돌리는 것이다(엡 1:12). 그러한 영광을 교회는 마땅히 하나님께 돌리도록 명령받았고, 자기를 완전하게 만들어 가시는 그분에게 교회는 "대대로 영원무궁하도록" 영광을 돌려야 한다(롬 11:36; 벧전 2:9; 엡 3:21; 5:20). 그리고 교회의 구원은 머리와 왕이신 분이 주시는 선물이므로 교회가 믿음에 의해 그것을 목적으로 삼고 하나님 앞에서 복을 누릴 수 있게 진력한다고 해도 그것 자체가 교회의 목적이 될 수는 없다.

14) 그러나 교회 자체는 자신을 향한 하나님의 행위에 따라 그것을 전부 또는 일부를 지각할 수 있는 한 분명하게 구별된다. 창조와 보존 행위를 어렴풋이 지각할 수 있을 뿐인 교회는 아직 성장해 가는 중에 있다고 말할 수 있고, 전투 중에 있다고 볼 수도 있는데, 그것은 아직 교회가 죄, 육신, 세상과 사탄과 싸워야 하는 상태이기 때문이다(엡 6:11, 12; 히 12:1~4).

그러나 완성된 수준에 참여하는 교회는 자기의 고유한 영역을 확보한 것이고, 따라서 승리를 거두었다고 말할 수 있다. 원수들을 정복한 후 교회는 그동안의 노고에서 놓여나 쉼을 얻고 하늘에서 그리스도와 함께 통치한다(계 3:21; 14:13). 지상에서 전투 중인 교회에 대해서도 가톨릭 또는 보편교회라는 이름을 붙일 수 있고, 그 이름 아래 전투중이거나 군사로 일하는 모든 교회들이 포섭된다. 우리는 어떤 교회나 그것에 속한 어떤 것도 연옥이라는 영역에 놓을 수 없는데, 그것은 실제로 존재하지 않는 유토피아인 데다 많은 사람들 사이에서 악명을 떨치고 있기 때문이다.

15) 그러므로 교회의 부르심은 내적으로는 성령에 의해, 외적으로는 전파되는 말씀에 의해 시행되고(행 16:14), 부름 받은 사람들은 내적으로는 믿음에 의해, 외적으로는 믿음의 고백을 통해 응답해야 하므로(고후 4:16) 부름 받은 사람들과 관련하여 교회는 외적 부속물이나 부수적 요소에 따라 가시적인 교회와 비가시적인 교회로 구분된다. 비가시적인 교회는 "사람이 마음으로 믿어서 의에 이르는" 것이며, 가시적인 교회는 "입으로 고백해서 구원에 이르게" 되는 것(로10:9, 10)을 가리킨다.

이 가시성과 비가시성은 개별 지역 교회에 속하지 않는 것 못지않게 보편 교회에도 속하지 않는다. 왜냐하면 '보편적인 비가시적 교회'라고 불리는 것은 우리의 주제와 아무 연관이 없고, 그것은 어떤 한 장소에서 발생하여 눈으로 볼 수 있게 되는 것이 아니기 때문이다. 그러나 '부르심'을 받은 사람들이 '택정'되거나 선택된 사람들보다 더 많을 것이다(마 20:16). 부르심을 받은 많은 사람들이 "입으로는 하나님을 안다고 말하지만 행동으로는 부인하고 있다."(딛 1:16) 그 사람들의 마음속을 꿰뚫어볼 수 있는 유일한 재판장은 "자기에게 속한 사람을 아시는"(딤후 2:19) 하나님이시다.

그러므로 언약에 따라 그런 사람들이 가시적인 교회에 속할 것이라고 판단하는 것은 모호한 부분을 포함하는데, 왜냐하면 그들은 비가시적인 교회에는 속하지 않을 수 있고, 또한 교회의 형상, 즉 머리 되신 분과 내적으로 전혀 소통하지 못할 수 있기 때문이다.

16) 그렇다면 교회는 완전히 악에 물든 "세상에서 가려 뽑아냈으므로"(요 15:19; 마 15:9), 그리고 가르치는 직임은 실제로 하나님의 말씀에 들어 있는 것에서 벗어난 다른 교훈을 가르치는 지도자들에 의해 수행되는 일이 허다(고후 11:15; 갈 3:1~3)할 뿐만 아니라 교회에는 기만과 타락에 빠질 위험이 있는 사람들, 오히려 실제로 속아 넘어가 타락한 사람들이 많이 들어와 있으므로 반드시 교회는 참된 믿음의 교훈을 기준으로 '정통' 교회와 '이단' 교회로, 예배 형태에 준거하여 '우상숭배' 교회와 '하나님과 그리스도를 올바로 섬기는' 교회로 구분되어야 한다. 그리고 계명의 후반부 목록에 규정되어 있는 도덕적 덕목의 측면에서 '비교적 순수한 교회'와 '비교적 덜 순수한 교회'로 나뉜다.

이처럼 모든 측면을 고려할 때, 한 교회를 다른 교회보다 더 이단적이고, 우상숭배적이며, 덜 순수하다고 판단하는 것은 정도의 차이에 속하는 문제로 보아야 할 것이다. 그러나 이 같은 문제는 반드시 성경을 따라 엄격하게 판단해야 한다. 이와 관련해 '보편적'이라는 용어는 파괴적인 이단이나 우상숭배 혐의로 핍박을 받지 않는 교회들에 적용되기도 한다.

17) 그러므로 "보편교회가 오류를 범할 수 있는가?"라고 묻는 것은 혼란스럽고 이치에 맞지도 않고, 오히려 그 물음은 "오류를 범하는 집회를 교회라고 부를 수 있는가?"라고 고쳐야 한다. 왜냐하면 교회가 성립되기

전에 먼저 믿음이 세워져야 하고, 교회가 그 이름으로 불릴 수 있는 것은 바로 그 믿음 때문이므로 믿음에서 벗어나 있는 어떤 교회든지 '교회'라는 이름으로 불러서는 안 된다.

그러나 만일 이 문제를 조금 더 밀고 나가야 한다면 우리는 이렇게 묻는 것 외에 달리 말할 것이 없다. "그리스도와 하나님에 대해 올바른 믿음을 갖지 못한 사람들의 집회나 회중이 이 세상에서 단 한순간이라도 존재하지 않을 수 있는가?" 이 물음에 대해 우리는 단호하게 즉각 부정적인 대답을 내놓을 수밖에 없다. 왜냐하면 지상에 있는 교회가 단 한 번도 오류를 범하지 않을 수는 없겠지만, 언제나 똑같은 장소나 국가는 아니더라도 세상 끝나는 날까지 중단 없이 계속해서 존재할 수 있는 길이 있을 것이기 때문이다(마 28:20; 계 2:5). 그렇지 않다면 그리스도는 지상에서 나라를 소유할 수 없고, 그의 발등상이 될 때까지 그의 원수들 가운데서 통치할 수 없을 것이다(시 110:1, 2). 이제까지 우리는 교회 자체에 대해 다루었으므로 이어서 교회의 머리에 대해 간략하게 고찰하기로 하자.

18) 교회의 머리가 반드시 갖추어야 할 조건은 교회의 생명과 구원에 필요한 모든 것을 가장 완벽한 방식으로 자신 안에 소유하는 것, 몸과 합당한 비례 관계를 유지하면서 몸과 적절히 연합하고 올바른 질서를 이루는 것, 그리고 그 자신의 미덕에 의해 몸에 생명과 감각과 운동력을 공급하는 것이다. 그런데 그 조건을 충족시킬 수 있는 것은 오직 그리스도뿐이다. "하나님께서는 그분의 안에 모든 충만함을 머무르게" 하셨고(골 1:19), "우리는 모두 그의 충만함에서 선물을 받기"(요 1:16) 때문이다. 아버지는 그를 "만물 위에 교회의 머리로 삼으셨고" 교회인 그의 몸에게 구원을 베푸신다(엡 1:22; 5:25). 그의 영에 의해 교회는 생명력을 얻고, 지각하고 운동

한다(롬 8:9~12).

이 이해 방식은 내적 교류에 한정되지 않고 외적인 관리 체계에도 똑같이 적용될 수 있는데, 왜냐하면 자기의 말씀과 영을 교회에 파송하고(마 28:19; 행 2:33), 교회 안에 직분들을 제정하며, 그 사역을 담당할 감독, 사도, 복음 전도자, 목사와 교사를 임명하는 분이 바로 그리스도이시기 때문이다(엡 4:11, 12). 그러므로 그는 "목자장(牧者長)"(벧전 5:4)이라고 불리는 것인데, 그것은 그가 자기 일꾼들을 도우시고 "함께 일하시며", "여러 가지 표징이 따르게 하시고 놀라운 일들"(막 16:20; 행 4:30)을 나타내시고, 성령의 은사들을 내려보내시며, 그의 원수들로부터 교회를 보호해 주시고, 교회가 내적이고 영원한 혜택을 얻는 데 필요한 것이라고 생각되는 한 일시적인 좋은 것들도 공급하시기 때문이다.

19) 그러므로 '교회의 머리'라는 이 이름은 어떤 방식으로 고찰할 수 있든지 결코 사도 베드로나 로마교황에게 붙일 수 없다. 교황주의자들 자신은 그 이름이 내적 교류를 따른 것일 수 없다는 것을 시인하지만, 우리는 그것이 외적 관리 체계를 따라 적용될 수도 없다는 것을 다음과 같이 증명한다.

사도들이 속해야 할 제도로서, 그리스도께서 교회를 세우신 후 베드로는 사도로 임명되었다(엡 4:7, 11; 벧전 1:1). 그러므로 나머지 사도들은 사도 베드로에 의해 세워진 것이 아니다. 베드로가 바울을 사도로 임명했을 때 그는 사도직에 관해 그것이 "사람들이 시켜서 사도가 된 것도 아니요, 사람이 맡겨서 사도가 된 것도 아니요"(갈 1:1)라고 자기의 임명권을 부인했다.

사도 베드로는 협동 장로(fellow-elder)였다. 따라서 그는 장로들의 대표가 아니었다(벤전 5:1).

"할례를 받은 사람에게 복음을 전하는 일을 맡은" 사도 베드로는 할례를 받지 않은 이방인에게 복음을 전하는 일을 맡은 사도 바울과 똑같은 권한과 권위를 누렸다(갈 2:7~9).

사도 베드로가 사도 바울에게 책망을 들었던 것은 그가 "복음의 진리를 따라 똑바로 걷지 않기" 때문이었다. 그러므로 베드로는 교회 전체를 관리하는 책임을 맡을 만한 적임자가 아니라고 판단되었다.

사도 야고보와 게바(베드로)와 요한은 사도 바울에 의해 모두 동등한 위치에 서 있는 것으로 인정되었는데, 오히려 그들 사이에 아무 차이가 없는 교회의 기둥으로 여겼다고 말해야 할 것이다.

새 예루살렘의 열두 개의 기초석 위에는 "어린양의 열두 사도들의 이름"이 새겨져 있는데, 각 기초석마다 그들의 이름이 새겨진 것은 누구도 다른 사도들보다 우월하지 않기 때문이다.

"내가 비록 보잘것없는 사람일지라도 저 우두머리 사도들보다 부족한 것이 하나도 없습니다"(고전 15:10)라고 사도 바울은 말한다. 그러나 만일 교회 전체를 관리하는 책임이 사도 베드로에게 부여되었다면, 그리고 그가 그 과업을 사도 바울과 다른 사도들을 통해 수행했던 것이라면 사도 바울은 당당하게 그렇게 말할 수 없었을 것이다. 교황주의자들이 사도 베드로의 우선순위나 탁월성을 옹호하면서 제기하는 반론은 그 자체로 논의 주제로 검토되어야 할 것이다.

20) 그러므로 "교회의 머리"라는 이름은 결코 로마교황에게 붙일 수 없다는 결론이 필연적으로 함축된다. 그가 가진 권한과 존엄의 분량이 얼마나 크든지 교황주의자들은 교황이 사도 베드로의 좌장 지위와 직임을 승

계받게 된 것은 그 지위가 바로 그 사도에게 기원을 두기 때문이라고 말한다. 그러나 그 주장의 어떤 부분에도 동의할 수 없지만, 논증 자체를 위해 교회 전체를 경영하는 수장권이 베드로에게 부여되었다고 가정해 보자. 그렇게 가정할 경우에도 그와 동등한 권한이 로마교황에게 위임되었다는 것이 함축되지는 않는다. 왜냐하면 주어진 가정으로부터 그 결론을 추론할 수 있으려면 먼저 다음의 명제들이 입증되어야 하기 때문이다.

① 이 권한은 개인적인 것이 아니라 승계법을 따른 것이다. ② 승계법은 특정 지위와 불가분으로 연결되어 있고, 그것을 승계받은 사람은 그 권한을 누릴 수 있었고, 실제로 그 사람은 이런저런 수단에 의해 이 지위를 확고부동하게 소유했다. ③ 사도 베드로는 로마의 주교였고, 그는 주교로서의 직무를 수행하는 중에 로마에서 죽었다. ④ 베드로가 로마에서 감독 직무를 수행하다가 죽은 것으로 알려진 시기에 이미 교회의 수장권이 교황 직위와 불가분으로 연결되어 있었다. 따라서 교황주의자들은 이 모든 것을 의심할 수 없는 논증에 의해 증명해야 할 것인데, 왜냐하면 그들은 모든 신자들이 로마교황에게 복종하는 것이 구원의 필요조건이라고 가르치기 때문이다.

그리스도 안에서, 그에 의해, 그리고 그를 위해 만물들이 존속할 수 있게 보존하시는 하나님께 찬양과 영광을 영원히 세세토록 돌릴지어다!

하나님 앞에서 인간이 칭의 선언을 받는 것에 관하여

– 응답자: 알라르트 테브리스

성경에서 '칭의'가 빈번히 언급되고, 이 칭의 교리는 구원에 매우 중요하며 오늘날에도 적지 않게 논란거리가 되므로 이 주제에 대해 성경을 통해 체계적인 탐구를 전개해 나간다면 우리의 노고는 결코 헛되지 않을 것이다.

1) '의롭다고 선언하는 것(Justification, 稱義)'이라는 낱말은 정의(Justice)로부터 파생되었고, 그 의미는 바로 이 개념에서 연유한다. 그러므로 정의 또는 의는 그 근본을 고려할 때 정직(rectitude) 또는 옳은 이유에 대한 동의를 의미한다(시 11:7; 엡 6:14; 빌 1:11; 요일 3:7). 그것은 어떤 내적 특질이나 행위로, 즉 주체 안에 내재하는 특성과 작용 원인에 의해 산출된 행위로 이해된다. 칭의라는 낱말은 의(righteousness)라는 특질을 어떤 주체에게 주입하거나 그 주체를 위해 그 특질을 획득하는 것, 또는 어떤 주체를 그의 행위에 비추어 판단을 내리고 판단의 결과를 선고하는 것을 가리킨다.

2) 그러므로 이 특질에 따라 칭의가 곧 의로움의 획득이 되려면 그것은 반복된 행위를 통해 의로운 습성을 형성한 사람이 수행하는 행위, 즉 합리적 주체의 행위가 되어야 한다(엡 4:24). 만일 그것이 의로움의 주입이 되려면 그것은 의로운 습성을 합리적 주체에게 주입하는 하나님의 행위, 즉 창조자 또는 중생하게 하는 자로서 그의 행위여야 한다(사 5:23).

어떤 사람과 그의 행위에 초점을 두는 칭의는 어떤 행위와 그 행위자에 대해 재판장이 자기의 마음속에서 평가를 내리는 행위이고, 그 평가에 따라 특수한 판단을 형성되고 그 결과가 외적으로 선고되는 행위다. 즉 칭의는 하나님의 지혜와 정의를 구체적으로 실현하는 한 인간의 행위(마 11:19; 시 81편), 자기 백성의 근본 동기에 대해 판단하는 왕의 행위, 자기 자신을 의롭게 여기는 바리새인의 행위(눅 15:15), 제사장 비느하스[66]의 행동에 대해 의로운 판결을 내리시는 하나님의 행위(시 106:31), 세금을 걷는 세리의 행동을 의로운 것으로 여기신 우리 주님의 행위(눅 18:14)에서 예시되었다.

3) 개념들에 대해 이 같은 필수적인 구별을 내리는 맥락에서 벨라르미

---

66) 비느하스는 아론의 손자다. 이스라엘이 광야에서 범한 다섯 번째 대표적인 죄는 발람의 꾀로 인해 브올에서 바알을 숭배하고 모압 여자들과 음행한 사건이다(민 25장). 그런데 시인은 그것보다 '죽은 자에게 제사를 드린 음식을 먹었다'고 회상하는데, 이것은 이방인들이 풍요와 생명을 준다고 믿고 예배했지만 사실은 죽은 신들인 가나안 신들에 대한 제사에 이스라엘이 동참했음을 의미한다. 그러므로 모압 여자들과의 음행은 단순히 음행의 문제가 아니라 우상숭배와 직결되는 문제였다. 이 사건으로 인해서 2만 4000명의 이스라엘 백성들이 전염병으로 죽게 되었다(시 106:29). 하지만 아론의 손자 비느하스가 여호와를 위한 질투에서 음행하는 자들을 처벌함으로써 전염병은 그치게 되었다(시 106:30; 민 25:6~8). 하나님은 이러한 비느하스의 행동을 의롭게 여기시고 아론의 후손들이 대대로 제사장이 되도록 약속하는 "평화의 언약"을 상으로 주셨던 것이다(시 106:31)

노[67]는 애매어[68]가 내포되어 있음을 인정하고, 동시에 자기에게 반대하지 않는 허구적 논적을 스스로 만들어 내고, 이 교리에 대해 그와 우리 사이에 존재하는 논쟁 상태를 다음과 같은 말로 압축한다. "우리가 율법적으로 무죄 선언을 받게 될 때, 그 의는 내재적인 것인가 또는 귀속적인 것인가?"

애매어는 바로 여기에 있다. 즉 내적 의에 초점을 두고 '의롭다고 여김'이라는 표현을 사용할 때, 그것은 의의 주입을 의미하는 반면, 의의 귀속과 관련해서 그 표현을 사용할 경우 그것은 마음속에서 내려지는 평가, 판단, 결과의 선언을 지시한다.

벨라르미노가 가공의 논적을 만드는 것은 누구든지 내적으로 의롭고, 그러하다고 선언할 수 있게 하는 형식이 바로 의의 습성이나 내적 특질에 있다는 것을 아무도 부인하지 않기 때문이다. 그러나 우리는 '의롭다고 선언함'이라는 낱말이 이방인과 유대인(롬 2, 3, 4, 5장), 거짓 형제들(갈 2, 3, 5장)에 맞선 사도 바울의 논쟁에서도, 심지어 사도 야고보의 서신에서도 바

∴

67) 로베르투스 벨라르미노(Robertus Bellarmino, 1542~1621)는 이탈리아 중부 토스카나의 몬테풀치아노의 명문가에서 출생했다. 그는 1560년 로마에서 예수회에 입회하여 1570년 3월 25일 사제품을 받았다. 그 당시 가톨릭교회는 종교개혁자들에 대항하느라 교부학과 교회사에 관한 연구가 경시되던 상태였다. 1576년, 그는 교황 그레고리우스 13세의 부름을 받고 예수회의 로마학원에서 신학을 가르치기 시작했다. 이때 그는 자신의 강의록을 바탕으로 그의 대표 저서인 『기독교 신앙 논쟁에 대한 논박(Disputationes de controversiis christianae fidei)』(1581~1593)이라는 세 권의 저서를 출간했다. 이는 당시의 가톨릭의 신학적 입장을 변호하는 대표적인 신학 서적이 되었다. 그는 코페르니쿠스의 책을 금서 목록에 올리기도 했다.

68) 애매어의 오류는 아리스토텔레스의 삼단논증에서 지적된 비형식적 오류 중의 하나로서, 논증이 타당하기 위해 반드시 세 개의 개념만이 사용되어야 한다. 형식적으로 사용된 개념은 세 개이지만 비형식적으로, 즉 지칭된 의미사 세 개 이상일 경우 결론이 타당하게 추론되는 것처럼 보이지만 실제로 그것은 애매어로부터 추론된 것이므로 네 개의 개념이 사용된 것이다. 따라서 그럴 경우 형식적으로 타당한 것처럼 보이는 논증에 비형식적 오류가 숨어 있고, 그 결과 논증은 부당한 것이 된다.

로 그런 의미로 수용된다는 것을 부인한다. 그러므로 교황주의자들과 우리 사이의 논쟁은 의롭다는 선언이 재판장의 판단 행위로 받아들여지는 경우와 같은 칭의 선언에 관한 것이거나, 그렇지 않을 경우 우리의 논쟁은 사도 바울의 개념(약 2장)과 어떤 공통점도 없다고 주장해야 한다(약 2장).

4) 그러므로 하나님 앞에서 인간이 의롭다고 선언되는 것은 그가 하나님의 법정에 설 때, 재판장이신 하나님에 의해 무죄 선언을 받고 의의 상을 받을 자격이 있다고 판단되고, 따라서 그렇게 선고되는 것이다. 그러므로 상으로 보상받는 것 자체는 필연적인 결과의 문제다(롬 2, 3장; 눅 18:14). 그러나 지금 고찰하고 있는 것은 세 가지 항목, 즉 판결을 받아야 할 사람, 재판장이신 하나님, 판결을 내리는 근거가 되는 율법이므로 이 항목은 각각 다각도로 고찰될 수 있고, 또한 그래야만 하는데, 이 세 가지가 무죄 선언 자체에 다각적으로 영향을 미치기 때문이다.

인간은 죄를 짓지 않은 상태에서(롬 2:16), 또는 죄인으로서(롬 3:23) 의로운 행위를 행할 수 있다고 생각된다.

하나님은 엄격하고 엄정한 정의의 보좌에 앉아 계신 것처럼 그려질 수도 있고(시 143:2), 은혜와 자비의 보좌 위에 계신 것으로 그려질 수 있다(히 4:16).

율법은 행위에 관한 것이거나 믿음에 관해 규정한다(롬 3:27). 그 율법은 각기 서로 자연적으로 상응하고 상호 일치를 이루므로 칭의 선언은 서로 상반되는 두 가지 범주나 형식으로 환원될 수 있다. 그중의 한 형식에 따르면 "율법에 대하여, 율법 안에서, 또는 율법을 통해, 율법의 행위로, 율법을 지키고 준행한 사람에 관해, 은혜가 아닌 보수로서" 칭의 선언이 내려진다(롬 2, 3, 4, 9, 11장). 그러나 다른 형식에 따르면 "믿음에 대해, 믿음으로부터, 믿음을 통해, 믿음을 가진 죄인에 대해, 보수에 의해서가 아니라, 율법의 행위에 의존하지 않고, 거저 받는 은혜에 의해"(갈 2, 3, 5장) 의로운 자로 선언된다.

5) 그러나 칭의의 문제를 다룰 때 언급되었듯이 율법에는 두 종류, 즉 도덕법과 제의법(祭儀法)이 있다. 그러므로 (율법의 판결이 선고되는 부분은 여기서 포함되지 않는다) 우리는 어떻게, 어떤 의미에서 칭의가 율법의 두 가지 유형에 각각 귀속될 수 있는지, 또는 제거될 수 있는 것인지 고찰할 필요가 있다.

도덕법에 규정된 행위는 본성적으로 그리고 그 자체로 하나님을 기쁘게 하고, 엄밀히 말해 문자 그대로 의로움 자체이므로 이때의 칭의 선언은 도덕법에 귀속된다. 따라서 그러한 행위를 실행하는 사람은 바로 그 사실에 의해 용서받거나 은혜로운 귀속 절차를 거치지 않고도 그 자체로 의로운 사람이다. 이러한 이유로 사문화되는 일이 없는 한 칭의는 도덕법에서 제거될 수 없다(삼상 15:21, 22; 암 5:21~23; 롬 10:5). 따라서 도덕법에 의한 칭의 선언은 다음과 같이 정의할 수 있다.

"칭의 선언이란 율법을 위반하지 않고 도덕법의 의무를 수행한 사람이 하나님의 엄격한 정의의 법정에 서게 될 때, 하나님에 의해 의로운 자로, 그리고 영생의 상을 받을 만한 자로 여겨지고 그렇게 선언되는 것이다. 그것은 율법에 따라 은혜가 아닌 그 사람 자신에게 수여되는 보수이며, 그 목적은 그 사람을 구원하고 하나님과 사람의 의에 영광을 돌리려는 데에 있다."(롬 4:4; 3:27; 엡 2:8, 9 참조)

6) 그러나 제의법의 기준은 매우 다르다. 제의법에 따라 행하는 행위는

그 자체로 하나님을 기쁘게 하는 것이 아니며, 그 행위를 통해 의의 차원에 속하게 되는 것도 아니다. 그 실천을 통해 도덕법을 어긴 죄로부터 용서받을 수 있다거나, 은혜를 통해 의로움이 전가될 수 있는 여지도 전혀 없기 때문이다(미 6:6~8; 골 2:16, 20, 21). 따라서 성경에서 칭의 선언이 제의법에서 제거된 것을 볼 수 있는데, 그것은 그 법이 사문화되었기 때문이 아니라 다만 그 법 자체의 불완전성 때문이며, 죄를 짓는 육체적 주체에게 문제가 있기 때문이 아니다(행 13:39; 히 9:10). 그러나 칭의 선언에서 제의법의 용도는 도덕법과 그것을 위반하는 범죄 행위뿐만 아니라 그리스도와 그를 믿는 믿음에도 적용되는 이중적 준거에 의해 두 가지 측면을 갖는 데 있다. 첫째 준거에 따르면 제의법은 채무와 죄책을 직접 손으로 쓴 문서와 유사하다(골 2:14~17). 둘째 준거에 따르면 제의법은 그리스도와 "장차 올 좋은 것", 즉 의와 생명의 그림자와 모형이다(히 10:1). 후자는 그리스도의 모형을 보여 주고(갈 2:16), 전자는 사람들로 하여금 그리스도를 믿음으로써 그에게로 도피하지 않을 수 없게 만든다(갈 3:21~24).

7) 그리고 굳이 열거할 필요가 없는 다른 원인들이 있기는 하지만 사도 바울이 칭의 선언을 모든 율법으로부터 완전히 한꺼번에 제거한 것은 방금 설명한 이유들 때문이다(롬 3:20, 28; 갈 2:16; 요 5:24; 시 143:2; 롬 3:4). 그러나 칭의 선언이 믿음에 전가될 수 있는 것은 비록 믿음이 하나님을 기쁘게 할 수 있지만 그것이 하나님의 엄격하고 통렬한 심판에 반대되는 의 자체이기 때문이 아니라, 정의를 크게 능가하는 자비로운 판정을 통해 믿음으로 말미암아 의롭다고 선언받을 수 있고, 그리하여 은혜롭게도 의 자체가 귀속될 수 있기 때문이다(행 13:39). 이러한 결말을 가능하게 하는 일차 원인은 정의롭고 자비로우신 하나님과, 하나님의 기쁨과 친히 내리시

는 명령을 따라 스스로 순종하여 봉헌물이 되고 그렇게 중보자의 역할을 담당하신 그리스도다.

그러므로 믿음을 준거로 삼는 칭의 선언은 다음과 같이 정의 내려질 수 있다. "그것은 죄를 지었으나 믿음을 가진 사람이 속죄양이신 그리스도 예수 안에 세워진 은혜의 보좌 앞에 설 때, 정의롭고 자비하신 재판장이신 하나님에 의해 의로운 존재로, 그리고 의의 상을 받을 만한 존재로 간주되고 그렇게 선언되는 것으로, 그것은 그 사람으로 인해 성립된 것이 아니라 복음을 따라서 하나님의 의와 은혜의 찬양을 위해, 칭의 선언을 받은 사람 자신의 구원을 위해 은혜의 그리스도로 인해 이루어진 것이다"(롬 3:24~26; 3, 4, 5, 10, 11장).

8) 믿음에 준거한 무죄 선언은 두 가지 형태가 있고, 그 둘을 연합 관계에 놓거나 대립 관계에 놓고 고찰할 수 있다. 첫째, 한 주체에게서 그 두 형태를 동시에 충족시키려 하는 것은 과도한 부작용을 야기할 수밖에 없는 불가능한 시도다. 왜냐하면 율법에 의해 무죄 선언을 받는 사람은 믿음에 의해 무죄 선언을 받을 수 없고, 또 그럴 필요도 없기 때문이다(롬 4:14, 15). 믿음에 의해 무죄 선언을 받은 사람이 율법에 의해 무죄 선언을 받는 것이 불가능한 것은 명백하다(롬 11:6). 따라서 율법은 믿음을 인과적으로 배제하고, 믿음은 율법을 귀결되는 결과에 의해 배제한다.

둘째, 양자는 비모순적 연합에 의해서도, 단순 결합에 의해서도 결코 서로 화합될 수 없다. 그 두 형태는 각각 완전한 정언적 형식이고 개체성의 원리에 의해 분리되어 있기 때문에 어떤 단일한 원소를 첨가하기만 해도 한 형식이 다른 형식으로 전환된다(롬 4:4, 5: 9:30~32).

셋째, 인간은 한 주체로서 둘 중 어느 한 형식에 의해 의롭다는 선언을 받아야 하는데, 그렇지 않을 경우 그는 의에서 탈락하고, 결과적으로 생명에서도 탈락할 것이기 때문이다(롬 10:3~6; 갈 3:10; 약 2:10). 복음은 최종 계시이므로—"하나님께서 옛날에는 예언자들을 통하여 여러 번에 걸쳐 여러 가지 방법으로 우리 조상들에게 말씀하셨으나 이 마지막 날에는 아들을 통하여 우리에게 말씀하셨습니다."(히 1:1~2)—이후로는 다른 어떤 계시도 없을 것이다.

9) 성경을 따라 규정된 전제로부터 우리가 내릴 수 있는 결론은 칭의 선언이 재판장의 행위로서 수행될 때, 속죄양 그리스도 안에 있는 은혜의 보좌로부터 자비의 판결에 의해 죄인에게 수여되는 순전한 의의 귀속이거나(롬 1:16, 17; 갈 3:6, 7), 용서와 무관한 정의의 엄격성에 따라 하나님 앞에서 사람이 얻는 보수로서 받는 것이다(롬 3:4). 교황주의자는 후자를 부인하므로 그들은 전자에 동의할 수밖에 없다. 문제는 믿음의 성도들 중 그 누구라도 믿음, 소망, 사랑의 수준이 아무리 높다 해도, 또 그가 행한 믿음, 소망, 사랑의 행위가 아무리 많고 탁월하다 해도 재판장이신 하나님께서 엄격한 정의의 법정을 떠나 은혜의 보좌로 올라가셔서 그 성도에게 칭의 선언을 내리기로 하지 않는 한, 그리고 자비와 인애의 주님께서 그의 앞에 선 성도의 모든 선한 행위를 은혜롭게도 의로 여기지 않는 한 그 성도는 재판장 하나님에게서 결코 칭의 선언을 얻을 수 없다는 데 있다. 자비를 얻지 못한 채 재판을 받아야 한다면 가장 순결한 사람의 삶이라도 저주를 피할 수 없다(시 32:1, 2, 5, 6; 143:2; 요일 1:7~10; 고전 4:4). 그리스도에 의해 피 뿌림을 받지 않는 한 성도들의 행위가 하나님의 심판대 앞에 나설 수 없다는 것은 심지어 교황주의자들조차 시인하며 고백하는 것으로 보인다.

10) 그러므로 우리가 추론하여 이끌어 낸 것은 이것이다. "만일 우리가 재판장이신 하나님 앞에서 의롭다고 선언받을 수 있게 하는 의가 율법적인 것으로 불릴 수 있거나, 그것에 의해 우리가 율법적으로 무죄 선언을 받는 것이라면(후자는 벨라르미노의 표현을 따른 것이다[69]) 율법적 의, 즉 우리를 율법적으로 의로운 자로 선언하게 하는 원인은 결코 '내적인' 것일 수 없다. 하지만 사도 바울이 말한 것에 따르면 율법적 의는 조정된 의미에서 '귀속적인' 것으로 불릴 수도 있는데, 정의나 율법의 엄격함에 따라서는 그렇게 분류될 수 없지만 하나님의 은혜로운 처분에 따라 의로 간주되거나, 다른 주체의 의, 즉 그리스도의 의가 하나님의 은혜로운 귀속에 의해 우리의 것으로 전가되었기 때문이다. 이때 '전가(轉嫁, imputed)'라는 낱말을 사용해서는 안 될 만큼 언어도단이라고 볼 이유도 없다. 왜냐하면 사도는 그 논점의 근거나 논증을 제시하는 로마서 14장에서 그 낱말을 열한 번이나 사용했고, 또한 하나님의 은혜로운 평가에 의해 구원을 완성하는 효력은 사람이 율법을 한 번도 위반하는 일 없이 완벽하게 실행했을 경우에 내려지는 하나님의 통렬하고 엄격한 평가의 결과와 똑같기 때문이다(고후 5:19, 21).

11) 그리고 벨라르미노는 '칭의 선언'에 대해 개념적 혼동을 일으켰는데, 그리하여 율법의 행위를 통해, 그리고 성령의 역사를 통해 거듭난 사람들의 행위를 각각 구별했다. 그럼으로써 은혜로 주어진 약속을 통해 이미 은

69) 토론자가 벨라르미노의 표현으로 지시하는 문장을 재구성하면 다음과 같다. "If the righteousness is that by which we are formally justified, that by which we are formally justified, can on no account be called 'inherent'." 벨라르미노가 이 명제의 전건을 가정한다고 볼 경우, 그는 무죄 선언의 '원인'을 '형식적'인 것으로, 따라서 선언되는 의로움을 형식적 의로움으로 파악하는 것이다.

혜와 자녀의 신분을 얻고, 따라서 하늘의 유업을 받을 수 있는 상속권을 가진 사람들에게 약속된 것이 아닌 한 아무리 선한 행위도 상을 전가할 수 없다고 말하면서 믿음을 율법적인 것과 비율법적인 것으로 구별한다. 그뿐만 아니라 그는 그러한 상이 그 자체로 행위의 가치를 능가하는 것을 인정하고, 판결을 받아야 할 사람의 생애 전체를 엄격하게 조사하는 것을 무효화한다. 물론 이 방법에 의해 벨라르미노가 시도하는 것은 사도 바울의 언명과 조화를 이루도록 로마가톨릭교회의 견해를 해명하는 것이다(또는 적어도 그들의 견해가 사도 바울의 언명과 명시적으로 충돌하지 않게 만들려고 한다). 그럼에도 로마교회는 성도들의 행위가 현세의 삶의 상태에 따라 하나님의 율법을 충분히 만족시킬 수 있고, 참으로 영생을 얻을 만한 것이라고 단언한다. 우리가 그와 같은 만족스러운 결과를 얻음으로써 죄의 문제를 해소하고자 할 때, 우리는 죄책의 요구를 충족시키신 그리스도 예수의 근사치에 이를 수 있고, 성도들의 행위, 예컨대 기도, 금식, 연보(捐補) 등을 통해 일시적 형벌, 실제로는 모든 형벌에 대해, 더 나아가 죄책에 대해서도 (하나님의 정의를) 충족시키고, 따라서 죄를 대속할 수 있다고 단언한다. 그리고 로마교회는 미사(Mass)의 제사가 살아 있는 자와 죽은 자 모두의 죄와 형벌을 대속한다고 주장한다. 어떤 사람들의 행위는 찬양할 만한 것으로서, 그것을 통해 다른 사람들을 구원에 이르도록 도울 수 있다고 인정할 정도로 높이 칭송한다. 로마교회의 주장이 이러하다면 우리는 그들의 교의가 사도 바울의 교의와 정면으로 반대된다고 선언하지 않을 수 없다.

그리스도인의 자유에 관하여

— 응답자: 엥헬베르트 시벨리위스

1) 일반적으로 자유란 모든 사람이 저마다 자기가 원하는 것을 할 수 있고, 다른 사람에게 구속받지 않는 상태를 뜻한다. 예속이나 노예 상태는 자유에 반대되는 것으로서, 개인이 자신의 주인이 되지 못하고 다른 사람에게 종속되어 있어서 타자가 명령하는 것에 따르고, 그가 금하는 것을 하지 않으며, 그가 가하는 고통을 참아야 하는 것을 함의한다. 그리스도인의 자유는 그것의 근원이신 그리스도의 이름으로 불리는 주체들에게서 나온 것인데, 왜냐하면 자유는 그리스도인, 즉 그리스도를 믿는 사람들에게 속하기 때문이다. 그러나 자유는 노예 상태를 전제로 하는 개념인데, "일생 동안 죽음의 공포 때문에 종노릇하는 사람들"(히 2:15)을 제외하고는 아무도 그리스도가 필요하지 않기 때문이다.

2) 그리스도인의 자유는 믿는 사람들이, 그리스도를 통해 하나님께서

인도하시고 성령에 의해 보증하신 은혜와 진리가 넘치는 상태에 있는 것을 가리킨다. 그것은 부분적으로 죄와 율법의 실재적이고 유효한 예속으로부터 벗어나는 해방, 부분적으로 하나님의 자녀로서 얻게 된 자격, 아들의 영이 신자들의 마음에 부과하는 사명으로 구성된다. 자유의 목적은 그리스도 안에서 하나님의 영광스러운 은혜를 찬양하는 것과 믿는 자들을 구원하는 데 있다.

3) 그리스도인의 자유의 작용 원인은 그것을 부여하시는 하나님 아버지와(골 1:12, 13), 중보자로서 그것을 직접 주시는 아들과(요 8:36; 갈 5:1), 그 자유를 마음속에서 내적으로 보증하는 성령이다(고후 3:17, 18). 자유의 내적 원인은 하나님의 은혜와, 그리스도 예수 안에 있는 인간을 향한 그의 사랑이다(눅 1:78). 외적 원인은 속전(贖錢) 또는 구속을 위해 치르는 대가와, 그리스도께서 지불하신 배상금이다(롬 5:6~21; 7:2, 3). 서명 날인하고 보존하는 원인은 성령으로서, 그는 믿는 자들의 마음속에서 역사하시는 성실한 일꾼이자 증인이다(롬 8:15, 16; 엡 1:13, 14).

그리스도인의 자유의 도구적 원인은 두 가지다. 첫째는 이 자유를 부여하는 하나님 편에 있고, 둘째는 그것을 수용하는 인간 편에 있다. 하나님 편에서 자유의 도구적 원인은 그리스도 안에서 주어지는 하나님의 자비에 관한 구원의 교의이고, 그 때문에 그것은 "화해의 말씀"(고후 5:19)이라고 불린다. 인간 편의 도구적 원인은 그리스도를 믿는 믿음이다(요 1:12; 롬 5:2; 갈 3:26). 이 도구가 적용되는 대상은 죄와 '죄의 기둥이 되는' 율법뿐만 아니라, 하나님의 자녀들과 그리스도의 영이 누리는 권세나 특권이다.

4) 자유의 형식은 죄와 율법의 영적 예속으로부터의 해방이다. 그것은

하나님 자녀로서의 자격이 수여될 때(골 1:13), 그리고 믿는 자들의 마음에 성령이 파송될 때 확립되는 실재적이고 유효한 것이다(갈 4:6). 자유의 주체들은 죄와 율법의 전횡에서 해방되고, 그리스도로 말미암는 양자 삼으심의 은혜를 통해(갈 3:26) 하나님의 자녀가 된 모든 신자들이다. 자유의 으뜸 목적은 하나님의 영광스러운 은혜를 찬양하는 것이고(엡 1:14), 부차적 목적은 믿는 자들의 구원이다(롬 6:22). 자유의 결과 또는 열매는 두 가지다. 첫째는 위로하는 것(히 6:18~20)이고, 둘째는 교훈을 주는 것으로, "죄에서 해방을 받아서 의의 종이 된 것"(롬 6:18~22; 벧전 2:16)을 깨닫게 하려는 것이다.

5) 그러나 이 자유는 선행하는 예속 상태에 반대되는 것이므로 우리는 먼저 그 예속에 대해 고찰하고, 그럼으로써 자유의 구조를 보다 용이하게 밝힐 수 있을 것이다. 우리가 반드시 알아야 할 것은 하나님께서 최초의 인간을 자유로운 상태로 창조하셨지만 그들은 자유를 남용함으로써 그것을 상실했고, 복종해야 할 상전, 즉 죄라는 주인의 종이 되었으며, 따라서 저주받아야 할 죄책과 그것의 지배, 그 두 측면이 진실로 진정한 예속과 극한의 비참의 원인이라는 사실이다. 이후 발생한 후속 사건은 도덕법의 반복에 의해, 그리고 제의법을 제정함으로써 하나님께서 도입하신 유효적인(또는 모세 율법의 경륜에 따른) 예속 상태다. 도덕법 아래 예속된 인간은 제 힘으로 이행할 가망성이 없는 엄격한 요구에 내몰려서 자신을 다스리고 지배하는 죄의 전횡을 인정할 수밖에 없게 된다. 제의법 아래서의 예속은 저주를 받아 마땅한 이유를 알게 하는 증거 능력이 있고, 그리하여 인간은 자기의 죄책을 인정하고, 결국 이 두 종류의 예속을 통해 그는 죄책과 죄의 지배로부터 구원할 수 있는 그리스도에게로 도피하기로 결심할 수 있다.

5부 25개 주제에 관한 공개 논박

6) 그렇다면 신자들이 그 예속 상태에서 그리스도인의 자유를 얻고 어떻게 구원을 얻는지를 살펴보기로 하자. 우리는 구약 언약에 속하는 신자들의 문제는 건너뛰고, 이 자유가 총체적으로 속해 있는 신약 교회로 논의의 범위를 제한할 것이다. 복된 후손에 대한 약속을 통해, 그리고 하나님을 믿음으로써 구약의 신자들에게도 구원의 길이 놓였지만(창 3:15; 15:6) 현실적인 굴레로부터 놓여나는 것, 하나님의 자녀로서 특권을 얻는 것, 아들의 영을 보내신 것(갈 4:1~3)은 유효적인 예속의 영과 혼재해 있다.

7) 우리는 그리스도인의 자유를 네 단계 또는 네 등급으로 구분할 것이다. 첫째 단계는 그리스도의 피에 의해 대속함을 얻는, 죄책과 정죄로부터의 자유다. 이 자유는 믿음에 의해 우리의 죄가 용서받음으로써, 그리고 모세 율법에 의해 사면될 수 없었던 죄가 무죄한 것으로 선언될 때 획득된다. 둘째 단계는 내주(內住)하는 죄의 지배와 전횡으로부터 해방되는 것이다. 우리 안에 거하는 그리스도의 영에 의해 죄의 세력이 꺾이고 약화되어 은혜 아래 있는 사람들을 더 이상 지배할 수 없기 때문이다(롬 6:14). 그러나 그리스도인의 자유의 이 두 단계는 공통된 기원을 갖는다. 즉 죄는 그리스도의 육체에 의해 저주받았으므로 그것은 우리를 정죄하거나 명령할 수 있는 힘을 상실했다(롬 8:3).

8) 그리스도인의 자유의 셋째 단계는 원초적 상태에서 도덕법을 준수할 것을 명령하셨을 때, 그리고 그 이후에도 똑같은 방식으로 인간들을 대하고자 하셨다면 동일하게 계속 적용되었을 준법성 요구의 엄격함을 하나님께서 조정하신 것이다. 실제로 하나님께서 도덕법을 요구하신 것은 여전하지만 시내산에서 그 무시무시한 율법 제정 절차를 통해 명시하신 그

판본은 구약의 백성들에게 축약된 방식으로 제시되었다(출 20:18; 갈 4:24, 25). "그러나 여러분이 나아가서 이른 곳은 시온산, 곧 살아 계신 하나님의 도성인 하늘의 예루살렘입니다. 새 언약의 중재자이신 예수와 그가 뿌리신 피 앞에 나아왔습니다." 그리고 "내 멍에는 편하고, 내 짐은 가볍다"(사 2:3; 미 4:2; 히 12:18~24; 마 11:30). 왜냐하면 그리스도께서 강제성의 멍에를 깨뜨리고, 그리하여 신약의 간명한 사면 정책에 따라 인간을 다루시는 것을 하나님께서 더 좋아하시기 때문이다.

9) 그리스도인의 자유의 넷째 단계는 옛 언약 아래에서 네 가지 측면을 지녔던 제의법의 유효적 구속으로부터 해방된 것이다.

첫째, 그 법은 저주의 보증이며, 빚을 손으로 직접 쓰거나 확인하는 문서에 해당하기 때문이다(갈 3:21; 히 10:3, 4).

둘째, 그 법은 그리스도께서 강림하실 때까지 유대인들을 다른 모든 민족들과 구별하는 상징이자 표식이었다(창 17:13, 14).

셋째, 그 법은 그리스도의 원형을 표상하는 그림자와 그가 주실 혜택의 예표이기 때문이다(히 9:9, 10: 10:1).

끝으로 갈라디아서 3장의 결론부와 4장의 서두에서 사도 바울이 가르쳐 주듯이 제의법은 유년기 수준의 교회를 온갖 세속 요소로부터 안전하게 보존하기 위해 곧 오실 것이 약속된 메시아를 고대하는 가운데 그를 믿게 하고 그에게로 이끌고자 한시적으로 파견된 파수꾼이나 경호원, 교사나 가정교사와도 같다.

10) 제의법의 첫째 측면은 정죄 판결이 무효화되어 봉인이 제거되었을 때, 그 법체계가 파기된 것이 틀림없다는 것이다. 그 반면에 우리가 제7논

제에서 제시했듯이 정죄의 법정 판결은 그리스도에 의해 이미 철폐되었다. 따라서 그것으로 제의법의 목표나 취지가 성취되었다고 말할 수 있다. 사도 바울이 골로새서 2:14에서 가르치듯이 그리스도는 "우리에게 불리한 조문들이 들어 있는 빚 문서를 지워 버리시고, 그것을 십자가에 못 박으셔서 우리 가운데서 제거해 버리셨습니다."

제의법의 둘째 측면도 더 이상 효력을 유지할 수 없게 되었는데, 왜냐하면 이방인들이 과거에는 "하나님에게서 멀리 떨어져 있었는데, 이제는 그리스도 예수 안에서 그분의 피로 하나님께 가까워졌기" 때문이다. "그리스도는 우리의 평화이십니다. 그리스도께서는 유대 사람과 이방 사람이 양쪽으로 갈라져 있는 것을 하나로 만드신 분이십니다. 그분은 유대 사람과 이방 사람 사이를 가르는 담을 자기 몸으로 허무셔서 원수 된 것을 없애시고, 여러 가지 조문으로 된 계명의 율법을 폐하셨습니다. 그분은 이 둘을 자기 안에서 하나의 새 사람으로 만들어서 평화를 이루셨습니다."(엡 2:13~15)

제의법의 셋째 측면은 많은 혜택을 내리실 그리스도를 예표하는 모형과 그림자에 관한 것이다. 이것 역시 본체 또는 실체 자체가 나타난 후에는 더 이상 지속되어야 할 필요가 없다(골 2:17).

끝으로 제의법의 넷째 측면은 그리스도께서 강림하신 이후로 쓸모없는 것이 되었다. 왜냐하면 상속자가 성장하여 어른이 될 때, 그는 더 이상 가정교사나 개인교수나 교사를 필요로 하지 않고, 자기가 직접 상속권을 관리하고, 스스로 자기의 조언자가 되며, 무엇을 소유할 것인가에 대해 스스로 판단할 수 있기 때문이다. 그러므로 교회가 유년기를 지나 그리스도 안에서 성숙기에 접어들고 나면 더 이상 모세의 율법 아래에서 "세상의 유치한 교훈 아래에서 종노릇할" 필요가 없고, 이제부터는 그리스도의 영의 인도하심을 따라야 한다(롬 8:15; 갈 4:4~7). 그러므로 전에는 이방인이었으나 그리스도를 믿게 된 사람들이 복음을 받아들일 때 제의법도 함께 지켜야 한다고 주장했던 바리새인과 에비온파[70]는 틀린 것이다.

11) 그리스도인의 자유의 넷째 측면에 우리는 신앙과 무관한 것을 자유롭게 사용하고 실천하는 자유를 덧붙이고자 한다. 그러나 이 자유는 두 가지 상위법, 즉 사랑의 법과 믿음의 법에 의해 제한되어야 하고(롬 14:5, 14, 13), 늘 하나님의 영광과 교회의 구원과 연관되는지를 살펴야 하는 것이 하나님의 뜻이다.

믿음의 법은 무관한 것들을 합법적으로 사용하는 문제에 대해 올바른 교훈과 충분한 확신을 가질 것을(또는 "각각 자기 마음에 확신을 가져야 합니다") 요구한다. 사랑의 법은 우리 이웃이 연약한 형제인지 또는 확신 있는 형제인지를 분별하고 적절히 훈도할 것을 명령한다. 해당 사례는 롬 14:1; 고전 8:9; 10:27~33; 행 16:3 등에서 찾아볼 수 있다. 과격하거나 부적절한 변혁에 의해 교회 내에 파벌을 조성하거나 많은 분쟁의 원인을 조성하지 않도록 교회에서 정한 전례를 따르는 것도 동일한 사랑의 법의 한 부분이다.

그러므로 이 자유를 억압함으로써 이웃의 성장을 돕기보다 자기의 사적 이익을 선호하는 사람은 큰 오류를 범하는 것이다.

∴

70) 히브리어로 '가난한 사람'을 뜻하는 에비온파(Ebionites; Ἐβιωναῖοι)는 초기 기독교의 분파로서, 그들은 나사렛 예수를 메시아로 인정하면서도 그의 신성과 동정녀 탄생을 거부하고, 유대인의 율법과 전통 의식을 따라야 한다고 주장했다. 그들은 히브리어로 된 마태복음서 하나만을 사용했고, 예수의 동생 야고보를 경외했으며, 사도 바울을 율법을 거역한 배교자로 여겼다.

육체의 정욕을 만족시키려 하거나(갈 5:13) 부적절한 열정으로 연약한 형제를 멸시하고 모욕하는 사람(롬 14:3, 10)은 훨씬 더 심각하게 잘못하는 것이다.

그러나 아무 관련 없는 일을 필수적인 것처럼 요구하고 지키게 하거나, 중요한 것을 전혀 무의미한 것처럼 다루는 사람은 가장 크게 잘못하는 것이다.

12) 전술한 것에 덧붙여 유익한 결과를 얻으리라는 것을 의심할 수 없는 또 다른 것을 우리는 자유의 다섯째 측면에 첨가하려 하는데, 그것은 유대교 법정의 재판법 소추를 면제하는 것이다. 이 주제에 관해 우리는 모세의 정치적인 법이 자연법의 정치적 판례법과, 유대 민족에 특별히 적용되는 특별법을 포함한다는 것을 고려해야 한다. 자연법적 판례법은 정의, 공평, 정직에 대한 보편 관념을 포괄한다. 유대 민족에게 고유하게 적용되는 특별법은 그 법으로부터 혜택을 얻게 될 것이 확정된 사람들에 따라 특수한 결정을 내림으로써 제한적인 항목과 계약 조건에 따라, 그리고 확정되는 상황에 따라 제한적으로 내려지는 결정을 따른다. 따라서 상이한 법체계의 영속성과 가변성에 관한 평가가 필요하다. 보편적인 자연법 원리와 도덕법의 공통 구조 위에서 행위 명령에 의해서나 금지 명령에 의해, 보상에 의해서나 처벌에 의해 일반적 공동선을 위해 규정되는 것은 모두 불변적이다. 그러므로 이 항목들을 침해할 정도로 그리스도인의 자유를 확대해서는 안 된다. 특별법이 적용되는 어느 영역이든지 특수한 측면을 가지므로 그것은 언제든지 변할 수 있다. 그러므로 유대 공동체의 체제를 따르는 특수한 법에 의해, 즉 특별한 개인들과 행위, 그리고 특수한 목적이나 선과 관해 적용을 받는 경우 그리스도인은 그러한 법에 전혀 구속되지 않

는다. 그러나 혼합된 유형의 법이 적용되는 부분들에 관해 우리는 도덕적으로 유의미한 것과 정치적으로 유의미한 것을 세심하게 구별해야 한다. 정치적 성격이 뚜렷한 법은 어느 경우에나 그러한 특수한 결정에 구속되지 않는다.

그러므로 그리스도인 통치자에게 정의를 실행하는 맥락에서 모세 율법의 특수한 재판법을 준수해야 한다고 주장했던 모네타리우스와 카롤라스타디우스[71]가 취한 우스꽝스러운 전철을 밟는 것을 우리는 인정할 수 없다.

13) 하나님의 자녀로서 누리는 특권이나 권리, 그리고 믿는 자들의 가슴에 자녀 삼으심의 영을 내려보내시는 일은 죄와 율법의 굴레로부터 해방될 때 일어나는 사건이고, 이로써 양심은 평안을 누린다(롬 8:15; 갈 4:5, 6). 그 권리란 하나님의 합법적 상속자, 더 나아가 그리스도와 함께 공동 상속자가 되는 것이며, 이 특권에는 믿는 자들의 영이 복된 영생을 누릴 뿐만 아니라 그들의 몸도 공허함에서 해방되어 부패의 굴레를 벗어나 하나님의 자녀로서 영광스러운 자유를 누리는 것이 포함된다. 이에 따라 우리는 비로소 '자녀'로 불리고, 이것을 "우리의 육신의 구속"이라고 부른다(롬 8:15~23). 이와 마찬가지로 "부활의 자녀"가 될 사람들도 "하나님의 자녀"로 불린다(눅 20:36). 그러나 그러한 자녀 삼으심의 영은 하나님 자녀들의 심령 안에 아들의 영(the Spirit of the Son)으로 들어오실 때, 그리스도는 이 상속을 받기로 예정된 자, 보증, 첫 열매가 되시므로(갈 4:6; 고후 1:22; 엡

∵

---

71) Monetarius와 Carolastadius. 이들은 모두 16세기 종교개혁 시기의 인물들이다. 모네타리우스는 라틴어 이름이며 독일식 이름은 토마스 뮌처(Thomas Müntzer)다. 학생들에게 책을 불태우고 직업을 가질 것을 요구했고, 결국 스트라스부르크, 스위스에서 추방되었다.

1:14) 우리는 "생명이신 그리스도께서 나타나실 때에 우리도 그분과 함께 영광에 싸여 나타날 것"(골 3:4)을 확신할 수 있다. 따라서 우리가 이 지상에 사는 동안 그리스도 예수 우리 주님에 의해, 즉 그의 피를 믿는 믿음을 통해 얻는 이 은혜의 자유를 얻으면 장차 영원히 지속될 영광의 자유가 뒤따를 것이다. 우리 주님을 영원히 찬양할지어다!

결론을 대신해 다음의 물음을 제기한다. 첫째, 죄의 굴레로부터, 그리고 실효적 예속으로부터 얻는 자유는 하나의 동일한 행위에 의해, 또는 두 가지 행위에 의해 효력 있게 되는가? 둘째, 우상에게 제물로 바친 것을 먹는 것은 적법한 일인가 아닌가? 우리는 각각의 사례를 구별하기로 한다.

로마교황과 그에 대한 주요 호칭에 관하여

– 응답자: 요한 마르티니위스

1) 지나간 여러 시대를 통틀어 로마교황에 대해 조금이라도 견식을 가진 사람이라면 그에 대해 천박하거나 중도적인 견해를 갖는 일이 없고, 오히려 그에 대해 부풀려진 관념을 수용하면서 극존칭 어법의 과장된 미사여구를 늘어놓는 경향이 있다. 그를 높이는 위엄의 숭고한 정도에 따라 그러한 태도가 요구된 것이다. 그러나 그에 관해 전해지는 말은 매우 다양하고 서로 충돌하기도 한다. 그러므로 동일한 한 사람에 관해 그토록 가지각색의 대조적인 판단과 찬양이 그리스도인들 사이에서 발견된다는 사실은 로마교회의 고백의 진위를 의심하게 만든다.

어떤 사람들은 교황을 찬양하다 못해 심지어 가장 영광스러운 호칭으로 부른다. 예를 들어 그를 가리켜 남편, 머리, 가톨릭교회의 기초, 지상에 있는 하나님과 그리스도의 대리인이라고 부른다. 그리고 사제들에게 영적인 일은 물론이고 세속적인 일도 맡기기 때문에 실질적으로 교황은 그리스도

5부 25개 주제에 관한 공개 논박

교 세계 전체를 다스리는 절대 주인이자 사제들과 감독들의 왕이다. 반면에 다른 사람들은 그를 정반대되는 이름으로 부르는데, 예를 들어 간음한 죄인, 교회의 뚜쟁이, 거짓 선지자, 교회의 파괴자와 부패의 온상, 하나님의 원수, 적그리스도, 감독의 의무를 행하지도 않고 이름값도 못하는 악하고 타락한 종 같은 것이다. 방금 인용한 호칭을 로마교황에게 붙이는 이들의 진영에 우리도 함께 연대하면서 우리는 교황이 앞에 열거된 것 같은 영광스러운 호칭을 받을 자격이 없고, 오히려 경멸을 표하는 후자의 표현이 마땅히 그에게 어울린다고 감히 단언하는 바다. 이제 몇 가지 논제를 통해 우리의 주장을 확립하고자 한다.

2) 보편 교회의 신랑이나 남편이라면 가장 특수한 단일성을 가진 유일한 개체여야 할 것이고, 그렇지 않을 경우 교회는 간부(姦夫)가 되어 버릴 것이다. 남편이 갖추어야 할 속성은 다음과 같다. 그는 신부인 교회를 사랑하고, 그녀를 위해 자기 자신을 내어 주거나 헌신하며, 목숨을 바쳐 자기의 피값으로 그녀를 사며, 중생의 영에 의해 신부를 자기의 살과 뼈가 되게 하고, 자기의 피와 영에 의해 신부를 정결하고 깨끗하게 만듦으로써 신부인 교회를 거룩하고 흠 없는 영광스러운 모습이 되게 한다(엡 5:25~27; 행 20:28). 그는 자기의 영을 담보로 하여 교회를 합법적 아내로 삼아 보증 서명하고(고후 1:21, 22; 롬 8:9, 15, 16), 결혼반지를 끼워 주며(고후 1:21, 22; 롬 8:9, 15, 16), 생명과 구원을 위해 필요충분조건이 되는 복을 교회에 나누어 준다(엡 5:23). 그와 같은 남편에게 교회는 존경심을 품으며, 모든 좋은 것을 오직 그에게만 요구하고, 바라고, 받아야 한다(행 4:12; 계 22:17). 그에게 사도들은(또한 후계자들은) 교회를 "순결한 처녀로 그리스도께 드리려고 한 분 남편 되실 그리스도와 약혼시켰다."(고후 11:2)

이러한 속성은 오직 그리스도께 속한 것이다. 그러나 로마교황은 그리스도가 아니다. 그러므로 그는 보편교회의 배우자도 아니고 남편도 아니다. 아무리 최선을 다해 교황을 우호적으로 해석한다고 해도 "신랑의 친구"나 "신랑 들러리"(요 3:29)라는 낱말이 지시하는 것을 넘어서는 어떤 유사성도 그리스도와 로마교황 사이에서 찾을 수 없다.

3) 교회의 머리는 오직 하나다. 그렇지 않을 경우 교회는 괴물처럼 될 것이다. 머리의 속성은 다음과 같다. 그는 영과 믿음의 내적 유대에 의해 교회와 연합을 이룬다(요 17:15~17; 고전 4:17, 19; 엡 3:17). 교회는 그에게 속하고 또 순종해야 한다(엡 5:24, 25). 그는 교회의 생명과 구원에 필요한 모든 것을 자기 자신 안에 완벽하게 구비하고 있다. 그는 영의 유효성에 의해 교회에 생명과 감각과 운동력을 불어넣는다(갈 2:20). 그는 교회 전체와 각 지체들을 일반적이고 특수한 방식으로 영향을 미치는 악에 의해 고통을 겪으신다(히 4:15). 그는 교회들이 당하는 핍박과 고난을 함께 겪으시고, 그것을 마치 자기가 직접 겪는 것처럼 공감하시며, 그 아픔을 경감시켜 주신다(행 9:4, 5). 그는 친히 교회를 들어 올리시고, 하늘의 아버지 앞에 나란히 앉힌다(엡 2:6). 그러므로 교회는 하늘에서 "시민권" 업무를 관리하는 자기의 '폴리튜마[72)'를 가지고 있는 것이다(빌 3:20).

이 모든 속성은 오직 그리스도에게만 부합한다. 그러나 로마교황은 그리스도가 아니다. 그러므로 그는 교회의 머리도 아니고, 그리스도와 로마

∙∙

72) 폴리튜마($\pi o\lambda i\tau\epsilon\upsilon\mu\alpha$, polivteuma)는 행정, 시설, 정치, 통치형태, 정치 형태, 시민권 업무를 관장하는 정부나 조직의 형태를 가리킨다. 참조한 본문 빌립보서 3장 20절의 논지는 "시민답게 행동하라"라는 것으로 요약될 수 있다.

교황 사이에는 몸의 특수한 지체의 이름으로 불린다거나 어떤 지체에 속한 특별한 직무를 맡은 것으로 볼 수 있는 유사성도 없다(롬 12:4~8). 머리이신 그리스도 아래 있는 로마교황은 말씀과 사도, 선지자, 복음 전도자, 교사, 목회자, 감독, (기적을 일으키는) 능력(을 행사할 수 있는 사람), 신유(神癒)나 도움, 통치의 은사 정도로 파악될 수 있는 것 외에 달리 더 큰 위엄을 귀속할 수 없다(고전 12:4, 6~31). 이상의 모든 권위는 교회의 몸이 된 각 지체들에게도 귀속된다. 그러므로 그러한 권위 중 특별히 어느 것이 교황에게 '머리'의 지위를 수여할 수 있다고 볼 수 없다.

4) 보편교회의 기초는 오직 하나다. 그것은 하나님과 그리스도의 집은 오직 하나일 뿐이기 때문이다. 보편교회의 속성은 다음과 같다. 보편교회는 자립적으로 세워졌고, 다른 어떤 외적 토대에도 의존하지 않는다(딤전 3:15). 유대인과 이방인 두 집단으로 구성된 교회 전체는 으뜸 초석 바로 그 기초 위에 세워졌고, 그 안에 내재하는 힘에 의해 견지되며, 위로부터 또는 아래로부터, 옆에서, 오른쪽이나 왼쪽으로부터, 외부에서 밀려드는 모든 공격을 막아 낸다. 이 교회는 전혀 동요하지 않고, 비틀거리지 않으며, 가라앉거나 포획되지 않고, 넘어지지도 않는다(히 3:6; 엡 2:20~22; 마 16:18). 이 기초는 그 위에 세워진 모든 살아 있는 돌들을 떠받치는 직접적인 축 또는 지주이며 견실한 지지대다. "내가 시온에 주춧돌을 놓는다. 얼마나 견고한지 시험하여 본 돌이다. 이 귀한 돌을 모퉁이에 놓아서 기초를 튼튼히 세울 것이니, 이것을 의지하는 사람은 불안하지 않을 것이다."(사 28:16; 벧전 2:4~6) 그러나 믿지 않고 불순종하는 사람들에게 그 돌은 걸려 넘어지게 하는 돌이자 바위이므로 결국 그들은 멸망할 것이다. 이 같은 모든 속성은 일반적으로 그리고 각각 오직 그리스도에게 속한다. 그러나 로

마교황은 그리스도가 아니다. 그러므로 그는 교회의 기초가 아니다.

그러나 환유에 의해 선지자와 사도들은 교회의 "주춧돌"(계 21:14)이라고 불리며, 성도들은 "사도들과 예언자들이 놓은 기초 위에 세워진 건물"(엡 2:20)이라고 불린다. 그럼에도 이 환유는 그리스도를 초석으로 닦고 그 위에 집 전체를 세우는 일에서 "하나님과 함께 일한 동역자"(고전 3:5~12)라는 것 외에 어떤 다른 속성도 덧붙이지 않는다. 그런데 사도 베드로는 그 동역자들 가운데 하나였지만 다른 사도들보다 어떤 면모에서도 특별히 탁월한 점이 없었고, 오히려 사도 바울에 비해 능력에서 열등했고, 다만 교회를 세우는 일에서는 바울보다 훨씬 "더 열심히 일한 일꾼"이었다(고전 15:10).

5) 하나님의 총대리 또는 총감독은 하늘과 땅에서 하나님의 이름으로, 그의 명령에 따라, 그의 권위에 의해 모든 일을 관리하는 직무를 맡은 사람이다. 이 직임을 맡는 사람이 필연적으로 갖추어야 하는 자질은 다음과 같다. 첫째, 섭리에 의해 그를 임명한 분보다 마땅히 열등할 수밖에 없지만, 거의 그에게 근접하고 하나님의 권능 외에 다른 어떤 것에도 의존하지 않아야 한다(요 5:22, 26, 27). 따라서 이 능력은 완전히 틀린 것이라 할 수 없지만, 가히 자기 창조적(autocratorial)이라고 부를 수 있고, 자기 자신 안에 절대 주권을 가지며, 범창조적이고, 만물을 관리할 수 있는 전능성이나 힘에 해당한다(요 17:2, 24).

둘째, 그는 모든 일을 관리하는 데 필요한 힘뿐만 아니라 지식도 갖추어야 한다. 그 지식은 하나님보다 결코 못하지 않은데, 왜냐하면 그것은 모든 것을 일반적으로 포괄해야 하고, 특수한 사물들 각각에 대해, 그리고 내적인 통치 방식을 다루는 맥락에서는 직접적으로 내적 상태를 인지할 수 있어야 하기 때문이다(고전 15:27; 계 2, 3장, 빌 3:2; 갈 2:20).

하나님의 총대리가 갖추어야 할 이러한 특성을 소유하신 유일한 분은 그리스도 한 분이다. 그러나 로마교황은 그리스도가 아니다. 그러므로 그는 하나님의 총대리도 아니고, 교회의 총대리라고도 할 수 없는데, 온 우주를 통틀어 교회에도 동일한 고려 사항이 적용되기 때문이다.

마찬가지로 그리스도의 총대리라면 그리스도를 대신해서 간구하고, 순전한 거룩한 능력과 지혜로서 모든 사물들을 그의 이름으로, 그의 권위에 의해 다스릴 수 있어야 할 것이다(요 1:6~8; 13~15). 그렇게 할 수 있는 분은 오직 그리스도의 영, 그의 대변인, 지혜와 하나님의 능력의 영으로서, 그는 그리스도의 이름으로 사도들과 선지자, 교사, 감독을 임명하시고 믿는 사람들을 인도하고 다스리는 반면, 믿지 않는 자들을 논박하고 정죄하신다(행 20:28; 18:2; 롬 8:14). 그러나 로마교황은 그 영이 아니며, 그의 행동이 가장 모범적일 때조차, 그리고 그리스도 아래서 특수한 위임권 외에 다른 어떤 권한을 행사할 때조차 그리스도의 영이라고 부를 수 없다. 왜냐하면 그는 "그리스도께서 나누어 주시는 선물의 분량을 따라서"(엡 4:7) 일하는 것일 뿐 그 영을 소유한 것이 아니기 때문이다. 그리고 이것은 그리스도께서 제사장으로서 (교황에게) 주시는 것이 아니라 (그 직위는 대리인이나 부관을 허용하지 않으므로) 왕이자 최고 선지자로서 허락하시는 것이며, 그것마저도 그리스도께서 전적으로 영으로서 다스리시는 남은 시간 동안 가르침과 통치에 의해, 즉 내적 통치에 의해 그리스도의 나라와 백성을 다스리시는 동안 외적인 관리 업무의 일부를 맡을 뿐이다(고전 3:5~23).

6) 하늘과 땅, 또는 온 교회를 다스리는 통치권은(이 둘은 서로 분리될 수 없다) 하나님의 선물에 의해 오직 다음과 같이 응답할 수 있는 분에게 속한

다. "내 아버지께서 모든 것을 내게 맡겨 주셨습니다"(마 11:27). "나는 하늘과 땅의 모든 권세를 받았다. 그러므로 너희는 가서 모든 것을 그들에게 가르쳐 지키게 하여라."(마 28:18) "아버지께서는 아들에게 모든 사람을 다스리는 권세를 주셨습니다. 그것은 아들로 하여금 아버지께서 그에게 주신 모든 사람에게 영생을 주게 하려는 것입니다."(요 17:2) "하나님께서는 이 능력을 그리스도 안에 발휘하셔서 그분을 죽은 사람들 가운데서 살리시고, 하늘에서 자기의 오른쪽에 앉히셔서 모든 정권과 권세와 능력과 주권 위에, 그리고 이 세상뿐만 아니라 오는 세상에서 일컬을 모든 이름 위에 뛰어나게 하셨습니다."(엡 1:21) "처음" 또는 "근원", "죽은 사람들 가운데서 제일 먼저 살아나신 분"으로 불리고, "만물 가운데서 으뜸이 되시기 위해"(골 1:18)라고 감히 말할 수 있는 사람이 누구인가? 누구에게서 교회가 "충만함을 받았고", 누구에 대해 "모든 통치와 권세의 머리"(골 2:10)라고 말할 수 있는가? "그의 옷과 넓적다리에는 '왕들의 왕', '군주들의 군주'라는 이름이 적혀 있었습니다."(계 19:16) 오직 그리스도에 대해 그렇게 기록되었을 뿐이다. 그러나 로마 교황은 그리스도가 아니다. 영적인 일과 일시적인 것에 관한 전권을 구분 짓는 것은 능력의 크기에서, 그리고 영적인 일과 일시적인 일에 종속된 범주에서 완전히 다르기 때문이다. 그러나 교황이 소유하지 않은 능력의 결핍을 가공(架空)함으로써 일시적인 일을 그에게 종속시켜 왔고, 심지어 영적인 일에서도 그가 권력을 행사하는 많은 국가들이 있다.

7) 감독, 사도, 선지자, 복음 전도자, 목사와 교사들의 주님은 오직 한 분이다(고전 12:4, 5 이하). 그렇지 않다면 왕정 국가와 정부에서 오직 한 사람만이 필요함에도 불구하고 교회 안에 단일 군주제나 독재 체제와 다른

정부 형태가 나타날 것인데, 그럴 경우 두 명의 공동 치안판사(Duumviri)[73] 제도가 발군의 위력을 나타낼 수도 있을 것이다. 그는 전도 사역을 제정하고, 인준하며, 각 임무를 사도와 선지자, 복음 전도자, 목사, 교사, 각 교회의 모든 감독들에게 나누어 맡긴다(엡 4:5, 6, 11~13). 그들이 무슨 말을 하고 무엇을 행해야 할 것인지를 지시한다(마 28:18~20). 그들에게 필요하고 충분한 은사를 수여한다(롬 12:3; 고후 3:5, 6). 주의 영과 은혜의 능력을 따라 그들과 함께 일하면서 그들의 직임을 수행하는 데 참여한다(마 28:20). 그들이 목회 직무를 감당할 수 있도록 능력을 심어 준다(막 15:20; 고전 3:6). 그들로 하여금 재정 상황을 보고할 것을 요구한다. 각자가 해야 할 것과 하지 말아야 할 것을 구별하고, 그들의 관리 방식의 차이에 따라 보상이나 처벌 여부를 적절히 판결한다(벧전 5:4; 마 25:19~30).

이 같은 속성은 오직 그리스도에게만 속한다. 그러나 로마교황은 그리스도가 아니다. 그러므로 그는 감독들의 주님이 될 수 없다. 그렇지만 만일 그가 자기의 직책에 어떤 이의를 제기하고 싶다면 그가 최선을 다해 성실히 이행할 경우에도 그는 감독, 목사, 교사 외에 다른 이름으로 불려서는 안 된다. 그는 다른 모든 감독들을 동료 장로로 대우해야 하고, 그 직책의 본질에 속한 권한에서 어떤 차별도 두어서는 안 된다(벧전 5:1).

8) 그러므로 로마교황은 열거한 것 같은 가장 영예로운 그리스도의 직

..

73) 두움비리(Duumviri)라는 용어가 쓰인 것은 고대 로마에서 두 명의 공동 치안 판사를 임명하는 것이 공식 관행이었기 때문이다. 두 명의 집정관 제도는 로마 자체와 식민지에서도 여러 시대에 걸쳐 지속되었다. 두움비리 유리 디쿤도(Duumviri iuri dicundo)는 이탈리아의 지역 도시들에서 가장 높은 사법행정관이었다. 그들의 주요 직무는 정의의 행정에 관한 것이다. 정기적으로 시행된 선거에 의해 선출되었고, 임기는 1년이었다.

함을 자신에게 부여하거나 그런 속성을 기꺼이 스스로에게 귀속하려 하므로, 또한 그러한 호칭에 담겨 있는 신성모독에 대해 두려워하는 마음이 전혀 없고 그렇게 귀속하면서도 불편한 기색을 전혀 비치지 않으므로 결국 그는 스스로 그리스도의 자리에 앉고, 결과적으로 그리스도를 가장 강력하게 대적하는 것이다. 그가 내놓은 해명, 즉 "머리와 기초는 장관에 해당하는데, 그가 그 모든 일을 그리스도 밑에 있는 그(교황)에게 맡긴 것은 하나님과 그리스도의 은혜 내지 호의에 의해 존엄한 그 위치에 그가 올라갈 수 있었기 때문이다"라는 말은 전혀 핑계가 될 수 없다. 그런 식의 이의 제기는 사실과 정면으로 배치되기 때문이다. 그리고 그는 자기가 하나님과 그리스도의 권위에 의해 옹호되고 있다고 한층 당당한 자부심을 갖는데, 그럴수록 그는 더욱 하나님과 그리스도의 극렬한 원수가 되는 것이다. 그런 행동은 사실상 우정의 가면 아래서 가장 심오한 종류의 반목 행위를 하는 것이고, 빛과 의의 대사의 위장 아래서 어둠과 불의의 왕국의 이익을 위해 일하는 것이다. 그러므로 이런 견지에서 우리는 첫째 논제에서 규정한 비판적인 표현이 교황에게 가장 적확하게 들어맞는다고 단언한다. 이제부터 계속해서 특수 사항에 대해 논의하기로 한다.

9) 첫째, 교회의 간음자와 뚜쟁이라는 이름은 바로 그에게 붙은 것이다. 그는 대중과의 상호 협력에 의해 교회의 간음자가 되었는데, 그는 (로마가톨릭) 교회를 자기의 것이라고 부르고, 교회는 이 호칭의 방자함을 부인하지도 않고 (그러한 가정에 부착된) 오명을 두려워하지도 않는데, 결국 그는 실제로 간음 행위를 하고 있다. 왜냐하면 그는 교회와 영적인 간음을 자행하고, 교회는 그에게 응답하기 때문이다. 그는 위경(僞經)을 하나님의 말씀인 정경(正經)으로, 고대 라틴어본 성경, 즉 (널리 알려진 대로) 불가타역(the

vulgate)을 어디에서나 진짜 정경인 것처럼 말하면서 거부해야 할 것이 전혀 없고, 그 자신의 성경 해석이 가장 확실한 믿음으로 포용할 만 것이며, 기록되지 않은 전통을 하나님의 기록된 말씀 못지않게 확증된 것으로 애정과 경외심을 갖고 높이 받들어야 한다고 주장한다. 그는 신앙과 도덕에 관한 준칙을 법제화하고 폐지하기도 하며, 그것을 양심에 차꼬를 채우는 족쇄로 이용한다. 그는 자기의 막강한 권력을 통해 조건 없는 대사(大赦)와 모든 죄의 용서를 약속하고 또 실제로 베푼다. 그는 자기 자신을 모든 숭배의 대상보다 높이 올려놓고 마치 일종의 신처럼 자신에게 종교적 예식에 의해 숭앙할 것을 명령한다. 그러므로 그는 교회의 간음자다.

그러나 그는 교회의 뚜쟁이 또는 선동자이기도 하다. 왜냐하면 그는 다양한 유형의 영적 간음을 자행하거나 방조하고, 선동하거나 주선하고, 혹은 여러 명의 다른 남편들, 천사들, 마리아와 다른 죽은 성인들, 하나님과 그리스도, 성령, 십자가나 천사들, 마리아나 다른 성자들의 시각적 이미지, 성만찬의 성체인 빵이나 다른 무정물(無情物)에 대해 마치 교회를 대하듯이 행동하기 때문이다.

10) 이뿐만 아니라 로마 교황에게는 성경에서 "머리"에 반대되는 "꼬리"(사 9:15)로 부르는 거짓 선지자라는 이름이 따라다닌다. 이것은 그 이름이 일반적으로 수용되는가, 아니면 특수한 의미에서 그리고 어떤 특정한 인물에게 제한적으로 적용되는가 하는 문제와는 무관하다. 그 낱말의 일반적인 의미를 보면 그것은 자기 자신을 선지자의 이름으로 부르는 교만함 없이 단순히 거짓을 가르치는 사람을 지시할 수도 있고, 혹은 자칭 선지자 행세를 하는 사람을 지시할 수 있는데, 후자가 이 낱말의 본래적 의미에 해당하는 듯하다(벧후 2:1; 행 13:6).

왜냐하면 첫째, 교황은 부분적으로는 교회에 많은 거짓 교리를 도입했고, 또 부분적으로는 불의의 그 엄청난 비밀이 종식될 때도 그가 도입한 교리가 견지되고 증식될 것이라고 그는 옹호하기 때문이다. 전통에 의거하지 않는 한 필수적인 진리조차 증명하고 확증할 수 없고, 그리고 모든 오류를 반박하기에 기록된 성경으로는 불충분하다는 식의 교리를 예로 들면 다음과 같다. 모든 인간 피조물이 로마교황 아래 종속되는 것이 구원을 위한 최후의 필수조건이라는 교리, 주님의 만찬에서 빵은 그리스도의 몸으로 본질 변화(transubstantiated) 또는 실체의 변화를 겪는다는 교리, 미사에서 그리스도는 살아 있는 자와 죽은 자의 죄를 위한 대속 제물로서 그리스도를 매일 사제가 바쳐야 한다는 교리, 하나님 앞에서 인간은 부분적으로 믿음에 의해, 부분적으로 행위에 의해 의로운 자로 선언된다는 교리, 아직 충분히 정화되지 못한 사람들의 영혼이 들어가는 연옥이 존재한다는 교리, 그 사람들은 기도, 중보, 철야, 적선 행위, 대사(大赦) 등에 의해 연옥에서 풀려난다는 교리가 있다.

둘째, 그 별명을 교황에게 붙이는 것이 타당한 이유는 그가 교황의 직위에 있음으로써 항구적으로 성령의 도움을 받고 있기 때문에 신앙과 도덕에 관련된 일에서 결코 오류를 범할 수 없다고 주장하기 때문이다. 그러나 그 이름은 그 낱말의 특수한 의미에서 그에게 속하는데, 로마교황은 "용의 입과 짐승의 입과 거짓 예언자의 입에서 개구리와 같이 생긴 더러운 영 셋이 나오는 것"(계 16:13) 가운데 하나로서, "그 용은 그 꼬리로 하늘의 별 삼분의 일을 휩쓸어서 땅으로 내던지는"(계 12:4) 것으로 해석해도 틀리지 않는, "그 앞에서 기이한 일들을 행하던 그 거짓 예언자"(계 19:20)이기 때문이다.

11) 교황은 또한 교회의 파괴자와 교회 전복자(the Destroyer and the Subverter of the Church)라고 부르는 것이 마땅하다. 왜냐하면 교회의 상부구조는 "첫 번째 모퉁잇돌이신 예수 그리스도 자신에게 직접 의존하는, 사도들과 선지자들의 가르침을 따르는 믿음에 의해 구축된" 것이고, 그 상부구조는 하나님을 올바르게 경배하고 경건을 추구하는 가운데 믿음의 순종을 통해 점점 더 커져 가기 때문이며, 그리고 그것은 주님 안에 세워져 있고, 화평과 일치의 유대를 통해 한 몸으로 짜맞추어져 서로 조화를 이루기 때문이다(엡 2:20, 21; 4:3; 벧후 2:5, 6). 그러나 로마교황은 자신이 이 구조를 전복하는 장본인이라는 것을 사중으로 스스로 입증한다.

첫째, 그는 믿음을 왜곡한다. 그가 이 결과를 초래하는 방식은 네 가지다. ① 선지자와 사도들이 기록한 성경에 위경과 비문자적 전통을 추가함으로써. ② 유일한 기초이신 그리스도와 더불어 스스로를 또 다른 기초로 내세움으로써. ③ 참된 교리에 무수히 많은 거짓 교리를 혼합함으로써. ④ 참된 어떤 것을 제거하거나 그것을 거짓된 해석으로 부패시킴으로써.

둘째, 그는 경건한 예배의 완전무결함을 혼탁하게 만든다. 그가 이 결과를 초래하는 방식은 다음과 같다. ① 하나님과 그의 명령에 따라 유일하게 경배를 받아야 할 분 외에 여러 인물들을 추가함으로써. ② 하나님께서 분명히 금하신 방법을 도입함으로써. ③ 허무맹랑하고 우스꽝스러운, 민간에 떠도는 미신을 도입함으로써. ④ 헌신적인 신자들로 구성된 각종 특수집단, 다양한 종류의 형제회, 프란시스코수도회, 도미니크수도회 등 새로운 교단을 설립함으로써.

셋째, 그는 경건과 도덕의 순수성이나 건전성을 손상한다. 이 결과를 얻기 위해 그는 주로 다음과 같은 일을 한다. ① 죄의 용서와 무조건적 대사(大赦)를 얻을 수 있는 쉬운 방법을 창안함으로써. ② 공의회(시노드)의 이름으로 특정한 교훈을 선포함으로써. ③ 많은 사람들에게 그들이 이행해야 할 의무를 면제해 줌으로써. ④ 아무도 이해할 수 없거나 성취할 수 없는 것을 (수행하도록) 강제함으로써. ⑤ 모든 불의의 가장 나쁜 사례를 기독교 세계에 끌어들임으로써.

넷째, 그는 일치와 통일의 유대를 깨뜨린다. 그는 다음과 같은 행위와 책략을 통해 그런 결과를 초래한다. ① 그 누구도 그에게 허용한 일이 없는 권한에 의해 그는 자신을 다른 모든 사람들 위에 놓는다. ② 그는 수많은 거짓 교리를 참된 것인 양 믿게 하고, 전혀 불필요한 것을 절대적으로 필수적인 것처럼 치부한다. ③ 출교와 근거 없는 맹렬한 공격에 의해 그런 대우를 받을 만하지 않은 사람이나 그의 주교 관구에 속하지 않은 사람에 대해서도 그는 광포하게 비난한다. ④ 그는 군주국, 공화국, 국가 원수와 그 국민들 사이에 분열을 조장하거나, 다른 영역에서 주권자들이 옹립된 후 불화를 도발하거나 격화하고 영속화한다.

12) 적그리스도와 하나님의 원수라는 이름이 그에게 붙은 것을 가장 명확하게 입증하는 논증이 있다. 사도 바울은 스스로를 높이는 사람을 가리켜 방금 언급한 둘째 별명으로 부른다. "불법자 곧 멸망의 자식이 나타날 것입니다. 그는 신이라고 불리는 모든 것이나 예배의 대상이 되는 모든 것에 대항하고 그들 위로 자기를 높이는 자인데, 하나님의 성전에 앉아서 자기가 하나님이라고 주장할 것입니다."(살후 2:3~8) 교황은 바로 로마제국의 폐허에서 나타나 그 제국의 텅 빈 위엄을 채우는 인물이다. 이 같은 표현은 오직 로마교황을 지칭하는 것으로 이해되어야 하고, 또 그렇게 이해될 수 있다.

그러나 적그리스도라는 이름은 '적(anti)'이라는 접두사가 '대적'을 지시하든지, 이것을 저것으로 '대체'하는 것을 뜻하든지 간에 그에게 가장 잘 들어맞는다. 그것이 '대체'를 의미할 경우, 합법적으로 정당하게 대상들을 지배하는 통치권이 그에게 이양되는 방식이 아니라 그 자신에 의해서나 다른 사람에 의해 힘과 협잡을 통해 누구든지 대체할 수 있는 것을 의미한다. 그가 그리스도의 경쟁자이자 적인 까닭은 자신을 교회의 신랑, 머리, 기초로 치켜올리면서 엄청난 권력을 휘두르는 한편, 스스로를 그리스도의 대리인으로 자처하고 지상에서 맡은 직책을 수행하는데, 사실은 자기의 사적 이익을 취하기 위해서이고 명백하게 그리스도의 교회에 손해를 끼치는 일이기 때문이다. 그러나 그는 그리스도의 이름을 구실로 삼아야 한다고 생각하고, 그 신성한 이름을 앞세워 자신을 숭앙할 것을 신자들에게 요구하는데, 혹여 그가 자신이 그리스도이거나 그리스도의 적일 수도 있다고 정체를 밝힌다면 결코 그런 대우를 받을 수 없을 것이다.

13) 그뿐만 아니라 로마교황은 자기를 "하나님의 종들 중의 종"이라고 부르지만 주님이 오시는 것이 지체되자 자기의 명성을 내세워 "동료들을 때리기"(마 24:48) 시작하는 악하고 게으른 종이라고 우리는 단언한다. 왜냐하면 그는 동료 종들인 하나님 교회의 감독들에게 통치권을 휘두르고 전횡을 일삼을 뿐만 아니라, 그가 과거에 스스로 권위와 위엄을 인정했던 황제와 왕들을 제압하기 때문이다. 그러한 패권을 획득하고 그것을 공식화하고 확립하기 위해 그는 온갖 종류의 마귀적 수단을 사용하여, 즉 궤변적 위선, 거짓말, 애매어의 오류, 불성실, 위증, 폭력, 독극물, 무력까지 총동원하기 때문에 가히 "표범이나 곰 또는 사자 같은" 무서운 짐승들의 뒤를 잇고, 로마제국의 전철을 따르고 있다고 말하는 것이 가장 적합할 것이다. 그는 "짐승의 형상에 생기를 불어넣고, 그런 짐승의 형상 앞에 절하지

않는" 많은 사람들을 죽일 수 있을 만큼 막강한 힘을 행사한다.

14) 끝으로 언급한 모든 점을 통해 로마교황이 사도, 선지자, 복음 전도자, 교사, 보편교회의 감독 같은 이름으로 불리기에 적합하지 않다는 것이 명백하게 드러나지만(고전 3:5; 12:28; 엡 4:11), 그가 가진 특이한 속성과 직무로부터 연역되는 바로 단 하나의 논증에 의해 구약과 신약 성경, 특히 디모데와 디도에게 보낸 사도 바울의 편지(딤전 3장; 딛 1장)를 읽는 모든 이들이 경험한 것과 동일하게 매우 만족스러운 결론이 도출되리라고 생각된다. "실제로 다른 복음이 있는 것은 아닙니다. 다만 몇몇 사람이 여러분을 교란하여서 그리스도의 복음을 왜곡하려고 하는 것뿐입니다"라는 지적을 피할 길은 전혀 없다. 왜냐하면 목회자 같은 보조 인력을 사용할 수 있는 분은 오직 그리스도일 뿐이기 때문이고, 그들이 수행하는 의무는 그런 적절한 직함에 의해 구별되는 사람들만이 맡을 수 있기 때문이다(갈 1:7~9). 그러므로 하나님께서 선지자 스가랴를 통해 예고하신 대로 어리석은 목자와 우상 목자를 세울 것이고, 그가 양들을 돌보지 않고 다만 "튼튼한 양을 먹이지 않아서 야위게 하며, 살진 양을 골라서 살을 발라먹고, 발굽까지 긁어먹을 것"(슥 11:15~17)이라는 말씀이 바로 로마교황에게 정확히 적용된다. 하나님께서는 교회가 적그리스도의 기만과 폭정으로부터 해방될 때, 진리와 사랑과 사리 분별을 양들에게 먹여서 양들 자신의 구원과 대장 목자이신 주님께 영광을 돌리기 위해 힘쓰는 목자들을 갖게 될 것이라고 약속하신다. 아멘.

필연적 귀결

1) 로마 궁정과 교황이 앉아 있는 교회를 분리하는 것이 종교가 취해야 할 지혜의 일부분이다.

2) 로마 교황은 그가 가장 이치에 맞게 처신할 때조차 교회의 머리로서 또는 보편 감독으로서 어떤 인간적이거나 실증적인 권한에 의해서도 인정될 수 없다. 그런 식으로 그를 인정하는 것은 지금까지 그랬듯이, 그리고 바로 근본적인 차원에서도 교회 안의 통일을 유지하는 데 도움이 되지 못하고, 종교의 주요 쟁점에 관해 자유롭게 사고하고 말하며 다양한 방식으로 가르칠 수 있는 권리를 제한함으로써 기본 자유와 하나님의 말씀에 일치되는 행위를 억압하고 전횡적인 태도를 부추긴다.

프로테스탄트교회 또는 개혁교회가
이탈했다는 주장에 관하여
– 응답자: 제임스 퀴시너

우리는 개혁교회가 로마교회로부터 공식적으로 이탈한 것이 아니며, 다만 그 교회와 믿음의 교제를 나누지 않고 하나님께 함께 예배하지 않기로 결정한 것은 올바른 처신이라고 주장한다.

1) 하나님의 영광을 위해, 연약한 양심을 가진 신자들의 평안을 위해, 그릇된 방향으로 사고하는 사람들을 인도하기 위해 내가 몇 마디로 확증하고자 하는 것은 스스로를 '개혁교회 또는 프로테스탄트교회'라는 이름으로 부르는 회중이 정확히 로마교회로부터 이탈한 것은 아니지만, 그들의 처신은 올바르다는 것, 즉 그들이 로마교회와 신앙과 예배를 함께 나누고 교제하는 것을 거부한 것은 지혜롭고, 경건하며, 정당하고, 적절한 결정이다.

2) '로마교회(the Church of Rome)'라는 용어에 의해 우리가 이해하는 것

5부 25개 주제에 관한 공개 논박

은 로마라는 도시의 울타리 안에 한정된, 그리스도교 신앙을 고백하는 사람들의 집회나, 교황과 그와 연합된 추기경들로 구성된 로마교황청도 아니고(물론 '로마교회'라는 낱말 자체에 대한 유일하게 옳은 해석은 바로 그것이겠지만), 로마교황이 의장이 되어 거행하는 공의회에 참석한 교회 대표자들과, 그 직함 아래서 자기의 권력을 구가하고 상품화하는 로마교황 자신도 아니다. 실제로 우리가 알고 있는 로마교회는 과거에 거의 유럽 전역에 확산되었으나 현재는 상당히 축소되었고, 그리스도 아래에서 교회의 머리 역할을 담당하면서도 시노드[74]를 능가하는 위치에 있거나 그보다 낮은 감독주교의 위치에서 교회 전체의 감찰자와 보호자 역할을 하고 있다고 말할 수 있는, 로마교황을 중심으로 모인 그리스도교 신자들의 집회를 가리킨다.

트렌트 공의회[75]에서 선포된 교령에 따르면 이 집회는 자신들이 하나님과 그리스도를 믿고 예배한다고 고백한다. 그들이 그 교령을 인정하는 이유는 그들이 (결코 오류를 범할 수 없는) 트렌트 공의회의 구성원이기 때문이거나, 그 총회와 무관하게 그 교회의 전례가 거룩한 성경과 고대 교부들의 가르침과 일치하기 때문일 수도 있다.

..

74) 시노드(Synod)는 대의원들을 구성하여 함께 모여 교회와 관련된 문제를 논의하는 회의체 또는 총회를 가리킨다. 세계 교회에 직접 관련되는 문제를 다루는 일반 회의와 특정 지역의 문제를 논의하는 특별 회의로 나뉜다. 예컨대 아시아 지역을 위한 시노드는 아시아 시노드 특별 회의라고 부른다. 일반 회의는 또 정기적으로 소집되는 정기 총회와 비정기적으로 소집되는 임시 총회로 나뉜다. 최초의 총회는 사도행전 15장에 기록된 예루살렘 회의로, 유대교 전통과 율법이 그리스도교 신앙에 대해 갖는 유의미성과 유효성 문제를 다루었다. 2차 총회는 381년에 콘스탄티노플에서 열렸고, 사도신경의 기본틀이 제시되었다.
75) 트렌트 공의회(1545~1563)는 이탈리아 북부 트렌토와 볼로냐에서 열린 로마가톨릭교회의 공의회다. 이 공의회는 '종교개혁(Reformation)'이라고 불리는 사건의 결과로, 프로테스탄티즘이 출현한 것에 자극받은 반종교개혁의 전형으로 꼽힌다. 이 공의회는 반종교개혁의 독특한 고백 성격을 지닌 회의로서, 종교개혁에 의해 빠르게 개신교화되고 있던 유럽을 재가톨릭화하는 것을 목적으로 삼았다.

3) 우리가 '개혁 교회(Reformed Churches)'라고 부르는 것은 로마교황으로 상정되는 어떤 유형의 주재도 인정하지 않고, 신앙고백이나 요리문답에 정리되어 있는 구체적인 신앙 조항을 따라 하나님과 그리스도를 믿고 예배하는 것을 고백하는 신자들의 집회다. 그러므로 그들이 그 조항을 인정하는 이유는 오직 그것이 성경에 부합한다고 믿기 때문인데, 사실 그들은 초기교회와 고대 교부들에게 일정한 지위를 부여하기도 했지만 근본적으로 항상 성경에 복종하는 자세를 취한다.

4) 개별 교회들이 각기 독립적으로 존재하거나 서로 분리되어 있는 것처럼 말할 수 없고, 어떤 방식으로든지 이전에 연합 관계에 있던 교회로부터 이탈한 것으로 볼 수도 없다. 그러나 과거에 서로 일치했던 문제에 대해 앞장서서 기꺼이 불일치한다는 입장을 취할 경우 그 교회는 이전에 연합했던 교회로부터 이탈하는 것이라고 말할 수 있다. 이러한 견지에서 정당한 분리를 선언할 수 있기 위해 교회가 갖추어야 할 네 가지 필수 요건이 있다. 그중 하나는 필연적으로 선행되어야 할 전제 조건이고, 나머지 셋은 분리의 본성에 의해 선행하는 전제의 토대 위에 세워진 요건이다.

첫째 요건은 그 교회가 이제까지 다른 교회와 연합을 이룬 상태에 있어야 하는 것이다. 여기에 덧붙일 것은 그 연합을 가능하게 했던 것이 무엇이었는지 설명하는 것이다. 둘째 요건은 결과적으로 분리되는 사건이 발생한 것, 이전에 연합 관계에 있던 다른 교회로부터 분리를 초래한 이유가 무엇인지 설명하는 것이다. 셋째 요건은 그 교회가 먼저 분리를 요구한 당사자여야 하는 것이다. 넷째 요건은 그 교회가 자발적으로 분리되었다는 사실이다. 로마교회와 개혁교회 사이의 분리에 관해 벌어지고 있는 현재의 논쟁에 대해 공개적으로 논박하는 자리에서 우리는 이 요건들 전체를 하나하나 세밀하게 고찰할 것이다.

5) 그러나 현재 우리가 처한 상황을 감안할 때, 이 문제를 논의하기에 앞서 먼저 설명해야 할 다른 주제가 있다. 그것은 "일반적으로 교회들의 연합과 분리는 어떻게 이루어지는가?"라는 물음이다. 그들이 하나님과 그리스도에게 속한 교회인 한 교회들 간의 연합은 다음의 특별한 조건을 따른다. 그들은 한 분이신 하나님 아버지, 한 분이신 주 예수 그리스도, 한 종류의 믿음(또는 하나의 신앙 교의), 부르심에 대한 한 가지 소망(즉 약속된 유업과 그것을 소망하는 것), 한 종류의 세례(엡 4:3~6), 한 종류의 빵과 포도주(고전 10:16, 17)를 나누고, 믿음과 사랑의 유대에 의해 한 분 성령 안에서 하나님과 그리스도와 연합을 이루어야 한다(엡 4:15; 빌 2:2). 즉 진리를 따르는 신앙고백에 의해 사랑을 따라 의지의 일치를 이룸으로써 교회들이 서로 연합될 수 있는 것이다.

여기에는 동일한 몸에 많은 지체들이 서로 일체를 이루는 것 외에 다른 어떤 방식도 있을 수 없는데, 그 지체들이 모종의 친족 관계와 사랑의 유대에 의해 그들의 부모와 연결되기 때문이다(고전 14:33; 계 2:23). 모든 개별 교회들의 경우 규모가 더 크건 더 작건 '보편교회'라고 불리는 거대한 몸에 속한 큰 지체 또는 작은 지체일 뿐이고, '하나님의 집'이라고 불리는 이 거대한 가족 공동체에서, '우리 누이(we have a little sister)'에 대해 언급하는 솔로몬의 아가서의 한 구절에 따르면 그 개별 교회들은 서로 누이가 된다. 지상에 있는 어느 교회도 다른 어떤 교회의 어머니가 될 수 없고(갈 4:26), 다른 교회들을 세운 교사들 같은 위치에 있을 수도 없다(행 8:1, 4; 13:1, 2). 지상의 어떤 교회도 머리이신 그리스도에게 속한 지체들을 관장한다고 말할 수 없기 때문이다(히 12:22, 23).

6) 교회들 간의 연합에 대한 이 같은 기술을 통해, 그리고 성경에서 유비에 의해 설명하는 것에 의해 교회들을 한데 통합하는 목적에 기여하는 두 가지 수단의 매개 작용이 필요하다는 것이 분명해진다. 첫째는 교회들을 연결하는 유대 자체다. 둘째는 하나님과 그리스도와 직접적으로 연결되는 동시에 개별 교회들이 서로 간접적으로 연결되는 방식이다. 최초의 직접적인 관계는 개별 교회와 그리스도 사이에 이루어진다. 그 다음의 간접적인 관계는 하나의 개별 교회와 그것과 친족 관계에 있는 다른 교회 사이에 이루어진다(고전 12:12, 13; 엡 4:3; 롬 12:5; 요 17:21; 엡 2:11, 13; 4:16). 이로부터 두 종류의 연합 모형을 도출할 수 있고, 이에 따라 다음과 같은 결합 방식을 생각할 수 있다.

첫째 모형은 그 연합이 그리스도에게서 시작되고, 그 유대 관계가 그에게서 발원하여 모든 개별 교회로 뻗어 나가 그리스도에게로 연결시키는(즉 일체가 되게 하는) 구조가 구축될 경우다. ① 이때 그리스도는 연합의 머리와 중심축임이 명백하다. ② 주의 영은 그리스도에게서 출발하여 이리로 또 저리로 뻗어 나간다(엡 2:18; 5:23; 롬 8:9). ③ 고린도에 있는 교회, 로마에 있는 교회, 빌립보에 있는 교회 등은 그리스도에게서 시작하여 개별 교회들로 뻗어 나가 그들을 한데 묶어 주는 성령에 의해 그리스도와 연합한다(요일 3:24; 4:13).

둘째 모형은 만일 개별 교회로부터 유대가 시작되고, 그들에게서 시작된 유대 관계가 그리스도에게로 뻗어 나가 교회들을 그와 한데 묶는 경우다. ① 이때 유대 관계는 고린도 교회, 로마교회, 그리고 빌립보 교회 등으로부터 시작한다. ② 그들로부터 발원하는 믿음이 구축된다. ③ 그 모든 교회의 신앙의 대상이 되는 그리스도께서 각 교회들을 자기와 연결하신다(요일 2:24; 엡 3:17). 사랑의 유대는 상호적인 것이므로 그 관계는 그리스도에게서 각 교회로 뻗어 나가고, 또 개별 교회에서 그리스도에게로 뻗어 나간다(엡 5:25). 그럼에도 이 유대 관계는 한 자리에 머무르지 않고, 친족 관계에 있는 개별 교회들을 향해 움직이고, 그런 식으로 각 교회는 그리스도 안에서 그리스도를 위해 자매 교회에게 사랑을 베푼다. 이와 같지 않다면 그 연합은 그리스도가 없는 연합이거나, 오히려 그리스도를 대적하는 연맹이라고 불러야 할 것이다(고전 16:1, 2, 19).

7) 이 같은 연합 개념을 토대로 그것에 반대되는 분리(Separation)에 대해 평가해야 하므로 교회의 연합에 대한 분석과 필연적 결론에 기초하지 않고서는 그 주제에 대해 평가하거나 설명할 수 없다. 그러므로 모든 개별 교회가 서로 연대하고 있는 교회와 그 본체인 몸으로부터 분리될 수 있기 위해서는 먼저 그 개별 교회들이 하나님과 그리스도로부터 분리되어야 한다(롬 11:17~24). 그러나 그리스도의 영, 우리가 믿는 신앙, 사랑은 비가시적인 것으로서, 그리스도와 교회의 지극히 내밀한 연합과 교제에 속하므로 개별 인간들이 교회들 간의 연합이나 분리에 대해 직접적으로 여하한 평가나 판단을 내리는 것은 불가능하다.

그렇기 때문에 우리가 교회와 그리스도의 연합과, 교회들 간의 연합에 관해, 또한 적대적인 분리 상태에 대해서도 판단할 수 있는 역량을 가질 수 있으려면 감가 대상과, 유추에 의해 그런 내적인 것에 대한 반응으로 보이는 외적 대상을 사람들 앞에 제시해야 한다. 그리스도께서 그의 교회와 소통에서 사용하시는 외적 대상은 성경 말씀과, 그 말씀과 연결된 가시적 표지다. 믿음과 예배에 의한 고백과, 외적 행위를 통한 사랑의 실천은 각 교회가 그리스도뿐만 아니라 다른 교회와 이루는 연합과 소통 상태를 검증해 준다(사 30:21; 롬 10:15, 17, 10, 13; 요 13:35). 이 과제의 목표는 "그리스도께서 촛대를 옮기시는" 것으로 표현되는 교회들의 분리를 예방하는 것인데, 교회들이 서로 믿음을 고백하는 방식은 다양하고, 사랑의 필수적 의무를 간과하기도 하며, 오히려 서로를 향해 증오심을 키우고 드러내기도 하기 때문이다(계 2:5; 대하 13:8, 2, 10).

8) 그러나 하나님과 그리스도의 교회가 지나간 시대에 선지자들과 사도들에 의해 세워졌지만 오늘날 사양길에 접어들었을 수 있고, 간혹 신앙의 주요 교의나 예배 대상, 예배 방법과 의식에 무엇인가를 첨가한다든지, 신앙의 참된 의미를 상실하거나 왜곡하고, 그리하여 예배의 합당한 형식에 대한 개념이 확립하지 않은 채 오히려 올바른 예배 형태를 전혀 다른 것으로 바꿈으로써 신앙의 본질과 거룩한 예배의 온전함과 처음 가졌던 첫사랑으로부터 멀어질 수 있다(고후 11:3; 갈 1:6; 계 2:4). 그러나 그런 교회들까지도 하나님의 교회와 백성으로서 하나님과 그리스도에게 속한 것으로 인정되기도 하고, 심지어 사람들이 송아지 형상을 여호와로 부르면서 경배하고, 여호와와 바알에게 모두 거룩한 찬양을 드리며, 여호와에게 봉헌한다는 명목으로 자신들이 낳고 키웠던 자녀들을 몰록신을 위해 불 위를 지나가는 일도 허용하고(렘 2:11~13; 왕하 16:3; 왕상 18:21; 겔 16:20), 그리스도에 대한 믿음을 외적인 형식으로 장식하면서 사람들이 부활에 대한 믿음을 상실하는 일까지 벌어졌을 때(갈 3:1~3; 고전 15:6), 그때는 아직 하나님께서 그런 교회들에서 촛대를 옮기기 전이었고, 또한 그들에게 이혼 청구서를 보내지 않은 상태였기 때문에 기껏해야 말씀과 신성한 표식이나 수단을 사용하는 외형적인 교제가 있을 뿐이었다(계 2:5; 사 1:1). 그러므로 그런 상태에서 교회들 간의 연합은 하나님과 그리스도를 붙들고 있는 동시에 거짓말과 우상숭배의 영에도 속해 있는 혼합된 상태로 유지된다. 앞

의 것은 선지자와 사도들에 의해 세워진 시원적 제도를 계승한 것이고, 뒤의 것은 나중에 들어온 거짓 교사들과 가짜 선지자들에 의해, 특히 "죄인과 멸망의 아들"로서 이름을 떨치는 거짓 선지자에 의해 유입된 요소다. "그들의 말은 암처럼 퍼져 나갈 것"(딤후 2:17)이지만 하나님의 선하심과 은혜는 그것이 그리스도교 신앙의 순수한 가르침 전체를 전소하지 못하게 막고 계시기 때문이다. 그 반면에 그 상태에 상응하는 분리 상태는 앞에 언급된 연합에 정반대되는 것으로서, 과거의 연합을 거스르는 분열을 뜻한다. 그러므로 교회들 간의 분립에 관해 담론을 전개할 때, 우리는 참으로 무엇으로부터 이탈하는 것인지를 정확히 짚어 내야 한다.

9) 전술한 것을 긍정명제로서 전제하고 이제 문제가 되는 가설, 즉 우리가 한 교회가 다른 교회로부터 분리되었다고 합당하게 말할 수 있는, 그 교회에 반드시 귀속되어야 할 조건에 초점을 두기로 하자. 여기서 반드시 선행되어야 할 것으로 우리가 명시한 첫째 조건은, 오늘날 우리가 '기성 교회'라는 이름으로 구분하는 교회들은 과거에 종교개혁 이전 시기에 로마교회와 연합된 상태에서 신앙과 예배를 함께 나누고 사랑의 의무를 실천했던 곳이었다는 사실이다. 정확히 말해 차라리 그 교회들은 이 논쟁과 관련된 둘째 논제에서 규정된 것처럼 바로 그 교회의 일부였다고 말해야 할 것이다.

그러나 우리는 두 가지 특수한 측면을 구분하여 다음과 같이 첨언할 수있다. ① 그 시기의 연합과 교제는 서로 대등한 주체들, 서로 복속하는 자매들과 지체들 간의 관계에서 이루어졌다(아 8:8; 고전 12:12, 13, 17). 그것은 열등한 자와 우월한 자, 자녀들과 어머니, 지체들과 머리 사이의 연합이 아니었고, 신자들은 철학 토론을 하듯이 누구나 말하고, 관련된 것들 중 어느 하나가 다른 것의 토대가 되는 식이 아닌 완전히 평등한 관계였고, 따라서 양측의 책무는 대등했다. 그러나 로마교황은 사도의 직위를 받았다고 자처하고, 그것도 로마에 서임되었다고 하면서 로마교회가 나머지 모든 교회들의 어머니이며 머리라고 주장한다.

② 그러한 방식의 연합과 교제는 부분적으로 하나님과 그리스도에게 속한 것을 따르는 동시에, 부분적으로 곧 닥칠 것이라고 바울 사도가 예고했던 이반(離叛)이나 믿음의 '배신'에 해당하는 것을 따른다. 이것은 "멸망의 자식"이 나타나 "하나님의 성전에 앉아서 자기가 하나님이라고 주장"(살후 2:2~4)할 것이라고 이미 예고되었던 현상이다.

그러므로 지역 교회에서 참된 믿음의 교의가 전파되고 있는 한, 그리고 하나님과 그리스도가 예배의 대상이 되고 사랑의 의무가 적절한 방식으로 실천되는 한 오직 그때에만 그 개별 교회들은 오래 참으시면서 그들을 회개의 길로 인도하고 계신 그리스도에게 속한 '한 교회'라고 말할 수 있다(계 2:20, 21). 그러나 온갖 첨삭과 왜곡된 해석에 의해 끊임없이 참믿음을 보간(補間)하고, 나아가 우상들을 섬기고 미신들을 따라다님으로써 거룩한 예배를 타락시키고 우상에게 바치는 제물을 마치 사랑의 행위인 양 기만하는 한 교회들의 연합은 이미 이반 정신과 불의한 교제의 길로 들어선 것이다(계 2:14, 20).

10) 개혁교회들이 로마교회로부터 분리되었음을 정확히 말할 수 있는 기준에 관해 우리는 그것을 두 가지로 나누어 논의할 수 있다. 이미 살펴보았듯이(논제 8) 교회의 이탈은 대개의 경우 믿음과 예배의 측면과 사랑의 측면에서 시작되기 때문이다. 이 이탈 현상은 이제까지 교회들 자체에 의해 식별되어 왔다고 말해지는데, 믿음과 예배의 측면에서 이탈하는 교회는

이단적이고 우상숭배적이라고 불리며, 사랑의 측면에서 분리된 교회는 종파 분리론자(schismatical)[76]라고 불린다. 그러므로 제기된 물음의 앞부분은 다음과 같이 표현할 수 있다. "오늘날 개혁주의 교회라고 불리는 교회들은 믿음과 예배에서 이탈적인 행동을 했는가?"

또 다른 조건(논제 4)에 관해서는 믿음과 예배에서 이탈하는 과정이 있었다는 고백으로 답하겠다. 역사적 사실 자체가 증언하듯이 그 교회들은 믿음에 관련된 여러 교의에서 (로마교회와) 다르고, 하나님께 드리는 예배 형식에서도 크게 다르기 때문이다. 그러나 개혁교회들은 사도들의 전통을 따라 견지되고 있는 신앙 조항에서, 또는 로마교회가 지금까지 사용하고 있는, 거룩하게 제정된 예배 형식(의 일부)에서 자신들이 로마교회와 다르지 않다고 말한다. 이 점에 대해 다음과 같이 간명하게 증명하기로 한다.

로마교회는 하나님의 말씀을 진리의 유일한 기준으로 규정할 뿐만 아니라, 사도신경에 들어 있는 믿음 조항들이 참되고 올바른 의미를 지닌다고 시인하기 때문이다. 그 조항들은 4회에 걸쳐 개최되었던 초기 공의회 총회에서 작성되었다. 마찬가지로 로마교회는 초기교회가 펠라기우스를 비판하면서 선언했던 것을 확실하고 확증된 것으로 평가한다는 입장을 밝혔다.

로마교회는 영과 진리로, 하나님의 말씀에 의해 제정된 방법대로, 그리

..

76) 교회분리주의 또는 종파분리주의는 기독교 교회 안에서 '이교(離敎)'를 인정하는 입장을 가리킨다. 즉 본래 하나였던 교회에서 고의적으로 이탈한 단체나 운동을 뜻한다. 이교는 '이단(heresy)'과 구별되는데, 왜냐하면 이단은 신앙이나 교리상의 차이로 분열한 것인 반면, 이교는 단순히 분파를 주창하거나 분파 상태를 지시할 뿐이기 때문이다. 그러나 현실에서는 이교로 갈라진 종교가 서로를 이단으로 비판하는 경우가 종종 있다. 로마가톨릭교회는 모든 이교를 이단으로 간주하지는 않지만, 모든 이단은 이교에 해당된다고 본다. 즉 이교는 친교(communion)의 이탈이라는 점에서 이단과 같으나, 그 이탈의 원인 면에서 볼 때 이단은 신앙 이해의 차이인 반면, 이교는 교회 통치권에 대한 배척이라는 점에서 구별된다.

고 그 전례들을 통해 하나님과 그리스도에게 예배한다고 말하기 때문이다. 그러므로 로마교회는 그리스도의 교회로서가 아니라 로마의 천주교회로서 그들이 견지하고 있는 것들로 인해 이탈하는 일을 허용했으나, 그럼에도 그들이 변함없이 지키고 있는 것, 즉 그리스도에게 속한 일에서 개별교회들과 여전히 연합된 관계에 있음을 시인한다.

11) 셋째 조건과 관련하여(논제 4) 개혁교회는 자신들이 먼저 이탈을 시도했음을 부인한다. 이 점은 정확히 이해할 필요가 있는데, 이탈은 믿음과 예배의 변양에서 시작되므로 그러한 변양의 단초는 두 지점으로 좁혀진다.

그 단초는 사도들의 시대에서 가장 가까운 시점, 또는 오히려 사도들의 시대에서 찾을 수도 있다. 그때 이미 '아노미안',[77] 즉 불의의 비밀 또는 (좀 더 의미를 첨예화할 수 있는 용어를 만드는 것이 허용된다면) "불법의 비밀이 벌써 작동되고 있었고" 서서히 그 비밀은 밝혀지게 된다. 말세에 '불의한 자' 또는 '불법자'라고 불리는 사람이 '나타날' 것으로 예고된 그 "불법자, 멸망의 자식"에 의해 불의가 공공연히 자행될 것이기 때문이다(살후 2:3~8). 개혁교회 측은 그렇게 묘사된 인물이 바로 로마교황이라고 주장한다.

혹은 그 변양은 위클리프, 후스, 루터, 멜랑히톤, 츠빙글리, 외콜람파디우스,[78] 부처(Martin Bucer)와 칼뱅의 시대에 시작되었을 수도 있다. 그 당

..

77) 아노미안(ανομίαν). '불법(ανομια)', 'lawless'을 뜻한다.
78) 요하네스 외콜람파디우스(Johannes Oekolampadius, 1482~1531)는 팔츠 선제후국 출신의 독일 종교개혁가로서, 츠빙글리와 함께 마르부르크 회의에 참석했고, 성찬 논쟁에서 루터의 문자적 해석에 동의하지 않고 츠빙글리의 견해를 따른 것으로 유명하다. 스위스 개혁교회의 감독인 개혁교회 회장을 했다. 1518년 바젤대학교에서 신학 박사 학위를 취득한 후 같은 학교 신학 교수 등을 지내며 츠빙글리와 함께 스위스 종교개혁을 이끌었다. 바젤 복음주의교회의 개혁의 발단이 된 성서 강해를 발표했고, 획기적인 교회 규정인 장로제를 창

시 유럽의 여러 지역에서 많은 신도들이 처음에는 비밀리에, 그러나 점차 공개적으로 로마교회로부터 떨어져 나갔기 때문이다. 개혁교회에 따르면 변절과 이탈은 이 두 시기 중 첫째 시기에 이미 시작되었고, 따라서 사도 바울이 칭찬을 아끼지 않았던 고대 로마교회의 사도들과 신자들의 믿음의 순수성을 잃어버린 책임은 근대의 로마교회와 함께 개탄스럽게도 개혁교회 자신에게도 있다고 시인한다. 그 반면에 교황주의자들은 변절과 이탈의 시작은 두 번째 시기(후스, 루터 등의 시기)부터였다고 주장하면서 자신들에게 변절이나 이탈에 대해 어떤 책임도 물을 수 없다고 단언한다.

12) 논쟁 전체의 요체는 바로 여기에 있다. 그러므로 바로 이 지점에서 우리의 입장을 확립해야 한다. 만일 개혁교회가 어떤 특정 시기에 변절하기 시작했다면 그들이 근대 로마교회로부터 이탈한 것은 그리스도의 교회로부터 떨어져 나간 것이 아니라, 이전에 이미 발생한 이탈 과정을 종결짓고 오직 참되고 순수한 신앙으로 돌아와 회개하고, 하나님을 신실하게 예배하기 시작한 것으로 보아야 한다. 즉 하나님과 그리스도에게로, 그리고 원초적이고 순수한 사도들의 교회로, 아니 고대의 로마교회 자체로 복귀한 것이다.

반대로 만일 이탈이 시작된 시점을 교황주의자들이 옳게 지적한 것이라면 개혁교회는 참으로 로마교회로부터, 실제로 그리스도교 신앙의 순수성을 지키고 있던 그 교회로부터 이탈한 것이 된다. 그러나 그 차이는 대체

..

시했다. 외콜람파디우스가 개혁교회에 끼친 가장 큰 신학적 영향은 치리(治理)에 관한 것이다. 그는 1518년에 바젤 주교관구의 치리권을 설명하기 위해 초대교회의 교부들의 치리에 호소한 적이 있는데, 그 이후로 교회의 치리는 교회의 본질에 속한 것으로 간주되었다.

로 다음과 같은 사실에 의해 바로잡을 필요가 있다. 왜냐하면 로마가톨릭교회가 진리에 여러 다른 거짓을 첨가하고, 따라서 개혁교회는 반대 진영의 탓으로 부득이 진리로부터 벗어나게 되었기 때문이다. 그러므로 이 논쟁의 본질은 로마가톨릭교회가 그 부가적 행위를 통해 얻은 것이 과연 참된 것인지를 밝혀야 하는 증명의 책임은 그들에게 있는 것으로 보인다. 그러나 로마가톨릭교회가 그 문제를 오직 순전히 성경적 관점에서 논의하고 결정하도록 허용하는 경우 개혁교회도 증명의 책임에서 면제될 수 없을 것이다. 물론 로마교회가 그런 제안을 수락할 리 없고, 기록되지 않은 하나님의 말씀이 존재한다는 입장을 여전히 고수하기 때문에 그들은 기록되지 않은 하나님의 말씀의 실재성뿐만 아니라 그들이 제안하는 것이 바로 그 하나님의 말씀인가 하는 것을 증명해야 할 부담을 다시금 스스로 짊어지게 되었다.

13) 끝으로 개혁교회는 넷째 조건(논제 4)에 들어 있는 것, 즉 그들이 먼저 선동, 발의, 방향 전환을 시작한 것이 아니라 슬픔과 회한 속에서 망설이는 가운데 부득이 돌아섰다고 주장한다. 그렇게 할 수밖에 없었던 이유(이탈 결정을 내린 이유)를 하나님 편에 전가하고, 그 책임을 전적으로 로마교회 자체, 무엇보다도 교황과 로마교황청, 그다음으로 교황과 로마교황청의 뜻을 따르고 그들을 위해 어떤 형식의 예배든지 기꺼이 집행하려는 로마가톨릭교회에 돌린다.

개혁교회 측은 분열의 일차 원인을 하나님께 전가하는데, 왜냐하면 자기 백성들에게 우상숭배의 어머니 바빌론에서 떠날 것과 우상을 멀리할 것을 명령하신 분이 바로 하나님이시기 때문이다(계 18:4; 요일 5:21).

그들은 프로테스탄트 교회들 간의 교통을 세 가지 방법으로 방해한 로마교황청 또는 로마교회 측에 분열의 책임을 전가한다. 로마교회는 그리스도교의 성배에 치명적인 독을 섞음으로써(계 17:4) 믿음에 관한 교리와 하나님께 드리는 예배에 관한 교리를 혼잡하게 만들었다. 이 혼합물과 함께 이중 명령이 동반되었다. 하나는 금지 명령으로서, 어떤 사람도 이스라엘의 순수한 샘에서 구세주의 생명수를 얻으려 해서는 안 된다는 것이다. 다른 하나는 교훈적 명령으로, 모든 사람은 이 혐오스러운 잔으로 물을 마셔야 한다(계 13:15~17)는 것이다.

출교와 파문과 연관하여 전자에 의해 로마교회는 앞에서 언급된 혼합물이 가득한 잔으로 치명적인 독을 마시기를 거부한 많은 사람들을 교제의 공동체로부터 몰아냈다. 후자의 방법에 의해 그들은 쫓겨난 사람들에게 온갖 종류의 저주를 퍼붓고 매도하면서 자신들이 부리는 종자들의 미친 듯한 분노에 노출시킴으로써 약탈하고 파멸했다.

교황청은 전횡과 다양한 종류의 핍박을 제도화할 뿐만 아니라, 그들의 부끄러운 가증스러움에 의해 양심을 더럽히기를 거부하는 사람들에게 그 제도를 강요했다(계 17:6). 그러나 그 신자들이 실제로 어떤 슬픔과 회한에 잠겨 마지못해 떠났든지, 또는 그야말로 내쫓겼든지 그들은 세 가지를 극명하게 보여 주었다.

그들은 개혁의 필연성을, 그리고 자유로운 교회 공의회가 개혁의 방법과 수단이 되어야 한다는 명제를 구두와 저술을 통해 진지하게 경고했다.

그들은 기도와 간구를 통해 적어도 특정 목적—실제로 모종의 권력 남용과 부패가 교회 안에 침투했는지, 그리고 문제점이 발견될 때 즉각적으로 시정할 수 있을 것인가의 문제를 심오하고도 일반적인 차원에서 탐색하는 것—을 염두에 두고 그 교회를 위해 열정적으로 탄원했다.

그들은 자신들에게 가해진 온갖 종류의 횡포를 당하면서도 끝까지 인내했다. 이 모든 것에도 불구하고 현존하는 부패와 권한 남용에 대해 교황과 로마교황청의 절대적 권위에 의해 확증되고 충분히 확인되는 결과를 얻었을 뿐이다.

14) 이제까지 우리는 믿음과 예배에서 발생한 이탈 현상(논제 10)을 다루었다. 그러나 개혁교회는 사랑에 관한 한 그들이 로마교회로부터 결코 이탈한 적이 없다고 주장한다. 그들은 이 선언의 진실성을 입증하기 위해 그리스도를 그들의 양심을 변호해 줄 증인으로 소환하고, 이제까지 충분한 증거를 제시해 왔다고 치부한다.

왜냐하면 첫째, 그들은 구두로나 저술을 통해 자신들의 교의를 전 세계에 알림으로써 하나님의 말씀을 근거로 로마가톨릭교회의 오류를 밝히고, 여전히 오류에 머물러 있는 사람들에게 끈질기게 회개를 촉구해 왔기 때문이다.

둘째, 그들은 쉬지 않고 기도와 애끓는 간구를 통해 적그리스도의 기만과 전횡으로부터 그 비참한 사람들을 구해 주시고, 그들이 그의 아들 예수 그리스도에게 견고하게 속할 수 있게 해 주실 것을 거룩하신 주재(主宰)에게 호소해 왔기 때문이다.

셋째, 가톨릭교회가 주도권을 가지고 있는 여러 지역에서조차 그들은 그 신자들에게 친절하고 온화한 태도로 대하는 한편, 양심에 어긋나게 권력을 휘두르거나, 신앙의 본질에서 벗어난 전혀 새로운 예배 형식을 일방적으로 강요한 적이 없으며, 오히려 그 신자들이 개별적으로 하나님께 충성하고 예배하는 것을 허용해 왔기 때문이다.

프로테스탄트 신자들은 오직 성령의 검을 사용해 모든 이단과 우상숭배를 궤멸한 후 육체로부터 해방되는 날이, 심지어 지상에 사는 동안에도 사람들이 영원한 구원을 얻을 수 있도록 여호와의 날이 오기까지 힘쓸 것이다. 로마가톨릭교회 신자들이 대중 집회를 하지 못하게 막는다거나, 개혁교회의 설교를 들을 경우 금전적인 벌금이나 과징금을 강제로 부과하는 일에 대해 개혁교회 측은 참된 사랑의 의무를 다하고 있다는 것을 입증할 수 있는 방식으로 대응할 수 있을 것이다.

또한 개혁교회 측은 말하기를 천주교회가 자신들과 그 자녀들에 대해 끝없이 늘어놓는 불평, 특히 너무 엄격하고 심지어는 잔혹하리만큼 강요하는 것은 부분적으로 그들 자신의 결함으로 인해, 또는 부분적으로 물려받은 과거의 본보기를 따르기 때문인데, 실제로 대부분의 경우 바로 그들 자신이 범인이라고 말할 수 있고, 군부(軍府)에서나 볼 수 있는 과격하고 방종한 행동을 통해, 아니면 종교와 무관하게 그들이 국가나 공동체의 이익에 반하는 위법 행위를 행함으로써 신자들에게 잘못 부과한 것이다. 그러므로 믿음과 예배에 관한 문제 때문이 아니고 사랑과도 무관한 일로, 로마가톨릭교회가 그리스도에게 속해 있다는 믿음을 저버리지 않는 한 개혁교회가 로마교회로부터 탈퇴한 것이 사실이지만, 로마교회가 그리스도에게 대적하는 한 우리가 그들로부터 분리된 상태에 있는 것에 대해 오히려 기뻐하고 영광을 돌릴 만한 일이라는 결론을 내려야 할 것이다.

15) 이제 우리가 제시한 명제의 후반부를 고찰해야 한다. 그것은 다음과 같다. "개혁교회가 신앙과 예배에 대해 로마교회와 연합 관계를 유지하고 실천하기를 거부한 것은 올바른 결정이다." 이 명제는 선행하는 논증으로부터 일반적으로 추론할 수 있다. 하지만 개혁교회의 판단에 따르면 신앙과 예배의 부패 상태가 로마교회의 어떤 부분에서 명확히 드러날 수 있을지를 여기서 특별히 연역할 수 있다. 개혁교회 측이 거부하게 된 주요 원인

은 세 가지다. 다양한 이단적인 교리, 각양각색의 우상숭배, 로마교회에 의해 승인되고 시행되는 엄청난 전횡적 체제가 그것이다.

첫째, 우리는 이단적 교리부터 다룰 것이지만 전체를 일일이 열거하는 것은 지루한 일이 될 것이므로 매우 간명한 방식으로 설명할 것이다. 돌발적인 항목은 단 하나도 없지만 우선 다음과 같은 주장은 신앙의 근본 원리와 직접적으로 대립한다. "구약과 신약 정경(正經)에 기록된 것 외에도 다른 하나님의 말씀이 존재하고, 그것은 진리를 확립하고 오류를 논박할 수 있는 동일한 힘과 필연성을 지닌다." 여기에 "하나님의 말씀은 우리의 거룩한 어머니, 즉 교회—로마가톨릭교회—가 제시하는 의미에 따라 이해되어야 한다"라는 문장이 덧붙는다. 그러나 그 '의미'라는 것은 로마가톨릭교회가 자신들의 옛 불가타 라틴어 성경[79]에 의해, 자신들의 고백과 요리문답과 교령들에 의해 현 시점에서 대두되는 필요나 주도적 견해에 맞추어 가장 잘 수용될 수 있는 방식으로 설명하는 것을 뜻한다. 바로 이것이 적그리스도 왕국의 초석으로서, 먼저 선지자들의 글에서, 그다음으로 사도들의 문서를 통해 닦여진 그리스도 왕국의 초석인 불변하는 진리와 가르침의 완전성에 정면으로 적대하는 것이다.

16) 그뿐만 아니라 우리는 또 하나의 이단 교리를 지목하려 하는데, 이 또한 신앙의 원리에 배치되는 것이다. 그 교리에 의해 로마교황은 왕, 머

⁚
79) 불가타 라틴어 성경은 로마교회 대주교였던 다마소 1세의 명령을 따라 히에로니무스(성 제롬)가 382년부터 406년까지 신약성경을 코이네 그리스어에서 라틴어로, 구약성경의 경우에는 히브리어 성경을 헬라어로 옮긴 『70인역』에서 라틴어로 번역한 성경이다. 13세기 이후 널리 쓰이는 번역본이라는 의미에서 'versio vulgata'라는 이름으로 불렸으며, 이를 줄여 '불가타판'이라 한다. 종교개혁 이후 1546년 반종교개혁 공의회인 트리엔트 공의회에서 천주교회는 불가타판 번역을 공식적인 성경으로 재확인했다.

리, 남편, 보편교회 감독, 지상의 모든 교회들의 목자로 인정되는데, 즉 그는 진리에 관한 모든 지식을 가슴에 담고 성령으로부터 끊임없이 도움을 얻기 때문에 믿음과 예배에 관한 일에서 무엇을 선언하든지 결코 오류도 범할 수 없는 인물로 확정된다. "신령한 사람은 모든 것을 판단하나, 자기는 아무에게서도 판단을 받지 않습니다"(고전 2:15)라는 말씀은 바로 그를 지시하는 것으로 간주된다. 그러므로 그리스도를 믿는 모든 신자는 구원을 얻기 위해 하나님과 그리스도 자신의 말씀 못지않게 반드시 그가 내리는 법령과 명령에 복종해야 하고, 모든 그리스도인은 그것에 동의해야 하며, 또한 순전한 믿음과 무조건적 복종으로 따라야 한다. 이것은 적그리스도 왕국의 둘째 초석에 해당하고, 하나님께서 그리스도를 그의 아들, 왕, 그의 교회의 남편, 머리, 목자장, 유일한 선생으로 세우실 때 닦아 놓으신 그리스도 왕국의 둘째 초석에 정면으로 적대한다.

17) 특수한 이단 교리와, 믿음의 특정 조항을 위반하는 것은 주로 그리스도 안에서 우리에게 수여하신 하나님의 은혜에 관한 것이거나, 하나님과 그리스도에 대한 우리의 의무에 관한 것이다. 은혜에 관한 교리 가운데 그리스도와 그의 직무, 그가 주시는 혜택 또는 은혜를 보증하는 증거를 전복하는 것이 있다.

그리스도 자신에 관해 범하는 오류는 빵과 포도주가 실제로 주님의 살과 피로 본질이 변화된다[80]고 설명하는 것인데, 이것은 동일한 인격체가

∴

80) 루터파와 가톨릭교회는 성찬 예식에서 떡과 포도주를 먹고 마시는 순간 그 물질적 본질이 변하여 그리스도의 몸과 피로 변화한다는 화체설을 따른다. 반면 일반적으로 개혁교회에서는 단순한 상징이나 믿음의 징표(상징설)로, 또는 그리스도가 빵과 포도주와 함께 임재(공재설)한다고 본다. 이 같은 해석의 차이로 루터파는 개혁주의와 거리를 두게 되었다.

여러 다른 장소에 현전하는 문제와 연결된다.

그리스도의 제사장 직분을 그리스도의 성체 봉헌과 연관 지을 때 난점이 발생하는데, 무엇보다도 그것을 전술한 본질 변화 교리 위에 정초시키고, 그 결과 그들의 미사는 곧 제사가 되고, 이외에도 산적한 이단적 교리가 있다. ① 우리 주님의 몸과 피는 실제로 제물로서 봉헌되었다. ② 그의 몸은 참되고 유일한 속죄소다. ③ 죄에 대해 피 흘림 없는 처벌과 대속은 살아 있는 자들뿐만 아니라 죽은 자들에도 적용된다. 이것과 연결된 것, 또는 그것의 토대 역할을 하는 것은 연옥이며, 모든 문제가 그것에 달려 있다. ④ 미사 형태로 드리는 봉헌 제사를 통해 우리 주님의 살과 피는 매일 열 번 아니라 백 번, 또는 천 번이라도 바쳐야 한다. ⑤ 제사장은 그 자신이 범죄를 저지른 인간이다. ⑥ 제사장은 자기의 기도에 의해 하나님께로부터 사람들을 용납할 수 있는 은혜를 얻는다.

마찬가지로 중보자 역할과 관련하여 그리스도의 제사장 직분에 부합하지 않는 이단적 교리가 있다. 그중 하나는 마리아, 천사들, 죽은 성도들이 중재인이나 중보자로 세워질 때, 그들은 자기의 기도를 통해, 그뿐만 아니라 자신의 공적에 의해서도 중요한 결과를 거둘 수 있다. 로마가톨릭교회는 그 중보자들이 바로 축복의 분배자이며 공여자라고 믿는데, 이것은 그리스도의 왕권에 대적하는 죄다.

은혜에 관한 이단적 교리는 그 자체로 칭의와 성화의 혜택에 배치된다. ① 칭의에 관해 그 효력이 믿음과 행위 모두에 적용될 수 있다고 한다. 다음에서도 똑같은 경향성이 관찰된다. "성도들의 선한 행위는 현세의 삶의 정황에 대한 하나님의 율법을 충분히 만족시키고, 참으로 영생에 이르게 하며, 일시적 형벌, 모든 형벌과 죄책 자체를 실제로 보속할 수 있고, 죄와 위반을 모두 보상한다. 그뿐만 아니라 어떤 성도들의 선한 행위는 비할 데 없이 탁월하기 때문에 자기에게 부과된 의무의 수준을 넘어서는 일을 할 때 그들의 (잉여적인) 선한 행위는 다른 사람의 구원을 위해 쓰일 수 있는 공적으로 인정된다. 끝으로 죄를 위한 대속 행위를 담당하는 사람들은 속죄 사역에 관한 한 그리스도 예수에 비견될 수 있다." ② 가톨릭교회는 성화에 대해서도 이단적이다. 그들은 하나님의 은혜를 받지 못한 자연인에게 하나님께 감사하게도, 그리고 같은 이치에 따라 훨씬 고차적인 은사도 받을 만한 예비 단계에 속한 행위를 인정한다.

전술된 그 행위는 여러 가지 면에서 은혜의 증거나 표식으로 볼 수 없다. 그런 증표의 수를 늘리고 여러 가지를 첨가함으로써 그들은 세례를 오염시키며, 세례 과정의 후반부에서 주의 만찬을 중단하고(즉 잔을 마시지 않는다), 그런 식으로 세례를 지극히 개인적인 미사로 탈바꿈했다. 예배에 관해서도 그들은 하나님과 그리스도에 대한 우리의 의무를 저버리고, 오히려 아버지와 아들을 우상숭배의 대상으로 만드는데, 그러한 이단적 교리는 바로 개혁교회들이 연합 관계를 거부할 수밖에 없게 만들었던 둘째 원인으로 보는 것이 타당할 것이다(논제 15).

18) 우리가 방금 언급한 둘째 원인은 로마교회에서 번성하고 있는 각종 우상숭배에서 확인된다. 경배해서는 안 된다고 명령한 것을 오히려 예배와 경배와 기도의 대상으로 삼음으로써 첫째 계명을 어긴 것이 첫 번째 종류의 우상숭배다. 경배의 대상을 우상으로 만들어 그 앞에 경배함으로써, 경배한 것이 그 대상 자체이건 아니건, 둘째 계명을 어기는 두 번째 종류의 우상숭배가 모두 해당한다.

로마교회는 유정물과 무정물 모두에 대해 첫 번째 종류의 우상숭배를 범한다. 유정물, 즉 천사들, 동정녀 마리아, 죽은 성도들 등과 관련하여 그들의 이름으로 교회를 짓고, 제단을 세우며, 특정한 종교의식과 전례를 거행하고, 의식을 거행할 남녀들의 그룹을 임명하며, 정기적으로 지켜야 할 축일 날짜를 정하고, 그날들을 기도의 필수 목록에 넣으며, 성인(聖人)들에게 선물과 제물을 바치고, 그들로 하여금 지역이나 도시, 마음, 거리, 가가호호를 수호하면서 어떤 은사를 나누어 주고, 질병을 고치며, 악한 것을 불러들일 뿐만 아니라 제거할 수 있게 하고, 끝으로 그들의 이름으로 맹세하는 일을 허용한다. 또한 로마교회는 교황에게 여러 호칭과 권력을 부여하고, 오직 그리스도만 할 수 있는 행위를 그에게 귀속함으로써, 나아가 오직 그리스도와 그의 영에 속한 일에 대해 문의할 수 있게 허용함으로써 그 자신을 우상으로서 숭배한다. 무정물과 관련한 것으로는 십자가와 우리 주님의 만찬, 실제로 존재하는 것이건 순전한 거짓말이거나 허구에 불과한 것이건 성자들의 유골이 있다.

두 번째 종류의 우상 숭배는 교황주의자들이 하나님, 그리스도, 천사들, 동정녀 마리아, 다른 성자들의 이미지를 만들어 숭앙하는 것, 그러한 이미지에 영광을 돌리고 예배하는 것, 그 형상을 아름다운 옷, 금과 은, 보석으로 장식하고 그들에게 교회 안에서 높은 지위를 부여하고 제단 위에 올려놓으며, 그것들을 어깨에 메고 거리 행진을 하고, 그들에게 머리를 숙이고 입을 맞추며, 그 앞에 무릎을 꿇고, 끝으로 그들에게 기도하거나 적어도 마치 그 자리에 실제로 임재하는 권능이나 신성을 대하듯이 그 앞에서 소리 내어 기도하는 관행을 들 수 있다.

우리는 여기서 예배가 최상의 종교적 경배인 라트리아(latria), 낮은 등급의 예배인 둘레이아(douleia), 라트리아와 둘리아 사이의 중간급에 해당하는 우페르둘레이아(uperdouleia)로 구분된 것을 지적하려 한다. 권능에서 최상급과 종속적이거나 기능적인 등급으로 나누고, 어떤 것의 표상에 대해서는 한편으로 하나님과 그리스도를 지시하는 모종의 이미지나 조각상으로 간주하며 거행되는 경배가 있고, 다른 한편으로 하나님과 그리스도를 지시하는 것이 아니라 이미지 자체에 대해 수행되는 경배를 나누는 것이다. 우리는 이 구별과 본질 변화 교리가 단지 가공의 산물에 불과하다고 주장하는데, 대부분의 예배자들은 그것을 제대로 인식하지 못하거나 자신들이 하고 있는 것이 예배라는 사실을 인식하지 못한다. 그 구별은 사실과 완전히 반대되는 단언을 포함한다. 이 둘째 원인은 그 자체로 우리의 논제를 입증하기에 충분하다.

19) 셋째 원인은 로마교회가 그들의 이단 교리에 동의하거나 우상숭배적 행태를 인정하라는 요구를 양심적으로 거부하는 사람들의 권리를 박탈하고 가혹하게 다루며, 계속해서 로마교황과 교황청의 지시에 따라 행하는 전횡적 행위다. 개혁교회가 로마교회와 믿음과 예배를 함께 나누기를 거부한 것은 매우 올바른 것이다. 왜냐하면 주님의 말씀에 대해 증언하고 "어린 양이 흘리신 피에 자기들의 두루마기를 빨아서 희게 하였던"(계 7:14) 많은 성도들과 그리스도에게 신실한 순교자들의 피가 자신들의 머리로 돌려지는 일이 없도록 그들은 자신들이 그러한 불의한 죄악에 연루되거나 휘말리지 않을까 염려했기 때문이다. 그러한 고백이 극심한 핍박을 공공연히 인가하는 것으로 보이기에 충분했을 것이라는 점 외에도(특히 그들이 이전에 로마교회에 저항했던 일이 없다면 물론 그 점을 로마교황은 결코 시인하지 않겠지만), 교황주의자들의 가르침 자체도 로마교회가 이방인으로 취급했던 사람들의 동의를 받아 세속 사회의 권력에 의해 처벌을 제도화했을 것이다. 따라서 다른 점들에 관해 교황청의 교의를 옹호하는 사람들조차 만일 그들이 이방인들에 대한 교황청의 처사에 격앙하지 않았다면 오히려 정

부 정책 아래 눌려 지내는 사람들, 미온적인 인간이라는 비방을 받았을 것이고, 심지어 무신론자라는 불명예스러운 이름까지 얻었을 것이다. 내가 모든 왕들과 군주들과 공동체가 진지하게 고찰하기를 바라는 것은 적어도 이 점에서 그들이 교황과 로마교황청과의 우호적 관계에서 이탈했다는 사실을 항변하는 것이다. 그뿐 아니라 이 같은 폭정에 의한 만행은 그 자체로 마음속으로 "주인이 더디 오리라"라고 말하면서 먹고 마시기 시작하고, 술 취하여 동료 일꾼들을 마구 때리는 악한 종이 바로 이 로마교황이라는 것을 명백히 증언한다(눅 12:45).

우상숭배에 관하여

– 응답자: 야페트 비헤리위스

1) 이제까지 늘 그러했고 지금도 계속되는 마귀적인 패악의 으뜸가는 기획은 사람들이 마귀 자신을 신으로 여기고 경배하는 것이다. 그것만큼 참되신 하나님께 더 책망받을 만한 모독적인 일은 찾을 수 없을 것이다. 또는 하나님에 대한 사고나 언급이 완전히 제거되어 완전한 무신론이 세상을 지배하는 것과, 양심이 사라져 버린 후 사람들이 각종 파렴치한 불의를 일삼게 되는 것이다.

그러나 사람들의 마음에 깊이 각인된 선하신 하나님의 개념으로 인해 그런 결과를 얻을 수 없으므로, 더욱이 어떤 우상도 만들지 말고 오직 하나님 한 분만을 참되게 알고 경배하는 것을 참되신 하나님이 원하신다는 것(출 20:3~5; 신 32:17; 고전 10:20)을 잘 알기 때문에 마귀는 사람들을 설득하여 그들이 머리에서 구상한 파편이나 모종의 창작물을 하나님처럼 생각하고 경배하도록, 또는 적어도 하나님을 이미지를 통해 경배하게 만들려고 애쓴다. 이전 시대에 마귀는 그런 시도를 통해 큰 성공을 거두었다. 그러나 오늘날에는 그런 것이 완전히 무용지물이라고 하나님께 하소연할 판이다!

그렇다면 우리는 우상숭배에 관해 어떤 교훈을 제시하려고 애쓸 필요도 없이 우상숭배란 무엇이고, 고대에 유대인들과 이방인들 사이에서 어떤 유형의 이론이 주도적이었는지 알아보기 위해 대담하게 그것을 우리의 주제로 다룰 수 있을 것이다. 그러나 안타깝게도 이 패악의 요소는 그리스도교 자체 안에 멀리까지 넓게 뿌리를 내리고 있다. 그러므로 우리는 과연 우상숭배가 무엇인지 정확히 알고, 그것으로부터 우리 자신을 보호할 수 있는 경고와 간언을 제시하기 위해 다음 논제를 통해 이 주제를 간략하게나마 고찰하고자 한다.

2) 먼저 '우상(idol)'의 어원인 '에이돌론[81]'은 단지 마음으로 그려 보는 것이든지 손으로 만든 것이든지, 한 번도 존재한 일이 없는 것이든지 실제로 존재하는 것이든지 일반적으로 어떤 표상이나 이미지를 지시한다. 하지만 성경의 어법과 성경 기자들의 용례에 따르면 에이돌론은 다음과 같은 것을 의미한다. ① 참된 것이든지 거짓된 것이든지 신을 표상하고 숭배하려는 목적으로 만들어진 형상(image). ② 인간의 머리에서 나온 순수한 허구이거나, 하나님의 피조물들 가운데 존재하는 어떤 것. 따라서 그것은 절대

∙∙

81) '우상'으로 번역되는 에이돌론(Ειδωλον)은 '보이는 것, 외모, 인물 형태, 형상, 외견'의 의미를 가진 에이도스(ειδως)의 파생어로, '경배를 위한 형상, 이방신의 조상(彫像), 숭배, 우상'이라는 뜻을 가지고 있다. 이데아(ιδέα)는 초월적 형상인 반면, 에이도스는 사물들에 내재하는 형상이므로 감각되거나 경험될 수 있다. 본디 에이도스가 '보다, 쳐다보다, 느끼다'라는 뜻을 가진 에이도(ειδω)의 파생어이기 때문이다.

적 본질에서 실재적(real)인데, 왜냐하면 그것은 실재하는 사물이기 때문이다. 그러나 상대적 본질에 관해서는 거짓된(false) 것인데, 왜냐하면 그것은 신이 아니면서도 신인 체하고, 마치 신인 것처럼 설명되기 때문이다(출 20:4; 행 7:41; 시 115:4~8; 요일 5:21; 고전 8:4; 살전 1:9; 골 3:5; 신 6:13; 13:6; 마 4:10; 신 5:6~9).

우상숭배를 뜻하는 '라뜨레인[82]'이라는 낱말은 일반적인 용례에 따르면 '제사하다', '경배하다'를 뜻하고, 히브리어로 '카바'는 '기다리다'를 뜻한다. 그러나 성경에서, 그리고 교회의 저자들 사이에서 그 낱말은 특이하게도 종교적 예배와 봉사(그것을 수행하는 행위)를 가리키는 것으로 사용된다. 즉 하나님에게 사랑을 표현하고, 영광을 돌리며, 그를 경외하고, 그에게 소망과 확신을 두는 것, 그에게 간구하는 것, 받은 혜택에 대해 그에게 감사하는 것, 그의 명령에 무조건적으로 순종하는 것, 여호와의 이름으로 맹세하는 것 등이다(말 1:6; 시 37:3; 1:15; 신 6:13).

3) 그러므로 우상숭배는 그 낱말의 어원을 따라 '우상에게 바치는 제사'를 뜻하지만, 객관적 사실의 관점에서 그것은 마음이 잘못 내린 판단에 의해 신이 아닌 것을 신으로 숭배하는 것을 가리키거나, 단순히 제사 행위를 수행하는 것을 가리킬 수 있다. 즉 제사를 드리는 사람이 우상이 하나님이 아니라는 것을 알면서도 자신이 그것을 하나님으로 인식하지 않는다는 사실에 저항하는 것인데, 왜냐하면 그 저항은 사실에 대립하는 것을 내포하기 때문이다(사 42:8; 갈 4:8; 출 32:4, 5). 이것을 증명하는 사례로 배(腹), 욕

⁞

82) 아르미니우스가 본문에서 사용한 낱말은 '라트레에인'이지만, 그 어원은 '제사하다, 봉헌하다' 등의 뜻을 가진 '라트레워(λατρεύω)'다.

심, 우상을 어떤 사람들은 신처럼 섬긴다고 여러 번이나 언급되었고, 탐욕스러운 사람들을 '우상숭배자'로 부르기도 한다(빌 3:19; 골 3:5; 엡 5:5). 그러나 그런 견해나 지식을 가지고 있다는 사실이(그 사람이 우상을 하나님으로 인식하지 않는다는 사실) 우상에게 경배하고, 기원하며, 그 앞에 무릎을 꿇는 우상숭배로부터, 즉 그가 실제로 우상에게 기도하고, 섬기고, 무릎을 꿇는 그런 정황으로부터 자유를 얻게 하기보다 오히려 그는 자신이 신이라고 여기지 않는 것을 신처럼 받들고 있다고 말하는 것이 정확하다(고전 10:19, 20). 이것은 숲의 나무로 벽난로와 오븐에 불을 붙이고, 다른 나무로 신상을 만들고 나서 "나의 신이여, 나를 구원하여 주십시오"(사 44:15, 17)라고, 그리고 돌에게 "나의 어머니"(렘 2:27)라고 외치는 것이나 마찬가지다.

4) 또한 우상숭배에는 두 종류가 있다. 하나는 신이 아닌 것이 신으로 인식되고 섬김을 받는 경우다(출 20:3~5). 다른 하나는 실제로 신으로 여기거나 그렇지 않을 수도 있는 것이 물질적 형상으로 만들어져 형상 자체에 대해 또는 어떤 것의 형상으로서 섬기는 경우다. 전자는 제1계명에 엄하게 금지되어 있다. "내 앞에서" 또는 "나 외에" "다른 신들을 섬기지 못한다." 후자는 제2계명에서 금지된다. "너희는 너희가 섬기려고 위로 하늘에 있는 것이나, 아래로 땅에 있는 것이나, 땅 아래 물속에 있는 어떤 것이든지 그 모양을 본떠서 우상을 만들지 못한다. 너희는 그것들에게 절하거나, 그것들을 섬기지 못한다."(출 20:3~5; 고전 10:7).

이로부터 우상숭배가 다른 관점에서 세 가지 다른 방식으로 고려되고 있음이 분명해진다. 첫째 방식은 참되신 하나님을 형상을 통해 섬기는 경우다. 둘째 방식은 거짓된 신을 섬기는 것이다. 두 방식을 모두 포함하는 셋째 방식은 거짓된 신을 형상을 통해 섬기는 것이다.

첫째 방식은 둘째 방식보다 조금 덜 심각한 죄처럼 기술되어 있다. "그는 느밧의 아들 여로보암의 죄를 따라가는 정도가 아니라, 오히려 더 앞질렀다"라고 아합왕에 대해 언급한 곳에서 여로보암이 송아지 형상을 만들어 여호와께 경배하고, 백성들에게도 똑같이 행하도록 가르쳤으나, 아합은 "더 나아가서 바알을 섬기고 예배했다"(왕상16:31)라고 지적한다. 셋째 방식이 가장 나쁜 것으로서, 그것은 이중의 거짓, 즉 예배의 대상이 될 수 없는 거짓된 신과, 전혀 모방될 수 없는 하나님을 형상화하기 때문이다(사 40:19, 20; 렘 10:14). 바아로(Varro)의 관찰에 따르면 이런 양태 중 마지막 유형에 의해 하나님에 대한 경외심이 완전히 사라지고, 따라서 인간들은 더 많은 오류를 범한다.

5) 이스라엘 민족에게 전달된 "여호와 외에 다른 신을 두어서는 안 된다"라는 금지 명령에서 (히브리어) 성경은 세 가지 낱말로 "다른 신"을 표현한다. 그 첫째는 아헤르(출 20:3), 둘째는 엘 네카르, 셋째는 엘 자르(시 81:9)이다. 첫째 낱말은 일반적으로 '임의의 어떤 신'을, 둘째는 '이상한 신'을, 셋째는 '이상한 이방신'을 가리킨다. 그러나 이 낱말들은 서로 심하게 반대되지 않고, 병용되는 일이 드물지 않았으며, 참된 신이 아닌 신을 가리킬 때도 특별한 구별 없이 사용되었다. 성경에서는 서로 간의 차이를 대조함으로써 '다른 신'의 세 가지 차이를 강조하는 듯하다. 다른 신들은 최초의 숭배자들에 의해 창안되었거나, 조상들로부터 물려받았거나, 다른 나라에서 영입된 것일 수 있기 때문이다(신 31:16, 17). 이 중에서 다른 신의 마지막 유형은 어떤 필요에 의해 어쩔 수 없이 유입되었던 것으로 보이는데, 이에 대해 다윗은 크게 불만을 토로했다. "임금님을 충동하여 나를 치도록 시키신 분이 주님이시면 나는 기꺼이 희생제물이 되겠습니다. 그러나

임금님을 충동하여 나를 치도록 시킨 것이 사람이면 그들이 주님에게서 저주를 받기를 바랍니다. 주님께서 유산으로 주신 땅에서 내가 받을 몫을 받지 못하도록 하고, 나더러 멀리 떠나가서 다른 신들이나 섬기라고 하면서 나를 쫓아낸 자들이 바로 그들이기 때문입니다."(삼상 26:19)

또는 설득에 의해 다른 신이 영입되었을 수도 있다. 자기들이 섬기던 신을 섬기도록 아내들에게 설득되었던 솔로몬의 경우가 그러하다(왕상 11:4, 5).

또는 단순한 의지적 선택에 의한 것일 수도 있다. 그 예로 아마샤는 에돔 사람들을 학살하고 돌아올 때, 세일 자손의 신상들을 가져와서 자기의 신으로 모시고, 그것들 앞에 경배하며 분향했다(대하 25:14).

이런 식으로 차등을 두어 성경은 더 중한 위반과 더 가벼운 위반을 구별한다. 여로보암이 이스라엘 자손으로 하여금 죄를 짓게 하고 우상숭배의 범죄를 선동했던 일로 빈번히 비난받았고(왕상 12:30; 14:16), 이스라엘 자손에 대해 "그들은 이방 신을 섬겨서 주님께서 질투하시게 하였으며, 너희가 알지도 못하는 신들, 새롭게 나타난 새 신들, 너희 조상이 섬기지 않던 신들이다"(신 32:16)라고 종종 지적되었는데, 이것은 새로운 신을 발명하거나 가공하는 것은 조상에게서 물려받은 '다른 신'을 섬기는 일보다 더 중대한 범죄로 다루고 있음을 보여 준다. 그리고 이방 나라에서 신들을 들여와서 섬기고, 여호와보다 그 신들을 더 좋아하고 이방 나라의 종교를 여호와의 법보다 더 사랑한 것은 여호와께 모욕과 질책거리가 되기 때문에 이 범죄는 다른 어떤 죄보다 비교할 수 없을 정도로 개탄스러운 것으로 평가받았다(렘 2:11, 13).

6) 어떤 상(像)이든지 신으로 경배하는 일을 금지하는 둘째 계명을 선포함으로써 성경은 인간의 마음이 어떤 피난처나 숨을 곳을 찾아낼 가능성

을 방지하기 위해 매우 엄중하게 경고한다. 이 주제에 대해 성경에는 금이 나 은, 진귀한 보석으로, 결국 어떤 금속으로도 물론이고 나무나 돌로 우 상을 만들어서는 안 된다고 구체적으로 명시되어 있다(출 20:23; 사 44:12, 13; 렘 2:27). 우상이 표상하는 대상에 대해 성경은 살아 있는 어떤 피조 물이든지, 하늘을 나는 어느 것이든지, 해와 달이나 별들, 땅 위나 땅 아 래 어떤 것이든지, 사람이나 네 발로 다니는 것, 날아다니는 것, 물고기나 뱀, 또는 전혀 존재하지 않는 어떤 것이든지 포괄적으로 지시한다. 그러나 인간 마음의 광기와 허영은 상이한 형태를 조합하여 인간의 상반신과 황 소의 하반신을 갖거나, 황소의 상반신과 인간의 하반신을 가진 것, 또는 아름다운 여성의 상반신에다 물고기 꼬리가 달린 하반신을 가진 괴물들 을 만들어 내기도 한다. 성경은 그런 식으로 조합한 것이든지, 칼로 깎거 나 그림으로 그린 것이든지 어떤 방식으로도 우상 만드는 일을 금한다(렘 10:3, 9, 14; 겔 8:10, 11). 성경은 "너희는 어떤 것이든지, 그 모양을 본떠서 우상을 만들지 못한다"라는 보편명제를 제시하기 때문이다. 이어서 성경 은 각종 재료와 온갖 유형의 제작 방식까지 일반화하여 금지하는 정당한 이유를 덧붙인다. "주님께서 호렙산 불길 속에서 당신들에게 말씀하시던 날, 당신들은 아무 형상도 보지 못했다는 사실을 깊이 명심하십시오. 남자 의 형상이든지, 여자의 형상이든지, 당신들 스스로가 어떤 형상이라도 본 떠서 새긴 우상을 만들지 않도록 하십시오. 우상을 만드는 것은 스스로 부 패하는 것입니다."(신 4:15~19)

7) 그러나 예배의 양태와 동반되는 행위에 관해 하나님이 '미워하시는 것'으로 성경에 뚜렷이 명시되지 않은 경우에도 무엇인가를 가공하거나 발 명하여 만든 우상 앞에(즉 거짓된 신 자체이거나 거짓된 신의 형상, 또는 심지어

참된 하나님을 형상화한 것일지라도) 제물로 바칠 수 있는 것은 아예 없으므로 누구든지 자기의 무지를 핑계 삼을 수 없다. 그것은 성경에서 우상에게 바치는 영광이나 제사를 일절 금지하기 때문이다. 예컨대 신전이나 높은 곳에 제단을 만드는 것, 제사하기 위해 작은 숲을 조성하는 것, 제단 위에 우상을 놓는 것, 제물이나 향로를 바치는 것, 우상에게 제물로 바친 것을 먹는 것, 우상 앞에 무릎을 꿇는 것, 우상에게 입을 맞추는 것, 우상을 어깨에 메는 것 등을 모두 금한다(출 20:5; 왕상 11:7; 12:31~33; 왕하 17:35; 겔 8:11; 민 25:2; 왕상 19:18; 사 45:20; 렘 10:5). 또한 성경은 우상에게 소망을 두고 의지하지 말 것, 우상에게 간구나 기도나 감사를 드리지 말 것, 사람들이 우상을 경외하거나 그들의 이름으로 맹세하지 말 것을 명령하는데, 왜냐하면 우상은 어떤 식으로도 위해를 가할 힘이 없기 때문이다(시 115:8; 렘 5:7). 성경에서 사람들이 우상에게 복종하는 것을 허용하지 않는 것은 조각된 상이 거짓말과 허영의 교사이며(렘 2:5~8, 20; 11:8~13), 거짓된 신들은 인공적으로 만든 것이든 그런 것이 아니든 하나님에 대해서나 인간에 대해 본성적으로 극도로 혐오스러운 일을 사람들에게 요구하는 일이 많기 때문이다(레 18:21).

8) 그럼에도 인간의 마음은 그럴듯한 구실을 궁리하거나 지어 내는 성향을 가지고 있는 데다 그런 일에 매우 뛰어나다. 심지어 우상숭배의 죄를 합리화하는 데 특별히 탁월하고, 신에게 영광을 돌리려 한다는 선한 의도를 구실로 내세워 실제로는 복을 빌고자 하는 마음이 간절할 뿐이므로(즉 마음의 경향성) 사람이 거짓 신을 경배하거나 우상을 만들어 하나님께 예배하는 것을 한데 묶어서 그것을 전혀 예배하지 않는 것, 또는 인류가 보편적으로 추구하는 공정성과 선의 규칙을 위반하는 범죄와 똑같이 다루는

것은 양심에 비추어 정당하지 않다. 그러므로 우리는 궁극적으로 하나님 앞에 떳떳이 설 수 있거나 엎드러질 수밖에 없는 순간이 올 때, 그가 어떻게 판결하실 것인지를 숙고해야 할 것이다. 아론이 여호와를 표상하는 송아지 형상을 만들었고 여로보암이 헛된 우상을 만들었던 것처럼 어떤 상을 만들어서 참되신 하나님을 예배하는 사례부터 고찰해 보기로 하자(출 32:4; 왕상 12:28).

하나님은 이런 일을 어떻게 판단하시는지 그의 말씀과 행위에 의해 밝히신다. 첫째, 우상을 만드는 일과 그 앞에 경배하는 것에 관해 말씀 선포에 의해 그의 생각을 보여 주신다. 우상을 만드는 것은 "썩지 않는 하나님의 영광을, 썩어 없어질 사람이나 새나 네 발 짐승이나 기어다니는 동물의 형상으로 바꾸어 놓는"(시 104:20; 롬 1:23) 것이다. 그러나 제사는 사람들이 형상에 의해 표상하는 하나님께 드리는 것이 아니라, 실제로는 송아지 상 자체와 그들이 만든 그 우상에게 드린 것이다(왕상 12:32). 하나님은 다음과 같이 말씀하신다. "그들은 내가 그들에게 명한 길을 이렇게 빨리 벗어나서 그들 스스로 수송아지 모양을 만들어 놓고서 절하고 제사를 드렸다."(출 32:8) 그리고 스데반도 이렇게 말했다. "그때에 그들은 송아지를 만들어 놓고서 그 우상에게 희생 제물을 바치고, 자기들의 손으로 만든 것을 두고 즐거워하였습니다."(행 7:41) 그렇기 때문에 스데반은 그것들을 "금과 은으로 만든 신", "다른 신들과 부어 만든 신"이라고 불렀다(출 32:31; 왕상 14:9).

또한 하나님은 우상숭배에 대한 심판을 행동으로 실행하셨다. 그는 심판을 행동으로 나타내셨을 뿐만 아니라 경고의 말씀을 선포하셨다. 아론이 만든 금송아지에게 절한 사람들과, 여로보암과 그의 자손을 멸망으로 심판할 것이고(대하 13:15-20), 이스라엘 백성 수천 명을 죽일 것이라고 말씀하셨다(출 32:28). 그와 동시에 눈이 멀게 될 것 같은 다른 무서운 심판을 내리고, "사람들을 타락한 마음자리에 내버려두셔서 해서는 안 될 일을 하도록 놓아두심으로써"(롬 1:24~28) 유사한 죄를 지은 사람들을 징계하실 것이라고 선언하신다.

9) 지금까지 참되신 하나님께 제사하려는 의도에서 저지르는 우상숭배의 유형에 관해 내리시는 하나님의 심판에 대해 살펴보았다. 이제부터 참되신 하나님이 아닌 어떤 것, 그럼에도 숭배자들에게 신처럼 떠받들어지는 것에게, 즉 예컨대 몰록이나 바알에게, 또는 그모스나 바알브올에게, 그 밖의 유사한 여러 신들에게 제사하는 것에 대한 하나님의 심판이 얼마나 통렬한지 살펴보도록 하자(신 29:17; 32:14~17). 그런 행태에 심판이 내려질 것을 확실히 알 수 있는 하나님의 말씀과 행위에 나타나 있기 때문이다.

그 심판을 선언하는 말씀에서 두 가지 사실이 뚜렷이 지적된다. 하나는 하나님은 우상숭배 행위를 그를 저버리는 것으로, 즉 참하나님을 배반하고 다른 신과 영적으로 간음하는 부정 행위에 의해 혼인 관계를 깨뜨리고, 또한 하나님을 격동시켜 질투하게 만드는 일로 여기신다. 다른 하나는 하나님은 이 영적 간음을 마귀, 귀신과 통간하는 것으로 간주하신다.

그 점은 모세의 유명한 노래에서 지적되었다. "너희는 하나님도 아닌 신들에게 제사를 드렸다. 너희가 알지도 못하는 신들, 새롭게 나타난 새 신들, 너희 조상이 섬기지 않던 신들이다."(신 32:17) 왕이었던 시인도 이렇게 노래한다. "그들은 또한 귀신들에게 자기의 아들딸들을 제물로 바쳐서 무죄한 피를 흘렸으니, 이는 가나안의 우상들에게 제물로 바친 그들의 아들딸이 흘린 피였습니다."(시 106:37~38) 여기 언급된 것은 이스라엘 자손들이 자기 자녀들을 불 위를 걸어 몰록에게 나아가게 한 일을 가리킨다(레 18:21).

사도 바울은 이 역사적 관행을 지목하면서 이렇게 말한다. "이방 사람들이 바치는 제물은 귀신에게 바치는 것이지 하나님께 바치는 것이 아닙니다."(고전 10:20) 이 말은 어떤 귀신이 그 우상들 안에 숨어 있든지 신탁이나 응답에 의해, 또는 예언하는 시인들의 시구에 의해 공공연하게 선포되거나, 세상의 제도나 처세술을 통해 암묵적으로 시행되거나[83] 어떤 식으로든 사탄을 가리켜 '임금'이라고 부르고, 무리 가운데 그의 보좌가 있다고 말하는 불의한 사람들의 집단이 거행하는 모든 양태의 예배 의식을 포괄적으로 가리킨다(벤전 4:3; 고후 4:4; 계 2:13). 이러한 유형의 범죄에 대한 심판 선언과 모든 경고가 실제로 집행될 것이라는 점은 성경 전체를 통틀어 보편적으로 확인된다.

10) 성경의 이 같은 설명이 하나님께 드리는 엄숙한 예배를 뜻하는 '라트리아[84]'와, 교황주의자[85]들의 교회에서 거행되는 종교 의식이나 미신적

••
83) 아르노비우스(Arnobius. lib. 6). 아우구스티누스, 『하나님의 나라(*De civitate Dei contra paganos*)』, lib. 8, 23. 아르노비우스(?~330년경)는 베르베르 태생의 초기 기독교 변증학자다. 히에로니무스의 연대기에 따르면 그는 개종하기 전 아프리카 속주의 수사학자였고, 예지몽을 꾼 뒤 개종했다. 그는 자신의 기독교 신앙이 진지하다는 것을 입증하기 위해 지역 주교의 의심을 깨뜨릴 수 있는 사죄의 작품 일곱 권을 발표했고(303년경), 성 히에로니무스는 이것에 *Adversus Gentes*라는 제목을 붙였다. 현존하는 유일한 원고의 제목은 *Adversus Nationes*(9세기경)로 되어 있다.
84) 흠숭지례(欽崇之禮)로 번역되는 라트리아(Latria, λατρεία, latreia)는 로마가톨릭교회와 동방정교회에서 오직 삼위일체 하나님께만 바치는 최고의 흠모와 숭배의 예를 가리키는 말이다. 성체와 성체 조배에도 흠숭이라는 용어가 사용된다. 16세기 트리엔트 공의회에서는 성체성사 안에 그리스도가 실재적으로, 실체적으로 존재하며, 미사 중에 빵과 포도주가 실제로 그리스도의 몸과 피로 바뀐다고 가르쳤다. 교황 바오로 6세는 1965년 회칙 『신앙의 신비(*Mysterium Fidei*)』에서 그 믿음을 공식적으로 단언했다.
85) 교황주의자(Papists)는 영어로 'popery' 또는 'Papism'으로 쓰이기도 하는데, 이 용어는 프로테스탄트나 동방교회에서 로마가톨릭교회를 적대시하며 부르는 역사성과 현학성을 담은 표현이다. 이 용어가 유행하기 시작한 것은 영국 종교개혁기(1532~1559)였고, 그 시기

관행인 트레스키야[86]에 적용될 수 있다면 로마교회는 자신들의 이중적인 우상숭배(논제 4)에 대해 죄책을 면할 수 없는 것이 분명해진다. 첫째 범주에 대해 로마교회는 유죄인데, 왜냐하면 그들이 성만찬의 빵, 동정녀 마리아, 천사들과 죽은 성도들, 그리스도의 십자가와 성자들의 유물, 축성된 물건들을 위해 제사를 행하기 때문이다. 둘째 범주에 대해서도 그들은 유죄인데, 왜냐하면 그 교회 신자들은 가시적인 형상을 사용해 하나님, 그리스도, 그리스도의 십자가, 동정녀 마리아, 천사들과 성자들에게 예배하기 때문이다. 이 같은 기소 내용은 모두 입증될 것이고, 우리가 가능한 한 간명하게 그 죄목을 확정할 때, 마침내 모든 위장이 벗겨지고 숨어 있던 우상숭배자들이 밖으로 속속 기어 나올 것이다.

11) 첫째로 성만찬에 사용되는 성체[87]에 대해 "그리스도를 믿는 모든 신자들은 (로마)가톨릭교회에서 항상 사용되는 성체배수(聖體拜受) 절차를 따라 경외하는 마음으로 (참된 하나님께 마땅히 드려야 할) 라트리아 또는 최상의 예배를 드려야 한다"라고 말해진다. 이 가장 거룩한 성체는 가벼운 마음으로 경배해서는 안 될 것인데, 트렌트 공의회가 명시했듯이(13회기, 5조

.:

에 영국교회는 로마교회로부터 분리되었다. 근대 이후로 이 용어는 마치 개를 부르는 휘파람을 불러 개를 부르는 것(dog whistles) 같은 조롱을 표시하는 문학적 표현이 되었다.

86) 트레스키야(θρησκεία, threskeia)는 사도행전 26장과 골로새서 2장, 야고보서 1장 26~27절 등에 언급된 여러 신들에게 제사하는 행위를 가리킨다. 그리스에서 헬레니즘 세계에서 제신 숭배는 공공연하게 거행되고 제도로서 고착되기도 했다.

87) 성체(聖體, Sacrament of Eucharist)란 그리스도의 몸과 피가 기독교에서 성체성사(성만찬)를 통해 축성된 빵과 포도주를 가리키는 명칭이다. 정교회와 가톨릭교회에서는 성찬 중에 빵과 포도주의 실체가 변화하여, 그곳에 예수 그리스도의 인격과 신성과 인성이 실제로 (really), 실체적으로(substantially) 현존한다고 믿는다. 개신교는 일반적으로 이를 인정하지 않는다.

항) 우리가 그 성찬의 한 부분〔빵과 포도주 중에서 빵—옮긴이〕에서 해방될 때 비로소 우리 주 그리스도께서 제정하신 제도에 참여할 수 있다. 이것과 더불어 우리에게 부과된 의무의 나머지 부분〔성찬에 사용되는 포도주—옮긴이〕에서도 풀려나야 한다. 그러나 우상숭배의 죄를 범하지 않고서는 라트리아 또는 최상의 예배 의식을 진정한 의미의 유카리스트 성찬에 바칠 수 없다.

유카리스트를 사용하는 예배 자체는 합당하게 거행될 수조차 없다. 왜냐하면 본질에 관한 한 빵은 계속해서 빵으로 있을 것이고, 축성을 받은 것이라 해도 그것의 실체가 그리스도의 몸으로 바뀌는 일은 없을 것이기 때문이다. 유카리스트는 더 이상 외적 요소로 구성된 본질에 속한 성찬이 아니다. 따라서 그리스도의 몸은 새로운 다른 차원에서만 비로소 존재할 수 있다. 과거에 존재하지 않았던 것이 변화할 수는 없기 때문이다.

성체가 남용되는 의식은 유카리스트에 합당한 경배를 드릴 수 없다. 규약에 맞는 축성이 본질 변화의 효력을 발휘할(그렇게 가정될) 수 있을지도 모르지만 부적절한 축성은 결코 본질 변화를 일으킬 수 없기 때문이다. 축성할 수 있는 권한은 전적으로 하나님의 서임에 달려 있는 반면, 성찬에 경배하면서도 진실로 성찬에 참여하지 못하는 축성은 그 제도의 목적에 모순되고, 따라서 어떤 효능도 나타낼 수 없다(마 26:1; 고전 10:16; 11:25). 그러므로 로마가톨릭교회는 참하나님께만 드려야 할 라트리아 또는 최상의 경배를 오히려 유카리스트의 성찬에 바치고 있는 점에서 우상숭배의 죄를 짓는 것이다.

12) 둘째로 가톨릭교회가 동정녀 마리아와 천사들과 죽은 성자들에게 거행하는 예배에 관해 우리는 그들이 두 가지 점에서, 즉 그들에게 경배하는 행위에서, 그리고 그들에게 기도하는 행위에서 우상숭배를 범하고 있다

고 단언한다(왕상 19:18; 왕하 17:11, 16, 35).

이 대상들에게 경배할 때, 신자들은 그들 전체가 함께 또는 개별적으로 제단을 세우거나 미사 집전, 축제나 성주간(聖週間) 행사, 경야(經夜), 금식, 성화, 촛불, 제물 등을 바치거나, 분향이나 서약, 순례 여행, 궤배(跪拜) 등을 수행한다. 이런 행위 모두가 라트리아 또는 최상의 경배와, 하나님께 드리는 예배와도 연관되는데, 참하나님에게 그의 뜻을 따라 예배하는 것일 수도 있고 세속 미신을 따라 가짜 신들에게 예배하는 것일 수도 있다.

트렌트 공의회에서 선언된 것을 따라(52회기) "교황주의자들은 기원할 대상들을 불러내고, 그 성자들이 공급하는 도움과 조력을 얻어" 그들이 받은 혜택에 대해 감사하는 기도를 하는데,[88] 그 모든 대리 기원은 우상숭배적이다. 왜냐하면 그들은 천사들과 성자들에게 기도를 요청하고, 중간에서 돕는 중재인, 중보자, 후원자나 수호자로서의 역할을 의뢰하기 때문이다.

그 중보자들은 경건한 열정으로 자신들에게 의뢰하는 신자들의 기원이 이루어지기를 소망한다. 간절한 청원과 함께 그들의 중보 기도를 요청하는 사람들에게 유익을 끼치기 위해 그 중재자들은 자신들의 영광스럽고 가장 경건한 공적을 나열한다. 또 신자들은 천사와 성자들에게 자신들을 돕고 협력하는 은혜와 영광의 지원군이나 동역자, 수호자의 역할을 해 줄 것을 의뢰한다. 즉 모든 복을 넉넉하게 분배하는 공급자, 환난 가운데 후원자가 되어 주는 그 대상들에 대해 신자들은 자기의 삶, 구원, 안전, 소망, 보호, 피난처, 위안, 무엇보다도 그들의 유일한 희망이자 안전한 요새처럼 의지하는 것이다. 그러나 그 호칭들은 오직 하나님과 그리스도에게만 사용될 수 있으며, 성경의 경건한 인물들이 간구와 경배에 의해 최고의

..

88) 롬바르두스, lib. 4, dist. 25.

영예를 여호와께 돌렸을 때 그 이름들이 오직 하나님과 그리스도에게 합당하게 귀속될 수 있음을 분명히 보여 주었듯이 지고한 탁월성과 지혜, 자비와 권능 같은 훈장은 오직 하나님과 그리스도에게만 적용될 수 있다(시 46:1, 2; 18:1, 2; 36:7, 10; 42:2, 3, 6; 사 45:20; 행 4:12).

이 같은 우상숭배의 배덕 행위 자체는 지극히 비천하고 혐오스럽지만, 그 행위를 합리화하기 위해 내놓는 구실은 한층 더 역겨우며, 하나님과 그리스도에게 그 이상의 명예훼손은 상상조차 할 수 없다. 우선적으로 하나님께 비할 데 없이 모독적인 것은 교황주의자들이 하늘에 계신 우리 아버지께서 그의 나라의 절반을 하늘 왕후(the Queen of Heaven) 또는 그들이 '세상의 여주인', '바다의 별', '구원의 피난처 또는 항구', 심지어 '하나님'[89] 이라고 부르기도 하는[90] 성모 마리아에게 주셨고, 하나님은 공의와 자비를 모두 가지고 계시므로 그중 앞의 절반을 친히 가지고, 자비를 행사하는 일은 성모에게 위탁하셨으므로 우리는 하나님의 공의의 법정으로부터 성모의 자비의 법정으로 방향을 바꾸어 성모에게 호소해야 한다고 주장하기 때문이다.

그리스도에게 이보다 더 심각한 모독은 있을 수 없다. 교황주의자들은 그리스도께서 대변자일 뿐만 아니라 재판장이기도 하시므로 기필코 그는 모든 일을 검토하실 것이고, 따라서 어떤 범죄든지 처벌하지 않은 채로 남겨 두지 않으실 것으로 생각한다. 따라서 그들은 하나님께서 우리를 위해

..
89) '테오토코스'는 말은 코이네 그리스어로, 하나님을 뜻하는 '테오스(Θεός)'와 출산을 뜻하는 '토코스(τόκος)' 이 두 낱말의 합성어다. 글자 그대로 해석하면 '하나님 출산', 즉 '신성 출산'이 된다. 기원후 4세기 서방 교회의 교부 암브로시우스는 테오토코스를 라틴어로 '하느님의 어머니'를 뜻하는 '마테르 데이(Mater Dei)'로 번역하면서 서방 교회에서는 마리아의 다른 명칭이 되기 시작했다.
90) Gul. Biel. in Can. Miss. Lect. 80.

친절과 부드러움이 넘치고, 엄하거나 위압적인 면모가 전혀 없는 여성 대변자를 그리스도께서 쉬실 때 '그리스도의 보좌'에 대신 앉히신다고 말한다.[91]

13) 셋째로 그리스도의 십자가와 성자들의 유물들에 경배와 기원 행위를 모두 바침으로써 교황주의자들이 가시적인 형상을 경외하는 우상숭배에 의해 자기 자신을 더럽힌다는 사실은, 부분적으로 그들 자신의 고백에 의해, 부분적으로 그들이 유물들에 바치는 종교 행위의 관행 자체에 의해 증명된다.

트렌트 공의회가 편찬한 고백문(25회기)에 명시되었듯이 "성자들의 유물에 찬양과 경배를 바치는 것은 온당한 일이 아니라거나, 그 유물이나 다른 신성한 기념물이 신자들에게 아무런 유익도 끼칠 수 없다고 말한다든지, 어떤 도움을 얻으려는 목적으로 성자들의 무덤을 찾아가는 것은 헛일이라고 주장하는 사람들은 모두 정죄받아 마땅하다."

이 주제에 대해 유사한 고백을 들려주는 사람은 바로 '천사 박사'[92]로, 그는 그리스도에 관한 모든 주제에 대해 논증한 것으로 알려져 있다. 그는

∴

91) Anton, p. 4, tit. 15, cap. 14. 대안토니우스(Anthony the Great, 251년경~356년경)은 이집트 출신으로, 사막의 교부들 중 한 사람이다. 알렉산드리아의 아타나시우스에 의해 기록된 안토니우스 전기는 라틴어로 번역되어 특히 서유럽에 수도원주의의 개념을 전파하는 데 도움이 되었다. 그는 종종 최초의 수사로 오인되지만, 그의 전기와 다른 자료를 보면 그 이전에도 많은 금욕주의자들이 있었음을 보여 준다. 그러나 안토니우스가 270년에서 271년 사이에 광야로 나갔던 사실은 그의 명성에 크게 기여했다. 트렌트 공의회가 선포한 교령에 포함되는 일곱 성사(The Seven Sacraments)를 참조.

92) 토마스 아퀴나스의 별명. 그는 '순수 지성적 존재'인 하나님과 천사를 주제로 연구한 것으로 유명하다. 『신학대전』에서 전개된 많은 논증은 바로 그 주제를 존재론적으로, 논리적으로 증명하기 위한 것이다. 그 때문에 그는 '천사 박사(Doctor Angelicus)'라는 별명을 얻게 되었다.

말하기를[93] 그리스도의 십자가를 라트리아 또는 최상의 제사로 경배해야 하는 까닭은 그것이 그리스도 몸의 사지가 접촉되었던(그 안으로 스며들었던) 것이기 때문이다. 그렇기 때문에 경배를 받아야 할 것은 그리스도의 십자가뿐만 아니라, 그것에 속하는 모든 것—못, 창, 옷, 심지어 신성한 장막까지도—이 포함된다는 생각은 안토니우스에게도 충분히 이유 있는 것이었다.[94] 이 같은 고백을 따라 로마가톨릭교회는 노래한다. "십자가의 나무를 보라! 우리는 당신의 십자가에 경배합니다, 오 주님!"

교황주의자들이 우상숭배의 다양한 행위 양태를 공인하는 또 다른 방식은 그리스도의 십자가와 성자들의 유물을 금이나 은, 보석 등으로 장식하고, 고운 아마포로 감싸거나 실크나 벨벳 보자기로 포장한 후 그것들을 싣고 성대한 시가행진을 하는 것이다. 이 행위의 목적은 감사 기도를 하면서 요구 사항을 기원하려는 것이다. 이어서 그 유물들을 제단 위에 올려놓고, 이 유물들 앞에 은혜와 저주를 간직하고, 그것들을 감상하고 입 맞추며, 그 앞에 무릎 꿇고 절하며, 사제들 자신이 직접 그것들에게 경배하고, 그 유물들 앞에 촛불을 켜고 분향하며, 그 앞에서 교회와 제단을 축성하고, 그렇게 함으로써 그것들이 성화된 것으로 간주한다. 그 유물들에게 바치는 축일을 제정하고, 그것이 올려져 있는 제단에서 축성된 미사가 더욱 거룩하고 효능을 가진다고 생각하면서 유물들에게 영광을 돌리는 미사를 집전하며, 유물이 있는 장소로 순례 여행을 가고, 유물을 부적과 방부제처럼 지니고 다니며, 병자들의 몸에 올려놓기도 하고, 유물들에 접촉할 때 냅킨이나 손수건이나 화환이나 그 비슷한 물건들이 신성하게 변한다고 믿는다.

••

93) Aquinas, *Summa*. p. 3, Qu, 25.
94) Anton, p. 3, tit. 12, c. 5.

이 같은 의식을 행하는 이유는 기원함으로써, 그리고 유물들 앞에서 행하는 제사를 통해 유물들 안에 내재한다고 믿는, 그들이 갈망하는 은혜와 신성한 미덕을 얻고자 하기 때문이다. 또한 그들은 귀신과 악령을 몰아내고 내쫓기 위해 유물들을 사용하는데, 결국 그들은 이교도들이 우상에 딸린 온갖 사물들에게 했던 일을 똑같이 흉내 내는 것이다.

이 모든 특정한 사례 외에도 반드시 덧붙여야 할 가장 부끄러운 한 가지 망상이 있다. 그것은 유물들이 계속 늘어나는 현상과, 그 유물들에 붙은 이름 외에도 다른 사람들의 이름들이 속속 대체되고 있는 실태를 통해 드러난다. 그러므로 구원을 갈구하는 기발한 기원은 이것이다. "많은 사람들의 몸이 지상에서 영광을 얻는 동안 그들의 영혼은 영원한 고통 속에 불타고 있다."(*Cal. de relig.*)

14) 넷째 유형은 부분적으로 우상숭배에 속하고, 부분적으로 이교도들의 그것보다 훨씬 더 나쁜 종류의 미신을 따르는 것이다. 교황주의자들은 교회와 그것에 속한 제단과 화병, 온갖 장식물, 예를 들면 십자가, 성배와 그 덮개, 아마포로 만든 긴 내의, 사제복과 향로 덮개를 봉헌하고 축성할 때뿐만 아니라 부활절 양초, 성수, 소금, 도유(塗油), 종(鐘), 각각에 대해 '신의 어린 양(Agnus Dei)'이라고 부르는, 인형처럼 작은 왁스상, 공동묘지나 매장지를, 그리고 다른 유사한 것을 축성할 때, 마찬가지로 그렇게 축성된 사물들을 사용할 때도 그들은 하나님께서 방금 열거한 것에게 은혜와 미덕과 권능을 부어 주셔서 육체와 영에 깃든 악령을 내쫓으시고 오히려 복을 내려 주시리라고 믿는다. 그들이 사용하는 그 성물들에 그러한 은혜와 미덕이 깃들어 있다고 믿으며, 그들에게 종교적인 제사를 집전하는 것이다.

여기서 우리는 이 범주에 속한 사례를 찾아보기로 한다. 십자가를 성화시키기 위한 봉헌식에서 사제들이 사용하는 제문집 안에는 다음과 같은 문장이 들어 있다. "주님, 이 십자가의 나무에 복을 주시어서 그것이 인류의 구제책이 되게 하시고, 믿음을 견고하게 하고, 선한 행위를 진전시키고, 영혼을 구원하고, 원수들의 맹렬한 침(針)들을 막는 방패가 되게 하여 주십시오." 성수를 위한 제문집에는 다음과 같은 문장이 나온다. "피조물인 물이여, 나는 그대가 원수의 모든 힘을 맞서 싸우고, 그 뿌리를 뽑고, 그의 배교한 천사들의 우호적인 인사를 물리칠 수 있는 정결한 물이 될 수 있도록 퇴마 명령을 내리노라."

다음은 소금의 성별(聖別)을 위한 기도문의 일부다. "피조물 소금이여, 나는 그대가 신자들을 구원할 수 있도록, 그대를 받는 사람들에게 영혼과 육체의 건강한 건전함을 줌으로써 신자들을 구원에 이르게 할 수 있는 정결한 소금이 될 수 있도록 퇴마 명령을 내리노라." 또한 다음과 같은 문장도 있다. "오 주님, 이 피조물 소금에게 복을 내려 주시고 정결하게 만드옵소서. 그리하여 그것을 받는 사람들마다 마음과 몸을 건전하게 하시고, 이것이 뿌려지는 것은 무엇이든지 추잡함이나 더러움이 사라지고, 영적 악의 모든 공격을 물리칠 수 있게 해 주십시오." 그러나 '하나님의 어린양'이라고 불리는 축성된 작은 왁스 조각상에게 마치 그리스도의 피가 권능을 행사하듯이 모든 죄를 깨뜨리고 제거하는 능력을 귀속하는 것은 가톨릭 사제들 자신이다. 그런 사상을 따라 그들은 유물들에게 자신들의 소망과 신뢰를 바치면서 마치 그것들이 실제로 그런 능력을 가지고 있기라도 하듯이 똑같은 방식으로 축성한다.

15) 그러나 교황주의자들이 표상들에게 경배함으로써 둘째 유형의 우상

숭배 죄를 범한다는 사실은(논제 4, 6, 10) 그들 자신의 고백문, 축성 형식, 그들의 하루 일과에서 넘쳐날 정도로 충분히 증명된다.

그들의 고백문은 트렌트 공의회(25회기)에서 채택된 교령과 선언문에서 찾아볼 수 있고, 거기에는 다음과 같이 시인하는 대목이 있다. "그리스도, 성모 마리아, 다른 성자들의 형상은 받들고 모셔야 하며, 특히 교회에서 그러하다. 그것에 대해 마땅한 영예와 경외심을 나타내야 한다. 따라서 그 형상에 입을 맞추고 그 앞에 머리 숙여 엎드릴 때, 우리는 그리스도께 경배하고, 그 형상을 닮은 성자들에게 경외심을 표시할 수 있다. 이것은 제2회 니케아 공의회에 의해 공인되었다."

이제 그 공의회에서 의결된 조항을 살펴보기로 하자. 그럼으로써 그 공의회가 인준한 경배와 기원(祈願)이 순전히 우상숭배적이라는 것이 밝혀질 것이다. 이에 덧붙여 토마스와 다른 여러 교부들의 견해에 따르면 형상이 표상하는 원형에게 바치는 것이 합당하다고 생각되는 것과 동일한 경배의 제사를 그 형상에게도 바쳐야 한다.

축성 의식에서 사용되는 제문집에도 유사한 선언이 들어 있다. 동정녀 마리아 상은 다음과 같은 기원에 의해 축성된다. "하느님, 이 복된 성모 마리아의 상을 성화시켜 주시어서 천둥과 번개가 칠 때 그것으로 하여금 당신의 신실한 신자들을 구원할 수 있는 권능을 갖게 하시고, 고통의 원천을 신속히 내쫓을 수 있게 하시며, 홍수로 인한 범람이나 민란의 폭동 혹은 이교도들의 약탈조차 그 앞에서 제압되고 안정을 되찾을 수 있는 힘을 갖게 해 주십시오."(왕상 8장). 세례 요한의 상을 축성하는 의식에서는 다음과 같이 기원한다. "이 신성한 조각상으로 하여금 마귀들을 내쫓는 자, 천사들을 소환하는 자, 신자들의 보호자가 되게 하시고, 그의 중보 사역이 여기서 힘차게 번성하게 해 주십시오."

교황주의자들의 하루 일과를 보면 하는 일 대부분이 조상(彫像) 앞에서 경배하고 기원하는 것인데, 이미 언급했듯이 성자들 자신에게 바치는 것과 똑같은 의식을 거행한다. 그리고 그들은 대개 그런 행위를 (마땅히 받아야 할 것으로 생각되는) 성자들에게, 그들의 형상에게, 또는 그 형상들에 의해 수행하는 것이지만 실제로 그들은—그 영광은(결국 그 형상에게 바치는) 그 원형이 성자들에게 속하는 것이고, 그러므로 그들이 성자들에게 직접 기도할 수 있다면 훨씬 즉각적이고 신속하게 응답될 것이라는—견해의 영향 아래 있는 성자들 자신에게 진실로 (마음을 다해) 시선을 두는 일이 좀체 없다.

16) 교황주의자들은 이 같은 제사와 예배, 경배와 기원 행위가 유카리스트 성체, 동정녀 마리아, 천사들과 죽은 성자들, 축성된 유골과 사물들, 그 조각상들에게 바쳐진다는 것을 부인하지 않는다. 적어도 명백하게 거짓된 원천에서 발원하는 경우를 제외하고 그들은 그 사실을 부인할 수 없다. 그러나 그들은 뚜렷한 의도를 가지고 수행하는 기원 행위를 우상숭배에서 제외하는 반면, 그와 다른 유형의 행위는 참으로 우상숭배에 해당한다고 인정하면서, 그들이 보기에 가치 있고 유력한 것으로 생각되는 예외 사례로 구별되는 위장 아래 그럴듯한 구실을 내세우며 숨어 버린다. 그 예외 사례는 다음과 같다.

첫째, 하나님, 인간, 중보자라는 세 종류의 탁월성에 상응하는 세 가지 차원의 영광이 있다. 그다음으로 문제가 되는 구별은 라트레이아(라트리아) 또는 신적인 예배, 둘레이아(둘리아) 또는 인간적인 예배, 우페르둘레이아(히페르둘리아) 또는 중보적이거나 중간적인 예배로부터 귀결된다. 이 외에도 이 예배들과 연관되는 행위의 대부분을 유비적인 것으로 그들이 다루는 것을 더할 수 있다. 둘째 예외는 그러한 종교적 제사를 드리는 사람들의 의도에서 찾을 수 있다. 셋째 예외는 중보와 수여의 차이, 즉 (로마가톨릭교회) 성자들에 의해 수행되는 중보자 역할과 그리스도 예수에 의해 수행되는 중보자 직분의 차이에 있다. 넷째 예외는 형상(image)과 우상(idol)의 구별에 있다.

17) 첫 번째 속임수에는 세 가지가 있다. 그중 첫째 것에 대한 우리의 답변은 다음과 같다. 성경은 '히페르둘리아 또는 중재자'라고 불리거나 신적인 탁월성과는 다른 어떤 탁월성도 인정하지 않는다. 다만 신적인 명령에 의해 이성을 가진 어떤 피조물—이 필멸적인 생애 동안 살아 있는 인간들과 세상 끝날까지 존재하는 천사들—이 다른 사람들을 다스리고 그들을 섬길 수 있게 하는 직능, 은사, 존귀함을 따르는 것은 예외로 한다. 그러므로 이 세상에 살고 있는 상관들에게 바치는 것과 성경에서 인정하는 것을 제외하고(시 82:1, 6; 요 10:35) 피조물에게 영광을 돌리는 것은 어떤 경우라도 우상숭배의 죄를 피할 수 없다. 중보적 탁월성이나 그것을 나타내는 제사를 성경이 금하고 있다고 말할 수 있는 이유는 성경에서 "천사 숭배"가 정죄되었고(골 2:18), "이스라엘 자손이 그때까지도 느후스단이라고 부르는 그 구리 뱀에게 분향하고"(왕하 18:4) 있었으므로 히스기야가 "모세가 만든 구리 뱀도 산산조각으로 깨뜨려 버린" 일에 대해 칭찬하기 때문이다.

이 속임수의 둘째 괴물에 대한 우리의 답변은, 이 경우 라트리아와 둘리아를 구별하는 것은 헛된 일이라는 것이다. 사도 바울은 오직 참되신 하나님에게만 둘리아(교황주의자들은 이것을 열등한 또는 순전히 인간적인 예배라고 부른다)를 인정하고, 이방인들이 "본디 하나님이 아닌 것들에게"(갈 4:8) 둘리아 제사를 바치는 일을 질책한다. 그리고 이 낱말이 일반적으로 이해되는 방식에 따르면 오직 경건을 따라, 그리고 상호적인 사랑을 공유하거나 (갈 5:13) 서로 지속적인 교제를 나누는 사람들에게 특별히 주어진 계명을 따라(엡 6:5, 6) 드리는 제사를 의미하거나, 우리가 경배해야 할 적합한 대상들을 지시한다. 그러나 현재의 논의와 관련되는 인물들의 경우(천사들을 예외로 하고) 우리는 경건을 따라 그들과 교류하지도 않고, 어떤 계명에 의해서도 그들에게 제사를 수행해야 할 의무도 갖지 않는다.

셋째 속임수에 대한 우리의 답변은 이러하다. 희생 제물을 바치는 것, 분향하는 것, 교회와 제단을 세우는 것, 절기를 지키는 것, 금식하는 것, 순례 여행을 규정하는 것, (천사에게든지 성자에게든지) 그들의 이름으로 맹세하는 것, 유비적이거나 상대적인 것이 아니라 명시적인 어떤 공통된 목적을 위해 제사하는 것, 이와 같은 것은 오직 참되신 하나님에게 드려져야 한다. 몸을 엎드리는 것 자체는 하나님 앞에서 하는 것과 아주 흡사하게 사람들에게 하는 것이 적절한 경우도 있겠지만, 그런 자세를 취하는 것이 종교적으로 유의미한 행위일 경우 그것은 오직 하나님께만 드릴 수 있는 것이므로 신성한 제사는 온전히 지시된 방식을 따라야 한다(왕상 19:18; 마 9:18). 그리스도께서도 마귀에게 절하는 것을 거부하셨고(마 4:8) 묵시록에서 천사도 마귀가 요구했을 때 그에게 절하기를 거부했다(계 19:10).

18) 그 예배자들의 명백한 의도는 그들이 비판받고 있는 온갖 우상숭배의 오명을 자신들에게서 제거하기 위해 사용하는 두 번째 구실을 내세우는 것이다. 주의 만찬의 성체를 경배하는 일과 관련하여 첫 번째 구실에서 그들이 의도하는 것은 빵이 아니라 그리스도의 몸 자체에 영광을 돌리려는 것이다. 두 번째로 그들이 피조물에게 바치는 경배 행위는, 심지어 신성한 경배조차도 하나님께 드리는 것과 같은 것이 아니다. 즉 그들은 오직

신적인 주재에게만 합당한 최고의 품격과 경외심을 사람들이 느끼게 만들고자 하는 의도에서 제사 행위를 거행하는 것이다. 그들의 세 번째 의도는 피조물에게 영광을 돌림으로써 거기서 멈추지 않고, 그 피조물에 의해 그리고 그것을 통해 하나님께서 영광을 얻기를 기원한다.(Greg. de Val. lib. 2, c. 1 & 3). 그들의 네 번째 의도는 그 형상 자체가 아니라 그것의 원형에게 영광을 돌리고자 하는 것이다.

이 모든 구별에 대해 우리는 다음과 같이 답한다. 그러한 행위는 어떤 경우이건 본래의 취지에 어긋난다. 그들도 시인하듯이 피해야 할 것을 사실상 행동으로 옮기고 있다.

하나님의 심판은 그들의 의도에 대해 적대적이다. 왜냐하면 하나님은 그들의 의도의 관점에서 행위를 판단하시는 것이 아니라, 행위를 초점에 놓고 그 의도를 판단하시기 때문이다. 엎드려 절하는 사람이 자기의 모순적인 의도를 엎드리는 행위 아래 숨기더라도 하나님께서는 그러한 행동에 일치되는 의도를 친히 간파하신다. 문제의 그 의도는 다음 구절에서 명확히 드러난다.

"그들은 내가 그들에게 명한 길을 이렇게 빨리 벗어나서 그들 스스로 수송아지 모양을 만들어 놓고서 절하고 제사를 드리며, '이스라엘아! 이 신이 너희를 이집트 땅에서 이끌어 낸 너희의 신이다' 하고 외치고 있다."(출 32:8) "그 앞에 엎드려 숭배하고 그것에게 기도하며 '나의 신이여, 나를 구원하여 주십시오' 하고 빈다."(사 44:17) "너희는 하나님도 아닌 신들에게 제사를 드렸다."(신 32:17)

덧붙이고 싶은 말은 만일 이 구별이 조금이라도 타당성을 갖는다면 유대인이나 이방인이나 어느 때이건 우상숭배를 범했다는 비난을 받지 않았을 것이라는 점이다. 왜냐하면 그런 식의 경배가 참되신 하나님께든지 거짓된 신에게든지, 지고하신 하나님이건 열등한 신들이건, 혹은 단순한 형상에게 바친 것이든지 이와 동일한 구별에 의해 그들도 자신들의 모든 경배 행위를 정당화할 수 있을 것이기 때문이다. (이 원리에 따르면) 그들의 의도는 자신들의 손으로 만든 작품들을 경외한 적이 없었고, 본뜬 이미지대로 그 작품을 만든 사람들도 마찬가지였고, 그 경외심은 작품들에게 붙은 축성된 이름들의 기원이 되는 인물들을 향한 것이었다. 그들의 의도는 결코 천사나 마귀나 작은 신들에게 영광을 돌리는 것이 아니고, 다만 그 제사가 지고하신 하나님의 명예를 높이는 효과를 거둘 수 있기를 바라는 것이다.[95] 그들은 결코 오직 존귀하신 하나님의 위엄에 속하는 고상한 가치와 경외심을 그 형상에게 돌리려는 의도에서 행한 것이 아니었다.

19) 그들의 세 번째 예외는 동정녀 마리아와 성자들에게 호소하는 것을 정당화하는 특별한 경향성을 보여 준다(논제 16). 그들에게 기원할 때, 그들을 복의 궁극적인 근원이나 수여자로 생각한다거나, 하나님 아버지께서 대제사장으로 임명하시고 하늘과 땅의 모든 권세를 위임하신 그리스도로 믿기 때문이 아니라, 그 인물들이 실제로 그리스도에게 종속된 존재임에도 그들을 사람들의 친구로서, 중재자로서, 공여자로서 불러낼 뿐이라고 교황주의자들은 말한다. 이에 대해 우리의 답변은 다음과 같다.

첫째, 그들이 가정하는 전제로부터 그들은 이돌로–둘리아 또는 우상에

---

95) Lactan. *Inst.* 1, ii c. 2. 락탄티우스(Lucius C. F. Lactantius, 240년경~320년경)는 북아프리카 베르베르 출신으로, 로마제국 동방의 여러 도시에서 수사학을 가르쳤다. 그는 주로 그리스 철학자들의 논리에 대항하여 교육받은 이교도들을 대상으로 기독교의 교리를 묵시론적으로 설명하는 글을 주로 저술했다. 그의 저술 『신적인 제도들(*Divinae Institutiones*)』은 초기 기독교 사상의 체계화된 대표적인 저작으로 꼽힌다.

게 열등한 등급의 제사를 바치는 죄목으로 기소 당할 수 있다. 그들은 자기들이 동정녀 마리아와 성자들에게 기원하는 관행이 사실상 둘리아 숭배라는 것을 시인하기 때문이다. 그러나 이단적 교의에 의해 그러한 대상에게 기원하기에 앞서 먼저 동정녀 마리아와 성자들을 허구적 대상으로 만들고, 그 대상들이 감성적으로만 아니라 공로에 의해서도 신자들의 기도를 이해할 수 있고, 죄인들을 중보하고, 요청받은 것을 이루어줄 수 있는 능력을 가졌다고 존재론적으로 귀속함으로써 기원하는 제사를 받을 만한 자격을 가지고 있는 것처럼 우상화한다. 바로 이것이 실존하는 사물을 우상으로 만드는 방법이다. 이 논증에 더욱 힘을 실어 주는 것은 그 성자들이 교황주의 신도들이 호소하는 내용을 이해할 수 있고, 경건한 정서에 의해 그들을 위해 중보 사역을 수행할 수 있으며, '영들이므로' 사람들의 요청을 이루어줄 수 있을지도 모르지만, 그럼에도 그들은 '권능으로' 기도를 들어 줄 수 없는 존재이므로 결코 기도의 대상이 될 수 없다.

둘째, '그리스도에게 종속된 존재'라고 말하지만 사실상 그들은 그 종속 관계를 파괴하고 일종의 부수적 관계를 도입한다. 만일 이것이 사실이라면 바로 그것 때문에 그들은 역시 우상숭배자가 된다. 하나님 아버지께서 그의 아들이 받기를 바라시는 경배는 라트리아 경배 또는 신성한 경배이기 때문이다. 하나님 아버지의 뜻은 "모든 사람이 아버지를 공경하듯이 아들도 공경하게 하려는 것"(요 5:23)이다. 그러나 종속 관계가 제거되고 부수적 관계가 도입되었다.

보편적으로 그 성자들이 그들 자신의 공로적 행위에 의해 중재하고 복을 얻기도 하며 받은 복을 나누어 줄 수 있다고 말할 때, 그것은 종속 관계를 전복하고 부수적 관계를 영입하는 뚜렷한 두 가지 증거가 된다. 특히 이 부수적 관계는 (그들 자신이 보여 주듯이) 그리스도와 동정녀 마리아 사이에 존재하는데, 그 점은 신자들이 그녀에게 기원할 때 '하늘 왕후', '세상의 여주인', '우리의 구원, 항구, 방패, 피난처와 위로' 등의 이름을 부르면서 어머니로서의 권위에 의해 우리 구세주께 명령할 수 있는 권한을 가진 것으로 간주하는 것에서 분명히 나타난다. 그런 표현은 오히려 그리스도를 마리아에게 종속시킨다.

그러나 그 점은 또한 그들이 마리아가 기원의 대상이 되어야 한다고 생각하는 이유에서 확연히 드러난다. 그리스도는 인간이고 옹호자일 뿐만 아니라, 하나님이며 재판장이므로 "어떤 것도 심판받지 않은 채 남겨 두지 않으실 것이므로 엄격함과 적대감이 전혀 없고, 오직 온화함과 부드러움만을 가진"(논제 12) 동정녀 마리아가 그리스도와 죄인들 사이에서 중재자 역할을 담당해야 한다는 것이다. 복을 나누어 주는 여성 분배자로서 "하느님 아버지께서는 그녀에게 그의 나라의 절반을 주셨으므로"(즉 그가 직접 공의를 집행하는 권한을 보유하는 동안 그의 자비를 대신 관리하게 하셨다), 그리고 그녀에게 은혜를 풍성하게 공급하셨으므로 모든 사람들이 그녀에게서 복을 풍성히 얻을 수 있게 하셨다. 이렇게 말하는 것은 그리스도를 그의 권좌에서 끌어내고 그 자리에 동정녀 마리아를 앉힌 것이나 마찬가지다.

20) 교황주의자들이 예외로 삼는 네 번째 것은 이미지와 우상의 구별이다. 이미지는 실제로 존재하는 것을 모사하지만, 우상은 존재하지 않는 헛된 것을 형상화한 것이라고 그들은 말한다. 벨라르미노가 그 정의를 제시했을 때, 그는 한 가지 오류를 범했다. 즉 '다른 어떤 것'을 풀이하면서 그것은 실재하는 개체이므로 결코 하나님인 체하지 않는다고 그는 말한다. 그렇지만 여기서 그가 구별하는 차이는 여러 성경 구절이 입증하고

있는 헛된 것 일색이다. 라헬이 자기 아버지에게서 훔친 우상은 '아니돌'[96] 이라고 부르는 것이었지만, 그것은 분명히 사람의 형상을 하고 있었다(창 31:34). 스데반은 금을 녹여 만든 송아지를 '아니돌'이라고 불렀는데, 그것은 참되신 하나님을 표상하기 위해 만든 것이었다(행 7:41). 여로보암의 금 송아지는 여호와의 표상이나 이미지로 부를 수 있지만 그리스와 라틴 번역자들은 그것을 '우상'이라고 불렀다(왕상 12:28). 미가의 목상(木像)도 우상이었지만 그것 역시 여호와께 "바치기 위한" 물건이었다(삿 17:4; 18:31). 고린도 사람들이 '열광하고' 있다고 사도 바울이 전하는 '말 못하는 우상들'이란 사람들을 본뜬 조상(彫像)과 아마도 "새나 네 발 짐승이나 기어다니는 동물의 형상"을 가리키는 것으로 보인다(롬 1:23).

그러나 벨라르미노 같으면 그런 것은 아예 존재하지 않는 허구적인 것이라고 애써 증명하려 할 것이다. 따라서 만일 실존하지 않는 우상이 실재성도 의미도 없는 소리와도 같다면 순전히 인간의 머리에서 만들어진 허구라는 구별은 그 자체로 공허하기 이를 데 없는 우상일 뿐이며, 실제로 우상들 중 가장 우상다운 것이다. 이 같은 구별과 그렇게 구별하는 의도는 우상 자체와 우상에 바치는 불경하고 불법적인 경배를 정당화하기 위해 창안된 것이며, 그것을 만들어 낸 암적 존재의 교회, 우상숭배의 어머니는 잠언 30:20에 나오는 "간음한 여자"와 매우 닮았다. "간음한 여자의 자취도 그러하니, 먹고도 안 먹었다고 입을 씻듯이 '나는 아무런 악행도 한 일이 없다'라고 한다."

∴

96) 언급한 사건은 창세기 31장 34~37절에 나오는데, 아니돌(anidol)은 드라빔의 하나로, 고대 메소포타미아에서 섬기던 우상(복수명사)이다.

필연적 귀결

　로마교황 자신이 우상이라는 사실과, 그와 그의 추종자들이 자랑스럽게 그를 추켜세우며 높이 받들고 그가 요구하는 영예를 그러한 행위를 통해 그에게 바치는 사람들이 스스로를 우상숭배자로 증언한다는 사실은 성경에 들어 있는 강력한 논증에 의해 증명될 수 있다.

성자들에게 바치는 기원에 관하여

– 응답자: 제임스 A. 포르트

1) 교황주의자들의 가설로부터 우리는 로마교황이 시성(諡聖)에 의해 성
인록에 이름을 올린 사람들을 '성자(聖者, Saints)'라고 부른다.[97] 사실로 말
하면 우리는 예수 그리스도의 피 뿌림을 받고 모든 경건의 신성한 샘이신
성령의 특질에 의해 인 치심을 받았으므로 자기 삶의 정결함에 의해 이 세
상에서 본이 되는 사람들과, 육체적으로는 죽었지만 영적으로는 지금도 그
리스도와 함께 하늘에 살고 있는 사람들을 가리켜 '성도(聖徒)'라고 부른다
(벧전 1:2). 이 같은 호칭은 구약의 족장, 선지자, 사도, 순교자를 비롯하여
그 밖의 많은 사람들에게도 적용된다. 그 반면에 성자들에게 바치는 기원
은 그것을 통해 사람들이 하소연하고, 탄원하며, 도움을 구할 때 그들의 중
재와 관심과 후원과 도움을 의뢰하는 것이다.

∵

97) Bellarm, *De Beat*, Sanct, lib. 1, c. 8.(벨라르미노, 『거룩한 고동소리에 관하여』).

2) 그러나 교황주의자들은 세 가지 이유에서 성자들에게 기원을 바친다고 주장한다. 첫째, 성자들은 기도와 대리 기원(代禱)에 의해 중재를 제공할 수 있다. 둘째, 자신들의 공로를 통해, 그리고 그 때문에 성자들은 의뢰받은 사항을 자신들이 간청함으로써 획득할 수 있다. 셋째, 요청받은 혜택을 그들이 직접 베풀 수도 있기 때문이다.

이런 일이 가능한 것은 교황주의자들이 죽은 성자들에게 다음의 세 가지 특질을 시여했기 때문이다. 즉 그들은 하나님과 더 가까운 거리에 있으므로 아직 지상에 남아 있는 신자들보다 하나님과 그리스도에게 접근할 수 있는 자유를 더 많이 가지며, 그들이 세상에서 행한 찬양받을 만한 행위 덕택에 그들이 기도할 때 하나님께 응답받기에 유리한(특권적인) 위치에 있으며, 하나님께서 그들이 의뢰받은 복을 분배하는 관리자로 그들을 임명하셨기 때문이다. 그런 이유로 그들은 자신들의 공로와 효능에 의해 하나님과, 정확히 말해 그리스도와 살아 있는 신자들 사이에서 중재자로 임명되었다고 한다.

3) 그러나 이 모든 점에 대해 교황주의자는 성자들에게 바치는 기원의 필연성을 상부구조로서 확립할 만한 배짱은 없다. 다만 그들은 "성자들에게 바치는 기원을 통해 호소하는 것은 타당하고 유익한 일이다"라고 말하거나, "성자들에게 기원해서는 안 된다고 말하는 사람들의 견해는 불경스럽다"라고 말할 뿐이다.[98] 그러나 참으로 의미가 불분명한 그런 표현에 의해 아마도 그들은 필연성이 엄연히 존재한다는 것을 암시하려 했던 것 같다. 왜냐하면 성자들에게 기원해서는 안 된다고 말하는 사람은 실제로 그

98) Can. and Dec. Coun. of Tren, sess. 25, c. 2)(트렌트 공의회, 25회기).

런 기원을 할 필요가 없을 뿐만 아니라, 그런 기원의 불법성에 대해 말하기 때문이다. 엄격하게 해석할 때, 그 말은 성자들에게 기도할 필요가 없다는 앞의 의미를 그대로 담고 있다. 그러나 그것이 불법적이라는 것을 의미하는 뒷부분은 앞에서 말한 것과 반대되는 것으로 이해된다. "성자들에게 기원을 올려야 한다"라는 제목을 달았던 벨라르미노조차 곧바로 다음과 같은 논제를 덧붙였다. "살아 있는 사람들이 성자들에게 올리는 기원은 경건하고 유익하다."[99] 그러나 가장 교묘하고 회피적인 공의회는 참석한 중요한 인사들 간의 불일치로 인해, 또는 어떤 식의 허울로도 막아 낼 수 없을 만큼 강타를 휘두르는 논적으로 인해, 비정상적인 기지(奇智)에 의해 종종 그처럼 애매한 표현을 만들어 냈다. 그러므로 우리는 성자들에게 올리는 기원에 대해 이렇게 묻지 않을 수 없다. 그것은 필요한 것인가? 또 그것은 적법하고 유익한 것인가?

4) 앞의 물음들 중 첫째 것에 대해 (교황주의자들이 우리의 소신에 동의하든지 반대하든지) 우리는 현재의 존재 상태에서 신자들이 그리스도와 함께 하늘에 있는 성자들에게 기도할 필요가 없다고 단언한다. 기원의 필연성은 두 선택지 중 하나일 것이므로—즉 현재 살아 있는 신자들이 이 세상을 떠나 그리스도와 함께 살고 있는 성자들에게 수행해야 할 의무가 있을 경우, 또는 그러한 기원이 필요한 수단으로서 규정되었다면 그 목적을 이루기 위해—우리는 이 방법 중 어느 것도 성자들에게 기원을 올려야 할 필연성을 뒷받침하지 않는다고 주장한다.

∴

99) 벨라르미노, *De Beat. Sanct.* lib. 1, c. 19.

5) 의무의 관점에서 그 기원은 필요하지 않다. 왜냐하면 죽은 성자들에게 기도하는 것은 하나님께서 명령한 것도 아니고, 또 신자들이 세상에서 계속 살아가는 동안 의무로서 수행해야 하는 것이라면 그러한 양태의 기도를 필수적인 것으로 만드는 어떤 약속이나 경고를 통해 강제된 것이 아니기 때문이다.

수단의 관점에서도 그것은 필요하지 않다. 왜냐하면 현재의 삶에서 신자들이 자기의 기도 주제로 삼은 복을 기원하고 응답받기 원할 때, 그들은 성자들의 행위 공로나 중재 사역 같은 것을 필요로 하지 않기 때문이다. 그렇지 않다면 그리스도의 중보와 돌보심으로 충분하지 않거나, 죽은 성자들의 중재를 통하지 않고서는 기도 응답을 받을 길이 없게 되는 것인데, 그것은 모두 거짓이다. 그리고 성자들 중 하늘에 처음으로 올라간 사람은 과거 시대의 중재자가 되는데, 그때에는 어떤 성자도 필요 없고 의뢰할 일도 없었을 것이다.

6) 그러므로 현재 지상에 살고 있는 신자들이 하늘에서 그리스도와 함께 다스리고 있는 성자들에게 기도해야 할 이유는 없다. 만일 교황주의자들이 선한 양심을 인정받음으로써 만족을 얻기 원하는 것이라면 그런 기도가 적법한 것인지의 여부는 논쟁 주제가 될 수 있고, 그 문제는 우리가 뒤에서 탐색할 것이지만 결국 그들은 이런 종류의 기도를 유보하는 것이 더 낫지 않을지에 대해 확정 지어야 할 것이다. 우리로서는 그런 종류의 기도는 누락하는 것이 더 낫다고 판단하고, 이 입장을 다음 두 가지 논증에 의해 뒷받침하고자 한다.

첫째, '믿음에 관한 것이 아닌 것은 무엇이든지', 즉 우리가 행한 일이 하나님을 기쁘게 할 수 있는 것인지 충분한 설득을 거친, 양심에 근거하지 않은 것은 무엇이든지 '죄'다. 또한 어떤 것이 필요하지 않은 것으로 밝혀질 경우, 그것의 적법성이 조금이라도 의심스러운 것은 유보하기로 한다면 죄 짓는 것을 피할 수 있다. 이런 전제로부터 성자들에게 올리는 기원은 유보하는 것이 더 낫다는 결론이 함축된다.

둘째, 교황주의자들은 "라트리아 예배와 둘리아 예배, 또는 신적인 경배와 인간적인 경배는 서로 간에 매우 큰 차이가 있으므로 둘리아 예배를 받기에도 부적합한 대상에게 라트리아 예배를 드리는 사람은 우상숭배의 죄를 짓는 것이다"라고 스스로 인정한다. 또한 무지하고 문맹 상태의 성자들을 신봉하는 보통 신자들로서는 그 차이를 항상 식별하고 오류를 피하는 것이 엄청나게 어렵기 때문에 성자들에게 기원을 올리는 사람들은 우상숭배 죄를 지을 위험성이 매우 높다. 설혹 그런 기원이 적법하다고 증명된다고 해도 성자들에게 올리는 기원이 불리한 형편에 놓이는 것은 바로 그 때문이다.

7) 그다음 물음은 "성자들에게 올리는 기원은 적법하고 유익한가?"라는 것이다. 또는 트렌트 공의회의 표현을 따라 "성자들에게 기원하는 것은 올바르고 유익한가?"라고 묻거나, 벨라르미노의 어법에 따라 "성자들에게 기도하는 것은 경건하고 유익한가?"라고 물을 수 있다. 부정적인 입장에서 우리는 성자들에게 기원하는 것은 경건하지도 유익하지도 않다고 단언한다. 우리는 그 주장을 첫째로 일반적으로, 둘째로 교황주의자들이 성자들에게 기도하는 구체적인 면모에 초점을 두는 특수한 방식으로 증명할 것이며, 또한 때때로 성자들에게 기도하는 것은 허용될 것이라고 덧붙일 것이다.

8) 우리는 성자들에게 기원하는 것이 경건한 일이 아니라는 것을 일반적으로 다음과 같이 증명한다. 오직 말씀과 제도에 의해 각각의 행위를 성별할 수 있도록 하나님께서 규정하시는 경우를 제외하고 어떤 행위도 그 자체로 그리고 본래적으로 경건하거나 선하다고 부를 수 없다. 그렇지 않다면 그것은 흔한 것이 될 것이다. 또한 성자들에게 기도하는 것을 하나님께서 명령하신 적이 없는 것이 분명하므로 그런 기도를 '경건한' 것으로 부를 수 없다고 결론 내려야 한다.

그러나 대체 용법[100]에 의해 어떤 행위는 '경건한' 것으로 불릴 수 있는데, 그것이 경건한 행위를 수행하기 위해 시도된 것일 경우에 한한다. 그러나 현재 우리가 논의하는 것은 그런 경우에 해당하지 않는다. 동일한 논증에 의해 우리는 그 기도가 유익하지 않다는 것을 증명하려 한다. 왜냐하면 하나님의 명시적 선언에 따라(사 29:13), 그리고 "그들은 사람의 훈계를 교리로 가르치며, 나를 헛되이 예배한다"(마 15:9)라고 지적하신 그리스도의 말씀을 따라 하나님께서 규정하지 않은 모든 종교 제사는 쓸모없는 헛된 것이기 때문이다. 반면에 교황주의자들은 성자들에게 올리는 기원을 종교 제사로 간주한다.

9) 우리는 교황주의자들이 성자들에게 기도할 때, 그들에게 맡기는 직무 관계에 따라 특수한 방식으로 증명할 것이다. 성자들은, 각종 은전(恩

..
100) 메틸렙시스(metalepsis)는 대체 용법을 뜻하고, 이미 그 자체로 비유적이고 상식적으로 쓰인 말을 환유(換喩, metonymy)로 바꾸는 방법이 사용된다. 현재의 문맥에서는 기도 대상의 적법한 범위를 로마가톨릭교회 측이 부당하게 확장한 것을 일종의 수사적 오류로서 설명하는 것처럼 보인다. 사실상 그것은 논리적, 의미론적 오류의 한 양태일 뿐이므로, 본 논의의 응답자는 완곡한 비판 방식을 택한 것으로 보인다.

典)을 분배해 주는 자들로서 경건하고 유익을 주는 기도의 대상이 될 수 없다. 하나님께서 죽은 성자들을 천상의 복이건 지상의 복이건 복의 분배 자로 임명하신 적이 없기 때문이다. 오히려 그 일은 그리스도께 맡겨진 직 무이고, 이 사역에서 천사들은 그를 돕는 종으로서 그에게 종속되어 있다. 그뿐만 아니라 설혹 성자들이 천사들을 흉내 내어 지상에 있는 동안에도 하나님의 명령에 따라 부속 기관처럼 그리스도에게 봉사할 수 있다고 해 도 그런 이유 때문에 그들이 기도의 대상이 될 수 있는 것은 아니다. 왜냐 하면 그렇게 될 수 있으려면 먼저 복을 자기가 원하는 만큼 분배할 수 있 는 충분한 능력을 갖추어야 하고, 천사들은 이 세상에서 단지 그리스도를 위한 대리인이자 도구로서 봉사하는 역할을 맡았을 뿐이므로 은혜의 분 배자로서 성자들에게 기원하는 것은 적법한 일이 될 수 없기 때문이다. 그 러나 그들이 천사들처럼 하늘로 올라갔다가 다시 내려오는 일이 가능하지 않는 한 천사들을 흉내 낸다고 해도 그들은 그리스도를 위해 대리인이자 도구로서 봉사하는 일을 할 수 없다. 그러므로 성자들은 복을 내릴 수 있 는 권한도 없고 그럴 만한 능력도 가지고 있지 않다. 결국 그들은 은혜를 수여하는 자로서 경건하고 또 유익한 기원의 대상이 될 수 없다.

10) 자신의 행위 공로에 의해 하나님이 그들의 기도를 들으시고, 또 하 나님으로부터 응답을 얻는 특권을 가진 것이 사실이지만 그럼에도 성자 들은 경건하고 유익한 기도 대상이 될 수 없다. 왜냐하면 그들은 자기 자 신을 위해서나 다른 사람을 위해 어떤 것도 베풀 수 없기 때문이다. 다윗 과 함께 그들 역시 "하나님은 나의 주님, 주님을 떠나서는 내게 행복이 없 다"(시 16:2)라고 외쳐야 하고, "이와 같이 너희도 명령을 받은 대로 다 하 고 나서 '우리는 쓸모없는 종입니다. 우리는 마땅히 해야 할 일을 하였을

뿐입니다'"(눅 17:10)라고 고백해야 하며, 진실로 하나님께 "내가 주님께 거역한 나의 죄를 고백합니다", "살아 있는 어느 누구도 주님 앞에서는 의롭지 못하니, 주님의 종을 심판하지 말아 주십시오"(시 32:5; 143:2)라고 간구할 수밖에 없기 때문이다. 그러므로 성자들에게 잘못 귀속한 것, 그리고 다른 사람들에게 유익을 제공할 수 있을 만큼 그들 자신이 충분히 가지고 있지 못한 것을 두고 우리 자신에게 유익하게 쓰이기를 기원할 수 없다.

11) 끝으로 성자들은 우리의 친구로서 자신들의 기도를 우리의 기도와 합치거나, 우리를 위해 하나님 앞에서 기도에 의해 중재할 수 있는 능력을 가진, 경건하고 유익한 기도 대상이 될 수 없다. 천상에 있는 죽은 성자들은 우리의 구체적인 필요에 대해서나, 지상에 거주하는 신자들이 드리는 기도에 대해서도 알지 못한다(사 62:16; 왕상 8:36; 왕하 22:20). 성삼위의 거울 또는 유리[101]에 관한 주장은 허무맹랑한 우화일 뿐이고, 하나님 아버지의 얼굴을 항상 바라보는 천사들도(마 18:20) 심판 날이 어느 때인지 알 수 없다고 기록되어 있는(막 18:32) 사실로부터 충분히 반박될 수 있다. (성자들과 천사들에게 내려진다는) 신적인 계시는 어리석고 터무니없는 소문에 지나지 않고, 천사들이나 최근에 세상을 떠난 사람들의 영혼에 의해 전달될 것이라는 주장 역시 허황된 것이다. 성경에는 그것을 입증하는 증거나 암시를 언급하는 곳이 단 한 군데도 없기 때문이다. 그런 것에 대해 한마디

..

101) 성삼위를 묘사하는 성화(Icons)에서 볼 수 있는 것으로, 거울이나 유리는 일종의 소도구처럼 쓰인다. 예를 들면 성스러운 대천사 가브리엘은 "오른손에는 초가 켜진 등불을 들고 왼손에는 돌 거울을 들고 있는" 모습으로 묘사된다. 그뿐 아니라 어떤 사람들은 거룩한 환상을 통해 성체의 외면이 거울처럼 반사되는 것을 보았다고 말하기도 한다. 그러한 '증언들'을 실은 책은 하나님의 뜻을 알리는 '천상의 책'으로 불리기도 한다.

없이 대단히 중요한 문제에 대해 무엇이든지 참되다거나 무엇이든지 경건하고 유익한 것으로 받아들이는 것은 양심에 저촉되는 일이다.

12) 마지막으로 덧붙일 것은 성자들에게 기도하는 것은 그리스도에게 극심한 해악을 끼치는 일이며, 신성모독을 범하지 않는 한 교황주의자들이 그런 종류의 기원을 바치는 행위는 불가능하다는 점이다. 그들은 두 가지 방식으로 그리스도에게 정의롭지 못하다.

첫째, 아버지께서 오직 그리스도에게만 위임하신 중보자, 변호자의 직분과 그것을 수행할 수 있는 능력을 그들은 성자들에게 요청하기 때문이다(딤전 2:5; 롬 8:34; 요일 2:1). 그리스도에게 종속된 존재인 성자들에 대해 그들이 말하는 것도 용서받을 수 없다. 왜냐하면 그들은 성자들의 행위 공로를 내세우고, 그들을 은혜의 분배자로 인정하면서 기원하는 상황을 초래함으로써 본래적인 종속 관계를 파괴하고 대등한 협력 관계를 확립하기 때문이다.

둘째, 자기 백성들을 향한 그리스도의 자비로운 사랑으로부터 유추되는 그의 자애로운 성향과, 그가 뚜렷이 보여 주시듯이 언제든지 즉시 신속하게 자비를 베풀고자 하는 열망으로부터 교황주의자들이 크게 벗어나 있기 때문이다. 방금 언급한 그리스도의 속성은 성경에 지나칠 수 없을 만큼 매우 명백하게 나타나 있다. 그러므로 우리 자신의 무익함에 대한 자의식 때문에 지나치게 겁먹지 말고, 확신과 자유로 충만해져서 담대하게 은혜의 보좌 앞으로 나아가 "우리가 자비를 받고 은혜를 입어서 제때에 주시는 도움을 받도록 합시다."(히 4:16)

13) 성자들에게 기원을 올려서는 안 된다고 말할 때, 교황주의자들이 중

상모략을 하듯이 우리는 그들에 대한 존경심까지 모두 일소하는 것이 아니다. 우리는 그들에게 감사로 송축하며 존경하는 마음으로 늘 추모해야 한다고 인정하기 때문이다. 그러나 우리는 다음과 같은 한계 내에서 그들을 추앙한다. 첫째, 우리는 성자들에게 수여된 탁월한 은사를 감사하면서 기념하고, 그 은사를 믿음, 소망, 사랑을 실천하는 데 신실하게 사용한 그들의 모범을 추천한다. 둘째, 우리가 할 수 있는 만큼 우리는 그들의 본을 따르고, 그들이 이 세상에서 나누었던 거룩한 대화가 그들을 닮고자 하는 우리에게 얼마나 감사할 만한 것인지를 우리의 행위에 의해 증거하는 일에 힘쓸 것이다. 끝으로 우리는 그들이 하나님이 계신 곳에서 그리스도와 함께 누리는 행복에 대해 경축한다. 그리고 영혼을 다 바쳐 우리는 우리 자신을 위해 동일한 행복을 기원하는 한 편, 그리스도의 온전하고 충분한 중보를 통해 우리가 그 행복을 누리게 될 것을 바라고 믿는바, 오직 그것을 통해 그 성자들 역시 영원한 행복의 참여자가 될 수 있었던 것이다.

필연적 귀결

성자들에게 기원을 올림으로써 교황주의자들은 우상숭배의 죄를 짓는 것인가? 우리의 답변은 '그렇다'이다.

세속 행정관[102]에 관하여

– 응답자: 요한 러한트레

1) 이 낱말의 기원과 어원에 관해 별로 우려할 것이 없으므로 우리는 그 용례를 토대로 이 낱말이 가지고 있는 두 가지 뜻에 대해 살펴본다. 이 낱말은 권한과 직능 자체를 추상적으로 지시하는 한편, 구체적으로는 그 직능을 관리하는 권한이 부여된 사람을 지시한다. 그러나 추상적 고찰이 좀 더 단순하고, 특정한 상황에 적용할 수 있는 법률로 연결되므로 우리는 우선 주로 추상적 정의에 초점을 맞추기로 한다(요 19:10, 11; 엡 1:21; 롬 13:1).

∴

102) 세속 행정권(magistracy, magistrature)은 추상적으로는 행정장관이나 치안판사의 직능이나 권한을 뜻하며, 구체적으로는 그 권한을 행사하도록 임명된 사람을 가리킨다. 참조 구절로 예시한 요한복음 19:10~11을 보면 당시 유대 총독이었던 빌라도가 자기에게 사람을 죽일 수도 놓아 줄 수도 있는 권한이 있다고 죄수인 예수에게 말하는 대목이 나온다. 그가 말하고 있는 권한은 사법권을 가리킨다. 개신교 신도들에게 본디오 빌라도로 알려진 폰티우스 필라투스(Pontius Pilatus, 26~36 재임)는 초기 고대 로마 유대인 지역의 총독이다. 유대인에 의해 고소된 나사렛 예수에게 십자가형을 선고한 사람으로 알려져 있다.

2) 그러므로 우리는 'magistracy'를 최고위급 치안행정권, 또는 동료 인간들의 사회에서 그들이 "경건하고 품위 있게, 조용하고 평화로운 생활을" 영위할 수 있도록, 즉 그들 자신의 구원을 위해 그리고 하나님께 영광을 돌릴 수 있게 진실로 경건하고 의로운 삶을 살아갈 수 있도록 하나님께서 제정하고 유지시키는 최고 권력이라고 정의한다(롬 13:1~3; 딤전 2:2; 벧전 2:13; 잠 29:4; 시 62편; 사 45:22, 23). 이 정의를 더 자세히 설명하기 위해 우리가 분석하려는 대상은 이것이다. 즉 이 직능의 외적 원인인 유효적 원인과 목적, 그리고 내적 원인인 질료와 형식이다. 이로부터 우리는 나머지 모든 것을 이끌어 낼 것이다.

3) 이 직능의 대상은 사회적 동물이면서 또한 자연과 은총에 따라 빈곤과 소통의 많은 유대에 의해 서로 얽힌 채 공동체를 이루며 함께 살아가는 인간들의 무리다. 이 대상 역시 그 목적, 즉 자신들의 혜택을 위해 그 행정권이 제정되었다는 것을 이해한다. 그러므로 마찬가지로 이 권력은 '공적 권위'라는 이름을 얻기에 합당한데, 한편으로 모든 구성원과 사회 전체의 조건과 행동에 직접적으로 주로 관여하며, 다른 한편으로 각 구성원의 상태와 혜택에 관심을 기울이면서 전체의 공공선과 사회 전체에 속한 각 개인의 이익을 동시에 추구하기 때문이다(민 11:12; 대하 1:9; 롬 12:4, 5; 고전 12:12~27; 겔 34:2).

4) 치안행정권을 제정할 뿐만 아니라 그것을 유지시키는 유효적 원인은 하나님 자신이다. 그 권력의 제정과 유지의 원리로서 완전히 자유롭고 독립적인 권능, 최선의 의지, 가장 위대한 능력이 하나님 안에 내재한다고 생각된다.

모든 권력은 창조에 의존하고, 창조를 통해 하나님은 모든 피조물, 특히 인간을 다스리신다(롬 13:1, 2; 요 19:10, 11; 시 24:1; 렘 27:2, 6).

권력을 제정하신 하나님의 목적은 다음 네 가지 유형의 사랑에 기초한다. 첫째, 피조물들 사이에 확립되는 질서에 대한 사랑(고전 14:33). 둘째, 인간들 자신을 향한, 권위의 자리에 있고 다른 사람들을 통치하는 사람들과 특히 권위 아래 종속된 사람들을 향한 사랑(고후 9:8; 왕상 11:17). 셋째, 그의 명령에 따르는 순종에 대한 사랑(삿 2:16, 17; 대하 34:31, 32). 넷째, 본성적으로 동등한 사람들이 하나님의 뜻에 의해 또는 단지 그가 원하시기 때문에 그들의 상관이 되었을 뿐인 다른 사람들에게 보여 주는 복종에 대한 사랑(시 2:9, 12).

그러나 이 같은 목적을 위해서는 최선의 종류의 역량이 역시 필요한데, 그 역량은 사람들을 전염시키는 탁월하고자 하는 야망과, 수많은 군중의 힘이나 능력에 기인한다. 그 역량은, 하나님께서 이 질서의 필요를 사람들의 마음에 각인시키고(삼상 10:26; 11:7) 그 질서를 외적으로 보존하심으로써(수 1:5~9) 하나님에 의해 사용될 수 있다.

5) 치안 행정권의 목적은 공동체 전체와 그에 속한 각 구성원들의 이익을 얻는 것이다. 그 이익이란 "조용하고 평화로운 생활을 하기"(딤전 2:2) 위해 필요한 동물적(또는 자연적) 선과, 이 세상에 머무는 동안 또한 하늘에서도 마찬가지로 창조주 하나님의 영광에 유익이 되는 것(롬 13:4)을 모두 포함한다. 이중적 삶(즉 동물적인 삶과 영적인 삶)을 살아가는 인간은 각각의 선을 모두 필요로 하고(민 11:12, 13), 그가 부여받은 하나님 형상의 본성에 의해 두 종류의 삶을 함께 영위할 수 있다(창 1:26; 골 3:10). 하지만 두 개의 대등한 권력이 공존할 수 없으므로(마 6:24; 고전 14:33), 동물적 선은

영적인 선을 지향하고(마 6:33) 동물적인 삶은 영적인 삶에 종속되므로(갈 2:20; 고전 15:32) 이 두 종류의 혜택을 분리하거나, 일상생활에서나 최고위 당국자가 가진 행정권에 대해서도 양측의 공동 감독권을 분리하는 것은 결코 적법하지 않다. 왜냐하면 동물적 삶과 그것의 선이 욕망의 유일한 대상이 된다면 그런 행정 체제는 가축의 그것과도 같을 것이기 때문이다. 반면에 만일 인간 사회가 오직 영적인 삶이 주도하는 상태가 된다면 이 권력(치안행정권)은 더 이상 필요하지 않게 될 것이다(고전 15:24).

6) 이 치안 행정 체제를 구성하는 질료는 그러한 목적을 성취하는 데 필요한 행위다. 그 행위를 우리는 다음의 세 가지 범주로 나누기로 한다.

첫째는 입법권으로, 이 범주 아래 우리는 양측 당사자와 관련되는 도덕법의 관심사와, 장소, 시간, 사람들과 관련되는 종속 법률의 집행을 포괄하는데, 그 법률에 의해 불변하는 상위법을 준수할 때 좀 더 나은 조항이 마련될 것이고, 특정한 관계에 구속되는 다양한 사회, 즉 교회, 시민사회, 학계와 가정을 좀 더 적절한 방식으로 통치할 수 있을 것이다(출 18:18~20; 대하 19:6~8; 왕하 13:4, 5).

둘째는 위임하는 대리인들의 직능이나 의무를 분배하는 것과, 사회 전체에 필요한 모든 행위와 사물들을 감독하는 일이다(신 1:13, 15, 16; 출 18:21, 22; 벧전 2:14; 대하 19:2, 8~11; 민 11:13~17).

셋째는 내면적인 문제일 경우 사회로부터 모든 종류의 악을 제거하고, 외부적인 문제일 경우 필요하다면 전쟁에 의해서라도 악을 몰아내는 것이며, 그것은 사회의 안전을 위해서도 필요한 조처다(잠 20:26, 28; 시 101:8; 딤전 2:2).

7) 이 제도의 형상은 권력 자체이며, 그것은 오직 하나님께 속한 권위에

따라, 그리고 인간적인 어떤 것도 능가하는 탁월성에 의해 언급된 직능들 자체가 행사되어야 한다(롬 13:1; 시 82:1, 6; 애 4:20). 왜냐하면 이 제도는 영혼과 생명을 고취하고 그 기능을 효력 있게 작동시키기 때문이다. 이것은 "칼의 힘"(롬 13:4, 5)이라고 명시되는데, 선한 자를 옹호하고 악한 자를 두렵게 만들고 제어하며 처벌하기도 하고, 모든 사람들로 하여금 규정된 의무를 이행하게 하려고 제정되었기 때문이다(롬 8:4, 5). 이 최고위 권력에 속하는 것은 그 아래 종속된 사람들에게 공물, 세금, 그 밖의 의무를 요구할 수 있는 권위다. 그것은 여러 기능에 필요한 권한과 힘을 한데 모아 구축할 수 있게 하는 것으로, 마치 몸의 근육과도 같다(롬 13:6).

8) 그러나 죄가 세상에 들어오기 전까지 이 같은 공적 권력을 사용할 일이 없었는데, 왜냐하면 그때는 오직 두 사람이 존재하고, 그들은 한 가족을 이루고 있었기 때문이다. 그러나 우리는 인류의 원초적인 완전한 상태에서도 이 권위가 존재했고, 그 제도의 기원은 죄가 들어온 것과 무관하다고 생각한다. 왜냐하면 최초의 죄를 짓기 전에 여러 명의 사람들이 태어났을 수도 있다고 가정한다면 우리는 사회적 동물인 까닭에 의무를 불이행하기 쉬운 인간의 본성, 이 권한이 갖는 힘의 한계, 하나님께서 그 권력을 제정해야 했던 이유, 자연법과 도덕법 자체, 인간의 가슴에 새겨진 그 권위로부터 우리의 견해가 타당하다는 것을 입증할 수 있다고 생각하기 때문이다.

9) 그러나 이 권력은 그 직능의 본성과 그 권위의 특권에 따라 항상 동일하게 행사된다. 그것은 군주제, 귀족제, 민주주의 등에 의해 이 권력이 몇 사람에게 분산되는가 하는 차이에 의해, 또는 이 권력이 수여되는 방

식, 예를 들어 하나님께 직접 받거나 승계, 상속, 선출을 통해 인간적인 권리와 관습에 의해 획득되든지 하는 방식에 의해 조금도 변하지 않는다. 어떤 상황에서나 하나님에 의해 또는 그 권력을 수여할 수 있는 권한을 가진 사람들이 첨가한 어떤 부속 조항에 의해 제한되지 않는 한 그 힘은 여전하다(수 22:12; 딤전 2:2; 벧전 2:13; 삿 20장; 삼상 16:12; 삼하 1장; 왕상 11:11, 12; 14:8~10). 그리고 그러한 제한은 양측에 대등하게 구속력을 가진다. 따라서 이 권위를 수용하는 사람이 그 조항들이 자기의 양심이나 자기의 조건에 저촉되고, 심지어 사회 자체에 해를 끼칠 수 있다는 구실을 내세워 그 조항들을 폐지하여 더 큰 권력을 스스로 장악하려는 것은 불법 행위다.

10) 이 권력의 목적은 전체의 이익, 또는 같은 나라나 국가에 속한 사람들의 공동체 전체의 이익이다. 그러므로 국가의 통치자는 국가 자체보다 작을 수밖에 없고, 국가의 이익은 그 자신의 이익보다 우선되어야 할 뿐만 아니라, 개인적 손실을 감수하고라도, 심지어 그의 목숨 자체를 희생해서라도 추구되어야 한다는 결론이 함축된다(겔 34:2~4; 삼상 12:2, 3; 8:20). 그 답례로 국가의 모든 구성원은 전력을 기울여, 그러나 합법적인 방식으로 국부인 군주의 생명과 안전과 존엄을 수호해야 한다(삼하 16:3).

11) 이 권력이 하나님에 의해 제정되었고, 그의 어떤 명령에 의해 제한된다는 정황으로부터 우리는 이 권한을 가진 사람이 자기 자신을 하나님보다 높이거나, 하나님의 계명에 어긋나는 법을 만들거나, 자기의 통치 아래 있는 사람들로 하여금 하나님께서 금한 것을 행하도록 강제한다거나, 하나님이 명령하신 것을 행하지 못하게 막는 것은 불법 행위라고 결론 내릴 수 있다. 권력자가 그런 일을 할 경우, 그가 하나님의 심판대에 나아가

야 한다는 것과, 백성들은 그의 편에 서기보다 전능자에게 복종해야 한다는 것을 분명히 깨닫게 해야 한다(신 18:18, 19; 왕상 12:28~30; 13:2; 왕상 22:5).

그러나 이 지점에서 백성들은 두 가지 주의 사항을 준수해야 한다. 하나는 수행해야 할 행위와 짊어져야 할 의무를 구별할 것. 다른 하나는 군주의 명령이 하나님의 명령을 거스르는지 여부를 완전하게 분별할 것. 이 주의 사항을 지키지 않을 경우 그들은 전도된 판단에 의해 질서를 따라 하나님 아래 순종할 수 있는 문제에 대해 오히려 군주에게 불복종하는 행위를 저지를 수 있다.

12) 우리가 이 권력의 본질적 요소로 기술한 기능들은 군주가 그 기능들 전체에 태만하든지, 세 가지 중 하나를 경시하든지 그의 자의적인 뜻에 종속되지 않는다. 만일 그가 그렇게 할 경우 그는 스스로 '군주'의 이름에 어울리지 않는 부적격자가 되는 것이고, 따라서 군주로서의 직능을 수행하는 일에 빈둥거리기보다 그 자리에서 물러나는 것이 그로서는 더 나은 처신이 될 것이다(시 82:1~8; 겔 11:1~13).

그러나 여기에도 역시 두 가지를 구별해야 한다. 하나는 직무 수행에서 태만의 정도와 태만에 빠지게 된 악을 구별하는 것. 다른 하나는 직무 태만, 업무 방해와, 국민들이 대행하는 업무 수행을 구별하는 것. 이 과실(업무 방해) 중 후자는 사회를 급속하게 파멸로 몰고 가는 반면, 다른 사람들이 군주의 의무를 대리할 수 있게 허용될 경우 일반 국민들이 전자(태만)에 동조할 수도 있다.

13) 치안행정권의 목적과 용도를 제정하신 창조자로부터—즉 그 권한과

관련된 기능들과 그 최고 권력 자체로부터—그 기능들을 그리스도교의 본성과 비교해 볼 때, 그리스도인은 선한 양심에 의해 통치자의 직위를 수락하고 그 제도에 속하는 의무를 수행할 수 있다고 결론 내릴 수 있다. 그리스도인을 제외하고 그 누구도 이 직위의 의무를 수행하는 데 적합한 사람은 있을 수 없고, 나아가 그 모든 의무를 적법하고 완벽하게 수행할 수 있는 사람은 없다(행 10:31, 48; 출 18:20~23).

14) 끝으로 이 권력은 최고의 권력이므로 모든 사람은 보통 사람이건 성직자이건, 집사, 사제, 주교, 대주교, 추기경, 족장, 심지어 로마교황 자신이라 할지라도 신성한 권리에 따라 그것에 복종해야 한다고 우리는 단언한다. 그러므로 통치자의 명령에 복종하고, 그의 판결을 인정하고, 선고를 기다리며, 그가 내릴 수 있는 처벌을 달게 받아들이는 것이 모든 사람의 의무다. 그러한 자발성과 복종을 근거로 삼아 군주 자신은 그 누구에게도 마음대로 사면권을 행사해서는 안 된다. 물론 의무로 져야 할 짐을 할당할 때, 군주는 특정한 사람들에게 그의 특권을 행사할 수 있다(롬 13:1; 벧전 2:13; 5:1; 요 19:10, 11; 행 25:1, 10; 왕상 1:26, 27; 롬 13:5).

(공개 논박을 끝마치다.)

포스트 종교개혁의 변주곡

종교개혁의 여진 속에서

개인적인 인상이기는 하지만 한국 교계의 거의 모든 관심은 '정통'으로 불리는 신학 사상에 집중되는 반면, '마이너리그'에 속하거나 교회사에서 '이단' 혐의라도 받은 적이 있는 교의나 신학에 대해서는 순수한 학문적 관심조차 금기시되는 것 같은 느낌이 든다. 심지어 신학 연구에서 소수 견해를 갖는 것 자체가 이단시되는 것이 아닐까 하는 의구심마저 든다. 나의 인상이 그다지 틀린 것이 아니라면 인공지능(AI) 목사까지 등장하는 오늘날 포스트휴먼 생활세계에서 한국의 개신교 신자가 17세기 '포스트 칼뱅주의' 신학자인 야코부스 아르미니우스(Jacobus Arminius, 1560~1609)의 텍스트에 몰입한다면 과연 어떤 시선을 받을 것인가, 그리고 어떤 의미를 가질 수 있을까? 그런 물음을 스스로 던지며 호기심 많은 나는 미지의 지평을 향한 탐험을 시작했다.

특별히 교회사에 지대한 관심이 있거나 특이한 야심을 품은 사람이 아닌 한 16세기 후반에 태어나 17세기 초에 갑자기 세상을 떠난 네덜란드 신학자 아르미니우스의 신학 사상을 기웃거리거나 원전까지 찾아볼 생각을 하는 일은 좀체 없을 것이다. 더욱이 한국 교계의 풍토에서 '아르미니우스'라는 이름은 거의 '펠라기우스(Pelagius)'와 동일시되는 형편이니 말이다. 그처럼 일면적인 접근이 공정한 것인지 재고할 필요가 있겠지만, 역사적으로 불거진 문제가 늘 그렇듯이 교회사에 등장하는 사건이나 교의를 해석하고 평가하는 문제도 단선율이 아니라 다성음악을 대하듯 접근해야 한다.

1517년 종교개혁 원년 이후 1세기가 지나는 동안 개신교 교회는 이루 말할 수 없이 혼란스러운 국면을 맞이했다. 논의의 범위를 네덜란드와 그 주변 저지대 지역에 국한할 경우에도 아르미니우스 사후 10년쯤에 열린 도르트 총회(the Synod of Dortrecht, 1618~1619)에서는 아르미니우스주의자[1]의 주장을 이단적인 것으로 규정하고 아르미니우스를 지지하는 저항파의 공적 예배를 금지했다.

그러자 1619년 안트베르펜에 모인 저항파 신학자와 지지자들은 그들만의 공동체를 결성하고, 1621년에 이른바 '항론파 선언(Remonstrant Confession)'을 발표했다. 이 시기에 교회는 여전히 국가의 행정 체제에 속했기 때문에 네덜란드 정부는 사회와 교회의 질서를 교란한다는 명분으로 그 '불온한' 저항 세력을 불법 집단으로 규정하고, 그 구성원들을 파문하거나 국외로 추방하거나 재산을 몰수하는 등 강경한 방식으로 처리했다. 오

••

1) 『야코부스 아르미니우스 전집』의 내용을 다룰 때 다시 상술할 것이지만, 여기서는 용어상의 혼란을 피하기 위해 아르미니우스 신학, 아르미니우스주의, 항론파를 구분한다.

늘날 정치적, 문화적 자유뿐만 아니라 신앙적 자유까지 마음껏 구가하는 것처럼 보이는 네덜란드 사람들도 그즈음에는 칼뱅 정통주의 신학의 그늘에서 그토록 혹독한 시련을 겪었던 것이다.

종교개혁이 일어난 지 어느덧 5세기가, 아르미니우스가 살았던 개혁교회의 격동기로부터는 4세기가 넘는 세월이 흘렀다. 그 사이 인류 문명사를 고쳐 쓰게 만든 획기적인 일이 한국에서 일어났는데, 그것은 『직지심체요절』의 1377년 인쇄본 일부가 발견된 일이다. 그 결과 구텐베르크 인쇄본을 기점으로 했던 금속활자 문명사는 수정될 수밖에 없었다. 어쨌거나 인쇄술의 역사는 상이한 문화권에서 사람들이 저마다 자신들의 언어로 경전을 온전히 보존하고 전파하고자 하는 바람에서 연유한다. 이처럼 기술 문명의 역사가 다시 쓰일 수 있듯이 교회사의 중요 사건이나 신학적으로 강한 충격파를 일으켰던 교의에 대해서도 우리는 기존의 고착된 시각을 벗어날 때가 되었다고 생각한다. 가톨릭이건 개신교이건 뉴 밀레니얼 시대에 우리가 유념해야 할 것은 종교개혁이라는 역사적 사건은 결코 단일한 경로를 따라 전개된 것이 아니었다는 점이고, 프로테스탄트 종교개혁의 반향으로 가톨릭교회 측에서도 비판의 표적이 되었던 기존 입장을 점검하는 회의로서 트렌트 공의회(Council of Trent, 1545~1563)를 통해 내부 개혁을 단행했고, 그리하여 16세기를 넘어 17세기로 이어지는 포스트 종교개혁 시기에 접어들면서 우리의 주요 논적들은 개혁 진영 외부에 있다기보다 오히려 내부에서 발견된다는 사실이다.

포스트 종교개혁의 쟁점은 더 이상 가톨릭이나 루터파나 재세례파가 아니라, 오히려 그들은 주변부로 물러나고 점차 장 칼뱅이 주도하는 정통주의자들과 그들에 맞서는 '저항 세력'이 무대 중앙으로 이동한다. 이 시기에 우리는 아르미니우스의 이름이 유럽 교회는 물론이고 도버해협을 넘어 영국에까지 전파되었다는 사실을 알게 된다. 따라서 포스트 종교개혁에서 개혁 정통주의를 중심으로 형성된 갈등 구조 안에서 새로운 표적으로 떠오른 마이너리그의 신학 교의와 논제를 초교파적 시각에서 읽을 필요가 있다. 특히 칼뱅과 테오도르 베자가 이끌었던 스위스 종교개혁이 16~17세기 북유럽 저지대 지역에서 일으킨 충격파는 기독교의 심오한 주제에 관해 주상절리(柱狀節理) 같은 다양한 반응을 불러일으켰다.

교회사 연구에서 우리는 잘 알려진 시노드나 공의회, 또는 정통 교단에 속한 교회의 공식 선언에 집중하기 쉽다. 그러나 역사는 반드시 영웅이나 큰 사건으로만 이루어지는 것이 아니다. 굵직한 사건 배후의 그늘진 곳, 이른바 '니쉬(niche)'에 담겨 있는 이야기와 이름 없는 평범한 사람들의 작은 움직임이 배경 네트워크를 형성하고, 때로는 나비의 날갯짓 같은 움직임이 결정적인 역사적 동인이 되기도 한다. 아르미니우스의 텍스트와 관련 문헌을 통해 내가 발견한 것은 바로 그런 니쉬적 요소다.

아르미니우스는 일찍 부모를 여의고 성장기를 거쳐 청년기까지 여러 사람들로부터 후원과 관심을 받았다. 그가 스위스의 제네바대학에서 칼뱅의 후계자인 베자 밑에서 정통 개혁주의 신학을 배울 수 있었던 것은 전적으로 네덜란드 상인 길드와 암스테르담 시정부의 후원 덕택이었다. 그의 사후 그의 제자와 지지자로 자처한 저항 세력과, 정치적 난민에 해당하는 바다 걸인 집단(The Sea Beggars) 역시 네덜란드 국가교회 경계 밖에 있는 집단이었음에도 종교개혁 후기에 교회의 변화를 이끈 중요한 영향사적 요소다.

이 같은 니쉬적 국면은 국내에서 아르미니우스를 연구하는 일을 매우 어렵게 만든다. 국내에서 구할 수 있는 1차 문헌으로는 미국의 듀크대학교 보존 서고에 있는 『신학대전(Opera Theologica)』(1629)의 영인본과, 잉글랜드의 니콜스 부자가 번역하고 편집한 영어 표준판(1825(1, 2권), 1828(3권),

1875(전집)〕 정도다. 구성과 완성도에서 니콜스 편집본은 이보다 더 나은 판본을 기대하기 어렵다고 생각되고, 명실공히 아르미니우스 표준판으로 평가받는다. 국내 연구자들의 논문이나 저술에서는 대체로 스위스 종교개혁의 영향권에 속한 한 지류로 아르미니우스 관련 주제를 다루는데, 구체적으로 말해 네덜란드 개혁교회에 날아든 일종의 불협화음, 나아가 반드시 해소되고 수습되어야 할 저항 세력의 분규처럼 간주한다. 또한 아르미니우스주의자들이 일으킨 소란을 수습하기 위해 열렸던 도르트 총회의 선언은 마치 정전(正典)인 양 간주하는 반면, 당시 '이단' 판정을 받은 아르미니우스의 견해는 오늘까지도 순수한 학문적 연구 대상이 될 수 없다는 식으로 취급하는 경향이 있다.

그러나 거듭 말하지만 16~17세기 네덜란드 개혁교회가 처한 상황은 그런 식으로 간명하게 기술할 수 없다. 당시의 네덜란드 연합 왕국은 교회의 상관이었고, 스위스 연방에 속했던 남쪽의 제네바는 개혁 운동으로 인해 온갖 핍박과 조롱을 받는 한편, 각지에서 몰려드는 종교 난민들로 혼란스러웠다. 한편 네덜란드는 가톨릭 신자들이 대다수인 벨기에 속주에서 일어난 독립운동을 수습해야 했고, 가톨릭 국가인 스페인 정부의 위협에 맞서 평화조약을 성사시켜야 하는 과제를 안고 있었다. 그뿐만 아니라 아르미니우스는 물론이고 그의 사후의 저항 세력도 암스테르담 상인 길드와 내밀한 관계를 맺고 있었던 사실도 간과할 수 없다.

아르미니우스가 교회와 국가 양측으로부터 팽팽한 긴장과 압력을 받고 있었다는 사실을 염두에 두면서 내가 『야코부스 아르미니우스 전집(The Works of James Arminius)』(이하 『전집』)을 번역하고 생산적으로 해석하기 위해 택한 작업 가설은 다음과 같다. 즉 외적으로 종교개혁 이후 1세기 가까이 네덜란드 개혁교회는 정치적, 종교적으로 갈등적인 중층 구조 위에 세워져 있었다는 일반 명제와 지식론적인 특수 명제로서, 역사적 텍스트에 대한 우리의 지식은 상황 배태적(situation-embedded)인 동시에 해석적일 수밖에 없다는 것이다. 또 하나의 부차적 가설은 서사론적 논제에 가까운 것으로, 상이한 시공간에 속한 저자와 텍스트와 독자가 동일한 해석적 지평에서 참여적으로 만나는 일(participatory engagement)은 그들 간의 영향 사적(effective historical) 유의미성을 발견할 때 비로소 가능하다는 것이다. 간단히 말해 해석의 지평은 그러한 발견에 의해 비로소 창발한다. 엄밀히 말해 그러한 종류의 발견은 일종의 발명 또는 창조라고 불러야 한다. 왜냐 하면 독해 과정의 결실은 해석자의 의도나 예상의 틀에 의해 결정되는 것 이 아니기 때문이다.

본격적으로 『전집』 속으로 들어가기 전에 내가 짚어 두고 싶은, 기우에 가까운 두 가지 주의 사항은 다음과 같다. 첫째, 기초적인 논리 규칙에 관 한 것으로, 어떤 점을 비판할 경우 그 반론이 반드시 타깃 논제와 모순 관 계에 있는 것은 아니다. 둘째, 아르미니우스는 베자의 제자로서, 칼뱅-베 자 신학의 주요 논제에 비판적 견해를 제기하기는 했지만 근본적으로 그 는 끝까지 칼뱅 신학의 경계 내에 머물렀고, 다만 특수한 쟁점을 부각하고 칼뱅의 보편 명제를 특수 명제로 정련하여 좀 더 세밀한 구별을 도입했다 는 사실이다.

어느 한 시대를 격앙시켰던 신학 사상이나 교리에 대해 논의할 때, 시공 간 격차를 감내해야 하는 연구자들은 부지불식간에 가질 수 있는 목적 편 향성을 제어할 필요가 있다. 이 해제에서 내가 일차적 목표로 삼는 것은 17세기 네덜란드 신학 사상의 흐름에 대한 우리의 이해 지평을 넓히는 것 이다. 아래에서 독자는 『전집』의 각 권에서 아르미니우스가 펼치는 주요 논제를 따라가면서 그의 구체적인 '답변'이 옳은가 아닌가, 또는 우리가 그것에 동의할 것인가 말 것인가 하는 문제보다는 오히려 그가 그 시점에서 왜 그런 특수한 비판과 반론을 맞닥뜨릴 수밖에 없었는가 하는 정황 자체에 초점을 맞추고, 네덜란드 개혁교회의 발전사를 '교회-국가' 관계의 역동적 국면에서 관찰할 수 있게 되기를 바란다.

네덜란드 개혁교회의 선구, 아르미니우스

이제 본격적으로 아르미니우스의 생애와 『전집』의 구성과 내용을 살펴보기로 하자. 먼저 출간되었던 것으로 알려진 『전집』의 라틴어 편집본에는 아르미니우스의 부고 같은 개인적 사료가 실려 있는 반면, 영국의 니콜스 부자가 편역한 『전집』은 전반적으로 아르미니우스의 강연이, 공식적인 선언문, 신학 주제에 관한 변증과 논박이 축을 이룬다. 이 점은 아마도 니콜스 부자가 아마추어 신학자였기 때문이라고 추정되는데, 자연스럽게 당시 네덜란드 교계와 정국을 뒤흔들어 놓았던 아르미니우스의 신학적 교의와 논박과 변론이 『전집』의 대부분을 차지하게 된 것 같다. 따라서 이 해제에서도 우리에게 아직까지 미지의 영역으로 남아 있는, 종교혁명 이후 북유럽 저지대 국가들[2]의 신학적 지형도에 초점을 두면서 특별히 그 시기에 논쟁의 분화구 역할을 했던 아르미니우스 신학 사상의 핵심 주제를 살펴보

2) 16~17세기에 네덜란드, 벨기에, 룩셈부르크 등 이른바 저지대 국가들의 경계선은 오늘날의 모습과 매우 다르다. 오랫동안 프랑스 북부와 독일의 일부 지역과 네덜란드를 통틀어 네덜란드 연합 왕국이 형성되어 있었는데, 1840년 가톨릭교도가 대다수인 벨기에가 혁명을 일으키더니 마침내 남부 지역에 '벨기에'라는 국가를 탄생시켰다. 한편 통일 전쟁을 일으켰던 독일이 관리하기 어려운 남부 지역으로부터 군대를 철수시키자 1876년에 벨기에 남쪽 지역에 룩셈부르크가 건립되었다. 그리하여 저지대의 세 국가들은 1944년 베네룩스 협의체를 만들었고, 그 체제는 오늘까지 유지되고 있다.

고, 4세기가 지난 오늘날에도 결코 소모적이지 않고 오히려 생산적인 해석과 평가의 가능성을 탐색하는 것을 목적으로 삼는다. 아르미니우스의 인적 사항과 당시 네덜란드의 정치적, 경제적 주요 사건에 대해서는 덧붙인 연보를 통해 확인할 수 있다. 여기서는 그의 신학 사상과 견해를 집약적으로 보여 주는 『전집』의 주요 내용을 소개하는 일에 집중할 것이다.

네덜란드 개혁교회의 역사를 형성한 인물들 중 하나인 아르미니우스는 1560년 네덜란드 중부 위트레히트주의 오더바터에서 태어났다. 선조로부터 내려오는 전통적 이름은 야코프 헤르만스존(Jacob Hermanszoon)이지만 후일 아르미니우스 자신이 라틴어식 이름 대신 게르만식 이름을 택했고, 그 결과 오늘날 우리가 아는 바대로 그의 공식 이름은 야코부스 아르미니우스가 되었다. 일반인에게 잘 알려진 제임스 알미니우스(James Arminius)는 영어식 이름이다.

무기 제조업자였던 아르미니우스의 부친은 아내와 어린 자녀들을 두고 일찍 사망했다. 그의 모친과 다른 가족들도 1575년 스페인 학살 기간 중에 사망함으로써 그는 고아가 되고 말았다. 1572년경 그는 프로테스탄트적 성향을 가진 가톨릭 사제 테오도루스 에밀리우스에게 입양되었고, 그의 후원을 받으며 기초 교육을 받았다. 이후 1576년부터 1582년까지 레이던대학에서 수학했다. 그는 인문학부터 시작하여 칼뱅주의자 람베르투스 다나에우스, 히브리어 학자 요한네스 드루시우스, 기욤 퓨게리우스, 요한 콜만 등을 사사했다. 또한 암스테르담 상인 길드와 시정부의 후원을 받아 스위스 제네바에서 베자 밑에서 칼뱅 신학을 공부했다. 그러나 『그리스도교 강요』를 꼼꼼하고 끈질기게 파헤친 결과, 그는 칼뱅의 예정론에 대해 의문을 느끼고 대안적인 견해를 밝혀야 할 필요를 느꼈다.

1587년 아르미니우스는 목사 안수를 받고 1588년부터 15년 동안 암스테르담 개혁교회에서 목회 활동을 계속하면서 로마서를 집중적으로 연구했다. 특히 로마서 7장 14절의 요지를 논증화한 것으로 유명하다. 예정론에 대한 그의 공식 선언문(1608)은 이때의 설교를 바탕으로 한다. 1603년, 레이던대학의 저명한 신학자인 프란시스쿠스 유니우스(Franciscus Junius) 교수가 서거함에 따라 그가 후임으로 신학부 교수가 되었다. 교수 취임 강연에서 그가 발표한 세 편의 연설문에는 이미 칼뱅 정통주의 입장으로부터 균열을 보이는 변증 신학의 얼개를 볼 수 있다.

1604년, 아르미니우스는 칼뱅주의 예정론에 대한 반론을 제기하기 시작했다. 이에 비판적이었던 그의 지도교수 프란시스쿠스 호마루스(Franciscus Gomarus)는 공식적인 논박과 저술을 통해 강하게 반론을 펼쳤다. 예정 개념에 대한 격론을 기점으로 1604년에 두 사람은 다른 여러 주제도 다루는 공개 토론을 벌였다. 칼뱅주의 예정론, 벨기에 신앙고백과 하이델베르크 요리문답, 교회와 국가의 복속 관계에 대한 아르미니우스의 문제 제기에 맞서 호마루스는 그런 견해가 비성경적이고 비개혁적임을 지적했다. 이 논쟁은 길게 이어져 양 진영의 차세대까지 승계되었고, 마침내 도르트 총회가 선언한 도르트 신조(Dord Canon)에 의해 아르미니주의자들이 단죄와 파문을 당함으로써 일단락되었다. 심지어 아르미니우스주의를 표방한 세력은 일찍이 아우구스티누스에 의해 이단으로 단죄되었던 펠라기우스주의자와 다르지 않다고 매도되기도 한다. 이 시기에 주도적으로 활약한 인물은 아르미니우스의 후임 교수인 시몬 에피스코피우스(S. Episcopius)로서, 알미니안주의 다섯 항변 논제를 작성한 것도 바로 그다. 이 일로 아르미니우스주의자들은 항론파(the Remonstrants)로 불리게 되었다. 그러나 아르미니우스 자신은 도르트 총회가 소집되기 훨씬 전인 1609년 10월 19일에 지병이 악화하여 세상을 떠났다.

칼뱅을 넘어서

레이던대학 신학부 교수로 부임하기 여러 해 전부터 아르미니우스는 유니우스가 다루었던 주제에 지대한 관심을 가졌고, 특히 유니우스의 『참된 신학에 관하여(*De Vera Theologia*)』(1593)를 접하면서 기독교의 기초 교의에 대한 자신의 생각을 정련하는 기회로 삼은 것으로 보인다. 특히 선택(election)과 유기(reprobation)에 관해 결정하는 주권자 하나님을 '행위 주체'로 다루면서 그는 선택되거나 유기되어야 할 대상, 결정의 기준, 작정의 범위 같은 구별을 도입했다. 이 같은 방식은 신학 개념과 논증 형식을 다루는 맥락에서 아르미니우스가 개념적 구별과 형식적 완전성을 추구했음을 보여 주는데, 이는 시기적으로 비교적 가까운 중세 후기 스콜라 철학자들의 신학적 변증을 참조했음을 반영한다. 실제로 그의 연구 방법은 리처드 멀러 교수에 따르면 한마디로 '스콜라적'이라고 부를 수 있다. 그의 저술이 대중적 접근성과 가독성이 낮은 것은 아마도 논리적 형식과 개념적 구별에 지나칠 정도로 비중을 두었기 때문인 듯하다.

총 세 권으로 구성된 『전집』은 아르미니우스 사후 3세기에 걸쳐 편집, 재편집된 것이다. 1629년에 전집 형태로 처음 나왔던 『신학대전』은 그동안 세간에 그 존재도 잘 알려져 있지 않다가 19세기에 영국에서 영어로 번역되고 다른 자료들과 함께 재편집되어 출간됨으로써 대중에게 알려지기 시작했다. 이 영어 편집본 『전집』은 흔히 '런던 판본'으로 불린다. 1권과 2권은 제임스 니콜스에 의해 1825년에, 3권은 그의 아들인 윌리엄 니콜스에 의해 1828년에 출판되었다. 나중에 윌리엄 니콜스는 세 권 전체를 『전집』으로 한데 묶어서 1875년에 출간을 완결 지었다. 한국어 번역본은 정확히 말해 아들 윌리엄 니콜스가 전체를 합본한 1875년 『전집』을 저본으로 삼은 것이다.

영국인들이 아르미니우스에 대해 관심을 갖기 시작한 것은 1610년부터 1619년이다. 이 무렵에 그의 신학이 영국에서 알려지기 시작했고, 그의 서한들과 이름이 공식적으로 인정되었다. 존 웨슬리 신학의 초석을 이루는 것은 바로 아르미니우스의 신학 사상이다. 따라서 이러한 아르미니우스 신학은 영국에서 성공회 교회와 청교도 칼뱅주의에 반격을 개시하는 데 주요한 이론적 무기로 사용된 것으로 보인다.

아르미니우스가 저술한 텍스트와 번역본에 대해 몇 가지 밝혀 둘 것이 있다. 앞에서 언급했듯이 이 번역은 1875년에 나온 런던 판본을 바탕으로 하며, 여기에는 1629년에 나온 아르미니우스의 『신학대전』내용이 상당 부분 포함되어 있다. 그러나 런던 판본에는 부고를 비롯한 당시 사적인 자료는 실려 있지 않다.

1609년 아르미니우스가 세상을 떠난 후 6년 동안 스물세 개의 공식 간행물이 출판되었다. 이 출판물 중 열한 개는 라틴어로, 나머지 열두 개는 네덜란드어로 되어 있다. 이 출판물 대부분은 입장 선언문이며, 이것은 17세기부터 1960년대까지 네덜란드어로 인쇄되었다. 라틴어로 출판된 마지막 저술은 1645년에 출판된『호마루스의 논제들에 대한 검토(*Examination of the theses of Gomarus*)』였는데, 이것은 『전집』에 수록되어 있지 않다. 그러나 후대에 이 논문은 영어로 번역되었고, 그 뒤를 이어 아르미니우스의 저술들이 현대어로 출판되기 시작했다.

런던 판본은 오늘날 아르미니우스 신학 사상을 연구하기 위해 영어권에서 접할 수 있는, 현존하는 가장 훌륭한 역사적 문헌으로 간주된다. 예를 들어 런던 판본에 들어 있는 입장 선언문과 각종 논박문(공개 논박, 비공개 강론, 서신 토론 등) 등에는 토론 번호와 부속절의 번호가 정확히 표시되어 있다. 그러나 이것은 연구자들에게 문제점을 안겨 주기도 하는데, 리처드 멀러(Richard A. Muller) 교수의 지적대로 번역과 편집을 주도한 니콜스 부자가 특히 아르미니우스의 방법론에 대해 충분하고 정확하게 파악하고 있지 못했다는 사실을 반영하기 때문이다. 예를 들어 『전집』 1권에서 볼 수 있듯이 아리스토텔레스의 사원인론에서 사용되는 'moment(계기)'가 물리적 개념인 양 'motion(운동)'으로 번역된 것, 즉 존재론적 함의를 갖는 형상적 원인으로 다루기보다 물리적인 운동 원인으로 설명하는 점이 그러하다.

아르미니우스 사후 비교적 이른 시기에 영국에서 『전집』은 존 웨슬리와 찰스 웨슬리에게 지대한 영향을 끼쳤다. 특별히 아르미니우스의 일반적 속죄론(general redemption)은 감리회의 중심 교의 안에 포섭되었다(『전집』 1권 참조). 아르미니우스의 은총론에 따르면 하나님의 은혜는 모든 사람에게 내려지는 충분한 은혜(sufficient grace)인데, 왜냐하면 그리스도께서 전 인류를 위해 죽으셨기 때문이다. 그러나 실제로 구원이 실현되기 위해서는 유효적 은혜(efficacious grace)가 필요하므로 실제의 구원은 개개인이 복음과 그리스도의 중보 사역에 대한 믿음을 고백하게 될 때 실현된다. 따라서 구원에 관한 한 일부 특정한 사람들, 즉 '남은 자들'에게 내려지는 유효적 은혜에 달려 있다고 보는 점에서 칼뱅주의의 특수 구원의 논제와 충돌하는 것 같지 않다.

그러나 아르미니우스의 전반기에 '하나님의 은총'에 초점을 두었던 것이 후반기에는 자유의지(free will)로 초점이 옮겨진다. 이 전환이 내포하는 신학적 함의는 인간 자유의지의 자율성(autonomy)과 가치를 강조한 것에 있다. 바꾸어 말해 하나님의 선행하는 작정은 그 자체로 절대적이지만, 그것이 개인들의 구원 여부를 자동적으로 결정짓는 것은 아니다. 하나님의 작정은 근본적으로 영원한 것인 반면, 시간적 존재인 인간들은 삶의 실존적 상황에서 자신들의 현재 행위와 그것이 가져올 미래 결과에 대한 책임을 져야 한다. 그러므로 아르미니우스의 후반기 신학은 인간의 구원이 인간의 선한 본성을 따르는 자유의지와 복음에 대한 올바른 지식, 그에 입각한 철저한 회개에 의해서만 진실로 하나님께로 나아갈 수 있고, 약속된 은혜를 누릴 수 있다는 것에 역점을 둔다.

청년기의 아르미니우스에게 깊은 영향을 끼친 인물로 코른헤르트(Dirck V. Coornhert, 1522~1590)를 빼놓을 수 없다. 그는 할럼에서 온 로마 가톨릭 인도주의자로서, 신학자이자 신약성서 번역가, 라틴어 고전을 번역하는 학자였다. 1589년, 그는 개인에 대한 하나님의 예정과 로마서 9장에 기록된 예정에 관한 베자의 주장을 팸플릿 분량의 소책자를 통해 비판했다. 그 당시 아르미니우스는 베자의 학생이었고, 베자의 편에 서서 칼뱅주의 예정론을 옹호하는 위치에 있었다. 따라서 그는 코른헤르트의 주장을 논박하기 위해 아담과 하와가 타락하기 전에 하나님이 벌써 개인의 영생과 영멸의 운명을 예정하셨다는 '타락 이전 선택론(Supra-lapsarianism)'과 인간이 타락한 후에 예정하셨다는 '타락 이후 선택론(Infra-lapsarianism)'을 연구하기 시작했다. 그런데 코른헤르트의 도전에 응수하기 위해 로마서 9장의 내용을 깊이 파고 들어갈수록 그는 '조건 없는 예정(unconditional predestination)'이라는 칼뱅의 교의에 의문을 품게 되었다. 이때의 연구가 발판이 되어 이른바 칼뱅의 이중예정론에 대한 아르미니우스의 비판이 나오게 된 것이다.

『전집』 1권

1권에서 다루는 주제의 범위는 매우 방대하다. 1부는 1603년 아르미니우스가 레이던대학 신학부에 부임한 후 3회에 걸쳐 대학 행정 책임자, 신학부 교수단, 신학생들을 대상으로 행한 교수 취임 강연과 두 개의 후속 강연문으로 이루어진다.

2부는 벨기에 신앙고백과 하이델베르크 요리문답에 대해 아르미니우스가 부분적인 수정을 요구한 일이 있었는데, 이것을 레이던 노회 측은 개혁교회의 근간을 흔드는 시도로 여기고 가시적으로 대응한 일을 배경으로 한다. 1605년 7월 28일, 레이던의 장로 두 명(레이던 시장이었던 브롱코비우스와 메룰라 장로)가 레이던대학을 방문하여 최초로 비공식적인 만남을 요구했고, 아르미니우스는 이 요청을 거절했다. 이틀 뒤인 1605년 7월 30일, 레이던 노회는 남부 홀런트 시노드의 대리인 두 명과 북부 홀런트 시노드의 대리인 세 명으로 이루어진 대표단을 레이던대학에 파견하여 아르미니우스에게서 나온 것으로 생각되는 '새로운 교의'에 대해 문의하면서 회합을 가질 것을 요청했으나 회의의 목적과 진행 방식이 부적절하다는 이유로 아르미니우스는 그 요청을 거절했다. 오히려 그는 그러한 비공식적인 회동 같은 것 대신에 공식적인 공개회의를 제안했는데, 이 과정에서 양측은 갈등을 겪었다.

따라서 2부의 전반부는 회합을 해야 할 필요성을 강조하는 레이던 노회 측의 요구와, 제안된 방식의 회의를 거절할 수밖에 없는 아르미니우스의 이유, 대안이 될 만한 형태의 회의를 제안하는 등 회견의 형식에 관한 양측의 입장을 보여 준다. 그 반면에 후반부는 아르미니우스가 과연 '예정' 개념을 어떻게 이해하고 있는지에 대해 총회 측이 가졌던 깊은 우려를 볼 수 있고, 심층적 수준은 아니더라도 예정과 구원에 관한 아르미니우스 자신의 견해와 그가 결코 개혁교회의 신앙 지침에서 벗어나지 않다는 강한 변론을 볼 수 있다.

3부는 당시 네덜란드 국경을 넘어 해외로까지 널리 퍼졌던 아르미니우스에 대해 부정적인 소문과 비방의 실체와, 그에 대한 아르미니우스의 답변과 해명으로 이루어진다. 즉 그가 주장하거나 강단에서 가르쳤다고 알려지거나 주장된 거짓 소문과 비난이 걷잡을 수 없는 수위에 이르렀으므로 교회의 상관으로서 네덜란드 정부는 아르미니우스에게 책임이 전가된 문건에 대해 해명을 요구하지 않을 수 없었다. 따라서 아르미니우스는 국내와 해외에 뿌려진 비방 문건을 수합하여 정리하고, 각 문제 조항에 대해 정황과 사실을 밝힌 다음 자신의 견해를 제시했다.

문제 조항의 대부분은 아르미니우스의 강의를 듣거나 그와 대화를 나누거나 토론한 적이 있다고 주장하는 사람들이 만든 것이다. 이 주장은 논증 형태를 갖춘 것이 아니라 "이러저러한 주장이 그에게서 나왔다"라는 식으로 제시되었고, 근거나 증거가 밝혀져 있지 않은 것이 대부분이다. 때로는 전혀 사실이 아닌 것도 있었다. 어쨌거나 사회에 위해를 끼칠 정도로 논란거리가 되었다고 판단한 네덜란드 정부는 사안 자체를 공식화하기로 결정하고, 오늘날의 국회 청문회에 해당하는 절차를 시행하고 아르미니우스를 소환했다. 그리하여 아르미니우스는 오늘날의 국회에 해당하는 국가회의에 소환되어 제기된 서른한 개 조항 각각을 직접 검토하고, 그에 대한 평가를 내리고 자신의 입장을 밝혔다.

4부의 내용은 남부 홀런트 총회는 앞서 시도했던 회의 요청이 좌절되자 같은 해 가을인 1605년 11월 9일에 대리인 두 명과 부관, 레이던대학의 평의원장이 이번에는 레이던대학 측에 청원서를 제출한 사실과 그 후의 전개에 관한 것이다. 대학 측이 시노드의 요구를 거절하자 시노드는 차선책으로 신학부 교수들에게 아홉 가지 질문을 담은 질의서를 제시하고 답변을 요구했다. 대학 측은 이런 식의 청원에 응해야 할 당위성이 없다고 판단했고, 신학부 교수들도 제시된 아홉 가지 질문에 대해서도 특별한 논의를 하지 않았다. 그러나 이 아홉 가지 질문은 물론이고 아르미니우스의 학생이 었던 어떤 사람이 항간에 퍼뜨린 의심쩍은 또 다른 비방이 단초가 되어 결국 공개적인 해명이 필요한 상황이 되었으므로 아르미니우스는 문제의 질문 목록과 개인적인 비방을 놓고 25회에 걸쳐 공개 논박을 펼쳤다.

전술한 일련의 사건은 신학 논쟁이 한 국가의 기반을 뒤흔들 정도로 반향이 클 수도 있다는 기이한 현상을 보여 준다. 특별히 예정론이라는 신학 교의가 그토록 과격해진 이유가 무엇이었는지를 고민하지 않을 수 없다. 물론 표면적으로는 당시에 국가가 교회의 상관이었기 때문에 비록 학문적인 논쟁이라도 사회 집단 간의 분열을 막기 위해 공권력이 개입할 수도 있는 문제다. 그러나 17세기 네덜란드 개혁교회가 그 사회에 표상하는 이념은 교회나 신학의 제한된 경계를 넘어 국가의 정체성과 조직을 재정립하고 공동체의 미래를 설계하는 본질적 차원과 연결되었던 것으로 보인다. 16세기 후반기에 노방 전도에 참가했던 상인들 집단은 벌써부터 '신토불이적인' 국가 개혁 운동을 시작했다. 그리고 오늘날 흔히 볼 수 있는 보수와 진보 간의 대립과 달리 17세기 네덜란드에서 교회와 국가 양측에게 중요한 공통 관심사는 느슨하고 관대한 리버틴(네덜란드어로 '레켈레이켄(the loose)')과 정밀하고 엄격한 칼뱅주의자('프레치젠(the precise)')의 대립이 갖는 정치적 함의였다. 아르미니우스의 전기 작가로도 유명한 칼 뱅스가 "관념들이 정치적 실재를 표상하는 사회경제적 매트릭스를 확인하기 위해 굳이 마르크스주의자가 되어야 할 필요는 없다"[3]라고 말한 것도 바로 그런 이유에

..

3) John C. Godbey, "Arminius and Predestination", *Journal of Religion*, vol. 53, No. 4(1973), pp. 491~498; Carl Bangs, *Arminius: A Study in the Dutch Reformation*(Nashville and New York: Abingdon Press, 1971), pp. 100, 124, 185.

서다. 마찬가지로 신학적 갈등을 그 자체로 진지하게 다룰 수 있기 위해서는 민간과 군부 사이의 갈등의 중요성을 결코 간과해서는 안 된다.

『전집』2권

2권은 크게 세 부분으로 구성되어 있다. 1부는 성경적 진리를 이해하고 균형 잡힌 신학 이론을 정립하기 위해 우선적으로 논구할 필요가 있는 일반 개념들을 선별하여 관심 있는 청중을 위해 발표한 79개의 비공식 논변을 모은 것이다. 이 논변을 살펴볼 때 우리는 아르미니우스를 스콜라적이라고 특징짓게 되는데, 왜냐하면 그는 중세 대학의 전형적인 토론 방법을 따라 먼저 신학의 보편 주제에 관한 전제를 제시하고, 그것을 바탕으로 논증을 구성한 다음, 논리적 필연성에 의거해 결론을 추론하는 방법을 따르기 때문이다.

2부는 아르미니우스가 레이던대학 교수로 부임한 후 호마루스 교수의 감독 아래 박사 학위를 취득했을 때(1608), 대학 이사진과 신학부 학생단 앞에서 신학자로서 그가 수호하는 기본 철학과 테제를 제시하는 박사 취득 기념 강연으로 이루어져 있다. 여기서는 로마서 7장에 대한 석의(釋義)와 해석, 교회사에서 이단적인 것으로 주장되었거나 선고되었던 특정 견해에 대한 기술, 고대 교부들의 판단, 특히 아우구스티누스의 논변에 의지하여 펠라기우스 이단의 구조에 대한 분석과 재평가가 담겨 있다.

3부에는 주네덜란드 팔츠 대사로 파견되어 있던 독일 출신의 휘폴리투스 아 콜리부스(Hyppolytus à Collibus)에게 보낸 개인 서한, 신학적으로 재규정할 필요가 있는 스물아홉 개 항목들에 대한 설명이 부록으로 첨부되어 있다. 서신을 보낸 이유는 몇 가지로 추정할 수 있는데, 무엇보다도

1608년 10월의 국가회의 앞에서의 입장 소명을 앞두고 아르미니우스는 선친 때부터 시작된 콜리부스와의 우애와 경건한 지성의 대화를 상기시키면서 자기의 신실함을 의심하지 말고 정서적 후원을 아끼지 말 것을 요청하기 위한 것으로 보인다. 그럼에도 서신은 서슴없이 신학 주제로 들어가 하나님의 섭리와 예정, 인간의 자유의지, 신적 은혜, 칭의 등을 다룬다.

여기서 주목할 부분은 그리스도의 신성성에 대한 아르미니우스의 정밀한 논증이다. 그가 인간의 자유의지를 강조하는 것에 비해 성자의 신성성에 대해서는 미약하다는 비판을 논증적으로 투명하게 해소하려 한다. 아르미니우스가 토미즘에 공감적인 것은 레이던의 스승인 랑베르 디노[4]의 영향이고, 자연스럽게 그의 신학적 관심은 예정보다 은혜와 인간의 능력에 집중되었다. 따라서 타락이 인간 능력에 미치는 인식론적 난점에 새롭게 관심을 쏟으면서도 그는 칼뱅주의에 대항하여 타락한 인간의 지성도 선을 알 수 있고, 죄의 문제를 안고 있음에도 불구하고 자신의 의지를 이끌어 갈 수 있다고 주장했다.[5]

첨부된 부록에서는 성경적 진리를 떠받치는 하위 개념, 즉 타락과 죄, 기도, 세례 등에 대해 다시 한 번 설명하고 편지의 수신인인 콜리부스가 공직자임을 의식한 듯이 민간 사법 통치권의 본질과 기능, 한계에 대해서도 논의한다.

4부는 아르미니우스의 동료 신학자인 요한네스 아위텐보하르트(Hans Uytenbogard)에게 보낸 서신으로 이루어져 있다. 전반부에서는 신론, 기독

..
4) Richard A. Muller, *God, Creation, and Providence in the thought of Jacob Arminius*(Baker Book House, Grand Rapids, 1991), p. 37.
5) 동일한 결론을 이끌어 내는 논증은 『전집』 1권의 공개 논박 11번에서도 찾아볼 수 있다.

론, 교회론 등 조직신학적 주제를 주로 다루지만, 시대적 상황의 시의성을 따라 로마교회의 전례(제의와 교회 전통 등)에 대한 비판으로 확장한다.

아위텐보하르트는 국내에 잘 알려지지 않은 인물이므로 여기서 간략히 그의 활약상을 소개함으로써 17세기 네덜란드의 신학적 면모를 엿보는 기회를 마련하려 한다. 그는 아르미니우스의 가장 뛰어나고 영향력 있는 동료이자 추종자 중 하나로서, 아르미니우스 사후 이른바 항론파를 대표하는 학자다. 독립적이고 열의가 넘치지만 항상 겸손하고 신중하며, 확고하고 고결한 인품을 갖춘 인물로서, 늘 프로테스탄티즘 진영 간의 화합을 증진하는 데 힘썼다. 그는 가능한 한 학문적인 전문 용어를 피하고 직접 성경을 토대로 강론을 전개했다. 그는 1557년 위트레흐트에서 태어났고, 제네바에서 테오도르 베자 아래서 수학했으며, 1584년에 고향에서 목회자가 되었다. 이미 논란거리가 되었던 예정 교의에 관해 중도적인 견해를 가졌다는 이유로 그는 1589년에 목회직에서 면직되었다. 그러나 1590년, 그는 헤이그로 소환되어 오랑주(Ogange) 대공의 궁정 사목에 올랐고, 동시에 대공 아들의 튜터가 되는 등 높은 명성과 영향력을 가진 인물이 되었다.

아위텐보하르트는 아르미니우스와 합세하여 호마루스주의자들의 끈질긴 비판에 맞서 그가 속한 집단의 입장을 뒷받침하는 입지를 확보할 수 있도록 공식적인 시노드를 소집할 것을 요구하는 청원서를 네덜란드 국가회의에 보냈다. 마침내 국가회의가 열리고, 소신을 밝히는 연설에서 그는 성직자들이 준수해야 할 권리와 의무를 명확히 규정했다. 그는 어떤 외적 상징이나 이념을 의무적으로 지지하는 것이 용인될 수 없음을 보이고, 성직 자체가 교회 분쟁의 불씨가 된 현실을 노정하고, 그럼에도 영적 통치권의 주권과 독립성을 강화하는 것임을 입증했다. 그뿐 아니라 그는 국가회의가 논란거리가 된 문제들 자체를 조사하고 상황을 종결지을 것을 요청했다. 즉 소집된 시노드에서 반대편에게 발언 기회를 주지 않는 한 어떤 결정도 내릴 수 없고, 끝으로 만일 분파들 간의 화합이 이루어지지 않을 경우 적어도 상호 관용이 보장되어야 한다고 역설했다.

1609년, 급작스럽게 아르미니우스가 사망함에 따라 아위텐보하르트는 동료 신학자 에피스코피우스와 함께 저항 세력을 이끌었다. 그는 그 당시의 궁정 사목으로서 파리 대사와 동행했고, 그 이듬해에는 에피스코피우스와 함께 평화를 구축하려는 부질없는 소망을 품고 헤이그에서 논적들과 회의를 했다. 1616년, 헨리 로제우스는 그가 항론파의 다섯 개 조항을 자신에게 특별히 전달한 일에 대해 법률적으로 제소했다. 1619년, 아위텐보하르트는 브뤼헤의 발뷔크에서 항론파 시노드의 의장을 맡았는데, 그 사실로 인해 그에 대한 반대편의 적대감이 더욱 커졌다. 그 때문에 그는 1622년 안트베르프로 물러나지 않을 수 없었고, 얼마 동안 추방령과 재산 몰수 선고를 받음으로써 프랑스 루앙으로 내려갔다. 1626년, 로테르담으로 돌아와 그에게 내려진 선고가 풀리도록 여러 가지로 애썼다. 결국 1629년에 그는 재산을 되찾았고, 1631년에는 헤이그의 대중 예배에도 참석하는 것이 허락되었다.

2권에서 우리는 아르미니우스의 신학적 입장뿐만 아니라 철학적 인간학과 서사론적 해석론을 엿볼 수 있는데, 특히 그의 박사 학위 논문 「사도 바울의 목회 서신 로마서 7장의 참되고 본래적인 의미」에서 그 면모가 뚜렷이 나타난다. 이 논문은 아르미니우스가 암스테르담교회에서 목회자로 있을 때, 설교 준비를 위해 연구하고 실제로 설교했던 내용으로서, 그것을 논문 형식에 맞추어 다시 구성하여 레이던대학에 박사 논문으로 제출한 결과물이다.

로마서는 일반적으로 사도 바울이 제시한 죄론, 칭의론, 구원론이 집약된 서신으로 알려져 있지만 아르미니우스가 자신의 목회 경험을 통해 깨달은 것은 특히 로마서 7장과 그 전후 문맥을 올바로 파악하지 못할 때 중생한 사람(the regenerate)의 행위 패턴을 전도시킬 뿐만 아니라, 일반 신자들의 경우 그로 인해 무책임과 도덕적 해이를 부추기게 되는 심각한 결과가 초래될 수 있다는 점이다.

그리하여 아르미니우스는 '중생' 개념을 중심으로 심리철학, 행위론, 감정 이론까지 논의의 범위를 확장한다. 그는 인격 이론(theory of person)이나 행위 이론(theory of action)을 구체적으로 정식화하지 않지만, 그의 논증은 암묵적으로 그의 인간학과 도덕 주체에 관한 담론을 중생론과 칭의론에 연결한다. 역사적 연구의 면모를 보여 주는 것은 이 주제와 관련하여 알렉산드리아 시대 이후 고대 교부들의 설명을 참조할 뿐만 아니라, 동시대 신학자들의 로마서 주해를 참조하면서 자신의 논증을 구성하는 점이다.

『전집』 3권

『전집』 3권은 크게 두 부분으로 나뉘는데, 1부는 레이던대학 신학부 교수로 재직 중이었던 유니우스 교수에게 1597년에 아르미니우스가 먼저 편지를 띄워 '예정'과 '유기'에 관해 질문한 데서 시작된 서신 토론이고, 2부는 캠브리지의 신학자 윌리엄 퍼킨스의 저술 두 편에 담긴 교의가 네덜란드에서 논란거리가 되었을 때, 기소 여부를 결정하기에 앞서 문제의 저술에 대해 주장된 혐의를 조사하고 심의한 내용이다. 이 사건에서 조사단을 대표했던 사람이 바로 아르미니우스다.

1부의 서신 토론은 편집자가 붙인 제목에서도 볼 수 있듯이 아르미니우스로부터 처음으로 편지를 받았을 때 유니우스는 한동안 답신을 보내지 않고 있다가 이윽고 다시 편지를 읽고 호의적으로 응답했고, 이후 자연스럽게 서신을 통해 발제와 논평과 평가를 교차하는 방식으로 진행되었다. 이 서신 토론은 27회까지 계속되었고, 그 다음으로 아르미니우스가 유니우스의 『논제집』에 실린 스무 개 논제 각각에 대해 분석하고 논평했는데, 그 내용이 「부록」에 실려 있다. 서신 토론의 각 회차마다 '아르미니우스의 명제'라는 제목이 붙은 것은 본인이 기억하고 정리하기 쉽게 만들려는 의도였는지, 또는 다른 이유가 있었는지 몰라도 유니우스 자신이 제목을 붙여서 스물일곱 개의 명제를 재구성한 것이다. 유니우스는 그렇게 구성한 각 명제에 대해 논평을 덧붙였다. 아르미니우스의 답신에는 그 논평에 대한 답변과 대안 제시 같은 것이 실려 있다.

유니우스[6]는 스콜라적 방법을 사용하여 초기 개혁신학의 형성기에 영향을 미친 인물로서, 하이델베르크와 라이덴에서 정교한 체계적 사유와 교의를 제시했다. 훗날 아르미니우스의 사상은 상당 부분 유니우스의 이념과 방법론을 수용하여 발전시킨 것이다. 두 사람 사이의 서신 토론을 통해 종교개혁 1세대에서 형성된 독특한 스콜라적 논증 방식이 어떻게 발전하는지를 엿볼 수 있다. 이 전환기에 두 인물은 단지 교회의 개혁뿐만 아니라, 개혁된 교회를 옹호하고 신앙고백의 진리성을 지키기 위해 신학의 진술 방식과 설득력 있는 논증 구성에서 한층 체계적인 형식을 정립하는 데 진력했다.

∴

6) Franciscus Unius, 1545~1602. 유니우스의 논제들은 그의 생애에 대한 소개와 함께 영역되었고, 영역본에 바탕을 둔 한국어 번역본이 최근에 출간되었다. *A Treatise on True Theology: with the Life of Franciscus Junius*, by Franciscus Junius, David Craig Noe(Reformation Heritage Books: Grand Rapids, MI, 2014). 『참된 신학이란 무엇인가: 프란키스쿠스 유니우스의 생애 수록』, 한병수 옮김(부흥과개혁사, 2016).

2부는 영국의 저명한 신학자이며 저술가인 윌리엄 퍼킨스(William Perkins, 1558~1602)의 논문과 저서를 둘러싸고 네덜란드 교계에서 불거진 논란이 사법적 조사의 대상으로 확대된 사건에서 법정에 제출된 청원서다. 물론 어떤 혐의 주장이 법정 조사와 대상이 되는 것 자체가 그 혐의를 인정한다는 뜻은 아니다.

이에 관해 나는 조사와 심의에 부쳐진 사건의 실제 귀결에 관심을 갖기보다 저자가 옹호하는 명제 자체, 신학적 논증의 내적 정합성에 대한 검토가 법정에서 이루어지는, 교회사의 특이한 단면에 초점을 두었다. 혐의 주장이 법정에 제출되었을 때, 사건이 다루어지는 과정을 살펴보면 청원인은 먼저 사건 경위에 대해 조사한 다음, 주장된 혐의의 내용을 정확하게 기술하고, 문제점을 심층적으로 분석한다. 법정은 청원인의 조사 내용과 증거 자료를 검토하여 심의한 결과를 선언한다. 이 경우 조사 대상이 되었던 퍼킨스의 저술은 소책자 『예정의 순서와 양태, 그리고 신적 은혜의 풍성함에 관하여』와 연구 논문 『예정의 순서와 양태』다.

영국에서 명망 높은 청교도 신학자였던 퍼킨스의 저술에서 무엇이 문제가 된 것인가? 퍼킨스는 영국에서 영향력 있는 성직자이며 케임브리지 신학자였다. 그는 1577년에 케임브리지대학 크라이스트칼리지에 들어가 수학했고, 엘리자베스 여왕의 통치 기간에 영국 교회 안에서 청교도 운동의 주도적인 지도자 가운데 한 명으로 활약했다. 그는 타락 전 선택설(supralapsarian), 즉 칼뱅의 이중예정론을 지지했고, 베즈의 사상을 영국에 소개했다.

그는 개혁주의 구원론을 채택하여 '오직 예수'와 '오직 성경만으로', 이 두 신조에 근거하여 성경을 문자적으로 해석했다. 이 내재주의적 원리가 함축하는 것은 성경 본문이 불명료할 경우, 교회의 전통이나 해석자의 상상력에 의지하기보다 성경 안에서 발견되는 분명한 본문에 의거해 해석해야 한다는 것이다. 외견상 합당하게 들리는 이 독해 방법은 원죄의 실체를 설명하는 맥락에서 논란을 불러일으켰다. 예를 들면 퍼킨스는 아담의 실낙원이 그가 율법을 준수하는 데 실패했기 때문이라고 설명하는데, 따라서 원죄는 개별 율법을 어긴 자범죄로 간주된다. 이 설명은 아르미니우스의 기독론과 정면으로 배치된다. 또한 『황금사슬』에서 '오르도 살루티스'를 설명할 때, 퍼킨스는 죄인이 그리스도에게 연합됨으로써 무죄 선언을 얻게된다고 말함으로써 칭의를 그리스도와의 연합에 따른 혜택으로 다루는 점이 문제가 된다. 이에 대한 아르미니우스의 비판은 뒤에서 상술할 것이다.

유니우스와 아르미니우스 간의 쟁점

여기서는 『전집』 3권 1부에 실려 있는 서신 토론의 내용에 대해 상술하고자 한다. 토론을 간명하게 진행하기 위해 아르미니우스는 '예정'에 관해 제시된 이론을 세 가지 유형으로 나누고 차례로 번호를 매겼다. 그리고 각 이론이 갖는 난점을 지시하고, 분석과 논평을 덧붙였다. 아르미니우스의 분류법에 따르면 첫째 이론은 칼뱅에서 베자로 이어지는 견해이고, 둘째 이론은 토마스 아퀴나스와 그의 추종자들의 견해이며, 셋째 이론은 아우구스티누스와 그에게 동의하는 학자들의 견해다.

분류된 그 견해가 일치를 보이는 명제는 영원하고 불변적인 작정(eternal and immutable decree)에 의해 하나님께서 특정한 일부 사람들에게 초자연적이고 영원한 생명을 수여하기로, 그리고 그러한 차원의 생명을 얻는 데 필요하고 유효한 보조 수단을 공급하기로 했고, 반면에 다른 사람들을 유기하기로 결정하셨다는 것이다. 그러나 일치 여부를 간단히 말하기 어려운 것은 이런 견해가 이해하는 선택과 유기의 의미가 저마다 상이하기 때문인데, 특별히 혼란스러운 점은 하나님의 영원한 작정의 대상인 인간이 어떤 상태에 있는 것으로 보는가 하는 것이다. 선택이나 유기의 대상이 되는 '인간'은 개별적인 차이가 고려되지 않는 보편적 개체로서의 인간인가, 또는 개별적인 차이가 내재된 특수한 개체로서의 인간인가? 바꾸어 말해 작정의 대상을 영원성의 관점에서 고려하는가, 또는 시간적 관점에서 고려하는가에 따라 하나님의 작정과 인간의 자유의지 사이의 연관성이 달리 설명될 수 있는 것이다.

짐작할 수 있듯이 유니우스는 정통주의 노선을 따라 작정의 대상이 되는 인간을 보편적 개체로 보는 반면, 아르미니우스는 작정의 대상으로 고려되는 인간은 구체적인 행위자, 즉 특수한 개체여야 한다고 주장한다. 그렇게 주장한다고 해서 아르미니우스가 하나님 작정의 영원성이나 절대성을 부정하는 것은 아니다. 그가 강조하는 것은 하나님의 작정이 하나님의 행위인 한 어떤 행위든지 언제든지 동시에 수행될 수 있는 것이 아니라는 점이다. 아주 쉬운 예를 들면 죽음이 선행하지 않는 한 부활 사건은 일어날 수 없고, 회개하지 않는 한 용서받는 일은 있을 수 없다. 따라서 하나님의 마음 또는 사유 안에서 작정의 대상이 결정되는 것은 영원한 시점이지만, 그 작정이 실제로 실행되는 시점은 시간적 차원이다. 작정이 행위 유형에 속하는 한 모든 행위가 동시에 어느 때나 가능한 것이 아니라 '자연의 질서'를 따라 실행할 수 있으므로 후건은 전건 다음에 수반되는 구조를 가질 수밖에 없다. 아르미니우스는 작정 개념을 행위 이론적으로 접근하는 것인데, 그가 행위의 순서적 계기를 명시하는 이유는 모든 사건의 원인을 무차별적으로 일차 원인으로 환원할 경우, 하나님이 죄의 조성자, 즉 죄의 원인이 될 수밖에 없는 부조리한 결과가 초래될 것을 적시하기 때문이다.

작정을 선예정(predestination)으로 이해했던 아우구스티누스가 '영원'에 속한 작정을 비선택으로 부르기도 했던 것은 바로 그런 부조리한 결과를 염두에 두었기 때문이다.

그러나 이 같은 접근에 맞서 유니우스는 아르미니우스가 칼뱅과 베자의 예정 개념을 그릇되게 기술한다고 주장했다. 칼뱅과 베자는 하나님의 작정을 '죄인' 상태의 인간과 연관시킨 적이 없고, 성경도 그 점을 뒷받침하고 있으며, 예정은 궁극적으로 '존재의 동의'가 요구되는 문제이므로 우연한 상황적 요소가 결정력을 행사할 수 없다는 것이다. 그리고 하나님의 자비와 정의를 독립적으로 이해하거나 적용할 경우, 필연적으로 오류에 귀착한다고 경고했다. 왜냐하면 은혜는 속(屬) 개념으로서 그 아래 정의와 자비가 포섭되기 때문이다. 칼뱅이 예정을 설명할 때 '한나의 기도'(삼상 2:6)를 인용했는데,[7] 하나님이 살리기도 하고 죽이기도 하는 전권적 권한을 가지고 있음을 고백하는 대목을 적시한 것이 칼뱅의 논점을 뒷받침하는 것처럼 보인다. 그러나 아르미니우스의 반론을 보면 영원한 작정의 경우에도 원칙적으로 인간이 죄지을 가능성을 고려해야 할 필요가 있고, 실제로 인간이 죄를 짓지 않은 상황일지라도 그 점은 마찬가지인데, 그렇지 않다면 작정 자체가 불가능하고 무의미하기 때문이다.

계속해서 아르미니우스는 하나님을 죄의 원인으로 만들지 않을 수 있는 설명 방식을 보여 준다. 즉 죄는 작정과 긴밀하게 연관되는 형상적 원인, 구체적으로 행위의 가치에 의해 효력을 발생시키는 곡직 원인(曲直, meritorious cause)이다. 이 원인은 적극적으로 또는 소극적으로 작정의 방향에 영향을

••
7) John Calvin, *Institutes of Christian Religion*, edited by John T. McNeill, BK 4, ch. 21, p. 920(Westminster Knox Press, 2006).

미치게 되므로 신적 작정의 영원성은 그것이 영원하고 절대적임에도 하나님의 자유를 무제한적으로 허용하지는 않는다는 것을 함축한다.

　두 사람의 상호 논박은 유기를 허용(permission)으로 해석할 때 견해 차이가 더욱 첨예해진다. 허용과 관련하여 『전집』 3권에서 공동 행위(coaction)와 동시 작용(concurrence)이 빈번히 언급된다. 공동 작용이란 둘 이상의 의지적 주체가 동시에 개입하는 상황을 가리킨다. 예를 들면 인간 주체가 제 뜻대로 어떤 악한 일을 벌일 때, 그는 단독으로 행동하는 것처럼 보이지만, 하나님께서 그가 그런 일을 벌이기로 마음먹는 것을 막지 않기로 하는, 즉 허용하는 하나님의 소극적 행위가 동시에 진행될 수 있다. 이런 경우 자유로운 두 행위자가 동시에 개입하고 있으므로 공동 행위의 사례가 된다. 반면 동시 작용에서는 반드시 자유로운 주체들의 행위가 개입할 필요는 없다. 둘 이상의 물체나 행위 주체, 또는 그들의 동시 개입에 의해 발생하는 운동은 모두 동시 작용의 사례다. 이 둘의 차이는 행위가 개입하는가, 또는 작용이 개입하는가에 있을 뿐이다. 이런 식의 설명이 함축하는 것은 비선택을 유기로 이해하든지 허용으로 이해하든지 죄인인 인간의 행위를 고려해야만 비선택의 작정이 가설적 지위를 넘어 유효성의 지위를 얻는다는 것이다. 성경 본문은 하나님의 자유가 무제약적이지 않을 수 있다는 것을 보여 준다. 전적으로 자유로운 주체임에도 하나님의 행위가 제한되는 사례로 첫째, 어떤 행위가 그의 본성에 저촉될 경우이고, 둘째, 이전에 어떤 행위가 먼저 실행되었을 때 그 행위에 의해 후속 행위가 제한될 경우이며, 셋째, 하나님 자신이 특정 행위를 행하지 않을 것을 약속했을 경우다. 따라서 하나님은 그의 본성상 거짓말을 할 수 없고 악한 일을 의욕할 수 없으며, 그가 약속한 것을 스스로 어길 수 없고, 자연이나 인간 사회에서 이미 일어난 사건을 무효화할 수 없다.

스콜라주의의 명암

이제 아르미니우스의 방법론인 스콜라주의가 보여 주는 특징적인 면모에 대해 언급하고자 한다. 1563년, 신진 학자들에 의해 하이델베르크 요리문답이 출간된 일, 1564년의 칼뱅 서거가 일종의 기폭제가 되어 이른바 정통주의 신학은 신학의 담론 스타일과 학문적 체계화 방식에서 현저한 차이를 나타내기 시작했다. 이 변화는 단순히 외적인 형식에 그치는 것이 아니라, 신학 이론이 추구하는 학문적 목표와 독자 편에서 평가하는 설득력의 기준 같은 것이 중요한 지표로 자리 잡기 시작했다는 것을 암시한다. 1세대 종교개혁가들은 당면한 교회 개혁을 위한 목표를 달성하는 데 우선순위를 두었다면, 포스트 종교개혁기, 즉 2세대 종교개혁 또는 정통주의 신학 등 다양한 이름으로 불리는 신진 학자들이 시급하게 필요하다고 느끼는 실천 과제는 이전 세대와 크게 달라진 것이 분명했다. 그러한 변화 중 여기서 초점을 두어 생각해 보려는 것은 연구 방법으로서 스콜라주의의 부활이다. 이 현상은 2세대 종교개혁 운동, 1640년대부터 1700년까지 정통 신학의 전성기, 1700년에서 1790년까지 후기 정통 신학 시대까지 이어진다.

2세대 종교개혁 시대에 방법론적 변화가 시급하게 느껴진 데는 구체적으로 몇 가지 이유가 있었을 것이고, 대표적인 이유를 추적해 보면 첫째, 가톨릭교회의 트렌트 선언에 대한 대응 전략으로서 프로테스탄트 진영의 신학적 입장을 종합적으로 재정립해야 할 필요성을 느끼게 된 것이고, 둘째, 이전 세대의 신앙을 계승하고 발전시킴으로써 프로테스탄티즘의 정통성을 확인해야 할 필요성을 느끼게 된 것과 그 필요성에 대한 공론화 내지 공감의 확산을 들 수 있다.[8] 그리하여 신학 전반에서 성경적 개념 규정의 틀을 잡고, 논리적이고 체계적인 기술 방식을 개발하여 좀 더 명료한 신학 담론을 구성하기 위한 토론과 교수법을 채택했고, 이를 통틀어 '스콜라주의'라고 부르게 된 것이다. 이 시기를 대표하는 학자로 우르시누스,[9] 토마스 아퀴나스의 방법을 계승한 제롬 잔키우스,[10] 네덜란드의 프란시스쿠스 유니우스, 아리스토텔레스의 사원인론과 삼단논증을 방법적 도구로 채택한 폴라누스[11]가 있다. 독일이나 네덜란드에서 나타난 이러한 시도는 칼뱅 신학의 교의로부터 벗어난 것이 없고, 단지 형식과 방법에서 차이가 있을 뿐이다. 스콜라적 방법론을 채택한다고 해서 성경 교리를 약화하거나 그리스도의 복음을 훼손한다고 생각하는 사람은 없었다. 이러한 방법론적 면모는 아르미니우스에게서도 그대로 나타나 있음을 볼 수 있다.

∵

8) 빌렘 판 아셀트 외, 『개혁신학과 스콜라주의』, 한병수 옮김(부흥과개혁사, 2012), 제1장, 제8~11장 참조.

9) 독일의 선제후인 프레데리크 3세는 신학적 문제의 핵심이 성찬론에 있다고 판단하고, 공개 토론회를 통해 멜랑히톤과 칼뱅의 사상에 근접한 견해로 통합하면서 외국 신학자들을 하이델베르크대학에 불러들였다. 그 가운데 폴란드 출신의 우르시누스와 독일의 올리비아누스가 중심이 되어 건전한 신학 교수법의 일환으로서 요리문답서(1563)를 만들게 되었다.

10) 제롬 잔키우스(Jerome Zanchius, 1516~1590)는 이탈리아 출신의 종교개혁가로서, 칼뱅 서거 후 개혁신학의 중요한 교육가로 평가된다. 대표적인 저서로 『기독교 신앙고백과 신의 속성 관찰(Confession of the Christian Religion and Observation on the Divine Attributes)』, 『신학 전집(Operum theologicorum)』이 있고, 후자의 작품의 한 장은 토마스 아퀴나스의 자연법 사상에 견줄 수 있는 개신교의 자연법사상으로 불린다.

11) 아만두스 폴라누스(Amandus Polanus von Polansdorf, 1561~1610)는 독일 출신으로서 초기 개혁주의 정통파를 대표한다. 그는 루터의 번역을 기초로 1603년에 최초로 칼뱅주의 관점에서 독일어로 성경을 번역했다. 그의 조직신학은 아리스토텔레스주의의 분석과 라뮈즘(Ramism)의 교육 방법론을 적용한 것으로 유명하다. 폴라누스 신학의 중심은 신론(神論)이지만, 기독론, 언약론, 윤리학, 실천신학과도 균형을 이룬다.

아르미니우스, 개혁주의의 반명제인가

피상적으로 알려진 것과 달리 아르미니우스는 인간의 자유의지보다 하나님의 선행 은총[12]을 그의 구원론의 중심에 놓았고, 가톨릭교회의 고유한 전승이나 견해보다는 주로 개혁주의와 프로테스탄티즘 신학의 선배 학자들의 틀과 연속선상에서 그 교의를 발전시켰다. 아르미니우스에게 선행 은총은 구원에서 인간이 하는 어떤 종류의 참여나 수용보다도 앞서는 성령의 역사다. 선행 은총은 인간의 자유의지를 회복하고 치유하기 위해 불가항력적으로 역사하시는데, 다만 구원을 베푸는 일에서는 저항 가능한 방식으로 역사하신다. 성령의 내적 역사과 말씀의 외적 가르침 사이에 특별한 연결이 있기는 하지만, 성령의 역사로서 선행적 은총은 이 사건에 국한되지 않는다. 성령은 선포된 말씀과 독립적으로 인간의 마음에 불가해한 방식으로 역사하신다.

중생과 믿음에서 선행 은총의 역할과, 선행 은총과 신적 예지(divine foreknowledge)의 관계는 또한 선행 은총이 아르미니우스의 구성 원칙(organizing principle)으로서, 근접성에 의해 다른 모든 것이 분류되거나 값을 도출할 수 있는 핵심 가정이다. 그것은 흔히 개념적 틀 짜기에서 흔히

∴

12) 선행 은총(prevenient grace, enabling grace, preceding grace)은 아르미니우스의 신학에서 중요하게 다루어지는 개념이지만, 일찍이 가톨릭 신학에서 등장하고 칼뱅주의 예정론에서도 결정적인 역할을 한다. 한마디로 하나님의 은총이 인간의 어떤 결정보다도 앞선다는 개념이다. 즉 하나님은 개인의 삶의 어떤 시점에서 일방적으로 자신의 사랑을 표현하기 시작한다. '선행 은혜'는 18세기 잉글랜드의 존 웨슬리의 신학에 큰 영향을 미쳤다. 선행 은총의 핵심은 개인이 구원을 개별적으로 수용할 수 있게 하지만 보증하지는 않는다는 데 있다. 'prevenient grace'는 웨슬리가 사용했던 18세기 영어이고, 현대 영어에서 유의어는 'preceding grace'다.

사용되듯이 다른 모든 대상들의 위치를 잡아 주는 중심적인 준거점과도 같다. 구성 원칙을 갖게 되면 특별히 복잡한 도메인이나 현상을 단순화하고 용이하게 다룰 수 있게 도와준다. 그 반면에 그것은 주체의 판단을 물들이는 기만적인 프리즘이 될 수도 있다는 결론을 뒷받침한다.

야코부스 아르미니우스 연보

1536 네덜란드 종교개혁가인 멘노 시몬스의 재세례파 입교. 에라스뮈스 사망. 장 칼뱅의 『그리스도교 강요』 출간.

1546 마르틴 루터 사망.

1549 스페인 국왕 필리페 2세에 대한 충성 서약. 황제 조칙. 스페인령 네덜란드 시대의 개시.

1560 아르미니우스 탄생. 부친 사망 후 프로테스탄트 성향의 가톨릭 사제 테오도루스 에밀리우스에게 입양됨.

1561 푸아시 회담 개최. 남부 지역의 지하 개혁주의 운동. 벨기에 고백(네덜란드 신앙고백) 초판 인쇄.

1563 하이델베르크 요리문답. 39개 조항 출간.

1572 해안 지역 거지들(Sea Beggars) 집결하여 내륙의 도시 장악. 이 시기에 위트레흐트에서 아르미니우스의 학업 시작.

1574 도르트레흐트 시노드, 프로테스탄트 도시의 개혁교회에 총집결 명령을 내림.

1575 루돌푸스 스넬라우스의 후원으로 아르미니우스의 마르부르크 유학. 레이던대학 창립. 오데봐터 학살기에 아르미니우스 가족(모친, 형제, 누이) 사망.

1581 아르미니우스의 제네바 유학을 후원하는 암스테르담 상인 길드의 인준.

1582~ 제네바 아카데미에서 테오도르 베자와 안토니우스 파이우스 아래 신학
1586 수학.

1588 목사직 서임. 암스테르담 개혁교회에서 목회 사역(1588~1603).

1590 예수회에 맞서기 위해 레이던에 신학부 창설. 암스테르담 상인 라우렌스 야콥스 레알의 딸인 리에스벳 레알과 결혼.

1592 네덜란드 국가회의 주도하에 플란시우스의 세계 지도 제작. 플란치우스

와 세 명의 상인 대표들이 동인도 무역을 위한 기안 수립.

1593 아르미니우스와 유니우스의 예정 교의에 관한 20개 논제에 대한 공개 토론(레이던대학에서 개최된 공개 토론회로, 윌리엄 코다에우스가 좌장을 맡음).

1597 아르미니우스와 유니우스가 예정과 유기를 주제로 서신 토론.

1598 올리비어 판 노르트, 네덜란드 역사상 최초의 세계 일주 원정.

1599 재세례파에 대한 반박문을 집필하는 임무를 부여받음.

1601 미들부르크에서 라우렌스 아코프 레알 사망. 홀란트 지역에 페스트 창궐.

1602 연합동인도회사 1차 원정대 출항. 아르미니우스의 청원으로 잉글랜드 신학자인 윌리엄 퍼킨스의 저술에 관한 법정 조사. 트렐카티우스 교수와 유니우스 교수가 레이던에서 사망.

1603 유니우스의 후임으로 아르미니우스가 레이던대학 신학부 교수로 취임. 신학 박사 학위 취득. 교수 취임 강연.

1604 예정 교의에 관한 논제 발표. 호마루스의 공격 개시.

1605 레이던대학 총장 취임. '아홉 가지 질의'에 대한 답변 제시.

1608 하우다 교리문답 출간.

1608 홀란트와 웨스트 프리슬란트 국가회의의 명령에 따라 31개 조항과 예정 교의에 대한 입장 선언. 네덜란드 신앙고백과 하이델베르크 교리문답 관련 해명. 국가회의 앞에서 프란시스코 호마루스의 입장 선언.

1609 2월에 아르미니우스의 급성 질환 발병. 스페인과 휴전 협상 조인. 헤이그에서 아르미니우스와 호마루스와 양측 대리인들 간의 컨퍼런스 개최되었지만 질병으로 인해 아르미니우스 중도 포기. 10월 19일에 아르미니우스 사망.

1610 아르미니우스를 지지하는 항론파(Remonstrance)의 5개조 항변 선언.

1618 도르트 시노드(Synod of Dortrecht, 1618~1619)에서 항론파에 대한 단죄와 파문 선고.

1619 5월 9일 154차 총회에서 타죄 이전설을 옹호하는 도르트 신조(Dord Canon) 선언.

찾아보기

지은이

:: 야코부스 아르미니우스 Jacobus Arminius, 1560~1609

네덜란드 개혁교회 역사의 주요 인물 중 하나로, 1560년에 네덜란드 중부 위트레흐트
주 아우더봐터에서 태어났다. 선조로부터 내려오는 이름은 야코프 헤르만스존(Jacob
Hermanszoon)이지만, 후일 아르미니우스 자신이 게르만식 이름을 택했고, 그 결과 오
늘날 우리가 아는 바대로 그의 공식 이름은 야코부스 아르미니우스가 되었다. 일반인에
게 알려진 제임스 알미니우스(James Arminius)는 그의 영어식 이름이다.

철기 제조업자였던 부친은 아내와 어린 자녀들을 두고 일찍 사망했다. 아르미니우스의
모친과 형제자매들은 1575년 스페인 학살 기간 중 사망했다. 일찍이 가톨릭 사제 테오
도루스 에밀리우스에게 입양된 아르미니우스는 그의 후원 아래 초등 교육을 받았고, 레
이던대학에서 수학했다. 이후 암스테르담 상인 길드와 시정부의 후원으로 그는 스위스
제네바에서 장 칼뱅의 제자인 테오도르 베자 아래서 칼뱅주의 신학을 공부하게 되었다.
1587년, 목사 안수를 받은 그는 1588년부터 15년 동안 암스테르담 개혁교회에서 목회
활동을 계속하면서 로마서를 집중적으로 연구했다. 특히 로마서 7장 14절의 요지를 논
증으로 구성한 것으로 유명하다. 예정론에 대한 그의 유명한 입장 선언은 이때의 설교
를 바탕으로 한다. 1603년, 레이던대학의 저명한 신학자인 프란시스쿠스 유니우스 교
수가 사망함에 따라 아르미니우스가 후임으로 신학부 교수가 되었다.

아르미니우스는 칼뱅주의 예정론에 대한 반론을 제기하기 시작하면서 동료 교수인 프란
시스쿠스 호마루스와 공개적인 논박과 저술을 통해 격론을 주고받았다. 1608년에는 국
가회의 앞에서 입장 선언을 하기도 했다. 이후 여러 종류의 회의가 진행되던 중 1609년
10월 19일에 지병 악화로 세상을 떠났다.

옮긴이

:: 김혜련

연세대학교 철학과를 졸업하고 서울대학교 미학과 석사 과정을 수료했다. 미국 버팔
로 소재 뉴욕주립대 대학원에서 인문학 석사와 철학 박사 학위를 받았다. 귀국 후 교
육부 박사후 연수 과정에서 '실용주의와 환경미학의 문제'를 주제로 연구했다. 서울대
학교 미학과와 연세대학교 철학과 강사, 홍익대학교 미학과 대학원 겸임교수, 연세대
학교 미디어아트연구소 HK연구교수를 역임했다. 현재 연세대 인문학연구원 전문연
구원이다. 관심 있는 연구 분야는 감정 철학, 프래그머티즘, 신학미학이다. 지은 책으
로『예술과 사상』,『센티멘털리즘과 대중문화』가 있고, 옮긴 책으로는 아서 단토의『일
상적인 것의 변용』, 론다 쉬빈저의『젠더 분석: 과학과 기술을 바꾼다』, 윌리엄 제임스
의『다원주의자의 우주』등이 있으며, 주요 논문으로「감정과 주체의 죽음: 여성주의
적 읽기」,「'감각질로서의 통증'에 대한 비판의 철학적 함의에 관하여」,「음악의 미적
경험의 다중양상성에 관한 연구: 신경인지적 관점에서」등이 있다.

:: 한국연구재단총서 학술명저번역 **655**

야코부스 아르미니우스 전집 1

1판 1쇄 찍음 │ 2024년 6월 28일
1판 1쇄 펴냄 │ 2024년 7월 24일

지은이 │ 야코부스 아르미니우스
옮긴이 │ 김혜련
펴낸이 │ 김정호

책임편집 │ 임정우
디자인 │ 이대웅

펴낸곳 │ 아카넷
출판등록 │ 2000년 1월 24일(제406-2000-000012호)
주소 │ 10881 경기도 파주시 회동길 445-3
전화 │ 031-955-9511(편집) · 031-955-9514(주문)
팩시밀리 │ 031-955-9519
www.acanet.co.kr

ⓒ 한국연구재단, 2024

Printed in Paju, Korea.

ISBN 978-89-5733-933-6 94230
ISBN 978-89-5733-214-6 (세트)

이 번역서는 2019년 대한민국 교육부와 한국연구재단의 지원을 받아 수행된 연구임
(NRF-2019S1A5A7069252)

This work was supported by the Ministry of Education of the Republic of Korea
and the National Research Foundation of Korea. (NRF-2019S1A5A7069252)